日照市地方史志编纂委员会

主　　任　郭　飞
副 主 任　林　杰　葛长华　尹德满
委　　员　孙鹏霄　王书军　丁天海　惠　霞　刘兴华
　　　　　杜　伟　李　莉　牛玉东　蒋传忠

《日照年鉴（2022）》编辑部

主　　任　尹德满
副 主 任　李世恩　王文杰　邱立玲

主　　编　尹德满　李世恩
副 主 编　李洪战　王宗刚
责任编辑　范芳丽　于兴玲　张守来　秦溪悦

序

国务院办公厅2015年8月印发的《全国地方志事业发展规划纲要（2015—2020年）》（以下简称《规划纲要》）要求，到2020年要做到地方综合年鉴一年一鉴，公开出版，实现省、市、县三级综合年鉴全覆盖。《规划纲要》还要求，坚持存真求实，正确处理质量与进度的关系，将精品意识贯穿于年鉴编纂出版工作全过程。2015年12月，中国地方志指导小组办公室启动中国年鉴精品工程，将其与先期实施的中国志书精品工程视为姊妹工程，一道作为加强地方志质量建设的重要抓手。

实施中国年鉴精品工程有助于推动中华优秀传统文化传承发展。近年来，在党中央、国务院的高度重视和关心支持下，全国地方志事业发展迎来最好的发展时期。年鉴编纂发端于欧洲，鸦片战争后被引入我国，在我国走过了100多年的发展历史。在长期的编纂中，年鉴在内容和形式上不断发展，逐渐演变成为适合反映中国国情、具有鲜明中国特色的一种文化载体，并在改革开放后出现了快速发展的局面。2006年5月，国务院《地方志工作条例》颁布施行，明确将地方综合年鉴纳入地方志工作范畴，年鉴工作走上了有法可依的轨道。《规划纲要》出台，为从依法编鉴转变到依法治鉴指明了方向。2016年12月，中国地方志指导小组印发《全国年鉴事业发展规划（2016—2020年）》，更进一步明确了到2020年全国年鉴事业的任务书、时间表、路线图。经过多年的发展，年鉴工作已经成为地方志工作的重要组成部分，成为中华民族优秀文化传统的有机组成部分，其存史、育人、资政作用日益彰显。实施中国年鉴精品工程，是年鉴工作者紧扣时代脉搏、坚持创新发展的一项重要举措，对于坚定文化自信，传承弘扬好中华优秀传统文化意义重大。

实施中国年鉴精品工程有助于为全面建成小康社会提供更多智力支持和历史借鉴。党的十八大作出全面建成小康社会的战略部署。党的十八届五中全会提出到2020年如期实现全面建成小康社会的目标要求。完成《规划纲要》确定的目标任务是年鉴工作者的神圣使命，更是年鉴工作者以自身力量为全面建成小康社会献上的厚礼。一方面，可以更好地利用年鉴这种年度资料性文献，及时记录各地区在全面建成小康社会伟大征程中每年取得的新成绩和新经验、出现的新情况和新问题、涌现的优秀人物和典型事迹等；另一方面，可以更好地积累地情、国情资料，为推动经济社会发展和深化改革提供智力支持，为推进国家治理体系和治理能力现代化提供历史借鉴。

实施中国年鉴精品工程有助于全面推进地方志事业转型升级。地方志不是单纯修志编

中国年鉴精品工程
High Quality Project of China's Yearbook

日照年鉴

RIZHAO NIANJIAN

2022 总第28卷

中共日照市委党史研究院
日照市地方史志研究院 编

方志出版社
Publishing House of Local Records

图书在版编目（CIP）数据

日照年鉴. 2022 / 中共日照市委党史研究院，日照市地方史志研究院编. —北京 ：方志出版社，2022.12
ISBN 978-7-5144-5586-1

Ⅰ. ①日… Ⅱ. ①中… ②日… Ⅲ. ①日照－2022－年鉴 Ⅳ. ①Z525.23

中国版本图书馆CIP数据核字(2022)第257233号

责任编辑：程倩
责任校对：刘玉霞
责任印制：梅中英
出 版 者：方志出版社
地　　址：北京市朝阳区潘家园东里9号（国家方志馆4层）
邮　　编：100021
网　　址：http://www.zgfzcb.cn
发　　行：方志出版社图书营销中心（010-67110500）
印　　刷：山东黄氏印务有限公司
开　　本：889毫米×1194毫米　1/16
印　　张：30
字　　数：1038千字
版　　次：2022年12月第1版
印　　次：2022年12月第1次印刷
定　　价：280.00元

鉴工作，而是全体方志人“修志问道，以启未来”的一项事业，这项事业包含着巨大的时代担当与使命追求。地方志工作要在“五大建设”总体布局和“四个全面”战略布局中发挥与其自身价值、功能相匹配的作用，就要因时而谋、乘势而上、顺势而为，全面推进地方志事业转型升级。转型升级，当下最重要的目标就是完成“两全”目标，包括“年鉴全覆盖”目标；长远的目标就是基本形成地方志编修体系、理论研究和学科建设体系、质量保障体系、资源开发利用体系、工作保障体系“五位一体”的地方志事业发展综合体系，包括“五位一体”的年鉴事业发展综合体系。中国年鉴精品工程是一项探索工程，也是一项创新工程，是推进地方志事业转型升级的重要内容。通过实施中国年鉴精品工程，不仅有助于确保年鉴质量，不断编纂出版具有鲜明时代特征、年度特点和地域特色的精品年鉴，也有助于推动年鉴工作适应经济社会发展形势和时代需要，不断改革创新，与时俱进。

多年来，在中国地方志指导小组办公室的指导和全国各级地方志工作机构的共同努力下，年鉴种类数量快速增长，年鉴成果粲然可观，为实施中国年鉴精品工程奠定了坚实的基础。实施中国年鉴精品工程，就是要在全国地方志系统起到示范作用，进一步培育精品意识，打造精品年鉴，以点带面，在提高年鉴质量方面探索出一条切实可行之路，使这项探索工程和创新工程能够积累经验，发挥引领作用。

“万山磅礴，必有主峰；龙衮九章，但挈一领。”实施中国年鉴精品工程，是筑牢地方志事业特别是年鉴事业发展根基之举，其意义与价值不言而喻。但编修出年鉴精品佳作，绝非朝夕之功，需要付出长期艰辛的努力。希望通过实施中国年鉴精品工程，能够进一步推进年鉴质量建设，使年鉴真正成为传承中华民族优秀传统文化的重要载体，成为展示中国国情、地情的重要窗口，成为“为当代提供资政辅治之参考、为后世留下堪存堪鉴之记述”的资源宝库，在全面建成小康社会过程中作出更大贡献。

是为序。

中国社会科学院原副院长
中国地方志指导小组原常务副组长 李培林

城市名片

CITY CARD

- ◇ 全国文明城市
- ◇ 国家森林城市
- ◇ 全国社会治安综合治理“长安杯”
- ◇ 国家级生态保护与建设示范区
- ◇ 国家级海洋生态文明建设示范区
- ◇ 联合国人居奖
- ◇ 全国社会治安综合治理优秀市
- ◇ 国家可持续发展先进示范区
- ◇ 中国人居环境奖
- ◇ 全国绿化模范城市
- ◇ 国家节水型城市
- ◇ 国家卫生城市
- ◇ 国家园林城市
- ◇ 国家环境保护模范城市
- ◇ 中国优秀旅游城市
- ◇ 全国双拥模范城

数字日照 2021
DIGITAL RIZHAO

- ◇ 年末户籍总人口 309.55 万人
- ◇ 地区生产总值 2211.96 亿元
- ◇ 第一、二、三产业构成占比 8.8∶40.8∶50.4
- ◇ 社会消费品零售总额 654.89 亿元
- ◇ 进出口总额 1165.7 亿元
- ◇ 实际使用外资 5.19 亿美元
- ◇ 实际境外投资 1165.6 万美元
- ◇ 规模以上工业企业营业收入 4415.06 亿元
- ◇ 旅游总收入 287.97 亿元
- ◇ 地方一般公共预算收入 187.49 亿元
- ◇ 地方一般公共预算支出 270.58 亿元
- ◇ 财政用于民生支出 216.97 亿元
- ◇ 全市居民人均可支配收入 31059 元
- ◇ 全市居民人均消费支出 17950 元
- ◇ 城市公园绿地面积 1673.28 公顷
- ◇ 港口货物吞吐量 5.41 亿吨
- ◇ 全市民用汽车保有量 80.89 万辆

庆祝中国共产党成立100周年
1921
2021
庆祝中国共产党成立100周年
The 100th Anniversary of the Founding of
The Communist Party of China

2021 年 6 月 23 日，日照市领导集体参观学习日照市“不忘初心、牢记使命”党史教育展

（日照日报社 供图）

现代吕剧《先驱·王尽美》是 2021 年日照市庆祝中国共产党成立 100 周年推出的重点舞台艺术作品，获第十二届山东文化艺术节优秀剧目奖。图为 2021 年 5 月 19 日首演现场

（市文化和旅游局供图）

2021 年 6 月 11 日，日照市庆祝中国共产党成立 100 周年大型群众歌会在万平口景区演艺广场举行

（日照日报社 供图）

2021年5月18日，市委党史学习教育领导小组办公室举行首场新闻发布会，通报日照市党史学习教育“我为群众办实事”有关情况

（日照日报社 供图）

2021年6月24日，日照市举行“党徽在闪耀”百项志愿服务项目发布仪式，重点推出100项党员志愿服务项目

（日照日报社 供图）

2021年6月28日，“唱支山歌给党听”日照市庆祝中国共产党成立100周年文艺演出在日照文博中心礼堂上演 （邹 慧 摄）

2021 年 6 月 28 日，日照市为老党员代表颁发“光荣在党 50 年”纪念章（邹 慧 摄）

2021 年 6 月 26 日，日照市 1000 名 2021 年新入党党员在市级机关办公大楼前，面向党旗庄严宣誓

（市委组织部 供图）

日照市开展红色历史系列泥塑课程，红色教育厚植爱党爱国情怀。图为 2021 年 11 月 10 日，泥塑老师教授学生捏造红船，讲红船故事

（崔久团 摄）

日照市创新打造“乡村学堂”，推动党的创新理论“飞入寻常百姓家”。图为 2021 年 8 月 18 日，岚山区“红辉新语”理论宣讲团成员通过“乡村学堂”为党员群众讲解习近平总书记系列讲话精神

（中共岚山区碑廓镇委员会 供图）

2021 年 4 月 30 日，日照市举办“追随红色记忆 勇担青春使命”传承红色基因体验活动。图为岚山区青年团员体验动手编草鞋

（庄永吉 摄）

日照市"十四五"规划提出了建设现代化海滨城市的目标，2021年，市委、市政府积极塑造"阳光海岸·活力日照"城市品牌。图为日照市万平口阳光海岸带

（市文化和旅游局 供图）

日照拥有海岸线168.5千米，其中优质金沙滩64千米，优美岸线和优良水质的海域是日照最重要的战略资源。图为全国首个港口工业岸线生态修复典型案例——海龙湾退港还海工程 （市海洋发展局 供图）

2021年，日照市筹办第25届省运会，举办马拉松、围棋等品牌赛事。图为10月10日，日照市举办的“2021活力日照半程马拉松”赛事 （市体育局 供图）

山东省第25届运动会于2022年在日照市举办，图为开幕式场馆——奎山体育中心（市体育局 供图）

日照市积极推进“城市＋大学”共同体建设，让更多年轻人向往日照、选择日照、扎根日照。截至2021年底，日照市有8所高校，在校生8.89万人。图为曲阜师范大学日照校区一角　　（市教育局 供图）

截至2021年底，日照市在社区、学校、商圈等区域共建设41处“城市书房”（市文化和旅游局 供图）

2021年7月，莒国古城首期开放

（莒县地方史志研究中心 供图）

2021年，日照市完成老旧小区改造160个。图为山海天旅游度假区乔家墩子片区旧村改造后建成的太公旅游小镇，7月正式对外开放（张 浩 摄）

2021年1月20日，日照面向社会正式开放市文博中心、市美术馆和市博物馆新馆

（市文化和旅游局 供图）

2021年12月26日，“迎省运庆元旦”2021年日照市社区运动会总决赛在香河体育公园举办。图为日照市香河体育公园体育馆（市体育局 供图）

2021年，日照市中央活力区全面起势，数字经济、平台经济、信息服务等新兴业态加速集聚，实现税收31.7亿元，打造千万元楼宇17座、过亿元楼宇7座。图为日照市中央活力区（刘晓彬 摄）

「无证明城市」

2020年11月，日照市启动创建“无证明城市”，搭建“无证明办事”服务系统，到2021年底，实现17419个证明材料免提交。2021年12月30日，山东省人民政府办公厅发文将日照市在省内首创“无证明办事”服务系统作为全省经济社会发展综合督查发现的典型经验做法进行通报表扬，并入选中国政博会2021年政务服务百佳实践案例

2021 年 6 月 7 日，位于日照国际博览中心的市政务服务大厅正式启用。新的市政务服务大厅实现市政务服务大厅、市公安局出入境接待大厅、市不动产交易登记大厅、市人力资源和社会保障大厅、市医疗保障大厅、市住房公积金大厅功能“六合一”，为市民和企业开启更高效的办事体验服务　　（市行政审批服务局 供图）

2021年10月28日，日照市政务服务大厅工作人员为群众提供公积金提取业务无证明办理服务

（市行政审批服务局 供图）

2021年9月13日，日照某餐饮服务有限公司的夏女士通过“一窗通”平台的“分时分次办理”功能，单独申请办理了申领发票的业务

（市行政审批服务局 供图）

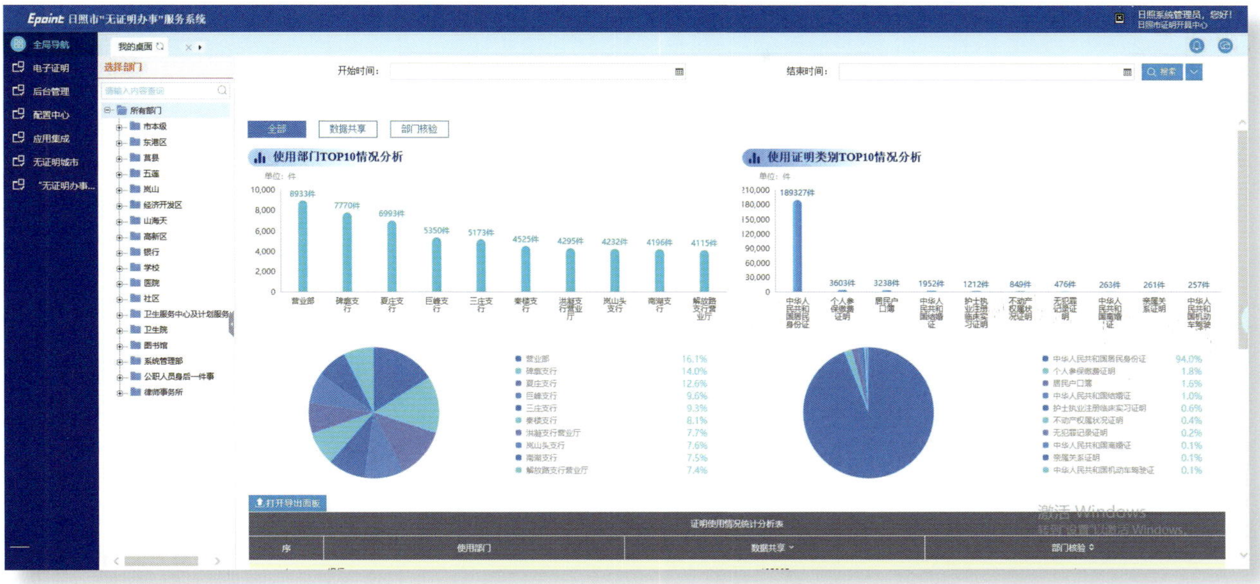

日照市"无证明城市"办事服务系统

日照市打造"全照办"政务服务品牌，截至2021年底，在全省率先上线婚育、就医、招工等主题服务37个，上线事项424个，其中"婚育服务'全照办'"获第一届中国智慧城市创新应用大赛特等奖。图为行政服务中心工作人员为市民办理业务

2021年11月，在智慧中国年会“2021（第四届）营商环境高质量发展优秀案例评选”活动中，日照市搭建的日照“政策通”平台入选智慧中国“2021（第四届）营商环境高质量发展特色50强”并获“协同力”示范奖

2021年6月28日，日照“城市大脑”正式发布上线，为政务服务“一网通办”提供强大数据中台。截至2021年底，打通全市31家委办局系统，数据38亿条，让“一网通办”成为现实，日照市“数林指数”全国城市排名第八，地级市排名第四　　（王宗刚　摄）

港口型国家物流枢纽

2021年11月，日照港口型国家物流枢纽入选“十四五”首批国家物流枢纽建设名单，该名单是山东省唯一“十四五”首批国家物流枢纽建设名单。日照市是国内少有的集港口、航空、高速公路、高铁公路、重载铁路、管道管廊等于一体的国家物流枢纽承载城市。日照市高质量推进国家物流枢纽建设，以日照港为核心引领，全力打造北方能源枢纽、黄河流域陆海联动转换枢纽、港口型国家物流枢纽“三大枢纽”

日照港岚山港区建成3座30万吨级原油码头，第四座30万吨级原油码头将于2022年建成。2021年岚山港区原油进口量占全国原油进口量的1/9。图为日照港岚山港区原油码头

（日照港 供图）

日照港是中国矿石运输系统第一层次港口，年接卸能力达1亿吨以上，是国内乃至世界港口矿石系统卸船能力、泊位能力最大的码头之一。图为日照港2个30万吨级矿石泊位

（日照港 供图）

2015年，日照机场正式通航，日照人民20多年的“机场梦”得以实现。截至2021年底，日照机场可通达20个国内城市。图为日照机场远景

（日照机场　供图）

日照岚山疏港铁路是日照市规划主导建设的第一条货运铁路，是日照港岚山港区集疏港体系建设的重要一环，是山东钢铁日照精品基地的配套工程。线路全长36.67千米，北接瓦日铁路巨峰站，南至岚山港区，途经2个区、4个镇、62个村庄，联通山钢、日钢、岚桥港和岚山港。图为建设中的岚山疏港铁路

（市交通运输局　供图）

2018年，青日连铁路正式通车，日照市跨入“高铁时代”。截至2021年底，日照市形成“两纵四横”铁路网格局，铁路总里程达300多千米。图为日照西综合客运站高铁站（日照西站） （市交通运输局 供图）

日竹高速公路（日照—竹园）于2000年建成通车，日照市由此正式进入“高速”时代。截至2021年底，日照市共有高速公路6条。图为日兰与沈海高速互通立交 （市交通运输局 供图）

日照港口总体规划了石臼、岚山两大港区274个泊位，建成生产性泊位88个。2021年完成货物吞吐量5.41亿吨，其中集装中箱完成517万标箱，内贸集装箱吞吐量升至全国第五位。图为日照港石臼港区鸟瞰图　　（日照港　供图）

编辑说明

一、《日照年鉴》首次出版于1995年，是由中共日照市委党史研究院（日照市地方史志研究院）组织编纂出版的年度资料性文献，每年公开出版1卷，本卷为第28卷。

二、《日照年鉴（2022）》以马克思列宁主义、毛泽东思想、邓小平理论、“三个代表”重要思想、科学发展观、习近平新时代中国特色社会主义思想为指导，坚持辩证唯物主义和历史唯物主义的立场、观点和方法，紧紧围绕市委、市政府中心工作，全面记载全市自然、政治、经济、文化、社会和生态建设的新情况、新进展、新变化，为各级领导机关提供决策依据，为社会各界和人民群众提供信息资料，为宣传、研究日照服务。

三、记述时间为2021年1月1日至2021年12月31日。为突出时效性和连续性，特载、附录中的有关内容适当下延至2022年。

四、采用分类编辑法，设类目、分目、条目3个层次，部分内容设子分目，条目为记述的基本单元。条目标题加【】。为进一步突出年度特色和地方特色，本卷年鉴与2021卷年鉴相比，在类目数量和顺序上有部分调整。新增日照港、临港涉海产业、开发园区、物流业类目。设特载、专记、大事记、市情概览、中共日照市委、日照市人大、日照市政府、政协日照市委、日照市纪委监委、民主党派·工商联、群众团体、法治、军事、经济管理、日照港、开放型经济、临港涉海产业、开发园区、农业、工业、建筑业、商贸服务业、物流业、金融业、旅游业、房地产业、交通 水利、城市建设、乡村振兴、生态环境、科学技术、教育、文化、卫生健康、体育、社会生活、应急管理、县区、人物 荣誉、附录、索引，共有41个部分。卷首设“庆祝中国共产党成立100周年”“阳光海岸·活力日照”“无证明城市”“港口型国家物流枢纽”图片专题，图文并茂地展示日照经济社会发展所取得的新成就。

五、数字用法、标点符号用法分别采用国家标准《出版物上数字用法》（GB/T 15835—2011）、《标点符号用法》（GB/T 15834—2011），计量单位采用国家技术监督局1993年12月发布的《量和单位》系列国家标准。为便于读者理解，个别内容使用习惯计量单位，如“亩”“斤”等。机构、职务等称谓，第一次出现时用全称，并在括号内标注简称，如中共日照市委员会、日照市人民政府等，之后，在不发生歧义的情况下，简称市委、市政府等。职务称谓亦如此。

六、全市综合性统计资料，由市统计局提供；各部门（单位）中具体数字由各部门（单位）提供，因统计口径不同等情况，个别数据在不同部类中不尽一致，使用时请注意出处。其他资料由市直各部门、各区县与国家、省属驻日照各单位负责提供，且均经撰稿单位负责人审签。

目 录

图片专题

特 载

专 记

大事记

市情概览

中共日照市委

日照市人大

日照市政府

政协日照市委

日照市纪委监委

民主党派·工商联

群众团体

法 治

军　事

经济管理

日照港

开放型经济

临港涉海产业

开发园区

农　业

工　业

建筑业

商贸服务业

物流业

金融业

旅游业

房地产业

交通 水利

城市建设

乡村振兴

生态环境

科学技术

教　育

文 化

卫生健康

体 育

社会生活

应急管理

县　区

人物　荣誉

附　录

阔步新征程 担当新使命 奋力谱写现代化海滨城市精彩蝶变新篇章

——在中国共产党日照市第十四次代表大会上的报告

中共日照市委书记 张 惠

（2022 年 2 月 12 日）

中国共产党日照市第十四次代表大会，是在踏上全面建设社会主义现代化新征程、推进日照精彩蝶变的关键时期召开的一次十分重要的会议。大会的主题是：高举习近平新时代中国特色社会主义思想伟大旗帜，深入贯彻落实习近平总书记对山东工作的重要指示要求，阔步新征程，担当新使命，奋力谱写现代化海滨城市精彩蝶变新篇章。

一、过去五年工作回顾

市第十三次党代会以来的五年，是极不平凡的五年。世纪疫情叠加百年变局，经济下行压力空前加大，资源要素制约、生态环境治理、产业转型升级等困难挑战接踵而至。面对严峻的现实考验，市委坚持以习近平新时代中国特色社会主义思想为指导，团结带领全市各级党组织和广大党员干部群众，知重负重、破难前行，现代化海滨城市建设迈出坚实步伐。

*政治建设全面加强。*坚持把学懂弄通做实习近平新时代中国特色社会主义思想作为首要政治任务，认真落实“第一议题”制度、领导干部带头宣讲制度、理论学习中心组巡听制度，广大党员干部政治判断力、政治领悟力、政治执行力明显增强。扎实开展“不忘初心、牢记使命”主题教育、党史学习教育，隆重庆祝改革开放 40 周年、新中国成立 70 周年、中国共产党成立 100 周年，对党绝对忠诚的政治立场更加鲜明，理想信念更加坚定。围绕贯彻习近平总书记对山东工作的重要指示要求，建立闭环落实机制，以实际行动坚定拥护“两个确立”、坚决做到“两个维护”。

*经济发展量质双升。*全市地区生产总值达到 2211.96 亿元。三次产业结构调整为 8.8∶40.8∶50.4。一般公共预算收入、规模以上工业增加值年均分别增长 7.8%、7.4%，一般公共预算收入税收占比平均超过 80%。“规上”企业发展到 2432 家，市场主体突破 40 万户，分别是 2016 年的 1.6 倍、2.1 倍。新旧动能转换彰显成效，高新技术企业数量增长 8.3 倍，有效发明专利拥有量增长 3.5 倍，研发投入占地区生产总值比重由全省末位跃居第三位，成功获批创建国家创新型城市，跻身全国城市创新能力百强。粮食种植面积稳定在 200 万亩左右，年产量稳定在 85 万吨左右。海洋牧场建设走在全省前列，黄海冷水团深远海养殖成为全国首创。钢铁产业产值突破 1900 亿元，汽车乘用车“整车梦”成为现实，新一代信息技术、生命健康、互联网服务、航空等新兴产业破土起势。全域旅游提质升级，海洋公园、东夷小镇等精品旅游项目建成运营，新建中高端酒店 42 处、特色民宿 60 处，旅游公共服务设施更加完善，“阳光海岸 · 活力日照”品牌更加响亮，山海天旅游度假区成功创建为国家级。

*改革开放纵深推进。*新一轮党政机构、群团组织、事业单位改革顺利完成。“9 + 3”改革攻坚蹄疾步稳，32 项改革走在全国前列。“放管服”改革持续深化，市县同权、一件事主题服务、无证明城市等改革落地见效，市级政务服务场所实现“六合一”，“阳光速办”成为日照靓丽新名片。智慧城市建设取得实质性突破，“城市大脑”建成使用，“一网统管”“一网通办”全面实现，数林指数跃居全国地级市第四位。国有企业资产总量、营业收入、利润总额分别增长 152%、230% 和 65%。累计实际使用外资 13.1 亿美元，是上五年的 1.7 倍。综合保税区一期封

关运营，进出口贸易结构持续优化，外贸新业态发展实现历史性突破，获批设立国家级跨境电子商务综合试验区。港口货物吞吐量超过5.4亿吨，跃居全国沿海港口第六位，获批港口型国家物流枢纽。日照机场跨入百万级机场行列。

民生福祉显著改善。民生支出占一般公共预算支出比重保持在80%以上。城乡居民人均可支配收入年均增长7.8%，收入比由2.12缩小到1.95。脱贫攻坚全面胜利，11.8万贫困人口稳定脱贫。九类困难群众救助保障标准大幅提高。就业创业扎实推进，城镇新增就业18.7万人，城镇登记失业率控制在2.25%以内，累计发放创业担保贷款53.7亿元，支持3.3万人自主创业。教育事业蓬勃发展，教育支出年均增长11%，建改扩幼儿园304所、中小学196所，新增学位11万个，普惠性幼儿园覆盖率达85.4%。课后延时服务率先普及、走在全国前列。日照职业技术学院入选中国特色高水平高职学校和专业建设计划30强，山东外国语职业学院成功升本，各类教育全面提升。医药卫生体制改革纵深推进，被国务院表彰为公立医院综合改革真抓实干成效明显地区。全市55处乡镇街道卫生院普遍建成“国医堂”。农村适龄妇女“两癌”筛查实现全覆盖。义务教育生均公用经费、城乡低保覆盖率、被征地农民养老保障水平、居民和职工医保实际报销比例位居全省前列。食品药品监管机制改革持续深化，全域创建为省级食品安全示范市，成功获批创建国家食品安全示范城市。为民办实事实现制度化，群众满意度测评连续两年位列全省第二位。

文化文明建设成果丰硕。扎实践行社会主义核心价值观，建成市县镇村四级新时代文明实践体系，新时代文明实践工作实现省级以上试点全覆盖，蝉联全国文明城市。文化事业繁荣发展，博物馆、美术馆、大剧院等公共文化服务设施建成启用，创新性开展城市书房体系建设，图书馆、城市书房实现联动共享，城乡居民文化生活更加丰富。文艺精品不断涌现，《时间的压力》获得鲁迅文学奖，《经山海》荣获“五个一工程”奖，电视剧《经山历海》入选庆祝中国共产党成立100周年优秀展播剧目。体育事业快速发展，高标准建设奎山体育中心、香河体育公园、网球中心、足球中心等现代化体育设施，人均体育场地面积位居全国城市前列，第25届省运会、第11届省残运会筹备工作有序推进。

城乡面貌深刻变化。精致城市建设加快推进，中央活力区快速起势，日照西综合客运站、博览中心、科技馆等公共服务设施落成启用。迎宾路快捷路、厦门路等城市道路建成通车，城市公交和慢行系统显著优化。完成城中村改造251个，惠及居民24万人。建成城乡生态休闲绿道480千米，新建改造提升城区公园绿地300处。新型城镇化扎实推进，常住人口城镇化率提高到62.1%。乡村振兴战略稳步实施，“四好农村路”和高标准农田建设走在全国全省前列，成功创建一批省级美丽乡村示范村和示范片区，农村生活环境大幅改善。基础设施建设迈出重大步伐，青日连铁路、日兰高铁建成运营，全市人民期待已久的“高铁梦”成为现实。潍日高速、岚罗高速建成通车，日照港“东煤南移”一期工程基本建成，新建油气管道9条、566千米，交通枢纽优势更加凸显。供水、供电、供热、供气等设施保障能力显著提升，建成城市应急备用水源一期工程，日照水库、青峰岭水库、仕阳水库实现联调联控，现代水网体系更加完善。新建110千伏以上变电站14座，新增供热入网面积2350万平方米，新开通居民燃气用户28万户。5G网络实现城区室外连片覆盖，成功入选全国首批“千兆城市”。新建公共停车位2.2万个，入选国家级ETC智慧停车试点城市。

生态环境持续向好。坚持铁腕治污、精准科学依法治污，扎实推进中央、省环保督察反馈问题整改，2021年$PM_{2.5}$、PM_{10}平均浓度比2016年分别降低43.6%和41.6%，环境空气质量全面达到国家二级标准。主城区雨污分流改造全面完成，畜禽养殖污染得到根本治理，城市黑臭水体动态清零，7个国控考核断面水质均值全部达标。海洋生态环境保护修复工程深入实施，“林水会战”成效显著，河湖管理工作获国务院表彰激励，成功创建国家森林城市、国家生态保护与建设典型示范区，两区两县全部争创为全国县域节水型社会达标县（区）。

社会大局和谐稳定。大力推进民主政治建设，支持人大依法履职，支持政协充分发挥专门协商机构作用。坚持和完善大统战工作格局，加强与各民主党派、工商联、无党派人士合作共事，民族、宗教、港澳、对台、侨务、外事等工作取得新进步。加强依法治市工作，高质量完成“七五”普法，成功创建山东省法治政府建设示范市，基层庭站所精准赋能改革走在全国前列。扎实开展政法队伍教育整顿。深化平安日照建设，创新市域社会治理，扫黑除恶取得阶段性胜利，成功摘得全国社会治安综合治理最高奖“长安杯”。打击逃废银行债务取得重大战果，贸易融资风险得到妥善化解。建立健全非诉纠纷解决机制，重点领域信访突出问题专项治理成效明显。安全隐患排查整治深入推进，2021年全市生产安全事故起数、死亡人数比2016年分别下降81%、73%。统筹推进疫情防控和经济社会发展，干净利索打赢五莲疫情处置防控攻坚战。国防动员、人民防空、双拥共建工作进一步加强，成功争创全国双拥模范城“六连冠”。

党的建设走深走实。认真落实新时代党的建设总要求，创新推出“四责协同”机制，管党治党责任进一步压实。聚力建设忠诚干净担当的干部队伍，牢固树立公平公正、重实干重实绩的鲜明导向，常态化推进干部轮岗交流和一线锻炼。高质量完成县乡村换届。接续开展基层党建全面提升年、责任落实年行动，大力整顿软弱涣散基层党组织，基层党组织战斗堡垒作用显著增强。加强宣传思想工作，严格落实意识形态工作责任制，主流思想舆论持续巩固壮大。完善党建带群建制度机制，工会、共青团、妇联等群团组织强“三性”、去“四化”成效明显。认真落实中央八项规定及其实施细则精神，锲而不舍纠“四风”、树新风，大力整治形式主义、官僚主义，干部作风持续优化。扎实做好省委巡视反馈问题整改，高质量实现十三届市委任期内巡察全覆盖。深入推进清廉日照建设，在全省率先建立“红脸出汗”问题清单谈心谈话、“以案促廉”警示教育等制度机制，一体推进不敢腐、不能腐、不想腐，风清气正的政治生态更加巩固。

五年砥砺奋进，成绩来之不易。最根本的在于以习近平同志为核心的党中央领航掌舵，得益于省委的正确领导，得益于历届领导班子的接续奋斗，得益于全市广大党员干部群众的团结一心、真抓实干。

回顾过去五年，我们深刻认识到，做好日照工作，必须旗帜鲜明讲政治，坚持不懈学懂弄通做实习近平新时代中国特色社会主义思想，不断提高政治判断力、政治领悟力、政治执行力，以实际行动拥护“两个确立”、做到“两个维护”。必须牢固树立人民至上理念，把以人民为中心的发展思想融入政绩观，融入一切决策、一切工作之中，做到真心为了群众、真诚依靠群众、真干服务群众，让老百姓的日子一天比一天好。必须完整准确全面贯彻新发展理念，坚持创新、协调、绿色、开放、共享统筹兼顾、一体贯彻，努力实现更高质量、更有效率、更加公平、更可持续的发展。必须持续深化改革开放，以深化改革破除发展制约束缚，以扩大开放塑造合作竞争优势，着力增强发展动力活力。必须统筹发展和安全，增强忧患意识，发扬斗争精神，积极防范化解各类风险，牢牢守住“一排底线”。必须纵深推进全面从严治党，勇于刀刃向内、自我革命，把各级党组织建设得更加坚强有力。这些认识和体会，一定要认真坚持和发扬。

在看到成绩的同时，我们也清醒认识到工作中还存在一些问题和不足，主要是：发展不平衡不充分仍是基本市情，经济总量不大、结构不优、创新力不强、县域经济薄弱等问题仍然突出；重点领域改革任务仍然艰巨，对外开放水平和区位优势还不相称；民生保障、公共服务、社会治理水平有待进一步提高，共同富裕的基础还不牢固；党的建设存在薄弱环节，形式主义、官僚主义仍然存在，贪污腐败问题仍未根除。对这些问题，我们一定要高度重视，采取有力措施，切实加以解决。

二、今后五年工作的总体要求和主要目标

今后五年，全市工作的总体要求是：坚持以习近平新时代中国特色社会主义思想为指导，深入落实习近平总书记对山东工作的重要指示要求，认真贯彻党中央决策部署、省委工作要求，紧紧围绕统筹推进“五位一体”总体布局和协调推进“四个全面”战略布局，坚持以党的建设为引领，大力弘扬伟大建党精神，坚持稳中求进工作总基调，坚持以人民为中心的发展思想，完整准确全面贯彻新发展理念，主动服务和融入新发展格局，统筹发展和安全，深入实施生态立市、创新兴市、产业强市、开放活市战略，不断增强经济社会发展创新力，加快实现高质量发展、高品质生活、高效能治理，促进共同富裕，奋力谱写现代化海滨城市精彩蝶变新篇章。

全市经济社会发展的主要目标是：

*——推动高质量发展实现新突破。*地区生产总值力争达到3000亿元，现代化经济体系建设取得标志性成果，新动能成为经济发展的主导力量，“十大创新”全面提升，县域经济综合实力明显增强，人均地区生产总值力争赶超全省平均水平，高质量发展走在全省前列。

*——提升城乡功能品质实现新突破。*城乡融合深度发展，精致城市建设水平大幅跃升，常住人口城镇化率达到67%以上。碳达峰行动扎实推进，生态修复和污染防治成效明显，环境空气质量稳定达到国家二级标准，生态日照底色更靓、成色更足。

*——深化改革开放实现新突破。*重点领域改革持续推进，对外开放新高地建设积厚成势，市场主体总量突破60万户，累计实际使用外资实现翻番，外贸进出口提质增效，产业成长活力、市场主体活力、城乡发展活力显著增强。

*——推进高效能治理实现新突破。*数字日照建设迈出更大步伐，政务服务“一网通办”、城市运行“一网统管”更加灵敏高效。社会主义民主法治更加健全，平安日照建设成效更加显著，市域治理体系和治理能力现代化水平明显提升，防范化解各类风险能力显著提高，城市更加安全、更有韧性、更为智慧。

*——促进共同富裕实现新突破。*民生保障网更加密实，公共服务更加完善，基本公共服务均等化水平明显优化，全市居民收入显著提高，城乡居民收入差距持续缩小，共同富裕迈出坚实步伐，“生活在日照就是幸福”更加充实、更有质感。

*——加强党的建设实现新突破。*管党治党责任压紧压实，党的组织体系更加完善，广大党员理想信念更加坚定，各级干部素质能力更加过硬，践行“严真细实快”成为行动自觉，党群干群关系更为密切，清廉日照建设深入推进，政治生态持续优化。

实现上述奋斗目标，必须胸怀“两个大局”、心怀“国之大者”，深刻把握进入新发展阶段、贯彻新发展理念、构建新发展格局的大背景、大逻辑，在不断积势蓄势中推进精彩蝶变、成就美好未来。

做好今后五年的工作，必须科学识势。放眼世界，在新冠疫情冲

击下，百年变局加速演进，外部环境更趋复杂严峻和不确定。从国内看，我国发展仍处于重要战略机遇期，在以习近平同志为核心的党中央坚强领导下，实现中华民族伟大复兴已进入了不可逆转的历史进程，国内发展环境对我们非常有利。港口型物流枢纽建设纳入国家规划布局，我市在国家发展战略中的地位更加凸显。省委、省政府对日照发展高度重视，在钢铁等重大生产力布局、高铁等重大基础设施建设、胶东经济圈一体化等重大发展战略考量上，给予大力支持。从自身看，日照拥有得天独厚的港口优势，联动陆海、互济东西、衔接南北的区位优势，碧海、蓝天、金沙滩的生态优势。经过建市三十多年的发展，传统优势产业已经积厚成势，新兴产业正在蓬勃生长，由港口、机场、高铁、高速公路、油气管道构成的现代化立体交通运输体系日趋完备，实现精彩蝶变其时已至、势在必成。我们必须顺势而为、乘势而上，辩证看待危与机，准确把握时与势，在危机中育先机，于变局中开新局。

做好今后五年的工作，必须系统谋势。展望今后五年，习近平总书记赋予山东“走在前列、全面开创”“三个走在前”的历史使命，为我们做好各项工作提供了总遵循、总定位、总航标。省委确立“六个一”发展思路、“六个更加注重”策略方法、“十二个着力”重点任务，让我们的发展目标、路径、方法更加清晰。我们必须牢记习近平总书记殷殷嘱托，认真落实省委工作要求，坚持以党的建设为引领，以推动高质量发展、创造高品质生活、实现高效能治理为目标，深入实施生态立市、创新兴市、产业强市、开放活市战略，加快建设现代化国际港口名城、现代化国际海滨旅游度假名城、现代化海滨体育名城、现代化生态宜居名城，让精彩蝶变的美好蓝图早日转变成有温度、可感知的生动现实。

做好今后五年的工作，必须合力成势。日照是一座蕴藏着巨大发展潜力的城市，是一方干事创业的热土。这里有一支想干事、能干事的党员干部队伍，有一批开拓奋进、扎根日照的企业家，有一群富有激情、勇于进取的创新创业人才，还有300多万勤劳智慧、务实肯干的人民群众，这是我们实现精彩蝶变的最硬核支撑。我们坚信，有以习近平同志为核心的党中央领航掌舵，有习近平新时代中国特色社会主义思想科学指引，有省委的正确领导，只要我们心往一处想、劲往一处使，一起拼、一起成，芳华日照一定会迎来一场大气磅礴的精彩蝶变，一个经济繁荣、生态宜居、活力时尚、治理高效、幸福和谐的崭新日照，一定会以独特的魅力屹立于黄海之滨。

三、今后五年的主要任务

（一）聚力推进产业强市。产业是日照决胜未来的根本所在。必须紧紧扭住新旧动能转换的“牛鼻子”，牢固树立“项目为王”理念，大力加强双招双引和项目建设，不断膨胀总量、提升质量，挺起高质量发展“脊梁”。

加快传统产业转型升级。坚持绿色化、高端化、智能化发展方向，加快打造世界知名的沿海先进钢铁制造基地、富有活力的汽车整车及零部件产业基地和临港涉海产业转型示范区。突出抓好日钢产能承接、山钢日照基地二期等项目，加快构建可持续、有韧性的钢铁产业生态圈。坚持做大整车、做强配套、做优服务，推动汽车产业向千亿级迈进。大力推动化工、粮油、浆纸、建材等产业转型升级。开展工业技改提级行动，深入实施“千项技改、千企提质”工程，建设一批两化融合重点项目，支持企业用好用活工业互联网平台。开展优质企业培育行动，加大个转企、小升规、规改股、股上市力度，鼓励更多企业参与标准制定，增强行业话语权。

大力培育新兴产业。聚焦“四新”领域，完善双招双引机制，引进更多头部企业和重大项目，大力培育专精特新“小巨人”、单项冠军、瞪羚和独角兽企业。支持经开区、高新区打造新兴产业聚集地。实施产业链供应链生态建设工程，推动新一代信息技术产业向高端软件、人工智能、集成电路等方向延链扩圈，生命健康产业在生物医药、医疗器械、医养康养等细分赛道塑成优势，航空产业在通航制造、飞机改装维修、飞行培训等领域彰显特色，新材料产业在基础性材料、关键战略性材料等方面实现突破。到2026年，“四新”经济占地区生产总值比重达到38%以上。

繁荣发展现代服务业。坚持以全域旅游和现代物流产业为牵引，加快多业融合、新业态培育和产业集聚区建设，构建特色鲜明、竞争力强的现代服务业体系。深入开展国家文化和旅游消费试点城市建设，突出抓好开元森泊度假乐园、莒国古城、东方太阳城等精品旅游项目，完善旅游基础设施，争创国家全域旅游示范区。实施传统消费升级和新兴消费扩容行动，推动现代商贸、家政物业、互联网服务等生活性服务业向高品质、多样化升级，促进工业设计、商务会展、服务贸易等生产性服务业向专业化和价值链高端延伸。

高水平构建现代海洋产业体系。更加注重经略海洋，推动海洋渔业挺进深远海，打造北方重要的苗种繁育中心、国家级海洋牧场示范区。释放港口带动效应，促进航运、贸易等产业集聚发展。持续做大海洋高端装备制造、海洋药物与生物制品等产业，加快培育海上垂钓、帆船帆板、赛艇龙舟、邮轮游艇等海洋休闲旅游业态，积极发展“海洋+”新业态新模式，形成更多面向未来的蓝色经济增长点。

（二）坚定推进生态立市。全面贯彻习近平生态文明思想，坚定不移走生态优先、绿色发展之路，让碧海蓝天、绿水青山成为日照最靓丽的底色。

扎实推动绿色低碳发展。编制实施碳达峰工作方案，构建碳达峰任务落地“1＋N”体系。开展新一轮“四减四增”行动，推动节能减污降碳协同增效。加快优化产业结构，深入落实“三个坚决”，遏制“两高”项目盲目发展，力争单位生产总值能耗下降18%。优化能源结构，抓好煤炭清洁高效利用，实施工业余热供热、建筑光伏一体化、园区循环化改造等行动。深入调整运输结构，大宗货物清洁运输占比力争达到80%以上。全方位贯彻“四水四定”原则，完善水价政策体系，加强中水回用，促进水资源集约节约利用。推行城市生活垃圾分类和减量化处理、资源化利用，发展绿色金融、绿色建筑、绿色交通，在全社会倡导简约适度、绿色低碳的生活方式。

深入打好污染防治攻坚战。强化$PM_{2.5}$和臭氧协同控制，加大氮氧化物和挥发性有机物治理力度，严格移动源和扬尘管控，持续改善空气质量。深入落实河湖长制，巩固提升畜禽养殖污染治理成果，分类整治入河入海排口，实现雨污合流管网清零、黑臭水体清零和污水处理提标。强化土壤污染防治，深入抓好农业面源污染治理，切实提高土壤安全利用水平。

持续推进生态保护与修复。坚持保护优先、自然恢复为主，统筹山水林田湖草系统治理，严格“三线一单”生态环境分区管控，筑牢生态安全屏障。突出抓好日照水库流域生态保护与产业开发国家试点，深入推进傅疃河口、两城河口、沭河国家湿地公园建设。深入落实“林长制”，开展国土绿化质量提升行动，加强森林资源保护，争创国家生态园林城市。全面落实“湾长制”，强化海岸带精细化管控，倾力保护海洋环境，打造世界一流阳光海岸。

不断健全生态文明制度体系。建立生态日照建设目标评价考核制度。深化领导干部自然资源资产离任审计，强化自然资源损害责任追究。完善综合执法和公益诉讼制度，强化跨区域协同保护治理。健全生态补偿和生态产品价值实现机制，深化排污权、用能权、用水权、碳排放权交易合作，拓宽绿水青山向金山银山转化通道。

（三）强力推进创新兴市。坚持把产学研合作作为科技创新核心路径，强化企业创新主体地位和主导作用，加快国家创新型城市建设，努力把科技创新“关键变量”转化为高质量发展“最大增量”。

培育高水平创新主体。实施高新技术企业和科技型中小企业“双倍增”计划，培育一批核心技术能力突出、集成创新能力强的创新型领军企业。鼓励企业加大研发投入，推动重点工业企业建设高水平研发机构，支持组建产业技术创新联盟。深化产业链创新链融合，实施以产业发展需求为导向的重大科技专项和重点研发计划，构建支撑有力的共性技术供给体系。

打造高能级创新载体。完善高新区高质量发展体制机制，积极争创国家级高新区。深入推进“城市＋大学”共同体建设，加快大学科技园转型升级。健全与国家级、省级创新平台合作机制，积极吸引重点高校、科研院所等设立分支机构，打造高水平科教创新平台。深化市属科研机构改革，赋予科研单位更多自主权。加快建设一批省级以上重点实验室、技术创新中心和高端新型研发机构，培育创新楼宇、众创空间、孵化器、加速器等载体，全力打造覆盖科技创新全过程的平台体系。

汇聚高层次创新人才。实施更加开放包容的人才政策，大力引进科技领军人才、青年科技人才和高水平科技人才团队。继续实施“日照英才”计划，加大优秀高校毕业生引进力度，提高驻日照高校毕业生扎根日照比例，积极创建青年发展友好型城市。大力发扬工匠精神，加强创新型、应用型、技能型人才培养，壮大专业技术人才和高技能人才队伍。坚持党管人才原则，健全人才评价激励机制，优化人才安家立业全周期服务，让海内外人才在日照创业有机遇、创新有平台、事业有成就、生活更幸福。

构建高效能创新生态。深入推进科技体制机制改革，推行科技攻关“揭榜制”、首席专家“组阁制”、项目经费“包干制”。建立务实有效的企业技术需求与创新团队对接机制，打造“政产学研金服用”创新创业共同体。积极引导发展天使基金、成果转化基金，鼓励金融机构加大科技信贷支持力度，增强科技金融服务能力。大力培育科技服务业，支持黄海科技创新研究院建设国家级技术转移示范机构。加强知识产权创造、保护和运用，建设省级专利标准战略融合试点城市。着力培育创新文化，营造鼓励创新、宽容失败的良好氛围，让创新力量充分涌流。

（四）扎实推进开放活市。放大日照比较优势，主动服务和融入新发展格局，实施更大范围、更宽领域、更深层次对外开放，提升城市国际化、现代化水平。

塑造开放平台新优势。坚持把港口作为对外开放龙头，加强与省港口集团深度合作，支持日照港加大国际航线开辟力度，拓展集装箱业务，加快智慧港口、绿色港口建设，打造世界一流海洋港口。发挥园区对外开放主阵地作用，深化开发区体制机制改革，支持园区升级创建、争先进位。加快推进日照综合保税区二期建设，积极创建自贸区联动创新区。深度参与胶东经济圈一体化建设，借助更高平台提升开放水平。

塑造开放枢纽新优势。发挥“一带一路”海上合作战略支点、黄河流域最便捷进出海口优势，放大枢纽功能，发展枢纽经济。主动服务和融入黄河流域生态保护和高质量发展，沿瓦日和新菏兖日铁路，纵深布局无水港和铁路物流园，打造黄河流域陆海联动转换枢纽。加快推进“东煤南移”二期、LNG接收站、华能电煤储备转运基地等重点项目建设，打造综合能源协同保障基地和北方能源枢纽。突出抓好日照港国际物流园、中谷多式联运综合物流园等项目建设，提高照蓉欧国际班列运行质量，打造一流港口型国家物流枢纽。

塑造开放型经济发展新优势。加快推动外贸转型升级，提升新业态新模式、高技术产品占比，推进国家级外贸转型升级示范基地建设。深化与国际知名企业战略合作，深耕日韩、巩固东南亚、拓展港澳台、突破欧美，扩大利用外资规模。稳妥开展对外经济合作，高质量参与“一带一路”、区域全面经济伙伴关系协定自贸区建设，不断提升对外开放质效。

（五）统筹推进城乡融合。坚持工农互促、城乡互补、协调发展、共同繁荣，科学统筹基础设施建设、公共服务配套和生产要素配置，推动城乡一体、融合发展。

着力打造精致城市。坚持世界眼光、突出日照特色，制定精致城市标准体系，高水平构建国土空间规划体系，加强城市风貌设计，科学管控建筑高度、形态、色彩和天际线，彰显城市阳光气质、滨海气韵、开放气度。深入推进园林绿化提档升级，健全完善城乡绿道网络，优化城乡生态空间布局，打造山海人城和谐相融的公园城市。实施城市更新行动，推进石臼片区、潍坊路片区、日照路西片区改造提升，加快老旧小区改造。实施城市畅通工程，推进拥堵节点综合治理、“断头路”连通等专项行动，建设公交友好型城市。实施城市“生命线”工程，开展城市体检评估，提升应对处置安全风险能力。加快建设智慧城市，下足“绣花”功夫抓城市精细化管理，让城市更有品质、更有情怀、更有温度。

举全市之力突破县域经济。实施县域经济突破行动，推动交通基础设施倾斜，加快实施京沪高铁辅助通道日照段、青岛至京沪高铁辅助通道连接线、省道220西延、莒北莲西路网完善、董梁高速日照段等工程，实现县县通高铁、市县一级公路连接全覆盖。推动产业布局倾斜，加强市级统筹，市县一体培育龙头企业、壮大特色产业集群，增强县域产业实力。推动资源要素倾斜，重点支持县域领航型项目建设，助力各区县竞相发展、进位争先。

加快新型城镇化进程。深入推进以人为核心、以提高质量为导向、以县城为重要载体的城镇化，提升智慧化、绿色化、均衡化、双向化水平。开展新型城镇化三年行动，加快推动县城城镇化补短板强弱项，推动公共服务设施提标扩面、环境卫生设施提级扩能、市政公用设施提档升级、产业培育设施提质增效，提升县城综合承载力。发挥乡镇连接城乡的节点作用，加快打造一批特色镇。建立健全城乡融合发展体制机制，创建省级城乡融合发展试验区，逐步实现城乡水电路气信等设施同规同网、城乡公共服务均衡发展。

高质量推进乡村振兴。把乡村振兴战略作为新时代“三农”工作总抓手，精准发力“五个振兴”，努力为打造乡村振兴齐鲁样板蹚出路子、积累经验。落实最严格的耕地保护制度，牢牢守住粮食安全底线。大力发展绿色有机农业，集中打造茶叶、桑蚕、蓝莓、中药材等8大特色优势产业集群，实施“日照绿茶”地理标志运用促进工程，打造在全国叫得响的特色农业品牌。实施现代种业提升工程，农作物良种覆盖率稳定在98%以上。深入挖掘乡村资源，拓展乡村旅游、农村电商等新业态新模式。扎实开展乡村建设行动，以农村饮水安全、生活污水垃圾治理、村容村貌提升为重点，全面提升农村人居环境质量。创新吸引人才返乡留乡激励机制，实施农民职业技能培训计划。深化农村领域集成改革，巩固扩大农村集体产权制度改革成果。完善防止返贫动态监测和帮扶机制，推动巩固拓展脱贫攻坚成果同乡村振兴有效衔接。

提升基础设施承载能力。统筹“七网”建设，加快推进岚山疏港铁路、坪岚铁路扩能改造、岚山港疏港高速、沈海高速拓宽和临日高速等重点项目，全力服务保障日照机场改扩建工程，推进莒县、五莲县通用机场规划建设，构建更高水平的现代化交通运输体系。高标准建设日照综合客运站，提升日兰高铁起点保障功能。实施好沭河莒县段综合治理提升、陡山水库向日照调水等重大水利工程，抓好非常规水源开发利用，提升水资源保障能力。推动精致电网建设，加快打造网城融合型能源互联网。前瞻布局新型基础设施，突出抓好5G基站、充电桩、智能化码头等建设，为高质量发展提供有力支撑。

（六）纵深推进改革攻坚。坚决落实党中央改革部署和省委工作要求，坚持系统集成、协同高效，积极推动各项改革任务落地见效，以强有力的改革撬动社会生产力进一步解放、市场主体活力持续增强。

持续优化营商环境。深入开展营商环境创新提升行动，深化“双全双百”工程，迭代升级“爱山东·日照通”App，持续推进“无证明城市”建设。健全完善惠企政策免申即享、快速兑现机制，探索推行重点民生领域“综合监管一件事”，让企业和群众办事更方便、更快捷。深化“放管服”改革，落实政府权责清单和市场准入负面清单制度，高质量推进“双随机、一公开”和“互联网＋监管”。实施信用赋能工程，大力推进“信易＋”等场景建设，争创国家社会信用体系建设示范城市。

加快重点领域改革突破。扎实推进土地、资本、技术等要素市场化配置综合改革，提高要素资源配置效率。强化财政资源统筹，深化财政事权与支出责任划分改革，加强政府债务管理，提高各级财政保障能力。实施融资畅通工程，用好用活政府投资引导基金，引导金融机构加大对实体经济的支持力度。推动日照银行上市，深化农商行改革，促进金融业高质量发展。聚力突破企业上市，鼓励和引导企业登陆资本市场。

激发各类市场主体活力。决战决胜国企改革三年行动，加快推进国有资本布局优化和结构调整，提升国有企业在推进重大战略、产业升级、民生保障等方面的引领作用。实施民营企业高质量发展行动，推进企业全生命周期服务集成改革，健全民营企业诉求处理联动机制，为民营经济发展保驾护航。健全完善优秀企业家培育激励机制，大力弘扬企业家精神，让企业家更有作为、更有地位、更受尊重。

强化数字变革赋能。坚持数字政府、数字经济、数字社会一体推进，充分发挥数字政府建设的引领作用，积极推进数字机关建设，加大政务服务流程再造力度，提高数据开放共享应用水平，加快打造整体智治、高效运行的现代数字政府。倾力发展数字经济，协同推进产业数字化、数字产业化，数字经济核心产业增加值年均增长20%以上。积极建设数字社会，以城市大脑为牵引，加快推进更多应用场景建设，努力为百姓生活插上“智慧翅膀”。

（七）切实加强民主政治建设。坚持党的领导、人民当家做主、依法治国有机统一，不断发展全过程人民民主，推进民主政治制度化、规范化、程序化。

保证和支持人民当家做主。加强党对人大工作的全面领导，支持人大加强对“一府一委两院”的监督，确保行政权、监察权、审判权、检察权依法正确行使，不断提升人大工作质量和水平。支持政协加强专门协商机构建设，不断提高政治协商、民主监督、参政议政水平，更好凝聚共识，把政协制度优势有效转化为治理效能。健全基层党组织领导的基层群众自治制度，完善以职工代表大会为基本形式的企事业单位民主管理制度，实现党的领导、政府管理与基层民主良性互动。

更好凝聚社会各方力量。充分发挥新时代统一战线法宝作用，支持民主党派、工商联和无党派人士加强自身建设、更好履职尽责，提升多党合作制度效能。以铸牢中华民族共同体意识为主线，积极促进各民族交往交流交融。全面贯彻党的宗教工作基本方针，积极引导宗教与社会主义社会相适应。加强党外知识分子和新的社会阶层人士统战工作。做好外事、侨务、港澳、对台和对口援疆、东西部协作等工作。深入构建“亲”“清”新型政商关系，促进非公有制经济健康发展和非公有制经济人士健康成长。加强国防动员和后备力量建设，深入推动军民融合发展，巩固军政军民团结，争创全国双拥模范城“七连冠”。

（八）致力增进民生福祉。坚定践行以人民为中心的发展思想，始终把老百姓的身边事、烦心事当作我们的心头事，持续办好民生实事，不断改善人民生活、促进共同富裕。

办好人民满意教育。建立健全基本公共教育资源均衡配置机制，深入实施学前教育发展提升、义务教育强镇筑基行动计划，建改扩幼儿园、中小学51所，新增学位4万个。建立中小学校党组织领导的校长负责制。重视关心下一代工作，加强青少年思想道德教育，扎实推进“双减”，提高课堂教学质量，深化课后延时服务改革，促进青少年儿童健康成长、全面发展。推动普通高中教育高质量、多样化发展。支持驻日照高校内涵式发展，提升办学层次和学科建设质量。深化产教融合、校企合作，支持日照职业技术学院建设南校区、升格为本科职业大学，全力打造职业教育高地。支持和规范民办教育发展。加快特殊教育改革发展。加强师德师风建设，培养高素质教师队伍，倡导形成尊师重教的良好社会氛围。

深化健康日照建设。加快优质医疗资源扩容和区域均衡布局，建成启用市公共卫生服务中心，所有县级综合医院全部达到三级医院水平。实施重点医学学科和基层医疗卫生服务能力提升行动，加强社区卫生服务中心和乡镇卫生院建设，提升“国医堂”服务功能。深化医药卫生体制改革，完善分级诊疗制度，创新推动城市医联体、县域医共体建设。大力发展中医药事业，建成日照中医医疗中心，深化中医优势病种管理，积极创建国家中医药健康旅游示范区。加强医德医风建设，提高医务人员职业道德素质和服务意识。深入开展爱国卫生运动，提高群众健康素养。落实三孩生育配套支持政策，推进优生优育，提高人口素质，促进人口长期均衡发展。

加快打造体育名城。完善公共体育服务体系，实施健身设施补短板五年行动计划，创建全国全民运动健身模范市。大力发展青少年体育，打造体教融合示范市。大力发展体育产业，做好“体育＋”融合文章，建设国家体育消费试点城市。健全完善赛事服务体系，提高专业化办赛水平，推出一批具有城市标识性的知名赛事。办好第25届省运会、第11届省残运会，抓好大型体育场馆管理运营，努力实现办赛精彩、参赛出彩、发展增彩。

完善社会保障体系。深入实施全民参保行动计划，健全基本养老、基本医疗保险筹资和待遇调整机制，落实基本养老保险全国统筹制度，逐步提高城乡居民基本养老金水平。完善最低生活保障、特困人员救助等各类救助制度，健全市县镇村四级衔接互通的社会救助网络，推动形成分层分类大救助体系。深入开展“阳光敬老”“阳光护花”“阳光助残”系列行动，切实维护老年人、妇女、未成年人、残疾人和困难群体权益。下大气力解决“一老一小”问题，加强养老服务体系建设，大力发展普惠性托育服务，积极创建儿童友好型城市。坚守“房住不炒”定位，加快建立多主体供给、多渠道保障、租购并举的住房制度，最大程度满足不同层次群体的住房需求。

夯实共同富裕物质基础。统筹“做大蛋糕”与“分好蛋糕”，实施中等收入群体倍增计划和低收入群体扶助行动。强化就业优先导向，聚焦高校毕业生、退役军人、农民工等重点群体，完善全方位公共就业服务，健全多渠道灵活就业保障制度，保障新业态新就业群体权益。充分发挥创业带动就业倍增效应，健全创业辅导培训体系，完善创业担保贷款等创业扶持政策，加强双创载体和孵化服务平台建设，打造更具活力的创业热土。落实深化收入分配制度改革措施，多渠道增加居民劳动收入和财产性收入。大力发展慈善等社会公益事业，发挥第三次分配在促进共同富裕中的积极作用。

加快建设文化文明高地。深入开展中国特色社会主义、中国梦、“四史”宣传教育，推动党的创新理论深入人心。大力弘扬社会主义核心价值观，健全“德耀日照系列先模”荐评树机制，打造青春志愿驿站等服务品牌，健全市县镇村四级新时代文明实践体系，巩固提升全国文明城市创建成果。实施“阳光家庭”计划，持续深化移风易俗，加强家庭家教家风建设。完善现代公共文化服务体系，建强基层综合性文化设施，建成老年大学、工人文化宫、青少年活动中心、妇女儿童活动中心，推动档案馆、博物馆、图书馆、文化馆数字化建设。深入实施“阳光阅读·书香日照”工程，积极倡导全民阅读。办好中国（日照）新闻摄影周、日照合家欢艺术节等品牌文化活动，扩大地域文化影响力。加强文化遗产保护开发利用，做好优秀传统文化“两创”文章，深入挖掘红色资源优势，讲好日照故事。坚持把社会效益放在首位、社会效益和经济效益相统一，推动文化产业与旅游、康养、科技等融合创新发展，全力争创文化强省建设示范市。

（九）高水平推进市域社会治理。牢固树立安全发展理念，积极探索具有时代特征、市域特点的现代化社会治理新模式，努力营造更加平安和谐稳定的发展环境。

全力推动安全发展。牢固树立总体国家安全观，把维护政治安全作为首要任务，坚决维护国家政权安全、制度安全，统筹做好经济、科技、社会等领域安全工作。坚持人民至上、生命至上，扎实做好常态化疫情防控工作。强化食品药品安全监管，积极创建国家食品安全示范城市。妥善防范化解金融、企业债务等重大风险。严格落实安全生产责任制，深化重点领域安全风险隐患排查整治，持续提升本质安全水平，增强防灾减灾救灾能力，坚决守好安全发展底线。

深化平安日照建设。持续推进市域社会治理现代化试点，加强社会治理服务中心工作体系建设，健全“中心吹哨、部门报到”和一站式多元解纷机制，提升各级中心标准化建设水平。加强网格化服务管理，强化党建引领、多网合一、智慧赋能，夯实社会治理基础。坚持和发展新时代“枫桥经验”，畅通群众诉求表达、利益协调、权益保障通道，注重站在群众立场上做好信访工作，健全社会矛盾纠纷多元预防调处化解机制。巩固深化政法队伍教育整顿成果，常态化推动扫黑除恶斗争，严厉打击电信网络诈骗、非法集资、黄赌毒、逃废银行债务等违法犯罪行为，完善多维立体智慧社会治安防控体系，不断提升群众安全感、满意度。

建设更高水平法治日照。加强党对全面依法治市工作的领导，统筹推进科学立法、严格执法、公正司法、全民守法，积极争创国家级法治政府建设示范市。聚焦群众关切和城市治理加大立法力度，注重通过小切口、小篇幅立法解决实际问题。严格规范公正文明执法，强化行政执法监督，深化行政复议体制改革，提升行政机关负责人出庭应诉质效。加大政法领域改革力度，加快推进执法司法责任体系建设，健全司法权力运行监督制约机制，让人民群众切实感受到公平正义就在身边。深化基层庭站所精准赋能改革，夯实基层法治基础。全面实施“八五”普法规划，构建覆盖城乡、惠及全民的公共法律服务体系。

四、深入推进全面从严治党，全面加强党的建设

实现日照精彩蝶变，关键在党、关键在人。必须全面贯彻新时代党的建设总要求和新时代党的组织路线，以党的政治建设为统领，深化“四责协同”机制，全面推进党的各方面建设，持续塑造风清气正的政治生态和干事创业的工作环境。

始终坚持把党的政治建设摆在首位。深刻领悟“两个确立”的决定性意义，把增强“四个意识”、坚定“四个自信”、做到“两个维护”贯彻到工作的全过程各领域。坚持不懈用习近平新时代中国特色社会主义思想武装头脑，不断提高运用马克思主义立场观点方法破解难题的能力水平。严格遵守政治纪律和政治规矩，健全贯彻落实习近平总书记重要指示要求闭环工作机制，坚决杜绝“七个有之”、做到“五个必须”。严肃党内政治生活，全面贯彻民主集中制，认真落实“三会一课”、谈心谈话等制度。深化拓展党史学习教育成果，扎实推进“我为群众办实事”实践活动。坚持党管宣传、党管意识形态、党管媒体，严格落实意识形态工作责任制，持续“强基固本、治乱净网”，牢牢掌握意识形态工作领导权、管理权、话语权。

全面夯实基层战斗堡垒。坚持大抓党建、大抓基层的鲜明导向，推动资源、服务、管理下沉。统筹提升农村、城市、机关、学校、国企、“两新”组织等各领域党建工作，让党旗在基层一线高高飘扬。强化基层党组织群众工作导向，突出“全域覆盖”深化党建共同体建设，加快党群服务驿站体系建设。选优配强基层党组织带头人，加强党支部标准化、规范化建设，积极开展模范机关创建工作，“靶向施策”整顿软弱涣散基层党组织，推动基层党组织全面进步、全面过硬。严格发展党员标准程序，提高党员教育管理质量，引导广大党员当先锋、作表率、显本色。坚持党建带群建、群建促

党建，充分发挥群团组织的桥梁纽带作用，把各自联系的群众紧紧凝聚在党的周围。

锻造高素质专业化干部队伍。坚持党管干部原则，落实新时代好干部标准，打造忠诚干净担当的干部队伍。大力培养选拔优秀年轻干部，把有培养潜力的干部选派到急难险重岗位，提升应急处突、群众工作等“七种能力”。统筹使用好女干部、党外干部。实施干部素质提升工程，重视发挥党校主阵地作用，突出岗位磨练和实践锻炼，提高干部推动高质量发展的专业化水平。建好用好各类智库资源，提高决策科学化水平。用心用情做好新时代老干部工作。健全完善激励保护、澄清正名机制，按照“三个区分开来”要求大胆容错纠错，营造鼓励干事创业的良好氛围。

大力发扬“严真细实快”工作作风。倡树“事争一流、唯旗是夺”的工作追求，持续深化“五破五立”，持之以恒改进作风。大兴严肃严格之风，坚决克服一般化、过得去，建立“对标先进、比学赶超”工作机制，激励各级干部担当作为。大兴求真较真之风，坚持实事求是，坚决反对弄虚作假，建立干部实绩纪实制度，持续优化机关服务效能。大兴细致细究之风，强化细节决定成败的意识，坚持大处着眼、小处着手、细处着力，精细精准对待每项工作。大兴务实扎实之风，把抓落实作为开展工作的主要方式，推行一线工作法，大力开展“机关接地气、干部走基层”活动，常态化“听民声、走流程”，用实干推动事业发展、赢得群众满意。大兴高效快捷之风，强化执行力建设，完善重点任务督查落实、限时办结机制，确保各项工作高效率、高质量推进。

持之以恒正风肃纪反腐。把严的主基调长期坚持下去，深入推进党风廉政建设和反腐败斗争，高标准建设清廉日照。突出政治监督，围绕全局工作和中心任务，开展全过程跟进监督、多层级联动监督、嵌入式靶向监督。完善权力运行制约监督机制，用好巡察利剑，加强和改进同级监督，突出对关键少数特别是“一把手”的监督。坚持以党内监督为主导，促进各类监督有机贯通、相互协调。坚持纠“四风”、树新风，持之以恒落实中央八项规定及其实施细则精神，用好以下看上“直通车”机制，深入整治形式主义、官僚主义，持续为基层松绑减负。坚持无禁区、全覆盖、零容忍，强化“三不”一体推进，深化运用“四种形态”，全面巩固发展反腐败斗争压倒性胜利。深化“红脸出汗”问题清单谈心谈话、“以案促廉”警示教育制度，推动政治生态更加风清气正。

站在新的历史起点上，全市各级党组织和广大共产党员要坚决响应习近平总书记在庆祝中国共产党成立100周年大会上的伟大号召，弘扬伟大建党精神，牢记初心使命，坚定理想信念，践行党的宗旨，永远保持同人民群众的血肉联系，始终同人民想在一起、干在一起，风雨同舟、同甘共苦，继续为实现人民对美好生活的向往不懈努力，共同创造无愧于人民、无愧于时代的崭新业绩，努力为党和人民争取更大光荣！

历史的潮流奔涌向前，伟大的事业鼓舞人心。让我们更加紧密地团结在以习近平同志为核心的党中央周围，以更加饱满的激情和更加昂扬的斗志，踔厉奋发、笃行不怠，奋力谱写日照精彩蝶变新篇章，为加快建设现代化海滨城市而努力奋斗！

生态文明建设的日照实践

1989年地级日照市设立后，日照市从开展可持续发展试验区建设，到生态示范区建设，从“生态建市”到“生态立市”战略的确立，生态优先理念贯穿始终，历届市委、市政府“一张蓝图抓到底”，坚定不移走绿色发展之路，全面打响污染防治攻坚战与林水会战，紧抓突出环境问题综合整治，加快环保督察问题整改，蓝天保卫战成果显著，水环境质量持续改善，生态文明建设显著提升。

一、生态立市，奠定可持续发展之基

建市之初，日照市委、市政府牢固树立生态优先理念，开展可持续发展试验区建设，完成“一控双达标”（控制主要污染物排放总量、工业污染源达标和重点城市的环境质量按功能区达标）任务指标。先后确立“生态建市”“生态立市”发展战略，成功创建国家环境保护模范城市，取得“城考七连冠”的环保佳绩，坚定不移走绿色发展之路，全面打响污染防治攻坚战与林水会战，生态文明体制逐步健全，生态文明建设显著提升。

（一）环保起步。从1989年建市之初，市委、市政府即将加强生态环境建设、促进可持续发展作为城市发展的首选目标。1993年，日照市被列为山东省可持续发展试验区；1998年，日照市被批准为国家可持续发展试验区。在6年的试验区建设实践中，日照市以可持续发展为引领，大气净化、水质清化、荒山绿化、环境美化的“四化”工作迈上新台阶，环保工作打开新局面。1996年，国务院发布《关于环境保护若干问题的决定》，发布“一控双达标”任务目标。2000年，日照市在全省率先完成“一控双达标”任务目标。

（二）生态建市。2000年，日照市被国家环保总局批准为全国生态示范区建设试点市，五莲县被确定为全省第一家国家级生态示范区。2001年，市委、市政府提出“港口立市、工业强市、科教兴市、生态建市”战略，生态建设上升为全市发展战略。2001年8月，市委、市政府印发《关于加强环境保护推进生态市建设的决定》，提出在经济发展中坚持“环境优先原则”和实行“环境保护一票否决制”。2002年，日照市提出创建“国家环境保护模范城市”宏伟目标，创模范城市4年，投资约25亿元用于环境基础设施建设、工业污染防治、环境管理等项目。2005年底，日照市顺利通过“国家环保模范城市”考核。2004年，原国家环境保护总局批复日照市创建国家循环经济示范市；2005年9月，《日照循环经济市发展规划》提出“树立和落实科学发展观，把生态环境放在经济社会发展的优先位置，实现经济、社会与环境协调、可持续发展”；2006年9月，市委、市政府颁布《关于进一步落实科学发展观加强环境保护的实施意见》，明确指出要坚持“科学发展、环保优先、机制创新”基本原则，促进经济社会又好又快发展。2007年，深入开展促进循环经济发展政策研究，系统推进以“小、中、大”为特色的，企业、园区和社会3个层面循环经济试点。2011年山东省城市环境综合整治定量考核结果，日照市以综合得分99.6分名列第一位，连续7年蝉联冠军。该“城考”指标主要分为环境质量、污染控制环境建设、环境管理4大类18项。这期间，日照市化学需氧量、二氧化硫排放量持续削减。

（三）生态立市。党的十八大提出“美丽中国”的宏伟目标。2012年8月，市委、市政府印发《关于加快建设生态日照的决定》；2014年，开展“生态建设年”活动，实施“七大生态建设工程”，提出综合治理一条流域，集中整治两大片区，着力打造“三条绿线”环保工作思路；2015年，打响突出环境问题综合整治攻坚战与林水会战，创新推行“河长制”，强化“党政同责、一岗双责”，推动生态文明建设迈上新台阶。2016年，市委、市政府提出“生态立市、工业强市、旅游富市、开放活市、人才兴市”发展战略；2020年12月，市委十三届九次全会提出“生态立市、创新兴市、产业强市、开放活市”发展战略，将“生态立市”

作为发展战略之首，上升为立市之本，生态日照建设步入新时代。

二、绿色发展，绘就高质量发展蓝图

（一）绿色港口。投资 6.1 亿元建设“海龙湾”工程，将近 2 千米的港口岸线功能调整为生态岸线，该工程成为全国首个港口工业岸线退岸还海工程。建成日照港岚山港区至日照钢厂 8.6 千米长的铁矿石管状带式皮带机输送系统及其复线，年可减少散货倒运量 4000 万吨，减少粉尘量 6 万吨，减排汽车尾气氮氧化物 640 吨。实施“港口环保提升工程”，日照港集团建设 13 ～ 17 米高挡风抑尘墙 7100 米，洗车设施 17 处，自动化喷枪 1100 多套，配备清扫车、洒水车 210 台，建设两个港口花园，形成立体粉尘防控体系，粉尘防控技术水平居同行业前列。2021 年，日照港实施“十大环保工程”，推广应用散货抑尘剂，创新“垛位二维码”，打造“围田化”“网格化”堆场，实施设备设施色彩管理，创新“党建＋绿色”环保新模式，建成生态环境智能管控平台，通过中央省市环保督察，港界 PM_{10} 浓度均值基本达到国家二级标准。

（二）绿色钢铁。2021 年，日照市落实中央“双碳”战略和省“三个坚决”要求，推进减污降碳协同增效，日钢集团新投资 18 亿元实施新一轮环保提升工程，巩固拓展超低排放改造成果。构建绿色制造体系，山钢日照公司成功创建国家级绿色工厂、省清洁生产先进单位。市政府与省冶金规划院签订钢铁产业碳达峰及降碳行动合作协议，日钢集团启动省内行业首个碳减排具体行动方案，谋划推进氢冶金等低碳冶炼技术；实施“光伏＋钢铁”脱碳新路径，山钢日照公司创新探索固碳、减碳方法，构建钢—化生态产业链，建成两条焦炉煤气制液化天然气（LNG）生产线，一条尾气合成氨生产线。

（三）绿色临港工业。亚太森博（山东）浆纸公司生产过程中水循环使用率 90% 以上，碱回收率达 99%，吨浆用水量仅为 18 吨，远低于省重点工业取水定额标准 51 立方米 / 吨，制浆蒸汽用于发电，发电量为 230000 千瓦时以上，被列为山东省“循环经济试点”企业。华能日照发电厂遵循“减量化、再利用、再循环”的循环经济原则，完成废水 100% 综合利用工程以及粉煤灰 100% 回收利用工程，粉煤灰日回收利用量约 1000 吨。2015 年，四台机组全部完成超低排放改造，并成为全省首家通过省环保厅验收企业。2021 年，在 4 台火电机组基础上，煤场封闭主体工程完成，输煤管廊项目进入调试阶段，年可减少运煤车辆 15 万辆次，减少氮氧化物排放量 200 吨、道路扬尘 183 吨，基本消除煤场扬尘污染，国内首台（套）生物质直燃耦合发电项目进入设备安装阶段。

（四）绿色园区。2021 年，日照市加强专项规划环评和园区规划环评工作，依法依规开展专项规划环境影响评价，完成 23 个县级及以上工业园区规划环境影响评价工作，推进区域生态环境空间管控。制定印发《关于印发〈日照市建筑垃圾资源利用产业环境准入指导意见（试行）〉等 8 个环境准入（保护）指导意见的通知》《日照市环保局关于印发〈日照市橡胶制品产业环境准入指导意见（试行）〉等 6 个指导意见的通知》。

（五）绿色城建。日照市发布《关于加强建设扬尘、渣土车管理等大气污染防治工作的实施意见》和《关于全面加强建设工程扬尘防治工作的通告》，建设工地严格执行“六个 100%”，强化土石方工程抑尘措施，建立裸露土地绿化遮盖等长效机制，全方位开展渣土车管理，加大特殊天气扬尘防控力度。2021 年，裸露土地绿化面积约 89.65 万平方米，对城市道路全面推行“以机械化清扫为主、人工保洁为辅、全天巡回捡拾”深度保洁作业模式，全市城区 156 条主次干道通过省级城市道路深度保洁验收，深度保洁率达 92%。

（六）绿色交通。2021 年，日照市出台《关于开展运输结构调整补助试点工作的通知》，实现“公转铁”财政补助政策突破。全市 4653 台国三及以下标准营运柴油货车全部淘汰，提前完成省定任务。开展“公交优先、绿色出行”主题活动，倡导“绿色出行”。全面推广应用新能源公交车，主城区在线运营公交车辆清洁能源、新能源公交车占比 100%。

三、治污攻坚，推动环境质量持续改善

2021 年，日照市委、市政府学习贯彻习近平生态文明思想，落实习近平总书记在山东调研工作要求，坚定不移实施“生态立市”战略，突出精准治污、科学治污、依法治污，守底线、提质量、惠民生，以更高标准打好蓝天、碧水、净土保卫战。

（一）“蓝天”行动。全面打响“蓝天保卫战”，开展“扬尘污染”“燃煤污染”“工业污染”“机动车船污染”“面源污染”综合整治五大行动。做好细颗粒物和臭氧协同控制，制定实施污染防治 20 条措施。深挖减排潜力，推进实施 60 个减排工程，深化钢铁行业超低排放改造，开展无组织排放全流程排查整治，实施日照港石臼港区环保设施提升、华能日照电厂煤场封闭等重点工程。完成全市 11 台 35 蒸吨 / 小时以下燃煤锅炉淘汰任务。每月对各区县、乡镇（街道）空气质量情况进行公开及排名通报，实行考核奖惩。强化预测预警和污染精准溯源管控，实施扬尘和 VOCs“双走航”，线上线下联动，提高监管效能，全年“雷达交办”App 交办处置污染问题 4033 个。完成 1164 家企业重污染天气应急清单修编，分类实施应急响应，发挥污染源在线监测、用电监控等非现场执法手段，确保减排措施落实。2021 年，全市 $PM_{2.5}$、PM_{10}、NO_2、SO_2、O_3（90 百分位）、CO（95 百分位）六项指标全面改善，分别为 31 微克 / 米 ^{3}、59 微克 / 米 ^{3}、29 微克 /

米 ^{3}、8 微克 / 米 ^{3}、153 微克 / 米 ^{3}、1.2 微克 / 米 ^{3}，比 2020 年分别下降 13.9%、7.8%、9.4%、11.1%、6.1%、14.3%，6 项指标全面改善；环境空气综合指数为 3.84，比 2020 年下降 9.9%；优良天数 303 天，比 2020 年增加 10 天；臭氧污染天数减少 13 天，比 2020 年下降 34.2%；重污染天数为 6 天，和 2020 年持平。全年环境空气质量全面达到国家二级标准。

（二）“净水”行动。系统谋划，制定实施地表水考核断面水质提升工作推进方案，明确“一河一策”治理责任，推进全域治理。2020 年以来，市区投资 21.9 亿元推进雨污分流改造，基本实现主城区污水管网全覆盖，新建扩建 5 处污水集中处理厂，新增处理能力 6.2 万吨 / 日。完成全市 1426 个入河排口溯源，分类开展整治。印发实施流域横向生态补偿机制实施办法，在签订省分配 16 个断面横向生态补偿协议基础上，增加签订 5 个断面协议，推进上下游、跨地域合力治污。明确各级湾长（巡湾员）141 名，实现“市、区、乡、村”四级湾长全覆盖，初步建立全市智慧湾长综合信息管理平台。至 2021 年底，各级湾长巡湾 1681.6 千米。完成 1573 个入海排污口溯源，整治完成 1240 个。全年 7 个国考断面水质全部达标，其中 6 个断面实现类别提升，优良水体比例达 57.1%（年度目标为 42.9%），县级以上饮用水水源地水质达标率保持 100%。日照水库流域生态保护与产业开发项目获批全国第一批生态环境导向的开发（EOD）模式试点，日照水库进入全国美丽河湖优秀案例终审。

（三）“净土”行动。固废处置。2019 年，投资 4.5 亿元建设日照市工业废物资源利用处置中心，处置种类涵盖 41 类工业危险废物，总处置规模 84000 吨 / 年，是日照市首家集危险废物填埋和焚烧处置于一体的综合性危险废物处置单位。日照市积极推行冶炼废渣、炉渣、粉煤灰等工业固体废物的综合利用技术，工业固体废物处置利用率达 100%。医废处置。日照市在前期投资 610 万元建成医疗废物集中处理中心的基础上，2016 年又投资 1500 万元，对医疗废物处置工艺进行提升改造，建成两条全自动密闭高温蒸汽灭菌生产线，实现全市医疗废物收集处置全覆盖，处置率达到 100%。综合利用。全市建成投运 3 处生活垃圾焚烧发电项目，实现生活垃圾减量化、无害化处置。土壤详查。2020 年以来，完成 168 块用途变更为“一住两公”地块调查，推进土壤污染重点监管单位隐患排查，实现建设用地和农用地安全利用 100%。2021 年，完成 151 个村庄农村环境整治（“十四五”农村环境整治任务为 430 个）和 12 个村庄的黑臭水体整治任务，超额完成省下达任务。岚山区安家湖村农村生活污水治理作为省两个典型案例之一，向生态环境部推荐。开展尾矿库摸底排查，整改问题 21 个。

（四）严守底线。严守底线将综合执法和“双随机、一公开”相融合，紧盯重点区域、重点领域、重点时段和重点问题，依法查处各类生态环境违法行为。2021 年，全市生态环境部门实施行政处罚 112 件，罚款 4493.11 万元，移送行政拘留 1 件，涉嫌污染犯罪移送 3 件。对全市 335 家环境风险企业确定环境风险等级，进行差别化管理。修订市政府专项应急预案和市生态环境局应急预案，构建市、县（区）、企业三级预案体系。开展应急演练，构建物资储备体系，发挥化工园区环境风险预警体系作用，提高突发事件应对能力。持续开展危险废物拉网式起底式大排查大整治，全年排查工业企业 1148 家、重点场所 2052 个，发现整改问题 715 个。10 月 25 日五莲县新冠疫情报告后，日照市迅速启动应急，加强涉疫医疗废物和污水，全过程环境监管，全年安全处置涉疫情医疗废物 522.46 吨。

（五）“利剑”行动。第一轮中央生态环境保护督察及“回头看”反馈意见 38 个，完成整改 36 个，按序时推进 2 个（2 项均涉及无手续化工企业整治问题）。第一轮省环保督察及“回头看”67 项问题，全部完成整改。2021 年，第二轮中央、省生态环保督察，日照市边督边改，解决一批群众身边的突出环境问题和历史遗留问题。创新畜禽养殖污染治理新模式，实现“看不见粪污、闻不到臭味”，率先完成治理的五莲县，第二轮中央环保督察期间没有接到一件属实的畜禽养殖污染举报，该模式全市推广。第二轮省环保督察反馈意见整改方案制定实施，分解问题 40 项，全力推进整改（已完成 16 项，其余按序时推进），交办日照市的 1387 件信访案件，基本办结。第二轮中央环保督察交办日照市 241 件信访件，主要涉及土地矿产、工业企业（“散乱污”企业为主）、城乡垃圾污水等方面，办结 181 件，阶段性办结 60 件。

（市生态环境局 崔华波）

实施开放活市战略　构建双循环新发展格局

2021 年，日照市坚持“开放活市”总体布局和扩大内需战略基点，紧抓新旧动能转换、打造对外开放新高地、黄河流域生态保护和高质量发展等重大战略机遇，积极融入胶东经济圈和鲁南经济圈，加快服务构建新发展格局。

一、对外开放和新发展格局构建

（一）工作机制。市委十三届八次全会专题研究对外开放工作，出台《打造对外开放新高地的实施意见》，提出31条真金白银的政策措施。成立市委、市政府主要领导任组长的对外开放领导小组，是全市规格最高的领导机构之一。2020年，实施4个方面48项开放倒逼改革攻坚行动，成立市政府主要领导任组长的稳外贸工作专班，分管市领导包联外贸大户，帮助企业渡过难关、发展壮大。2021年，市委、市政府主要领导开展外出招商和视频签约活动19次，见签布鲁客生物科技、爱芒果智能影音、正济药业等项目169个。

（二）政策支持。市委、市政府制定《加强与山东省港口集团战略合作，全力支持日照港高质量发展的意见》，进一步推动港口与城市深度融合发展。先后出台支持综保区高质量发展、支持跨境电商和服务贸易发展、促进释放大宗消费重点消费农村消费潜力、支持航空产业发展等8个政策文件，是近年来对开放和消费支持力度最大的两年。

（三）队伍建设。日照市高度重视开放领域干部培养，从全市选拔20名优秀年轻干部开展驻点招商。加强统筹内外资招商和对外开放工作力量，将市投资促进服务中心、日韩经贸联络服务中心整合到市商务局。市商务局与日照海关互派挂职干部，人民银行中心支行选派两名金融专员进驻市商务局，形成了商务、海关、银行深化联动、密切协作工作机制，全市上下重视支持双循环发展工作格局进一步形成。

二、招商引资

2021年，日照市坚持“项目为王”理念，开展“项目突破年”活动，聚焦外资、500强、大项目、“十特”产业，全面加大招引力度。

（一）招引“四新”经济项目。以智能制造、新一代信息技术、生物医药、医疗器械等“四新”产业为重点，成立18个专业招引小组，开展链长制招商，赴北京、上海、深圳开展驻点招商，英锐半导体、越疆机器人、奥莱电子、英吉多智能设备等“四新”代表项目落地。2021年，全市“四新”项目340个，到位资金243.6亿元，分别占项目总数的86.1%、74.5%。

（二）优化企业服务。开展“防疫情、保主体、促招商”和外资企业大走访活动，共服务外商投资企业257家。为伟联达能源、旭科新材料等70余家企业容缺办理设立、变更等手续，帮助企业节省大量时间和精力。持续推动与韩国现代汽车、新加坡金鹰、香港华润等世界500强企业合作，13家世界500强企业在日照市投资24个项目，在谈500强项目53个。

（三）强化考核导向。建立“以项目论英雄、凭实绩排座次”导向机制，强化“一月一通报、两月一调度、季度一考核排名”。2020年，全市新签约项目194个，市外到位资金278.7亿元；实际使用外资4.67亿美元，比2019年增长150%，创10年来新高；其中日韩资金总量全省第二位、增速全省第一位。2021年，全市内资项目到位资金369.7亿元、比2020年增长32.7%；实际使用外资5.19亿美元，比2020年增长11.3%。

三、对外贸易

2020年以来，新冠疫情对日照市外贸产业链供应链带来较大影响，叠加国家“双碳”战略和钢材政策调整，对全市以钢材出口和铁矿砂进口占主导的外贸造成严重冲击，日照市全力克服困难，调整结构，培育挖掘新增长点。

（一）稳外贸基本盘。组建10支稳外贸稳外资企业服务队，制定出台支持跨境电商和服务贸易发展措施、稳外贸稳外资十条措施，落实“关税保”等政策，市领导带队到企业现场解决困难问题60余项，全省首笔“鲁贸贷”业务在日照市签约。

（二）发展外贸新业态。2020年，跨境电商“1210”“9810”“9710”业务实现零的突破，跨境电商模式实现全覆盖，实现进出口1.04亿元，增长194.2%。2021年，全市跨境电商进出口12.1亿元，是2020年的16.4倍。加快发展保税原油、混矿业务，2020年实现163.8亿元，增长51.9%。

（三）强化外贸平台建设。成功创建国家级跨境电商零售进口试点市，东港区和岚山区创建为省级外贸转型升级试点县（区）、外贸高质量发展示范县、进口贸易创新示范县。建成启用跨境电商进口商品展示中心、跨境电商综合服务平台，贸易数字化服务中心经验做法被省商务厅发文推广，进境食用水生动物指定监管场地通过海关总署验收。

（四）促进内外贸一体化发展。实施“三同”工程建设，成立日照市“三同”促进联盟，开展“三同”产品进商超、进社区、进万家，以及“中国名厨邀请赛”等近50场活动，“三同”产品实现国内销售超过16亿元，获批国家服务业标准化试点（内外贸一体化）。2020年，全市完成进出口1023.9亿元。2021年，实现1165.7亿元，比2020年增长11%，其中，机电产品出口增长33.8%，对RCEP签署国进出口增长18.1%，外贸质量加速提升。

四、开放平台体系建设

把改革创新作为高质量发展驱动力，加快开发区、综保区发展，提升高水平制度供给。制定出台《推动开发区体制机制改革，创新促进高质量发展的实施意见》，组建专班、全力推动开发区体制机制改革，中韩汽车及零部件产业园成功创建全省首批四个国际合作园区之。2020年各开发区进出口、利用外资比2019年增长20%以上，均高于全市平均增幅。启动综保区二期基础设施建设，揭牌成立“中欧班列日韩陆海快线集结中心”，在全省率先开展“一带一路——海铁联运+国际保税班列”业务；出台《支持日照综合保税区高质量发展的若干意见》，园区注册企业141家，签约中远海冷链物流、叁时叁刻跨境电商、VR头显保税检测维修等项目45个，总投资近40亿元，保税租赁、保税维修产业加速聚集，2021年，日照综合保税区实现外贸进出口121.55亿元，增幅居全省第二位。2021年，全市有境外投资项目132个，累计投资21亿美元，主要方向为澳大利亚、东南亚、非洲，主要项目为浮来春集团（柬埔寨）工业园、五征集团乌干达农业合作示范区等。2020年以来，全市对外投资项目12个，投资额2.16亿美元。

五、消费市场

坚持扩大内需战略基点，深化供给侧结构性改革，提升供给适应、引领、创造新需求的能力。

（一）开展系列促消费活动。制定《促进释放大宗消费重点消费农村消费潜力若干措施》，开展“惠聚港城全民乐购”暖冬消费季、“嗨购日照消费季”等促消费活动近百场，加快推动大件商品消费。投放电子消费券1150万元，撬动消费过亿元。实施步行街改造提升三年行动计划，依托东夷小镇开展“家乡好街请您来逛”系列活动，依托新建成的莒国古城，加快培育省级步行街。

（二）推进商贸服务业民生项目。2020年实施48处社区便利店和24处农贸市场建改扩，2021年开展15处社区食堂建设。日照新发地农副产品批发市场暨冷链物流园项目一期基本建成，石臼海鲜市场、海鹦鲜生便利店等一批项目建成运营，极大方便市民消费。

（三）加快电子商务发展。出台实施《支持电子商务发展的若干措施》，莒县创建为国家电子商务进农村综合示范县，获批扶持资金2000万元，电子商务抗疫情和电商转型升级经验做法被省商务厅发文推广，浣洗垂直电商经验做法被商务部列为典型案例。2020年，全市社会消费品零售总额584.8亿元，居民人均消费支出16471元。2021年前三季度，全市实现社零额461.3亿元，同比增长14.3%；居民人均消费支出13332元，增长10.1%、居全省第5位。

（市商务局 郭晓民）

1月

1日 初光先照·中国（日照）元旦迎日祈福大典在万平口旅游区举行，山东省2021"好客山东"贺年会仪式同步启动。

是日 由日照市联合北京太阳圣火国际传媒有限公司打造的音乐电影《日照之恋》，于1月1日至6月30日在CCTV电影频道午间播出。

4日 日照市"三无"创建经验做法获评2020年度山东省社会治理创新优秀成果，并被省委政法委《山东政法简报》刊发。

11日 日照市委统筹疫情防控和经济运行工作领导小组（指挥部）办公室印发《关于进一步加强会议活动疫情防控工作的通知》，对会议活动疫情防控进行规范。

15日 日照市政府、山东省港口集团在日照举行港产城融合项目集中开工暨合作协议签约活动。

17日 以"优化营商环境促创新，政企聚力'十四五'开新局"为主题的第十八届中国企业发展论坛第八次中国企业营商环境峰会暨2020年度中国企业十大新闻发布仪式在北京举行。会上，日照市被评选为2020年度中国企业营商环境（案例）十佳城市。

19日 日照钢铁慈善基金会成立。从2021年起，日照钢铁控股集团有限公司每年投资5000万元用于日照市各类慈善活动。

20日 日照市美术馆、日照市博物馆新馆正式启用。

21—23日 中国人民政治协商会议第十届日照市委员会第五次会议召开。会议通过市政协十届五次会议提案审查情况的报告和市政协十届五次会议政治决议。

22—24日 日照市第十八届人民代表大会第六次会议召开。大会表决通过"一府两院"工作报告等决议。选举李在武为日照市人民政府市长。

29日 日照综合保税区跨境电商进口商品展示中心正式投入运营。

是月 五莲县入选省生态环境厅公布的第一批省级"绿水青山就是金山银山"实践创新基地，是日照市唯一入选县。

2月

4日 日照市"青鸟计划"就业服务季暨"职为青鸟 筑梦日照"2021云招聘活动举办。活动发布各行业、各领域、各专业需求岗位8000余个，其中人才岗、就业岗7000余个，创业岗、实习岗1000余个。通过新媒体方式进行同步直播，同时设置有留言区、咨询热线、现场提问解答等版块，满足广大青年人才和青年学生多类型、个性化求职需求。

8日 中国共产党日照市第十三届纪律检查委员会第六次全体会议召开。全会落实中央纪委十九届五次全会、省纪委十一届六次全会部署，审议通过刘军代表市纪委常委会所作《推动新时代纪检监察工作高质量发展，为加快建设现代化海滨城市提供坚强保证》工作报告。

是日 经海关总署验收组远程视频连线考核，日照口岸进境食用水生动物指定监管场地正式完成验收。

24日 全市2021年工作动员大会召开。会议提出以新发展理念引领高质量发展，为日照实现精彩蝶变注入强劲动力。

25日 市委书记张惠会见日本驻青岛总领事馆总领事井川原贤一行。

26日 全省春季重大项目集中开工活动举行。日照市有31个过亿元重大项目集中开工，总投资112.7亿元。

是日 在北京召开的全国脱贫攻坚总结表彰大会上，日照市滕兆敏被授予"全国脱贫攻坚先进个人"称号，五莲县洪凝街道红泥崖村党支部被授予"全国脱贫攻坚先进集体"称号。

3月

1日 日照市党史学习教育动员大会召开。会议就坚持领导带头，抓学习、抓宣讲、抓整改，以上率下作好示范；营造浓厚氛围，推动党史学习教育深入群众、深入基层、深入人心；加强统筹协调，做好结合文章，以高质量发展工作成果检验党史学习教育实际成效等方面作出安排部署。

5日 日照市新时代文明实践指导中心启用暨新时代文明实践志愿服

务出征仪式举行，100 余人参加活动。该中心是全市新时代文明实践工作的指挥调度中心，是日照志愿服务的“大本营”，由品牌项目展示区、志愿组织办公区、志愿项目孵化区、家风家教学习区、文明实践培训区和文明实践云平台“五区一平台”构成。

12—20 日　第十四届全国运动会三人制篮球女子成年组资格赛在日照举行。吸引全国各地的 15 支代表队 140 余名队员参加比赛。

15 日　以“提质增效，减损护农”为主题的全国暨山东省农机“3·15”消费者权益日活动在日照举办。

15—17 日　以“智能互联，绿色钻探”为主题的 2021 中国智能装备（钻机）科技博览会在日照举办。涉及能源开发、矿山开采、地热温泉、民生抗旱等领域。

18 日　全省重点外商投资项目集中签约仪式举行。日照市集中签约项目 6 个，总投资 9.48 亿美元，协议合同外资额 3 亿美元，涉及高端装备业、新一代信息技术产业、新能源新材料等领域。

23 日　日照市村（社区）“两委”换届工作动员部署会议召开。传达学习全省村（社区）“两委”换届工作电视电话会议精神，观看《警“届”——日照市农村基层换届警示教育专题片》，对全市村（社区）“两委”换届工作进行动员部署。市委书记张惠出席会议并讲话。市村（社区）“两委”换届工作领导小组成员单位主要负责人，省“加强农村基层党组织建设服务队”驻日照市总联络员参加会议。

24—26 日　市委副书记、市长李在武带队到上海、南京开展产业推介招商。其间，签约新能源新材料、文化旅游、新一代信息技术等领域项目 13 个。

30 日　山东省首批集中带量采购高值医用耗材在日照市各相关医疗机构启动使用。

是月　日照市岚山区碑廓镇王家庄村、莒县招贤镇相家官庄社区、五莲县于里镇窦家官庄村 3 个村（社区）入选第八批“全国民主法治示范村（社区）”。

是月　日照市创建为 2020 年度全国“平安农机”示范市，是全省唯一；岚山区创建为国家级“平安农机”示范区，东港区创建为省级“平安农机”示范区。

4 月

1 日　日照市与中国农业发展银行山东省分行签署农业政策性金融支持乡村振兴战略合作协议。

13—14 日　省政协副主席于国安带领省政协调研组到日照市，就“高水平建设海洋牧场，推动海洋渔业高质量发展”进行调研。

19—21 日　市委书记张惠带队到上海参加第十九届上海国际汽车工业展览会，为首款日照造长城车“玛奇朵”揭幕，并围绕完善汽车产业链、创新链、供应链和推动钢铁产业绿色发展进行招商考察、项目洽谈。

21 日　省人大常委会党组副书记、副主任王良到日照市，调度省级领导包案化解信访积案工作，调研考察科技创新和民营经济发展情况。

21—22 日　2021 年全国青少年体育工作会议在桂林召开。会上，日照市委副书记、市长李在武作《打造体教融合发展示范市为建设现代化海滨体育名城赋能加力》经验介绍。

22 日　市委副书记、市长李在武带队到广东省佛山市、深圳市开展招商引资，洽谈推进项目。其间，考察乐从钢铁世界、英锐集团，举行日照市与深圳企业家座谈交流会，并签约帝赛尔无机纤维新材料、豪鹏汽车零部件、伟益祥芯片等项目。

25—26 日　第九届中国甲壳素科学技术会议暨科技与产业发展论坛在日照召开。

26 日　市委书记张惠在日照会见北京科技大学校长杨仁树一行，双方就加强校地合作等事宜进行交流。

5 月

4 日　省委副书记、省长李干杰到日照调研新旧动能转换等工作，并就强化科技创新，拉长产业链条，加快推进重大项目建设，扎实推动经济社会高质量发展提出要求。

6 日　日照市“十大绿色行动”启动仪式在市政府广场举行。启动仪式现场发布《日照市“十大绿色行动”》，内容包括绿色机关、绿色企业、绿色学校、绿色工地、绿色运动、绿色旅游、绿色社区、绿色家庭、绿色水体、绿色出行 10 个主题活动。

10—11 日　国家体育总局党组成员、副局长李建明率队到日照调研体

2021 年 3 月 5 日，日照市新时代文明实践指导中心启用

（市委宣传部　供图）

育工作，并代表国家体育总局为日照市颁发“抗疫情 保备战 突出贡献纪念”杯盘。

12—14 日　省检察院党组书记、检察长陈勇带领调研组到日照市，就政法队伍教育整顿和基层检察院建设工作进行调研。

18—19 日　省政协副主席程林带领省政协调研组到日照市，就“推进海外人才引进，提升科技创新活力”进行专题调研。

22 日　第 20 届山东省青少年机器人竞赛在日照举行。吸引全省 16 个地市 431 支代表队的 940 多名选手参赛。

26—28 日　全国工会户外劳动者服务站点工作研讨会在日照召开。

26—30 日　市委书记张惠带队到山西省、陕西省、河南省开展招商考察推介活动，洽谈推进项目。

27—28 日　省政协副主席刘均刚一行到日照市，围绕“关于我省积极应对人口老龄化的建议”重点提案进行专题调研。

6 月

1—2 日　省人大常委会党组成员、副主任王华带领省人大常委会食品安全法执法检查组和固体废物污染环境防治法执法检查组，到日照进行执法检查。

6—13 日　2021 年全国帆船锦标赛（470 级 & 激光级 & 芬兰人级）暨东京奥运会帆船项目备战大合练在日照世帆赛基地开赛，吸引全国 22 个省、市的 231 名运动员参赛。

7 日　新的市政务服务大厅正式启用，与出入境、不动产、人社、医保、公积金 5 个专业大厅“六厅合一”。

8 日　日照市政府与省财金投资集团全面深化战略合作签约仪式在日照举行。

是日　省消防救援总队水域救援技术日照实训基地在奥林匹克水上运动公园揭牌。

10 日　全国首个基于 ETC 技术的港口集疏运系统在省港口集团日照港集团有限公司正式投入运营。

11 日　庆祝中国共产党成立 100 周年大型群众歌会在万平口景区演艺广场举办。

17 日　日照市政府与中国科学技术馆“馆校合作科学教育试点市”签约仪式在日照举办。

22 日　2021 年全国职业院校技能大赛中职组汽车营销赛开赛式在日照举办，吸引全国 30 个省、市、自治区的代表队参加比赛。

22—23 日　省人大常委会副主任王随莲带领省人大调研组到日照市，就外事工作和华侨权益立法工作进行专题调研。

24 日　日照市“党徽在闪耀”百项志愿服务项目发布仪式在市新时代文明实践指导中心举行，重点推出 100 项党员志愿服务项目。

26 日　省人大常委会副主任王良一行到日照市走访慰问老党员、老战士。

28 日　“唱支山歌给党听”日照市庆祝中国共产党成立 100 周年文艺演出在市文博中心礼堂举办。演出现场，市委书记张惠、市长李在武为 10 名老党员代表颁发“光荣在党 50 年”纪念章。

30 日　全市优秀共产党员、优秀党务工作者和先进基层党组织表彰大会召开。授予 150 名共产党员“日照市优秀共产党员”称号，授予 80 名党务工作者“日照市优秀党务工作者”称号，授予 160 个基层党组织“日照市先进基层党组织”称号。

2021 年 6 月 30 日，日照市召开优秀共产党员、优秀党务工作者和先进基层党组织表彰大会

（日照日报社　供图）

7 月

1 日　日照市居民基本养老保险基础养老金最低标准由每人每月 142 元提高到 150 元，涨幅 5.63%。

2 日　在第十二届山东文化艺术节闭幕式上，日照市创作排演的现代吕剧《先驱・王尽美》获“第十二届山东文化艺术节优秀剧目奖”。

5 日　国家市场监管总局专家组到日照市，就日照水库生态农业项目建设情况进行专题调研。

9 日　新修订的《日照市授予外国友人“荣誉市民”称号办法》颁布实施。

13 日　2021 中国钢铁产业链新技术新装备展洽会在日照举办。该展会是日照市首个钢铁专业展会。

15 日　日照市首个功能型党委——日照市政务服务大厅党委正式成立。

20—21 日　国务院妇儿工委“两

纲”评估检查组一行到日照，就《中国妇女发展纲要（2011—2020年）》和《中国儿童发展纲要（2011—2020年）》实施情况进行终期评估检查。

21日 第四届中国（日照）新闻摄影周暨2021“生活在日照就是幸福”新闻摄影采访活动在日照市万平口海洋公园启幕。中国（日照）新闻摄影周由中国新闻摄影学会、山东省新闻工作者协会、日照市人民政府主办，日照市委宣传部承办，日照日报社等单位协办，在日照市已举办三届。吸引中央和部分省地市县100余家主流媒体的120余名摄影记者参加活动。

是日 湖北省人大常委会党组书记、常务副主任王玲带领调研组到日照，就水产品精深加工及冷链仓储产业发展情况进行专题调研。

24日 市委书记张惠会见到日照考察的山东人才发展集团党委书记、董事长王卫中一行，双方就高层次人才引进、人才基金运营、人才飞地建设等工作进行洽谈交流。

24—25日 2021年度软件定义卫星技术联盟会议在日照市召开，国有重点大型企业监事会主席、政协第十三届全国委员会提案委员会委员孙来燕等50余位专家学者参加会议。其间，成立软件定义卫星技术联盟暨研究院专家顾问委员会，对合作框架协议及共享星座建设方案等内容进行审议，并在日照软件定义卫星技术研究院举行合作共建重点实验室揭牌。

26—28日 市委副书记、市长李在武率队到北京拜访企业、洽谈推进项目，举行企业家座谈会。其间，签约项目17个，计划总投资185.2亿元。

29日 新加坡金鹰集团董事局主席陈江和一行到日照市，就深化合作进行考察洽谈。

是月 复旦大学联合国家信息中心数字中国研究院发布2021中国开放数林指数“城市标杆”和《中国地方政府数据开放报告：指标体系与城市标杆》，日照市在中国开放数林标杆城市（含直辖市、副省级以上城市）中排名第八，在地市级城市中位列第四。

8月

2日 “矿石福州”（OREFUZHOU）轮安全靠泊省港口集团日照港集团有限公司石臼港区南15#泊位，刷新日照口岸开港以来最大吃水和最大载货量两项纪录。

4—5日 省政协副主席段青英带队到日照市，就“优化资源配置，推动中医药传承创新发展”重点提案进行督办。

9日 市体育局发布《2020年度日照市居民体育消费调查分析报告》，是日照市首份居民体育消费报告。

18日 全国首个“平行宇宙”科幻展在日照市科技馆西广场开展。展览由中国科学技术馆主办，日照市科技馆等单位协办，设“科幻先行者”“科幻正当年”“科幻新生代”“科幻一起玩”“科幻集市”5个主题，7个独立展区，展区面积1400余平方米，免费向社会开放。

23—24日 省人大执法检查组到日照市，就《中华人民共和国安全生产法》《中华人民共和国突发事件应对法》《山东省安全生产条例》《山东省突发事件应对条例》贯彻实施情况进行检查。

30日 日照市举办园区招商引资项目线上签约会，集中签约星联制药、聚力高端焊接材料制造、昆岳互联环境大数据、纳米传感器、共胜智能终端产业园等项目，涵盖新一代信息技术、新能源新材料、医养健康等领域，总投资超过50亿元。

31日 日照市与韩国泗川市友好交流视频会议举行。会上，签署建立友好合作关系意向书。

9月

8日 日照市土地托管服务合作联盟成立，是全省首创成立的以土地托管服务为内容的大型综合性经营服务组织。

13日 全国产业工人学习社区日照基地暨日照市职工创新赋能中心启用活动在日照市工匠学院举行，中华全国总工会副主席、大国工匠高凤林，大国工匠竺士杰应邀出席，分别为全国产业工人学习社区日照基地、职工创新赋能中心、日照职工创新服务联盟揭牌，并到日照工匠学院参观，高凤林与日照工匠围绕生产创新和人才培养进行座谈交流，竺士杰结合自身经历作专题报告。该基地是中国工人出版社在山东设立的首个职工教育培训基地。

16—17日 全省农村养老服务工作调研座谈会在日照召开。座谈会上，日照市岚山区介绍县域养老服务体系示范创建做法，青岛市、潍坊市、威海市、滨州市、日照市等民政部门分管局长、养老服务科（处）长，部分县（市）民政局局长参加会议。

25日 日照市政府与省教育厅签署“共建日照职业技术学院、推动产教城一体化发展”合作备忘录。

26—28日 市委副书记、市长李在武率队到浙江省杭州市开展招商活动，拜访开元旅业集团、远传信息技术公司、极客桥智能装备公司、网易集团等企业，举行企业家座谈会，洽谈推进项目合作。其间，签约新能源新材料、新一代信息技术、高端装备制造等项目8个，总投资65.5亿元。

10月

9日 日照市政府与中泰证券股份有限公司战略合作签约仪式举行。

是日 省港口集团日照港集团有限公司全自动化集装箱码头正式启用，是全球首个顺岸开放式全自动化集装箱码头。

11—12日 四川省政协副主席祝春秀带领考察团到日照市，考察推进农业农村现代化和传承传统文化工作。

15日 2021年“中国体育彩票杯”山东省帆船帆板冠军赛在日照世帆赛基地开赛。

17日 日照大剧院投入运营。

17—23日 2021全国青年足球联赛（男子U19组）比赛在日照国际足球中心举行。

19日 日照水库管理运行中心通过国家级水利工程管理单位复核验收。

20日 中国科技馆“馆校合作日照市科学教育基地”揭牌暨“科技馆里的科学课”启动活动在日照市科技馆举行。

27日 日照市入选文化和旅游部、国家发展改革委、财政部公布的第二批国家文化和旅游消费试点城市名单。

11月

1日 日照市首款普惠型商业补充医疗保险“日照暖心保”正式上线。

12日 市委党的建设工作领导小组会议召开，传达学习全省基层党建工作座谈会精神，听取全市贯彻落实意见汇报，审议通过《关于开展“以案促廉”警示教育的意见》，安排部署相关工作。

15日 山东万通液压股份有限公司在北京证券交易所挂牌上市，是北交所首批81家上市公司之一，也是日照市首家登陆北交所的企业。

18日 国家石油天然气基础设施重点工程日照—濮阳—洛阳原油管道（日濮洛管道）全线建成投产。这是“十四五”期间首条投产的千万吨级输油管道，对完善中国中东部地区特别是河南省的供能结构具有重要作用。

23日 日照市快递行业综合党委第一次会议暨市快递行业工会联合会成立仪式举行。

24日 省政府安委会巡查日照市安全生产工作专题汇报会召开，省安全生产巡查第11巡查组正式进驻日照，开展为期一周的巡查工作。

27日 省港口集团日照港集团有限公司首个液体保税仓库正式启用。

30日 日照市第四季度招商引资项目线上集中签约会举行，签约项目22个，总投资106.16亿元，涵盖汽车零部件制造、高端装备制造、新一代信息技术、新能源新材料等诸多领域。

12月

1日 海曲图书馆建成启用。该图书馆是日照市东港区图书馆新馆，位于日照海曲印象文化广场，是东港区委、区政府旧城改造中重要的标志性文化建设项目。规划地上三层，地下一层，总建筑面积8000余平方米，规划设计藏书量48万余册、阅读席位1000余个。

2日 山东人才发展集团到日照考察洽谈、推进合作，并分别与日照银行、日照城投集团签订战略合作协议及合作意向书。

4日 市政府与华能山东发电有限公司、山东港口日照港签署日照港华能电煤储备转运基地项目战略合作框架协议。

6—7日 采埃孚集团中国区总裁、亚太区运营高级副总裁汪润怡一行到日照市考察，洽谈项目合作。

8—9日 副省长曾赞荣带领调研组到日照市，就经济社会发展、城市管理、不动产登记等工作进行调研。

8—10日 山东省非遗助力乡村振兴培训班在日照举办。

10日 全市“以案促廉”警示教育大会召开。与会人员集体观看警示教育片《围猎——行贿者说》《迷失初心必自毁——陈先运严重违纪违法案件警示录》。

15日 山东省制造业设计能力提升培训班在日照开班。

是日 在平安中国建设表彰大会上，岚山区人民检察院王福鑫被授予“平安中国建设先进个人”称号。

16日 2021山东网络视听大会在日照举行。

19—20日 副省长、省公安厅厅长范华平率调研组到日照调研公安工作，看望慰问基层一线民警、辅警。

21日 中兴汽车商用车战略暨新品发布会在日照高新区举行，由中兴汽车打造的全尺寸大皮卡正式发布。新车命名为“威狮1949”，是国产首款全尺寸大皮卡车型。

29—30日 市委副书记、市长李在武率队到上海开展招商推介，对接洽谈项目合作，拜访考察圣戈班（中国）投资公司等企业，集中签约汽车装备制造、医养健康、新一代信息技术等产业项目11个。

30日 国内首个“流程化、模块化、智能化、绿色化”的“散改集”全自动工艺系统在省港口集团日照港集团有限公司启用。

是月 日照市入选全国首批“千兆城市”名单。

是月 日照兴业汽车配件股份有限公司获国家制造业单项冠军示范企业称号，是日照市首家获此称号的企业。

市情概览

自然地理

【位置面积】 日照市位于山东省东南部黄海之滨，北纬 35° 04′ ~36° 04′，东经 118° 25′ ~119° 39′。东临黄海，西接临沂市，南与江苏省连云港市毗邻，北与青岛市、潍坊市接壤，南北长约 82 千米，东西宽约 90 千米。市域总面积 10947 平方千米，其中陆域 5317 平方千米，海域 5630 平方千米。

【地形地貌】 日照市地势背山面海，中部高四周低，略向东南倾斜，山地、丘陵、平原相间分布。山地和丘陵占总面积 68.5%，平原占 30.1%，水域占 1.4%，是典型的鲁东山地丘陵地区。境内有大小山头 4358 座，海拔 500 米以上的 39 座。市域西部为泰沂山脉系，大多呈东南、西北走向；北部山脉多呈南北和西南、东北走向；中南部有 7 条互不衔接山脉，走向各异；东部属胶东丘陵。其中，五莲山—九仙山、大青山—龙门崮等山系构成日照市中部生态屏障。最高点为五莲境内马耳山，海拔 706 米。

【海域】 日照海岸位于黄海中部，岬湾相连，属于比较平直的基岩沙砾质海岸。海域管辖范围北至日青交界线，南至鲁苏交界线，东至领海基线以东 12 海里（领海基点达山岛、朝连岛），共 5630 平方千米。

（市自然资源和规划局 秦 川 张学亮）

【水资源】 日照市全市多年平均降水 809.1 毫米，多年平均水资源总量 14.55 亿立方米（多年平均地表水资源量 12.45 亿立方米，地表地下不重复计算可利用量 2.1 亿立方米），水资源总量占全省的 5.3%，多年平均水资源可利用总量 8.4 亿立方米（多年平均地表水资源可利用总量 7.1 亿立方米，地表地下不重复计算可利用量 1.3 亿立方米）。至 2021 年底，建成“沭水东调”工程、墙夼水库应急调水工程、市应急备用水源一期工程等市内跨区域骨干调水工程，连同市区中水回用工程、山钢海水淡化工程，日照水网向主城区日供水保障能力达 92 万立方米。

（市水利局 王 晓）

【土地资源】 至 2021 年底，全市可利用土地总面积 53.75 万公顷。其中，农用地 41.76 万公顷，占总面积的 77.69%；建设用地 10.15 万公顷，占总面积的 18.88%;未利用土地 1.84 万公顷，占总面积的 3.42 %。

（市自然资源和规划局 秦 川 张学亮）

【气候】 2021 年，日照市年平均气温 14.4 摄氏度，年平均降水量 902.6 毫米，年日照时数平均 2159.1 小时，年平均风速 2.4 米 / 秒，平均相对湿度 68%。综合全年气候条件对农业生产影响，应属正常年份。

气温 境内年平均气温 14.4℃，比 2020 年偏高 0.3℃，较常年偏高 1.4℃，为 1961 年以来同期第二位高值。极端最低气温 -17.9℃，出现在 1 月 17 日（五莲县）；极端最高气温 37.7℃，出现在 6 月 7 日（五莲县）。

降水 境内年平均降水量 902.6 毫米，比 2020 年偏少 330.4 毫米，较常年偏多 19.4%。各地年降水量在 842.7 ～ 1006.5 毫米，均较常年显著偏多。市区年降水量较常年偏多 28.8%，莒县和五莲县年降水量分别较常年偏多 13.9% 和 14.9%。四季降水冬、春、夏降水偏多，秋季降水略有不足。

光照 境内年日照时数全市平均 2159.1 小时，比 2020 年偏少 462.4 小时，较常年偏少 151.5 小时。各地年日照时数在 2145.6 ～ 2172.6 小时，均较常年偏少。

风速 境内年平均风速 2.4 米 / 秒，比 2020 年偏大 0.3 米 / 秒，较常年偏小 0.2 米 / 秒。各地年平均风速为 1.8 米 / 秒至 3.2 米 / 秒，沿海地区较常年略偏大，其他地区均较常年偏小。

湿度 境内年平均相对湿度 68%，与 2020 年持平，较常年偏小 1%。各地年平均相对湿度在 65% ～ 71%。市区较常年略偏大，五莲县与常年持平，莒县较常年偏小。

（市气象局 吴立斌）

【水文】 河流 日照市河流分属沭河水系、潍河水系和东南沿海水系，干流长超过 10 千米或流域面积 20 平方千米以上的河流 62 条，总长度约 1369 千米；河长 3 千米以上的 201 条，总长度约 2035 千米（包括 62 条河流）。较大河流有沭河、傅疃河、潮白河、绣针河、潍河、巨峰河等。沭河是境内最大河流，总长 310 千米，境内干流长 83.3 千米（青峰岭水库以下 76.5 千米），境内流域面积 2141.3 平方千米；潍河经莒县、五莲县入墙夼水库，干流总长 222 千米，境内干流河长 37 千米（墙夼水库库面以上 27 千米）、境内流域面积 901 平方千米；傅疃河是全市最大独流入海河道，干流总长 62.5 千米（不含日照水库 58 千米）、流域面积 1059 平方千米；绣针河是省际边界河道，干流总长 47 千米，境内干流长 24.4 千米、境内流域面积 157 平方千米；潮白河流经流域面积 513 平方千米，干流总长 47 千米，境内干流长 41.83 千米、境内流域面积 497.3 平方千米；浔河流经岚山区入莒南县，干流总长 64 千米，境内干流长 42.5 千米、境内流域面积 325 平方千米；巨峰河流经东港区、岚山区，干流总长 36.3 千米、流域面积 222 平方千米。

湖泊　日照市境内无天然湖泊，建有水库 560 座。其中，大型水库 3 座、中型水库 10 座、小型水库 547 座。青峰岭水库是全省第四大水库，1959 年 11 月兴建，1960 年 7 月建成蓄水。日照水库是全省第七大水库，1958 年 10 月兴建，1959 年 6 月建成，年均供水量 1.5 亿立方米，是日照市主要饮用水水源地。仕阳水库 1958 年 10 月开工建设，1959 年 6 月建成蓄水。“十三五”以来，全市先后完成 359 座小型病险水库除险加固工程，基本消除小型水库病险隐患。

降水　2021 年，全市最大月降水量为 7 月，平均降水量 249.8 毫米；全年最大降水量点为岚山区独垛雨量站 1530.5 毫米。东港区平均降水量 1135.7 毫米，比 2020 年偏少 19.2%；岚山区平均 1225.5 毫米，比 2020 年偏少 16.6%；莒县平均 903.4 毫米，比 2020 年偏少 25.9%；五莲县平均 938.7 毫米，比 2020 年偏少 15.0%；日照经济技术开发区平均 944.9 毫米，比 2020 年偏少 31.8%；高新技术产业开发区平均 1063.7 毫米，比 2020 年偏少 21.6%；山海天旅游度假区平均 1035.4 毫米，比 2020 年偏少 18.2%。

（市水利局　王　晓　市水文局　高婷婷）

【林草资源】 2021 年，日照市有各类林地面积 17.788 万公顷，其中生态公益林 6.94 万公顷，商品林 10.845 万公顷。有自然保护地 21 处，总面积 949.8 平方千米，约占全市总面积的 8.36%。其中，自然保护区 2 处（省级），面积 256.6 平方千米；自然公园 19 处（国家级 6 处，地方级 13 处），面积 693.2 平方千米。据日照市第三次国土调查，全市湿地面积 3791.99 公顷，占土地总面积的 0.71%。其中，沿海滩涂 3378.42 公顷，占湿地面积的 89.09%；内陆滩涂 413.57 公顷，占湿地面积的 10.91%。境内有木本植物 82 科、209 属、739 种。其中，古树名木 384 株，分属 27 科、43 属、50 多个树种；国家级保护物种有银杏、水杉、红豆杉、玫瑰，桂花、银杏分别是日照市的市花和市树。有陆栖脊椎野生动物 357 种。其中，国家一级保护 9 种，分别为东方白鹳、中华秋沙鸭、白鹤、丹顶鹤、大鸨、遗鸥、中华凤头燕鸥（原名黑嘴端凤头燕鸥）、黄嘴白鹭、白鹈鹕；国家二级保护 30 余种，鸟类 330 余种。

【矿产资源】 至 2021 年底，日照市发现矿产 63 种，查明资源储量的有 38 种。其中，煤、地热等能源矿产 2 种；铜、钛铁矿、铅锌矿等金属矿产 7 种；饰面用花岗岩、红柱石、硫铁矿、普通萤石、蛇纹岩、榴辉岩等非金属矿产 27 种；地下水、矿泉水等水气矿产 2 种。查明资源储量矿产地 33 处，其中大型矿床 3 处，中型矿床 10 余处，小型矿床 20 余处。2021 年，全省探明红柱石、蓝晶石、榴辉岩等矿产主要集中在日照市，其中，红柱石矿保有资源储量居全国第五位，花岗岩矿保有资源储量居全省前列。

（市自然资源和规划局　秦　川　张学亮）

【海洋资源】 2021 年，日照市管辖海域面积近 6000 平方千米，大陆海岸线北起白马河口，南到绣针河口，总长 226.35 千米。其中，自然岸线 32.45 千米，人工岸线 167.45 千米，其他岸线（包括河口、修复岸线）26.45 千米。自然岸线保有率 25.36%，建有各类海洋保护区、水产种质资源保护区 11 处，面积 1300 平方千米，占管辖海域总面积的 21.6%。全市有海洋岛礁 22 座，总面积 0.42 平方千米。近岸海岛主要有桃花岛、出风岛，距海岸 30 海里左右有平岛、达山岛和车牛山岛组成的“前三岛”。有省政府认定渔港 12 处，临时停泊点 15 处，海洋渔船 3798 艘。

（市海洋发展局　李　达）

历史人文

【历史】 日照市历史悠久，早在原始群时期，即有人类在这里繁衍生息。1983 年，考古工作者在今日照市东港区丝山东麓秦家官庄、双庙、竹溪村和岚山区胡家林等处，发现一些属于旧石器时代早中期和新石器时期的文化遗存。据专家考证，这些旧石器形成的时间约在北京猿人时期。20 世纪 30 年代后，考古工作者还先后在市区两城、东海峪、尧王城等地发现 10 余处原始村落遗址及大量遗存。这些文化遗存则属于新石器时代后期的大汶口文化和山东龙山文化。

【建置沿革】 夏、商时期，日照属东夷，亦称人方。日照建置始于西周，至地级市建立前，区域建置和隶属关系多变。设县治之前，先后隶属于莒国和莒县。置海曲县后，又历经多次变动。金大定二十四年

（1184）设日照县后，建置才有较长时间稳定。

西周至战国前期，日照地属莒国。鲁哀公二十二年（前473），日照归越。楚简王元年（前431），楚灭莒，以莒为邑，日照属楚。田齐威王二十四年（前333），日照属齐。楚考烈王八年（前255），日照归楚。秦王政二十四年（前223），秦灭楚，日照归秦。

秦统一六国后，在今山东地区设置齐、琅琊（邪）等郡，以郡辖县，行郡县制。始皇二十六年（前221）置莒县，日照为莒县之东境，属琅琊郡。西汉时，日照地区始置县，名海曲。新莽天凤四年（17），因吕母起义毁县衙，海曲县废。汉元帝时，封城阳荒王子刘光为昆山侯，日照之西北境属昆山侯国（治所在今五莲县）。东汉时，废昆山侯国，改海曲为西海县，属琅琊郡。

三国时期，山东为曹魏的青、徐、兖等地。西海县废后，境域并入莒，属城阳郡。

西晋初年，沿魏制。太康十年（289），析城阳郡之莒等四县入东莞郡。刘宋时，沿西晋后期之制。宋明帝失淮北，日照地区随莒县归北魏东莞郡。北魏孝庄帝永安二年（529）置梁乡县（治所在今日照市东港区两城镇），属胶州东武郡。北齐废梁乡县入莒县，属义塘郡。北周改南青州为莒州，属莒州义塘郡。

隋代实行州、县两级制。炀帝时，又改为郡县制，日照地属琅琊郡莒县。

唐代，地方行政区分州县两级。太宗时分全国为十道，山东大部属河南道。日照地北境属诸城县，南境仍属莒县，随莒县改属河南道高密郡（密州）。五代因之。

北宋时，日照地属京东东路密州，仍并于莒县。元祐二年（1087），于莒县始置日照镇。日照之名始于此。元祐三年（1088），日照镇由莒县析出，划入胶西县临海军，仍属京东东路密州。

金大定二十四年（1184）升日照镇为日照县。

元统一全国，以中书省统山东，日照县属中书省山东东西道宣慰司益都路莒州，有涛洛（雒）场。

明洪武初年，置山东行中书省。寻改为山东等处承宣布政使司，日照县属山东布政使司青州府莒州。

明洪武十七年（1384），为防倭寇，于日照县南境置安东卫，下设前、后、左、右、中五所。弘治后，于日照县东置石臼岛寨千户所，县南置夹仓镇巡检司。

清初沿袭明制，设山东省。雍正八年（1730）升莒州为直隶州，日照县属莒州为青州府辖。雍正十二年（1734）置沂州府，降莒州为散州，日照属沂州府。乾隆七年（1742），裁安东卫并入日照县，置安东卫巡检司，有涛洛（雒）、夹仓、石臼3镇。

民国二年（1913），撤府设道，日照县属胶东道。1925年冬，改属琅琊道。1928年撤道制，日照县直属山东省政府。

1936年2月，日照县属国民政府山东省第三行政督察区。抗日战争时期，国民党日照县政府仍隶属行政督察区公署。

1940年3月，中国共产党领导下的日照县抗日民主政府成立。初属中共鲁东南地委领导，1941年1月，隶属于莒（县）、日（照）、临（沂）、赣（榆）四县联合办事处（旋改称滨海各县行政联合办事处）。是年8月，隶属于新设立的山东省战工会之滨海专员公署。1942年8月，在日照县太石公路以北区域析置日（照）北县（1945年9月撤销），属滨海专区第一（滨北）行政区。1944年6月，日照县属滨海专区第三（滨中）行政区（1945年4月改称滨海行政区第三专区）。1946年7月，滨海行政区第三（滨中）专区撤销，日照县划归滨海行政区第二（滨南）专区。1948年7月，建置鲁中南行政公署，日照属鲁中南行政区第六专区（1949年7月改称鲁中南行政区滨海专区）。

1949年10月1日中华人民共和国成立后，日照县属山东省鲁中南行政区滨海专区。1950年5月，鲁中南行政区撤销，日照县属山东省沂水专区。

1953年8月，日照县划归胶州专区。1956年5月，改属临沂专署。1967年，临沂专署改称临沂地区行政公署，日照县隶属不变。

1984年7月1日，经临沂地区行政公署批准，建立临沂行署石臼港办事处（县级），与日照县分署而治，办事处驻石臼镇。日照县与石臼港办事处同属临沂地区。

1985年3月22日，国务院发文批准，撤销日照县和临沂地区石臼港办事处，合并建立日照市（县级），以原日照县和石臼港办事处的行政区域为日照市的行政区域。仍隶属于临沂地区。

1989年6月12日，经国务院批准，日照市升为地级市，为山东省直辖市。以原县级日照市的行政区域为地级日照市的行政区域，不设区、不带县。于是年11月5日正式对外办公。

1992年12月7日，经国务院批准（民行批〔1992〕158号）日照市设区带县，原属潍坊市管辖的五莲县、临沂地区管辖的莒县划归日照市，以原日照市的行政区域设立日照市东港区，日照市辖1个区2个县。

2004年9月9日，经国务院批准，设立日照市岚山区。将日照市东港区所辖的岚山头街道、汾水镇、碑廓镇、虎山乡（以上4个乡镇原由岚山办事处代管）和巨峰镇、高兴镇、黄墩镇、后村镇析出划归岚山区。日照市辖2个区2个县。

至2021年底，日照市辖东港区、岚山区、莒县、五莲县2个区2个县，以及日照经济技术开发区、日照高新技术产业开发区、山海天旅游度假区3个市属开发区。

（市地方史志研究院 李洪战）

【人口】 2021年，全市人口保持平稳增长态势。年末户籍总人口309.55万人，比2020年末增加0.53

万人。其中，城镇居民人口148.28万人。户籍人口出生率8.44‰，人口死亡率5.12‰，人口自然增长率3.32‰。省内迁入4959人，省外迁入4869人。常住人口297.17万人，常住人口城镇化率61.93%。

（市统计局）

【民族】 2021年，日照市有48个民族，其中少数民族47个，少数民族人口8689人。人口过百的少数民族有回族、满族、苗族、蒙古族、朝鲜族、彝族、土家族、侗族、布依族、维吾尔族、壮族、傈僳族、撒拉族、哈尼族、白族15个，其中人口过千的少数民族有回族和满族。所有少数民族均分布居住于市内各区县。

（市委统战部 丁 懿）

【人文】 日照是大汶口文化、龙山文化、东夷文化的重要地区，莒文化的发祥地，是著名革命老区。市内两城镇遗址、丹土遗址、尧王城遗址、东海峪遗址、齐长城遗址等被列为全国重点文物保护单位，“岚山渔民号子”“莒县过门笺”等被列入国家级非物质文化遗产。作为龙山文化典型代表的日照黑陶被史学家称为“原始文化中的瑰宝”。日照农民画享誉国内外，被文化部命名为“首批现代民间绘画画乡”。境内名人辈出，南北朝文学评论家刘勰，明代状元、学者焦竑，清代文字金石学家、方志学家、书法家许瀚，中共一大代表王尽美，一代国学宗师王献唐，剧作家王安友，诺贝尔奖获得者丁肇中都是日照人。

【方言】 日照市位于山东省东南部，从方言区划来说，处于山东东、西两区方言的过渡区域，也是中原官话、冀鲁官话和胶辽官话的交界地带。依据《中国语言地图集·汉语方言卷》（第二版）分区标准，日照市东港区、岚山区和莒县方言属冀鲁官话的沧惠片莒照小片，与莒南方言同属一小片；五莲方言属胶辽官话的青莱片胶莲小片，与诸城、胶南同属一个小片。依据钱曾怡、高文达等专家分区标准，日照全境方言与诸城、胶南和莒南一起都划归到山东方言东区的东潍片。

（市地方史志研究院 李洪战）

区划地名

【行政区划】 1985年3月，经国务院批准，撤销日照县，与临沂地区石臼港办事处合并建立日照市（县级），撤销各区建置，改称为乡、镇，全市共辖1个办事处、9个镇、12个乡；1989年6月12日，日照市升格为地级市，时辖22个乡镇、街道；1992年12月7日，日照市设区带县，辖东港区、莒县、五莲县一区两县、77个乡镇、街道、2983个村（居）民委员会；2004年9月9日，经国务院批准，设立日照市岚山区。至2021年底，日照市辖东港区、岚山区、莒县、五莲县。全市有16个街道、35个镇、4个乡，117个城市社区、377个农村社区、1700个村（居）民委员会。

表1 2021年日照市行政区划一览表

区（县）	街道（乡镇）
东港区 7个街道7个镇	日照街道 石臼街道 秦楼街道 卧龙山街道 两城街道 奎山街道 北京路街道 河山镇 涛雒镇 西湖镇 陈疃镇 南湖镇 三庄镇 后村镇
岚山区 2个街道6个镇1个乡	岚山头街道 安东卫街道 高兴镇 巨峰镇 黄墩镇 虎山镇 碑廓镇 中楼镇 前三岛乡
五莲县 2个街道8个镇2个乡	洪凝街道 高泽街道 街头镇 潮河镇 许孟镇 于里镇 汪湖镇 叩官镇 中至镇 松柏镇 石场乡 户部乡
莒县 5个街道14个镇 1个乡	城阳街道 店子集街道 陵阳街道 浮来山街道 阎庄街道 招贤镇 夏庄镇 刘官庄镇 峤山镇 小店镇 龙山镇 东莞镇 长岭镇 安庄镇 洛河镇 碁山镇 寨里河镇 桑园镇 果庄镇 库山乡

（资料来源：市民政局）

【地名管理】 2021年，日照市面向社会公开征集20名相关领域专家，组建日照市区划地名专家库，搭建工作平台。开展住宅区、建筑物名称备案工作，年内新增备案名称100余个，备案公布住宅区和建筑物名称600余个。根据《日照市主城区道路命名管理办法》和《日照市主城区地名规划（2019—2035年）》，完成日照高新区3条道路、山海天旅游度假区6条道路命名工作。

【地名文化】 2021年，日照市开展“保护地名文化 记住美丽乡愁”红色地名文化宣传行动，公开征集红色地名文化作品，组织拍摄制作红色地名摄影海报，“七一”期间向社会发布并在市方志馆展出。开展省级地名文化遗产申报认定工作。5月，日照市被省民政厅确认为省级地名文化遗产认定试点市，该市选取涛雒镇、甲子山、浮来山、五莲山四处地名申报，均入选省级地名文化遗产名录。省地名研究所到莒县完

表 2　2021 年日照市主城区部分道路命名一览表

单位：米

区域	序号	道路名称	位置	方向	道路起止	长度	宽度
日照高新区片区	1	栖凤路	山海路北、高端装备制造产业园南	东西	日照北路—北京北路	2460	20
	2	云萃路	栖凤路北、云秀路南	东西	日照北路—北京北路	2297	40
	3	云秀路	山海一路南、应急产业园北	东西	日照北路—菏泽北路	2008	30
山海天旅游度假区片区	1	海月路	国医坛养生城南北区中间	东西	刘东楼村中心街—碧海路	874	20
	2	秀水河路	国医坛养生城南区	东西	青岛路—北海路	894	12
	3	溪水河路	国医坛养生城西侧	南北	规划路—碧海路	1600	20
	4	毓秀路	山海天实验小学东侧、教授花园西侧	南北	山海天湿地公园—金沙滩路	215	10
	5	汇海路	教授花园南侧、岚桥锦江大酒店北侧	东西	海天一路—碧海路	378	8.5
日照大学城片区	1	学文路	山东外国语职业技术大学西侧、日照航海工程学院东侧	南北	规划路—山海路	550	10

（资料来源：市民政局）

成《古县神韵》《守望地名》等视频拍摄。

（市民政局　李路莎）

经济社会发展

【古代发展】 旧石器时代，就有人类在日照生活、繁衍生息。新石器时代，龙山时期的日照社会经济发展迅速，农业、手工业分工明确，形成以农业、家畜饲养业、渔猎业、手工业和商业等多种经济成分在内的综合性经济形态，阶级开始分化，进入古国阶段，并且出现早于甲骨文的文字符号，是中华文明起源地之一。夏、商时期，日照属东夷。西周到战国前期，日照属于莒国。

秦始皇二十六年（前 221），秦统一中国，日照为莒县之东境，属琅琊郡。西汉初期，继承秦时郡县制，推行郡县与封建兼而有之的郡国制。汉武帝时期，盛产海盐的日照地区“有盐官，始置县”，名海曲，属徐州刺史部琅琊郡。王莽统治时期开展托古改制，社会经济混乱。隋开皇十一年（591），在石臼所（今日照市东港区石臼街道）建立石臼港，日照地区有了一条起自石臼，东行到达新罗、高丽和日本的海运之路，成为海上丝绸之路东端起点。北宋元祐二年（1087），设置日照镇，属莒县，为京东东路密州所辖，日照之名始于此。金大定二十四年（1184），升日照镇为日照县，属山东东路莒州。

明洪武年间（1368—1398），为防倭寇于日照县之南境置安东卫；弘治后，于县东置石臼岛寨千户所。清初，沿明制。随着建卫设所，安东卫与石臼所逐渐开始与外地的海上贸易活动。清康熙二十二年（1683），清兵攻占台湾，海禁大开，日照海运遂畅，商贾渐集。清乾隆七年（1742），安东卫并入日照县。即有岚山、荻水、石臼、涛雒、栈子、夹仓、龙王口 7 个自然口岸。至清末，这些自然口岸逐渐成为日照乃至周边地区土特产的集散地和较为繁荣的商港。

【近代发展】 鸦片战争后，中国进入半殖民地半封建社会，日照经济同样具有半殖民地半封建性质。这一时期，近代工业出现萌芽，沿海商业亦较繁荣，但在封建制度下的个体农业生产力水平低下，工业发展十分微弱和缓慢。中华民国成立后，1913 年，民国政府在行政区划上实行“道、县”制，莒州改莒县，属岱南道，日照县属于胶东道，后来又改属琅琊道。日照自 1913 年起从莒分离出来，在行政区划上开始与莒平级。这一时期的日照备受外国侵略者与国内反动势力践踏，境内战火连绵，人民饱受战乱之苦。加之当时的日照除山岭薄地外，滨海平原又经常受到海水侵袭，多涝洼、盐碱，收获甚少，因而较内地困难尤甚。清末民国初，日照人民流落他乡，遍及东北各省，乃至朝鲜、日本等国，使日照成为著名的侨乡。据民国八年（1919）《山东各县乡土调查录》载，日照“土地跷瘠，沙田无量，故生计异常艰窘。近年乡民多糊口于四方，而移垦于东三省者尤伙，富庶之家不过十之一二”。

【现代发展】 新民主主义革命时期 1919 年爆发的“五四”爱国运动，推动中国新文化运动的发展，随着马克思主义的传播，1921 年中国共产党成立，担负起领导中国革命的重任。日照地区涌现出一批革命先驱，在接受新文化、传播马克思主义、建立共产党组织、参加和领导革命斗争及武装暴动中作出重要贡献。这一时期的日照，经济一直处于萎缩、凋敝、封闭状态，且劳动人民与地主阶级贫富悬殊。1928年春，日照县成立中国共产党日照县委员会，从开展农民运动入手，秘密建立和发展党的基层党组织。1932年3月，中共日照县委升格为中心县委，辖日照、莒县、沂水、诸城4个县党组织，于10月组织发动日照暴动，暴动坚持13天，后因敌我力量悬殊，最终分散转入地下斗争，中共日照地方组织遭受严重损失。

1937年，抗日战争全面爆发。1938年，日本侵略者侵占日照，占领沿海及各交通要道，进行疯狂的军事侵略和经济掠夺，县内经济衰败，人民群众处于水深火热之中。日本侵略者在石臼所相继办起物产公司、森田洋行、富士商会、若松洋行、济鲁洋行、藤本洋行等经济侵略机构，大肆掠夺农副产品和其他资源。1938年12月，中共日照县委在小曲河恢复成立。在党的领导下，日照加强抗日民主政权建设。1940年3月，日照县各阶层人民代表和群众上千人在今五莲县洪凝街道长兰村（当时属日照县），公开审判当时国民党日照县县长张希周，民主选出19位行政委员，成立日照县抗日民主政府。抗日根据地军民在中国共产党领导下，开展大生产运动，打破敌人的经济封锁，夺取抗日战争的伟大胜利。自1942年始，进行减租减息，实现耕者有其田，但由于长期战争创伤，经济发展缓慢。

社会主义革命和建设时期 1949年10月1日，中华人民共和国成立后，日照的国民经济发展有起有伏。

经济恢复和改造发展时期。中华人民共和国成立初期，全市经济基础十分薄弱，工业生产近乎空白，农业发展步履缓慢。1949年，工业总产值仅59万元，占工农业总产值的1.23%。经过三年的经济恢复时期及第一个五年计划，日照完成农业、手工业和资本主义工商业的社会主义改造，实现生产资料的社会主义公有制。到1957年，工农业总产值达6373万元，比1952年增长16.1%，比1949年增长43.6%，年平均增长分别为3.0%和4.6%。

国民经济调整时期。该时期工农业生产呈波浪式发展，在曲折中前进。1958—1960年，日照经济出现1949年后的第一次负增长。1962年工农业产值7306万元，比1959年减少28.1%。1963—1965年，贯彻执行中共中央提出的“以农业为基础，以工业为主导”和“调整、巩固、充实、提高”的方针，在农村，对人民公社的体制和政策进行调整，恢复劳动定额管理，农业生产逐步恢复；工业生产根据中央颁布的工业70条和手工业35条精神，采取“关、停、并、转”等措施。到1965年，工农业总产值达到11007万元，比1959年增长50.6%。比1957年增长72.7%。

“文化大革命”曲折发展时期。1966年开始的“文化大革命”，前5年停工停产，工业生产秩序受到严重破坏；农业生产分配搞平均主义，劳动生产率降低，农业发展受到严重影响。后5年，整顿生产秩序，工农业生产增长较快，1975年工农业总产值25404万元，比1965年增长130.8%，比1970年增长94.3%，分别平均增长8.7%和14.2%。

改革开放和社会主义现代化建设时期 1978年12月，党的十一届三中全会确立解放思想、实事求是的思想路线，提出“对内搞活、对外开放”的总方针，开启改革开放和社会主义现代化建设新征程。改革开放以来，特别是1989年地级日照市设立以来，日照市始终保持经济发展、政治安定、社会稳定的良好局面。

第一阶段：以农村改革为先导，各项改革初步展开，对外开放开始起步。党的十一届三中全会后，日照在农村进行经济体制改革，到1984年，全部实行以大包干为主的家庭联产承包责任制。7年间，全市农业总产值由1978年的5.48亿元，上升到1984年10.89亿元，年均增长9.7%；粮食总产108.58万吨，是1978年的1.48倍；农民人均纯收入达到415元，是1978年的5.1倍，年均增长31.3%，全市农村基本解决温饱问题。工业调整产业结构和产品结构，加强企业管理，企业活力明显增强。1984年，实现工业总产值6.16亿元，比1978年增加3.77亿元，年均增长13.9%。对外开放开始起步。1980年3月，国家计划委员会同意在石臼建设煤码头一期工程两个10万吨级泊位，并列入“六五”计划国家重点建设项目。1982年2月，石臼港开工建设。1986年5月，石臼港通过国家级验收，被批准为国家一类对外开放港口。

第二阶段：改革由农村向城市及整个经济领域全面推进并深化，对外开放迈出新步伐。日照自1985年开始进行计划体制改革，国民经济逐步走上稳定协调发展轨道。1989年6月12日，地级日照市成立，日照经济体制改革进入全面展开阶段，农业生产迅猛发展，工业生产取得较大突破，对外开放实现重大突破，经济发展步入市场经济轨道，基础设施建设取得长足发展。1992年，日照市设区带县，辖东港区、莒县、五莲县一区两县，全市地区生产总值完成45.75亿元，是1984年的3.8倍；财政收入1.91亿元、工业生产总值49.03亿元、固定资产投资12.30亿元、社会消费品零售总额14.01亿元，分别是1984年的3.2倍、8.0倍、3.1倍、3.5倍。第二产业发展较快，增加值占生产总值的比重由1984年的15.4%，提高到1992年的27.7%。

第三阶段：建立完善社会主义市场经济体制迈出决定性步伐，对外开放向纵深发展，各项改革全面展开。1993年以后，日照市努力推进中国特色社会主义经济政治文化建设、社会主义新农村建设和全面小康建设，在优化经济结构、发展科学技术和提高对外开放水平等方面取得积极进展。1993—2002 年，经济发展速度除 1999 年外，其余年份均保持在两位数以上。全市地区生产总值年均增长 13.2%，工业增加值年均增长 19.4%，社会消费品零售总额年均增长 18.3%，全社会固定资产投资年均增长 21.4%；新农村建设为农村经济增添活力，全市农林牧渔业总产值年均增长 10.6%，是仅次于第二阶段的第二个快速增长期；城镇职工平均工资和居民人均可支配收入年均增长 14.9% 和 14.6%；全市累计实现进出口总值 62.92 亿美元，实际利用外资 7.37 亿美元。

第四阶段：各项改革向纵深推进，经济社会实现跃升式发展，对外开放取得巨大进步。2003 年以后，日照市实施四大战略，推动跨越发展。以加快工业化进程为主攻方向，构建临港工业体系。2011 年，全市生产总值突破千亿元大关，从 2003 年的 311.67 亿元增加到 2011 年的 1214.1 亿元。实现境内财政总收入 510.2 亿元，其中地方财政收入 68.5 亿元，是 2003 年的 6.14 倍。进出口总值从 12.91 亿美元增加到 207.6 亿美元，跃居全省第三位，跻身全国外贸百强市。实现规模以上工业增加值 727.6 亿元，固定资产投资 880.7 亿元，社会消费品零售总额 365.4 亿元，分别是 2003 年的 11.92 倍、6.71 倍和 4.11 倍。主营业务收入过亿元的企业发展到 342 家，利税过千万元的 300 家，分别增加 211 家和 223 家。港口货物吞吐量实现双亿吨跨越，从 0.45 亿吨跃升到 2.5 亿吨。三次产业结构由 18.5∶44.6∶36.9 调整为 9.2∶54.4∶36.4。临港大工业迅猛崛起，日照钢铁精品基地被列入国家钢铁产业调整振兴规划；汽车及零部件加工形成整车 75 万辆、发动机 48 万台、变速箱 50 万台的产能；大豆加工能力达到 600 万吨，居全国第二位。战略性新兴产业加速发展，高新技术产业产值年均增长 40.7%。城镇居民人均可支配收入达到 20098 元，农民人均纯收入 8756 元，分别是 2003 年的 2.55 倍和 2.65 倍。这一阶段，虽然后期受国际金融危机影响，经济增速有较大回落，但仍保持 12% 以上的高位增长，是经济增长最快时期。

中国特色社会主义新时代　2012 年，党的十八大以来，日照市深入贯彻新发展理念，落实高质量发展要求，以供给侧结构性改革为主线，着力深化改革开放，坚决打好防范化解重大风险、精准脱贫、污染防治三大攻坚战，统筹稳增长、促改革、调结构、惠民生、防风险，做好稳就业、稳金融、稳外贸、稳外资、稳投资、稳预期工作，奋力推动高质量发展、高品质生活、高效能治理。

深入推进全面深化改革。2012 年，日照市制定出台户籍管理制度改革实施意见和配套政策，畅通落户渠道；推进部门预算、国库集中支付、投资评审等财税改革，提高财政管理效益；推进医药卫生体制改革，基本药物制度和基层运行新机制得到巩固完善；获评全国文化体制改革先进地区。2013 年，紧紧围绕“一个率先、五个日照”奋斗目标，抢抓“蓝、红、金”国家战略机遇；部署农村产权制度改革工作。2014 年 2 月 8 日，日照市成立中共日照市委全面深化改革领导小组，由市委书记任组长，市委常委为成员，设立市委改革办。2015 年，深入开展“解放思想求创新、转型升级促发展”系列活动，出台“五抓”等一系列举措，研究推进市属企业国有企业组建及资产管理等工作，出台《日照市中小学校长职级制改革实施办法》，推动基础教育综合改革向纵深发展。2016 年，7 家市级公立医院实行药品零差率销售改革；全面落实“三去一降一补”任务，将“五大着力点”上升为“五大战略”。2017 年 3 月 22 日，日照市创新建立改革发展重点工作分线推进机制，设立 2 个重大专项和 15 条改革发展工作线。出台《关于深化放管服改革进一步优化政务环境的实施意见》。2018 年，聚焦落地落实开放，狠抓“双招双引”，推动新旧动能转换和高质量发展，出台《关于深化“一次办好”改革深入推进审批服务便民化工作方案》，调整优化政府机构职能，建设人民满意的服务型政府。2019 年，政府机构改革顺利完成，开发区体制机制改革全面实施，农村集体产权制度改革等 83 项国家和省级改革试点在日照落地实践，公立医院综合改革获国务院督查激励。2020 年，日照市建立“9+3”改革攻坚专班推进机制和省“九大改革攻坚行动”重点任务监测机制，113 项省攻坚重点任务落实，178 项攻坚成果走在全国全省前列。2021 年，确定重点改革任务 128 项，全部落地落实，强化典型示范，培育总结中小学集中配餐等改革典型 1401 个。

坚决打赢脱贫攻坚战。日照市深入学习贯彻习近平总书记扶贫开发战略思想和关于脱贫攻坚的新指示、新部署、新要求，坚持精准扶贫精准脱贫基本方略，2014 年、2015 年、2016 年先后出台一系列措施方案文件，强化问题导向，拿出真招实招硬招，向最难处聚焦聚力。脱贫攻坚战以来，全市各级累计投入财政资金 26.28 亿元，组织 2.92 万名党员干部结对帮扶贫困群众。建成产业扶贫项目 456 个，发放扶贫收益 1.53 亿元。扶贫小额信贷贷款总额 10.16 亿元，发放扶贫收益 1.5 亿余元。开发扶贫公益性岗位 1752 个，引导 13319 名贫困人口务工就业。2020 年，全市 11.79 万名建档立卡贫困人口全部稳定脱贫，301 个贫困村全部高质量摘帽，4 个集中连片贫困区域生产生活条件显著改善。2021 年，日照市安排衔接推进乡村振兴补助资金 2.45 亿元，加强巩固拓展脱贫攻坚成果同乡村振兴有效衔接，全面抓好政策措施、工作力量、工作重点等无缝衔接。

适应和引领经济发展新常态　日照市进入经济发展新常态后，全市以习近平总书记系列重要讲话和视察山东重要讲话、重要批示精神为指引，加快推进新旧动能转换重大工程，在经济增速换挡的同时，产业结构实现历史性突破，质量效益不断改善。2013年，经济社会发展实现历史性突破，全市地区生产总值突破1500亿元，达到1500.16亿元。2017年，全市地区生产总值突破2000亿元。2021年，达到2211.96亿元。这一时期经济增速逐步放缓，2012—2021年全市生产总值分别增长11.8%、10.6%、10.0%、7.5%、8.1%、9.0%、7.3%、7.2%、3.8%、6.8%，年均增长9.6%，实现从高速增长向中高速增长的平稳过渡。产业结构继续优化，三次产业结构由2012年的9.2∶54.4∶36.4，调整为8.8∶40.8∶50.4，产业结构实现由“二三一”到“三二一”的历史性转变。2021年，城乡居民人均可支配收入分别达到39380元、20154元，城乡居民收入比由2012年的2.34缩小到2021年的1.95。

加快发展成为第一要务。2015年，日照市确立“突破园区、聚力招引”头号工程，当年全市经济企稳，全年GDP增长7.5%。2016年，全市狠抓各项重大决策部署的推进落实，经济发展逐步冲出低谷。全年地区生产总值增长8.1%，一般公共预算收入增长10.6%。2021年，日照市深入实施“生态立市、创新兴市、产业强市、开放活市”战略，全面贯彻新发展理念，推动高质量发展。经济总量实现新跨越，实现生产总值2211.96亿元，比上年增长6.8%；人均地区生产总值74434元，增长6.4%。财税收支稳定增长，一般公共预算收入187.49亿元，增长6.3%，税收占比80.8%；一般公共预算支出270.58亿元，其中财政用于民生支出216.97亿元。项目招引建设深入推进，全年到账内资369.65亿元，增长32.7%。272个实施类省市重点项目完成年度投资计划的177%，省级重点项目年度投资完成率182%。

推进供给侧结构性改革。日照市深入推进新旧动能转化重大工程。全市钢铁行业积极调整转型，通过加强技术创新和产品结构调整，推进产能承接，产品结构持续优化。2021年，全市钢铁产业两大龙头企业山钢日照公司和日钢集团，产能集中度居全国第四位，重点行业盈利水平较高，企业盈利水平明显提升。新动能领域较快增长，高新技术产业投资增长10.0%，高技术制造投资增长10.5%，“四新”投资增长2.3%。其中，新型能源活动投资增长114.7%，现代生产性服务活动投资增长36.4%，互联网与现代信息技术服务投资增长32.5%。“放管服”改革调动市场积极性，年末实有市场主体40.03万户，增长17.8；实有注册资本（金）10695.7亿元，增长7.4%。消费市场平稳运行。社会消费品零售总额654.89亿元，增长12.0%。新业态新模式蓬勃发展，线上交易、社区团购、直播带货等新零售模式不断发展壮大。全年限额以上零售企业通过公共网络实现商品销售额1.14亿元。

拓展对外开放新空间。2013年9月，日照市落实省政府办公厅《关于促进进出口稳增长调结构的实施意见》，进出口保持快速增长，当年实现进出口330.4亿美元，增长30.6%，增幅高于全省平均水平21.8个百分点。2014年，全市抢抓“一带一路”机遇，日照被列为新亚欧大陆桥经济走廊主要节点城市，与国外7个城市建立友城关系或签署友好合作意向书。2015年，日照举办第三届中国—中亚合作论坛，打造面向中亚的区域性物流中心。2017年，深入实施“开放活市”战略，加快开拓“一带一路”沿线市场，全市外经贸主要指标继续走在全省前列，全年完成进出口909.57亿元。2018年以后，全市进出口贸易继续保持较快增长。2021年，全市货物进出口1165.67亿元，增长11.0%。从贸易合作伙伴看，对“一带一路”沿线国家进出口360.3亿元，增长13.3%。

（市地方史志研究院　李洪战）

中共日照市委

综　述

【概况】 2021年，中共日照市委坚持以习近平新时代中国特色社会主义思想为指导，贯彻党的十九大和十九届历次全会精神，落实省委工作要求，以党的建设为引领，立足新发展阶段，完整准确全面贯彻新发展理念，主动服务和融入新发展格局，推动现代化海滨城市建设迈出新步伐。全年地区生产总值比2020年增长6.8%。一般公共预算收入比2020年实际增长6.3%，税收占比80.8%；沿海港口货物吞吐量5.4亿吨，比2020年增长9.1%。坚持"第一议题"制度，及时跟进学习习近平总书记重要讲话、重要指示批示精神，组织集体学习32次、交流研讨29次，举办专题培训班8期。深入贯彻党的十九届六中全会精神和习近平总书记视察山东重要讲话精神，制定出台《关于深入学习贯彻党的十九届六中全会精神的决定》《关于深入学习贯彻习近平总书记重要讲话精神服务和融入黄河流域生态保护和高质量发展的意见》。全年举办市、县两级专题读书班34期，培训1.68万余人；组织宣讲6700余场，受众46万余人次。扎实开展"我为群众办实事"实践活动，常态化"听民声、走流程"，发现解决政务服务类问题1600多个。

【庆祝中国共产党成立100周年系列活动】 2021年，日照市组织举办中国共产党成立100周年系列庆祝活动。围绕爱党爱国爱社会主义主题，制定日照市庆祝中国共产党成立100周年活动方案和"永远跟党走"群众性主题宣传教育活动方案，结合党史学习教育和四史宣传教育，统筹组织推动收听收看庆祝中国共产党成立100周年大会、举办系列座谈会和理论研讨会、开展"七一勋章"提名推荐和"两优一先"推荐评选表彰、举办各类文艺演出、举办主题展览、创作推出主题文艺精品、组织颁发纪念章和开展走访慰问活动、开展群众性主题宣传教育等多项重要活动，唱响共产党好、社会主义好、改革开放好、伟大祖国好、各族人民好时代主旋律。在第三届"红动齐鲁·我心向党"红色故事讲解大赛中，日照市2名选手分获全省志愿金牌讲解员和全省专业优秀讲解员称号，1个红色故事被评为全省优秀红色故事。

【全面深化改革】 2021年，日照市委贯彻落实中央和省委深化改革委员会会议精神，制定《2021年市委深化改革委员会工作要点》，确定128项重点改革任务。全年召开市委深改委会议10次，研究审议改革方案20个；召开改革专题会议5次，对抓好省市改革任务的方案设计、执行落地、跟踪问效等进行安排部署。强化典型示范，培育总结中小学集中配餐、婚育服务"全照办"、城市书房、基层司法所改革、茶仓模式等140余个改革典型。其中，阳光海岸管护机制被中办《每日汇报》采纳刊发，体教融合、税务体制改革、莒县"无柜台"审批、国企改革、东港"碳汇"模式等5个典型案例被省委改革办正式行文上报中央改革办，治理农民工欠薪典型案例被省政府通报表扬。强化督察考核，分别于9月、12月对全市全面深化改革推进落实情况进行督察，开展营商环境改革、行政审批制度改革、岚山开发区改革、数字日照建设专项督察4次，下发"督察三单"44件，建起从事前提醒、过程催办到事后督办的全过程跟踪问效推进机制。

【高质量发展】 2021年，中共日照市委落实"三个新"要求和"双碳"战略，坚持发展第一要务，加快产业动能转换、结构提挡升级。

新旧动能转换　制订落实"三个一批"工作计划，推动"两高"企业违规生产问题整改，钢铁产业重塑性、绿色化发展稳步推进，钢铁板带材中高端产品占比达80%，日钢产能置换方案已经省公告，600万吨炼钢工程获省备案；汽车产业集群式发展迈出坚实步伐，整车本地配套率从不足20%提高到40%。以全域旅游理念推进旅游业转型提升，入选第二批国家文化和旅游消费试点城市，连续3年获"中国体育旅游十佳目的地"称号。以高质量"双招双引"带动存量优化、增量崛起，全年到账内资369.7亿元，增长32.7%；实际使用外资5.2亿美元，增长11.3%；“四新”项目占招引项目的比重达到86.1%。坚持把产学研合作作为科技创新的核心路径，新增高新技术企业200家，比2020年增长65%。发展现代服务业，入选国家级服务业标准化试点城市，成功获批港口型国家物流枢纽。

重点领域改革　开展优化营商环境创新突破行动，实施政务服务“双全双百”工程，建成启用“城市大脑”，开发应用婚育、入学、就医等“全生命周期”场景37种，“爱山东·日照通”App上线服务突破2000项。深化无证明城市改革，2898个事项实现“无证明”办理，基本建成无证明城市。“数林指数”攀升到全国地级市第四位。创新搭建日照“政策通”平台，促进省市惠企“政策包”落地落实，市场主体数量比2020年增长17.8%，万通液压在北交所成功上市。实施国企改革三年行动，整合重组8家市属国有企业组建新的城投集团，国有资本布局进一步优化，市属国企营业总收入比2020年增长36.1%，利润总额比2020年增长131.7%。深化人才制度改革攻坚，连续两年入选全国“最具人才吸引力百强”城市。

对外开放　发挥港口开放龙头作用，推动港产城深度融合发展，日照港转型升级工程列入国家“十四五”综合交通规划。实施外贸新业态提升发展行动，出台支持日照综合保税区高质量发展若干意见，全市跨境电商进出口17.1亿元，是2020年的16.4倍。大力发展国际班列和海铁联运业务，新开国际班列4条，海铁联运箱量增长55%。积极服务和融入黄河流域生态保护和高质量发展，建设完善河南、山西等地15个无水港及物流园区，瓦日、新菏兖日铁路集疏运功能有效提升，加快打造黄河流域陆海联动转换枢纽。主动融入胶东经济圈一体化发展，与胶东各市签署协议40余项，成立联盟30余个。

重大基础设施建设　加快推进北方能源枢纽建设，日濮洛输油管道、岚山油气公共管廊和山焦日照千万吨级炼焦煤储备基地建成投运。狠抓交通基础设施建设，313省道大中修工程竣工通车，岚山疏港铁路建设加快推进，京沪高铁辅助通道、坪岚铁路扩能改造、日照站客运设施改造等重大交通设施项目顺利推进。加大城市建设力度，淄博路、海曲路地下通道通车，山海风情绿道贯通启用，市公共卫生服务中心、老年大学、工人文化宫等城建重点项目加快推进。聚力新型基础设施特别是5G网络建设，入选全国首批29个、全省3个“千兆城市”。加强现代水网建设，实施沭河上游堤防加固、城市备用水源等重点水利项目37项。

乡村振兴　推进巩固拓展脱贫攻坚成果同乡村振兴有效衔接。落实“四个不摘”要求，坚决杜绝规模性返贫。协调推进“五个振兴”，整合涉农资金28.2亿元，设立乡村振兴重大专项资金18.9亿元。新建高标准农田27万亩，特色农业面积稳定在150万亩左右，粮食生产再获丰收。省级现代农业产业园实现县域全覆盖。推行日照绿茶“一码溯源”管理，“日照绿茶”商标获首届“山东地标名片”。

【民生改善】 2021年，日照市践行以人民为中心的发展思想。坚持把以人民为中心的发展思想融入政绩观，融入一切工作、一切决策之中，民生支出占一般公共预算支出比重保持在80%以上。

民生实事　高质高效办好20件省定民生实事、15件市办为民实事，解决一批群众“急难愁盼”。全市184所未配建食堂的义务教育学校实现集中配餐全覆盖，满意率达97.8%。新增农村幸福院“长者食堂”787处，建成启用10处城市社区养老综合服务中心、31处“社区食堂+长者餐桌”。建成55处国医堂、20处特色专病卫生院。实施“放心菜篮子”快检惠民工程，创新“惠农码+直营”模式，在全省率先完成学校和养老机构食堂“互联网+明厨亮灶”建设，跻身“国家食品安全示范城市”创建城市。建成棚改安置房4.3万套，完成148个老旧小区改造任务和82个未供暖小区供暖改造。向前一步解决历史遗留问题，化解办理不动产证4.66万户、化解率99.7%。

社会事业　新建成使用学校、幼儿园33所，新增学位1.34万个。落实就业创业资金2.6亿元，发放创业担保贷款12.1亿元，城镇新增就业3万人。落实被征地农民补贴资金29.4亿元，惠及115万人。开展“阳光护花”“阳光敬老”“阳光助残”系列行动，九类困难群众救助保障标准提高10%以上。对全市10万名城乡适龄妇女开展“两癌”免费筛查，对600名贫困患癌妇女进行救助。建成启用大剧院、美术馆新馆、博物馆新馆，图书馆和41处城市书房延长开放时间。扎实推进第25届省运会筹备工作，举办20余项省级以上重大赛事活动，承接帆船、赛艇、网球等8支国家队备战东京奥运会。

【生态建设】 2021年，日照市学习贯彻习近平生态文明思想，落实习近平在山东调研工作要求，坚定不移实施“生态立市”战略，突出精准治污、科学治污、依法治污，守底线、提质量、惠民生，以更高标准打好蓝天、碧水、净土保卫战。加强细颗粒物和臭氧协同控制，制定实施污染防治20条措施，$PM_{2.5}$、PM_{10}全年平均浓度分别改善13.9%、7.8%，空气质量综合指数改善9.9%，空气质量全面达到国家二级标准。加强水生态系统治理，制定实施地表水考核断面水质提升工作推进方案，明确“一河一策”治理责任，推进全域治理。聚力解决主城区雨污混流问题，基本实现主城区污水管网全覆盖；7个国控考核断面水质均值全部达标，其中6个断面提升类别，优良水体比例达57.1%（年度目标为42.9%）。日照水库流域生态保护与产业开发项目获批全国第一批生态环境导向的开发（EOD）模式试点。推进水资源集约节约利用，4个区县全部争创为全国县域节水型社会达标县。推进土壤污染重点监管单位隐患排查，实现建设用地和农用地安全利用100%。岚山区安家湖村农村生活污水治理作为省两个典型案例之一，向生态环境部推荐。

【平安日照建设】 2021年，中共日照市委统筹发展和安全，深入贯彻总体国家安全观，深化平安日照建设，积极防范化解各类风险隐患。

重大风险防范化解　干净利索处置五莲疫情，用一周左右时间实现零新增、零外溢、零院感目标，被专家组认定为全国该轮疫情中处置较为成功的案例之一。开展安全生产大排查大整治，全年生产安全事故起数、死亡人数分别比2020年下降25%、24%。

社会稳定维护　常态化开展扫黑除恶斗争，部署开展打击盗窃犯罪、电信网络诈骗、逃废金融债务等专项行动，全市接报违法犯罪警情比2020年下降9.1%。国家信访局交办重复信访积案化解率超过98%，进京访人次比2020年下降57.9%。

市域社会治理　加强法治日照建设，扎实开展“八五”普法；打造市县乡三级公共法律服务实体平台，全市55个司法所全部达到省级规范化标准。基本建成市县乡村四级社会治理服务中心，实现群众信访和矛盾调解“最多跑一地”。坚持把非诉讼纠纷解决机制挺在前面，人民调解委员会实现镇街、村居全覆盖。建成市社会治理网格化智能平台，社会治理水平进一步提高。

【从严管党治党】 2021年，中共日照市委坚持把抓好党建作为最大政绩，提高新时代管党治党水平，塑造风清气正政治生态。

管党治党责任压实　在落实“四责协同”等机制基础上，创新建立“红脸出汗”问题清单谈心谈话制度，市级领导分别同39名区县和市直部门单位、市属国企主要负责人开展谈心谈话，现场通报问题163个，起到“红脸、出汗、祛病、强身”效果。推进省委巡视反馈问题整改，完成整改12项，其余24项长期整改任务扎实推进。

干部队伍建设　实施优秀年轻干部“789”工程，市直部门和区县“70后”一把手达到一半；“80后”处级干部、35岁以下乡镇街道党政正职分别比2020年初增长2.4倍、1倍多。区县班子、市县两级党政部门女干部、党外干部全部配齐。

基层党组织建设　开展基层党建“责任落实年”，完成村（社区）“两委”换届，党组织书记、主任“一肩挑”比例达99%，女干部和35岁以下干部配备率均达100%，涉换届信访比上次换届下降40%。市县财政兜底村级运转经费，连续两年增幅超过18%。党组织领办合作社1010家，带动10.5万户村民增收致富，70%的村集体经济收入超过10万元。建成网格化智能平台，推动1200余名社区工作者“定岗网格”。

清廉日照建设　创新建立“以案促廉”机制，制定“一把手”监督若干措施，开展领导干部违规民间借贷专项整治，涉干部作风信访比2019年下降48.3%。严格落实中央八项规定及其实施细则精神，查处“四风”问题270起，给予党纪政务处分237人。保持惩治腐败高压态势，立查违纪违法案件1848件，给予党纪政务处分1873人，其中立查县处级干部48人、乡科级干部159人。扎实开展停车管理、粮食购销等领域专项治理，聚焦政策落实、资金使用、工程建设、民生改善、权力运行等开展审计监督，促进重点领域、重点环节突出问题破解。部署开展第十轮巡察，实现十三届市委巡察全覆盖。

【县乡领导班子换届】 2021年7月18日，日照市召开全市县乡领导班子换届工作会议，学习贯彻习近平总书记关于换届工作的重要指示精神，按照党中央决策部署和省委工作要求，对全市县乡领导班子换届工作进行安排部署。严格落实“十严禁”换届纪律，保证换届风清气正。11月，专门举办市委理论学习中心组集体学习研讨会议，加强对换届政策法规和纪律要求的再学习；8月、11月，省换届风气督查组先后两次到日照市进行换届风气检查督导。日照成立由市委书记任组长的换届工作领导小组，制定《关于严肃换届纪律加强县乡领导班子换届风气监督的实施方案》，召开严肃换届纪律加强换届风气监督工作研商会，形成各部门有分工、有配合、有联动的工作格局。

（市委办）

重要会议

【市委全体会议】 市委十三届十次全体会议　会议于2021年7月31日举行，市委委员、候补委员出席会议，市纪委常委和有关方面负责人列席会议，市第十三次党代会代表中的部分基层人员也列席会议。全会由市委常委会主持，市委书记张惠作讲话。全会深入学习贯彻习近平总书记在庆祝中国共产党成立100周年大会上的重要讲话精神，听取和讨论张惠受市委常委会委托所作的工作报告，审议通过《中共日照市委关于深入学习宣传贯彻习近平总书记在庆祝中国共产党成立100周年大会上的重要讲话精神的决定》《中共日照市委关于进一步加强新时代干部队伍政治能力建设的实施意见》。

市委十三届十一次全体会议　会议于12月4日举行，市委委员、候补委员出席会议，市纪委常委和有关方面负责人列席会议，市第十三次党代会代表中的部分基层人员也列席会议。全会由市委常委会主持，市委书记张惠作讲话。全会深入学习贯彻党的十九届六中全会、省委十一届十四次全会精神，听取和讨论张惠受市委常委会委托所作的工作报告，审议通过《中共日照市委关于深入学习贯彻党的十九届六中全会精神的决定》，审议通过《中共日照市委关于深入学习贯彻习近平总书记重要讲话精神服务和融入黄河流域生态保护和高质量发展的意见》，审议通过《关于召开中国共产党日照市第十四次代表大会的决议》。

【市委常委会会议】 2021年1月12日，市委召开常委会会议，学习习近平总书记在中央农村工作会议、中央全面深化改革委员会第十七次会议上的重要讲话精神，研究贯彻落实意见。听取《日照市国民经济和社会发展第十四个五年规划和2035年远景目标纲要（草案）》起草情况的汇报。

1月26日，市委召开常委会会议，听取市人大常委会、市政府、市政协党组，市纪委，市中级人民法院、市检察院党组工作汇报。

1月30日，市委召开常委会会议，学习全省精神文明建设表彰大会和全省宣传部长会议精神，研究贯彻落实意见。

2月7日，市委召开常委会会议，学习省“两会”精神，研究贯彻落实意见。

2月18日，市委召开常委会会议，传达省委对日照市2020年度市委书记履行全面从严治党责任和抓基层党建工作述职评议情况反馈意见，研究有关整改工作。学习全省2021年工作动员大会精神，研究贯彻落实意见。

2月23日，市委召开常委会会议，学习习近平总书记在党史学习教育动员大会上的重要讲话精神。

3月15日，市委召开常委会会议，学习全国“两会”精神，研究贯彻落实意见。

3月24日，市委召开常委会会议，听取关于日照市土地卫片执法和耕地保护工作情况的汇报。

4月2日，市委召开常委会会议，专题研究全市党史学习教育工作。

4月27日，市委召开常委会会议，听取一季度全市经济社会发展形势汇报，研究二季度经济工作。听取市容环境综合整治“双月会战”开展情况的汇报。

5月26日，市委召开常委会会议，听取关于全省新旧动能转换“五年取得突破”动员部署会议精神和相关文件起草情况的汇报。

6月4日，市委召开常委会会议，学习省委书记刘家义到日照调研时的有关讲话精神，研究贯彻落实意见。

6月25日，市委召开常委会会议，学习海洋强省建设工作会议精神，研究贯彻落实意见。听取关于实施改革建设社会治理服务中心工作体系的汇报。

6月30日，市委召开常委会会议，听取关于《日照市新型智慧城市建设试点工作任务书》落实情况的汇报。

8月2日，市委召开常委会会议，听取上半年全市经济社会发展形势汇报，分析研究下步工作。学习全省生态环境保护大会精神，传达第二轮省生态环境督察反馈意见，研究贯彻落实意见及整改工作方案。

8月16日，市委召开常委会会议，专题研究全面从严治党工作，听取有关单位党组（党委）全面从严治党情况，市委常委及市人大常委会、市政府、市政协党组成员履行全面从严治党政治责任、落实“一岗双责”情况的汇报。

8月28日，市委召开常委会会议，研究《日照市市直有关部门和国家、省属驻日照单位生态环境保护责任清单》。

9月17日，市委召开常委会会议，学习习近平总书记在陕西榆林考察时的重要讲话精神，研究贯彻落实意见。听取关于抓紧开展碳达峰碳中和有关工作建议的汇报。

10月8日，市委召开常委会会议，听取关于全国促进养老托育服务体系发展专题视频会议精神及日照市贯彻落实意见的汇报。

11月12日，市委召开常委会会议，学习党的十九届六中全会会议精神和习近平总书记有关重要讲话、重要指示精神，研究贯彻落实意见。听取关于全省革命文物工作会议精神和《加强文物保护利用改革实施方案》起草情况的汇报。

12月3日，市委召开常委会会议，听取《法治日照建设规划（2021—2025年）》《日照市法治社会建设实施纲要（2021—2025年）》起草情况的汇报。

12月24日，市委召开常委会会议，学习习近平总书记在中国文联第十一次全国代表大会中国作协第十次全国代表大会开幕式上的重要讲话精神，研究贯彻落实意见。听取安全生产工作情况汇报。

【全市重要工作会议】 日照市抗击新冠肺炎疫情表彰大会　会议于2021年1月5日召开，会议旨在深入学习贯彻习近平总书记在全国抗击新冠肺炎疫情表彰大会上的重要讲话精神，总结回顾全市抗疫历程，表彰先进，统筹疫情防控和经济社会发展，推动“十四五”发展开好局、起好步。

市委常委会2020年度民主生活会　会议于1月11日召开，主题是认真学习贯彻习近平新时代中国特色社会主义思想，加强政治建设，提高政治能力，坚守人民情怀，夺取决胜全面建成小康社会、实现第一个百年奋斗目标的伟大胜利，开启全面建设社会主义现代化国家新征程。省委常委、副省长王书坚到会指导并作点评讲话，市委书记张惠主持会议并代表市委常委会作对照检查。

市委经济工作会议　会议于1月13日召开，深入学习贯彻中央和省委经济工作会议精神，总结2020年全市经济工作，部署2021年工作任务。

市委常委会（扩大）会议暨日照市2020年度区县委（工委）书记、

市直有关工委（党委、党组）书记履行全面从严治党责任和抓基层党建工作述职评议会议　会议于1月13日召开，各区县委（工委）书记和市委教育工委、市委市直机关工委、市国资委党委、市民政局党组、市工商联党组书记依次述职，市委书记张惠分别点评。

全市区县人武部党委第一书记述职暨市委常委会议军会议　会议于1月14日召开，深入贯彻落实全省军分区、警备区党委第一书记述职会议精神，总结工作，交流经验，研究加强党管武装工作有关措施。

市委统筹疫情防控和经济运行工作领导小组（指挥部）会议　会议于1月15日召开，传达全国、全省疫情防控工作电视电话会议精神，听取全市疫情防控工作情况汇报，部署冬春季疫情防控工作任务。

市委全面依法治市和平安日照建设工作会议　会议于1月26日召开，深入学习贯彻习近平法治思想和习近平总书记关于平安中国建设的重要指示精神，总结2020年以来工作，分析形势，部署下一步工作任务，努力建设更高水平的法治日照、平安日照。

中共日照市纪委十三届六次全体会议　会议于2月8日召开，深入学习贯彻十九届中央纪委五次全会、省纪委十一届六次全会精神，总结2020年全面从严治党工作，部署2021年任务，持续深化清廉日照建设，为“十四五”开好局、起好步提供纪律和作风保障。

日照市2021年工作动员大会　会议于2月24日召开，贯彻全省2021年工作动员大会部署，准确把握新发展阶段，深入贯彻新发展理念，服务构建新发展格局，动员全市上下乘势而上求突破、发奋图强开新局，全力为实现日照精彩“蝶变”打牢基础、注入动力，以优异成绩迎接建党100周年。

市委农村工作会议　会议于2月25日召开，深入学习贯彻习近平总书记在中央农村工作会议上的重要讲话精神，认真落实省委农村工作会议部署要求，分析形势，部署任务，动员全市上下开拓进取、砥砺奋进，全力开创“三农”工作新局面，奋力书写乡村振兴齐鲁样板日照新篇章。

日照市党史学习教育动员大会　会议于3月1日以视频形式召开，深入学习贯彻习近平总书记在党史学习教育动员大会上的重要讲话精神，落实中央部署和省委要求，就组织开展日照市党史学习教育工作进行安排部署，动员全市广大党员干部学史明理、学史增信、学史崇德、学史力行，全力推动“十四五”开好局、起好步，以优异成绩迎接中国共产党成立100周年。

全市政法队伍教育整顿动员部署会议　会议于3月1日以视频形式召开，分为两个阶段进行。第一阶段收听收看全省政法队伍教育整顿工作会议；第二阶段日照市接续召开会议，市委书记张惠就扎实开展好全市政法队伍教育整顿作出安排。

日照创建全国文明城市工作表彰暨精致城市建设推进会议　会议于3月10日召开，总结工作、表扬先进，研究部署精神文明建设和精致城市建设，动员全市上下再接再厉，为加快建设现代化海滨城市再立新功。

全市政法队伍教育整顿领导小组第一次会议暨学习教育环节工作推进会　会议于3月16日召开，省政法队伍教育整顿第十一指导组组长徐涛到会指导，市委书记、市政法队伍教育整顿领导小组组长张惠出席会议并讲话。会议要求，统筹兼顾，把政法队伍教育整顿与党史学习教育、服务全市中心工作等紧密结合，为加快建设现代化海滨城市提供坚强政法保障。

全市村（社区）“两委”换届工作动员部署会议　会议于3月23日召开，深入学习贯彻习近平总书记关于基层党组织建设的重要论述，认真落实全国、全省村（社区）“两委”换届工作会议精神，对全市村（社区）“两委”换届工作进行动员部署。

全市政法队伍教育整顿推进会议　会议于5月19日以视频形式召开，深入学习贯彻习近平法治思想和习近平总书记关于政法队伍教育整顿的重要指示批示精神，全面落实全省政法队伍教育整顿推进会议精神，总结前段工作，对下一步工作进行再动员、再部署、再推进。

市级党员领导干部会议　会议于7月1日召开，认真学习习近平总书记在庆祝中国共产党成立100周年大会上的重要讲话，并进行交流研讨。

全市县乡领导班子换届工作会议　会议于7月18日召开，深入学习贯彻习近平总书记关于换届工作的重要指示精神，按照党中央决策部署和省委工作要求，对全市县乡领导班子换届工作进行部署。

全市疫情防控视频会议　会议于8月5日召开，深入贯彻习近平总书记关于疫情防控工作的重要指示要求，传达落实国务院联防联控机制电视电话会议、省委疫情防控工作专题会议精神，调度部署全市疫情防控工作。

全市政法队伍教育整顿总结暨扫黑除恶斗争推进会议　会议于8月18日召开，在收听收看全省第一批政法队伍教育整顿总结暨第二批政法队伍教育整顿动员部署会议后，日照市接续召开会议，深入贯彻习近平法治思想和习近平总书记关于政法队伍教育整顿的重要指示批示精神，全面落实省视频会议精神，系统总结全市政法队伍教育整顿和扫黑除恶专项斗争工作，对巩固扩大教育整顿成果、推进扫黑除恶斗争常态化进行安排部署。

全市生态环境保护大会　会议于8月19日召开，全面落实全省生态环境保护大会精神，总结全市污染防治攻坚工作取得的成绩，分析面临的形势，研究部署当前和今后一个时期的生态环保工作任务，动员全市上下以抓好第二轮省环保督察反馈问题整改为契机，深入实施

“生态立市”战略，坚决守护好日照的碧海蓝天、绿水青山，以生态环境的高水平保护促进经济社会高质量发展。

全市“老有所养”工作推进会议　会议于9月29日召开，深入学习贯彻习近平总书记关于养老服务工作的重要指示批示精神，落实积极应对人口老龄化国家战略，聚焦解决老年人的“急难愁盼”问题，查欠账、补短板、强弱项，加快推动“老有所养”工作实现从“有”到“好”转变，努力让全市所有老年人都能有一个幸福美满的晚年。

全市推动高质量发展现场观摩会议　会议于10月12—14日召开，市委、市政府组织对各区县、功能区和市直有关部门单位的项目招引建设情况进行现场观摩。18日总结会议召开，对观摩情况进行总结，动员全市上下按照完整、准确、全面贯彻新发展理念的要求，突出高质量发展第一要务，树牢“项目为王”理念，加压奋进，比学赶超，形成大抓项目、抓大项目局面，为实现日照精彩“蝶变”蓄势积能。

（市委办）

党史学习教育

【概况】 2021年3月1日，日照市召开党史学习教育动员大会，拉开全市党史学习教育新篇章。在党史学习教育开展过程中，日照市始终对标对表习近平总书记重要指示精神，以“学史明理、学史增信、学史崇德、学史力行”为目标要求，周密部署，守正创新，求真务实，高标准高质量完成党史学习教育各项任务。把党史学习教育作为贯穿全年的重大政治任务，以县处级领导干部为重点，聚焦四个关键环节，覆盖全市1.05万个党支部，全体党员、干部受到一次全面深刻的政治教育、思想淬炼、精神洗礼，取得显著成效。

以上率下、示范到位。成立由市委主要负责人任组长的领导小组，先后召开市委常委会会议、领导小组会议12次，专题研究部署党史学习教育工作任务和推进措施。市委常委会领学在前、学到深处，严格落实“第一议题”制度。市委理论学习中心组围绕习近平总书记重要讲话、重要指示批示和“学史明理、学史增信、学史崇德、学史力行”等主题，组织集体学习研讨28次。市委常委集体参观学习“不忘初心、牢记使命”党史教育展、“百年恰是风华正茂”红色档案文献展，到日照革命历史纪念馆接受革命历史教育，参加清明祭英烈、“七一”重温入党誓词等活动11次，带头以普通党员身份参加所在支部专题组织生活会，带头到基层联系点宣讲党史、讲专题党课、走访慰问老党员和烈士家属，当好红色基因的传承者、实践者、示范者。

突出关键、重点到位。在全市1200余名县处级党员领导干部中，深入开展带头读原著、悟思想，带头上党课、作宣讲，带头摆进去、找不足，带头听民声、走流程，带头访民情、办实事，带头在岗位、作奉献，带头谋新篇、开新局“七个带头”活动，确保“关键少数”扛起党史学习教育政治责任。为各级配备指定学习材料74.4万余册，按要求组织开展学习。精心办好党史学习教育专题读书班、习近平总书记“七一”重要讲话精神学习班和党的十九届六中全会精神专题学习班，各级党员干部接受集中系统培训。

分类指导、覆盖到位。市委市直机关工委、市委教育工委、市国资委等部门结合行业特点制定学习方案，分系统分领域扎实推进实施。各基层党支部采取有讲有评、互讲互评、讨论沙龙等形式抓好普通党员党史学习教育。在校园，开展红领巾党史讲解员大赛，打造“党史流动校车”“红色影像长廊”；在企业，让微党课走进车间一线；针对流动党员、农村党员等党员群体，出台专门指导意见，采取集体学与自学结合、讲与评结合、送教上门、红色现场教学等形式抓好党史学习教育；在村（社区）“两委”换届中开展“七个一”系列活动，以高质量换届深化党史学习教育开展，以党史学习教育成效检验换届工作质量。通过分类指导学习，确保不同范围、不同领域、不同对象党史学习教育的针对性、实效性。

严督实导、落实到位。建立责任清晰、架构完整、分工明确、力量精干的组织机构，为党史学习教育开展提供保证。全年出台指导性文件40余份，每月下发重点工作提示单、巡回督导任务提示单，推动党史学习教育、有序推进。组建10个市委巡回指导组，对全市103个单位进行持续督导，列席指导单位中心组学习220余次，列席及巡听重要会议1364次，调阅相关材料16222份。全市10500个党支部均按要求召开专题组织生活会，市委巡回指导组列席252次，并扎实开展“回头看”，按照不低于10%的比例抽查所指导单位专题组织生活会档案台账，督促整改存在问题179项。

【宣传宣讲】 2021年，日照市围绕党史学习教育、党的十九届六中全会精神主题，组建基层宣讲服务队、基层党支部书记宣讲团、女性宣讲团、劳模宣讲团、青年宣讲团、老干部宣讲团、红领巾巡讲团等，基层按需点单，开展各类宣讲6700余场次。发挥全市1817个文明实践中心（站所）优势，用好用活“掌上”课堂、城市书房红色阅读区等阵地，把党史知识送到基层，把党的声音传到寻常百姓家。在农村开展“马扎课堂”移动式党史学习教育宣讲400余场次，把党史学习教育课堂搬到生产基地、田间地头、农家小院、林荫树下，送到广大农村党员身边。利用各村新时代文明实践“喇叭花”，把《习语近人》、党史知识、红歌等内容送到群众身边，全年播出1269期，受众覆盖39万名农村居民。深入挖掘新中国成立前老党员事迹，

2021 年 7 月 10 日，市基层宣讲服务队宣讲员在日照市岚山区碑廓镇向村民宣讲党史知识（市委宣传部　供图）

组建老党员宣讲团，组织 120 名老党员开展“听老党员讲红色故事”宣讲 600 余场，在言传身教中传承红色基因。公演新编吕剧《先驱·王尽美》，精心制作庆祝建党百年系列电视专题片《使命永恒》，举办“不忘初心、牢记使命”党史教育展、“百年恰是风华正茂”档案文献展、庆祝中国共产党成立 100 周年沂蒙画派作品展，搭建日照革命历史纪念馆等红色教育阵地，100 万余名党员群众在参与中受教育，在学习中促提升。

【主题活动】 2021 年，日照市围绕“党的生日、人民盛典”主题，组织庆祝中国共产党成立 100 周年大型群众合唱艺术节擂台赛、大型群众歌会、庆祝中国共产党成立 100 周年文艺晚会、“百年芳华、初心若磐”大型艺术展、“日出东方、百年华章”交响音乐会、“红心向党”党史知识竞赛等十大主题活动，参与党员群众达 12 万人。市级各主要新闻媒体在重要版面、黄金时段开设“奋斗百年路 启航新征程”“学党史、悟思想、办实事、开新局”“我为群众办实事”等专栏专题，利用楼体广告、户外大屏滚动播放党史学习教育公益广告、宣传片，营造抬头可见、驻足可观浓厚氛围。市委党史学习教育领导小组办公室印发简报 95 期，在《人民日报》、新华社等省级以上媒体发稿 700 余篇。坚持示范在先、标杆引领，颁发“光荣在党 50 年”纪念章 2.3 万余枚，传递党中央对老党员的重视、关心。开展“两优一先”评选表彰，全市有 16 个集体、19 名个人受省级以上表彰，市级表彰 390 个先进集体和个人，一批在脱贫攻坚、乡村振兴、社会治理、高质量发展等重点工作中默默奉献的党员干部受到表彰奖励，先进事迹在《日照日报》、日照新闻和“灯塔——日照先锋”等媒体平台集中宣传推广，部分典型被《人民日报》等刊发。

【“我为群众办实事”活动】 2021 年，全市党员干部强化公仆意识，增进群众感情，突出问题导向，按照“把问题找准、把责任分清、把措施定实、把目标抓严”要求，通过蹲点调研、“四不两直”、党员网格、新时代文明实践平台等方式，倾听群众呼声，了解群众诉求，回应群众关切，密切党群关系。充分发挥“双包一联”“双报到”“干部下基层”“第一书记”“加强农村基层党组织建设”工作队作用，深入基层，深入群众，全面排查梳理群众关心关注的热点难点问题，广泛征求群众意愿，市级层面确定 200 项、县级层面确定 1060 项“我为群众办实事”清单，逐项建立台账，明确解决措施、完成时限，一件一件抓好落实。聚焦教育、医疗、住房、养老、育幼等公共服务供给，加大就业困难人员帮扶，组织各级通过新闻发布会、主流媒体公示等方式公开践诺、挂图作战，省市县办实事项目一体推进，确保项目圆满完成。坚持共建共享，深入推进全国文明城市和精致城市建设，确

2021 年 4 月 30 日，日照市岚山区安东卫街道汾水社区养老服务中心运营，82 名 75 周岁以上的老年人享受免费午餐（市委宣传部　供图）

保民生支出占一般公共预算支出比重保持在80%以上。全力解决“一老一小”问题，全市184所未配建食堂义务教育学校实现集中配餐全覆盖，满意率97.8%；94所中小学建成人工智能实验室。新建成农村幸福院“长者餐桌”550处，服务老年人5.8万名；建成启用城市社区养老综合服务中心10处、“社区食堂+长者餐桌”23处。加快提升全市基层中医药服务能力，建成55处国医堂、20处特色专病卫生院。着力改善群众居住生活条件，建成棚改安置房2.4万套，完成137个老旧小区改造任务和82个未供暖小区供暖改造。向前一步解决历史遗留问题，化解办理不动产证4.65万户，化解率达99.57%；启动城中村改造安置房屋不动产登记工作，一件件群众的操心事、烦心事、揪心事得到有效解决。中小学课后服务项目入选教育部首批23个义务教育课后服务典型案例，日照市惠民健身情况被央视《焦点访谈》栏目作典型报道。

【“听民声、走流程”活动】 2021年，日照市部署开展“听民声、走流程”活动，全市各级机关领导干部走进办事窗口，体验办、跟班办、换位办，找准痛点堵点，强化流程再造，简化审批程序，发现解决问题1300余个，建立各类便民服务长效机制150余项。将原有6处市级政务服务场所整合为一处，推进无证明城市、一件事主题服务等改革，“阳光速办”成为日照新名片。以“城市大脑”为牵引，开发应用婚育、入学、就医等“全生命周期”场景37种，“爱山东·日照通”App上线事项突破2000项，更多事项实现了掌上办、指尖办。“数林指数”由2020年全国城市第11位攀升到第8位、地级市第4位。发挥党员干部带头作用，以“党徽在闪耀”党员志愿服务品牌为统领，集中推出100个有温度、接地气、聚人气的文明实践志愿服务重点项目，引导广大党员深入基层开展志愿服务活动。收集群众“微心愿”1.5万余条，实现党员志愿服务与人民群众“急难愁盼”问题精准对接；市直单位共组建党员志愿服务队126支，主动与村（社区）党组织开展结对共建，开展志愿服务项目8万多个，惠及群众9万余人。

（市委宣传部 刘昱孜）

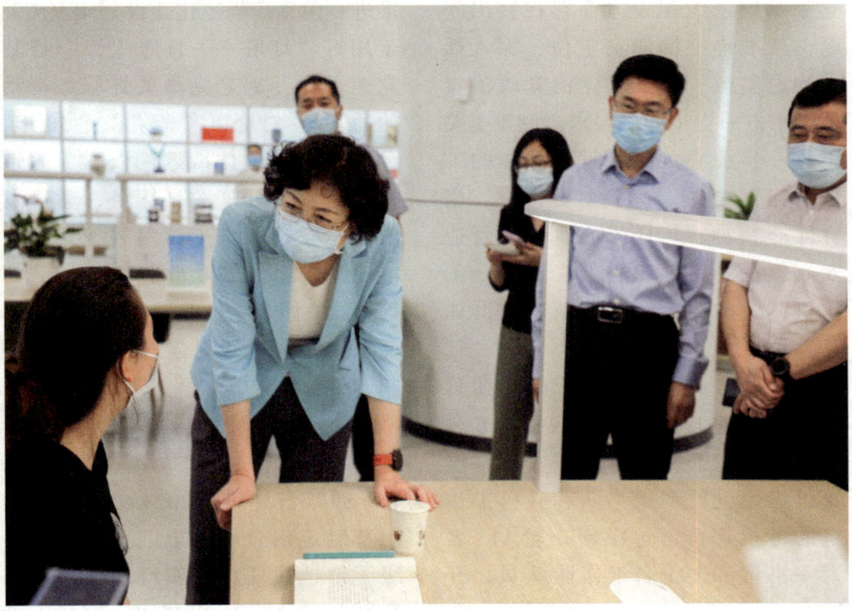

2021年6月10日，市委书记张惠（左二），市长李在武（右二）到市政务服务大厅，现场“听民声、走流程” （胡鹏飞 供图）

【“不忘初心、牢记使命”党史教育展】 “不忘初心、牢记使命”党史教育展是按照市委要求，由市委组织部牵头建设。2020年10月14日按照市委常委会部署，2021年3月15日开始基础施工，5月5日进行室内布展，6月23日正式开展。该展以“不忘初心、牢记使命”为主题，以中国共产党百年历史为主线，布展面积约2600平方米、展板面积2302平方米、展线330米，图片750余张、文物110余件、文字说明7万余字，以雕塑、油画、场景还原、多媒体等多种方式，全面展示一百年来，日照人民在党领导下浴血奋战、自力更生、解放思想、守正创新所取得的辉煌成就和走过的发展历程。至2021年底，累计接待参观学习500多场次、3万多人次，受众群体涵盖党员、干部、群众、各级学校教师和青少年学生等。

（市委组织部 周煜轩）

组织工作

【概况】 2021年，全市组织部门贯彻新时代党的组织路线，以基层党建“责任落实年”为主线，以提升基层党组织组织力为重点，压紧压实“抓书记、抓系统、抓基层”责任，完成庆祝建党百年系列活动、村（社区）“两委”换届等重点任务。以“补短板、解难题、促提升”为主题，开展第二轮软弱涣散党组织整顿，对111个软弱涣散村党组织全部落实“四个一”整顿措施。开展庆祝中国共产党成立100周年系列活动，先后有3个、32个和390个党组织和党员分别获全国、全省、全市“两优一先”表彰奖励；“七一”前为2.3万符合条件老党员颁发“光荣在党50年”纪念章；划拨党费553万元用于“七一”走访慰问，走访慰问生活困难党员、老党员、老干部等9388人，向847名中华人民共和国成立前老党员发放一次性生活补助金；开展中华人民共和国成立前入党老党员关心关爱专项行动，实现居住条件等“五项提升”。加大党员教育培训和干部教育培训力度，提升干部队伍建设，拓展年轻干部来源渠道，提高干部知大局、懂本行、干实事能力。加强公务员管理，创新公务员“三评一创”考核办法。至年底，全市有党组织1.15万个。其中，党委570个、总支695个、支部10192个；有村党组织2969个、社区党组织119个；非公经济组织党组织1167个、社会组织党组织625个、机关党组织1583个。全市有党员23.57万名。其中，女党员4.88万名；60岁以上7.37万名，35岁以下4.07万名；农村党员11.13万名，机关事业单位党员4万名，国企党员1.18万名，“两新”组织党员2.11万名；高中（中专）学历以上15.41万名；新发展党员8792名；符合“光荣在党50年”纪念章颁发条件党员2.3万名。

【基层党建】 2021年，全市1727个村（社区）全部完成“两委”换届，实现“一肩挑”比例、交叉任职率、学历结构上升和平均年龄下降的“三升一降”目标，“一肩挑”比例达99%，“两委”干部平均年龄下降5.5岁，高中（中专）以上学历提高17.5%，女性“两委”成员和村（居）委会主任同比分别提升26.9%、48%；换届后跟进做好配套组织建设、村（社区）干部培训、为民服务等工作，市级培训村党组织书记820余人、城市社区党组织书记120人，带动县乡实现全覆盖。

市委党建领导小组印发《关于开展基层党建“责任落实年”活动的实施意见》，完善上下贯通、一抓到底责任体系，形成各级党组织特别是党委（党组）书记知责明责、履责尽责、督责评责、追责问责工作闭环。市委组织部制定印发《日照中央活力区党建共同体建设实施方案》，在海岸绿道、楼宇商圈、项目工地、社区网格等场所设立党群服务驿站70余处；印发《关于加强全市非公有制企业和社会组织党务工作者专业化建设的意见（试行）》，构建以“专门渠道进入、专业能力培训、专项实绩考核、专属待遇保障”为内容的党务工作者专业化建设体系。市委两新工委印发《关于命名市级两新组织党建工作示范点的通报》《关于进一步加强全市非公有制企业党组织标准化建设的工作举措》，从“百千万提升工程”培育对象中命名36家单位为市级两新组织党建工作示范点。印发《关于在机关企事业单位党组织、党员“双报到”工作中做好“三个统筹”的通知》，统筹开展“我为群众办实事”实践活动、城市社区“两委”换届、驿站党建综合体建设，3.3万余名在职党员走进网格（小区）巩固文明城市创建成果，筑牢疫情防控安全防线。市委组织部、市民政局等五部门制定《日照市城中村改社区工作实施方案》，开展城中村摸底研判，推进城中村撤并撤改社区，落实转型后城市社区党的建设和服务保障工作。结合述职评议、巡察监督等情况，对各区县基层党建存在问题进行全面梳理，制定“红脸出汗”问题清单，市委书记与各区县委、工委书记开展谈心谈话工作，通报全面从严治党和基层组织建设方面存在突出问题，从准确把握职责定位、深入抓好问题整改、压实管党治党政治责任三个方面提出明确要求。制定《关于进一步关心关爱新就业群体的工作措施》，推行“坚持红心向党、培育匠心精神、传递爱心真情、营造安心氛围”等“四心十二服务”工作机制，推动各领域与新就业群体互融共促。

加强第一书记和工作队考核管理，逐村逐人完成对第四批116名第一书记、第一轮“加强农村基层党组织建设”乡镇小队和驻村工作组的考核评价，选派新一轮113名第一书记和191名工作队队员，开展各项培训交流4次300余人次。实施党支部领办合作社“提质增效”工程，发展合作社1010家，入社10.5万户，共办理“强村贷”业务27笔，发放贷款及授信2655万余元；全市全面消除3万元以下村，年收入10万元以上村达70%。推动街道管理体制改革，制定赋予街道“五项权利”实施办法，中心城区街道全面取消招商引资、协税护税等工作任务，自上而下向街道（乡镇）调剂增加行政编制5名、事业编制442名，明确承担物业管理、党员教育等基层治理服务职责的相关机构。

（市委组织部　安　佳　尹　祥）

【党员教育培训】 2021年，市委组织部通过召开全市党员教育师资聘任暨示范培训会议，举办第二届党员教育电视片观摩展评活动，加强党员教育培训，建立市级党员教育专家库和师资库。推动乡镇（街道）党校实体化运转，市委组织部、市委党校联合印发《关于进一步加强和规范乡镇（街道）党校（党员教育中心）建设的意见（试行）》，从健全组织机构、明确职责定位、规范场所建设、强化师资力量、明确教学任务、灵活课程形式、完善管理制度7个方面，对乡镇（街道）党校建设提升提出要求，在现有基础上，注重建、管、用并举，立足实际、突出实用、实效，推进乡镇党校规范化建设。印发《关于用好“灯塔——日照先锋”智慧党建平台开展老党员关怀服务行动的通知》，对全市“光荣在党50年”且未享受离退休待遇的农村、城市社区老党员开展关怀服务，通过发放智慧党建服务卡，发放智慧党建电视终端，设立“党员学习积分超市”等方式，让老党员在学习教育中“不漏学”“不掉队”，增强老党员荣誉感、归属感、使命感。

（市委组织部　王景山）

【干部队伍建设】2021年，市委组织部制定出台《关于进一步规范科级干部选拔任用及实行调任预审备案制度的通知》，开展市直部门人事科长业务能力专题培训，干部选拔任用工作制度化、规范化水平得到提升。拓宽年轻干部来源渠道，启动全市公开选聘、定向选调、定向选拔等工作，面向基层选聘市直事业人员55名，面向基层选调生定向选拔副科级干部人选18名，面向企事业单位选调科级干部人选10名，面向硕士研究生及以上学历人员选拔副科级干部人选45名。搭建民生、发展、基层等实践锻炼平台，择优选派138名年轻干部到经济发达城市驻点招商、互派到市直部门和国企实训体悟、到乡镇（街道）基层挂职、到信访一线实践锻炼，通过“浸入式”培养和“压担式”历练，助力年轻干部快速成长。7月14日，全省中青年干部座谈会在济南召开，市委书记张惠作为唯一设区市代表作《坚决推动“四个转变”，全力塑造年轻干部脱颖而出的优良生态》典型发言；3月10日，全省16个市党委组织部门干部队伍建设规划工作研讨班在枣庄举办，日照市作题为《抓在经常、融入日常，促进女干部、党外干部战略性培养》典型发言。

（市委组织部 张成森 张丛丛 朱雪娇）

【换届监督】 2021年，日照市委严格落实“十严禁”换届纪律，保证换届风清气正。11月，专门举办市委理论学习中心组集体学习研讨会议，加强对换届政策法规和纪律要求再学习；市委常委、组织部部长杨原田在全省加强换届风气监督工作电视电话会议上作典型发言；8月、11月，省换届风气督查组先后两次到日照市进行换届风气检查督导。日照市成立由市委书记任组长的换届工作领导小组，制定《关于严肃换届纪律加强县乡领导班子换届风气监督的实施方案》，召开严肃换届纪律加强换届风气监督工作研商会，会同市纪委监委机关制定换届风气监督责任清单，明确“五大责任主体”，建立换届风气责任清单，形成各部门有分工、有配合、有联动的工作格局。突出教育引导，在全市范围组织4700余名党员干部参加换届纪律知识测试；按照“六必谈”要求，开展谈心谈话1.1万人次，向全体在编人员、离退休人员和市管干部配偶发放“十严禁”纪律要求提醒卡5.7万余份。制定出台《组织部门诬告陷害查处和失实举报澄清正名工作办法（试行）》，细化组织部门对诬告陷害查处和失实举报澄清正名工作；对涉及换届的4个区县、38个乡镇进行风险评估，建立风险监测“红黄蓝”三级预警机制；制定出台《信访举报快查快办1＋5工作机制》，建立联查联办和快查快办机制。强化风险防控，会同市纪委监委机关成立2个换届风气巡回督查组和1个专项督查组，开展换届风气问题风险排查，针对7个工作环节潜在的22项风险隐患，制定63条防改措施。严把人选审核关，依托“智慧组工·干部云”平台，综合分析家庭社会关系、经济责任审计、处理处分、信访举报等数据资料，科学分析预警、精准辅助监督。严格落实“凡提四必”要求，制定出台《干部选拔任用工作风险防控责任制实施办法（试行）》，对134名换届人选考察对象档案全面审核把关，把有问题干部筛下去、把作风硬干部选出来。

（市委组织部 杜晓鸣）

【干部教育培训】 2021年，市委组织部持续深化实施习近平新时代中国特色社会主义思想教育培训工程，举办习近平新时代中国特色社会主义思想专题培训8期，县处级干部进修班、县处级干部任职培训班、中青年干部培训班等主体班次20余期，培训党政领导干部1500余人。跟进学习习近平总书记重要指示批示精神，举办党史学习教育专题读书班、习近平总书记“七一”重要讲话精神专题学习班、十九届六中全会专题学习班等班次35期，培训干部1.6万余人次。围绕市委重点工作部署，结合新旧动能转换、新发展理念等重大课题，举办“创新蝶变”系列专题培训36期，培训干部4000余人次。创新干部教育培训工作，举办全市领导干部法治能力提升专题培训班，用进阶式教学、沉浸式体验、实战化训练干部教育培训模式，实现干部从理论到实战再到应诉实践的反思性学习培养，相关做法得到市委主要领导批示肯定。

（市委组织部 文增宝）

【选调生综合能力比赛】 2021年6月，日照市创新培育模式，以“比赛交流促提升，争当优秀选调生”为主题，举办综合能力比赛，通过公文写作、主题演讲和实践能力展

2021年6月8日，全市选调生实践能力比赛在日照广播电视台演播大厅举行

（市委组织部 供图）

示，搭建学习交流平台，营造比学赶超氛围。全市400余名选调生参赛，产生优秀获奖者59名。公文写作初赛组织选调生围绕乡村振兴、脱贫攻坚、深化改革、高质量发展等重大战略撰写征文，决赛现场限时作文，综合考察选调生公文写作主题思想、结构层次、逻辑思维和工作积淀，赛后将39篇优秀作品汇编成册，供选调生交流学习。主题演讲比赛活动，由115名选调生紧扣选调工作经历，结合工作典型事例和成功经验，撰写演讲稿、制作幻灯片和展示视频，脱稿讲述基层奋斗故事，展现新时代选调生的家国情怀和责任担当，深化工作交流，提升语言表达、临场发挥能力。实践能力展示比赛，选取电视问政舞台作为第一展示现场，以现实基层工作中的民生问题为问政内容。5个参赛团队的25名选调生在第二现场观看问政视频，集体研究应对思路和解决措施。到第一展示现场抽签确定模拟角色，依次限时回答问题，全方位展示团队协作、综合分析和应急处突等能力。根据团队总体表现和个人展示，评选出优秀团队1个、优秀个人5名。

（市委组织部　姚志远　秦绪伟）

【人才工作】2021年，日照市贯彻落实中央人才工作会议精神和省委“人才兴鲁”战略部署要求，坚持高位推动，强化政策支持，加大投入力度，日照市连续两年上榜全国“最具人才吸引力百强”城市。编制《日照市“十四五”人才发展规划》，细化主要目标和任务分工；坚持党管人才原则，起草制定《党管人才工作责任清单》，实施“一个书记项目、一次述职评议、一次年终考核”工作机制落实；推动“一把手”抓“第一资源”，谋划“实施三项工程 打造人才聚集高地”市委书记人才工作项目，同步推动7个区县（功能区）党委书记人才项目实施。

发挥人才支撑作用　围绕全市优势主导产业，评选首批53名日照市产业领军人才，一期给予3070万元扶持。全年招引高层次创业团队16个、创新团队39个、创新人才568人。“海外引智专项计划”赋能外国人才引进。评选40个海外引智专项计划项目，给予450.7万元扶持；将政府服务事项与市场化服务事项相结合，编制《外国人来日照工作便利化服务若干措施》《外籍人士在日照工作生活服务指南》，提供全链条、全生态服务，并在全省率先实现外国专家服务“一窗联办”，全年引进外国高端专家260人，海外留学人才120人。“青年人才集聚计划”赋能青春城市建设。采取“政府搭台、企业唱戏”，到北京、上海、武汉、南京开展5场大规模高校毕业生专场招聘，为18家重点企业连续举办7场“直播带岗”，全年开展线上线下引才活动156场，达成就业意向2.9万人，新引进高校毕业生超过2万人，据齐鲁人才网统计，2021年春招季高校毕业生流入比，日照市居全省第4位。

2021年9月，日照市建成集线上引才、招聘、测评、面试于一体的“智慧日照人才服务平台”　（秦　龙　摄）

拓宽引才聚才渠道　出台《日照市高层次人才举荐制实施办法》，在市级重点人才工程评选中开辟“举荐制”申报渠道，打破传统人才评价模式，为有技术、有才能、有实绩人才开辟绿色通道，有包括中国工程院院士、国家级高层次人才、泰山产业领军人才等通过“举荐制”举才荐才20余名，相关做法在省级以上主流媒体刊发。“政策引领 数据赋能”推动市场化引才。发挥市场主体作用，建立市场导向引才工作机制，出台《鼓励社会力量引进高层次人才实施办法》《关于支持人力资源服务业高质量发展的意见》等文件，建成集线上引才、招聘、测评、面试于一体的“智慧日照人才服务平台”，服务全市企业380家、岗位9800个，入库人才5万多名，引进急需紧缺人才1万余名。试行“外国人才创新券”制度。将政策扶持重心从“扶持人才”转变为“激发用人单位活力”，新引进外国高端人才的市场主体，凭“创新券”最高可兑现20万元经费资助，帮助企业降低引才成本，激发海外引才积极性。至年底，有54家用人单位申领“创新券”66份，兑现资金172万元，新引进B类以上外国高端专家97人，比2020年增长24%。

强化筑巢引凤能力　突出活动牵引，搭建合作交流平台。全年举办承办各类高端产业、人才论坛、峰会，开展“汽车及零部件产业高质量发展”交流对接会、“创业导师走进日照留创园”“第六届中国创新挑战赛”等大型人才活动10余场，17家单位通过“揭榜挂帅”发布技术需求36项，发榜金额1090万元，18个项目与专家达成对接合作。突出企业主体，搭建创新创业平台。推进优质聚才平台建设，新增省级“一企一技术”研发中心6家，省级博士后创新实践基地3家，省级乡村振兴专家服务基地4家，齐鲁技能大师特色工作站1家，32个项目列入省级技术创新项目计划，日照市技师学院入选车身修理项目第46届世界技能大赛中国集训基地。突出引领带动，搭建高端聚才平台。市人力资源服务产业园入驻企业71家，2021年实现营业收入54.60亿元，税收2.04亿元，举办2021中国人力资源服务产业园创新发展论坛。山东黄海科技创新研究院获批省级专家服务基地和省级博士后实践基地，引进博士后2名、博士研究生5名。

提升人才服务　开发“日照市人才政策字典”，建立“政策找人”“无形认证”机制，精准发送“政策找人”短信758条，全年发放高校毕业生补贴5020.78万元。阳光惠才卡服务由“季度审批”优化为“即时审批”，通过“免审即享”方式为77名高层次人才发放阳光惠才卡。推动人才安居。在建成人才公寓6362套基础上，新开工建设人才公寓1916套，总面积超过18万平方米。推出住房租赁补贴政策，给予青年人才每月300～500元租房补贴。建成青年驿站6家，为求职创业青年人才提供免费住宿。强化金融支持。创新风险补偿机制，将纯信用贷款风险补偿比例提高至70%，免除银行机构“后顾之忧”，为18名高层次人才办理“人才贷”业务1.21亿元。及时兑现各类人才待遇，为3431名高校毕业生发放补贴5020.78万元，为18名省级以上重点人才工程人选给予配套津贴700万元，为53名产业领军人才发放市级扶持资金1418万元。

（市委组织部　秦　龙）

【公务员管理】 2021年，市委组织部落实公务员管理各项重点任务，推动公务员管理工作水平提升。公务员职务职级并行制度转入日常晋升，有序开展2021年度全市各级机关考试录用公务员及二次补录，首次将市级机关公开遴选纳入全省联考。拓展公务员培训创优工程，统一开展新录用公务员初任培训和市级机关科级干部任职培训，实现公务员培训全覆盖。在全市开展公务员法律法规实施情况监督检查，推动各级增强公务员法律意识。2月3日，联合市财政局、市人力资源和社会保障局印发日照市《关于提高乡镇工作补贴标准的通知》，分步提高乡镇工作补贴标准。开展公务员绩效管理试点工作，5月19日，印发《关于开展公务员绩效管理试点扩面工作的实施方案》，将试点范围扩大至8个乡镇街道、4个区县直部门。

（市委组织部　袁　泉　郑　昆）

2021年7月30日，全市公务员法律法规监督检查暨平时考核工作推进会议在市级机关办公大楼召开

（市委组织部　供图）

【公务员“三评一创”工作】 2021年3月，市委组织部评审确定2020年度公务员平时考核示范单位15个，遴选24个不同类型平时考核工作案例，汇编《“三评一创”公务员平时考核工作案例选编》。4月，开发日照市“三评一创”工作案例，被山东省干部学院纳入教学案例库。6月23日，在全市启用日照市公务员平时考核系统，实现月自评、季点评、考核等次公示等流程线上操作。7月29日，印发《关于全面规范公务员平时考核工作的通知》，从规范工作流程、完善反馈机制等方面，全面加强“三评一创”平时考核规范化建设。8月20日，《山东组工信息》刊发日照市公务员平时考核做法。

（市委组织部　郑　昆）

宣传工作

【概况】 2021年，全市宣传思想战线坚持以习近平新时代中国特色社会主义思想为指导，以庆祝中国共产党成立100周年为主题主线，全面贯彻中央决策部署和省委、市委工作要求，扎实推进意识形态和宣传思想工作，统筹推进党史学习教育，守正创新、有力有序，理论武装走深走实，意识形态领域平稳有序，主流舆论声势不断壮大，文明创建成果持续拓展，文化建设高质高效，各项工作取得新进展、新成效。

【理论宣讲】 2021年，市委宣传部制定市委理论学习中心组2021年理论学习安排，组织市委理论学习中心组集体学习23次。推动党委（党组）理论学习中心组学习规范化制度化建设，严格落实常态报告、每学一报、台账管理等工作措施，不断优化“专家辅导＋交流研讨＋工作决策”学习模式。推进习近平总书记“七一”重要讲话精神的学习研讨、宣传宣讲、贯彻落实。组织举办专题读书班（学习班）4期（次），对全市1200余名市管干部进行系统培训。面向全体党员发放指定教材75万余册。组建市党史学习教育基层宣讲服务队、女性宣讲团、劳模宣讲团、老干部宣讲团、红领巾巡讲团等，开展宣讲5500余场次。组织开展“中国梦·新时代·跟党走”百姓宣讲活动150余场，直接听众1.2万余人。举办庆祝中国共产党成立100周年理论研讨会征文活动，召开日照市弘扬伟大建党精神理论研讨会。

【媒体宣传】 2021年，市委宣传部开展党史学习教育、“奋斗百年路 启航新征程”、乡村振兴、改革创新、环境保护、民生保障等10余项重大主题宣传，市级媒体开设相关专栏专题。举办第四届中国（日照）新闻摄影周暨2021“生活在日照就是幸福”新闻摄影采访、“面朝大海 杜鹃花开”第三届中国（日照）杜鹃花节暨全国主流媒体摄影短视频采访、散文季启动仪式等活动，全年在省级以上主流媒体刊发稿件1000余篇（件）。五莲县新冠疫情防控处置期间，举行新闻发布会11场，在中央、省级以上媒体刊发稿件3200余篇，市内媒体刊发稿件2700余篇，全网点击量15亿人次。推动构建全媒一体、联动呼应的主题宣传传播矩阵。完善党委新闻发言人制度，举办区县和部门主要负责人新闻发布实战演练培训。

【志愿服务】 2021年，日照市在全省率先成立市级新时代文明实践指导中心（市志愿服务指导中心），统筹整合“线上＋线下”资源，构建文明实践“云平台、有线智慧平台、现场实体化平台”立体化“三个平台”。推动“四位一体”志愿服务常态化，构建“专职＋兼职＋志愿者”文明实践队伍体系。全市新时代文明实践志愿者注册31.9万人，参加志愿服务活动8.7万人次。以“党徽在闪耀”为主题品牌，在全市开展百项文明实践志愿服务行动，重点打造和推出志愿服务项目品牌100个。组建党员志愿服务队126支，参加志愿服务2.6万人次。评选表彰日照市2020年度志愿服务“最佳最美”先进典型，发布新时代文明实践志愿服务“最佳最美”十大先进典型人物事迹，调动群众参与志愿服务积极性。

【群众性精神文明建设】 2021年，市委宣传部评选表彰2020年度“德耀日照系列先模”先进典型，组织开展第八届道德模范和感动日照“十大孝星”评选活动，建立道德模范身边好人储备库，日照市有3人获评山东省道德模范，1人获中国好人称号，32人获山东好人称号。5所学校获评2021—2023年创建全国文明校园先进学校，辛兴芬家庭获评第二届全国文明家庭；推荐评选省级文明单位20个、省级文明村镇14个、省级文明社区4个；表彰通报2020年度市级文明单位376个、市级文明村镇185个、市级文明校园126个。

【党的十九届六中全会学习宣传贯彻】 2021年，党的十九届六中全会召开后，日照市广大党员干部群众通过报纸、电视、广播、网络等多种形式持续关注党的十九届六中全会，各级党组织迅速传达学习党的十九届六中全会精神，掀起学习贯彻热潮。11月12日，市委常委会召开（扩大）会议，传达学习党的十九届六中全会精神，研究贯彻落实意见。市委理论学习中心组组织集体学习研讨。市政府党组、市人大常委会党组、市政协党组等各级党委（党组）通过理论中心组等方式开展集中学习研讨，联系实际、深入思考、充分交流，不断加深对全会精神和习近平总书记重要讲话精神的理解把握。各级党员领导干部发挥模范带头作用，学在深处、谋在新处、干在实处，以实际行动带动形成学习贯彻浓厚

2021年5月，在日照市东港水务集团陈疃蓝莓产业园大棚内，党员化身宣讲员，走进田间地头，通过“会场”＋“现场”方式，把党课带到基层群众身边

（市委宣传部　供图）

氛围。市委起草《关于深入学习宣传贯彻党的十九届六中全会精神的方案》，对开展理论学习研讨、学习培训、宣传宣讲等工作进行明确安排、责任分工，确保六中全会精神在日照落地落实。市委宣传部起草《日照市宣传党的十九届六中全会精神工作方案》，对宣传重点、理论学习研究阐释、深化拓展党史学习教育、营造浓厚氛围、组织集中和常态化宣讲、强化网络宣传引导等工作进行安排部署。综合运用新闻宣传等形式，市级主要媒体开设学习贯彻党的十九届六中全会专栏，每天头版发布学习文章，及时转发上级主流媒体相关重点新闻报道、言论评论、先进典型，推动党的十九届六中全会精神宣传全覆盖。组织高校院系党组织书记、“劳模工匠”党组织书记、青年党组织书记、“日照女性”党组织书记、“本色家园”老干部党组织书记52人深入基层一线开展宣讲。发挥全市1817个文明实践中心（站所）优势，用好用活“掌上”课堂，“喇叭花”每日播报、城市书房红色阅读区等阵地，开展党的十九届六中全会精神宣讲活动，在全市掀起学习宣传贯彻党的十九届六中全会精神热潮。

【文明城市创建】 2021年，日照市推动文明创建制度化、规范化、常态化，召开全市创建全国文明城市工作表彰暨精致城市建设推进会议，制定出台《关于推进全国文明城市创建工作常态化的实施方案》，完成2021年度全国文明城市测评迎查工作任务。全年共办为民实事15.3万件，广大市民切实享受到创城带来的实惠，满意度获得感大幅提升。5月，召开创城专题会议；9月，成立由市委书记、市长任组长的高规格创城领导小组，研究部署创建工作，明晰创建目标与职责。市直单位包社区，市级领导带头“四不两直”深入一线检查指导，各级各单位共协调解决基层各类问题2.9万件，提供帮扶资金500多万元。开展环境卫生整治，突出整治集贸市场、商业街、火车站、长途汽车站、市区广场、城乡接合部等重点区域，开展车辆乱停乱放集中整治、综合施策、加强治理，着力加强对露天烧烤污染、商业噪声、工地施工噪声污染监管治理，打造整洁有序城市环境。全力推进“文明环境改善、文明秩序治理、文明风尚提升”三大任务落实，改造提升各类小区912个，拆除各类乱搭乱建586处，结合新冠疫情防控清理卫生死角14.3万处，清运各类积存垃圾49万吨，整治背街小巷270余条。先后实施阳光海岸品质提升工程、雨污分流工程、学校课后延时服务项目，建设城市书房、城市绿道、城市公厕、市科技馆等一批标志性设施，持续开展生态环保、交通秩序、扫黑除恶等专项整治活动，市民生活品质显著改善。始终把群众知晓、参与、评价、共享作为创城群众路线的完整链条，发动万名机关干部进社区开展入户走访，发放《市民文明手册》、倡议书、明白纸170多万册（份），通过市长热线、媒体暗访等方式，畅通群众意见建议表达渠道。市民群众自觉参与卫生整洁、问题巡查、文明劝导、素质提升等活动，创城成为全市人民共建美好家园、共创幸福生活的自觉行动。9月22—24日，日照市通过中央文明办复审。

【未成年人思想道德建设】 2021年，日照市坚持“文明委统一领导，教育部门具体推进，各学校大力参与”工作机制，将“扣好人生第一粒扣子”主题活动和文明校园创建同部署、同推进，各项主题活动扎实开展。全市357所学校创建全国文明校园3所、省级文明校园28所、市级文明校园135所。针对未成年人思维特点和实际需求，拓展形式载体，组织开展新时代好少年学习宣传、传承红色基因、中华优秀传统文化进校园等活动，加强中国梦和社会主义核心价值观宣传教育。常态化开展“国学小名士”、戏曲和中华优秀传统文化进校园活动，组织开展“新时代好少年”“美德少年”评选活动，鼓励广大中小学生互荐、自荐，利用校园宣传栏、校园广播电视等阵地，展示“新时代好少年”典型事迹。年内，日照市有3人获省级“新时代好少年”，评选市级“新时代好少年”20名。加大未成年人文明行为养成教育推进落实，开展《中小学生守则》《学生日常行为规范》《日照市文明行为促进条例》等学习教育，推动文明礼仪进校园，推动开展市民文明素质提升“小手拉大手、文明齐步走”主题活动，引导青少年遵守社会公德，养成文明习惯。推动形成学校、家庭、社会“三位一体”教育网络，发挥学校主阵地作用，推动社会主义核心价值观“进教材、进课堂、进学生头脑”，学生熟知率100%；发挥家庭第一课堂作用，举办家教论坛，普及家教知识、推广家教成功经验；发挥社会资源作用，重点开展学习教育、劳动实践、传统文化教育、生命教育等各类主题活动1470余次，营造有利于未成年人健康成长社会环境。

【新时代文明实践中心建设】 2021年，市委宣传部在全省市级层面率先成立日照市新时代文明实践指导中心，构建起文明实践云平台、有线智慧平台、现场实体化平台“三大平台”。其中，文明实践云平台打通市、县区数字平台端口，接入日照城市App，立足互联网大数据，实现全市资源力量、群众需求、活动组织“一平台”对接。建立工作交流、日常管理、志愿服务信息采集与监测等功能模块，搭建管理平台、应用平台、资源建设平台，实现快速、定向收集，可随时随地动态管理和科学考评，文明实践活动“一码可查”。基层站所汇总上交群众需求，市、县区中心汇总发布志愿项目，完成服务需求“点对点”菜单式双向对接，形成“团队发单、基层点单、志愿接单、受众评单、政府奖单”闭环服务，提高服务时效质量和受众满意度。整合有线电视传输网络资源，在电视端设立“新时代文明实践”专栏，打造日照新时代文明实践有线智慧平台，将文明实践中心与县区级融媒体中心阵地、队伍、内容相融合，实现新时代文明实践中心、党员教育管理中心、融媒体中心“三个中心”一体化设计、一体化建设，形成集党员学习教育管理与服务群众功能于一体，与组织部门共建共享“大党建”融平台，平台直通基层村居社区和城市书房、养老服务中心等重点场所。加大文明实践中心（所、站）现场承载力度，在城市中心建设2300平方米场馆，设立志愿服务动态席位，把群众需求高、社会影响力大、专业水平高的35个志愿服务组织引入大厅，定人定时定岗集中办公，提供专业咨询和志愿注册服务，文明实践与群众“面对面”“心连心”，推动全社会形成“共驻共建、聚指成拳”强大合力。

（市委宣传部　刘昱孜）

统一战线工作

【概况】 2021年，中国共产党日照市委员会统一战线工作部（简称市委统战部）贯彻落实习近平总书记关于加强和改进新时代统一战线工作的重要思想和《中国共产党统一战线工作条例》（简称《条例》），服务大局，夯实基础，打造队伍、提振精神，全市统一战线工作凝聚力、向心力、战斗力进一步增强。落实与党外人士联谊交友、谈心谈话制度，9名市委领导与18名党外人士结成联谊交友对子，开展谈心谈话50余人次。举办各类党外人士培训班63期，培训各类党外人士2700余人次。构建大统战工作格局，市委统战部组建7个调研组，到22个统战工作领导小组成员单位开展调研督导，推动落实统战各项工作，组织统战工作领导小组成员单位开展年度述职评议。全年召开市委统战工作领导小组会议6次，各成员单位召开统战工作有关会议95次，印发统战工作有关文件189个，推动统战领域重点、难点工作破题见效。汇聚全市统一战线各方面优势，组织广大成员参与五莲县新冠疫情防控，筹集款物4000万余元。

【《中国共产党统一战线工作条例》学习贯彻】 2021年，市委统战工作领导小组会议专题听取条例解读汇报，印发条例学习宣传贯彻分工方案并督导推进落实；召开市委理论学习中心组集体学习报告会，邀请省委统战部领导作专题辅导报告；举办全市学习宣传贯彻条例专题培训班，市政协党组专门召开会议学习条例；依托“日照统一战线”网站、微信平台及《日照日报》统战专刊开设条例学习专栏，营造浓厚学习宣传氛围。市委主要领导高度重视统战工作，市委常委会全年听取统战有关工作情况汇报7次，专题研究意识形态领域统战工作4次。

【思想建设】 2021年，市委统战部支持各民主党派开展“同心学党史、携手开新局”学习教育，举办统一战线庆祝中国共产党成立100周年演讲比赛，组织统战成员参加全市红歌擂台赛和艺术节展演，引领全市统一战线成员听党话、感党恩、跟党走。至年底，组织实施“我为群众办实事”实践活动项目9个，组建300人的“统一战线乡村振兴服务团”，开展集中活动4次；制作以庆祝中国共产党成立100周年为主题的各类宣传作品10个，在省级以上网站、微信平台、报刊刊发各类稿件500余篇，在《日照日报》刊发统战专刊6版；连续6年开展致在台老乡一封家书活动，完成《齐鲁青未了》日照篇编辑工作。市委统战部获评全省统战宣传工作先进单位。

【多党合作】 2021年，日照市有5个民主党派市委会，2个省属总支部，下设支部56个，成员907人，年度发展新成员69人。全市各民主党派、工商联和无党派人士市“两会”期间上交提案221件；全市重点提案14件，其中民主党派提案12件，占86%。开展政党协商活动，制定2021年度政党协商计划，全年开展经济社会发展情况、人事安排和听民声走流程、环保治理等政党协商监督活动30次，其中市委、市政府主要领导出席7次。实施民主党派、工商联和无党派人士向中共日照市委建言献策绿色直通车制度，收到议政建言建议80余件，其中44篇获市委、市政府主要领导批示。在全省率先完成全市民主党派换届，新一届党派领导班子年龄结构、学历水平、专家学者占比等方面均有大幅提升，换届工作经验做法被省委统战部批示推广；10月20日，市委召开新一届民主党派班子集体谈话会，市委书记张惠出席会议，提出各民主党派要在薪火相传中深化政治交接，始终以科学理论指引方向，自觉坚定接受中国共产党领导，持续强化共同理想引导，筑牢新时代多党合作的共同思想政治基础。要在合作共事中发挥独特优势，切实做到参政议政更有深度、政治协商更有厚度、民主监督更有力度、社会服务更有温度，在建设现代化海滨城市新征程上展现新担当、新作为。要在守正创新中加强自身建设，切实做到班子有新风貌、队伍有新气象、能力有新提升、作风有新形象，努力成为特色更加鲜明、优势更加突出、能力更加出众、形象更加清正的参政党。

表 3　2021 年日照市各民主党派组织和成员情况统计表

党派名称	组织（个）			成员（人）	
	县（市、区）委员会	总支部（基层委员会）	支部	新成员	总数
民革日照市委	0	0	6	9	95
民盟日照市委	0	0	10	16	199
民建日照总支部	0	1	3	4	51
民进日照市委	2	0	11	18	159
农工党日照市委	0	0	13	9	221
致公党日照总支部	0	1	3	4	53
九三学社日照市委	1	0	10	9	129

（资料来源：市委统战部）

表 4　2021 年日照市各民主党派参政议政情况统计表

党派名称	担任人大代表（人）				担任政协委员（人）				日照人大建议（个）	日照政协提案（个）
	全国	省	市	县（市、区）	全国	省	市	县（市、区）		
民革日照市委	0	0	0	2	0	2	22	7	2	30
民盟日照市委	0	0	1	0	0	0	19	15	0	48
民建日照总支部	0	0	4	3	0	0	8	8	5	14
民进日照市委	0	1	1	2	0	2	13	9	0	34
农工党日照市委	0	0	2	3	0	0	17	19	5	42
致公党日照总支部	0	0	1	2	0	0	10	1	1	4
九三学社日照市委	0	0	0	1	0	0	16	4	0	37

（资料来源：市委统战部）

【服务经济发展】 2021 年，市委统战部成立市民企商会招商专班，带领市工商联、异地商会、民营企业家开展“走出去”“请进来”等招商活动 20 次，通过交流洽谈、考察对接等方式，实地落地过亿元项目 2 个，在谈在建项目 1 个，台湾润泰集团并购莒县磐岳科技有限公司项目 3000 万美元全部到位。举办“惠企政策专题辅导会”，为全市 80 余家台港侨资企业及新的社会阶层人士会员企业开展专题辅导讲解；实施“政治引领工程”，举办全市商会会长培训班、青年企业家信念之旅，组织非公经济党组织书记培训，引导民营经济人士不断增进政治认同；开展“政策大集”“银桥茶座”等系列服务活动，为民营经济发展提供精准有效政策服务、金融服务；搭建“亲清政商”会客厅，畅通政商对话渠道，完善政商对话沟通机制；启动“两个健康”（非公有制经济健康发展和非公有制经济人士健康成长）示范创建，开办“海曲大讲堂”，创新开展“民营企业家学党史·讲党课”活动，兴业集团成立全市首家民企党校。完成 4 个区县工商联（总商会）换届工作。

【新阶层统战工作】 2021 年，市委统战部加强政治引领，组织全市新的社会阶层人士、中华职教社社员及归国留学人员代表开展“赓续红色血脉　携手同心同行”主题教育培训，赴山东省政府旧址等开展“坚定不移听党话、跟党走”党史学习教育 8 次，为新的社会阶层人士举办“凝聚新力量·筑梦新时代”党史学习教育宣讲活动，在日照籍留学生群体中开展“雏鹰守护”活动，推动归国留学人员成立乡村振兴服务团赋能美丽乡村建设。实施新的社会阶层人士挂职锻炼培养使用机制，新选派 2 名新阶层代表人士到日照经济技术开发区和山东海洋文化旅游发展有限公司挂职锻炼。年内，中华职教社实现市县（区）两级全覆盖，“春风十里”文化创意产业园被授予“全省新的社会阶层人士统战工作实践创新基地重点培育工程项目”，举办第五届山东省黄炎培职业教育创新创业大赛暨颁奖典礼活动。

【港澳台统战工作】 2021 年，市委统战部推进与港澳台地区交往交流，指导香港日照同乡联谊会举办庆祝中国共产党成立 100 周年暨香港回归 24 周年座谈会等爱国爱港主题活动

2021年5月18—19日，日照市举办“知名台商日照行”日照市重点产业推介会
（市委统战部　供图）

40余场。举办2021海峡两岸日照乡亲云端新春团拜会、两岸（日照）镁锂新材料产业合作交流会和日照市首届港澳台少儿中华文化研学营活动，邀请8批20人次港澳客人到日照参访交流，走访慰问台港澳代表人士及其亲属107人次。举办“知名台商日照行”活动，推动台湾与日照重点产业领域开展深度合作。

【侨务工作】 2021年，市委统战部将侨务工作协调机制调整为海外统战工作协作机制，印发《关于加强新时代海外统战工作的实施方案》。落实暖侨惠侨举措，将归侨生活困难补助标准由每人每月150元提高至300元，被市委、市政府列入2021年全市“为民办实事”项目，全市186名归侨受益。开展归侨侨眷身份认定、“三侨考生”身份确认、华侨回国定居等工作，全年共办理归侨侨眷身份证明7份、“三侨考生”身份确认5份，协调市行政审批局、市公安局办理华侨回国定居证1份。丁肇中祖居和东方太阳城（天台山旅游区）被省委统战部命名为山东省中华文化传承基地。

【党外代表人士队伍建设】 2021年，市委统战部依托曲阜师范大学日照校区组建“同心·博士服务团”，在日照东方机电和双港活塞股份有限公司建立实践基地，搭建校企合作沟通交流平台；更新全市党外代表人士数据库，整理完成各类党外代表人士名册10余份，健全完善56名处级党外干部、292名科级党外干部任免审批表，精准掌握党外人士信息；发挥市社会主义学院教育培养阵地作用，举办各类党外人士培训班9个，培训各类党外人士400余人；完成第四批党外干部挂职期满考核和第五批挂职干部选派工作，新选派4名党外干部到一线挂职。年内，全市调整党外处级干部19人，其中新提拔11人，进一步使用2人。

（市委统战部　丁　辉）

政策研究

【概况】 2021年，市委政研室（市委改革办）落实习近平总书记视察山东重要指示要求，紧紧围绕全市改革发展稳定大局，聚焦综合文稿起草、重大课题调研、全面深化改革三大职能，努力打造政治型机关、学习型机关、研究型机关、创新型机关，各项工作都取得新进展、新成效。年内，起草市委重要文件25个、《政研改革专报》16期、总结改革典型140余个，编发《工作与研究》12期。

【重要文件文稿起草】 2021年，市委政研室先后起草《关于深入学习宣传贯彻习近平总书记在庆祝中国共产党成立100周年大会上的重要讲话精神的决定》《关于深入学习贯彻党的十九届六中全会精神的决定》《关于深入学习贯彻习近平总书记重要讲话精神　服务融入黄河流域生态保护和高质量发展的意见》《建立“听民声、走流程”长效机制　提升为民服务实效的若干措施》等市委重要文件25个，起草关于全省重点工作攻坚年重点任务进展情况自查报告、关于“开展九大攻坚行动”制度创新成果考核专项报告、关于推进海洋强省建设情况的报告等各类汇报材料20余篇。

【重点政策项目调研】 2021年，市委政研室落实省委决策部署，围绕市委中心工作，着眼解决改革发展实际问题，精心谋划调研课题，制定《2021年度调研计划》，20项调研课题逐一明确牵头领导、责任人、完成时限，力争“研究一个课题、部署一项工作、出台一个政策、推动一个领域发展”。全年先后围绕钢铁工业节能减排降碳、创建儿童友好型城市、加快日照市与周边城市交通路网衔接、农技推广体系建设、岚山经济开发区体制机制改革、打响日照绿茶品牌、“听民声、走流程”体验活动实效等课题组织调研，编发《政研改革专报》16期，领导批示29件次，发挥参谋助手作用。

【党刊编辑】 2021年，市委政研室坚持党刊姓“党”，对标一流水准，争办一流刊物，主办刊物《工作与研究》影响力显著提升。贴近重点工作开展策划，先后推出“贯彻落实中央和省委、市委经济工作会议精神”“办好一次会　搞活一座城”“学习百年党史　践行初心使命”“打造一流营商环境”“学习贯彻习近平总书记‘七一’重要讲话精神”等独家策划，全年编发《工作与研究》12期，发挥党刊喉舌的舆论阵地作用。自2005年起，连续16年被评为“全国城市十佳党刊”。

（市委政研室 李 璇）

网络信息管理

【概况】 2021年，全市网信系统牢牢掌握网上意识形态主导权，弘扬正能量，传递真善美，推动网信各项工作落地落实。6月25日，市委网络安全和信息化委员会第三次会议召开，传达学习省委网信委第三次会议精神，研究全市网信工作。9月，启用新网络应急指挥中心。推动两区两县设立正科级网络信息中心，明确网信专职编制。日照市“抓早抓小、靠前一步督导、重要舆情不过夜”舆情处置做法，“主动辟谣、正面引导、严厉打击三面发力”网络辟谣做法被中央网信办刊发推广。

（市委网信办 李 伟）

【网络宣传】 2021年，中共日照市委网络安全和信息化委员会办公室（简称“市委网信办”）搭建正能量传播体系，做强网上主流舆论，提升网上影响力。组织新闻网站及客户端及时转发权威媒体关于习近平总书记重要稿件，确保相关报道占据首页首屏头条。深化习近平新时代中国特色社会主义思想网上传播，创新传播方式手段，宣传日照市贯彻落实习近平总书记对山东工作的重要指示要求和省委、省政府“走在前、开新局”决策部署，推动高质量发展和精彩蝶变，加快建设现代化海滨城市的生动实践。强化矩阵化思维，发挥主流日照、直播日照等市级主流网络媒体作用，集聚新华社客户端、人民网、新华网、凤凰网、今日头条等重要网络媒体资源，做大做强日照市网络宣传云平台；聚合政务新媒体账号，搭建日照市新媒体矩阵，全年推送稿件1.1万余篇（件）次，其中在省级以上网络媒体（平台）首页发稿420余篇次、今日头条加热推送47次，总点击量超过6亿人次。强化系统化思维，聚焦重大主题和中心工作，适时推出主题策划，组织“奋斗百年路 启航新征程”“红色印记——百名党员话党史”“笑脸里的幸福故事”“经山历海”“寻找最美春天”“首季开门红”等网络主题宣传，开展日照市庆祝中国共产党成立100周年网络拉歌赛、网络文明周、学习宣传党的十九届六中全会精神网络演讲比赛等网络文化活动，指导实施“小城大爱”“点亮微心愿”等网络公益活动，实现“一月一主题、季季有活动”。强化品牌化思维，聚力培树“日照天天正能量”网宣品牌，评出正能量典型和稿件50个，挖掘推出一批全网正能量典型，“外卖员快递员学生滞留小区成志愿者”登上微博热搜、总阅读量突破2亿人次，“滞留旅客因伙食太好没机会吃零食”登上微博热搜、24小时阅读量逾1.3亿人次，2件作品获评2021山东网络正能量作品。实施好网民工程，3个典型获评全省好网民代表。强化聚合化思维，扶持市级主流网络媒体做大做强，推进区县融媒体中心完善提升，加强行业组织建设、培育正能量自媒体账号，打造直播日照、主流日照、大众网日照等一批在全省具有影响的媒体账号为引领，东港发布、潮起岚山等融媒体中心、政务新媒体账号，以及正能量自媒体大号为补充，协同发力的同频共振效应。强化效果导向思维，印发《日照市正能量传播考评办法（暂行）》，推动打造日照市网络正能量传播体系平台，构建正能量传播综合考评体系，实施每月通报制度，激励各区县、各网络媒体增加精品供给、创新方式方法、提升传播效果。

（市委网信办 辛崇娟）

【网络管理】 2021年，市委网信办落实网络意识形态工作责任，创新打造一个工作平台、推进两网融合发展、实施三大提升工程，“党委领导、各负其责、齐抓共管”的网络综合治理格局不断完善。高标准建成市县两级互联网应急指挥中心，自主开发“舆情信息管理工作平台”，提升应急指挥能力。推动“网信＋网格”两网融合联动，探索“网格发现＋基层调解＋舆情化解”社会治理工作模式，推动网络空间治理从“末端处置”向“源头治理”转变。

（市委网信办 刘新宇）

【网络安全保障】 2021年，市委网信办制定出台《日照市党委（党组）网络安全工作责任制检查评估制度（试行）》，明确评估标准，联合市公安局、市大数据发展局等部门组织开展网络安全工作责任制检查评估和现场检查。出台《日照市网络安全事件应急预案》，开展跨行业、跨部门应急演练。创新施行网络安全分级管理制度，持续完善协调联动机制，形成工作合力。不断健全预警通报机制，靠前一步加强网络安全隐患风险防范。制定全市庆祝中国共产党成立100周年网络安全保障工作方案，加强重要时间节点期间网络安全防范工作。搭建专家学者、人才队伍、应急人员、专业机构、志愿力量、技术平台“六方保障”的网络安全支撑保障体系，征集10家网络安全应急服务支撑单位，选拔12名网络安全和信息化咨询小组成员，筛选297名网络安全应急保障人员，强化全市网络安全保障力量。开展2021年国家网络安全宣传周日照市活动和“全市网络安全宣教月”活动，组织网络安全进基层、网络安全专题培训以及6个系列主题日等，现场宣教76场。将网络安全分别纳入日照市专业技术人才知识更新工程和继续教育培训内容，举办第二届日照市网络安全大赛，推动全市网络安全人才队伍建设。

（市委网信办 于 晓）

机构编制

【概况】 2021年，中共日照市委机构编制委员会办公室（简称市委编办）贯彻中央、省关于机构编制管理各项政策规定，强化顶层设计，各项改革和管理工作取得新成效。党的引领作用充分发挥，开展“听民声、解民忧、办实事”大调研活动，落实29项“我为群众办实事”项目，推动学史明理、学史增信、学史崇德、学史力行，全面加强机关党的建设和干部队伍建设，推动党建和业务深度融合。深化党政机构和体制机制改革，对重大疾病和传染病防治、应急管理等10余个领域体制机制进行调整理顺；制定出台职责分工协商协调办法等制度，健全重点领域协调配合机制。强化职能监管创新，推动权责清单与政务服务事项清单“两单融合”，打造“五个一”监管评估模式。市县事业单位改革试点完成，纳入改革范围的市直事业单位精简24%、区县精简25.7%。重点领域改革扎实推进，开展开发区管理机构清理规范和评估工作，深化涉海部门、文化市场、农业等领域综合执法改革。优化基层机构设置，巩固深化规范“属地管理”工作，编制完成镇街职责任务清单，推动基层规范履职。机构编制资源配置持续优化，推动编制资源下沉，加强基层工作力量，创新将民办教育、医疗机构引进的人才纳入人员控制总量备案管理，补齐中小学教职工编制缺口。机构编制刚性约束不断强化，强化机构编制工作条例贯彻实施，完成全国第二次机构编制核查工作。

（市委编办　王玄烨）

【党政机构改革】2021年，日照市深化党政机构和体制机制改革。围绕服务经济社会高质量发展，对重大疾病和传染病防治、中医药、非公有制经济、优化营商环境、应急管理、区县金融监管、市辖区城市管理、农业农村、乡村振兴等10余个领域体制机制进行调整理顺加强，在机构设置和编制配备上予以重点保障；优化议事协调机构设置，理顺列入机构序列的市委议事协调机构办事机构与设在部门关系，健全协调配合机制，强化办事机构统筹抓总作用。健全部门间协调配合机制，制定出台《市直部门职责分工协商协调办法》《关于做好健全部门间协调配合机制有关工作的通知》等制度，健全市直部门关于海洋生态环境保护、应急物资保障等重点领域协调配合机制，促进机构职能运行协调顺畅，推动部门间职能有统有分、有主有次、分工明晰、流程通畅，助力打造精简高效的政务环境。强化职能运行监管，动态调整“三张清单”，在全省率先开展部门间办事事项梳理工作，为部门间“一次办好”改革打下基础；制定市级机关职能运行监管评估标准，采取定量和定性相结合方式，实现对71个市直部门（单位）“全覆盖”履职评估；打通监管平台，解决依申请类事项实施层级不相符等3类问题45项，推动权责清单与政务服务事项清单“两单融合”，构建“权责事项管大项、政务服务事项管分办”的一体化清单体系；创新监管路径，打造“五个一”监管评估模式，对市发展改革委等13个市直部门进行职能评估，相关做法在全省机关职能运行监管工作交流研讨会上被点名表扬。

（市委编办　刘健君　辛显宾）

【事业单位改革】2021年，日照市完成事业单位改革试点任务。优化事业单位布局，全面清理“小散弱”事业单位，撤销“小散弱”事业单位55个；对部门所属事业单位超过5个的进行优化整合，撤销37个；改革后，市级事业单位由255个减至194个，精简24%；区县所属事业单位，由603个减至448个，精简25.7%。强化重点领域事业单位设置，围绕市委、市政府重点工作安排，聚焦重点民生项目，将深化事业单位改革试点工作精简收回的531名事业编制分配到民生、应急、公共服务、农业农村、科研创新等重点领域；同时，整合设置市科技创新服务中心等38个处级事业单位，体现集中优势资源做优做强公益服务事业改革导向。落实改革配套政策，会同组织、人社、财政、档案等部门单位，制定涉改人员安置、财政支持、收入分配、资产划转、档案移交等配套政策；稳妥解决改革涉及人员安置等系列问题，市财政每年新增支出4800多万元，用于保障36家事业单位调整经费形式，突出事业单位公益属性。加强事业单位法人登记监管，开展“双随机、一公开”检查，完成259家市属单位年度报告公示和162家事业单位的绩效考核；出台《日照市事业单位、社会团体及企业等组织利用国有资产举办事业单位登记管理暂行办法》，对登记设立新型事业单位法人进行规范，为事业单位提供优质高效服务。

（市委编办　曹　娜　钟耕平）

【重点领域改革】2021年，日照市统筹推进重点领域体制机制改革。深化综合行政执法改革，理顺市直涉海部门监管执法职责分工及协作配合机制，明确涉海执法权限及委托执法事项，推动签订联动执法协议；重新界定市和市辖区文化市场综合执法权限，设立市文化执法支队，强化文化市场综合执法；重构全市农业综合行政执法体制，区县设立农业综合行政执法中队，加强农业领域综合执法。深化开发区管理体制改革，围绕打造经济高质量发展新高地，启动开发区管理机构清理规范工作，加强对开发区管理体制改革评估，持续推进开发区体制机制改革创新；针对岚山经济开发区市场化改革后在政策落实、对外协调等方面暴露出的问题，优化领导兼任体制，强化工作统筹和协调配合，激发发展活力。构建简约高效基层管理体制，优化调整“属地管理”事项主体责任和配合责任清单，拓展清单覆盖范围；优化基层机构设置，加强街道物业管理、镇街医疗保障管理服务、信访、社会治理网格化等工作；编制完成日照市乡镇（街道）职责任务清单，明确乡镇（街道）应承担的7个领域188项具体职责任务，明晰乡镇（街道）职责任务，优化办事流程，提升基层治理能力和服务水平。开展财政供养人员实地核查调研，配合省委编办、教育厅、财政厅、人社厅、审计厅等五部门组成的联合调研组，对全市财政供养人员情况进行实地核查调研，对市县部门超空编情况、中小学教职工编制、基层编外用人等情况进行摸底排查，摸清存在问题，助推全市不断提升机构编制管理水平。

【机构编制管理】 2021 年，日照市坚持向深化改革要编制，向加强管理要编制，向创新管理方式要编制，持续优化机构编制资源配置。推动编制资源下沉，在编制资源紧缺情况下，向乡镇（街道）下沉事业编制 442 名、行政编制 5 名，每个乡镇街道平均新增 8 名；为保障岚山区化工产业安全生产、钢铁龙头产业发展，下沉事业编制 100 名；为保障山海天旅游度假区重点项目推进、海洋渔业执法，下沉事业编制 23 名。创新事业编制供给方式，发挥编制在招才引智、留才用才方面保障作用，推进落实《日照市人才引进专项周转编制管理使用办法》，共核定使用周转事业编制 162 名；对山东外国语职业技术大学、日照心脏病医院引进人才实行人员控制总量备案管理，出台民办教育、医疗机构纳入控制总量人员管理办法，助力社会力量办学、办医；科学安排年度用编进人计划 4243 名，有效统筹军转干部、随调家属、转改家属、退役士兵、人才引进、定向选调、公开招录、基层遴选等各类需求，为经济社会发展提供数量足、质量好的机构编制人员保障。创新公共服务提供方式，坚持采取市场化方式提供公共服务事项，能通过政府购买服务方式解决的，不再新设事业单位、增加事业编制，年内核准 13 个部门 15 项政府购买服务事项；用活统筹周转编制，推动全市中小学编制全面达标，使用 269 名周转编制补齐莒县、日照经开区、日照高新区编制缺口，全市中小学 2020 年度教职工编制全面达标。

（市委编办　刘健君　曹　娜　裴华光）

【机构编制监督检查】 2021 年，日照市强化机构编制刚性约束。抓好《中国共产党机构编制工作条例》（简称《条例》）贯彻实施，将《条例》纳入市委理论学习中心组、党校和干部学院主体班次教学安排，加强培训，引导领导干部准确把握《条例》明确的主要内容和核心要义。加强监督检查，开展《条例》及配套法规制度落实情况专项督查；以深化事业单位改革试点调研评估工作为契机，强化绩效管理和跟踪问效，推动重点改革任务和机构编制事项落实；建立机关事业单位领导职数管理台账，开展超职数配备干部问题自查自纠，在全省率先构建“事前预防、事中监测、事后跟踪、问题查办”工作机制。完成全国第二次机构编制核查工作，牵头推进中央编委部署的机构编制核查，历经前期准备、单位自查、联合审核、公示监督、信息汇总 5 个阶段，对全市机构和人员编制进行统一核查，做到全覆盖、不留死角，实现“机构清、编制清、领导职数清、实有人员清、经费形式清”工作目标。

（市委编办　杨轹文　裴华光　王玄烨）

保密工作

【概况】 2021 年，全市保密系统落实党中央有关决策部署和省委有关工作要求，强化职责使命，担当作为、积极进取，各项工作稳步推进。坚持党管保密原则，市委常委会听取 3 次工作情况汇报，研究保密工作；各级党委（党组）扛牢党管保密政治责任，落实“四纳入一评议”机制，将保密工作纳入党委（党组）重要议事议程、纳入领导班子和领导干部综合考核、纳入党委巡察、纳入全市高质量发展综合绩效考核，对区县、功能区党委保密委开展履职评议。各级保密部门坚决扛起主责主业，紧密联系实际，制定工作计划和工作要点，确保各项部署要求不折不扣落到实处。

【保密宣传教育】 2021 年，日照市开展“党旗飘扬，保密护航”中国共产党成立 100 周年保密宣传教育书画摄影作品征集活动，征集稿件并装订成册，推选的书法作品《保密赋》获省级一等奖并被国家保密局收藏。深挖日照市红色保密资源，3 篇文章入选《中国红色保密故事》（山东卷）。在“4·15”全民国家安全教育日，举办全市窃密攻防演示活动，市委常委集体观摩，全市各区县、功能区，市直有关部门单位领导干部、保密干部到现场接受保密教育。将保密教育列入市委党校县处级干部进修班、全市初任公务员培训班等主体班次，市委保密委主任在市委党校为县处级干部作“在党史学习教育中强化保密知识”专题党课，推动保密教育入脑入心、见行见效。

【保密工作管理】 2021 年，市委保密委员会办公室落实“精准定密”要求，指导机关、单位正确适用保密事项范围，督促全市各级机关、单位完成相关事项报备工作，从严从细从实加强相关人员管理。

【保密监督检查】 2021 年，市委保密委员会办公室发挥保密监督检查“利剑”作用，坚持线上线下相结合，线上通过保密技术监管平台对全市各单位进行监督，线下对全市 30 家单位进行“进驻式”保密检查，构建起横到边、纵到底的保密监督检查体系。同时，加强对重点单位周边、重要办公场所安全保密检测。发现问题，及时下发整改通知书，明确整改时限、整改标准和责任人，并对有关机关单位进行约谈，压实保密主体责任，织密织牢保密工作“安全网”，杜绝失泄密事件发生。

（市委保密委办公室　梁启锋　赵宏剑）

机关党建

【概况】 2021 年，中共日照市委市

直机关工作委员会（简称“市直机关工委”）贯彻落实习近平总书记关于机关党建工作重要论述和对山东工作的重要指示要求，围绕市委工作中心，按照突出一条主线、落实两个责任、做好五项重点工作的“一二五”工作思路，以党的政治建设为统领，以模范机关创建为主线，以开展“党建引领机关先行”为抓手，全面推进各项工作走深走实，机关党的工作取得良好成效。

【机关党组织和党员队伍状况】 2021年，日照市委市直机关工委负责99个部门单位机关党的工作，其中市直部门单位72个，国家、省属驻日照单位27个。管理党组织包括机关党委（党委）62个、直属党总支14个、直属党支部23个，直属支部和基层党支部共1189个。管理党员22711名，其中在职党员16499名（机关事业单位8572名，非公有制单位3466名）、离退休党员5782名。2021年发展对象481名。

（市直机关工委　李　旋）

【政治建设】 2021年，市直机关工委将党的政治建设摆在首位，开展政治忠诚教育，深化理论武装，落实意识形态责任制，主流思想持续壮大。组建市直机关宣讲团，集中宣讲党的十九届六中全会精神80场；制定《列席巡听党组（党委）理论学习中心组学习制度》，实现巡听全覆盖；为2.2万名党员订阅《中国共产党党员权利保障条例》，教育引导党员正确行使权利；印发《关于加强青年理论学习的实施方案》，推进青年理论学习。

【思想建设】 2021年，市直机关工委围绕庆祝中国共产党成立100周年，开展“党史教育·机关先行”主题行动，以一次专题党课、一场党史知识竞赛、一场歌唱比赛等“七个一”为重点，先后组织开展各类活动1000余场、市直机关2万余名党员参与，推动党史学习教育走深走实。开展中央、省级、市级“两优一先”推荐工作，与市委组织部联合表彰市直优秀共产党员120名、优秀党务工作者60名、先进基层党组织90个，引导机关党员走在前、作表率。落实“我为群众办实事”要求，深化“双报到”工作，组织开展“认领微心愿·圆梦践初心”党员志愿服务活动，兑现完成“微心愿”2000余个。组织开展“听民声、走流程”主题党日活动，7600余名党员深入基层一线和服务窗口，查找办事堵点，解决群众急难愁盼。

【基层组织建设】 2021年，市直机关工委创新建立“党建＋政务服务”模式，推动设立市政务服务大厅功能型党委，对派驻大厅的37个部门单位党员实行双重管理，探索建立“组织共建、党员共管、资源共享、力量共聚、效能共促、形象共塑”的“六共”党建新模式。完成党支部标准化建设三年行动，开展“实施评星定级、创建红旗支部”活动，评选表彰首批过硬党支部80个；严格发展党员标准和程序，全年新发展党员481名，组织新党员参加千名新党员入党宣誓仪式；加强党组织换届、调整、增补工作；编印《机关支部工作法》，总结推广“市直机关党支部工作法”22个。统计发放“在党50年纪念章”1500余个；印制政治生日贺卡2.2万份，给党员过政治生日，党内活动更具吸引力。推动党的日常活动守正创新，“三会一课”、组织生活会、民主生活会等更加规范；组织开展党支部品牌建设活动，60%以上党支部实现“一支部一品牌”；推进机关党建数字赋能，创新建立“机关先锋”智慧党建平台，实现党员教育管理线上线下相融合，信息化建设有新提升。

【群团组织建设】 2021年，市直机关工委加强群团组织规范化建设，全市基本实现群团组织建设全覆盖。至年底，累计投资120万余元，建设“阳光驿站”健身吧、读书吧3处，打造党员干部文体活动新平台；推进书香机关建设，“初光悦读汇”成为机关文化精品品牌。关注党员干部身心健康，组织开展习练健身气功八段锦、党员领先跑等活动；探索阵地联建机制，与有关单位联合成立新时代文明实践工作站、建立党史学习教育实践点。

【模范机关创建】 2021年，市直机关工委把模范机关创建工作作为机关党建工作主线，列入部门单位党组（党委）履行机关党建主体责任清单进行再动员再部署。各部门单位明确任务书、时间表、路线图，创建工作有序推进；坚持以评促建，评选表扬先进单位24个。坚持围绕中心、服务大局，找准机关党建工作与全市中心工作结合点，开展项目建设、新冠疫情防控、污染防治、法治建设等“机关先行”系列行动，推进党建工作与业务工作深度融合。五莲县新冠疫情发生后，紧急划拨专项党费30万元支持疫情防控工作。根据市委临时工作安排，把加强新冠疫苗接种工作作为首要任务，动员机关党员干部迅速接种，一周时间内基本做到应接尽接。

【清廉机关建设】 2021年，市直机关工委落实《市直部门单位机关纪律检查委员会工作规则（试行）》，规范党纪政务处分程序，对60起党纪政务处分进行备案审查，对205件党员违纪案件进行质量评查。组织对《关于规范市直机关党员工作时间之外个人言行的通知》进行再学习再落实，规范党员干部日常言行；对100个机关科室进行科室效能社会评议，推动行政服务效能提升。开展党建“责任落实年”活动，印发《2021年度党组（党委）履行机关党建主体责任清单》，明确抓机关党、建18项责任；履行机关党建主体责任述职评议制度，述职对象由机关党组织书记调整为党组（党委）书记，传导工作压力、增强工作动力；以主体责任落实为重点，对管理的98个部门单位党组织开展工作“体检”，挂图作战、逐个销号，机关党建“灯下黑”问题得到有效整治。

（市直机关工委　曹正元）

老干部工作

【概况】 2021年，市委老干部局围绕市委中心大局，以庆祝中国共产党成立100周年为主线，以开展党史学习教育为契机，以政治引领、精准服务、阵地建设、创新活动为重点，全力推动老干部工作提质增效。至年底，全市离退休干部22175名，其中离休干部367名，退休干部21808名；离退休干部党工委6个，离退休干部党支部581个，离退休干部党员12736名；全市有老干部活动中心（室）、老年大学、干休所480余处。

【离退休干部党建】 2021年，市委老干部局组织离退休干部开展“看实景话变化·谈发展助未来”现场观摩、“向党说句心里话”微心愿征集、“颂党恩·跟党走·添光彩”主题党日、“建党百年话心声”等主题活动，观看“守初心·铸辉煌·我为党旗添光彩”先进事迹展等庆祝中国共产党成立100周年系列活动，提高党史学习教育实效。强化党建引领，推动离退休干部党建与城市基层党建有机融合，规范社区报到，打造“社区离退休干部之家”。至年底，通过单建、合建设立社区离退休干部党支部147个，有8100余名老干部到社区报到；打造“红色磁场”“岁月流金·红色故事汇”等13个党建品牌，培育12个党建示范点，发挥引领示范效应。将离退休干部党建工作纳入市委表彰范围，表彰90名离退休干部党员、30名离退休干部党组织书记、40个离退休干部党组织。5月，日照市在全省离退休干部党建工作骨干培训班作《以社区报到为抓手，不断提升离退休干部党建工作质效》交流发言。

【离退休干部作用发挥】 2021年，市委老干部局组织离退休干部到学校、机关、社区等基层单位，围绕“文化传承”“党史学习教育”等主题开展党史国史宣讲。96岁离休干部牟步善讲述的党史故事被省市媒体报道，日照市“红色群落”、红色宣讲团等被央视新闻、山东新闻联播报道。开展关心下一代工作，组织“五老”志愿者参加未成年人保护宣传行动，加强对青少年特殊群体关爱帮扶，开展“益路同行”农村社区困境儿童社会支持项目、“益暖齐鲁”送温暖活动；组织“五老”志愿者骨干挖掘全市红色资源，编辑教育读本，为开展青少年党史学习教育提供教材。

【离退休干部服务】 2021年，市委老干部局提升离休干部精准服务，深化离休干部“一对一”联系工作机制，完善离休干部及遗属帮扶救助，落实抗战离休干部提高医疗待遇和报销医药费标准申报。精准对接老干部需求，开展老干部工作大调研，全面落实离退休干部政治、生活待遇，做好参观考察、健康查体、探望慰问、“光荣在党50年”纪念章颁发等工作。在全省率先出台《关于进一步做好新时代退休干部工作的意见》，对退休干部开展“五项活动”（进行一次专题谈话、安排一次服务对接、举办一场荣退仪式、组织一次专题培训、组织一次‘双报到’），对政治引领加强“五个建设”（加强政治建设、思想建设、组织建设、阵地建设、制度建设），对作用发挥搭建“五个平台”（搭建建言献策平台、专业技术服务平台、志愿服务平台、教育关爱平台、文化活动平台），对待遇落实优化“五项服务”（优化政治待遇服务、联系走访服务、健康就医服务、困难救助服务、信息技术服务），推动退休干部工作规范化、制度化、科学化。全年举办老干部工作者素质能力提升培训班1期，培训148人。

【文化养老】 2021年，日照市加强老干部文化活动阵地基础建设，投资2.95亿元、建筑面积3.9万平方米的市老年大学新校11月底完成主体工程。发挥老年教育主阵地作用，把党史学习教育贯穿老年大学教学全过程，开设音乐党课、党史微课堂、党史大课堂，组织主题快闪、红歌联奏，该做法被评为“全省老年大学工作十佳创新案例”。持续推动老年人智能技术运用教育，创新实施“1＋N＋e”教学模式，促进老年人智能技术“应培尽培”；指导服务老干部社团打造“党建＋”文化养老新阵地，市老年书画研究会着力弘扬书画文化，被中国老年书画研究会评为“为中国老年书画艺术事业作出突出贡献的先进集体”，其书画大讲堂被省成人教育协会评为“年度终身学习品牌项目”。

（市委老干部局　丁　娜）

2021年11月30日，日照市老年大学新校完成主体工程建设

（市老年大学建设专班　供图）

党校（行政学院）工作

【概况】 2021年，市委党校贯彻习近平总书记关于党校办学治校重要指示批示精神和《中国共产党党校（行政学院）工作条例》，落实全市党校工作座谈会精神，全面推进干部培训、思想引领、理论建设、决策咨询等工作。突出强化党的理论教育和党性教育主业主课地位，加强对重大理论和现实问题研究，打造精品课程，探索多维教学新模式，落实领导干部上讲台制度，构建专职教师、领导干部和影像教学“三位一体”教学资源新格局，全年承办市委理论学习中心组党史学习教育专题读书班、市委党史学习教育专题学习班、市委理论学习中心组学习习近平总书记“七一”重要讲话精神读书班三次干部轮训，举办主体班次18期，培训轮训党员领导干部4900余人次；业教工作运行平稳，全年录取在职研究生124人；深入党政机关、企事业单位、社区、学校开展党史宣讲80余场次，受众万余人次；完成省委党校（山东行政学院）办学质量评估迎评工作。

【教学工作】 2021年，市委党校坚持以学习习近平新时代中国特色社会主义思想为教学中心内容和首要任务，突出党的理论教育和党性教育主业主课地位。打造精品课程，在第四届全省党校（行政学院）系统精品课评选中，日照市委党校选送的《〈资本论〉导读》《党的八大与社会主义建设道路的探索》分获二、三等奖；推进教学方式改革，探索多维教学新模式，教学方式由传统教授式向课堂+党性锻炼、市情调研和现场教学拓展，向学员大讨论、专题研讨等互动式拓展，向辩论赛、演讲比赛、微课堂等活动体验式拓展；完善教学内容体系，补齐补全“习近平新时代中国特色社会主义思想”教学内容，落实领导干部上讲台制度，构建专职教师、领导干部和影像教学“三位一体”教学资源新格局，年内开设领导讲堂、专家讲座、学员讲坛36场次，实行影像教学38堂。

【科研工作】 2021年，市委党校把研究宣传阐释习近平新时代中国特色社会主义思想作为科研和智库工作中心任务，加强对重大理论和现实问题研究。发挥科研“思想库”作用，全年成功申报省社科规划专项课题1项、省人文社科课题1项，立项全省党校系统课题5项、市社科课题17项；围绕“党史学习教育”结项课题27项，围绕学习习近平总书记“七一”重要讲话精神立项课题24项，党的十九届五中、六中全会精神立项课题39项。提升决策咨询质量和水平，聚焦党委和政府重大决策部署、社会关注的热点难点堵点问题开展决策咨询，全年向市委、市政府呈报咨政报告13篇，市领导签批10篇，其中市委、市政府主要领导签批9篇。促进科研协作交流，举办全市党校系统“学习党的十九届五中全会精神”和“庆祝中国共产党成立100周年”理论研讨活动，有9项成果获市第十八次社会科学优秀成果奖，23项成果获市第十六届优秀科技论文，其中市优秀科技论文一等奖5项。

【干部培训】 2021年，市委党校坚持把习近平新时代中国特色社会主义思想和党的创新理论作为培训首要任务，全年举办主体班次18期，其中，县处级干部进修班4期、新任职副处级干部进修班1期、习近平新时代中国特色社会主义思想专题培训班10期、中青年干部培训班1期、市直科级干部任职培训班1期、新录用公务员初任培训班1期，培训学员988人；承办市委理论学习中心组党史学习教育专题读书班、市委党史学习教育专题学习班、市委理论学习中心组学习习近平总书记“七一”重要讲话精神读书班三次干部轮训，参训4000多人次。承接各类会议和社会培训42期次，培训4700余人。在职干部研究生教育首次实现公共管理、经济管理、党的建设3个专业同时招生，全年录取在职研究生124人，招生规模和办学质量均在全省名列前茅；社会主义学院办学进一步规范，联合市委统战部制定年度统一战线教育培训计划，配合举办日照市新阶层、职教社及归国留学人员主题教育培训班。

【师资队伍建设】 2021年，市委党校与市委人才工作领导小组办公室、市委编办、市人力资源和社会保障局、市财政局联合出台《关于实施党校“名师工程”推动教学和智库建设创新发展的意见》，面向重点院校引进硕士研究生5名，充实教研人员队伍。结合职务职级调整，晋升2名科级干部职级，提拔10名正科级领导干部。完成新一轮专业技术岗位聘任，优化职称结构。选派第二批3名年轻教师到功能区挂职锻炼，2名教师参加援疆工作。培养激励人才，选派12名教职工到上级党校、社会主义学院学习，提高业务能力。

（市委党校　孟祥文）

关心下一代工作

【概况】 2021年，日照市关心下一代工作委员会（简称“市关工委”）落实立德树人根本任务，发挥“五老”特长和优势，加强党史学习教育、红色基因教育、青少年法治教育等工作，利用各种平台提升青少年整体素质，营造有利于青少年健康成长良好环境。持续丰富青少年学习和践行社会主义核心价值观教育活动，联合相关部门组织开展“新时代好少年”“美德少年”评选、“童心向党 绽放未来”日照市“六一”联欢晚会等活动，集中展示青少年良好精神风貌。

【红色基因教育】 2021年，全市各级关工委持续推进传承红色基因教育。组织“五老”宣讲红色文化，先

2021 年 3 月 24 日，中共日照市委党校 2021 年春季学期开学典礼举行

（许崇恩　摄）

后到市新营小学、曲师大附属学校、济南路小学、山东体育学院等学校开展宣讲，联合团市委开展“老少共话党史，传承红色基因”活动，五老报告团与红领巾巡讲团共同走进学校，老少共讲红色故事，实现红色基因代代传承。全年全市各级关工委共开展宣讲活动 200 余场次，受教育青少年 10 万余人次。市关工委挖掘日照当地红色资源，组织“五老”志愿者骨干编辑出版“日照市关工委传承红色基因教育读本”《光辉岁月 · 革命前辈回忆文选》（三辑）和《光辉岁月 · 革命烈士事迹文选》（一辑），作为红色教育读本之一，免费发放至全市 500 余所学校，供青少年学习阅读。围绕庆祝中国共产党成立 100 周年，先后联合组织开展“红领巾心向党”2021 年日照市少先队鼓号操大赛、“童心向党 礼赞百年”日照市第十六届少儿艺术节、“争做小主播 为日照代言”小主播大赛等丰富多彩、寓教于乐活动，教育传承红色精神。依托全市 50 余处省、市“关心下一代教育基地”，通过“可见”展馆陈设、“可感”浸润体验、“可参与”实践活动，传承红色基因。至年底，全市新挂牌 17 处市级关心下一代教育基地，扩大传承红色基因教育覆盖面。

【青少年普法教育】 2021 年，市关工委学习贯彻修订版《中华人民共和国未成年人保护法》和《中华人民共和国预防未成年人犯罪法》，加强青少年遵法学法用法教育引导，协调和配合有关部门共同保障青少年合法权益。“六一”儿童节，组织“五老”志愿者参加日照市未成年人保护工作宣传月暨“阳光护花”未成年人保护行动，开展未成年人保护法宣传活动，发放宣传册 200 余册。

【青少年关爱帮扶】 2021 年，市关工委开展“牵手关爱行动”“十百千万”五老关爱行动，结对帮扶留守贫困学生 3800 人。主动联系爱心企业，助力开展“益路同行”农村社区困境儿童社会支持项目，发掘孤困儿童帮扶公益力量，助力实施关爱困境儿童志愿服务项目——“手牵手圆梦行动”，多举措帮助困境儿童家庭解决实际困难和突出问题。

（市关工委　吴晓丽）

2021 年 5 月 31 日，“童心向党 绽放未来”日照市“六一”联欢晚会举办

（市关工委　供图）

日照市人大

综　述

【人大代表概况】 截至2021年12月31日，日照市十八届人大代表339名。其中，妇女代表70名，占20.65%；中共党员代表261名，占76.99%；民主党派代表4名，占1.18%；少数民族代表4名，占1.18%。按职业构成分，公务员（含参公人员）163名，占48.08%；一线工人、农民及专业技术人员73名，占21.53%；企事业单位负责人100名，占29.50%；解放军3名，占0.89%。按学历分，研究生及以上87名，占25.66%；本科153名，占45.13%；高职及大专58名，占17.11%；中专及以下41名，占12.09%。

【人大及其常设机构】 2021年，日照市人大常委会有主任1人、副主任5人、秘书长1人、兼职副秘书长2人、专职副秘书长2人。下设办公室、研究室、人事代表工作室、法制工作委员会、预算工作委员会5个工作机构，法制委员会、财经委员会、监察司法委员会、教科文卫委员会、城乡建设与环境资源保护委员会、农业与农村委员会、民族侨务外事委员会、社会建设委员会8个专门委员会。

【决定重大事项】 2021年1月15日，日照市第十八届人民代表大会常务委员会第三十三次会议决定：日照市第十八届人民代表大会第六次会议于2021年1月下旬在市驻地召开。

1月24日，日照市第十八届人民代表大会第六次会议，听取和审议李在武所作政府工作报告。会议充分肯定市政府2020年及“十三五”工作，同意报告提出的“十四五”时期经济社会发展的总体要求、奋斗目标以及2021年重点工作的安排建议，决定批准这个报告。会议审查市政府提出的《日照市国民经济和社会发展第十四个五年规划和二〇三五年远景目标纲要（草案）》，会议同意市十八届人民代表大会财政经济委员会的审查结果报告，决定批准这个纲要。会议审查市政府提出的《关于日照市2020年国民经济和社会发展计划执行情况与2021年计划草案的报告》及日照市2021年国民经济和社会发展计划草案。会议同意市十八届人民代表大会财政经济委员会的审查结果报告，决定批准《关于日照市2020年国民经济和社会发展计划执行情况与2021年计划草案的报告》，批准日照市2021年国民经济和社会发展计划。会议审查市政府提出的《关于日照市2020年预算执行情况和2021年预算草案的报告》及日照市2021年全市和市级预算草案。会议同意市十八届人民代表大会财政经济委员会的审查结果报告，决定批准《关于日照市2020年预算执行情况和2021年预算草案的报告》，批准2021年日照市市级预算。会议听取和审议日照市人民代表大会常务委员会工作报告，决定批准这个报告。会议听取和审议日照市中级人民法院院长高益民代表市中级人民法院所作的工作报告，决定批准这个报告。会议听取和审议日照市人民检察院检察长韩敏代表市人民检察院所作的工作报告，决定批准该报告。

8月26日，日照市第十八届人民代表大会常务委员会第三十八次会议，听取市政府《关于日照市2020年财政决算和今年以来预算执行情况的报告》《关于日照市2020年度市级预算执行和其他财政收支的审计工作报告》。会议结合审议审计工作报告，对2020年市级财政决算（草案）及其报告进行审查，同意市人民代表大会财政经济委员会提出的审查结果的报告，决定批准日照市2020年市级财政决算。会议审议市政府书面提交的《日照市人民政府关于提请审议2021年日照市新增政府债务限额调整方案（草案）的议案》。会议决定批准2021年日照市新增政府债务限额调整方案。会议通过关于在全市开展第八个五年法治宣传教育的决议。

11月11日，日照市第十八届人民代表大会常务委员会第三十九次会议，通过关于推动和保障胶东经济圈一体化发展的决定。会议审议市政府关于提请授予吴浩均、詹姆斯、塞拉、文正镐、莱乐等五位外国友人日照市荣誉市民称号的议案。会议审议市政府关于提请审议

《日照市东港区“两规”一致性修改方案（送审稿）》的议案及市自然资源和规划局局长李仲强所作的说明。会议决定同意这个方案，由市政府按规定程序报批后实施。

【自身建设】 2021年，市人大常委会始终围绕市委中心工作和重要决策部署谋划开展人大各项工作，确保市委工作重心在哪里，人大工作就跟进到哪里，职能作用就发挥到哪里；始终贯彻全过程人民民主重大理念，不断拓展深入了解民情、反映民意、集中民智的方式和渠道，将人民群众的知情权、参与权、表达权、监督权落实到人大工作各方面全过程，更好地把人大制度优势转化为治理效能，凝聚全市上下贯彻新发展理念，推动高质量发展，加快建设现代化海滨城市的强大力量。

（市人大 丁相茹）

重要会议

【市十八届人大六次会议】 会议于2021年1月22—24日举行。大会听取审议代市长李在武所作的《日照市人民政府工作报告》、市人大常委会主任所作的《日照市人民代表大会常务委员会工作报告》、市中级人民法院院长高益民所作的《日照市中级人民法院工作报告》、市人民检察院检察长韩敏所作的《日照市人民检察院工作报告》。大会表决通过《关于政府工作报告的决议》《关于日照市国民经济和社会发展第十四个五年规划和二〇三五年远景目标纲要的决议》《关于日照市2020年国民经济和社会发展计划执行情况与2021年计划的决议》《关于日照市2020年预算执行情况和2021年预算的决议》《关于日照市人民代表大会常务委员会工作报告的决议》《关于日照市中级人民法院工作报告的决议》《关于日照市人民检察院工作报告的决议》。大会表决通过关于接受有关人员辞职请求的决定，表决通过市十八届人大六次会议选举办法，选举李在武为日照市人民政府市长，选举刘军为日照市监察委员会主任，选举孙运锋为日照市第十八届人民代表大会常务委员会副主任，表决通过市十八届人大法制委员会组成人员补充人选名单。

【市人大常委会会议】 2021年，日照市第十八届人民代表大会常务委员会召开会议7次。

市十八届人大常委会第33次会议 会议于1月15日举行。会议表决通过关于召开日照市第十八届人民代表大会第六次会议的决定，决定大会于1月下旬在市驻地召开。审议通过代表资格审查委员会关于个别代表的代表资格的报告；听取审议主任会议关于市十八届人大六次会议筹备工作情况的报告；审议通过市十八届人大六次会议议程草案、主席团和秘书长名单草案，决定提请市十八届人大六次会议预备会议通过或选举；审议并原则通过市人大常委会工作报告稿；决定市十八届人大六次会议列席人员范围。听取审议市政府关于“十三五”规划实施及“十四五”规划和二〇三五年远景目标纲要编制情况的报告，对纲要草案进行初审，原则同意将纲要草案提交市十八届人大六次会议审查；听取审议市政府关于市十八届人大五次会议以来代表所提建议、批评和意见办理情况的报告，听取审议市人大有关专门委员会关于市十八届人大五次会议主席团交付审议的代表提出的议案审议结果的报告。会议根据主任会议提请，依法补选李在武为山东省第十三届人民代表大会代表，选举结果报省人大常委会代表资格审查委员会审查确认。会议接受有关人员辞职请求，表决通过有关人事任免事项。

市十八届人大常委会第34次会议 会议于3月8日举行。会议传达学习省十三届人大五次会议精神，全省、全市2021年工作动员大会和党史学习教育大会精神；听取审议市政府关于2020年法治政府建设工作情况的报告、市人大常委会法工委关于备案审查工作情况的报告；表决通过有关人事任免事项。

市十八届人大常委会第35次会议 会议于4月30日举行。会议传达学习十三届全国人大四次会议精神；听取审议市政府关于2019年度市级预算执行和其他财政收支审计查出问题整改情况、2020年度全市环境质量状况和环境保护目标完成情况的报告，市政府关于全市贯彻实施《中华人民共和国人民防空法》《中华人民共和国水法》《山东省信访条例》情况的报告，关于全市外事工作情况的报告；听取市政府关于《日照市全民健身促进条例（草案）》起草情况的说明；表决通过个别代表的代表资格审查报告和有关人事任免事项。

市十八届人大常委会第36次会议 会议于5月20日举行。会议作出关于接受张新起辞去省人大代表职务请求的决定，表决通过有关人事任免事项。

市十八届人大常委会第37次会议 会议于6月29日举行。会议听取审议副市长高月波代表市政府作的关于优化营商环境工作情况的报告，听取审议市政府关于数字日照建设、深化行政审批制度改革、金融服务实体经济发展、促进科技成果转化“一法一条例”实施及全市国有自然资源资产管理等情况的报告，审议市人大常委会执法检查组关于贯彻实施固废污染防治法、就业促进“一法一条例”的两个执法检查报告。会议表决通过个别代表的代表资格审查报告和有关人事任免事项。向新任命人员颁发任命书，并举行向宪法宣誓仪式。会议结合审议有关专项工作报告，对优化营商环境工作进行专题询问。

市十八届人大常委会第38次会议 会议于8月26日举行。会议学习习近平总书记在庆祝中国共产党成立100周年大会上的重要讲话精神，传达贯彻中共日照市委十三届十次全体会议精神。会议听取审议市政府关于2021年以来国民经济和社会发展计划执行情况、关于2020年财政决算和2021年预算执行情况的报告及审计工作报告，审查2020年市级决算草案、2021年日照市新增政府债务限额调整方案草案，并作出相应决议；听取审议市政府关于全市“七五”普法决议执行情况的报告，表决通过《关于在全市开展第八个五年法治宣传教育的决议》；听取审议市政府关于贯彻实施《日照市城市管理条例》《日照市物业管理条例》情况的报告，审议市人大常委会执法检查组关于检查《中华人民共和国产品质量法》《山东省养老服务条例》实施情况的报告。会议听取部分住日照省人大代表履职情况的报告，并进行评议。会议表决通过代表资格审查委员会关于个别代表的代表资格的报告，表决通过有关人事任免事项。

市十八届人大常委会第39次会议　会议于11月10—11日举行。会议集体学习中央人大工作会议精神、习近平总书记在深入推动黄河流域生态保护和高质量发展座谈会上的重要讲话精神和视察山东重要指示要求，并进行分组研讨。会议听取审议市监察委员会主任刘军作的关于开展廉政教育工作情况的报告；市中级人民法院关于民事审判工作、市检察院关于适用认罪认罚从宽制度工作情况的报告；会议审议市政府关于全市国有资产管理情况的综合报告、关于实施“产业强市”战略情况的报告；市人大常委会视察组关于全市文旅产业发展情况的视察报告、常委会执法检查组关于检查安全生产及突发事件应对“两法两条例”实施情况的报告，并对安全生产及应急管理工作进行专题询问。会议审议通过《关于推动和保障胶东经济圈一体化发展的决定》《日照市全民健身促进条例》，对《日照市养老服务条例（草案）》和首部协同立法项目《日照市海洋牧场管理条例（草案）》进行一审。会议表决通过《关于授予外国友人日照荣誉市民称号的决定》《关于〈日照市东港区“两规”一致性修改方案〉的决议》及有关任免事项。

（市人大　丁相茹）

监督工作

【概况】 2021年，市人大常委会坚持把人大监督工作放到全市工作大局中谋划和推进，紧扣市委各项部署要求，紧盯事关全市发展大局和群众切身利益的突出问题，聚焦聚力，履职尽责，推动各项工作在法治轨道上有序运行。年内，听取审议“一府一委两院”专项工作报告23项，开展专题询问2次，执法检查、视察和专题调研22次，对17部法律法规实施情况进行监督检查。建立会前学法、会前调研制度，常委会监督议题涉及的法律法规条文均提前印发常委会组成人员学习，听取专项工作报告、开展专题视察之前先行调研了解情况，确保监督工作依法依规、审议发言到点到位、建议意见切实可行；加强监督“后半篇”文章，建立常委会审议意见督查落实机制，通过列出问题清单、建立督办台账、开展满意度测评等举措，加强后续监督，抓好跟踪问效，形成监督闭环；建立专题询问“回头看”机制，连续第二年对安全生产工作进行专题询问，在优化营商环境专题询问半年之后进行“回头看”，确保人大监督刚性有力；探索媒体联合机制，在日照电视台设立“人大监督”专题栏目，把人大监督与舆论监督紧密结合，扩大人大监督影响力。

【全面覆盖】 2021年，市人大常委会年度监督工作议题基本覆盖到市政府35个工作部门，对依法接受人大监督的“一府一委两院”实现监督全覆盖，并不断向经济建设与社会民生各个领域拓展和延伸。聚焦党中央重大决策部署和省委、市委工作要求，紧扣全市工作大局开展监督。听取产业强市、开放活市等相关专项工作报告，推动经济转型升级；对优化营商环境进行专题询问并开展“回头看”，多种形式加强对国有资产监督，助推深化重点领域改革；持续关注生态环保、安全生产等工作，连续第二年对安全生产和应急管理工作进行专题询问，统筹发展与环境、发展与安全；审议通过“两规”一致性修改方案、听取审议城市总体规划实施情况的报告，推动日照精致城市建设。积极回应人民群众所思所想所愿，着力推动解决民生热点难点问题。组织开展公共卫生服务体系、全民健身和实施乡村振兴战略、经略海洋、文旅游产业发展5项集中视察，切实做到党委工作中心在哪里，人大工作就跟进到哪里，力量就汇聚到哪里，作用就发挥到哪里；综合运用多种监督方式对与人民群众切身利益密切相关的义务教育均衡、医疗保障、就业等方面工作开展监督，提升人民群众获得感、幸福感，让更多群众感受到“生活在日照就是幸福”。

【法律监督】 2021年，市人大常委会坚持以法治思维和法治方式履行职责，推动各项工作在法治轨道上运行。通过执法检查、听取专项报告，对17部法律法规实施情况重点监督，推动政府部门依法行政；首次听取监委专项工作报告，实现人大常委会对“一府一委两院”监督全覆盖；加强法院、检察院工作监督，听取全市法院民事审判工作情况的报告和市人民检察院关于适用认罪认罚从宽制度工作情况的报告，推进公正司法；首次听取备案审查工作报告，强化人大备案审查工作的刚性和实效。重点围绕保障法律法规实施、促进依法行政，听取审议市政府关于法治政府建设和《中华人民共和国水法》《中华人民共和国人民防空法》《山东省信访条例》《日照市城市管理条例》《日照市物业管理条例》《中华人民共和国促进科技成果转化法》和《山东省促进科技成果转化条例》等法律法规实施情况的报告。例行听取审计查出问题整改情况报告、年度环保报告。首次听取全市国有自然资源资产管理情况报告、国有资产管理综合报告。听取七五普法、依法治市、全市外事工作、产业强市战略实施情况的报告。对《中华人民共和国产品质量法》《山东省养老服务条例》在日照市贯彻实施情况进行执法检查。上下联动开展对《中华人民共和国安全生产法》《中华人民共和国突发事件应对法》《山东省安全生产条例》《山东省突发事件应对条例》贯彻实施情况的执法检查，对《中华人民共和国就业促进法》《山东省就业促进条例》贯彻实施情况的执法检查，对《中华人民共和国固体废物污染环境防治法》贯彻实施情况的执法检查。同省人大一同开展《山东省红色文化传承保护条例》贯彻落实情况调研。

（市人大　丁相茹）

【计划预算审查监督】 2021年，市人大常委会落实监督法、预算法等有关法律法规要求，突出对国民经济和社会发展计划主要目标和任务，特别是约束性指标完成情况、重点任务和重大工程项目进展情况的审查和监督，客观评价计划执行情况，认真审查计划报告及计划草案可行性，保障计划编制执行的严肃性和规范性。坚持问题导向，强化趋势研判，通过召开座谈会、走访代表、专题调研等方式，收集各方面建议，把工作着力点放在提出具有较强前瞻性和针对性意见建议上。创新预算审查监督方式，利用财政、审计部门人力资源，通过抽调组成工作组方式，增强审查监督的专业性和针对性。围绕常委会年度工作要点，增加到部门预算单位调研频次，加强经济运行和预决算执行情况以及相关监督议题研究。对预算进行全口径审查、全过程监督，审查政府一般公共预算，密切关注国有资本经营预算、政府性基金预算、社会保险基金预算，做到全口径审查，初步实现预决算审查监督全覆盖。落实预算绩效管理，监督政府建立完善全覆盖预算绩效管理体系。加强对政府债务监管，切实兜牢“三保”底线。推进预算联网，依托人大预算联网平台，强化预算数据推送整合；通过人大预算联网监督系统，实时在线发现问题，督促有关部门解决执行中问题。

（市人大　赵龙锋）

【住日照全国和省人大代表活动】 2021年7月14日，市人大常委会组织住日照市部分省人大代表到青岛市，就高新技术企业和高新技术产业集群发展情况进行专题调研。

7月29日，市人大常委会组织部分省、市人大代表总结交流“听民声、走流程”走访调研情况，并到市政务服务大厅、日照城市大脑进行集中观摩调研。

12月14日至15日，市人大常委会组织住日照的全国、省人大代表，对全市经济社会发展情况进行会前集中视察，为出席全国、省人民代表大会做好履职准备。

（市人大　丁相茹）

代表工作

【概况】 2021年，市人大常委会重视代表工作，坚持人大代表主体地位，强化服务保障机制，为代表执行职务、发挥作用创造有利条件。落实“双联系”、政情通报、重大决策出台前听取代表建议等制度，年内邀请各级代表50余人次列席常委会会议，参加视察、执法检查活动。围绕全市阶段性重点工作，组织开展代表专题调研和集中视察。制定市人大代表履职规范，设立代表履职补助专项经费，为基层代表联系群众、开展工作提供保障。落实代表向选民或原选举单位述职制度，年内听取5名省人大代表向常委会述职报告。组织市人大代表向原选举单位报告履职情况，接受监督评议。在市主要媒体开设“人民代表”专栏，讲好代表履职故事，激发代表履职活力。完善代表建议办理“两公开一上网”、主任会议重点督办制度，对优秀代表建议和先进承办单位进行通报表彰。市十八届人大六次会议以来代表提出的3件议案、149件建议全部办理完毕，办理质量和效率有新提升。

【代表履职平台建设】 2021年，市人大常委会推进代表小组阵地建设，搭建代表学习和活动平台。召开代表小组建设现场会，推进“代表之家”规范化建设。开展“代表助力乡村振兴”“听民声、走流程”“我为群众办实事”等主题活动。围绕推进港产城海融合发展、产业转型升级、办好民生实事项目等，组织代表开展集中视察和专题调研，形成一批有价值的调研成果。规范代表联络站（点），搭建代表联系选民群众平台。引导代表开展“公开接待日”活动，为密切代表同人民群众的联系、听取民声民意创造条件。协助代表以代表接待日、联系卡、民情日记等方式，密切与选民群众联系交流，反映人民群众呼声和意愿。完善履职激励和保障机制，搭建代表履职管理平台。建立代表履职档案，制定市人大代表履职规范、代表活动经费使用管理办法等制度，为代表履职提供保障。听取住日照省人大代表述职，组织市人大代表向所在选区报告履职情况，接受评议监督。在市主要媒体开设“人民代表”“人大监督”专栏，全方位展现人大代表履职为民风采。

【代表履职服务管理】 2021年，市人大常委会人代室为省十三届人大五次会议日照代表团组织服务工作，承担市十八届人大六次会议相关组织服务工作，为省市人大代表出席会议、履行代表职责提供保障。指导各代表小组根据全市工作重点和市人大常委会年度工作要点制定小组活动计划，将党史学习教育贯穿于小组年度活动计划始终。组织全市各级人大代表开展“代表助力乡村振兴”“听民声、走流程”“我为群众办实事”等主题活动，围绕乡村振兴、优化营商环境、为民办实事等提出有针对性意见建议。组织住日照全国和省人大代表跨区域开展专题调研、进行会前视察，组织市人大代表首次跨区县年中调研，为各级代表审议报告、提出建议作准备。邀请代表列席常委会、专委会有关会议，组织代表参加常委会全运会体育设施建设、文旅产业发展情况等调研视察活动。组织代表学习培训，先后组织住日照市省人大代表参加两期代表履职学习班，组织全国人大代表及区县人大常委会主要负责人参加全国人大网络学习班。

【议案建议】 2021年，市人大常委会实行代表议案建议办理工作“两公开一上网”制度，完善专委工委分工督办、常委会领导重点督办、重大问题集中督办机制，加强与代表全过程沟通，责成承办单位对代表反馈不满意建议重新办理，对优秀代表建议和先进承办单位进行表彰。市十八届人大六次会议期间，收到代表提出议案3件、建议148件，闭会期间收到代表建议1件。代表议案均为法规案，经有关专委会审议，其中2件（关于加快推进《日照市养老服务条例》立法的议案、关于加快推进《日照市旅游条例》立法的议案）列入立法计划，并在年内完成，1件（关于制定出台《日照市出租汽车管理条例》的议案）因条件不具备，暂不予立法。149件代表建议全部按时办结，取得解决问题、推动工作良好成效。

（市人大　赵　军）

表5　2021年日照市第十八届人民代表大会第六次会议代表建议办理情况一览表（A类）

编号	建议名称	建议人	分类	承办单位	备注
1	关于加大数字乡村推广力度 提升乡村治理水平的建议	孙　伟	农业农村类	市工业和信息化局、大数据发展局	A
2	关于加快推进库区村搬迁改造并给予支持的建议	许传光等2人	农业农村类	市农业农村局、东港区政府	A
3	关于进一步加强我市农村党支部书记队伍建设力度的建议	许传江	农业农村类	市委组织部	A
4	关于优先发展农业农村　全面推进乡村振兴战略的建议	姚俊鹏	农业农村类	市农业农村局	A
5	关于加快乡村振兴的建议	王云强	农业农村类	主办：市农业农村局 会办：市科技局、财政局、人力资源和社会保障局、文化和旅游局	A
6	关于整合利用原供销社、粮所、食品站等闲置资源的建议	韦学忠	农业农村类	市发展改革委、供销社联合社	A
7	关于继续加大农村养殖废物资源化利用的建议	贺培玲	农业农村类	市农业农村局	A
8	关于大力支持我市农业发展的建议	冯启勇	农业农村类	主办：市农业农村局 会办：市地方金融监督管理局	A
9	关于进一步解决民营企业、个体工商户融资难、融资贵的建议	迟名进	财政经济类	市地方金融监督管理局、日照银保监分局、人民银行日照中心支行	A
10	关于加大对水源地保护区镇村政策扶持力度的建议	丁鹏等2人	财政经济类	主办：市水利局 会办：市财政局	A
11	关于进一步改善营商环境的建议	董家平	财政经济类	市发展改革委、人力资源和社会保障局、商务局	A
12	关于加大对精品钢基地基础设施建设扶持力度的建议	黄庆林	财政经济类	市工业和信息化局、东港区政府	A
13	关于推动我市有机茶创建国家级品牌的建议	王东升	财政经济类	市农业农村局、市场监督管理局	A
14	关于设立日照市企业家节的建议	徐广松	财政经济类	市工业和信息化局	A

续表 5

编号	建 议 名 称	建议人	分类	承 办 单 位	备注
15	关于完善民营企业引进人才政策的建议	张　健	财政经济类	市工业和信息化局、人力资源和社会保障局	A
16	关于支持日照跨境电商产业发展的建议	张　健	财政经济类	市商务局	A
17	关于构建精致工业体系打造我市金属材料与装备制造产业基地（集群）的建议	王东升	财政经济类	主办：市工业和信息化局 会办：市发展改革委、人力资源和社会保障局、商务局、地方金融监督管理局	A
18	关于加大财政投入加强日照绿茶品牌建设的建议	郑　伟	财政经济类	市财政局、农业农村局	A
19	关于打造推广本地企业家品牌 助力招商引资一号工程的建议	王永华	财政经济类	市工业和信息化局	A
20	关于加大对高新技术企业在贷款贴息等政策支持力度的建议	林相英	财政经济类	主办：市科技局 会办：市财政局、地方金融监督管理局	A
21	关于加大人才引进力度和人才项目扶持力度的建议	林相英	财政经济类	市人力资源和社会保障局	A
22	关于强化日照茶叶品牌建设的建议	袁从波	财政经济类	市农业农村局、市场监督管理局	A
23	关于建设《日照绿茶》官方公益平台，促进绿茶价格市场规范化运行的建议	袁从波	财政经济类	市农业农村局	A
24	关于坚持用市场化手段举办茶博会及组织外出参展的建议	袁从波	财政经济类	市农业农村局	A
25	关于加大对出口企业扶持力度的建议	张　伟	财政经济类	市商务局	A
26	关于鼓励民营企业“参军”促进军民融合深度发展的建议	张守彦	财政经济类	市发展改革委	A
27	关于加大扶持力度　抢占可降解塑料产业高地的建议	郑学民等 2 人	财政经济类	市工业和信息化局	A
28	关于将莒县绿色食品产业园纳入全县空间规划的建议	张书本等 2 人	财政经济类	莒县政府	A
29	关于支持企业自备柴油的建议	张作钦	财政经济类	市应急管理局	A
30	关于实施“财税银企联动”助推金融支持实体经济发展的建议	郭希平	财政经济类	市地方金融监督管理局、税务局、日照银保监分局	A
31	关于支持招贤镇工业聚集区基础设施综合提升的建议	肖雪等 5 人	财政经济类	莒县政府	A
32	关于加大对本土企业支持力度 促进本土企业发展的建议	徐进英	财政经济类	市工业和信息化局	A
33	关于加强引进高端人才和提高高端人才待遇的建议	李芳仁	财政经济类	市工业和信息化局、人力资源和社会保障局	A
34	关于加快推进社会信用体系建设的建议	路兴增等 2 人	财政经济类	市发展改革委	A
35	关于全员参与招商及招商信息共享的建议	丁大奖	财政经济类	市商务局	A
36	关于加强养犬管理的建议	卜文文	城建环保类	主办：市公安局 会办：市农业农村局、城市管理局	A
37	关于合理增设新能源电动汽车充电桩的建议	黄庆林	城建环保类	主办：市发展改革委 会办：市自然资源和规划局	A
38	关于对石臼区域城市主支干道路边停车位的建议	刘　利	城建环保类	市公安局	A

续表 5

编号	建 议 名 称	建议人	分类	承 办 单 位	备注
39	关于给予城乡统筹发展政策支持的建议	王月军	城建环保类	市农业农村局	A
40	关于阿掖山北路沿途安装路灯的建议	田　林	城建环保类	分办：岚山区政府	A
41	关于开展创建全国污水资源化利用示范城市的建议	韩立明	城建环保类	主办：市水利局 会办：市发展改革委、水务集团、工业和信息化局、财政局	A
42	关于给老旧住宅小区多层居住楼加装电梯的建议	薛俊彩等 2 人	城建环保类	市住房和城乡建设局	A
43	关于加强我市水资源保护利用的建议	许传江	城建环保类	市生态环境局、水利局、农业农村局	A
44	关于提高建筑企业工人安全技术培训建议	张萃云	城建环保类	市住房和城乡建设局	A
45	关于合理调控煤炭指标保证供暖的建议	丁玉芳	城建环保类	市发展改革委	A
46	关于完善五莲城区电动车充电设施的建议	邢相杰	城建环保类	五莲县政府	A
47	关于 313 省道三庄段改道的建议	丁鹏等 2 人	交通公路类	市交通运输局	A
48	关于解决大量重载货车通过沈海高速涛雒收费站导致道路拥堵问题的建议	黄庆林	交通公路类	市交通运输局	A
49	关于将潍坊路西延至南湖镇驻地的建议	李宗雨	交通公路类	市交通运输局	A
50	关于在设在市区道路隐秘处的交通违章监拍器前设立提示和警示标志的建议	牟善勋	交通公路类	市公安局	A
51	关于对 313 省道进行提升改造的建议	许传光等 2 人	交通公路类	市交通运输局	A
52	关于规划改造北海路至万宝路段的建议	张军华	交通公路类	山海天旅游度假区管委	A
53	关于对安岚大道和童海路路段加强管理的建议	刘　永	交通公路类	市公安局、岚山区政府	A
54	关于加大对道路交通安全教育宣传的建议	丁立秀	交通公路类	主办：市公安局 会办：市教育局、广播电视台 分办：市委宣传部	A
55	关于进一步深化中小学校、幼儿园周边交通秩序管理的建议	丁原美	交通公路类	市公安局	A
56	关于巨碑路碑廓段道路拓宽的建议	徐东云	交通公路类	岚山区政府	A
57	关于瓦日铁路冯家庄跨线桥有关问题的建议	韩邦泰等 2 人	交通公路类	市交通运输局	A
58	关于打通日照机场到岚山乡村振兴示范片区道路的建议	韩邦泰	交通公路类	市交通运输局	A
59	关于对 204 国道进行道路南延建设的建议	张　伟	交通公路类	市交通运输局	A
60	关于对巨峰镇主要交通道路配建安全设施的建议	陈为诚	交通公路类	市公安局、交通运输局	A
61	关于进一步加强交通配套建设，助力精致城市建设的建议	闫秀训	交通公路类	市交通运输局	A
62	关于加快长深高速连接线西延的建议	李倩楠	交通公路类	市交通运输局	A

续表 5

编号	建议名称	建议人	分类	承办单位	备注
63	关于拓宽旅游大道日照至莒县段的建议	张传金	交通公路类	市交通运输局	A
64	关于整修维护乡镇道路设施的建议	陈守菊	交通公路类	市交通运输局	A
65	关于支持民营美术馆、博物馆承接公共文化服务项目的建议	葛昌明	文体旅游类	市文化和旅游局	A
66	关于积极推进全民阅读、充分发挥我市城市书房作用的建议	刘加山	文体旅游类	市文化和旅游局	A
67	关于加强涛雒镇旅游基础设施和软环境建设的建议	田春燕	文体旅游类	市文化和旅游局	A
68	关于对山海天旅游度假区民俗旅游村进行提档升级的建议	徐延杰等 5 人	文体旅游类	主办：市文化和旅游局 会办：市财政局、自然资源和规划局、海洋发展局	A
69	关于在“十四五”期间推进卧龙山风景区保护及开发等项目的建议	徐延杰等 5 人	文体旅游类	市发展改革委、商务局、文化和旅游局	A
70	关于加大尧王城遗址保护开发的建议	韩邦泰	文体旅游类	市文化和旅游局	A
71	关于增加城市书房数量的建议	张　梅	文体旅游类	市文化和旅游局	A
72	关于加大支持力度，解决莒县龙山镇旅游融资难、用地指标少问题，促进全域旅游、助力特色农业发展的建议	杜光祥等 3 人	文体旅游类	主办：莒县政府 会办：市农业农村局、文化和旅游局、地方金融监督管理局	A
73	关于进一步推动农村教育信息化建设的建议	许传光等 2 人	科教卫生类	市教育局	A
74	关于加快中医药发展的建议	王　娜	科教卫生类	市卫生健康委	A
75	关于加强个体幼儿园教师任教资格审查，让幼儿享受公平的学前教育的建议	王　波	科教卫生类	市教育局	A
76	关于让“健康行动成为新时尚”的建议	王　娜	科教卫生类	市总工会	A
77	关于引进国内知名医疗机构入驻日照的建议	徐加确	科教卫生类	市卫生健康委	A
78	关于在重点公共场所配置自动体外除颤仪（AED）及加强应急救护培训的建议	丁原美	科教卫生类	市卫生健康委	A
79	关于在全市加大幼儿教师招聘力度的建议	宋兴凤	科教卫生类	市教育局	A
80	关于加强我市医疗人才队伍建设的建议	任　翔	科教卫生类	市卫生健康委	A
81	关于改善农村公共卫生常态化消杀消毒机制的建议	王瑞斌等 3 人	科教卫生类	市卫生健康委	A
82	关于解决乡村医生身份待遇及养老保险问题的建议	朱玉强	科教卫生类	市卫生健康委	A
83	关于建立农村常态化疫情防控采集上报跟踪机制的建议	王瑞斌等 3 人	科教卫生类	市卫生健康委	A
84	关于加强新冠疫情防控工作的建议	张守宁	科教卫生类	市卫生健康委	A
85	关于扩大公办幼儿园规模的建议	许传志	科教卫生类	市教育局	A
86	关于普及公众急救知识提高公众急救技能的建议	申玉香	科教卫生类	市卫生健康委	A

续表 5

编号	建议名称	建议人	分类	承办单位	备注
87	关于加大农村卫生室仪器配备的建议	秦会梅	科教卫生类	市卫生健康委	A
88	关于清理拖欠农民工工资问题的建议	迟名进	社会保障类	市住房和城乡建设局	A
89	关于鼓励基层医疗机构开展医养结合服务的建议	葛昌明	社会保障类	市卫生健康委、医疗保障局	A
90	关于将“中医体检”列入职工医保年度体检项目的建议	黄庆林	社会保障类	市卫生健康委、医疗保障局	A
91	关于加快推进被征地农民居民养老保险工作的建议	王　茜	社会保障类	市人力资源和社会保障局	A
92	关于解决疫情防控第一线人员家庭后顾之忧的建议	袁兆春	社会保障类	市卫生健康委	A
93	关于推动社区食堂发挥日间照料中心作用的建议	张　健	社会保障类	市民政局	A
94	关于加强监管、精准执法贯彻落实《保障农民工工资支付条例》的建议	赵龙梅	社会保障类	市住房和城乡建设局	A
95	关于为独居老人安装智能水电监控设施的建议	商玉霞	社会保障类	主办：市民政局 会办：市水务集团、日照供电公司	A
96	关于推广社区食堂模式的建议	商玉霞	社会保障类	市民政局、商务局	A
97	关于进一步提高辅警工资待遇的建议	尉志勋	社会保障类	主办：市公安局 会办：市财政局、人力资源和社会保障局	A
98	关于推广“长者食堂”养老模式的建议	张传金	社会保障类	市民政局	A
99	关于切实解决社区矫正经费的建议	路兴增	社会保障类	主办：市司法局 会办：市财政局	A
100	关于完善康复托养服务机构的建议	牟宗莉	社会保障类	市民政局、卫生健康委、市残联	A
101	关于加大农村居家互助养老支持力度建议	贺培玲	社会保障类	主办：市民政局 会办：市人力资源和社会保障局	A
102	探索社区养老服务 让居家养老更舒适	李迎春	社会保障类	市民政局	A
103	关于合理推进农村墓葬改革的建议	王振华	社会保障类	主办：市民政局 会办：东港区政府、岚山区政府、莒县政府、五莲县政府、日照经济开发区管委、日照高新区管委、山海天旅游度假区管委	A
104	关于60岁以上老年人免费乘坐城乡公交的建议	陈常丽等3人	社会保障类	市交通运输局	A
105	关于加强人大对法治政府建设工作监督的建议	刘加山	其他类	市人大	A
106	关于进一步推进律师参与我市多元化解矛盾纠纷的建议	刘加山	其他类	市司法局	A
107	关于“民事纠纷”应以“调解为主、诉讼为辅”的建议	申恒宝	其他类	市司法局、人力资源和社会保障局、中级人民法院	A
108	关于压力容器安全阀在线校验的建议	丁玉芳	其他类	市市场监督管理局	A

说明：全市政府系统承办的建议共149件。建议所提问题已经解决或基本解决的，标注A。

（资料来源：赵　军）

人事任免

【概况】 2021年，市人大常委会坚持党管干部原则和人大依法行使任免权有机统一，依法按程序任免地方国家机关工作人员。落实宪法宣誓制度，完善干部任前法律考试制度，提高被任命人员宪法意识和责任意识。年内，市人大常委会任免国家机关工作人员职务共46人次。其中，接受辞去市十八届人大专门委员会主任委员2人次，任免市十八届人大有关专门委员会副主任委员1人次，任免市人大常委会委室主任4人次，任免市人民政府组成人员16人次，任免市监察委员会副主任2人次，任免市监察委员会委员7人次，任免市中级人民法院副院长1人次，任免审判人员3人次，批准辞去区县人民检察院检察长1人次，任免检察人员9人次。

【任免事项】 1月15日，日照市第十八届人民代表大会常务委员会第三十三次会议决定：接受丁文萱辞去日照市第十八届人民代表大会法制委员会主任委员职务的请求，报日照市第十八届人民代表大会第六次会议备案。决定任命陈凯为日照市人民政府国有资产监督管理委员会主任。决定免去魏茂军的日照市人民政府国有资产监督管理委员会主任职务、林杰的日照市监察委员会委员职务。决定任命王磊为日照市中级人民法院副院长、审判委员会委员、审判员，韩文卓为日照市中级人民法院审判委员会委员。决定免去赵艳霞的日照市中级人民法院审判员职务。

3月8日，日照市第十八届人民代表大会常务委员会第三十四次会议决定：任命田涛为日照市人大常委会办公室主任；免去朱传勉的日照市人大常委会副秘书长职务，朱世国的日照市人大常委会副秘书长、办公室主任职务，田涛的日照市人大常委会研究室主任职务。决定任命王庆忠为日照市财政局局长，杜树登为日照市退役军人事务局局长，闫鸣为日照市地方金融监督管理局（市金融工作办公室）局长（主任）。决定免去孙运锋的日照市财政局局长职务，石京磊的日照市退役军人事务局局长职务，王庆忠的日照市地方金融监督管理局（市金融工作办公室）局长（主任）职务。决定免去马德言、李乃龙的日照市监察委员会委员职务。

4月30日，日照市第十八届人民代表大会常务委员会第三十五次会议决定：任命王伟为日照市监察委员会委员。免去蔡浩的日照市监察委员会委员职务。批准王伟辞去莒县人民检察院检察长职务。免去武传忠的日照市人民检察院检察员职务，牟文涛的日照市人民检察院检察委员会委员、检察员职务，秦霞的日照经济技术开发区人民检察院检察委员会委员、检察员职务。

5月20日，日照市第十八届人民代表大会常务委员会第三十六次会议决定：接受孙方金辞去日照市第十八届人民代表大会社会建设委员会主任委员职务的请求，报日照市人民代表大会备案。

6月29日，日照市第十八届人民代表大会常务委员会第三十七次会议决定：任命金光明为日照市第十八届人民代表大会农业与农村委员会副主任委员。决定任命刘汉营为日照市教育局局长，申淑清为日照市人力资源和社会保障局局长，陈振华为日照市住房和城乡建设局局长。决定免去申淑清的日照市教育局局长职务，刘汉营的日照市工业和信息化局局长职务，崔久成的日照市人力资源和社会保障局局长职务，刘加宝的日照市住房和城乡建设局局长职务。任命顾红霞为日照市人民检察院检察员，蔄冬青、张京娟为日照经济技术开发区人民检察院检察员。

8月26日，日照市第十八届人民代表大会常务委员会第三十八次会议决定：任命卜庆峰为日照市监察委员会副主任，于相发、史国权为日照市监察委员会委员。免去吕国伟的日照市监察委员会副主任职务；秦林玉的日照市人民检察院检察委员会委员职务，苏照华、张淑平的日照市人民检察院检察员职务。

11月11日，日照市第十八届人民代表大会常务委员会第三十九次会议决定：任命马先升为日照市工业和信息化局局长，免去盛坚的日照经济技术开发区人民法院副院长、审判委员会委员、审判员职务。

（市人大 丁相茹）

日照市政府

综　述

【社会民生】　2021年，全市民生支出占比达到80.2%，高出全省1.2个百分点。城镇新增就业3.18万人。新建成投用学校、幼儿园33所，新增学位1.34万个。义务教育生均公用经费标准全省最高，184所未建食堂学校全部集中配餐。持续改造提升大学科技园生活区。创建标准化卫生室1630个，建成提升国医堂55处。医保报销比例居全省前列。城乡低保标准分别提高到每年9540元、7560元。新建农村幸福院＋“长者食堂”925处。城市大脑上线运行，新政务服务大厅正式启用。大剧院、美术馆、博物馆投入使用，建成开放城市书房41处。61.8千米的阳光海岸绿道、山海风情绿道全线贯通，建成骑行绿道480千米、体育健身设施2083处。第25届省运会筹备工作扎实推进，奎山体育中心、国际足球中心等22处体育场馆建设基本完成。160所学校体育场地向公众开放。人均体育场地面积全省第一。连续3年入选中国体育旅游十佳目的地。新改建城市道路78条，海曲路、淄博路地下工程建成通车。城市日供水能力达到92万立方米，日供水量突破60万立方米。供热入网面积突破7000万平方米。完成改造老旧小区160个，建成棚改安置房4.29万套。新改建公园绿地140处，城市建成区绿地率超过40%。课后延时服务、全民健身、体教融合等做法全国推广。群众满意度测评连续两年全省第二。

【动能转换】　2021年，全市生态环境显著改善。空气质量达到国家二级标准，$PM_{2.5}$、PM_{10}平均浓度分别改善13.9%和7.8%，其中$PM_{2.5}$降到31微克。连续两年共投入21.9亿元，完成主城区624个小区雨污分流改造，建设提升市政管网130千米，新建污水处理厂等工程5处。建成35个镇生活污水管网配套、151个农村生活污水治理项目。劣Ⅴ类水体全面清零。日照水库入选全国首批18个美丽河湖提名案例。推动农村人居环境外增“颜值”、内修“气质”，省级美丽乡村达到110个。五莲县建成国家水土保持示范县、全国村庄清洁行动先进县，两区两县全部创建为节水型社会达标县。产业发展量质齐升。规上工业总产值达到3671.5亿元。先进钢铁制造基地加快建设，山钢、日钢成为全省钢铁产业“链主”企业，钢铁产业产值达到1901.9亿元。岚山入选中国工业百强区。首款“日照造·长城车”玛奇朵正式上市。五征农用车、兴业商用车车架产量居行业首位。市场主体突破40万户，增幅居全省第三位。越疆机器人、英锐等数字经济领军企业落户日照。“四新”经济招引项目占比75.4%。服务业增速居全省第一位，跻身国家级服务业标准化试点城市、第二批国家文化和旅游消费试点城市。高标准农田新建27万亩，综合评价全省第二位。粮食种植面积、产量分别达196万亩、87.1万吨。水产品产量达45.6万吨。日照绿茶列入省重点培育农业优势特色产业。成功创建东港国家级农科园，岚山省级农高区加快建设，省级现代农业产业园实现县域全覆盖。

【创新活力】　2021年，日照市全社会研发经费支出占比提高到3.09%，位居全省前三。高新技术企业发展到492家，比2020年增长66%。新培植国家级专精特新“小巨人”企业6家，省级瞪羚企业10家、专精特新企业31家。兴业汽配、金马获国家级制造业单项冠军。万通液压在北交所上市。海汇入选省长质量奖提名奖。魏牌汽车获国家级5G智慧工厂智胜奖。创泽入选工业和信息化部人工智能产业创新揭榜优胜单位。新获批省重点实验室2个、省级企业技术中心6家，省级以上创新平台达到137个。入选全国城市创新能力百强榜，获批建设国家创新型城市。连续两年上榜全国最具人才吸引力百强市。

【开放优势】　2021年，日照市港口货物吞吐量5.4亿吨，跃居全国沿海港口第六位；集装箱吞吐量517.4万标箱，跻身全国沿海港口第十位。全球首个顺岸开放式全自动集装箱码头落地。港口生产性泊位增加到

88个，集装箱内外贸航线分别增加到37条、11条。开通海铁联运国际班列4条、国内敞顶箱班列18条。跨境电商进出口、服务贸易交易额大幅提升，分别是2020年的16.4倍、25.8倍。综保区进出口增长260%。实际使用外资5.19亿美元，增长11.3%；到账内资369.7亿元，增长32.7%。日濮洛输油管道、岚山油气公共管廊等项目建成投运。举办全国煤交会等大型展会。入选港口型国家物流枢纽，持续跻身中国外贸百强城市。

【政府效能】 2021年，日照市坚持统筹发展和安全，维护政治安全、社会安定、人民安宁。妥善处置五莲新冠疫情。生产安全事故起数、死亡人数分别比2020年下降25%、24%。自然灾害综合风险普查“日照模式”全国推广。小型水库管理体制改革走在全国前列。“放心菜篮子”快检惠民工程实现农贸市场、大型商超全覆盖。国防动员和后备力量建设取得新成效。政法队伍教育整顿扎实开展。常态化扫黑除恶斗争成效显著。市社会治理服务中心建成启用，基层治理智慧化水平进一步提高。持续深化“放管服”改革，实施优化营商环境创新突破行动，“阳光速办”成为日照新名片。开发应用婚育、入学、就医等全生命周期场景37个。“爱山东·日照通”上线服务2462项。2898个事项实现“无证明”办理。工业用地审批由3个月压减到7个工作日。与济南、青岛一起入选全国首批“千兆城市”。城市信用指数从全国第151位提高到第32位。提请审议地方性法规、制定修改政府规章7件。办理人大代表建议148件、政协提案308件。

【15件民生实事】 2021年，日照市政府确定完成15件民生实事。

1. 建设“城市大脑”，开发便捷泊车、城市生活服务地图、一件事主题服务等系列应用，“日照通”App上线2000项以上“掌上办”“指尖办”便民惠企服务，开放智慧城市科普体验中心，提升数字日照建设水平，让企业和群众办事更智能、更方便、更快捷。

2. 开展城乡义务教育阶段学校集中配餐服务，对未建食堂的184所学校实行集中配餐，解决学生中午就餐难题。

3. 开办25处“社区食堂 长者餐桌”、120处农村幸福院“长者餐桌”，建设社区养老综合服务中心10处，满足社区居民特别是老年人基本生活需求。

4. 实施“放心菜篮子”和“互联网 明厨亮灶”项目，对全市38家农贸（批发）市场、32家大型商超实施食品安全快速检测全覆盖；在728家学校食堂（含幼儿园）、46家养老院食堂实施“互联网 明厨亮灶”项目，并逐步向全市大中型餐饮单位推行，让群众吃得安全、吃得放心。

5. 推进主城区82个未供暖小区集中供暖改造，保障群众温暖过冬，促进节能环保。

6. 改造提升148个老旧小区，继续推进符合条件的既有多层住宅加装电梯工作，改善群众居住条件。

7. 在87所中小学校建设人工智能实验室，开设人工智能课程，培养学生的创新兴趣和实践能力；开展百校学生体质提升工程，组织业余教练员、体育志愿者参与学校特色体育项目授课训练和课后延时服务，建立校园特色运动队，丰富校园体育课程设置，增强青少年体质。

8. 在2020年度面向社会开放100所学校体育场地设施基础上，实现城区所有义务教育阶段非寄宿制学校体育场地设施全部向社会开放，进一步满足群众体育健身需求。

9. 在2020年度建设25处城市书房基础上，新建城市书房15处，打造2～3家专题城市书房，配备流动图书服务车8辆，逐渐向社区、军营等延伸服务；开展“戏曲进乡村”文化惠民活动，全年演出不少于2000场次，满足城乡居民精神文化需求。

10. 建设提升全市55处乡镇卫生院和社区卫生服务中心“国医堂”，其中建设20处中医特色专病卫生院，实现乡镇卫生院和社区卫生服务中心中医药服务全覆盖。建设4处“国医馆”，为群众提供中医特色诊疗、中药材、健康教育及示范教学、培训等服务。

11. 改造提升市妇女儿童活动中心，增强服务功能。对全市10万名35～64岁妇女开展免费宫颈癌、乳腺癌筛查，救助500名患有宫颈癌或乳腺癌的农村及城镇贫困妇女。

12. 提高17周岁以下残疾儿童康复训练补助标准，将集中康复训练补助标准由每人每年1.5万元提高到2万元，给予每人每年5000元的送训生活补助；将“机构 社区 家庭”康复训练标准由每人每年5000元提高到6000元。提高孤残独居及一户三残以上残疾人家庭居家照护服务标准，由每户每年2400元提高到3600元。为有需求的低收入重度残疾人家庭实施无障碍改造，进一步提升残疾人生活质量。

13. 新建自阳光海岸绿道北起点至五莲龙潭湖的33.8千米山海风情绿道，改造提升两河（沙墩河、香店河）绿道、奥林匹克水上公园智慧绿道、水运基地连通奎山绿道；改造提升海曲公园、银河公园、奎山山地公园等100处公园绿地，新建40处口袋公园，提升群众文体休闲品质。

14. 在100个水库移民村中实施村庄环境综合整治、产业扶持和水利基础设施建设等扶持项目，改善水库移民村生产生活条件。

15. 开展“惠农贷”业务，为符合条件的农户和农业适度规模经营主体提供担保费减免并给予贴息，担保政策性农业信贷超过20亿元，助力乡村振兴和农民增收。

（市府办）

重要会议

【市政府常务会议】 第 76 次　会议于1月11日召开，研究全市“十四五”规划和2035年远景目标纲要、城建交通运输计划、耕地保护、水环境质量提升等工作。会议还研究《支持跨境电商和服务贸易发展若干措施》《日照市养犬管理办法》以及中医药事业发展、首席技师选拔工作等事项。

第 77 次　会议于1月19日召开，研究安全生产、校园安全管理、自然灾害风险普查、招商引资和项目推进等工作，听取法治政府建设、行政诉讼案件、“日照工匠”推荐评选等情况汇报。

第 78 次　会议于2月23日召开，听取日照市落实“六稳”“六保”促进高质量发展政策清单（第一批）等情况汇报，研究中小学校医配备与管理、乡镇（街道）环境空气质量排名、人大代表建议和政协提案办理等事项。会议还研究被征地农民养老保险、政府系统部门单位争先进位等事项。

第 79 次　会议于3月8日召开，传达学习习近平总书记在全国脱贫攻坚总结表彰大会、党史学习教育动员大会、中央党校（国家行政学院）中青年干部培训班开班式上的重要讲话精神，研究具体落实措施。集体学习《山东省生产安全事故应急办法》等法律法规和文件，开展以案释法警示教育，研究安全生产、社区养老服务设施清查整治等工作，听取《日照市全民健身促进条例（草案）》起草情况、市政府2021年立法工作计划等汇报。会上，市政府党组班子开展集体廉政谈话。

第 80 次　会议于3月23日召开，审议《日照市耕地和永久基本农田保护“田长制”实施方案》《关于推进医防融合构建整合型医疗卫生服务体系的指导意见》等文件，研究部署土地卫片执法和耕地保护、美丽宜居乡村建设及高标准农田建设、农村房屋安全隐患排查整治等工作。

第 81 次　会议于4月2日召开，研究优化营商环境、安全生产、精致城市管理等工作，审议《关于加快建筑业高质量发展的措施》。

第 82 次　会议于4月13日召开，集体学习习近平总书记关于生态文明建设的部分重要论述，解读《排污许可管理条例》，研究生态环保、清洁能源发展、耕地保护等工作，审议要素市场化配置、食用农产品质量安全追溯相关文件。会议还研究水上运输和渔业船舶安全风险防范、省市共建日照职业技术学院等事项。

第 83 次　会议于4月25日召开，听取一季度经济形势分析汇报，现场调度工信、商务、财政、住建、农业农村、地方金融等14个领域相关运行情况，研究安排下一步重点工作。

第 84 次　会议于5月13日召开，围绕“学史增信”主题进行交流讨论，并对推动政府系统党史学习教育持续走深走实作出安排；传达全省安全生产大排查大整治工作推进会精神，解读《山东省安全生产工作任务分工》，研究安全生产大排查大整治、新旧动能转换、困难群众保障等工作，审议跨境电商、行政复议等方面文件。

第 85 次　会议于6月8日召开，传达学习国务院第四次廉政工作会议精神、省委书记刘家义到日照调研时的讲话精神，研究政府系统意识形态工作，听取优化营商环境、预算管理制度改革、统计督察等情况汇报，审议知识产权保护、数字日照建设、东西部协作和对口支援等文件；举行理论学习中心组集体学习，围绕“学史崇德”主题，深入交流学习体会。

第 86 次　会议于6月24日召开，学习贯彻习近平总书记对湖北十堰市张湾区艳湖社区集贸市场燃气爆炸事故的重要指示精神，观看《生命重于泰山——学习习近平总书记关于安全生产重要论述》专题片，交流学习体会，研究落实意见；传达全国安全生产电视电话会议、全国全省防汛抗旱工作会议精神，研究政府履行教育职责评价、就业、河湖长制、体教融合、美丽宜居乡村建设、综合保税区高质量发展、中医药传承创新改革发展、科技奖励评审、生育待遇政策调整等工作。审议《日照市“三线一单”生态环境分区管控方案》《日照市对外贸易主体培育行动计划（2021—2023年）》等文件。

第 87 次　会议于7月9日召开，传达学习习近平总书记在中国共产党与世界政党领导人峰会上的主旨讲话，学习中共中央办公厅《关于认真学习贯彻〈习近平总书记在庆祝中国共产党成立100周年大会上的讲话〉的通知》，安排部署贯彻落实工作；举办学法用法讲堂，解读学习《乡村振兴促进法》和《山东省乡村振兴促进条例》；传达省委防汛工作专题会议精神，研究防汛、“两高”项目排查、重大项目提级会商、光伏产业发展等工作。审议《日照市人民政府重大行政决策程序规定》《关于进一步严格规范合法性审查和公平竞争审查程序的意见》《关于加快发展环保产业的意见》和深化科技改革攻坚相关文件。

第 88 次　会议于7月25日召开，专题研判上半年日照市经济运行情况，研究部署下半年经济工作。听取市直各有关部门和各区县、园区经济运行情况汇报，随机调度各产业招引小组、各市直部门“双招双引”情况，并逐一点评、提出要求。

第 89 次　会议于8月6日召开，传达学习习近平总书记近期重要讲话和重要指示精神，专题研究全面从严治党工作；举办安全生产学法用法讲堂，研究汛期重点领域安全防范、生态环境保护、用地保障和土地执法、“两高”项目管理、数字经济发展、市场主体培育等工作。审议通过《日照市突发事件总体应急预案》《关于加快培育市场主体激发内生活力的若干措施》《关于水库除险加固和运行管护工作的实施意见》。

第 90 次　会议于 8 月 24 日召开，传达学习习近平总书记在中央财经委员会第十次会议、在中共中央政治局第三十二次集体学习时的重要讲话精神，研究贯彻落实意见；研究优化营商环境、政务公开、清洁取暖等工作，审议生态环保责任清单、产业领军人才等方面文件。

第 91 次　会议于 9 月 14 日召开，传达学习习近平总书记近期重要讲话精神，围绕“弘扬伟大建党精神”主题开展研讨交流；举办法治专题讲座，学习《法治政府建设实施纲要（2021—2025 年）》；审议政府规章制定程序、公众参与政府立法等文件，研究海洋涉渔综合治理、碳达峰碳中和推进落实、政务服务事项标准化提升、文物保护利用等工作。

第 92 次　会议于 9 月 30 日召开，研究政务服务和数字政府建设、优化营商环境、养老托育服务、食品安全等工作，审议《日照市“十四五”科技创新发展规划》《日照市“十四五”海洋经济发展规划》《关于加快推进城市更新工作的实施意见》《关于进一步深化户籍制度改革促进城乡融合区域协调发展的实施意见》等文件。就当前经济运行、疫情防控和国庆节期间市场供应、促消费、值班值守等工作作出安排。

第 93 次　会议于 10 月 21 日召开，传达学习习近平总书记近期重要讲话精神，落实省委常委会扩大会议精神，研究前三季度全市经济社会发展形势，部署下一步重点工作。审议通过《日照市养老服务条例（草案）》《日照市海洋牧场管理条例（草案）》。

第 94 次　会议于 11 月 9 日召开，传达学习习近平总书记近期重要讲话精神和视察山东重要指示要求，开展研讨交流；审议“十四五”综合交通运输等专项规划和“证照分离”改革、医疗保障制度改革、高新技术企业培育发展、未成年人保护、市属国有企业重大事项管理等文件，研究常态化疫情防控、“两高”项目整治、固废管理等工作。

第 95 次　会议于 11 月 16 日召开，传达学习党的十九届六中全会精神和习近平总书记近期重要讲话精神，研究贯彻落实意见；专题研究政府系统全面从严治党工作，开展研讨交流；审议“十四五”生态环境保护、教育事业发展专项规划和建设现代海滨体育名城等文件，研究教育督导体制机制改革、支持航空产业发展、打击食药环犯罪等工作。

第 96 次　会议于 12 月 8 日召开，传达学习习近平总书记近期重要讲话精神，围绕学习贯彻党的十九届六中全会精神开展研讨交流；举办法治专题讲座，审议《高新区相对集中行政处罚权工作方案》《关于实行依法行政警示函制度促进法治政府建设的意见》《日照市城市绿化管理办法》《日照市城市绿线管理办法》等文件，研究农村消防、信访等工作。会议邀请市民代表列席有关议题。

第 97 次　会议于 12 月 13 日召开，传达学习中央经济工作会议精神、习近平总书记在中央政治局第三十五次集体学习时的重要讲话精神，研究海上安全、企业安全总监配备等工作。

第 98 次　会议于 12 月 21 日召开，传达学习习近平总书记在中央深改委第二十三次会议上的重要讲话精神等，专题研究政府系统网络意识形态工作，审议《“四位一体”深入推进安全生产专项整治三年行动工作方案》《日照市“十四五”消防救援事业发展规划》《日照市海上旅游安全管理规定》等文件，研究安全生产、城市更新、双拥、国企改革等工作。

第 99 次　会议于 12 月 31 日召开，传达学习习近平总书记近期重要讲话和重要指示精神，听取 2021 年全市经济社会发展主要指标预计完成情况及 2022 年计划安排建议，审议《日照市贯彻落实习近平总书记在深入推动黄河流域生态保护和高质量发展座谈会上重要讲话精神和视察山东重要指示要求有关重点任务实施方案》，研究第三次国土调查、城镇燃气安全、生活垃圾分类等工作。

【市政府廉政工作会议暨全市深化“放管服”改革持续优化营商环境工作视频会议】　2021 年 9 月 1 日，市政府廉政工作会议暨全市深化“放管服”改革持续优化营商环境工作视频会议召开，市委副书记、市长李在武出席会议并讲话。会议强调，要持之以恒抓好重点领域和关键环节的监管，从严从实“扎紧钱袋子、看牢风险点”，紧盯减税降费政策落实、直达资金管理、财政预算执行约束、社会民生领域投入，强化国资国企、土地矿产资源、重点工程项目监管，筑牢不敢腐、不能腐、不想腐的坚实防线。要加强党的政治建设，认真履行“一岗双责”，进一步提高执行力、落实力，以实践实干实绩展示担当作为，推动政府系统党风廉政建设不断取得新进展。

【全市工业运行调度会】　2021 年 11 月 4 日，全市工业运行调度会召开。会议贯彻落实省委、省政府部署要求，部署四季度工业稳增长措施和下一步重点任务。要求各部门、单位加强新冠疫情防控，正确处理发展与安全的关系，抓工业稳增长仍是重中之重。各区县、功能区和市直有关部门汇报工业经济运行情况和稳增长措施。

【全市重点产业项目推进专题会议】　2021 年 9 月 22 日，全市重点产业项目推进专题会议召开。会议听取全市重点产业项目推进情况汇报，调度各区县、功能区重点产业项目建设进度、存在困难问题等情况，逐个项目研究会商规划、土地、能耗煤耗、环境容量等推进解决方案。要求各部门、单位树牢“项目为王”理念，坚持依法依规、效率至上，强化协同作战、结果评价，以更多大项目、新项目、好项目支撑日照高质量发展。

（市府办　柳　萌）

智慧日照建设

【新型智慧城市建设】　2021年，日照市成立以市委、市政府主要领导为组长的数字强市建设领导小组，推动全域智慧城市建设。岚山区入选省级新型智慧城市建设试点，日照市实现（市、县两级）省级试点全覆盖，58个案例入选山东省新型智慧城市优秀案例榜单；完成莒县省级新型智慧城市建设试点终期验收和日照市、五莲县省级新型智慧城市建设试点中期评估。组织开展新型智慧城市建设暨大数据创新应用“问需于民”专项行动，征集调查问卷2.5万余份，打造新型智慧城市建设品牌“数字城市 智慧日照”；打造市民身边“24小时不打烊”掌上政府，“日照通”App上线各类城市服务、政务服务2462项并开发“长者专区”。推进智慧社区（村居）建设，争取19个省级智慧社区（村居）试点，并获省级财政资金支持；承办山东省智慧社区（村居）建设现场推进会，并在会上做典型案例经验介绍，在2021第十三届智慧城市论坛上作主旨演讲；在中国联通数字乡村推进会上，日照市作为全国唯一地级市代表作典型发言。

【日照“城市大脑”建设】　日照“城市大脑”2020年2月启动建设，2021年6月28日上线运行，通过建设强大的数据平台，打通信息孤岛、数据烟囱，让数据真正活起来、动起来、用起来。至年底，接入全市135个系统、31家委办局的860项、30亿条有效城市体征数据，建成出租车空气走航监测、智慧城管、智慧应急、全科网格、优泊停车等50多个应用场景。日照“城市大脑”被评为2021年度中国信息化数字政务创新奖，入选全国信息化科技创新推荐目录、中国信息协会2021政府信息化创新成果与实践案例，日照市被列为山东省一体化综合指挥平台事项应用试点市。

2021年6月28日，日照“城市大脑”正式上线运行　（市大数据发展局　供图）

【数据资源归集共享】　2021年，市大数据发展局深化数据“聚、通、用”，开展云网整合、数据汇聚攻坚行动，归集各类基础库、主题库数据67亿余条，数量位居全省前列；整合全市机关单位374个政务信息系统上云，上云率100%；市政务信息资源共享交换平台发布政务数据资源目录7541项，全市47个部门单位累计申请数据资源604类、共享1067类次，为推进“无证明城市”建设、政务服务“双全双百”等场景提供数据支撑。将重点部门64个自建应用系统接入省统一用户管理和身份认证平台，实现“一次认证、全市通行”；完成市统一电子印章及签名系统建设，与无证明办事、电子证照等10余个业务系统实现对接并提供电子印章及签名服务，并实现与省平台对接和国家备案；汇聚视频监控6.4万余路，目录规范率达100%。完成全市1023个部门单位“一人一号”填报和17个部门单位131个业务事项梳理。推进数据开放，加快市公共数据开放平台建设，开放62个部门的5277个数据目录，1亿多条数据。上半年“中国开放数林指数”排名，日照市居全国城市第八位、地级市第四位。完善基础平台数据，建设“全数据空间”，实现“一人一档，一企一档”，其中电子证照库归集电子证照415类、1300多万条，向省级推送证照数据315类；全市政务信息资源共享交换平台全年累计实现共享数据服务调用7400万余次，比2020年同期提升6000万余次。

【数据惠民服务】　2021年，市大数据发展局围绕“一网通办”“一网统管”改革，强化数据应用，提升数据支撑能力。打造“24小时不打烊”掌上政府。推动政务服务事项在“爱山东”日照分厅应上尽上，构建“全域城市服务生态体系”，“爱山东·日照通”App上线婚育服务“全照办”、义务教育“无证明入学”、青年驿站、“12345”热线在线申报等便民惠企服务2798项，服务总点击量835.9万人次；上线“长者专区”，从功能、操作、界面、板块、字体等方面进行适老化及无障碍升级，老年人可在线办理10多个服务事项。为新冠疫情防控提供大数据支撑。以“爱山东”App日照分厅、“日照通”App为主阵地，开设“疫情防控”专区，上线核酸采样、核酸检测预登记、核酸检测点地图等10余项服务；组织技术骨干团队研发疫情防控期间区域物资、人员管理系统，为出入登记“零接触”、信息录入“零填写”、数据采集“零误差”提供保障。赋能“无证明城市”建设。围绕企业个人“全生命周期”，利用省市共享数据10多项，在全省率先生成出生医学证明电子证照，在全国首创电子版死亡医学证明；9月，国务院办公厅电子政务办公室《电子政务工作简报》专题刊发日照市个人婚育主题式集成服务“全照办”品牌做法，并获省领导批示。全年为无证明办事服务提供98类数据支撑，免除的9598项证明事项中，通过数据共享实现的超过90%，共享数据被调用总数达34.9万次。联合市教育局打造“无证明入学”项目，通过共享12个部门28项数据，实现义务教育招生“网上办、掌上办、在家办”，全市实现城乡网上报名全覆盖，成为全省首个整体实现义务教育招生一网通办、零证明入学的地市。

（市大数据发展局　孙一凡）

【乡村数字化建设】　2021年，市委网信办加快推进数字乡村建设。莒县和东港区陈疃镇、涛雒镇分别入选省级数字乡村试点县和试点乡镇。加强工作统筹协调，召开全市数字乡村工作协调推进会，开展现场调研10余次，及时研究和指导解决推进过程中存在的问题和难点。与社会力量开展数字乡村战略合作，发挥各自资源优势，在农村信息化基础设施、数字治理、数字产业、数字文化等方面，共同推进数字乡村项目推广和平台建设。结合日照市实际，探索市级数字乡村试点，围绕特色产业、特色功能、特色文化等，打造一批多类型、多模式典型案例。

（市委网信办　于　晓）

政务服务

【政务公开】　2021年，日照市贯彻落实国家、省政务公开部署要求，加大政府信息公开力度，提升全市政务公开标准化规范化水平，为法治政府、创新政府、廉洁政府和服务型政府建设提供支撑和保障。

主动公开　2021年，日照市修订《日照市人民政府重大行政决策程序规定》，在市政府门户网站公布日照市政府2021年重大行政决策事项目录及重大决策事项各环节信息。常态化公开市政府常务会议和专题会议，邀请市民代表列席。开展政府开放日等活动超过50次。集中公开并及时更新行政执法信息和“双随机、一公开”信息。全市依申请事项可网办率超过95%，可全程网办率超过90%；各级政务大厅政务服务事项进驻率超过95%。在日照市政府网站上线37个“双全双百”主题服务场景。在全国率先出台《婚育服务事项全程网办服务规范》标准。出台日照市政务公开专区建设标准。利用政府网站、政务新媒体、新闻发布会等平台，及时回应群众关心和社会热点问题。至年底，19个重点任务公开承诺事项均已完成；26个重点领域信息公开专题展示区持续优化。全年市政府门户网站主动公开文件133件，政策性文件全部配套解读，多样化解读比例超过75%。

依申请公开　2021年，日照市统一制发公开告知书、协助调查函等模板，规范答复格式。年内，市政府收到政府信息公开申请630件，上年度结转7件，主要涉及征地补偿、房屋拆迁、棚户区改造、退役军人安置等方面。答复政府信息公开申请633件。其中，予以公开330件，占52.1%；不予公开44件，占7%；

2021年6月7日，位于日照市国际博览中心D座的市政务服务大厅启用

（胡鹏飞　供图）

部分公开81件，占12.8%；无法提供143件，占22.6%；不予处理19件，占3%；其他处理16件，占2.5%。2021年度全市各行政机关发生涉政府信息公开的行政复议案19件（结果维持8件、其他结果7件、尚未审结4件）。行政诉讼58件。其中，未经复议直接起诉的55件（结果维持20件、其他结果7件、尚未审结28件），复议后起诉3件（尚未审结3件）。主要涉及拆迁、征地补偿、退役军人安置方面。

平台建设　2021年，日照市完善政府网站平台功能，市、县政府网站均实现智能搜索。打通全市政府网站数据库，登录市政府门户网站可实现全市政府信息“一站式搜索”“一网通办”。同时，增设智能机器人，实现“搜索即服务”，方便群众查找信息。健全日照市政务新媒体矩阵运行机制，建立联席会议制度。全市主要政务新媒体均开设办事服务、互动交流等功能。省政府办公厅在2021年度政府网站检查情况通报中充分肯定日照市政务新媒体建设，其中日照市政府办公室微信公众号被点名表扬。完善政府网站政府公报专题，实现政府公报精准搜索，并开通公报微信公众号。2021年，共出版市政府公报4期，全部在市政府门户网站公开发布。

监督保障　2021年，日照市强化政务公开，印发《日照市2021年政务公开工作要点实施方案》，明确22项重点任务举措，细化责任分工，推动工作落实。市县两级设立政务公开工作专门工作机构，强化人员配备。年内，市委、市政府主要领导对政务公开工作多次作出批示，市政府第90次政府常务会议专门听取工作情况汇报。实行政务公开情况定期通报，将政务公开工作纳入2021年度日照市高质量发展考核。持续引入政务公开第三方评估机构，并及时向各单位反馈问题清单，督促整改落实。强化政务公开队伍建设，多次召开政务公开工作专题培训，并组织到青岛、潍坊等地考察学习。创新开展“讲评＋点评”培训模式，加大对重点单位人员培训力度。

政民互动　2021年，日照市首次举办“政府开放周”等政民互动活动。开展以营商环境为主题的第三届政府开放日活动，组织市民代表走进日照交通运输检测指挥中心和日照综保区跨境电商进口商品展示中心参观体验；12月6—10日，创新开展“政府开放周”活动，13个部门、350余名群众参与互动交流。首次尝试以直播方式开展大数据开放日活动，组织群众走进日照智慧城市科普体验中心，体验新型智慧城市建设成果，直播间内1小时观看人数超4.6万人。12月10日，在日照广播电台FM95频道开设《政务访谈》栏目，每期邀请专家做客直播间，音视频同步解读政策文件，并与群众在线互动，准确传递政策意图、传递政府信息，该栏目在日照市政府门户网站和日照市政府办公室公众号定期刊发。

（市府办　梁　晓）

【行政审批服务】 2021年，日照市贯彻落实国家和省深化“放管服”改革优化营商环境工作部署，推动“一次办好”改革走深走实，聚焦企业群众“急难愁盼”，强化数字赋能、深化流程再造、提升服务效能。6月7日，日照市政务服务大厅搬迁新址，面积3.15万平方米，实现公安出入境、不动产、人社、医保、公积金、税务等“六厅合一”，进驻部门单位41个，设置窗口222个，可办理1497项依申请政务服务事项。一层设置24小时自助服务区、服务台、企业开办、人社、医保、公安等146个窗口；二层为市级进驻单位对外服务区，设置市场准入、工程建设等6个领域76个窗口；三层为公共资源交易服务区，设置6个开标室、8个评标室；负一层设置综合档案室。年内，市和区县政务服务大厅办理业务290余万件，其中线上办理260余万件，网办率89.7%；市政务服务大厅办理78887件，网办率95.1%；全市公共资源交易项目2992项、交易额483.24亿元，节约13.35亿元，溢价19.73亿元；其中市本级交易项目1598项，交易额347.01亿元，节约8.76亿元，溢价9.55亿元。市政务服务中心被市委、市政府表彰为“攻坚克难和改革创新奖”先进集体。

【“无证明城市”建设】 2021年，市行政审批服务局组织全市所有公共管理和服务机构，开展证明事项梳理登记、法律审查，最大限度清理不必要证明事项，对依法保留证明事项，采用共享、核实、替代、承诺等措施实现“无证明办事”。在全省首创“无证明办事”服务系统，与省市电子证照库、市数据共享平台、14个单位业务系统实现互联互通，105类证明实现共享获取，79类证明通过核验获取，全市1.8万余个证明事项实现免提交、2898件事项实现“无证明办事”。出台“无证明办事”工作规则，全面保障“无证明城市”改革成果落地。“无证明办事”服务体系覆盖全市156个机关单位、市和区县政务大厅办事窗口、全市22家银行的225个网点、17所学校、3家医院。日照市“无证明城市”改革入选中国政博会2021年政务服务百佳实践案例；被2021年全省经济社会发展综合督查列为典型经验。

【服务企业】 2021年，日照市搭建日照“政策通”平台和“惠企帮办”平台，公布市级首批78项“免申即享”政策清单，构建文件库、政策库、事项库、企业库、个人库，实现惠企惠民政策查询、办理、兑现“一站式”服务，变“人找政策”为“政策找人”，平台在线展示文件1077个，收录政策538条、事项282个。建立服务专员走访新开办企业制度，根据企业需求对政策进行解读，提供帮办代办服务，将1.9万余条信息推送至企业驻地乡镇（街道）或园区，全年为19422家企业解决问题145个。围绕企业需求，优化企业服务水平。企业开办在全省率先实现“半日办结、零成本”；作为全国试点，企业注销登记公告率先由45个工作日压减到20个工作日。依托政务服务网建设企业全生命周期集成办模块，实现企业开办、企业变更、企业注销全生命周期一链办理、集成服务；优化企业迁移登记流程，在市内跨区域变更迁移档案，只需到迁入地或迁出地任一地方申请1次，即可在0.5个工作日办结；研发企业档案线上查询系统，企业档案查询实现自主查、线上办；推出企业休眠制度，赋予企业更多经营自主权，激发市场活力。

【行政审批制度改革】 2021年，日照市深化工程建设项目审批制度改革，工程建设项目全流程审批压减至75个工作日内，社会投资简易低风险项目审批压减到10个工作日内，创新推出工程建设项目施工许可分段办理、工程竣工分段验收等服务措施，全市有9个重点项目实现“拿地即开工”、13个新建商品房项目3914户业主实现“交房即办证”。实施工程建设项目施工前“零费用”改革、免缴社会投资简易低风险项目城市基础设施配套费等措施，全年为企业节约成本近2亿元。全面推开“区域评估”，全市20余家企业享受到评估成果。落实市县同权。完善市县乡村四级政务服务体系，更多事项实现就近办；推进政务服务向基层延伸，创新启用安泰国际广场政务服务“楼小二”，600多个事项实现楼内事、楼下办；按照省打造精简高效政务生态要求，对凡是法律法规没有明确实施层级且基层有实际需求的，原则上交由区县实施，梳理负责的156项市级行政许可及关联事项，推动实现“市县同权”26项，直接下放33项，下放实质性审核权38项，服务窗口前移50项，同步下放关联事项9项，方便企业群众办事。实施“一窗综合受理”。按审批业务领域分类，推行一窗受理，市政务服务大厅设置10个一窗综合受理窗口，综合受理窗口达92%、通办事项达98.7%；区县综合受理窗口平均达到94.23%、通办事项平均达到95.62%。坚持通办是常态、不通办是例外，在省内创新推出“全市通办”服务，全市各级审批局互为受理前台和办理后台，实现747项事项全市通办，被省政府办公厅推广。落实跨域通办改革，实现132个事项“跨省通办”、298个事项“全省通办”。深化数智赋能。市行政审批服务局与相关部门单位推出高频服务事项周末“不打烊”、公用事业服务“集成办”、自然人住房交易税收“极简办”“特殊群体”上门办等便民服务措施；研发政务服务导航地图，纳入市和区县全部6812个事项，5月在“爱山东·日照通”App上线运行，被省政府办公厅推广；研发综合智慧机，不动产交易登记、公积金等670个事项实现“一机通办”；推进700余项政务服务事项进驻“日照通”App，方便企业群众自助办、网上办、掌上办。围绕企业和个人全生命周期，搭建婚育、就医、身后、教育等36个联办平台，实现高频事项集成办、极简办、全域办，全年全市三级以上事项网办率98.39%、零跑动事项占95.46%、全程网办事项占98%。在全省率先开展政务服务事项标准化工作，完成全市7422个依申请政务服务事项标准化提升，并在政务服务网上线运行，实现全市业务办理一个标准。出台《日照市电子证照应用管理办法》，公布应用“电子两证”事项5398项，在政务服务、公共服务、行政执法领域打造2100余个应用场景；全市电子证照库已归集个人和企业电子证照297类、118万条，应用量达80万余次。

（市行政审批服务局 胡鹏飞）

【公务用车保障】 2021年，日照市实行“集中管理、分区保障”公务用车服务保障模式。将市级车改保留的139辆公务用车全部过户到市机关事务服务中心，以此搭建公车平台，形成“一拖六”（一个公务用车管理总平台和六个子平台）式公车服务管理格局。全年完成各类公务用车保障7100余车次，行程110万余千米。市机关事务服务中心主持起草日照市首部公务用车方面地方标准《公务用车信息化平台管理规范》，推进《日照市大数据创新应用突破行动方案》公务用车应用场景信息化建设，整合全市公务车辆静态、北斗卫星定位和市公车平台管理的车辆保险、加油、维修等数据，实现市级公务用车信息互联互通。实行“从严控制，依规治理”车辆配购管理模式。严格购置审批，全年审批购置公务用车20辆，新能源汽车占85%；加强和规范市直党政事业单位公务用车定点租赁、定点维修、定点保险、定点加油等四定点管理。

（市机关事务服务中心 平振东）

政策研究

【调查研究】 2021年，市政府办公室加强调研课题动态管理，完善“1＋1＋N”调研机制。先后开展安全生产、财源建设、农村“四好”公路、农村“三资”管理、标准化战略等9个方面调研，印发给领导参阅。其中，《从斯比凯可（山东）公司看企业本质安全》调研报告获省委主要领导和市委书记、市长批示。组织开展2021年度全省政府系统优秀调研成果评选，日照市有1篇参评报告获一等奖、2篇获三等奖。配合完成省政府研究室关于港产城融合发展、科技创新与安全生产、大宗商品价格上涨等3个专题调研活动。起草上报日照市关于促进消费、集成电路产业发展、智慧养老服务平台建设、民营经济工作发展情况、培育发展经济新业态新模式做法等书面调研报告。按省政府办公厅要求，开展开发区“放管服”改革调研，会同市行政审批局、大数据局等单位到各类开发区调研，准确找出工作中遇到的、需省级层面协调解决的问题，并提出合理化建议。

【文稿起草】 2021年，市政府办公室在《山东经济战略研究》发表调研报告2篇，起草日照市学习借鉴自贸区第四批“最佳实践案例”意见的工作等材料。参与营造莒地“三态”打造“三好”高地——聚力打造国家级文化生态保护区“莒县样本”材料。起草《探寻制度自信的源头活水》报市委宣传部“庆祝中国共产党成立100周年理论研讨会征文”，获二等奖。配合陇海兰新经济促进会编撰“纪念画册”，编写完成《日照市情（2021年版）》。

【决策咨询】 2021年，市政府办公室开展参事各项工作，组织参事在乡村振兴、石材产业发展、水资源、行政审批服务和大数据建设应用等领域开展专题调研，部分意见建议进入市委、市政府决策。其中，《关于我市水资源承载力调查和分析》获市委书记张惠批示；《关于重视对海龙湾及石臼老城实施科学保护和升级更新的建议》获市长李在武批示。

（市府办 柳 萌）

人事管理

【概况】 2021年，日照市人力资源和社会保障局加强招才引智力度，全市人才规模不断扩大。加大对人力资源服务业支持，结合日照地域特色、产业特点，以产聚才、以才兴产，实现人才链的“强”、产业链的“优”协同并进，推动产业发展、招才引智、城市建设深度融合。围绕发现和培养，加快构建人才全链条体系，建强建优人才队伍，确保人才引得进、留得住、用得好。

【招才引智】 2021年，全市招引高层次创业团队18个、创新团队59个、创新人才699人。享受国务院政府特殊津贴专家和省有突出贡献中青年专家分别达到30人和13人；博士后科研工作站7家，省博士后创新实践基地12家。年内新增省级博士后创新实践基地3家，省级（乡村振兴）专家服务基地4家。引进高校毕业生2.25万人，其中博士46人、硕士1271人、大学生2.12万人，引进海外留学人才121人。建立青年人才补贴“政策找人”“无形认证”工作机制，为符合条件的3431名高校毕业生发放补贴5020.78万元。全市“山东惠才卡”持卡人才115人，配备服务专员436名。

2021年3月11日，“逐日而行·照亮未来”2021年日照市青年人才招聘专场暨日照市招才引智云平台启动
（市人力资源和社会保障局 供图）

【专业技术人员管理】 2021年，全市专业技术人才总量23.09万人，其中高级1.97万人、中级6.76万人、初级及以下14.36万人。全市确定40个中级职称评审委员会，实行清单式管理；实施职业农民职称评审试点，165人获职业农民职称；建设工程和交通工程两个专业实行职称考试评价改革，是全省唯一试点城市；依托“日照市专业技术人员继续教育服务平台”和“日照专技教育”手机App，开展继续教育培训，累计注册学员6.6万余人。

【技能人才】 2021年，全市新增取得高级工以上职业资格证书或职业技能等级证书人数2222人，完成年度计划的33.92%。其中，新增取得技师、高级技师职业资格证书或职业技能等级证书人数883人，完成年度计划的80.42%。至年底，全市高技能人才总量8.2万人，齐鲁首席技师78人，新选拔日照市首席技师20名。开展市级职业技能大赛55场（次），新增齐鲁技能大师特色工作站1家，选拔日照市首席技师20人。参与国际劳工组织优质学徒制试点。企业技能人才自主评价新增备案企业77家，2189人获企业颁发等级证书。

【事业单位人事管理】 2021年，市人力资源和社会保障局科学分类开展事业单位公开招聘，全年公开招聘2834人；按管理权限备案56个部门148个事业单位岗位设置方案。完成年度考核备案工作，核定42个部门（单位）工作人员年度考核优秀档次及奖励名额，推进县以下事业单位管理岗位职员等级晋升，规范事业单位津贴补贴，提高乡镇补贴工作标准。事业单位高层次人才收入分配取得新突破，支持日照市人民医院1名高层次人才实行年薪制，对10名高层次人才绩效工资进行倾斜。

【人才服务】 2021年，全市人力资源和社会保障部门建立人才需求目录，编制日照市重点产业紧缺专业人才需求目录。梳理重点产业发展需求单位96家，提报技术需求46项，人才需求岗位345个，人才需求总量1000名。多种渠道多方式引才，打造“日照市招才引智云平台”，打通政、企、人才互通脉络，实现资源共享。开展“才聚日照——直通名校”“名校直通车”“百企访名校”等品牌引才活动28场。创新开展沉浸式直播带岗活动，采用“直播推介+线上互动”方式，组织6场直播带岗活动，16家企业提供就业岗位151个，需求人数646人，收获评论1.32万条，收到简历479份。加强服务助力人才引育，举办创业导师走进日照留创园、山东高层次专家助力重庆黔江乡村振兴服务、“海聚山东 才聚日照”线上招聘推介会、汇聚专家智慧 助力乡村振兴——专家服务基层莒县行活动，邀请高层次专家46人次，对接企事业单位155家，指导解决技术难题114项，签约及达成合作意向23项。

【人事考试】 2021年，日照市人力资源和社会保障部门围绕全国全省人事考试工作计划和全市人力资源和社会保障重点工作任务目标，严格落实新冠疫情防控常态化下人事考试相关规定，以确保安全考试为核心，统筹新冠疫情防控和考务组织，除10月因疫情防控取消4项专业技术人员资格考试外，全年共组织人事考试13项，考试人数3.9万人次，各项考试顺利实施。

（市人力资源和社会保障局 牛玉东 王兴强）

外事工作

【概况】 2021年，日照市人民政府外事办公室（简称“市外办”）严格执行因公出国管理政策，推进“审护签”一站式服务平台改革，简化优化APEC商务旅行卡办理流程，外事管理更有力度。持续优化涉外营商环境，编写《外籍人士在日照工作生活服务指南》，开展“送政策上门”和“外国友人看日照”等系列活动，外事服务更有温度。践行“我为群众办实事”服务理念，推进涉外安全保障和海外利益保护工作，成功招引韩国变速箱、罐式集装箱等外资项目，外事为民更有深度。创新对外交流模式，采取线上“云外事”、线下“快捷通道”等措施，拓宽友城和民间交往渠道，日照市与韩国泗川市签署建立友好合作关系意向书，激活与土耳其特拉布松市、法国洛里昂市友城交流，对外交往更有广度。

【组织领导】 2021年，日照市强化党对外事工作领导，召开市委外事工作委员会第4次会议，研究部署全年外事工作。开展党史学习教育，深挖外事红色资源，寻找外事中的红色印迹。开展“听民声、走流程”活动，“我为群众办实事”成效明显，被市党史学习教育领导小组办公室推广。在全省市级层面首个编制外事工作“十四五”规划，印发《关于推动国际友城工作高质量发展的实施方案》，深化对区县外事工作指导，统筹协调各部门对外交流合作，构建“大外事”工作格局。

【外事管理】 2021年，市外办严格落实省委巡视反馈因公出国管理问题整改，开展多部门联合检查，推动因公出国管理长效机制建设。新冠疫情期间严控非必要出访，全年审批因公临时出国团组3批7人次。修订涉外突发事件应急管理等机制性文件，理顺工作机制；组织涉外

中秋节前夕，日照市外办开展“迎中秋、做月饼、送温情”系列活动

（市外办 供图）

突发事件应急演练，提高处突能力；组织境外项目“云巡查”，开展境外机构人员安全保障专项检查，提高安全防范能力；全年妥善处置涉外案件（事）9起、领保案件（事）6起。在日照职业技术学院建起出国行前教育和领事保护培训基地。

【涉外服务】 2021年，市外办开展涉外营商环境专题调研，协调有关部门逐项解决外资企业反馈问题。开展“送政策上门”宣介活动，编写《外籍人士在日照工作生活服务指南》，让外籍人士感受到“生活在日照就是幸福”；开展“外国友人看日照”系列活动，体验包粽子、做月饼等传统民俗，提升国际传播能力和水平，增强归属感；举办首届对外交流文化展，在市图书馆设立国际友城图书角，展出23个国家图书资料68册、图片169幅；开展“领保伴你行”宣传活动；推广APEC商务旅行卡，新办卡42张；建起外事综合服务平台，打造外事应用场景，实现数据共享。

【友好交往】 2021年，日照市与韩国泗川市签署建立友好合作关系意向书，激活与土耳其特拉布松市、法国洛里昂市友城交流，邀请韩国、日本驻青岛总领事到日照访问，组织驻青岛外国友人到日照参观考察旅游资源。持续开展“云外事”活动，参加鲁韩友好城市视频交流会、“携手安第斯”视频连线等活动13次；拜访韩国中小企业振兴中心、日本贸易振兴机构事务所、青岛日本人会和韩国人会等机构，推介日照发展优势。修订《日照市授予外国友人“荣誉市民”称号办法》，5人被评为日照市荣誉市民，1人被评为山东省荣誉公民，1人被评为山东省人民友好使者。招引总投资3900万美元的韩国8速变速箱项目和总投资1.6亿元的罐式集装箱项目落户日照。

【涉外新冠疫情防控】 2021年，市外办持续开展常态化涉外新冠疫情精准防控，强化入境人员闭环管理，落实落细联防联控各项措施。全年境外返回日照市9833人，其中青岛口岸专班“点对点”转运入境人员1978人，全部纳入全市防控体系。妥善处置外籍船员临时紧急救助入境申请36人，推进外籍人士新冠疫苗接种，印发7个语种告知书，为263名外籍人士接种新冠疫苗。严格执行“快捷通道”等政策规定，为32家公司办理外国人来华邀请57批142人次，维护国际产业链供应链畅通。

（市外办　吴凤吉）

信访工作

【概况】 2021年，全市信访系统突出为中国共产党成立100周年庆祝活动营造良好环境主线，聚焦“减存量、控增量、防变量”工作目标，统筹开展“治重化积”专项工作。年内，全市信访事项及时受理率99.99%，按期办理率99.58%，群众满意率83.88%，全市信访形势总体平稳向好。协调指导五莲县创建“全国信访工作示范县”。

【重点领域信访突出问题专项治理】 2021年，市信访局组织全市有关部门单位，对重点领域信访突出问题开展专题调研和排查研判，分领域制定化解方案。针对群众反映“办证难”问题，会同相关单位深入排查问题小区110多个，涉及群众近5万户，协调工作专班解决不动产领域相关问题，“办证难”问题基本得到解决。在全市推行新建商品房“交房即办证”和工业项目“验收即办证”串并联改革，从源头减少信访问题发生，《大众日报》《山东信访》《人民信访》分别刊发文章推广该经验做法。年内，全市“10＋2”重点领域（省统一部署开展纪检监察、涉法涉诉、教育、劳动社保、自然资源、生态环境、城乡建设、农业农村、卫生健康、集资融资十大领域信访突出问题专项治理，日照市增加商务和交通运输两个领域）信访突出问题化解率达96%以上。

【积案化解】 2021年，日照市建立市县领导干部接访包案长效机制，制定印发《市级领导干部包案化解信访事项落实“三到位一处理”实施办法》《2021年市级领导干部包案化解信访事项清单》，对排查的信访积案实行“一案双交”，明确“专案、专班、专人”化解。市信访局会同市直有关部门组成积案会审评议专班，分类对信访积案进行核查和会商研判，研究信访积案化解过程中涉及的法规政策，依法依规解决问题。对新增重复信访事项纳入信访事项减存控增管理系统，动态监测化解进度和质量。省领导包案的信访积案5月底前全部化解，省人大常委会副主任王良对日照市“治重化积”工作给予充分肯定。至年底，国家信访局交办的第一批信访积案化解率超过95.17%，化解率居全省前列。

【矛盾化解】 2021年，市信访局抓实领导干部公开接访工作，畅通信访渠道，除工作日正常接待群众来访外，节假日期间，实行班子成员带班和机关干部值班制度，及时协调有关单位推进化解工作。

【信访基层基础建设】 2021年，日照市坚持和发展新时代“枫桥经验”，提升基层解决信访问题、化解社会矛盾的能力和水平。市信访局会同市委政法委、市中级人民法院、市公安局等单位，开展“无讼无案无访”社会治理示范村居创建活动；推动乡镇街道信访工作机构健全完善工作机制，定期分析研判信访形势，排查信访矛盾隐患，及时采取超前防范处置措施，最大限度将问题吸附化解在基层；在全市信访系统推行“520、210”工作法，群众到市及市以下初信初访事项受理、办理时限大幅压缩，矛盾问题得到依法及时就地解决，努力实现“小事不出村、大事不出镇、矛盾不上交、信访不上行”。

（市信访局 刘 健）

对口支援协作

【概况】 2021年，日照市对口援疆工作聚焦智力支援、产业发展、乡村振兴、交往交融、医疗卫生、教育和文化等重点领域，取得丰硕成果；东西部协作重庆市黔江区工作坚持以“组团式”帮扶为统领，坚持资源集聚、资金整合、政策集成，着力帮助黔江区实现巩固拓展脱贫攻坚成果同乡村振兴有效衔接，提升日照市东西部协作工作水平。

【对口支援新疆】 人才援疆 开展喀什地区及麦盖提县两批次24名党政干部赴日照市学习考察活动，利用寒假对麦盖提县885名中小学教师进行国家通用语言培训，学员整体满意度99.77%；暑假期间，对1250名教师进行国家通用语言培训。以红枣、肉牛、湖羊等产业为基础，先后投入援疆资金170万元，支持刀郎阳光、麦腾牧业、新疆五征等引进科研院所专家团队；支持成立红枣种质资源圃、安格斯肉牛专家试验站、湖羊专家工作站、多浪羊种质资源保护创新工程中心、南疆脱毒红薯育苗繁育中心，推动第一产业上水平。中组部中期轮换14名人才，教育部万人计划40名援疆教师、临沂大学63名实习支教大学生，15名山东支医医生先后赴麦盖提县开展工作。

文化润疆 2021年，日照市推出“文化日照润疆行”主题系列活动，帮助刀郎农民画成功申遗，邀请山东省歌舞团、日照市青年舞团到麦盖提县开展“文化润疆行·共舞新时代”主题活动，有12批次230多名文化艺术专业人才到麦盖提县交流。组织日照摄影家协会开展“丝路摄影”采风，宣传刀郎文化、麦盖提风土人情，在学习强国平台推出19期图片报道；开展“书香日照润疆行”“齐鲁著名作家润疆行”、万幅书画进边疆、百名书画家润疆行等系列活动。

旅游援疆 2021年，日照市首创山东省援疆四市千人专列入喀入麦，支持1400余名其他省市游客到麦盖提旅游。日照市文化和旅游局与麦盖提县文旅局签订战略合作协议，建立常态化合作交流机制，助推麦盖提文旅事业发展。帮助举办“5·19”中国旅游日、文化旅游节活动，扩大麦盖提旅游知名度。

项目援疆 推进援疆项目整体建设进度。将2021年21个大项细分为95个子项，形成清单，建立包保责任制，明确责任人、工作措施和资金，市援疆指挥部先后与麦盖提县共同召开援疆项目调度推进会10余次，21个项目累计投资2.25亿元，投资完成率75%。强化重点项目建设。确定7个重点项目，成立工作专班，全力推进。依托叶河生态文化园建设文化中心，打造县域文化新高地、文化润疆新平台，项目基本完成；在第四中学以国学经典诵读为主题、国学书院建设为载体，完成文化进校园项目；依托日照港物流园，开工建设双创中心，打造大学生创业孵化基地、电商孵化园，培训电商专业人才，配套建设仓储物流设施，完善县乡村物流配送体系。2021年，投入援疆资金1910万元，推进央塔克乡乡村振兴，与喀什地区“155”工程同频共振，完成出口蔬菜拱棚建设、红枣品种改良、一抓双促示范村项目、智慧农业基地等项目。职业中专校企合作项目完成80%，技工学校扩建项目完成车间建设。

教育援疆 坚持文化润疆教育先行，举办援疆教师公开课、观摩课、优质课“赛课”活动，组织开展“万里援疆担使命，同心共研促成长”大教研活动，发挥援疆教师在新课程理念、教学过程引领示范作用。全面开展国学教育。在全县中小学增设阅读课和传统文化课，编印国学经典手册，推广背诵《三字经》《弟子规》《千字文》《论语》名句，开展“国学小名士”“小小书法家”评选表彰活动；开展“讲普通话，写规范字”“我是中国娃，我说中国话，我写中国字”“写好中国字，做好中国人”系列活动；实施“与国学同行，塑经典人生”主题活动，设置“国学润童年”“童眼看国学”等，470多人参加“诗词达人”“诗词考级”，打造“有一种童年叫国学经典”特色教育文化品牌。“特色校园”建设。在麦盖提实验中学、第四中学、职业中专实施“七彩校园”建设项目，建成社团活动室和心理咨询服务中心各1处。在麦盖提县143所学校启动智慧课堂建设，在职业中专筹建普通话测试点，提升教师素养和办学品质。加强民族团结教育，组织麦盖提第六小学少先队员携手日照天宁小学少先队员，开展“手拉手”书信交流活动。

医疗援疆 实施“光明行”惠民行动，发挥援疆医疗专家“传帮带”作用，16名援疆医疗专家结对帮带33名民族医生，通过手术带教、业务培训、疑难病例讨论、新技术推广等，实现从单纯技术“输血”向“造血”转变。深化妇保院业务全托管，推进妇产、儿科门诊和住院诊疗业务，开展免费婚检、唐筛和“高危孕产妇和儿童健康关爱”行动，全年开展妇科手术60余台，开展新技术、新项目20余项，提升麦盖提妇幼保健服务能力。加强麦盖提县基层医疗卫生机构智慧预防接种门诊建设，在麦盖提县人民医院、妇幼保健院等5家医疗机构建成智慧化预防接种门诊，实现疫苗精准接种零差错、过期问题疫苗秒冻结、疫苗接种全流程信息可追溯。推进麦盖提县120医疗急救体系建设，日照市卫健委和日照市120医疗急救专家赴麦盖提县现场调研指导，签订120紧急救援体系合作共建协议，科学规划急救站点，提高县域急诊急救能力。加大麦盖提县传染病防治支持力度，支持麦盖提县改造建设4000平方米传染病防治楼，满足传染病患者集中隔离治疗需要；开展肺结核等患者集中隔离治疗和“集中服药＋营养早餐”项目，免费救治结核病患者有200余例。

招商援疆　支持麦盖提优化营商环境，促进招商项目落地投产。2021年，达成在麦盖提县投资意向70多家，新签订协议26家，总投资额41亿元。喀什顺耕农产食品、兰溪绿力玩具等32家项目开工，顺鑫工艺品、沣浓棉籽油、利泰丝路、芙蕾雅纺织服装等14家企业投产，累计投资额20亿余元，解决就业3000余人。

【东西部协作重庆市黔江区】 2021年5月19—21日，市长李在武率日照市党政代表团到重庆市黔江区对接推进东西部协作工作，召开日照市·黔江区东西部协作第十次联席会议，参加第三届中国西部国际投资贸易洽谈会相关活动。10月20—21日，黔江区代表团到日照考察对接东西部协作工作，召开第十一次联席会议，双方政府签署日照·黔江“十四五”东西部协作框架协议。2021年，日照市帮扶黔江区财政援助资金4726万元。其中，省级1640万元、市级2057.3万元、东港区1028.7万元。按照“突出产业、聚焦民生、适度集中”原则，将援助资金和项目重点用于重点帮扶乡镇，发挥帮扶资金最大效益，在特色产业带动、就业帮扶、基础设施建设等方面援建东西部协作项目28个。完成鲁渝劳务协作农村劳动力就业257人，其中脱贫人口就业106人，分别完成目标任务的205.6%、192.73%。转移山东就业稳岗3个月以上脱贫人口22人；开展职业技能培训5期，培训222人，完成目标任务的111%。

动员日照海通集团在黔江区成立重庆市黔江区海通丝绸有限公司，注册资本200万元，实际到位投资额1680万元，吸纳农村劳动力2500人就业。依托海通丝绸全产业链项目，推进黔江区蚕桑产业提档升级。2021年，在黔江区11个镇乡升级改造和新建3.6万亩桑园及养蚕配套设施，加工烘烤干茧40万公斤，880余户蚕农（其中脱贫户150户415人）户均增收5万元。谋划开展两地产销对接，支持日照海通丝业有限公司加大到重庆黔江采购蚕茧力度，增强企业原材料供应。举办黔江产品在日照市展览展销活动，协助黔江企业在日照市东夷小镇步行街开设产品馆，畅通黔江产品进入日照市场渠道，全市设消费协作点20处，主要经营火锅底料、榨菜、豆干、酒类、菌类等。至2021年11月，全市累计采购重庆及黔江特色农产品2024万元，完成省下达的2021年度消费采购任务。组织开展黔江区党政干部系列专题培训班4期530人，组织黔江区镇乡、部门干部130人赴日照参加乡村振兴系统干部培训班，组织190名黔江区专业技术人才赴山东开展教育、医疗、农业系统培训。全年培训黔江区养殖户79人、农业系统专业技术人才40余人次。

年内，组织全市社会团体、民营经济和国有企业开展医疗救助、扶残助残、捐款捐物等爱心活动，共完成社会帮扶金额500万元。开展结对帮扶活动，县县结对、县乡结对、镇村结对、村企结对、校校结对、院院结对、社会组织结对46对；结对单位之间开展全领域交流，通过资金支持、项目合作、设备援助、教学交流、技术提升等形式推动两地合作交流。继续实施“髋膝关节置换——站立行动”，全年实施手术15台，减免困难群众手术费用30万余元。落实援助资金200万元，完成残疾人家庭无障碍改造365户。

（市发展改革委　逄焕彬）

政协日照市委

综　述

【概况】 2021年，中国人民政治协商会议第十届日照市委员会（简称市政协）坚持“市委想什么、政协就议什么，政府抓什么、政协就帮什么，人民群众期盼什么、政协就建言什么”，聚焦全市中心工作，围绕23个课题深入协商议政，部分协商成果得到市委、市政府主要领导批示肯定，纳入决策或被相关部门吸收借鉴。调研成果《扩大“朋友圈”链接“产学研”》，被省政协评为2021年专题调研优秀成果。组织参与省政协有关调研活动和胶东五市政协联合开展的有关活动。十届五次会议以来，立案提案308件全部办结，办复率、面办率、委员满意和基本满意率均为100%，整理上报社情民意信息430余条，50余条被省政协采用，转报全国政协和有关部门参阅。按照市委部署，全力助推新冠疫情防控工作，五莲县发生新冠疫情后，2名党组成员分别包联督导岚山区和日照经济技术开发区新冠疫情防控工作；组织委员捐款捐物折合人民币100万余元，围绕疫情防控上报信息40余条，组织机关干部创作2首抗疫公益歌曲助力抗疫。围绕“践行以人民为中心的发展思想，推动为民办实事项目落地见效”开展专题协商。开展包保重点项目、督导村“两委”换届和包联乡镇工作，沉到基层化解信访积案。组织“听民声、走流程”现场体验活动，走访企业单位30多个，了解意见建议150余条。结合“双报到”“干部下基层”“第一书记”“乡村振兴服务队”“加强农村基层党建工作队”等工作，帮助基层解决实际困难。应邀委派16名委员担任特邀监督员，推荐23名委员担任市委集成智慧平台专家和基层代表。践行全过程人民民主理念，召开“有事多商量”协商工作经验交流会，为全市16个政协委员协商议事室示范点授牌，进一步深化融入基层、融入群众、融入民心“三融”协商品牌效能。组织开展“六进六送”（进乡村、进社区、进学校、进企业、进军营、进项目，送文化、送健康、送爱心、送信息、送科技、送政策）活动7次。政协第十届日照市委员会委员共338名。

【政协机构组成】 2021年，政协日照市委员会有主席1人、副主席7人、秘书长1人、兼职副秘书长3人、专职副秘书长1人。下设办公室、研究室、委员活动办公室3个工作机构，提案委员会、文化文史和学习委员会、经济委员会、教科卫体委员会、社会法制委员会、人口资源环境委员会、委员联络工作委员会、农业和农村委员会8个专门委员会。

【民主监督】 2021年，市政协应邀委派16名委员担任特邀监督员，推荐23名委员担任市委集成智慧平台专家和基层代表。11月26日，市政协开展“协商成果‘回头看’，对推进第25届省运会筹备工作落地落实”开展民主监督活动。

【政协自身建设】 2021年，市政协始终把政治建设摆在首位，坚持“第一议题”制度，组织党组理论学习中心组学习和研讨会14次，组织委员学习培训、政协讲堂等集中学习活动18次。把坚持党的领导贯穿到政协全部工作之中，制定并落实《政协日照市委员会宣讲市委工作部署实施方案》，严格执行请示报告制度，确保市政协一切工作都在市委领导下开展。扎实开展党史学习教育。组织党组专题学习研讨7次，举办全市政协系统党史学习教育与素质能力提升培训班2期，组织观摩学习活动8次，观看党性教育片13部，开展庆祝中国共产党成立100周年系列活动、“我为群众办实事”实践活动，建设市政协文史馆，引导委员和政协工作者学史明理、学史增信、学史崇德、学史力行。召开党组会议专题研究意识形态工作2次，教育引导广大委员和政协工作者严守政治纪律和政治规矩，管好用好“日照掌上政协”App、微信公众号、日照政协网站、日照政协刊物，牢牢把握意识形态工作的领导权、管理权和话语权。对标对表中共中央办公厅《关于加强和改进新时代市县政协工作的意见》、市委《关于新时代加强和改进全市政协工作的实施意见》，建立完善制度规定13项。开展“我为优化营商环境作贡献”、常态化“听民声、走流程”等活动，建立委员电子档案库，按照“六个一”（提交一件高质量的提案、参加一次调研视察或协商议政活动、反映一条好的社情民意或文史资料信息、为精彩“蝶变”提一条合理化建议、为双招双引提供一条有价值的线索、为基层群众办一件实事）要求督促写好“委员作业”。

重要会议

【政协十届五次会议】 会议于2021年1月21—23日召开。会议审议通过十届市政协常委会所作的工作报告和十届市政协常委会所作的提案工作报告；补选陈丰为市政协副主席。与会委员列席日照市第十八届人民代表大会第六次会议，听取并赞同李在武所作政府工作报告，赞同市中级人民法院和人民检察院工作报告，赞同《日照市国民经济和社会发展第十四个五年规划和二〇三五年远景目标纲要（草案）》及其他有关报告。会议收到提案340件，立案308件。立案提案中，委员提案252件，各民主党派市委、市工商联等集体提案56件。

【政协常务委员会会议】 十届十七次常委会会议　会议于1月18日召开。会议传达学习市委十三届九次全体会议和市委经济工作会议精神。协商讨论《政府工作报告（征求意见稿）》。审议《政协第十届日照市委员会常务委员会工作报告（草案）》《政协第十届日照市委员会常务委员会提案工作报告（草案）》，并分别推举报告人。审议通过《政协第十届日照市委员会增补委员建议人选名单》《政协第十届日照市委员会常务委员会关于召开政协第十届日照市委员会第五次会议的决定》，市政协十届五次会议议程（草案）和日程、市政协十届五次会议其他有关事项及有关人事事项等。

十届十八次常委会会议　会议于1月23日召开。会议审议通过有关候选人协商名单；审议市政协十届五次会议选举办法（草案）；市政协十届五次会议总监票人、监票人名单（草案），确定总计票人、计票人名单。

十届十九次常委会会议　会议于5月14日召开。会议审议通过《政协日照市委员会关于强化政协委员责任担当的实施意见》，审议通过有关人事事项。会前，市政协组织党史学习教育专题报告会，邀请市行政学院副院长、教授岳庆刚，围绕“中国追梦的百年历程”主题作辅导报告，并首次通过“日照掌上政协”App同步向全体市政协委员直播。

十届二十次常委会会议　会议于8月20日召开。市委常委、副市长刘兆亮到会通报全市上半年经济社会发展情况。

十届二十一次常委会会议　会议于12月22日召开。副市长高月波到会通报市政协十届五次会议提案办理情况。

【主席会议】 市政协十届二十七次主席会议　会议于2021年1月15日召开。审议《政协第十届日照市委员会常务委员会关于召开政协第十届日照市委员会第五次会议的决定（草案）》《政协日照市委员会2021年协商工作计划（讨论稿）》以及市政协十届五次会议议程（草案）、日程（草案）和有关名单（草案），审议《政协第十届日照市委员会常务委员会工作报告（草案）》《政协第十届日照市委员会常务委员会提案工作报告（草案）》，并分别推举报告人；审议通过有关人事事项。

市政协十届二十八次主席会议　会议于1月21日召开。审议有关候选人协商名单（草案），市政协十届五次会议选举办法（草案），市政协十届五次会议总监票人、监票人名单（草案）。

市政协十届三十次主席会议　会议于5月8日召开。传达学习省政协十二届常委会第十七次会议精神，研究贯彻落实意见；审议《政协日照市委员会关于强化政协委员责任担当的实施意见（草案）》，审议通过有关人事事项。

市政协十届三十一次主席会议　会议于6月28日召开。审议通过有关人事事项，市纪委监委派驻二组主要负责人应邀参加会议。

市政协十届三十二次主席会议　会议于8月17日召开。传达学习全国政协提案工作经验交流座谈会、全国地方政协秘书长工作交流座谈会精神，省政协十二届常委会第十八次会议、全省政协“有事多商量”协商工作经验交流会精神，研究贯彻落实意见；审议通过《政协日照市委员会关于加强和促进人民政协凝聚共识工作的若干措施（修订稿）》《关于免去郑强市政协常务委员职务撤销其市政协委员资格的决定（草案）》。

市政协十届三十三次主席会议　会议于11月5日召开。传达学习省政协十二届常委会第十九次会议、省政协2021年专题调研工作总结会议精神，研究贯彻落实意见，审议通过《政协日照市委员会专门委员会通则（试行）（草案）》《政协日照市委员会宣讲市委重要工作部署实施方案（草案）》《关于“加强基层应急管理能力建设，不断提升安全生产监管水平”对口协商情况的报告（草案）》《关于“强化耕地保护，促进资源节约集约利用”情况的视察报告（草案）》，审议通过有关人事事项。

委员工作

【宣传教育】 2021年，市政协组织委员开展学习贯彻中共十九届六中全会精神专题活动。结合开展党史学习教育，分别于11月25日和30日，分两批组织委员特别是基层委员，到“不忘初心、牢记使命”党史教育展、日照革命历史纪念馆和市政协文史馆现场学习，加深对中共十九届六中全会精神实质和核心要义的学习领会，坚定“学党史、感党恩、听党话、跟党走”的信心决心。创新性地以委员界别活动组为单位成立临时党支部或联合党支部，实现党组织对党员委员全覆盖。打造“党建云之家”品牌，通过组织“云学习”、建立“云讲堂”、设立“云党日”、设置“云视窗”，打造线上智慧党建新模式，推动中共党员委员充分发挥先锋模范作用。

【制度建设】 2021年，市政协落实中央和省委、市委政协工作会议精神，强化委员责任担当。制定《政协日照市委员会关于强化政协委员责任担当的实施意见》，对委员履职尽责提出明确具体要求；制定《委员开展“听民声、走流程”现场体验活动实施办法》，建立政协委员开展“听民声、走流程”现场体验活动长效机制；制定《走访看望委员制度》，对走访看望委员的方式、内容、要求做出明确规定。强化“日照掌上政协”APP和“掌上委员之家”微信群管理，落实意识形态工作责任制，出台规定严肃“日照掌上政协”APP和“掌上委员之家”微信群意识形态纪律，加强保密管理。

【协商议事室管理】 2021年，市政协下发《关于规范协商议事运行机制，着力打造“网上协商议事室”品牌的通知》，对协商议事室的总体要求、运行机制、统筹协调等方面进行规范。组织政协委员及相关人员开展协商议事活动，推动政协协商与基层协商有效衔接、政协协商与基层社会治理有机结合。召开全市政协“有事多商量”协商工作经验交流会，开展协商议事室示范点评选并集中授牌，总结经验、全面推广。

协商议政

【专题协商】 2021年7月13日，市政协组织部分委员就“持续优化营商环境，激发市场主体活力”进行集中视察和专题协商。在前期举办“政协讲堂”，组织赴杭州等地考察学习，结合党史学习教育深入各区县和功能区进行“听民声、走流程”体验式调研基础上，深入市政务服务大厅现场“听民生、走流程”，全面了解服务大厅建设运营情况，随后召开专题协商座谈会，听取市政府办公室、市行政审批服务局、市市场监督管理局等相关部门情况介绍。视察组指出，各级各部门应统一思想、提升境界，增强优化营商环境的紧迫感和责任感，营造人人关心支持、人人参与优化一流营商环境浓厚氛围。应以改善市场主体感受为第一目标，切实发挥服务大厅窗口作用，完善一体化政务服务平台功能，提升政务服务水平，更好满足企业发展中的政务需求，切实解决群众的烦心事、操心事和“急难愁盼”。

6月22日，市政协就“加快推进数字赋能 建设新型智慧城市”进行集中视察和专题协商。视察组在前期深入政务云中心、智慧消防、有关企业等市内调研，以及赴深圳等地考察学习的基础上，实地察看山东港口日照港智慧港口建设、车家村智慧社区建设、城市大脑场馆及系统建设情况，随后召开协商座谈会听取市大数据局、市城市管理局、市工信局、市行政审批服务局等有关情况介绍。视察组指出，各级各部门应统一思想、形成共识，树立大局观念和整体意识，加强协同、合力推进，打破数据壁垒。应以“城市大脑”建设为牵引，下大力气抓好数字政务建设，努力让新型智慧城市成为日照新名片。应进一步构建智慧便民数字社会，推动城市治理体系和治理能力现代化。

10月21日，市政协召开“践行以人民为中心的发展思想 推动为民办实事项目落地见效”专题协商座谈会。根据市委部署，市政协连续两年围绕推动为民办实事项目落地见效开展专题协商。前期，市政协主席会议成员带领部分市政协委员，采取“四不两直”方式，分8个组深入15个为民办实事项目90多个现场实地调研，并通过线上线下广泛征求意见建议。会议强调，要提高政治站位，从践行“两个维护”高度，切实增强为民办实事责任感、紧迫感和使命感。要进一步提升工作标杆、加强统筹协调、强化工作落实，确保为民办实事项目高质量完成。应精准施策、务求实效，建立“听民声、走流程”长效机制，确保把民生实事办到百姓心坎上。

【对口协商】 2021年4月23日，市政协组织部分市政协委员就“全面推进医共体建设，加快构建整合型医疗服务体系”开展对口协商。委员们先后到东港区涛雒中心卫生院、岚山区巨峰中心卫生院、莒县夏庄卫生院和莒县人民医院新院区实地考察，并召开协商座谈会，听取相关工作情况汇报，并提出意见建议。委员们提出，下步要强化人才队伍建设，优化职能配置，加大公共卫生应急管理、重大传染病预防等工作力度，积极主动牵头，统筹谋划推进，形成工作合力，推动日照市卫生健康事业高质量发展。

7月22日，市政协开展“构筑乡村水生态，助力脱贫攻坚与乡村振兴有效衔接”对口协商。2015年起，日照市连续开展两轮林水会战，推进12条省级美丽河湖创建工作，四级河湖长体系建设受到国务院专项督查激励表彰，城乡供水一体化集中覆盖率达86%。此次对口协商，组织部分政协委员到岚山区、东港区4个镇7个现场进行调研观摩。委员们认为，全市水利系统应提高政治站位，继续推进重点水利工程建设，不断创新、完善河湖长制长效管护机制，提升城乡供水一体化、智能化水平。

9月27—29日，市政协组织部分政协委员，就“加强基层应急管理能力建设，不断提升安全生产监管水平”开展专题视察和对口协商。此前，市政协举办《政协讲堂》，邀请市应急管理局主要负责人作专题讲座；采取线上线下相结合方式，征求委员意见建议；组织委员赴4个区县和3个功能区28个现场进行实地调研。召开协商座谈会，听取情况介绍。会议要求，各级应以高度政治责任感和极端负责态度，任务上肩、力量下沉，压紧压实责任链条。着力构建长效监管机制，持续把安全隐患消灭在萌芽状态。突出用好科技利器，向科技要安全、用数据提效能。着力加强基层应急能力建设，提升安全监管水平。

10月19日，市政协开展“加大帮扶力度，促进高校毕业生就业创业”对口协商。组织部分市政协委员到五莲县法桐小院·云智造双创中心、叩官镇人社所、五征集团和职小新学习基地实地考察，并召开协商座谈会，听取相关工作情况汇报。会议要求，应认真学习贯彻习近平总书记在中央人才工作会议上的重要讲话精神，做好就业创业政策的宣传和落实，让更多高校毕业生获得实惠。应围绕新一代信息技术、新能源等新兴领域，引导和鼓励民营经济开发适合大学生就业的岗位，大力拓展就业渠道。应不断优化就业创业环境，完善激励政策，广泛开展各类招才引智活动，吸引更多高校毕业生到日照就业创业。

10月26日，市政协组织部分政协委员就“强化耕地保护　促进资源集约节约利用”开展视察和对口协商。此前，举办《政协讲堂》，邀请市自然资源和规划局主要负责人作专题讲座；组织委员赴有关区县、功能区进行实地调研。在此基础上，委员们深入东港区和日照高新区，视察城乡建设用地增减挂钩、废弃矿山生态修复、田长制等工作情况，并召开对口协商座谈会听取有关情况介绍。会议强调，应提高政治站位，切实从“两个维护”高度，深刻认识做好保护耕地工作的极端重要性。应增强红线意识抓保护、增强底线意识抓监管、增强创新意识抓挖潜，严格落实耕地保护共同责任机制、年度耕地保护情况报告机制和耕地保护奖惩机制，扎实做好耕地管护、节约集约用地、农村建设用地挖潜“三篇文章”，从根子上遏制违法违规行为，为坚守耕地红线、保障粮食安全、促进高质量发展提供保障。

11月16日，市政协开展“强化创新引领，推动海洋经济高质量发展”对口协商。委员们先后到“城市大脑”智慧海洋渔业管理平台、山东洁晶集团股份有限公司和岚山渔港等地实地考察，并召开座谈会，听取相关工作情况汇报。会议强调，2021年，日照市深入实施经略海洋战略，扎实推进《加快向海经济行动计划》，向海经济发展迈出坚实步伐。市政协将持续发挥专门协商机构优势，围绕“树立创新理念、提高海洋资源开发能力、激发科技创新活力”等议题，深入调研、务实协商、凝心聚力，当好推动海洋经济高质量发展的参与者、宣传者、推动者。

11月26日，市政协组织部分市政协委员就“协商成果‘回头看’推进第25届省运会筹备工作落地落实”开展调研协商。2018—2020年，市政协先后围绕完善基础设施、推动体育场馆建设、建设高素质体育人才队伍三方面进行调研协商，此次对口协商活动是在前三年工作基础上持续用力，助力省运会筹备工作上水平。委员们到五莲县黑虎山射击中心、五莲县体育公园、国医学院体育馆等现场实地察看，并召开座谈会听取有关情况介绍。会议强调，应持续提高政治站位，充分认识办好省运会对日照当前和长远发展的重要意义，增强责任感、紧迫感和使命感；应聚焦聚力完善各项筹备工作，倒排工期、挂图作战、挂图督战，着力加强“智慧省运”建设，确保实现“办赛精彩”；应聚焦聚力做好赛事备战工作，抓住用好省运会历史性机遇，建立较为完备的体育后备人才培养体系，确保实现“参赛出彩”；应聚焦聚力放大筹办省运会的溢出效应，激发全市上下干事创业的精气神，确保实现“发展增彩”，为“生活在日照就是幸福”增光添彩。

【界别协商】　2021年6月9日，市政协组织部分委员，就日照市“发展农业特色产业，推进乡村产业振兴”进行界别协商，并就105258号重点提案《关于加快推进蚕桑业高质量发展的建议》进行“四方联动”办理协商。

6月21日，市政协组织部分市政协委员就“创建国家创新型城市，打造高能级科技创新平台”开展专题调研和界别协商活动。委员们先后到山东省行走机械重点实验室、山东大学日照智能制造研究院、日照软件定义卫星技术研究院和东港国家农业科技园区实地考察，并召开协商座谈会，听取相关工作情况汇报。

9月7日，市政协组织部分政协委员，围绕“加大政策扶持力度，促进新一代信息技术产业发展”开展界别协商。

9月24日，市政协组织开展“积极培育非遗消费市场，促进传统文化传承与发展”界别协商暨“关于实施传统特色村落保护工程，保留乡村文化基因的建议”重点提案“四方联动”提案办理协商。

【提案办理协商】　2021年6月22日，市政协组织对民进日照市委提出的重点提案《关于加快5G应用助力数字经济发展的建议》进行“四方联动”办理协商。组织委员现场察看、新闻媒体跟踪问效，并召开

“四方联动”协商座谈会。会议强调，应抢抓新型基础设施建设机遇，构建新一代5G信息基础设施体系；应进一步树牢以人民为中心的发展思想，让每一名市民都能共享数字时代的发展红利；应围绕5G产业链上下游招引培育龙头骨干企业，让传统产业插上“数字翅膀”；应进一步解放思想、形成合力，着力解决影响5G建设的难点、堵点问题。

7月13日，市政协组织对九三学社日照市委提出的重点提案《关于提升政务服务效能，持续优化营商环境的建议》进行“四方联动”办理协商。组织委员深入基层“听民声，走流程”和现场察看、新闻媒体跟踪问效，召开“四方联动”重点提案办理协商座谈会。会议强调，应以更高标准更实举措，主动对标国内国际先进理念和最佳实践，力争创新突破行动取得更大成效。

8月6日，市政协组织部分市政协委员，就重点提案《关于推广社区食堂 设立长者餐桌的建议》开展“四方联动”办理协商，并围绕其他有关养老方面提案进行集中面办协商。委员们先后到岚山区安东卫街道潘庄二村养老服务中心、虎山镇锦绣花园养老服务中心和社区食堂翠湖佳园北二区店实地调研，并召开座谈会，听取相关市直部门工作情况介绍。会议强调，要进一步提高政治站位，充分认识做好社区养老服务工作的重要性；着力强化责任担当，不断提升社区养老服务水平；增强提案办理质效，切实发挥政协提案在凝聚共识和建言资政双向发力中的作用。

8月18日，市政协组织部分政协委员，就重点提案《关于强化企业创新主体地位 加快推动产学研深度融合的建议》开展“四方联动”办理协商，委员们先后到金马工业集团和山东黄海科技创新研究院，围绕日照市企业创新平台建设和产学研融合发展实地调研，并召开提案办理协商座谈会，听取相关工作情况介绍。会议指出，要持续增强做好科技创新工作的积极性、主动性，以高度责任担当强化企业创新主体地位，加快创新要素、科技人才、科技投入等向企业集聚，持续推进产学研深度融合发展。

8月26日，市政协组织部分委员对重点提案《关于加快对外开放载体建设 推动开放活市战略深入实施的建议》开展“四方联动”办理协商。委员们先后到美佳科苑公司、英锐半导体项目、日照综合保税区实地调研，并召开对口协商、提案办理协商座谈会，听取相关工作情况介绍。会议指出，应在近年来全市对外开放工作取得显著成效基础上，持续在多维度审视开放、打造日照“一带一路”综合枢纽港、打造对外开放新高地、促进三外融合拓展对外开放领域和层次、营造开放营商环境等方面下功夫，加快对外开放载体建设，推动对外开放工作再上新台阶。

9月7日，市政协组织部分政协委员，对重点提案《关于后疫情时代中小企业数字化转型的建议》进行提案办理协商。委员们先后到城市大脑、高新区海声尼克微电子公司和高新区管委展厅实地考察，并召开座谈会，听取相关工作情况汇报。会议强调，要进一步认识发展新一代信息技术产业的紧迫性和重要性，牢固树立全市“一盘棋”发展思想和“项目为王”理念，持续对标先进，加强前瞻布局，合力推动产业发展实现新突破。

9月24日，市政协组织部分政协委员，就《关于实施传统特色村落保护工程 保留乡村文化基因的建议》提案开展“四方联动”办理协商，并围绕“积极培育消费市场 促进非遗传承保护”进行界别协商。委员们先后到莒县桑园镇柏庄古村、莒国古城和东莞镇赵家石河古村实地考察，并召开座谈会，听取相关工作情况汇报。会议强调，要从弘扬中华优秀传统文化高度去认识和开展传统特色村落保护工作，注重对原生态自然环境的保护，持续整合各方力量，建立健全保护机制，探索长效发展途径。要持续深挖日照优秀传统文化资源，创新探索“非遗＋扶贫”“非遗＋旅游”新模式，培育非遗消费市场，做好与乡村振兴、新农村建设结合文章。

提案办理

【概况】 2021年，全体市政协委员和政协各参加单位，坚持以习近平新时代中国特色社会主义思想为指导，围绕市委十三届九次全体会议和日照市“十四五”规划提出的目标任务，围绕事关日照市改革发展综合性、全局性、战略性问题，围绕人民群众关心关注的热点难点问题，运用提案形式履职尽责、建言献策，提交提案316件，经审查立案308件。立案提案全部办结，办复率、面办率、委员满意和基本满意率均为100%，创新开展提案工作“三评议三提升”行动（“三评议”，就是提案者对提案承办单位的办理质量进行评议；提案承办单位对所主办的提案质量进行评议；提案者、承办单位对市政协提案委的服务质量进行评议；“三提升”，就是提升提案质量、提升办理质量、提升服务质量）。

【经济建设提案】 2021年，市政协提交经济建设提案89件。深化“一次办好”改革，建成启用新政务服务大厅，在山东省首创“无证明办事”服务系统，“阳光速办”成为日照新名片。围绕优化港口集疏运体系、加快现代物流业发展等建议，积极融入国家战略，依托港口区位优势，发展现代物流体系，获批港口型国家物流枢纽。针对发展绿色钢铁产业、做强做优钢铁产业集群等建议，市发展改革委等部门践行新发展理念，聚力打造绿色钢铁产业生态圈，加快推进钢铁产业高质量发展。围绕提高科技创新能力、创建创新型城市等建议，市科技局强化科技创新平台建设，加大高新技术企业培育力度，获批建设国家创新型城市。结合发展整车制造业、打造千亿级汽车产业链等建议，市工业和信息化局等部门实施汽车产业集群培育工程，长城、中兴高端整车项目顺利投产。围绕提高对外开放水平、加快跨境电商产业发展等建议，市商务局等部门推进“双招双引”，加强平台载体建设，日照综合保税区通过国家验收正式运营，获批设立国家级跨境电子商务综合试验区。结合加快日照城市大脑建设、让城市更聪明更智慧等建议，市大数据发展局打造跨层级、跨地域、跨系统、跨业务智慧应用场景，“日照城市大脑”获中国信息化数字政务创新奖。

【政治建设提案】 2021年，市政协提交政治建设提案9件。市监察委员会采纳建议，研究制定《日照市监察委员会特约监察员工作办法》，从社会各界中选聘20名特约监察员。市委统战部采纳成立欧美同学会、发挥留学人员作用等建议，指导成立日照市欧美同学会，发挥归国留学人员作用。市委政法委、市司法局结合完善基层矛盾纠纷调处机制、加强人民调解工作建议，夯实基层治理基础，加强专职调解员队伍建设，提高矛盾纠纷化解水平。

【文化建设提案】 2021年，市政协提交文化建设提案31件。日照市结合加快文旅融合发展、打造现代化国际海滨旅游度假名城等建议，推进重点文旅项目，山海天旅游度假区创建为国家级旅游度假区，万平口景区、森林公园实行免费开放，塑造“阳光海岸·活力日照”新形象。市委宣传部、市公安局采纳开展“礼让斑马线”活动建议，加强教育培训、开展集中劝导、加大执法力度，为日照市创建“全国文明城市”并保持这一称号作出贡献。针对建设城市书房、提升日照文化品位等建议，市文化和旅游局制定建设实施方案和管理细则，建成开放41处城市书房，城市书房建设管理创新性实践获第五届山东省文化创新奖。围绕聚力筹办日照特色省运会、创建全民运动健身模范市、打造城市体育品牌等建议，市体育局等部门加快推进体育场地设施建设，香河体育公园、网球中心、足球中心等比赛场馆和阳光海岸绿道、山海风情绿道等休闲健身场地建成启用，举办国际太极拳大赛、日照马拉松、中国体操节等赛事，连续3年被评为“中国体育旅游十佳目的地”。日照市深化体育惠民促进全民健康、打造体教融合示范市等经验做法，在全国体育工作有关会议上作典型发言。结合建设日照新型智库、培育和引进高层次优秀人才等建议，市委组织部、市人力资源和社会保障局组织实施“日照英才”工程，开展“百企访名校”等线上线下活动，日照市连续两年上榜全国“最具人才吸引力百强”城市。

【社会建设提案】 2021年，市政协提交社会建设提案132件。针对做好中小学课后服务、推行配送营养午餐、学校体育场地设施开放等建议，市教育局将课后延时服务范围从小学扩大到初中，惠及全市98.27%的中小学生；对全市未建食堂的184所学校开展集中配餐服务，家长、学生满意度达99%以上；推进中小学校体育设施对外开放，全市有160所学校体育设施对群众开放。结合推广社区食堂设立长者餐桌、完善养老服务体系建设等建议，实施“阳光敬老”系列行动，市民政局、市财政局全面推进城乡养老服务设施建设，提升老年人获得感、幸福感。针对加强食品安全监管、建设放心农贸市场等建议，市市场监管局实施“放心菜篮子”快检惠民工程，对全市38家农贸市场、32家大型商超实现全覆盖，日照市获批创建国家食品安全示范城市。围绕加快推进既有多层楼房加装电梯、加大老旧小区改造力度等建议，市住房城乡建设局采取措施，优化办事流程，推进既有多层住宅加装电梯和老旧小区改造，改善群众居住条件。结合加强农村公路安全管理、提升农村道路安防水平等建议，市交通运输局打造“日照农村幸福公路”品牌，探索农村公路“建管养运”一体化发展新模式，日照市被评为全国“四好农村路”建设市域突出单位。结合完善突发公共卫生事件应对机制、加强公共卫生防疫体系建设、提升基本公共卫生服务等建议，市卫生健康委、市应急管理局增强应对突发公共卫生事件能力，加强公共卫生基础设施建设，县域医共体建设助力疫情防控做法得到国务院有关部门肯定。

【生态文明建设提案】 2021年，市政协提交生态建设提案25件。结合创建国家生态园林城市、改善城市人居环境、打造精致城市等建议，市城市管理局、市自然资源规划局等部门持续加大公园绿地规划建设力度，推进街头公园建设和路口渠化改造，提升城市精细化管理水平。针对加强农村污水治理、整治乡村河流等建议，市水利局全面推进落实河长制、湖长制，持续实施“清清河流”行动，有效改善农村水生态环境。日照市河湖管理工作获国务院表彰激励，全省河长制湖长制工作现场推进会议在日照召开。围绕加强农村人居环境整治、推进美丽乡村建设等建议，市农业农村局等部门开展整治行动，农村人居环境有明显改善。针对加强海岸带整治、优化海洋环境修复等建议，市海洋发展局开展海岸带整治攻坚三年行动，推进海洋生态文明建设，推动阳光海岸品质提升。结合打赢污染防治攻坚战、建设生态日照等建议，开展污染防治集中攻坚行动，市生态环境局等部门聚焦短板、精准施策、强化监管，聚力打赢蓝天、碧水、净土保卫战，进一步擦亮“生态日照”金字招牌。

（市政协　孙克芳）

表 6　2021 年日照市政协十届五次会议重点提案一览表

案　号	提案者	案　由	承办单位	备　注
105001	民进日照市委	关于加快 5G 应用 助力数字经济发展的建议	市工业和信息化局	提案办理协商
105017	九三学社日照市委	关于提升政务服务效能 持续优化营商环境的建议	分办：市行政审批局 市市场监督管理局	提案办理协商
105052	致公党日照总支	关于开展中小学“放心午餐 暖心为民”工程的建议	主办：市教育局 会办：市市场监督管理局	
105132	郭正聚	关于推广建设社区食堂 设立长者餐桌的建议	分办：市民政局 市财政局 市商务局	提案办理协商
105258	安　霞	关于加快推进蚕桑业高质量发展的建议	分办：市农业农村局 市工业和信息化局	提案办理协商
105304	市政协教科卫体委	关于一步完善社区医疗卫生服务体系 推进健康日照建设的建议	市卫生健康委	
105031	市工商联	关于后疫情时代中小企业数字化转型的建议	分办：市大数据发展局 市工业和信息化局 市地方金融监督管理局	
105302	尹　强 顾法高	关于强化企业创新主体地位 加快推动产学研深度融合的建议	分办：市工业和信息化局 市科技局	提案办理协商
105038	委员界别活动组十组	关于因地制宜推进我市开发区改革创新促进经济高质量发展的建议	分办：市行政审批局 市自然资源和规划局 市商务局	
105152	董建华	关于加快入海排污口整治的建议	分办：市生态环境局 市农业农村局 市城市管理局	
105032	民建日照总支	关于加快文旅融合 打造现代化国际海滨旅游度假名城的建议	市文化和旅游局	
105182	牛见玉	关于加强城市书房管理 推动全民阅读深入开展的建议	市文化和旅游局	
105037	市党外知识分子联谊会	关于保证课外活动时间 提升学生综合素质的建议	分办：市教育局 市体育局	
105105	郭晓华	关于加大“三同”工程建设力度 助推我市企业高质量发展的提案	分办：市商务局 市市场监督管理局	提案办理协商
105007	民革日照市委	关于切实解决“入公办园难入民办园贵”问题的建议	主办：市教育局 会办：市委编办 市财政局	提案办理协商
105019	民盟日照市委	关于加快先进钢铁制造业与现代服务业融合发展 打造国家级两业融合发展示范区的建议	分办：市发展改革委 市工业和信息化局 市科技局 市人力资源和社会保障局	
105044	农工党日照市委	关于实施传统特色村落保护工程 保留乡村文化基因的建议	分办：市文化和旅游局 市农业农村局	提案办理协商
105125	牛海军	关于做好民法典宣传普及工作的建议	市司法局	

（资料来源：孙克芳）

日照市纪委监委

综　述

【概况】　2021年，全市各级纪检监察机关忠实履行党章和宪法赋予的职责，保持惩治腐败强大震慑，提升以案促改效能，筑牢不想腐思想堤坝，推进不敢腐、不能腐、不想腐，不断拓展作风建设成果，市县巡察全覆盖高质量完成。全年处置问题线索3823件，立案1848件，结案1831件，给予党纪政务处分1873人，其中立案查处厅局级干部2人、县处级干部48人、乡科级干部159人；22人主动向纪检监察机关投案，204人主动交代问题。

【纪检监察体制改革】　2021年，全市纪检监察机关探索开展“室组”联动监督、“室组地”“室企地”联合办案模式。3月18日，省纪委监委“室企地”联合办案协调领导小组会议在日照召开，对该办案模式进行总结。深化派驻机构改革，整合各派驻机构力量，充分赋权压责，市纪委监委派驻机构共处置问题线索459件，立案142件，处分109人。7月15日，全省深化派驻机构改革工作座谈会上，日照市作典型发言。

【队伍建设】　2021年，全市各级纪检监察机关坚持高标准、高质量、高效率要求，把“100分”标准贯穿到工作全过程和各方面，加大干部教育培训力度，对派驻干部进行全员业务知识测试，建立“清风研学团”研究生学习班，强化实战练兵，不断提高政治素质、增强履职本领。加大干部培养使用力度，全年提拔重用交流处级干部25人、科级干部42人，招录年轻干部21人，干部队伍结构进一步优化。

（市纪委监委机关　许晓艳　张连强　王子男）

重要会议

【市纪委十三届六次全体会议】　2021年2月8日召开。市委书记张惠出席全会并讲话，市委常委，市人大常委会、市政府、市政协等有关领导出席会议。全会传达落实十九届中央纪委五次全会、省纪委十一届六次全会精神，总结2020年全市纪检监察工作，安排2021年任务。审议通过刘军代表市纪委常委会所作的《推动新时代纪检监察工作高质量发展，为加快建设现代化海滨城市提供坚强保证》工作报告。

【全省纪检监察信访举报工作示范点经验交流暨工作推进现场会（东片区）】　会议于2021年12月7日召开。会议传达省委常委、省纪委书记、省监委代理主任夏红民对加强纪检监察信访举报工作作出的批示。会议要求，要进一步加强对信访举报工作领导，全面压实各级党委政府职能部门主体责任。要通过完善信访举报工作基础设施、深化检举举报平台应用、重视信访举报干部队伍建设等方式，加强基础保障。要强化督导落实，强化责任追究和典型引领，上下联动、整体协同，形成推进工作落实的强大合力。

【全市违规参与民间借贷专项整治工作动员部署会议】　会议于2021年5月27日召开。市委常委、市纪委书记、市监委主任刘军出席会议并讲话。会议要求，要强化纪律意识，加强民间借贷政策学习，确保政策规定内容入脑入心。要坚持自查从宽、被查从严，做深做细思想政治工作，让领导干部敢于直面问题、勇于修正错误。要突出关键少数，对自查申报不实、弄虚作假、瞒报漏报的，依规依纪依法从严处理。要立行立改、边查边改，堵塞领导干部违规参与民间借贷漏洞。要层层压实责任，强化督导推动，全力推进专项整治工作。

【全市深化派驻机构改革工作座谈会】　会议于2021年8月13日召开。市委常委、市纪委书记、市监委主任刘军出席并讲话。会议要求，要提高思想认识，增强深化派驻改革的责任感和使命感。要找准角色定位，理顺派驻关系，加强协作、形成合力。市县两级纪委监委要牢固树立“一盘棋”思想，主动扛牢责任，强化指导督导，鼓励探索创新，完善制度机制，统筹推动改革有序进行。

【全市“以案促廉”警示教育大会】会议于2021年12月10日召开。市委书记张惠出席会议并讲话。与会人员集体观看警示教育片《围猎——行贿者说》《迷失初心必自毁——陈先运严重违纪违法案件警示录》。会议要求，要持续用习近平新时代中国特色社会主义思想武装头脑，坚持公权不私用、有权不任性、用权受监督，守住共产党人清正廉洁底线。要坚决扛牢管党治党责任，落实好“四责协同”“红脸出汗”问题清单谈心谈话、“以案促廉”等制度机制，不断把清廉日照建设推向纵深。会议强调，各级领导干部要以案为鉴、警钟长鸣，增强廉洁自律意识和拒腐防变能力，坚决守住底线、不碰红线。要着力营造风清气正、干事创业良好氛围，全力以赴完成好经济社会发展各项目标任务。

【全市党风廉政建设和反腐败工作情况通报会】会议于2021年12月22日召开。市委常委、市纪委书记、市监委主任刘军通报情况，市委常委、统战部部长明铭主持会议。会议要求，各民主党派、工商联和无党派人士要提高政治站位，积极建言献策，以民主监督的形式帮助市委发现问题、解决问题、推动工作。要加强自身廉政建设，树立和维护党外干部良好形象，为加快建设现代化海滨城市贡献党外人士力量。

（市纪委监委机关 许晓艳 张连强 王子男）

监督执纪

【政治监督】 2021年，市纪委监委制定《市纪委监委专项监督检查专班推进工作方案》，对年度安排的粮食购销、开发区、停车管理等16项专项监督重点工作进行系统梳理，建立专班推进。全年共组织开展监督检查1829次，发现并推动解决问题1394个，处理581人。制定《市纪委监委机关政治监督工作办法（试行）》，开展清风护航营商环境、安全生产、污染防治等专项行动。督促落实意识形态工作责任制，严明政治纪律和政治规矩，全年共查处违反政治纪律行为案件30起42人。开展换届风气督导和巡回检查，拍摄制作并组织观看换届警示教育专题片《警“届”》，对换届调整可能涉及的干部问题线索进行大起底，严把政治关、廉洁关，全市纪检监察机关共回复涉及干部选拔任用党风廉政意见3882人次，提出暂缓或否定性意见5人次。加强对“一把手”和领导班子监督，建立“红脸出汗”问题清单谈心谈话制度，全年组织3批次“红脸出汗”问题清单谈心谈话，13名市领导与39名区县和市直部门单位“一把手”面对面谈，现场通报问题163个。规范市管干部廉政档案，探索建立廉情信息监督平台。坚持常态化新冠疫情防控监督不放松，沉着应对五莲县突发新冠疫情，第一时间印发《关于加强新冠肺炎疫情防控监督工作的通知》，市纪委监委持续开展现场督导，助力五莲县新冠疫情在短时间内得到有效控制。

2021年12月21日，日照市工业和信息化局举行“以案促廉”警示教育专题会议

（市纪委监委 供图）

【党风政风监督】 2021年，全市纪检监察机关建立完善“四风”察访协作联动机制，多角度、深层次察访私车公养、变相公款吃喝、违规收送礼品礼金等问题。用好“直通车”等有效办法，深挖细查形式主义、官僚主义问题。全市共查处“四风”问题270起，批评教育帮助和处理413人，给予党纪政务处分237人。坚持“三个区分开来”，深化运用“四种形态”，全年共实施容错纠错23起26人，运用“四种形态”批评教育帮助和处理5026人次，其中运用第一种形态谈话函询、提醒批评3128人次，占62.2%。制定回访工作暂行办法，部署开展关爱回访行动。

【整治群众身边腐败和作风问题】 2021年，全市纪检监察机关结合开展党史学习教育，“我为群众办实事”实践活动，紧盯教育医疗、养老社保、集中供热、全面脱贫与乡村振兴有效衔接等重点领域，督促30家牵头部门单位有序推进17项重点问题专项整治，选取教育、农村人居环境两个领域开展“一市一领域”重点整治，推动解决一批群众“急难愁盼”问题。全市共查处群众身边腐败和作风问题593起，批评教育帮助和处理797人，给予党纪政务处分316人。开展农村基层信访集中化解专项行动，筛选的79件重复信访举报全部办结；开展中央纪委转送件专项化解行动和“我为群众办实事”实践活动“双十行动”，筛选的62件重点信访举报全部化解。全市纪检监察机关受理群众信访举报1982件次，比2020年下降23.3%。
（市纪委监委机关 许晓艳 张连强 王子男）

审查调查

【概况】 2021年，全市各级纪检监察机关坚持无禁区、全覆盖、零容忍，审查办案力度不减、节奏不变、尺度不松，立案查处王某顺等严重违法犯罪案件，对严重违纪违法人员予以开除党籍处分；承接中央纪委国家监委、省纪委监委指定管辖案件，严肃查处严重违法犯罪案件。全年全市处置问题线索3823件，立案1848件，结案1831件，给予党纪政务处分1873人。其中，立案查处厅局级干部2人、县处级干部48人、乡科级干部159人。配合开展政法队伍教育整顿，全市立案审查调查政法干警169人，采取留置措施13人，主动向纪检监察机关投案17人。

【以案促改】 2021年，全市各级纪检监察机关注重把审查调查与堵塞制度漏洞、促进完善治理结合起来，推动办案、整改、治理贯通融合，努力做到查处一案、警示一片、治理一域。制定印发《关于禁止领导干部违规参与民间借贷行为的规定（试行）》，在全市部署开展专项整治工作，53名领导干部主动报告参与民间借贷情况，通报典型问题8起。组织开展办公用房、规范津贴补贴发放专项排查整治，查摆纠治问题131项，督促有关部门研究制定科学管用长效机制。

【警示教育】 2021年，市纪委监委协助市委制定《关于加强“以案促廉”警示教育的意见》，打造“以案促廉”警示教育基地；召开全市领导干部警示教育大会，编印《日照市纪委监委查处严重违纪违法党员干部忏悔录》，拍摄《嗜欲者必逐祸》《画地为牢的土地爷》等警示教育片，收到以案示警、以案为戒、以案促改良好效果。部署开展“清风传家”家风教育系列活动，引导党员干部严以律己、廉洁治家。
（市纪委监委机关 许晓艳 张连强 王子男）

巡察工作

【概况】 2021年，市委巡察工作坚守政治巡察定位，突出“两个维护”根本任务，强化系统观念、坚持问题导向，围绕中心、服务大局，聚焦重点领域，推动巡察工作走深走实，年内开展3轮次专项巡察和1轮次常规巡察，高质量完成上下联动巡察任务和十三届市委巡察全覆盖。同时，深化标本兼治，推动巡察整改和成果运用，做深做实巡察“后半篇文章”。

【十三届市委第十轮巡察】 2021年3月3日，十三届市委第十轮巡察工作动员会议召开，传达市委书记张惠关于做好第十轮巡察工作的批示精神。经市委批准，十三届市委第十轮巡察安排13个巡察组，采取“一对一”方式对市中级人民法院（含日照经济技术开发区人民法院）、市公安局等10个单位党组织开展联动巡察或巡察“回头看”，采取“一托二”方式对市退役军人事务局、市医疗保障局、市大数据发展局3个市直部门党组织，日照盐粮集团有限公司、日照宾馆有限公司、日照岚山疏港铁路公司3家市属国有企业党组织开展常规巡察。巡察工作中，精准把握全面从严治党阶段性特征，紧密结合被巡察单位主责主业，深入查找政治问题和偏差，督促被巡察党组织更好履行职责使命。发现重点问题255个、问题线索117条；向被巡察党组织提出边巡边改问题39个，都整改落实到位。6月11—15日，各市委巡察组分别反馈巡察情况。

【全市供销合作社系统专项巡察】 2021年1月4日，全市供销合作社系统巡察工作进驻动员会召开，统筹组建5个联动巡察组，对市供销合作社党组开展巡察“回头看”，对东港区、岚山区、莒县、五莲县4个区县供销合作社党组织实施提级、交叉巡察。重点了解贯彻落实党的路线方针政策、党中央决策部署和省委、市委工作要求情况，特别是贯彻习近平总书记关于供销合作社工作重要指示批示精神和落实深化供销合作社综合改革情况；深入了解群众身边腐败问题和不正之风，基层党组织软弱涣散、组织力欠缺等问题；了解巡视巡察、审计等监督发现问题和主题教育整改落实情况，重点对巡察整改落实情况进行检查。检查发现重点问题77个、问题线索26条，向被巡察党组织提出边巡边改问题13个。

【全市停车管理领域专项巡察】 2021年8月12日，全市停车管理领域专项巡察工作动员部署会议召开，组建1个专项巡察组，对在停车管理领域承担监管和运营职责的9个市直部门（单位）和3个市属国有企业党组织开展巡察。着力发现停车管理部门和运营单位责任落实不力、作风不扎实、利用公共资源谋私贪腐、侵害群众利益等问题，督促各被巡察党组织和党员干部更好履行职责使命，推动党中央停车管理领域决策部署和省委、市委工作要求落地落实。巡察共发现重点问题90个、问题线索3条，向被巡察部门单位党组织提出边巡边改问题12项。督促相关被巡察部门单位审批停车场10个，对148个住宅小区进行停车位改造，清理占用停车位障碍物2615处，处罚违法停车8000余台次，督促27个部门单位提供免费共享车位1124个，市城市规划展览馆免费开放、市人民医院夜间免费停车。11月18日，市委巡察工作领导小组听取、研究巡察情况。

【全市涉粮问题专项巡察】 2021年9月16日，十三届市委涉粮问题专项巡察工作动员部署会议召开，组建5个专项巡察组，采取“一对一”方式对市直及东港区、岚山区、莒县、五莲县承担涉粮职能的部门单位和国有粮食企事业单位党组织开展涉粮问题专项巡察。深入查找贯彻落实党中央决策部署和省委市委工作要求、扛牢粮食安全政治责任、履行涉粮职能责任等方面存在的政治偏差，着力发现粮食收购、销售、存储等环节存在的腐败问题和不正之风。其间，共发现重点问题156个、问题线索28条，向被巡察部门单位党组织提出边巡边改问题10项。12月15日，市委召开市直部门单位涉粮问题专项巡察情况通报会，通报巡察发现问题。

【区县巡察】 2021年7月21日，召开全市巡察办主任座谈会，了解各区县在责任履行、新一届党委巡察工作谋划、整改落实、队伍建设、规范化建设等方面情况；市委巡察办主要负责人带队，对各区县巡察工作进行现场调研督导，提出改进建议和指导意见26条；印发巡察工作领导小组、巡察办、巡察组对区县巡察工作领导和指导督导三张责任清单；创新督查考核方式，实行督考一体，将区县巡察工作作为履行全面从严治党重要内容纳入全市高质量发展综合绩效考核，并制定《2021年度对区县巡察工作考核细则》；聚焦中央决策部署和省委要求，指导区县认领申报年度重点创新课题；开展村级巡察调研工作，指导区县认真总结经验，提炼亮点。东港区、岚山区、莒县、五莲县均实现一届党委巡察全覆盖。全年共派出32个巡察组，对137个单位开展巡察监督，提出边巡边改问题153个，发现面上问题1971个、问题线索90条，立案6人，党纪政务处分5人，形成专题报告2个。

【巡察整改】 2021年，市委巡察工作领导小组压紧压实整改责任，完善巡察整改成效量化评估体系，完成市委第二轮巡察整改成效量化评估工作，向日照日报社、市应急管理局等29个党组织反馈相关问题144个。推动立行立改，年内先后向被巡察党组织提出边巡边改问题74个。强化结果综合运用，市委第十轮巡察中形成关于接受非拨款关系单位经费情况专题报告，呈送相关市领导统筹研究解决。抓紧抓实新一届党委巡察反馈问题整改，以巡促治，上缴或收回违规发放资金97572643.48元，推动被巡察单位制定整改措施17576条，持续整改问题1174个，制定、修改规章制度3751个，整改完成率83.73%。

【巡察规范化建设】 2021年，市委巡察工作领导小组强化制度体系建设，制定《巡察与审计工作联动协作办法（试行）》《关于建立市委巡察工作领导小组办公室与市委保密委员会办公室工作对接协调机制的意见》等7项制度。结合市委第十轮巡察，对市委各巡察组开展规范化建设专题调研（检查）；在巡察组设立监督员，加强对巡察组落实纪律作风、保密、基层党建等重要制度情况的监督检查。推进信息化建设，推广金纪三期巡视巡察信息系统应用；自主开发“巡察人才库信息管理平台”。强化专职人员配备，开展全员“再培训”，市委巡察机构主要负责人以干代训参加省委第十轮巡视，抽调40余名区县巡察干部参加市委巡察；组织市县巡察干部到西南政法大学参加巡察干部业务提升专题培训班。调整充实、优化管理市级巡察人才库，对入库人员开展实地调研，分级、分类提出使用意见。至年底，日照市巡察人才库包含14个子库717人。

（市委巡查办 于淑刚 于晓明 李 洁）

民主党派·工商联

民革日照市委

【概况】 2021年，中国国民党革命委员会日照市委员会（简称“民革日照市委”）践行“四新”“三好”总要求，以思想建设为核心、以组织建设为基础、以制度建设为保障，全面加强自身建设，着力提升参政党建设水平，各项工作取得显著成效。民革日照市委获评民革中央“民革助力脱贫攻坚工作先进集体”，获评民革省委“2020—2021年度为民革山东省委会参政议政工作作出贡献的先进集体”，获评“全市统战宣传工作先进单位”。岚山支部被省委会授予“民革示范支部”称号，文艺支部党员之家、东港支部党员之家被评为“全省优秀民革党员之家”。

【思想建设】 2021年，民革日照市委持续深化“不忘合作初心，继续携手前进”主题教育活动成果，通过召开座谈会、全委（扩大）会、观摩学习等方式，组织党员学习习近平新时代中国特色社会主义思想和中共十九大、十九届六中全会精神。举办纪念辛亥革命110周年书画展、座谈会等系列活动，缅怀革命先烈。开展党史学习教育，印发实施方案，举办“翰墨颂华章”书画作品展，在市博物馆展出书画精品近百幅。组织党员到党史教育基地学习，开展网络知识竞赛，参加艺术节擂台赛等，推动党史学习教育入脑入心。在省政协举办的庆祝中国共产党成立100周年知识竞赛中，民革日照市委获组织奖，2名党员分获一、二等奖。“民革日照市委”微信公众号适时推送重要思想解读、书香民革好文等，加强正面宣传引导，62篇稿件被民革中央采用，20篇被民革省委采用。

【组织建设】 2021年，民革日照市委加强领导班子建设，推进机关工作规范化运行。贯彻民主集中制，连续12年开展述职和民主评议工作，3次召开民主生活会；贯彻落实中央八项规定精神和民革中央、民革省委关于加强作风建设有关规定，严格控制“三公经费”开支，落实机关保密责任制。被评为“民革全省机关工作先进集体”，陈为菲被评为“民革全国机关工作先进个人”。提高组织发展质量，严格按照民革党员发展政策要求，突出界别特色和中上层人士，提升党员整体素质。9月，完成市委会换届工作，年内发展党员9名。

【参政议政】 2021年，民革日照市委积极参与民主政治协商，加强民主监督。全年参加各级民主协商会议30人次，围绕“无证明城市”“智慧城市”建设提出的意见建议被市委、市政府采纳。参加市委统战部牵头组织的政务服务工作、省运会场馆建设、人民防空平战结合工作等3次专项民主监督，围绕“创建国家创新型城市”“推动省运会筹备工作落地落实”开展2次民主监督，形成的专项民主监督报告得到市政府主要领导批示。抓提案质量，在省政协十二届四次会议上提交提案7件，全部立案。在市政协十届五次会议上，提报大会发言4篇，集体提案6件。其中，破解幼儿园入园难、加强城市书房管理2件提案被评为重点提案，市政协开展“四方联动”提案办理协商活动，《关于加快提升企业自主创新能力推动经济高质量发展的建议》等3件提案被评为优秀提案。推进专题调研，抓实社情民意信息工作。主委领衔调研课题《关于推进医共体建设 构建整合型医疗卫生体系的建议》，为领导决策提供参考依据。4篇绿色直通车信息得到市委、市政府主要领导批示。其中，开通双语播报建议得到落实，日照市68条城市公交线路全部实现双语到站播报。围绕“开放学校体育场地设施”等为民办实事项目进行专题调研，发动民革党员开展自主调研，所提意见建议被列入《政协专报》，呈市委、市政府领导参阅。

【社会服务】 2021年，民革日照市委持续开展“博爱·牵手”、帮包扶贫和“三下乡”社会服务活动，开展“迎春送福进企业”书画笔会、“迎春线上书画展”“庆国庆书画笔会”等活动。五莲县突发新冠肺炎疫情，民革日照市委第一时间发出倡议，动员全市民革党员落实市委、市政府决策部署，齐心协力，共克时艰，

2021年9月26日，中国国民党革命委员会日照市第三次代表大会召开

（民革日照市委　供图）

共捐款捐物价值12万余元。开展“博爱·岚山”行动，参与“小草学堂”建设，为岚山区“日照自强女孩”邱慧玲捐助2万元助学金及生活用品。按照民革中央部署，持续帮扶贵州省纳雍县左鸠戛乡，开展“我为扶贫下一单”等活动。党员利用优势特长，组织救援力量支援烟台市栖霞矿难事故，自发为河南灾区捐款，持续开展捐助春蕾女童活动。

【民革日照市第三次代表大会】　大会于2021年9月26日召开，在全省市委会中第一个完成换届，有关经验在全省推广。大会听取和审议民革日照市第二届委员会工作报告，选举产生民革日照市第三届委员会和出席中国国民党革命委员会山东省第十四次代表大会的代表，审议并通过中国国民党革命委员会日照市第三次代表大会决议。

（民革日照市委　陈为菲）

民盟日照市委

【概况】　2021年，中国民主同盟会日照市委员会（简称“民盟日照市委”）被民盟中央表彰为“思想政治建设和宣传工作先进集体”“民盟中央群言杂志社2021年度发行工作突出成绩奖”，被民盟省委表彰为“纪念中国民主同盟成立80周年先进集体”“脱贫攻坚先进集体”“盟务工作先进集体”，1名盟员获民盟中央思想政治建设和宣传工作先进个人。

【思想建设】　2021年，民盟日照市委开展“同心学党史，携手开新局”学习教育，组织盟员集体学习《中国共产党统一战线工作条例》，观看中国共产党成立100周年大会。召开五届十七次全委扩大会议，集体学习习近平总书记“七一”重要讲话，安排部署全盟学习贯彻讲话精神。组织盟员参加中共中央和上级民盟组织的各项庆祝活动，组织部分文艺骨干参加日照市庆祝中国共产党成立100周年大型群众歌会，组织盟员参加“不忘初心跟党走、落实条例开新局”全市统一战线庆祝中国共产党成立100周年演讲比赛并获一等奖。

【组织建设】　2021年，民盟日照市委召开民盟日照市委六届二次全委会，审议并通过《民盟日照市委关于市委会成员分工的决定》《民盟日照市委关于明确市委会成员岗位职责的决定》《民盟日照市第六届委员会全委会议议事规则》和《民盟日照市第六届委员会主委会议议事规则》，规范工作程序。1名盟员获评“日照市教书育人楷模”；6名盟员获评2020年日照市科学技术奖励；1名盟员入选山东省第五批“齐鲁文化之星”；1名盟员获首届山东省乡村振兴技艺技能大赛一等奖、全省评茶员职业技能竞赛一等奖、首批“中国制茶能手”；3名盟员被民盟山东省委表彰为脱贫攻坚先进个人；9名盟员获评民盟山东省2021年度先进个人；3个支部获评民盟山东省2021年度先进集体；在民盟省委庆祝中国共产党成立100周年暨中国民主同盟成立80周年大会上，1名盟员获评“杰出盟员”，2名盟员获评“优秀盟员”，民盟岚山支部、教育二支部获评“先进集体”。

【参政议政】　2021年，民盟日照市委开展关于“抢抓机遇 全力做大做强中药材产业”年度重点课题调研，提报的4篇直通车建议获得市委主要领导批示并转交部门办理。参加市委党外人士座谈会、专项监督活动，就“加大帮扶力度，促进高校毕业生就业创业”联合市委政法委与市人社局开展对口协商。在市政协十届五次、十一届一次会议上，民盟市委和盟内市政协委员共提交提案98件，5件提案获优秀提案，提交大会发言21篇，采用21篇。全年向市政协、盟省委、市委统战部等部门报送信息33条，被采用25条，其中民盟中央、全国政协同时采用1条，民盟中央单篇采用1条。

【社会服务】　2021年，民盟日照市委坚持打造“知行同心”品牌。民盟临沂市委和民盟日照市委联合爱心企业家盟员两次为莒县刘官庄镇毛家屯村、阎庄街道上崖村和寨里河镇大王标西村捐款120万元。民盟日照市委到莒县龙山镇开展知行同心爱心助学活动；组织盟员医生和律师，开展“送医下乡 普法惠民”活动；开展2021年度“履德学堂”，

2021 年 9 月 27 日，中国民主同盟日照市第六次代表大会召开

（民盟日照市委　供图）

为学员们捐赠暑期共读书籍、学习和体育用品等。各支部突出资源优势和支部机构特色，开展具有民盟特点主题实践活动。东港区支部参加“庆六一”爱心捐赠活动，参观抗战纪念馆；岚山区支部举办“学党史、感党恩、跟党走、办实事——儿童关爱行动”，开展“庆七一”养老帮扶暖阳活动，捐建“履德书屋”1 处；文化艺术支部开展“美丽琴声献六一”百台钢琴调律服务进幼儿园活动；教育一、二支部联合开展“党盟同庆，学史力行，童心向党”教育实践活动。支持河南省抗洪救灾，日照市盟员自发捐款捐物，通过民盟渠道捐款 3.52 万元。

【民盟成立 80 周年庆祝大会】 大会于 2021 年 3 月 19 日召开。会议传达学习全国两会精神、《中国共产党统一战线工作条例》、山东省 2021 年工作动员大会和日照市 2021 年工作动员大会精神，听取并审议民盟市委 2020 年度工作报告，表彰荣获民盟中央、省委、市委表彰的先进集体和先进个人，优秀盟员代表作典型发言。

【民盟日照市第六次代表大会】 大会于 2021 年 9 月 27 日召开，是全省民盟首个完成市级组织换届的市委会，全市民盟各支部的 76 名盟员代表参加会议。会议选举中国民主同盟日照市第六届委员会委员，选举出席民盟山东省第十一次代表大会选举代表。大会审议通过中国民主同盟日照市第六次代表大会决议。

【“风雨同舟，同心筑梦”盟员艺术作品展】 2021 年，民盟日照市委举办“风雨同舟，同心筑梦”盟员艺术作品展，展示日照民盟盟员为庆祝中国共产党成立 100 周年暨民盟成立 80 周年新创作的作品和盟员之家部分藏品，作品涵盖书画、剪纸、摄影、黑陶、雕版等不同艺术形式。引导广大盟员增进对中国共产党领导和中国特色社会主义的政治认同、思想认同、理论认同、情感认同，继承和发扬民盟优良传统，以实际行动彰显参政党时代价值。

（民盟日照市委　杜永祥）

民建日照市总支部

【概况】 2021 年，中国民主建国会日照市总支部（简称“民建日照市总支部”），以习近平新时代中国特色社会主义思想为引领，以民建中央“履职能力建设年”为抓手，围绕市委、市政府中心工作，加强自身建设，提高建言献策履职能力。总支会员数量发展到 51 人，总支部下设 3 个直属支部。1 名会员被民建省委评为 2021 年度理论宣传调研先进个人；会员撰写的《波澜壮阔百年路 携手共谱新篇章》被评为 2021 年度全省主题征文优秀作品。1 名会员被评为全省乡村振兴“优秀女农人”。

【思想建设】 2021 年，民建日照市总支部开展“同心学党史，携手开新局”党史学习教育。学习习近平总书记在庆祝中国共产党成立 100 周年大会上的重要讲话，邀请市委党校教授做中共党史专题辅导，选派 11 人次参加市委统战部宣传骨干培训班和民建省委会组织的“学党史、促履职主题培训班”等培训，提高会员能力素养。组织 6 名会员参加市委统战部组织的庆祝中国共产党成立 100 周年合唱活动，与山东农业大学民建支部联合开展“学党史，庆祝中国共产党成立 100 周年”座谈会，夯实主题教育活动成效。

【组织建设】 2021 年，民建日照市总支部严格遵守换届纪律“十严禁”，完成民建总支换届工作。新发展会员 4 名，会员总数达到 51 名。建设特色“会员之家”4 处，是会员学习活动阵地、成长阵地、服务会员阵地、履职尽责阵地。

【参政议政】 2021 年，民建日照市总支部强化参政议政、社情民意调查、主委领衔调研、民主监督等工作。参加市委、市政府、市委政法委、市纪委和市法检两院召开的党外人士座谈会，参加统战部组织的民主监督活动，围绕日照市“十四五”规划、全市经济工作、党代会工作报告和政府工作报告等提出意见建议 20 余篇。全年共提报参政议政、社情民意稿件近 60 篇，其中民建省委采用 2 篇，省政协采用 4 篇，市政协采用 50 多篇。提报政协集体提案10篇、个人提案13篇，作大会口头发言2次、提报书面发言5篇，人大建议4篇，集体提案《关于加快文旅融合打造现代化国际海滨旅游度假名城的建议》被市政协表彰为2021年优秀提案。撰写的《打造高水平对外开放新平台》直通车建议得到市政府主要领导批示。调研撰写的《关于我市海洋牧场发展情况及建议》报告提交市委统战部。

【社会服务】 2021年，民建日照市总支部围绕“精准扶贫”打造“民建·思源”品牌，积极参与志愿扶贫工作，全年捐资捐物价值40.05万元。全体会员捐款2.25万元，用于五莲县新冠疫情防控；会员企业捐赠价值15万余元的防疫消杀物资，支持岚山区新冠疫情防控工作；3家会员企业捐资21.8万元扶贫助学，1名会员捐资1万元到岚山区虎山镇敬老院进行扶老助困；1名会员到曲阜师范大学附属中学开展法律进校园活动，500余名师生参加。

【民建日照总支部第二次会员大会】大会于2021年9月25日召开，以总支委员、总支班子、支部班子3个百分百得票率完成市区班子换届。大会听取和审议民建日照市总支部第一届委员会工作报告，选举产生民建日照市总支部第二届委员会和出席民建山东省第十次代表大会代表，审议并通过民建日照市总支部第二次会员大会决议。

（民建日照市总支部 袁 菁）

民进日照市委

【概况】 2021年，中国民主促进会日照市委员会（简称“民进日照市委”）以加强思想政治建设为统领，开展“同心学党史，携手开新局”学习教育活动，举办“百年风华 同心梦圆——庆祝中国共产党成立100周年”线上书画作品展，组织会员参加“在正道上行——山东民进庆祝中国共产党成立100周年书画展”、日照市庆祝中国共产党成立100周年大型群众歌会、全市统一战线“不忘初心跟党走、落实条例开新局”庆祝中国共产党成立100周年演讲比赛等学习庆祝活动；结合“春联万家”“爱心义诊”“送文化进社区”等社会服务活动，开展“我为群众办实事”社会实践。举行“礼赞百年荣光 奋进伟大时代”书画笔会。

【思想建设】 2021年，民进日照市委参加市委统战部机关学习培训，利用“灯塔党建在线”“学习强国”等平台，加强政治理论学习。贯彻落实《中国民主促进会宣传思想工作条例》，发挥“日照民进”公众号阵地作用，做好宣传思想工作。40余篇信息被民进省委、市委统战部微信公众号采用。在“日照民进”公众号开设“学习贯彻十九届六中全会”和“会员谈体会”专栏，刊发市委会学习动态和会员学习体会。

【组织建设】 2021年，民进日照市委严格组织发展，规范会费收缴、使用、管理，推进新版入会申请表和入会通知书使用，提升会员工作规范化水平。民进济宁市委曲阜师范大学日照校区支部21名会员的组织关系整体转入民进日照市委。组织参加民进全省市级组织机关负责人联席会议、机关干部培训班，学习借鉴先进地市工作经验，提高机关工作效能。

【参政议政】 2021年，民进日照市委参加市委、市政府、市委政法委、市纪委和市法检两院召开的党外人士座谈会20余次，围绕日照市“十四五”规划、全市经济工作、党代会工作报告和政府工作报告等提出意见、建议。向市政协十届五次会议提交提案34件，其中集体提案7件、大会发言7件。《关于加快5G应用助力数字经济发展的建议》被评为重点提案、优秀提案。通过驻日照省政协委员、人大代表，向省政协十二届四次会议和省人大十三届三次会议提交提案建议6件。全年形成调研成果7项。其中，主委领衔课题《关于打造特色、提升品质，促进乡村旅游提档升级的调研》，上报民进山东省委会和市委统战部；《关于推进养老服务高质量发展的调研》《关于实施“会展+”战略，打造经济发展新引擎的调研》等成果，提交市政协十一届一次会议。5月，联合民进省委开展“关于持续推进‘放管服’改革”专项民主监督，并形成民主监督报告，得到市政府主要领导批示。通过“直通车”向市

2021年11月26日，民进日照市委会“礼赞百年荣光 奋进伟大时代”书画笔会举行 （民进日照市总支 供图）

2021年9月29日，中国民主促进会日照市第四次代表大会召开

（民进日照市委　供图）

委建言献策，先后提报《关于寻求六个新突破，推动营商环境再提升》《关于加快5G应用，助力数字经济发展》《关于我市残疾儿童康复救助工作的建议》《关于解决我市老旧小区停车难问题的建议》《关于日照市推进能源绿色发展，做好碳达峰碳中和工作的建议》5篇建议，得到市委、市政府主要领导批示。民进日照市委获评“民进山东省参政议政工作先进单位”。

【“反映社情民意信息”主题年】2021年5月，民进日照市委召开反映社情民意信息主题年推进会和专题培训班，邀请民进山东省委会参政议政部分专家专题授课，民进日照市委两级班子成员和骨干会员60余人参加培训。2021年，民进日照市委向民进省委、市政协提报社情民意信息近百篇，岚山区支部获“民进全国反映社情民意信息工作先进集体”，2名会员获“民进全国反映社情民意信息工作先进个人”。

【社会服务】2021年，民进日照市委向五莲县山庄小学捐赠防护服250套、口罩1000件，助力做好新冠疫情防控工作，筑牢校园安全防线。开展“传统文化进社区进校园”“书香彩虹”“春联万家”“健康义诊”“心理关爱”等品牌服务活动，参加全市统一战线“乡村振兴服务团”，开展健康义诊、文化惠民、法律服务、政策宣传等便民惠民实践活动。在民进全国社会服务暨脱贫攻坚工作总结表彰大会上，民进日照市委获评“民进全国社会服务暨脱贫攻坚工作先进集体”，1人获评“民进全国社会服务暨脱贫攻坚工作先进个人”。民进日照市委获民进省委社会服务工作专项表彰。五莲县新冠疫情发生后，日照民进会员累计捐款捐物103.2万元；在民进山东省委、市委统战部和民进日照市委协调推进下，民进中央开明慈善基金会向五莲县捐赠3辆负压救护车。

【民进日照市第四次代表大会】2021年9月29日召开，民进日照市委会在山东省率先完成民进市级组织换届工作。大会听取并审议民进日照市第三届委员会工作报告，选举产生民进日照市第四届委员会和出席民进山东省第八次代表大会的代表，审议并通过民进日照市第四次代表大会决议。

（民进日照市委　滕　蕾）

农工党日照市委

【概况】2021年，中国农工民主党日照市委员会（简称“农工党日照市委”）提高政治站位，强化自身建设，聚焦党委政府中心工作，在参政议政、社会服务工作等方面取得良好成绩。《关于加强货拉拉等货运平台的监管建议》《关于加强沿海岸上养殖污染治理的建议》等多篇社情民意信息被农工党中央、省委，省政协等平台采用；《关于补齐农村环保基础设施短板、推动生态日照城乡一体化建设的建议》被列为市政协大会发言；《关于实施传统特色村落保护工程、保留乡村文化基因的建议》被市政协作为重点提案开展民主监督；1篇集体提案、1篇个人提案被市政协表彰为年度优秀提案。农工党日照市委被农工党中央授予“农工党脱贫攻坚工作先进集体”，被农工党省委授予“全省‘情系三农’助力乡村振兴及‘同心助学’先进集体”“全省对口云南省德宏州脱贫攻坚民主监督先进集体”称号；2名党员被农工党中央授予“农工党脱贫攻坚工作先进个人”“农工党脱贫攻坚民主监督工作先进个人”称号；4名党员被农工党山东省委授予“全省对口云南省德宏州脱贫攻坚民主监督先进个人”称号，2名党员被农工党山东省委授予“全省‘情系三农’助力乡村振兴及‘同心助学’先进个人”称号。

【思想建设】2021年，农工党日照市委坚持政治建党，把强化思想政治引领摆在突出位置，扎实开展各项理论学习活动，开展习近平新时代中国特色社会主义思想学习教育和党史学习教育，把党史学习教育与学习多党合作史、农工党史相结合，传承发扬农工党优良传统，保持与中国共产党同心同德、团结奋斗政治本色。号召基层组织及党员到现场学、到一线学，组织参观安哲纪念馆、“不忘初心、牢记使命”党史教育展，组织参加农工党山东省委“庆祝中国共产党成立100周年”理论征文活动，党员撰写的《开展“四史”学习教育、夯实多党合作共同思想政治基础》征文分获农工党中央、省委二等奖；组织党员参加日照市庆祝中国共产党成立100周年红歌擂台赛暨大型群众歌会、全市统一战线演讲比赛、全省统一战线“学党史 学条例 庆百年”知识竞赛等系列活动；开展“我为群众办实事”活动，中心医院支部到大朝阳村参加市委统战部“走访慰问老党员暨支部共建、党史学习教育”，促进学习成果走深走实。

【组织建设】 2021年，农工党日照市委严明组织纪律，严肃政治纪律，规范组织制度，规范有序开展市级组织换届工作。提高领导班子及基层组织工作水平，打造适应新时代高素质参政党队伍。制定出台《农工党日照市委领导班子岗位职责》《农工党日照市委主任委员会议议事规则》《农工党日照市第六届委员会全委会议议事规则》等工作规则，提升工作制度化、规范化、程序化水平。制定出台《农工党日照市2021年基层组织换届工作方案》，为支部换届作准备；指导各支部开展理论学习、社会服务、党员联谊等活动，组织举办青年党员、新党员参政履职培训班，提升参政党职能认知水平及建言议政能力。2021年，严格按程序发展新党员10名，全市农工党员获得市级以上荣誉称号15项，发表、参编著述5部（篇）。

【协商议政】 2021年，农工党日照市委向省市各级平台报送社情民意信息111篇，向市政协会议提交集体提案6件、个人提案17件。各级政协委员审议《政府工作报告》和《日照市“十四五”规划和二〇三五年远景目标纲要》。通过党外人士座谈会和书记、市长直通车提报的《关于加强“海洋牧场＋”产业发展监管的建议》《关于打造北京路特色产业经济带的建议》《关于增强应对极端突发事件能力的建议》等5篇建议得到市领导和有关部门重视。

【调研议政】 2021年，农工党日照市委的调研课题《关于构建日照特色医康养一体化体系，促进农村养老事业发展的调研》，助力解决农村医疗和养老难题。重点调研海洋生态保护与发展工作，到山海天旅游度假区两城河口湿地公园等地考察海洋环境保护情况，到岚山区顺丰海洋牧场考察海洋牧场发展工作。10月，参加农工党中央人口发展战略研讨会，会上作《四个精准勇担当、助力养老展作为》主旨发言，为中国应对人口老龄化提供决策参考。8月至11月，召开为全市经济发展建言座谈会、参政议政委员会筹备工作会议，就助力现代化海滨城市精彩“蝶变”研讨磋商、集智聚力。

【监督议政】 2021年，农工党日照市委参加日照市党风廉政工作、政法工作、法院工作、检察院工作、人民防空工作等民主监督，提出有针对性意见建议。开展2021年度为民办实事项目——“国医堂”提升建设工作情况民主监督，对东港区秦楼街道社区卫生服务中心、岚山区巨峰中心卫生院现场调研，召开“国医堂”提升建设工作座谈会，分析既有成绩、面临问题和困难，提出意见建议。参加市政务服务工作专项民主监督活动，到市政服务大厅现场听民声、走流程，就进一步优化政务服务工作提出意见建议。

【社会服务】 2021年，农工党日照市委开展助医、助学、抗疫、助老、助残等惠及基层群众的社会服务活动。加强“送医进百村”“关爱光明行”等服务品牌建设，持续开展“健康与环境宣传周”活动。市医院一支部、中心医院支部等医药卫生界基层支部到岚山区黄墩镇南塔岭村等地开展义诊20余场次，受益群众1600余人，发放健康科普材料2500余份，捐助医疗资金5.7万元；五莲支部党员投身五莲新冠疫情防控一线，其他党员捐献现金、抗疫物资价值10万余元。农工党日照市委联合农工党省企业家联谊会举行“助力足球梦”捐赠活动，向五莲县实验学校捐赠足球400个；岚山支部到黄家峪村共青团小草学堂开展助学活动，为大学生志愿者和留守儿童送去生活、文体用品；市直支部、经济科技支部、综合支部为安哲小学学生捐赠部分学习用品。党员刘桂香为1名重度肢残患者捐助价值3万元的高质量全套假肢，帮助其重拾生活信心。

2021年9月28日，中国农工民主党日照市第六次代表大会召开

（农工党日照市委　供图）

【农工党日照市第六次代表大会】大会于2021年9月28日召开。农工党日照市第五届委员及农工党日照市各支部代表共85名党员参加会议。大会选举产生第六届市委会领导班子和出席农工党山东省第八次代表大会代表，表决通过《中国农工民主党日照市第六次代表大会关于第五届委员会工作报告的决议》《中国农工民主党日照市第六次代表大会决议》，宣读《给离任老同志的致敬信》。

（农工党日照市委　苏晓群）

2021年9月30日，中国致公党日照市第二次党员代表大会召开

（张永艳　供图）

致公党日照市总支部

【概况】 2021年，中国致公党日照市总支部（简称“致公党日照市总支部”）凝心聚力，开拓创新，圆满完成年初确定的各项工作任务。总支和第二支部分别被致公党山东省委评为2021年度参政议政工作先进集体和社会服务工作先进集体，8名党员被评为优秀党员，9名党员被评为市级优秀党员。在庆祝中国致公党山东省委员会成立30周年表彰大会上，总支被表彰为先进集体，6名党员被表彰为优秀党员。

【思想建设】 2021年，致公党日照市总支部始终将思想政治建设摆在首位，组织党员深入学习贯彻中共十九大和十九届六中全会精神、习近平总书记在中国共产党成立100周年大会上的讲话、关于加强和改进统一战线工作的重要思想等，统一思想、凝聚共识，引导党员增强“四个意识”，坚定“四个自信”，做到“两个维护”。先后组织党员到市档案馆、市抗日战争纪念馆、甲子山战役纪念馆等红色教育基地开展党史学习教育，将理论学习与参观、调研相结合，提高党员思想政治素质，推动党史学习教育走心走深走实。并要求党员将学习党史与党派工作相结合，继承和发扬党的优良传统，做到学史明理、学史增信、学史崇德、学史力行。

2021年7月11日，日照致公书画院成立仪式举行　（张永艳　供图）

【组织建设】 2021年，致公党日照市总支部持续推进“示范支部”“致公党员之家”阵地建设，为开展支部活动提供场所，增强支部成员凝聚力。7月11日，成立日照致公书画院，为党内外书画爱好者搭建文化艺术交流、社会服务等公益活动平台。9月30日，第二次党员大会召开，选举产生新一届领导班子，大会选举产生致公党日照市第二届总支部委员会委员和出席致公党山东省第七次代表大会的代表。2021年，共发展新党员4人。

【参政议政】 2021年，致公党日照市总支部在市两会期间向市政协提交集体提案4个、个人提案10个，向市人民代表大会提报人大建议1个。向致公党省委和市政协提报社情民意信息20多篇，内容涉及养老服务、母婴设施建设、托幼机构发展等民生和经济发展方面。强化绿色直通车提报工作，市委书记张惠先后就总支提报的《关于规划建设日照钢铁学院的建议》《关于加快我市婴幼儿社会化照护服务的建议》《关于加快公共场所母婴设施建设的建议》作批示，市长李在武就《关于提升居家社区养老服务能力的建议》作出批示。向省委会提报统战和多党合作理论研究课题、政协理论研究选题3个，推荐理论研究专家库人才3名。发挥党员特约监督员、行风监督员作用，重点针对日照市医疗保障基金统筹使用开展民主监督，督导医疗保障基金规范、合理运用。

【社会服务】 2021年，致公党日照市总支部积极推进社会服务工作。至年底，党员微捐57861.20元，拿出1万元为日照市特殊教育学校学生捐赠牛奶，持续打造“特别的爱给特别的你”牛奶捐助活动品牌，通过市红十字会为五莲新冠疫情捐款1万元。联合百替集团党员企业走进莒县桑园镇百替致公希望小学，开展“不忘初心、致力为公精准扶贫”捐赠活动；组织日照市青年美术家协会走进东港区三庄镇、岚山区高兴镇、莒县刘官庄镇，看望30余户困难家庭和侨界困难空巢老人，送去生活用品和书画作品；深化关爱侨界空巢老人“一二三四五”行动，组织党员志愿者在春节、端午、中秋等重要节日走访慰问结对帮扶的70岁以上侨界空巢老人。

（致公党日照市总支部　高　馨）

九三学社日照市委

【概况】 2021年，九三学社日照市委员会（简称“九三学社日照市委”）按照新时代中国特色社会主义参政党建设要求，坚持把思想政治建设放在首位，围绕日照经济社会发展中心工作，聚焦参政议政、自身建设两大工作重心，积极谋划、真抓实干，各项工作都取得良好成效。以满分的成绩，全省第一个通过九三学社中央社员电子档案管理验收；以99.5分通过九三学社中央机关规范化建设交叉检查；被九三学社省委授予“思想宣传工作先进集体”；1名社员被九三学社中央授予“组织工作先进个人”称号；1名社员被九三学社省委授予“参政议政工作先进个人”称号；1名社员被九三学社省委授予“社会服务工作先进个人”称号；获评“全市统战宣传工作先进单位”；3名社员被评为日照市2021年度反映社情民意信息工作先进个人。加强民主监督，制定工作方案、开展实地调研，2件监督报告获市政府主要领导批示，10余名社员被有关单位和部门聘请为特邀监督员。

【思想建设】 2021年，九三学社日照市委以庆祝中国共产党成立100周年为主线，开展党史学习教育，巩固“不忘合作初心，继续携手前进”主题教育活动成果。开展“同心学党史，携手开新局”学习教育，各支社通过座谈会、诗朗诵、看视频和组织参观红色教育基地等形式开展学习；派出9名社员参加中共日照市委举办的日照市庆祝中国共产党成立100周年大型群众合唱艺术节；举办“书百年中国梦·绘最大同心圆”网络书画展活动，发布27幅书画作品。在中央、省、市各级媒体发稿150余篇，公众号发布信息83条，社市委被社省委授予“思想宣传工作先进集体”称号。

【组织建设】 2021年，九三学社日照市委机关建设规范有序，换届工作完成。有序完成考察、登记等组织发展工作，新发展社员9名，发展数量、发展率、净增率、高级职称比例、主体界别比例、非公有制经济人士比例等符合要求。规范社员电子档案管理，在全省中以满分成绩第一个通过社中央验收。严格按照有关规定，制定换届相关文件，加强换届纪律宣传教育和监督，完成社市委换届任务。以99.5的高分通过社中央机关规范化建设交叉检查，被社中央表彰为2021年度机关规范化建设市级组织先进单位及2021年度机关规范化建设市级组织工作成效奖。

【政治协商】 2021年，九三学社日照市委参加政党协商监督活动30次，专项民主监督活动9次；就重要文件征求意见稿，征求相关领域社员意见建议。向市政协十届五次会议提交大会发言7件、集体提案6件、委员个人提案31件。关于公共卫生、司法救助方面的2件提案被市政协评为优秀提案；关于振兴乡村文化

2021年9月30日，九三学社日照市第五次代表大会召开

（九三学社日照市委　供图）

方面的调研报告入选省政协十九次常委会九三学社集体口头发言材料。关于汽车产业链、跨境电商、青少年国学教育方面的3件提案被市政协追踪报道。

【议政建言】 2021年，九三学社日照市委申报社省委重点调研课题，《关于以科技创新助推钢铁产业高质量发展的建议》得到社省委立项；3件调研报告作为党外人士议政建言绿色直通车材料，获市委主要领导批示。1件课题被市社科联评为优秀成果。注重调研成果转化，向社省委、市政协、市委统战部报送社情民意信息120余篇。其中，社省委采用6篇，市政协采用45篇，省政协采用2篇，报全国政协1篇。

【社会服务】 2021年，九三学社日照市委创新服务载体，加强联动合作，文化惠民、爱心便民、法律助民、抗疫为民，提升社会服务工作水平。九三学社书画院邀请中书协、中美协会员授课，举办书画公益培训班6期，培训人员220余人。到城市书房万达广场馆开展“迎新春送万福”活动，开展送书画进学校、进社区、进企业、进农村“四进”活动，开展“童行九三”“九三助贫”等品牌活动，开展“我为群众办实事”活动，配合市委统战部“乡村振兴服务团”，开展普法、助学、义诊、助残等公益活动。法律服务中心定期到岚山区中楼镇开展法律帮扶，帮助当地党委政府处理多起上访案件，帮助园区内多个企业规避经济风险、避免经济损失。围绕新冠疫情防控工作，撰写社情民意9篇。

【九三学社日照市第五次代表大会】 大会于2021年9月30日召开。大会选举产生九三学社日照市第五届委员会和出席九三学社山东省第八次代表大会的代表，审议并通过九三学社日照市第五次代表大会决议。

（九三学社日照市委　代雅琳）

日照市工商联

【概况】 2021年，日照市工商业联合会（简称“市工商联”）把握“两个健康”工作主题，聚焦党委政府所需、民营企业所盼、工商联所能，举办第三届“涉企惠企政策大集”“海曲企业家大讲堂”“亲清政商会客厅”见面会等活动，被全国工商联表彰为“2021年民营企业调查点工作基层先进单位”，2家会员企业入选“2021中国民营企业500强”，2家会员企业入选“2021中国民营企业制造业500强”。至年底，市工商联所属商会31家。其中，异地商会22家，行业、市场商会协会9家。联系北京日照企业商会、上海市日照商会、济南市日照商会、青岛市日照商会、东营市日照商会、深圳市山东日照商会、河北省山东商会临沂日照分会7家域外日照商会。

2021年7月2日，市工商联召开庆“七一”民营企业家座谈会　（张榕　供图）

【思想建设】 2021年，市工商联召开2次全市民营经济代表人士座谈会，学习习近平总书记“七一”重要讲话精神和党的十九届六中全会精神。举办商会会长培训班，组织民营企业家赴南通学习张謇企业家精神，不断深耕“听、跟、走”意识。用好“亲清政商会客厅”，面对面交流、点对点答疑，帮助民营企业解决发展中遇到的“急难愁盼”问题。推动成立日照市青年企业家商会，举办青年企业家“红色信念之旅”，着力培养有担当、有修为、有思想的青年企业家队伍。落实“第一议题”制度，全年组织理论中心组学习、专题辅导24次。落实意识形态工作责任制，召开专题研判会议2次，制订《网络安全管理处置预案》，掌握工作主动权。组织“民营企业家学党史·讲党课”专题活动，带动各级党组织书记讲党课135次，该做法被《中华工商时报》刊发。组织848名企业党员到社区“双报到”，参与文明劝导、驿站服务、尊老爱幼等志愿服务行动。组织开展“我与党旗合个影”“看电影学党史”“晒党龄、守初心”、书画作品展、主题征文、重温入党誓词等主题活动。

【组织建设】 2021年，市工商联抓实主体责任，深入推进改革，夯实党建基础。落实“四责协同”工作机制，压实关键少数“一岗双责”，制定落实主体责任年度重点任务清单，扎实开展“机关党建体检”，以落实问题整改夯实机关党建基础。组织所属企业和商会党组织述职评议，压紧压实各级管党治党责任。扎实推进市县工商联和所属商会改革，有序推进异地商会归口管理、乡镇（街道）商会登记注册、僵尸商会清理等工作，推动4个区县工商联机关全部实现单设，实现向改革要动力，推动重点任务落实。开展“百千万提升工程”，建成3个市级两新组织党建工作示范点，2个民营企业党校，1个党支部书记创新工作室，强化典型带动。推进商会党建扩覆盖，选聘退役军人到多家商会担任“兵支书”，扎实推动商会党组织扩覆盖，推动新成立商会党支部5个，覆盖7个商会。

【参政议政】 2021年，市工商联通过党外人士议政建言绿色直通车，围绕优化营商环境、工业互联网建设等7课题深入调研，形成的意见建议获市委主要领导批示，起草并推动日照市出台《日照市营商环境“啄木鸟奖”试行办法》。健全民营经济监测体系，加强民营企业调查点工作，入库企业数量和数据分析质量位居全省前列，连续3年被评为“全国工商联民营企业调查点工作先进基层单位”。举办全市工商联系统提案和社情民意信息工作培训班，提交团体提案7篇，社情民意70余篇。

【服务非公经济】 2021年，市工商联建立“请进来、走出去”常态化培养机制，举办2期“海曲企业家大讲堂”，为200余名企业家传经送宝；开展“走进顶尖民企——南通站”活动，组织20余名企业家“走出去”考察取经。针对普遍困扰中小微企业的融资难题，加大与金融机构对接力度，举办3期“银桥茶座”活动，面对面服务民营企业70余家，达成贷款意向1000万余元。举办“涉企惠企政策大集”，开展“送政策进商会”系列活动，提高民营企业政策知晓率。日照市总商会人民调解委员会成立，推动商调会向商会全覆盖。建立“万所联万会”机制，依托5家律师事务所，对接服务46家商会组织及民营企业。开展“法律进民营企业系列活动”，累计为80余家企业免费开展法律体检和法律咨询。

【日照市总商会人民调解委员会】 2021年3月5日，日照市总商会人民调解委员会揭牌仪式在日照市公共法律服务中心举行。会议现场宣读《关于成立日照市总商会人民调解委员会的实施方案》，详细介绍人民调解委员会工作职责、工作性质、调解范围以及组织架构。该人民调解委员会将调解日照市民营企业之间的民商事纠纷、企业与员工之间的劳动争议纠纷以及其他适合调委会调解的民商事纠纷。

【2021东西部协作暨乡村振兴培训】 2021年11月30日至12月2日，市工商联组织日照市有关民营企业负责人一行11人，赴黔江举办2021年东西部协作暨乡村振兴培训，开展公益协作、经贸交流，衔接推进“万企兴万村”工作。培训活动围绕“共同富裕和乡村振兴”相关课题展开，拜访黔江山东商会，考察当地乡村振兴示范点，调研成功协作产业项目，开展走访慰问和消费扶贫。

（市工商联 张 榕）

群众团体

日照市总工会

【概况】 2021年，日照市总工会辖2个区、2个县和日照经济技术开发区、日照高新技术产业开发区和山海天旅游度假区7个区县级总工会，全市有基层工会组织3421家，工会会员34万人。年内，市总工会被表彰为全国“市级工会财务工作先进单位”，被省文明委评为省级文明单位，3项工作在全国总工会有关会议上交流发言，获市级以上主要领导批示肯定12次；职工对工会工作满意度和农民工入会工作评价居全省第一。

【劳动竞赛和培训活动】 2021年，市总工会组织开展“建功‘十四五’，奋进促蝶变”争先创优劳动竞赛20项，联合市人社局等有关单位开展职工职业技能竞赛120项，带动全市15万名职工参加岗位比武、技术练兵。与市技师学院合作建成日照工匠学院，成立职工创新赋能中心和职工创新服务联盟，聘请全国总工会副主席、“大国工匠”高凤林为名誉院长，开展“大国工匠”讲堂、职工技能提升培训班12场次。建起山东省内首家全国产业工人学习社区，在全国率先开展地方工匠直播月活动，邀请“大国工匠”年度人物直播授课，在线观看超20万人次。

【职工普惠服务】 2021年，市总工会精准化帮扶困难职工，实现在档困难职工全部解困。元旦、春节期间，各级工会共筹集款物230万元，慰问困难职工260余户，走访一线职工1.2万余人。构建和谐劳动关系，推进集体协商提质增效，举办全市集体协商工作培训班和第二届全市工会集体协商竞赛，在全省工会集体协商竞赛中获得第3名、地级市第1名。加强专职集体协商指导员队伍建设管理，选聘、培养22名专（兼）职集体协商指导员。贯彻落实《山东省工会劳动法律监督条例》，全市各级工会成立监督委员会133家，聘请专兼职劳动法律监督员567人。高标准打造日照市职工法律服务中心，与市人社局、市法院、市司法局联合建立“四方联动”工作机制，调解劳动纠纷案件158件。投入250万元，在全市职工中实施大病医疗补助保障计划。搭建单身职工线上线下相融合的“爱在日照”婚恋交友平台，40余对青年职工牵手成功。组织1000名一线职工疗休养。实施一线职工“求学圆梦”计划，帮助73名农民工学历晋升。依托齐鲁工惠App日照职工e家开展普惠服务362次，举办的职工美好生活节、职工风筝节、“惠工乐学”等特色活动被全国总工会评为最具影响力普惠平台。

【户外劳动者驿站】 2021年，市总工会创新户外劳动者驿站“共建共治共享”模式。坚持“共建”理念，实现工会驿站大家建。超前谋划，合理布局户外劳动者驿站建设，推动形成布局合理、覆盖广泛、服务有效的服务职工阵地网络，打造户外劳动者“15分钟服务圈”。坚持“共治”理念，实现工会驿站管理运行规范有效。坚持有场所、有设施、有标识、有服务、有制度“五有标准”，实现服务管理规范化。通过规范化管理，提高共治质效，让工会驿站不仅好看、更要好用。强化考核评价，实现驿站运行长效化。坚持“共享”理念，实现工会服务向基层延伸，始终坚持以职工为中心的工作导向，让每一处工会驿站“活起来”“动起来”，把工会驿站打造成“精致城市”新名片，成为关爱户外劳动者的暖心站，工会服务职工群众的工作站，传播城市文明的爱心接力站。依托驿站开展“夏送清凉”“冬送温暖”等关爱一线户外劳动者活动200余次，关爱慰问职工1.2万人次，推动工会服务资源向基层延伸。

【基层工会建设】 2021年，市总工会开展“强抓基层、大抓建会”集中行动，修订《基层工会组织建设实用手册》，以新就业形态群体和非公企业建会入会为重点，推行建会入会一图一册一文本，规范基层工会工作。年内，全市新成立工会组织729个，新发展工会会员7.8万人，其中新发展农民工会员4.2万人。市总工会在全省工会基层工作现场推进会议上做典型交流发言，全国总

2021年4月9日，市总工会在市人民广场开展“同唱一首歌”活动 （丁 帅 摄）

工会副主席巨晓林对日照市工会基层工作作出肯定批示。

【同唱一首歌活动】 2021年4月，市总工会组织开展庆祝中国共产党成立100周年“同唱一首歌”活动，用歌唱艺术形式展现全市职工“当好主力军 建功新时代 奋进促蝶变”良好精神风貌，展示广大职工永远跟党走的豪情壮志和奋进新征程的工作风采。3月23日，向全市职工发出“为劳动放歌·为祖国点赞”线上合唱比赛暨庆祝中国共产党成立100周年“同唱一首歌”活动“邀请函”。采用“线上+线下”结合模式，各参赛单位线下合唱同时，将同步视频录制，上线“为劳动放歌·为祖国点赞”线上合唱比赛，并启动线上展播和网络投票等环节，在互联网展现日照职工歌唱风采，唱响职工“好声音”，彰显“咱们工人有力量”。活动共收到各级工会参赛作品60余首，作品通过“日照工会”“日照职工e家”微信公众号、“齐鲁工惠”App、直播日照、主流日照、日照通App、大众网等平台专题栏目发布。

（市总工会 汤 航）

共青团日照市委

【概况】 2021年，中国共产主义青年团日照市委员会（简称“团市委”）扎实推进全国共青团县域基层组织改革试点工作，夯实基层基础。依托青企峰会平台，服务越疆、新希望等项目落地。出台《关于全面加强新时代少先队工作的实施意见》，少先队工作走在全省前列。全年争取全国试点2个[全国县域共青团基层组织改革试点（莒县）、东港区全国大学生“返家乡”社会实践活动试点]，省级试点1个，承办省级活动3项，在省级会议上作典型发言4次，在团省委工作评价中获得全省第二位，团省委向市委寄发喜报。各级团组织及个人获得全国五四红旗团委等全国“两红两优”荣誉9项。联合中青报开展青年发展友好型城市活动季，承办山东省乡村振兴青年创新创业交流会、山东省青年电商大赛，“青年安全生产提升行动”成为全省试点。围绕城乡青年融入社区等方面，实施21项“我为青年办实事”项目。“青鸟计划”提供岗位3.3万余个，建成7处“青年驿站”入驻“日照通”，为外地求职学子提供免费住宿、就业咨询等一站式服务。连续举办“青春日照”校地足球赛，增强对青年人才吸引力。募集资金322万元，“希望小屋”建设质量和速度全省领先，受助家庭满意率100%。至年底，团市委下级组织9941个。其中，团（工）委328个、团总支297个、团支部7430个。城市社区、农村领域团支部3000个、学校领域团支部4950个、机关事业单位领域团支部401个、企业领域团支部583个、新社会组织领域团支部22个。全市有团员135192人，其中学校领域团员56588人、机关事业单位领域团员8055人、国有企业领域团员3395人、非公企业领域团员4158人、新社会组织领域团员151人、城市社区领域团员7649人、农村领域团员55196人。

【青少年思想引领】 2021年，团市委聚焦主责主业，印发《关于在全市团员青年中开展党史学习教育的通知》，在全市动员部署“学党史、强信念、跟党走”主题教育，强化青少年思想引领，推动党史学习教育走深走实。在“五四”“七一”等重要节点，组织“青年讲师团”等进基层宣讲800余场，团支部学习教育覆盖率100%，“青年大学习”全年保持全省第一位。把严守政治纪律和政治规矩摆在突出位置，做到“党有号召、团有行动”，落实政治责任，彰显政治本色。开展“习近平总书记对我影响最深的一句话”专题写作比赛，大众日报党史知识竞赛党员参与率、活跃度100%，在全市青少年中形成浓厚学习氛围。开展党史学习教育宣讲，组织干部团员收听收看习近平总书记重要讲话并开展交流研讨，以“我为青年办实事”“我为少年儿童办实事”具体成效作为检验党史学习教育成果的重要依据。

【基层组织建设】 2021年，团市委加强基层组织建设，开展县域共青团改革试点工作。提报莒县作为将团建纳入党建年度考核和县委新一轮巡察试点；新选配团县委机关专职团干部2人、兼挂职团干部4人，招聘青少年专职社工13人，选任32名大学生兼职镇街团委副书记；制定《团干部队伍全流程动态管理实施办法》，工作表现好的基层工作力量和机关兼挂职人员可按程序进入团县委或下属事业单位；发挥镇街团（工）委和行业团工委交叉覆盖作用，构建“20×6”网格组织体系，“两新”团组织增长77.3%，建设团属青年社团18个。以村（社区）团组织换届为契机，筑牢基层组织基础。利用推动35岁以下年轻干部进“两委”班子政策，选优配强村（社区）团支部班子，换届后村（社区）团组织书记平均年龄为31.6岁，比上一届降低4.1岁；新当选团组织书记中，高中以上学历1526人，其中大专以上学历843人，较换届前分别提高23.22%、29.31%，实现“两提升两优化”。构建以镇街青工委为手臂延伸，市抓乡镇着力提质增效。构建“1＋X＋N”包联机制，市县两级机关干部为骨干、各领域团干部参与的工作组，建立“一团一品”项目建设导向，打造“小海团”等特色工作项目，通过月度通报、季度展示、年度述职方式对镇街青工委工作进行督导考核，日照市镇街青工委工作在全省共青团工作骨干会议上受到表扬。

2021年4月29日，“服务青年发展 建设青春之城”2021青年发展友好型城市（日照）活动季启动仪式举行 （团市委 供图）

【青年创新创业】 2021年，团市委建立市县乡三级“好青年”人才库，推荐市委组织部优先把“好青年”纳入农村党员、后备干部培养序列，促进村党组织带头人队伍整体优化，全年评选“乡村好青年”市级45人、区县级279人、镇街级乡村好青年1560人。将乡村“好青年”纳入各类农民创业培训和市青联、市青企协等组织中，提升综合素质和职业技能，加强与各界优秀青年的学习交流。承办“山东农担杯”齐鲁青年乡村振兴创新创业大赛乡村文化旅游和社会化服务领域组比赛、山东省乡村振兴青年创新创业交流会，搭建青年创新创业展示平台，激发青年投身乡村振兴热情。开展青年电商培育行动。赴连云港、青岛等地调研学习，支持青年电商企业、创业项目30余个。为好青年提供额度300万元的专属信贷产品以及总额2000万元电商创业低息贷款，赋能青年积极投身乡村振兴事业。承办第十七届山东省青年职业技能大赛电子商务竞赛，吸引全省300余名青年电商选手参赛，赛事短视频总播放量突破1000万次，并获团省委、人社厅颁发的“优秀组织奖”。

【青年就业服务】 2021年，团市委开展“我为青年办实事”活动，建成7处“青年驿站”入驻“日照通”，为外地求职学子提供免费住宿、就业咨询等一站式服务。举办“青鸟计划·就业服务季”暨“职为青鸟 筑梦日照”2021云招聘活动，提供岗位3.3万余个。对接3家企业与齐鲁工业大学、日照职业技术学院等高校达成合作意向，采取“高校下单区县接单”模式，开展“沉浸式”大学生技能提升行动。在寒、暑假两期实习实践季活动中，共发布2490个实践岗位，收到5135份简历，1374人到岗实习，同时开展“感知行”“城市行”等交流观摩活动12场，累计489名高校学子参与。

【青年安全生产技能提升】 2021年5月17日，团市委与市应急管理局联合出台《“青年安全生产技能提升行动”试点工作实施方案》《关于开展2021年度日照市青年安全生产示范岗创建工作的通知》等政策性文件。确立“一三四五”青年安全生产工作法，推行“三看三问一总结”安全上岗制度，并作为典型案例，在省安委会、省应急管理厅、市委办等工作简报推广，日照市成为全省3个试点市之一。全市有32家单位报备为省级青安岗争创集体，其中7家被认定为“山东省青年安全生产示范岗”集体。

【共青团志愿服务】 2021年，团市委累计招募2800名大学生志愿者，先后服务第十四届全运会三人制篮球男子组资格赛，第十四届全运会、2021年全运会女子足球U18组资格赛、成年组资格赛、成年组排位赛，全国帆船锦标赛（470级＆激光级＆芬兰人级）、绿道骑行耐力赛、青少年机器人创客大赛、杜鹃花节、马拉松、煤炭交易会、元旦祈福大典等近20项大型赛会活动。开展“小草学堂”暑期学生托管服务，160余名志愿者为800余名小学生提供安全自护、红色主题教育等“七彩课程”。新冠疫情防控工作中，在医疗救护、物流配送、应急保障等重点领域拉起青年突击队，1346名团干部和青年志愿者累计服务群众7.1万余人次、时长8443小时，青联、青企协等“青字号”自发捐赠物资210万余元，提供临时宿舍、隔离点5处，在急难险重任务中彰显青春担当。

【“青帆”课后青年志愿服务】 2021年3月18日，团市委联合市教育局召开全市课后青年志愿服务工作座谈会，创新启动“青帆”课后青年志愿服务，以“青帆”青年课后志愿服务助力“双减”政策落实。项目整合7所驻日照高校、部分社会组织和爱心企业等16支队伍组建首批“青帆”课后青年志愿服务队，征集项目涵盖安全教育、环境保护、科学普及等6个类别。“小小造纸家”“救在身边应急知识进校园”“国防体育体验课”“儿童平安小课堂”“古籍知识进校园”“愿安学堂”“出彩四点半”7个项目在8所学校结对试点，参与志愿者110人，覆盖学生2500余人。

【小草学堂】 2021年7月，团市委联合市文明办、教育部门，将“共青团小草学堂”与暑期学生托管服务工作相结合，助力缓解暑期小学生“看护难”问题，依托全市新时代文明实践中心建设30处“共青团小草学堂”，招募志愿者130名，学员800余名。将城市社区志愿者招募与青鸟计划相结合，坚持就近就便原则，发布暑期托管志愿服务青鸟实习岗位；与教育部门合作，为全市各处“小草学堂”配备1名教师志愿者，提升“小草学堂”服务专业化、科学化水平。

【“希望小屋”建设】 2021年，团市委通过入户摸排、实地勘察、分析研判，建成“希望小屋”200间，并对2020年已建成“希望小屋”进行回头看。市县两级挂图作战、建立台账、记录日志抓牢基建施工、物资采购、质量验收3个环节，确保安全质量过关。发动广大青年参与520“腾讯公益季”和“99”公益日等线上一起捐活动，共募集社会各界爱心资金272万余元。建立小屋综合评价机制，定期组织“小屋之星”评比等活动，引导青少年养成良好生活习惯。争取“希望小屋”纳入日照市“我为群众办实事”重点项目，工作推进情况被全市党史学习教育简报多次刊发，被作为全市党史学习教育案例示范推广，被团省委表彰为“腾讯公益季”希望小屋儿童关爱项目社会化募集先进单位，在“希望小屋”儿童关爱项目西南片区现场推进会上被团省委点名表扬。根据志愿者特点及行业部门，组建“小草伙伴”、爱心妈妈等多支志愿服务队，实行“周工作”机制，满足受助儿童个性化需求。

【少先队工作】 2021年，团市委强化思想政治引领，开展“红领巾心向党”教育实践活动，承办中青报“强国少年 红色阅读”主题活动，举办日照市“红领巾讲解员”大赛、少先队鼓号操大赛，打造“红色校车”“城市书房红领巾读书角”等党史学习教育阵地，举办“星火读书会”6期，组建市、县、校三级红领巾巡讲团并开展党史宣讲500余场次。出台《中共日照市委关于全面加强新时代少先队工作的实施意见》，加强辅导员队伍建设，在线培训大队辅导员200人，畅通辅导员“双线晋升”渠道，在省少工委八届二次全会上作典型发言；规范开展分批入队，在全省率先完成“红领巾奖章”1～3星章评选；推动建立91个校外少先队组织，被《中国共青团》宣传推广。在全市231个农村少先队组织中开展“小手拉大手·提升人居环境”行动，影响带动11.3万个家庭共建美丽宜居家园；建设命名“少先队实践教育基地”69个；举办红领巾爱心义卖活动40余场，募集爱心捐款近20万元，帮助留守儿童、进城务工人员子女、家庭困难少年儿童实现微心愿622个；开展“鲁疆少年手拉手”活动，全市17个少先队组织、3637名少先队员与新疆麦盖提县少年儿童结对，捐赠图书4万余册，两地联合开展线上主题中队会覆盖少先队员5000人。抓好思想政治引领、基层组织建设等工作，在全省率先完成“红领巾奖章”争章活动。开展“红领巾心向党”实践教育活动，举办中青报“强国少年 红色阅读”活动、少先队鼓号操大赛，拓展青少年思想引领载体。组织356所中小学辅导员讲好党的故事，利用少先队“红色校车”，打造“团组织＋学校＋校车公司”三位一体的党史学习教育“流动阵地”；通过城市书房“星火读书会”“红领巾讲解员”交流营、“少先队实践教育基地”打卡、“小手拉大手”行动等方式，突出实践育人特色。《中国共青团》宣传日照市校外少先队组织建设工作，“星火读书会”“红色校车”等被全国少工委点赞推广，推出《山东少先队》日照专刊1期。

（团市委 胡照临）

日照市妇联

【概况】 2021年，日照市妇女联合会（简称“市妇联”）围绕中心、服务大局，主动作为、担当实干，全市妇女工作实现创新发展。打造日照好家风、“幸福护航”婚姻家庭辅导服务、“阳光护花”未成年人关爱、“美丽庭院”创建、大嫂调解、“两癌”免费检查和救助等一系列工作品牌和亮点，《人民日报》、新华社客户端、《中国妇女报》等主流媒体先后多次宣传报道。国务院妇儿工委评估检查组对日照市规划实施情况给予高度评价。市妇联被省委、省政府表彰为全省脱贫工作先进集体，被国务院妇儿工委表彰为全国实施妇女儿童发展纲要先进集体。至年底，全市建立村、社区妇联3157个，乡镇、街道妇联56个，机关事业单位妇女组织500多个，培育扶持女性社会组织30多个。

【妇女思想政治引领】 2021年，市妇联坚持把学习宣传贯彻习近平新时代中国特色社会主义思想作为首要政治任务，团结引领全市妇女听党话、跟党走。加强活动引领，组建女支部书记宣传团和56支巾帼宣讲队，开展“巾帼心向党 奋斗新征程”接力宣讲进机关、入校园、到农村、去社区活动1000余场次，参与群众达15万人次。加强典型引领，选树市级以上“三八”红旗手（集体）、巾帼建功标兵、“好军嫂兵妈妈”等先进典型100余个，讲好巾帼故事、展示巾帼风采。加强网络引领，用好各类媒体宣传平台，走好“网上群众路线”，加强网上正面宣传，运营日照女性微信公众号400余条，凝聚巾帼正能量。

【妇联基层组织建设】 2021年，市妇联坚持党建带妇建，完成女性进“两委”和基层妇联组织换届工作，如期实现“三个100%”，即村级妇联组织100%换届，村级妇联主席100%进“两委”班子，100%“两委”班子中有妇女成员。选举产生妇联执委13348名，比上届增长125.7%。在全市依托村级组织和社区活动场所建立各级各类“妇女儿童之家”3000多个，有效发挥妇女权益维护、技能培训、家庭教育等服务功能。加强工作机制创新，建立“阵地＋社会组织＋公益项目＋执委工作站”等工作模式，提供更多精准服务。建好网络家园，提质升级“日照女性”微信公众号，打造“一网六微两号＋N群”新媒体工作矩阵，构筑线上线下“同心圆”。

【妇女创业就业】 2021年，市妇联加大资金支持，举办金融支持妇女创业银企对接会，16家金融机构与26家巾帼企业签约，意向授信3.47亿元。组建巾帼创业金融辅导员队伍，协助发放“鲁担巾帼贷”468笔，金额4.42亿元，发放“创业贴息贷”1346笔，金额2.65亿元，建立女企业家与金融机构常态化对接机制。开展分类培训，举办乡村振兴女致富带头人培训班、日照市第五届巾帼家政职业技能大赛、“乡村振兴巾帼行动”志愿服务直通车活动，联合农业、人社、商务等部门举办实用技术、电商、直播带货等培训班，培训妇女3.5万人次。加强联系交流，带领女企业家协会参加胶东经济圈一体化妇女创新发展联盟、黄河流域生态保护和高质量一体化发展巾帼论坛暨沿黄九省（区）手工艺创业创新大赛，构建妇女创新发展共同体。

2021年12月9日，日照市第五届巾帼家政职业技能大赛颁奖仪式举行

（市妇联 供图）

【美丽庭院创建】 2021年，市妇联组织参与农村人居环境整治，建立全域推进、网格管理、执委包保、示范带动、积分激励等工作机制，“美丽庭院”创建实现全覆盖。组建市县乡三级美丽庭院讲师团，举办垃圾分类和庭院美化讲座100余场次。开展美丽庭院创建擂台赛、线上展播、百日攻坚等活动5000余次，推进“美丽庭院＋庭院经济＋民俗旅游”等品牌创建，打造“爱心超市”“妇联小铺”等特色积分超市。至年底，建成“美丽庭院”10.77万余户，比2020年增加1倍，占全市农村常住庭院的29.87%。

【妇女儿童权益维护】 2021年，市妇联在全省率先建立党政主导、政法委牵头的维护妇女儿童权益联防联动机制。婚姻家庭纠纷、反家暴、预防性侵未成年人等工作纳入市社会治理网格化智能管理工作平台和网格员日常走访职责清单。市、县两级妇联全年妥善调处妇女信访案件400余件次，家庭暴力接警1380起，出具家庭暴力告诫书126件，维护妇女儿童合法权益。在区县婚姻登记处和区县法院全部建立“幸福护航”婚姻家庭辅导服务中心，招募组建婚调志愿者队伍338人，全年共调解拟离婚人员13841对，通过辅导取消或暂缓离婚登记6896对，辅导率和劝和率均居全省前列，日照市离婚率逐年下降。深化“大嫂调解”工作，聘任大嫂调解员3168名，6792名好媳妇、好婆婆成为大嫂调解助手，全年调解案件7258起，调解成功率82%；防止民间纠纷转化为刑事案件13起；协调司法部门为3023名妇女儿童提供法律援助等服务，维护家庭和谐和社会稳定。

【家庭文明建设】 2021年，市妇联实施“日照好家风”培育工程，培育好家风。建好用好日照好家风学习中心，实现“月月有主题、周周有活动”，参观学习达2万余人次。开展“颂党恩 传家风”“亲子共读红

2021 年 3 月 4 日，日照市“贫困妇女两癌救助”项目启动仪式举行

（市妇联　供图）

色经典”活动 44 场次，录制推出家风家教课程 100 余个。与市纪委监委机关联合打造“清风传家”廉洁文化品牌，开展家风故事巡讲、红色家风永流传专栏、家风家训挂厅堂等特色活动，推出《日照好家风》公益宣传片、书籍、歌曲及广场舞等系列主题作品。推进家庭教育工作，涵养好家教。在城市书房建立亲子阅读基地。发展壮大家庭教育志愿者队伍，成立日照市家庭教育讲师团，打造“润禾”“丹桂飘香”“爱育未来”等一批家教品牌。依托各级各类家长学校，层层开展母亲素质提升工程、家庭教育讲座及送家教下乡等活动 700 余场次，受益家长和儿童 10 万余名。开展寻找“最美家庭”“好婆婆”“好媳妇”评选，“喜报送娘家”等活动，层层选树文明家庭、最美家庭 1.1 万户，“好媳妇”“好婆婆” 1.2 万名。深化“平安家庭”创建，持续开展“不让毒品进我家”“安全生产进家庭”等主题活动，建设好家庭。

【妇女儿童关爱救助】 2021 年，市妇联加强与妇儿工委成员单位联系协调，推动解决妇女在劳动就业、土地权益、家庭暴力等方面重点难点问题，完成市妇女儿童发展“十三五”规划终期监测评估工作。全市女性参政议政、妇女与健康、儿童与教育等领域指标走在全省前列。编制完成“十四五”妇女儿童发展规划。市县两级财政投入 4500 万元，利用 3 年时间（2020—2022 年），对日照市 35 ～ 64 周岁的城乡适龄妇女提供一次宫颈癌、乳腺癌免费检查，每年筛查 10 万名妇女，累计完成 20 万名筛查任务。设立 500 万元专项资金，救助贫困“两癌”妇女 500 人，居全省首位，第三方评估群众满意度 100%。争取全国妇联、省妇联 100 万元救助“两癌”患病妇女 100 名，协调中国人寿日照分公司向全市 3090 名脱贫妇女捐赠保费 15.45 万元、保额 1.85 亿元的女性安康公益保险，保障妇女健康权益。

【“阳光护花”留守（困境）儿童关爱活动】 2021 年，市妇联招募 897 名爱心妈妈，与全市 753 名留守儿童和 144 困境儿童结成对子，有针对性地开展亲情陪伴、家教补给等“七个一”关爱活动。村（社区）妇联执委对单亲等特殊家庭未成年人实行包帮制，定期走访，及时帮助解决问题。联合教育部门，开展孤困学生家校社三关爱活动，给予孤困学生更多关爱服务。实施“春蕾计划”，募集资金 64 万元救助春蕾女童、女大学生 1626 名。

（市妇联　厉　辉　董艳艳）

日照市科协

【概况】 2021 年，日照市科学技术协会（简称“市科协”）围绕市委工作部署和省科协九大精神，实施新时代“五大计划”，履行“四服务”职责。争引科技馆免费开放中央补助资金 225 万元、山东省“基层科普行动计划”项目资金 120 万元，申报“山东省基层科普行动计划”项目 9 个、“山东省科普示范工程”项目 3 个，建设社区科普馆 5 处、科普宣传栏 60 延米、科普展板 50 块，开展各类科普活动 70 余次；全国科普日活动期间，印制并发放科普材料 2.1 万份，开展活动 235 场次，被评为全国科普日活动优秀组织单位。在全国首创“全国馆校合作科学教育试点市”；获“十三五”全国全民科学素质工作先进集体、日照市“攻坚克难和改革创新奖”先进集体等 10 余项称号，加快扫盲式科普向智能转型升级等 4 个改革攻坚做法在中国科协十大上作书面经验交流。至年底，全市有东港区、岚山区、莒县、五莲县 4 个区县科协，市级学会（协会、研究会）49 家。

【“馆校合作科学教育试点”】 2021 年，市科协争取中国科技馆支持，将馆校合作作为为民办实事选项，在全国首创“馆校合作科学教育试点”，把科技馆资源与中小学课后服务精准对接，实现资源有效利用和机制创新融合，深度服务“双减”政策，惠及全市 150 所学校 13.8 万余名学生。6 月 17 日，中国科技馆与日照市政府签订期限为 5 年的合作协议；10 月 20 日，中国科技馆在日照市建立“馆校合作日照科学教育基地”。《馆校合作助力课后服务》典型做法入选日照市“我为群众办实事”实

2021 年 6 月 17 日，中国科技馆与日照市人民政府馆校合作科学教育试点市签约仪式举行　（市科协　供图）

践活动案例选编。

【第 20 届山东省青少年机器人竞赛】 2021 年 5 月 21—23 日，全省 16 个市 431 支代表队的 940 余名选手参加在日照举办的第 20 届山东省青少年机器人竞赛。竞赛包括机器人综合技能比赛、机器人创意比赛、VEX 机器人工程挑战赛、机器人创新挑战赛、ENJOY AI 普及赛、机甲救援挑战赛、GAR 人工智能普及赛七个项目。每个赛项分别设小学、初中和高中 3 个年龄组，部分赛项首次设立幼儿组，实现赛项基础教育全年龄段贯通。此次大赛，日照市代表团由 31 支队伍、74 名选手组成，参加机器人综合技能比赛、机器人创意比赛、ENJOY AI 普及赛、机甲救援挑战赛、GAR 人工智能普及赛项目比赛。其中，5 支队伍获得 GAR 人工智能普及赛一等奖，3 支队伍获得机器人创意比赛一等奖，1 支队伍获得机甲救援挑战赛一等奖；3 支队伍获得 GAR 人工智能普及赛二等奖，2 支队伍获得机器人创意比赛二等奖，1 支队伍获得机器人综合技能比赛二等奖；5 支队伍获得机器人创意比赛三等奖，3 支队伍获得 GAR 人工智能普及赛三等奖，3 支队伍获得 ENJOY AI 普及赛三等奖，3 支队伍获得机甲救援挑战赛三等奖，2 支队伍获得机器人综合技能比赛三等奖。

2021 年 10 月 20 日，“馆校合作日照科学教育基地”揭牌暨“科技馆里的科学课”启动仪式举行　（市科协　供图）

【日照市首届青少年机器人创客大赛】 2021 年 5 月 1—2 日举办，全市 303 支参赛队伍、713 名选手参赛，连续性开展系列青少年科普活动，首次采用积分管理制度，打造日照市科技馆品牌活动“科学运动会”，并以“科学嘉年华 玩转暑假”为主题，启动首届活动。开展活动 27 次，含 10 个展示项目、17 个竞赛项目（亲子项目 7 个），约 3000 人参加，收集科幻画 94 幅。

【“深化改革工作试点”】 2021 年，日照市科协探索提高农村妇女科学素质途径和办法，创新科普工作形式，通过开展“智爱妈妈行动——小手拉大手亲子科教活动”走进中小学校，开展形式多样的教育、培训、宣传等活动，让科普资源惠及更多基层群众。“智爱妈妈行动”累计开展活动 89 场次，开设科学和艺术课 1078 节，发放各类科普宣传材料 7 万份，培训青少年 7.9 万人次，直接影响农村妈妈 3.5 万人次，间接带动影响农村妇女 30 万人次；通过大众网直播平台举办“儿童口腔健康保健”“科学防控近视”等专家科普讲座 18 场，162.3 万人次在线观看。“智爱妈妈行动——小手拉大手亲子科教活动”连续两年被中国科协评为全国特色项目，入选中国科协“地方科协深化改革工作试点”并在全国工作推进会上作典型发言，被中宣部等 15 个国家部委表彰为全国文化科技卫生“三下乡”活动示范项目。

【“促进社区科普馆资源共享试点”】 2021 年，市科协“促进社区科普馆资源共享视点”项目通过验收，并在全国社区科普馆流动运营专题讨论会上作典型交流发言。该项目是中国科协科普部打造普惠创新、全面动员、全民参与的社会化科普大格局，用一个实体场馆带动周边 4 个社区科普场馆，探索社区科普资源整合共享服务新模式，全国仅 3 个城市建成。全年在尚德、望海、津海和凌云 4 个社区科普馆完成 87 件展品 4 次轮展，周末开放公益科学课192节，1万余人次直接参与，填补居民基层科普短板，实现资源共享与科学普及双赢。

【建家交友】 2021年，市科协开展“线上线下”建家交友活动，团结引领广大科技工作者众心向党、自立自强。联合市科技局开展2021年“全国科技工作者日”系列活动，举办各类科普、科技服务等线下活动48场次，线上活动12场次，直接参与达41万余人次；举办发布仪式，选树宣传2021年“日照最美科技工作者”10名；开展日照科技论坛、优秀科技论文评选等26场次，增强凝聚和吸引科技工作者力量。

【数字科普转型升级】 2021年，市科协在喜马拉雅附魔和蜻蜓附魔《科普在线》栏目录制节目375期，计1875分钟，累计听众达1000万人次，科普云下载量达到2.5万次。2021年“服务春耕惠民生 行风在线进农家”大型户外直播活动吸引“直播日照”（抖音粉丝量1541万人）等十几名网红现场直播，20万名网友围观互动。借助网络新媒体，“零接触”式宣传科普知识，持续开展新冠疫情防控科普宣传，引导公众建立科学思维方式、掌握科学预防办法。

（市科协 王 晓）

日照市侨联

【服务经济】 2021年，日照市归国华侨联合会（简称“市侨联”）树牢“项目为王、人才第一”理念，做大做强新侨创新创业日照联盟、市侨商会等平台，促成海明堡（亚洲）直升机配套项目、总投资5亿元的安锐特（山东）通用航空有限公司落户市北经济开发区，促成总投资5.6亿元的日照广科源钢铁配套项目落户东港区，跟进服务总投资20亿元的日照经济技术开发区铜锣湾广场项目。拓展“三服务”工作。牵线搭桥助力“双招双引”，举办中东欧侨社团经贸洽谈会，与英国山东总会、莫桑比克太特华人商会、匈牙利山东商会签署海外“双招双引”联络站备忘录，帮助美若科技有限公司融资3000万元用于企业科技研发。

【基层建设】 2021年，市侨联承办全省侨联干部培训班暨“两个建设”现场会。中国侨联副主席、省侨联主席李兴钰，中国侨联基层建设部部长张毅、中国侨联文化交流部部长刘奇出席授课并实地调研。日照市基层建设相关做法在中国侨联《基层建设工作》简报刊发，省侨联以正式文件转发。

【“侨胞之家”创建】 2021年，市侨联打造日照“侨胞之家”（侨史文化馆），列入日照市“十四五”规划和2035年远景目标，集为侨维侨、联络联谊、双招双引等功能于一体，多次召开专家座谈会、项目推进会，多方征集文物史料。开展“侨胞之家”规范化创建，新建基层“侨胞之家”12处。

【助力乡村振兴】 2021年，市侨联发挥优势助力乡村振兴、抗击新冠疫情。引导支持中盛集团、亚太森博等10余家侨商侨企参与乡村振兴项目建设。牵线山东蒙德尔生物科技有限公司向五莲县新兴生态产业园捐赠价值4万元生物有机肥10吨，联合日照心脏病医院到岚山区巨峰镇开展“送健康助春耕”服务乡村振兴义诊活动。五莲新冠肺炎疫情发生后，第一时间在全市侨界发出倡议，发动中大体育、五征集团等侨商侨企捐款捐物达1500万余元助力五莲抗疫。市侨联被中国侨联表彰为全国侨联系统助力脱贫攻坚先进集体。

【联络联谊】 2021年，市侨联与英国山东总会、莫桑比克太特华人商会、匈牙利山东同乡会缔结友好社团。受邀参加第二届中国—中东欧国家博览会，利用“创业中华——2021中东欧国家华商合作宁波峰会”宣传推介日照。成立日照市留学生家长联谊会，为留学生家长搭建交流服务平台，举办11期留学宣讲会，开展公益留学服务。赴南通、宁波、温州等地侨联对标学习，接待临沂、聊城等地侨联到日照考察。

【为侨服务】 2021年，市侨联深化关爱侨界空巢老人“一二三四五”行动，组织30名侨星志愿者定向结对帮扶30名70岁以上侨界空巢老

2021年6月23日，“永远跟党走——百年同心看今朝”全省侨联系统庆祝中国共产党成立100周年晚会举行

（市侨联 供图）

人，为侨界重点关爱对象定制助餐、助洁、助医、助农、助急等“五助”服务。开展“访侨企、送服务、促发展”系列活动，结合“我为群众办实事”实践活动，班子成员36次深入侨商侨企一线调研，开展送政策、送法律、送健康、送文化进侨企活动6次。通过参政议政渠道，将全市老归侨困难补贴标准由先前的每人每月150元提高至每人每月300元。组织开展“情系侨胞·迎春送暖”“粽香飘四海·真情暖侨心”“情暖侨心·爱在重阳”等活动5次，走访慰问困难归侨侨眷、包联村和“双报到”社区贫困党员群众等100余户，发放慰问金6万余元。

【文化交流】 2021年，市侨联宣传策划系列有侨特色、有引领力主题活动。组织开展“侨心向党·赤子初心——八个一”系列活动，承办“永远跟党走——百年同心看今朝”全省侨联系统庆祝中国共产党成立100周年晚会，举办“百年党史·侨心永随”日照市侨界书画作品展，开展党史知识竞赛、侨界人士座谈会等活动。完成市侨联文化艺术联谊会换届，组织全市高中学生参加第二十一届世界华人学生作文大赛并获优秀组织奖。上报《归国留学生就业关键问题及建议》，被中国侨联《侨情专报》采纳。举行亚太森博“中国华侨国际文化交流基地”揭牌仪式，举办第十四届“亚太森博杯”全市少年儿童环保绘画大赛并举行颁奖典礼。

（市侨联　秦　桦）

日照市文联

【概况】 2021年，日照市文学艺术界联合会（简称“市文联”）坚持“二为”方向和“双百”方针，聚焦主责主业，加强思想政治引领，不断推出精品力作，开展新时代文明实践志愿服务，提升服务水平；强化制度建设，推动日照文艺事业高质量发展。9月27日，成立日照市文艺工作者职业道德建设委员会，印发《日照市文艺工作者自律公约》，加强对文艺工作者政治引领、思想引领、价值引领。加强协会指导、管理。年内，日照诗词学会、市摄影家协会、市美术家协会、市油画学会、市戏剧家协会、市曲艺家协会、市书法家协会、市民间文艺家协会等完成换届。加强人才队伍建设，12月，设立文艺创作研究院；3名会员赴北京参加全国文代会、作代会。至年底，市文联有市作家协会等直属团体会员18个，主管市民间收藏协会等各类文艺社会组织40余个。

【文艺活动】 2021年，市文联坚持用文艺作品记录新时代、书写新时代、讴歌新时代，用红色文艺精品引领文化舞台，铸就精神新高地。先后举办“百年芳华 初心如磐”日照市庆祝中国共产党成立100周年大型艺术展、庆祝中国共产党成立100周年沂蒙画派作品展、“永远跟党走”日照市庆祝建党百年红色经典管乐音乐会、“歌声里的日照”系列展播、日照市百部优秀少儿舞蹈作品展播、中华诗词楹联征文、红色文艺作品评论征文、“越生活越美好”摄影图片展、日照市城市形象原创歌曲演唱会、“日出东方 百年辉煌”书画作品展等主题文艺活动。组织动员全市广大文艺工作者开展以抗击新冠疫情为主题文艺创作。举办“众志成城 同心抗疫”创作展文学作品7期17篇，书法作品2期40余件，美术作品3期50余件，摄影作品2期40余件。

【文艺作品创作】 2021年，市文联加强文艺精品创作引导。3月23日，根据赵德发小说改编的现实主义题材电视剧《经山历海》在央视一套黄金档上映；夏立君散文集《时间的压力》签订韩语版输出协议；6件作品获“泰山文艺奖”，获奖数量与质量创历史最高水平；完成第五届日照文艺奖评选工作，编辑出版《第五届“日照文艺奖”获奖作品集》，加强获奖作品展演展示，将文艺评奖和引导、激励创作有机结合，引导文艺创作。2021中国（日照）散文季征集作品1480篇，精选50余篇收录于《初光3》散文集，以雄文美文点赞“阳光海岸·活力日照”。

【新时代文明实践文艺志愿服务】 2021年，市文联坚持“省、市、县、协会”联动，“采、创、送、种”结合，动员全市广大文艺工作者积极投

2021年9月27日，日照市文联三届三次全委会议召开。会上，日照市文艺工作者职业道德建设委员会成立　（市文联　供图）

2021年10月16日，市文联举办的山东省第四届农民戏剧展演月日照分场活动启动

（市文联　供图）

身文艺宣传、宣讲、服务等活动。组织开展“文联万家·梦圆百花”新时代文明实践文艺志愿服务，第十届、第十一届“百县千村”书法惠民，诗心向党“我们的节日·端午”诗会，庆“八一”送书画走进日照军分区，“曲艺进古城　雅韵传万家”日照新时代曲艺展演走进莒国古城，“幸福书香里、情暖重阳节”文艺志愿服务，“民间工艺 美丽乡村”民间工艺培训等活动；7月，开展“学党史　传精神　跟党走”到人民中去——新时代文明实践文艺志愿服务4场；10—11月，举办第四届“山东省农民戏剧展演月”活动15场。全年举办文艺慰问演出、书画笔会等文艺惠民活动60余次，赠送艺术作品近2万件，受益群众近3万人。开展党史学习教育“我为群众办实事”实践活动，征集社区群众微心愿，举办名家讲堂、戏曲展演等10余次，开展书法、民间文艺、戏曲、相声、诗歌朗诵等各类公益培训50余场次。

【文艺交流】　2021年，市文联组织百名艺术家到新疆麦盖提县开展活动4次，赠送书画、摄影及文学作品1000余幅（件），文艺演出3场次，加深互相了解，增进民族感情。开展第18届日照·平泽中韩书画交流活动，从中优选作品100～150件；11月19日，韩方展览在平泽美术馆开幕；11月26日，中方展览在日照市档案馆开幕。展览采取线上线下共同观展模式，两市观展人数近万人。入展作品编辑出版《日照·平泽中韩书画交流展作品集》，推动两市文化发展、促进文化交流、扩大经贸往来。

（市文联　鲍俊羽）

日照市残联

【概况】　2021年，日照市残疾人联合会（简称“市残联”）深入学习习近平总书记关于残疾人事业的重要论述和指示批示精神，贯彻落实中央、省、市关于残疾人事业决策部署，立足残联工作实际，巩固提高残疾人脱贫攻坚成果，积极办好民生实事，多举措解决残疾人群众“急难愁盼”问题，残疾人群众获得感、幸福感、安全感显著增强。至年底，全市有持证残疾人8.5万人。其中，视力残疾0.65万人、听力残疾0.68万人、言语残疾0.11万人、肢体残疾4.83万人、智力残疾0.71万人、精神残疾1.1万人、多重残疾0.46万人；一级残疾1.27万人、二级残疾3.33万人、三级残疾1.95万人、四级残疾2.03万人。

【残联组织建设】　2021年，市残联抓住村“两委”换届选举有利时机，完善乡镇残工委和村（社区）残协组织，2071个村（社区）全部配备专职委员，实现残疾人组织市、区县、乡镇（街道）、村（社区）四级全覆盖。调整配齐机关部室人员，厘清部室和事业单位职责，向市委组织部提名“专兼挂”人选，莒县、五莲县基本完成残联改革。9月9日至10日，举办全市残疾人专职干事培训班，60余人参加培训，提高残疾人专职干事水平和能力素质。转变工作作风，推行方便残疾人各项服务措施，让残疾人朋友办事“最多跑一次”“一次办完”成为残联工作常态。

【残疾人保障服务体系建设】　2021年，市残联扎实开展民生事实项目，提升残疾人群众幸福指数。建设运营“如康家园”残疾人之家10处，为周边残疾人提供就近就便常态化基本服务；“机构＋社区＋家庭”康复训练标准由每人每年5000元提高到6000元，全市1285名残疾儿童受益；为7885户低保重度残疾人家庭进行无障碍改造，解决残疾人出行难、洗澡难、如厕难问题。围绕残疾人实际困难和所需所盼，建起以残疾人城乡低保、“两项补贴”为主体，以“一户多残”救助、孤残独居居家照护、“励志助学”帮扶、意外伤害保险赔偿为补充的覆盖全体困难残疾人保障体系。至年底，全市享受困难残疾人生活补贴残疾人34109人次，享受重度残疾人护理补贴残疾人42616人次；投入167万元，为466名“一户多残”和孤残独居残疾人实施居家照护，对210名残疾人实行机构托养；投入417万元，为全市8.5万名持证残疾人购买意外伤害保险（采取各区县自行招标自行购买方式）；为260名残疾学生发放助学金72.9万元；协调日钢慈善基金会为3000余户“一户多残”残疾人家庭发放250万元生活补贴。在省对日照市满意度调查7项指标中，“弱有所扶”满意度高于全市平均水平。

【残疾人康复服务】 2021年，市残联通过系列举措，持续加强康复救助工作，实现残疾儿童应救尽救。7月27日，市残联联合市发展改革委、教育局和民政局等部门制定出台《日照市残疾儿童康复救助实施细则》，为1285名0～17周岁残疾儿童进行康复训练救助，残疾儿童康复救助率居全省前列；为10名听障儿童植入人工耳蜗手术，为10名肢残儿童进行矫治手术，为6名脑瘫儿童实施脑部手术；以康复政策保障、康复机构规范化建设、精准康复服务、辅助器具适配等为重点，努力满足残疾人康复需求，为12114名残疾人提供精准康复服务，为9997名残疾人免费发放辅助器具，为90名脑瘫儿童配备儿童专用轮椅，对596名残疾人进行免费诊疗，收治住院36人。培育发展各类残疾儿童定点康复机构18家，对有需求的残疾儿童康复救助服务实现全覆盖。

【残疾人文体宣传】 2021年，市残联在各级各类媒体刊发宣传残疾人工作稿件220余篇（次），在广播主要频道循环播放助残宣传语360余次，播放电视手语新闻节目24期次，制作宣传残疾人事业电视报道、专访节目、VCR宣传视频13个，发放惠残宣传册3万余份，辛兴芬、赵连翠2人先进事迹制作成宣传片。5月15日，举办“特别的爱给特别的你”第三届扶残助残公益晚会，联合文联举办第九届残疾人书画艺术作品展，参加全省第十届残疾人艺术会演。日照市6名残疾人运动员，在全国残运会上获得2枚金牌、5枚银牌、1枚铜牌成绩。

【残疾人权益保障】 2021年，市残联受理12345便民服务热线148个，来电来访328人次，法律援助8人，办理省残联转办信访件4件，回复行风在线提问39人次，答复率100%，满意率98%以上。为行动不便残疾人上门评定服务58次，服务人数875人，为71人办理残疾人证“全省通办”，为61人办理残疾人证“跨省通办”。为全市33名残疾人学领C5驾照每人补贴1000元，对7885户低保重度残疾人家庭进行无障碍改造。在全省率先实施残疾人免费乘坐城乡公交。

【山东省第11届残运会筹备】 2021年10月，山东省第11届残运会日照市筹委会印发《关于进一步明确山东省第11届残运会筹备工作有关事宜的通知》，明确省残运会筹备领导机制、推进机制、督导机制。市残联起草《关于明确山东省第11届残疾人运动会开闭幕式举办模式和时间事宜的请示》，分别向市委、市政府领导作专题汇报争取支持，确定省残运会开幕式单独举办。年度训练以全国残运会闭幕时间为节点分两个阶段。11月前，聚焦备战全国残运会，以赛促训、以赛代练，提升日照市残疾人运动员竞技水平和实战能力；11月后，逐个项目展开训练，计划训练运动员150余名，通过集训、代训等方式，确保实现预期训练目标。

【助残志愿活动】 2021年，市残联围绕亲情陪伴、日常照料、走访扶贫等项目开展助残服务。结合市残联学党史“我为残疾人办实事”，助残志愿者协会确定“特别的爱给特别的你”志愿服务品牌项目，包括子项目扶残解困走访慰问、爱心助学项目、关爱自闭症儿童、“六一”儿童节助残、助残公益晚会志愿服务，志愿服务进助残机构、进社区、进包联村，文明劝导、义务植树等。至年底，组织志愿活动关爱孤独症儿童、资助困难家庭、助残解困走访慰问等志愿服务活动104次，参加志愿者1280多人次，捐赠价值29.5万元的现金、物资，帮扶3600多人次。

（市残联　全文超）

2021年12月31日，日照钢铁扶助“一户多残”困难家庭捐赠仪式举行

（市残联　供图）

日照市红十字会

【概况】 2021年，日照市内东港区、岚山区、莒县、五莲县均成立红十字会组织，有红十字会基层组织34个。全市红十字会聚焦主责主业，依法履职尽责，各项工作再上新台阶。年内，全市红十字会系统有7个单位分获“全国红十字模范单位”“山东省红十字系统先进集体”“山东省红十字模范单位”“造血干细胞捐献组织表现突出单位”等称号；2名红十字会工作人员获“山东省红十字

系统先进个人”称号；1名志愿者获“中国红十字会抗击新冠肺炎疫情优秀志愿者”称号。

【机构改革】 2021年，市红十字会隶属关系由归口市政府管理调整为市委管理。组织召开市红十字会第六次会员代表大会，选举产生新一届理事会、监事会，聘请市红十字会名誉会长，选举市红十字会会长、常务副会长、专职副会长、兼职（挂职）副会长和监事长、副监事长。指导东港区红十字会试点开展基层组织建设，成立全市首家基层红十字会——日照街道红十字会。在东港区试点建设3家社区博爱家园，推动红十字基层组织助力城市社区健康发展。

【新冠疫情社会捐赠】 2021年10月下旬，五莲县发生新冠疫情，日照市红十字会迅速启动应急响应，畅通款物接收绿色通道，全力以赴开展捐赠款物接收、存储、调拨等工作，累计接收捐赠款3349万余元；接收物资价值435万余元，捐赠款物均居全省首位。全市有11家企业获中国红十字会总会颁发的奖章奖牌，其中日照钢铁慈善基金会获中国红十字人道勋章，浩宇集团有限公司、亚太森博浆纸有限公司获中国红十字博爱奖章，日照兴业房地产开发有限公司等8家企业获中国红十字奉献奖章。

【人道救助】 2021年，市红十字会宣传贯彻《日照市红十字会公益基金管理办法》，首次设立红十字冠名公益基金作为面向社会各界募集资金的有效载体，成立2支红十字冠名公益

2021年4月9日，市红十字会联合莒县红十字会为成功捐献造血干细胞归来的杨兆涛等5名志愿者举行欢迎仪式　　（市红十字会　供图）

基金，协议注资65万元。接收爱心企业捐赠N95口罩、医学仪器等物资价值482.4万余元；接收社会捐款50.2万余元，捐赠款物比2020年增加400万余元。开展“天使计划”救助项目，中国红基会“天使计划”、省红十字会“全心救助”等基金救助37人，发放救助金111.5万元。持续开展弱势群体救助工作，救助困难群众849户，发放救助金85.1万元。

【应急救护培训】 2021年，市红十字会在岚山区虎山镇建成日照市首家省级红十字应急救护培训基地暨生命健康体验馆，指导东港区红十字会联合培训机构成立红十字应急救护培训中心，修订完善和宣传普及《红十字应急救护手册》。组织开展“关爱生命守护健康”专项活动，举办防溺水急救进社区、进学校普及活动。全年共举办应急救护培训81场次，培训1.02万余人次，培训师资6人，培训救护员240人，发放宣传资料2.4万余份。

【造血干细胞和遗体器官捐献】 2021年，市红十字会在全市13家医疗机构启动脐血库红十字公共库和救助基金试点工作，试点经验在全省脐血库建设工作座谈会交流。脐血库公共库入库526例，使用41例。全年造血干细胞实现捐献7例，累计捐献36例，1.04万名志愿者信息加入中华骨髓库。加强遗体器官捐献规范化管理，完善捐献宣传、登记、见证、人道关怀等工作流程。开展“人体器官捐献缅怀纪念月”活动，在《日照日报》设专栏刊登捐献知识和捐献倡议书。全年遗体捐献2例，角膜捐献9例，器官捐献1例。

（市红十字会　段洪雨）

法治

人大立法

【概况】 2021年，市人大常委会严格落实立法重大事项向市委请示报告制度，对立法过程中涉及的重大问题、重要事项，由市人大常委会党组及时向市委请示报告，保证党领导立法工作落到实处。依法履行工作职责，坚持科学立法、民主立法、依法立法，突出发展需求、实践特色和质量导向；完善立法机制，推动地方立法工作依法有序进行。科学编制《2021年地方立法计划》。在立法项目来源上，注重从代表议案、代表建议中选择立法项目。在立法项目选择上坚持问题导向，坚持民生优先，突出发展需求和实践特色，高度关注百姓所思所盼，把解决民生问题作为立法工作重点。强化依法立法理念，在立法法确定的地方立法权限范围内科学合理地安排立法项目，发挥立法引领和推动作用。扩大人民群众对地方立法工作参与度，通过发布立法计划征集公告、调研座谈等方式，广泛征集社会公众以及相关领域专家、学者、法律服务工作者、人大代表、政协委员的立法意见建议。通过召开立法协调小组工作会议，安排部署地方立法工作，推动年度立法计划有效落实。年内，颁布实施地方性法规1部，制定地方性法规3部。

【地方特色立法】 2021年，市人大常委会注重从“民心”上考量立法内容，从“民意”上汲取立法智慧，牢牢把握城市发展脉搏，贴近市民期盼，用地方立法体现城市温度。主要围绕生态环境、全民健身、养老服务、发展海洋经济等方面开展立法工作。5月1日，《日照市公园条例》正式施行。这是日照市首部关于城市公共空间的地方性法规，也是市人大常委会回应市民对优质人居环境需求，助力打造高品质精致城市的重要实践，提高日照市公园管理工作法治化、规范化，提升城市精细化管理水平。在全民健身促进条例立法过程中，把法规规范性和引领性结合起来，把一些基本道德规范转化为法律规范，规定全民健身应当弘扬社会主义核心价值观，明确举办、参加全民健身活动应当遵守社会公德，公共秩序，充分考虑未成年人、老年人特殊需求，保障群众健身权益，提升群众健康水平和幸福指数。11月11日，《日照市全民健身促进条例（草案）》经市人大常委会二次审议通过 。推进养老服务立法，在条例制定过程中充分体现日照创新和特色，探索农村养老难题，促进养老服务与医养康养融合发展，推动养老产业健康发展。海洋牧场管理条例是胶东五市首个地方立法协同项目。该协同立法项目确定后，市人大常委会法工委、人大法制委与政府有关部门组成立法专班，加强与四市沟通衔接，加快调研、起草、修改等各环节进度。年底，《日照市养老服务条例（草案）》和《日照市海洋牧场管理条例（草案）》提交市人大常委会审议。

【工作机制建设】 2021年，市人大常委会健全完善地方立法领导体制机制，推进胶东五市协同立法机制，建立立法听证会制度，设立地方立法研究服务基地、地方立法工作联系点。7月，在全市开展胶东经济圈一体化发展问卷调查，并形成问卷调研报告，明确胶东经济圈一体化建设中存在的问题与障碍。8月，省人大常委会在青岛召开胶东经济圈地方立法协同工作座谈会，会上胶东五市人大常委会共同签订关于推进胶东五市人大常委会地方立法工作协同的协议。9月24日，组织《日照市全民健身促进条例（草案）》立法听证会，这是日照市组织的首次地方立法听证会。听证会上，陈述人代表围绕条例草案规定的推动学校体育设施开放、强化农村体育薄弱环节等五项社会关注的焦点问题，提出许多建设性意见和建议。会后，市人大常委会法工委根据听证情况形成听证报告，提交市人大常委会会议，供常委会组成人员审议条例草案时参考。11月26日，设立日照市首批地方立法研究服务基地和地方立法工作联系点，制定《日照市人大常委会地方立法研究服务基地管理办法》和《日照市人大常委会地方立法工作联系点工作规定》等有关制度规范。12月

16日召开的市委全面依法治市委员会立法协调小组第五次会议上，市人大常委会对首批设立的3个立法研究服务基地、11个立法联系点进行授牌。

（市人大　张　峰）

【《日照市全民健身促进条例》审议通过】 2021年11月11日，日照市第十八届人民代表大会常委会第三十九次会议通过。2022年1月21日，山东省第十三届人民代表大会常务委员会第三十三次会议批准。条例共38条。坚持价值引领、以人为本和问题导向，突出地方特色，注重“小切口、小快灵”。针对日照市在创建全民运动健身模范市和全民健身工作推进中发现的全民健身协调机制作用发挥不充分、城乡健身设施分布不均及维修更新、体教融合力度需要加大、企业集聚地公共体育设施供给不足、依法行政主体责任不清以及如何调动全民健身的积极性等问题，条例中作了相应的制度创设和安排，以地方立法的形式破解难题、补齐短板。条例全面落实习近平总书记关于社会主义核心价值观融入法治建设重要指示精神，把法规的规范性和引领性结合起来，把一些基本道德规范转化为法规规范，明确了举办、参加全民健身活动应当遵守社会公德、公共秩序，崇尚科学、文明健身等相关规定，以立法的实际行动培育和践行社会主义核心价值观。条例自2022年5月1日起施行。

【《日照市人民代表大会常务委员会关于推动和保障胶东经济圈一体化发展的决定》表决通过】 2021年11月11日，日照市第十八届人民代表大会常委会第三十九次会议表决通过。这是胶东五市贯彻落实省委、省政府重大战略部署，首次就胶东经济圈一体化发展同步作出的法律性问题的决定，是五市人大在省委和同级党委领导下，在省人大常委会支持推动下，积极主动作为、通力密切合作的重要成果。

（市人大　丁相茹）

政法委与综治

【概况】 2021年，全市政法系统落实《中国共产党政法工作条例》，围绕重大活动安保，发挥政法机关主力军作用，在全力抓好中国共产党成立100周年安保维稳和政法队伍教育整顿基础上，同步推进市域社会治理、扫黑除恶常态化、优化法治环境、政法领域改革等重点工作，全市社会治安形势整体向好。

【平安日照建设】 2021年，全市政法系统持续开展严打暴恐、反奸防谍、打击非法宗教等系列专项行动，统筹推进重大活动安保维稳，严格值班备勤，强化实战演练，落实联防联控联管措施，部署开展系列风险隐患、矛盾纠纷集中排查化解行动，组建督导暗访组，推动工作在一线开展、问题在一线解决，完成全国、省市“两会”、中国共产党成立100周年、党的十九届六中全会等重大活动安保任务。实行驻京值班、联合值班。开展重点行业、重点领域、重点部位专项整治，提升护路防线联防水平，维护铁路运营安全。全市社会治安不断向好，在2021年度全省群众满意度测评中，日照市群众安全感、满意度分别位居全省第三、第四。

【法治日照建设】 2021年，全市政法系统开展“法治助企”行动，举办全市领导干部法治能力提升专题培训班，行政机关负责人出庭应诉率保持100%，全面宣传实施民法典。推进“全国法治政府建设示范市”创建，成功创建全省首批法治政府建设示范市县，入围项目数量位居全省前列。开展“大走访、大调研、大调处”活动，政法领导干部包保联系省市重大项目30个，完成重点调研报告13篇。深化新一轮打击逃废金融债务专项行动，印发《防范和打击经济违法犯罪一体化建设实施意见》，挽回经济损失1.4亿元。深化政法领域改革创新，推进执法司法规范化建设，集中清理整治突出问题，政法干警主动记录填报过问案件53件。开展“听民声、走流程”“进网格、察民情、办实事”活动，压茬推进2批次36个政法“为民办实事”项目，4项优秀成果入选全省政法系统典型案例。实施阳光信访、责任信访、法治信访，国家信访局交办重复信访积案化解率超过98%。开展3轮次涉法涉诉信访案件清查行动，对排查梳理出的160起案件进行重点攻坚，办理市委领导阅批件13件，省督办件37件。开展打击盗窃犯罪“秋风2021”行动、打击治理电信网络新型违法犯罪“全民攻坚行动”，全市接报违法犯罪警情比2020年下降8.1%，社会治安形势持续优化。

【扫黑除恶专项斗争】 2021年，全市政法系统扎实推进扫黑除恶专项斗争常态化，健全防范整治、督导督办、考核评价等工作机制，设立扫黑除恶常态化斗争领导小组。设立举报平台、加强线索核查，上级交办线索全部办结，工作成绩居全省前列。聚焦信息网络、自然资源等六大行业领域，开展全链条打击整治。推进涉黑涉恶财产处置攻坚，生效案件财产处置率100%，位居全省前列。强化打击，保持对黑恶势力高压严打态势，全年侦办涉黑恶案件2件，破获刑事案件6件，刑拘犯罪嫌疑人19人，起诉案件4件，被告人数14人。

【社会治理体系建设】 2021年，市委政法委深化社会治理服务中心、“全科智慧网格”“雪亮工程”建设，推进市域社会治理现代化。以“两办”名义出台相关意见，推动市县乡村四级标准化服务中心建设，建成运行市社会治理服务中心，打造矛盾调处“一站式”办公、“一条龙”服务模式；依托“多网融合、一网通管”全科智慧网格，加快推进网格化智能管理平台实战应用，全面提升“全域智治”管理水平；“三官一律”政法网格员率先下沉网格，力促大事全网联动、小事一格解决，全市设置网格4281个，建立网格党组织2128个，配备专兼职网格员4376人，小微网格员5025人。建成市县乡三级非诉讼纠纷化解实体平台，持续开展“无讼、无案、无访”社会治理示范创建，加大矛盾纠纷调处力度，确保小事不出村、大事不出镇、矛盾不上交。打造多维立体智慧治安防控体系，整合部门系统数据信息50余万条。

【政法队伍教育整顿】 2021年，日照市贯彻落实习近平总书记重要指示批示和党中央决策部署，聚焦筑牢政治忠诚、清除害群之马、整治顽瘴痼疾、弘扬英模精神“四项任务”，推进各项重点任务。把政治红线贯穿始终，细化完善政治教育、党史教育、警示教育、英模教育内容体系，领导干部讲专题党课23场次、开展警示教育42场次、到红色教育基地见学25次，通报表彰政法干警30人，筑牢政法干警忠诚根基。把纪律底线贯穿始终，坚持无禁区、全覆盖、零容忍，深挖彻查违纪违法线索，形成强有力震慑，排查整治顽瘴痼疾问题6431个。全面加强政法干部队伍监督管理，开通政法干警违纪违法举报热线，联合市纪委监委、市委组织部出台《关于加强全市政法队伍建设的若干措施》，明确完善政法干部选用、加强政法干部交流等9项措施。建立政法干部轮岗交流机制，推动全市25名政法干警有序挂职交流。

【法学会工作】 2021年，市法学会围绕全市改革发展稳定大局，推进法学研究，开展法治宣传，拓展法学交流，为全市政法工作高质量发展提供法学理论支持。加强党的建设，市县两级法学会均实现党组织建设全覆盖；优化会员队伍，在全市政法、行政执法、大专院校、政府相关单位发展团体会员137个、个人会员4136名。推进法治建设，成立专业研究会8个，开展法学研讨、座谈、沙龙活动等18场。常态化开展“法治实践问题导向”“践行习近平法治思想庆祝建党100周年”征文活动，共征集论文105篇，评选优秀论文45篇。开展普法工作，确定97人为市法治宣讲人才库成员，举办“双百”活动讲座223场，受众人数3.9万余人；开展“法治课堂进校园”和系列法治讲座活动90余场次。开展服务实践，设立“法治服务基地”16个，协调26家律所85名律师，配合政法部门开展化解和代理申诉工作，接受咨询1900余人次，调解案件190件。

（市委政法委　秦近华　王景勋）

2021年4月9日，全市政法队伍教育整顿查纠整改环节动员部署会议召开

（市委政法委　供图）

法治政府建设

【概况】 2021年，日照市深入学习贯彻习近平法治思想，全面落实党中央关于法治政府建设决策部署和省委、省政府工作要求，聚焦法治政府示范创建，推进依法行政，法治政府建设取得新进展。出台《法治日照建设规划（2021—2025年）》《日照市法治社会建设实施纲要（2021—2025年）》，创新编制《日照法治环境指数体系》，日照市被省委依法治省办确定为山东法治指数试点市，政务办事导航地图做法被国务院办公厅推广，省内首创“无证明办事”服务系统，“4＋”联动护好民工“薪”被省政府通报表扬。

【政府规章制定】 2021年，日照市科学编制《日照市人民政府2021年立法工作计划》，省内率先出台《日照市海上旅游安全管理规定》，推动海上旅游有序健康发展；出台《日照市城市绿化管理办法》，提升城市环境品质，建设生态文明；出台《日照市全民健身促进条例》《日照市养老服务条例》《日照市海洋牧场管理条例》3件地方性法规，提高市民生活品质，倡导健康生活方式，推进现代化海滨城市建设。全年制定出台政府规章4件，其中《日照市政府规章制定程序规定（修改）》（2021）

《日照市公众参与政府立法办法》于9月14日经市政府第九十一次常务会议审议通过，均自11月1日起施行，《日照市城市绿化管理办法》12月8日经市政府第九十六次常务会议审议通过，《日照市海上旅游安全管理规定》12月21日经市政府第九十八次常务会议审议通过。

【依法行政】 2021年，日照市在全省率先将党群部门纳入职责任务清单编制范围，实现机构职能优化流程再造全覆盖。新增第3批县乡"属地管理"主体责任和配合责任清单17项，明确乡镇（街道）职责任务清单188项，提升基层治理能力和服务水平；依法推进事业单位改革，全市精简比例25.2%。全年取消行政权力事项25项、承接省级下放4项、调整11项，推出证照分离改革事项172项。建立行政审批授权及人员资格制度，对全市207项行政权力授权事项实行目录管理，明确环节被授权人独立审批职责；建成启用市级新政务服务大厅，整合设置公安、不动产、人社等10个一窗综合受理窗口。在全省率先推出"全市通办"服务747项，实现132个事项"跨省通办"、298个事项"全省通办"。开展政府合作协议合法性审查，防范化解政府合同签约履约风险，全年审查市政府签署各类合作协议42件，各区县审查政府合作协议112件，邀请120人次法律顾问对80余件重大复杂协议进行审查。印发《关于进一步严格规范合法性审查和公平竞争审查程序的意见》，对重大行政决策、行政规范性文件、政府合同、公平竞争等审查范围、程序、标准进行科学界定；修订出台《日照市人民政府重大行政决策程序规定》，细化明确重大行政决策法定程序；出台《重大行政决策事项目录认定指导意见》，以正面清单＋负面列举方式对重大行政决策事项进行细化，从源头上把住重大行政决策合法性审查关。

【行政执法监督】 2021年3—4月，市司法局对全市（含区县）重点执法领域开展专项执法监督活动，对执法机构设置、执法队伍建设、执法人员法律知识专业知识培训、"三项制度"具体落实情况进行现场监督；印发《日照市行政处罚案卷评查标准》，规范行政处罚行为和细化处罚程序；印发《关于开展2021年度行政执法案卷评查工作的通知》，组织开展2021年度行政处罚案卷评查活动，对应急管理、卫生健康等重点行政执法领域39份行政处罚案卷进行全面评查，并将评查结果在全市范围内通报。编制《日照市轻微违法行为不予行政处罚和一般违法行为减轻行政处罚事项清单（2021年版）》，梳理出不予行政处罚、减轻行政处罚清单349项。年内，全市实施不予处罚案件948件，不予处罚金额57.125万元；减轻处罚案件210件，减轻处罚金额136.92万元；不予处罚与减轻处罚受益主体共计1158个。

【行政复议】 2021年，全市各级行政复议机关办理上期结转案件67件，新收行政复议申请558件，受理511件，受理率91.6%，涉及申请人657个。全年审结复议案件481件（含结转），其中维持169件，驳回申请39件，撤销（含确认违法、责令履行）73件，调解和解后终止200件。直接纠错率15.2%，调解和解率41.6%。市本级行政复议机关新收行政复议申请297件，受理260件，审结249件（含结转），其中撤销（含确认违法、责令履行）31件、调解和解后终止142件，直接纠错率12.4%，调解和解率57%。制定《日照市行政复议体制改革实施方案》，完善集中行政复议职权，明确以政府功能区及内设机构、下辖乡镇（街道办事处）为被申请人复议案件管辖权；制定《日照市人民政府管辖行政复议案件被申请人目录》，明确被申请人131个。6月8日，市司法局下发《关于推行行政复议基层联系点制度的通知》，在52个乡镇（街道）司法所设立行政复议基层联系点。加强行政复议工作指导，联合市委组织部、市中级人民法院举办全市领导干部法治能力提升专题培训班，组织市县两级行政复议应诉人员参加市、县法治能力提升班实务教学活动。年内，市司法局组织开展行政复议应诉业务研讨培训2次、庭审观摩3次、工作交流会议2次，行政复议案卷评查1次。

（市司法局 刘国强）

公 安

【概况】 2021年，日照市公安机关坚持"靠前一步、主动作为"理念，倡树"用脚步丈量工作"务实作风，聚焦主责主业，强化服务保障，从严从实从细抓好防风险、保安全、护稳定、促发展各项工作，完成中国共产党成立100周年、各级"两会"、党的十九届六中全会等系列重大活动、重要节点安保和重要警卫任务，确保全市政治社会大局安全稳定，实现"六个坚决防止""三个不出事""三个确保"目标。全年接报违法犯罪警情比2020年下降9.1%，"两抢"案件下降30%，电信网络诈骗案件下降11.4%，道路交通事故死亡人数下降14%。在2021年度全市民生工作调查测评中，社会治安群众满意度居6个行业首位；在2021年度省公安厅考核工作中，市公安局11项业务工作获优秀等次，取得历史性突破；在2021年度全省群众满意度测评中，日照市群众安全感（97.83分）、满意度（97.98分）分别居全省第三位、第四位，比2020年分别提高0.28、0.27分。

【治安管理】 2021年，市公安局推进社区警务建设，建设警务区230个，警务室165个，建立"警司联调"中心和工作室104处、入驻人员384人，实施社区民警“亮身份”工程，发放“警民联系卡”10.8万张，无盗窃社区、村居占比达70%。持续开展烟花爆竹禁放管理，推动《日照市养犬管理办法》落地实施，在全省率先实行“犬只认领”“犬只预约领养”“违法养犬举报”网上办理。强化枪爆危专项整治，行政处罚4家；开展社会治安集中清查行动7次，抓获违法犯罪嫌疑人37人。持续打击整治涉成品油违法犯罪，查处刑事案件37起、行政案件227起，打掉黑窝点76处，查获油品46万升。查处黄赌案件166起，取缔场所36家。五莲县破获日照市第一起宣判实刑的跨境网络赌博案件。全省治安管理工作会议在日照召开。

【刑事犯罪案件侦办】 2021年，市公安局严打个人极端、严重暴力犯罪，侦办、移诉涉黑恶案件4起，劝投“漏网之鱼”目标逃犯2人。深化“云剑”行动、命案积案攻坚，八类严重暴力犯罪侦破率88.2%。创新推行“反诈4＋”机制，破获部督案件2起，成功侦办“12·31”特大电信网络诈骗案，破案数、抓获犯罪嫌疑人数分别比2020年上升43.4%、17.3%，两次在全省会议上作典型发言。掀起打击“盗抢骗”、食药环、网上“黄赌”、涉林等违法犯罪活动新攻势，侦办涉毒、食药环、涉林和野生动物刑事案件153起，其中部督、厅督案件19起，食药环侦支队被表彰为全国公安机关昆仑行动成绩突出集体。

【经济犯罪侦办】 2021年，市公安局提请市“两办”印发《关于推进防范和打击经济违法犯罪一体化建设的实施意见》，成立由市领导任组长的领导小组，推动经济违法犯罪打防工作。深化打击逃废金融债务专项行动，立经济犯罪案件112起，抓获嫌疑人239人，“猎狐”追逃2人，发起全国集群战役2起，避免、挽回经济损失12亿元。会同金融监管等部门排查类金融企业2000余家，处置1家涉非风险企业。参加全国“论剑2021”金融和反洗钱领域大比武，分别荣获二等奖、三等奖。创建外汇查询工具，列装公安部经侦应用云。开展涉民营企业挂案清理和“执法双清”工作，清理率分别达100%、96.5%。与山东警察学院联合建立创新教育实践基地、数据导侦战训基地、经侦教学科研基地。

【“秋风”系列专项行动】 2020年9月底，在全市公安机关叠加部署打击盗窃犯罪“秋风2020”百日攻坚行动和“秋风2021”专项行动。至2021年9月底，破获盗窃现案1871起，抓获944人，破案数上升75.7%，破案率上升88.1%，抓获数上升63.7%；举行退赃返还活动14次，返还现金、物品折合人民币800万余元，收到锦旗、感谢信300余件。在2021年全省“追逃犯、反诈骗、打盗抢、防极端”专项行动中，日照市“打盗抢”百名民警破案数列全省第2名，盗窃案件及入室盗窃案件破案率均列全省第2名。

【出入境管理】 2021年，市公安局深化“一窗受理·一次办好”改革，推进“我为群众办实事”实践活动，推出优化和改进老年人办理出入境证件、开通12367服务热线等举措，审批签发各类出国（境）证件3963件次。通过“听民声、走流程”，压缩办证时限，提供周末“不打烊”服务，为群众提供加急、延时、非工作日服务900余人次，群众满意率99.09%。创新外国人工作居留审查前置新模式，推动“外国人工作居留一件事”事项融合，开展“黑外教”专项整治，实地核查培训机构500余家，清理无资质、非法外教19名。查处“三非”案件6起82人，遣送出境79人。

【道路交通安全管理】 2021年，市公安局深化交通事故预防“减量控大”，推进道路交通安全大排查大整治和“两路两车”专项整治行动，压茬开展“护航2021”交通安全系列整治行动39波次，查处交通违法行为193万起。启用新型合成作战中心，优化应急、高峰和铁骑“一圈一线”警务机制。开展“我为群众办实事”实践活动，对61处路口进行优化提升，安装标牌1931套，协调39家单位推出免费共享停车泊位2299个。

2021年11月25日，日照市公安局岚山分局“秋风”行动退赃大会举行

（市公安局 供图）

建设绿波道路52条，纳入协调控制信号灯305处，“绿波生命救援通道”被评为全省“政法为民办实事”优秀成果。创新“互联网＋交管”服务机制，网上调处事故1790起，办理通行证19.6万笔。

【海岸管理】 2021年，市公安局部署“卫海”等系列行动，实施“依港管船”，创造性推出“自报从宽、被查从严”措施，查扣“三无”渔船497艘。与青岛市、江苏省连云港市签订边界海域警务联勤联动框架协议，编制《全市海防基础设施建设“十四五”规划纲要》，实体运行海防联合指挥室，延伸开发“智慧港船管理系统”，依托“一图一网一平台”智慧防控体系提升沿海智慧防控和查打一体化能力。依托“电子围栏”等设备强化渔船进出港动态管理，开展海上联合执法6次，侦办涉海涉渔、涉偷渡等一批重点案件，采取刑事强制措施31人，治安处罚10人。

【禁毒工作】 2021年，市公安局持续深化“集群打零”“断毒截流”专项行动，破获毒品刑事案件36起，其中部省级目标案件3起，移送起诉犯罪嫌疑人79人，查获吸毒人员75人次，战果完成率位居全省第三。破获公安部“2021-52”毒品目标案件，抓获犯罪嫌疑人45人，打掉制毒窝点6处，缴获新精神活性物质120余公斤。破获全省首起合成大麻素案件、全省首起涉毒自洗钱案件。联合刑科所创新研发污水验毒设备“猎毒一号”，填补国内污水验毒连续采样和现场快检技术空白。推广应用“毛发检毒”，全市戒断三年未复吸人员比2020年增长14.09%。

【监所管理】 2021年，市公安局全力推进新冠疫情防控常态化条件下监所安全管理工作，开展安全大检查22次，实地督导检查104所次，发现整改问题隐患407处。开展矛盾化解和协助破案工作，市拘留所化解社会矛盾43起，市看守所深挖犯罪线索14条。其中，深挖余罪确定一名监狱脱逃28年罪犯身份，被省公安厅推荐为公安部精品案例。推进全市监所远程提审会见系统建设，解决“律师会见难”问题，完成远程提审开庭律师会见约7287次。全市公安监所保持连续23年安全无事故。

【网络安全管理】 2021年，市公安局深入推进“净网2021”专项行动，办理各类涉网案件169起，抓获犯罪嫌疑人165名。强化网络安全监管，新定级备案二级以上重要信息系统42个，三级以上信息系统测评率100%；对83家网络安全重保单位开展执法检查，下发隐患通知书23份。“日照网警巡查执法”头条号入围公安部《2020年度全国公安新媒体绩效评估排行榜》。

【警务督察】 2021年，市公安局围绕重大活动安保和专项行动开展现场督察，出动督察警力400余人次，督察基层所队590个次，检查重点部位、场所508处，酒精检测1600余人次，发现存在问题及薄弱环节420个。聚焦公务用枪管理、执法办案、新冠疫情防控等开展“大数据＋网上督察”，全年开展2600小时网上视频巡查，发现整改不规范问题90个。开展教育整顿顽瘴痼疾整治，梳理警情35.6万起、案件2.8万起，整治顽瘴痼疾2705个。全年核查举报投诉322件，下发督察通知书7份、督察建议书1份，提出督察建议200余条；指导办理维护民警执法权威案件26件，追究刑事责任11人，行政处罚18人。

【“放管服”改革】 2021年，市公安局深化推进公安“放管服”改革，52项高频服务事项实现“一窗受理”，布建智慧警局13处，增设车驾管服务站53处，启用日照市驾培考一体化服务平台，推广应用居民身份证、驾驶证电子证照。完善跨地域户口网上迁移机制，市内、省内户口迁移全部实现“一站式”办结。健全居民身份证异地受理机制，实现省外、省内、市内居民身份证“一点通办”。推进无证明城市创建，4类户籍信息证明实现网上对外出具，10类办理户籍业务需要证明实现网上在线获取。配合开展好“全生命周期”主题服务事项，“婚育一件事”“身后一件事”主题服务事项，出生登记、婚姻状况变更等业务全程网办。至年底，全市共登记户籍人口1113064户、3095528人，登记流动人口213830人。

【“三联”机制暨“情指勤舆”一体化建设】 2021年，市公安局推进“三联”机制建设，建成警保联控工作站140个，设置驻勤点45处，新建PTU25支，构建以街面驻勤、显性巡逻为主的“1＋2＋N”巡防新模式。建成运行市公安局“情指勤舆”一体化实战中心，市县所三级应用，实现警情、警力、人员、现场“四个看得见”，开展模拟拉动、红蓝对抗等实战演练43次。

【“三无一零”创建】 2021年，市公安局将开展“无诈无盗无访”社区（村居）和非法集资“零发案”辖区（简称“三无一零”）创建作为贯穿全年重点工作，印发创建工作实施方案，相关警种部门按照责任分工，分阶段、分条线开展防范、打击、化解各项工作。至年底，全市传统类盗窃刑事案件下降8.1%，无盗窃社区（村居）占比60.9%；54个社区被评为“无诈社区”，反诈App注册超160万人次，无访社区（村居）占比93.9%；非法集资案件下降15.8%，零发案辖区派出所占比63.3%。

【执法办案积分管理机制】 2021年10月，市公安局出台《日照市公安机关执法办案积分管理办法（试行）》，根据办案数量、办案质量、处理人数、结案数量、复议诉讼及有责信访投诉情况，对全市各级公安机关执法办案单位民警进行综合评估并计算得分，以月、季度、半年、全年为计算统计周期滚动累计，积分排名作为提拔重用、评先树优、岗位调整的重要依据。

【基层基础建设】 2021年，市公安局提请市委、市政府出台文件5个，制发《日照公安发展“十四五”规划》。新增市域、区（县）边界前端感知设备627处，新建视频监控探头5.5万路，重点公共区域前端感知设备覆盖率及联网率均达80%，智慧安防小区覆盖率达90%。做精“1235N”执法责任体系，在全省率先推行执法办案积分管理。开启“政警校研企”合作新模式，研发智能核验一体机在全省推广。依托社区、旅游景区警务室等在全市布建“智慧警局”13处，投放身份证自助受理机、交通违法自助处理机、出入境记录自助查询机等自助服务设备31台，24小时为群众提供服务。累计受理身份证2000余张，打印临时身份证明1.8万份，处理交通违法1万起。

【“绿波生命救援通道”开通】 2021年1月，日照市在全省率先常态化开通道路交通“绿波生命救援通道”，着力破解群众紧急送医救治途中的“通行难”问题，用“公安速度”赢得救治生命宝贵时间。至年底，成功保障102起紧急送医事件，为7名待产孕妇、91名紧急送医患者、4名自杀人员提供“绿波生命救援通道”服务，平均缩短送医时间35%。11月，日照公安“绿波生命救援通道”被评为全省“政法为民办实事”第二批优秀成果。

【养犬管理办法实施】 2021年5月1日，《日照市养犬管理办法》施行，公安机关通过全市主流媒体，线上线下开展文明养犬专题宣传，依托“日照公安”公众号开发“养犬登记”小程序，引导养犬市民自行填报相关信息，预约“一站式”服务点。9月1日，启用市犬只收容中心，收容流浪犬315只，并在全省率先实行“犬只认领”“犬只预约领养”“违法养犬举报”网上办理。至年底，开展联合执法行动65次，劝导不文明养犬行为260余起，查处涉犬违法案件50起，新登记犬只4308条。

【助力新冠肺炎疫情防控】 2021年，市公安局落实常态化新冠疫情防控工作要求，实体运行市、县（区）两级公安机关新冠疫情防控专班，全面推进疫情随访排查、涉疫类违法犯罪案件侦办等工作。五莲县新冠疫情发生后，全市公安干警积极参与，全力抓好流调溯源、随访核查、区域封控、隔离转运等工作，助力打赢五莲疫情防控处置攻坚战，仅用4天遏制住疫情蔓延势头，9天实现感染者“零新增”，实现“零外溢、零重症、零院感”目标。年内，全市随访核查人员数据110.3万条，口岸接返入境人员4844人，侦办涉疫情类案件44起，筑起新冠疫情防控牢固屏障。

（市公安局 王均章 曹现法）

2021年5月，特警队员开展极限体能泥潭挑战训练　　（市公安局　供图）

检　察

【概况】 2021年，全市检察机关树立总体国家安全观，推动深化平安日照、法治日照建设，开展建党100周年、党的十九届六中全会等重大节点安保工作。全年批准逮捕各类犯罪492件597人、提起公诉2838件3395人，其中起诉涉及故意杀人、强奸、毒品等重大刑事犯罪104件115人。常态化推进扫黑除恶，组织案件质量“回头看”专项活动，对4件涉黑恶案件依法提起公诉，促进实现常治长效。第一时间投入新冠疫情防控，组织干警下沉社区网格参与联防联控、开展志愿服务，严厉打击制售假冒“三奇”口罩等涉疫刑事案件，协力打赢新冠疫情防控阻击战。全市检察机关17个集体和42名个人获市级以上表彰，其中1名干警获评“平安中国建设先进个人”。

【维护社会稳定】 2021年，全市检察机关践行新时代“枫桥经验”，以司法公正引领社会公正，助推提升治理效能。贯彻“少捕慎诉慎押”理念，不捕391人、不诉909人，规范适用认罪认罚从宽制度，促进减少、转化社会对立面，厚植党的执政根基。继续履行“群众信访件件有回复”承诺，坚持信要回复、事要解决，引入公开听证办理疑难复杂案件，受理的1027件次信访回复率100%。加强未成年人检察工作，从快办理社会广泛关注的安某被性侵案，牵头落实强制报告、入职查询、从业禁止等制度举措，探索向未成年人监护人发出“督促监护令”，按需向师生、家长提供“法治进校园”服务38场次，多维度筑牢未成年人立体防护屏障。把司法为民作为职业良知，结合“我为群众办实事”实践活动，依托检察职能为老百姓解决操心事、烦心事、揪心事。组织开展“司法救助助力巩固拓展脱贫攻坚成果助推乡村振兴”活动，为142名被害人或其近亲属发放救助金149.45万元。持续开展拒不支付农民工劳动报酬专项监督，参与构建根治欠薪行政司法联动机制，通过支持起诉为102人讨回45万余元。落实食品药品安全“四个最严”要求，起诉制售假药劣药、有毒有害食品等犯罪4件17人，依法守护群众“舌尖上的安全”。全面推开“河长（湖长、林长、湾长）＋检察长”机制，起诉破坏环境资源类刑事犯罪50件102人，为群众宜居宜业营造舒适优美的生态环境。

【刑事检察】 2021年，全市检察机关依法履行指控犯罪主导责任，加强对刑事立案、侦查、审判活动监督，监督立案38件、撤案31件，纠正漏捕漏诉121人，提出抗诉10件、法院采纳率100%。严格刑事执行监督，审查减刑、假释、暂予监外执行案件903件；开展剥夺政治权利刑罚执行专项检察监督，纠正违法问题25件，为基层换届选举提供司法保障。完善“派驻＋巡回”监督机制，对鲁南监狱2018年以来“减假暂”案件开展专项巡回检察，集中清理判处实刑未执行刑罚罪犯。开展职务犯罪检察工作，起诉25件25人，依法办理聊城职业技术学院原党委书记张某受贿案（副厅级）；立案查处司法工作人员相关职务犯罪1件1人。

【民事检察】 2021年，全市检察机关坚持实体公正与程序公正并重，

2021年6月1日，市检察院第二党支部举行迎“六一”未成年人法治宣传主题党日活动
（市检察院 供图）

受理民事生效裁判结果监督案件153件，对认定事实准确、适用法律正确的加强释法说理、促进息访息诉，对认为确有错误的提出抗诉、发出再审检察建议26件。加大对消极执行、选择性执行监督力度，开展“终结本次执行”案件监督专项活动，先后审查终本案件700余件，提出检察建议120件，推进解决“执行难”问题。紧盯民间借贷、公司破产、保险理赔等领域“打假官司”现象，办理虚假诉讼监督案件23件，及时向公安机关移送犯罪线索，维护司法秩序和权威。其中，提请省检察院抗诉的某房地产公司申请监督案，当事人之间的借贷关系因涉嫌高利转贷被认定无效，帮助该民营企业挽回经济损失370万余元。

【行政检察】 2021年，全市检察机关依法监督审判机关公正司法，促进行政机关依法行政，受理各类行政诉讼监督案件120件，其中受理生效裁判监督21件，提出检察建议11件；受理审判程序违法监督15件，提出检察建议15件；受理执行监督84件，提出检察建议79件。常态化开展行政争议实质性化解，2个区县检察院分别与当地法院、司法局建立联动机制，全市成功化解行政争议48件，其中参与复议、诉讼阶段争议化解9件，推进系统治理、综合治理、诉源治理。强化行政非诉执行监督，探索构建多元监督格局，组织开展土地执法查处领域专项活动，督促职能部门妥善处理一批违法建设，推动解决农村乱占耕地建房等难点痛点问题。

【公益诉讼检察】 2021年，全市检察机关依托“网格化＋公益诉讼”合作模式，收集线索150件，立案124件、比2020年上升14.8%；办理诉前程序125件，比2020年上升22.5%；提起公益诉讼10件，法院判决支持10件。加强安全生产领域专项监督，针对群众反映强烈的“三无”船舶监管混乱问题，督促相关

部门收缴船舶339艘、拆解77艘，助力清除海上安全隐患。开展未成年人保护领域公益诉讼监督，聚焦未成年人文身失管问题，联合相关部门公开听证、专项检查、现场普法，多方合力保护未成年人公共利益。探索民事公益诉讼“诉前和解”，对公益受损情况轻、认罪悔罪态度好、赔偿修复意愿强的6名刑事被告人，通过公开听证、公告协议达成“诉前和解”，用最少司法资源取得最佳办案效果。

【司法行为规范】 2021年，全市检察机关落实以“案—件比”为核心质量评价指标体系，加强内部流程监控、质量评查、执法督察，开展久拖不决案件专项整治、涉案财物实地检查等，提升司法规范化水平。严格执行“三个规定”，借助手机彩铃、漫画普及、集中宣讲等营造浓厚氛围，如实记录填报过问或干预、插手司法办案等重大事项216件。自觉接受社会各界监督，落实代表委员常态化联络工作，服务保障律师执业权利。以司法公开助力司法公正，每季度对外公开主要业务数据，发布案件程序性信息5720条、重要案件信息512条、法律文书2990份，继续保持100%公开率。制定修订《检察长办公会议事规则》《执法督察办法》等规章制度95项，夯实用制度管人管事管案管长远良好格局。

（市检察院 赵凤垒 赵 岩）

法 院

【概况】 2021年，全市法院系统围绕“努力让人民群众在每一个司法案件中感受到公平正义”目标，明确“强基赋能年”工作主题，坚持服务大局、司法为民、公正司法，忠实履行宪法法律赋予的职责，各项工作实现新跨越、取得新成效。开展顽瘴痼疾“5＋2”专项整治，评查重点案件703件，整治具体问题3304项，依法依纪依规对主动说明问题干警做出处理结果，完善规范立案登记、执行案款管理和查封、扣押物品管理等18项制度机制。全年受理各类案件64682件，审、执结61815件，比2020年分别上升7.8%和1.4%；其中，市中级人民法院受理7902件，审、执结7547件，案件结收比、平均办案天数、首执案件执行完毕率等主要办案指标位列全省法院第一方阵。市中级人民法院获评“全国维护妇女儿童权益先进集体”。

【刑事审判】 2021年，全市法院系统审结一、二审刑事案件2843件。依法严惩严重暴力犯罪，审结故意杀人、抢劫、强奸等犯罪案件63件；推动扫黑除恶常态化，审结涉黑涉恶和“保护伞”案件4件；依法严厉打击毒品犯罪，审结毒品犯罪案件57件；严厉打击危害食品安全犯罪，审结相关案件5件，张某某违法生产销售有毒有害桶装饮用水案，入选最高法、最高检危害食品安全刑事典型案例。突出惩治集资诈骗、非法吸收公众存款、电信诈骗等涉众型经济犯罪，共审结涉电信网络诈骗罪及关联犯罪案件52件。依法惩治腐败犯罪，审结一审职务犯罪案件19件。推进少审工作，全市两级法院少年法庭同步揭牌，创作“‘未’你说法”系列情景剧，凝聚社会合力，共同守护未成年人成长。

【民商事审判】 2021年，全市法院系统强化保障增进民生福祉，审结一审民商事案件30149件。其中，审结涉教育、医疗、养老、住房等关系群众切身利益一审民事案件1427件；健全家事调解、离婚冷静期、人身安全保护令等制度，审结一审家事纠纷4120件。推进道交纠纷“网上数据一体化处理”，实现“同标准、低成本、高效率”化解，道交纠纷收案3098件，实现连续4年下降。持续优化营商环境，制定优化营商环境“十项举措”，健全府院联动、繁简分流等10余项机制，化解不良资产11.77亿元，盘活存量资产9.55亿元，切断担保链债务4.3亿元。助力创新驱动发展，审结知识产权一审民事案件451件，市中院审结全市首起适用惩罚性赔偿制度知识产权民事侵权案。聚焦防范化解重

2021年8月11日，五莲县人民法院一揽子调解11起劳动争议案件并现场发放工资

（王 阳 供图）

大风险，审结金融借款、民间借贷等一审案件4328件，结案标的额50余亿元，将102人纳入疑似职业放贷人名录。坚持“双碳”目标引领，践行“两山”理念，审结一审环资民事案件89件、公益诉讼4件，刑事处罚48件。深化一站式多元解纷体系建设，完善诉调对接，引入105名特邀调解员，诉前成功调解纠纷11860件，平均办理周期13天。

【行政审判】 2021年，全市法院系统监督和支持行政机关依法行政，审结一审行政案件588件，裁定准予执行非诉行政案件960件。与市委组织部、市司法局联合举办全市领导干部法治能力提升专题培训班，通过案例研讨、专题授课、庭审观摩、实战演练，提升“关键少数”依法行政意识与水平，行政机关负责人出庭应诉率连续两年保持100%，行政机关败诉率实现“四连降”。推进行政争议实质性化解，两级法院共委派各类案件417件，和解成功104件。

【案件执行】 2021年，全市法院系统深入推进、切实解决执行难，部署涉农民工工资、涉民营企业、涉金融等20余项专项执行行动，执结各类案件16115件，执行到位金额62.96亿元，首次执行案件执行完毕率居全省法院第一位。开展服务“六稳”“六保”专项执行行动，坚持善意文明执行，综合运用多元调解、活封活扣等方式助力企业纾困解难。强化执行威慑，纳入失信名单库5619人，限制高消费11398人次，移送公安机关追究拒执罪12人次。加强执行联动，与市自然资源规划局、税务局建立不动产网络司法查控、司法处置及涉税信息联动机制，与市车管所建立车辆查控专线，实现不动产及车辆处置线上办理。配合市委、市政府专班推动华东蓝海等20余个小区“办证难”历史遗留问题化解，惠及群众近千户。

【审判监督】 2021年，全市法院系统认真开展市委巡察“回头看”和市委政法委“三项”督察巡查反馈问题整改，建章立制45项。加大监督执纪力度，配合派驻纪检监察组履职，严肃问责有关责任人员。加强对下监督指导，健全完善中院党组成员包联监督指导基层人民法院工作制度，推进专业化法庭建设，推动基层法院办案质量提升。主动接受监督，依法向市人大常委会汇报民事审判工作，依法办结市人大代表、政协委员意见建议和提案4件，加强与检察机关沟通协作，召开座谈会听取律师意见建议，及时改进工作。

（市中级人民法院 张晓燕　丁 晓）

司法行政

【概况】 2021年，市司法局扎实推进司法行政各项工作。依托大数据和信息化手段，公共法律服务迈上新台阶；拓展司法所职责，夯实软硬件基础，基层法治建设打开新局面；依托市县乡三级非诉讼纠纷化解实体平台、网络平台、各类人民调解委员会，社会治理能力获得新提升；试点社区矫正“队建制”管理模式，成立社区矫正执法大队、中队、分队，社区矫正工作规范化水平显著提升；日照监狱转型改建戒毒所取得进展。开展政法队伍教育整顿、党史学习教育，全体干警政治忠诚进一步筑牢，纪律作风明显提升。市委书记张惠先后对基层司法所改革、非诉纠纷解决机制建设、行政复议改革等工作作出批示。

（市司法局 刘国强）

【公共法律服务】 2021年，市司法局搭建“日照掌上12348”公共法律服务平台，整合非诉纠纷服务、人民调解、法治宣传教育、法律咨询、法律援助、公证、一村一法律顾问等服务事项，提升平台应用、运行和规范化水平。1月，市公共法律服务中心升级启用，提供法律咨询、法律援助、公证服务、非诉讼纠纷调解、行政复议等法律服务，配备公共法律服务自助终端机，提供自助网上咨询、业务办理。通过开展“我为群众办实事法律服务惠民生”“五个一专项行动”（开展一次矛盾纠纷排查、集中开展一次法律咨询、举办一次专题法治讲座、开展一次“乡村振兴”法治宣传、开展一次“法律体检”公益活动）、“乡村振兴 法治同行”等活动，以法律服务和法治保障助力乡村振兴。7月，在全省公共法律服务培训班上，日照市作“一村（社区）一法律顾问”典型发言。印发《关于法律援助申请“全市通办”的实施方案》《关于建立全市公共法律服务“一窗受理 一网通办 一站解纷”工作机制的实施方案》，实现市、区县、乡镇街道跨层级跨区域受理申请，推动法律服务事项通过窗口、网络统一受理、分流。

（市司法局 高 洁）

【司法所规范化建设】 2021年，全市司法行政系统持续开展基层司法所规范化建设，7个司法所搬址新建，所均办公面积比改革前增加60平方米，司法所功能布局、外观形象、内部标识、设施装备全面升级，相关做法被中央依法治国办、司法部、省司法厅肯定推广。12月6—9日，举办全市非诉讼纠纷解决暨司法所长业务培训班，提高全市基层司法所非诉讼纠纷解决、重大行政决策和规范性文件合法性审查等业务工作能力。11月9日，全省司法行政改革推进会议召开，市司法局作题为《以司法所改革“小支点”，撬动基层法治建设“大发展”》典型发言。12月8日，在全省司法所暨调解工作会议上，现场观看日照市司法所建设工作专题片，市司法局作题为《向基层放权 为法治赋能》典型发言。日照市东港区司法局三庄司法所被司法部表彰为“全国模范司法所”，日照市岚山区司法局高兴司法所所长高贞贞、五莲县司法局中至司法所所长于家波被司法部表彰为“全国司法所模范个人”。

（市司法局　郭常友）

【普法宣传】 2021年，全市普法依法治理工作以做好“七五”普法表彰和“八五”普法谋划为主线，“谁执法谁普法”普法责任制得到落实。5月，组织开展“美好生活·民法典相伴”主题宣传月活动，发放民法典2000余本，民法典宣传册3000余本；创新宪法、民法典普法宣传方式，通过微信推送宪法、民法典相关法条解读，通过抖音、小视频解读民法典，通过日照电视台“法治日照”节目解读民法典，提升民众法治意识。启动农村“法律明白人”“法治带头人”培育工程，建起3700余名“法律明白人”“法治带头人”队伍，以“身边人服务带动身边人”，推动民生常用法律“进家入户到社区”。开展“法律呵护　守望成长”法治进校园主题宣讲、“学宪法讲宪法”比赛、宪法晨读等等活动，构建各学龄阶段青少年法治教育体系，健全学校、家庭、社会“三位一体”青少年法治教育格局。深入推进法治副校长工作，以政法系统人员、法律服务人员、法学专业人员为主，建起350余人的法治副校长人才库，实现全市370余所学校全覆盖。11月18日，在全省法治副校长工作推进会上，日照市作为视频观摩点并作典型发言。举行日照市“12·4”国家宪法日暨“谁执法谁普法”宣传周活动，共发放《宪法伴我一生》《民法典社会生活的百科全书》《未成年人保护法读本》等普法宣传材料2万余册。加强融媒体普法宣传，在日照日报、日照广播电视台等设立法治日照等普法栏目，各媒体年内刊播普法宣传稿件60余篇；利用“互联网＋”微信等进行法治文化宣传。

（市司法局　仲崇丽）

【非诉讼纠纷化解】 2021年，市司法局贯彻落实习近平总书记“坚持把非诉讼纠纷解决机制挺在前面”指示精神，根据市委办公室、市政府办公室《关于健全完善非诉讼纠纷解决机制的实施意见》，建起全市一体的非诉讼纠纷解决体系，市、县、乡三级全部建立非诉讼纠纷解决服务中心，54个乡镇（街道）、2075个村居（社区）全部成立人民调解委员会。全市成立13个市级、54个县级行业性专业性调委会，建立专职调解员队伍。指导市直单位和各区县建立50多个行政调解组织，挂牌成立律师调解中心，行政争议和解调解、行政复议工作顺利开展。诉调、检调、访调、公调、仲调对接有序开展，公证、行政复议工作进展良好。健全推送流转机制，创新同堂培训制度，以“月调度、季通报”办法实行非诉讼纠纷案件情况统计报告，建立督导调度制度。建立非诉纠纷案件调解推送和指定制度、非诉纠纷分级调解逐级上报制度、非诉讼纠纷解决机制联络员制度、专职调解员值班制度，实现纠纷闭环化解。

2021年4月23日，普法人员走进日照凌云社区开展民法典宣传活动

（市司法局　供图）

【司法鉴定】 2021年，日照市有司法鉴定机构9家，其中法医类7家、物证类1家、环境损害类1家；有司法鉴定人员92人，全年办理司法鉴定事项4018件。开展司法鉴定行业突出问题专项治理，召开司法鉴定行业专项治理动员会，制定公证、司法鉴定行业学习计划配档表，梳理学习教育阶段12项具体任务，全年开展集体学习51次、党史学习教育讨论14次、一把手上党课14次，参学率100%。开展为民办实事活动，为群众提供普法宣传24次，提供上门服务45次。推进司法鉴定行业标准化建设，山东国评环境损害司法鉴定所等第二批4家鉴定机构全部通过标准化验收。至年底，全市9家司法鉴定机构全部完成标准化建设工作，其中1家为省级标准化机构。开展司法鉴定机构和司法鉴定人全面评查，经过学习培训、自评整改、现场评查3个阶段，全市8家司法鉴定机构、62名司法鉴定人全部通过评查。

（市司法局　高　洁）

【社区矫正】 2021年，市司法局树立国家安全观，落实日常监管措施，推行积分制考核和队建制管理模式，对社区矫正对象考评用分数进行量

2021 年 12 月 4 日，日照市"12·4"国家宪法日暨"谁执法谁普法"宣传周活动启动仪式在市政府广场举行

（市司法局　供图）

化，实现"小积分"管好"特殊人"，全年接收社区矫正对象 2219 人，解除 2273 人。编印《日照市社区矫正工作人员法律法规实用手册》《日照市社区矫正工作流程（试行）》《日照市社区矫正档案文书格式（试行）》，规范完善日常执法事项。9 月 23—28 日，市检察院依法对东港区、岚山区、莒县、五莲县、日照经济技术开发区社区矫正工作开展巡回检查，通过重点人员谈话调查、发放调查问卷、信息化核查定位轨迹、查阅社区矫正案卷档案等方式，详细了解各社区矫正机构在社区矫正对象的日常报道管理、入矫解矫程序、教育学习和公益劳动、请销假审批备案手续、矫正疫情防控等方面情况，对重点社区矫正对象进行警示教育谈话，引导其自觉遵守社区矫正相关法律法规，接受改造教育。此次巡回检察核查社区矫正对象档案 401 份，发放调查问卷 80 份，警示谈话 73 人。

（市司法局　唐　磊）

【法律援助】 2021 年，全市受理案件 1026 件，结案 809 件。3 月，开展妇女维权活动月活动，增强妇女维权意识、法治观念和依法维权能力。出台功能区法律工作衔接机制，细化 3 个功能区法律援助实施办法，明确日照高新区、山海天旅游度假区的法律援助案件由市法律援助中心受理指派。11 月 20 日，在日照召开全省法律援助工作现场会上，市司法局作典型发言。报送的高某燕扶养纠纷案，入选山东省"依法维护妇女儿童权益十大案例"。市法律援助中心党支部被市委组织部、市直机关工委授予"先进基层党组织"称号。

（市司法局　樊　华）

【人民调解】 2021 年，市司法局以全市村（社区）"两委"换届为契机，健全乡镇（街道）、村居（社区）人民调解组织，全市 54 个乡镇（街道）、2075 个村居（社区）全部成立人民调解委员会。岚山区推行党组织书记担任村（社区）人民调解委员会主任，发挥党支部"领办"人民调解工作实效，提高村（社区）调委会矛盾纠纷化解能力和效率；市司法局、莒县司法局和五莲县司法局获得 2021 年全国组织宣传人民调解工作先进集体。加强新任人民调解员培训，提高调解员能力素质，陈志华、李顺春、李华波 3 名调解委员会主任入选省一级人民调解员。采用政府购买服务方式，每个乡镇（街道）选聘 2 ～ 3 名专职调解员入驻调解中心，专职从事乡镇（街道）矛盾纠纷排查化解工作，市级选聘 32 名专职调解员派驻各服务分中心或行业性专业性调解组织。推进建立市、区县行业性专业性调解组织，实现医疗卫生、道路交通、劳动争议等重点领域调解组织全覆盖。至年底，市级建成市总商会人民调解委员会、市医疗纠纷人民调解委员会、市道路交通事故人民调解委员会等 12 个行业性、专业性调解委员会，县级建成 54 个行业性专业性调解委员会，指导成立日照市知识产权人民调解委员会等 13 家市属行业性专业性调解组织。巩固拓展“大嫂调解”“商会调解”“老兵调解”“海上调解”“船老大调解”等特色调解品牌，发挥品牌调解示范引领作用。

（市司法局 郭常友）

【法律资格考试】 2021 年，市司法局克服五莲县新冠疫情挑战，律管科先后两次举行模拟演练，最终做到考试零差错、考生零投诉、考务零遗憾目标要求，完成 2021 年法律职业资格考试。市司法局连续 3 年被司法部表彰为全国先进集体，3 名工作人员获得司法部表彰。

（市司法局 李 强）

【日照监狱转型改建】 2021 年 1 月 27 日，省政府印发《关于同意山东省日照监狱转型改建为日照市强制隔离戒毒所的批复》，同意日照监狱转型改建为日照市强制隔离戒毒所。5 月 31 日，市委全面依法治市委员会办公室印发《山东省日照监狱转型改建为日照市强制隔离戒毒所实施方案》，对转型改建工作作出全面部署。6 月 29 日，市委机构编制委员会办公室印发《中共日照市机构编制委员会关于明确日照市强制隔离戒毒所主要职责内设机构和人员编制的批复》，明确内部机构设置和人员编制。市司法局成立转型改建工作领导小组，按照全国统一戒毒模式和司法部戒毒场所规范化建设标准，完成生理脱毒区、教育适应区、康复巩固区、回归指导区、戒毒医疗中心、教育矫正中心、心理矫治中心、康复训练中心和诊断评估中心“四区五中心”建设、信息化改建和文化建设，12 月 30 日通过省戒毒局场所改建验收。采取“以干代训”方式，组织 2 批 30 余名干警到省戒毒局、鲁中戒毒所、青岛市戒毒所跟班学习，制定《日照市戒毒所制度汇编》，为依法开展戒治工作提供制度保障。

（市司法局 刘猛猛）

【鲁南监狱】 2021 年，鲁南监狱落实国家刑罚执行机关职责，强党建、保安全、抗疫情、抓整顿、促发展，监狱工作实现新突破、呈现新气象。鲁南监狱被评为 2021 年度全省监狱工作先进单位，连续 17 年保持省级文明单位称号。坚持聚焦主业，狠抓监管制度落实，强化狱情分析研判、罪犯危险性评估，监狱实现监管安全 31 周年，监管秩序保持总体安全稳定；常态化推进扫黑除恶专项斗争，鲁南监狱被省扫黑除恶专项斗争领导小组授予“山东省扫黑除恶专项斗争优秀团队”称号，2 名干警被省监狱局评为“扫黑除恶专项斗争工作先进个人”；强化罪犯改造主责主业，成立精准教育转化中心，探索形成“心改造”典型做法，在全省罪犯精准教育转化成果展示评比中获得一等奖；加强基层基础建设，纵深推进“智慧监狱”建设，监狱信息化、智慧化水平显著提升。开展政法队伍教育整顿，成立教育整顿工作领导小组、工作专班和 7 个业务小组，精准施策、靶向整治，扎实推进学习教育、查纠整改、总结提升 3 个环节，修订完善 40 余项规章制度。同时，结合司法部开展监狱综合治理要求，围绕“六大顽瘴痼疾”整治，宣讲“自查从宽、被查从严”政策，开展“减假暂”案件倒查工作，全面核查 31 年来 31191 件“减假暂”案件。

（鲁南监狱 李培安 牟彬善 王爱国 时 磊）

仲 裁

【概况】 2021 年，日照市仲裁委员会办公室（简称“市仲裁办”）受理各类合同和其他财产权益纠纷案件 1380 件，其中仲裁案件 1080 件，涉案标的额 24.5 亿元；结案 1287 件，其中仲裁案件结案 990 件，调解 828 件，案件调解率 83.6%；接收诉裁对接案件 300 件，结案 290 件，同意调解 224 件，调解成功 135 件，调解成功率 60.3%。受案数量、标的额、调解率均创历史新高。

【仲裁办案规范】 2021 年，市仲裁办推进仲裁办案“流程再造”，制定《日照仲裁委员会收费办法》《仲裁庭工作规范》《仲裁案件案由适用规

2021 年 5 月 16 日，市仲裁办到上海交通大学举办仲裁系统素质能力提升专题培训班

（市仲裁办 供图）

定》《专家委员会咨询议事规则》等16个办案制度，启动《日照仲裁委员会仲裁规则》修订。面向全社会公开选定鉴定机构37家，制定《鉴定机构名册制度实施办法》。制定《仲裁员聘用管理办法》《仲裁员报酬支付办法》，规范仲裁员聘用、教育、管理、使用和考核。从省内外新增聘第六届日照仲裁委员会仲裁员156名，通过线上、线下组织开展7期仲裁员素质专题培训活动。5月中旬，组织40余名仲裁员到上海交通大学开展为期5天的素质能力提升专题培训。采取政府购买服务方式，从法律机构购买仲裁辅助程序服务办案秘书6名，制定《仲裁辅助岗位人员年度考核实施办法》。强化办案监督管理，制定《打听案情、过问案件、说情干预和违规接触交往有关人员情况登记报告规定》，党组先后集体听取重大、复杂案件情况汇报10余次。

【仲裁业务拓展】 2021年，市仲裁办靠前化解历史遗留问题，主动对接导入“案前速调”程序，化解某房地产公司涉及100多名业主群体性逾期办理产权证明纠纷。制定《企业走访调研活动方案》，班子成员分别带队到中国工商银行日照分行、日照银行、海洋文旅、兴业集团、安泰实业等20家企业走访调研。制定出台《优化营商环境八项措施》，与市地方金融监管局联合举办14家金融机构参加的金融仲裁工作座谈会。印发《关于运用仲裁方式服务金融业高质量发展的意见》，拓展仲裁服务新领域。

【仲裁调解】 2021年，市仲裁办组建仲裁调解中心（加挂案件管理科牌子），明确工作职责，专门负责“诉裁对接”职责，推进调解中心实质性运转。与市中级人民法院建立联席会议制度，严格落实《关于加强诉讼和仲裁对接促进民商事纠纷调解的实施意见》，成立覆盖全市5个区县仲裁调解机构，建起45人仲裁调解员队伍。实施立案前、开庭前、合议前、裁决前“四前调解法”，完成调解案件828件。举办“日照仲裁公益大讲堂”，主动联系市住建局、国资委、土发集团等市直部门、市属国有企业，采取线下现场和线上网络直播相结合方式开展仲裁服务。

【互联网仲裁】 2021年，市仲裁办创新网上仲裁“新模式”，启用“日照仲裁智慧办案系统”，推动仲裁网上立案、网上组庭、网上庭审、网上监管，实现仲裁服务提挡升级。拓展网上仲裁“新渠道”，在“爱山东·日照通”App主题专区增设“经济仲裁”专栏。探索网上仲裁“新领域”，开展“互联网+新时代仲裁工作领导干部危机处置与舆情研判应对”“大数据与人工智能在仲裁领域的应用”课题研讨。组队到青岛市仲裁委员会，考察学习其在互联网仲裁业务和建设互联网仲裁院方面经验做法，推进互联网金融仲裁中心重组工作。《“网上办案”推动仲裁服务提挡升级》典型案例在学习强国地方平台发布，并纳入日照市党史学习教育“我为群众办实事”优秀案例。

（市仲裁办　解明学　王孝旭）

【劳动人事仲裁】 2021年，市人力资源和社会保障局通过开展打造金牌劳动人事争议调解组织、庭审观摩，联合设立劳动人事争议人民调解委员会，开展“青年仲裁员志愿者联系服务企业活动”，推进非诉讼纠纷解决机制建设。至年底，全市立案受理劳动人事争议案件3296件，结案率100%，调解成功率76.6%。开启全市金牌劳动人事争议调解主动化解矛盾新模式，建成“泰和”“通和”两处调解工作室，化解劳动争议19件。

（市人力资源和社会保障局　牛玉东　王兴强）

军事

日照军分区

【概况】 2021年，日照军分区坚持以习近平新时代中国特色社会主义思想为指导，深入学习贯彻习近平强军思想，注重加强党的建设，严格落实党管武装各项制度，修订完善党委常委会《议事决策规则》，推进党组织规范化建设，组织对区县人武部党委班子考察帮建和全面建设综合督导检查；组织召开党委议军会、宣布第一书记任职、工作述职等，市委议军会有关做法受到省军区首长肯定批示；贯彻新时代好干部标准选人用人，完成军官等级转换和职级调整，完成文职人员、事业编职工、民兵教练员招聘工作，严密组织考核评定；强力推进正风肃纪反腐，统筹抓好巡视巡察反馈问题整改、“五项整改”工作落实，持续压紧压实“三个责任”，军分区党风廉政建设持续稳固向好。完成省军区赋予的“军地应急力量融合建设”试点任务和参与支援五莲县新冠肺炎疫情防控等重大任务；总结推广东港区涛雒镇“碧海红帆”海上民兵预建党组织经验做法，东港区海上民兵维权一连预建党支部被中央军委国防动员部表彰为“先进民兵党组织”。

【思想政治建设】 2021年，日照军分区把学习贯彻习近平新时代中国特色社会主义思想和习近平强军思想作为首要政治任务，跟进学习习近平总书记最新讲话精神，加强党的十九届六中全会精神学习贯彻，落实党委理论中心组学习制度，开展群众性理论读书活动，推动理论武装走深走实。统筹推进党史学习教育和“传承红色基因、担当强军重任”主题教育落实，创新开展“百年本色”党史学习教育和“回望百年路、永远跟党走”主题党日系列活动，组织全体党员干部走进沂蒙革命纪念馆、孟良崮战役纪念馆实地参观见学，官兵听党话、跟党走的思想根基更加牢固。组织开展首届青少年军事研学营、“爱我国防”大学生演讲比赛、“让党旗在民兵工作一线高高飘扬”等实践活动，初步建成《日照国防》融媒体，相关做法先后在《中国国防报》《中国民兵》《省军区党史学习教育简报》刊发。

【部队基层建设】 2021年，日照军分区保持抓基层、打基础重心不偏、力度不减，调整健全挂钩帮带机制，研究出台《军分区高质量建设发展三年规划》《加强专武干部队伍建设》等制度措施，总结推广东港区涛雒镇“碧海红帆”海上民兵预建党组织做法，在《中国国防报》一版头条和《解放军报》客户端刊发。7月，东港区海上民兵维权一连预建党支部被中央军委国防动员部表彰为“先进民兵党组织”。开展“条令法规学习月”活动，围绕“人、车、枪、弹、密、网、酒”重点内容，狠抓4个经常性工作末端落实、细节落实，在省军区“四不两直”安全检查中排名第一，被省军区表彰为“安全管理工作先进单位”。开展全市民兵训练基地标准化建设论证，机关新营区筹建工作取得实质性进展。

【综合保障效能】 2021年，日照军分区按照“紧贴任务需要、依法科学管理、优化服务保障”思路，精准开展经费预算编制和预算调整，修订完善经费管理、零星工程、物资采购等制度措施，完成10个集中采购项目。推进后勤重点行业领域整肃治理，完成预算绩效、物资采购、伙食费管理等清理清查，立行立改预算绩效问题32个，受到省军区通报表扬。开展资产大清查、枪弹大清查，按时间节点完成各项任务，并高标准通过上级检查验收。聚焦基层所盼、官兵所需，发放租房补助，提高劳务派遣职工工资待遇，组织各类人员健康查体。严格落实新冠疫情防控措施，加强防疫物资储备和发放，确保常态防控。

（日照军分区　刘　君）

武警日照支队

【概况】 2021年，中国人民武装警察部队日照支队（简称“武警日照支队”）贯彻习近平强军思想，紧跟武警部队、总队党委决策部署，把握全局大势，找准实践落点，统筹推进重大任务和经常性工作。完成多起联勤城市武装巡逻、武装押解等勤务，处置1起犯罪嫌疑人借收押之机企图脱逃事件，扑救1起驻地养殖场火灾，部队在实战中得到锤炼；紧盯基础抓帮建，深化总队《军队基层建设纲要》培训成果，开展组织规范周暨党支部书记集训活动，印发组织规范手册，组织领建、基层自主抓建基本能力进一步提升；精准扶贫树形象，继承发扬拥政爱民优良传统，持续推进扶贫工作精准落实，累计投入37.5万元，先后帮扶2个村3个帮扶项目，被武警总队表彰为脱贫攻坚先进集体。开展“大手牵小手，‘声动’学党史”军营开放日活动平台，探索军地共学共育新路子。

【思想政治建设】 2021年，武警日照支队坚持把学好习近平总书记系列讲话精神作为重大政治任务，采取专家宣讲、常委领学、干部“微课”等方式，深入学习贯彻习近平总书记“七一”重要讲话精神和党的十九届六中全会精神，官兵思想根基更加牢固。统筹推进党史学习教育、主题教育和经常性思想教育，方法上搭配灌输与精讲，载体上结合传统和网络，检验上突出士气和作风，教育质效不断增强。注重文化环境熏陶，建好用好军史长廊和荣誉墙，推动数字文化、智慧文化进军营，组织参观见学、文体竞赛和“公祭日”等活动，奏响强军文化主旋律。

【练兵备战】 2021年，武警日照支队贯彻武警部队军事训练会议精神，刚性落实党委议战议训和首长机关训练，以勤训轮换和教练员集训为抓手，以“魔鬼周”极限训练和“卫士演习”为检验，助推军事训练提质增效。抓住制度、能力、设施3个重点，严格执勤督查，抓牢执勤培训，狠纠执勤隐患，打牢执勤安全基础，1人被总队表彰为执勤标兵。年内，支队先后出动兵力，担负联勤武装巡逻、武装押解等临时勤务37次，五莲中队处置1起犯罪嫌疑人借收押之机企图脱逃事件，莒县中队扑救驻地养殖场火灾，挽回经济损失10万余元。

【基层建设】 2021年，武警日照支队常态压实“常委包队、精准帮建”责任机制，先后派出7批次党委机关工作组下基层考核、帮建，提升帮建指导质量。改进季度考评模式，摒弃“痕迹检查”，突出军心士气和完成任务情况，不断减负增效。深化总队《军队基层建设纲要》培训成果，开展组织规范周暨党支部书记集训活动，印发组织规范手册，提升组织领建、自主抓建基本功。开展暖心惠兵活动，针对官兵所盼，协调地方单位，组织大龄官兵在驻地集体优惠购房，与日照港联合开展“学党史、进军营”青年联谊活动，救济慰问困难官兵11人，协调解决7名子女入学，办成不少实事、难事、暖心事。

2021年5月27日，武警日照支队“大手拉小手”主题党日活动举行

（武警日照支队　供图）

【综合服务保障】 2021年，武警日照支队坚持党委（支部）议后勤制度，加强保障工作研究，按照“四化”要求开展战备物资储备和相关库室建设，常态组织“一组三队”拉动演练，通过“卫士”系列演习、“魔鬼周”极限训练等大项活动，对保障方案可行性、人员编配合理性、编携配装科学性进行全面检验，提高应急保障能力。紧抓后勤专业兵训练，聚焦“一专多能”要求，采取业务展评、技能会操、综合考评等方式，先后组织10批次后勤装备队伍集训，提升后勤队伍整体素质稳步。创新实行后勤专业兵梯次培养机制，建立司务长、军械器材保管员、炊事员、卫生员等后备人才库，严密组织专业技能鉴定，确保保障人才不断档。开展“伙食管理大整治”“厉行节约、反对浪费”活动，研究探索最新组伙模式，把好市场调查关、食品验收关、食谱审核关、定量消耗关，官兵伙食满意度达100%；组织为兵服务，每月开展医疗巡诊，上门开展新兵军人保障卡办理工作，合理安排官兵住房公积金贷款，官兵工作、生活、医疗等条件更加便捷舒适。

（武警日照支队　程　晓）

日照海警局

【概况】 2021年，中国人民武装警

察部队海警总队山东支队日照大队（简称“日照海警局”）围绕人民群众所期所盼，聚焦海上走私、盗采海砂、非法捕捞、违规用海等突出问题，开展涉海扫黑除恶专项斗争，固化“国门利剑”“亮剑”“碧海”“海盾”等执法行动成果。年内，累计接警121起，处警92起，办理刑事案件4起，治安案件25起，行政案件14起，打击处理违法犯罪人员35人，罚款56万元。日照海警局以重大案件办理带动整体执法工作，形成执法领域全覆盖，案件办理全覆盖的执法新局面。获山东省扫黑除恶专项斗争先进单位。

【思想政治建设】 2021年，日照海警局坚持用习近平新时代中国特色社会主义思想和习近平强军思想武装头脑，常态开展理论服务下基层活动，党委成员带头授课，推动党的创新理论直达基层。开展向新时代卫国戍边英雄群体和“反恐尖刀中队”学习活动，利用驻地教育资源，邀请市委党校教授授课，邀请抗美援朝长津湖战役老兵讲述战斗故事，激发执法员爱国情怀。结合“4·15”国家安全教育日召开专题警示教育大会，邀请国家安全部门到日照海警局开展安全检测。加大新闻报道力度，年内在海警微信公众号发稿9篇，省部级新闻媒体发稿6篇，地市级新闻媒体发稿17篇，军报发表1篇。

【战备训练】 2021年，日照海警局坚持以战领建、抓建为战，扎实履行“两个维护”使命任务。强化战时意识和保持迎战姿态，按照战备工作要求，从严落实战备值班制度，深入研究“三种情况第一时间到现场”指挥流程，严密组织全要素快捷式指挥五步法训练。以构建海警特色力量体系为主线，深化“八落实”和“六种组训模式”，刚性落实党委每月议战议训制度，开展“学大纲、研大纲、用大纲”活动，严密组织首长机关集中训练、舰艇业务训练、执法能力训练，强力纠治和平积弊，牢固立起大抓练兵备战鲜明导向。

【基层建设】 2021年，日照海警局按照“三个过硬基层”要求，着力育强“四梁八柱”、配好支部班子、优化队伍结构，增强各级按纲抓建能力。学习贯彻新《军队基层建设纲要》，安排党委成员定期授课辅导，采取“上下联动、正反对比、抽点结合”方式组织各支部开展交流发言，提高基层自主抓建能力。对照新《纲要》要求，每季度扎实开展季度“双争”评比和星级党支部评定，调动基层自主抓党建积极性，支部作用发挥更加明显。注重抓执法员日常养成，组织学习《中华人民共和国海警法》《正规化管理若干规定（试行）》《人员行为手册》，提高制度末端落实质量，“四个秩序”更加正规，执法员精神面貌更加昂扬向上。坚持科学统筹、谋定而动，严格落实“七项组织生活制度”，每月专题分析基层建设形势，拟写蹲点情况汇报和基层执法员意见建议，研究动中抓党建基层务实举措，让执法员目标更加坚定、方向更加清晰。

【执法规范化建设】 2021年，日照海警局深入学习贯彻《中华人民共和国海警法》，第一时间召开动员部署会，将海警法宣传贯彻作为全年重点工作进行研究部署，逐条研究上级下发的36个执法规范性文件，提升执法人员业务素养。结合海警法宣传贯彻工作，先后走访日照市委、市政府、市公安局、市海洋发展局、日照海事局等近30家政府机关与涉海企事业单位，并与市人民检察院、市中级人民法院等13个单位签订执法合作协议，签订率100%。通过巩固拓展双边、多边合作，推动人才交流、信息共享、联合巡航、应急处置等方面务实合作，形成“相互策应、有效衔接、整体联动”的海上力量体系。

【执法保障支撑】 2021年，日照海警局通过“信息大会战、辖区大走访”活动，调研码头、渔港、停泊点26处，采集确权海域700多个，发展治安信息员20余人，累计采集基础信息600余条。推进办案场所建设改造，强化执法软硬件建设，引接监控系统等6个平台，改造执法办案场所4个，新建涉案财物保管室4个，基本满足各海警机构执法办案需要。同时，开展方案计划、指挥能力、侦查情报、战备政治工作等软实力建设，提升海上维权执法能力与战备能力，夯实遂行任务基础支撑。

【执法教育整训】 2021年，日照海警局强化执法队伍建设，探索建立大队和船艇、工作站两级培训机制，推进全员学法、全员懂法，年度执法考试通过率92.5%。指导各工作站建立“包干”制度，部署各工作站对重点港口、码头和停泊点专人负责，重点搜集渔船越界捕捞、违反伏休规定、“三无”船舶出海等线索，确保对违法违规行为打击有的放矢。加强执法廉政建设，组织开展预防海上职务犯罪和执法领域专题教育整顿，严肃查处违法违纪行为，执法透明程度明显提升。

【营队文化建设】 2021年，日照海警局按照“突出发展历史、突出海警特色、突出练兵备战”总体思路，向兄弟单位学习先进经验做法，强力推进军史长廊建设，提升营区整体文化氛围。营造拴心留人内部环境，开展各类文体活动，先后组建舞狮队、篮球队、足球队等兴趣小组，丰富执法员业余文化生活，提振士气，凝聚力量。树立基层至上理念，主动为执法员办实事，解难题，先后帮助5名执法员解决子女入学入园、家属安置、家庭涉法和婚恋等实际困难，为2名生活困难执法员发放救济金，推荐5名优秀干部到上级机关工作，2名干部交流任职。

【后勤保障】 2021年，日照海警局全面提升部队硬件水平。争取500万余元对训练场、晾衣房、执法员宿舍、食堂进行建设和改造，争取200万余元进行院墙、门岗、车库及军史长廊升级改造，营区面貌焕然一新；加强公寓楼使用管理，及时为符合条件执法员和家属办理入住手续，解决执法员住房困难；坚持党委理财用财，提升经费使用效益，持续将经费向基层一线倾斜；加强财务人员业务能力锻炼，规范财务制度运行，把编制预算过程作为谋划工作的重要手段，把执行预算过程作为落实工作重要基础，推动日照海警局建设全面提升。配齐配强医疗人才队伍，完善医疗物资储备，建立战备医疗储备库。全年开展战伤救护培训30余次，初步建立战伤救助体系。

【装备安全管理】 2021年，日照海警局落实舰艇保养制度，规范开展日检拭、周检修、月保养工作，固化舰艇装备保养程序。车辆管理坚持以制度规范秩序，以秩序确保安全，坚持每周组织车场日和行车安全教育、每季度召开一次安全形势分析会，发现事故苗头及时分析、研究解决。结合“严法纪、正秩序、遏事故”车辆交通安全专项整治活动，加强车辆牌证管理，严格“五位一体”联管制度，纠治车辆交通违法违纪问题，确保车辆装备绝对安全。

（日照海警局　初祥云）

人民防空

【概况】 2021年，日照市人民防空办公室（简称市人防办）自觉转方式补短板，主动抓战备、强能力，实现“十四五”良好开局。市人防办首创首提的城区人口疏散掩蔽网格化项目被省人防办确定为省级试点，日照市为全省唯一试点城市；市人防科普教育体验馆正式开馆运行，市防空防灾教育阵地不断扩展；全市新增竣工人防工程比2020年增长116%，开展全市人防工程普查，实现人防工程竣工面积和建设质量“双提高”；抓实人防工程平战结合，在3处人防工程建设地下文明长廊。

【人防宣传教育】 2021年，市人防办坚持线上线下并举，推进人防宣传教育“十进”工作，在“3・1”国际民防日、“5・12”防灾减灾日、“9・18”防空防灾警报试鸣日、“10・31”新中国人民防空创立日组织集中宣传活动。依托市人防科普教育体验馆，举办“政府开放日之走进人民防空”活动3批、100人参加。

【市人防科教体验馆】 2021年6月1日，市人防科普教育体验馆向市民免费开放。至年底，接待参观体验者7000余人、团队125个，其中学生团队72个。展馆以“防空防灾、卫国为民”为主题，由序厅、人民防空厅、防灾救援厅、实训体验厅、国防教育专题展厅及临展区6个部分组成，设置高铁逃生、飞机迫降、高空缓降等10余个互动体验项目。体验馆先后被评为“省二级消防科普教育基地”“日照市科普教育基地”“日照市关心下一代教育基地”等，成为日照市爱国主义教育、国防教育和防空防灾知识教育

2021年6月1日，日照市人民防空科普教育体验馆开馆　（市人防办　供图）

综合性阵地。

（市人防办 金姝含）

双拥工作

【概况】 2021年，市退役军人事务局坚持以习近平新时代中国特色社会主义思想为指导，以服务部队练兵备战为主线，落实双拥优抚安置政策，定期召开双拥工作领导小组会议、议军会议、军政座谈会议。7月23日，市退役军人事务局等16个部门联合出台《日照市军人军属、退役军人和其他优抚对象基本优待目录实施办法》，涵盖荣誉激励、生活保障、养老服务等9个方面。开展“上门问需、精准服务”双拥活动，解决驻地部队和海训部队备战打仗困难和矛盾10余项。日照市拥军支前经验被全国双拥办推广，日照钢铁控股集团有限公司被表彰为“全国退役军人服务保障先进单位”并荣登“全国退役军人就业合作企业光荣榜”“山东退役军人就业合作企业光荣榜”，音乐作品《沂蒙煎饼情》获全国双拥主题文艺作品优秀奖。

【服务保障部队练兵备战】 2021年，市退役军人事务局按照“部队练打赢，地方练支前”要求，全力保障驻日照市部队开展海上训练，实现“零差错、零失误、零事故”目标。7月6日，市委编办批复设立日照军供站，填补日照市保障部队联演联训、跨区机动专门机构空白。支持国防基础建设，置换土地作为日照军分区营房建设，解决部队战备生活秩序问题。规划调整用地，为日照海警局所属工作站新建营区营房。

【拥军优属】 2021年，市退役军人事务局开展春节、“八一”拥军慰问，送去价值120万余元的慰问物品和慰问信，为部队解决一批“急难愁盼”实事。开展“三后”工作，市、县区两级开展军人军属招聘活动，发放创业扶持基金以及困难帮扶基金。为随迁随调家属对口安排工作岗位、为随军未就业家属发放生活补助金。协调安排军人子女入中小学，军人子女入幼儿园，入学入托率100%。协助部队完成伤病残官兵和军休干部移交接收，减轻部队压力。全市发展拥军企业145家，拥军组织10家，提供优惠项目50余项，常态化为部队提供衣食保障。开展“关爱功臣”活动，为立功受奖现役军人家庭送喜报，发放奖励金。

【双拥宣传教育】 2021年7月，市退役军人事务局建成日照革命历史纪念馆，年内累计接待观众2万余人次。为纪念“日照暴动”90周年，在市烈士陵园新建安哲纪念园。制播《烈士宣传片》《退役军人风采》《回忆我的父亲安哲》等视频，组织各类双拥宣传活动70余次；在新闻媒体刊登日照英烈故事大讲堂、最美退役军人事迹和双拥工作新闻50余条；与市委组织部，市委宣传部、市文化和旅游局联合推出现代吕剧《先驱·王尽美》，获山东省第十二届山东文化艺术节“优秀剧目奖”。开展“双拥法规宣传月”“宪法进军营主题”活动，到武警日照支队等开展送政策、送法律活动；“八一”建军节前夕，市委退役军人事务工作领导小组办公室下发通知，要求各级各部门采取不同方式开展退役军人座谈会，与现役军人、退役军人同庆建军佳节，营造关心国防、尊崇军人、尊重退役军人浓厚氛围。

【日照军供站】 2021年，日照市高度重视军供站设立工作，市委、市政府主要负责人多次听取情况汇报，分管负责人亲自抓。7月6日，市委编办批复设立日照市军供站，为市退役军人事务局所属正科级公益一类事业单位。

【全国双拥模范城创建】 2021年，日照市以实现全国双拥模范城“七连冠”为目标，贯彻落实习近平总书记关于双拥工作的重要论述，弘扬革命老区拥军优属光荣传统，聚焦服务部队备战打仗双拥工作主线，围绕服务党和国家工作大局、国防和军队建设全局，狠抓双拥政策法规落实，聚焦军地热点难点问题解决，健全组织领导体系建设，打造港城拥军优属新特色，营造双拥宣传浓厚氛围，不断开创双拥工作新局面。日照市拥军支前经验被全国双拥办推广，日照钢铁控股集团有限公司被表彰为“全国退役军人服务保障先进单位”并登上“全国退役军人就业合作企业光荣榜”“山东退役军人就业合作企业光荣榜”，音乐作品《沂蒙煎饼情》获全国双拥主题文艺作品优秀奖，《解放军报》《中国国防报》《中国双拥》《中国退役军人》等国家级报刊先后刊发日照市退役军人工作以及打造“海训铁后盾、拥军好榜样”品牌经验做法。

（市退役军人事务局 刘建红）

经济管理

宏观经济调控

【概况】 2021年，日照市深入实施生态立市、创新兴市、产业强市、开放活市战略，扎实开展“项目突破年”，加快“六稳”“六保”落地，通过环保督察、“两高”核查等一系列考核、检查，全市经济社会稳步前行。实现生产总值2211.96亿元，比2020年增长6.8%；实现一般公共预算收入187.5亿元，比2020年增长6.3%；城乡居民人均可支配收入31059元，比2020年增长8.2%。

【统筹协调疫情防控和经济发展】 2021年，日照市统筹推进疫情防控和经济社会发展，聚力新旧动能转换，加强“六稳”（稳就业、稳金融、稳外贸、稳外资、稳投资、稳预期）工作，全面落实“六保”（保居民就业、保基本民生、保市场主体、保粮食能源安全、保产业链供应链稳定、保基层运转）任务，全市经济稳定恢复、承压向好。工业生产企稳回升，服务业发展基本稳定，规模以上服务业继续延续稳定发展态势，固定资产投资增速趋稳，货物进出口实现较快增长，财税收入平稳增长，信贷总量继续扩大，交通运输恢复增长，消费价格温和上涨。全年全市生产总值2211.96亿元。其中，第一产业增加值194.68亿元、第二产业增加值903.55亿元、第三产业增加值1113.73亿元，三次产业结构比为8.8∶40.8∶50.4。

【经济运行监测】 2021年，日照市统筹疫情防控和经济社会发展，深入各区县园区、重点企业开展调研走访，帮助协调解决困难问题。强化市直部门间沟通协调，及时掌握各领域、各行业发展情况及发展动向，精准分析问题，对症提出建议，分析报告季季特色不同。一季度创新以看体量、看结构、看质效、看趋势“四看”为主，对全市经济“画像”，推动各级精准抓产业、抓企业；上半年作出经济运行进入承压阵痛期判断，深入分析面临的“五重压力”，提出针对性措施建议；前三季度，结合实际，总结出“四个加大”问题，对问题和风险作出系统研判和预警。全市经济社会在压力下稳步前行，全年地区生产总值增长6.8%，实现“十四五”良好开局。

（市发展改革委 邢玉颖）

【发展规划编制】 2021年6月30日，《日照市国民经济和社会发展第十四个五年规划和2035年远景目标纲要》（简称《纲要》）正式印发实施。《纲要》明确深入实施生态立市、创新兴市、产业强市、开放活市战略，加快构建现代化经济体系，努力推动高质量发展、高品质生活、高效能治理。《纲要》阐述日照市“十四五”时期经济社会发展主要任务。经济发展高质量。构建临港涉海特色优势产业体系，繁荣发展现代服务业，加快发展数字经济，塑造良好产业生态，充分释放内需动力，更好融入“大循环”“双循环”。创新开放高质量。强化科技创新支撑引领，深化重点领域改革，扩大更高水平对外开放。城乡融合高质量。高水平建设精致城市，促进县域加快特色转型发展，加快乡村全面振兴，健全城乡融合发展机制。文化建设高质量。构筑新时代文明建设高地，强化文化成果全民共享，加快文化产业创新融合发展，传承弘扬优秀传统文化。生态文明高质量。加快推动绿色低碳发展，深入打好污染防治攻坚战，统筹山水林田湖草海系统治理，健全生态文明制度体系。人民生活高质量。提高居民收入水平和就业质量，办好人民满意教育，健全多层次社会保障体系，建设健康日照，促进人口长期均衡发展，全面提升社会治理效能。强化高质量发展支撑。打造一流营商环境，完善基础设施网络，建设更高水平平安日照。

【固定资产投资】 2021年，日照市固定资产投资比2020年增长3.0%。分产业，第一产业投资下降27.9%，第二产业投资增长3.1%，第三产业投资增长4.3%，三次产业投资比例由2020年的3.0∶30.3∶66.7调整为2.1∶30.3∶67.6。分领域，工业投资增长3.1%，民间投资增长6.1%，基础设施投资增长2.6%。高新技术产业投资增长10.0%。高技术制造投资增长10.5%。“四新”投资增长2.3%。其中，新型能源活动投资增长114.7%，现代生产性服务活动投资增长36.4%，互联网与现代信息技术服务投资增长32.5%。房地产开发投资210.53亿元，下降2.7%。完成商品房销售面积299.80万平方米，下降8.2%。房屋施工面积2152.06万平方米，增长12.0%。基本建成棚户区改造安置房42989套。全年到账内资369.65亿元，增长32.7%。日濮洛输油管道、岚山油气公共管廊、山焦配煤基地建成投运，500万立方米原油储备库项目完成主体建设。新建、改造城市道路78条，淄博路、海曲路地下工程通车，山海风情绿道贯通启用。累计建成开通5G基站超5000个。

（市发展改革委　黄　虎）

【重点项目建设】 2021年，日照市组织开展重大项目集中开工活动5次，针对应开未开、慢于序时进度、已开工未纳统3类项目，落细措施、分类施策。272个实施类省市重点项目完成投资，占年度计划的177%；其中省级重点项目年度投资完成率182%，居全省第3位。强化重大项目提级会商，推进要素跟着好项目走，共论证项目14批169个，帮助重点项目协调解决问题200余项，其中31个省级重点项目获批土地指标1586亩，24个项目获批中央、省预算内资金3.95亿元，44个项目获批专项债券资金54亿元。

（市发展改革委　高凌霄）

【区域发展战略】 2021年，日照市主动服务和融入黄河流域生态保护和高质量发展国家重大战略。市委书记张惠在全国两会上提出打造黄河流域陆海联动转换枢纽的建议，市委制定印发《深入学习贯彻习近平总书记中央讲话精神服务和融入黄河流域生态保护和高质量发展的意见》，16个事项列入《山东省黄河流域生态保护和高质量发展规划》，协调推进共建黄河流域天然气资源供应通道等7项合作，13个省级重点项目年内完成投资72.87亿元、占年度计划的156.54%，总投资30.72亿元的14个项目参加全省黄河流域生态保护和高质量发展现场推进会集中开工仪式。加快融入胶东经济圈一体化发展。成立一体化办，10个专班分领域策划和推进具体合作事项。与胶东各市签署50多项协议，成立40多个联盟。加快推进实施8个方面56项重点任务。年内与胶东各市37个合作项目完成年度投资20.17亿元。黄海中部大船锚地建成，日照港、青岛港共享共用。改造提升交界公路18条，开通日照西站到胶东国际机场的动车。行政审批实现“线上一网通办、线下异地可办”，跨市帮办代办服务达40项。日照、青岛联合完成全省首笔不动产登记“全省通办”业务。支持县域经济发展。落实深化扩权强县改革促进县域经济高质量发展10条措施，加大对县域经济发展支持力度。在2020年度全省县域高质量发展差异化评价中，东港区被评为打好污染防治攻坚战专项评价先进县，莒县前进24个名次。山东钢铁集团吴开明团队的浮式海上风电装备用高强韧易焊接耐海水腐蚀钢关键技术研发与产业化项目，入选泰山产业领军人才工程蓝色人才专项。东港区、莒县、五莲县的4个项目列入2021年度省重点扶持区域引进急需紧缺人才项目计划，2020年度项目全部通过验收。

（市发展改革委　李占淞）

【动能转换】 2021年，日照市持续深化重点领域改革，128项重点改革事项、32个省级以上改革试点进展顺利，全民健身、体教融合、整合型医疗卫生服务体系建设、不动产交易登记一体化等改革走在全国全省前列。创新推进土地供应审批改革，工业用地审批时间由3个月缩短至7个工作日。实施国企改革三年行动，整合重组8家市属国有企业组建新城投集团，市属国企营业总收入比2020年增长36%，利润总额比2020年增长132%。深化人才制度改革攻坚，招引高层次创新创业团队77个、创新人才699人、青年人才2.25万人，连续两年获评全国最具人才吸引力百强市。实施重大科技创新工程，与17所高校、科研院所开展产学研合作160余项，16个省重大创新项目完成投资5.48亿元，智能电液传动与控制单元、超高强韧汽车钢等关键技术研发填补国内、省内空白。获批建设国家创新型城市，入选全国城市创新能力百强。兴业汽配、金马工业获评国家级制造业单项冠军，新入围国家级专精特新“小巨人”企业6家，省级瞪羚企业10家、专精特新中小企业31家，新创建省级重点实验室2家、企业技术中心6家、开放式大学科技园1家，推荐申报高新技术企业297家、数量历年最多，总量492家，比2020年增长66%。有效发明专利拥有量突破2400件，新增PCT国际专利申请6件。

【陆海转换】 2021年，日照市依托日照港和瓦日、新菏兖日铁路“一港双通道”，打造黄河流域陆海联动转换枢纽。争取国铁集团将瓦日铁路日照至安李铁矿石运费每吨下浮13元、至武安敞顶箱每吨下浮36元，启动日照港博爱无水港建设，年可新增“公转铁”运量500万吨以上。打造北方能源枢纽，实施能源基础设施“双十百亿”工程，建成投运日照港油库三期、山焦配煤基地、岚山油气公共管廊、日濮洛输油管道、LNG调峰储气设施、智恒汪湖农光互补等20个项目，新增原油、焦煤、天然气储备能力145万吨、20万吨、600万立方米，原油输送能力1000万吨，光伏装机容量24万千瓦，变电容量76万千伏安。举办全国冬季煤炭交易会，日照港华能电煤储备转运基地等多个重大项目签约落地。岚山区、莒县纳入整县屋顶分布式光伏开发试点县。

（市发展改革委　李占淞　徐金利　袁　炜）

【产业升级】 2021年，日照市制订实施淘汰一批、提升一批、培育一批“三个一批”工作计划，“四新”投资占固定资产投资比重达52.3%。聚焦钢铁、汽车、旅游3个省“十强”产业“雁阵形”集群，日钢产能承接一期600万吨炼钢工程开工建设；长城汽车首款日照造“玛奇朵”车型上市，“芭蕾猫”车型即将推出；天台山旅游区一期、莒国古城商业街投入运营，开元森泊度假乐园等重点文旅项目加快推进，入选第二批国家文化和旅游消费试点城市，连续3年获评中国体育旅游十佳目的地城市。调整优化招引考核办法，组建18个产业招引小组，强化“四新”项目招引，占招引项目的75.4%。实现到账内资369.7亿元，比2020年增长32.7%；实际使用外资5.19亿美元，比2020年增长11.3%。高品质钢铁材料、信息技术服务产业集群入选省级战略性新兴产业集群，海产品加工产业入选第三批省“十强”产业“雁阵形”集群，日照银行、兴业汽配、白鹭湾入选领军企业，万通液压在北交所上市，山东港湾、天泰建工、中铁二十三局一公司晋升特级资质。低效落后产能加快退出。“一企一策”细化工作方案，依法依规关停化工企业56家，停运煤电机组8台，剩余2台于供暖季结束后关停。坚决遏制“两高”项目盲目发展，建起企业名录、项目清单动态管理机制。对违规“两高”项目，逐个拿出处置意见，区分具体情况推进整改。

（市发展改革委　历　群）

自然资源管理

【土地管理】 2021年，日照市报批各类建设用地1361.23公顷；供应土地总面积1682公顷，按供应方式分别为划拨646.8公顷，协议出让89.4公顷，公开出让894.5公顷，租赁51.3公顷。其中，经营性用地313.96公顷、价款153.85亿元；工业用地562.58公顷、价款20.26亿元。加快工业“标准地”出让制度改革，成交“标准地”125宗515.5公顷，初步实现工业项目“拿地即开工”。投入资金25402万元，实施土地整理补充耕地项目31个，总建设规模5791公顷，新增耕地473公顷。市级验收挂钩项目30个，验收拆旧面积151.4公顷，节余指标136.93公顷。处置批而未供土地1372.13公顷。

（市自然资源和规划局　秦　川）

【矿产资源管理】 2021年，市自然资源和规划局开展矿产资源领域专项检查，对全市矿山、地勘项目进行全覆盖排查，对排查矿山进行一次全面“体检”。先后完成并通过企业自查、区县排查、市局抽查及潍坊市互查等工作，规范全市露天矿山开采秩序。推进绿色矿山建设，全市生产矿山全部编制完成《绿色矿山建设方案》，并按方案加快开展绿色矿山建设工作。17处矿山先后通过绿色矿山第三方验收，2020年入库省级绿色矿山8处，2021年参加省厅遴选绿色矿山5处。推进矿产资源管理改革事项落实，对矿业权出让、出让权限、储量分类标准及储量评审备案等重点改革事项抓好落实。在全市范围内全面试行“净矿”出让，缩短产能释放周期，合理设置砂石采矿权，保障市场需求。提请市政府印发《关于加强矿产资源开发利用和保护工作的通知》，对采矿权准入等方面进行规范。

（市自然资源和规划局　张学亮）

【水资源管理】 2021年，市水利局印发《日照市落实省环保督察反馈地下水资源管理问题整改行动方案》《日照市水利局落实省环保督察反馈地下水资源管理问题整改行动方案》，对地下水井进行排查整改，全市排查整改地下水取水户562户、地下水井586眼。

（市水利局　王　晓）

国有资产监管

【概况】 2021年，日照市推进国资国企改革发展。制定《日照市国企改革三年行动实施方案》，明确7个方面28项改革任务154项工作台账，自选创新改革事项占总任务近1/5。建立督评考用协同联动考核工作体系，成立改革行动专班，推行市国资委、市直部门、市属国企、各区县分线行动，实行月调度、季通报、半年评估，年度综合考核纳入企业负责人经营业绩考核，与薪酬奖惩挂钩。《山东日照构造协同联动考核评估体系力推国企改革三年行动走深走实》经验做法被国务院国资委简报推广。开展“学先进、抓落实、促改革”工作，总结提炼市国资委、市属国有企业、各区县改革典型经验15篇，其中得到国家级认可1篇、省级认可3篇、市级认可3篇。省国资委、省委改革办专门到日照调研国企改革工作，将日照市推进国企改革经验做法《日照市“五新促解”的国企转型之路》作为山东省地方改革案例，推荐上报中央改革办。省国资委印发《关于推广国企改革三年行动改革典型经验的通知》，推广日照典型案例。至年底，全市有市属一级国有企业计11户（含金融、文化类企业），资产总额3740.31亿元、营业收入327.72亿元、利润总额20.99亿元，比2020年分别增长16.76%、36.14%和131.66%。市属国有资本主要分布在城市建设、公共服务、基础设施建设、交通能源、文旅、金融、食品、医疗服务、文化传媒等产业领域。

【国有企业战略性重组】 2021年，日照市实施全产业链改革重组，优化国有资本布局，组建改建市属企业集团。将市城投集团、市水务集团、日照宾馆、市人防集团、市保安发展集团、市园林环卫集团、市工程检测集团及市规划设计院集团等八家市属一级企业整合重组为日照城投集团，打造城市建设、投资运营、管理服务一体化综合运营商。加快产业结构调整，清理整合不具竞争优势子企业12户，增设环境科技、人才、大数据等8个新业务板块，明晰各子公司职能主业，避免同质竞争。建立集团财务共享中心，资金统一归集，提高资金利用率，全年发行各类债券20亿元，资产负债率比2020年下降8个百分点，通过“AA＋”主体信用评级。实施劳动、人事、分配三项制度改革，年内引进硕士、博士研究生18人，职业经理人2人。至年底，城投集团资产总额334.79亿元，比2020年增加42.69亿元，实现营业收入21.23亿元，比2020年增长19.59%。

【混合所有制改革】 2021年，市国资委围绕资本增量、技术增量、品牌增量和人才增量，在混合所有制改革中坚持“借脑引智、靠大联强”，联合设立全省首个混改共建基地——国赢国企混改研究日照共建基地，为混改企业提供全要素服务和全过程支持。建立健全混改全过程审核监督机制，规范混改工作流程，加强国有企业参股股权管理，以“混资本”促进“改机制”，维护各方股东权益。建立国企混改年度项目库，入库项目43个；新增混改企业12家，吸引各类资本7.5亿元，涵盖新能源、生物医疗与软件科技开发等多个重点产业领域。

【现代企业制度构建】 2021年，市国资委深化党的领导融入公司治理，全面落实“党建入章”，建立企业党委会前置讨论、研究和负面“三张清单”，明确28条党委会决策或讨论的重大事项，厘清权责边界、规范决策程序，推动制度优势转化为治理效能。加强董事会建设，向市属国有企业及重要子企业派驻外部董事57人，在全省率先实现外部董事占多数。落实董事会决策职权，推动董事会向经理层授权和报告制度，确保党委会和董事会、经理层等治理主体协调高效运转，外部董事按程序参加公司董事会，代表股东进行决策，列席企业相关会议，全年有因外部董事发表不同意见而暂缓决策的事项11个。指导市、县15户全民、集体所有制企业制定改制方案，明晰产权、做好资产负债审计评估、维护职工合法权益，防止国有资产流失，在全省首批完成改制任务。

【国有经济布局调整】 2021年，市国资委科学编制“十四五”国资国企发展规划，强化主业管理和非主业清理整合，每户市属国有企业主业控制在3个以内，14家子企业退出或注销，非主业投资比例严格控制在10%以内。推进企业科技创新，支持引导企业加大研发投入强度，规划院集团、蓝能智能科技有限公司等11家子企业被认定为高新技术企业，20项成果取得国家专利，打造“黄海之链”数字供应链金融服务等一批科技创新平台。国丰远大公司被认定为全国科技型中小企业、山东省“专精特新”中小企业和山东省瞪羚企业，睿航地理信息工程有限公司被认定为国家级高新技术企业、山东省优秀测绘地理信息工程，日照公路建设有限公司被评为中国商品混凝土行业最佳品牌示范企业、全国交通行业五星级现场，盐粮集团被评为山东省盐行业标杆企业。成立招商专班，多次到北京、上海、深圳等地招商洽谈，多次参与大型博览会、论坛、峰会活动。全年认定招商项目22个，折算后到位资金27.47亿元，完成全年任务目标的381.53%，在全市18个招引小组中名列前茅。推动国有资本向现代农业、现代养老、智能制造聚集，日照银行招引的上海通用重工日照岚山焊接产业园项目、交通能源集团招引的高发科技发展（青岛）有限公司的日照高新环保科技有限公司新材料研创基地项目等35个重点项目全年累计完成投资59.11亿元。

【国资监管机制】 2021年，市国资委加强国有资产监管，加快“管企业”向“管资本”转变，将13项19个权责事项分类分层授权放权企业，动态调整市国资委履行出资人职责权力清单和责任清单，对40个监管事项梳理细化服务内容，为企业提供便捷、高效服务。突出“立改废释”，推进流程再造，全面清理81个制度性文件，其中废止文件13个、完成文件修订6个，出台国企改革三年行动配套制度文件22个。创新改进监管方式，建设协同办公、一网通办、在线监管“三大平台”，实现国有企业重大事项全网办好，对国资监管事项等10个板块实现动态监管。启用市属国有企业阳光采购平台，规范市属企业采购行为。研究制定市属国有企业章程范本，将落实董事会职权等要求纳入公司章程，指导企业全面修订公司章程。发挥财务总监、外部董事、法务人员、内审人员作用，指导将合规管理嵌入公司决策流程，严格负债率预算管控，优化债务结构，资产负债率控制在合理区间，全年新增债券9笔、融资47亿元。首次举办全市国资国企政金企推介会，市国资委与5家银行签订协议，3年拟投放金额700亿元，支持企业发展；金融机构与国有企业就56个项目意向融资285亿元。

（市国资委　张　晓）

财　政

【概况】 2021年，面对复杂严峻的宏观经济形势和艰巨繁重改革发展任务，日照市财政系统贯彻落实中央、省重大决策部署和市委、市政府具体工作要求，围绕“生态立市、创新兴市、产业强市、开放活市”四大战略，以高质量发展为主题，落实提质增效、更可持续财政政策，为全市经济社会高质量发展提供坚强财力保障，各项工作取得新成效。全年全市一般公共预算收入187.5亿元，比2020年同期增长6.3%，完成年初预算目标。其中税收收入151.6亿元，比2020年增长9%；税收占一般公共预算收入比重80.8%，居全省第2位。全市一般公共预算支出270.6亿元，比2020年同口径增长4.3%。

【财政收入】 2021年，全市财政系统克服政策性、结构性减收等多重压力，全力以赴做好组织收入工作，保持财政收入平稳运行。收入总量持续增长，一般公共预算收入分别比2020

表 7　2021 年日照市财政税收完成及增速统计表

指标	总量（亿元）	比 2020 年增长（%）
一般公共预算收入	187.49	6.3
其中：税收收入	151.55	9.0
一般公共预算支出	270.58	4.3
其中：民生支出	216.97	
税务各项收入	791.55	29.3
其中：国内税收收入	285.68	15.0

说明：一般公共预算支出增幅为同口径增长。

（资料来源：市统计局）

年、2019 年增长 6.3%、10%，收入执行情况良好，增幅保持在合理区间，与地区生产总值等指标相适应。坚持将提高收入质量作为组织收入工作的重中之重，税收占比高于全省平均 5.6 个百分点，始终保持在 80% 以上，自 3 月起各月稳居全省前 2 位。不断提高分析研判的前瞻性、计划性，年内多次赴区县、税务部门、重点企业开展税源调研，与市直相关部门建起信息共享机制，加密对各区县调度频次，在《财政收支月报》中增加全省情况、行业税收等内容，强化关键时点预测分析，在契税提高税率前撰写调研报告，预判政策影响，发挥参谋助手作用。

【财政支出】 2021 年，日照市一般公共预算支出 270.6 亿元，比 2020 年同口径增长 4.3%。坚决兜牢基层“三保”底线，把“三保”支出摆在预算安排和资金拨付的优先顺序，严把“三保”预算编审关，建立预算执行月报制度，确保支出不存在硬缺口，执行不慢于时间进度。加大存量资金盘活力度，以支出进度、项目推进速度、绩效监控为切入点，对项目逐一分析，收回各类低效资金，弥补收入缺口，保障基层平稳运转。大力压减一般性支出和非急需非刚性支出，市级公用经费定额统一压减 10%，“三公”经费总额“零增长”。落实财政资金直达机制，对直达资金实施精细化管理，做到下达快、落点准、效果好，全市直达资金总规模达 57 亿元，支持实施 1125 个项目，300 多万人次和 1500 家企业受益，支出进度位于全省前列。

【财政监管】 2021 年，市财政局把监管作为支撑财政的约束机制和控制机制，严肃财经纪律，坚持底线思维，增强风险意识，不断提升财政监管的科学性、规范性。

预算监管。对部门预算执行情况和绩效目标实现情况开展跟踪监控，及时预警纠偏，严格预算调剂行为，规范对部门单位预算编制、项目安排、资金分配方案等合规性审核。

“双随机、一公开”监管。依法开展行政事业单位会计信息质量检查、会计师事务所和资产评估机构执业质量监督检查、政府采购监督检查、代理记账机构监督检查等；与有关部门联合开展粮食流通市场监督检查和医保基金使用情况检查；在局网站设立行政许可和行政处罚“双公示”信息专栏，及时公布行政处罚事项。

政府采购监管。推动实现政府采购交易全流程电子化，鼓励免收政府采购保证金，降低企业交易成本；深化政府采购合同融资工作，在全省率先对担保费给予全额补贴；创新举措，构建政府采购绩效评价体系，在政府采购意向公开、编制操作指引、强化采购需求、实行远程异地评标等方面不断提升服务水平。

国有金融资本监管。印发市属国有金融资本改革“十四五”规划、经营绩效考核、重大事项等系列办法，组织对日照银行完成经营绩效考核，增资扩股 3 亿元。完成全市地方金融企业产权登记证核发、变更及监督检查工作。向市人大提报 2020 年度金融企业国有资产管理情况报告。

【财政改革】 2021 年，市财政局围绕财政管理改革任务，突出重点，把握关键，推进改革创新。推进预算管理一体化建设，实现市县财政一体化系统同步上线运行和全域内预算一体化数据全覆盖。预算绩效管理改革实现新突破，市级建起“1 ＋ 2 ＋ 17”预算绩效管理制度体系，提前实现市级部门整体绩效管理全覆盖，探索构建公交补贴、污水处理、科技馆运行、市人民医院等 4 个试点领域成本预算绩效管理“四个一”（一个领域一套成本定额、一组评价指标、一类服务标准、一项激励机制）体系，全市 4 个区县 27 个乡镇试点财政运行综合绩效评价。财政金融改革实现新突破，制定出台市级财政资金股权投资改革试点实施办法，变“奖补”为“股权”，支持经济社会发展、促进产业转型升级，数字供应链金融服务模式、莒县“数字资产抵押”模式获评全省十大财政金融创新项目。行政事业资产管理改革实现新突破。创新大数据管理模式，推动资产“上云”；探索搭建网上虚拟公物仓，仓内资产都能公开可视，做到“一键式入仓”“网购式出仓”；完善闲置房屋土地数字地图，对资产存量和状况动态监控，实现资产处置网上操作便捷化，实现数据多走路、线下少跑腿。

【民生投入】 2021年，全市民生支出217亿元，占一般公共预算支出的80.2%，重点支持办好民生实事。统筹资金8亿元，加大对困难群众基本生活救助保障力度；统筹资金2.5亿元，保障学前和义务教育学校办学条件改善、体教一体化融合发展、课后延时服务提质增效、主城区义务教育学校集中配餐等教育民生实事。聚焦“一老一小”，对城乡养老设施给予建设和运营补助，加快推进普惠性托育机构建设。开展“鲁担惠农贷”业务，实现在保余额21.9亿元，新增担保贷款20.8亿元，3500余户农业经营主体享受政策红利。落实民生政策保障，退休人员基本养老金实现连续17年增长，优抚对象等生活补助标准、基本公共卫生服务人均经费、城乡低保、特困供养、孤儿等九类困难群众生活补助标准持续提高。强化新冠疫情防控保障，统筹资金11.3亿元，保障新冠疫苗免费接种、重点人员核酸检测、定点收治医院改造等，推动全市常态化疫情防控工作有序开展。针对五莲县突发新冠疫情，多方筹集资金9000万余元，用于医疗物资应急采购。

【生态建设投入】 2021年，市财政局坚持以习近平生态文明思想为指导，优化支出结构，在压减一般性支出的同时，坚持把生态环保投入放在重要位置优先保障。统筹资金9.4亿元，落实生态文明建设财政奖补机制，实施清洁取暖、黑臭水体治理，农村环境整治等重点项目，加强环保监测监察执法能力建设，推动美丽日照建设各项工作开展。其中，统筹生态环保领域相关资金0.95亿元，持续加大大气、水、土壤、海洋等领域污染防治投入力度；健全提升环境质量监测能力，兑付各区县2020年空气质量、地表水环境质量生态补偿1000万元；统筹资金1641万元，支持开展海水入侵、灾害普查、海洋生物多样性等监测预警工作，应对浒苔、互花米草等生态灾害，为海洋环境治理和海洋经济活动提供基础支撑；争引上级节能减排补助资金3752万元，用于新能源公交车购置补助，市区739辆公交车全部更新为新能源及清洁能源。

【财政支持经济发展】 2021年，市财政局发挥政策资金引导、调节、撬动作用，助力全市经济高质量发展。统筹资金1.44亿元，支持推动工业转型升级、节能减排，推动企业加快技改步伐，改造提升传统动能；大力扶持“专精特新”、单项冠军、瞪羚等企业发展，培育壮大新动能；加快推进供应链金融发展，推动核心企业与产业链上下游企业协同创新。设立航空产业发展专项资金、促进消费专项资金，支持航空产业高质量发展和居民消费有效增长。统筹整合资金4.5亿元，支持培养高新技术企业和重点科技计划项目，助力引进高层次创新创业人才（团队）、海外引智专项计划项目以及人才平台载体。落实减税降费政策，坚持“放水养鱼”，不折不扣贯彻落实上级取消港口建设费、社保费降费、失业保险返还等政策，全年为各类市场主体新增减负38亿元；制定出台落实省“政策清单”事项47项，为市场主体减负助力、纾困解难。

【政府债务管控】 2021年，全市财政系统健全管理制度，提高债务管理科学化、精细化水平，牢牢守住不发生区域性系统性债务风险的底线，全市综合债务率较2020年下降3个百分点。稳妥化解存量政府性债务，通过加快棚改腾空土地出让进度、盘活存量资金等多种举措，全年化解存量债务25.1亿元。高质量谋划和储备政府专项债券项目，优先支持在建项目和具备开工条件项目，全年争取债券资金99亿元，其中新增专项债券54亿元，再融资债券45亿元。构建政府专项债券项目绩效评价指标体系基本框架，对所有政府专项债券项目全面实行绩效管理，并覆盖至项目全生命周期，提升政府专项债券项目的绩效管理水平。

【财政支持乡村振兴】 2021年，市财政局健全完善乡村振兴投入机制，巩固拓展脱贫攻坚成果与乡村振兴有效衔接。统筹整合涉农资金28亿元，设立市级乡村振兴重大战略资金19.1亿元，按照“分类施策、精准扶持、集成效应”思路，对市级统筹安排资金实行“大专项+任务清单”管理模式，集中保障市委、市政府重大政策和乡村振兴重点任务落实。对切块分配资金实行目标、任务、资金、权责“四到县”管理模式，由区县统筹用于乡村振兴，提高农业质量效益和竞争力。专项扶贫资金绩效评价连续5年位列全省第一方阵，累计获得省级奖励资金9000万元。

【重点项目保障】 2021年，市财政局加大资金资源统筹，集中财力保障重点项目，确保市委、市政府决策部署落实到位。统筹财政资金和政府债券资金90亿元，支持市科技文化中心、老年大学、综合客运站、公共卫生服务中心、市医院门急诊楼等项目加快建设，保障国际足球中心等省运会场馆建设，实施城市园林绿化工程，支持厦门路、疏港高速、“四好农村路”、市政道路等交通设施建设，日照市创建为2021年“四好农村路”全国示范市及公路建设管护智慧化共享平台省级试点市。总投资12.7亿元的全域水环境综合治理PPP项目，纳入财政部PPP项目库，实现日照市全域PPP项目“零突破”。

【基金管理】 2021年，市财政局发挥引导基金投资杠杆作用，加强重点领域项目筛选和投资，新增投资项目10个，新增投资额1.3亿元。构建“基金+产业”资本招商体系，做强白鹭湾科技金融小镇、财富中心等基金平台，放大基金投贷、投担、投保联动作用，服务双招双引大局。对接亿宸资本、汇领峰资管等投资机构，围绕新材料、高端制造、半导体等新兴技术领域，加强资本合作，推动基金布局朝阳产业，完善子基金群投资结构。年内，全市累计设立政府投资基金 33 支、市政府引导基金直投项目 12 个，总规模 97.8 亿元，累计完成投资 72 亿元，带动金融和社会资本投资 57.5 亿元。

（市财政局　徐　菁）

税　务

【概况】 2021 年，国家税务总局日照市税务局（简称市税务局）围绕税收现代化总目标，落实省市重点项目税收优惠，减轻企业负担。全市税务部门强化税费征收工作，开展重点税源管理、欠税清理、地方税种精细化管理专项行动，完成水土保持补偿费、防空地下室易地建设费、土地闲置费划转税务征收。提升税收治理能力，加强税收监管体系建设，升级上线动态信用监控预警系统，实现动态化积分、差别化管理。推进“一次不用跑”服务体系建设，提升税费服务智能化和精细化水平；提升出口退税办理效率，加强“税银互动”。全年组织各项税收收入 791.55 亿元（含海关代征增值税、消费税，未扣减出口退税），比 2020 年增长 29.33 %。组织非税收入 10.53 亿元，比 2020 年增收 2.91 亿元，增长 38.19%，累计减免非税收入 3.84 亿元。社会保险费 113.04 亿元，办理出口退税 40.25 亿元。全市税务系统先后获“全国巾帼文明岗”“全国青年文明号”“全国总工会职工书屋”3 个省部级以上称号。

【税收改革】 2021 年，市税务局落实中办、国办《关于进一步深化税收征管改革的意见》，扎实推进“一体两翼”，重点围绕“自然人税费管理服务体系”建设，完善配套制度，重构税源单位职责，设立专业化机构，实现对自然人纳税人全生命周期专业化分类管理。推进“一户一策”税费解决方案，针对规上企业，按户形成个性化管理模板和管理意见书，助力企业健康发展；落实专票电子化改革任务，新办纳税人税务 Ukey 推广率达 100%；推进国有土地使用权出让收入等四项非税收入征收职责划转，确保“转得稳、接得住、管得好、服务佳”。

【税收法治】 2021 年，日照市承接山东省“精确执法”专项改革试点，开展税务执法质量智能控制体系、行政执法人员尽职免责制度试点；强化公职律师培养，打造“海曲税律”公职律师团队；开展非强制性执法方式、不予实施行政强制措施清单试点；规范执法文书模板建立及使用，推广函询方式实现“无需不扰”，建立执法事项“错题本”，提升精确执法质量和水平。

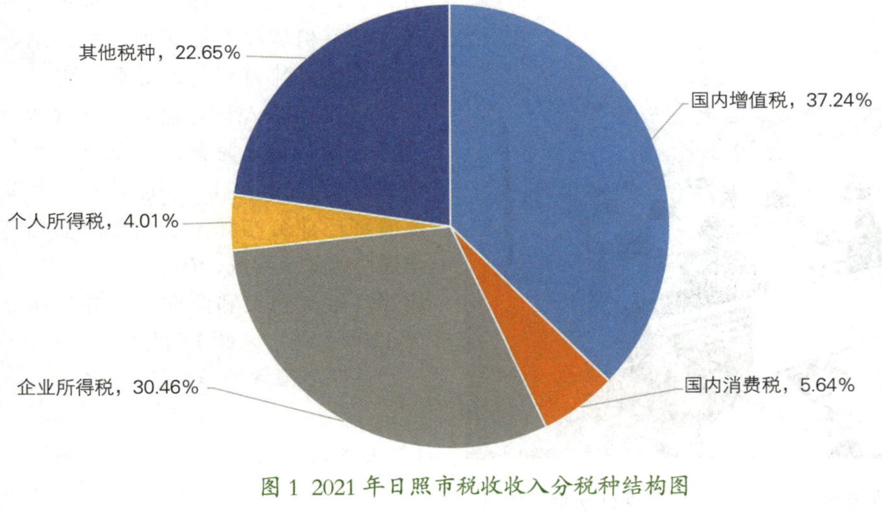

图 1　2021 年日照市税收收入分税种结构图

（资料来源：市税务局）

【税费政策落实】 2021 年，全市税务部门落实减税降费有关政策，支持制造业中小微企业发展。全年为 4987 户制造业中小企业办理缓缴 1.56 亿元，为 517 户纳税人办理增值税增量留抵退税 592 户次，退税额 22.92 亿元，比 2020 年增长 104.76%。纾解煤电、供热企业经营困难，为全市 15 户煤电、供热企业办理“免、退、缓”税 7731 万元。

【税收收入】 2021 年，全市完成各项税收收入 791.55 亿元（含海关代征增值税、消费税，未扣减出口退税），比 2020 年增长 29.33 %。其中，税务部门组织收入 285.68 亿元，比 2020 年增长 15.03%，增加 37.33 亿元；海关代征完成 382.28 亿元，比 2020 年增长 40.03%，增加 109.28 亿元；办理出口退税 40.25 亿元，比 2020 年增长 10.44%，增加 3.81 亿元。第二产业税收贡献突出，第三产业迅速恢复。第二产业完成税收 153.73 亿元，占国内税收总额的 53.81%；第三产业完成税收 131.8 亿元，比 2020 年增长 15.52%，比 2019 年增长 5.73%。民营经济高速增长，税收贡献不断攀升，民营企业实现税收 201.74 亿元，比 2020 年增长 24.08%，占国内税收收入总量的 70.62%，比 2020 年高 5.15 个百分点。

【社会保险费】 2021 年，全市税务部门征缴各项社会保险费收入 113.04 亿元，比 2020 年增长 155.75%，增收 68.44 亿元。其中，城乡居民养老保险完成入库 3.26 亿元，比 2020 年增长 6.2%，增收 1900 万元，完成年度预算的117.25%；城乡居民医疗保险完成入库6.85亿元，比2020年增长5.4%，增收3500万元，完成年度预算的102.11%。社会保险费减率降费总额2.11亿元，其中失业保险费减率降费额1.55亿元、工伤保险费减率降费额5561.07万元。

【税种管理】 2021年，全市税务部门落实《中华人民共和国城市维护建设税法》，建立健全城市维护建设税留抵退税管理台账，精简流程，推进城市维护建设税与增值税、消费税“一张报表、一次申报、一次缴纳、一张凭证”；落实《中华人民共和国契税法》，加强与不动产登记等部门沟通衔接，优化“一窗集成”“一网通办”业务流程；开展增值税留抵退税，平均退库办理时间1.16天。开展石油炼化行业和成品油经销行业专项整治，全年自查税款28.41亿元，取消不规范成品油经销企业1044户，调减成品油库存45.44万吨。开展2020年度企业所得税汇算清缴，网上申报率超过99%，企业所得税汇算清缴收入46.75亿元，比2020年增长29.95%，增收10.78亿元。

【国际税收】 2021年，山东坦迪斯预约定价安排双边协商取得成功，企业将补缴税款并加收利息近2亿元，是全省近几年双边预约定价安排涉及税款金额最高的案例。组织入库非居民税收收入1.45亿元，落实股息再投资递延纳税优惠政策，延迟缴纳税款1.97亿元。更新完善“走出去”清册，组建专家团队开展“一户一策”工作，审核韩国、瑞士税制翻译阶段性任务，服务“一带一路”建设。

【办税缴费服务】 2021年，全市税务部门推进“一次不用跑”服务体系建设，完善全员服务机制，提升税费服务智能化和精细化水平。新冠疫情防控期间，提供“非接触式”服务27.63万笔，占总业务量92.83%，比2020年同期提高5.5个百分点。推行自然人不动产登记涉税业务“一证通办”，与不动产登记部门协作，共享房地产交易网签合同信息，调取纳税人家庭房屋套数、民政部门婚姻登记、公安部门户籍等相关涉税信息，业务办理资料由7件精简为1件，办理时限由平均20分钟缩减为平均8分钟。在2021年度全省税务系统纳税人满意度调查中，市税务局列第二位，是全省唯一连续3年保持前三的单位。

2021年3月17日，市税务局远程问办专区一角　　（市税务局　供图）

【税收风险管理】 2021年，全市税务部门推进“一户一策”税费解决方案，对成品油炼化、废旧钢铁等高风险行业企业，按户形成个性化管理模板和管理意见书。构建“自然人税费管理服务体系”，设立自然人服务监管专业化机构，明确机构职能和岗位职责，制定《自然人税费服务监管业务衔接机制》《涉税风险防控机制》等7项制度办法。全年完成风险任务9670户次，评估入库税款4101万元，滞纳金673万元。接收省税务局推送跨区域风险协作任务72条，发起跨区域风险协作任务353条。完善数据分析手段，对建筑劳务企业、建筑安装、园林绿化等四类企业13项分析指标相关数据来源、口径和算法模型进行确认，加强行业管理。

（市税务局　孙　琦）

金融监督管理

【地方金融行业监管】 2021年，市地方金融监督管理局强化地方金融组织行业监管，落实金融监管职责，组织开展小额贷款公司、民间融资机构年度年审、分类评级及专项检查，对发现问题及时组织整改，指导区县做好出险机构风险处置工作，引导僵尸类机构有序退出。推进典当、融资租赁和商业保理三类新纳入业态清理排查和整改验收，将验收合格机构纳入日常监管，及时清退不合规机构。完善监管制度，严格执行信息公示制度，加强对区县监管部门业务指导，强化部门信息沟通协调。至年底，全市小贷、民资、典当、融资租赁和商业保理办理业务1200余笔，金额15亿元。

（市地方金融监管局　赵　洁）

【金融风险防控】 2021年，日照银保监分局以“专项治理”为抓手，夯实行业规范。选定房地产贷款、贸易融资、行为规范、同业问题、保险专项规范提升5个领域开展专项治理行动，发现并整改各类问题130余个，督导银保机构完善一系列制度机制，形成违规行为案例库等工作成果，清理13家“三无”保险中介，进一步整饬规范银保行业秩序。以“重拳高压”为标准震慑违法违规行为。创新开展合规建设“5＋5”行动，对内进行内部管理专项提升，建立重点领域“五项清单”；对外开展贸易融资等5个领域专项治理。全年实施行政处罚49项、罚款722万元，监管高压态势不断深化。以“融冰行动”为契机提升消保质效，完善金融消费者权益保护工作机制，开展“1日内转办分办、7日内提出方案、15日内化解纠纷”15日融冰行动，提高纠纷化解效率。全年接访1669件，解决出租车司机群体因车辆确权导致保费较高问题，当年直接减免保费200多万元。在市“12345”政务服务热线对全市70家单位考核中，日照银保监分局提高20多个位次。

（日照银保监分局　金雪霞）

【金融风险防范】 2021年，市人行印发《关于进一步做好金融稳定工作的通知》，编制《日照市中心支行处置集中取款事件实施方案摘要》，夯实风险应急处置工作基础，全年辖区银行不良率持续保持在较低水平，重点关注法人银行比2020年减少1家。构建金融风险监测预警体系，加强对辖区重点企业担保圈风险跟踪监测，强化辖内发债企业风险监测；压实主监管员制度，持续列席法人银行机构季度经营分析会议，强化贴身式监管。完善银行业金融机构重大事项报告制度，加大央行评级结果运用，开展存款保险标识管理和宣传。

【外汇管理】 2021年，国家外汇管理局日照市中心支局落实外汇管理改革政策措施，推进贸易投融资便利化，打击外汇领域违法违规行为，全市涉外经济平稳健康发展。本地企业对公涉外收付款总额192.93亿美元，比2020年增长20.12%；本地银行对私涉外收付款总额1.06亿美元，增长4.95%。全市企业利用远期结售汇等外汇衍生品规模超过6.51亿美元，增长39%；套保比率14.02%，增长2.78个百分点。贸易投融资便利化。贸易收支便利化试点范围扩大，企业贸易外汇收支业务办理时间缩短50%；中小企业贸易融资服务水平提升，跨境金融服务平台出口信保保单融资场景业务落地，出口应收账款融资场景惠及更多外贸企业；税务备案对外支付网上核验全面实施，资本项目收入支付便利化业务规模持续扩大，跨国公司跨境资金集中运营业务不断扩容；外汇行政许可“一网、一门、一次”办理，企业满意度100%。跨境资金流动风险防范。严厉打击非法买卖外汇等外汇违法行为，全年查办案件13起，收缴罚款1595万元，3起案件入选全国外汇违规典型案例；深化跨部门监管协作，建立全市外资统计动态核查工作联系机制，联合建立跨境资金违法犯罪打防工作平台。政策宣传培训。全年召开全市银行外汇管理政策通报会3次，指导银行落实外汇管理各项便利化政策措施，助力银行服务全市实体经济发展；举办汇率避险走进日照市岚山区、日照高新区、日照综合保税区专题宣讲会，助力外贸企业政银企对接会及“诚信兴商宣传月”等宣传服务活动11场，服务涉外企业510余家，新媒体渠道制作发布政策业务指南、汇率风险管理系列微课，线上阅读点击量达1.2万余次。

（市人行　李雪雁）

【反洗钱工作】 2021年，市人行履行辖区反洗钱行政主管部门和市反洗钱联席会议牵头职责，以《刑法修正案（十一）》出台为契机，强化部门间协作配合，落实“侦诉判一体化”和“一案双查”工作机制，加大洗钱犯罪预防和打击力度。先后推动4起洗钱案件成功宣判，包括全国首起走私自洗钱案、全国首起由海关缉私部门立案侦破走私洗钱案、日照市首起破坏涉金融管理秩序罪洗钱案和1起涉毒洗钱案。市人行获山东省打击“三假”虚开骗税违法犯罪专项行动先进集体，1人获先进个人。联合市住建局，修订完善《日照市房地产行业反洗钱和反恐怖融资工作指导意见》，加强特定非行业反洗钱监管；指导辖区一家房地产企业向中国反洗钱监测分析中心成功报送山东省首份可疑交易报告。全年累计报送5笔大额交易报告和2份可疑交易报告，市人行在全省反洗钱监管培训会议上作交流发言。强化监管力度，联合市地方金融监管部门健全完善169家县级以上金融机构反洗钱监管档案，开展反洗钱年度考核评级，对30家机构开展反洗钱现场和非现场监管。至年底，全市反洗钱专（兼）职人员2165人，洗钱风险防控水平和治理能力大幅提升。开展反洗钱宣传，普及反洗钱知识。落实《山东省反洗钱宣传工作指引（2021—2023）》，加强反洗钱标准化、规范化建设；组织全市联席会议成员单位和金融机构开展日照市第一届反洗钱知识网络竞赛暨集中宣传活动，通过传统和新媒体渠道，线上线下方式，向社会公众普及反洗钱知识，日照市6家法人银行机构分获山东省反洗钱宣传先进集体一、二、三等奖。在日照电视台《金融日照》设置专栏，展播辖区金融机构优秀反洗钱宣传视频12期，在辖区营造浓厚宣传氛围。

（市人行　罗永涛）

审　计

【概况】 2021年，全市审计部门创新工作机制，强化结果运用，提升审计监督成效，服务全市经济社会发展。全年审计项目单位225个，查出违规金额9.07亿元，移送案件线索28件。审计信息化、审计整改等工作在省审计厅有关会议上作交流发言。先后被评为全市“三评一创”公务员平时考核示范单位、公务员培训优质单位、首批市直模范机关创建工作先进单位。连续5年获省审计厅审计项目评审表彰，有4个项目被表彰为全省优秀审计项目，其中市审计局实施的2个审计项目分获一等奖、二等奖。日照市被征地农民社会保障政策落实整改率达100%，走在全省前列。

【国有企业重点改革事项专项审计】 2021年，市审计局在对市属国有企业全面审计基础上，组织国有企业重点改革事项专项审计调查，促进国资部门授权放权13项，出台违规经营投资责任追究制度、混合所有制改革、担保管理等制度30余项，相关企业落实审计意见，收回账款或违规资金5亿余元，化解问题土地221.95亩。

【财政审计】 2021年，市审计局在实现108家市级预算单位财务数据审计全覆盖基础上，聚焦教育、住建、民政等部门预算执行审计，促进盘活存量资金300万余元、拨付滞拨资金5300万余元，督促筹集“户户通”建设资金4860万元，促进《日照市城市地下综合管廊管理办法》列入2022年政府规章立法计划。

【经济责任审计】 2021年，市审计局对全市143名党政领导干部开展经济责任审计，促进权力规范运行。结合经济责任审计，系统谋划民生领域系列审计，民生审计信息得到市领导批示6篇次，省政府办公厅综合采用2篇次，推动出台民生制度28项。召开全市经济责任审计工作联席会议，强化与巡察部门协作配合，出台《巡察与审计工作联动协作办法（试行）》，推动政治监督与经济监督相互借力；出台《规范经济责任审计报告撰写应把握的十条原则》《市管主要领导干部经济责任审计业务规范》，促进规范管理，提升经济责任审计质量。

【政策跟踪审计】 2021年，市审计局将重大政策贯彻落实作为工作重点，全年开展乡村振兴、耕地保护、基层医疗卫生服务能力建设4项重大政策跟踪审计，促进资金到位、项目落地、政策生效。日照市基层医疗卫生服务能力建设情况审计调查成效名列全省第三；在全省耕地保护和土地利用情况审计暨地理信息系统应用实战比武启动仪式上，市审计局作为唯一代表汇报发言。

【政府投资审计】 2021年，市审计局跟踪科技文化中心、综合客运站、城市大脑等17个重点项目建设，审计资金161.05亿元，节约财政资金3.38亿元。

【内部审计】 2021年，市审计局组织开展东港区教育系统内审培训，归纳汇总教育系统财务管理和内审工作存在不足和问题68条；开展全市内部审计理论研讨和优秀论文评选活动，其中3篇获省内审协会优秀论文二等奖、1篇获三等奖。

【审计整改】 2021年，市委、市政府先后6次研究审计整改工作。市审计局编制发放《审计发现共性典型问题汇编》1200余册，联合市财政、教育部门举办专题培训班，推动教育领域整改、借用公款专项整改等取得成效，促进省级预算执行审计涉及日照的43项问题应改尽改，相关做法在全省审计整改工作推进会议上作经验交流。

【审计信息化建设】 2021年，市审计局创新推动信息化建设，高标准打造数据分析室，举办大数据实战比武活动，深化地理信息技术运用，先后4次在省审计厅会议上作经验交流；大数据审计重点攻关选题得到省审计厅表扬，省审计厅领导作出批示给予肯定。

（市审计局　刘　艳）

统　计

地方调查统计

【概况】 2021年，市统计局坚持党建统领，紧扣党史学习教育主线，突出作风能力提升，以打造“奉献统计”党建品牌和“廉政统计”党风廉政建设品牌为着力点，建立健全各项工作制度，规范权力运行机制，统计职能作用得到有效发挥。组织开展“双随机”统计执法检查，实现重点行业、关键企业全覆盖，并首次开出罚单；开展第七次人口普查，日照市普查数据以零差错获国家、省表彰；推进地区生产总值统一核算改革，制定《2021年季度县级生产总值统一核算方案》。提升统计服务。加强经济形势分析研判，全年撰写分析报告20余篇、编印《统计专报》70余期；推进大数据创新应用，扩大统计信息开放面，新增共享数据5300条；首次举办统计部门“政府开放日”活动。加强基层基础建设。举办专题培训和基层基础建设“大练兵”培训，参训人员700余人次，自主开发“大练兵”网络教育培训系统；提升基层统计规范，在全省率先建立规模以上服务业电子统计台账；提高源头数据质量，全年开展现场数据核查300余次；加强基层人才队伍建设，连续两年实施市级基层统计人才培育工程，推进县级基层人才培育工程。

【统计服务】 2021年，市统计局加强分析研判，监测预警经济运行态势，定期发布主要经济数据，科学引导社会预期；全年撰写《平台经济对产业结构影响的调研报告》《日照市汽车消费市场调研分析》等分

2021 年 3 月 17—18 日，国家发展改革委副主任兼国家统计局局长、党组书记宁吉喆（前左三）率调研组到日照调研经济形势及统计基层基础建设工作

（王 琳 供图）

析报告 20 余篇，在全省第十二届统计科研优秀成果评比中，有 2 篇获得一等奖。规范民生调查，开展教育系统行评，人社局服务对象满意度、市级机关科室效能评价、营商环境、民生满意度电话调查，社会治安满意度电话调查，基层党建群众满意度“双评议”，全国安全感电话调查等几十项自主调查，拨打电话近 20 万个，辅助政府、部门决策，在 2021 年全省民生满意度电话调查中，日照市获得第二名。完善统计产品，编发《统计专报》《统计月报》《统计公报》《统计手册》《统计年鉴》等常规统计产品，首次举办统计部门“政府开放日”活动。拓宽服务渠道，统筹发挥统计调查、统计分析、统计监督职能，提升监测预警水平；全年编印《统计专报》等 70 余期，10 余篇分析报告获得市领导批示；日照统计微信综合影响力在全国统计系统地级市年度排名第九。3 月，国家发展改革委副主任、国家统计局局长宁吉喆到日照调研，充分肯定日照市统计工作。

【统计改革创新】 2021 年，市统计局推进统计现代化改革，创新方法制度，促进常规工作与改革创新有机融合。完善地区生产总值统一核算改革，制定《2021 年季度县级生产总值统一核算方案》，季度市、县级核算数据更加衔接；建立区县“十强”“四新”和新一代信息产业增加值核算方法，市和区县数据一致、口径可比、趋势匹配。推进大数据创新应用，实现“数据日照”App 与日照“城市大脑”实时对接；依托全市大数据等平台扩大统计信息开放面，新增共享数据 5300 条；实施“数字档案”工程，完成 1960 年以后 3 万余页档案数字化加工；推进企业财务报表自动生成统计报表，全市有两千余家规模以上企业实现报表自动转换，占全部联网直报企业的 90% 以上。创新开展“归仓行动”，初步建起企业高质量纳统机制，实现税务资料比对“制度化”、调查单位核查“规范化”、名录数据提报“精细化”。莒县在升规纳统工作中创新采取纳税最小值法等开展企业数据对比评估测算，确保不重不漏；山海天旅游度假区加强达标企业培育，促使达标企业应统尽统。至年底，全市审核入库一套表调查单位 731 家，其中规上企业 569 家，入库、退库单位审核通过率达 100%。在库规上企业 2432 家，比 2020 年增长 24.2%。

【普查调查】 2021 年，市统计局坚持“基础扎实、方法科学、手段先进、规范统一”标准，开展重大普查调查和常规统计调查工作。第七次人口普查。全市 1600 余个普查机构、1.7 万余名普查指导员和普查员参加普查工作，获得人口数量、结构、分布、城乡住房等翔实数据；及时发

2021 年 9 月 24 日，市统计局在岚山区举办日照市第十二届“中国统计开放日”活动，向市民发放统计宣传手册

（王 琳 供图）

布普查公报，编发宣传折页，围绕重点指标开展宣传解读；与山东外国语职业技术大学签约合作课题研究；日照市普查数据以零差错通过国家、省事后质量抽查，岚山区统计局获第七次全国人口普查先进集体，市统计局、东港区统计局、日照经济技术开发区经发局获全省先进集体。常规调查。严守联网直报“四条红线”，执行统计数据质量管理体系，完成工业、投资、贸易、劳资、社科、农村、能源、服务业8个专业24项统计报表，完成1%人口抽样调查、“四下”单位抽样调查、部分行业事业单位调查、城市基本情况统计、城乡划分等重点调查工作。

【依法治统】 2021年，市统计局突出法治重点，强化普法宣传和执法监督，规范法治建设。统计法治制度建设。落实统计机构负责人和统计人员防范和惩治统计造假、弄虚作假责任制，形成一级抓一级、层层抓落实全员责任体系；完善法治监督、提升法治效能，确保统计工作透明、规范、合法、公正。统计普法宣传。推动各级学习贯彻中办、国办《关于深化统计管理体制改革提高统计数据真实性的意见》《统计违纪违法责任人处分处理建议办法》《防范和惩治统计造假、弄虚作假督察工作规定》以及《关于更加有效发挥统计监督职能作用的意见》；邀请省统计局党组成员、副局长周尊考作“统计与统计法”专题报告，将统计法律法规纳入市委党校主体班次必修课程，向市人大常委会专题汇报统计法贯彻执行情况。统计执法检查。组织开展“双随机”统计执法检查，在省统计局安排97家任务基础上扩大到120家，实现重点行业、关键企业全覆盖；首次开出罚单，对6家企业下达行政处罚通知书，罚款16万元，增强震慑效果。

【统计基层基础】 2021年，日照市落实省统计局统计基层基础建设年总体部署，坚持重心下移，政策上关注基层，措施上倾斜基层，工作上支持基层，加强统计基层基础建设。举办以提升统计基层基础建设质量，提升统计现代化改革水平为主旨的“双提升”专题培训和基层基础建设“大练兵”培训，现场参训人员700余人次；自主开发“大练兵”网络教育培训系统，线上学习、测试和线下实践、锻炼相结合，丰富培训方式，提升培训效果。提升基层统计规范，加强部门统计工作，与发改、工信、商务、住建、税务等部门协同完善名录库维护；贯彻执行国家统计制度和统计标准，规范基层数据收集、审核、上报程序；在全省率先建立规模以上服务业电子统计台账，启动劳动工资电子统计台账试点；在岚山区召开全市统计基层基础建设现场观摩会，交流基层典型经验和创新做法。提高源头数据质量，加强关联指标匹配性核查，采取县乡全面检查和市级按比例抽查相结合的方法，全年开展现场数据核查300余次。东港区探索试点统计网格化管理，推动统计管理全面下沉；岚山区建立由部门参与合作机制，打造全流程数据监测平台；日照经济技术经开区要求企业按季度提供增值税申报表等资料，加强数据逻辑审核。加强基层人才队伍建设。开展省级基层统计人才培育工程人选推荐，连续两年实施市级基层统计人才培育工程，推进县级基层人才培育工程，年内有19人入选省市人才培育工程。加快推进专业技术人才评聘，至年底，全市聘任副高级统计师9人、中级统计师30人、技师2人，比例单列的基层正高级统计师2人，职称晋升7人。

（市统计局　王衍华）

国家调查统计

【概况】 2021年，国家统计局日照调查队强化调查服务主业，加强管理，优化服务，推进依法统计，完成各项调查任务。开展农民工节后返岗复工、大学生就业等调研50余次，牵头总队重点课题2项，参与5项，撰写分析56篇，被中办、国办采用6篇次，报国办2篇次；省办专报采用11篇；国家统计局《每日调查》和《工作情况交流》采用9篇次，《地方分析报告》《个人观点》采用5篇，《中国信息报》采用2篇，总队内网采用26篇；市委《要情专报》采用6篇，市专报采用12篇，3篇获评月度好信息，始终保持在市“两办”政务信息考核第一方阵。每季度与市统计局联合召开新闻发布会并答记者问，组织第十二届“中国统计开放日”活动；“日照调查”微信公众号发布文章450余篇次，关注人数比2020年翻番，3次入选全国市级统计调查系统统计微信影响力排行榜（TOP50）。每季度印发《日照调查数据手册》，全年为党政部门提供数据及资料200余次。

（国家统计局日照调查队　王凤娇）

【统计法治建设】 2021年，国家统计局日照调查队加强法治宣传，丰富普法形式。坚持“逢会讲法”模式，创新开展首届“千户普法”活动，结合“12·4”国家宪法日和“12·8”统计法颁布日等重要节点，开展进社区、进乡村、进企业统计普法宣传活动；利用公众号开展网络答题，累计答题1000余份，涵盖14个调查专业；发放《统计调查一本通》，便携式宣传折扇等宣传用品。强化统计执法检查，全年组织2轮统计执法“双随机”抽查。在中央宣传部、中央网信办、司法部全国普法办、中国法学会共同举办的以“法治新时代”为主题的第十七届全国法治动漫微视频作品征集展示活动中，国家统计局日照调查队制作的《二师兄的故事》法治宣传片获优秀奖，为全国统计系统唯一获奖作品。

（国家统计局日照调查队　于晶晶）

【调查机制创新】 2021年，国家统计局日照调查队落实重点调查改革任务，推进劳动力调查扩点，构建市、县、乡、村四级联动机制，破解大社区调查难题；推动畜牧业统计调查数据归口管理，建立基层台账制度，完善数据联审培训常态机制；做好住户调查新老样本数据衔接，确保样本轮换后调查工作规范开展。利用现代信息技术提升畜牧业统计调查样本管理效能，开拓农业遥感技术应用手段；打造房价调查信息共享平台，与市房管局、大数据局等对接信息资源，共享行政记录；推广普及电子记账和e调查等电子化调查方式，电子记账户比例达86.9%，e调查普及率始终保持在100%。在第三届统计调查技能竞赛中获专项调查技能竞赛二等奖、微信推文制作技能竞赛“最佳创意奖”，1篇征文获全国统计调查系统“新时代统计调查人”征文活动优秀奖。承办山东国家调查队价格调查技能竞赛，获优秀组织奖。

【畜牧业监测】 2021年，国家统计局日照调查队关注畜牧产业发展，全年多次与市农业农村局等相关单位座谈交流，完善部门协作机制，定期联合检查。至年底，日照生猪存栏113.93万头，比2020年增长17.7%；全年生猪出栏140.74万头，比2020年增长29.3%。牛存栏5.89万头，比2020年下降1.7%；全年出栏5.57万头，比2020年增长43.7%。羊存栏22.45万只，比2020年增长6.5%；全年出栏39.42万只，比2020年增长30.7%。家禽存栏3432.93万只，比2020年下降2.5%；全年出栏9710.36万只，比2020年下降12.9%。

（国家统计局日照调查队 沈昊宇）

【农作物对地调查】 2021年，国家统计局日照调查队以提高源头数据质量、完善评估流程为重点，开展农作物对地调查工作。全市粮食种植面积196.17万亩，比2020年增长1.16%，粮食种植面积近10年来首次实现止跌回升。其中，夏粮种植面积77.81万亩，比2020年增长2.29%；秋粮种植面积118.36万亩，比2020年增长0.44%。粮食单产444.05公斤/亩，比2020年增长2.42%。其中，夏粮单产406.94公斤/亩，比2020年增长6.82%，明显好于常年同期；秋粮单产450.21公斤/亩，比2020年下降0.11%。全年粮食总产87.11万吨，比2020年增长3.61%，创近5年最大涨幅。其中，夏粮总产33.82万吨，比2020年增长9.26%；秋粮总产53.29万吨，比2020年增长0.33%。

（国家统计局日照调查队 甄凤敏）

2021年5月31日，调查队成员开展夏粮实割实测调查　（沈昊宇　摄）

价格管理

【价格改革】 2021年，市发展改革委制定出台《日照市“十四五”时期深化价格机制改革实施方案》，明确价格改革任务及实施路径。制定印发《日照市深化公用事业价格改革促进行业高质量发展的实施方案》，全面清理取消供水供电供气供暖行业不合理收费，加快完善价格机制形成。

【天然气价格理顺调整】 2021年，市发展改革委落实天然气价格并轨工作要求，疏导价格矛盾，在严格履行成本监审程序基础上，拟定市区管道天然气配气价格及价格联动机制等听证方案。11月12日，核定市区管道天然气配气价格等有关事项听证会召开，论证市区管道天然气配气价格、居民生活用气阶梯气量、居民生活用气终端销售价格及天然气价格上下游联动机制四项内容。听证方案修改完善后，提交市政府常务会议审议。

【供热价格调整】 2021年，市发展改革委继续完善市区居民供热价格政策。经部门会商，10月26日出台阁楼、储藏室等供热收费政策，明确界定各类阁楼供热收费问题。及时疏导煤热价格矛盾，全年两次启动工业蒸汽煤热联动机制，调整市区工业用蒸汽中准价格；及时调整非居民供热价格，确保2021年迎峰度冬能源保供。

【新能源发电价格补贴】 2021年，市发展改革委积极服务企业、深入靠上指导，为全市6家生物质、垃圾发电等发电企业争取新能源电价补贴。9月7日，山东钢铁集团日照

2021 年 3 月 10 日，市市场监管综合执法支队到商超开展食品安全执法检查

（何 伟 摄）

有限公司燃煤发电机组环保电价申报工作通过审核。

【价格服务】 2021 年，市发展改革委主动公开、全面宣传价格政策，密切关注社会热点，回应社会诉求。全年办理来电、来访、热线转办价格咨询 130 余件，为企业和消费者解答物业收费、供气供暖等价格政策。密切关注群众反映的民生价格问题，及时、主动开展调研，找出问题症结及解决办法。

（市发展改革委 杨 青）

【价格监督检查】 2021 年，市市场监管局加强节假日期间市场价格行为监管，开展汛期重要商品保供稳价工作，密切关注防疫物资、猪肉粮食等生活必需品等重点商品价格波动情况，查处哄抬价格、价格欺诈等违法行为，维护价格秩序稳定。围绕电商平台、校外培训机构、水电气暖、医药领域、物流领域等民生热点领域开展专项整治，查处虚构原价、虚假折扣、不按规定明码标价、不执行政府定价或政府指导价等违法行为，发放提醒告诫函 4300 余份，召开价格政策提醒告诫会 10 余次，受理处结价格类咨询投诉举报 900 余件。新冠疫情防控期间，持续开展转供电环节加价行为专项检查，规范整改 79 家，下达责令整改通知书 60 余份，退还多收价款 128.27 万元。

（市市场监管局 邓 辉）

市场监督管理

【概况】 2021 年，日照市市场监管局助推高质量发展、高品质生活、高效能治理，严守食品、药品、特种设备和产品质量安全底线，推动“十四五”市场监管工作顺利开局。校园食品安全“跨部门综合监管”工作经验被国务院转国家改革办推广，集贸市场电子秤“五统一四落实”管理工作被市场监管总局通报示范，食品安全“矩阵式”智慧监管、融媒联动社会共治工作在全国市场监管系统研讨会上被作为典型介绍，8 项工作经验被省市场监管局发文推介，6 项工作在全省市场监管会议上作典型经验交流。

【信用监管】 2021 年，市市场监管局开展年报攻坚行动，全市企业年报公示率 95.43%，特种设备生产企业年报率 100%，高于全省平均水平。推进“双随机、一公开”监管常态化，制定下发 2021 年抽查工作计划，市、县（区）两级市场监管部门开展 3 次综合性抽查，开展部门联合“双随机”抽查 237 次，检查市场主体 4841 户。实施信用约束和联合惩戒，全市有 1.9 万户次企业被列入经营异常名录，有 6567 户次企业移出。全市各级政府部门通过国家企业信用信息公示系统协同监管平台归集涉企信息 22.3 万条，比 2020 年增长 55%。

（市市场监管局 许 明）

【食品安全监管】 2021 年，市市场监管局创新全链条监管方式，完成省级食品安全示范城市复审验收，遴选入围国家食品安全示范城市创建城市。强化食品安全监督抽检，全年全市抽检食品 16753 批次，合格率 97.2%。推进全市食品生产企业主体责任落实，开展亮标承诺、对标生产、核标检验“三标”行动和食品生产加工环节“两超一非”专项整治。抓细农产品批发市场驻场监管、“互联网＋”快检、定量抽检、扫码追溯和半年检查“五项制度”落实，加强食用农产品市场销售质量安全监管。实施“放心菜篮子”快检惠民工程，对全市 3 家农批市场、35 家农贸市场和 32 家重点商超实施食品快检全覆盖，开展亮码销售、“你送我检”免费检测服务，累计检测食品 504481 批次，下架销毁阳性食品 25.3 吨。开展校园食品安全守护行动、上市餐饮食品质量安全提升行动、餐饮具专项整治行动、旅游团餐专项整治行动、网络餐饮规范提升行动等餐饮食品安全专项整治。发布餐饮食品安全“红黑榜”单 69 期，公布红榜单位 182 家、黑榜单位 105 家，发挥社会共治效果。创新推行食品安全“非现场监管”，在全省率先完成 728 家学校和 46 家养老机构食堂“互联网＋明厨亮灶”建设，

2021年3月15日，日照市“3·15”主题活动暨放心消费全域创建启动仪式举行
（范晓丹　摄）

发现和纠正不规范餐饮食品安全行为1903起，做法在全省“食安山东”建设推进会上作典型发言介绍。开展农村假冒伪劣食品专项整治行动，建立不合格产品信息通报制度和农村食品批发经营者动态台账，累计查处农村假冒伪劣食品案件641件，查扣违法食品1.485吨，集中销毁涉及农村假冒伪劣食品1960余件，案件曝光率和公开率100%。

（市市场监管局　李海霞　高全成　郭海英　刘海灯　牟永善）

【药品、化妆品、医疗器械监管】2021年，市市场监管局开展药品质量提升行动，完善药品安全“网格化”监管模式，实现药品经营使用单位监督检查覆盖率和药品不合格产品处置率2个100%。开展药品、化妆品流通使用专项整治和新冠疫苗质量安全专项检查，严厉查处非法渠道购进药品、不凭处方销售处方药，非法经营使用化妆品、网络非法销售药品化妆品和违规储运疫苗等行为，查办药品案件264起，化妆品案件55起。创新开发“查安康”药品追溯平台，全面落实药店疫情防控“4类药品”实名登记数据上传，全市上传“4类药品”销售信息1028877条，64家药店因违反疫情防控要求停业整顿。提升医疗器械监管工作标准，实现国家和省重点监管医疗器械监督检查覆盖率100%、不合格产品处置率100%，强化医疗器械分级管理、销号管理，开展医疗器械“清网”行动、经营使用单位整治行动、无菌植入性医疗器械整治行动，查办医疗器械案件6起，责令整改医疗器械经营和使用单位227家。

（市市场监管局　郑成忠　王　忠）

【产品质量监管】2021年，市市场监管局制定《2021年度日照市重点工业产品质量安全监管目录》和市级产品质量年度监督抽查工作计划，分批编制监督抽查实施方案。全年完成监督抽查8544批次，合格8435批次，不合格109批次，合格率98.72%。防范不合格成品油流入市场，强化监督抽检和油品快检，实现成品油生产、仓储、经营企业以及所售油品规格型号市县两级“两个全覆盖”，抽检油品（常规）351批次，合格率100%；快检油品6367批次，合格率99.89%；抽检车用尿素（常规）50批次，合格率100%；快检车用尿素243批次，合格率100%。全年制定印发《全市重点工业产品质量安全隐患大排查大整治方案》等19个专项整治行动工作方案通知，组织开展非医用口罩、再加工纤维、危险化学品和危险化学品包装物及容器、消防产品、农资、塑料污染治理、儿童及学生用品、电线电缆等相关工作，累计整治问题280项。在《2021年山东省制造业产品质量合格率统计调查报告》中，日照市产品质量合格率98.66%，居全省第二位。

（市市场监管局　盛呈柳）

【特种设备安全监管】2021年，市市场监管局开展特种设备安全大排查大整治行动，推进气瓶充装单位追溯体系和长效机制建设，组织开展电站锅炉阀门、电梯鼓式制动器等17项专项整治，完成7项重点任务，发现并限期整改问题5225项，查处案件113起，企业自查自纠、监督检查覆盖率和案件曝光率、公示率实现“四个100%”。探索形成“332211”检查工作法，建成特种设备综合信息数据库，推动全市100家在营业气瓶充装单位建成追溯体系，实施动态实时监管，相关经验被省市场监管局发文推广。加强检验技术支撑，在省内率先成立安全技术检查中心，推进检验“双提升”，组织做好检验发现上报450台1151项问题隐患调度处置，全市特种设备定检率保持100%。

（市市场监管局　高兴国）

【认证认可监管】2021年，市市场监管局对机动车、环境监测、建工建材、食品等4个领域23家机构进行抽检，制定资质认定检验检测机构安全生产检查记录表，设置制度建设、隐患排查、安全培训、应急管理、安全协同等7大类、49个检查项目。强化强制性产品认证和自愿性认证监管，以汽车非法改装、电动自行车、老年手机、儿童相关产品、电线电缆等涉及人民群众生命财产安全领域为重点，对生产企业实施全覆盖检查，重点打击虚假认证、买证卖证、超范围从事认证活动等违法行为，查办伪造检验证书案件1起，入选市场监管总局典型案例。加强质量技术服务帮扶和“三同”企业保护，支持外贸企业出口转内销，全年新增食品安全保证体系认证证书7张。

（市市场监管局　李建军）

【计量监管和服务】 2021年，市市场监管局推行加油站一站一码“智慧计量”监管，开展“加油计量你点我查”和“5·20”世界计量日宣传活动，强化社会共治。强化民生计量服务，新建计量标准11项，完成计量标准复核20项，全年检测各类计量器具17万余台件，其中强检计量器具9.2万台件，检验定量包装商品251批次，眼镜产品质量148批次。推进电子秤规范化管理，制定《日照市集贸市场电子秤“五统一四落实”标准规范》，将集贸市场电子秤管理内容、制度进行明确，形成长效监管机制，经验做法被省市场监管局转发推广并获市场监管总局肯定。

（市市场监管局　刘西伟）

【消费维权】 2021年，市市场监管局加强商品交易市场规范管理和消费环境建设，推进放心消费全域创建，提升监管效能。打造“放心消费、诚信日照”品牌，指导建设规范化消费维权服务站150家，18.9万家商户参与创建，5918家单位主动作出无理由退货承诺，培育发展县级放心消费示范单位4334家，市级放心消费示范单位552家，推荐省级放心消费示范单位20家，12345热线诉求办结率和过程满意率均为100%。制定建设方案，在42处商场、超市、农贸市场、景区、家居广场、药店等场所建立消费维权“观测哨”，规范消费调解制度和处理流程，提升消费纠纷调解工作效率。

（市市场监管局　弓　弘）

【质量强市和品牌建设】 2021年，市市场监管局深化质量品牌建设，开展“中国品牌日”活动，推进“好品山东”“品质日照”共建共享。申报“好品山东”地标品牌和省级地理标志保护示范区，16家企业获山东省高端品牌培育企业认定，7家企业进入中国品牌价值评价和山东省品牌价值评价榜，“日照绿茶”重登全国区域品牌（地理标志）百强榜。与冶金工业信息标准研究院签订战略合作协议，设立钢铁标准创新研发（日照）工作站，服务全市钢铁产业高质量发展。推进医疗器械检验检测中心建设，为日照国家级医疗器械应急产业园发展提供技术支持。开展公共服务质量专项提升行动，提高公共服务水平和群众满意度，2021年全国公共服务质量评测通报日照市列全国第16名、省内第2名。

（市市场监管局　李建军）

2021年10月14日，省市场监管局局长侯成君（右三）在市委书记张惠（左二）的陪同下到行政服务大厅市场监管窗口调研外资登记工作　（何　伟　摄）

【标准化工作】 2021年，市市场监管局推动全域标准化建设，加快建设支撑高质量发展的新型标准体系。出台《日照市标准化试点示范项目管理办法》《日照市地方标准管理办法》《关于进一步促进团体标准化工作的意见》，在全省率先开展专利与标准融合试点工作，出台《关于开展日照市专利与标准融合创新试点的意见》。创建国家级、省级标准化示范、试点项目99个，标准化良好行为企业97个，累计参与国际、国家、行业、山东省地方标准360项、团体标准117项。

（市市场监管局　张　敏）

【外资及港澳台资登记】 2021年，市市场监管局推行企业登记“一网、一窗、一日、一次”全流程办结。印发《日照市全面实施“证照分离”改革全覆盖工作实施方案》，梳理确定全市172项涉企经营许可事项改革清单。采用香港地区企业简化版公证文书创新做法，列为全省试点单位，全市落地香港投资企业比2020年增长36.4%。与福州、莆田市市场监管局签订“跨省通办”协议，对47个行政审批项目实行点对点“跨省通办”。全年新登记外资企业76户，比2020年增长68.9%，增幅居全省第3位，高于全省平均增幅40个百分点；简易注销公告时间由45天压缩为20天。

（市市场监管局　陈　欣）

【执法办案】 2021年，市市场监管局开展“铁拳”行动，聚焦民生领域12项办案重点，查处案件175件，罚没款149.7万元。开展农村假冒伪劣食品专项执法行动，查处案件641件，罚没款236万元，查扣违法食品1.485吨。推进“长江禁捕打非断链”专项行动，检查水产制品生产加工企业678家、农贸市场894个、商超2815个、餐饮单位9443个、电商平台1020个。开展药品化妆品执法

“雷霆行动”，查办普通程序案件349件，比2020年增长57.92%。开展校外培训机构专项执法行动，查处广告违法案件2起，侵犯消费者个人信息案件1起，价格欺诈案件1起，对3起违法合同行为进行责令改正。开展海鲜市场计量违法行为整治执法活动，责令260余家违法业户整改，立案查处27件。加强涉环保产品质量执法，查处成品油质量案件7件、销售不合格民用散煤案件1件，没收不符合国家标准成品油22.66吨，罚没款24.47万元。常态化开展停车场收费违法行为和粮食价格、计量执法检查，检查停车场558家，立案7件，责令改正27家；检查粮食企业和基层粮库12家，立案2件。全年查办市场监管领域案件6565件，比2020年增长29.44%。4件案件被国家市场监管总局列为典型案例，4件案件入选省市场监管局典型案例，2件案件被省市场监管局列为挂牌督办案件，农村假冒伪劣食品专项执法和特种设备执法经验被省市场监管局发文推广。

（市市场监管局　陈桂君）

知识产权管理

【概况】 2021年，全市知识产权保护力度、创造质量、运用效益、服务能力增强，查办各类知识产权行政案件345件，比2020年增长439%。全年新申请商标11469件，新注册商标9965件，增长33.65%，增幅列全省第7位；商标总量40907件。新申请“五莲西红柿”“莒县苹果”等地理标志7件，全市地理标志商标达40件；商标国际注册新申请13件，商标国际注册达115件。调解知识产权纠纷260余件，调解金额3000余万元。至年底，全市有高价值发明专利692件，每万人口高价值发明专利2.33件，增长8.37%；有效发明专利2407件，每万人口有效发明专利8.11件，列全省第9位。

（市市场监管局　陈　刚　许彦妮）

【专利保护】 2021年，市市场监管局推进高价值发明专利工作，健全高价值发明专利培育机制，在各区县园区建设高价值发明专利培育中心和收储运营中心。在全市13个乡镇(街道)创新开展知识产权指导服务站试点，完善知识产权保护与服务体系，推动区域经济发展。构建“零距离、一精准”知识产权金融服务新机制，强化专利转化应用，促进质押、保险、证券化等知识产权价值实现，“日照市新型钢铁材料产业专利导航”等3个项目被确定为省2021年专利导航项目，日照经济技术开发区被列为省专利技术转移转化专项计划试点区。

（市市场监管局　许彦妮）

【商标保护】 2021年，市市场监管局开展“商标发展三年清零”行动，对纳入目录的有产品无商标企业和合作社进行指导帮扶开展商标清零。对全市1181家有实绩进出口业务的企业按照区域进行分类，实施精准指导帮扶开展商标国际注册。全年新申请商标8959件，新注册商标7634件，比2020年增长46.92，增幅列全省第7位；全市实有注册商标38723件，比2020年增长33.1%；商标国际注册新申请13件。强化政策支撑，出台《关于强化知识产权保护的若干措施》《关于加快推进知识产权纠纷多元化解工作机制建设的实施意见》，构建知识产权“大保护”格局。成立日照市知识产权纠纷仲裁调解中心，将仲裁法律制度与知识产权调解、行政执法有效结合，打造快保护服务平台。全年调解知识产权纠纷260余件，调解金额3000万余元。与胶东五市共同出台胶东经济圈知识产权行政保护一体化协作协议，加强区域间知识产权执法协作，实现跨区域资源共享、信息互通、执法互助。

（市市场监管局　陈　刚）

【地理标志产品保护】 2021年，市市场监管局以“日照绿茶”为重点，实施品牌提升工程，做强做优地理标志商标产品，新申请“五莲西红柿”“莒县苹果”等地理标志7件，全市地理标志商标达40件。连续3年开展“日照绿茶”品牌保护专项行动，加大“日照绿茶”等地理标志产品保护力度。创新开发日照绿茶“一码”溯源管理系统，将生产、加工、流通、消费等关键环节要素归集至统一平台，实现从茶园到茶杯“一码溯源”管理，覆盖全市43个涉茶乡镇、1111个村、40132户茶农、112933亩茶园，提升日照绿茶质量安全保障水平。开展“日照绿茶”商标品牌异地保护行动，与济南、青岛、潍坊、淄博等市签署“日照绿茶”保护合作协议。“日照绿茶”地理标志入选首批省级地理标志保护示范区，获批首届“山东地标名片”，并纳入“好品山东”体系。

（市市场监管局　陈　刚）

【版权保护】 2021年，日照市评选市级版权示范单位6家，省级版权示范单位1家。落实财政资金110万元，对市直党政机关及所属事业单位软件进行升级；委托第三方组织开展软件正版化检查；开展作品自愿登记，维护著作权人合法权益，版权登记数量比2020年增长50%；会同市市场监管局、日照海关组织开展“4·26”世界知识产权日活动；贯彻《山东省政府机关使用正版软件管理办法》，加强全市软件正版化工作长效机制建设；开展版权宣传普及，推动版权宣传进社区、进企业、进学校，提升版权保护意识；对接非遗企业、相关文旅商品开发企业，对符合条件作品进行自愿免费登记，扩大版权登记范围，作品登记数量比2020年增长20%。

（市文化和旅游局　王立颖）

信用体系建设

【社会信用制度建设】 2021年，日

照市贯彻落实国家、省关于社会信用体系建设相关文件精神和工作部署，围绕政务诚信、商务诚信、社会诚信、司法公信四大领域，先后研究制定《关于加快推进社会信用体系建设构建以信用为基础的新型监管机制的实施意见》《关于深入推进政务诚信建设持续优化营商环境的实施意见》《日照市2021年城市信用状况监测预警指标任务分工方案》等指导性文件，实现国家出台的重要制度文件全覆盖并逐一细化落实。落实省“十四五”社会信用体系建设规划和市“十四五”规划纲要各项部署要求，结合日照实际研究出台《日照市“十四五”社会信用体系建设规划》。

【信用数据归集】 为实现信用信息共享共用，2019年起，日照市按照“一网、五库、N系统”整体架构，建设集信息归集、查询、公示、共享和信用监管、分析、展示等功能于一体的日照市智慧信用平台。为破解中小企业融资难融资贵问题，以公共信用信息为基础，搭建日照市金融综合服务平台，完善全市“一张网”建设。落实《日照市开展“公示全清零”专项治理工作实施方案》，推进行政许可、行政处罚信息在作出决定后7个工作日内推送至市公共信用信息交换共享平台。至2021年底，“双公示”数据准确率达99.97%。以统一社会信用代码为基础，推进《关于归集27类特定公共信用信息实现信用信息共享共用的落实方案》落实，目录式归集五类主体信用数据，实现信用数据“应归尽归”。至2021年底，平台实现上联省级平台，下通两区两县和3个功能区，横向联接70余个政府部门、水电气等公用事业单位，累计归集信用信息达6亿余条。

【信用监管】 2021年，日照市聚焦事前、事中、事后信用监管，健全以信用为基础新型监管机制。

事前信用监管　2021年，日照市印发《日照市全面推行建立信用承诺制实施方案》《关于在审批服务领域推行“信易批”服务机制的实施方案》，信用承诺制向各领域推广实施，将书面承诺履约情况记入申请人信用记录，作为事中、事后监管重要依据。至年底，市信用平台汇总各类信用承诺20余万份，涉及承诺事项244项。

事中信用监管　建立事中信用公示、评价机制，构建以信用为基础的新型监管和治理机制，重点在应急管理、环境保护、交通运输、卫生健康、文化旅游等40多个重点领域建立新型信用监管体系。2021年，重点推进粮食、能源、应急管理等20多个领域分级分类差异化监管。至年底，全市在80个领域开展信用分级分类监管，真正做到对守法诚信企业“无事不扰”，对违法失信企业“利剑高悬”。

事后信用监管　2019年12月，日照市上线自动化联合奖惩监管应用系统，与40多个部门信息互联互通。至2021年底，归集联合奖惩案例5万余例，系统实现自动核查信用信息、自动匹配红黑名单、自动嵌入奖惩措施、自动汇集反馈实施情况“四个”自动化联合奖惩监管流程。将信用查询、联合奖惩查询等功能嵌入行政审批环节中，做到“应查尽查”，全市联合奖惩查询130多万次，信用核查150多万次。建立信用修复机制，印发《日照市行政处罚信息信用修复指南》，明确信用修复条件，规范信用修复流程，畅通信用修复渠道，督促失信主体珍惜信用主动纠正失信行为。

【信用试点创建】 “信用＋综合监管国家、省双试点”　2021年，日照市加快构建以信用为基础的卫生健康领域新型监管机制，联合发布《日照市卫生健康领域“信用＋综合监管”试点工作实施方案》，将医疗卫生机构、公共场所经营单位及医共体使用全市统一的信用承诺书作出信用承诺，对信息主体建立信用档案推送至市公共信用平台，构建分级分类监管的新型监管机制。年内，对全市医疗机构、医共体、公共场所3个专业内开展试点的248个信息主体进行等级评价，评出A级单位81家、B级单位148家、C级单位18家、D级单位1家。

“省信用交通试点”　2021年，日照市加强省信用交通试点市建设，市发展改革委与市交通运输局开展行业信用探索，以交通工程建设、运输物流等领域为重点，加强交通信用体系建设，建立健全交通运输信用信息归集、共享、公开、评价应用制度，探索将信用承诺应用到行业管理各个层面，实施差异化分类监管及信用奖惩推广应用，建起完备信用交通体系。日照市成为全省“信用交通”建设3个试点市之一（临沂、日照、滨州）。

【政务诚信建设】 2021年，日照市加强政务诚信监督机制建设。研究制定《日照市关于加强政务诚信建设的通知》《关于深入推进政务诚信建设持续优化营商环境的实施意见》等文件，构建政务诚信监督体系，以政府守信践诺、诚信履约为着力点，加强信用机制、诚信监督建设，建立完善政府失信责任追溯和承担机制，提升公务员诚信履职意识和政府诚信行政水平。推动政务信用信息应用。建立重点人群公务人员档案库，将全市公务人员良好信息、不良信息等30余类信用信息纳入公务员档案，共归集信用信息180余万条；依托市公共信用信息平台，实现政务信用信息公示、信用核查、结果反馈等功能，各部门在干部选拔任用、评先评优、职务晋升等环节，以及在政府部门参加荣誉评选时，依托市公共信用信息平台查询达1.2万余次。完善信用承诺制建设。落实政务信用承诺制，在全市各部门单位及区县开展公务人员签订政务诚信承诺书活动，构建起“政府承诺＋社会监督＋失信问责”机制，有250多个单位签订政务诚信公开承诺书，上万名单位工作人员签订政务诚信个人信用承诺书，所签订承诺书在“信用中国（山东日照）”网站面向社会公示。

（市发展改革委　许　磊）

日照港

综 述

【概况】 山东省港口集团日照港集团有限公司（简称“日照港”）是“六五”期间国家重点建设的沿海主要港口，1978年开始选址，1982年开工建设，1986年开港运营，隶属交通部管理。1988年改为交通部和山东省双重管理，以山东省管理为主。1984年8月14日，山东省岚山港务管理局成立。1989年9月3日，岚山港作为一类口岸正式对外开放。2002年8月，日照港移交日照市管理。2003年5月18日，日照港务局和隶属于省交通厅的岚山港务局企业部分联合重组，成立日照港（集团）有限公司，为日照市国有独资企业。2019年8月，山东沿海7个地市重要港口整合成立山东省港口集团，日照港成为山东省港口集团权属一级单位。日照港整体规划石臼、岚山两大港区，274个泊位，7.5亿吨能力，建成生产性泊位69个，年通过能力超过4亿吨，其中石臼港区49个、岚山港区20个，矿石、原油泊位等级达到30万吨级。固定员工8200余人，总资产超600亿元。海上开通40余条内外贸航线，与100多个国家和地区通航，陆上瓦日、新菏兖日2条干线铁路、3条高速公路、4条国省道、5条原油长输管道直通港口，是国家重点建设的沿海主要港口，“一带一路”重要枢纽，新亚欧大陆桥东方桥头堡，全球重要的能源和大宗原材料中转基地。2021年，日照港完成货物吞吐量4.7亿吨，居全国沿海港口第六位，世界排名第九位。其中，集装箱完成517万标箱，列全国前十位，内贸集装箱吞吐量升至全国第五位。铁矿石、原油、煤炭吞吐量均居全国沿海港口前列，大豆、焦炭、木片吞吐量居全国首位。

【港口规划】 1991年1月4日，《石臼港总体布局规划》由交通部和山东省人民政府联合批复；《岚山港总体布局规划》，1994年由市政府和省交通厅联合批复。2003年，石臼、岚山两港联合，组建日照港（集团）有限公司。为科学合理开发利用港口资源，促进和保障日照港口事业可持续发展，按照“一城一港一政”原则，日照市政府组织编制《日照港总体规划》（简称《规划》），2009年3月由交通部和山东省政府联合批复。《规划》根据全国沿海港口布局规划、山东省沿海港口布局及日照市相关规划，结合港区开发程度、发展潜力、自然条件和岸线利用规划，将日照港划分为石臼和岚山两个综合性港区，规划港口岸线29.7千米，生产性泊位280个，设计能力6亿吨以上。2015年，交通运输部和山东省人民政府联合批复《日照港石臼港区规划调整方案》。

【工程建设】 2021年，日照港完成工程投资64.46亿元，港口功能进一步完善。岚南#12、#16等4个泊位建成投产；新增硬化堆场105万平方米，创历史新高；首条千万吨级直通中西部输油管道“日濮洛”全线建成投产；推动160万立方米原油罐区获批保税资质，填补港口原油保税库空白。新增铁路装车线2条、30万吨级航道1条。基建审计审减工程造价4.78亿元。加快项目前期手续办理，完成9个工程环评批复、9个工程项目立项，7项工程初步设计获批。

【港口管理】 2021年，日照港按照“谋篇布局、纵深推进、全面突破”“三年三步走”总体工作思路，纵深推进5大类30项改革。调整生产布局，按照“货种分区、集中布置”原则，优化港区功能，实施一体化、专业化生产运营。推动全港流程化改造，加快流程化改革，大幅压减短倒作业，启用“散改集”全自动化工艺系统，升级设备维保中心、建设技术创新中心，打造全国港口散货作业智慧绿色新标杆。创新管理体制，调整组织架构；改革劳务用工模式，劳务工管理划归各单位；创建开放式安全监管平台；调整考核分配体制，突出“贡献率”“增长率”“人均创利”；推动港口医院改革。干部队伍建设，建立市场化用人机制，首创全省公立医院职业经理人选聘；推动干部队伍年轻化，“80后”集团中层占比达到11.3%、单位中层占比超过50%；建立能下机制，狠抓作风建设，首次召开改革发展和干部队伍作风建设大会。深化财务系统改革，理顺财务管理体制，建设财务区域管理中心；维护AAA级信用评级，短期债券平均融资成本实现压降，长期债券平均票面利率3.78%；创新开展证券转融通业务，盘活存量股权。强化预算刚性，严格过程管控，提升预算管理水平。持续加强扭亏治亏和“两金”压降。成立海上巡逻大队，清理海域60平方千米，遏制非法碍航行为。

港口生产经营

【港口生产】 2021年，日照港完成货物吞吐量4.7亿吨，比2020年增长9.4%。其中，外贸吞吐量3.09亿吨，比2020年增长8.6%，外贸进出口值近4000亿元。6个货种居全国首位，6个货种过千万吨。全年新开发客户224家，新增货源1799万吨，新增内贸航线3条，新开通敞顶箱班列18条。承办协办大型推介会9次；开通安李线，提升服务河南企业能力。两个港区散杂货通用泊位实现共享共用、全国首个ETC港口集疏运系统上线应用、与青岛港统筹拖轮使用，生产效率、集疏港效率实现双提升，刷新各类生产纪录246项。联合济南铁路局，开通日照南站，成立路港集疏运指挥中心，在全国沿海港口首创路港合署办公新模式，形成“双进双出”铁路集疏运新格局，铁路集疏港量首次破1亿吨；首次实现瓦日线“重去重回”，调进量破2000万吨，比2020年增长近60%。一次性完成7个泊位对外开放验收，启动通航效率提升工程，成功实施“套泊热接”，实现30万吨级满载CAPE船常态化靠泊。

表8　2021年山东港口日照港货物吞吐量情况统计表

单位：万吨

货物分类	合计	外贸
总计	47265.10	30857.25
煤炭及制品	5281.94	806.92
其中：焦炭	616.19	179.64
石油天然气及制品	8415.01	7832.68
金属矿石	17245.43	16242.10
其中：铁矿	16250.47	15254.54
钢铁	865.18	190.65
其中：钢材	795.81	188.76
其中：生铁	66.03	0.00
矿物性建筑材料	279.53	44.33
水泥	384.81	24.00
木材	2846.73	2840.51
非金属矿石	690.07	511.01
化学肥料及农药	0.53	0.53
粮食	1437.88	1388.99
机械、设备及电器	27.07	18.69
化工原料及制品	48.44	28.51
轻工、医药产品	75.38	75.05
农、林、牧、渔业产品	49.51	47.35
其他货类	9617.60	805.91
集装箱吞吐量	8830.91	257.71

（资料来源：日照港）

【合资合作】 2021年，日照港创新合资合作模式，拿出核心资源，招大引强，用活资金，稳定货源。加快推进与瑞钢联集团有限公司、力拓集团、BHP（必和必拓公司）等大企业战略合作，打造“港口＋科技”“港口＋配矿”新模式；推进岚山临港木材产业园项目，建设北方最大木材产业集散基地；研究推进融汇通煤炭基地项目，带动2000万吨煤炭中转、仓储、贸易落户日照港；推进绣针河、中石油LNG接收站等项目，培育新的利润增长极。

【安全防控】 2021年，日照港落实安全生产责任，明确岗位责任清单，配齐安全总监，完善应急预案体系，实施安全“三基”（抓基层、打基础、苦练基本功）管理，开展专项整治、大排查大整治等行动，加大现场管控和违章处罚力度。创建开放式安全监管平台，综合运用5G、物联网、AI自动识别抓拍等新技术，查处违章隐患，推进科技强安。抓牢常态化疫情防控，落实登轮作业人员专班封闭管理，推进疫苗接种、核酸检测应检尽检；出动基干民兵支援城市抗疫，为到港司机提供免费核酸检测服务，保障港口生产与新冠疫情防控“两不误”。

【智慧绿色港口建设】 2021年，日照港推动科技创新，建成全球首个顺岸开放式全自动化集装箱码头，成立日新集装箱自动化运营中心，推动技术再升级再突破；石臼港区东煤南移工程基本完工；建成山东港口首座智能换电站，推进电动集卡应用；攻克远程无人挖掘机清舱技术；获得中国港口协会科学技术奖2项、授权专利92项。推进环境保护。实施“十大环保工程”，推广应用散货抑尘剂，创新“垛位二维码”，打造“围田化”“网格化”堆场，实施设备设施色彩管理，创新“党建＋绿色”环保新模式，建成生态环境智能管控平台，通过中央省市环保督察，港区PM_{10}浓度均值基本达到国家二级标准。

【融合发展】 2021年，日照港放大港口融合效应，与山东港口青岛港建立协同机制，一体化、公司化运营大宗散货业务，打造全国大宗散货“最大市场”，为上下游企业提供服务；携手烟台港，深化集装箱支线业务合作，箱量比2020年增长480%；调配2台大吨位门机、2条拖轮和技术人员到山东港口渤海湾港协同作业。联合山东港口物流集团，推进干熄焦公铁水联运，一箱到底业务；联手山东港口金控集团，打造全国最大最规范大宗商品交易场所；与山东港口贸易集团合作推动大宗散货业务开发；支持山东港湾建设集团、山东港口装备集团，承揽近70%港内业务；携手山东港口航运集团，开通“石岚快航”内支线，成立昌隆海运，进军长江；协同山东港口海外发展集团，运营孟加拉国巴瑞萨码头；支持山东港口医养集团，推动港口医院建设大楼、购买设备，加快改革。1月15日，山东港口与日照市举行港产城融合项目集中开工暨合作协议签约仪式，总投资138亿元。加大招商引资力度，完成招商引资项目5项。在海龙湾建设体育设施，与城市共享。支持城市抗击新冠疫情，启用港口医院新医技病房楼，承接87名隔离人员，派出医务团队和多名民兵投身抗疫一线。

【绿色港口建设“1号任务”】 2021年3月2日，日照港印发《2021年绿色港口建设攻坚“1号任务”实施方案》，针对作业扬尘管控、环境综合整治、工艺提升等绿色港口建设重点项目、痛点难点问题，设立10项绿色港口建设集中攻坚“1号任务”。4月17日，港口环境大整治、大提升专项攻坚行动启动，聚焦上级下达环境保护各项目标，解决港区内环境脏乱差和大范围扬尘现象，为推进绿色港口建设和完成全年环保任务目标提供保障。

【通航效率提升工程】 2021年8月25日，日照海事局、日照市交通运输局、日照引航站和日照港联合印发《山东港口日照港通航效率提升示范工程建设实施方案》，深挖日照港通航能力提升潜力，推进日照港建设世界一流海洋港口。日照市委、市政府领导要求各方建立常态化协同联动机制，梳理细化重点任务，推动日照港通航效率持续提升。9月1日，日照港通航效率提升示范工程正式启动，开启“政校港”三方合作打造世界一流通航效率新征程。

【全球首个顺岸开放式全自动化集装箱码头】 2021年10月9日，全球首个顺岸开放式全自动化集装箱码头在日照港启用。该码头率先采用“北斗＋5G”技术，推出自主研

2021年10月9日，全球首个顺岸开放式全自动化集装箱码头启用

（徐海龙　摄）

发和集成创新的无人集卡调度系统等6项国产化、业界首创科技成果，引领全自动码头建设进入“低成本、短周期、见效快”的新时代，为全球港口提供传统码头改造升级为全自动化集装箱码头的“中国样本”。11月12日，揭牌成立日新集装箱自动化运营中心，中心以日照港日新集装箱自动化码头研发团队成员为基本技术班底，汇聚生产组织、系统研发、工艺革新等各领域技能人才，聚焦全自动化码头的技术研发、生产调试、管理运营以及传统码头的智能化改造，推动码头智能化升级再上新台阶。

【全国沿海港口首台HXN3B型大功率内燃机车】 2021年11月12日，全国沿海港口首台HXN3B型大功率内燃机车在日照港上线运行，该机车是国内技术最先进、环保标准最高的内燃机车。石臼港区东、中、西、南港区铁路运输全线贯通，总铺轨里程达213千米，港区铁路年运输能力接近1亿吨，“一港、两站、南北双进双出”运输大格局基本形成。

【国家物流枢纽建设】 2021年11月29日，日照港口型国家物流枢纽入选国家“十四五”首批国家物流枢纽建设名单。日照港口型国家物流枢纽建设以日照港为中心，以交通网络、大宗物流、通道经济为基础，由石臼片区和岚山片区构成，按照“政府统一规划，龙头企业主导，平台一体打造”模式建设运营，突出对外开放平台枢纽、多式联运门户枢纽、多业融合智慧枢纽、国家战略物资调度保障枢纽、港产城融合发展典范枢纽五大特色定位，全力做好水运与铁路干线运输、多式联运转运组织、区域分拨与配送、国际物流、仓储堆存、信息服务基本功能，延伸供应链物流、供应链金融、冷链物流、应急物流功能。

【全国首个“散改集”全自动工艺系统】 2021年12月31日，国内首个“散改集”全自动工艺系统在日照港启用。日照港以打造零碳排放示范区为目标，坚持问题导向，聚焦污染源头治理、本质环保提升，全新设计“流程化、模块化、智能化、绿色化”“散改集”新型工艺系统，在强化作业抑尘、减少货物破损、提高装箱效率、提升自动化水平等方面实现新突破，提升港口绿色低碳发展能级，为客户带来更加简洁敏捷、智慧快捷的“散改集”全流程全自动节能环保新体验，助力日照“精致城市”建设。

（日照港　刘书佳）

2021年12月30日，国内首个“流程化、模块化、智能化、绿色化”“散改集”全自动工艺系统在日照港启用　（徐海龙　摄）

口岸管理

【概况】 2021年，日照市累计完成港口货物吞吐量5.41亿吨，比2020年增长9.07%。其中，日照港完成4.73亿吨，比2020年增长9.36%；岚桥港完成6816.43万吨，比2020年增长8.01%；童海港完成35.5万吨，比2020年下降57.89%。外贸货物吞吐量完成3.46亿吨，比2020年增长8.33%。完成集装箱货物吞吐量517.42万标箱，比2020年增长6.44%。重点货种吞吐量方面，金属矿石完成21081万吨，比2020年增长9.58%；石油、天然气及制品完成8587万吨，比2020年增长5.61%；煤炭及制品完成5810万吨，比2020年增长7.55%；木材完成吞吐量3116万吨，比2020年增长46.88%；粮食完成1438万吨，比2020年增长2.38%；钢铁完成吞吐量1026万吨，比2020年下降22.36%。至年底，石臼港区出入境船舶2791艘次，出入境船员60583人次，分别比2020年下降2.6%和3.35%；岚山港区共检查出入境船舶3855艘次，比2020年下降1.31%，出入境船员79381人次，比2020年下降1.76%；受新冠疫情影响，“日照东方”号客货班轮自2020年1月16日起暂停中韩客运业务，2021年未恢复。

【口岸基础设施建设】 2021年，日照港口岸推进智慧绿色港口建设，在传统查验设备基础上，加大高科技设备配置，先后在石臼、岚山两港区海洋牧场配置监控、雷达、无人机等设备，并设立海上交通安全综合保障和服务监管平台和大数据平台，支持查验单位对航道、锚地等外围区域监管。在石臼港区南区设立执法办案区智慧监管系统，实现口岸查验业务集中办理。投资约655万元，新增查验配套业务用房3800平方米，装修并配置相关办公用品、设备。

【对外开放】 2021年，全球首个顺岸开放式全自动集装箱码头在日照港启用。全市港口生产性泊位增加到88个，集装箱内外贸航线分别增加到37条、11条；开通海铁联运国际班列4条、国内敞顶箱班列18条。跨境电商进出口、服务贸易交易额大幅提升，分别是2020年的16.4倍、25.8倍，综保区进出口比2020年增长260%。全年实际使用外资5.19亿美元，比2020年增长11.3%；到账内资369.7亿元，比2020年增长32.7%。日濮洛输油管道、岚山油气公共管廊等项目建成投运，进境食用水生动物指定监管场地通过海关总署验收。至年底，日照辖区设立海关监管作业场所14家，设立进境粮食、肉类、原木、食用水生动物4类7个指定监管场地。同时，依托日照口岸开放平台，发挥日照口岸区位优势，提升口岸开放程度。

（市府办 柳 荫）

海 关

【概况】 2021年，日照海关监管进出口岸货运量2.92亿吨，比2020年增长2.61%；监管进出口总值680.38亿美元，比2020年增长48.61%；监管标准集装箱254747箱次，比2020年下降2.45%。全年开展重量鉴定3186批、1.55亿吨；报关单接单107699票，比2020年下降2.87%；征收税款404.71亿元，比2020年增长38.91%。办理加工贸易手册备案393份，比2020年下降16.6%；监管加工贸易手册实际进出口值20.87亿美元，比2020年增长17.7%。新注册企业530家，实有注册企业5055家。

【口岸检疫】 2021年，日照海关加强进境大豆、玉米、原木、木片检疫监管，建立预警分析库，对动植物疫情风险和外来入侵物种开展主动监测、评估调查，梳理导入国外有害生物危害特征参数，通过自动比对触发高风险参数预警。全年检疫截获有害生物178种、18726种次，其中截获检疫性有害生物35种、3363种次，卡墨天牛为全国首次截获，红翅大小蠹为山东口岸首次截获，扁齿长小蠹为日照口岸首次截获；截获非检疫性有害生物143种、15363种次。加强进口针叶类原木检疫监管，严格监督实施检疫处理，截获松材线虫4批、2100立方米。在口岸病媒生物监测中捕获淡色库蚊1935只、小家鼠3只；在口岸国门生物安全监测中捕获具条实蝇16只、舞毒蛾2只。10月11日，日照海关驻岚山港办事处被日照市科学技术协会命名为日照市国门生物安全科普教育基地。

严格落实“外防输入、内防反弹”总策略和“动态清零”总方针，科学精准筑牢口岸检疫防线，全年检疫监管入出境船舶5762艘次、入出境人员121895人次。其中，实施登临检疫3058艘次，船员换班642艘次、9746人次，转内贸船舶35艘次、735人次，累计开展新冠病毒核酸检测5563人次。

【商品检验】 2021年，日照海关开展进口化矿商品涉废排查，强化现场查验环节放射性检测和矿物属性初筛鉴别，检出退运1批以煤焦油名义进口固体废物；从15批印度铁矿中拣出杂物359.20千克，全部实施随船退运处理。加强危化品及其包装查检力度，检出4批出口锂电池危包使用不合格，查处300余吨出口煤焦油沥青未如实申报情事1起；实施进口化矿商品质量安全管理，检出超过0.5%短重315批次。全年实施进口食品监督抽检78批次、566项次，对2批进口预包装食品标签不合格问题监督完成整改；出口食品监督抽检314批次、3419项次。落实出口食品特殊监管要求，对输欧盟花生及制品黄曲霉毒素监测53批次、128项次，对输欧盟蜂蜜兽药专项残留监测48批次、240项次。

【通关监管改革】 2021年9月1日，青岛海关事后验估中心（日照）在日照海关运行，推广原产地证书虚拟审签中心“线上智能化自动审核+人工集中分类审签”新模式。全年为辖区企业18602批货物签发原产地证书，货值14.28亿美元，比2020年分别增长3.68%和11.01%。多渠道推广集团财务担保等税款担保业务，推进属地纳税人管理，与37家企业

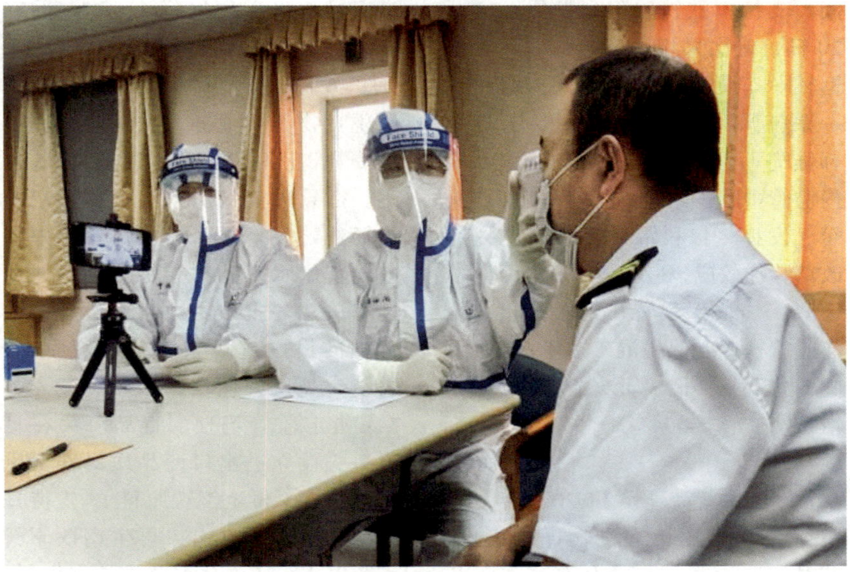

2021年1月1日，日照海关关员对入境船舶进行登临检疫 （段寅生 摄）

2021年5月28日，日照海关对进口原木实施现场检验，保障全球首艘开普型原木船舶“鹈鹕角”轮顺利作业　　（李旭舟　摄）

签订属地纳税人管理遵从协议。推动联合抽查改革，联合市场监管等部门对5类管理类核查事项开展联合作业25起。承接海关总署企管司海关特殊监管区域主动披露应用改革试点，推广企业集团加工贸易监管模式改革。优化作业流程，指导企业叠加运用“两段准入”申报模式与“先放后检”便利化政策，允许进口铁矿、锰矿“整船申报、分批提取”，对现场查验未见异常货物允许先行提离海关监管作业场所，后续依企业申请实施品质检验，压缩货物滞港时间。支持中欧铁路班列发展，10月20日，首次采用国际陆海联运甩挂运输“车货不分离”模式监管出口一票韩国大型景观石货物，打通中韩陆海联运甩挂运输双向通道，年内监管中欧铁路班列79列、4205标箱。发挥“保税混矿”“先放后检”改革叠加效应，利用“互联网＋海关”模式，加快保税混矿通关速度，全年监管铁矿砂保税混矿入库523.5万吨，价值8.9亿美元，比2020分别增长7.5%、54.5%。

【优化口岸营商环境】 2021年，日照海关与日照市东港区、岚山区，莒县、五莲县签订合作备忘录，从外贸数据、委托检测等方面提供服务。全年日照海关为20多家出口食品企业完成农残、兽残、微生物等免费检测4426批次，涉及蔬菜、花生、肉类、罐头等近百种产品。创建青岛关区首批“AEO示范市(区)”海关，联合市商务局到300家企业开展守法规范宣讲5次。强化政务服务“不见面、无接触”和“一网通办”，推进企业注销便利化，全年办理企业备案1294批、电子口岸业务527批、行政审批68件，全部“零超时”“零差评”。支持日照综合保税区贸易新业态发展，监管综合保税区企业进口商品出区保税展示4批次，并在日照高新区智慧谷开设保税展示店；8月16日，日照海关办理辖区首票保税货物租赁业务，全年监管保税租赁货物出区2批次，货值9735万元。指导进境食用水生动物指定监管场地建设，3月16日，日照中盛进境食用水生动物指定监管场地通过海关总署批准。至年底，日照辖区批准设立进境粮食、进境原木、进境肉类、进境食用水生动物4类7家指定监管场地。青岛海关在日照海关设立进出口商品质量安全风险监测点（再生钢铁原料），支持日照市打造全国进出口再生钢铁原料集散中心；建立数据监控核查机制，持续压缩通关时间，进出口通关时间分别为31.15小时、2.89小时，比2020年分别下降16.5%、32.6%。

（日照海关　周晓真）

海　事

【概况】 2021年，日照海事局统筹安全监管、疫情防控和经济发展各项工作，实现辖区零险情、零事故。全年保障2.63万艘次商船安全进出港，比2020年下降6.7%；服务84.6万人次旅客海上安全出行，比2020年增长68.9%；保障4.09亿吨货物进出港，比2020年增长1.7%；发布海上安全风险预警信息64期，实施船舶禁航管制措施88次；组织开展海上搜救行动43次，成功救助69名遇险人员；完成746艘次国际航行船舶10051名船员换班。

【海事安全监管】 2021年，日照市政府组织召开海上安全工作专题会议3次，市委、市政府主要领导亲临调研指导5次。日照海事局强化海事安全监管，建立港航企业责任清单，指导港口企业建立水上安全管理制度，制定全员安全责任清单，落实安全生产“四方责任”；牵头起草《日照市海上旅游安全管理规定》并以政府令形式颁布，联合印发《日照市沿海旅游客运管理办法》；开展中韩客货班轮运输安全管理提升行动，组织“日照东方”轮消防演练；制定游艇安全管理“四限两禁”、分类差异化管理措施，规范游艇航行作业动态报告、集中停放等制度；构建船载危险货物“361”监管模式，实施液货船“双确认”、货主码头选船和氮气试压制度，避免7艘船舶泄漏事件；联合开展“商渔共治2021”行动，建立商渔船防碰撞双向通报和联合惩处机制，全年查处非法作业渔船10艘；完成海上交通安全综合治理试点示范工程4大项、26小项建设任务。学习借鉴新时代“枫桥经验”，走村串户开展普法宣传、安全警示、责任提醒 40 余次，推动乡镇街道加强属地管理；制定实施《“四位一体”深入推进海上交通安全专项整治三年行动实施方案》。运行风险分级管控和隐患排查治理“双机制”，排查整治隐患 297 项；建立更新长期在辖区船“一船一档一策”清单，实现长期逃避海事监管船清零；全面摸排辖区 433 艘日照籍船舶，开展 3000 总吨以下中小型船舶专项治理；建立涉水工程“四维全周期”安全监管长效机制，梳理防范 10 大风险源。开发日照海事大数据和智慧监管平台，实现辖区通航环境、船舶船员、执法力量、应急资源等信息智能化筛查、个性化应用；探索“海陆空”一体化巡航执法模式，开展空中巡航执法 16 次。

【海事服务】 2021 年，日照海事局开展通航效率提升示范工程，制定落实 5 大重点任务、8 项服务措施，实现集装箱船舶半小时准班率超 90%；实施 10 项措施保障电煤等能源物资海上运输，协调液化天然气罐柜运输。在全省率先启动船舶劳工条件检查，推进船员体检“一检两证”政策落地，解决困扰港航企业多年的拖轮配员问题。优化通航环境，发布《日照近海船舶航路规划保护机制》《日照港外水域航行、停泊安全指引》等文件。

（日照海事局　曾凡超）

边　检

日照边检站

【概况】 2021 年，中华人民共和国日照出入境边防检查站（简称“日照边检站”）落实主责主业，各项工作都有新发展。强化疫情防控，研判推送涉疫预警信息 3.1 万条，专题报送口岸涉疫风险。严密口岸管控，检查出入境船舶 2300 艘次，人员 4.8 万人次，查办案件 13 起，比 2020 年增长 62.5%。主动服务，对接日照“开放活市”战略，保障日照港 8 个泊位全部对外开放。深化“放管服”改革，为 8 名患病船员开通绿色通道，为 430 艘移泊外轮免办出入港手续。日照边检站党委获评总站干事创业好班子，在 2021 年度（全省边检机关）党委班子考核中获评优秀等次；日照边检站获评省级文明单位、国家移民管理局全警实战大练兵标兵单位、国家移民管理局后勤保障工作成绩突出单位；1 个集体和 1 名个人分别荣立二等功，44 人次获省级以上表彰奖励。

【基础要素管理】 2021 年，日照边检站落实防范化解口岸重大风险目标，部署开展“国门利剑 2021”专项行动，推进“平安港区走访月”活动，缴获有害音视频 8 部，查办案件 13 起。建立“一体两翼”数据库和“1 + 6 + N”情报联络员机制，落实情报分析研判制度，依托大数据、云计算，上报妨害国（边）境案件线索居全省边检站前列。树立全程精准查缉理念，健全信息采集录入培训考核、即时核查、通报核改、责任追究机制，推进信息采集“百日安全无差错”活动，实现全年录入“零差错”。综合运用前台查验“三条底线”“四必查”“五必问”，人脸、指纹查控等手段，落实查控专人负责制度，厘清接控、布控、查控、撤控工作流程，处理各类查控报警事件 600 余起。

【应急联勤联动】 2021 年，日照边检站建设“情指勤舆”一体化指挥中心，综合应用各类系统平台，分工明确，提升指挥效能。加强应急处突体系建设，完成总站示范片拍摄，健全 6 类 17 种应急预案库，提升打遭遇战能力。与市公安局、日照烟草专卖局签订执法执勤合作协议，深化“122 机制”，联合日照港航公安局、日照海警局开展“日照·2021 口岸多警种联合净港行动”，联合市公安局刑侦支队核查发现 130 余名日照籍涉赌涉诈高风险人员，凝聚管控合力。推进“环港立体管防”工程，协调建立情报信息互通、优势资源共享、突发事件联控“环港区”立体管防圈，联合日照海关、港航公安局处置 3 名船员私自离船登陆案件。

【口岸智能管理】 2021 年，日照边检站升级边检勤务动态感知巡防系统，串联港区 30 余路视频监控，优

2021 年 6 月 29 日，口岸多警种联合净港行动　（日照边检站　供图）

化升级“自助办证＋前置采集＋网窗办理”录入采集模式，依托无感知人像查验、便携式平衡检查仪、VR自动识别终端，实现对口岸维稳态势敏锐感知、动态布防。搭建船舶擅自出入境、锚地非法搭靠、涉疫人员排查等10余类核查模型，核查发现2起船舶擅自改变路线、违法出境行为。推进“海洋牧场监控平台”建设，发挥光电雷达、双光谱海防探头、海上无人机延伸作用，实现海上管控全覆盖。巩固“枫桥式海港警务区”创建成果，健全“网格警务党务＋、队伍＋、科技＋”机制，推行“5＋1＋1＋X”口岸网格化管理模式，实现智能化精细化防控。

【服务开放发展】 2021年，日照边检站主动对接日照港“北集南散”“北客南货”建设布局，出台《口岸开放码头边检协管力量建设标准指引》《口岸限定区域管理办法及配套设施建设标准》等文件，保障日照港8个泊位对外开放。开展“我为群众办实事”活动，依托国际贸易“单一窗口”，7×24小时“一站式”受理船舶进出港查验申报，实现边检行政许可网上办、无纸化签发、电子化查验。启用“港口边检勤务综合管理系统”，推广国家移民管理局12367服务平台，建设“阳光通关”品牌。推行“一次办妥”通关服务、边检行政许可“一地办证、区域通用”政策，为960余艘船舶开通“快捷通道”，为400余艘外轮国内港口移泊免办出入港手续。完善诚信管理机制，为17家诚信A级企业170余名新增备案人员开设特办通道，为16家新注册企业一站式办理备案手续，为8名患病船员开通绿色通道。日照边检站获评日照市党风政风行风先进单位。

（日照边检站　刘　健）

岚山边检站

【概况】 2021年，中华人民共和国岚山出入境边防检查站（简称“岚山边检站”）立足边检职能定位，忠诚履职、思责奋进，聚力开创岚山边检发展新局面；主动服务日照“开放活市”战略，统筹口岸管理、疫情防控和服务发展“三篇文章”，实现通关效率、案件查处、查验效能的3个提升，口岸隐患、通关时间、企业成本3个下降，助力日照市奋力谱写现代化海滨城市精彩蝶变新篇章。全年检查出入境（港）船舶3855艘次、出入境（港）船员79381人次。岚山边检站获评2021年度省级文明单位。

【基础要素管理】 2021年，岚山边检站落实总站“国门利剑2021”专项行动要求，制定出台《庆祝中国共产党建党100周年安保活动方案》《“净海行动”实施方案》等8个工作方案，组织召开口岸风险隐患排查专题研讨会，梳理摸排口岸管控风险隐患点，建立健全隐患排查“一库三清单”，实现港区及周边实地踏查全覆盖。落实口岸安全管理措施，全年开展实战处突演练12次，结合敏感节点加强情报搜集研判和实战应对，加大暴恐音视频查缉力度，开展“情报大会战”和“反恐专项安排”，制定重点人员检查指引，重点船舶、船员核查工作流程，深化“百日安全无差错”活动，建立完善信息采集录入即时核查、集中筛查、重点抽查、比对检查工作机制，确保信息采集录入安全准确。

【应急联勤联动】 2021年，岚山边检站与口岸办、海关、卫健等部门签订战略合作协议，搭建一体化口岸防疫共治格局，建立涵盖重点人员预警、信息推送、发现移交、手续办理、转运送医、隔离消杀等全方位全流程紧密协作机制，深化信息共享、联勤联检，实现无缝对接，开展联合处突演练2次。8月4日，稳妥处置2021年利比里亚籍“和平”轮船员感染新冠病毒事件。2月，与日照边检站、市公安局签订警务合作协议，在信息共享、情报会商、线索移交、办案协作等方面加强合作。强化跨警种协作，畅通线索交流共享渠道，推进对妨害国（边）境管理犯罪、跨境赌博、“三非”外国人问题打击整治力度。至年底，总站采用岚山边检站集中打击妨害国（边）境管理犯罪专项斗争线索23条，其中立案线索4条；查处7起交通运输工具违法案件，并联合海事部门查处1起渔船违规作业行为，净化口岸通关环境。

【口岸智能管控】 2021年，岚山边检站构建大数据精准防控工作体系，加大对船讯网等外部数据资金投入，最大限度开通各类软件应用权限，利用黄埔系统、船讯网、出入境综合管理平台等大数据手段，掌握28天内船舶出入境、经停港口、违法违规记录。制定《智能监管示范港区建设工作推进方案》，召开专题座谈会，就智能监管示范港区建设内容，高标准推进边检基础查验设施建设等工作进行研究，并对接海康威视围绕“视频＋”前端智能感知系统需求，到码头现场考察调研。出台《岚山站指挥中心工作规范（试行）》《岚山站“情指勤”一体化实战型指挥中心建设工作方案》等文件，主动融入公安大数据智能化建设，实施科技兴警战略，组建“警务智治”工作专班，研发涉港综合管理平台小程序，构建平战结合、整体联动、快速反应、运行高效的“情指勤”一体化实战型指挥体系。

【警地融合发展】 2021年，岚山边检站主动融入平安岚山建设，深化驻地部门间协作配合，在港口企业中物建47名边检联络员，与拖轮、船队建立锚地动态信息微信交流群，常态化搜集口岸动态信息、及时化解各类矛盾隐患，推动警种联动、警保联控、警民联防“三联”机制落实落地。深化口岸联席会议、情报会商研判、联合巡逻执法、口岸联合查验等常态化交流协作机制，缩短通关等待时间，提升联防联控质效。与山东外国语职业技术大学、山东体育学院等驻地高校建立警地教育培训协作机制，派员到公安刑侦、反恐等部门跟班学习，协调海关、卫健、红十字会等部门开展疫情防控和应急救护专题培训，加强与驻地相关部门共建合作。年内，6名民警考取法律职业高级执法资格。

（岚山边检站 张玉志）

引 航

【概况】 2021年，日照引航站围绕全市经济社会发展大局，助力港城融合发展，抓细抓实疫情防控，实施“阳光引航”，疫情防控和引航安全生产都有新进展。全年引领中外船舶10305艘次、3.08亿净吨，其中引领船长超过250米的超大型船舶3780艘次，30万吨级油轮526艘次；上缴市财政1.39亿元。5月17日至21日，引领运输内贸煤炭船舶28艘次，保障国内南北能源运输通道畅通。5月27日，引领全球首艘开普型原木船“鹈鹕角”靠泊岚山港区6号泊位，刷新日照口岸接卸进口原木船最大纪录。8月2日，引领船长339.9米、宽62米，最大吃水21.42米的“矿石福州”轮靠泊石臼港区南15号泊位，刷新日照口岸开港以来最大吃水纪录。10月31日，引领满载31.97万吨矿砂的“珍珠”轮安全靠泊，刷新日照口岸开港以来靠泊船舶最大载货量纪录。

2021年8月2日，引领“矿石福州”轮靠泊日照港石臼港区（日照引航站 供图）

【安全生产】 2021年，日照引航站坚持安全发展理念，夯实红线意识和底线思维，落实安全生产责任制，修订完善引航作业条件，构建引航安全管理体系。组织开展“安全生产月”活动和安全生产隐患大排查大整治专项行动，消除安全生产隐患。开展安全培训教育，完善各类应急预案，强化应急演练，提高应急处置能力，全年未发生任何等级安全生产责任事故，安全形势保持稳定。成功救助无动力船“海洋水星”轮，刷新引航站救助无动力船舶吨位最大纪录。联合市海洋发展局开展日照海域商渔船避碰课题研究，探索商渔船防碰撞工作新途径。台风“烟花”影响日照市期间，安全高效完成应急疏港任务，将23艘在泊船引领至锚地避风，为船舶和码头设施安全提供保障。守好境外新冠疫情海上输入关口，全年引领来自疫情中高风险国家和地区船舶9287艘次，处置涉疫船舶6艘次。

【技术攻关】 2021年，日照引航站发挥“工匠创新工作室”引领示范作用，加大技术攻关力度，相关课题研究取得重大进展。基于石臼港区主航道现状的一潮双靠超大型船舶航道利用提升项目通过专家评审，实现现有条件下石臼港区一潮双靠引航作业常态化，提高石臼港区主航道利用效率，凸显日照港深水大港大船效应。组织引航技术专家组对岚桥港夜间引航能力提升问题进行专项研究，船舶夜间进港靠泊吃水攻关至18.3米。石臼港区南作业区30万吨级船舶满载靠泊课题研究取得成效，船舶靠泊吃水由18米攻关至21.4米。

（日照引航站 张炳强）

开放型经济

参与"一带一路"建设

【"一带一路"沿线国家贸易】 2021年，日照市"一带一路"建设工作协调推进领导小组办公室印发《日照市推进"一带一路"2021年工作要点》，安排部署畅通国际大通道、促进外贸转型升级、推动产业链合作、密切科技人文交流、强化保障措施等5个方面22项重点工作。全市对"一带一路"沿线国家进出口额为360.3亿元，比2020年增长4.5%。其中，进口229.2亿元，增长7.2%；出口131亿元，增长0.1%。完成货物吞吐量5.41亿吨，增长9.07%。其中，集装箱吞吐量517.42万标箱，增长6.44%。

【海铁联运】 2021年，日照市新开通日照—阿拉山口—欧洲、日照—霍尔果斯—欧洲、日照—霍尔果斯—中亚和日照—北师店海铁联运班列。海铁联运64.6万标箱，增长53%。日照—东南亚航线箱量比2020年增长超过30%。

（市发展改革委　李占淞）

【产能对接合作】 2021年，日照市整合保税区、海运航线、船货代理等资源，推动外贸商协会专营公司在"一带一路"市场设立公共海外仓，组织外贸企业参加中东欧、非洲等"一带一路"地区和国家云展会，鼓励指导有效利用阿里国际站、中国制造网等线上营销平台和跨境电商新业态，开拓"一带一路"市场。组织有关企业赴博世集团、采埃孚汽车科技（上海）有限公司、奥托立夫（上海）管理有限公司等国际知名企业考察对接，日照威奕与奥托立夫签订战略合作协议。全市新设外资企业25家，比2020年增长2倍，英锐半导体等项目落地。围绕市场、资源、技术、品牌等要素，走出去开展对外投资、跨国并购，推动浮来春（柬埔寨）园区、五征（乌干达）园区配套建设及园区企业招引进驻项目。

【经贸合作】 2021年，日照市加大对境外产业链关键环节、核心技术、先进装备等并购力度，发挥境外经贸合作区作为中小企业"抱团出海"平台载体作用，提升合作区建设质量和服务水平，引导和支持有合作需求的中小企业入区开展投资合作。发挥"照蓉欧"班列从日韩至欧洲双向港口集装箱运输作用，扩展与"一带一路"沿线国家合作交流。加快推进日照经济及技术开发区中韩汽车零部件产业园建设，成功争创全省首批省级国际合作园区。组织100余家企业参加第八届中国（上海）国际技术进出口交易会、第129届线上广交会、首届中国国际消费品博览会，组织200多家企业参加区域全面经济伙伴关系政策及实务专题培训会、海关外汇商务联合培训会、外汇风险防范宣讲等培训活动，助力企业纾困增效，推动全市实现更高水平对外开放。

（市发展改革委　李占淞　市商务局　张　磊）

招商引资

【概况】 2021年，日照市坚持"项目为王"理念，开展项目突破年活动，聚焦"四新"（新技术、新产业、新业态、新模式）经济、"专精特新"等新兴产业，推动招商引资量质提升。坚持"以项目论英雄，凭实绩排座次"，对招商引资项目实行"一个月一通报，两个月一调度，三个月一考核排名"，越疆机器人、开元森泊度假乐园、英锐半导体等一大批高质量项目落地。全年内资项目到位资金369.7亿元，比2020年增长32.7%。

【招商引资机制建设】 2021年，全市在招商行动上提速、加力，坚持"一把手"招商。全年市委、市政府主要负责人外出参加招商活动和视频签约活动19次，见签项目169个，合同签约额1025.8亿元。坚持产业链招商，成立18个专业招引小组，由市领导担任链长，实行产业链招商+以商招商。坚持精准招商，组建北京、深圳、上海驻点招商专班，签约项目10个。

【投资促进活动】 2021年5月26—30日，市委书记张惠带队赴山西、

2021 年 5 月 26—30 日，市委书记张惠（左五）带队到山西、陕西开展招商考察推介活动，洽谈推进项目　　（市商务局　供图）

陕西开展招商考察推介活动，洽谈推进项目。在山西期间，代表团分别到晋豫鲁铁路通道股份有限公司、山西焦煤集团、华远国际陆港集团考察；在陕西期间，代表团拜访陕西延长石油、陕西煤业化工等公司；在河南期间，举办“阳光海岸·活力日照”文旅招商推介会暨合作签约仪式，取得系列积极成果。6 月 23 日，日照市采取视频连线方式举行招商引资项目签约会，签约项目 37 个，计划总投资 244.3 亿元。其中，高端装备项目 11 个，医养健康 8 个，现代金融 8 个，新能源新材料 4 个，新一代信息技术、现代高效农业各 2 个。7 月 26—28 日，市长李在武率队到北京拜访企业，洽谈推进项目，举办企业家座谈会，签约项目 17 个，计划总投资 185.2 亿元。8 月 30 日，日照市采取视频连线方式举行园区招商引资项目线上签约会，涉及新一代信息技术、新能源新材料、医养健康等领域，聚力焊接、昆岳互联等一批优质项目签约落地。9 月 26—28 日，市长李在武率队到浙江杭州开展招商活动，拜访开元旅业集团、远传信息、极客桥智能装备、网易集团等企业，洽谈推进项目合作，签约项目 8 个，计划总投资 65.5 亿元。

【利用外资】 2021 年，日照市出台《2021 年度招商引资和项目推进考核激励方案》，对区县、功能区招商引资情况进行量化考核。组建日韩经贸联络服务中心，建立针对日本、韩国的专业招商队伍，赴日韩开展招引工作。组织参加全省重点外商投资项目集中签约仪式、第二届跨国公司领导人青岛峰会等重点招商推介活动。落实外商投资企业服务大使制度，宣介各级外资政策，服务外资企业 257 家。健全外商投诉处理相关机制，兑现市级外资项目奖励资金，持续优化外商投资环境。全年全市实际使用外资 5.2 亿美元，比 2020 年增长 11.3%。

表 9　2021 年日照市利用外资分行业情况统计表

名称	新设企业家		合同外资		实际外资	
	数量（个）	同比增长（%）	金额（万美元）	同比增长（%）	金额（万美元）	同比增长（%）
合计	58	38.1	149701	125.6	51922	11.27
农、林、牧、渔业	1	0	-968	-732.68	0	0
采矿业	1	0	3033	185.06	1074	0
制造业	22	69.23	84113	123.57	23127	-39.62
电力、热力、燃气及水生产	0	-100	36	102.91	517	-75.12
批发和零售业	16	77.78	37594	493.15	10731	6913.73
交通运输、仓储和邮政业	1	0	1124	0	1109	-71.7
住宿和餐饮业	0	-100	-60	0	0	0
信息传输、软件和信息技术	2	0	768	-78.06	400	0
金融业	0	-100	0	-100	0	0
房地产业	1		1495	122.14	244	-61.76
租赁和商务服务业	7	133.33	15310	159.18	11305	2161
科学研究和技术服务业	7	40	7256	-13.18	2880	188
水利、环境和公共设施管理	0	-100	0	-100	517	618.06
教育	0	-100	0	-100	18	

（资料来源：市商务局）

表 10　2021 年日照市利用外资情况统计表

名称	新设企业家		合同外资		实际外资	
	数量同比（%）	同比增长（%）	金额（万美元）	同比增长（%）	金额（万美元）	同比增长（%）
合计	58	38.1	149701	125.6	51922	11.27
柬埔寨	0	-100	0	-100	0	0
印度尼西亚	1	0	3000		0	0
日本	3	0	6492	277	1184	0
马来西亚	1	0	304	0	31	0
新加坡	1	0	14043	1304.3	1564	62.92
韩国	11	450	25654	16.04	4319	-79.41
埃及	1	0	24	0	0	0
加纳	0	-100	0	-100	0	0
塞舌尔	0	0	0	0	1	0
比利时	0	-100	0	-100	0	-100
英国	0	-100	0	-100	517	0
德国	1	0	53	-98.07	529	-2.76
意大利	1	0	2	-92.31	0	0
荷兰	0	0	0	-100	0	-100
瑞士	0	-100	338	376.06	331	0
英属维尔京群岛	3	0	4460	5409.52	0	0
加拿大	2	0	16	0	1518	562.88
美国	3	0	10221	37755.56	1	-99
百慕大	0	0	0	0	0	-100

（资料来源：市商务局）

【服务企业】 2021 年，全市有外商投资企业服务大使 77 名，服务外资企业 257 家。市商务局发挥服务大使作用，宣介各级外资政策。梳理外资企业设立登记、开设资本金账户及到账认定流程图，为山东伟联达能源有限公司、旭科新材料（山东）有限责任公司等外资企业设立申请容缺办理登记手续。制定《关于完善外商投诉处理相关工作制度的通知》《关于完善外商投诉处理相关工作制度的通知》，明确投诉受理机构及职责，完善工作制度，健全投诉方式。

（市商务局）

对外贸易

【概况】 2021 年，日照市外贸进出口总值 1165.7 亿元，比 2020 年增长 11%。其中，出口 403 亿元，增长 17.4%；进口 762.7 亿元，增长 8%；贸易顺差 -359.7 亿元，下降 1%。

【政策支持】 2021 年，市商务局制发《日照市跨境电子商务等新业态提升发展行动计划（2021—2023 年）》《日照市对外贸易主体培育行动计划（2021—2023 年）》等文件，落实跨境电商、服务贸易、中小企业开拓国际市场等各项外贸支持政策，同时开展外贸企业大走访大服务活动，提高政策知晓度。

【平台建设】 2021年，日照市建成启用跨境电商进口商品展示中心、贸易数字化服务中心，日照进境食用水生动物指定监管场地通过海关总署验收。东港区获批首批山东省进口贸易促进创新区，岚山区获批首批山东省外贸高质量发展区。通过打造更多外贸转型升级平台，提升国家级外贸转型升级基地（水产品）、东港区和岚山区外贸转型升级试点县建设水平，外贸结构不断优化。全年机电产品出口额为122.4亿元，比2020年增长30.5%。

【外贸新业态】 2021年，市商务局出台《支持跨境电商和服务贸易发展的若干措施》，支持跨境电商进出口企业、跨境电商平台、跨境电商产业园等发展。贸易数字化服务中心经验做法被省商务厅发文推广。日照市被确定为全国跨境电商零售进口试点市，实现跨境电商保税跨境贸易电子商务（1210）、跨境贸易电子商务（9610）、跨境电子商务企业对企业直接出口（9710）、跨境电子商务企业对企业出口海外仓（9810）模式全覆盖。全年全市跨境电商进出口额实现17.1亿元，是2020年的16.4倍。

【"三同"工程建设】 2021年，市商务局按照"同线、同标、同质"原则，创新实施"三同"工程建设，开展"三同"产品进商超、进社区、进万家活动，举办"中国名厨邀请赛""嗨购日照、乐享三同""日照原产地特色产品展暨三同产品展销会"等活动50场。全年"三同"产品实现国内销售16亿元，日照市获批国家服务业标准化试点市。

【重点进出口企业】 日照钢铁控股集团有限公司 该公司位于日照市岚山区，东临黄海，南距岚桥港5千米、岚山港6.7千米，东北距日照港40千米，区位优势明显。主要产品有热轧卷板、热轧薄板、冷成型板、酸洗薄板、镀锌薄板、型钢等，是全球极具规模的ESP产品生产、加工基地，产能约为1296万吨。日钢集团进口以铁矿砂、焦炭、烟煤为主，出口以钢材为主。2021年，该公司进出口额为291.06亿元，其中出口95.85亿元、进口195.21亿元。

2021年4月，日照市跨境电商进口商品展示中心内部图片 （薛喜博 摄）

山东钢铁集团日照国际贸易有限公司 该公司是山东钢铁集团国际贸易有限公司全资子公司，2018年1月8日注册成立，注册资本2000万元人民币。公司职能定位主要包括负责山钢日照公司所需的进口铁矿石和煤炭等原燃料采购供应业务、生产钢材的出口业务，其他第三方进出口贸易，以及日常运营事务管理等。2021年，该公司进出口额为68.87亿元，比2020年增长33.56%。其中，出口16.49亿元，比2020年增长4.62%；进口52.38亿元，比2020年增长46.3%。

日照金禾博源生化有限公司 该公司2006年成立，是一家以生物转化技术生产柠檬酸及其盐类产品为主营业务的国家高新技术企业。公司产品广泛应用于医药中间体、高端食品饮料、洗涤行业等领域，畅销全球100多个国家和地区。年生产规模40万吨，2021年实现销售收入28.5亿元，出口创汇1.8亿美元。进出口额为18.137亿元，比2020年增长59.91%。其中，出口17.42亿元，比2020年增长72.78%；进口0.71亿元，比2020年下降43.32%。

山东海右石化集团有限公司 该公司2006年8月成立，注册资本5亿元，占地1700余亩，员工1200余人，是拥有国家发展改革委、商务部赋予进口原油使用资质和原油进口资质地炼企业。依托港口、输油管道等优势产业资源，形成炼油、塑料增塑剂、液化气深加工三条产业链。业务范围涵盖成品油、沥青、苯酐、顺酐、DOP等石化产品的生产、销售；原油、燃料油等生产原料的进口及油品物流运输业务。2021年，该公司进口额为29.86亿元，比2020年下降65.79%。

（市商务局）

表 11　2021 年日照市主要出口市场统计表

序号	国家（地区）	出口金额（万元）	比 2020 年增长（%）
1	韩国	496166	39.8
2	美国	461676	40.9
3	日本	418861	2.8
4	俄罗斯联邦	327238	23.4
5	沙特阿拉伯	100422	-7.4
6	越南	96469	-9.7
7	荷兰	92729	124.2
8	印度尼西亚	83079	30.5
9	泰国	81097	-32.8
10	马来西亚	80888	34.8
11	阿联酋	75244	40.6
12	肯尼亚	70924	3.6
13	尼日利亚	67286	1.0
14	墨西哥	66348	90.9
15	德国	60350	46.0
16	意大利	59347	249.3
17	加拿大	56025	21.2
18	澳大利亚	54692	-2.7
19	印度	54085	-19.8
20	“一带一路”市场	1310364	0.1

（资料来源：市商务局）

表 12　2021 年日照市主要进口商品统计表

序号	商品名称	累计	
		金额（万元）	比 2020 年增长（%）
	小计（二十类）	6511905	11.5
	合计（全市）	—	—
1	铁矿砂及其精矿	3612148.8	21.9
2	原油	783757.2	-36.1
3	粮食	567111.5	37.5
4	煤及褐煤	431624.0	85.7
5	机械设备	227133.8	3.4
6	运输工具	195441.1	18.1
7	水海产品	175216.7	0.5
8	纸浆	129148.4	7.9
9	食糖	126224.2	42.4

续表 12

序号	商品名称	累计	
		金额（万元）	比 2020 年增长（%）
10	初级形状的塑料	80187.7	-5.4
11	仪器仪表	38820.2	287.9
12	电器及电子产品	35888.9	-29.5
13	成品油	23459.8	3211.4
14	金属制品	23289.2	-17.5
15	未锻轧铝及铝材	12159.5	-63.8
16	合成橡胶（包括胶乳）	11596.2	81.1
17	原木	11197.7	87.2
18	天然橡胶（包括胶乳）	10822.9	177.0
19	未锻轧铜及铜材	9055.9	22320.9
20	食用植物油	7621.7	-36.8

（资料来源：市商务局）

表 13　2021 年日照市主要进口市场统计表

序号	国家（地区）	出口金额（万元）	比 2020 年增长（%）
1	澳大利亚	1904480	19.7
2	巴西	1665299	12.6
3	马来西亚	526773	12.9
4	韩国	468494	-9.7
5	俄罗斯联邦	462813	106.5
6	美国	369556	192.0
7	越南	296597	-2.9
8	加拿大	241710	-19.2
9	印度	213170	24.9
10	泰国	209626	39.4
11	印度尼西亚	157352	232.3
12	阿曼	143960	-16.8
13	新西兰	113622	27.2
14	阿联酋	97490	-75.1
15	乌克兰	69569	199. 41

续表 13

序号	国家（地区）	出口金额（万元）	比 2020 年增长（%）
16	挪威	50438	–58.8
17	智利	47977	–69.9
18	南非	46152	–25.9
19	日本	45884	–15.4
20	“一带一路”市场	2292172	7.2

（资料来源：市商务局）

表 14　2021 年日照市主要出口商品统计表

序号	商品名称	累计	
		金额（万元）	比 2020 年增长（%）
	小计（二十类）	3751381	16.1
1	钢材	1245264.9	4.6
2	机械设备	409041.0	7.8
3	水海产品及制品	356733.5	–6.7
4	金属制品	283744.5	37.4
5	运输工具	279327.7	74.9
6	手用或机用工具	160931.7	26.2
7	柠檬酸	160678.7	74.2
8	焦炭及半焦炭	121375.2	700.7
9	纺织纱线、织物及制品	113094.1	–15.1
10	体育用品及设备	112503.7	12.0
11	服装及衣着附件	79228.4	–18.2
12	蔬菜及制品	78659.8	–6.5
13	塑料制品	69440.9	0.9
14	电器及电子产品	66597.7	81.6
15	水果及制品（鲜干水果及坚果）	50845.2	135.6
16	纸及纸板（未切成形的）	47580. 1	–31.1
17	花生及制品	34559.3	0.4
18	家具及其零件	29720.8	73.0
19	果蔬汁	29648.4	107.3
20	成品油	22405.4	232027.0

（资料来源：市商务局）

对外经济技术合作

【境外投资合作】 2021年，面对严峻复杂的外部环境，市商务局着力加强境外合作企业风险预警和项目引导，重点加强境外投资项目及人员风险防控，引导企业审慎投资、不盲目投资，对苗头性问题及时做出预警提醒；做好项目安全及人身安全及新冠疫情防控工作，降低潜在风险。全年全市新增备案境外企业（机构）3家，累计境外投资企业109家，累计境外机构12家。年内，受疫情影响，全市仅5家境外投资企业对外投资，投资金额1165.6万美元，主要投资泰国、马来西亚、希腊、柬埔寨等国家。

【劳务输出】 2021年，全市有7家对外劳务合作企业、2家对外劳务合作服务平台。全年外派劳务人员1019人，同比增长9.9%。主要外派至日本、韩国，从事农业种植、水产加工等行业。

（市商务局）

经贸促进

【稳外贸稳外资】 2021年，市贸促会积极参与重大经贸活动，搭建联络交流平台，通过“请进来”突破招商瓶颈。7月15—17日，参加2021新动能·青岛展览洽谈会，组织领信信息科技股份有限公司、五征集团与多家世界500强、中国500强同台展示，18家企业线上参展，小青、领信、光辉人力3家企业线上路演，促进项目、技术、资本精准对接。组织有关部门、企业参加博鳌亚洲论坛第二届全球健康博览会、中国（山东）—东盟中小企业合作发展大会、德国巴伐利亚州投资分享会等经贸交流活动，为日照市企业开拓国际市场搭建交流平台。9月24日，联合日本贸易振兴机构青岛代表处、市商务局共同举办中日食品企业对接交流会，组织32家食品加工出口企业与来自北京、青岛、烟台等市的10家日资企业精准对接，进行76轮“一对一”对接洽谈，达成合作意向23个。全年接待国联股份、天津优鲜沛、山东百盛新材料、爱豪斯健康管理等客商20余批次到日照考察洽谈，搜集阿联酋进口活牛隔离场、唯石矿产循环经济产业园、灵活用工平台、中砂建材、生物降解材料、华玥金融等招商项目线索10余个，招引总投资额3亿元的山东皇世食品有限公司落户莒县并开工建设，实现到位资金1.05亿元。

【商法服务】 2021年，市贸促会着力提升商法培训成效。整合中国贸促会发展研究部、商法中心培训资源，以企业为导向策划培训重点，举办2场线下培训会，从国际贸易法律风险防范、出口信用保险、合规管理等方面，为300多家企业提供培训。针对外贸行业热点、难点问题开展调研，围绕全市外贸形势、人民币升值和海运费上涨等热点问题，撰写调研报告4篇，其中《海运运费持续攀升需有效应对》被省报采用。及时发布行业预警信息，全年发布预警信息128条，助力企业规避贸易风险，提升应对能力。签证服务便利化水平不断提升，全年签发一般原产地证5307份，比2020年增长5%；优惠原产地证1019份，比2020年增长19%；商事证明书682份，比2020年增长14%；代办领事认证73份；加工装配证409份，比2020年增长16%。全年新增注册企业41家，累计注册企业达到847家。

（市贸促会　舒　娜）

【自贸区经验复制】 2021年，市商务局建立相关部门联系人制度，采取建立台账、定期调度、座谈交流等方式，定期调度复制推广自贸试验区经验的进展情况，及时了解可复制改革试点经验推广的成效、存在问题和意见建议，加大复制推广工作推动力度。围绕国务院公布复制项目、商务部推广复制项目及山东省首次复制推广案例，参与自贸区经验复制推广，协调推进各相关单位工作落实。全年先后对223项复制经验、36个案例逐一调度总结，重点对第六批自贸区经验复制推广进行详细准备，促进复制经验应落尽落，同时加强与青岛市、烟台市等自贸区对接沟通，效果显著。

（市商务局　张　磊）

临港涉海产业

钢铁制造产业

【概况】 2021年，日照市钢铁产业两大龙头企业山东钢铁集团日照有限公司（简称“山钢日照公司”）和日照钢铁控股集团有限公司（简称“日钢集团”），拥有年粗钢产能1845万吨，产能集中度居全国第四位。按照《山东省先进钢铁制造产业基地发展规划（2018—2025年）》，建成全球最大高质量薄宽带钢生产基地。日照先进钢铁制造基地是全省钢铁产业转型升级核心区、引领区，到2025年，规划产能规模4000万吨级。日照先进钢铁制造产业集群先后入选山东省支柱产业集群、主导产业集群、“十强”产业“雁阵形”集群、首批战略性新兴产业集群，岚山区是全省首个国家先进制造业和现代服务业融合发展试点。2021年，山钢日照公司、日钢集团均完成超低排放改造，山钢日照公司是省内唯一达到环保绩效A级的长流程钢企，获评国家级绿色工厂、清洁生产环境友好企业。全年全市钢铁产业产值1901.9亿元，比2020年增长25.2%，占全市规上工业总产值的51.8%。

【推进产能承接】 2021年，日照市成立日钢产能承接项目推进工作组，制定《产能承接项目推进工作方案》。日钢产能置换方案第一时间完成公告，项目分步建设争得省里支持。日钢产能承接项目600万吨炼钢工程计划2022年第一季度建设完成，250万吨炼铁工程计划2022年第二季度初备案。根据国家和省产业规划布局，紧跟宝武重组山钢进度，启动山钢二期项目规划建设工作。

【优化产业链】 2021年，日照市按照省、市工作部署，加快实施“链长制”，按照绘制的产业链全景图、产业链发展现状图，以及锻长板重点领域、补短板突破环节、关键产品技术攻关、重点项目、可对接市内外头部企业等10张清单，依托山钢日照公司和日钢集团，以钢铁配套产业园为主要载体，推动招商引资，加快形成互补、互利、互惠的产业集聚发展态势。至年底，钢铁配套产业园累计招引项目65个，计划总投资222亿元；34个项目投产，累计完成投资约91亿元，初步形成以山钢日照公司、日钢集团为“链主”，以上游冶金辅助材料、绿色再制造、废钢加工，下游钢材加工、零部件制造、装备制造、商务为主体的全产业链发展格局。长城、中兴、五征等汽车整车生产企业与山钢日照公司均建立合作关系，钢铁、汽车两大支柱产业耦合效应逐步凸显。

【创新发展】 2021年，日照市建成国家碳素结构钢产品质检中心、山钢钢铁研究院、院士工作站、省级以上企业技术中心等研发服务平台，累计申请实用新型专利和发明专利700余项。山钢日照公司生产的第三代汽车高强钢、汽车冷轧板，填补省内空白，获高强钢等多品种认证，综合实力全国领先。日钢集团规划的氢冶金项目开创了现代化工冶金联产绿色发展新示范。智能制造步伐不断加快，山钢日照公司建立5G联合创新实验室、5G应用实验基地，加快打造5G＋无人行车、5G无人堆取料场等5G智慧工厂，山钢集团及山钢“5G工业互联网升级冶金无

2021年11月，山钢日照公司钢铁精品基地航拍图　（市工信局　供图）

2021年9月，日钢集团信息化管控大厅　　（市工信局　供图）

人化水平应用试点示范项目”入选山东省5G试点示范企业及项目。日钢集团与海尔集团签署协议，聚焦基于大数据＋机理模型的智能生产模型，建设钢铁行业工业互联网平台。

【重点项目】 日钢集团产能承接项目　日钢产能承接项目600万吨炼钢工程，总投资19.9亿元，主要建设2座300吨转炉，于2021年12月8日取得备案。日钢产能承接项目250万吨炼铁工程，总投资约9亿元，主要建设1座3000立方米高炉，年产生铁250万吨。

昱岚新材料高端涂镀板材项目　该项目是钢铁产业链条延伸重点项目，总投资32.8亿元，建设生产车间、仓库及配套建筑设施56万平方米，购置生产设备588台（套），年产电镀锡镀铬板60万吨、热镀锌板110万吨和彩涂板30万吨高端涂镀板材。

上海通用重工日照岚山焊接产业园项目　该项目2021年试生产，总投资25亿元，年用钢量75万吨，年产焊接机器人5000台（套），焊接材料45万吨，增加钢铁产业产值近100亿元。该项目是上海通用重工集团国内最大的制造基地，其产品实心焊丝原材料利用日钢盘条钢及ESP薄板，是钢铁产业链条延伸重点项目。

【重点企业】 山东钢铁集团日照有限公司　2013年3月1日，国家发展改革委正式核准该项目，一期批复总投资543.6亿元，铁产能810万吨、钢产能850万吨。主营产品为高品质的热轧薄板、冷轧薄板、镀层钢板、宽厚板等，覆盖海洋工程、高端制造业、新兴产业等领域，进入宝马汽车、中国一汽等高端市场。建有山东省博士后创新实践基地、院士工作站、钢铁研究院和产品研发中心等创新平台。2021年，实现产值418.5亿元，比2020年增长34.2%。

日照钢铁控股集团有限公司　该公司成立于2003年5月，2021年铁产能1300万吨，钢产能995万吨。实施“腾笼换鸟”工程，大幅压减螺纹钢、线材产能，投资300亿元实施转型升级，引进代表当今世界热轧带钢技术最高水平的ESP工艺技术，建成5条ESP生产线（全球共8条）。主营产品包括热轧卷板、热轧薄板、冷成型板等，市场面向集装箱、高速护栏、汽车内板等量大面广加工用材。全年实现产值1431.1亿元，比2020年增长22.4%。

（市工信局　庄　媛）

汽车整车及零部件产业

【概况】 2021年，日照市有汽车整车及零部件企业350余家，其中规模以上汽车整车及零部件企业112家，从业人员3万余人。具备年产机动车99万辆、发动机100万台、自动变速箱140万台、车桥1500万套、模具近10000套、活塞2000万只等重点产品生产能力。骨干企业为五征集团、日照魏牌、中兴汽车、威亚发动机、坦迪斯变速箱、金马集团、兴业汽配等，初步形成以乘用车类、货车类、专用车类、摩托车类、挂车类为重点的整车体系和以发动机、变速箱为核心的零部件产业体系。全年完成产值316.2亿元。

【创新发展】 2021年，日照魏牌汽车入选省级智能工厂，魏牌汽车总装车间入选省级数字化车间；海汇汽车制造、七星汽车部件入选山东省先进企业；海汇新能源和海汇汽车制造合作的多功能电动清扫车研发项目获省科技创新奖二等奖。

【项目建设】 年产50万只商用车铝镁合金高端车轮生产线项目　该项目位于日照市岚山区，由日照兴业车轮智造科技有限公司投资2.9亿元，从事商用车铝镁合金车轮的研发、生产与销售，采用碾锻成形、轮辋旋压、加热与固溶处理等技术生产车轮。

永励电机研发制造项目　该项目位于日照高新区。由沈阳永励电机科技有限公司投资3亿元，建设永磁同步直流无刷伺服转向和制动电机生产线，生产驱动电机。

年产500辆专用车生产项目　该项目位于日照高新区，2021年，由昊通汽车科技有限公司投资1.48亿元，建设总装线，结构件下料、焊接、调整线，主要用于城市服务、物流、应急救援等细分市场的专用

2021年2月6日，兴业汽配——意大利进口设备STAN辊压流水线纵梁生产中
（市工信局　供图）

特种车辆。

【重点企业】 山东五征集团有限公司　该公司成立于1961年，2000年改制，至2021年，形成农用车、货车、农业装备、环卫装备、电动三轮车和现代农业6大产业，总资产170亿元；是中国机械工业重点骨干企业之一、中国机械制造品牌6强、中国民营企业300强，带动形成400亿元机动车及装备制造产业集群。公司先后获“全国五一劳动奖状”“山东省省长质量奖”“山东省政府质量管理奖”及“中国机械工业现代化管理企业”等称号；五征技术中心是国家级认定企业技术中心、工业设计中心、博士后科研工作站。2021年，产销各种车辆（机械）23.5万辆（台），实现销售收入89.5亿元。

日照魏牌汽车有限公司　该公司成立于2019年，2020年4月开工建设，完成投资37.5亿元，是全市投资规模最大的整车类项目。其中，整车基地占地2000亩，建筑面积103万平方米，建设冲压、焊装、涂装、总装4大工艺车间和试车跑道、成品停车库等配套设施，设计整车年产能30万台，主要生产长城汽车旗下高端SUV品牌WEY。研发中心占地524亩。2021年，公司入选省级智能工厂，总装车间入选省级数字化车间；生产汽车6840辆，完成产值10.5亿元。

日照中兴汽车有限公司　该公司成立于2017年，由河北中兴汽车制造有限公司与日照高新发展集团有限公司投资建设，占地面积1086亩，规划设计年产能30万辆/年，是国内最具规模的现代化皮卡生产企业。一期投资近20亿元，占地552亩，产能10万辆/年；二期计划新增投资20亿元，新增产能20万辆/年（双班）整车或零部件。2021年，生产汽车6011辆，完成产值6.1亿元。

山东现代威亚发动机有限公司　该公司成立于2006年，由现代威亚株式会社、现代自动车株式会社、起亚自动车株式会社共同投资建设，占地面积591亩，是全省装备制造业领域利用外资规模最大项目，生产Nu系列（1.8升、2.0升）和伽马（1.4升、1.6升）发动机，主要为北京现代和东风悦达起亚等整车工厂配套，并出口俄罗斯、印度、巴西、韩国、美国等地。2014年，获“全国五一劳动奖状”。2021年，生产发动机22.6万台，实现产值46亿元。

现代坦迪斯自动变速箱（日照）有限公司　该公司成立于2010年，由韩国现代汽车集团、起亚汽车、现代坦迪斯、现代汽车（中国）投资有限公司共同投资建设，具备年产140万台六速自动变速箱生产能力，生产GEN1型、GEN2型和混合动力自动变速箱，是国内最大的六速自动变速箱生产企业，主要为北京现代、东风悦达起亚、比亚迪、吉利等企业配套，并出口俄罗斯、捷克、斯洛伐克、土耳其、韩国、印度尼西亚等国家。2021年，生产变速箱55.2万台，实现产值39.5亿元。

金马工业集团股份有限公司　该公司成立于1994年，主要生产高性能汽车转向机活塞、扇形轴，其中重卡精密转向机活塞被评为国家

2021年3月4日，现代威亚发动机、坦迪斯变速箱厂区俯瞰图
（市工信局　供图）

级制造业单项冠军产品，主要客户有博世、采埃孚、赛夫华兰德、麦格纳、瀚德、康明斯等，产品为奔驰、宝马、沃尔沃、福特、菲亚特克莱斯勒、戴姆勒等世界知名品牌汽车企业配套。集团先后获国家汽车零部件出口基地企业、全国制造业单项冠军企业、全国质量标杆企业、国家专精特新“小巨人”企业、全国工人先锋号、中国机械工业百强企业、工业和信息化部工业企业知识产权运用试点企业、山东省瞪羚企业、山东省产学研突出贡献企业、日照市经济发展贡献奖等称号，并获日照市市长质量奖，建有国家级企业技术中心、博士后科研工作站。2021 年，完成汽车零部件产品产值 9.5 亿元。

（市工信局　赵修军）

能源产业

【概况】 2021 年，日照市以北方能源枢纽建设为总引领，聚焦煤炭、石油、天然气集聚、运输、储备、交易、生产（转化）五大能力提升，结合电力、新能源提质增效，推动综合能源产业高质量发展。6 月，山焦日照炼焦煤配煤基地建成投运。7 月，山东省政府可调度煤炭基地落地日照港，煤炭储备能力 150 万吨。7 月 30 日，日照港油库三期通过竣工验收投运，全市原油储备能力拓展至 1150 万吨。10 月 14 日，岚山油气公共管廊贯通建成，是全国最长的油气公共管廊，大幅拓展港口油气外输通道。11 月 18 日，日照—濮阳—洛阳输油管道建成投运，日照港再增 1 条原油外输大动脉，腹地拓展至中原地区。12 月 1 日，日照液化天然气调峰储气设施建成投运，成为日照市首座政府储气设施。12 月 2 日，日照市人民政府与国网山东省电力公司签署加快能源互联网建设 打造日照现代化海滨城市战略合作框架协议。12 月 3 日，全国煤炭交易会再次在日照举办。12 月 4 日，日照市人民政府、山东港口日照港与华能山东公司签署战略合作协议，约定在日照港建设日照港华能电煤储备转运基地。12 月 12 日，智恒汪湖农光互补项目建成投运，成为日照市首个农光互补项目。2021 年，综合能源产业完成投资 75 亿元，原油接卸能力达 7500 万吨 / 年、储备能力 1150 万立方米、外输能力 6500 万吨 / 年，煤炭接卸能力 5000 万吨 / 年、储备能力 570 万吨，天然气储备能力 1842 万立方米。

【煤炭产业】 日照港石臼港区建有 2 个 15 万吨、1 个 5 万吨级煤炭专用码头，2021 年煤炭吞吐量近 5300 万吨，比 2020 年增长 10.6%，居山东省第一位。日照港石臼港区现有煤炭专用堆场储备能力 570 万吨，其中国家煤炭应急储备基地 40 万吨，山东省政府可调度煤炭储备基地 150 万吨，山西焦化集团炼焦煤配煤基地 20 万吨。瓦日、新菏兖日两条铁路在日照港交会，直接连通山西、陕西、内蒙古等产煤大省，沿线煤炭储量达 2000 多亿吨、年产量约 6 亿吨。其中，瓦日铁路是国家四大煤炭专用铁路之一，年运能 2 亿吨。2021 年，调至日照港煤炭量约 2200 万吨，比 2020 年增长 59%。依托铁路和港口，日照市在煤炭运输方面具有一定优势，晋陕蒙地区煤炭可通过瓦日铁路运抵日照港，再装船运至南方沿海、沿江地区，是国家“西煤东运、北煤南运”的重要通道。2019 年以后，全国煤炭交易会在日照连续举办 3 届。

【石油产业】 日照港岚山港区建有 3 个 30 万吨级、1 个 10 万吨级原油码头，是中石化在全国最大的原油进口基地。2021 年，岚山港区原油吞吐量超过 6300 万吨，居全国前三位。自日照港外输原油管道有 3 条，分别为日照—仪征原油管道、日照—东明原油管道、日照—濮阳—洛阳原油管道，可同时为长江流域和黄河流域炼厂服务，腹地包括长江流域的江苏、江西、湖北、湖南等地，以及黄河流域的河南洛阳、山东菏泽，2021 年原油外输量近 4000 万吨。岚山油气公共管廊可同时承载 29 条原油管道，为日照港岚山港区油气外输提供便捷通道，也为后期管道类项目建设奠定基础。日照市央企、省属国企、民营企业共存原油储备体系。

【天然气产业】 日照港 LNG 接收站列入国家规划，一期接卸能力 300 万吨 / 年，预留扩展至 1000 万吨 / 年条件，建成后连通国家管网和山东

2021 年 10 月 14 日，岚山油气公共管廊一期工程主体贯通建成

（市发展改革委　供图）

天然气环网。日照港2019年获得液化天然气罐式集装箱接卸资质，接卸液化天然气罐式集装箱46个，日照液化天然气罐式集装箱专用堆场建于岚山区，具备同时堆存180个液化天然气罐箱能力。截至2021年底，日照市液化天然气储备能力1872万立方米，其中山钢日照公司液化天然气储罐1200万立方米，日照液化天然气调峰储气设施（政府储气）600万立方米。日照市境内天然气长输管道有4条，分别为青宁天然气管道、泰青威天然气管道日照支线，胶州—日照天然气管道，日照—岚山天然气管道。

【清洁能源产业】 截至2021年底，全市清洁能源装机容量237万千瓦，比2020年增长21.84%。其中，太阳能光伏装机80.47万千瓦，增长43%，完成非水可再生能源电力消纳责任权重10.4%。大型新能源基地完成布局，智恒五莲汪湖、华能五莲石场、宁旭五莲于里农光互补项目纳入省保障性光伏项目开发名单，华能莒县长岭、华能莒县洛河、睿航山海天万宝、阳光新能源五莲宝阳涵阳农光互补项目纳入省市场化光伏项目开发名单，莒县、岚山区整县分布式屋顶光伏纳入国家级示范名单，五莲街头抽水蓄能电站、五莲户部岭抽水蓄能电站纳入国家级规划，莒县刘官庄镇、浮来山街道，五莲县于里镇、石场乡4个乡镇28个村入选山东省首批绿色能源发展标杆乡镇和标杆村创建名单。12月12日，智恒五莲汪湖农光互补项目建成投运，是日照市第一个专业化农光互补投产项目。

【全国煤炭交易会】 2021年12月3—5日，2022年度全国煤炭交易会在日照举办，来自国家有关部门，省级煤炭行业管理部门，煤炭生产、运输（铁路局和港口）、销售、消费企业以及相关行业协会、金融机构代表参会。会议以“巩固、稳定、协同、保障”为主题，旨在巩固供给侧结构性改革成果，稳定价格预期与推动市场有序回归，协同煤炭与下游行业间的平衡机制，保障煤炭安全稳定供应。开幕式上，举行煤炭供需企业中长期合同签订仪式、“泛能源大数据煤炭行业碳中和应用中心”战略合作协议签约仪式。全国煤炭交易会举办期间，日照市人民政府、日照港与华能集团山东公司签署战略合作协议，华能集团将在日照港建设日照港华能电煤储备转运基地；日照港与山西融汇通集团签署合作备忘录，约定在日照港岚山港区建设煤炭专用码头和专用堆场；日照港与山西世德集团签署合作协议，世德集团在日照港的煤炭业务量进一步提升。

2021年11月18日，日濮洛输油管道建成投运　（市发展改革委　供图）

【日照市政府与国网山东电力签署战略合作协议】 2021年12月2日，国网山东省电力公司与日照市人民政府举行战略会谈并签署“加快能源互联网建设 打造日照现代化海滨城市”战略合作框架协议，双方将充分发挥日照市地域优势和国网山东电力资源优势，落实国家、山东省重大发展战略，在电力规划、智能电网建设、能源互联网建设、乡村电气化提升、优化电力营商环境等方面深入合作，构建清洁低碳、安全高效的能源体系。加快日照“精致”能源互联网建设，为日照建设现代化海滨城市提供更安全、更可靠、更清洁、更高效电力保障。

【岚山油气公共管廊贯通建成】 2021年10月14日，岚山油气公共管廊一期工程主体贯通建成。该项目位于日照市岚山区，是日照市油气集疏港和化工物料传输的重要通道，全长22.5千米，总投资14亿元，是国内已建成干线管廊规模最大的管廊工程。

【日濮洛输油管道建成投运】 2021年11月18日，国家石油天然气基础设施重点项目日照—濮阳—洛阳原油管道（简称“日濮洛管道”）投产一次成功。日濮洛管道工程起点山东省日照市，终点河南省洛阳市，全长796千米，管径762毫米，设计年输油量1000万吨，主要输送从日照上岸的进口原油，服务河南省石化企业。管道投产后，改变用户用能部分依靠火车运输历史，降低原油运输成本、提高经济效益；同时，完善中国中东部地区原油管道布局，推动地方化工产业向集群化、精细化、高端化发展。

【华能五莲200兆瓦光伏项目开工】

2021 年 12 月 5 日，华能五莲 200MW 光伏项目开工仪式举行

（市发展改革委　供图）

2021 年 12 月 5 日，华能五莲 200 兆瓦光伏项目开工。该项目是山东省重点集中式光伏发电工程，也是华能山东公司在日照投资建设的第一个新能源项目。计划投资 9.3 亿元，以“农光互补”模式开发建设，年发电量 2.58 亿千瓦时，每年可节约标煤 8 万吨。

【日照港油库三期通过验收投运】 2021 年 7 月 30 日，山东港口日照港油库三期工程通过工程竣工验收，该工程总库容 160 万立方米，新建 16 座 10 万立方米储罐，38 个单位工程。主要储存原油和燃料油，年周转能力 2900 万吨，是山东港口日照港建港以来油库建设库容最大项目。

【日照液化天然气调峰储气设施建成投运】 2021 年 12 月 1 日，日照液化天然气调峰储气站开始注入液化天然气，正式进入试运行阶段。该项目位于岚山区碑廓镇，是省市重大基础设施建设项目。项目总投资 2.6 亿元，主要建设一座 1 万立方米液化天然气双金属全容储气罐，配套建设气化装置装卸车区域及相关附属设施，设计日输气能力 50 万标准立方米。该项目液态天然气储备能力达 1 万立方米，可满足日照市 3 天以上工业生产用气或居民 15 天应急生活用气。

】【莒县文心 110 千伏变电站建成投运】 2021 年 3 月 30 日，文心 110 千伏变电站两台主变压器顺利送电完成，正式投产。变电站位于莒国古城规划区内，古城墙遗址以东，护城河以西区域，是一座全户内智能变电站，占地面积 3180 平方米，站区南北长 79.5 米，东西宽 40 米，建筑面积 1000.5 平方米，是山东省第一座仿明清古建筑和莒县第一座 2*63 兆伏安容量主变的变电站。文心 110 千伏输变电工程投产，与周边 110 千伏城东变电站、110 千伏坝上变电站、110 千伏赵家变电站形成拉手互供网，为莒国古城及周边城区的发展提供电能动力。

（市发展改革委　王超越）

生命健康产业

综　述

【概况】 2021 年，日照市生命健康产业增加值 114.9 亿元，比 2020 年增长 8.2%，占全市生产总值比重的 5.19%。集群内生命健康企业 66 家，实现营业收入 213.6 亿元；56 家规模以上企业实现营业收入 197.3 亿元。

【重点企业】 2021 年，日照市发挥龙头企业的示范引领、集聚发展“磁场效应”，引进汇聚资源广龙头企业，培育壮大本土龙头骨干企业，培育日照金禾生化集团股份有限公司、山东洁晶集团股份有限公司等龙头企业。

【项目引进】 2021 年，日照市成立生命健康产业招引小组，加大对投资规模在亿元以上项目的招引力度，瞄准国内医药百强企业及“国”字头企业，引进投资强度高、产出效益高、科技含量高、产业关联度高的“四高”项目。正济药业、龙泽制药、康德莱医疗器械、中德（礼生）口腔医疗器械等引领性大项目陆续签约落地。

【平台建设】 2021 年，日照经济技术开发区建成生物医药科技产业园，全省唯一一家生物化工类专业园区；日照高新技术产业开发区创新创业中心重点发展生物医药、医疗器械产业，规划建设国家级医疗器械应急产业园；莒县医疗器械产业园，定位“高”“新”医疗器械特色产业聚集区，逐步形成产业集群效应。研发平台方面，成立山东黄海科技创新研究院，下设山东海曲药物创新中心，开展合同科研，提供外包服务，攻克关键项目难题，招引有关项目进行转化应用。日照市经济技术开发区生物技术联合研发中心，是由日照经济技术开发区管委、齐鲁工业大学、山东元泰生物工程有限公司等多方共建的联合研发中心。海藻炼制技术国家地方联合工程研究中心，由山东洁晶集团股份有限公司和中国科学院海洋研究所共同建设，是集海藻产品开发、海藻新产品展示和推广、科技交流为一体的综合研发技术辐射中心。

（市卫生健康委　穆　涵）

生物医药产业

【概况】 2021年，全市生物医药产业实现产值72.4亿元。生物医药产业是国家重要战略性新兴产业，是日照市“2＋4＋4”产业体系中重点发展的“四新”产业之一，全市各级坚持培大育强与招大引强并举，不断建链、强链、补链、延链，发展生物医药产业，初步形成以生物化工、海藻精炼、化学制药、卫生材料、医疗器械等为主的产业体系。至年底，全市有生物医药产业企业46家；有100余个药号产品，新药证书24个。主要产品为医用口罩、防护服、原料药及制剂、大输液制品、柠檬酸和褐藻酸钠等，产品销往世界各地。

【项目建设】 山东恒毅医药科技有限公司 该公司由中瑞集团投资2亿元建设，占地41.2亩，是由济南搬迁山大康诺公司项目，主要生产抗肿瘤药、肝病创新药、心脑血管用药、电解质补充类药物等。公司有化学原料药1个批准文号、口服固体化学制剂15个批准文号，填补日照市药品口服制剂生产的空白。2021年，厂房建设和设备安装，正在进行生产许可证办理，计划2022年5月试产，9月正式投产。

山东特康药业有限公司 该公司总投资3.2亿元，净用地60亩，建设有研发中心、检测中心、粉剂车间、乳剂车间、水剂车间和原辅料仓库、成品仓库以及医药物流中心等配套设施，主要从事特殊医学用途配方食品研发、生产和销售推广。一期已建成投产，申请注册商标150余个，各类发明专利55项，其中特医食品国家发明专利35项；具备60余款产品生产能力，其中以食品形式上市销售的医用食品产品35款，计划3年内实现生产产品130款。2020年5月，获得“特殊医学用途配方食品的研发和产业化”山东省企业技术创新项目。2020年7月，获批日照市中小企业“一企一技术”研发中心。2021年5月，获批日照市企业技术中心、日照市特食工程研究中心。2021年8月，公司创新研发团队被日照市评为“日照市创新领军人才（团队）”。

山东盈和生物科技有限公司 该公司由山东元泰生物工程有限公司与中国药科大学孙敬方团队合资建设，2019年注册成立。一期投资2.5亿元，用地71.6亩，主要采用生物发酵法生产左旋多巴、色氨酸、组氨酸，是世界上第二家、国内首家生物发酵法生产抗帕金森药物左旋多巴的企业。公司计划于2022年6月投产运营。规划年生产3000吨色氨酸、300吨左旋多巴、200吨组氨酸。

正济药业创新药研发生产基地项目 该项目由江苏正济药业股份有限公司投资11亿元，分两期建设一个符合国内GMP标准、美国FDA认证的创新高端原料药生产基地以及打造一个多功能的医药创新研发、中试平台。总占地189.61亩，规划总建筑面积12.65万平方米，主要建设26条封闭式原料药生产线、3条封闭式制剂生产线，年产原料药6793吨、制剂3亿片。其中，巴洛沙韦产品是世界上少数可以抑制流感病毒增殖的新药。项目一期投资7.7亿元，建筑面积6.8万平方米，主要建设20个单体、11条生产线。12个单体已封顶，计划于2022年3月开始安装设备，9月设备安装调试，12月一期建成试产。

【重点企业】 山东元泰生物工程有限公司 该公司成立于2014年6月，总投资1.9亿元，是致力于生物食品添加剂研发和生产的创新型高新技术企业，主要生产乳酸链球菌素、纳他霉素和谷氨酰胺转氨酶（TG）3个系列产品，是国内五大生物食品添加剂生产厂家之一，产品畅销国内外，乳酸链球菌素产品稳居市场前两位。2021年，公司有外籍院士2人（全职1人），建有山东省院士工作站、市级企业技术中心，获山东省“专精特新”中小企业、日照市瞪羚企业，并为山东省拟上市重点后备企业。

日照巴洛特药业有限公司 该公司2021年7月建成投产，由杭州巴洛特生物科技有限公司投资5亿元建设，占地120亩，建设现代化生产线6条，主要生产抗疟疾类药物，是国内外抗疟疾药物的重要供应商。公司建有技术研发中心1个。年产500吨本芴醇，占全球市场的60%以上，列入世界卫生组织重点供应物资；年产500吨美沙拉秦，占全球市场的40%以上；年产100吨阿托伐醌，占全球市场的80%以上，录入国家首批鼓励仿制药名单。2021年，实现产值8000万元。

山东科巢生物制药有限公司 该公司于2021年7月建成投产，由杭州科巢生物科技有限公司投资5亿元建设，主要建设6个原料药车间、综合办公楼、质检楼等15个单体，主要从事特色原料药和创新原料药及制剂研发生产。产品包括治疗丙肝、慢性心衰、糖尿病、心律不齐、肿瘤、肾病、类风湿性关节炎等7大类药物。产品主要销往德国、法国、俄罗斯及东南亚、南美等国家和地区，多个产品在国内、外市场占主导地位。2021年，实现产值7100万元。

日照正济药业有限公司 该公司成立于2019年，由江苏正济药业股份有限公司投资建设，是专注于药物创新结构发明、新技术研究与应用、特色仿制药物研究与制造的国家高新技术企业。江苏正济药业股份有限公司有2个研发中心（南京、苏州），2个原料药生产基地（淮安、苏州），1个制剂生产基地（苏州）及1个综合性高端生产制造基地（日照），实现研发、生产、销售一体化与规模化。

（市工信局 田雪锋）

医疗器械产业

【概况】 2021年，日照市有三奇医

疗、沪鸽口腔、康德莱医疗器械为代表的一批医疗企业。三奇医疗卫生用品有限公司，是全球规模最大的口罩产业制造基地之一，是中国口罩产品单项冠军企业，中国海关知识产权重点保护和AEO海关高级认证生产出口企业，是工业和信息化部医疗防护用品重点保障生产企业之一。建有省级企业技术中心和综合实验室，获42项国家、省、市级荣誉，具有120项专利技术和产品。

【重点企业】 日照三奇医疗卫生用品有限公司 该公司成立于1993年，是集研发、生产、销售于一体的中国口罩产品单项冠军企业，是中国海关知识产权重点保护和AEO海关高级认证生产出口企业。工业和信息化部医疗防护用品重点保障生产企业之一，也是国家、山东省政府和日照市重点储备企业。公司产品涵盖：医疗器械、个人健康护理、专业安全防护和日用家居清洁卫生用品、生物医药等多个领域，产品65%出口。2021年，实现产值3.86亿元。

山东沪鸽口腔材料股份有限公司 该公司主营产品有合成树脂牙、弹性体印模材料、无托槽隐形正畸矫治器、全瓷义齿用氧化锆瓷块、玻璃离子水门汀等近30个类别产品，产品远销全球100多个国家和地区，其中合成树脂牙和弹性体印模材料产品是中国最大产品供应商，国内市场占有率第一。沪鸽弹性体印模材料结束国外生产技术封锁，实现国内自主生产。参与制定牙科印模材料注册技术审查指导原则。2021年实现产值2.166亿元。

日照高新区高值医疗器械产业园 产业园定位为集研发、生产、仓储、物流等服务于一体的综合性医疗器械产业中心，为入驻企业提供产品全生命周期一站式服务。园区占地49亩，规划建筑面积50060平方米，设计建造楼宇式GMP标准厂房12330平方米，医药、医疗器械仓储物流中心14390平方米，配套研发中心、实验室、办公用房、人才公寓23340平方米，厂房设计层高6.8米，单层设计面积约3000平方米，仓储物流中心层高6.8米，单层设计面积约5000平方米。2021年，园区完成楼宇式厂房主体工程并同步开展项目招引。其中，新型组织创面修复项目采用“飞地经济”模式，利用日照、上海各自区位、人才、政策优势，在上海外高桥保税区自贸壹号生命产业园设立研发中心，主要负责产品研发、制定产品技术要求和临床试验等产品上市前审批工作，研发中心依托上海烧伤领域顶尖的夏照帆院士团队、海军军医大学医疗资源和上海市人才资源优势，组建包括20余名高科技人才的科研团队。

康德莱医械日照创新产业园项目 该项目由港股上市公司上海康德莱医疗器械股份有限公司投资2.9亿元，搭建介入类医疗器械生产、创新产品研发孵化、员工培训及学术交流等服务中心平台，并引入国内外优秀创业者，提供全产业链增值服务，助推优秀医疗实验研究成果转化成产品，吸引更多医疗创新型企业落户日照。2023年上半年，产业园建成试产。高端学术交流培训中心，用地约25亩，主要用于学术交流、团队培训和企业拓展，形成区域性研发创新中心和项目孵化基地。

颐诺高值医疗器械研发生产基地项目 该项目总投资10亿元，其中一期投资2亿元，固定资产投资9000万元，二期投资3亿元，三期投资5亿元。一期建设周期2年，主要生产、销售腰大池持续引流及监测装置、小肠镜气囊套管、引流减重支架管、电动负压导尿系统等Ⅱ、Ⅲ类高端医疗器械产品。

（市工信局 田雪锋）

医养康养产业

【概况】 2021年，日照市探索开展“医中办养”“养中融医”“两院一体”“医疗康养”等多种医养健康服务模式，全市医养结合机构22家，开放床位9534张，其中护理型床位6522张，累计服务3.2万人，年营业收入2.27亿元。鼓励支持医疗机构开办养老机构，日照市人民医院颐养健康中心由日照交通能源发展集团与日照市人民医院共同出资3.4亿元建设，引入全国养老知名品牌亲和源集团有限公司运营管理，将大型国企、三甲医院及市场有机融合，实现资源共建共享。支持养老机构按规模、分类申请开办医疗、护理、

2021年1月19日，日照市人民医院到颐养公寓开展义诊活动 （申红蕾 摄）

康复服务机构或病区，取消行政审批，改为备案制管理，中盛幸福集团托管全市21处乡镇敬老院，自建护理院，依托智慧康养服务平台，辐射社区、村居300余个，先后获“全国敬老文明号”“山东省首批医养结合示范单位”等称号。支持社会资本开办医养结合机构，鼓励机构连锁化经营、集团化发展，培育普天安泰、盛浔康养、惠安颐养、五莲康福等区域性知名品牌。

【项目建设】 山东五莲康福家园项目　该项目是全省新旧动能转换重大项目库优选项目，规划总投资21.88亿元，规划总用地面积291854平方米。主要打造康复医院片区和养生养老片区，规划总建筑面积298189平方米。其中，康复医院片区主要建设门诊医技、住院病房、康复治疗、康复评定、护理中心等单元，规划总床位1000张；养生养老片区主要建设养老公寓、康养集中配套服务区及康复休闲运动公园区等，开设养老床位2600张。项目坚持高标准，由中国建筑设计研究院总体规划设计。项目以“依山就势、师法自然”为设计理念，充分提炼五莲的人文历史、民俗文化、自然地理元素，顺应山水环境，强调园林式布局，着重打造亲切、开放、便捷、互动的高品质空间，提升康复体验。项目分两期建设，一期投资约5.85亿元，到位资金4.68亿元，计划2022年末或2023年上半年投入使用。

中科颐城—颐乐居项目　该项目位于北海路以北，天阁山路以南，北依卧龙山，南向临海600余米，总投资4亿元，占地55亩，建筑面积约6.54万平方米．其中，地上建筑面积4.79万平方米，地下建筑面积1.75万平方米，由澳锦医疗科技（北京）有限公司及青岛领秀企业咨询有限公司共同出资设立。项目规划建设综合康养社区，创建“五心维度”专属管家服务体系，建设居家乐活社区，配套颐乐学院、颐乐食堂、颐乐商街，打造居家康养、旅居康养以及高端医护康养多种健康养老模式。2021年，项目建设2.6万平方米，投资金额约2亿元，服务中心楼投入使用。

日照颐养健康产业综合体项目　该项目由日照市人民医院和日照交通能源发展集团共同打造，总投资3.4亿元，总建筑面积6.5万平方米，设医养结合床位1448张，将政府、医院、企业及市场有机结合在一起，被山东省列为2020年省新旧动能转换重大项目库第一批优选项目，被省卫健委列为2021年全省医养结合典型进行推广。2020年，项目一期建成运营，内设康复医疗中心、介护照料中心、母婴护理中心及超市、餐厅等配套服务；颐养公寓与市医院建立联动机制，开通双向转诊、急诊急救绿色通道，市医院专家医生定期巡诊、巡护，为老人提供专业医护保障；引进国内先进康复医疗器械，为入住失能、半失能老人提供康复理疗服务。采用全方位适老化、精装修设计，餐厅膳食营养合理，医疗配套完善，护理团队专业，为入住长者健康保驾护航，真正实现零距离医养、零距离就医、零距离保健的健康养老服务，从各个细节打造让父母开心、子女放心的安全、舒适、便捷生活空间。二期计划于2022年8月完工。

【重点企业】 中盛幸福集团　该集团成立于2010年，开创以公办民营、医养结合、居家养老于一体养老新格局，打造以智慧养老和生态养老为核心的“中盛幸福”连锁养老品牌，2021年，有连锁养老机构近20家，属国家级服务业标准化试点单位。公司先后获“全国敬老文明号”“山东省首批医养结合示范单位”等称号。

国济医疗管理有限公司　该公司是由日照市政府批准设立、市中医医院全额出资、市国资委统一监管的市属国有企业，成立于2017年6月，注册资本5000万元，2019年10月正式组建运营。作为全市以医养健康为主业的市属国有企业，国济医疗积极发挥国有医疗资源投资和运营主体作用，不断探索医疗健康产业发展途径，引入品牌管理资源、民营技术及管理资本、专家团队实施混改，以“混资本”促进“改机制”，先后引进日照口腔医院、日照心脏病医院、国济尚领洗消一体化等医疗服务产业，提升城市健康服务保障水平。

（市卫生健康委　穆　涵）

2021年7月1日，中盛幸福盛地老人开展庆祝中国共产党成立100周年活动

（秦学桐　摄）

新一代信息技术产业

【概况】 2021年，日照市信息技术产业整体呈良好发展态势，实现营业收入94.37亿元，比2020年增长36.35%。其中，信息技术制造业规上企业实现营业收入53.2亿元，比2020年增长8.1%；统计内软件和信息技术服务业实现软件业务收入41.17亿元，比2020年增长104.84%。全市有省级信息技术产业园、软件产业园、数字经济园区等8个省级园区，其中软件产业园数量居全省第3位。新三板挂牌上市企业3家，省瞪羚企业8家，省准独角兽企业1家，吸引东华软件、中科曙光、越疆机器人等行业龙头企业，形成人工智能、5G、物联网、高端软件、集成电路等多点支撑的产业发展格局。其中，比特是全球最大通信类生产企业之一，至信科技获"山东省企业管理创新成果奖"，领信科技入选省十佳瞪羚企业。

【创新发展】 2021年，日照市入选山东省首批数据管理能力成熟度评估模型贯标试点市，莒县、岚山区入选试点县（区）。至年底，全市新一代信息技术领域高新技术企业78家，发明263项，实用新型1065项，软件能力成熟度集成模型认证企业13家，省级工程实验室、技术中心9家，山东省首版次高端软件17个（数量居全省第5位），省级专精特新企业13家，新三板挂牌上市企业3家，省瞪羚企业4家，省准独角兽企业1家。至信科技获"山东省企业管理创新成果奖"。

【工业互联网体系建设】 2021年，市工信局研究制定《关于加快工业互联网和工业大数据创新发展的意见》，明确全市工业互联网发展目标和重点任务，并围绕工业互联网发展的主要瓶颈，统筹确定全面落实电价优惠和公共资源开放政策、支持工业互联网融合发展、支持企业实施工业互联网改造、支持工业互联网企业资质能力建设、鼓励企业工业互联网技术创新、支持工业互联网产业联盟发展、健全人才培养体系、加强交流培训八方面扶持政策。先后培育创泽、比特智能客控、钻集网、石材圈、曙光等15个工业互联网公共平台，其中创泽智能机器人云平台、钻集网平台、比特智能客控、光辉智能创新服务平台4个平台认定为省级工业互联，网平台示范项目。创泽、钻集分获省财政资金30万元，比特、光辉智能已向省财政资金申请50万元。迈尔科技通过省工业互联网股权投资项目评审（全省仅3家），获得1000万元财政资金股权投资。至年底，全市工业互联网平台累计投入8000万余元，接入设备总规模40余万台（套），服务工业企业总数量3万多家，承载工业App 35个。美佳集团与卡奥斯签署3年5000万元的食品行业互联网平台建设协议。

【工业互联网应用】 2021年，全市实施两化融合重点项目124个，当年完成投资18.02亿元。筛选两化融合重点资金补贴项目45个，奖补财政资金1282.58万元。完成日照魏牌汽车等42个工业互联网项目评审，确定31个符合申报要求，申请2022年工业互联网财政预算1188.06万元，并与财政局完成对接。至年底，全市企业上云数量达7500家以上，重点行业企业数控机床占主要设备比重达到1/3以上，应用工业机器人（机器臂）4000余台套，60%以上的工业企业利用互联网开展原料采购、商品销售、货款支付等电子商务活动，企业全流程信息化、智能化水平明显提高。完善工业互联网生态，通过"请进来"培训和"走出去"学习相结合方式，与海尔卡奥斯等工业互联网平台对接，先后组织工业互联网专题培训、数字专员专题培训等23场工业互联网培训活动，累计培训700余人次。组织企业参加世界工业互联网大会、胶东经济圈工业互联网高峰论坛、两化融合深度行等工业互联网专题会议12场。召开汽车行业5G智能制造产业专题论坛、装备制造行业5G智能制造专题推进会，200多人参加会议。近千家企业在海尔卡奥斯、傲英工业互联网平台上注册使用。印发《万名数字专员进企业工作方案》，规范全市数字专员服务。

【项目建设】 **东华软件科技产业园项目** 该项目计划总投资60亿元，2021年到位资金1.12亿元。打造东华软件科技产业园区，吸引优质项目企业入驻落户，培育地方龙头企业，带动产业协同发展。建立新一代信息技术产业运营集散中心，用以点带面形式促进就业、吸引配套产业、建设便民中心，将生活与工作相融合，落实市委、市政府"筑巢引凤"相关政策，带动区域经济发展。其中，商业办公总建筑面积26万平方米，包括软件科创城、软件博物馆、总部办公、星级酒店、高端住宅、专家公寓、风情商业街、文体综合中心、生活购物中心九大业态。

鲁光5G通信半导体封测产业园项目 该项目总投资3.2亿元，总建筑面积2万平方米，其中净化车间8000平方米，新上全自动固晶机、真空焊接炉、自动上料注塑成型机等6条高端智能制造生产线，购置符合汽车行业AEC-Q101标准车规级全套实验设备，建设国家级汽车电子行业第三方认证实验室。规划年配套组装5000万只IGBT单管封装测试、30亿只车规级二极管、三极管。

英锐半导体科技智能终端产品及模组项目 该项目总投资5亿美元建设，使用厂房7万平方米，共分三期建设。其中，一期建设BGA、FBGA等封测生产线10条，规划年封装产能12亿只；二期新上SMA、QFN等封测生产线10条，规划年封装产能18亿只；三期规划新上150毫米特色工艺半导体晶圆生产线，生产8V～80V宽电压芯片，年产模拟电路及功率器件约200亿只。该项目产品广泛服务于汽车电子、工业控制、电源管理、智能终端，乃至轨道交通、智能电网等高端应用市场。

【重点企业】 日照市艾锐光电科技有限公司 该公司2016年底成立，主要从事通信产业高速光芯片研发生产，是全市首个自主研发通信类芯片项目。公司有5000平方米净化厂房用于芯片生产测试、OSA封装及光模块生产，2021年实现产值6504.46万元，利润776万元。公司获评国家级重点人才工程、日照市科技引领高成长性企业。公司主要从事10G DML、25/50G DFB等高端激光器芯片设计研发，以国际领先啁啾控制技术为切入点，面向10G-PON、5G无线前传及POL工业互联网、数据中心等市场应用，同时提供相关光组件、光模块等产品及方案，客户包括中兴、华为、诺基亚等国内外知名通信类企业。

日照市越疆智能科技有限公司 该公司2020年11月23日由深圳市越疆科技有限公司投资10亿元建设。其中，一期投资6亿元，用地面积约80亩，主要建设智能机器人生产基地、智能机器人生产制造厂房等相关配套设施，主要产品为用于精密加工制造以及商业、教育等领域的智能机器人、轻量型机械臂等。2021年，公司产值2085万元，利税106万元，研发团队超过300人，拥有专利超过500项，实现机器人核心技术及核心部件自主研发，产品和技术国产化率达90%以上，是国内唯一打通轻量型全产业链的机器人头部企业和独角兽企业。2018—2020年，连续3年居国产工业机器人品牌出口量第一。2021年8月，入选工业和信息化部第3批国家级专精特新“小巨人”企业名单。

三三智能科技（日照）有限公司 该公司成立于2019年8月1日，由三三智能科技（苏州）有限公司与日照华聚高新股权投资基金有限公司合资成立，是以柔性薄膜传感技术为核心，集材料研发、产品设计、软硬件开发、生产销售、技术服务于一体的高科技企业，主要从事高分子材料、智能控制、云计算、大数据分析等领域的技术研发，和声学超声、医疗健康、航空航天、智能交通、人机交互、控制检测、可穿戴设备等行业领域的深度应用开发，是智能柔性传感技术及行业应用解决方案提供商。公司与华为、海尔、比亚迪等20多家公司建立合作关系，开发压电聚合物薄膜生产线1条，建立柔性压电传感器生产线2条，开发新型柔性压电薄膜传感器8种。经第三方检测，产品性能指标达到国际水平。2021年，公司实现产值1000万元，实现利税23.8万元，获得高新技术企业、市级企业技术中心、市级新型研发机构等称号。承担日照市重大科技专项、山东省创新能力提升工程等项目。累计申请专利24项，其中授权12项。

2021年10月，越疆机器人生产车间 （市工信局 供图）

小派科技（日照）有限公司 该公司2019年7月由小派科技（上海）有限责任公司投资6820万元建设，主要进行VR高清头显研发、生产。小派科技（上海）有限责任公司成立于2015年11月，总部位于上海，在深圳、美国硅谷设有分公司，是全球领先的VR硬件产品研发、生产与体验商之一，拥有核心VR显示优化专利技术和4K、8K分辨率的VR显示技术，推出全球首款4K VR头显，获CES亚洲最佳VR产品奖。公司成立以来，致力于产品研发和生产制造工艺改进，设立日照公司实验室，不断改进产品工艺。2021年10月，发布VR3.0的行业标准，同时发布Pimax Reality 12K QLED版本，有PC VR、一体机双模式，相关性能参数和功能创新都代表目前行业高水平，产品计划于2022年第四季度上市。

山东比特智能科技股份有限公司 该公司成立于1993年4月1日，注册资本10087.6万元，是集智慧酒店、智慧家居、智慧地产等模组模块设计、研发、软件服务、制造、销售并提供专业解决方案的高新技术企业。有研发中心、实验室、生产制造、仓储中心及7条高精度电子产品专用生产线。2021年，主营业务收入1.6亿元，税金243.19万元。2020年8月，公司红外额温计产品获山东省第三届“省长杯”工业设计大赛优秀奖；2021年通过省级“专精特新”中小企业复审。

（市工信局 徐后菊）

现代海洋产业

综 述

【概况】 2021年，日照市海洋产业生产总值约685亿元，约占地区生产总值的30%。其中，主要海洋产业增加值340亿元，海洋渔业增加值72.9亿元，占主要海洋产业增加值的21.4%；海洋加工制造业增加值67.1亿元，占主要海洋产业增加值的19.7%；海洋服务业增加值的181.5亿元，占主要海洋产业增加值的53.3%。全年水产品总产量45.61万吨，其中海水养殖产量28万吨，海洋捕捞产量15.74万吨，淡水产量1.87万吨。

按照高端化、集群化、基地化、绿色化方向，推动一产优化、二产扩量、三产提质。加快推进实施《关于支持海洋新兴产业发展的意见》，持续开展海洋新兴产业"苗圃培育"计划，设立市级海洋产业发展资金，通过支持科技成果转化、财政贷款贴息、融资担保等方式，加大对海洋新兴产业的支持。组建现代海洋产业专班，实行"海洋产业专班＋专业园区＋骨干企业"的资源要素叠加招商方式，围绕海洋高端装备、海洋生物制品等产业开展精准招商、产业链招商，全年招引推进投资5000万元以上海洋产业项目38个，到位资金18亿元，比2020年增长20%。启动实施"百亿信贷工程"，推动市农商行在3年内投入100亿元信贷资金，支持涉海重大项目和涉海涉渔重点企业发展。

【开发战略规划】 2021年12月23日，日照市政府印发《日照市"十四五"海洋经济发展规划》(以下简称《规划》)。《规划》以海洋经济高质量发展为主题，坚持陆海联动协同、融合发展引领，加快培育生态、产业、港口新优势，着力提升海洋创新驱动能力、向海开放合作能力和海洋综合治理能力，加快建设海上"绿水青山"、新时期"海上丝路"重要节点和现代化国际港口、海滨旅游度假、海滨体育、生态宜居名城，规划期2021—2025年，展望到2035年。《规划》筛选确定日照黄海中心渔港经济区等73个涉海重点项目，争取"日照港LNG接收站""黄海之眼"等39个项目和事项纳入省"十四五"海洋经济规划。

（市海洋发展局 李 达）

海洋渔业

【概况】 2021年，全市水产品总产量45.6万吨。海水产品产量43.75万吨，其中海洋捕捞产量15.74万吨。有各类渔船3983艘，其中海洋渔船3798艘、内陆渔船185艘。远洋渔业企业1家（日照市景昌渔业有限公司），年捕捞鱿鱼5400吨，仅占全市捕捞总量的3.4%。至年底，全市创建省级以上海洋牧场19处，其中国家级7处。

【水产养殖】 2021年，市海洋发展局推广实施深水抗风浪网箱"千箱工程"。至年底，建成深水抗风浪网箱628个，实现产量2738吨，产值2亿元左右；推进距岸130海里黄海冷水团绿色健康养殖，"深蓝一号"大型智能网箱于6月实现首次规模化收鱼，开创中纬度自然海域养殖三文鱼先例。作为全省首个现代渔业园区的东港区禹海红旗现代渔业园区一期工程建成。全年全市海水养殖产量28万吨，占全市海洋水产品总产量的64%，其中高效渔业产量2.7万吨，比2020年增长9.1%，居全省第三位。养殖方式主要有工厂化养殖、筏式养殖、池塘养殖、网箱养殖等，养殖品种主要有贻贝、牡蛎、南美白对虾、日本对虾、绿鳍马面鲀、三疣梭子蟹、海参、大菱鲆、牙鲆等，其中贻贝养殖产量17.99万吨，占全省产量的48.6%，居全国第一位。

【海洋水产育苗种】 2021年，全市海洋水产苗种繁育企业230户，主要繁育南美白对虾、中国对虾、三疣梭子蟹、牙鲆、黑鲪、半滑舌鳎、石斑鱼、海肠等品种。其中，南美白对虾育苗3300亿尾，占全省的81.8%，居全省第一位，占全国的21.1%；中国对虾育苗300亿尾，约占全省的72%，约占全国的60%。至年底，累计创建省级以上原良种场15家，其中国家水产良种场1家。日照水产集团率先开展膨腹海马规模化人工育苗及养殖，建成全省规模最大的海马苗种繁育基地。12月，日照市与全国水产技术推广总站签约，合作共建北方（日照）海洋水产苗种繁育中心，规划建设苗种产业"一库（海洋水产种质资源库）五中心（鱼类遗传育种中心、甲壳类育种中心、藻类育种中心、贝类育种中心、棘皮类育种中心）"。

【渔业打非治违】 2021年，日照市开展"中国渔政亮剑2021"山东系列专项执法行动、山东省"护渔·护航"专项执法行动、海上执法（清网）专项行动、全省海洋涉渔综合治理专项行动，强化海陆巡查，加大部门联合，加强宣传教育，严厉查办案件，规范全市渔业生产秩序。全市共拆解涉渔"三无"船舶107艘，清理异地挂靠渔船58艘，张贴发放各类宣传材料2万余份，办结各类渔业行政处罚案件454起，罚款366.9万元。落实"谁执法谁普法"责任制，日照市海洋发展局被自然资源部表彰为"'七五'普法工作中成绩突出集体"。

【海洋渔业执法】 2021年，日照市海洋发展局把渔业安全生产和渔船管控当作头等大事。1月15日，印发实施《日照市海洋渔业生产秩序综合整治实施方案》，建立由分管海洋渔业和公安工作的副市长任双组长的领导机制，针对渔港管理、渔船修造、渔业用工等渔业生产环节开展全方位专项整治。4月26日，市海洋发展局研究出台《日照市依港管船实施办法(暂行)》，配套出台《依港管船有关规定和惩戒措施》，在全市12处渔港成立渔港管理委员会，实行渔船包保责任制。伏季休渔期开始之前，日照市海洋发展局专门派人赴荣成、舟山等地执法，异地挂靠渔船首次全部返回船籍港休渔，伏击休渔管理秩序良好。

（市海洋发展局 李 达）

【水产种质资源普查】 2021年，日照市完成第一次全国水产养殖种质资源普查，普查水产育苗、养殖户（普查主体）2829家，采录资源信息4530条，包括14家省级以上水产原良种场、105家水产苗种场、35家标粗场、2675家普通养殖场。

【深水抗风浪网箱“千箱工程”】 2021年，日照市启动深水抗风浪网箱“千箱工程”，完成628个深水网箱建设，全市网箱养殖产量达2738吨。

【三文鱼规模化收鱼】 2021年，世界首次中低纬度自然海域规模化养殖三文鱼在日照获得成功。日照市相继建成全国首艘大型养殖工船、全国首个全潜式大型深水网箱。可同时养殖三文鱼30万尾的“深蓝一号”深远海大型智能网箱于2018年7月2日在黄海冷水团投入使用，并获得养殖成功，首批在日照养成的高品质成品三文鱼于2021年6月集中捕获上市，开创中纬度自然海域养殖三文鱼成功先例。

【海洋牧场“巨灾保险”】 2021年，日照市在全国率先推出海洋牧场巨灾保险，构建起“政府、参保企业、保险机构”协同保障体系，市财政按照1∶1比例对投保企业保费予以补贴。该保险以海上气象灾害预报等级作为触发赔付依据，简化流程，让投保人“一说就明白、一看就清楚”。全年共推进签订26份保单，为7家海洋牧场企业提供2600万元风险保障。同时，以巨灾保险为增信基础，银行机构授信4800万余元，缓解海洋牧场企业资金压力。

【北方（日照）海洋水产苗种繁育中心】 2021年9月，日照市印发《关于加快推进现代种业创新发展的实施意见》，实施“蓝色种业”培育工程，探索推进三文鱼等深远海及生态牧场苗种技术研发，做强中国对虾、梭子蟹、牙鲆、南美白对虾等优势品种，推广“南鱼北养”“南苗北育”模式。中国对虾苗种供应量长年全国第一。其中，日照海辰公司2018年成为全国首家中国对虾国家级水产良种场，年均230亿尾，全国市场份额约占65%。三疣梭子蟹（10亿只）、南美白对虾（3300亿尾）苗种供应量居全省第一（市场份额占70%左右）。2021年，市海洋水产增殖有限公司在全省率先开展膨腹海马规模化人工育苗及养殖，建设山东省规模最大的海马苗种繁育基地。2021年12月28日，经农业农村部全国水产技术推广总站确认，认定日照市为北方（日照）海洋水产苗种繁育中心。

【海产品加工产业集群】 2021年11月，日照市海产品加工产业集群评为山东省“十强”产业“雁阵型”集群，规模以上海产品加工企业30余家，美佳集团作为集群领军企业，水产品出口规模连续6年居全国同行业第一位。集群以海洋水产品精深加工为核心，与上游苗种繁育、养殖、捕捞，下游水产品销售、冷链物流、销售为一体，形成上下游相互衔接、相互支撑产业发展体系。主要产品有冷冻、速冻、方便食品等400多个品种，出口产品销往日本、韩国等国家和欧美、东南亚等地区。

【海洋产业创新项目“苗圃培育”】 2020年，日照市创新出台《关于支持海洋新兴产业发展的意见》，开展海洋新兴产业“苗圃培育”计划，设立市级海洋产业发展资金，通过支持科技成果转化、财政贷款贴息、融资担保等方式，加大对海洋新兴产业的支持。2021年3月，印发《日照市2021年海洋产业发展资金项目申报指南》，加强与上海交通大学、中国海洋大学等院校合作，推进海洋新兴产业项目科技成果转化与应用。日照港达挖泥船、山东冠卓船用装卸臂入选省首台（套）技术装备和关键核心零部件名单。

【海洋生物产业论坛】 2021年11月18日，由中国海洋湖沼学会生物技术分会主办，日照市海洋发展局、日照职业技术学院、山东省海洋与渔业专业指导委员会、山东省海洋与渔业职业教育集团承办的2021年中国海洋湖沼学会生物技术分会海洋生物产业论坛暨日照海洋生物产业高质量发展论坛在日照举办。中国海洋湖沼学会、日照市海洋发展局、日照职业技术学院有关领导出席论坛，10名行业知名专家远程视频参与。

2021年11月18日，2021年中国海洋湖沼学会生物技术分会海洋生物产业论坛暨日照海洋生物产业高质量发展论坛在日照举办 （市海洋发展局 供图）

【"美佳"中国名厨邀请赛暨日照海洋美食交流活动】 2021年9月27日，山东美佳集团携手中国烹饪协会共同举办"美佳"中国名厨邀请赛暨日照海洋美食交流活动，活动邀请来自全国各地的50余名参赛选手，按照三文鱼、星鳗片等5个组别，为观众、评委带来一场视觉餐饮文化盛宴。邀请赛还举行圆桌论坛，专家、企业家、厨艺大师们一起就餐饮标准化、水产品市场发展畅谈行业发展未来。

（市海洋发展局 梁胤程）

海洋新兴产业

【概况】 2021年，日照市海洋发展局全面落实《关于支持海洋新兴产业发展的意见》，海洋产业"苗圃培育"计划首次落地实施，首批筛选确定礁盘式底播生态养殖研究示范项目等3个海洋新兴产业科技成果转化与产业化项目，加强与中国海洋大学、上海交大等院校合作，推进海洋新兴产业项目科技成果转化与应用。

【海洋生物医药产业】 2021年，日照市海洋生物医药与高端制品产业实现增加值约2.3亿元。重点培育洁晶集团、元泰生物等龙头企业。洁晶集团被评为省海洋产业民营企业十强之一，其主导产品褐藻酸盐系列产品国内市场占有率近25%，多年位居同行业前茅；日照经开区生物医药科技产业园被评定为省级海洋特色产业园。

山东洁晶集团股份有限公司 山东洁晶集团股份有限公司（简称洁晶集团）始建于1968年，是国家为解决国防用碘而建设的最早的海藻制碘厂之一。2021年，发展成为集海藻水产精深加工、海洋生物、进出口贸易和科研开发于一体的民营股份制企业集团。洁晶集团是国家高新技术企业、国家技术创新示范企业、山东省创新百强试点企业、中国海藻工业协会副会长单位、中国海藻产业技术创新战略联盟理事单位、中国生物刺激剂发展联盟副理事长单位、山东省渔业标准化示范基地。该公司是全球最大工业级褐藻酸盐、印花糊料等褐藻酸盐衍生品生产商和国内唯一的岩藻黄素、褐藻多酚、岩藻多糖硫酸酯规模化、产业化生产企业。其主导产品褐藻酸盐系列产品国内市场占有率近25%，多年居同行业前茅。

（市海洋发展局 李 达）

【岚山食品药品产业园】 岚山食品药品产业园规划面积2.77平方千米，主导产业为海洋食品精深加工和生物化学药品的生产、研发和销售，规划招引海洋保健食品、海洋休闲食品、海洋仿生食品等食品深加工项目，以及海洋生物医药、食品机械制造、生鲜冷链物流等产业入园。园区运用冷链物流、电子商务平台、跨境电商及农商平台等新的营销模式，对岚山当地海洋食品进行多平台线上销售，产品覆盖全国各地，并远销日本、韩国等国家和东南亚、欧洲地区。经过近20余年发展，海洋食品加工业形成冷冻冷藏、休闲调味、鱼糜制品、海洋保健食品等十几个产业门类，带动市场营销、食品包装、仓储物流、电子商务等产业发展，培育出行业内以丰华食品、天然食品等为代表的海洋食品加工销售企业200余家，发展成为全国最大的海洋仿生食品加工基地和全国闻名的海洋食品集散地。海产品加工业向着精深化的方向快速发展，产业链不断延伸，形成产业集群，年营业额达120亿元。

山东众山生物科技有限公司 该公司成立于2005年底，总占地10万平方米，是一家专业从事生物制药的高新技术企业。建有符合GMP标准化生产车间7个，符合GLP标准化实验室3个，其中有SPF级大小鼠动物实验室。先后和瑞士IBSA生化研究院、厦门大学、中科院上海药物所等建立合作平台并于2012年获批成立院士专家工作站。

山东名成海洋科技智能机械研发生产项目 该项目总投资0.9亿元，占地26亩，总建筑面积1.6万平方米。主要从事水产类、食品类的机械设备、成套自动化流水线及零部件的研发、制造、销售及维修服务。项目规划年产水产加工机械3000台（套）。

山东易丰食品"姑香"食品生产线建设项目 该项目总投资8500万元，用地30亩，拟规划总建筑面积2.2万平方米。项目规划年产能4500吨。

日照天泽冷链物流股份有限公司项目 该项目由山东华苑集团总公司投资建设，总投资10亿元，占地面积约690亩，总建筑面积60万平方米。日照天泽冷链物流园是山东省重点工程项目，拥有36万吨智能低温恒温冷藏库，20万平方米沿街商业，10万平方米加工车间，是集智能仓储、生产加工、产品展销、电子商务、物流配送为一体的综合性冷链物流园，年营业收入5亿元。

（岚山经发集团 庞越豪）

高端海洋装备产业

【概况】 2021年，全市具有规模以上高端海洋装备企业10家（岚山区1家、莒县3家、五莲县1家、日照经开区5家），主要产品有集装箱船、拖轮船、智能船用装卸臂、船用活塞、油气勘探设备模块等，实现产值约20亿元。

【项目建设】 五联新能源装备制造项目 该项目由青岛全能节能环保锅炉有限公司投资建设，总投资10.86亿元，占地445亩，生产冶金高温烟气余热锅炉、风电机舱、远洋船舶燃油脱硫设备等产品。

奥海特游艇生产制造装备综合项目 该项目由青岛奥海特船舶有限公司投资建设，总投资2亿元，占地70亩，生产铝合金游艇。

【重点企业】 日照港达船舶重工有限公司 具备年造3万吨级及以下船舶10艘、年修20万吨级及以下船舶30艘生产能力，2018年12月获批省级海洋渔业装备研发制造基地，建设并交付海洋牧场综合管护平台3个。该公司电力推进大型反铲挖泥船入选2021年山东省首台（套）技术装备。新产品开发方面，开展新型多功能拖轮研发工作，引入机舱智能化监视、数据分析和感知平台，配备能效管理系统，加装燃油流量监测，增加激光测距装置，建立辅助航行系统，实现航行避碰和助泊避碰功能、航线自主设计功能，提升船舶自动化程度，打造自动化程度高、节能减排强的绿色智能船舶。2021年，实现产值1.67亿元。

聚力新材料科技（日照）有限公司　该公司研发的药芯焊丝系列产品主要用于海洋工程、军工舰艇建造等领域，其中海洋工程专用药芯焊丝、高强药芯焊丝等产品性能指标达到国际先进水平。2021年，实现产值8.73亿元。

（市工信局　赵修军）

【第十届全国海洋航行器设计与制作大赛暨第三届“海上争锋”中国智能船艇挑战赛】 2021年8月28—29日，第十届全国海洋航行器设计与制作大赛暨第三届“海上争锋”中国智能船艇挑战赛在日照举办。该活动由中国科学技术协会、工业和信息化部指导，中国船舶集团有限公司、中国造船工程学会、国际船舶与海洋工程创新与合作组织主办，上海交通大学、日照市人民政府、山东港口日照港集团有限公司承办，东港区人民政府、日照市科技局协办。该赛事由“中国核潜艇之父”黄旭华院士，“辽宁舰”总设计师朱英富院士，上海交通大学校长林忠钦院士，舰载装备与运用工程知名专家邱志明院士等为大赛开幕致辞。吸引来自清华大学、上海交通大学、哈尔滨工程大学、中国科学院大学、英国斯特拉斯克莱德大学以及中国船舶集团西安精密机械研究所等境内外389所高校近9000名师生参加各级区域赛，128所院校666件作品入围全国决赛。

（市海洋发展局　梁胤程）

2021年8月28—29日，第十届全国海洋航行器设计与制作大赛暨第三届“海上争锋”中国智能船艇挑战赛在日照举办　（市海洋发展局　供图）

航空产业

【概况】 日照市航空产业起步于2016年，确立支线运输、通用航空、航空产业“三位一体”发展战略，在全国率先推出“1＋N”通用航空发展模式。高标准建设山字河机场、岚山通用机场、涛雒临时起降点。2021年，莒县通用机场、岚山通用机场列入山东省“十四五”综合交通运输发展规划。争取低空空域开放，获批低空空域17块，1.34万平方千米，实现通用航空“飞起来”目标；年内，全市有锐翔通航、锐翔飞院、九天飞院、南山飞院、如意通航等5家驻场通航企业在日照运营，通航起降9.2万架次，飞行时间超3万小时。同时，重点建设空港经济开发区和岚山通航产业园两个园区，为引进航空项目、发展航空产业提供平台。一批高端优质通用航空企业、项目相继落地，涵盖飞机制造、飞机维修、无人机研发制造、飞行培训、航空新材料、航空研学等多种业态。

【航空产业招商引资】 2021年，日照市聚焦北京、西安、沈阳等航空产业发达城市，梳理行业领先航空企业和项目，开展上门招商、产业链招商、以商招商。9月8—10日，赴沈阳开展航空产业招商活动，对外推介日照市航空产业发展情况、产业扶持政策，与参会企业、高校洽谈合作，收集有效线索6个。10月8—10日，赴西安开展项目招引活动，其间签约项目2个，考察洽谈项目3个。

【航空产业政策】 2021年11月22日，日照市出台《关于支持航空产业发展的实施意见》，政策主要从园区建设、支线运输、通用航空、航空产业、“航空＋”新业态等6个方面提出了21条措施，支持航空产业发展。11月23日，日照市举行《关于支持航空产业发展的实施意见》新闻发布会，会上介绍了《关于支持航空产业发展的实施意见》出台背景、政策条款、特色亮点等内容。12月8日，日照市航空产业发展扶持政策专题辅导报告会在空港经济开发区举行，会上介绍日照航空产业发展情况，详细解读《关于支持航空产业发展的实施意见》，帮助企业吃透用活政策。

【航空产业活动】 2021年，日照市围绕服务企业发展，举办各类航空产业活动。6月18日，日照市航空产业发展论坛在日照职业技术学院召开。会上介绍日照航空产业发展、

2021 年 4 月 16 日，日照山太飞机工程股份有限公司举行第 100 架飞机完工交付仪式暨青岛航空与日照山太战略合作签约仪式　（市商务局　供图）

日照职业技术学院通用航空学院发展及人才培养等情况。论坛邀请业内专家、学者作主题报告，介绍当前国内外通用航空发展情况及通航运行的难点问题，并对日照市航空产业发展提出建议和对策。论坛吸引来自区县、功能区、科研院所、高等院校、航空器制造、维修与运营企业代表等 200 余人参加。

【银企合作座谈会】 2021 年 7 月 6 日，日照市航空产业银企合作座谈会在中国农业银行日照分行举行，中国农业银行日照分行为参会企业详细讲解了银行金融政策，为银企搭建交流平台，助力双方深化合作。12 月 14 日，日照市航空人才座谈会在日照职业技术学院举行，日照航空产业领导、专家、企业家近 100 人参加会议，会上解读日照市新出台的《关于支持航空产业发展的实施意见》，为下一步产业快速发展提供政策支撑。

【航空人才培养】 2021 年，日照市有航空学科院校 4 所。日照职业技术学院通用航空系设有飞行器数字化制造技术、飞行器维修技术、无人机应用技术、通用航空航务技术等 4 个专业，山东外国语职业技术大学设有航空旅游学院，山东水利职业学院设有无人机应用技术专业，日照市技师学院设有航空服务专业。在校生 500 余人。

【日照山太获开曼维修许可】 2021 年 1 月 18 日，日照山太飞机工程股份有限公司获得开曼民航局正式颁发的维修许可证，维修能力涵盖空客 A320 系列、巴航 ERJ-190/Lineage1000 系列、湾流 G450/G550 系列等机型的航线及定检维修工作，公司质量体系、安全管理体系、工程技术体系、生产体系等方面达到国际标准。

【日照山太维修 100 架飞机】 2021 年 4 月 16 日，日照山太飞机工程股份有限公司举行第 100 架飞机完工交付仪式暨青岛航空与日照山太战略合作签约仪式，这是日照山太发展历程中一个重要里程碑，开启了日照山太与青岛航空合作共赢发展新篇章。

【如意航空、西工大联合实验室启动】 2021 年 11 月 8 日，日照如意低空快线飞机制造有限公司、岚山海洋发展有限公司与西北工业大学民航学院举行联合实验室启动仪式，三方在人才培养、产学研合作等方面开展合作，为企业发展注入人才、科技支撑。

【全市无人机操控技术职业技能竞赛】 2021 年 12 月 11 日，日照市无人机操控技术职业技能竞赛在日照职业技术学院开赛，竞赛由市航空产业发展办公室、市总工会、共青团日照市委、市人力资源和社会保障局主办，日照职业技术学院承办。来自全市各高校师生、企业从业人员和无人机爱好者 100 余人参加比赛，为市内职业院校、行业企业和无人机爱好者搭建学习交流的平台。

（市商务局　梁　凯）

2021 年 12 月 11 日，日照市无人机操控技术职业技能竞赛在日照职业技术学院开赛　（日照职业技术学院　供图）

开发园区

综　述

【概况】 2021年，日照市有日照经济技术开发区1个国家级经济技术开发区，有岚山经济开发区、莒县经济开发区、市北经济开发区3个省级经济开发区，有日照高新区1个省级高新区。全市各开发区以高质量发展（招商引资、招才引智）为主线，聚焦经济发展、"双招双引"、改革开放、科技创新等主责主业，立足新发展阶段，贯彻新发展理念，积极融入新发展格局，对照对外开放、亩均效益等短板弱项，在招大引强上下功夫，加快将开发区打造成为外贸外资主阵地、科技创新主引擎、高端产业主战场、新业态新模式发展主力军。全市省级以上经济开发区亩均税收提高至8.98万元，比2020年增长44.8%。每亩投资强度43.5万元，比2020年增长65.6%。在2021年全省开发区综合发展水平评比中，日照市开发区创新驱动指标列全省第二位。

表15　2021年日照市开发区主要经济指标情况统计表

开发区	全年使用外资（亿美元）	比2020年增长（%）	全年进出口（亿元）	比2020年增长（%）
日照经济技术开发区	2.1	–2.28	476.6	46.5
岚山经济开发区	0.34	125.93	451.36	17.54
莒县经济开发区	0.49	292.34	100.17	7.02
市北经济开发区	0.33	147.28	22.09	109
日照高新区	0.55	–62.29	104.87	97.17

（资料来源：市商务局）

【开发区招商引资】 2021年，全市开发区实际使用外资3.81亿美元。其中，日照经济技术开发区2.1亿美元，日照高新区0.55亿美元，岚山经济开发区0.34亿美元，莒县经济开发区0.49亿美元，市北经济开发区0.33亿美元。

【开发区固定资产投资】 2021年，全市开发区固定资产投资总额487.7亿元（统计口径为2021年开发区实际管辖范围内500万元及以上用于工业和服务业项目，不包含商业房地产、棚改、旧村改造、商住一体化项目的建筑物、构筑物、设备并纳入统计库的统计总额）。其中，日照经济技术开发区固定资产投资124.8亿元，日照高新区固定资产投资64.4亿元，岚山经济开发区固定资产投资166.5亿元，莒县经济开发区固定资产投资96.6亿元，市北经济开发区固定资产投资35.4亿元。

【开发区产业】 2021年，全市开发区前三主导产业营业收入总额5231.2亿元。其中，日照经济技术开发区前三主导产业营业收入2010.7亿元，日照高新区收入112.7亿元，岚山经济开发区收入2455亿元，莒县经济开发区收入489.3亿元，市北经济开发区收入163.5亿元。

【开发区贸易】 2021年，全市开发区进出口总额1155.1亿元。其中，日照经济技术开发区476.6亿元，日照高新区104.9亿元，岚山经济开发区451.3亿元，莒县经济开发区100.2亿元，市北经济开发区22.1亿元。

【开发区科技创新】 2021年，全市开发区高新技术企业总数为387个，发明专利拥有总量2027个。其中，日照经济技术开发区高新技术企业数量110个，发明专利拥有量806个；

日照高新区高新技术企业数量145个，发明专利拥有量421个；岚山经济开发区高新技术企业数量19个，发明专利拥有量344个；莒县经济开发区高新技术企业数量43个，发明专利拥有量248个；市北经济开发区高新技术企业数量70个，发明专利拥有量208个。

（市商务局 张 磊）

日照经济技术开发区

2021年3月3日，中远海运物流有限公司与日照经济技术开发区管委保税冷链仓储物流项目签约仪式举行

（日照经开区 供图）

【概况】 2021年，日照经济技术开发区（简称“日照经开区”）管理面积118.74平方千米，辖2个街道、92个村居（社区），常住人口16.8万人。全年地区生产总值比2020年增长4.1%，一般公共预算收入增长7.5%，规模以上工业总产值增长13.5%，规模以上工业增加值增长5.2%，固定资产投资增长8.6%，外贸进出口总值增长46.5%。在全省160个省级以上园区综合发展考评中列第十五位。

【招商引资】 2021年，日照经开区招引落地项目156个，其中重点项目82个、总投资520.6亿元，在全市推动高质量发展现场观摩打分中实现两连冠。总投资20.32亿元的星联医药、5亿美元的科睿特半导体和102.85亿元的亚太森博高档文化纸生活纸等一批大项目陆续入驻；在全省率先探索人才“举荐制”，相关做法在全市推广，引进海外留学人员9人、博士4人、硕士118人、大学生2680人，招引高层次创新创业团队15个、创新人才90人。

【项目建设】 2021年，日照经开区强化项目包保推进和全天候服务，全年推进91个新建（续建）项目。其中，50个省市重点项目全部开工纳统，完成年度投资计划的145%，投资完成率均居全市前列；越疆人工智能、英吉多建设器材等45个项目先后建成投产，其中吉安达、爱芒果等12个项目当年开工、当年投产。

【产业培育】 2021年，日照经开区强化科技创新引领，推动新旧动能转换。“四新”（新技术、新产业、新业态、新模式）经济增加值比2020年增长11.66%，培育新增规上工业企业39家、高新技术企业35家、科技型中小企业入库102家，金马集团、创泽机器人获批国家级专精特新“小巨人”企业。高端装备产业，魏牌汽车“玛奇朵”首车正式下线，豪迈重工首台海洋装备模组交付；生物健康产业，科巢生物、巴洛特药业投产，正济药业加快建设，入选省“十强”产业“雁阵形”集群储备库；新一代信息技术产业，越疆机器人建成投产，科睿特半导体等链主项目快速推进，产业转型升级成效显著。

【营商环境优化】 2021年，日照经开区提升产业承载能力，实施69项重点城建工程，新增通车里程19.2千米、改造道路管网16.9千米，生物医药科技产业园污水处理厂建成投用。强化平台载体建设，获批全省首批（中韩）国际合作园区，生物化工园区通过省级复审，双创大厦、智能制造产业园完成验收，新一代信息技术创新园、新基建产业园完成主体建设。精致城市建设深入推进，奎山体育中心、市体育运动学校具备验收条件，奎山山地公园开工建设，新增绿化面积47.6万平方米。推进“放管服”改革，在全市率先完成区域化评估评审，实现行政审批“无差别一窗受理”，全年新登记注册市场主体比2020年增长34.81%。

【科睿特半导体科技智能终端产品及模组项目开工建设】 2021年5月7日，日照经济技术开发区科睿特半导体科技智能终端产品及模组项目开工建设。该项目由英锐半导体国际有限公司投资5亿美元，分三期建设，一期建设球栅阵列（BGA）、细间距球栅阵列（FBGA）等封测生产线10条；二期新上贴片二极管（SMA）、方形扁平无引脚（QFN）等封测生产线10条；三期规划新上150毫米特色工艺半导体晶圆生产线，生产8V～80V宽电压芯片。该项目是集成电路产业“链主”项目，也是日照市2021年利用外资规模最大的新一代信息技术产业项目，项目60%以上生产设备和30%以上工艺技术涉及国外“卡脖子”垄断。至年底，吸引带动同华半导体、金一电子半导体、祈创信晶圆检测、捷行集团芯片进出口、存储芯片音像

2021 年 5 月 7 日，日照经济技术开发区英锐半导体科技智能终端产品及模组项目开工仪式举行　　（日照经开区　供图）

产品制造等项目落户日照经开区。

【日照经济技术开发区经济发展集团、招商发展集团揭牌】 2021 年 7 月 23 日，日照经济技术开发区经济发展集团、招商发展集团正式揭牌成立。根据省委、市委关于推动开发区体制机制改革创新总体部署，日照经开区组建经济发展集团和招商发展集团。经济发展集团作为国有资本和国有资产管理运营主体、投融资担保平台，承担区内城市建设、环境维护、园林绿化管理、棚户区改造、房地产开发、能源运营、海洋开发等业务；招商发展集团突出"双招双引"，产业培育、运营和项目推进专业化服务等职能，实施专业招商、精准招商，实行项目招引全方位、集成式、全周期服务。

（日照经开区　赵亚楠）

日照高新技术产业开发区

【概况】 2021 年，日照高新技术产业开发区（简称"日照高新区"）辖 1 个镇，常住人口 6.7 万人，区域面积 83.8 平方千米；有"四上"（规模以上工业企业、资质等级建筑业企业、限额以上批零住餐企业、规模以上服务企业）企业 198 家、高新技术企业 103 家。全区地区生产总值、固定资产投资、规上工业总产值、增加值分别比 2020 年增长 5.1%、2%、0.4%、0.3%；高新技术产业产值占规上工业总产值比重的 67.8%。

【基础设施建设】 2021 年，日照高新区重点推进总投资 38 亿元的基础设施项目建设。新建、续建道路 41 条，形成 79 千米路网体系；建设农村公路 5 条、完成 45 个村户户通任务；新建公园绿地 4 处。将城市更新作为可持续发展重要一环，以"产业＋城市更新"模式，开展概算投资 66.7 亿元、3.2 平方千米城市更新项目，加快推进文体中心等 5 个片区建设。其中，文体中心将承办 2022 年省运会乒乓球等比赛项目。水电路信等基础设施基本实现"九通一平"，拥有国家级创新平台 5 家、省级平台 47 家；规划建设科技创新中心、新一代信息技术产业园、高新智慧谷、文化创意产业园等 13 个创新创业平台载体，引进山东人才集团等双创项目，为项目、人才搭建 150 万余平方米孵化器。国家级医疗器械（防护用品）应急产业园、东华软件科技产业园、黄海智谷服务外包产业园等专业园区加快建设。建有 1679 套中高端专家、人才公寓等生活配套设施，有完善的教育、医疗、商业等资源，打造生态绿色环保、宜居宜业宜创现代产业新城。

【招商引资】 2021 年，日照高新区把战略性新兴产业项目招引和建设作为主攻方向，进行精准招引，提升产业质态。成立"双招双引"工作委员会，围绕高端装备制造、新一代信息技术、生命大健康、现代服务业"3 ＋ 1"产业体系，设立 4 个招引专班，组建招商集团，下设深圳等

2021 年 11 月，日照中兴汽车有限公司总装车间　　（日照高新区　供图）

招商分公司，搭建“1＋4＋N”招引体系，实行“招推服一体”、班子成员牵头等工作机制，按照“一个专班盯紧一批行业头部企业、布局一个主要招引区域、跟进一家知名风投机构、依托一所知名高校、合作一家招商中介”的思路，紧盯热点区域、风口产业、上市企业、投资公司等关键环节，通过产业链招商、基金招商等方式，提高招引精准度和成功率。全年洽谈项目382个，新签约落地项目63个，到位内资32.63亿元，占年度任务的130.52%。

2021年10月11日，日照高新区生态公园鸟瞰　　（日照高新区　供图）

【产业建设】 2021年，日照高新区聚焦“3＋1”产业体系发展，初步形成以中兴汽车、飞奥无人机发动机、兴业汽配等为代表的高端装备制造产业，以奥莱电子、海声尼克微电子、华楷微电子、兴华半导体、永而佳光通讯器件等为代表的新一代信息技术产业，以日照心脏病医院、美正生物、沪鸽口腔、迈尔医疗为代表的生命大健康产业等产业集群。其中，芯片产业从无到有，实现全市“零”的突破，打造以集成电路、大数据为基础，软件与信息服务、云计算、人工智能、物联网等为重点的新一代信息技术全产业矩阵。以日照高新技术产业开发区为依托打造的日照市信息技术服务产业集群被认定为山东省第一批12个战略性新兴产业集群之一。全区有国家级专精特新企业2家、省级专精特新企业17家，国家级单项冠军企业1家、省级单项冠军企业4家，省级瞪羚企业10家；新三板挂牌企业3家、四板挂牌企业80家，通过证监会批准、排队首次公开募股（IPO）企业2家。

【生态建设】 2021年，日照高新区围绕生产、生活、生态“三生融合”，践行以人民为中心的发展思想，坚持美好环境与幸福生活共同缔造。落实“生态立市”战略，推进省级生态文明示范区创建步伐。开展蓝天保卫战，全年$PM_{2.5}$、NO_2、SO_2和O_3均值比2020年分别改善5.9%、18.4%、33.3%、7.5%，空气质量优良率82%。开展水环境整治，投资1.1亿元进行河道整治，河山污水处理厂建成运营；实施农村污水全域治理工程，在全市率先完成农村污水集中处理。办好民生实事，集中抓好33个城市住宅小区供水直管到户、6个未供暖小区集中供热改造、4个老旧小区改造工程；把村居安置回迁作为头等大事，兑付过渡安置费7024万元，七里片区5个村、1324户村民全部妥善安置。

【人才发展】 2021年，日照高新区区参加“才聚日照——直通名校”等市级以上人才活动，组织开展“嘉年华”和“职在高新，云端洽谈”等多场招聘会。全年招引外国专家7人；招引海外留学人才6人；招引创新创业团队20个、创新人才200人；新增青年人才1294人，其中新招引博士4人、硕士71人、大学生1219人。推进产学研合作，按照“1＋3＋2X”开放发展模式，成功争创全省省级开放式大学科技园试点，集聚省内外8所高等学校、科研院所等智力资源，设立7家公共研发平台，与国内外80余家院校、人才团队开展产学研合作。探索科技特派员机制，选派10名专家下沉企业，打通科技服务“最后一千米”。与院校合作成立特色产业园，建设日职数字影视创意产教园，打造数字影视产业生态圈。

【园区服务】 2021年，日照高新区配套出台涉及招商引资、招才引智系列优惠政策，并针对高新技术产业发展，量身打造专门扶持政策，从产业发展、科技创新、高层次人才（团队）引进、投融资等9个方面进行重点支持。设立多支产业扶持基金支持科创企业发展，探索实施投贷联动模式，与金雨茂物成立“高鑫一号创业投资基金”，为奥莱电子等6个项目投资4700万元，撬动银行贷款3.68亿元。全区有28家科技服务机构、21家金融投资机构，构建较为完善的中介服务体系。深化改革创新，组建并运营高新发展集团、高新盈科招商集团、高晟融资担保公司等国有投融资平台，拓宽投融资渠道。坚持“心贴心和群众坐在一条板凳上”，企业开办、个体设立实现100%全程网办。强化信息化创新建设工作，用信息化手段整合各领域数据，重点推进日照高新阳光链建设，推进社会治理全科智慧网格建设，构建扁平化、精准化、社会化、信息化运行服务机制。出台服务企业家政策措施，设立服务企业专员，提供“一对一”精准服务。深化“放管服”改革，加速实现“一网通办”“一窗受理”“一链办理”改革，办事环节和办理时限均比2020年下降30%以上。全面推行“标准地”供给，实现“拿地即开工”。在全市率先建立全流程审批服务机制，全程网办率、承诺办结时限等指标居全市第一。

【信息技术服务产业集群】 2021年2月，日照市信息技术服务产业集群，被认定为山东省第一批12个战略性新兴产业集群之一。集群以日照高新区为依托，辐射带动日照经开区、东港区，初步形成“一核两极”发展格局，拥有8个信息技术产业园区，其中获批省级信息技术产业园1个，省级软件产业园2个，省级示范数字经济园区（试点）2个。

【数字经济产业园项目签约】 2021年8月6日，日照高新区与山东人才发展集团战略合作暨数字经济产业园项目签约仪式举行。日照数字经济产业园依托山东人才发展集团有限公司平台，聚焦日照高新区主导产业，招引集聚人才科技等要素，整合政务、互联网和第三方应用数据，建成区域产业全景信息库和智能双招平台，围绕产业规划、企业引进、企业服务，实现对企业的“招、引、育、服、投”全生命周期数字化管理闭环，一站式贯穿双招双引决策、管理和服务全流程，打造科技化、专业化空间载体，并为入驻孵化企业提供优质运营服务。

【科创企业走进日照高新区】 2021年10月15日，“中小企业的专精特新之路 好伙伴成长计划——科创企业走进日照高新区（金管院第六期）”活动举行。来自省内外的金融机构、行业协会、百家江浙沪企业、相关领域专家学者及高新区专精特新企业，共同探索中小企业的专精特新发展之路。活动中，日照高新区、南京银行、日照银行、金雨茂物共同签署高新区基金投贷联动二期战略合作协议。

【日照市市场监管局日照高新区分局获全国奖】 2021年11月，在第一届中国新型智慧城市建设峰会上，日照市市场监管局日照高新区分局《“一库两图三平台”体系实现特种设备智慧监管共治新格局》案例获“全国首届新型智慧城市创新应用大赛三等奖（智佳奖）”。“一库两图三终端”数字智理平台是运用“互联网＋监管”思维，准确制定数据采集标准，以山东省特种设备监管系统数据为基础，加大信息归集共享力度，初步打开特种设备安全监管共建共治共享的社会治理新格局。

【山东黄海数字智谷项目签约】 2021年12月10日，山东黄海数字智谷项目签约仪式在日照高新区人才交流中心举行。黄海数字智谷项目由山东智谷建设有限责任公司与日照高新发展集团有限公司合作开发建设，项目总投资10亿元，总建筑面积16.78万平方米，主要建设人工智能应用及训练基地、电商及互联网管理运营基地、内容审核基地、众包众创服务基地，产业园将引进阿里巴巴、蚂蚁金服、京东物流、美团等国内一流的电商互联网企业及上下游知名新经济业态公司、互联网后台管理运营企业。

（日照高新区 安丰平 李 莹 卜宣伟）

岚山经济开发区

【概况】 2021年，岚山经济开发区84家规模以上工业企业实现工业总产值2110.02亿元、固定资产投资166.49亿元、园区“三上”（规模以上工业企业、限额以上批发零售住宿餐饮企业、资质以内的建筑业企业和房地产开发企业）企业全口径税收83.06亿元，分别比2020年增长23.55%、55.03%、37.4%。

【基础设施建设】 2021年，岚山经济开发区坚持“提升标准、补齐短板、市场运营、共建共享”原则，完成开发区整体区域环评工作，推进开发区区域综合评价。完成圣公山污水处理厂和油气管廊建设，3条管道上廊建设。加快推进园区重点平台载体建设，生产性配套平台金属表面处理产业园项目完成投资0.91亿元，一期3#、4#热镀厂房建成，两条年产能5万吨热镀锌生产线开工，年内建成投用，一期7#–10#热镀厂房建成具备使用条件，二期一步电镀环评获批；生活性配套平台钢铁配套产业园邻里中心一期建成运营公寓楼9栋、商业楼4栋、商务办公楼2栋，总投资2.6亿元。按照“规划一张图、建设一张网、整合四个蒸汽汽源、打造一个运营主体”思路，启动园区蒸汽管网建设，完成赢创岚星项目管道建设及供汽保障任务。针对园区供电能力不足现状，着眼提供园区综合性智慧能源服务，按照源、网、荷、储、售一体化思路，推进区域性智慧微电网建设。

【招商引资】 2021年，岚山经济开发区以“抓好产业链招商，打造产业链集群”为重点，围绕钢铁、化工、木材等重点产业，瞄准世界500强、中国500强、行业百强等重点企业，开展招商引资行动。先后赴上海市、浙江省杭州市等地开展招商活动70余次，洽谈推进王力门业、昱岚新材等项目37个。全年新签约项目13个，推进木玩小镇、正泰电气、爻岚化工、山东高速铁路物流园等10余个在谈项目。通过产业链招商、以商招商、委托招商等多元化招商模式挖掘内外资线索，收集各类项目线索267条。利用互联网平台、电子邮件、微信等渠道开展线上招商，累计通过线上对接项目超百余次。优化项目评审工作机制，研究出台《招商引资项目专题评审工作办法》，全年共组织6次招商引资项目评审会，29个项目通过评审。推进平台招商，发挥金属表面处理生态产业园、岚山国际航贸综合服务区等园区平台对项目承接、配套和服务作用，招引杭州智库云等项目入驻。

【项目建设】 2021年，岚山经济开发区坚持“项目为王、顶格推进”理念，开展“项目突破年”活动，围绕阳森供应链、通用焊接产业园、盛鼎新材、利尔耐材等重点项目抢工期、抓进度、强保障。其中，盛鼎新材料项目于1月签约、4月土地摘牌，按照“拿地即开工”原则，仅用7天办完土地、规划等“四证一书”，一期5.4万平方米厂房完成主体施工；投资25亿元的通用焊接产业园项目，一期12万平方米厂房进入全面装修阶段，3号厂房安装设备12套；投资10亿元的北京利尔项目，一期投产，全年为全区新增工业产值15亿元；投资过10亿元的兴业汽配项目，一期2万平方米厂房完成主体施工；总投资32亿元的昱岚新材料项目完成场平和厂房设计；总投资4.8亿元的卫岗乳业项目，土方工程开工。

【生态建设】 2021年，岚山经济开发区聚力打赢园区污染防治攻坚战，加快生态园区建设。组建成立园区环卫服务公司，投入2200万余元，购置环保机械46台，完成汾水大道、疏港大道等13条道路、62.65千米环境卫生整治任务；推进园区建设工地扬尘治理，通过改装喷淋设施、加装防尘布袋、加铺防尘苫盖网等措施，实现园区生产作业全域除尘；圣公山路污水处理厂建成，外部配套管网加快施工；化工园区东区工业集中供气项目加快推进；金属表面处理产业园危废实现统一收集、定点管理和集中处置，处置各类危废10余吨；发展循环经济，实施钢铁固废综合利用基地和循环经济产业园项目规划编制工作，推进全国大宗固废示范基地申报。

【人才建设】 2021年，岚山经济开发区以科技创新引领发展，加快培育科技企业梯次队伍，新增高新技术企业20家，入库科技型中小企业120家。强化人才支撑，聚焦“高精尖缺”引进高层次创新创业团队10个、创新人才70人。深化产学研合作，建设北京科技大学岚山钢铁研究院。新增市级以上创新平台10家，开展重点研发项目10个；引进转化技术成果15项，技术成交额、交易额“双增长”。深入实施“凤栖岚山、智汇钢城”人才工程和优秀人才“回岚”计划，建设人才公寓100套，引进“新岚山人”3069人、创新创业团队22个、创新人才90人。先后多次到山钢、日钢、众山生物、盛鼎、蓝擎重工等重点企业开展人才科技对接服务工作，与北京航空材料研究院、中科院化学所等高校和科研院所对接。新招引国鑫箔材毛新平院士团队、日照利尔郝不景工程师等4个创新团队，日钢集团张德荣等4名创新人才入选日照市产业领军人才，引进16个创新创业团队、77名创新人才。

【园区服务】 2021年，岚山经济开发区落实项目全生命周期服务机制，紧盯重点项目和企业，加强跟踪督导和“保姆式”服务，山东联硕木业有限公司儿童家具生产项目、盛鼎新材料等项目“拿地即开工”，一天即完成，刷新建设项目审批加速度；开展“暖企行动”走访企业，深入项目现场，解决项目建设困难和问题20余项；主动做好招商引资政策兑现，按程序对日照通用、盛鼎等多家企业申请优惠政策产业扶持进行评审并兑现扶持资金；落实帮办代办制度，组织22名代办员累计为项目方帮办代办公司注册，环评、能评、子女入学等30余项；统筹新冠疫情防控和复工复产两不误，党委班子成员分线带队到园区企业和在建项目督导新冠疫情防控工作，协助解决防疫物资紧张等难题10余项。

【园区改革】 2021年，岚山经济开发区持续深化体制机制改革，集中专业力量抓招商强产业。原岚山区招商投资促进中心整体划转至岚山经发集团。岚山经发集团按照改革要求，成立钢铁、化工、木材、海洋经济、外资外贸等6个一线招商部室，以及山钢、日钢、港口3个招商服务专班，着力打造开发区特色产业集群；新成立山东岚坤国际贸易有限公司等子公司，拓展国际贸易、供应链金融等企业经营业务。

（岚山经济开发区　郁奇麟）

莒县经济开发区

【概况】 莒县经济开发区（简称“莒县经开区”）成立于2000年，2006年被省政府批准为省级开发区。2021年，按照县委关于开发区体制机制改革推动高质量发展要求，莒县经开区实行“一区多园”核心区加辐射带动区发展模式，核心区包括原莒县经济开发区、高新技术产业园、海右化工产业园、刘官庄新材料产业园四部分54.82平方千米，辐射带动区包括城西物流产业聚集区、浮来山海洋装备制造产业园、阎庄工业聚集区、招贤工业聚集区和长虹岭工业聚集区五部分28.44平方千米。“一区多园”有规模以上工业企业141家、高新技术企业43家、世界500强独资企业2家，市级以上科技创新人才平台载体96个，从业人数6万余人。初步形成以装备制造、高端化工、电子信息技术、绿色食品为主导产业发展体系。至年底，“一区多园”规模以上工业总产值、增加值、固定资产投资、“三上”企业全口径税收分别完成291.1亿元、48.2亿元、46.9亿元和13.16亿元，分别比2020年增长28.33%、12.9%、15.58%和77.1%。

【基础设施建设】 2021年，莒县经开区强化基础设施建设。摸清全区用地情况，结合全县国土空间总体规划编制，优化开发区产业发展布局；对青岛路以东、日照路以北、206国道以南片区2300亩土地，组织编制概念性规划，为开发区高质量发展提前做好铺垫。先后排查批而未供工业用地1107亩，建立低效闲置用地盘活工作台账；对停产企业用地进行盘活利用，盘活存量工业用地387亩；对区内新建工业项目实行“标准地”出让制度，先后对21宗地块按“标准地”出让952亩；实行弹性供地，采用先租后让，供地年期为10年、20年、30年等方式，为解决企业资金困难，实行弹性供地34亩。筹措资金，推进在建棚改安置楼项目，先后交付魏家村814套、刘家村770套、董家屯村320套棚改安置房；积极处理遗留历史问题，组织相关部门对七里墩子村、潘家屯村棚户区改造工作进行论证、研究，吸引社会资金投资建设。福山路、诸城路等道路建设竣工通车，实施威海路南侧、威海路至烟台路排水沟渠建设工程；完善开发区市政基础设施，加强开发区与老城区契合度，提高道路网密度，推动青岛路以东区域产城融合发展，启动滨河路、锦泰路、荣成路、信中路等9条道路建设。建成园区企业餐饮中心，园区职工宿舍楼完成主体建设，健身中心、城市书房完成设计方案。

【招商引资】 2021年，莒县经开区把“双招双引”作为园区工作头号工程，实行产业链招商、精准招商、以商招商。围绕电子信息产业，开展供应链金融业务16笔、融资规模3000万元；实行产业精准招商，细分产业领域，划定招商地图，立足实际精准招商。全年洽谈投资过亿元项目40个，总投资276.54亿元；内资到位资金51.8亿元，超年度计划23%。新招引三期总投资超过100亿元的旭科新材料项目签约落地开工。

【项目建设】 2021年，莒县经开区出台《关于建立项目招推服一体化工作机制进一步强化包联责任制的意见》《莒县经济开发区2021年度“招推服”考核办法》，每名班子成员负责全县一个重点产业招推服工作，分区域联系全县2～3个乡镇街道，帮助开展项目招推服和招商引资纳统；将全县64个重点项目分解到各班子成员、部室、责任人，明确节点、挂图作战，项目推进情况纳入部门年底考核；发挥大项目推进服务中心作用，直接对接重大项目及重点环节；联合县工信局，对全县251家规模以上工业企业进行走访调研，重点了解企业生产经营情况，发现企业生产经营中存在问题199项，帮助企业分析制定解决办法。至年底，先后有凯莱士电子、新祯电子覆铜箔层压板（CCL）生产线、恒誉医用包装、云帆卫康医疗用品、北京阳光宜康、大驰智能房车、紫蜂智能家居、锘博特商用机器人、泰森熟食深加工等一批项目建成投产。

【园区改革】 2021年，莒县经开区推行党工委领导下“管委会＋公司”体制。整合内设机构及所属事业单位，内设机构由改革前10个精简为7个；制定出台《莒县经济开发区管委会岗位聘任制实施办法（试行）》《莒县经济开发区管委会薪酬管理办法（试行）》，累计选聘各岗位人员57人，建立五级八岗薪酬制度体系；合并重组城市发展集团有限公司和经济开发投资发展有限公司，成立新城市发展集团，主要承担开发区范围内开发建设、投融资以及社会化服务等职能；实行“一区多园”核心区加辐射带动区发展模式，实行统一规划、统一招商、统一配套。

【科技创新】 2021年，莒县经开区推进企业科技创新。引导企业建设科技创新平台，参加技术中心、重点实验室、工程实验室等研发机构申报培育，提升自主创新能力，以创新带动传统动能转化。全年新批复各级创新平台14个，其中省级平台1个，市级平台13个。加大高新技术企业培育力度，将符合条件科技含量高、市场前景好的企业列入高企培育库，新批复19家，全区高新技术企业有39家。

【园区服务】 2021年，莒县经开区主动作为，服务园区发展。组织开展区内企业员工人数登记、新冠疫苗接种，登记企业员工1.3万余人、组织在区接种新冠疫苗6400余人；开展新冠疫情排查管控城市到经开区人员和境外到经开区人员排查检测，先后排查省外及返回开发区人员2407人、通知核酸检测800人次。开展“安全生产专项整治三年行动”，压实企业主体责任，强化监督检查，狠抓隐患整改，全年检查重点企业283家次，查出隐患1300余条，开展综合性应急救援演练2次，组织专题会、培训会4场。同时，对区内146家企业实行“网格化、实名制”信息登记，推动全区企业“风险分级管控和隐患排查治理”平台有效运行。消除安全生产隐患，完成福利服装厂新车间线路改造、圣运化工高难度废水及好氧池一般废水、原料及成品安全处置。开展“污染防治攻坚战集中攻坚行动”，加强对区内企业环保巡查、检查，开展省级生态园区创建，强化企业人员业务培训，严格各类督办件及信访件落实，区内生态环境质量和治理水平得到提升。

（莒县地方史志研究中心　路文慧）

日照市北经济开发区

【概况】 日照市北经济开发区是山东省人民政府批准设立的省级经济

开发区。2021年，市北经济开发区践行“务实、高效、开放、创新”工作理念，统筹推进新冠疫情防控和园区经济社会发展，紧抓双招双引等主责主业，各项指标保持良好发展态势。全年实现地方财政收入2.03亿元，比2020年增长1.72%；完成规模以上工业总产值101.96亿元，增长3.6%；完成固定资产投资23.5亿元；进出口总额4.6亿元，实际到账外资155.55万美元。

白鹭湾美术馆小镇——幾米火车公园一角　（五莲县委党史研究中心　供图）

【招商引资】 2021年，市北经济开发区树牢“项目为王”理念，持续抓好“双招双引”工作，全年招引项目14个，其中过亿元项目6个，计划总投资20亿元，实现到位内资8.52亿元，利用外资155.55万美元。对接青岛，落地功能性聚酯薄膜研发生产等胶东一体化项目6个，计划总投资13.3亿元；优化存量资源集约利用机制，以存量资源招引山东心海智能科技有限公司智能冷链设备生产等新项目，盘活厂房210亩。跟进人才招引，全年引进科技副职1人、外国专家4人、高层次创新团队2个、创新人才6人；组织园区企业参加“才聚日照——直通名校”高校专场招聘、“百企访名校”等活动，协助企业引进青年人才544人，其中本科毕业生322人、硕士研究生68人、博士研究生2人。

【基础设施建设】 2021年，市北经济开发区持续推动基础配套设施建设。投资1700万元完成阳河路（白鹭湾路—临沂北路段）道路工程，配合完成山海风情绿道建设；安装交通信号灯4处，保障园区交通安全。投资3000万余元铺设管道21千米，全面完成污水处理厂尾水外排工程，彻底解决困扰市北开发区多年尾水排放问题；推进管网设施日常维护和改造提升，清疏修复改造各类管网26千米。调整优化园区供热规划，投资1080万元完成潮白河南北片区供暖管网连接工程，铺设管道4.2千米。对110千伏京庄站10千伏线路、潮河南路—白鹭湾800千伏变电站线路进行迁改，天立学校二期于9月正式启用，逐步完善园区综合配套。

【项目建设】 2021年，市北经济开发区43家规模以上工业累计完成总产值101.96亿元，比2020年增长3.63%，其中产值过亿元企业14家。白鹭湾文创旅游、海恩超硬高性能圆锯片基体智能制造等15个项目新纳入投资统计库，申报省市县三级重点项目10个，全年累计完成固定资产投资23.5亿元。飞碟汽车涂装车间绿色制造技术改造等10个市百项重点工业（技术改造）项目累计完成投资6.55亿元，完成年度计划投资的113%。新增高新技术企业13家，总数达22家；新增工程研究中心、企业技术中心等平台载体11个，总数达49个。18家有进出口实绩的企业完成进出口总额4.6亿元，比2020年增长28.69%，全年实现到账外资155.55万美元。

【改革创新】 2021年，市北经济开发区推进“党工委（管委会）＋公司”管理运行模式，将12个内设机构精简为6个，将2个事业单位压减至1个，机构压减率50%；县直派驻机构压减至3个，形成“大部制、扁平化”管理架构。推进管委会“瘦身强体”，对承担的社会事务和开发运营职能进行剥离，分别剥离开发运营职能、社会事务管理职能6项、18项，保留经济管理职能51项。分两批次完成全员公开选聘工作，新进人员44人，占比76%；平均年龄33岁，下降9岁；本科及以上学历人员占97.7%，人员力量和知识结构得到改善。设立招商发展集团、经济发展集团，承担园区招商引资和基础设施开发建设运营等职能，推进园区公司化、市场化。

（五莲县地方史志研究中心　李业鹏）

农 业

综 述

【概况】 2021年，日照市贯彻落实全国、全省农业农村会议精神，巩固拓展脱贫攻坚成果同乡村振兴有效衔接，加强粮食生产、产业发展，全市农业农村经济保持良好发展态势。全市农林牧渔总产值376.98亿元，比2020年增长8.8%。稳定粮食种植面积和产量，建成入库高标准农田169.36万亩，粮食生产面积、单产、总产保持增长。其中，小麦播种面积79.1万亩，增加1.29万亩。蔬菜及食用菌播种面积28.88万亩，增长2.1%；产量116.05万吨，增长5.1%。瓜果面积3.04万亩，增长1.3%；产量10.84万吨，增长2.7%。园林水果总产量45.31万吨，增长9.3%；茶叶1.63万吨，增长10.5%。设施农业产量增长6.5%。生猪规模化养殖发展迅速，全年生猪出栏140.74万头，增长29.3%；其中，能繁母猪8.22万头，增长11.6%。肉蛋奶等“菜篮子”产品总量充足，能够满足市场供给和城乡居民生活需求。新型经营主体发展迅速，市级以上农民合作社示范社、家庭农场示范场分别发展到245家、210家，市级以上农业产业化重点龙头企业214家。岚山区争创为国家、省级农民合作社质量提升整县推进试点，莒县争创为全省家庭农场高质量发展整县提升试点。

表16 2021年日照市市级以上农民合作社示范社和家庭农场示范场建设统计表

单位：个

全市辖区	市级以上农民合作社示范社（只算最高级）				市级以上家庭农场示范场（只算最高级）		
	合计	国家级	省 级	市 级	合计	省 级	市 级
全 市	245	23	84	138	210	32	178
东港区	35	4	10	21	24	9	15
岚山区	52	8	17	27	48	7	41
莒 县	85	8	29	48	85	9	76
五莲县	56	2	24	30	53	7	46
日照经开区	7	0	1	6	0	0	0
日照高新区	5	0	1	4	0	0	0
山海天旅游度假区	5	1	2	2	0	0	0

（资料来源：市农业农村局）

【农业特色产业基地建设】 2021年，全市有设施蔬菜生产基地111家，其中东港区11家、岚山区4家、莒县72家、五莲县20家、开发区2家、山海天2家。基地普遍采用热镀锌薄壁钢管和环保膜，配备卷帘机和保温被，推广应用水肥一体化技术，提升蔬菜产量及品质。创新多根无性茶苗扦插快繁技术和茶树嫩枝无纺布轻基质气雾快繁技术，完善提升茶叶良种繁育基地6处（御园春、冠清、富园春、北方、衡山天湖、马陵春），年繁育能力达2000万株，推广无性系茶园3000亩。东港区陈疃镇蓝莓生产基地种植总面积2.5万亩，南湖镇软枣猕猴桃生产基地发展软枣猕猴桃1000余亩。莒县鼎昌绿茵农业、横山天湖、青峰源3家苹果矮砧密植栽培示范基地发展面积1500余亩，果庄油桃生产基地温室油桃面积达1.5万亩。五莲县丰沃集团发展1500亩水果产业园区，凯阳现代农业示范园发展350亩水果生产基地，叩关、松柏和户部大樱桃生产基地总面积3万余亩。

表 17　2021 年日照市农产品品牌培育统计表

单位：个

全市辖区	农产品品牌建设情况				三品一标品牌情况			
	区域公用品牌		企业产品品牌		无公害农产品	绿色食品	中绿华夏有机食品	地理标志农产品
	省级	市级	省级	市级				
全 市	3	10	38	76	489	143	1	12
市 直	1（绿茶）	0	0	0	0	0	0	1
东港区	0	1	8	21	126	14	0	2
岚山区	0	0	13	14	176	20	0	0
莒 县	1（丹参）	6	9	20	54	83	1	4
五莲县	1（国光）	3	6	16	89	25	0	5
日照高新区	0	0	1	2	15	0	0	0
山海天旅游度假区	0	0	1	3	29	1	0	0

（资料来源：市农业农村局）

【农业产业园】 至 2021 年底，日照市创建省级现代农业产业园 5 家，在全省率先实现省级产业园县域全覆盖基础上，功能区实现突破；培育打造市级现代农业产业园 26 个，包括茶叶、中药材、葡萄、桑蚕等优势特色产业，形成现代农业产业园建设市县联动机制。园区按照“一年有起色、三年见成效、五年成体系”总体要求，通过新型经营主体互动联合、产业集群深度融合和新技术、新装备研发应用，加快补齐短板、挖掘优势，转型升级主导产业、促进三产融合、加快聚集现代要素、推进农村创业创新、示范引领绿色发展，使之成为现代新模式新业态示范核心区、现代农业新品种、新技术、新装备展示区和新型主体、返乡农民创业的孵化区，打造成全市、全省现代农业产业园样板先行区。

【农业标准化建设】 2021 年，市农业农村局组织制（修）订农业地方标准，组织农业地方标准宣传贯彻、培训和实施。至年底，制定市级农业地方标准 1 个，对标龄较长、不适应行业发展需要的 4 个市级农业地方标准进行修订，现行有效市级农业地方标准 45 个。

（市农业农村局　朱晓艳）

种植业

【粮食种植】 2021 年，全市粮食生产面积、单产、总产保持增长。粮食面积 196.17 万亩、单产 444.05 公斤、总产 87.11 万吨，较 2020 年分别增加 2.26 万亩、10.5 公斤、3.04 万吨，比 2020 年分别增长 1.16%、2.42%、3.61%。夏粮面积 77.81 万亩、单产 434.67 公斤、总产 33.82 万吨，较 2020 年分别增加 1.74 万亩、27.73 公斤、2.86 万吨，比 2020 年分别增加 2.29%、6.82%、9.26%。秋粮面积 118.36 万亩、单产 450.21 公斤、总产 53.29 万吨，较 2020 年分别增加 0.5 万亩、减少 0.52 公斤、增加 0.17 万吨，和 2020 年基本持平。

（市农业农村局　杨正明）

表 18　2021 年日照市特色农业种植统计表

全市辖区	面积（万亩）	产量（万吨）	产值（亿元）
茶叶	29.9	1.9	37.00
蔬菜及食用菌	48.82	139.6	31.3
果品	48.7	76.2	30.51
其中蓝莓	2.9	1.4	4.27
中药材	9.73	3.95	5.36
桑蚕	7.1	0.235	6.5
黄烟	3.63	0.55	1.52（不含补贴）
蜂业		1.20	3.60

（资料来源：市农业农村局）

【油料种植】 2021年，日照市花生种植面积76.72万亩，单产285.58公斤，总产21.91万吨。花生是日照市重要油料作物，日照市各区县均有种植，全市（以东港区为例）花生普通地块每亩投入合计2147元，产出合计2790元，亩利润643元。以绿色生产理念为引领，优化花生种植结构，开展优质专用新品种引进和规范化播种技术推广，提升土壤肥力、耕地质量和高品质花生产出能力。加大花生新品种更新换代力度，推广选用增产潜力大、综合抗性好、品质优良的中熟或中晚熟品种丰花1号、海花1号、鲁花11、山花9号以及高油酸品种宇花51、花育917、鲁花19等，进行药剂拌种，促苗全苗壮、早发稳长。通过推广选用良种、种子包衣、适期晚播、测土配方施肥、绿色防控等关键生产技术，示范推广花生降解膜，减少化肥、农药使用，实现节本增效。

【蔬菜种植】 2021年，日照市蔬菜播种面积46.64万亩、产量155.4万吨、产值43.22亿元，其中设施蔬菜占地面积、播种面积、产量、产值分别为6.64万亩、14.99万亩、70.57万吨、23.65亿元。主要种植区域分布在东港区南湖镇、西湖镇、后村镇、涛雒镇，岚山区碑廓镇、中楼镇、高兴镇，莒县陵阳街道、城阳街道、招贤镇、小店镇、峤山镇、洛河镇，五莲县许孟镇、于里镇、潮河镇等。主要种植品种有露地大白菜、大姜、大蒜、萝卜、芋头、绿芦笋、土豆、大葱、菠菜、油菜以及设施西红柿、西葫芦、黄瓜、芸豆、茄子、韭菜、芹菜等。五莲县许孟镇（西葫芦）、莒县小店镇（绿芦笋）、东港区西湖镇（食用菌）、莒县峤山镇（大姜）是国家级、省级“一村一品”示范乡镇，莒县小店镇（绿芦笋）是国家级农业产业强镇。

【水果种植】 2021年，日照市水果种植面积48.7万亩，总产量76.2万吨，总产值30.5亿元。新发展果树主要有苹果、蓝莓、设施大樱桃、设施桃、猕猴桃等果品，栽培树种主要有苹果、桃、大樱桃、蓝莓、葡萄等。其中，苹果13.32万亩，产量22.82万吨，主要分布在东港区河山镇、三庄镇、后村镇，五莲县叩官镇、松柏镇、街头镇、中至镇，莒县浮来山镇、安庄镇等；桃18.21万亩，产量40.58万吨，主要分布在东港区涛雒镇，莒县龙山镇、果庄乡，五莲县中至镇、于里镇、高泽镇等；大樱桃9.41万亩，产量3.23万吨，主要分布在五莲县松柏镇、户部乡、叩官镇、街头镇等；蓝莓2.9万亩，产量1.44万吨，主要分布在东港区陈疃镇、西湖镇、南湖镇；葡萄1.04万亩，产量2.12万吨，主要分布在东港区日照街道、莒县安庄乡、五莲县潮河镇和山海天旅游度假区卧龙山街道等。设施水果4.11万亩，产量8.9万吨，产值8.123亿元。其中，设施桃2.25万亩，产量5.84万吨，主要分布在莒县；设施葡萄0.39万亩，产量0.75万吨，主要分布在莒县、东港区；设施蓝莓0.82万亩，主要分布在东港区。

陈疃镇设施蓝莓园远眺　　（市农业农村局　供图）

【高标准农田建设】 2021年，日照市建设高标准农田27万亩，同步发展高效节水灌溉11.23万亩。省农业农村厅通报，日照市在2021年高标准农田建设综合评价中获得全省第二名。

【种业监管】 2021年，全市加强种子生产经营备案工作，加大对全市种子数量、品种、经营网点信息监管统计，严把市场准入关，完成备案种子生产经营单位601家。其中，委托代销备案50家，经营不分装备案551家。通过完善备案制度，有效杜绝非法种子进入流通市场，确保种子品种质量，保障全市农业用种安全。各级种子管理部门会同农业综合执法、市场监管、公安等部门，突出重点，坚持“纵到底、横到边、全覆盖、无盲区”，开展全市“双随机、一公开”种子监督检查和种子市场专项检查。对全市5家持证企业进行100%全覆盖现场检查，对证件到期续展的严格对照管理办法提出整改意见限期整改。全年全市累计出动执法人员380余人次，检查经营门店1078家次，立案查处7个，罚没1.63万余元。

（市农业农村局　孔凡鑫）

林　业

【概况】 2021年，日照市林地面积134009.33公顷，森林覆盖率27.72%。全市育苗面积2786.1公顷，花卉面积713公顷。有国家级保护陆生野生植物3种（引进种7种），国家级重点保护陆栖脊椎动物57种；古树名木519株，其中古树518株、名木1株。全年完成补植造林1万亩，评选出30个市级森林村庄；"3·12"植树节，全市设立义务植树点55个，1万余人参加现场植树活动，栽植黑松、榛子、黄栌、红栎、柽柳、侧柏等各类树木4万余株。

【林业科技】 2021年，日照市推进林业科技产业转型升级，组织参加山东首届胶东五市林产品展销会（青岛），该市推荐的林产品获得金奖4个、优质产品奖5个，市自然资源规划局获优秀组织奖；组织参加第十届中国花卉博览会，2个展品获得金奖，5个展品获得银奖。日照市申报的植物新品（3个栎类品种和2个卫矛属品种）均通过国家林草局审核。

【林业产业发展】 2021年，日照市林业总产值213.1亿元。其中，第一产业45亿元、第二产业162.4亿元、第三产业5.7亿元。年内，市自然资源和规划局引导和支持林木新品种自主创新，日照市推荐申报的5个植物新品种通过国家现场实质审查，取得国家植物新品种权；组织花卉企业参加第十届中国花卉博览会，2个展品获得金奖、5个展品获得银奖、4个展品获得铜奖、5个展品获得优秀奖，日照"名花归故里"高山杜鹃花节项目和日照杜鹃花种植产业园项目得到重点推介。组织林业企业参加胶东五市（青岛）林产品展销会，获得产品金奖4个、优质产品奖5个；组织林业企业参加第十七届中国林产品交易会，8个展品获得金奖、6个展品获得银奖。全年深入基层开展技术培训3次，开展林业科技下乡服务4次，发放板栗、核桃、榛子等丰产栽培、病虫害防治等技术资料1000余份。

【野生动物保护】 2021年，日照市加强陆生野生动物疫源疫病监测预警，在湿地公园等鸟类集群地新建5个市级陆生野生动物疫源疫病监测点，全年救助陆生野生动物420余只。强化部门联动，联合市公安局、市市场监管局等部门开展"清风行动""对花鸟鱼虫市场清理整顿专项行动""齐鲁清风"等行动，取得明显成效；开展野生动植物保护宣传，在"世界野生动植物日""爱鸟周"等时间节点组织栖息地巡护、鸟类放飞等活动。

【日照市国有大沙洼林场】 日照市国有大沙洼林场始建于1960年2月，1992年9月经林业部批准建立日照海滨国家森林公园，隶属市自然资源和规划局。林场位于日照市区以北15千米，东濒黄海，北邻青岛，总面积800公顷，森林覆盖率78%，是一处以防风固沙、抵御海潮侵袭、阻挡海风海雾为主要功能的生态公益性林场，是日照市沿海基干林带的重要组成部分，是国家AAAA级旅游景区。2021年，林场实施的"大沙洼"艰苦创业教育基地改造提升工程在"七一"前整体完工、对外开放，成为日照市"红色文化"品牌和名片。争取中央专项财政资金补贴109.7万元，为森林资源保值增值提供资金和业务保障。林场内有木本植物63科216种、草本植物35科154种，以黑松、麻栎、水杉、刺槐为优势树种，水杉林是江北最大的成片人工水杉林；有鸟类175种，其中东方白鹳、丹顶鹤、金雕3种鸟类属国家一级保护动物，黑鸢、红隼、大天鹅等23种动物，属国家二级保护动物，并发现火烈鸟、黑嘴鸥、黑嘴端凤头燕鸥等国家珍稀濒危保护物种。中央电视台CCTV–4栏目《远方的家——行走海岸线》第55期，播放日照专题片《海滨飘起"绿丝带"》，宣传林场优良传统。林场先后被授予"全国十佳国有林场""首批森林经营示范国有林场""全国林业系统先进集体""中国森林康养林场""山东省十佳森林公园""山东省十佳休闲旅游度假区""山东省生态教育示范基地""省级青年文明号""省级环境教育基地""省级服务名牌""省级文明单位""山东省旅游细微服务示范企业""山东省十佳森林旅游胜地"等称号。

【日照市林木良种繁殖基地】 2021年，日照市林木良种繁育基地对占地133.33公顷的中国（日照）林业科技示范园区进行全方位管理，承担2021年中央财政林木良种培育项目，培育红叶石楠、小龙柏优质苗木23万余株，支援全市雨季造林、荒山绿化及农村林业生态建设。

【第三届中国（日照）杜鹃花节】 2021年4月24日，第三届中国（日照）杜鹃花节在中国杜鹃花博览园启动。该届杜鹃花节倡导"美好生活"理念，设置生活橱窗、园艺卖场、阳台花园、露台花园、一米菜园等功能区域，提供沉浸式园艺场景体验。花展在原有200多个品种基础上，增加日本东洋杜鹃、比利时杜鹃、映山红、羊踯躅等多个品种，还融入中国传统造型杜鹃盆景展示。

（市自然资源和规划局 赵国平）

茶 业

【概况】 2021年，日照市有42个乡镇、867个村发展茶产业，茶叶从业人员30余万人，茶园总面积29.9万亩，年产干毛茶1.9万吨，总产值37亿元，面积、产量、产值均居全省首位，全市茶园亩均农民收入9000元，部分茶园亩收入达3万元。全市茶产业发展历经试种扩种、缓慢发展、巩固发展、规模发展等阶段，形成"茶种选育、茶技管理、茶质提升、茶牌效能、茶销路径、茶农增收"6个发展新模式，发展成为山东省茶叶主产区和中国纬度最高、面积最大的优质绿茶生产基地，与韩国宝城、日本静冈并称为"世界三大海岸绿茶城市"。

【种植管理】 2021年，日照市创新"大数据平台＋党支部＋合作社＋企业＋基地＋茶农""协议茶园托管"新模式，建设日照茶仓示范点1个，协议托管面积300余亩，实现企业、村集体、茶农户三方共赢，茶企年增收销售额 50 万～100 万元，茶农亩均增收 2000 元，村集体年增收 30 万至 50 万元。创新打造智能化茶产业大数据平台，利用物联网、互联网等新一代信息技术，打造从“茶园”到“茶杯”可视化监管系统，实现茶园管理、茶叶加工、线上销售全过程智能化管理。推广生态建园技术，通过“景观＋防护”，实现茶园小环境，促进茶品质提升。其中，岚山区浏园春和五莲县富园春有机茶园基地通过茶林、茶花间作，打造绿色生态小气候，通过化感作用赋予茶树丰富天然香。推广“良好农业规范”（GAP）茶叶标准化种植，加快发展无性系良种茶园，引进陈宗懋院士绿色防控技术，推动高标准生态示范茶园建设。加大茶叶质量安全检测力度，健全完善监管长效机制，提升茶叶质量安全水平，实现茶叶质量可控可管可追溯。

【茶叶加工】 2021 年，日照市优化茶叶加工工艺，丰富茶叶产品门类，除绿茶、红茶外，日照白茶加工工艺研发成功，获市科技进步二等奖，日照黄茶、黑茶、花茶加工工艺主要加工技术基本成熟，全市基本形成以绿茶为主，红茶为辅，白茶、黑茶多茶类、多品种共同发展产业格局。日照绿茶分为卷曲形和扁形。卷曲形绿茶加工机械主要有摊青机、杀青机、冷却回潮机、揉捻机、解块机、炒干机、做型机、提香机、风选机、色选机等。工艺流程为：摊青→杀青→摊凉（回潮）→揉捻→解块→二青→摊凉→做型干燥→提香。扁形绿茶加工机械主要有摊青机、滚筒杀青机、连续杀青理条机、冷却回潮机、理条机、扁形茶炒制机、名优茶辉干机、风选机等。工艺流程为：鲜叶摊青→杀青→摊凉回潮→理条→摊凉→做型→摊凉→辉锅。日照红茶加工工艺主要为萎凋、揉捻、发酵、干燥四个环节。白茶加工工艺主要为：萎凋—干燥。通过组织技术培训，加大基层农技人员培训、高素质农民培训及匠心茶人培训力度，示范推广新茶类，加快白茶、黄茶、黑茶、花茶等茶类加工技术在全市推广普及，丰富茶叶门类，增强、壮大日照茶产业实体力量。

【茶叶销售】 日照市发挥会展经济拉动作用，连续举办 5 届日照茶博会、4 届日照绿茶节和 4 届茶叶技能大赛。2019 年，举办首届中国（日照）国际茶叶博览会，吸引国内外参展茶企 167 家、参展商采购商 1000 余人，参观人数累计 8 万人次。2021 年，日照市组织 8 家茶企参加第四届中国国际茶叶博览会；组织山东碧波、圣谷山参加中国茶叶流通协会主办的“华茗杯”2021 绿茶、红茶产品质量推选，均获绿茶类金奖；盛业、马陵春、清心入选山东省第六批知名农产品企业产品品牌，鲁岚春、天目、青峰源、振承、横山农场入选日照市知名农产品企业产品品牌；碧波获评山东省地理标志（原产地）优质产品；圣谷山获评山东优质品牌。在 2021 年中国品牌价值评价中，日照绿茶居第 19 位，品牌价值57.16亿元。日照绿茶通过“马德里联盟”途径在韩国注册国际商标，是山东省第一件在茶叶产品上获国际注册保护的地理标志商标。

【茶业科技】 2021 年，日照市创新多根无性茶苗扦插快繁技术和茶树嫩枝无纺布轻基质气雾快繁技术，完善提升良种繁育基地 6 处，年繁育能力达 2000 万株，推广无性系茶园 3000 亩，全市茶树良种繁育进程及良种覆盖率加快。建设高标准生态茶园，创新茶园病虫害绿色防控新模式，通过间作实现“春虫秋防”，应用智能虫害防治系统、LED 窄波太阳能风吸式杀虫灯及天敌友好型粘虫板，覆盖茶园 5 万余亩，实现茶园害虫集中防治，减少危害程度，提高茶叶质量安全水平。承办山东省茶产业技术体系团队工作会议暨茶园生产机械化现场观摩会和茶叶数字化愿景座谈会，加快茶叶生产数字化进程，解决劳动力短缺、生产成本居高不下等制约茶产业高质量发展瓶颈问题。争引“山东省茶产业技术体系五莲富园综合试验站”“山东省茶产业技术体系鲁魁专家工作站”落户日照。

【茶事活动】 2021 年，市农业农村局组织举办日照市“匠心茶人”制茶大赛，全市 21 名制茶能手同场竞技，15 家茶企集中参展并邀请游客免费品茶，共荐“日照绿茶”，1 名选手获市技能之星、6 名选手获市技术能手。组织参加第五届全国（湖北五峰）茶业职业技能竞赛——茶叶加工（绿茶），获铜奖 2 个、优秀选手 1 个；组织参加全国（重庆永川）行业职业技能竞赛全国茶叶加工职业技能竞赛，获二等奖 1 个、三等奖 1 个、优秀奖 1 个。

（市农业农村局　丁德恩）

2021 年 9 月 18 日，日照市“匠心茶人”制茶大赛在日照万平口海洋公园举办

（市农业农村局　供图）

畜牧业

【概况】 2021年，日照市畜牧兽医工作围绕畜牧业高质量发展，突出畜牧业稳产保供和畜禽种业创新发展，加强无害化处理监管、动物防疫指导服务和机构队伍自身建设，保障动物卫生安全、畜产品质量安全、生态环境安全和行业安全生产，相关工作走在全省前列。推进畜牧业供给侧结构性改革，优化产业结构。据国家统计局日照调查队数据，全年全市生猪存栏113.9万头、出栏140.7万头，比2020年分别增长17.7%、29.3%，完成省政府布置目标任务；全市肉蛋奶总产量48.3万吨，满足市场供给和城乡居民生活需求。省畜牧兽医局对日照2021年检疫信息化、动物疫病防控、无疫省建设、畜禽粪污资源化利用、畜牧兽医宣传等6项工作给予通报表扬，畜牧业信息化建设、饲料兽药管理、畜牧兽医技术推广、优质青贮行动、实验室管理及考核、流行病学调查6项工作被评为全省先进。市畜牧中心被评为省级文明单位。

【畜禽规模养殖】 2021年，日照市坚持适度规模发展原则，不断提高全市畜禽养殖规模化水平，推进重点项目实施。全年全市开工在建、投资1000万元以上畜牧业重点项目10个，项目计划投资总额22.0亿元，年内完成投资12.7亿元，项目建成后增加奶牛存栏8000头、增加生猪出栏40万头、增加肉鸡出栏240万只；开展标准化场创建，下发《关于开展2021年畜禽养殖标准化示范场（美丽牧场）创建活动的通知》，全市创建市级标准化场5家，国家级畜禽养殖标准化场1家。至年底，全市养殖场户计3.48万户，畜禽养殖规模比重达84%。

表19 2021年日照市畜禽养殖场户统计表

区县	规模场（家）	专业户（户）	散养户（户）
东港区	227	1406	2641
岚山区	193	2026	3487
莒 县	1280	2792	10608
五莲县	594	2014	6776
日照高新区	10	246	179
山海天旅游度假区	1	251	118
合 计	2305	8735	23809

（资料来源：市农业农村局）

【畜牧业生态健康养殖】 2021年，围绕推进畜禽粪污资源化利用，市畜牧中心深入开展环保督察问题督战整改、强化粪污资源化利用指导服务、推进整县项目实施、推动农牧循环种养结合模式发展等工作。至年底，全市规模场、专业户粪污处理设施配建率均达到100%，全市粪污资源化利用率达90%，为促进畜牧业绿色生态发展、改善农村人居环境提供保障。

【产业转型升级】 2021年，日照市在全省率先出台《日照市打造现代畜牧业齐鲁样板实施方案》，加快畜牧业科技创新转型升级步伐。纪华家禽建成山东省黄羽肉鸡活体基因库；蓝思种业成为国家首批核心育种场，在新三板上市；卫岗乳业建成国内最大单体封闭式牛舍；上海新杨建成全市首个曾祖代种鸡场；五征集团青贮打包车、移动养蜂平台车、病死畜禽运输车全国首创；日照市是全国第二大大豆进口口岸，年加工豆粕饲料达430万吨以上，继续居全省第一位、全国第二位；蜂蜜年生产加工量1.2万吨，居全省第一位、全国第二位，“嗡嗡乐园”建成全国最大畜牧旅游示范区。

【畜禽养殖污染治理】 2021年，日照市开展畜禽养殖污染全域集中整治

2021年10月9日，全市畜禽养殖污染整治现场会议召开

（市农业农村局　供图）

2021年5月19—21日，全省无疫省建设评估暨重大动物疫病防控现场培训班在日照举办
（市农业农村局　供图）

行动，整县推进、整治提升、整体验收，突出抓好畜禽养殖粪污处理设施建设和场内外环境综合治理，系统彻底整治全市畜禽养殖污染。其间，全市排查整治畜禽养殖场户3.48万户，补齐粪污处理设施配建短板、推进集中处理体系建设运转、构建长效监督管理机制，实现“三整治”“两提升”目标。通过集中整治，全市畜禽养殖领域环保状况大幅改观，群众满意度明显提高。至年底，全市畜禽养殖规模场、专业户粪污处理设施配套率达100%，粪污资源化利用率达90%。日照市开展养殖污染治理经验做法被省畜牧局作出批示2次，要求全省推广；市委、市政府主要领导和分管负责领导也分别作出批示，相关做法被《大众日报》等媒体刊发。

【产业融合发展】 2021年，全市县级以上畜牧龙头企业38家，畜牧合作经济组织1000多家，养殖场户3.48万户（其中规模场2305家、专业户8735户），规模化养殖比重达82%；生猪、肉禽年屠宰能力分别达150万头、1.5亿只，泰森食品建有亚洲最大、世界四大肉禽屠宰加工车间；饲料生产企业62家、兽药生产企业6家、兽药经营企业112家，饲料总产量接近600万吨，饲料行业实现产值163亿元，产业实现深度融合发展，形成生猪、家禽、饲料3个百亿级产业集群，畜牧业一、二、三产总值超过400亿元。

【重大动物疫病防控】 2021年，市畜牧兽医服务中心开展春秋两季重大动物疫病强制免疫，实施强免疫苗“先打后补”，落实市级以上动物防疫资金2213万元，全市畜禽免疫密度均达100%，检测样品26812份，抗体监测合格率达90%以上，全市无重大动物疫情发生；依法依规开展动物检疫，承接全国、全省无纸化出具检疫证明（B证）试点工作，得到农业农村部高度评价；强化病死畜禽无害化处理，处理经验被农业农村部全国推广。承办全省无疫省建设评估暨重大动物疫病防控现场会，全省各地市到日照市学习经验做法，无疫省建设工作走在全省前列；举办突发重大动物疫情应急演练，通过无疫省建设省级评估验收。

【畜产品质量安全监管】 2021年，日照市开展牛羊炭疽检疫专项整治，检疫牛羊产品2.02万公斤，移交违法案件3起；开展畜产品安全和“瘦肉精”专项整治行动，检查6400余家企业场户、9000余批次样品，检测全部合格；推行食用农产品承诺达标合格证制度，开具鲜鸡蛋达标合格证12.5万张，附证上市禽蛋0.36万吨；完成市级畜产品抽检400批次，合格率达99.6%以上，维护城乡居民食品安全。

【饲料生产】 2021年，日照市饲料生产企业62家，饲料总产量674.52万吨，比2020年增长21%；据统计部门统计，饲料行业实现产值163亿元。4家饲料生产企业被评为全省饲料质量安全规范企业，4家企业被评为2021年度山东省饲料行业高质量发展齐鲁样板企业，其中领军生产型1家、科技创新型3家。推广使用“两低一高”饲料，强化源头管理，规范市场秩序，配合完成对21家饲料生产企业的饲料生产许可证新发、换发、增项等现场审核工作。9月14—15日，日照市承办全省饲料生产企业负责人质量安全培训班，全市通过云直播方式，同步召开全市饲料生产质量安全培训班。2021年，日照市饲料兽药管理工作得到省畜牧兽医局通报表扬。

【兽药监管】 2021年，全市兽药生产企业6家、兽药经营企业112家。组织对兽药生产企业进行分级监管、量化等级评定，其中A级2家、B级4家。指导6家企业新版兽药生产质量管理规范（GMP）实施，承接兽药经营行政许可验收（生物制品）15项，对24个新申请兽药批准文号产品进行现场检查抽样，开展兽药残留、养殖环节“瘦肉精”、兽药质量安全抽检等抽检253批次。推进省级兽药减量化使用试点，全市有3家企业通过试点验收。配合开展兽药质量安全监管、农资打假等专项治理行动，检查各类兽药经营使用主体500余家次，各级畜牧兽医部门移交违法添加、无证经营和经营假冒伪劣兽药案件15起，罚款4万余元，维护兽药市场秩序。

【畜牧业投资】 2021年，全市开工在建、投资1000万元以上畜牧业重点项目9个。其中，畜禽养殖6个、饲料生产2个、屠宰加工1个。分区县统计，东港区1个、投资总额1.5亿元；岚山区1个、投资总额3.5亿元；莒县4个、投资总额2亿元；五莲县3个、投资总额16亿元。计划总投资23亿元，年内完成投资17亿元。

（市农业农村局　李景昊）

种 业

【概况】 2021年，日照市委下发《关于全面推进乡村振兴加快农业农村现代化的实施意见》，对开展种业研发创新进行部署，并列明具体任务台账。市农业农村局制定出台《关于加快推进现代种业创新发展的实施意见》，将推进现代种业创新发展纳入涉农资金统筹整合范围，每年整合资金不低于3000万元，支持科研单位和种业企业开展地方品种资源保护、新种质创制、新品种（系）培育、关键性技术突破、良种基地建设、品种技术推广、会展交易服务水平提升等工作。市财政局安排专项资金，开展农业种质资源普查，种质资源库、圃、示范基地建设和维护等工作。

【种质资源普查】 2021年，全市农作物种质资源普查累计征集农作物、野生近缘作物153个，122个样本进入国家、省两级种质资源库。五莲黑猪被列入《山东省畜禽遗传资源目录》，全市畜禽遗传资源已知畜种25个、品种122个，普查发现新资源1个（莒州黑鸡），蜂品种9个。水产种质资源普查摸排主体2829家，采录资源信息4530条。

【新品种培育开发】 2021年，全市申报选育12个特色小麦、春玉米、高油酸花生、中晚熟水稻等新品种参加省区域试验，有4个葡萄、油桃等新品种通过农业农村部登记并获得新品种选育证书。琅琊鸡配套系，蓝思白猪新品种、配套系农业农村部审核中；种猪存栏0.9万头、种禽存栏17万只，销售种苗1.4亿羽。培育海马、绿鳍马面鲀、石斑鱼等名优特新养殖品种繁育产业，中国对虾育苗供应全国65%以上苗种，被全国渔业技术推广总站确定为“北方（日照）重要的苗种繁育中心”。

【创新发展】 2021年，全市评选莒县种子有限公司、山东纪华家禽股份有限公司、莒县天和吉牧业有限公司、日照市禹海红旗海洋工程有限公司、日照市海洋与渔业研究院5家种业龙头企业，扶持企业开展研发创新。落实农作物新品种展示示范基地2个，由莒县种子有限公司开展小麦—玉米—水稻新品种展示示范，由东港区龙门崮农业发展有限公司开展实施花生—甘薯农作物新品种展示示范。莲山、五寨峰、纪华家禽等3家企业被评为省级保种场，纪华家禽被评为省级家禽活体基因库。

【种业监管】 2021年，全市加强种子生产经营备案工作，加大对全市种子数量、品种、经营网点信息监管统计，严把市场准入关，完成备案种子生产经营单位601家。其中，委托代销备案50家，经营不分装备案551家。通过完善备案制度，有效杜绝非法种子进入流通市场，确保种子品种质量，保障全市农业用种安全。各级种子管理部门会同农业综合执法、市场监管、公安等部门，突出重点，坚持“纵到底、横到边、全覆盖、无盲区”，开展全市“双随机、一公开”种子监督检查和种子市场专项检查。对全市5家持证企业进行100%全覆盖现场检查，对证件到期续展的严格对照管理办法提出整改意见限期整改。年内，全市累计出动执法人员380余人次，检查经营门店1078家次，立案查处7家，罚没1.63万余元。

（市农业农村局 孔凡鑫）

农产品质量建设

【农产品质量安全】 2021年，全市农业农村系统推进农产品质量安全工作。市农业农村局印发《2022年日照市农产品质量安全监测实施方案》，聚焦蔬菜、水果等重点品种，对重点生产基地、鲜食采摘园和种植散户等不间断开展农产品质量安全监测；根据省农业农村厅要求，以查找问题、治理问题、补强短板为导向，确保抽检样品基本覆盖全市主产乡、主产村的主要品种；同时，督促指导各区县结合实际，有针对性开展农产品质量安全抽检工作。全年全市完成农产品质量安全监测3606批次，合格率99%。

【食用农产品达标合格证制度】 2021年，市农业农村局强化宣传培训，利用官方网站、微信公众号，张贴宣传彩图、发放宣传手册，深入田间地头、农产品种植基地等多渠道、多形式开展食用农产品合格证制度宣传。举办全市食用农产品达标合格证制度培训班，培训市县乡监管执法人员约100人。建立食用农产品合格证管理平台，购置食用农产品合格证自助云打印设备66台、便捷式打印机1230台、电子防伪标签140万枚，速测仪12台。至年底，全市实施合格证生产主体278家，开具合格证11万张，附带合格证上市农产品1.8万吨。

【农资打假专项治理行动】 2021年3月，市农业农村局组织召开全市农产品质量安全监管暨农业综合执法工作会议，联合市市场监管局、公安局、海洋发展局、供销合作社等部门印发《2021年全市农资打假专项治理行动实施方案》，结合食用农产品“治违禁 控药残 促提升”三年行动，深入开展全市农资打假专项治理行动。期间，发放明白纸7万份，出动执法人员8880人次，检查企业5181家，整顿市场159个，查获假劣农资18240公斤，货值金额105.8万元，立案51件。

【农资直营】 2021年，市农业农村局针对农药市场不规范、农资价格持续上涨等农民反映强烈问题，创新“惠农码+直营”模式，构建起以“惠农码”追溯为核心的信息服务平台和以“直营”惠农为目标的农资直营流通服务体系，让农民购买到优质优价放心农资，实现农产品质量安全源头可追溯。通过建立追溯信息平台，推进

"惠农码"发放；贯通三级农资网络，构建直营流通体系；注重绿色高效生态，统一招标采购定价。至年底，累计发放惠农码29.5万张，占全市种植户的80%；全市农资直营店达518家，农资网络覆盖全域。

（市农业农村局 生 媛）

农业产业化

【农业产业体系打造】 2021年，日照市构建现代农业产业体系，推进新产业和新业态，优化农业产品结构，提高农业综合效益。至年底，全市共创建全省首批乡村振兴齐鲁样板省级示范区3个（东港区陈疃镇、莒县招贤镇、五莲县白鹭湾），省级现代农业产业园5个，省级田园综合体2个（东港区龙门崮、五莲山—白鹭湾田园综合体），国家级农业产业强镇4个（叩官镇、陈疃镇、小店镇、巨峰镇）。纵向延伸拉长农业产业链条，充分发掘农业多种功能和乡村多重价值，全市获得省级以上休闲农业示范称号38个。

【农业产业化保障】 2021年，日照市加强政策支持，出台系列促进农业产业化发展政策措施。印发《日照市人民政府办公室关于加快推进现代种业创新发展的实施意见》，培育种业龙头企业，每年评选市级种业龙头企业5家，在资金项目、人才争引、用地建设方面给予政策扶持，鼓励企业向"育繁推一体化"发展；印发《日照市农业产业化龙头企业奖补暂行办法》，重点支持生产规模大、竞争能力强、产品品牌优、带动效应明显的骨干龙头企业做大做强，提升龙头企业带动农产品加工业发展和联农带农增收能力，形成国家、省、市级龙头企业"新雁阵"。从2021年起，对新评选认定农业产业化国家重点龙头企业一次性奖励20万元，省重点龙头企业一次性奖励10万元；印发《中共日照市委农办 日照市财政局关于进一步做好乡村振兴齐鲁样板市级示范区创建有关工作的通知》，扶持优势产业发展，聚焦规模化、集群化、全产业链化，立足产业提升改造，延长产业链。优先安排奖补资金用于支持农产品加工龙头企业发展，扶持全市茶叶、桑蚕、中药材、蔬菜、水果等特色产业的农产品分拣、冷藏、加工等基础设施建设及设备投入。

（市农业农村局 朱晓艳）

表20 2021年日照市市级以上现代农业产业园及田园综合体发展统计表

单位：个

全市辖区	田园综合体		乡村振兴齐鲁样板示范区		
	省级	市级	省级	市级	省级
全 市	5	27	2	14	3
东港区	1	8	1	2	1
岚山区	1	4	0	3	0
莒 县	1	8	0	4	1
五莲县	1	6	1	4	1
日照开发区	0	0	0	0	0
山海天旅游度假区	1	1	0	1	0

（资料来源：市农业农村局）

农业机械化

【概况】 2021年，全市农业机械化工作围绕"保供固安全、振兴畅循环"工作定位，突出抓好关键环节和季节、粮食作物全程机械化、农机化惠农政策、农机安全生产监管、农机社会化服务体系等工作，优化农机装备结构，农机安全生产形势平稳向好，农机作业服务提质扩面。至年底，全市农机总动力291.24万千瓦；农用拖拉机保有量14.58万台，其中大中型拖拉机保有量7322台；各类配套机具50.20万台；完成机耕作业面积12.99万公顷；机播作业面积18.37万公顷、机收作业面积17.65万公顷；全市农作物耕种收综合机械化率达到88.1%。

表21 2021年日照市农业机械拥有量统计表

指标名称	计量单位	数量	东港区	岚山区	莒县	五莲县	其他区
一、农业机械总动力	千瓦	2912371.16	436268	674682	1196973	511035	93413.16
（一）柴油发动机动力	千瓦	2516849.59	380497.08	609707	978250	467740	80655.51
（二）汽油发动机动力	千瓦	107115.88	3750.07	10939	79911	9909	2606.81

续表 21

指标名称	计量单位	数量	东港区	岚山区	莒县	五莲县	其他区
（三）电动机动力	千瓦	288405.69	52020.85	54036	138812	33386	10150.84
（四）其他机械动力	千瓦	0	0	0	0	0	0
二、拖拉机及配套机械	台						
（一）拖拉机	台	145840	22202	35024	54898	30066	3650
	千瓦	1384002.36	213021	316112.06	523782	292561	38526.3
1. 小型（22.1 千瓦及以下）	台	138518	20720	34222	51660	28557	3359
	千瓦	1056121.8	155060	266920	391475	214520	28146.8
2. 中型（22.1 千瓦～73.5 千瓦）	台	6281	1409	569	2709	1313	281
	千瓦	230713.76	49712	29192.06	82772	59727	9310.7
其中 58.8 千瓦及以上	台	939	28	120	243	524	24
	千瓦	60691.28	1784	8407.15	14825	34084	1591.13
3. 大型及以上（73.5 千瓦及以上）	台	1041	73	233	529	196	10
	千瓦	97166.8	8249	20000	49535	18314	1068.8
（二）拖拉机配套农具	部	501979	88094	123320	168568	110193	11804
其中：与 58.8 千瓦及以上拖拉机配套	部	7586	1928	1430	2646	1342	240
三、收获机械							
1. 谷物联合收割机	台	2738	349	481	1200	654	54
	千瓦	143907	13471.3	21887	77880	28525	2143.7
（1）稻麦联合收割机	台	2037	309	444	812	426	46
	千瓦	98020	11674.3	19144	49880	15680	1641.7
（2）玉米联合收割机	台	701	40	37	388	228	8
	千瓦	45887	1797	2743	28000	12845	502
其中：自走式	台	678	32	29	383	227	7

（资料来源：市农业农村局）

表 22　2021 年日照市农机作业统计表

单位：公顷

指标名称	数量	东港区	岚山区	莒县	五莲县	其他区县
一、农机作业总体情况						
（一）机耕面积	129888.4	16478	13394.3	58161.67	30582	11272.43
（二）机播面积	183715.6548	24161	23341.2348	81282.5	42715	12215.92
（三）机电灌溉面积	130920.6	19321	21210	68855	18500	3034.6
（四）机械植保面积	132050.51	21320	15810	69100	24130	1690.51
（五）机收面积	176452.631	23639	21623.321	76992	42111.5	12086.81
二、主要农作物生产机械化作业情况						
（一）小麦						
1. 机耕面积	32914.98	6191	3896	12370	8403	2054.98
2. 机播面积	53203.4058	6896	8096.7458	21610	14220	2380.66
3. 机收面积	53304.237	6881	7925.257	21920	14160	2417.98
（二）水稻						
1. 机耕面积	2136.03	689	566.83	804	0	76.2
2. 机械种植面积						0
其中：机播面积						0
机插面积						0
机浅栽面积						0
3. 机收面积	1951.254	566	533.954	780	0	71.3
（三）玉米						
1. 机耕面积	0	0	0	0	0	0
2. 机播面积	60393.189	9536	8055.359	26588	13850	2363.83
3. 机收面积	55273.79	9496	6998.26	23980	12490	2309.53

续表 22

指标名称	数量	东港区	岚山区	莒县	五莲县	其他区县
（四）花生						
1. 机耕面积	51790.13	6551	6652	22015.67	14667	1904.46
2. 机播面积	43820.9	5036	5593.34	19360	12046	1785.56
3. 机收面积	45089.03	4807	5326.67	19852	13344	1759.36

（资料来源：市农业农村局）

【农机科技推广】 2021年，日照市强化粮食作物机收减损技术、全面全程机械化技术推广应用，推进农机与农艺融合、技术推广与信息技术融合，创新验证示范与示范推广融合，提升农机技术推广服务效能。示范推广深翻、深松、旋耕、免耕精少量播种、喷杆喷雾植保、无人植保机、智能作业监测、秸秆还田、捡拾打捆、玉米籽粒（穗茎兼收、青贮）联合收获等多项高效复式机械化新技术，借助农机购置补贴政策新增农业生产所需的新型高效复式机械及装备60余台套，大型玉米联合收获（穗茎兼收、青贮）机械40台（套）。引导各区县在粮食烘干、高效植保等薄弱环节取得突破进展，提升主要农作物生产全程机械化水平。全年全市完成小麦机收5.33万公顷、机播5.32万公顷，机收率、机播率分别达98.16%、97.97%；玉米机收5.53万公顷、机播6.04万公顷，机收率、机播率分别达83.77%、91.53%。开展农机化技术指导服务，编印主推农机推广新技术介绍、主要作物机械化、特色优势经济作物机械化、设施农业机械化技术等明白纸、技术资料，开展农机手实用技术培训，利用开展现场演示培训会、送科技下乡、深入基层调研等机会将重点推广的机械化新技术宣传到田间地头。全年共举办市级农机化新技术推广现场演示会3次，县级演示培训活动15次，培训基层合作社技术人员和机手1500余人次。建立市级基层农机推广示范基地50余处，培育科技示范户1000余户。开展《茶叶采摘机械化技术示范推广》项目试验验证、数据分析，技术培训、示范推广，该项目获山东省农牧渔业丰收奖农业技术推广成果三等奖、山东省科技兴农奖优秀项目奖二等奖、日照市科技进步奖三等奖。

【农机化惠农政策】 2021年，日照市农机化惠农政策主要包括农机购置补贴、农机报废更新补贴、农机深松整地作业补助三项中央财政惠农政策，农机报废资金统一在农机购置补贴资金中使用。年内，日照市农机购置补贴资金总任务774万元，落实补贴资金778.2865万元，补贴各类机具2625台（套），受益农户及组织2434户，直接带动购机资金总投入3266.33万元。省安排日照市农机深松整地作业总任务16万亩。其中，作业补助面积9.1667万亩，补助资金275万元；日照市完成深松整地作业面积15.768万亩，其中享受作业补助面积9.3148万亩。

【农机安全管理】 2021年，日照市开展“村社共建助振兴、四级联创保平安”为主题的“平安农机”创建工作。日照市创建为全国“平安农机”示范市，岚山区为创建全国“平安农机”示范区。开展农机安全生产大排查大整治行动，检查农机300余台套；开展农机维修网点专项行动，检查主体48家，责令整改20家。全年组织开展各类农机应急演练16次，提升农业农村部门处置突发事故能力及应急救援能力。开展农机安全生产宣传，印发《关于维护三夏农机跨区作业秩序禁止秸秆焚烧致广大农民朋友的公开信》，制作《日照市三夏农机安全生产告知书》等音频，面向基层管理人员、农机手和广大人民群众进行农机安全知识宣传教育。6月16日，举办农机安全生产咨询主题日活动，累计向群众发放《拖拉机和联合收割机操作规范》《致全省农机手朋友的一封信》《拖拉机和联合收割机驾驶证管理规定》《三夏生产农机安全提示》等宣传资料3000余份，解答农机安全问题200多人次。全年组织各类农机安全警示教育22期，培训人员1600余人，签订农机安全生产承诺书260余份，发放各类农机安全生产宣传材料2000余份。

【农机专业合作组织】 2021年，日照市农业农村局加强对农机专业合作社等新型农机服务组织指导、扶持和服务，围绕贯彻落实乡村振兴战略部署，主动入位，发挥农机合作社乡村振兴攻坚战助推作用。在全省率先开展“全程机械化+综合农事”服务中

2021年3月31日，2021年日照市春季生产“新机械、新技术、新服务”现场演示会在岚山区碑廓镇下户村举办（市农业农村局 供图）

心建设，莒县明众农机合作社被农业农村部推介为第一批“全程机械化+综合农事”典型案例在全国示范推广。至年底，全市有实际运营农机合作社158家，其中全国示范社6家、省级示范社19家、市级示范社11家、县级示范社18家。

【农机职业技能大赛】 2021年，日照市农业农村局联合日照市人力资源和社会保障局、日照市总工会在五莲县山东五征集团有限公司举办市级一类农机职业技能大赛——农机修理工职业技能大赛，全市60名选手参加比赛，评选出“十佳选手”和“团体优胜奖”“优秀组织奖”。

【农机质量投诉咨询】 2021年，市农业农村局承办2021年全国暨山东省农机“3·15”消费者权益日活动，在东夷小镇活动现场，围绕“两全两高”农机化产品、茶叶机械化生产特色以及春季农机化生产特点，重点突出“提质增效，减损护农”主题，分区展示各类新型、智能、复合型机具100多台（套）。现场累计发放宣传服务资料3000余份，接待农民群众农机化政策技术咨询200多人次，解答农民群众提出的农机质量投诉方面问题50余条。通过组织开展农机产品质量跟踪调查、“农民满意农机产品”评选等活动，加强农机产品质量和农机修配市场监管，创新推行“接诉即开办”模式，公布全市农机质量投诉受理电话，接诉立即开展业务办理。全年受理农机投诉7起，为农民和机手挽回直接经济损失9万余元。

（市农业农村局 孙同珍）

2021年9月17日，全市农机职业（农机驾驶操作员）技能大赛在五征集团举办

（市农业农村局 供图）

农业科研

【概况】 2021年，日照市农业科学研究院围绕农业科技创新，以服务三农为目标，全力推进农业科研工作。获得省科技进步奖17项，省丰收计划奖4项，市科技进步奖49项，国家专利48件，制定省市地方标准11项。培育农作物、茶树、蔬菜新品种13个，种质资源搜集1500多份，其中收集芝麻种植资源413份、茶树种质资源160余份。

【科技平台创建】 2021年，日照市农业科学研究院强化科技平台对科技创新支撑作用，推进科技平台建设。至年底，全市有各级各类农业科研平台12个。其中，经农业农村部批复的有国家茶叶产业技术体系综合试验站、山东省日照市国家茶树育种创新（科研）基地，经科技部批复的有日照茶业星创天地，经省农业农村厅批复的有山东省现代农业技术培训基地、山东省农作物区域试验站，经省科技厅批复的有山东省茶业工程技术研究中心、山东省芝麻工程技术研究中心，经省人社厅批复的有省级乡村振兴专家服务基地，经省科协批复的有山东省茶叶学会，经日照市科技局批复的有日照市马铃薯工程技术研究中心、日照市农作物科技创新中心、日照市茶叶科技创新中心。

【育种工作】 2021年，市农业科学研究院主要围绕小麦、玉米、花生、油菜、芝麻、茶树开展育种工作。2020年，与山东登海鲁丰有限公司开展科技协作，共同审定玉米新品种“鲁星1601”，自主选育玉米新品种“日单1号”通过山东省品种审定委员会审定，选育的“日单2号”参加第二年区域试验。选育一个高油酸花生品种“莒花3号”参加山东省花生产业体系品比试验。选育两个茶叶抗寒单株，进行品种审定。

【成果推广】 2021年，日照市依托粮油绿色高质高效项目，集成推广绿色高质高效标准化生产技术模式，加快实现粮油生产良种化、标准化、绿色化、机械化和服务全程社会化“五化”目标，创建面积112570亩，辐射带动全市粮油绿色高质高效发展。推广苹果矮砧密植栽培、无性茶苗快繁、蔬菜绿色轻简高效栽培等技术，推动特色经济作物提质增效；推广水肥一体化技术，全市水肥一体化新发展面积达1.47万亩；在全省率先开展茶叶采摘机械验证示范推广，茶叶采摘机械化技术示范推广项目获山东省农牧渔业丰收奖农业技术推广成果三等奖、山东省科技兴农奖优秀项目奖二等奖、日照市科技进步奖三等奖。

（市农业农村局 张文山）

工业

综　述

【概况】 2021年，日照市工业总产值突破3719.1亿元，初步形成以“龙头产业牵引、新兴产业赋能、特色产业助推”为基础的“2＋4＋4”（钢铁及配套、汽车整车及零部件“2强”产业；新一代信息技术、新医药、新材料、新装备“4新”产业；高端化工、粮油食品、浆纸包装、绿色建材“4特”产业）临港涉海特色制造业体系。在黑色金属冶炼和压延加工业，农副食品加工业，汽车制造业等41个工业大类中，日照市在36个大类中有规模以上企业。具备钢1845万吨、机动车99万辆、发动机100万台、变速箱140万台、炼化1030万吨、浆纸234万吨、大豆加工840万吨、食用糖240万吨、海产品加工65万吨年产能。

【工业结构优化】 2021年，日照市工业和信息化局（简称“市工信局”）落实中央、省、市战略部署，出台《日照市“十四五”制造强市建设规划》（简称《规划》）。《规划》遵循新发展理念和高质量发展要求，坚持稳中求进工作总基调，坚持优存量、扩增量、提质量并重，突出全产业链、全流程、全周期，统筹发展和安全，坚决淘汰落后动能，坚决改造提升传统动能，坚决培育壮大新动能，以“2＋4＋4”产业体系为核心，以项目为抓手，定位“一区、两极”产业布局，主攻“八项重点任务”，做强做优工业实体经济，升级先进制造业体系，加速建设先进制造业基地，支撑日照高效融入新发展格局。

【工业企业效益】 2021年，针对长期积累的结构性矛盾和当前短期制约性因素交织叠加的局面，日照市工业生产继续保持增长，工业经济效益保持平稳，规模以上工业增加值比2020年增长0.2%。36个行业大类有21个行业增加值增长，增长面58.3%。全市规模以上工业企业实现营业收入4415.06亿元，比2020年增长3.3%；利润总额202.44亿元，营业收入利润率4.59%。

【中小企业发展】 2021年，日照市聚力服务全市中小企业发展。先后培育出国家专精特新“小巨人”企业9家（其中方鼎科技、海汇环保、沪鸽口腔3家企业入选国家第一批第一年支持的专精特新“小巨人”企业名单），省级“瞪羚”企业26家，省级“专精特新”中小企业91家。年内，全市新认定市级“专精特新”中小企业55家、市级“瞪羚”企业31家，省级“专精特新”中小企业31家、省级“瞪羚”企业10家，国家专精特新“小巨人”企业6家。

（市工信局　王志超）

【工业和信息化融合】 2021年，日照市推进企业数字化转型。组织实施125个机器换人、信息应用重点项目，当年完成投资19.51亿元；全市重点行业企业应用工业机器人（机器臂）4000余台（套），60%以上工业企业利用互联网开展原料采购、商品销售、货款支付等电子商务活动。工业互联网纵深发展，先后培育比特智能客控、钻集网、石材圈、曙光等15个工业互联网公共平台，平台接入设备总规模40万余台（套）、平台服务工业企业总数量3万多家、平台承载工业App总数量35个。钻集网平台、比特智能客控、光辉智能创新服务平台等4个平台被认定为省级工业互联网平台。迈尔科技获省工业互联网股权投资1000万元（全省有3家），带动其他资金投入3000万元。至年底，全市有上云企业7500余家，其中国家级两化融合贯标试点企业8家、省级两化融合贯标试点企业25家。

（市工信局　徐后菊）

【日照市入选全国首批“千兆城市”】 2021年12月24日，日照市获全国首批“千兆城市”称号。日照市抢抓新基建战略机遇，发挥城市建设“后发优势”，坚持高起点规划、高标准建设，在全省非试点城市中率先布局5G网络建设；设立专项资金引导企业加快两化融合；推行“互联网＋”工程丰富网络应用场景等组合拳。至2021年底，全市累计建成开通5G基站5000余个，城市家庭千兆光纤网络覆盖能力达100%、重点场所5G网络通达率达100%，5G用户占比达38%，每万人拥有5G基站数17个。5G网络实现日照主城区和县城核心

2021年12月24日，“千兆城市”建设发布会在青岛市召开。日照市入选全国首批“千兆城市”

（市工信局 供图）

区域室外连片覆盖，固定和移动网络普遍具备“千兆到户”能力。

（市工信局 王文欣）

新材料产业

【概况】 2021年，日照市有新材料产业重点企业34家，实现产值557亿元，形成以山钢日照公司、日钢集团、聚力新材料等为主的先进钢铁材料，以瑞华新材料、中泰阳光电气等为主的高端金属材料，以岚星化工、丰华塑胶等为主的先进高分子材料，以亿鑫电子、山河超细材料等为主的先进无机非金属材料，以迈尔医疗、沪鸽口腔为主的前沿新材料共同发展的产业格局。

【项目建设】 2021年，全市重点工业项目中新材料项目10个，涉及高端金属材料、先进无机非金属材料、先进高分子材料和生物材料等新产业，总计划投资15.4亿元。2021年年度计划投资6.06亿元，实际完成投资10.09亿元，完成率166.5%。

【重点企业】 日照瑞华新材料科技有限公司 该公司由北京利尔高温材料股份有限公司投资建设，临近山钢集团日照公司和日钢集团，围绕钢铁及配套产业发展，提供科技前沿成果及优质服务。其铝合金项目总投资2.5亿元，拥有1套设计先进、自动化程度高的配料、混料、冶炼系统，可年产铝合金2万吨，2021年完成产值11.7亿元，同比增长177%，项目达产后将成为国内较大的铝合金生产基地。

聚力新材料科技（日照）有限公司 该公司由山东聚力焊接材料有限公司投资建设，主要产品有高端实芯焊丝、药芯焊丝、不锈钢焊丝等200多个品种，主要用于军工、航空航天、船舶、海洋工程、高铁等领域。公司“年产30万吨高端焊接材料制造项目”投资11亿元，占地192.5亩，生产设备360余台（套），可月产高端焊接材料9000余吨，产值7000万元。2021年，生产高端焊丝10.69万吨，完成产值8.7亿元。

（市工信局 王 娟）

日照岚星化工工业有限公司 该公司1998年11月成立，注册资本1100万元，占地面积7.87公顷。产品氯丙基三乙氧基硅烷等，销往赢创岚星（日照）化学工业有限公司，出口到比利时等国家。公司是国家级高新技术企业、省级“专精特新”企业，建有山东省硅烷偶联剂工程技术研究中心、山东省企业技术中心。

山东丰华塑胶科技有限公司 该公司成立于2005年，注册资金2.2亿元。建有办公、研发场所3600平方米，实验室面积1186平方米，设有山东省企业技术中心、日照市聚酯薄膜工程技术研究中心、日照市企业技术中心等研发平台，可完成新产品开发及中试试验研究。开发的干膜抗蚀剂专用膜项目2019年被列为日照市科技创新专项项目，2020年5月被列入山东省重点新材料首批次应用示范指导目录。公司通过ISO9001体系认证，先后获评“国家高新技术企业”“山东省专精特新中小企业”“日照市创新型（领军）企业”称号。2021年，产值2.72亿元，较上年增长4.6%。全年纳税1500万元。

日照亿鑫电子材料有限公司 该公司成立于2010年8月，注册资金5000万元，总投资3.2亿元。是集研发、生产、销售于一体的国家高新技术企业，年产磁粉30000吨、磁芯2400吨、电子元器件300万只。2021年，完成产值1.92亿元，同比增长65.21%。

日照山河超细材料科技有限公司 该公司成立于2019年6月，占地30000平方米，为年设计生产能力100万吨混凝土用复合掺合料生产企业。产品为各品种混凝土用复合掺合料、蒸养混凝土制品用掺合料、土壤固化剂、矿山尾矿充填剂等系列产品，公司被认定为日照市级“专精特新”企业并拥有专利10项，成立日照山河新材料研发中心。公司年销售收入1.5亿元，利税3000万元。2021年，公司完成产值7234万元，同比增长221.52%；完成营业收入5423.1万元，同比增长159.59%。

山东迈尔医疗科技有限公司 该公司成立于2014年7月，注册资本4200万元，从事数字化精准医学技术及个性化医疗3D打印产品的应用与研发。建有国内首家AI人工智能口腔精准医疗工业互联网平台“医小智”、海外首家口腔医疗工业互联网平台“Superdental”及口腔大数据库，

2021 年，山东迈尔医疗科技有限公司车间　　（市工信局　供图）

开展假牙（义齿）AI 智能设计、个性化 3D 打印全口腔类产品智能制造，先后取得产品注册3个，备案凭证2个，规格型号产品 73 个，通过 CFDA、ISO13485、ISO9001、ISO14001、ISO45001、美国 FDA 及欧洲 CE 认证。2021 年，完成产值 4902 万元，同比增长 18.24%；营业收入 4777 万余元，研发投入占比 9% 以上；近两年主营业务收入复合增长率 16.26%，净利润复合增长率 101.03%。

（市工信局　赵修军）

装备制造业

【概况】 2021 年，日照市规模以上装备制造企业 245 家，完成产值 473.8 亿元；实现营业收入 488.9 亿元；实现利润 12.9 亿元。主要代表企业有五征集团、日照魏牌汽车、河北中兴汽车制造有限公司日照分公司、万通液压、海汇集团、山东冠卓重工科技、港达船舶、双港活塞、豪迈重工、金马集团、久力新能源等。

【研发创新】 2021 年，五征集团产线柔性配置场景成功申报智能制造优秀场景，公司入选山东省智能制造标杆企业；日照魏牌汽车入选省级智能工厂，魏牌汽车总装车间入选省级数字化车间；港达船舶电力推进大型反铲挖泥船、五征集团智能高地隙多功能田间管理装备、华车能源新能源蓄电式电动轨道机车、勇杰农业花生秧除膜揉切机、美若科技微波等离子体化学气相沉积装置 5 个项目入选山东省首台（套）技术装备及核心零部件项目。海汇环保、海汇汽车制造、七星汽车部件、方鼎科技入选山东省先进企业；海汇新能源和海汇汽车制造合作的多功能电动清扫车研发项目获省科技创新奖二等奖，海汇环保和中科院工程热物理研究所合作的低温烟气余热回收利用技术装备项目、金马集团节叉系列产品制备工艺技术及其产业化项目获省科技创新奖三等奖。

【重点企业】 山东五征集团有限公司　该公司成立于 1961 年，2000 年改制，至 2021 年，形成农用车、货车、农业装备、环卫装备、电动三轮车和现代农业六大产业，总资产 170 亿元；是中国机械工业重点骨干企业之一、中国机械制造品牌 6 强、中国民营企业 300 强，带动形成 400 亿元机动车及装备制造产业集群。先后获“全国五一劳动奖状”“山东省政府质量管理奖”，被评为“中国机械工业现代化管理企业”；五征技术中心是国家级认定企业技术中心、工业设计中心、博士后科研工作站。2021 年，实现销售收入 89.5 亿元。

山东万通液压股份有限公司　该公司成立于 2004 年，是山东省内规模较大的液压油缸生产基地，公司专注于液压油缸和液压系统设计、研发、制造，主导产品有自卸车专用油缸、机械装备用油缸和油气弹簧等，主要销往山东、江苏、北京等 23 个省市自治区和加拿大、美国、墨西哥、俄罗斯、南非等国家，是国家级“专精特新”小巨人企业，日照市首家北交所上市企业。先后获“省级高新技术企业”“山东省品牌建设典范企业”等称号，公司被认定为山东省企业技术中心、山东省特种液压油缸工程技术研究中心。2021 年，完成产值 3.3 亿元。

海汇集团有限公司　该公司成立于 2003 年，主要产品有除尘器、皮带机、提升机、脱硫脱硝、水处理设备等，销往全国各地及国际市场。“海汇”牌脱硫除尘器获山东名牌称号，获“第八届山东省省长质量奖提名奖”，公司被认定为国家企业技术中心、省专家工作站、省专家服务基地、博士后科研工作站、山东省破碎与粉磨工程技术研究中心等。2021 年，完成产值 5 亿元。

山东冠卓重工科技有限公司　该公司成立于 2018 年，由日照市岚山区工业项目建设开发有限公司投资建设，主要产品为船用装卸臂、智能快速脱缆钩、登船梯、激光靠泊等海工装备，主要客户为中国中石化、中海油、中石油等码头及化工类民营企业。先后获国家高新技术企业、AAA 级信用企业、重合同守信用企业等称号。2021 年，完成产值 1.1 亿元。

日照港达船舶重工有限公司　该公司成立于 2007 年，拥有壹级Ⅲ类钢质一般船舶和一级钢质渔船的生产资质，具备年建造 3 万吨级及以下各类船舶10艘、年修理20万吨级及以下各类船舶30艘的生产能力；拥有3万吨级干船坞、2500吨浮船坞、210米×27米船台、300吨×76米龙门起重机、200吨液压平板车等各种船舶制造专用设备设施80余台，600米舾装码头岸线，同时具有乙级钢质渔业船舶建造设计资质及海洋渔业平台设计资质。电力推进大型反铲挖泥船项目入选山东省首台（套）技术装备及核心零部件项目。2021年，完成产值1.5亿元。

山东豪迈重工有限公司　该公司成立于2014年，主要生产经营炼油化工设备、通用机械设备、油气勘探设备、油气处理设备。公司能为客户提供从产品设计、焊接、机械加工、装配调试等一站式服务，主要为国外高端客户设计、制造电力能源设备设施、中大型油气处理模块、海底撬块、管汇、管道终端、钻井立管等产品。2021年，完成产值3400万元。

金马工业集团股份有限公司　该公司成立于1994年，主要生产高性能汽车转向机活塞、扇形轴，其中重卡精密转向机活塞被评为国家级制造业单项冠军产品，主要客户有博世、采埃孚、赛夫华兰德、麦格纳、瀚德、康明斯等，产品为奔驰、宝马、沃尔沃、福特、菲亚特克莱斯勒、戴姆勒等世界知名品牌汽车企业配套。集团先后被评为国家汽车零部件出口基地企业、全国制造业单项冠军企业、全国质量标杆企业、国家专精特新“小巨人”企业、全国工人先锋号、中国机械工业百强企业、工信部工业企业知识产权运用试点企业、山东省瞪羚企业、山东省产学研突出贡献企业、日照市市长质量奖、日照市经济发展贡献奖等，建有国家级企业技术中心、博士后科研工作站。2021年，完成产值25.6亿元。

山东久力新能源集团有限公司　该公司成立于2001年，主要产品为高低温全系列起动蓄电池，是山东省内最大的起动用蓄电池生产企业。公司具备完善的质量保证体系，已通过IATF16949、ISO9000等质量管理体系认证、ISO14001环境管理体系认证和OHSAS18001职业健康安全体系认证及欧标CE认证等，先后与一汽解放、潍柴、中国重汽、江淮汽车、五征集团、临沂重工等知名汽车制造厂家达成战略合作关系。先后获国家级专精特新“小巨人”企业、国家级绿色工厂、省专精特新企业、省技术创新示范企业等荣誉称号。2021年，完成产值1亿元。

（市工信局　赵修军）

电力工业

【概况】　至2021年底，全市电力总装机617万千瓦。其中，燃煤发电367万千瓦，占59.48%；余热发电85万千瓦，光伏发电80万千瓦，风力发电35万千瓦。变电站167座，总变电容量2309万千伏安，输电线路总长3416公里。年内，全市全社会用电量258亿千瓦时。受全省电力供需形势影响，日照市自9月13日实施有序用电措施，至10月28日结束，其间有序用电执行顺畅，未影响居民生活和重要用户用电需求，未发生拉闸限电事件。保障电力有序供应，9月18日在全省首个倡议发起开展“节约用电、低碳生活”活动。实施简化获得电力行动，持续优化电力营商环境，降低用户办电成本，推行小微企业“三零”（零上门、零审批、零投资）服务。电力行业陆续开展节能降耗改造、灵活性改造、供热改造三改联动，华能日照电厂#3机组完成灵活性改造，日钢新源热力采取高炉冲渣水余热回收供暖，节能效果显著。

（市发展改革委　王超越）

【华能日照电厂】　2021年，华能日照电厂有4台发电机组，一期为2台350兆瓦引进型亚临界燃煤机组，二期为2台680兆瓦国产超临界燃煤机组，装机总容量206万千瓦，供热入网面积4326万平方米，供热面积2214万平方米。全年完成发电量91.73亿千瓦时、供热量734万吉焦，实现产值34.7亿元，上缴税金1.73亿元。

绿色转型　2021年，华能日照电厂聚力绿色转型、煤电产业提升、供热产业发展等重点任务，助力日照市能源结构调整。在高质高效运营4台火电机组基础上，煤场封闭主体工程顺利完成，输煤管廊项目进入调试阶段，年可减少运煤车辆15万辆次、减少氮氧化物排放量200吨、道路扬尘183吨，基本消除煤场扬尘污染；国内首台套生物质直燃耦合发电项目进入设备安装阶段，投产后年减排二氧化碳13.98万吨、二氧化硫126.49吨、氮氧化物112.26吨；二期供热首站扩容项目完成，增加供热能力1085万平方米；工业供汽项目完成勘察设计，能满足经开区工业企业高质量蒸汽需求。推进能源结构优化，发展清洁能源，五莲200兆瓦光伏项目开工；成功备案莒县490兆瓦等集中式光伏项目，编制完成莒县730兆瓦整县分布式光伏规模化开发实施方案并被国家能源局纳入整县开发试点，助力地方绿色低碳发展和乡村振兴。推动华能山东公司与日照市政府、日照港签署三方合作协议，煤炭储备基地项目全力推进。

能源保供　2021年，华能日照电厂开展安全生产专项整治行动，强化运行调整、设备消缺，完成“保两节、保两会”百日安全攻坚战、建党百年百日安全保障行动等重要时段保供任务，发电量同比增发3.4亿千瓦时，4号机组被评为省“网源协调性能十大金牌机组”，能耗指标保持行业领先。贯彻市委、市政府工作部署和华能公司要求，不惜成本、不计代价、不遗余力拓煤源、抓调运、保供应，库存始终满足政府要求。全力应对五莲县突发新冠疫情，首次实行厂区封闭管理，执行严格的防控措施，提前8天开栓供暖。协调完成82个老旧小区改造、60个新入网项目建设，保证供暖设施安全运行和热网平衡，确保广大用户温暖过冬。

生产管理 2021年，华能日照电厂加强科技创新管理，取得各类专利授权52项，国际专利、发明专利实现零的突破。推进管理创新，《发电企业以数字化技术为支撑的设备全生命周期管理》获第二十七届全国企业管理现代化创新成果一等奖；多项成果在省级、行业评选中获奖。推进智慧供热建设，完善智慧供热平台全面监控、全网平衡等子模块功能，累计完成200个热力站无人值守改造；完成8万户热计量装置安装，管理区域内所有按计量收费用户的热量表数据全部实现远传；国内创新提出城市供热模块化机组理念，并攻关完成成果转化，AR智能监视控制系统成功应用，热力站AR云平台系统入选2021年热电联产与智慧供热优秀案例。

（华能日照电厂 王肖嵬）

【莒县光大环保能源有限公司】 莒县光大环保能源有限公司是中国光大环境有限公司旗下全资子公司，项目采用BOT模式，特许经营期30年。一期总投资人民币2.85亿元，项目规模为日处理生活垃圾600千克，日处理垃圾渗滤液250千克。2021年，公司围绕“创新转型、绿色发展”工作理念，落实安全环保红线，各项安全环境指标受控、可控、在控。在清洁生产审核过程中，建立较完善的清洁生产审核体系，提出可行清洁生产方案15个；采取边审核边改进措施，投资884.28万元实施14个无（低）费方案、1个中（高）费方案，每年可节水19250千克，年均降低电耗1.08万千瓦时。全年入厂垃圾量25.83万，完成年度计划的96.23%；上网电量6464.32万千瓦时，入厂吨发电299.56千瓦时，综合厂用电率16.45%，年均运行8243.5小时。12月，公司获山东省生态环境厅授予的“山东省清洁生产先进单位”称号，是省内唯一一家获此奖项的垃圾焚烧发电项目。

（市工信局 王志超）

轻工业

【概况】 2021年，日照市工业结构持续优化，以轻重结合、重工业为主导的工业结构体系不断完善，在全年规模以上工业生产中，轻工业拉动力有所增强，全年轻工业增加值比2020年增长9.8%，上拉全市增幅1.9个百分点。

【粮食食品产业】 2021年，日照市粮食食品产业规模以上企业137家，实现产值534.7亿元，形成大豆840万吨、水产品60万吨、糖240万吨、肉类17万吨、果蔬25万吨、干茶1万吨、白酒15.3万吨、啤酒30万吨、红酒1000吨粮油食品加工能力。

【纺织业】 2021年，日照市纺织业固定资产投资比2020年下降30.3%，纺织服装服饰业固定资产投资增长536.0%。全市重点纺织服装企业22家，拥有纱锭26.2万锭、纱线4.2万吨、布1.5亿米、白厂丝1250吨、服装8000万件、机制地毯1300万米生产能力，上百种产品处于市场领先地位，主要集中在棉纺织、服装、服饰、地毯、制丝等领域。

【浆纸产业】 2021年，日照市规模以上浆纸产业企业23家，实现产值148.5亿元。骨干企业包括亚太森博、华泰纸业等，形成制浆能力233.5万吨，纸板能力60万吨，纤维素纤维2.5万吨，主要浆纸品种有漂白硫酸盐阔叶木浆、针叶木浆；高档白卡纸、液体包装纸板、本色牛皮纸、生活用纸、特种纸等。包装印刷制品有瓦楞纸板、纸箱、医药包装盒、婴童食品包装盒等。

（市工信局 田雪峰）

【建材业】 2021年，日照市建材企业规模以上企业117家，完成产值143.1亿元。主要包括水泥和石材两大行业，骨干企业有山东莒州水泥有限公司、日照中联水泥有限公司、山东彼那尼荣安水泥有限公司、日照京华新型建材有限公司等。莒县为全市水泥熟料生产基地，石材行业主要在五莲石材工业园。全市有大型成套水泥熟料生产线5条，生产610万吨；水泥磨机38台（套），年产水泥1286万吨；石材加工能力突破1亿平方米。4月，山东省新旧动能转换综合试验区建设领导小组印发《全省落实“三个坚决”行动方案（2021—2022年）》，按照要求，日照中联水泥2条2500吨/天熟料生产线产能减量置换到莒县中联水泥；山东彼那尼荣安水泥有限公司1200吨/日水泥熟料生产线关停，涉及退出水泥熟料产能60万吨/年。

（市工信局 王娟）

【重点企业】 中粮黄海粮油（山东）有限公司 该公司成立于1992年8月，总投资9451.2万美元，注册资本8415.9万美元，由嘉银（岚山）有限公司、中粮英属维尔京群岛贰肆有限公司、中粮集团有限公司共同出资兴建的中外合资企业，是日照市最大的粮油企业。公司年加工大豆180万吨，精炼油脂56万吨，饲料21万吨，脱蜡分提21万吨，是山东省粮油十大龙头企业、山东省外贸先进企业。2021年，实现产值62.1亿元，增长3%。

凌云海糖业集团有限公司 该公司2002年2月注册成立，是集食糖生产、精炼加工复出口、大豆加工、销售、仓储、国内外贸易于一体的大型股份制企业，公司生产的“凌雪”牌绵白糖、白砂糖是中国驰名商标。公司年加工原糖220万～240万吨，拥有4000吨/日大豆预处理与浸出车间、800吨/日大豆毛油精炼车间，年加工大豆可达120万吨。凌云海仓储物流园总投资13.8亿元，建设用地505亩，总建筑面积20.3万平方米，主要建设食糖储备库10个、包装车间3个、大豆筒仓20个、油罐34个、小包装车间、综合交易楼及配套设施;实现仓储能力100万吨。2021年,实现产值55亿元。

金禾博源生化有限公司　该公司成立于2006年,是以生物转化技术生产柠檬酸及其盐类产品为主营业务的高新技术企业,年生产规模40万吨,占全国产量的33%以上,占全球产量的21%以上。是中国轻工业食品行业五十强企业、中国轻工业发酵行业十强企业。公司产品畅销全球100多个国家和地区,与可口可乐、百事可乐、卡夫、雀巢、达能、GSK、康师傅、娃哈哈等国内外知名食品药品企业建立长期稳定合作关系,RZBC品牌成为中国柠檬酸在国际市场上的领军品牌。2021年,实现产值26.8亿元,比2020年增长45.2%。

山东美佳集团有限公司　该公司成立于2000年,是以加工、出口、销售冷冻水产品、蔬菜、速冻方便食品以及水产蔬菜调理食品为主的综合性食品企业,注册资本金5000万元,资产总额13亿元,精加工车间6万平方米,冷冻、冷藏能力5万吨,年加工销售制品6万余吨。公司被农业部评为农业产业化国家重点龙头企业、农产品加工企业技术创新机构、全国农产品加工示范企业,被省委、省政府表彰为全省农业产业化优秀龙头企业和先进龙头企业,是山东省食品行业综合实力(食品加工)二十强企业。2021年,实现产值19.7亿元。

日照三银纺织有限公司　该公司成立于2001年,是集棉纺、机织、床上用品、织带、服装、PP纱、热风无纺布生产和进出口贸易于一体的纺织综合企业。生产规模为6万纱锭,其中精梳2.5万锭,装备处于国内同行业领先水平。2021年,实现产值1.54亿元。

东升地毯集团有限公司　该公司1998年成立,是以地毯制造业为主的企业集团。是中国大型机织地毯生产和出口基地之一,主要生产家饰和商用各类机织、手工地毯。集团下辖日照东升地毯有限公司、日照祥龙合成纤维制品有限公司、日照东利地毯材料有限公司等多家规模以上企业。2021年,实现产值2.35亿元。

亚太森博(山东)浆纸有限公司　该公司成立于2005年,是国内最大商品木浆生产企业、最大外资企业,也是浆纸行业技术进步、绿色发展标杆企业,其漂白木浆国内市场份额占比达16%以上。企业拥有世界最大单条制浆生产线,采用世界先进制浆生产工艺和节能减排技术,环保投资占总投资的近1/4,创国内单个浆纸工厂环保投资之最,达到清洁生产国际先进水平。2021年,实现产值125亿元,比2020年增长4.5%。

日照华泰纸业有限公司　该公司前身是莒县造纸厂,始建于1969年,2004年以承债经营方式由山东华泰集团兼并重组,为山东华泰纸业股份有限公司子公司,是融制浆、造纸、纸加工、化工、房地产开发为一体的大型企业。主要产品有漂白针叶化学浆、针阔混合化学浆、精制本色牛皮纸等9大系列30多个品种,产品销往全国20多个省、自治区、直辖市,其中书写纸、双胶纸分别获省优、部优产品称号,“文心亭”牌双胶卷筒纸被评为山东名牌。2021年,实现产值11.6亿元,比2020年增长31.2%。

(市工信局　田雪峰)

莒县中联水泥有限公司　该公司成立于2006年,是中国联合水泥集团有限公司旗下核心企业,拥有4000吨/天新型干法水泥熟料生产线1条,采用新型干法窑外预分解工艺,技术装备达到国内先进水平,配套建设9兆瓦纯低温余热发电厂,年发电量6000千瓦时以上。下属“港中分公司”位于日照港内,有自营进出口权。使用统一的“CUCC”中联牌商标生产,年产能设计规模300万吨。产品主要有42.5等级水泥、52.5等级水泥,适用于大型桥涵、高速公路、机场建设等工程。2021年完成产值10.11亿元,比2020年增长16.73%。

京华新型建材　该公司成立于2006年,拥有2条4.2×13米水泥磨机生产线,年产能240万吨水泥。主要设备包含德国莱歇公司进口LM56.3＋3S大型矿渣辊式立磨设备4台,热风炉4台及其他斗式提升机、混料机等配套设备。2021年,完成产值17.4亿元。

(市工信局　王　娟)

建筑业

综 述

【概况】 2021年，日照市完成建筑行业总产值497.57亿元，比2020年增长7.0%；建筑业企业完成外出施工产值115.34亿元，比2020年增长5.21%；建筑业实现税收收入22.99亿元，占全市税收收入的8.05%。

表23 2021年全市建筑业总产值及增速统计表

指标	产值（亿元）	增长（%）
房屋建筑业	208.31	4.1
土木工程建筑业	223.86	5.2
建筑安装业	23.99	36.3
建筑装饰、装修和其他建筑业	41.41	19.2

（资料来源：市住建局）

【建筑业转型升级】 2021年，日照市住房和城乡建设局（简称“市住建局”）持续推进建筑业企业转型升级，推动企业“走出去”发展战略步伐和精品工程培育力度，创建“日照建造”品牌。出台《关于加快建筑业高质量发展的措施》，召开全市建筑业高质量发展会议，组建“建筑业银企合作发展联盟”，设立建筑业外出施工联络服务点，建筑业企业资质晋升和外出施工信用激励等多项工作被住建部、省住建厅宣传推广。制订《日照市建筑业“十四五”规划发展纲要（2021—2025）》，明确“十四五”期间全市建筑业发展目标、重点任务及发展措施。落实省委、省政府《落实“六稳六保”促进高质量发展政策清单（第二批）》和市政府《加快建筑业高质量发展的措施》，为全市建筑业企业奖补2672.2万元。

（市住建局 孙希伟 林德强）

【行业旗舰企业培育】 2021年，市住建局成立工作专班，通过调查摸底、建立台账、外请专家、定点帮扶、一对一指导、对接省住建厅相关业务部门洽谈等措施全力扶持企业升级。年内，山东港湾建设集团有限公司被住建部晋升为施工总承包特级资质，是全市首家晋升特级资质的建筑业企业；有2家企业晋升为建筑施工总承包一级资质，1家监理企业晋升为一级监理企业。开展新技术、新应用、新成果、新工法“四新”创建，“岗位大练兵、技术大比武”职业技能评比竞赛等活动，通过政策扶持和引导，初步形成提级增效良好局面。全年获全国QC成果10项、国家优质工程奖1项，获华东地区优质工程奖3项；全国建筑装饰奖14项、中国安装之星2项；

获省级工法23项、省级QC成果奖项41项，获省优质安装工程“鲁安杯”4项、省级BIM大赛获奖8项，泰山杯评审32项，“优势特色”企业10家。

（市住建局 刘 强 申 峰）

【建筑企业市场开拓】 2021年，日照市建筑企业对外开拓7个国家外埠市场。国内市场涉及32个省市，依托在天津市、海南省建设的2处外出施工联络服务点，联系省住建厅外联站，帮助企业牵线搭桥，融入当地市场；鼓励企业主动融入“西部陆海新通道”，为新时代西部大开发贡献“日照建造”力量；创新建筑业外出施工“四联”模式（市内联系区县、功能区和企业总部；联系驻地建筑业主管部门；广泛联系外出发展的骨干企业；联系省外联站），公布第一批驻省外建筑业企业联络服务重点单位。全市外出施工总产值115.34亿元，外向度19.68%，施工足迹遍布北京、上海、天津、新疆、内蒙古、海南、福建等国内32个省市。开拓哈萨克斯坦、土库曼斯坦、几内亚、科特迪瓦、肯尼亚、马来西亚、塞内加尔、乍得等10处国外市场，涵盖房屋建筑、石油化工、铁路公路、港口工程等方面。

（市住建局 孙希伟 林德强）

勘察设计

【概况】 2021年，日照市有勘察设计企业66家，其中建筑行业设计企业43家（甲级企业5家），市政行业设计企业3家，其他行业设计企业12家，勘察企业8家。全年全市勘察设计行业产值为31386.94万元。

【优化营商环境】 2021年，全市有三项勘察设计方面突出方向工程被评为山东省工程建设泰山杯奖。举办2021年度建筑创意设计技能竞赛，选拔3名优秀选手参加山东省建筑创意设计技能竞赛，分获一等奖1人、二等奖2人，团体获得全省第三名。举办2021年度日照市优秀勘察设计成果竞赛，推选出36项成果参加全省优秀勘察设计成果竞赛，获得二等奖一项、三等奖7项。通过组织竞赛，营造全行业争先创优的良好氛围。印发《关于缩小政府投资房屋建筑和市政基础设施工程项目初步设计审查范围的通知》，对日照市行政区域内政府投资中型及以下房屋建筑和市政基础设施工程项目，市住建部门不再进行初步设计审查。印发《日照市住房和城乡建设局关于进一步优化施工图审查工作的通知》，自2021年9月1日起，取消低风险工程施工图审查，建设单位凭承诺书办理审批事项；对一般工程实行施工图审查后置，同时加强施工图审查和设计修改全过程用时监督控制，保证施工图总审查时限；规定对特殊建设工程必须进行施工图审查。

【山东省工程勘察质量管理信息化试点】 2021年，市住建局制定《日照市工程勘察质量管理信息化试点工作实施方案》，明确试点目标、试点范围、试点内容、试点步骤和保障措施；出台《关于开展工程勘察质量信息化工作的通知》，明确勘察单位、建设单位、施工图审查机构等单位相关责任。组织勘察单位和施工图审查机构多次召开座谈会，研究讨论推进全市勘察质量管理信息化工作。至年底，有86个工程进行全过程监管，其中完工工程36个、在建工程50个。

（市住建局 孙希伟 林德强）

建筑施工

【概况】 至2021年底，全市建筑业企业1565家。其中，总承包企业744家、港口与航道工程施工总承包特级企业1家、建筑施工总承包一级企业23家、专业承包一级企业7家。日照市建筑业企业总产值居全省第九位，外出施工产值位列全省第八位，特级资质企业数量居全省第五位，总体水平跻身全省建筑行业发展第一方阵。

（市住建局 孙希伟 林德强）

【工程质量安全管理】 至2021年底，全市在监工程项目86项，建筑

2021年11月3日，五莲县应急隔离观察点 （市住建局 供图）

面积 754.8 万平方米；竣工验收单体工程 66 项，验收合格率 100%。所有在监工程无质量事故发生，竣工工程验收全部合格，工程质量总体水平较往年大有提高。先后开展节后新冠疫情防控检查、春节复工前检查、春季质量安全大检查、全市预拌混凝土（砂浆）生产质量检查、全市建设工程质量检测机构检查等多项工程质量检查活动。

（市住建局　丁兆亮　崔乃婧　赵建华）

【工程质量安全管理标准化】 2021年，市住建局以施工现场为中心，对工程参建各方主体安全管理行为和工程实体安全实行规范化管理。建立企业和工程项目自我约束、自我完善、持续改进安全管理工作机制，严格落实工程参建各方主体安全责任。创新质量安全监督差异化管理新模式，对项目管理水平进行评价分级，将项目划分为 A、B、C 三个等级，对“A 类”项目，主要依靠项目自身安全质量保证体系，自我管理为主；对“B 类”项目，实行正常监管，并积极引导其向“A 类”项目靠拢；对“C 类”项目，实行重点监管，综合运用法律、行政、经济等手段，督促各方主体强化主体责任，提高安全质量管理水平。同时，工程质量安全监督机构将“C 类”项目作为重点监管对象，除正常进行监督检查和巡查外，加大抽查频次，每月不定期抽查 2 次以上。

（市住建局　王兴华）

【应急隔离观察点建设】 2021 年，面对五莲县突发新冠疫情，市住建局创新“组织领导、密切联动、施工保障、现场防控”四力模式，紧急组建工作专班、成立临时党支部，连夜组织设计、施工、监理、造价等单位制定建设方案，紧急协调筹集各类资源，全力保障项目建设。施工现场 1400 余名作业人员 24 小时轮班作业，72 小时完成 300 套应急隔离房间建设任务。

（市住建局　成华山）

【重点企业】 山东港湾建设集团有限公司　该公司为大型国有综合性工程施工企业，具有港口与航道施工总承包特级资质（山东省首家、全国第 16 家），建筑工程施工总承包、地基与基础工程专业承包、钢结构工程专业承包 3 项壹级资质等资质。先后完成大批市级、省级、国家级工程，获中国土木工程“詹天佑”奖、国家优质工程奖、天津市建筑工程“结构海河杯”、山东省建筑质量最高奖“泰山杯”、新疆维吾尔自治区建筑质量最高奖“天山杯”等省部级以上优质工程奖 100 多项，创建国家 AAA 级安全文明标准化工地 20 多个。获“全国优秀施工企业”“全国水运工程建设优秀施工企业”“全国重合同守信用企业”“中国工程建设安全质量标准化先进单位”等称号。拥有省级技术研究中心、博士后科研工作站等精英团队，研发全国首个多列超低台车、全国首艘整平挖泥两用船，有 70 余项国家专利、100 余项国家级、省市级 QC 成果和工法。

中铁二十三局集团第一工程有限公司　该公司为大型建筑承包商中国铁建股份有限公司的下属企业，具有公路工程施工总承包特级资质，桥梁、隧道、机场场道、公路路基及路面专业承包一级资质，交通运输工程建设一级资质等资质。参建工程遍布全国 28 个省、自治区、直辖市，包括兖石铁路、浙赣复线、京九等轨道交通、市政、机场、房建、港口、水利水电 70 余项国家级、省级重点工程。先后获鲁班奖 6 项、詹天佑大奖 1 项、国家优质工程奖 15 项、省部级优质工程奖 44 项，获“国家二级计量企业”、中国工程建设协会“质量安全管理先进单位”、中华全国总工会“全国五一劳动奖状”、山东省“重合同守信用企业”和特级（AAA）信用称号，2 人获全国五一劳动奖章。获贵州省科技进步奖 1 项、山东省科技进步奖 1 项、中铁建股份公司科技进步奖一等奖 2 项，发明专利 16 项、实用新型专利 25 项、省部级工法 28 项。

日照天泰建筑安装工程有限公司　该公司为大型建筑施工企业，拥有建筑工程施工总承包特级资质，建筑工程、人防工程甲级设计资质，建筑装修装饰工程专业承包壹级资质等资质。施工区域跨越五省十市，累计施工面积 2000 多万平方米。先后获“全国优秀施工企业”“企业信用评价 AAA 级信用企业”“全国安全达标示范单位”等 23 项国家、省市级荣誉；承建工程获得国家优质工程 1 项、全国装饰奖 1 项、华东地区优质工程奖 1 项、泰山杯 10 项、省优质结构杯 18 项及 700 余项省市级工程领域奖项；拥有国家级 QC 成果 13 项、省级 QC 成果 27 项、市级 QC 成果 230 项，省级以上工法 12 项，省级特色工作法 1 项，国家新型实用专利 31 项，其他省级以上科技类奖项 17 项。

（市住建局　孙希伟　林德强）

建筑市场管理

【概况】 2021 年，市住建局继续强化勘察设计、招标代理、造价咨询、工程监理等行业监管，完善守信激励和失信惩戒机制，严格信用评价。扎实推进农民工工资支付监管平台建设，“实名制”监管平台持续拓展，监管服务过程中坚持执法检查与实名制管理和清欠工作相融合。至年底，全市录入建设项目 671 个，企业 1397 个，农民工信息 24 万余条，在建工程项目基本实现农民工实名制和专用账户管理全覆盖。

（市住建局　孙希伟）

【招标代理和监理】 至 2021 年底，全市招标代理项目组成员登记 118 家工程招标代理机构。其中，市直 103 家、区县（功能区）15 家。4 月 25 日，市住建局印发《关于开展

2020年度工程建设项目招标代理机构信用评价工作的通知》，组织开展年度信用评价，信用评价采用综合评价法计分制方式进行，为基本信息分、优良信用信息加分和不良信用信息扣分三部分相加值，信用评级划分为6个等级标准，AAA级为最高等级，D级为最低等级。列入“黑名单”机构信用评级管理期1年，自列入“黑名单”之日起计算。9月14日，市住建局印发《关于公布2020年度全市工程建设项目招标代理机构信用评价结果的通知》，全市有66家工程建设项目招标代理机构参加2020年度信用评价，经专家评审，信用评价AAA级15家、AA级30家、A级21家、B级与D级均为0家。

（市住建局　陈修礼）

【安全管理行政许可】 2021年，市住建局提升服务效能，对施工企业安全生产许可证和起重机械业务办理采取全程网办，编制业务办理指南，优化业务办理流程，缩短业务办理时效，实现服务对象办事“零跑腿”，全年共办理施工企业安全生产许可证业务861次，对215家企业安全生产条件进行动态考核。办理起重机械备案登记手续819项，每月建立在建项目在用建筑起重机械信息台账。开展企业、项目应急预案备案，指导100余家建筑企业、60余处工程项目编制、完善应急预案，完成企业应急预案备案18家、项目应急预案备案3家。

（市住建局　王兴华　李　瑛）

【施工安全监管】 2021年，市住建局对直管在建项目建立每月动态安全监管工程项目台账，建立危大工程清单，每月开展全覆盖工程项目监督巡查活动，对深基坑、起重机械安装、高支模施工等危大工程进行关键环节专项检查，对发现的安全隐患督导企业闭环整改，并进行全面复核管理。年内，检查工程项目1003项次，发现并整改隐患4315条。其中，停工整改42项次，对14家企业实施行政处罚和信誉扣分，罚款金额共22.7万元。报请省住建厅暂扣安全生产许可证企业9家。

（市住建局　王兴华　丁　勇）

【专项治理行动】 2021年，市住建局对直管在建项目开展汛期基坑工程、附着式升降脚手架、建筑施工起重机械、吊篮和消防施工安全专项检查，提升工程参建单位管理和技术能力，促进工程参建单位自觉规范主体管理行为、落实工作责任，确保全市建筑工程安全形势稳定向好。聚焦工程质量领域的热点和共性问题，狠抓源头治理，采用“双随机、一公开”方式重点开展主要建筑材料、全市预拌混凝土（砂浆）生产质量、全市建设工程质量检测机构等专项检查，对40处工程实体结构进行混凝土强度检测，对56组钢筋、2组外墙保温板、6组防水卷材进行质量检测。预拌混凝土（砂浆）生产质量检查127家次，下发执法检查建议书54份，问题整改书10份，建议处罚企业5家，提出整改建议800余条。建设工程质量检测机构检查18家次，提出整改建议195条，下发执法建议书9份，问题整改书9份，建议处罚企业2家。

（市住建局　王兴华　刘　锋　崔乃婧）

【扬尘治理】 2021年，在重污染天气应急响应期间，全市出动执法人员268人次，检查工地654处，下达隐患通知书20份，停工20处。“五一”期间，开展安全生产及扬尘治理督导检查，8个督导组检查在建工程项目21项、居民小区15个、乡镇建设工程4个、民俗旅游村1个，下达隐患整改通知书32份，发现并移交问题隐患262条。在抓好督导检查同时，强化日常检查巡查，全市检查巡查在建房屋建筑工程261项，下达隐患整改通知单93份，停工整改9项，查处各类扬尘问题164条。全年开展4次全市建筑工程扬尘治理量化考核，抽查在建工程332处，下达问题整改通知单11份、执法建议书18份。

（市住建局　申永俊　潘华南　李明萱）

商贸服务业

商贸流通

【概况】 2021年，市商务局加快发展以县城为中心、乡镇为重点、农村为基础的县域商业体系，培育日照凌云工贸有限公司（简称“日照凌云”）、日百商业有限公司、日照新世纪商厦有限公司（简称“日照新世纪”）、日照市正基商贸有限公司（简称“市正基商贸”）等县域龙头商贸流通企业，在城区形成新玛特购物广场、凌云大厦、日照银座商城、华润万象汇、万达广场、正基时代广场等32处县城综合商贸服务中心，推动消费业态集聚，满足市民大件、高端消费。在乡镇发展一批乡镇商贸中心，其中日照凌云、日照新世纪、市正基商贸等企业在乡镇建设18处连锁乡镇商贸中心，满足乡镇居民实用性消费和一般生活服务需求。在行政村发展2600多家村级便民商店，保障村民就近便利消费和基本生活服务。开展系列促消费活动，推动消费市场回升转暖，制定《促进释放大宗消费重点消费农村消费潜力若干措施》，开展“惠聚港城全民乐购”暖冬消费季、“嗨购日照消费季”等促消费活动近百场，推动大件商品消费；实施步行街改造提升三年行动计划，依托东夷小镇开展“家乡好街请您来逛”系列活动，依托莒国古城，加快培育省级步行街。起草《全市“社区食堂+长者餐桌”建设指导意见》，推进建设15处社区食堂；加快电子商务发展。实施《支持电子商务发展的若干措施》，莒县获批国家电子商务进农村综合示范县，浣洗垂直电商经验做法被商务部列为典型案例。全年全市实现社会消费品零售总额654.9亿元，比2020年增长12.0%；居民人均消费支出17950元，增长9.0%，居全省第11位。

【发展规划】 2021年，市商务局制定《日照市“十四五”商务发展规划》（简称“《规划》”）。《规划》要求，健全商贸流通体系，促进消费扩容提质升级，开拓城乡消费市场，提升传统消费，培育新型消费，推动线上线下消费有机融合，健全鼓励消费的政策体系，改善消费环境；建设现代高效流通体系，优化流通空间布局提升现代流通水平，打造一批区域性农产品专业市场及冷链物流项目；以人民为中心，创新生活服务业供给，实施特色商业街区提升工程并规划建设一批智能快件箱和社区便利店、社区食堂；加快电子商务发展，培育电子商务平台、电子商务龙头企业，建设集聚度高的电子商务产业园区；鼓励商贸流通业态与模式创新，推进数字化、智能化改造和跨界融合；适应个性化、差异化、品质化消费需求，扩大优质商品和服务供给，以高质量供给引领和创造新需求。

【商贸设施建设】 2021年，日照市加强城乡市场体系建设。日照新发地农产品批发市场项目建设进展顺利，推动日照弘达商贸有限公司等企业建设3处乡镇连锁直营店，推动在农村地区新建3处便利店，健全汽车流通市场基础建设。提升商贸设施智慧化水平，重点在服务业电商、社交电商、专业市场离线商务模式（O2O）、社区商业离线商务模式（O2O）等领域，建设网上社区、网上超市、网上餐厅、网上菜场等平台，加快形成一批具有地方特点、服务便利的区域化本地生活平台，推进线上线下更广更深的融合，提升本地服务质量。

【商品市场转型升级】 2021年，市商务局实施国家级电子商务进农村综合示范县建设，建设一批乡镇商贸中心、直营连锁超市，扩大农村市场布局。实施城市商圈智慧化改造提升，推动莒国古城争创省级步行街区，培育提升3～5条市级步行街、特色商业街。加快推进鲁南电商产业园等项目。强化对首店经济、总部企业、区域总部招引力度。

【城乡商贸流通体系建设】 2021年，市商务局科学布局全市商贸流通节点，打造一批区域性农产品交易、集散、物流中心，培育一批特色产品专业市场，打造东港区、莒县2个重要流通节点区县。促进农产品流通企业与新型农业经营主体进行全面、深入、精准对接，完善农产品供应链，提高农产品流通效率；鼓励大型流通企业采用“基地直采”“便利店＋生鲜店”“寄递＋电商＋优质农产品”等模式，扩大农产品购销规模。提升商贸基础设施建设，促进城市便民生活。在城市层面，打造“一刻钟”便民生活圈，推动大型企业下沉社区，发展品牌连锁便利店，加快社区菜市场、生鲜店标准化建设，优先配齐基本保障类业态，因地制宜发展品质提升类业态，满足城市居民基本消费。在乡镇层面，重点支持乡镇商贸中心建设，引导连锁商贸流通企业采取自建、改造、股权合作等方式，对现有乡镇商业设施进行现代化改造，把乡镇建设成服务周边的重要商业中心。

【现代商贸流通体系重点项目】 日照新发地项目　该项目位于日照高新区日照北路以东、聊城路以南、荟阳路以西、潍坊路以北，市场部分总占地面积约400亩、配套生活区占地面积约80亩，总占地面积约480亩，建筑面积约40万平方米，计划总投资15亿元，定位为一站式国际农产品及综合商品交易中心，建设内容包括市场交易、检验检疫、冷链物流、仓储加工、电子商务、中央厨房、食品仓、直播间、市场管理、商务配套、国际农产品会展会务等功能分区。项目分期供地和建设，其中项目一期占地197亩，总投资6亿元，至2021年三季度全部建成并投入运营。

日照正基国际冷链物流产业园项目　该项目位于莒县山东南路与临沂西路交会处，占地面积约290亩，建筑面积37万平方米，项目投资金额12亿元。分两期建设，一期规划占地180亩，建筑面积24万平方米，其中包含物流配送中心2座，七层全温冷链仓储中心3座，三层中央厨房1座，十一层配套办公楼1座，十二层配套办公楼1座等。二期项目规划建设占地面积110亩，建筑面积13万平方米，其中包括三层生鲜冷链供配中心1座，七层全温冷链仓储中心3座。配套建设污水处理用房、容纳1600余个车位的停车场和7MW屋面光伏发电站。项目建成后冷链配送能够辐射山东区域。中央厨房可以辐射周边100千米，做到统一配送。

【批发零售企业】 2021年，全市有批发企业8566家，零售企业10561家。

日照凌云工贸有限公司　2021年，该公司有总资产8亿元，员工2000人，营业面积20多万平方米，主营业务涉及副食、日用百货、服装、鞋帽、家用电器、摩托车、汽车、二手车等领域，下辖家电公司、百货公司、凌云汽车城、凌云二手车市场等公司，各类经营服务网点110余处。全年实现销售收入13.2亿元。获山东省消费者满意单位、万村千乡市场工程试点企业、全国“百城万店无假货”活动示范店、山东省商贸流通先进企业等称号。

日照银座商城有限公司　该公司2004年10月30日成立，2021年在日照市有3家门店，其中商城店位于东港区北京路中段，广场店位于东港区海曲西路166号，岚山店位于岚山区岚山中路，主要经营百货、商超日用品等。2021年，实现销售收入5.4亿元。先后被授予“省食品安全诚信单位”“省百城万店无假货示范店”“市消费者满意单位”“市青年文明号”“市消防安全先进单位”“省级放心消费示范单位”“创建全国文明城市先进单位”等称号。

（市商务局　张　磊）

日照中央活力区

【概况】 2021年，日照中央活力区坚持“以楼聚产、以产兴城、以城悦人”，搭平台、招项目、育产业、引人才、优环境。重点项目建设加快，竣工交付重点项目12个，新增面积127.7万平方米；日照科创中心、总部基地产业园、海帆商务中心等新建楼宇投入使用，市科技馆、大剧院、城市大脑、城市书房等公共服务设施建成投用，网球中心、足球公园、阳光海岸绿道、国际足球中心等体育设施齐备，城市亮化提升工程、城市绿化美化工程陆续实施。项目招引、特色园区培育有新突破，累计招引落地项目223个，楼宇产业园等新兴业态加速集聚，综合配套服务逐步健全完善，发展取得成效，开发能级显著提升，全年实现税收31.7亿元。创建为日照市数字经济园区、山东省现代服务业集聚示范区。

【项目招引】 2021年，日照中央活力区把招引项目作为提振楼宇经济主攻方向，坚持“政府引导、楼宇主导、政企联动”，通过开展赛事招商、以商招商、平台招商、社会化招商，多渠道、多层次、多方式招商引资，积蓄发展新动能，京东服务＋、浣洗集团等一批现代服务业优质企业落户活力区。年内，18座重点商务楼宇新增注册企业1451家；作为全市楼宇经济招引小组牵头单位，招引到位资金12.44亿元。举办日照市首届网络达人选拔赛、“有一种生活叫日照”山东文旅峰会、2021第三届中国客户中心培训师“未来之星”大赛等一系列具有重大影响力赛事活动，提升城市品质，激发城市活力。

【特色园区培育】 2021年，日照中央活力区按照“一楼一特色、一楼一园区”思路，打造人力资源服务产业园、网易联合创新中心、平台经济产业园等楼宇产业园，数字经济、平台经济、信息服务等新兴业态加速集聚。坚持把留住“人”、吸引“人”作为楼宇经济发展重要任务，重点发展培育信息服务行业、网红产业、年轻人经济，创造条件吸引年轻人到楼宇就业，将楼宇打造为年轻人创新创业新平台、“城市＋大学”共同体建设新载体。在兴业财

2021 年 12 月 5 日，中国 （日照）人力资源服务产业园创新发展论坛开幕
（市人力资源和社会保障局　供图）

富中心打造 KOL 创意产业园，2021 年吸引就业超过 1200 人，全年实现税收 4.6 亿元，是 2020 年的 4.2 倍。通过楼宇产业园建设，带动引领活力区范围内 18 座重点商务楼宇，全年实现税收 31.7 亿元，打造千万元楼宇 17 座、过亿元楼宇 7 座。

【综合配套服务】 2021 年，日照中央活力区聚焦产业培育、项目发展全链条、全周期，完善楼宇经济发展扶持政策，会同东港区制定《中央活力区楼宇经济扶持办法》，联合市人社、财政等部门出台《关于支持人力资源服务业高质量发展的意见》，楼宇主体的运营意识和意愿明显增强。围绕“我为群众办实事”实践活动，完善楼宇包保机制，主动为企业排忧解难，为重点企业开设代办服务，解决员工住宿等问题，为企业发展提供保障，全年累计为企业帮办 90 余次；协调港口供应链服务中心开通公交路线，兴业国际财富中心配套建设职工食堂，港口供应链综合服务区、天德海景城改造升级食堂。立足楼宇发展实际，建立中央活力区“企业家大讲堂”，邀请专家学者、知名企业家授课，提升企业家素质；创新搭建“活力大讲堂”“活力下午茶”企业交流平台，推动企业互联互通、信息共享、共商发展，促进楼宇共同发展。同时，持续提升中央活力区规划展示中心接待能力，开放以来保障政务考察、客商接待等活动 1900 余次、2.7 万人次，成为全市城市形象的重要展示平台、双招双引的重要推介平台。

（日照中央活力区）

粮食物资储备

【概况】 至 2021 年底，全市政策性粮食储备小麦 17.04 万吨、储备油（大豆油）2408 吨，成品粮储备（面粉、大米）8450 吨，小包装食用油储备（大豆油和花生油）308 吨；市级救灾物资有 39 个品类、259918 件，总价值近 4100 万元；入统粮油加工转化企业 52 家，全年工业生产总值达 301.45 亿元，主营业务收入 379.13 亿元，销售收入 378.95 亿元，利润总额 6.89 亿元，纳税总额 3.71 亿元。

【粮食流通】 2021 年，全市各类入统粮食企业年初粮食库存数量（折原粮，下同）32.3 万吨；购进（含进口）粮食 700 万吨，分品种：小麦 65.7 万吨、稻谷 15.6 万吨、玉米 99.1 万吨、大豆 510 万吨、其他粮食 9.6 万吨；加工成品收回 364 万吨，分品种：小麦 16.5 万吨、稻谷 3.5 万吨、大豆 344 万吨；销售、转化粮食 622.3 万吨，分品种：小麦 65.2 万吨、稻谷 15.5 万吨、玉米 101.5 万吨、大豆 430.9 万吨、其他粮食 9.2 万吨。转作储备粮油 3.24 万吨（小麦）；加工原料付出 461.3 万吨，分品种：小麦 16.2 万吨、稻谷 3.6 万吨、大豆 441.5 万吨。其他支出 3.2 万吨；年末粮食库存数量 9.5 万吨。

【粮食收购】 2021 年，全市收购夏粮（小麦）约 12 万吨。其中，国有粮食企业收购 3.6 万吨，完成 3.2 万吨储备粮轮换任务。国有粮食企业入库夏粮质量均符合三等以上质量标准，容重不低于 750 克 / 升，不完善粒不超过 8.0%，水分不超过 12.5%，杂质不超过 1.0%。

【仓储设施建设】 2021 年，日照市实施“粮安工程”，提升粮食仓储现代化水平，建起集粮油进口、周转、储备、加工等有效衔接、互为补充的粮食仓储设施体系。市县两级地方政府储备自储率 100%，空余有效仓容全部进行粮库智能化升级改造，环流熏蒸、“四散”（散装、散卸、散储、散运）作业、机械通风、电子测温均达 100%；投资 202.84 万元（其中财政补助 195 万元）实施地方储备粮动态监管项目，涉及市级、各区县 8 个库区，均安装动态监管系统，实现与山东省粮食流通管理云平台互联互通。

【救灾物资采购调运】 2021 年，日照市强化救灾物资采购、调运工作。五莲县新冠肺炎疫情防控处置期间，市发展改革委落实省市两级党委、政府关于疫情防控工作部署，根据省五莲疫情防控救灾物资保障组指令，先后调入、调出救灾物资近 27 万件（含省调拨支援 25520 件），为打赢抗疫攻坚战提供保障。在日照市东港区两城街道两城大道以西、金银一路以北日照市粮食和物资应急保障中心建成物资储备库1座，建筑面积2211.56平方米。

【粮油产业】 2021年，全市有入统粮油加工转化企业52家，成品粮油产品产量81.08万吨，主要产品产量分类构成为：小麦粉11.58万吨，大米2.48万吨，食用油67.02万吨；制酒产品14.22万吨；粮食深加工产品38.45万吨，其中商品淀粉0.414万吨，其他深加工产品38.04万吨；饲料197.16万吨。全市临港布局中储粮、黄海粮油、中纺粮油、邦基、嘉吉等10多家粮油加工企业，成为全国最重要粮油进口加工集散基地，大豆压榨产能735万吨/年，精炼产能140万吨/年，列全省第一位，约占全国大豆总产能的5%。日照金禾博源生化有限公司为国家级企业技术中心，利用玉米深加工生产的柠檬酸系列RZBC品牌成为国际市场领军品牌。开展“中国好粮油”“齐鲁粮油”品牌创建，中粮黄海粮油“福临门”黄金产地玉米油、日照三兴食品麦利源“麦芯饺子粉”“莒丰原味面”、莒县百禾粮油“莒国贡”大米4个产品入选“齐鲁粮油”暨省级“好粮油”，日照三兴食品麦利源“麦芯饺子粉”“莒丰原味面”2个产品入选“中国好粮油”名单。

【监督检查】 2021年，日照市开展粮食流通“亮剑2021”专项执法行动，组织完成全市政策性粮食库存检查、夏秋粮收购专项检查和政策性粮食出库检查，制定出台《日照市粮食行业信用分级分类监管工作实施方案》，推动“粮食企业信用分级分类监管”“双随机、一公开”监管全面实施。组织全市粮食和物资储备执法督查工作人员政策业务培训，提高依法行政能力。推进山东省粮食安全宣传教育基地建设，日照市粮食和物资储备服务中心粮油检测站、日照市安岚储备粮油管理有限公司获批第三批省级粮食安全宣传教育基地。

【军粮供应】 2021年，日照市创新建立“政府主导、国企负责、社会参与、全员行动”军粮供应主副食集约化保障模式，推动“政府＋国企＋民企”联动保障机制，并配套建立“训前主动联系、训中全程服务、训后跟踪反馈”全程服务机制。通过及时进驻社会供应企业靠前指导，建立快速保障闭环流程，实现以最短时间为部队提供全区域全时段保障服务。该创新经验做法被国家粮食和物资储备局在全国发文推广。

【粮油检测】 2021年，市发展改革委将市粮油检测站搬迁改造提升列为年度重点任务，坚持高标准规划设计，全面升级提升粮油检测能力，其中质量与营养品质指标由135个提升到152个，食品安全指标由69个提升到88个。至年底，实验室检测能力覆盖原粮、成品粮油等47个产品类别，涵盖重金属、真菌毒素、农药残留、非法添加物、常规质量指标、储存安全指标等360个项目参数。

（市发展改革委　厉　伟　卜凡惠　景桂文　高　瑜　李　瑾）

供销合作

【概况】 2021年，日照市供销合作社联合社（简称“市供销社”）辖4个区县社、39个基层社、39个社属企业，经营网点466处。全年累计完成销售总额11.74亿元，比2020年增长12.75%，经济运行稳定向好。

【农业社会化服务】 2021年，市供销社落实“土地股份合作社＋全程托管服务”模式，对2294亩土地进行托管服务，实现农业社会化服务创新。发挥各类农业服务主体作用，在全省率先成立日照市土地托管服务合作联盟，打造区域为农服务平台。密切上下社资本联合，建成为农服务中心35处，在莒县由3级供销社出资300万元成立农业服务公司，牢固为农服务前沿阵地。至年底，全系统完成土地托管服务面积16万亩，开展测土配方、统防统治等社会化服务面积106万亩次。围绕农业社会化服务体系建设，推进信用合作业务，与工商银行、邮储银行签署支持乡村振兴全面合作协议，为系统内5家企业提供金融服务1591万元，与2家企业达成金融合作意

2021年9月8日，日照市土地托管服务合作联盟成立大会召开

（市供销社　供图）

2021年10月24日，日照市茶叶供销联盟成立大会召开　（市供销社　供图）

向600万元；稳妥开展内部信用互助，4处试点专业合作社完成信用互助额1694万元，服务社员258户，为供销合作社“三位一体”综合合作功能建设奠定基础。

【商贸流通网络建设】 2021年，市供销社发挥日照凌云工贸公司、莒县新宇商贸公司等社有企业龙头带动作用，改造提升直营连锁超市、综合服务社，供销社流通服务网点覆盖率得到巩固。坚持开放办社、社企合作，利用日照三合园农业生态公司配送服务功能，开设便民超市、专门店、特色店14家，打造“供销·三合”服务品牌。以市弘达商贸公司为龙头，对岚山区供销社村镇网点进行建设改造，填补供销社部分村庄流通服务空白。推进农产品产销对接，联合举办系列农产品推介会，建起地方优质农产品产销对接桥梁。发展电子商务，岚山区鲁宁电商公司发展村级电商物流服务网点50多个，为实现区域电子商务“村村通”提供支撑。

【基层合作经济组织建设】 2021年，市供销社融合新型经营服务，完成东港城区，莒县夏庄、果庄3处供销社乡镇为农服务综合体建设，岚山区高兴、莒县闫庄、五莲县许孟3处薄弱基层社得到改造提升。密切供销社与村集体及农民利益联结，引导领办发展土地股份合作社2家。加快基层社闲置资产开发利用，莒县长岭供销社总投资1200万元沿街开发项目全面完成，5000平方米综合超市和1872平方米沿街门店全部投入运营，日均经营额达1.2万元。

【经营服务】 2021年，市供销社服务日照绿茶高质量发展，发挥供销社农资流通主渠道作用，配合相关部门在东港区率先启动农资直营体系建设，为全市农产品质量安全特别是日照绿茶安全用药施肥提供保障。对接全国供销总社杭州茶叶研究院，2次邀请茶业专家到日照指导，举办4场次业务技术培训。发起成立日照市茶叶供销联盟，发展联盟会员33家，为全市茶业企业抱团发展搭建合作平台。加强重要农时农资储备、调运、供应工作，促进保供稳价。落实安全生产主体责任，开展“四位一体”安全专项整治，推进燃气安全排查治理，强化隐患排查整改。

（市供销社　孙卓君）

专项经营

【烟草专卖】 至2021年底，市烟草专卖局(公司)总资产94722.04万元，资产负债率18.52%。全年实现“两烟”税利6.75亿元，比2020年增长1.06%；实现地方财政贡献1.67亿元，增长1.22%。注重卷烟旅游市场开拓，优化卷烟货源投放策略，加强服务指导和销售技巧培训，零售客户毛利率达14%左右。修订印发《日照市烟草制品零售点合理布局规定》，细化烟草制品零售点设置原则和数量标准；落实“双随机、一公开”“放管服”工作要求，加强标准化基层服务站建设，创新“一站式”服务机制，提高为民服务效率；建立异常户“灰名单”，打击违法违规卖烟大户，保护零售客户和消费者合法利益；推行行政执法公示制度、执法全过程记录制度、重大执法决定法制审核制度，提升依法行政、依法管理水平。与公安、工商、海关、海警、边检等部门协作，开展“齐鲁利剑”专项行动。年内，与日照海关缉私分局联合破获日照市首起非法海上走私卷烟案件，与岚山公安分局联合查处全省首起“上头”电子烟案件。

［市烟草专卖局（公司）］

【成品油和天然气】 至2021年底，全市加油站总数为306座（不含10座高速公路加油站）。按照属地分，东港区63座、岚山区41座、莒县94座、五莲县65座、日照经开区19座、日照高新区13座、山海天旅游度假区11座；按照企业性质分，中石化（含合作加油站）114座、中石油30座、中海油1座、其他站161座。全市有11家管道燃气企业，天然气储备能力1443万立方米，管道长度5364千米，管道燃气居民用户54.2万户；各类场站76座，其中液化石油气灌装站49座。

（市商务局）

中国石化销售股份有限公司山东日照石油分公司　该公司主要经营汽油、柴油、润滑油等成品油批发零售，以及易捷便利店、液化天然气加气站等业务。年内，与地方国有资本和民企先后成立6家合资公司，新建运营3座合资加油站，填补厦门路、大连路、兖州路加油站网点空白。至年底，分公司有现代化油库2座，在营加油（加气）站124座，形成遍布全市城乡的成品油营销网络和服务体系。全年销售成品油39万吨，销售天然气1800万立方米，连续第三十年实现无等级责任事故，获得多项中石化系统及日照市荣誉称号。合资公司销售规模提升，全年销量4.67万吨，年纳税额736万元。完善HSE安全环保管理体系，加强HSE培训和持证上岗，修订完善各类预案，增强全员应急处置能力；推进实施“绿色企业”行动计划，在营加油站均取得排污许可；有效运行ISO9000质量管理体系，严格把关油品进、销、存各环节管理，油品抽检合格率100%。立足线下网点，形成线上线下一体模式，打造综合性服务平台；加快新能源规划布局，与蔚来、国电、特来电合作，建设1座全智能换电站，4座加油站增设充电桩设施，12座加油站增加光伏发电项目；推进“司机之家”“爱心驿站”“洗车服务”“支农保供”“书香油站”等服务升级，试点推行智慧加油站，创新推出“易捷加油”和“石化油你”等便捷服务App，实现加油不下车、开票不进店、购物送到家，满足客户新需求、新体验。

（中石化日照分公司）

中国石油天然气股份有限公司山东日照销售分公司　该公司主要经营成品油批发、零售，以及昆仑好客便利店、昆悦超市运营业务。运营加油站27座、昆仑好客便利店27座、昆悦超市直营店4座、昆悦超市加盟店8座，全年销售成品油4.86万吨。

年内，该公司加强双重预防体系、QHSE体系建设，强化风险管控，狠抓质量关键环节管控，守住安全环保底线红线，全年油品抽检合格率100%，连续20年实现“零事故、零伤害、零污染”。启动异业合作，联合通信、银行、保险等行业单位合作推出一系列让利于民优惠政策；与市总工会、商务局合作启动“携手惠工、助力消费”活动，每月发放加油补贴，惠及全市职工。融入全市经济发展大局，与地方企业洽谈合资合作项目1个，通过上级公司评审；推进新能源项目建设，7座站光伏项目完成政府审批备案。拓展加油站外便利店，“昆悦超市”开进社区、景区、社会加油站，为市民、车主提供便捷服务；打造司机之家、户外劳动者爱心驿站，开辟保障农业生产用油绿色通道，组建宝石花志愿者服务队，组织“希望小屋”助学捐款，擦亮服务窗口形象。

（中石油日照分公司）

日照市天然气有限公司　该公司主要职能为争引日照市天然气气源，调控上下游气量供需，平衡全市气源分配，向燃气企业输配天然气，建设运营天然气门站、加气母站、天然气长输管道等天然气集中输配工程及日照市LNG应急储配中心。全年向日照市供应天然气2.58亿立方米，通过长输管道向临沂地区输送天然气8.3亿立方米，供气量连续5年大幅增长。LNG调峰储气设施落成投运，日照市3天以上用气储备得到保障。落实安全主体责任，强化风险管控及隐患整治，安全隐患100%整改、管控，连续15年未出现一起安全事故。年内，公司提报用气计划2300余次，全年未出现供应短缺，被评为2021年度山东省燃气热力行业先进单位。

（日照市天然气有限公司）

【盐业】　2021年，全市购进盐产品5.2万吨，比2020年增长8.7%；销售盐产品5.2万吨，比2020年增长21.8%。推进企业改革重组，日照盐业集团与日粮集团合并重组，成立日照盐粮集团有限公司，鲁盐集团与五莲盐业达成产销合作协议，成立山东鲁盐集团五莲有限公司；完成食盐政府储备任务，储备食盐2800吨，印发《日照市盐业行业信用分级分类管理办法》，在全省率先对盐业行业进行分级分类管理。日照盐粮集团、五莲盐业有限公司分别被评为全省盐行业转型发展标杆企业和产销联合标杆企业。

（市粮油集团　梁永军）

邮政 快递

【概况】　2021年，全市邮政快递业服务产业强市战略，发挥邮政快递全程全网、高效便捷优势，加快行业嵌入产业链、供应链步伐，推进培

单位：亿件

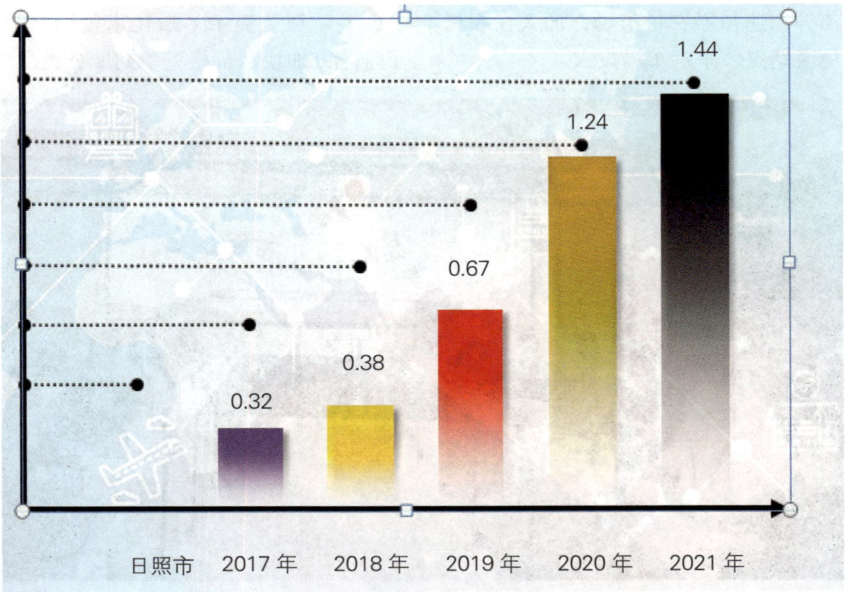

图2 2017—2021年日照市快递业务量柱状图

（资料来源：市邮政管理局）

育快递＋金牌示范项目建设，再创2个全国快递服务现代农业金牌项目、支撑产值14亿元，新培育省级快递服务制造业典型示范项目8个，行业发展保持快速增长，快递物流体系建设成效显著。至年底，全市邮政快递业务收入完成11.35亿元，比2020年增长17.71%。其中，快递业务收入8.65亿元，比2020年增长23.1%；快件量1.44亿件，比2020年增长16.2%，支撑实物商品网络销售超24亿元。

【快递村村通】2021年，日照市落实省政府加快农村寄递物流体系建设部署，实施“快递进村”工程，规划引领、政策扶持、协同推动三措并举，全市1530个行政村实现“村村通快递”。市政府成立全市“快递进村”工作领导小组；推动县乡村三级寄递物流体系建设纳入《日照市“十四五”发展规划》；加大对快递进村政策奖补，联合市交通运输局、财政局印发《日照市落实“快递进村”财政奖补政策实施细则》，对达标村级寄递物流综合服务站给予2000元/个补贴；联合市交通运输局运输在东港区、岚山区116个行政村试点利用公交代运快件，取得良好效果；激活市场主体活力，鼓励顺丰、京东、德邦等加速拓展农村市场，加大在农村地区站点、车辆布局投入。

【邮政监督检查】2021年，市邮政管理局组织邮政服务质量检查，开展乡镇局所专项整治行动，累计检查邮政普遍服务营业场所29个；开展邮票销售监督检查25次，出动执法人员175人次，检查邮票销售网点80个，邮政特邀社会监督员累计开展社会监督活动26次，反馈监督报告26份，参与纪特邮票发行销售社会监督活动1次。

【寄递安全整治】2021年，市邮政管理局采取“双随机”检查、联合检查、明察暗访等多种形式强化执法检查，堵塞安全漏洞，严厉打击利用寄递渠道实施的各类违法犯罪行为，对构成违法的案件一律依法从严从重处罚加强违规、违法经营查处力度；加强邮政快递行业安全生产培训，推进寄递渠道涉枪涉爆集中整治、邮政业“安全生产月”等活动，保障邮政快递行业平稳运行。全年开展检查企业83家次，出动执法人员166人次，办理行政处罚案件7起。

【快递市场监管】2021年，市邮政管理局依法开展快递市场低价恶性竞争专项治理和快递服务价格监测，切实打击跨区域经营、无证经营、委托无证企业经营等违法行为，斩断快递“黄牛”利益链条；强化末端网络运行监控，加快从价格竞争向服务竞争、产品竞争、质量竞争转变，引导工会、快递协会建立工资集体协商机制，依法纠治非正常派费结算，治理“非法扣费”，协调劳动监察部门开展专项执法行动，依法查处乱罚款、克扣拖欠快递员工资报酬。

2021年12月16日，日照市岚山区“快递外卖小哥”暖心驿站启用仪式暨“团递温暖”主题慰问活动在岚山农商银行举行　（市邮政管理局　供图）

【快递助力传统业态转型】2021年，市邮政管理局发挥邮政快递业贯通生产、分配、流通、消费各环节优势，对接直播带货、社区电商等新兴消费需求，加速推广进园入区、定制线路、上门服务等模式，为地方特色产品外销提供流通支撑。中通快递、圆通快递、韵达快递、申通快递等，服务全市休闲食品、服装加工、日用美妆网上销售，万牛商贸、德客食品、美康服装等8个项目，年均快件量突破百万件，支撑产值4.2亿元。

【快递助力乡村振兴】2021年，市邮政管理局落实习近平总书记视察山东提出的打造乡村振兴“齐鲁样板”重要指示，发挥农产品快递销售对乡村振兴拉动作用，减少中间环节、提高农产品销售单价，助力农民增收效果显著。实施“快递＋农特产品”上行创金银铜牌工程，通过加开班线、直通产地、资费优惠等措施，加速培育快递服务“一地一品”项目；加快与电商融合，推动快递服务网点、区域分拨中心进驻乡村电商基地，建设快递服务特色小镇，莒县闫庄镇、岚山区安东卫街道等一批快递服务特色小镇初具规模。

【关爱快递人员】2021年，市邮政管理局贯彻习近平总书记关心关爱快递人员重要指示精神，强化一线员工关爱保障力度，联合团市委、市总工会举办“暖蜂”慰问活动，看望慰问圆通快递等一线快递人员并发放慰问品；对接东港团区委设立“快递外卖小哥休憩站”，辖区内所有青年之家全部对快递人员开放，为快递人员提供休息、避暑取暖、歇脚饮水、手机充电、教育帮扶、红色代办等暖心关爱服务；争取市人社部门支持，推动快递员纳入全市新业态灵活就业人员意外伤害保险补贴范围，符合条件的快递员每人最高可补贴100元/年；市委书记张惠到顺丰速运大学城分部，慰问坚守节日一线的快递人员，勉励快递人员争做行业佼佼者，并赞扬快递人员是“希望”传递者。

（市邮政管理局　胡明明）

通信业

【概况】　2021年，日照市工业和信息化局（简称“市工信局”）强化通信网络基础设施建设。至年底，全市建成光缆281.47万芯千米，移动电话基站数10067个，移动电话用户数311.54万户，固定宽带用户数122.24万户，光纤接入用户112.34万户，有线电视用户数133.73万户。推进爱日照免费Wi-Fi项目管理，研究制定爱日照免费Wi-Fi项目续建方案和公开招标方案，并组织完成招标。年内，免费Wi-Fi项目覆盖区域16处，累计注册用户51.61万户，单日最大在线用户数13585户，自2015年以来累计登录次数6643.8万人次。开展商务楼宇电信排他经营排查整治，对全市89个商务楼宇开展宽带接入市场排查，未发现商务楼宇内存在宽带业务排他经营和限制竞争、收取电信资费标准收费以外的费用等问题。强化通信基站管理，落实《关于进一步加强全市移动通信网络基础设施管理的通知》要求，对15个基站搬迁申请进行审查。协调铁塔公司对日照少年宫楼顶基站进行搬迁，消除安全隐患。组织开展电信行业2021年放心消费示范单位创建活动，共推荐1家省级放心消费示范单位、18家市级放心消费单位。

【5G网络建设】　2021年，市工信局加快推进5G网络建设。制定《2021年5G网络建设督查方案》，联合住建、国资等27个部门单位开展督查检查，先后查出问题基站313个，形成督查检查报告和督查问题反馈通知。10月，制定《2021年5G基站建设攻坚行动方案》，梳理5G基站剩余任务量和问题基站，会同运营商倒排工期，督促各区县压实责任，按期完成建设任务。至年底，全市建成开通5G基站3366个，累计完成投资9.49亿元，直供电改造及电价优惠共计778处，减轻电费负担近605万元。实现主城区、部分乡镇，以及重点景区、工业园区、港口等重点区域5G网络室外连片覆盖。加快推进5G创新应用场景建设，先后推动200余家企业开始布局5G技术，与运营商签署5G合作协议，推动44个5G应用典型场景建设。其中日照联通开通省内首个2.1GH$_Z$海面超远距离覆盖基站，日照魏牌汽车5G智慧工厂项目获得工信部第四届“绽放杯”5G应用征集大赛优秀奖。魏牌汽车、创泽机器人、移动公司远程现勘3个项目入选2021年5G省级试点示范项目。组织开展“5G进万家”惠民活动，提升全市5G用户普及率。至年底，全市5G用户数64.12万户，5G用户占比达22%。

【电信互联网行业安全管理】　2021年，市工信局先后起草印发《关于切实加强中秋、国庆期间安全生产工作的通知》《安全生产提示》等文件，做好安全提醒。全面排查电信互联网行业安全生产风险点，共梳理出风险点35处，并指导电信企业建立台账，制定防范措施。召开电信互联网行业安全生产工作推进会议，对安全生产风险点进行逐项研究，并对《日照市安全生产任务分工》《关于切实加强有限空间作业安全管理工作的通知》等文件进行学习。开展电信互联网行业安全生产督导检查，发现存在安全隐患25处，要求电信企业限期整改，并于11月开展现场复核全部销号。

【工业互联网安全管理】　2021年，市工信局加强工业互联网安全管理，研究出台《关于加强工业互联网安全管理办法》，强化工业互联网安全防护能力、工业互联网安全隐患排查、工业互联网安全技术支撑等多方面内容，提高工业互联网安全防范能力和水平。开展工业互联网安全威胁专项整治，聘请网络安全专家到现场帮助企业诊断网络安全风险，出具检测报告及整改方案，为企业及时解决安全隐患。协调运营商监测并清理肉鸡、恶意程序传播平台等网络安全威胁。开展工业互联网安全分类分级，指导海汇集团完成工信部工业互联网企业网络安全分类分级管理试点建设，并通过工信部评审。

（市工信局　徐后菊）

【无线电管理】　至2021年底，全市设置各类无线电台站9357个。其中，广播、电视台站18个，卫星地球站3个，短波电台7个，超短波电台1919个，公众基站6926座，数字集群10座，雷达站2座，无线数据电台9个，业余电台463个；全市建成14个固定站、4个移动站和2个可搬移站，配备各类监测设备20余套，监测设施和监测能力都有明显提升，形成覆盖市区、县城人口密集区以及港口、机场、高铁等重点区域的无线电监测网络。在全省无线电监测和无线电管理行政执法评价工作中，综合得分名列全省第二；在年度全省无线电监测技术演练中，获得团体二等奖和2个单项三等奖。

（市工信局　牟少华）

【中国联通日照分公司】　2021年，中国联合网络通信有限公司日照市分公司（简称“中国联通日照分公司”）聚焦创新产能提升及全市创新能力建设两项重点工作，推进全面数字化转型与深化组织体系改革，高质量发展取得初步成效。至年底，中国联通日照分公司移动电话用户62万户。其中，5G用户11万户，4G用户44万户，3G用户7万户。固定电话用户16.1万户，固定互联网宽带接入网用户35万户，移动互联网用户51.5万户，IPTV用户13万户，物联网终端用户174万户。

精准化管理　以客户感知为出发点，倒逼业务、网络、服务改进，对标行业内外，开展客户服务感知攻坚活动。实施服务关口前移，建立服务问题联动响应和限时解决机制，强化客户关系互联网化运营，提升客户感知。提升轻量级内网穿透代理服务器（NPS）客户感知，整合资源，开展日照联通“百倍用心、十分满意”专项宣传，提升市民感知。全年累计申诉率1298.2件/百万户，有效申诉率44.71件/百万户，均列当地行业第一位。

5G行业应用　年内，中国联通日照分公司新建5G基站958个，5G基站累计1623个，完成县城城区以上连续覆盖，5G人口覆盖率达48.78%，面积覆盖率达23.86%。拓展5G智慧医院、5G智能防疫、5G新能源、5G汽车制造、5G智慧文旅、5G海洋超远覆盖等领域。长城魏牌5G灯塔智慧工厂项目获第四届“绽放杯”5G应用大赛赛道优秀奖，中国设备管理大会“5G＋工业互联网应用”团体标杆奖、工信厅5G应用优秀案例、全省首个落地现场级MEC等。心脏病医院5G移动护理项目获第四届“绽放杯”5G应用大赛赛道优秀奖。3月14日，联合青岛大学附属医院、莒县人民医院在沭东院区顺利完成两例肾上腺肿瘤切除术和单侧肾肿瘤切除术，为全国首次连台、山东省第四例、日照市首例5G远程机器人腹腔镜手术。石臼海鲜智慧农贸市场改造提升项目实现海鲜农贸市场管理、服务、监管规范化和现代化，打造山东省农贸新零售智慧市场标杆。

助力智慧城市建设　打造智慧城管管理平台，是全省首个数据智脑基座。平台通过整合城市管理行业信息数据资源，建立城市管理地理信息专题图层，实现城市感知、分析、指挥、服务、督查“五位一体”的智慧管理新方式。对鲁南渔民传统作业渔场和重要养殖基地进行5G超远覆盖，海面覆盖距离达54千米，为政府海洋监管提供超远距离信号和渔民深海养殖的视频监控等信息采集与回传提供经济便利的通信手段。

（市联通公司　王艳艳）

【中国移动日照分公司】2021年，中国移动通信集团山东有限公司日照分公司（简称“中国移动日照分公司”）围绕年初制定工作目标，夯实发展基础，提升发展能力，较好完成各项目标任务。至年底，全市移动用户超过180万个，家庭宽带用户超42万户；落实“网络强国”战略，建设高标准全光家庭宽带网络，城市家庭千兆光纤网络覆盖率达91%；全年建设5G基站1002处，实现乡镇以上区域连续覆盖，热点农村重点覆盖。推动提速降费、携号转网、适老化服务工作落实，开展定向扶贫，部署扶贫资金30万余元，引导员工定向扶贫购物20万余元。推动乡村数智化工程，建设岚山农高区茶产业大数据平台等一批信息化项目，助力地方“三农”经济发展。开展适老化服务工作，联合市民政局为2400余名失智老年人发放定位手环，开通10086热线敬老服务专席，设立厅店老年爱心专区，着力弥合老年人“数字鸿沟”。开展新冠疫情防控“三个保障”，累计发送疫情公益短信3000万余条，大中型通信保障20次，向员工发放防疫物资超20万件，保障全体员工生命安全和身体健康。统筹新型基础设施建设，加强第三数据中心、第二生产楼IDC机房扩容，为市海洋渔业局、市城投集团等10多家单位提供IDC服务。

（市移动公司　宋铭飞）

【中国电信日照分公司】2021年，中国电信集团有限公司日照分公司（简称“中国电信日照分公司”）实施云改数转战略，全面深化改革，高质量发展获得佳绩，用户满意度在全省电信地市公司中排名第二位，被中国电信集团公司授予“集团级先进集体”称号。至年底，中国电信日照分公司移动电话用户60.9万户。其中，3G用户5万户、4G用户36.1万户、5G用户19.8户。固定电话用户30.7万户，IPTV用户10.9万户，物联网终端用户20.36万户。

“光网城市”建设　年内，中国电信日照分公司光网建设专项投资5000万余元，城区和农村网络进行深度覆盖，城区进行千兆能力覆盖，其中城区千兆覆盖率超30%，500兆宽带覆盖率超95%，提升全市网络下载速率，并以第一个具备千兆资源的优势助力日照市成为全国首批29个“千兆城市”之一。移动网络指标在全省电信名列前茅，率先实现主城区、县城及重点乡镇网络全覆盖，全市4G覆盖率达99%以上。

行业信息化建设　推进“数字日照”建设。助推智慧港口建设，围绕5G技术应用，日照港5G自动集装箱码头项目成为全球典范；助推化工行业信息化建设，结合建筑信息模型（BIM）、大数据等信息技术，莒县智慧化工园区项目成为全省化工园区智能化标杆；助推旅游行业智慧化建设，推动建设市级全域旅游大数据平台、旅游应急指挥平台，景区综合管理平台，为国家AAAAA级旅游景区打造提供云网底座，包括五莲山、九仙山智慧景区等项目；助推传统制造业信息化升级，搭建数字化工厂一体化协同管理平台，实现数字化协同制造，全过程追溯，助推智慧医疗，结合电信在5G定制网致远模式、政务云、政务网等网络技术优势，提升日照市慢病管理和120应急救治水平，并与市卫健委“5G＋智慧医疗”科研开展合作。

服务品质提升　开展“满意服务年”活动，12345市长热线处理及时率100%，定期参加“行风热线”栏目，将问题纳入管理体系，挂牌督办。创新打造线上直播服务，推广网厅、掌厅、公众号、微信小程序等多样化、电子化服务模式，同时搭建信息化受理平台方便城乡居民办理各类业务。打造高素质、高技能的高端智慧家庭工程师队伍，30分钟响应，“当日装、当日修、慢必赔”，逐单回访，提升用户满意度。

助力乡村振兴　在全市范围内打造数字乡村、数字乡镇，利用建设天翼看家、天翼大喇叭和智慧E屏，提升农村综合治理水平及农村安全水平。探索智慧养老服务新模式，为“全国脱贫攻坚先进集体”五莲红泥崖村提供“数字乡村暨5G智慧健康养老解决方案”。严格遵守实名制要求，杜绝非实名入网。在业务办理时引导用户下载安装“国家反诈中心”App，分批次对全网用户发送防诈短信。

（市电信公司　孙明辉）

电子商务

【概况】 2021年，日照市全力推进电子商务发展，开展国家级、省级电子商务进农村综合示范点建设。应对新冠疫情冲击，开展电商直播活动，推动各类电商园区平台建设，聚焦电商扶贫，强化电商人才培训，促进特色农副产品上线销售，形成较为完善的县乡村三级电商公共服务网络体系。据浪潮商务万象监测，全年全市实现网络零售额38.8亿元。其中，农产品网络零售额5.1亿元。至年底，全市电商企业2016家，电商店铺数3.88万家，电商企业网上零售额过1000万元的有8家，其中过2000万元的企业3家。全年组织认定36家市级电商示范园区、示范镇村、示范企业，累计拨付电商促消费和电商示范项目资金500万元；组织举办日照市首届“嗨购日照消费季”暨“莒地名优”春季好物云销节、“嗨购日照消费季·礼惠双节直播周”等电商促消费活动。莒县创建为国家级电子商务进农村综合示范县，衣锦浣香电子商务有限公司打造的“浣洗平台”，被商务部评定为全国商业科技应用典型案例。

【电子商务企业】 2021年，市商务局制定印发《关于支持电子商务发展若干措施》，对电子商务企业从省级电商示范县发展、电商产业园建设、电商示范镇村建设、电商促消费活动开展等8个方面给予支持。至年底，全市电商企业2016家，电商店铺数3.88万家，电商企业网上零售额过1000万元8家，其中过2000万元的企业有3家。

【电子商务示范创建】 2021年，市商务局聚焦乡村振兴、服务消费升级，提升农村电商应用水平，建设现代农村商品流通体系，推动县域商业体系转型升级，莒县创建为国家级电子商务示范县。推选申报2021年度省级城乡高效配送示范县（市、区）和示范企业，岚山区确定为省级城乡高效配送示范县。支持电子商务平台发展，打造垂直类电商平台之一，借助平台开展智慧化应用，推动全市电子商务企业开展全国布局，走出去拓展线上市场。衣锦浣香电子商务有限公司申报的“浣洗洗护平台＋5G智慧洗护工厂”项目，入选全国商业科技应用典型案例，为全省入选的3个典型案例之一。

【农村电子商务】 2021年，日照市依托国家电子商务进农村示范县建设，推动电子商务进农村。五莲县电子商务进农村示范县通过验收，莒县创建为国家电商示范县，岚山区创建为省级城乡高效配送示范县，日照市电子商务三级公共服务体系基本建成，全市累计建设县乡村三级服务站点300余个。通过电商引导，新世纪、正基等传统商贸企业开展线上销售，实现线上线下融合发展。

（市商务局　张　磊）

会展业

【概况】 2021年，全市会展业发展总体平稳。中国国际贸易促进委员会日照市委员会（简称“市贸促会”）以牵头会展专班工作为抓手，坚持“围绕中心办展、立足优势办展、坚持专业办展”工作思路，“走出去”“引进来”，力促会展项目落地。围绕中心办展，推动主导产业高质量发展；立足优势办展，助力县域经济发展；依托专业办展，让展会更具生命力。坚持“开放办展”“专业人办专业事”，加强与专业展览公司的对接交流，与海名、西麦克、国联股份、金诺、新丞华、山东融合等20余家展览公司合作。

【会展经济】 2021年，市贸促会依托港口资源优势，与中国煤炭工业协会签署合作协议，每年在日照举办1次以上涉煤会议活动，支持日照建设国家区域煤炭储备和交易中心。12月2—5日，冬季煤交会举办。依托钢铁产业，争引钢铁展洽会、钙产业链博览会、全国轧钢行业会议在日照举办。其中，钢铁展洽会展出面积2万余平方米，吸引全国20多个省市200余家参展商参展，专业采购商1.8万余人，洽谈约9600人次。依托莒县塑料、五莲石材、东港机械装备、岚山钢铁，举办橡塑展、石材展、钻机展、钢铁展洽会、钙产业联展。与市外会展管理部门、会展业协会、专业展览公司对接，宣传推介日照市产业优势、招展引会计划及办展环境，并在10月召开日照会展推介会，签订战略合作协议11个，废钢展洽会、汽配展、渔博会、食品展等9个项目落地日照。组织参加2021外贸优品展销会、2021中国国际渔业博览会等国内行业知名展会，借助展会平台宣传推介日照市优势产业，并与展会主办单位及相关行业平台建立联系。全年举办会展活动86场，包括政府重点扶持会展活动3场，市场化运作专业展会6场，专业会议论坛活动34场，消费类展会20场，其他会议、赛事活动23场。其中，专业展会现场总交易额6亿元，意向合同额10亿元；带动日照市酒店、餐饮、交通、旅游等产业消费达3亿元，通过展会招引落地及在谈项目5个。

【品牌展会】 2021中国智能装备（钻机）科技博览会　该博览会3月15—17日在日照举办，是日照市2021年首个线下专业展会、首个由本土企业举办展会。展览面积1万平方米，有徐工、临工、柳工、浙江志高股份、一汽解放、瑞典阿特拉斯、美国寿力等100多家国内外知名智能装备企业参展，展示产品3000余个，与会采购商、专业观众1万余人次。现场成交机械设备500余台、配件3000余件，其中徐工现场售出机械设备80台、浙江志高71台、康普斯51台、众海机械64台、美国寿力30台，现场总交易额3.8亿元，后续订货意向约2亿元；达成长期合作意向协议1000余个。

2021中国北方（日照）石材博览会　该展会由日照市贸促会、日照市福建商会具体指导，五莲县石材产业园管理委员会、五莲县商务局、莒县商务局具体协办，于4月18—21日在日照举办。展会展览面积10000余平方米，有晋工、先达、正大、瑞升、百特、科林、山前、兄弟、美华、广福等90多家国内知名机械和石材企业参展，展示产品达200余种，北京、天津、河北、河南、山东、新疆、内蒙古、江苏、广东等地专业采购商参观人次逾9000余人次，现场交易额达7460万元，达成意向合同额3.5亿元。

2021中国日照·莒县第二届橡塑产业（新技术、新材料、新装备）博览会　该博览会于6月8—10日在莒县高端塑料产业园举办，以“新技术、新材料、新装备”为主题，由日照市贸促会、莒县人民政府指导，莒县商务局、莒县贸促会、刘官庄镇政府、莒县土发集团协办，山东恒展国际会展有限公司主办。展会展览范围包括塑料包装机械、橡塑设备，可降解材料、辅机、模具、包装容器机械和软包装产品等，基本涵盖塑料行业全产业链。展出面积1.6万平方米，国际化标准展位600余个，来自河北、河南、江苏、安徽、浙江、广东、上海、天津、辽宁等25个省、市的156家参展商参展。根据观众大数据后台显示，展会期间，1.5万余人参观，洽谈9600人次。其中，来自河北石家庄、河北临西、山东潍坊、河南西平的专业采购团共400余人。展会现场成交塑料加工设备182台（套），现场成交额1600万元，意向交易合同168个，意向合同额3.6亿元，会议期间签约招商引资项目2个，合同意向投资额2.1亿元。

【展会策划培育】 2021年，市贸促会先后到北京、济南、青岛、潍坊、临沂等地招展引会，与市外会展行业管理部门、会展业协会、行业商协会对接，宣传推介日照市产业优势、招展引会计划及办展环境，先后与海名、西麦克、国联股份、金诺、新丞华、山东融合等20余家展览公司建立合作关系。

【会展活动招引】 2021年，市贸促会举办2021日照会展推介会，省贸促会贸易投资服务中心，省会展业协会及市工信局、市海洋发展局及市文化和旅游局等市会展专班成员单位，海名、金诺、新丞华、日照广播影视集团、日照城投集团等市内外会展企业40余个单位、70余人参会。会上签订战略合作协议11个，2022中国废钢展洽会、山东省汽车配件暨润滑油展览会、山东省国际海洋装备暨渔业博览会、山东旅游资源洽谈博览会、中国冶金电力碳达峰碳中和和节能环保技术装备交流峰会、中国绿色智慧交通发展合作交流论坛5个项目计划落地日照。

【新办展会】 2021年7月13—15日，2021中国钢铁产业链新技术新装备展洽会活动在日照举办。该展洽会以钢铁低碳发展与智能制造为主题，展出面积2万余平方米，来自河北、河南、江苏、安徽、浙江、广东、上海、天津、辽宁等20多个省市共200余家参展商参展；展期参观观众1.8万余人，洽谈9600人次，其中，来自河北、陕西、山东当地专业采购团1600余人。日照市山东钢铁日照公司、日照控股、岚山经济开发区、东港钢铁配套产业园参加展会，并在配套举行论坛上宣传推介。展会期间，均配套举行行业前沿论坛讲座，邀请中国工程院院士王国栋，中国钢铁工业协会、中国工业节能与清洁生产协会、北京科技大学、东北大学等协会、院校专家和教授出席论坛作演讲。

9月14—16日，2021中国（日照）钙产业链博览会活动在日照举办。该展会由中国设备管理协会冶金行业国际合作服务中心主办，国联股份、冶金工业网联合承办，市贸促会、市工业和信息化局、市应急管理局、市科学技术协会、市工商业联合会等单位联合支持，超细粉末国家工程研究中心协办，是山东省首个钙产业链专业展会。展会展览面积1.2万平方米，来自台湾、广西、江西、安徽等20多个省市的100余家参展商参展、参会。展期参观观众8000余人，洽谈5000余人次。展会同期配套召开2021中国钙工艺技术交流暨产业链专题技术交流会议，邀请多位钙行业专家通过主旨演讲、专题报告等形式，开展高端对话与研讨，助力打造富有成效钙产业链交流盛会。

（市贸促会　范艳波）

中介服务业

【人力资源服务】 至2021年底，全市有省级人力资源服务产业园1家，各类人力资源服务机构207家，从业人员1548人。其中，国家级人力资源诚信服务示范机构1家、省级人力资源诚信服务机构7家、市级人力资源服务诚信示范机构5家；全市人力资源服务业优秀品牌5家、“十佳”人力资源服务机构10家。全年服务66万余人次，实现营收45.26亿元，税收2.15亿元。年内，全市人力资源服务机构聚焦重点群体、重点行业，充分挖掘就业岗位、畅通就业渠道、精准对接需求，帮助实现就业26万人。“五莲民生劳务”与分布在20多个国家的24个项目单位建立国际劳务派遣关系，全年派往国外务工人员达2006人。光辉人力的“小优快工”项目，通过人工智能、大数据、云计算等技术，为用工主体提供智慧匹配、预约用工和报酬支付等技术服务。日照市12333热线受理各类咨询电话12.1万个，月均电话1.01万个，较2020年同期增长27.5%；人工接通率83.45%，综合接通率85.8%。其中，人工接听各类电话8.66万个，人工留言回复1.44万个，另有自助语音服务电话2842个。自10月31日起，12333热线实行7×24小时全时段人工服务，工作时长覆盖夜间、周末及法定节假日，实现全年无休，业务咨询不打烊。

【日照市人力资源产业园】 日照市人力资源产业园2018年建成开园，至2021年底入驻企业81家。2021年，市人力资源产业园贯彻《关于支持人力资源服务业高质量发展的意见》，利用新政策中对平台经济补贴政策，与中央活力区签约升级日照平台经济产业园，打破传统人力资源服务业生产方式，面向全国开展外包服务业务，全年实现营业收入57.73亿元，税收2.14亿元。开园以来，累计营业收入163.14亿元，税收7.01亿元；累计服务用工企业9720家，派遣人数2.43万人次，外包人数18.1万人次，服务求职者8.9万人次。2021年12月，举办2021中国（日照）人力资源服务产业园创新发展论坛，全国各地园区和机构的200余人参加。

（市人力资源和社会保障局　牛玉东　王兴强）

【科技服务】 2021年，日照市推进高能级产学研平台建设。完成上海交通大学海洋智能装备研究院注册，与日照港开展数字航道及智能导引系统项目合作，立项纳入山东港口集团承担的省重大创新工程专项。至年底，建成上海交通大学、山东大学、武汉大学等高校研究院8家，西安交通大学、东南大学、杭州电子科技大学、中国药科大学等高校技术转移中心8家。开展技术对接交流活动，解决企业技术需求。面向全市企业征集技术需求，年初征集49家企业技术需求103项，针对企业技术需求情况进行技术、成果精准对接；举办第六届中国创新挑战赛（山东·日照），实地走访调研企业56家，征集需求135条，在中国创新挑战赛网站“发榜”，帮助企业出具50余份技术解决方案，签订技术开发协议7个，合同金额230余万元；组织开展技术对接交流活动50余次，参与企业600余家。全年有117个企业与123个高校、科研院所、企业的163个专家团队合作202个项目。开展技术合同登记，全市技术合同成交额90.3亿元；经省平台认定的技术合同技术交易额为6.1亿元，其中涉外技术合同技术交易额为2.8亿元、国内合同技术交易额3.3亿元。举办2021年科技活动周、日照市科技成果对接五月季第二场暨第六届创新挑战赛启动仪式、科技政策文献大篷车进企业、2021年“日照最美科技工作者”发布仪式等活动20余场次。组织日照市科技创新大讲堂系列活动，邀请专家教授授课，市内研发人员和研发经费投入较高的部分高新技术企业和入库科技型中小企业主要负责人200人参加培训；举办科技成果转化专题培训班，市科技局、山东黄海科技创新研究院、市内高校、各园区科技部门、驻日照高校研究院、技术转移中心、科技服务机构等相关部门200人参加培训，区县设分会场。组织技术经纪人培训班，全市科技系统、市内高校、科研院所、新型研发机构等相关部门150人参加培训，121人通过考试考核。组织举办西安项目人才招引活动，签署合作协议16项，引进高层次人才团队14个；带回西安交通大学等高校科技成果150余项。

（市科技局　张同对）

【律师服务】 2021年，日照市执业律师总数795人，公职律师88人，公司律师16人，法律援助32人。为全市13946家企业担任常年法律顾问，党政一体法律顾问为党委政府发挥参谋助手作用，日照市舜铭律师事务所被司法部评为全国文明律师事务所。至年底，共办理案件220件（基础服务160件，案件代理60件）。

（市司法局　李　强）

【公证服务】 2021年，全市有5家公证处，3家为事业单位，1家为合作制，1家为公益二类；有公证人员70人，其中执业公证员32人。全年公证办理业务16275件。拓展创新金融领域公证服务，办理赋强公证业务1568件；五莲县将公证参与金融工作纳入2021年度县委、县政府对各商业银行的经济社会发展综合考核。为城镇化建设和乡村振兴战略提供公证法律服务，全年办理征地拆迁、城中村改造、安置房分配、公租房分配等业务120多场次，涉及分房1.8万多户，涉农合同公证491件。为打造最佳营商环境提供公证服务，阳光公证处协调进驻市政务服务中心，为进驻单位和办事企业群众提供零距离咨询和公证服务；岚山公证处与新岚山建设发展有限公司等企业续签公证服务合同，为企业提供法律建议，当好参谋和助手。推进司法辅助业务，发挥公证预防化解纠纷作用，将公证工作纳入非诉讼纠纷解决机制。五莲县公证处自7月入驻五莲县非诉讼服务中心法院分中心，开展诉前调解185件；莒县公证处配合县法院对部分强制执行活动办理证据保全公证，阳光公证处和岚山公证处参与法院诉调对接机制，将公证员纳入法院调解名册。

（市司法局　高　洁）

【会计服务】 2021年，市财政局组织会计专业技术资格报名及考试14269人，完成39名高级会计师、7名正高级会计师评审材料审核呈报工作；对2020年度以前全市审批备案的115户代理记账机构（总机构114户、分支机构1户），开展代理记账机构年度备案和检查，涉及从业人员355人、代理服务单位5775家；组织全市26266名会计人员完成组织年度网络会计专业继续教育。会同市审计局举办“全市行政事业单位会计与内部审计专题培训班”，全市300多名会计和内部审计人员参加培训；举办“市属国有企业财务骨干培训班”，对100多名国企财务骨干进行系统培训；会同日照职业技术学院和日照银行，举办“中小微企业财务专题培训班”，全市200多家中小微企业400多名财会业务骨干参加培训。至年底，全市有会计师事务所13家。

【资产评估】 2021年，日照市修订《日照市市属国有企业重大事项管理办法》，明确市属国有企业及子企业经济行为事项涉及的资产评估项目需核准、备案情形，制定工作指南，明确资产评估职责，理顺工作流程，强化资产评估结果在企业国有产权交易中的应用。加强资产评估行业监管，全年为12家资产评估机构在资产评估备案管理系统进行备案，同时在日照市财政局官网发布备案公告，其中登记备案9家（含7家分支机构），变更备案3家。

（市财政局　徐　菁）

【广告业】 2021年，市市场监管局推行“清单化、智慧化、精准化、常态化、规范化”融合广告监管模式，做法被省市场监管局发文推广。制定《广告活动禁止性条款清单》，对户外广告和互联网广告实行智能化监测，广告监测查看率和处置率达100%。开展“庆祝中国共产党成立100周年”“疫苗”等广告监测33733条、76万条次，发现并处置涉嫌违法广告123条次。年内，牵头组织专项整治行动9次，检查企业1026家，发现问题582条，下达责令整改89份，印发提醒告诫通知11份，行政约谈企业247家。

（市市场监管局　李海霞）

居民生活服务业

【住宿餐饮业】 2021年，市商务局联合市旅游饭店餐烹饪协会部署开展“绿色饭店”创建活动，组织10家骨干餐饮企业参加全省培训，日照食为天商务酒店等5家企业获评“绿色饭店”，乔记八大碗酒店等6家企业获评“齐鲁餐饮名店”，另有6名厨师、11道菜品获评“齐鲁名师”“齐鲁名菜”称号；指导开展国家钻级酒家评定，小江南等5家企业获评四钻级企业。牵头会同公安、文旅、市场监管等部门集中利用50天时间，开展住宿餐饮业突出问题专项整治和服务质量提升行动。至年底，全市有限额以上住宿企业33家，限额以上餐饮企业35家。

【家政服务业】 至2021年底，全市在行政审批部门登记注册的有家政服务内容的企业有2583家，实际从事家政服务业的重点企业有36家，从业人员6000余人。其中，入驻商务部家政服务业信息管理系统平台的企业17家，从业人员3674人，主要提供家务服务、月嫂服务、育婴服务、养老服务、专业保洁和护工服务等。

（市商务局　张　磊）

【养老服务】 2021年，日照市养老服务工作围绕构建居家社区机构相协调、医养康养相结合养老服务体系，聚焦解决城市社区养老服务设施配建不足、养老机构消防历史遗留问题较多、城乡养老服务供给发展不平衡等三大难题，巩固深化全国居家和社区养老服务改革试点成果，创新推动县域养老服务体系示范创建，印发《关于推进“老有所养”工作若干措施》，大力开展“阳光助老”“阳光助餐”“阳光照护”“阳光医养”“阳光智养”“阳光志愿服务”六项行动，养老服务能力水平大幅提升。至年底，全市户籍人口309.55万人，60周岁以上老年人口69.29万人，占户籍人口的22.38%。建成城乡养老服务设施1532处，其中，养老院21家、乡镇敬老院25家、农村幸福院1378处、城市社区日间照料中心108处。

（市民政局　张　朕）

【社区食堂】 2021年，日照市落实规范项目建设标准、高质量规划建设、全方位提升品质等措施，做到以高标准、严要求保障社区食堂服务水平，新建15处社区食堂。市商务局会同有关部门出台《日照市社区食堂建设运营指导意见》，创新“国企资源＋民企机制”运作模式、拓展“爱心驿站＋便民利民”温情服务等措施，坚持公益普惠、微利经营原则，提供高品质、低价格社区食堂服务，为老年人提供低盐、低脂、低糖的饭菜，同时创新做好社会公益服务，建立良好的品质和服务运行机制、形成有效的督查评价考核机制等措施，做到以严密科学的制度确保社区食堂实现长效为民。至年底，15处社区食堂全部建成运营且完成验收，并按照每处20万元的补助完成资金拨付。

（市商务局　张　磊）

2021年，日照国博中心社区惠佳食堂　　（市商务局　供图）

物流业

综　述

【概况】 2021 年，日照市立足日照港口区位优势和临港产业优势，实施新旧动能转换重大工程，扩大区域对接合作，搭建综合服务平台，加快创建区域性国际航运物流中心、港口型国家物流枢纽，现代物流业发展速度加快、质量效益提升，在“一带一路”建设、胶东经济圈一体化发展等重大战略中的综合枢纽功能日益凸显，辐射带动能力不断增强。9 月，市发展改革委牵头编制印发《日照市“十四五”现代物流发展规划》，提出着力发展以港口为核心、城乡物流高效协同、重点领域物流特色发展的“一核两翼三极”现代物流网络体系，重点实施物流设施建设工程、智慧物流提升工程、港口物流升级工程、冷链物流培育工程、市场主体培育工程、产业融合推进工程六大工程。发挥日照新亚欧大陆桥东方桥头堡、新亚欧大陆桥经济走廊主要节点城市和海上丝绸之路战略合作支点等优势，积极融入“一带一路”“黄河流域生态保护和高质量发展”“胶东经济圈一体化发展”等重大战略，打造黄河流域陆海联动转换枢纽、北方能源枢纽和港口型国家物流枢纽，加快推进物流业降本增效，发展速度和质量效益双提升。在国家沿海区域发展战略中的综合枢纽功能更加突出，辐射带动能力不断增强，在国家重大生产力布局和全球能源、原材料运输格局中的重要战略地位日益凸显。11 月，日照市入选“十四五”首批国家物流枢纽建设名单。岚山区入选国家首批先进制造业和现代服务业融合发展试点区域，以先进钢铁制造业和现代服务业融合发展为试点方向，重点推动现代物流业与先进制造业融合发展，岚山港城智慧物流枢纽等项目列入省重大项目。15 家企业获得中国物流与采购联合会 A 级物流企业评估认定，3 家冷链物流企业获得星级冷链物流企业评估认定；山东日照中瑞国际物流有限公司获得省Ⅱ级物流园区认定，5 家企业获得省级物流企业认定；凌云、荣信等 3 家企业通过第二批省级物流标准化试点验收。全年全市交通运输仓储和邮政业实现增加值 180.79 亿元，占生产总值比重的 8.2%，比 2020 年增长 9%，成为全市重要支柱产业。港口运输发展较快，水上运输业实现增加值 78.09 亿元，比 2020 年增长 20.2%，两年平均增速 10.5%；港口货物吞吐量 5.4 亿吨，增长 9.1%，同比提高 2.1 个百分点，居全球第九大港口、全国第六大沿海港口。全年铁路货运量增长 4.4%，海上货运量增长 15.2%。实现邮政业务收入（不包括邮政储蓄银行直接营业收入）11.35 亿元，增

2022 年 4 月，日照港岚山港区南作业区散粮储运系统改扩建工程项目粮食筒仓施工作业现场

（王厚臻　摄）

长17.7%，邮政行业业务总量15.03亿元，比2020年增长19.4%。其中，快递业务收入8.65亿元，比2020年增长23.1%；快递业务量1.44亿件，比2020年增长16.2%。

（市发展改革委 张豪中）

【设施建设】 2021年，日照进入航空、高铁时代，“三纵两横两连”高速公路网和“两纵四横”现代化铁路运输网络已经形成，以港口为核心、水陆空立体交通网络使日照成为重要交通枢纽。全市公路通车里程突破1万千米，其中，高速公路222.18千米。青日连铁路、日兰高铁建成通车，瓦日铁路、新菏兖日铁路直通港口，境内铁路线6条，通车里程301.27千米。日照机场累计开通至北上广深等28个城市31个通航点的航班，规划以山字河机场为中心，构建多个通用机场和临时起降点的“1＋N”通航网络体系。日仪、日东、胶日等国内重要石油天然气管道在日照市交会，配套储气能力达3.2亿立方米；原油外输管道总长2000千米、储备能力1300万吨，贯通南北天然气主干管道基本形成，原油输送覆盖长江中下游地区和鲁西地区，成为全国重要能源集散中心。日照港拥有石臼、岚山两大港区，规划274个泊位，设计能力达6亿吨以上；建成生产性泊位87个，总通过能力3亿吨；全市沿海港口开通航线48条。日照港成为全国重要矿石、原油进口港和煤炭、粮食、木材中转港，是江北最重要的液体化工品集散地和全球重要能源及原材料中转基地。

【县乡村物流网络建设】 2021年，全市县乡村三级物流配送体系不断完善，逐步构建起以县域为中心、乡镇为重点、村居为基础农村流通体系。大型商贸流通企业下沉渠道和服务，物流网络加快向区县延伸，向农村乡镇下沉，向社区拓展，服务能力不断增强。共同配送等新模式发展，大型连锁企业物流成本持续降低，配送效率不断提升。推荐莒县、岚山区创建省级乡高效配送示范县，日照凌云、日百、正基等5家企业争创省级乡高效配送示范企业。全年全市新增农产品产地冷藏设施38个。统筹农村地区寄递物流资源，鼓励快递企业利用交通、供销、商贸流通体系将快递投递进村，农村寄递物流体系快速完善。通过直接投递、进村设点、交快合作、邮快合作、快快合作等形式完成全市行政村快递进村工作，其中邮政快递、顺丰速运、京东快递和德邦快递4个品牌做到全市快递进村全覆盖。

【智慧物流】 2021年，市发展改革委聚焦物流业降本增效，推进智慧物流基础设施建设，推动智能物流技术装备研发与应用。多式联运发展迅速，日照港“一带一路”集装箱公海铁联运示范工程入选省级多式联运示范项目。全年全市中欧班列集装箱运输量4568万标箱，比2020年下降36%。冷链物流纵深发展，冷链共同配送、“生鲜电商＋冷链宅配”“中央厨房＋食材冷链配送”等新模式不断涌现，成功创建冷链物流发展示范城市。智慧物流快速发展，建成投用日照港物流区块链平台。网络货运、直播电商、新零售等“互联网＋”高效物流新业态加速培育，莒县创建2021年度国家级电子商务示范县，山东港口集团日照港有限公司、京创智汇（山东）物流科技有限公司、山东振川物流科技有限公司3家企业取得网络货运资质，整合社会车辆16.5万辆。全年全市实现网络零售额38.8亿元，其中农产品网络零售额5.1亿元。全市电商企业达2016家，电商店铺达3.88万家，电商企业网上零售额过1000万元的8家。

（市发展改革委 王洪霞）

物流园区

【物流园区建设】 2021年，日照邦达物流园、日照中瑞国际物流园、日照传化交通公路港、莒县通达物流公路港、日照天泽冷链物流园、山东海派冷链物流园等一批园区建成投入使用。中外运智慧物流园、日照中谷多式联运综合物流园、日照港国际物流园区等园区在建设中。

【重点园区】 日照中瑞国际物流园 该项目地处日照精品钢基地经济圈腹地，毗邻山钢、日钢，西临204国道、同三高速、青日连铁路、日照机场，东临岚山港，北靠日照港，形成得天独厚的物流业发展区位优势。园区总占地面积790670平方米，总投资约13.8亿元。项目是集大型仓储、现货交易、电子交易、信息服务、钢材精深加工、智能配送、金融服务、智能公路港、公共保税等功能于一体的现代化综合性物流基地。一期占地320666平方米，建成仓储场地169120平方米。其中，室外堆场8个，面积103216平方米；室内仓库9个，面积65904平方米。二期现代公路港项目占地面积30万平方米，主要建设大型停车场、物流配货平台、车辆维修平台、LNG加气站，车辆调度中心、智能分拣、零单快运等一系列相关配套设施。建设物流运营中心，提供包括国际采购分销服务、产品展示推广服务、现代物流配送服务、供应链管理信息服务，供应链管理研究和产学研结合服务等一系列内容。

莒县通达物流信息产业园 该园区南靠兖石铁路，北依烟新铁路，东临日照港、青岛港，206国道、335省道在此交会，占地面积19.2万平方米，投资5.96亿元。搭建通达智慧物流信息平台与规划建设项目、汽车信息中心、仓储中心、汽车检测中心、汽车维修中心、加油站及商务配套设施等多功能于一体的现代化、信息化、智慧化物流园区。2021年，5500平方米信息服务中心楼建成并投入使用；4320平方米汽车维修车间、1.6万平方米加油站建成并投入使用。硬化停车场面积4万平方米，满足大型停车位500余台。

日照传化交通公路港　该项目位于日照空港经济开发区，东邻204国道，南至220省道，距离日照机场3千米，日照高铁站5千米，日照港18千米，在日照立体交通网络中属核心区位。项目依托传化公路港城市物流中心先进理念，以开放、共享、合作、共赢服务体系，结合日照当地产业结构特征，规划建设物流企业总部、司机之家、货运班车总站、城市分拨中心、智能仓储中心、智能车源中心、展示展销中心、三产配套中心、管理服务中心以及多式联运中心等功能模块。项目是传化智联全国布局城市网络体系构建中重要平台之一，由传化集团、日照交通能源发展集团和日照港集团共同投资建设。总规划346663平方米，投资额10亿元，规划整体驻港企业500余家。

日照邦达物流园　该园区位于日照经济技术开发区临沂路西、深圳路南（深圳路266号）。东面为日照港、北邻青岛港、南邻连云港口，是一家专注于国内沿海集装箱运输服务、陆地集卡、散货运输及其他综合物流业务等多种经营为一体的大型多式联运物流公司。业务辐射全国15个省市，覆盖国内50多个港口。形成以海运为主、海陆铁多式联运相结合的全方位物流承运模式，为客户定制专业、优质的物流配载方案。各种集卡车辆350余辆，叉车9台、装载机15台，环保道路洗扫车2台，集装箱正面吊2台，40吨门式起重机1台，40吨双梁行车1台。货物涉及种类有面粉、大豆、玉米、小麦、瓷砖、石材、纸、钢管、面包铁、卷钢等大宗货物。园区占地面积66685平方米。办公楼两座投入使用（面积9309.14平方米），多功能综合性仓库3座并投入使用（15176.6平方米），报批在建1座综合性多功能仓库（面积5081.34平方米）。

（市发展改革委）

物流企业

【概况】　截至2021年底，全市有省际水路运输企业20家，船舶55艘，水上总运力47.78万载重吨；公路货运车辆3.69万辆（其中挂车1.43万辆），总吨位58.1万吨。中瑞国际钢材物流园、天泽冷链物流园等一批专业化物流园区相继建成投运，规范化管理、集约化经营、信息化作业现代物流运营模式初步形成。

【山东浩宇物流公司】　该公司始建于1996年，是浩宇集团的子公司，原为浩宇车队，2006年更名为山东浩宇物流有限公司，注册资金6000万元，拥有各种运输车辆500余台。公司拥有现代化的维修车间，能够为各种车辆提供优质的维修与养护；有车辆运行调度中心、车辆维修现

2021年，山东浩宇物流有限公司厂景　（市交通运输局　供图）

代化车间、车辆维修配件储存仓库和后勤服务商务综合办公楼等配套建筑设施，职工600余人。浩宇物流以日照港集团、新汶矿业集团、济宁嘉冠集团为依托，面向全国承担各种矿产品、危险货物及普通货物运输，公司年运输能力600万吨。主要承担着浩宇集团的煤炭、焦炭、铁矿石等大宗物资运输任务，同时为日照港集团、济宁嘉冠、新汶矿业集团等大型集团担负着部分运输任务，还面向全国承担各种矿产品、煤炭、焦炭、普通货物运输及道路危险货物运输。先后被山东省交通厅评定为四级货运企业、国际集装箱道路运输企业，被日照市交通局核准的危险品货物运输企业；通过ISO9001质量管理体系认证，被山东省物流与交通运输协会评定为“五星级物流企业”“AAAA级运输型物流企业”。2021年，实现主营业务收入1.6亿元，税收597.66万元。

【山东凯达物流有限公司】 该公司创建于2002年，是一家集仓单质押、货物储存、物流配送、信息服务为一体，多元化经营、全方位发展的现代化综合型国家AAAA级物流企业。2021年，公司以物流业为核心，涉足物流、驾驶员培训、汽车销售、汽车维修、汽车加油、汽车租赁、汽车检测、汽车拆解、房地产开发、园林绿化等领域，业务范围逐步扩展，全年实现营业收入2.77亿元。公司先后被评为中国物流百强企业、中国物流AAAA级企业、全国先进物流企业、全国通用型仓储前五十强企业、山东省服务名牌企业、山东省诚信企业、山东省守合同重信用单位、山东省服务标准化示范单位、山东省首批四星级物流企业、山东省电子商务示范企业、全国企业文化建设典范企业、省级文明单位等，被团中央列为青年就业创业见习基地。

【日照泓源物流有限公司】 该公司于2009年5月20日在日照市经济技术开发区注册成立，公司经营范围：普通货运、货物专用运输（集装箱）(凭有效许可证经营)；物流服务；国际货运代理、货物运输代理；搬运装卸；仓储服务（不含危险化学品、易制毒化学品及易燃易爆物品)；集装箱的生产、维修、租赁（不含金融租赁）、销售；集装箱技术咨询、服务；代理报关报检业务等。2021年，受新冠肺炎疫情及能源价格大幅上涨等因素影响，公司各部门群策群力，通过提升服务质量，开源节流等一系列经营方式调整，实现年内贸集装箱进口量57796标准箱（TEU），内贸集装箱出口量70906标准箱（TEU），场站散改集装箱量14569标准箱（TEU），年营业收入2.296亿元，纳税总额286.6万元。公司先后获“日照市道路货运质量信誉AAA级企业”“日照市集装箱物流行业协会副会长单位”“日照市义务工作者联合会爱心企业”“中国交通运输协会智慧物流专业委员会常务理事单位”等称号。

【日照鑫泰物流有限公司】 成立于2008年8月，注册资本500万元，年营业收入1.2亿元。日照鑫泰物流有限公司是一家集国内集装箱海运代理、车辆挂靠、集卡运输、散货运输、铁路运输、船舶代理、仓储、码头货物拆装箱服务、快运服务、铁路专用线、汽贸服务的综合性物流企业。公司有专业管理人才100余人，拥有300多部集卡拖车车辆，配备经验丰富车技娴熟司机300余人；拥有丰富的海运物流经验，健全的服务网络，安全性高、服务品质优；2017年，公司新增海铁部，实现海运与铁路运输、公路与铁路运输的对接，公司在日照港集发公司和济南铁路局日照站支持下，运营的日照港至沙土集站、日照港至西安国际港站、日照港到阳谷京九物资储运中心、日照至月山站、日照至嘉祥站等铁路集装箱班列运行顺畅。2021年，公司完成年收入9473.47万元，上缴税费74.53万元。

（市交通运输局）

金融业

综　述

【概况】 2021年，日照市地方金融监督管理局落实“要素跟着项目走”机制，综合运用考核评价、风险补偿、担保增信、银税互动、供应链金融等一系列政策工具，引导金融机构大力开展“人才保”、绿色金融、供应链金融等创新业务，加大对制造业、科技创新、乡村振兴、小微企业等重点领域的信贷投放。至年末，全市银行机构各项贷款余额3365.49亿元，比年初增加391.2亿元，增长13.2%；普惠重点领域贷款较年初增加113.95亿元，占比达14.59%，较年初上升2.12个百分点。

（市地方金融监管局　王经纬）

【企业上市服务】 2021年，市地方金融监督管理局聚焦重点拟上市企业，建立上市后备企业问题清单，帮助协调解决税务、土地、融资、合规证明等重点问题，扫清上市障碍。万通液压平移北交所成为日照市首家民营A股上市公司。推动日照兴业汽车配件股份有限公司、山东沪鸽口腔材料股份有限公司完成辅导验收，进入IPO审核阶段。日照高新区获批省级上市公司孵化聚集示范区。全市筛选12家企业纳入后备资源库，后备资源企业累计达42家，其中13家被列为省级重点上市后备企业。全年新增区域性股权交易市场挂牌企业39家，规范改制企业27家。会同深交所、中泰证券等机构，全年入企服务360余家，组织召开企业北京证券交易所上市暨新三板挂牌座谈会等市县培训活动50余次，培训企业950余家。

【中小投资者权益保护】 2021年，市地方金融监督管理局建立健全多元维权机制，对标先进城市，创新提出6项、共21条推进措施，纳入市政府《优化营商环境创新提升行动实施方案》。会同人民银行日照市中心支行成立市金融纠纷人民调解委员会，专门调解金融、证券、期货等领域纠纷，年内化解矛盾纠纷5起。联合市中级人民法院等5部门出台《关于推进金融纠纷多元化解的实施意见（试行）》，建立金融纠纷化解工作联络制度，将调解情况纳入投资者权益保护工作评价机制。推动市金融纠纷调解中心与中泰证券日照分公司签署《证券纠纷小额速调合作协议》，对金额1万元以下的纠纷进行快速处理，提高证券纠纷化解效率。设立日照市证券投资者教育基地，帮助中小投资者了解证券知识、树立理性投资观念、增强合法维权意识。

（市地方金融监管局　钟　琳）

表24　2021年末日照市金融机构本外币存贷款余额及增速统计表

指标	年末数（亿元）	比年初增长（%）
各项存款余额	3306.06	5.7
其中：住户存款	2010.82	10.4
非金融企业存款	925.05	1.0
各项贷款余额	3365.49	13.2
其中：住户贷款	116.39	22.8
企（事）业单位贷款	2249.07	8.9

（资料来源：市统计局）

银行业

【概况】 2021年，中国银行保险监督管理委员会日照监管分局（简称“日照银保监分局”）围绕市委、市政府工作部署，聚焦“六稳”“六保”工作和全市“四大战略”，纵深推进“十四五”开局之年辖区银保监管工作，助力日照“精彩蝶变”。至年末，全市银行业机构36家（其中法人机构11家），从业人员7973名；全市各项存、贷款余额分别为3306.06亿元、3365.49亿元，分别较年初增长5.7%、13.2%；存贷比102.96%，较年初基本持平，居全省第三位。

【优化营商环境】 2021年，日照银保监分局强化政策传导和监管督导，开展金融支持经济持续恢复和高质量发展自查抽查、普惠金融和消费者保护工作督查，指导银行深入落实各项金融支持政策。抓好抗击新冠疫情金融支持政策延续，年末全市银行业延期还本付息业务余额164.19亿元，无还本续贷业务余额55.81亿元。指导银行丰富信贷产品服务，降低获贷门槛，提高办贷效率，牵头的“获得信贷”指标在2020年度全省营商环境评价中列各地市第二名。

【重点领域金融服务】 2021年，全市银行系统加大重点领域信贷投放力度，年末全市银行支持新旧动能转换贷款余额达289.83亿元，其中信用贷款余额96.11亿元，分别较年初增加53.80亿元、22.01亿元；制造业贷款余额500.84亿元，较年初增长4.94%。

【小微企业金融服务】 2021年，日照银保监分局持续加大信贷资金支持力度，优化升级服务对接小微企业融资需求。落实延长普惠小微企业贷款延期还本付息政策，督导辖内机构针对金融产品推陈出新。至年末，全市普惠型小微企业贷款余额400.97亿元，增速40.98%，高于各项贷款增速27.12个百分点；惠及5.56万户，较年初增加1.18万户；普惠型小微企业加权平均利率5.82%，较年初下降0.14个百分点，整体完成“两增”（即此类贷款较年初增速不低于各项贷款增速、有贷款余额户数不低于年初水平）要求。

（日照银保监分局 金雪霞）

【中国人民银行日照市中心支行】 2021年，中国人民银行日照市中心支行（简称“市人行”）立足基层央行职责，加强金融政策传导，构建金融风险监测预警体系。组织辖区10家地方法人机构开展年偿付能力敏感性压力测试和流动性风险压力测试，对日照银行探索开展偿付能力宏观情景“自上而下”压力测试；加强对辖区重点企业担保圈风险的跟踪监测，强化辖内发债企业风险监测；将主监管员制度压实在日常，持续列席法人银行机构季度经营分析会议，强化贴身式监管。

金融管理 2021年，市人行推进优化营商环境各项工作。推出小微企业开户便利措施，为初创小微企业提供简易开户，实现电子营业执照企业银行账户业务场景应用；推动金融纠纷多元化解机制建设，在全省率先建成市县两级“一会两中心”（金融纠纷人民调解委员会、金融纠纷调解中心和金融纠纷中立评估中心）。提升金融管理服务质效。推进财政预算管理一体化和集中支付电子化进程，及时精准拨付财政直达资金；联合日照电视台开设《爱惜国家名片》专栏，宣传普及人民币知识；加强征信查询和异议服务，建立征信异议业务统计监测制度，全市有19个信用报告查询网点、23台自助查询机，实现“主城区查询3千米圈”和自助查询网点县域全覆盖。拓展普惠金融服务。提升老年人支付服务水平，推动辖区银行机构打造老年人“简版”手机银行，指导银行机构推出“敬老银行”综合服务方案，制定实施敬老银行网点服务标准；组织承办山东省“3·15”老年人金融消费者权益保护宣教及山东网络文明周·网络素养教育进基地宣教活动，举办全市首届“大学生金融素养大赛”“金融行业‘趣说金融’脱口秀大赛”金融知识普及活动；制作播出《37℃金融课》《37℃敬老服务》《金融微课》栏目，开展各类主题宣传活动；强化金融消费者投诉咨询事项办理，投诉咨询事项抽访满意率100%。

2021年8月30日，日照市金融纠纷人民调解委员会、日照市金融纠纷调解中心和日照市金融纠纷中立评估中心揭牌仪式举行 （市人行 供图）

外汇管理　2021年，市人行落实贸易收支便利化政策，全市办理贸易便利化试点业务1.5亿美元，比2020年增长71.35%。推进资本项目收入支付便利化改革，全年办理资本项目收入支付便利化业务1.09亿美元。推动跨国公司跨境资金集中运营业务管理和扩容，全年为企业归集经常项目资金6.9亿美元，节约企业财务成本3900万余元。加强跨境资金流动风险防范，加大数据核查力度，国际收支统计直接申报、间接申报和贸易信贷统计调查实现零差错；加强跨境资金流动监测分析，针对辖区外国直接投资（FDI）异常流入情况，加强与税务部门联合研判；落实跨部门监管协作机制，建立全市外资统计动态核查工作联系机制。强化政策宣传培训，开展“涉外企业汇率避险专项行动”，服务涉外企业510余家；联合市商务、国资委等部门举办汇率风险管理专题大型宣讲会；加强外汇政策培训与宣传，举办“商业银行在国际结算中的法律风险与预防”专题培训班，开展“诚信兴商宣传月”活动，培训企业400余家次；开展跨境人民币业务“双机制”宣讲，举办“当前经济形势与人民币国际化”政策宣讲会。

信贷政策　2021年，市人行强化法人信贷调控，加强窗口指导，引导金融机构加大对实体经济支持力度。至年底，全市各项贷款余额3365.49亿元，比年初增加391.2亿元，比2020年增长13.15%；累计发放再贷款101.33亿元，是2020年的3.02倍，累计办理再贴现58.9亿元，比2020年增长47.11%；落实3000亿元支小再贷款政策，向上争引额度37亿元；延续实施“两项直达工具”，对符合条件的法人银行机构给予资金激励4191.98万元，共发放零利率再贷款18.92亿元。加强对重点领域薄弱环节金融支持，推动绿色金融发展，承办2021全国绿色金融成果巡展（日照站）暨绿色金融发展报告会，落地全省首批碳排放权抵押贷款，开展金融服务乡村振兴“银农对接”活动，召开全市金融支持妇女创业银企对接会。针对五莲县突发新冠疫情，印发《关于加大金融支持力度促进五莲县企业复工复产和经济平稳发展的通知》，出台6项金融服务措施助力企业复工复产。创新金融支持实体经济体制机制，实施金融服务专员制度，联合开展“学党史　办实事　重点项目金融服务行”活动，筛选385个省市重点项目推介银行走访对接。指导银行机构推出“黄海之链”供应链金融服务平台，办理全国首笔电子仓单质押权利登记，落地山东省首笔供应链票据贴现融资；拓展应收账款融资和动产统一登记业务，推动办理全省首单统一动产质押登记与融资业务。

（市人行）

【中国农业发展银行日照市分行】

2021年，中国农业银行日照市分行（简称“农发行日照市分行”）推动省农发行与市委、市政府签订战略合作协议，全年累计发放各类贷款59.7亿元。至年末，贷款总额243.6亿元，列驻日银行机构第二位，较年初增加27.6亿元，列全省农发行第六位，单位类中长期贷款增量保持全市金融系统首位。

粮油信贷业务　农发行日照市分行做大“粮食银行”业务，全年累放累收粮油贷款42.2亿元，年末粮棉油贷款余额43.2亿元，突破“双40”目标。超额完成夏粮收购任务，全面落实封闭运行监管制度，履行异地库存监管职责，确保监管的103万吨粮油安全。

服务乡村振兴　农发行日照市分行支持农业农村建设，累计发放棚户区改造贷款26.5亿元，春节前即发放到位15亿元，实现早投放早受益。打造“农地银行”品牌，农村土地流转和土地规模经营贷款余额8.2亿元。打造“水利银行”，获批莒县沭河综合治理10.7亿元重大水利项目，支持防汛减灾工作。支持“绿色银行”创建，获批东港尹家河矿区治理项目2亿元，助力生态环保建设。拓展PPP模式支持农村路网建设，获批2.7亿元五莲县吕街旅游路建设省级重点项目。

服务小微企业　农发行日照市分行坚持精准服务，营销支持小微企业，年末普惠小微企业6家、3830万元。全年累计授信8家、金额4830万元，较年初净增2家、960万元，获评市银保监分局普惠金融工作先进单位。发放780万元支持省龙头茶企，提升“日照绿茶”品牌形象。发放1950万元生猪产业链贷款，支持生猪稳产保供。

项目客户培育　农发行日照市分行对接省、市重大、重点项目，建立农发行、主管部门、承贷企业、外部咨询机构四方项目会审机制，到市发展改革委、区县政府开展政策宣讲，走访重点部门，培育重点目标客户，储备乡村振兴项目176亿元，已批待放贷款46亿元，夯实可持续发展能力。

（市农业发展银行　何茂远　刘海强）

【中国工商银行股份有限公司日照分行】

2021年，中国工商银行股份有限公司日照分行（简称“工行日照分行”）以“行业规范建设提升年”“内控合规管理建设年”“价值创造年”等活动为载体，全力服务支持地方社会经济发展。年末制造业贷款余额85.2亿元，占全部公司贷款的47%；累计投放制造业贷款46亿元，占新发放公司贷款比重49%；制造业贷款企业户数比2020年增幅达59%。创新推出“山东茶叶贷”“农耕贷”“科创贷”等产品，年末银保监口径普惠贷款余额14.7亿元，较年初增加5.6亿元，增幅62.02%，其中普惠涉农贷款较年初增加1.51亿元，增幅64.5%；普惠贷款户数较年初增加403户，增幅54.46%；全行普惠型小微企业贷款平均利率3.90%，较上年下降22个基点。

建立项目信息库　组建专业团队上门对接，年内完成批复待投放项目11个，其中已投放项目8个、投放金额14亿元；落实“双碳”政策要求，年内发放碳减排支持工具项目贷款7230万元，带动碳减排量18022吨二氧化碳当量。

“春融行动” 加大对国际贸易融资支持，累计为进口企业发放表内外融资50亿元；为外贸企业办理汇率避险产品9.15亿元，帮助企业减少汇率波动造成的损失约182万元。

金融辅导 聚焦新旧动能转换等重大发展战略，提升辅导企业覆盖面，全年走访调研企业114家，向辅导企业投放融资90亿元，比2020年增幅28.5%；落实“放管服”“优化营商环境”要求，将整体业务办理平均时间缩短至3个工作日内；连续两年被评为“优秀金融辅导金融机构”。

（工行日照分行 孙 迟）

【中国农业银行股份有限公司日照分行】 2021年，中国农业银行股份有限公司日照分行（简称“农行日照分行”）坚守主责主业，畅通实体经济高质量发展“金融血脉”，为全市“十四五”开好局、起好步贡献力量。

助力乡村振兴 至年末，农行日照分行县域贷款增速25%，涉农贷款增速17%，增速均高于全行贷款增速。开展“金融服务乡村振兴县（区）行”活动，五莲城北管网、华能五莲新能源光伏发电、常州赛得利人造纤维等项目审批金额近10亿元。推进“金融服务乡村振兴示范村”活动，逐村逐户开展信用村、信用户建设，建立审批绿色通道，优先贷款、优惠利率，累计为1万余户农户授信超14亿元。加大对农业产业经营主体支持力度，针对岚山地区上线渔船主信用贷款产品——“渔船贷”，在岚山安东卫海货批发市场、莒县刘官庄塑料市场等推出无抵押、无担保的“市场e贷”产品，全年新发放各类涉农贷款超3亿元。

支持实体经济发展 农行日照分行落实“六稳”“六保”特别是保市场主体要求，提升信贷结构与国家战略和经济发展目标适配性。坚持“项目为王”理念，倾斜资源、要素，开展“项目突破年”，新发放中建八局客运站等7个项目贷款近6亿元，为日照港集团主承信用债16亿元，续发中期票据20亿元。落实普惠金融工作要求，强化银税合作，推广自助化、信用化、线上化“纳税e贷”产品，累计发放“纳税e贷”超3亿元。年末，监管口径普惠贷款较年初增加5亿元，增速高于全行贷款增速54个百分点，利率较全部人民币贷款低35个基点，为小微企业节省利息支出700万余元。

践行金融为民理念 农行日照分行全年累计为受新冠疫情影响184户小微企业延期还本超1亿元，为64家小微企业办理“无还本续贷”3000万余元；累计投放个人经营类贷款超4亿元，支持1200多户个体工商户以及农村种植养殖大户克服新冠疫情影响，创业兴业。满足群众住房、消费、经营领域个人贷款需求，全年累计投放个人贷款近45亿元，比2020年多投放15亿元，满足全市1.2万多户市民需求。其中，主动破解住房贷款“限额”难题，累计投放住房贷款超22亿元。帮助78所学校完成校园食堂及集中配餐缴费智慧化升级，为7万余名学生提供智慧化就餐缴费服务。优化消保投诉管理机制，做实消费者权益保护公益活动。

（农行日照分行 毛德新 陈明强）

【中国银行股份有限公司日照分行】 2021年，中国银行股份有限公司日照分行（简称“中国银行日照分行”）辖有18家分支机构，设有辐射全市主要功能区域的自助银行21间、ATM机73台。依托中国银行遍布全球的服务网络和“海内外两个市场、本外币两种资金”独特优势，在国际结算和跨境人民币业务领域发力，支持日照市经济建设。

贷款投放 中国银行日照分行紧抓日照发展机遇，通过创新乡村振兴授信模式、海内外联动融资支持、划拨专项拨备资源、特批战略授信规模等措施服务日照实体经济，全年新增贷款35.53亿元，占全市金融机构新增贷款近10%，增幅达22.3%。

助力外贸经济 重点推出“跨境特色品牌”，为客户打造国际结算及资金业务服务全面解决方案。至年末，中国银行日照分行贸易融资授信客户授信总量58亿元；全年实现国际贸易结算业务量15.76亿美元，累计为全市627家进出口企业办理跨境资金收付汇业务30188笔，折合金额22.40亿美元。

金融服务 落实国家“六保”“六稳”要求，强化对民营企业续贷支持，跟进制造业白名单客户和项目进展情况，提高落地率转化率，发展普惠金融，缓解小微企业“融资难、融资贵”问题。年内，该行新投放中小型企业授信客户174户、贷款3.67亿元，对公普惠金融余额7.42亿元，较年初新增3.11亿元，增速72.16%，完成上级行全年信贷计划和监管考核要求。

（中国银行日照分行）

【中国建设银行股份有限公司日照分行】 2021年，中国建设银行股份有限公司日照分行（简称“建行日照分行”）在全市辖18个支行、22个网点。本外币一般性存款时点197.14亿元，较年初新增10.91亿元；本外币各项贷款余额203.74亿元，较年初增加15.71亿元；审计后不良贷款余额3.3亿元，比年初下降7.4亿元，全年累计处置不良贷款8.19亿元。

服务实体经济 建行日照分行支持地方经济建设，年末各项贷款余额192.71亿元，新增14.96亿元，其中对公非贴贷款余额76.43亿元；全年批复大中型客户项目28个，金额89.16亿元。对公有效客户5443户，较年初新增544户；快速做大网络供应链业务规模，全年实现供应链平台交易量28.21亿元，服务779个上下游客户，年末供应链余额16.15亿元，新增6.66亿元。年末贸易融资余额 7.26 亿元，较年初增加 0.62 亿元。

风险管控　年末，建行日照分行不良额、不良率、逾期额、逾期率居四行第二位，纯新发放贷款不良额和表外垫款零新增。审计后不良贷款余额 3.3 亿元，比年初下降 7.4 亿元；全行不良额、不良率实现双降，分别居系统内第七位、第九位，均较上年末提升 5 个位次；逾期贷款余额 3.59 亿元。完成东升地毯、海汇集团、建兴及鼎昌铁塔不良贷款处置，全年累计处置不良贷款 8.19 亿元，审计偏差减少至近年来最低点。挖掘已核销资产潜力，提升经营价值贡献度，实现已核销资产现金回收 1.74 亿元。支持重点领域发展，绿色金融贷款余额 16.39 亿元，新增 7.08 亿元，增速 75.97%。12 月，投放制造业对公贷款 5 亿元，其中先进制造业新增 3.43 亿元，实现零的突破。制造业中长期贷款余额 4 亿元，新增 1.9 亿元，增速 90.48%。零售贷款占比 59.99%，较年初提升 2.73 个百分点，保持合理水平；重点风险客户实现退出 5.15 亿元。

业务提升　2021 年，建行日照分行普惠涉农服务覆盖度持续提升，普惠型涉农贷款余额 3.12 亿元，增速 38.05%。围绕当地经济发展和民生方面，推进重点项目投产落地，先后实现投产岚山区农村三资监管平台、山东水利职业学院项目、莒县大棚玫瑰项目等。抓场景平台建设，上线省内首家城市级智慧停车项目，接入景区、商圈、校区、医院等各类停车场 89 个，实现建行无感支付、聚合支付和 ETC 支付功能，日结算量 4 万余车次。

（建行日照分行　张　文）

【交通银行股份有限公司日照分行】　2021 年，交通银行股份有限公司日照分行（简称“交通银行日照分行”）下辖分行营业部、日照经济技术开发区支行 2 家分支机构，设有 5 个管理部门。至年末，人民币各项存款时点余额 29.89 亿元，较年初减少 1.04 亿元，降幅 3.36%；人民币各项存款日均余额 28.34 亿元，较年初增加 0.81 亿元，增幅 2.94%；外币存款时点余额 669.36 万美元，较年初增加 374.3 万美元。

信贷支持　至年底，全行各项贷款余额 47.88 亿元，较年初增加 11.41 亿元，增幅 31%。两增口径小微企业贷款余额 4.28 亿元，较年初增长 1.62 亿元，增幅 61%；两增口径小微企业贷款户数 260 户，较年初增长 101 户，增幅 57%；普惠涉农贷款余额 0.79 亿元，较年初增长 0.22 亿元，普惠型涉农贷款增速 38%。

科技金融　年内，交通银行日照分行集中为日照市 1 家金融机构以及 6 家重点企业客户接入人民币跨境支付系统（CIPS）标准收发器。其中，系统上线设备与网络费用均由交通银行承担，降低客户结算成本，便利企业进出口业务结算，实现跨境人民币一体化处理，提升跨境支付效率。以实际优惠条件引导企业参与金融基础设施建设，以科技赋能助力实体经济发展。

反洗钱管理　交通银行日照分行推进反洗钱管理，全年组织反洗钱集中宣传活动 12 次，反洗钱培训 9 次，并开展全员反洗钱知识测试。向当地人民银行报送重点可疑交易报告 6 篇，报送的扫黑除恶作品被市人行评为三等奖，在山东省反洗钱征文比赛中获三等奖。获“2021 年日照市金融机构反洗钱工作 A 级机构”“日照市反洗钱知识网络竞赛先进集体”等称号。

（交通银行日照分行　袁　华）

【中国邮政储蓄银行股份有限公司日照市分行】　2021 年，中国邮政储蓄银行股份有限公司日照市分行（简称“邮储银行日照市分行”）坚持“开门办银行”，密切与地方党委政府部门、监管部门和市属国有企业联系，服务日照经济发展。至年末，全行各项存款余额 156.52 亿元，比 2020 年增加 9.88 亿元，增幅 6.74%。各项贷款余额 127.56 亿元，比 2020 年增加 7.17 亿元，增幅 5.96%。其中，零售贷款余额达到 65.10 亿元，比 2020 年增加 7.60 亿元，增幅 13.22%；公司贷款余额 49.16 亿元，比 2020 年增加 4.33 亿元，增幅 9.66%。

金融服务质效提升　邮储银行日照市分行突出转型发展，持续做好项目或代发工资客户新增，以及退役军人优待证及优质代发客户营销；加强公私联动，提升客户经理资金归行率。细化“挂图作战”，财政非税、地方债、公积金项目实现突破，农业农村项目稳步发展，公司存款年日均新增 1.49 亿元。加强零售信贷支持，推进农村信用体系建设，拓宽业务发展渠道，实现批零联动；多角度搭建营销场景，加快全流程数字化转型。消费贷款搭建工会组织平台，创新推出“工惠贷”“劳模贷”；与 5 家单位签署战略合作协议，走访对接优质开发商，提升业务规模和客户数量。与交通银行合作期限分组银团流动资金贷款 5 亿元。

信用风险管控　邮储银行日照市分行建立联防联控机制，召开风委会、资产质量分析会，强化重点区域资产质量分析，压实管控责任；执行大额授信“三单制”管理，全年未新增大额授信风险，公司贷款、票据业务和小企业贷款保持零不良。推进司法诉讼，诉讼率（笔数）97%，较年初提升 68 个百分点。加强合规文化建设、宣传和教育，在省银行业规范建设知识线上竞赛活动中获得全省第五名，合规文化宣传片《合规需要你》被日照银保监分局和银行业协会采纳宣传；制定下发案防合规考试考核办法，对案防合规考试不合格员工给予绩效考核，引导员工将合规文化理念“内化于心、外化于行”。

（邮储银行日照市分行　孙立岗）

【日照银行】　2021 年，日照银行以“高质量发展·创新引领年”为主题，以“区域领先银行、上市特色银行”

2021 年 7 月 23 日，日照银行 2021 年服务乡村振兴工作会议召开

（日照银行　供图）

为目标，创新引领高质量发展，实现“十四五”发展良好开局。

业务发展　至年末，全行资产总额 2467 亿元，较年初增加 381 亿元；存款余额 1806 亿元，较年初增加 232 亿元；贷款余额 1349 亿元，较年初增加 280 亿元。在日照市存款市场份额连续 13 年保持同行业第一位，达到 29.72%。实现净利润 12 亿元，比 2020 年增加 3.1 亿元，增幅 35.4%；累计上缴全口径税收 14.4 亿元，其中在日照市上缴 10.9 亿元，首次突破 10 亿元，列全市企业前三位、金融企业第一位，比 2020 年增加 4.7 亿元，增幅 76.3%。经营规模达到新高度，继续站稳山东银保监局辖区 13 家城商行第一方阵和日照市 34 家银行业金融机构第一位次。

服务经济　日照银行落实全市工作动员大会精神，围绕重大项目建设、双招双引、乡村振兴等 6 个方面制定服务日照精彩“蝶变”27 条行动计划，均全部落地。实施“金融资源跟着项目走”机制，对标全市范围内省、市 261 个重点项目开展大走访活动，全年在日照市新增贷款 142.1 亿元，继续保持全市银行业第一位。优先支持制造业、战略新兴产业，淘汰落后产能，至年末，制造业贷款余额 154.16 亿元，增速 35.27%，高于全部贷款增速 9.09 个百分点；绿色贷款余额 49.63 亿元，增速 58.36%，高于全部贷款增速 32.18 个百分点；“两高一剩”行业贷款余额 37.49 亿元，较年初减少 18.02 亿元，降幅 32.46%。引进清华大学与聚量集团共同设立的产业数字金融技术应用实验室落户日照。

金融创新　日照银行创新落实“链长制”，召开“五港联动”供应链金融业务座谈会，研究服务全省胶东经济圈一体化和日照市港产城融合发展新高地建设举措。基于“股权、产权、债权、货权、碳权、数权”体系建成“黄海之链”数字供应链金融服务平台，办理全国首单电子仓单质押权利登记、全省首单碳排放权质押贷款等“首单”业务 20 余项，全年办理供应链金融业务 234 亿元，其中，开立供应链票据、办理供票贴现总量居全国前列，电子仓单质押融资总量居全省前列。获“2021 卓越竞争力金融科技银行”“2021 年科技赋能金融业务发展突出贡献奖”“银行金融科技应用奖”等 10 余个由全国性权威协会、媒体评价的奖项。发挥供应链金融稳链、补链、强链作用，助力稳外资、稳外贸，在全市投放表内外贸易融资 183.8 亿元，比 2020 年增长 56.5%；服务 480 家外贸企业实现国际结算量 26.1 亿美元，比 2020 年增长 79.2%，居全市金融机构首位。

结构调整　至年末，全行普惠型小微企业贷款增速 46.9%，高于全部贷款增速 21.6 个百分点；普惠贷款平均利率 5.86%，较年初下降 0.1 个百分点，全年累计为企业减费让利 7704 万元。创新推出“政银园投”投贷联动模式，与政府、投资机构共同为科创企业提供“股权投资＋信贷支持＋配套政策”全方位服务，与日照高新区、鑫智股权、金雨茂物合作成立日照“高鑫一号”创业投资基金，举办“中小企业的专精特新之路——好伙伴成长计划·科创企业走进日照高新区”活动，向百家江浙沪企业、日照市专精特新

2021 年 8 月 26 日，“黄海之链”日照银行供应链金融服务平台发布会举行

（日照银行　供图）

企业推介招商引资政策和金融服务政策，完成全年招商引资任务目标，服务小微企业做法获评全国金融服务中小微企业优秀案例。

服务提升　2021 年，日照银行召开服务乡村振兴工作会议，按照“支付结算、金融志愿、消保维权、贷款申请”四站标准在日照市建设金融惠民服务站。承建日照市“食用农产品质量安全追溯平台”；创新数字乡村金融服务新模式，通过开设线上金融课程、依托“钉钉”程序和银行流动车等持续创新农村金融场景，为农村居民提供“云端有码、手中有卡、预约有车、村口有站”服务。打造智慧校园综合管理平台，具备集中配餐、校园管理、轨迹定位等功能，服务全市 41 所学校、2.46 万名师生。推出 π Card 数字信用卡，助力文旅、体育、康养等业务融合发展，发卡百天突破 10 万张，全年通过投放消费贷款拉动全市 7.5 万居民实现消费 56.24 亿元；参与共建日照市政府公共数据共享服务平台。召开便民利民金融服务发布会；成功争创首批省级金融教育示范基地；推出敬老银行综合服务方案和敬老服务标准，适老服务示范网点达到 12 个、为全省金融机构最多；被列为金融服务标准化国家级试点，是全国 2 家试点商业银行机构之一；上榜全国五星级营业网点获证机构名单，在 3 万多家网点中处于前 2% 水平；文明规范服务千佳示范单位 6 个、为全省城商行最多。

（日照银行　法明明）

【招商银行日照分行】　2021 年，招商银行日照分行坚持“轻型银行”转型方向，围绕“打造大财富管理价值循环链”工作主线，优化考核体系，提升团队能力建设。发展零售业务，提升零售业务规模；开展对公业务，落实名单制营销；坚持开放融合，推进全行各项工作发展。至年末，资产总额 48.86 亿元，较年初增加 12.06 亿元，增幅 32.77%。存款余额 41.04 亿元，较年初增加 9.55 亿元。其中零售存款 24 亿元，较年初新增 3.25 亿元；对公存款 17.04 亿元，比年初新增 6.31 亿元。贷款余额 46.07 亿元，较年初增加 10.36 亿元。其中零售贷款 23.53 亿元，较年初新增 4.54 亿元；对公贷款 22.54 亿元，较年初新增 5.82 亿元。

客群指标　至年末，招商银行日照分行零售折金中高端客户 41941 户，较年初增加 8639 户，比 2020 年增加 4265 户。零售基础有效户 59536 户，较年初新增　7002 户。对公客群总数 4858 户，其中高价值客户数 270 户，较基数净增 68 户，高价值客户 53 户，较基数净增 15 户，折比净增对公价值户 98 户，全年任务完成率 80.99%；批发有效客户 874 户，较基数净增 225 户，全年任务完成率 54.33%。

风险资产防控　2021 年，招商银行日照分行表内不良贷款余额 4414.90 万元，其中对公 3631.97 万元、个人 782.93 万元，不良贷款率 0.99%，较年初下降 3.4 个百分点。对公不良资产现金清收 4289 万元，按任务考核口径计算清收额 3864 万元，完成青岛分行全年预算目标（考核口径）的 193.21%。个贷现金清收 1104.59 万元（表内 361.14 万元、表外 743.45 万元），完成全年目标的 174.5% 。

系统建设　2021 年，招商银行日照分行推进提升零售业务发展。开展零售团队双金挖掘 PK 赛，季度组织开展争金夺葵·拓客迎春、夏日风暴、百舸争流、惬意暖阳双金竞赛活动，各季度较 2020 年同期增幅 28.29%、68%、15%，实现双金折金增长超 3000 户；以线上线下结合方式，以“活动”带“指标”，通过春节十日攻坚、“金葵相伴 心手相依”、金葵花保卫战、夏日风暴、“招行有心意 来自原产地”等活动，实现吸金 2.33 亿元，提升金葵花客户 137 户，新拓金卡 1898 户；加强市场团队、小微团队与房贷团队对双金客户挖掘提升贡献，运用代发年终奖数据库、招牌下午茶、理财经理协助进企与代发微信群维护、小微及房贷团队梳理双金挖掘流程、房贷客户专项数据库等渠道，全年输送私人银行客户 2 户，双金客户 701 户。坚持智慧项目获客流量引导，打开新的获客场景，借助总行 CPS 项目，与合作方开展多维度合作，全年全家福申请 8949 户，领卡 5692 张，领卡率 63.6%；新户申请 7979 户，千元达标率 17%，万元达标率 4%。至年末，全家福客群 AUM 总量 1123 万元，户均 AUM1905 元。

（招商银行日照分行　李　俊）

【兴业银行日照分行】　2021 年，兴业银行日照分行持续优化内控管理制度，修订《兴业银行日照分行 2021 年内控合规管理与案件防控评价实施细则（试行）》，通过建立内控合规差异化管理机制，逐步形成差异化、精细化的内控管理模式，并将内控考评结果与被评价责任人绩效工资、员工年度考评体系相挂钩。督导全行各条线完成各项反洗钱专项治理及高、次高风险客户强化尽职调查整改，下发《关于明确反洗钱尽职调查及管控交易有关要求的通知》，细化各部门职责、流程及时效要求。全年本外币各项存款 50.33 亿元，较年初增加 5.65 亿元；实现营业收入 1.63 亿元，利润较 2020 年同期增长 0.92 亿元。

风险管理　兴业银行日照分行全面完成信贷资产质量管控各项指标，年度不良贷款新发生及不良贷款余额均完成省行下达的管控任务，资产质量明显改观。强化特资清收处置，超额完成年度各项处置任务，全年实现对公表内不良处置任务完成率 360.61%，零售表内不良处置任务完成率 111.23%，对公账销案存项目清收任务完成率 126.63%，零售账销案存项目清收任务完成率 132.62%，当年核销当年清收任务完成率 237.42%。

企金业务　兴业银行日照分行超额完成年度收口目标，结算性日均存款自 8 月开始扭转负增长局面，年末日均计划完成率 179%，在“兴飞跃”竞赛活动中结算性日均新增在全总26家C类行中排名第三。企金条线普惠小微贷款余额较年初新增较多，完成率145%，合同贷排名预审发起户数全省第二、预审通过户数全省第三、终审通过户数全省第三、落地户数全省第三，是全省唯一一家完成合同贷推广目标的分行。

业务服务　兴业银行日照分行以政策为导向，创新产品及服务，优化业务流程，提高业务办理质效。个贷余额较年初新增近5亿元，其中个人住房贷款全年累计投放按揭贷款1200余笔；经营贷全年累计投放近百笔，计划完成率104.6%。考评VIP客户较年初新增近500户，核心客户较年初新增近200户，新落地代发企业20余户。全年信用卡发卡5000多张，完成率排全省第5位；新增收单商户近千户。

（兴业银行日照分行　王　巧）

【华夏银行日照分行】　2021年华夏银行日照分行下辖分行营业部、莒县支行、东港支行3家分支机构，设有5个管理部门、1个营销部。至年末，实现拨备前利润1.18亿元，较2020年同期增长0.08亿元；一般性存款余额33.26亿元，贷款余额43.75亿元，分别较2020年同期增加3.24亿元和2.32亿元。

信贷支持　至年末，华夏银行日照分行公司贷款余额34.96亿元，较年初增长2.82亿元，新增授信客户8户（含增额2户）。个人贷款余额5.82亿元，较年初新增2130万元；小微贷款余额（剔除票据业务）1.98亿元，较年初新增2344万元；其中，普惠型小微企业贷款余额1.89亿元，较年初新增3091万元，监管目标完成率154.6%。

金融风险防控　2021年，华夏银行日照分行根据重点管理问题资产清单，对存量不良贷款发起诉讼、推动打包处置，年内共计处置不良贷款3.93亿元，资产质量持续改善。开展领导班子成员案例宣讲下基层、“明规除弊”专项自查、重大信息专项自查、反洗钱工作整改提升等活动，提升员工合规风险意识。

金融知识宣传　2021年，华夏银行日照分行开展反假货币宣传，通过网点LED屏幕、电视视频、摆放宣传折页等方式，抓好营业网点厅堂宣传阵地。同时开展宣传活动进社区、进企业、进商圈等，重点增强公众假币鉴别能力和反假意识，共开展现场宣传7次。创新消保宣传方式，通过制作原创宣传、漫画、视频等线上方式宣传金融知识，举办金融消费者权益保护宣传、“普及金融知识，守住‘钱袋子’”活动宣传、“普及金融知识万里行”等消费者宣传教育活动20余次。

（华夏银行日照分行）

证券与期货

【证券】　2021年，日照市有中泰证券股份有限公司日照分公司、中信证券（山东）有限责任公司日照泰安路证券营业部、中国银河证券股份有限公司日照威海路证券营业部、安信证券股份有限公司日照黄海一路证券营业部、国融证券股份有限公司日照烟台路证券营业部5家证券公司。至年底，5家证券公司累计交易金额2909.16亿元，比2020年增加40.95%；托管市值135.13亿元，增加62.85%。

【期货】　2021年，日照市有中信期货有限公司日照分公司、中泰期货股份有限公司日照营业部、永安期货股份有限公司日照营业部、创元期货股份有限公司日照营业部、山金期货有限公司日照营业部、一德期货有限公司日照营业部、浙商期货有限公司日照营业部、格林大华期货有限公司日照营业部、中财期货有限公司日照营业部9家期货公司。至年底，9家期货公司累计实现交易金额8756.81亿元，比2020年增加101.92%；客户保证金余额10.76亿元，增加49.02%。

（市地方金融监管局　钟　琳）

【中泰证券股份有限公司日照分公司】　2013年9月，中泰证券股份有限公司组建成立日照分公司，成为日照地区唯一一家设有分公司的本土券商，具备开展经纪、证券承销与保荐全牌照业务资格。市区设营业部3家，莒县、五莲县各设营业部1家，提供证券开户、证券交易、投资顾问等经纪类业务服务；分公

2021年10月9日，日照市人民政府与中泰证券股份有限公司签署战略合作协议

（市地方金融监管局　供图）

2021 年 12 月 7 日，日照市证券投资者教育基地揭牌暨证券纠纷小额速调签约仪式举行　　（市地方金融监管局　供图）

司设机构业务部，主要为中小企业等机构类客户进行挂牌上市、直接融资服务。2021 年，中泰证券股份有限公司日照分公司（简称“中泰日照分公司”）和政府部门、国有企业、民营企业、众多个人投资者等多个层面开展金融业务，整合证券、银行、保险、信托、资产管理、期货、基金等各类金融资源，为战略合作伙伴提供“一揽子”“一站式”金融服务，与日照市人民政府、日照市岚山区人民政府、日照高新区管委签订全面战略合作协议，与日照市 19 家重点国有企业和民营企业签署战略合作协议。与市内各融资平台公司开展公司债、企业债等债券合作品种，融资服务覆盖市级、东港区、岚山区、日照经济技术开发区、日照高新区，为日照城投、日照交发、日照水务、日照土发以及日照港集团累计提供直接债权融资百亿元。年内，中泰证券日照分公司新增客户 2.18 万户，累计服务客户总量 18.62 万户；客户总资产年度增长 52 亿元，累计达 123 亿元；财富管理规模增长 1.72 亿元，累计达财富管理规模 5.03 亿元。

（中泰日照分公司　殳咏荣）

【日照市与中泰证券签署战略合作协议】　2021 年 10 月 9 日，日照市人民政府与中泰证券股份有限公司战略合作签约仪式举行。根据协议，双方本着“相互支持、优势互补、互惠互利、共同发展”原则，建立高层沟通、信息交流、干部双向交流等机制，重点在资本运作咨询培训、企业上市培育孵化、多元化融资服务等方面开展深入合作。

【日照市证券投资者教育基地】　2021 年 12 月 7 日，保护中小投资者指标工作专班成员单位、市金融消费权益保护协会指导中泰证券日照分公司成立“日照市证券投资者教育基地”。日照市证券投资者教育基地借助中泰证券实体网点资源，帮助中小投资者了解证券知识、树立理性投资观念、提高风险识别能力、增强合法维权意识，推动形成投资者知风险、守契约，经营者守底线、知戒惧金融生态环境。落实市中级人民法院、人民银行日照市中心支行、银保监会日照监管分局、市司法局、市地方金融监督管理局联合出台的《关于推进金融纠纷多元化解的实施意见（试行）》要求，市金融纠纷调解中心与中泰证券日照分公司签署《证券纠纷小额速调合作协议》，约定对 1 万元人民币以下证券纠纷，以及市金融纠纷调解中心认为适宜采用小额速调机制解决的，经投资者及中泰证券同意，可启动小额速调程序。

（市地方金融监管局　钟　琳）

保　险

【概况】　2021 年末，日照市有市级保险公司 44 家，保险中介机构 79 家，从业人员 2579 名，营销人员 21481 名。全年实现原保费收入 82.18 亿元，增速 2.94%。保险综合费率 24.49%，比 2020 年下降 11.8%。

【农业保险】　2021 年，日照银保监分局加大乡村振兴支持力度，与市财政局、农业农村局等部门协力推动农业保险高质量发展，政策性种植险保费全覆盖机制加快推进，涉农贷款持续增长。五莲县县域存贷达 60.7%，较年初提升 2.37 个百分点。指导辖区保险机构首创开办桑蚕养殖保险、茶叶低温气象指数保险、蓝莓种植保险、“保险＋期货”等四类特色产品，为防范农业风险、促进农户增收提供保障。

【居民保险】　2021 年，全市居民大病保险补偿 234 万人，支付医疗金 2.12 亿元，比 2020 年增长 5.47%。日照银保监分局联合市医保局推出面向全市参加基本医保城镇职工和城乡居民的普惠型商业补充医疗保险“暖心保”产品，参保人数突破 50 万人，居全省各地市前列。鼓励各保险机构主动融入全市医疗保障体系，推出针对老年人的银龄安康保险业务，全年参保 33.3 万人，参保率超过 50%。为全市 34.03 万老年人保险 52.06 亿元，补偿金额 1140 万元。

【行业创新】　2021 年，日照银保监分局银保合作促发展，开展“银保合作＋”产品创新比赛，推动银行保险机构“结对子”深化产品研发，对比赛中涌现出的银保电商贷、内贸贷等优秀产品方案进行试点推广。辖区机构开办“保捷贷”“保贷通”等多种银保合作产品，发放贷款 7.2

亿元。

【保险市场整治】 2021年，日照银保监分局建立常态化车险指标监测评价和通报机制，每月全辖通报重点监管对象名单，下发监管提示、进行监管约谈等，约束机构市场行为。全年车险市场运行总体平稳，车险综合费用率持续下降，车险综合费用率持续下降，从2020年末36.24%降至2021年末21.03%，下降15.21个百分点。全面推进中介机构清理整顿，全年清退“三无”机构7家，清退无合法资质机构5家，另有6家机构正在办理清退手续，有2家省级分公司迁出辖区。

【中国人民财产保险股份有限公司日照市分公司】 2021年，中国人民财产保险股份有限公司日照市分公司（简称“人保财险日照市分公司”）设12个部门，下设12个分支机构，业务范围遍及全市非寿险市场所有领域。全年累计实现保费收入9亿元，比2020年增长2.84%，市场份额33.89%。累计为23万余辆机动车、1万余家企事业单位、52万余户居民、12万余户农户、45万余名职工总计提供风险保障17988亿余元。累计上缴各类税金9656万元，支付各类保险责任事故赔款5.79亿元。创新保障服务模式，探索开展“农业保险+”，开办生猪期货价格保险。4月2日，在莒县试办生猪期货价格保险，为养殖户320头生猪，承担价格保险保障88.6万元；在五莲县试办玉米期货价格保险，为种植户250亩玉米，承担价格保障26.8万元；在莒县开办苹果期货价格保险业务，为2000亩苹果承担苹果价格保障2578万元。参加文明城市创建，无偿献血、关心关爱老年人等公益活动，为志愿者无偿提供近4亿元人身意外伤害保险，为60个场馆捐赠1000万元额度公共文化场馆公众责任险。

助力实体经济　2021年，人保财险日照市分公司发挥保险“经济助推器”和“社会稳定器”职能，扎实开展“六稳”工作，落实“六保”任务。公司先后承保日照港集团、日照交通能源发展集团、亚太森博浆纸、山钢集团、日钢集团、浩宇集团等重点企业和项目，累计承担风险责任5000亿余元，支付责任事故赔款4680万余元，支持企业生产经营稳定。

表25　2021年人保财险日照市分公司重点企业承保理赔情况统计表

单位：万元

客户名	车险		非车险		合计		赔款
	承担风险责任金额	保费	承担风险责任金额	保费	承担风险责任金额	保费	
日照港集团	17193	52	5596724	931	5613917	983	402
日照交通能源发展集团	220420	715	2419183	233	2639603	948	321
亚太森博浆纸	—	—	1709256	567	1709256	567	39
山钢集团	—	—	274124	117	274124	117	0
日钢集团	48966	152	2330864	303	2379830	455	43
浩宇集团	25985	260	268346	67	294331	327	38

（资料来源：人保财险日照市分公司）

服务民生保障　2021年，人保财险日照市分公司围绕“民生与保障”，参与全市社会保障和治理体系建设，配合政府开展公共型责任保险业务，保障百姓尤其是弱势群体基本利益，在相关领域开办治安保险、医疗责任保险、民生综合保险、电梯责任保险、食品安全责任保险、诉讼保全责任保险等。年内，作为首席承办普惠型补充医疗保险“日照暖心保”，为全市52万余名参保群众提供最高17200亿余元医疗风险保障。承办综治保险，为全市25万参保户累计承担风险保障金额41亿元；承办全市职工补充医疗保险，为全市49万余名职工承担风险保障金额8300亿余元，全年累计赔付4698万元；为创泽机器人等企业提供新材料、首版次等高新技术保险，提供风险保障金额4.27亿元；承办残疾人意外伤害保险，为全市8.3万名残疾人提供风险保障金额507亿元；承办独生子女意外伤害险，为独生子女家庭提供风险保障金额334亿元，全年累计赔款630万余元；承办校园保险，份额内为全市25万余名在校师生提供风险保障金额260

亿余元。

助推乡村振兴　2021 年，人保财险日照市分公司农业保险保障规模、覆盖面持续提升。年内，为全市 30 万农户次提供小麦、玉米、花生风险保障 3.9 亿元；为 4.1 万亩苹果、桃、茶叶等地方特色产业承担风险 1.24 亿元；开展设施农业产业扶贫项目，为东港区、五莲县等区县 0.34 万亩大棚扶贫项目承担风险保障 1.2 亿元。发挥农业保险的损失补偿作用，全年为全市 2.86 万农户赔付赔偿金 4620 万余元，其中种植农作物赔款合计 1831 万元，因风灾、冻灾支付小麦赔款 73.62 万元，因风灾、涝灾支付玉米赔款 392.80 万元，因低温灾害支付茶叶赔款 1158.91 万元，苹果期货 34 万元，其他作物 171.67 万元；赔偿养殖类保险 2780.85 万元，公益林保险 8.16 万元。

【中国平安财产保险股份有限公司日照中心支公司】　2021 年，中国平安财产保险股份有限公司日照中心支公司（简称“平安财险日照中心支公司”）对内部资源进行配置调整，改善服务体验，深化“金融＋科技”转型，推动基础科技能力提升。针对风险较高的营业货车客户，总部实施高级驾驶辅助系统（ADAS）设备仪器安装，降低风险和保费，提高安全保障。集中资源，快速上线“纾困解难”专属服务包产品，保障企业疫情期间正常生产经营。配套增加快速通道、人伤快赔、及时雨服务等八项专属增值服务，及时调整保障主体、额度和范围。全年保费收入 4.26 亿元，各项税收 7023.94 万元。

【中国人寿保险股份有限公司日照分公司】　2021 年，中国人寿保险股份有限公司日照分公司（简称“中国人寿日照分公司”）依托 95519 客户服务专线、科技国寿 App、保险销售队伍，在市内率先承办大病保险、意外伤害稽查、困难群众医疗救助等政策性业务。承办的日照市城乡居民大病保险，覆盖全市 230 万余人，累计为 20 万余人次支付大病补偿金超 12 亿元；2021 年度赔付 8.92 万人次，赔付 16387.18 万元，累计平均提高医保报销水平 14%。扶贫特惠、女性安康、学生平安、银龄安康等惠民工程分别为全市 6.7 万、12 万、22 万、33 万人提供风险保障，年度赔付金额分别达 1059 万元、450 万元、660 万元、1140 万元，有效缓解人民群众因疾病、因意外致贫风险。至年底，中国人寿日照分公司年保费规模从 1996 年分业经营初期的 2000 万元增长到 13.77 亿元。累计实现寿险责任理赔金额 6 亿余元、满期给付 30 亿余元。

便民服务　2021 年，中国人寿日照分公司在全市 4 家医院增设“绿色驻点”服务窗口，推广理赔管家、理赔支付、重疾一日通、重疾绿通等特色服务。年度赔付支出 3.69 亿元，其中赔款支出（含大病保险）2.46 亿元、满期给付 7072 万元、医疗给付 2320 万元、年金给付 1941 万元、死亡给付 974 万元。在柜面设立爱心驿站，为户外工作者等群体提供暖心服务，开通老年人服务窗口，推进柜面标准化建设与智能升级，提升客户临柜服务体验，获得 2021 年度日照银行保险业“消费者权益保护工作先进单位”称号。

规范经营　2021 年，中国人寿日照分公司部署落实“行业规范建设提升年”“反洗钱宣传月”“防范非法集资宣传月”等工作。公司廉政合规·风险防控专题宣教活动累计开展 329 场次，近 1.3 万人次参加；开展 2 次风险大排查、2 次案件集中清理、1 次重点数据风险专项排查整治、10 次各类风控宣教、5 次经济责任审计、1 次关键岗位轮岗、6 次机动检查、6 次防范非法集资检查和宣传活动。通过开展各类活动，守住不发生系统性、区域性金融风险的底线。在人民银行 2021 年度金融机构反洗钱评级中，中国人寿日照分公司，莒县、五莲县支公司继续获评 A 级机构。公司特派及特约审计员参加总公司审计大赛，获全国一等奖。

【中国太平洋人寿保险股份有限公司日照中心支公司】　2021 年，中国太平洋人寿保险股份有限公司日照中心支公司（简称“太平洋寿险日照中心支公司”）完成保费收入 33603.89 万元，在山东省内目标达成率排名第八位；全年首期保险费 3721 万元，比 2020 年增长 19.1%，业务人员每月平均在职 838 人，比 2020 年下降 33.8%；2020 年保费在 2021 年实际缴纳比 91.2%，高于山东分公司平均值 3.4 个百分点。深化转型发展，从客户经营探索入手，先后开拓日照芯超生物、壹美整形、太阳城酒庄体验等客养路线，累计实现保费收入 521 万元。

【中国太平洋财产保险股份有限公司日照中心支公司】　2021 年，中国太平洋财产保险股份有限公司日照中心支公司（简称“太平洋产险日照中心支公司”）发挥保险机构作为经济“助推器”和社会“稳定器”作用，累计实现保费收入 3.13 亿元，承担保险责任 4773 亿余元。累计上缴税金 3367 万元，比 2020 年提升 7%；支付各类保险责任事故赔款 1.74 亿元。

参与社会治理　2021 年，太平洋产险日照中心支公司参与生产、公共安全治理，开展安全生产风险减量管理。围绕公众利益关系密切领域重点推进安全生产责任险、食品安全责任险、校园安全相关保险、医疗责任保险等项目，承保全市重大建设项目工程险。推动保险参与生态环境治理，推进环境污染责任保险，完善投保企业自身及对外部环境监测机制，帮助企业提高风险评估和识别能力，全年为相关企业提供风险保障 380 万元。

表 26　2021 年太平洋产险日照中心支公司社会保险一览表

单位：万元

险种名称	保费收入	保额	赔款
安全生产责任险	84	347000	53.5
食品安全责任险	2.35	430	3.76
校园方责任险	175.9	2495915	24.62
学平险	817.1	2517311	364.51
工程险	122.3	151404	709.39
医责险	57.4	553.6	63.73
环境污染责任险	13.3	380	0

（资料来源：太平洋产险日照中心支公司）

助力实体经济　2021 年，太平洋产险日照中心支公司助力减轻企业资金压力，推进建设工程、政府采购、交通水利、土地流转、诉讼保全等保证金领域深化运用保险机制，开展投标保证金保险线上办理。发挥保险融资增信功能，参与个人贷款保证保险，全年累计解决个人融资金额 9460 万元。促进外贸稳增长，加大对自主品牌、自主知识产权、战略性新兴产业支持力度，出口信用险共计为 69 家小微企业，提供 6935 万元应收账款风险保障。

服务乡村振兴　2021 年，太平洋产险日照中心支公司加大农村市场业务拓展，完善农业保险多元化服务体系，推进政策性农业保险提质扩面。全年开展各项农险险种 20 个，达成入账保费 1934 万元，比 2020 年增长 35%。其中，政策性险种 18 个，保费 1863 万元；商业性险种 2 个，保费 71 万元。在东港区、莒县承保小麦、玉米等主粮作物，承保覆盖率分别达 92%、99%。围绕农业风险保障需求，创新优化地方特色农产品保险。在全市率先开展玉米完全成本保险和“苹果价格保险+期货”项目；独家开发“桑蚕养殖保险”，在不提高蚕农负担情况下，保额提升至 1000 元 / 张 / 亩；参与研发“茶叶低温气象指数保险”。与日照市家庭农场协会签订全面战略合作协议，承保服务近百家家庭农场、农业生产企业；开展治安家庭财产保险、老年人人身意外伤害保险等，全年累计提供家庭财产风险保障 13.3 亿元；老年人人身意外风险保障 4.8 亿元。

服务民生发展　2021 年，太平洋产险日照中心支公司坚持以人民为中心的发展思想，参与日照市灾害民生救助责任险承保理赔工作，份额赔款 300 万元。推进精防保、中高端医疗保险、残疾人意外伤害保险、独生子女意外伤害险，推动健康保险与健康管理融合发展，创新完善疾病预防、慢病管理等健康管理服务，完善产品保障责任，在重疾保障、特药服务、远程咨询以及康护管理等方面有新进展，全年为 4000 多人提供 53 亿元健康保障。

（日照银保监分局　金雪霞）

其他非银行金融机构

【小额贷款公司】 2021 年，日照市地方金融监督管理局对全市小额贷款公司开展行业年审、评级评价等工作，实行分类监管和“双随机、一公开”抽查。经过行业清理和省地方金融监管局换发小额贷款公司业务许可证工作，全市有 11 家小额贷款公司取得山东省地方金融监管局小额贷款业务许可证，年末贷款余额 23.4 亿元。

【典当行】 2021 年，日照市地方金融监督管理局围绕典当行监管职责，通过现场与非现场检查结合的方式对全市 23 家典当行进行年审问题整改及集中换证。至年底，有 12 家典当行取得山东省地方金融监管局发放的典当经营许可证，12 家典当行典当余额 2.5 亿元。

【融资租赁公司】 2021 年，日照市有融资租赁公司 1 家（日照市财金融资租赁有限公司）。年内，日照市地方金融监督管理局开展行业清理核查和《山东省融资租赁监督管理暂行办法》贯彻落实。至年底，日照市财金融资租赁有限公司融资租赁资产总额 1.08 亿元。

（市地方金融监管局　赵　洁）

【融资担保公司】 2021 年，日照市地方金融监督管理局通过非现场监管、现场检查、“双随机、一公开”抽查等方法，推进融资担保行业有序发展，全市有 7 家融资担保公司取得省地方金融监管局融资担保经营许可证，其中政府性融资担保公司 3 家。至年底，全市融资担保行业融资担保余额 29.54 亿元。

（市地方金融监管局　王经纬）

旅游业

综 述

【概况】 2021年，日照市加快文旅产业高质量发展，统筹推进常态化新冠疫情防控和文旅行业复苏发展，严格落实疫情新冠防控常态化工作要求，推动助企纾困各项普惠性政策落实落地。搭建政银企合作平台，促进文化旅游项目与金融机构紧密合作。加强重大文旅项目建设，全市百项重点文旅项目完成投资80.2亿元，全域旅游产业到位资金5.6亿元。王家皂旅游小镇、莒国古城商业街首期项目、安东·阿掖旅游度假区部分项目投入运营，山海风情绿道建成启用，开元森泊度假乐园开工建设，阳光海岸带精品旅游产业集群入选省“十强”产业“雁阵形”集群库。成功举办第五届日照文化和旅游惠民消费季活动，累计发放消费券433万元，直接带动消费1500万元，间接带动消费4000万元。

【旅游规划】 2021年，市文化和旅游局推动编制《日照市“十四五”旅游业发展规划》《日照市阳光海岸旅游产品开发专项规划》。强化“写入规划”意识，开展对上规划衔接，争取重大事项和项目写入山东省“十四五”文化和旅游发展规划。

（市文化和旅游局 历彦翔）

【旅游接待】 2021年，日照市接待入境旅客0.29万人次，比2020年下降26.15%；接待国内游客3794.71万人次，比2020年增长20.39%，国内旅游收入287.97亿元，比2020年增长29.89%。国内旅游中，省外游客占比38.79%，省内游客占比61.21%。省外客源以周边省份为主，江苏省、河南省、河北省为三大主要省外客源地，分别占比6.6%、5.59%和4.47%。临沂市、青岛市、济南市是三大主要省内客源地，分别占比11.28%、10.05%和8.72%。以旅游度假为主要出游目的，占比83.74%；工作学习目的，占比14.5%；保健及其他目的占比1.76%。全市过夜游客占比33.2%，一日游游客占比66.8%。过夜游客中停留2天游客占比38.6%，停留1天游客占比37.6%，停留4天及以上游客占4.6%。游客人均花费776.14元，较2020年增长77.14元。其中，省内游客人均花费487.11元，省外游客1415.3元。游客消费支出中，购物、住宿、餐饮消费占比居前三位，分别为30.32%、19.64%、19.62%。“食住购”合计比重近七成。

【旅游收入】 2021年，全市旅游总人数3794.71万人次，恢复至新冠肺炎疫情前（2019年）的70.22%，比2020年增长20.39%；实现旅游总收入287.97亿元，恢复至新冠疫情前的67.66%，比2020年增长29.79%，游客人均消费758元。全市有国家级旅游度假区1处，全国乡村旅游重点村3个；省级全域旅游示范区3个、省级旅游度假区1个，省级文化和旅游消费试点县1个，省级夜间文化和旅游消费集聚区2个。全市有A级旅游景区50家，有旅行社167家、注册导游1892名，有星级饭店10家，旅游民宿60处。

【全域旅游创建】 2021年，日照市以创建国家全域旅游示范区为抓手，指导各区县、功能区加快创建全域旅游示范区。五莲县、东港区、莒县相继创建为省级全域旅游示范区，岚山区加快创建步伐，全域发展内涵更加充实。

（市文化和旅游局）

旅游资源

【概况】 2021年，日照市有国家A级以上旅游景区50家，其中AAAA级12家、AAA级31家、AA级7家。A级以上旅游景区接待游客2118.16万人次，比2020年增长18.46%；

实现总收入4.13亿元，比2020年增长24.02%。推进旅游景区品质提升，日照海洋公园、嗡嗡乐园、无极鬼谷旅游区创建为国家AAAA级旅游景区，天台山旅游区、多岛海赶海园获评国家AAA级旅游景区。制定《A级以上旅游景区专项整治与服务质量提升工作方案》《日照市A级以上旅游景区复核检查方案》，对景区管理服务、市场秩序、安全、环境卫生、公共设施等方面进行检查。组织各区县、功能区对辖区内A级以上旅游景区进行体检式检查，共发现问题368个，基本整改完成。市级层面，对全市A级以上旅游景区开展复核检查，对达不到相应质量标准的A级以上旅游景区进行处理。

日照开元森泊度假乐园　（市文化和旅游局　供图）

【旅游项目建设】 2021年，日照市实施项目突破行动，全市文旅项目年度完成投资80.2亿元，全域旅游产业年度到位资金5.6亿元。喜来登大酒店建成运营，山海风情绿道建成启用，莒国古城商业街、安东·阿掖旅游度假区、天台山旅游区等部分项目投入运营，开元森泊度假乐园开工建设，阳光海岸带精品旅游产业集群入选省“十强”产业“雁阵形”集群库。市美术馆新馆、市博物馆新馆正式向社会开放，日照大剧院建成运营，新建城市书房16处、总量达41处。

【重点项目】 日照开元森泊度假乐园　该项目位于东港区海天二路以东、海洋公园以南、碧海路以西区域，估算总投资11.75亿元，占地约135亩，总建筑面积约15.4万平方米，被列入省重大项目库。项目坚持“酒店＋乐园”模式，按照“精品度假”与“自然游乐”融为一体理念，建设以热带雨林为主题的水上乐园、以家庭亲子体验为主题的儿童乐园、以原生态为主题的度假木屋及酒店餐饮等，打造以“大自然”为核心的全天候、全年龄段、全季节性一站式休闲旅游度假综合体。

安东阿掖旅游度假区项目　该项目以岚山区阿掖山为核心，计划总投资28亿元，占地面积767公顷，其中规划建设用地600亩。规划建设安东阿掖旅游景区、安东卫文化古镇、安东阿掖文化精品酒店、安东文化康养项目区四大板块。以日照市岚山区的明代海防文化为背景，以明代安东卫海防文化为主题，打造集安东卫海防文化参与体验、明代安东卫文旅古镇、文化研学旅行、度假、康养为一体的综合旅游项目度假区。

天台山旅游区二期　该项目位于东港区涛雒镇，规划建设用地面积117351平方米，总建筑面积28000平方米，主要建设入口服务区、二期商业街、客栈民宿、太阳文化中心广场、景观及配套设施等。

莒国古城　该项目占地859亩，主要建设莒文化景点工程——城墙、莒王宫明清文化街基础设施配套建设项目、莒国古城——城阳王府文化街基础设施配套建设项目、莒国古城——百工坊文化街南区基础设施配套建设项目。

表27　2021年日照市文化和旅游项目推进一览表

序号	项目名称	责任单位	建设阶段	建设起止年限	计划总投资（亿元）	主要建设内容及建设规模	2021年完成投资（亿元）
1	日照开元森泊度假乐园项目	市城投集团	新建	2021年3月至2023年12月	11.75	位于新碧海路以东、黄海海岸线以西、海洋馆以南、激流回旋以北区域，占地约135亩，建筑面积约15.4万平方米，主要建设集中酒店、室内外水上乐园、儿童乐园、生态度假木屋，同时配套建设停车场、道路、绿化景观等辅助设施	3.91

续表 27

序号	项目名称	责任单位	建设阶段	建设起止年限	计划总投资（亿元）	主要建设内容及建设规模	2021 年完成投资（亿元）
2	黄海之眼项目	市城投集团	续建	2018 年 7 月至 2022 年 12 月	5	位于世帆赛基地出海口，用地面积约 22 亩，整体造型为玻璃全覆盖透明拱形筒状结构，桥体跨度 173 米、高度 63.5 米，内部设有弧形电梯、步行楼梯两种通行方式，顶部设置空中走廊，走廊两侧外挑半径 9 米的室外观景平台	0.96
3	日照国际足球中心	市城投集团	续建	2019 年 12 月至 2022 年 2 月	4.7	项目一期位于烟台路以东、山海路以北，用地面积约 340 亩，建筑面积约 3.35 万平方米。建设 1 座可容纳 11719 人的中心体育场馆、5 块标准足球场及室外绿化、道路、管网等配套设施	2.12
4	太阳文化中心项目	山东海洋文旅集团	续建	2017 年 9 月至 2022 年 12 月	13	项目规划用地面积 64776 平方米，总建筑面积 51900 平方米，主要功能板块由球形剧场与周边的游客中心、会议中心、博物馆、科技馆以及四季环廊等组成，通过震撼的建筑空间展示太阳文化	1.85
5	天台山旅游区一期工程项目	山东海洋文旅集团	续建	2017—2021 年	4.8	项目位于东港区涛雒镇，建设用地面积 92130 平方米，主要建设游客中心、太阳街市、太阳客栈、天台书院、扶木宫、观日台、神道秘境等单体项目，同时配备餐饮、住宿、停车场等完善的基础设施	0.4893
6	涛雒风情小镇启动区项目	山东海洋文旅集团	续建	2018 年 4 月至 2021 年 7 月	4.9	项目建筑面积 4.95 万平方米，主要建设包括接待展示中心、社区服务中心、度假公寓 10 栋、度假中式合院 17 栋、配套停车场以及地下车库。项目主要经营范围包括住宿、娱乐设施、经营场所出租等	0.5678
7	蓝天广场	山东蓝天房地产开发有限公司	新建	2021—2025 年	6.17	项目位于临沂路以东、泰安路南、海曲路以北，总建筑面积 26.6 万平方米，建设高层公寓楼 1 栋、高层商务办公楼 2 栋、高层酒店 1 栋及多层商业裙楼、地下车库等配套设施	0.95
8	达美希尔顿大饭店	山东一达能源集团有限公司	续建	2017—2022 年	10	项目位于济南路与文登路交会处东北侧，占地面积 26 亩，总建筑面积 7.9 万平方米，建设集五星级酒店、商务办公、康体娱乐、特色餐饮于一体的商务旅游综合体	0.85
9	日照华润中心木棉花酒店	华润置地（日照）有限公司	续建	2017—2022 年	10	项目位于烟台路东、淄博路北，建筑面积 15 万平方米，主要建设 50 层商务中心楼一栋，其中酒店为 1 ～ 8 层，办公为 10 ～ 50 层，项目包含商业、酒店、办公等业态，规划 210 间客房、大堂吧、全日餐厅、大小宴会厅及会议室等功能	1.53
10	日照吾悦广场项目	日照鸿璟实业有限公司	新建	2021 年至 2022 年 9 月	15	项目位于东关南路西、兴海路南，占地面积 75 亩，总建筑面积 17 万平方米，建设商业综合体一座、办公楼、停车楼各一栋及商业步行街。引进知名品牌 200 余个，打造集购物中心、风情街、街区商业于一体的城市综合体	2.5
11	海曲印象文化广场	上海建工集团	续建	2019—2022 年	7.8	项目位于海曲路以南、正阳路以东，占地 275 亩，建筑面积 8.6 万平方米，包括文化建筑、海曲阁、群众活动中心一馆、海曲广场及地下停车场、幼儿园、古城墙遗址、南溪潭、文化公园、市政道路等	2.3
12	德瑞广场	日照德瑞房地产有限公司	续建	2018—2022 年	12	项目位于海曲路以南、兖州路以西，建筑面积 15 万平方米，主要建设 A、B、C、D、E 五座建筑，A 楼为 26 层塔楼，B 楼为裙楼，C、D 楼为商业综合楼，E 楼为酒店	1.75
13	丽都大酒店	日照新力置业有限公司	续建	2020—2022 年	3	项目位于黄海一路南、北京路东交会处，总建筑面积 4.7 万平方米，建设 26 层五星级酒店一栋及地下车库等配套设施	0.95
14	喜来登酒店	日照贻海置业有限公司	续建	2014—2021 年	8	项目位于海曲东路路南、绿舟路路东，占地面积 40 亩，建筑面积 13.6 万平方米，酒店共 11 层，配备 36 米挑空豪华大堂，各类客房 340 余间，24 小时全日制餐厅、中餐厅、特色餐厅齐全，拥有完善的会议功能体系、餐饮体系、客房体系、娱乐体系	0.61

续表 27

序号	项目名称	责任单位	建设阶段	建设起止年限	计划总投资（亿元）	主要建设内容及建设规模	2021 年完成投资（亿元）
15	凤凰湾文旅产业融合发展示范区	日照港凤凰湾开发建设有限公司	续建	2019 至 2022 年	30	项目位于南湖镇山海路以北、黄泥崖村以东，占地1600 亩，总建筑面积 10 万平方米，包括坳塘石子、凤凰庄、长林河、黄泥崖四个村区域的景观打造及项目建设，主要建设凤凰水镇、凤凰秀场、农业茶园示范区、特色民宿等具有浓郁地方特色的高端旅游项目；建设集健康、养老、医疗、商业和休闲娱乐为一体的全龄化康养社区	1.4
16	蓝城园林艺术小镇	日照鼎蓝置业有限公司、日照蓝城实业有限公司	续建	2019—2025 年	20	项目位于南湖镇马陵水库西，占地面积 63 亩，建筑面积 3.13 万平方米，项目以盆景园艺文化及南湖镇苗木产业为基础，构建“产、游、人防、生活”四位一体的田园艺术小镇，打造全国人防融合示范区、华东园林艺术特色镇、山东都市农业体验新中心	0.65
17	龙门崮田园综合体	日照新东港农业开发有限公司	续建	2019—2022 年	15	项目位于三庄镇上下卜落崮村，占地约 45 平方千米，主要建设农业休闲博物馆、温泉康养中心、乡村民宿、智慧大棚、商务酒店、乡村记忆馆、清湖龙吟国学馆、廉政教育基地、伴山乡村美学馆、游客服务中心、循环农业蛋鸡养殖项目、田园社区、龙门崮景区提升改造等	0.45
18	安东阿掖旅游度假区项目	岚山区文旅局	一期	2019 年 2 月至 2026 年 9 月	28	项目占地 600 亩，建筑面积 84 万平方米，主要建设阿掖山海防文化参与体验项目区（洞穴明代海防文化数字化影视参与体验教育基地、世界第一长度山体斜坡滑道车、空中长城、明代海防军事体验区、山地运动基地等）、明代安东卫古镇、明代文化精品酒店度假区、安东文化康养项目区等	4.6661
19	悦海湾大酒店项目	岚山区文旅局	续建	2019—2021 年	5	项目占地面积 85.8 亩，包括酒店、酒店式公寓，总建筑面积约 8.78 万平方米，其中酒店建筑面积47121 平方米，建设 257 间星级标准客房，建成后将填补岚山高端酒店的空白，提升岚山的商务和旅游接待能力，提升城市服务业水平	1.48
20	莒国古城建设项目	莒县文旅局	续建	2018 年 7 月至 2022 年 7 月	39	建筑面积37万平方米。主要建设莒文化景点工程——城墙、莒王宫明清文化街基础设施配套建设项目、莒国古城——城阳王府文化街基础设施配套建设项目、莒国古城——百工坊文化街南区基础设施配套建设项目、莒县城市智能综合停车场项目。配套建设文旅商业、综合餐饮、休闲娱乐、旅游住宿、文化博展以及市政管网、游客服务中心等服务设施	8.24
21	嗡嗡乐园蜂疗康养项目	莒县文旅局	续建	2021 年 1 月至 2024 年 12 月	5	项目位于莒县龙山镇银杏大道，占地 100 亩，拟建设嗡嗡乐假日酒店、蜂疗养生馆、健康讲堂、中草药示范基地等项目；开展蜂疗食品研发和康养智能服务体系的建设，建设鲁东南最大的蜂疗康养基地	0.55
22	丹凤山生态旅游度假区项目	莒县文旅局	新建	2014 年 3 月至 2025 年 10 月	22	项目位于莒县龙山镇东北部的丹凤山，规划区总面积 1200 公顷，建设精品果园展示区，生态农业旅游观光区、园艺花卉种植观赏区、生态观光林木区、设施农业项目区，总建筑面积 16 万平方米	0.87
23	屋楼小镇一期项目	莒县文旅局	续建	2019 年 3 月至 2022 年 12 月	3.6	屋楼小镇项目位于莒县屋楼大道以东，店子河以北，占地 1089.53 亩，由日照天地和农业科技开发集团有限公司承建。其中一期建设用地 88.29 亩，计划投资 3.6 亿元，主要建设中小学研学游学基地、儿童乐园、康养度假区、民宿体验中心、办公楼项目，后期配套建设项目包括日月山景观区、植物认知园、青少年研学室外基地、拓展基地等	1.5
24	永鑫葡萄酒文化庄园	莒县文旅局	新建	2020 年 10 月至 2022 年 10 月	2.5	项目位于龙山镇前寨村，占地约 368 亩，规划建设集展览、观光、餐饮、住宿（民宿）、婚纱摄影于一体的综合性旅游项目。与烟台张裕集团深度合作，内部主要功能区规划：商品展销中心（游客中心）、葡萄风情公园、爱情广场、酒店、停车场等	0.094

续表 27

序号	项目名称	责任单位	建设阶段	建设起止年限	计划总投资（亿元）	主要建设内容及建设规模	2021 年完成投资（亿元）
25	“印象·梁甫”田园综合体项目	莒县文旅局	续建	2020 年 3 月至 2022 年 12 月	0.9	“印象·梁甫”田园综合体项目位于莒地第一峰——梁甫山脚下，由香港麦德瑞投资集团投资 9000 万元开发建设，占地面积 7200 亩，计划打造集生态农业、乡村旅游、拓展训练于一体的综合文旅项目，是莒国故城的卫星配套项目	0.11
26	浮来青国际文化交流基地项目	莒县文旅局	续建	2018 年 6 月至 2022 年 12 月	13.2	茶旅情缘小镇规划用地面积 3000 亩，规划范围包括小窝疃、大苗蒋、小苗蒋、芳湖、梁家苗蒋五个村。小镇依托浮来青田园综合体，以茶旅情缘为主题，以茶文化、红色文化为核心，以旅游为纽带，将农业旅游、文化宣传、餐饮服务等行业有机结合，建成后将会有力带动当地的经济发展	0.29
27	莒绘运营中心	莒县文旅局	续建	2018 年 9 月至 2022 年 12 月	0.5	项目概算总投资 0.5 亿元，位于莒县城区及乡镇，由山东晨韵文化发展有限公司投资建设运营，专业从事原创手绘服饰配饰的研发、设计、生产与销售。以助力乡村振兴为导向，打造集群式文化产业	0.28
28	东方九里晴川·北斗花海民宿项目	莒县文旅局	续建	2020 年 9 月至 2022 年 5 月	1.3	项目主体工程利用项目区内 7 块地势相对较高、呈北斗七星状分布的未利用地，通过征转出让方式取得建设用地使用权进行民宿项目建设，总建筑面积 6300 平方米。对其他土地不改变农业用途，实施综合整治后以莲藕水田、五彩梯田、农耕体验、荷塘怡园、智慧果园、星空花海、生态涵养等为主要内容，加速原生农业功能区建设，打造农、商、文、旅一体化融合发展的产业升级平台，以示范区的引领带动作用，加快周边王家山等村产业融合发展，助力乡村振兴	0.21
29	山东白鹭湾有限公司白鹭湾文创旅游项目	五莲县文旅局	设计和部分施工	2021 年 2 月至 2023 年 10 月	9	总建筑面积 65500 平方米，主要规划建设野岭酒店美术馆、温泉美术馆、田间剧场、林间美术馆、文创旅游街等	1.9
30	山东白鹭湾有限公司白鹭牧场一期项目	五莲县文旅局	施工	2019 年 1 月至 2022 年 12 月	10	总建筑面积 43 万平方米，主要规划建设农夫市集、牧场美术馆、梦之美术馆、田园艺术村一期、智慧农业示范区、大田农业等旅游空间	2.79
31	日照红孩儿文化旅游发展有限公司鹿鸣杉境项目	五莲县文旅局	施工	2020 年 10 月至 2022 年 12 月	4.1	项目落户于日照市北经济开发区，占地 450 亩，分精品旅游和健康医养两个板块。旅游板块占地 390 亩，打造红豆杉为主体，集精品旅游产业一体的文旅项目。精品旅游板块以红豆杉文化为主题，建设内容主要包括盆景园，红豆杉文化园，儿童乐园，花海，迷宫，山地拓展，小动物饲养园，水上乐园，特色民宿等。健康医养板块占地 40000.7 平方米，建筑面积 70892 平方米。容积率 1.2，建筑密度 30%，绿地率 35%	0.4
32	黑虎山运动小镇旅游综合体	五莲县文旅局	施工	2015—2022 年	1.91	位于五莲县石场乡黑虎山境内，占地 1.2 万亩，华东首家现代化的狩猎场所，是集狩猎垂钓、农业观光、教育培训、养老度假、野生动物驯养、珍稀苗木种植于一身的乡村休闲旅游综合体项目	0.2
33	黑虎山狩猎场射击馆	五莲县文旅局	施工、竣工验收	2020 年 2 月至 2021 年 12 月	1.79	建筑物工程：主要包括一座射击馆（赛后部分转为室内激光枪射击、射箭），用地 42272 平方米，建筑面积 15978 平方米；一个飞碟靶场，用地 104264 平方米，建筑面积 1669 平方米；室外配套工程：建设室外管线、道路、广场、停车场、绿化等室外工程。专业设备购置安装工程：购置比赛设备、赛后休闲激光枪射击、射箭器材、LED 大屏幕、座椅、计时钟、维修器械、医疗救护等设备。另外，结合黑虎山狩猎场现有条件，配套建设室外管线、绿化、亮化、道路、广场等室外工程。购置比赛及休闲体育器材设备及其他相关设备	1.1
34	霞客院民宿旅游写生基地规划项目	五莲县文旅局	施工	2020—2022 年	2	位于五莲县霞克院村，由连云港烟云旅游开发有限公司、日照市霞客院旅游开发有限公司联合开发，规划面积 40 公顷，分三大区域，包括精品民宿和滨水景观区，生态村民居住区，大学艺术研学基地等	0.135

续表 27

序号	项目名称	责任单位	建设阶段	建设起止年限	计划总投资（亿元）	主要建设内容及建设规模	2021 年完成投资（亿元）
35	香涧湖精品旅游及民宿项目	五莲县文旅局	施工	2020—2022 年	5.6	由五莲天然慢谷旅游开发有限公司投资，注册地在松柏镇松柏林村，计划总投资为 5.6 亿元，主要利用香涧沟自然村旧村农家房屋改造 60 套精品民宿，客房 270 间，并配套建设公共附属设施，打造民宿体验中心；利用香涧沟水库及周边环境开发茶文化展示区、荷花文化观赏区、亲水游玩体验区、农作物种植体验区、竹文化禅修区、亲子家禽游乐区、儿童户外体验区、有机果树种植区等	0.95
36	松月湖文旅康养西片区项目	五莲县文旅局	施工	2020—2025 年	10	项目位于松月湖西岸，计划总投资 10 亿元，主要建设以健康颐养、旅游度假为核心，以商务会议、户外运动为特色结合山林、农田、湖泊、温泉等多种资源的山水康养旅游度假区	0
37	方外·青舍里民宿项目	五莲县文旅局	已运营	2020—2021 年	0.4	位于松柏镇王家洼子村东南，龙潭湖西北角，建设 12 处可移动式模块化建筑民俗风情小屋	0.12
38	窦家台子温泉民宿及古村落开发项目	五莲县文旅局	已运营	2020—2021 年	0.2	位于松柏镇镇窦家台子村，新建精品民俗房屋 3 处	0.06
39	聚龙温泉康养小镇	五莲县文旅局	施工	2019—2022 年	10	项目占地 207 亩，共分三期建设，计划一期投资 5000 万元，建设 25 栋精品轻钢民宿及露天泡池，二期投资 3000 万元，建设温泉养生项目，三期计划投资 5000 万元，打造温泉配套设施及特色商业街	2.286
40	大槐树温泉养生精品民宿	五莲县文旅局	施工	2021—2025 年	1.3	项目占地 207 亩，共分三期建设，计划一期投资 5000 万元，建设 25 栋精品轻钢民宿及露天泡池，二期投资 3000 万元，建设温泉养生项目，三期计划投资 5000 万元，打造温泉配套设施及特色商业街	0.35
41	大旺高端民宿项目	五莲县文旅局	施工	2018—2025 年	0.3	该项目以大旺村内民房改造为基础，同时新建特色民宿进行搭配，打造以樱桃文化、五莲山文化、复古元素为主题的民宿、步行商业街、茶室、餐厅、图书馆等	0.08
42	董家楼精品民宿项目	五莲县文旅局	策划	2019 年—	未定	该项目计划分三期开发建设，规划建筑面积 9300 平方米；一期 1800 平方米，主要功能区域为游客服务、接待展示、特色餐饮、精品住宿、内循环观景栈道及配套设施等；二期主要功能区域为独栋别墅、餐厅、祠堂、景观改造及配套设施等；三期主要功能区域为演艺广场、会议室、培训中心、拓展训练基地及配套设施等	0.03
43	五莲山温泉度假村酒店项目	五莲县文旅局	施工阶段	2019 年 8 月至 2023 年 12 月	2.3	温泉酒店综合楼 1 座，酒店园区泡池 42 个，水上乐园、汤屋及小木屋 9 套，森林木屋 2 栋，温泉行馆 7 套，星空房 10 套	0.098
44	龙潭大峡谷升级改造项目	九仙山风景区	施工阶段	2020 年 4 月至 2021 年 12 月	0.07	项目位于九仙山风景区，主要包含建设 4 个旅游厕所、龙潭峡谷步游道、木栈道、仿木栏杆、仿生态水坝升级改造等内容	0.06
45	五莲山滑雪场升级改造项目	五莲县文旅局	已竣工	2021 年 3 月至 2022 年 10 月	0.1	位于五莲山滑雪场，主要是改造建筑面积 1334 平方米、新建建筑面积 3558 平方米，新建戏雪区 3000 平方米，改造滑雪道面积 1.7 万平方米	0.027
46	胡林村精品民宿改造项目	五莲县文旅局	施工阶段	2021 年 3 月至 2023 年 12 月	0.0435	项目位于胡林村，拟对胡林村庄进行整体就地或异地改造，建设具有浓郁民俗风情的旅游度假村，农户可对外进行餐饮、住宿等经营项目；置换出的土地可用于开发建设高端旅游设施	0.07
47	飞天温泉屋建设工程	五莲县文旅局	施工阶段	2020 年 12 月 1 日至 2022 年 10 月 1 日	0.11	本项目位于五莲县东南部，五莲山与九仙山之间，飞天酒店北山区域，工程总投资约 1100 万元，总规划面积约 1900 平方米。公共泡池区：小泡池 7 个、大泡池 1 个、泡池区服务中心 2 栋。高端住宿区：小庭院 9 个、小院泡池 9 个、度假房 9 栋的安装等。铺设温泉管道及排水管道，安装空气能设备等	0.1

续表 27

序号	项目名称	责任单位	建设阶段	建设起止年限	计划总投资（亿元）	主要建设内容及建设规模	2021 年完成投资（亿元）
48	“望山·原舍”民宿项目	五莲县文旅局	试运营	2020 年 6 月至 2023 年	0.8	该项目总投资 8000 万元，位于户部乡宋家村村委办公楼东旧村原址，距 342 国道 200 米。占地总面积 19350 平方米（约 29 亩），其中约 20 亩为村庄建设用地，9 亩为商业服务用地 1. 民宿＋康养区：利用保留较好的老村房屋 10 处，保持原有石墙风格，通过翻新加固打造精品民宿；利用现有坍塌房屋 9 处，重建 3000 平方米的民宿＋康养区 2. 文化服务区：利用现有坍塌房屋 5 处，改造为书屋、画廊、琴房、中药馆、商务洽谈服务区；新建 600 平方米商务区 3. 餐饮服务区：新建 300 平方米餐饮服务区，通过落地窗静观五莲山美景，运用花园隔墙营造别样情怀的特色餐饮酒馆	0.324
49	太阳城文化创意产业园项目	五莲县文旅局	施工阶段	2021 年 1 月至 2025 年	3.2	项目位于五莲县户部乡太阳城庄园，占地 3200 亩，依托现有产业基础和自然生态资源，充分挖掘葡萄与葡萄酒文化，在太阳城庄园核心区的基础上，规划会议展览中心、写生创意村、婚庆摄影基地、教学研基地、自行车和越野车赛道及相关游乐设施，推动葡萄酒与文旅产业融合发展	0.023
50	北店民宿	五莲县文旅局	施工阶段	2020 年 7 月至 2022 年 6 月	0.07	该项目位于管帅北店村，这里有温泉水资源，杏石温泉井深 1516 米，出水温度 56℃，属于弱碱性硫酸钠型热矿水温泉，具有很高的理疗价值，尤其是里面的含有“镭”元素，素有“泉灵”之称。公司会利用好本地的温泉优势，发展好温泉民宿项目。地处 206 国道旁边，交通便利。管帅因管仲在此挂帅而得名，是一个有文化底蕴的千年古镇。因东距诸城南离莒县，西至沂水各 45 公里，号称为“三九店”这里山清水秀，风光旖旎，地势平坦，群山环抱，号称“金盆底”	0.05
51	后安民宿	五莲县文旅局	施工阶段	2021 至 2023 年	0.6	位于冯家坪水库东侧、韩冯路以南，有一处水库和七八处房屋，区域面积 300 亩左右，后安村汤文宏计划在该区域打造一处高端民宿。该处紧邻七连山和九仙山景区，与松柏镇窦家台子村有 5 分钟车程，可以通过区位优势实现借力发展。同时后安村还有天马山庄、小宝山 SOD 苹果园等文旅、采摘资源，汤文宏自己也有桃园、梨园、桑葚园等	0.01
52	双创大厦	开发区社会事业局	续建	2019 年 2 月至 2021 年 12 月	7.15	建设两栋高层办公楼及配套 132 套居家人才公寓，总建筑面积 9.4 万平方米。主要为数字经济、大数据、云计算、软件开发、人工智能、半导体、现代金融以及相关领域产业项目打造成长平台，为经开区创业创新、产业集聚提供综合配套服务	1.15
53	河山景区道路升级	高新区社会事业局	0.5	2021 至 2022 年	0.1	景区内外道路升级	0.02
54	国医坛医院	山东国医坛盛世医疗管理有限公司	续建	2019 年 3 月至 2023 年 6 月	22	项目位于卧龙山街道，按照三级甲等医院标准建设，一期建设门诊医技综合楼、体检行政综合楼各 1 栋，病房楼 A–D，地下车库、三条医院区间道路建设及其他附属设施建设	1.73
55	国医大师工作站	日照康泰置业有限公司	续建	2019 年 9 月至 2021 年 12 月	1.5	项目位于卧龙山街道，总建筑面积约 1 万平方米。项目以传承、研究、教育、藏书、临床转化为其基本功能，力争将其建设成为国医大师经验传承中心、中医药高端人才培养基地、中医高端学术交流中心以及中华优秀传统文化的传播载体	0.62
56	生命健康产业协同创新城	菲尼科思（山东）置业有限公司	续建	2019 年 9 月至 2023 年 12 月	10	项目位于卧龙山街道，一期建设医药产业研发中心楼 2 栋，研发中心楼 1 栋，产业孵化中心楼 1 栋及附属基础设施配套项目；二期建设医药产业研发中心楼 6 栋	0.78
57	创元千禧大酒店	日照锦泽置业有限公司	新建	2021 年 3 月至 2023 年 10 月	8	建筑面积 13.7 万平方米，拥有客房 796 间，可同时容纳 3000 多人用餐；有大小会议室 10 余个，包含千人会议室和 500 人报告厅及中小型商务会议室，可承办国际大型会议及学术交流与研究会议等	0.9

续表 27

序号	项目名称	责任单位	建设阶段	建设起止年限	计划总投资（亿元）	主要建设内容及建设规模	2021 年完成投资（亿元）
58	山海风情绿道	山海天管委	新建	2021 年 2 月至 2021 年 5 月	0.67	绿道东起阳光海岸绿道北起点，西至五莲县境内龙潭湖区域，全长约 33.2 千米，其中山海天段长约 6.1 千米。有机串联了两城河湿地公园、两城遗址、白鹭湾景区、潮白河公园、五莲山、九仙山、龙潭湖等自然人文节点，将山野、田园、滨河、湿地、景区互联互通，形成山海联动、田园风情特色的慢行系统	0.678
59	桃花岛风景区海洋牧场旅游综合体	日照市东港区兴渔渔业养殖有限公司	续建	2020 年 11 月至 2022 年 11 月	2	项目位于碧海路与桃花岛一路交会处桃花岛风景区，确权海域面积 357.3 公顷，总建筑面积 500 公顷，主要建设内容桃花岛风景区岸基建设，海域内海洋牧场七彩海洋建设，养殖工船建设，观测网建设，“4 个 1”项目建设，结合桃花岛风景区，发展旅游观光，海内垂钓，海洋科普教育，养殖业等渔旅结合一体化综合体	0.1
60	太公旅游小镇乔家墩子片区	日照蓝兴置业有限公司	续建	2019 年 3 月至 2022 年 6 月	23	乔家墩子片区位于山海天路以东、太公三路以北，建设用地 263.96 亩，总建筑面积约 43 万平方米，其中地上建筑面积 29 万平方米，地下建筑面积 14 万平方米。该项目划分 41 个组团、63 个单体，包括 16 栋 9 ～ 11 层的高层建筑，其余为 3 ～ 5 层的多层建筑	5.6
61	太公旅游小镇后滩西片区	日照市东港区卧龙山街道后滩西村民委员会	续建	2018 年 7 月至 2021 年 12 月	9.24	后滩西片区位于山海天路以西、太公三路以北，建设用地面积 120.49 亩，总建筑面积 18.48 万平方米，其中地上建筑面积 11.52 万平方米，地下建筑面积 6.96 万平方米，该项目划分 8 个组团、16 个单体，包括 3 栋 10 ～ 11 高层，13 栋 3 ～ 5 层多层	1.75
62	音・悦海	日照德瑞房地产有限公司、北京 330 音乐有限公司	储备	2021 年 7 月至 2023 年 12 月	4.6	项目位于桃花岛三路以北，北海路以西，总建筑面积约 65830 平方米，项目规划方向为具有国际风尚音乐特色小镇项目	
63	日照邮轮文旅主题酒店项目	山东海天水韵文旅发展有限公司	新建	2021 年 4 月至 2023 年 2 月	3.5	位于天阁山路以东、山海天路以南，净用地面积 40.2 亩，容积率 1.12，建筑密度 28%，总建筑面积 41850 平方米，主要建设集商务会议、餐饮、度假、办公等功能于一体的高端度假酒店，包含全日餐厅、多功能宴会厅、中餐厅、客房、康体休闲中心等功能业态	1.55
64	百替温德姆酒店项目	日照百替温德姆酒店管理有限公司	续建	2019 年 3 月至 2021 年 10 月	1.6	酒店总占地 20 亩，地上整体 4 层，地下 2 层（为酒店专属停车场），客房为 160 多间，并附带全日制自助餐厅、中餐厅、西餐厅、啤酒屋、多功能会议室、多功能厅、宴会厅、健身房及大中小会议室，充分满足顾客的各种住房及活动需求	0.442
65	中科颐城项目	山东中科颐和房地产开发有限公司	续建	2020 年至 2021 年	5	项目位于天阁山路以东，北海路北邻，用地面积 112.5 亩，总建设面积 13.3 万平方米，包含 11 栋机构养老楼及康养楼、15 栋居家养老楼以及医疗保健用房及公共活动用房	1.81
66	日照山海田园乡村振兴一期项目	日照山海田园发展有限公司	新建	2021 年 5 月至 2024 年 4 月	18	项目位于北海路与两河路交会处西 800 米，项目打造以文化为主线，教育、度假为主题，集研学、田园为一体的山海田园小镇	0.2
67	开沅恒泰凯达大酒店	开元恒泰置业有限公司	续建	2021 年 3 月至 2023 年 6 月	4.2	项目占地 41.98 亩，酒店建筑面积 6 万平方米，酒店配套及集团职工生活区 10 万平方米，主体建筑为 3 层裙楼、20 层主楼	1.1
68	鸿璟吾悦广场项目	日照鸿璟实业有限公司	续建	2021 年 5 月至 2023 年 12 月	15	项目占地 75 亩，总建筑面积 17.4 万平方米，建设大型购物中心及附属设施。项目以购物中心为主导，打造集社交、休闲、餐饮、娱乐、购物、体验于一体的商业新形态	10

（资料来源：市文化和旅游局）

表28 2021年日照市A级旅游景区一览表

区（县）	景区名称	详细地址
东港区（9个）	万平口海滨风景区（AAAA）	海曲东路东首398号
	龙门崮旅游度假区（AAAA）	东港区三庄镇上卜落崮村
	刘家湾赶海园（AAAA）	东港区涛雒镇刘家湾村
	日照海洋公园（AAAA）	东港区碧海路88号
	荷仙子风景区（AAA）	东港区涛雒镇宅科
	竹洞天风景区（AAA）	东港区日照街道将帅沟
	花仙子景区（AAA）	东港区西湖镇
	东夷小镇（AAA）	东港区绿洲路东段与新碧海路路口
	天台山旅游区（AAA）	东港区涛雒镇
岚山区（7个）	无极鬼谷旅游区（AAAA）	岚山区黄墩镇
	多岛海景区（AAA）	岚山区南部海州湾畔
	磴山风景区（AAA）	岚山区虎山镇
	多岛海赶海园（AAA）	岚山区多岛海大道多岛海赶海园
	顺风阳光海洋牧场（AAA）	岚山区虎山镇日钢东门对面
	浮蓬山风景区（AAA）	日照岚山区黄墩镇
	浔河峪风景区（AA）	岚山区中楼镇
莒县（14个）	浮来山风景区（AAAA）	莒县浮来西路1001号
	浮来青旅游度假区（AAAA）	莒县夏庄镇平安路208号
	嗡嗡乐园（AAAA）	莒县旅游大道东侧路边
	都乐农庄（AAA）	莒县旅游大道东侧路边
	莒州文街（AAA）	莒县青岛路567号
	沭河湿地公园（AAA）	莒县县城文心路东首
	丽正园（AAA）	莒县南郊G206国道与S335省道交会处
	莲生湖游钓园（AAA）	莒县桑园镇芦家河村
	浮来春集团旅游景区（AAA）	莒县故城中路188号
	莒州博物馆（AAA）	莒县银杏大道260号
	横山天湖生态旅游区（AAA）	莒县小店镇牛家沟村东
	田甸园民俗旅游度假村（AAA）	莒县浮来山街道田家店子村
	双鼎山雨露甜园（AA）	莒县寨里河镇陡崖村
	东莞潍河源国家传统村落景区（AA）	莒县东莞镇赵家石河村
五莲县（7个）	五莲山旅游风景区（AAAA）	山东省五莲县五莲山兰陵路
	大青山风景区（AAAA）	五莲县城南7千米
	黑虎山狩猎旅游区（AAAA）	五莲县石场乡黑虎山驻地
	白鹭湾艺游小镇（AAA）	日照市北经济开发区
	五征·松月湖旅游度假区（AAA）	五莲县松柏镇
	富园春—朝海洞天生态园（AAA）	五莲县叩官镇驻地
	爱樱维生态庄园（AA）	五莲县叩官镇辛庄村东

续表 28

区（县）	景区名称	详细地址
山海天旅游度假区（9 个）	日照海滨国家森林公园（AAAA）	山海天旅游度假区沿海路北首
	驻龙山风景区（AAA）	日照市青岛路中段
	御海湾茶博园风景区（AAA）	日照海滨国家森林公园的南面
	万宝滨海风景区（AAA）	日照市东港区两城街道
	瀚林春有机茶博园（AAA）	青岛北路 9 号
	Hi 世界农乐园（AAA）	两城街道秦家庄
	云过山丘茶旅文化园（AAA）	北海路与观海路交会处
	七彩凤凰生态园（AA）	双庙村秦家官庄对过
	龙山湾果乐园（AA）	青岛北路于家村南 200 米路西
日照高新区（4 个）	沁园春风景区（AAA）	高新区河山镇
	泉山云顶风景区（AAA）	高新区河山镇大暖帐
	河山风景区（AAA）	高新区河山镇
	春风十里乡村文旅创意园（AA）	河山镇申家坡村

（资料来源：市文化和旅游局）

【万平口海滨风景区（AAAA 级）】 万平口景区位于东港区海曲东路东首 398 号，景区海岸线全长 4400 余米，陆域面积 70 万余平方米，沙滩面积 30 万余平方米，陆域森林覆盖率达 90% 以上，是距离日照市区最近、最能体现日照“蓝天、碧海、金沙滩”特色的景区。景区以明净温和的海水、宽阔细腻的沙滩、优美宜人的环境、明媚灿烂的阳光著称。

【龙门崮旅游度假区（AAAA 级）】 龙门崮旅游度假区地处东港区三庄镇，东距日照海滨 40 千米，占地面积 16 平方千米，是省级诚信旅游示范单位、省级森林公园、省级水利风景区、市四星级平安景区，市级森林公园。崮顶海拔 416 米，有“山东海滨第一崮”“江北丽江，度假天堂”之美誉。景区是春游踏青、夏令避暑、秋季采摘、冬观雪景胜地。

【刘家湾赶海园（AAAA 级）】 刘家湾赶海园位于东港区涛雒镇东部黄金海岸线上，景区拥有 5.4 千米黄金海岸线，落潮时有 1.3 万亩潮间带，滩平沙细，盛产文蛤、竹蛏、西施舌等 100 余种贝类和蟹类。以赶海体验为主，集海水沐浴、沙滩运动、游艇观光、休闲度假为一体，突出海洋文化，反映地方民俗风情，是认知大海、感知大海、体验渔家生活的最佳去处。

【日照海洋公园（AAAA 级）】 日照海洋公园位于东港区碧海路 88 号，场馆将海洋动植物和陆生动植物综合展示，属创新型多业态相融合的主题公园。海洋公园主要由海洋馆和四季花鸟园两部分组成。海洋馆展示海洋动物 1000 余种，是国内第四代海洋主题馆。四季花鸟园是以

万平口海滨风景区　（市文化和旅游局　供图）

龙门崮旅游度假区一角　　（市文化和旅游局　供图）

生态休闲、旅游观光、绿色餐饮等于一体的主题花鸟园。

【无极鬼谷旅游区（AAAA级）】 无极鬼谷旅游区地处岚山区黄墩镇，景区生态环境优美，全方位打造鬼谷子主题文化。分为六大项目区：鬼谷文化生态体验项目区、春秋鬼谷文化军事主题公园游乐区、鬼谷文化朝圣及养老养生度假区、鬼谷主题文化展示及休闲项目区、鬼谷文化户外拓展露营项目区、茶文化休闲体验区。

【浮来山风景区（AAAA级）】 浮来山又名浮丘，位于莒县城西6千米处，海拔299米，面积20平方千米。浮来山景区主要由飞来峰、浮来峰、佛来峰拱围相连，冬暖夏凉，气候宜人，有“天然森林氧吧”之称。有千年古刹定林寺、树龄4000余年的天下银杏第一树。属国际绿色人文自然遗产保护景区、省级风景名胜区、省级地质遗迹自然保护区。

【浮来青旅游度假区（AAAA级）】
浮来青旅游度假区位于莒县夏庄镇，紧靠206国道，与日东高速莒县站出口毗邻，景区集生态观光、文化体验、品茗养生、餐饮住宿、休闲度假为一体，有生态茶园2000亩，先后被评为国家级茶叶标准化示范区、国家级茶叶生态示范园。有综合服务区、度假村、水岸风情商业街、浮来茗香区、休闲娱乐区、红色旅游区六大功能区。

【嗡嗡乐园（AAAA级）】 嗡嗡乐园位于莒县旅游大道东侧，交通便利。景区以蜂文化为载体，是山东省首家蜜蜂文化体验园，主要建有甜蜜广场、蜜源植物花海、嗡嗡乐示范蜂场、蜜蜂文化科普馆、蜜语酒店、蜂疗体验馆、蜂产品参观车间、立体采摘园等特色景观，将蜜源植物观光，蜜蜂养殖体验，蜜蜂文化宣传，蜜蜂特色美食等一、二、三产业融合，打造集“健康、生态、甜蜜、时尚”为一体的蜂文化休闲园区。

表29　2021年日照市重点旅游景区接待情况统计表

景区名称	游客接待量（万人次）
万平口景区	502.7
刘家湾赶海园	40.1
龙门崮旅游度假区	22.7
日照海洋公园	72.8
浮来山风景区	35.4
浮来青旅游度假区	47
嗡嗡乐园景区	30
五莲山旅游风景区	32.4
大青山风景区	49
日照海滨国家森林公园景区	134.6

（资料来源：全国A级旅游景区管理系统）

【五莲山旅游风景区（AAAA级）】五莲山旅游风景区由五莲山、九仙山及龙潭湖三个景区组成。主峰五莲峰海拔515.7米，全山28峰，有峰、石、涧、泉和殿、阁、楼、亭等景点118处，以奇、秀、险、怪、幽、奥、旷七大特色而著称。景区内有明代皇家寺院护国万寿光明寺、战国时期军事家孙膑晚年隐居著书之地孙膑书院等文化遗迹，有被称为“江北双绝”的万亩野生杜鹃花园和龙潭大峡谷。

【大青山风景区（AAAA级）】大青山景区位于五莲县城西南7千米处222省道西侧，景区以“秀、幽、奇、旷”四大特色著称，面向成人和儿童利用山地条件建有各种游乐设施，有高空滑索、滑草、森林吊床、各种秋千等，并有攀岩、攀登网、高空架等拓展训练设施，新建太极文化广场，是旅游度假、素质拓展、会展会议的理想去处。

【日照海滨国家森林公园（AAAA级）】日照海滨国家森林公园位于山海天旅游度假区沿海路北首，总面积12000亩。景区依山傍海，林海相依，动植物种类繁多；先后被评为“山东省十大魅力景点”“山东省十佳森林公园”“山东省十佳休闲旅游度假区”等荣誉称号。长7千米的黄金海岸线被专家誉为“中国沿海仅存未被污染的黄金海岸”，诺贝尔物理学奖得主丁肇中先生称这里的沙滩“夏威夷所不及”。

黑虎山狩猎旅游区　　（市文化和旅游局　供图）

【黑虎山狩猎旅游区（AAAA级）】黑虎山狩猎旅游区位于五莲县西南部黑虎山境内，石场乡石亩子水库西岸，景区以狩猎为主，是集狩猎、餐饮、休闲、度假、娱乐、农业观光旅游等为一体的旅游区。景区包括狩猎区、生态休闲区、会所度假区、生态农业观光区、狩猎综合服务中心、动物驯养繁殖基地、狩猎补给服务处、生态旅游静养中心等功能区，植被覆盖率90%以上。有接待中心、射击馆、购物街、酒店、联排别墅等配套设施，可满足游客吃、住、行、休闲娱乐等需要。

（市文化和旅游局　王玺任）

大青山景区　　（市文化和旅游局　供图）

旅游业态

【概况】2021年，日照市将“文旅+”“+文旅”作为产业加快新旧动能转换有效路径，大力发展海洋旅游、体育旅游、康养旅游、研学旅游等新模式、新业态，成为推动文旅业高质量发展的新引擎。

【海洋旅游】2021年，日照市依托海水浴场、海洋牧场和民俗旅游村，重点发展滨海度假、海洋运动、渔家体验等产品业态，举办2021中国（日照）国民休闲水上运动会、阳光海岸马拉松等节会赛事活动，“日照海滨山岳行”“阳光海岸·欢乐冰雪”等线路上榜“春节黄金周体育旅游精品线路”，顺风阳光海洋牧场被山东省精品旅游促进会评为“新旧动能转换山东省精品旅游先进单位”。

【康养旅游】 2021年，日照市以创建国家中医药健康旅游示范区为抓手，制定实施《关于促进全市中医药健康旅游发展的意见》，形成中医文化体验、森林养生、滨海康疗等个性化、定制化旅游产品，培育丹参、黄芩等30余个中药国家地理标志产品。东方太阳城文旅康养融合发展区入选山东省文旅康养融合发展试点区名单，日照市被授予“中国最美生态康养旅游名城”称号。

【红色旅游】 2021年，日照市以庆祝中国共产党成立100周年为契机，深挖红色资源，提升红色旅游发展水平。莒县桑园镇柏庄获评第一批山东省红色文化特色村，浮来山风景区、浮来青旅游度假区入选“致敬百年”山东经典红色旅游景区名单，日照市抗日战争纪念馆入选山东省100家红色研学基地名单。“走进日照，永葆党员本色”“日出东方照东夷，两城保护优发展”等4条线路入选山东省100条红色旅游线路名单，日照市党史教育展、“百年恰是风华正茂”红色档案文献展等6个展陈项目入选山东省100家革命场馆特色展陈名单，日照东方太阳城景区运营管理有限公司提报的“忆红色岁月”礼瓷茶具、广云陶艺提报的“一带一路”黑陶、山东晨韵文化发展有限公司提报的莒绘“绿水青山三牛情”纯手绘提包入选山东省100款红色文创产品推荐名单。

【乡村旅游】 2021年，日照市贯彻落实乡村振兴战略，推进乡村旅游精品化培育。岚山区官草汪村入选第三批全国乡村旅游重点村，全省有7个；日照高新区河山镇、山海天旅游度假区卧龙山街道、五莲县松柏镇被评为山东省旅游民宿集聚区创建单位；东港区涛雒镇下元一村等5个村被评为2021年度全省乡村旅游重点村。岚山区巨峰镇后山旺村等36个村庄被评为山东省景区化村庄；东夷小镇、官草汪民俗祭海节活动、浮来青茶文化节等6个案例入选“好客山东·乡村好时节”年度优秀案例名单，分别获评年度主题活动、年度美食体验地等称号。至年底，全市接待乡村旅游游客2230.8万人次，比2020年增长23.2%；实现乡村旅游收入102.6亿元，比2020年增长41.5%。

（市文化和旅游局 王玺任）

【茶旅游】 2021年，日照市加快茶产业三产融合，实施“旅游富市”战略，将茶产业发展与滨海旅游、山水旅游结合。支持龙头企业建设融看茶、采茶、制茶、品茶、购茶和观茶艺、赏茶景、悟茶道多功能于一体的茶文化特色观光园，挖掘整理茶文化历史、典故，创新“茶—文化—养生”新理念，实现茶产业发展由单一发展茶叶生产向多元化茶与文化结合发展转型。收集整理和编写具有地方特色的茶歌、茶舞、茶诗、茶联及茶文化节目，弘扬茶文化，丰富茶叶内涵；依托“海、茶、山”三大特色，将日照历史典故、传说和茶文化知识结合，让游客领略日照绿茶文化底蕴。培育浮来青旅游度假区AAAA级茶文化主题旅游景区1个，云过山丘茶旅文化园、御海湾茶博园风景区、瀚林春有机茶博园等AAA级旅游景区6个，国家级休闲农业与乡村旅游示范点1个（凇晨茶文化产业园），省级休闲农业与乡村旅游示范点1个（巨峰镇百里绿茶长廊）。年内，岚山区获评“中国茶业百强县”、2021年度“茶旅融合特色县域”；东港区获评“中国茶业百强县”“百县、百茶、百人”茶产业助力脱贫攻坚、乡村振兴先进典型；岚山区巨峰镇入选全国农业产业融合发展项目创建名单，五莲县潮河镇、岚山区高兴镇入选山东省农业产业强镇。

（市农业农村局 丁德恩）

2021年，日照市岚山区岚山头街道官草汪村 （市文化和旅游局 供图）

【日照市连续三年获评“中国体育旅游十佳目的地”】 2021年11月26日，2021中国体育文化博览会·中国体育旅游博览会在广州开幕，国家体育总局体育文化发展中心授予日照市“2021中国体育旅游十佳目的地”称号，日照连续第三年获此称号。

（市体育局 李文华 卜立杰 徐雯雯 王 兵）

旅游营销

【旅游市场促销】 2021年，日照市采取“政府引导、省市县联动、平台支撑、企业参与”四位一体运行模式，从供给和需求两端同时发力，采取财政直补消费者、商家优惠折扣等方式在全市城乡联动开展。推出“惠游日照·健康生活”“非遗传承·国潮涌动”“红色日照·百年献礼”等八大文旅主题消费活动。将A级以上景区门票、旅游路线、文艺演出等旅游产业相关项目纳入惠民补贴范围，扩大产品及服务补贴范围；支持省、市、县三级联动申报，满足文旅企业多元化需求，企业申报、核销更加快捷；消费者可在官方公众号、微信小程序、App等多种渠道领券、用券，在往年通用券和定向券基础上，新增惠民助力券，邀请好友助力就可获得大额惠民消费券，游客市民领券、抢券、用券更加便捷，推动旅游市场发展。全市累计发放文旅惠民消费券433万余元。

【旅游商品设计研发展销】 2021年，日照市文化和旅游商品主要有日照绿茶、日照黑陶、日照农民画、日照农民画绣、手工艺品、旅游纪念品、土特产等80余种。涉旅商品生产经营企业70余家，大型购物超市30家，旅游商品研发企业28家，A级景区内旅游商品销售店80余家。市文化和旅游局采取多样化手段推动旅游商品研发与展销。以赛事促文创。开展2021年日照市优秀文化创意产品奖和设计奖评选工作，评出文创设计奖2名、文创产品奖14名；组织文创企业参加中国特色旅游商品大赛、第三届山东省精品旅游文创设计大赛等赛事活动，莒国好礼·蜂满箱产品、莒绘纯手绘提包围巾、日云山项链、乡愁是老家的那盘石磨等参赛作品获佳绩。拓展销售渠道。推动文化旅游商品进景区、进城市书房、进公共文化场馆，依托银座商城、华润万象汇等省级金牌旅游购物商店，推广特色文化旅游商品，协调50余家文旅商品企业、210余种文旅商品入驻“一机游日照”平台，拓展文旅商品销售渠道。构建日照文旅商品形象体系，探索打造“日照有礼”文旅商品品牌，设计品牌标识，推动日照文旅商品品牌化发展。

【旅游宣传推介】 2021年4月19日，日照市在上海举办中国（日照）新闻摄影周优秀摄影作品全国巡展开幕式暨“阳光海岸 活力日照”文化旅游（上海）推介会，10万余名上海市民游客参观影展；5月29日，在郑州举办旅游推介会、招商签约仪式、旅游摄影展、旅游商品展，实现“四会合一”，浏览量10万人次以上，朋友圈曝光28万次以上。联合市外事办，加大对日韩市场宣传推介力度，接待青岛韩国人（商）会、日本人会40余人到日照市参观考察。推出各类主题突出、特色鲜明、内容丰富的旅游线路产品，在市全媒体发布8条日照春游线路、60余项春游产品，通过省文化和旅游厅平台发布6条日照红色旅游线路。“日照健游莒国古城·鉴领千年文化体育旅游线路”入选2021年“十一”黄金周山东体育旅游精品线路。开展“乘着高铁游日照”宣传活动，在到上海、郑州的高铁列车上，分别投放为期1年的日照旅游高铁冠名宣传，通过车身彩贴、头片、桌贴、语音播报等形式，全方位宣传推介日照。

【2021“好客山东”贺年会启动仪式暨初光先照·中国（日照）元旦迎日祈福大典】 1月1日，2021“好客山东”贺年会启动仪式暨初光先照·中国（日照）元旦迎日祈福大典在日照市万平口旅游区举行，东夷小镇、碧海蓝天婚嫁产业园、刘家湾赶海园、龙门崮风景区、浮来山风景区等设分会场。举办冰雪嘉年华、非遗民俗展销、特色美食展卖等系列活动，全程采用线上直播形式，通过山东广播电视台体育频道、大众日报客户端、齐鲁壹点客户端、大众网日照、主流日照、直播日照等20余家新闻媒体呈现。该活动已连续举办12届，旨在传承太阳文化，打造“太阳从这里升起”民俗节会品牌。

【庆祝中国共产党成立100周年大型群众合唱艺术节】 2021年，市文化和旅游局结合党史学习教育，开展红歌大家唱活动，推出8期专题报道。举办大型群众歌会擂台赛，政府机关、企事业单位组成的64支合唱队伍参赛，参赛队员近4300人。6月11日，在万平口景区举办大型群众歌会，线上观看直播18.16万

2021年6月11日，庆祝中国共产党成立100周年大型群众歌会活动在万平口风景区举办

（市文化和旅游局　供图）

人次。6月28日，“唱支山歌给党听”日照市庆祝中国共产党成立100周年大型文艺演出在日照文博中心大礼堂举办，讴歌党的光辉历史，诠释党的初心使命，庆祝党的百年华诞。

【2021“好客山东·活力日照游品荟”暨水上音乐嘉年华活动】 2021年7月10日，主题为“活力日照 共享美好生活”的2021“好客山东·活力日照游品荟”暨水上音乐嘉年华活动启动仪式在龙门崮风景区举行。活力浪漫的水上音乐嘉年华为市民、游客带去清爽体验，超大规模水上乐园、恐龙乐园、幻影VR体验馆、魔幻镜宫等项目满足多样化需求，让市民、游客畅享美妙夏日，提升“阳光海岸 活力日照”品牌形象，丰富市民和游客文化旅游生活，激活全市暑期旅游市场活力，助力全市文旅产业发展。

【2021年日照文化旅游生活节】 2021年8月25日，日照文化旅游生活节启动。活动以“生活在日照就是幸福”为主题，历时两个月，采取线上线下相结合方式，推出12项主题文化旅游活动，满足不同年龄段、不同受众群体精神文化需求。活动期间，面向市民游客推出文旅惠民大礼包，包括发放市级通用文旅惠民消费券、图书定向消费券、电影定向消费券，抢购日照海洋公园亲子优惠票等。

【新青年音乐节】 2021年10月5—6日，由日照市文化和旅游局指导，山东省互联网传媒集团主办的“海报新闻·新青年音乐节”日照站在东夷小镇南广场举办，共吸引1.5万余人参与，直接票房收入300万余元，打响“阳光海岸·活力日照”城市品牌，使游客体验到“有一种生活叫日照”。

（市文化和旅游局 王晓东 刘新宇）

旅游行业管理

【旅行社及导游管理】 2021年，日照市文化和旅游局实施旅游服务质量提升和旅行社专项整治行动，开展未经许可经营旅行社业务集中整治活动。日照市开展未经许可经营旅行社业务专项整治行动部署会召开，组织对11家问题旅行社的执法检查。年内，检查旅行社38家、导游66名，查处无证导游7名，罚款7000元。有2名导游入选文旅部“金牌导游”培养计划，2名导游入选2021年度全省优秀导游候选人员名单。举办3期“日照导游大讲堂”，培训导游人员1000余人次。对2020年度23名中级、3名高级导游通过晋级考试分别给予500元、1000元奖励，共发放1.45万元。

【旅游服务质量】 2021年，日照市文化和旅游局印发《日照市文化和旅游行业信用体系建设行动实施方案》，申报文化和旅游部市场信用经济发展试点，入围全国14个试点地区（日照市是山东省唯一一个地级试点市）；印发《日照市旅游服务质量提升行动实施方案》，引导旅游景区、星级饭店、旅游民宿、旅行社等市场主体提升旅游服务质量，增强市场竞争力；开展星级饭店复核，1家星级饭店被取消质量等级，10家星级旅游饭店保持原质量等级。至年底，全市A级旅游景区实有50家，星级饭店10家，星级旅游民宿14家，星级旅行社有23家。

【旅游市场监管】 2021年，市政府办公室印发《全市旅游市场集中整治和服务质量提升行动方案》，部署开展旅游市场集中整治和服务质量提升行动，市文化和旅游局联合市公安局、住建局、交通运输局、商务局、市场监管局等部门成立6个专班，针对旅游公共服务、旅游景区、旅行社、住宿餐饮、旅游购物、交通秩序等突出问题，开展安全生产大排查大整治工作，检查企业486家次，发现隐患371处，整改率100%。

（市文化和旅游局 崔恩君）

旅游公共服务

【旅游设施建设】 2021年，日照市加大旅游服务配套设施改造升级，不断提升旅游服务水平和服务质量，推动旅游服务设施智能化、便利化、人性化发展。依托“爱山东·日照通”App建成智慧文旅服务平台，实现一部手机畅游日照。全年建成游客服务中心60处，旅游驿站28处，旅游民宿60处，旅游标识168个。全市录入全国旅游厕所管理系统的旅游厕所639座，均在百度地图标注。新建喜来登、东湖宾馆等5座达到五星级标准酒店，建成遍布城乡文旅服务特色驿站98个，构建起便捷、温馨的文旅公共服务体系，切实让市民、游客感受到“生活在日照就是幸福”。

【智慧旅游】 2021年，日照市投资300万元，采用市县一体“统建共享”模式，打造日照市智慧文旅云平台。该平台运用物联网、云计算、大数据、GIS等现代信息技术，整合全市文旅部门、文旅企业、游客信息等基础数据，解决文旅系统数据孤岛问题；运用各类软硬件设备，采集55家旅游景区、8家公共文化场馆和13家城市书房76个点位人流量数据，对21家旅游景区、11家公共文化场馆、18家城市书房和17家文物保护单位67个点位实时监控，实现对重点文旅产业主体在线监管；运用数据测算模型，统计分析全市客流和消费情况、市场营销情况、产业发展情况等各类数据，为政府决策和企业经营提供数据支撑。

（市文化和旅游局　刘小龙）

山海天旅游度假区

【概况】 2021年，山海天旅游度假区统筹推进新冠肺炎疫情防控和经济社会发展工作，全区经济高质量发展迈出坚实步伐。全年接待区域外游客1203.3万人次，实现旅游收入98.2亿元；地区生产总值比2020年增长12%，一般公共预算收入比2020年增长8.3%，固定资产投资比2020年增长12%，规模以上工业增加值比2020年增长15%，限额以上社会消费品零售额比2020年增长4.1%，进出口总额比2020年增长310%，多项指标位居全市前列。

表30　2021年山海天旅游度假区主要经济指标统计表

指标名称	地区生产总值		规模以上工业增加值	固定资产投资	建筑业总产值		社会消费品零售总额		一般公共预算收入	
	累计（亿元）	增速（%）	累计增长（%）	增长（%）	累计（%）	增长（%）	累计（%）	增长（%）	累计（%）	增长（%）
山海天旅游度假区	46.14	7.2	16.5	8.9	1.8	29.5	14.0	9.7	6.08	8.3

（资料来源：山海天旅游度假区）

【基础设施建设】 2021年，山海天旅游度假区投资5.3亿元，完成山海天污水处理厂、秀水河污水处理厂、两城污水处理厂及管网配套建设，实现全域污水处理全覆盖。实施森林公园改造提升，绿化美化9万平方米，全年接待游客量125.1万人次。完成太公岛一路、溪水河路、海月路等8条道路建设、维护。建成启用山海风情绿道，与阳光海岸绿道连为一体，实现山海联动、融合发展。沿绿道规划建设美丽宜居乡村示范点，任家台村、吴家台村、两城六村被命名为首批山东省景区化村庄，“党建＋绿道”发展模式先后被新华网、人民网等10余家主流媒体报道，游客服务中心完成省级文化和旅游公共服务功能融合试点建设，卧龙山街道被评为山东省民宿旅游集聚区创建单位。

2021年，王家皂旅游片区航拍图　　（山海天旅游度假区　供图）

【招商引资】 2021年，山海天旅游度假区强化“在保护中发展，在发展中保护”理念，建立项目招引准入评审机制。高位推进、精准招商20余次，邀请蓝城集团等客商考察120余次。修订印发《山海天旅游度假区楼宇经济扶持办法》，招引总部企业25家，实现税收近3亿元。推动两城工业园“腾笼换鸟”，盘活闲置低效用地和闲置厂房，招引科技含量高项目，释放发展新动能。与深圳共胜智能有限公司等5家高新技术企业完成签约，合作共建智能终端产业园。聚焦文旅、康养、体育产业，以产业基础撬动招商引资。出台《跨境电商和服务贸易发展扶持政策》，招引注册跨境电商企业3家；完成服务贸易额276.8万美元；全年内资到位资金14.4亿元，外资到位4018万美元，其中在制造业和日资、韩资方面实现历史性突破。

【项目建设】 2021年，山海天旅游度假区树牢“项目为王”理念，加快推动重点项目建设，招大引强，用“文旅拳头项目”引领带动全域旅游发展。打造集“吃住行游购娱”一体的全链条旅游服务产业，用好项目吸引游客，留住游客，全力稳投资保增长。47个省市区重点项目完成投资38亿元，比2020年增长12%。王家皂旅游街区、山海风情绿道、日照足球训练基地等项目投入使用，日照邮轮文旅主题酒店、国际足球中心、太公旅游综合体等项目加快推进。

【生态建设】 2021年，山海天旅游度假区持续开展污染防治攻坚，打响蓝天保卫战和碧水保卫战，环境空气质量综合指数稳居全市第一位，国控断面稳定达标。中央、省环保督察反馈问题整改扎实有效，交办问题全部按时办结。投资2000万余元对山海风情绿道沿线5个重点村进行人居环境整治，提升村容村貌和人居环境水平。

【人才建设】 2021年，山海天旅游度假区围绕全区重点产业和重大项目，将“招才引智”与“招商引资”有机融合，在举行招商引资推介、经贸洽谈活动时，同步开展人才交流引进。做好重点人才企业上门服务和发动宣传，安排专人靠上负责，帮助企业熟悉申报流程，完善申报材料，全程做好项目申报对接服务保障工作。全年申报国家级人才项目“火炬计划”1个，省级人才项目“重点扶持区域引进急需紧缺人才”1个，全职引进海外留学人才9人，通过“才聚日照——直通名校”专场招聘活动招引急需紧缺人才6人，面向社会公开招聘事业人员24人，梳理泰山学者申报人选1人，梳理泰山产业领军人才申报人选3人。

【园区服务】 2021年，山海天旅游度假区持续深化“一次办好”改革，落实专班推进、张榜推进、帮办推进，全年帮办代办重点项目25个。推进“无证明办事”改革，纵向在2个街道便民服务中心和15个社区推动“无证明办事”工作，横向让“无证明办事”在学校、银行、工商企业等场景全覆盖，最大限度减材料、减时限、减环节，推动“减证便民”向“无证利民”转变，推进基层政务服务从“能办”到“快办”“易办”“好办”转变，实现企业半日开办。

【民生改善】 2021年，山海天旅游度假区全方位促进民生改善。青岛路中学获全国群众体育先进单位，“体教融合”教学模式被《人民日报》专访并在全国推广；全区7所中小学体育设施全部向社会开放，被中央电视台《焦点访谈》节目报道。区卫生服务中心开工建设，建成3处社区卫生服务站，创建完成2处省级、8处市级、21处县级标准化示范村卫生室。坚持“老有所养”，新建36处农村幸福院+长者餐桌、7处养老驿站，农村幸福院覆盖率、午餐配餐覆盖率达47%。推进长青园公墓二期建设，完成6个村坟墓搬迁，从根本上减少卧龙山等森林火灾隐患。推进民俗旅游村提档升级，王家皂片区全面运营，乔家墩子、后滩西片区改造基本完成，集中拆除民俗旅游村629户违建二层，提高民俗旅游安全保障水平，提升民俗旅游品质。累计创建省级美丽乡村示范村2个，市级美丽乡村示范村34个。构建立体化治安防控体系，持续推进扫黑除恶专项斗争，两城派出所被评选为全国“枫桥式派出所”。

（山海天旅游度假区　刘宝文　韩　明　蒋方方）

房地产业

房地产开发经营

【房地产投资】 2021年，日照市完成房地产开发投资210.53亿元，比2020年下降2.7%。从投资结构看，住宅完成投资133.05亿元，下降14.8%，占房地产全部完成投资的63.2%；非住宅完成投资77.47亿元，增长28.6%，占全部投资的36.8%。

【商品房销售】 2021年，全市商品房需求总体放缓，商品房销售市场降温。新批准商品房预售479.5万平方米，比2020年下降24.21%；商品房网上销售建筑面积409.61万平方米（38946套），比2020年增长13.23%。实现税收收入36.57亿元，占全市国内税收收入的12.8%。核发商品房预售许可737份，完成商品房网签合同备案业务38946件、409.61万平方米；新批准商品房预售项目资金监管保持100%。

【房地产去库存】 2021年，市住建局鼓励企业到城区周边开发价格较低楼盘，加强市场运行监测分析，推进房地产项目历史遗留问题化解，保证房地产市场平稳发展，房地产库存保持在合理区间。至年底，全市商品房库存779.57万平方米，商品住房库存383.01万平方米（31128套），比2020年增长3.37%，环比下降1.32%。商品住宅去化周期14.36个月（合理区间9～16个月）。

【房地产市场交易】 2021年，市住建局印发《关于进一步加强房地产销售管理的通知》《关于进一步规范商品房预（销）售合同撤销及变更有关问题的通知》，保障购房人合法权益。全年全市商品房网上销售建筑面积409.61万平方米（38946套），较2020年增长13.23%。其中，商品住房销售面积295.38万平方米（23504套），较2020年下降6%。

（市住建局 张强 杨萍）

表31 2021年房屋施工销售情况统计表

单位：平方米、万元

指标名称	合计	住宅	90平方米以下住房	140平方米以上住房	办公楼	商业营业 用房	其他房屋
房屋施工面积	21520607	14702114	1104675	3389763	1570047	1445764	3802682
其中：新开工面积	4734391	3364689	18231	714042	371789	189780	808133
房屋竣工面积	1860282	1402045	84121	467102	108580	74041	275616
其中：不可销售面积	4933	0	0	0	0	1483	3450
商品住宅竣工套数	0	10461	992	2110	0	0	0
竣工房屋价值	671538	517455	43169	220823	30459	38111	85513
出租房屋面积	0	0	0	0	0	0	0
商品房销售面积	2997994	2834995	76290	506370	22679	33805	106515
其中：现房销售面积	243640	238421	7181	32358	516	526	4177
期房销售面积	2754354	2596574	69109	474012	22163	33279	102338
商品房销售额	2756954	2650605	58006	588336	16072	44031	46246

续表 31

指标名称	合计	住宅	90 平方米以下住房	140 平方米以上住房	办公楼	商业营业 用房	其他房屋
其中：现房销售额	193556	190222	5901	32487	498	640	2196
期房销售额	2563398	2460383	52105	555849	15574	43391	44050
商品住宅销售套数	0	23025	1154	2807	0	0	0
其中：现房销售套数	0	1885	83	170	0	0	0
期房销售套数	0	21140	1071	2637	0	0	0
空置面积	687135	413073	21235	50839	20402	133178	120482
其中：空置 1 ～ 3 年面积	537779	377811	19735	44230	19986	62208	77774
空置 3 年以上面积	42967	1219	0	420	0	13847	27901

（资料来源：市统计局）

房地产中介与租赁服务

【概况】 2021 年，市住建局落实市委、市政府关于房地产租赁系列重要决策部署，坚持管理与服务相结合，推进住房租赁市场培育，注重保护房屋租赁当事人合法权益，在租购同权方面取得新突破。升级完善房屋租赁系统平台，房屋租赁备案证明实现“网上办理、不见面办理”，市区范围内的各政务服务中心实现业务通办，提升便民服务水平。

【房屋租赁管理】 2021 年，市住建局加强房屋租赁管理，以登记备案制度为主线，提升房屋租赁管理水平。鼓励和引导出租人和承租人建立长期、稳定租赁关系。落实市政府办公室转发市教育局、市住建局等部门《关于做好进城务工人员随迁子女基础教育工作意见的通知》《关于进一步深化户籍制度改革促进城乡融合区域协调发展的实施意见》等文件，承租政府公租房承租人，以及承租商品房并办理租赁备案手续承租人可以为符合入学条件子女申请指定学校学位、自由选择落户。升级完善房屋租赁系统平台，梳理精简房屋租赁备案证明办事流程，实现跨部门数据核验，群众可在电脑端、微信公众号、“爱山东”App进行业务办理。市区全年办理房屋租赁备案业务 370 件。

（市住建局　田　力　王忠波）

【房地产中介服务】 2021 年，市住建局修订印发《日照市房地产中介机构信用评价管理办法》，开展 2020 年度房地产中介机构信用评价活动，对 51 家房地产经纪机构、7 家房地产估价机构进行信用评价。10 月，市住建局配合市发展改革委、市财政局、市自然资源和规划局、市税务局对存量房交易计税基准价格进行再次调整，提高应用房地产估价技术评估存量房交易申报计税价格的准确性和公信力。加大房地产经纪机构管理力度，2 月，及时处理鲁房置换等项目违规问题，保障房屋交易当事人合法权益。3 月，印发《关于进一步规范房地产经纪行为的通知》。加强房地产经纪备案管理，年度新增房地产经纪机构 11 家。

（市住建局　秦　岩　厉夫军）

房地产市场监管

【房地产市场调控监管】 2021 年，市住建局发挥市房地产市场调控联席会议制度作用，加强房地产市场供需双向调节。出台《关于进一步加强房地产销售管理的通知》《关于进一步规范商品房预（销）售合同撤销及变更有关问题的通知》《关于进一步优化市区商品房预售资金监管的通知》等文件，就商品房预售、价格申报、资金监管、信用评定等工作进行规范。年内，先后开展停车位专项整治、房地产市场乱象治理、“双随机、一公开”检查、商品房预售楼盘执法检查、商品房买卖合同格式条款专项整治等活动，对市区存在违法行为的 5 家房地产企业下达行政处罚，规范房地产市场秩序。加强市场监测分析，全年出具全市市场交易情况报告 24 件。

【住房价格调控】 2021 年，日照市强化区县、功能区政府房地产市场调控主体责任，加强对市区及各区县、功能区商品房网签备案管理，切实稳定住房价格，避免因短期市场供应和区域销售差异造成全市月度价格大起大落。市住建局加强对全市房地产市场运行情况调度分析和监测，保障房地产市场平稳健康发展。年内，全市商品房均价 8541 元 / 平方米，较 2020 年上涨 11.2%；商品住房均价 8782 元 / 平方米，较 2020 年上涨 14.6%。

【房地产市场监管长效机制】 2021年，市住建局编制《日照市主城区“十四五”住房发展规划》，引领房地产业发展。组织开展2020年度房地产开发企业信用评价工作，核定366家开发企业信用等级。根据日照市房屋建筑工程和基础设施、配套费变化情况，对日照市商品房预售资金监管标准作出调整，由多层楼房每平方米1500元、高层楼房每平方米2000元监管标准，统一调整为每平方米3300元。先后印发《关于进一步规范注销变更商品房网签合同备案有关问题的通知》《关于进一步优化市区商品房预售资金监管的通知》《关于进一步加强商品房销售管理的通知》《关于印发日照市商品房买卖合同格式条款专项整治行动方案的通知》，完善信息发布、价格管控、综合执法等制度机制，保障购房人合法权益，鼓励企业诚信、依法规范经营，促进全市房地产业良性循环和平稳健康发展。

（市住建局 张 强 杨 萍）

物业管理

【概况】 2021年，市住建局推进物业服务提升，会同组织、民政部门加强红色物业建设。创新物业管理服务机制，在112个城市社区全部设立环境和物业管理委员会，在全省率先建立市、区（县）、街道、社区四级联动的物业管理体系。强化物业服务行业监管，3家物业企业获评山东省标准化试点项目，5家物业企业被省住建厅公布为品牌建设典型示范案例，30个项目被省住建厅公布为物业服务质量标杆项目。截至2021年底，按照“系统化组织、整体化实施、多元化参与、长效化管理”工作思路，完成148个老旧小区项目改造。

【物业管理体制】 2021年，市住建局会同组织、民政部门依托社区换届，在112个城市社区全部设立环境和物业管理委员会，在全省率先建立市、区（县）、街道、社区四级联动的物业管理体系。编制2021版物业管理法规政策宣传册，通过官方网站、微信、办事咨询窗口等广泛发布。联合市仲裁委举办全市物业服务法律法规专题讲座，线上线下累计1.5万人次观看；联合日照广播电视台开通《物业直通车》栏目，宣传物业管理政策；联合市场监管、消防部门开展物业服务突出问题专项整治；组织2次全市物业管理专项考核，督促区县（功能区）、街道加强物业管理工作。指导区县（功能区）加强物业行业信用管理，对249家物业企业信用信息进行动态审核录入。

【公益性物业服务】 2021年，市住建局组织各物业服务企业党员、员工志愿者参与新冠肺炎疫情防控作业一线，配合属地党委、政府开展查验健康码、提醒佩戴口罩、参与全员核酸检测等工作。各物业服务企业组织员工参加消防志愿者物业服务队伍、文明城市创建等工作。突出公益性底色、实行市场化运作，鼓励国有物业企业对“三无”老旧小区提供兜底性物业服务。

【物业矛盾纠纷化解】 2021年，市住建局联合市场监管、消防部门开展物业服务突出问题专项整治，全市各级共排查检查住宅小区476个；组织开展“全面落实物业服务‘三公开’制度让群众明明白白消费”活动，全市995个物业服务住宅小区落实“三公开”制度；推动红色物业建设，发挥街道社区党组织领导下的居委会、业委会、物业企业协同机制，各级累计召开物业管理联席会、网格议事会、业主恳谈会、纠纷调解会等近500次，解决群众诉求1000余条。

【物业维修资金使用管理】 2021年7月，市住建局聘请第三方对维修资金缴存、使用、管理进行审计，进一步完善工作程序和管理制度。各级维修资金管理部门依托住宅专项维修资金智慧管理系统，让维修资金缴存更加便捷，资金使用渠道更加顺畅。年内，全市建立缴存清册小区688个、户数48.87万户，缴存维修资金3.49亿元，支用维修资金0.13亿元。至年底，全市建立缴存清册小区1369个、62.22万户，累计缴存维修资金22.57亿元，累计支用维修资金0.82亿元。

（市住建局 曹 臻）

【物业管理示范评选】 2021年，市住建局指导物业企业开展标准化建设，3个物业项目通过省级标准化试点验收；引导企业开展对标达标学习活动，提升整体服务水平。积极推动物业行业争先创优，年内，省住建厅公布日照安泰物业服务有限公司、日照金帝物业管理有限公司、山东海恒物业服务有限公司、日照浩宇物业服务有限公司、日照山海天物业管理有限责任公司5家物业企业为品牌建设典型示范案例，兴业大连花园、安泰名筑、官山社区等30个物业管理项目为全省品牌建设“质量标杆”项目。

（市住建局 赵玲玲）

交通 水利

公 路

【概况】 至2021年底，全市公路通车总里程10244.17千米，较2020年末增加44.61千米，公路密度191.16千米/百平方千米。按照行政等级划分，国道445.277千米，省道323.464千米，国省道占比7.5%；农村公路9475.676千米，占比92.5%。基本形成以高速公路、普通国省道为骨架，农村公路为基础，布局较完善、结构较合理、设施较齐全、资源较集约公路网络。

【基础设施建设】 2021年，日照港岚山港区疏港高速公路、S313省道大中修、厦门路北段、农村公路建设和养护等4个项目开工建设，全年完成投资28.36亿元。S220省道日照港疏港路西延、董梁高速日照段、临日高速、省道314涛汤线日照段改建等项目前期工作推进顺利。

【运输服务能力】 至2021年底，日照市有客运企业27家，其中道路旅客运输企业21家、公共汽车公司6家。有营运客车571台，其中客运班车166台、旅游客车405台；公交汽车1661台。等级以上客运汽车站4个，其中一级站3个、二级站1个。全年公路旅客发送量164万人次。客运站日均发送班次198个，客运站日均旅客发送量1398人次。出租汽车公司22家，出租汽车1403台；网络预约出租汽车公司32家，累计办理网约车运输证1277件。道路货运企业955家，其中危险品运输企业34家；货运车辆3.69万余台（挂车14520台），其中危险品运输车辆1792台（挂车852台）。机动车综合性能检测站29个。机动车维修企业1138户，其中一类汽车维修企业11户、二类汽车维修企业169户、三类汽车维修企业958户。机动车驾驶培训机构26家，营运性驾驶员从业培训机构7家，全年培训道路运输营运驾驶员27679人次（包括道路从业继续教育人员）；机动车驾驶培训教练员2243人，各类教学车辆2198台，机动车驾驶模拟器390台。

【公路养护】 2021年，市交通运输局强化日常管理，确保路容路貌整洁。开展公路扬尘污染防治专项行动，提升养护作业机械化水平。全年挖补路面2.5万平方米，灌缝13.8万延米，修复护栏4100延米，施划标线3.5万平方米，安装爆闪灯102个，完成投资2400万余元。完成公路资产清查工作，全面、真实、准确摸清公路资产家底和管护状况，实现实物和价值“双清”，为规范和加强公路资产管理提供依据。落实桥梁“十项管理制度”，完成G518大湖中桥危桥改造和2处小桥病害险情处置。强化公路应急保畅工作。完善防汛应急预案，组织防汛应急演练，对易积水积雪等重要路段点安装视频监控93处。加强生态环保工作。按照“六个100%”要求加强公路扬尘治理，加强对4座普通国省道服务区污水和生活垃圾收集处理，推广热沥青再生、废旧钢渣等“四新”成果利用。

【农村公路提升】 2021年，市交通运输局聚焦农村群众出行新期盼、巩固脱贫攻坚成果，部署开展“四好农村路”提质增效专项行动。全年完成路网改造提升268千米、路面状况改善550千米，改造危桥25座，新增“户户通”村庄64个。全面推行“路长制”，开展农村公路春节绿化和秋冬季集中养护活动，创建“美丽农村路”，推动农村公路融合发展。

【省道313大中修工程完工通车】 2021年10月13日，S313省道烟墩岭至莒县下袁官庄段及莒县城区至沂南界段大中修工程通过交工验收，全线通车。S313省道烟墩岭至莒县下袁官庄段及莒县城区至沂南界段大中修项目全长57.532千米，设计速度为每小时60千米，总投资约4.6亿元。项目分两段，其中东港区烟墩岭至莒县下袁官庄段长50.367千米，主要为二级公路；莒县城区至沂南界段长7.165千米，为一级公路。项目4月17日开工，市公路事业发展中心协调各参建单位，克服新冠疫情局部地区反扑压力、汛期长和降雨量大等不利施工环境，以及项目原材料供应紧张、价格上涨等诸

2021年10月13日，S313省道烟墩岭至莒县下袁官庄段及莒县城区至沂南界段大中修工程通过交工验收，全线通车　　（市公路事业发展中心　供图）

多困难，在保证质量和安全前提下，开启“白＋黑”“5＋2”工作模式，倒排项目工期，科学增配人力物力设备，加快施工进度，历时177天建成通车，比计划工期提前2个月。该项目是近年来全市投资最大、施工路线最长、技术含量最高的公路养护项目。

【道路客运管理】　2021年，日照市优化公交线网，新开5条公交线路，优化18条公交线路，线网长度增加56.3千米。创新需求响应式公交，运行市特殊教育学校直达五莲县、莒县服务保障用车，解决市特殊教育学校学生大休放假出行难问题。打造“守时公交”，试运行C506路“全程守时”公交，在线路途经全部站点标明到站时间，为市民提供精准候乘车服务。打造“特色公交”，建成7路“党史学习教育进公交”、15路“敬老爱老”和18路特色线路等服务品牌专线。完善公交基础设施建设，城市公交站点新增30处，建成区500米公交站点覆盖率达100%，改造国、省道公交候车亭500余个，改造日照路首末站，解决露天候车、乘车拥挤、线路标识不清等问题。完善公交信息化服务，新建40处三级信息指示系统，71条公交线路实现双语报站服务全覆盖。

【道路货运管理】　2021年，日照市全面加快道路货运发展。至年底，全市货运车辆3.69万余台（其中挂车14303台），总吨位58.27万余吨，比2020年分别增长9.23%和6.44%。优化运力结构，8吨以上重型货运车辆22161台，集装箱、罐式、冷藏保鲜等专用运输车辆4783台，比2020年增长11.5%，危险货物运输车辆940台。强化道路危险货物运输安全生产监管，组织开展危险货物运输企业安全生产大排查大整治行动，对全市7家危险货物运输企业实施安全驻点监管。开展危险货物道路运输企业综合考核评价和质量信誉考核工作，经综合考核评价，全市“优”级企业5家，占参评企业的16.7%，“良”级企业25家，占参评企业的83.3%，“差”级企业0家。经质量信誉考核，全市AAA级企业12家，AA级企业16家。成立日照市危险货物道路运输行业协会和日照市集装箱物流行业协会，组建危险货物运输应急救援队——阳光救援队，推动行业健康发展。联合市应急管理局、市卫生健康委员会、市生态环境局、市公安局交通警察支队、市消防救援支队等部门开展日照市2021年度危险货物道路交通运输事故应急救援演练。

【车辆维修管理】　2021年，市交通运输局推进汽车电子健康档案系统应用，全市有1002家三类以上机动车维修企业注册汽车电子健康档案系统，维修车辆59178台次，维修记录335652次。开展机动车维修企业质量信誉考核工作，全市AAA级企业31家，AA级企业310家，A级企业421家。开展货车非法改装专项整治，各区县与维修企业签订责任书690份，检查维修企业379家，未发现车辆非法改装违法行为。开展机动车维修企业备案工作，全市重新备案一、二、三类机动车维修企业1002家。开展维修质量服务月活动，设立咨询服务点，开展现场咨询、宣传，为机动车用户提供免费洗车7600余台次、免费故障诊断6200余台次；公布第一批具备营运车辆二级维护竣工质量检测条件企业15家。

【机动车驾驶培训管理】　2021年，市交通运输局推进驾培管理服务创新，上线运行驾培考一体化便民服务平台。拓展行业监管服务思路，与公安交警、市场监管、大数据等部门沟通协调，借助银企合作，将交通安全综合应用“六合一”平台和运政管理系统、质量信誉考核系统、身份认证系统、清分结算系统等3个平台4个系统进行衔接，研发“日照好学车”驾培考一体化便民服务平台，打通平台、系统之间数据壁垒，优化、提升驾培考相关服务流程，实现机动车驾驶培训先培后付、预约培训、线上评价等一系列全流程服务。推进道路运输从业资格考试考核工作，全年核发从业资格证8018件，其中核发道路客运从业资格证251件、道路危险品运输从业资格证932件、巡游出租汽车驾驶员从业资格证267件、网络预约出租汽车驾驶员从业资格证1337件、道路货运从业资格证5231件。全市道路运输从业人员继续教育18829人次。

【改革创新】　2021年，日照市农

村公路管养体制改革试点和交通强国试点“四好农村路”建设试点取得新突破。方案谋划顶格推进，市政府出台《日照市深化农村公路管理养护体制改革实施方案》和《日照市落实交通强国试点“四好农村路”建设试点实施方案》；完成公路建设养护信息共享平台试点建设任务，得到财政部、交通运输部和省财政厅、交通运输厅认可，获得奖励资金1000万元；加强管理养护，常态化落实“路长制”，开展农村公路“三化”提升行动，率先建成“四好农村公路”智能化管理服务平台；探索“四好农村路＋”模式，推动“四好农村路”与乡村振兴、全域旅游、美丽新农村建设融合发展，打造致富路、小康路、幸福路。日照市是全省唯一获全国“四好农村路”建设市域突出单位称号的地级市；市交通运输局被省交通运输厅表彰为“四好农村路”乡村振兴齐鲁样板示范单位。以创建“信用交通市”为契机，打造信息归集、信用承诺、信用监管、信用奖惩、信用宣传“五位一体”建设体系，贯穿行业监管各流程、各环节、各领域，为推进行业治理体系和治理能力现代化提供信用保障。市交通运输局被省交通运输厅、省发展改革委联合评为2021年“信用交通市”创建典型单位，并在全省现场推进会上作典型发言；莒县交通运输局入选全省第一批“信用交通县（市、区）”试点。开展全省交通运输执法系统移动执法综合服务子系统试点工作，着力打造“四个一”平台，移动端“掌上执法”逐步展开。日照港启用国内首个“散改集”全自动工艺系统，对传统散杂货码头进行改造升级，建成全球首个顺岸开放式全自动化集装箱码头。

【交通安全生产】 2021年，市交通运输局制订2021年度道路运输安全生产监督检查计划，部署全年道路运输安全生产监督检查工作任务。按照监督检查计划要求，每季度组织一次全市范围道路运输行业安全督导检查活动，重点对全市“两客一危”运输企业开展安全生产集中督导检查，对重点单位和关键部位重点检查，对检查情况建立档案和电子台账，实现对全市“两客一危”运输企业、出租公司检查全覆盖。建立动态监控抽查制度，明确抽查范围，细化抽查流程，汇总“两客一危”车辆运行违规违章情况，重点考核车辆超速、驾驶员疲劳驾驶、凌晨2～5时停止运行情况，并对存在问题车辆全市通报，全年处理重点营运车辆动态监控违规违章车辆370余台次，相关企业全部按照要求整改完成。同时，定期检查各企业车辆上线情况，确保全市上线率100%；组织开展道路危险货物运输车辆动态监控人员培训，全市危险货物运输企业60余人参加。组织开展16期道路运输企业主要负责人和安全生产管理人员安全考核，2700余人参加，1360余人取得考核合格证明。对重点营运车辆联网联控系统运营企业、旅游包车客运企业、道路运输新业态（网络货运）等企业开展“双随机、一公开”抽查。

【服务保障民生】 2021年，市交通运输局开展“听民声、走流程”活动，单位负责人带队到政务服务一线窗口和项目建设现场，通过体验式办事、开展座谈交流等方式，排查发现问题、再造工作流程、提升服务水平，现场发现问题108个，全部完成整改。开展“四好农村路”提质增效专项行动，完成路网改造提升268千米、路面状况改善550千米，改造危桥25座，新增“户户通”村庄64个。推行“路长制”，开展农村公路春节绿化和秋冬季集中养护活动，创建“美丽农村路”。优化提升在线政务服务，25个高频便民事项实现“无证明”办事；推行跨域通办，实行“全程网办”“帮办代办”，营运货车驾驶员从业资格证件补、换发等5个事项实现全省通办；全年办理依申请政务服务事项3万余件。实施“公交为民办实事”再提升工程，调整优化公交线路18条，新开通公交线路5条；完善公交基础设施建设，新增公交站点110处，完善三级指示信息导向图40处，建设智能电子路牌26处，完成日照路首末站等站场改造提升。坚持“交通惠民路上一个都不能少”，创新推出“需求响应式”公交服务，解决特教学校学生公交出行难题。驾驶员培训“一机报名”“一码学车”，整合交警综合应用“六合一”平台和运政管理、市场监管、质量信誉考核、身份认证等系统，创新打造驾培考一体化便民服务平台，率先在全国上线运行，实现机动车驾驶培训网上报名、先培后付、预约培训、线上评价等一站式全流程监管服务，平台的应用成功入选全省智慧城市“优政”场景优秀案例。设立市直道路运输查验服务大厅，现场办理道路运输证、道路运输车辆达标核查、道路运输车辆技术等级评定等市级许可与监管道路运输业务。

【日照市“四好农村路”智能化管理服务平台建设】 2021年11月18日，日照市“四好农村路”智能化管理服务平台通过专家验收正式上线运行。该智能化管理服务平台坚持“全市一张网、一张图、一源头”的原则，结合各区县农村公路现有信息化建设成果及养护管理模式，融合建设、管理、养护、运营等全业务生命周期数据链，打通数据壁垒，搭建以“一库”（构建完整的农村公路管理数据资源库）“一图”（打造全市数字农路“一张图”）“一链”（“建管养运”全业务生命周期数据链）“一平台”（打造桌面端＋移动端的应用场景）为核心的“四好农村公路”智能化管理平台，基本实现“公路资产数字化、工程建设精准化、养护管理智能化”目标。

【“国家级ETC智慧停车试点城市”建设】 2020年12月，日照市被交通运输部选定为全国27个ETC智慧停车建设试点城市之一。市委、市政府高度重视，市政府出台《日照市“ETC＋车生活服务”试点工作推进方案》，并召开全市“ETC＋车生活服务”试点工作推进会议，作出安排部署。市交通运输局会同东港区政府、市国资委、市商务局、日照交通能源发展集团、山东高速集团日照分公司等单位召开推进会，协同推进“ETC＋车生活服务”场景应用。至2021年底，ETC智慧停车平台接入封闭停车场52处、涵盖68个通道、覆盖1.46万个泊位，涵盖机场、火车站、综合客运枢纽、公园、景区、市场等停车场景，ETC收费准确计费率达100%，停车场通行效率提升130%。全国首个基于ETC技术的港口集疏运系统，在日照港完成测试并正式投入运营，覆盖日照港散杂货、液化品集疏运作业。对比传统有源射频卡模式，车辆出入港通行时间压缩50%，过磅时间缩短30%，极大提高港内车辆通行效率，降低车辆污染排放，对建设智慧绿色港口起到推动作用。日照港上线运行全国首个基于ETC技术的港口集疏运系统，被央视《朝闻天下》、新华网、《大众日报》等媒体报道；《日照ETC管理技术在日照港集疏运系统中的应用》被省大数据发展局评为“省级大数据创新应用典型场景”。

【助力新冠疫情防控】 2021年，市交通运输局紧盯海港口岸、运输场站等交通节点，严防严控、人物同防，确保各项措施落地落实落细落严。全年全市进出国际航行船舶7647艘次、船员15.96万人次，换班下船船员4669名，紧急救助突发疾病、受伤船员36人，处置涉疫国际航行船舶4艘，集中收治境外输入确诊病例12例、无症状感染者11例，规范管控密切接触者23人，未发生因境外新冠疫情输入引起的本地病例。累计派驻站场交通执法人员4600余人次，检测旅客540万余人次。加强科技防控、精准防控，推广使用“健康码智能核验系统”，在全市主要交通站场、宾馆、商场等人员密集场所布设智能终端2106台，完成健康核验服务1212万人次。在五莲县新冠疫情突发紧要关头，启动疫情防控、运输保障、安全转运工作预案，创新建立防疫物资中转站，出动货运车辆124台，出动客运车辆177台次，完成帐篷、防护服、生活物资等应急运输182趟次，发放通行证1378张，转运隔离群众1.1万余人，安全高效完成疫情防控运输保障任务。加强科技助力，6个小时完成24台智能核验一体机安装和调试。交通抗“疫”日照经验被省交通运输厅发文推广。

【日照交通能源发展集团】 2021年，日照交通能源发展集团推进国企改革三年行动，开展董事会职权试点，推行经理层成员任期制和契约化管理；深化三项制度改革，通过竞聘上岗，激发队伍活力。推进AA＋信用评级，集团新增融资到位资金37.25亿元，比2020年增加11.58亿元，综合融资成本低于5%，发行非公开债券15亿元，推进10亿元“小公募”公司债券和10亿元PPN债券融资，挖深做大资金池。推进全成本预算绩效管理，每年定额补贴增加1565万元，比2020年增长6.5%，稳定公益事业发展“底盘”。全年累计完成产值78.4亿元，实现营业收入71.44亿元，实现利润总额3.36亿元（不含成本规制），实现净利润2.15亿元（不含成本规制），上缴税费2.92亿元（不含进口关税增值税）。集团获山东省五一劳动奖状和日照市经济发展突出贡献奖。

主业经营　承担岚罗、济高、新台、疏港4条高速，313省道大修等12项公路项目和淄博路地道等14个市政项目建设，完成产值34.3亿元；菏泽路调度中心完成交付，日照职业技术学院公寓楼、市医院康养等产业项目快速推进。其中，新台高速提前16个月交工验收，完成全国最大跨度钢混组合梁桥施工任务，获得6项国家专利。济高高速在全省首次使用三维激光摊铺机进行桥面铺装，工期缩短三分之一，被授予“全国交通行业五星级现场”称号。中标岚山疏港高速、临沂临港区道路等29个项目，中标额30.4亿元；开发韩国双龙、新加坡壳牌沥青，销售沥青31万吨，产值10.8亿元；投产专用车项目，研发生产冷藏车等4款专用车，销售车辆30台；打造新能源汽车零部件制造基地，销售制动器7.7万件、车桥5400件，产值3500万元；管涵销售覆盖“2个省13个市”，启动淄博、德州管涵分厂建设，产值1亿元，通过国家高新技术企业认证。智慧工地二代开始调试，路面摊铺压实无人驾驶技术试用；泡沫铝产品在京台高速安装应用；传化公路港累计入驻客户252家，平台营业额10亿元；创面修复项目，完成专利9项，进入临床研究阶段，智慧停车云平台新建停车场18处，增加泊位5826个，入选省数字经济示范平台。推进公交线路、站点、车辆“三个优化”，新开、优化线路23条，填补线网空白141千米。改造提升日照路公交首末站，建设黄墩公交首末站，增加公交站点44处，实现有序换乘、接驳运行。打造守时公交、开辟旅游专线、开展托运业务，运营里程6200万千米，运送乘客5820万人次，被评为“山东省2021年春运工作成绩突出单位”“2021企业社会责任报告优秀企业”。打造汽车站“城市会客厅”，安全运送乘客24万人。做好“煤交会”等重大活动车辆保障，车辆租赁费收入4175万元。

能源供应　搭建天然气供储销体系，全年供气2.58亿立方米，产值6.3亿元；建成运营液化天然气（LNG）调峰储气设施，存储LNG 200万立方米；岚山油气公共管廊主体贯通；10座加油加气站销售汽油7880吨、柴油1.27万吨，加气7410吨，产值2.1亿元。

【山东高速日照发展有限公司】 2021年，山东高速日照发展有限公司（简称“山东高速日照公司”）完成收费运营知识库建设，推行“订单式”培训，开展“我是内训师”活动，组建16人“内训师”团队。抓好“治堵保畅”，研究“一站一策”车道应急保畅措施，推行四班三运转、“2＋1”收费轮值模式，最大程度缓解收费广场拥堵。全年劝返超载车辆2.9万车次，处理调度事件453起，对外发布各类路况信息5623条，累计2.27万条次。现场解决ETC设备故障恢复、推广安装等工作，ETC使用率提高到70%以上。开展“追补行动”，组建跨省区域稽查联盟，与江苏东部高速联合开展大数据稽查、治逃，不定期交换偷逃费车辆数据，分享治逃经验，打造沈海高速省界规范行车示范段。收费运营方面，全年查补偷逃费车辆13.46万车次，查补金额138.74万元，政策性减免车辆180万车次，减免金额1.2亿元，其中绿通减免6.71万车次，减免通行费3073.1万元。全年累计实现营业收入6505.58万元，利润总额635.32万元，净利润621.52万元；资产总额50566.67万元，净资产49386.27万元；通行费拆账收入8.36亿元，车道收入9.03亿元。

养护管理　推行精准路段分级固化模式，全年完成精准养护示范路达标创建16.4%。提高“专业养护”层次，培育专业养护队伍，实施专业化绿化、保洁管理；利用匝道圈培育进口高端苗木，实施以绿养绿；提高“效益养护”质量，合理使用养护资金，实现资源配置最优化，逐步实施集约化施工；开展“质量万里行”专项行动，实施党建“项目化”管理，推行养护“路长制”，提升工程管理水平；开展“示范路创建”专项行动，制定针对性创建方案，提升路容路貌，建成日兰、沈海高速27千米养护示范路段；开展“心路文化创建”专项行动，培育养护社会主义核心价值观。全年完成养护投资3586.3万元。其中，小修保养1908.3万元，养护、机电专项工程1433.3万元。完成养护巡查里程35.2万千米，完成养护专项工程4个，重点机电专项改造8项，通过2021年省交通厅国省干线公路网重点桥梁监测工作。

应急处置　健全完善“应急体系”，全年制定应急方案19项，制定专项预案、现场处置方案130余项，完成应急演练28次，参与550人次。加强“智慧中心”建设，升级运行调度、养护清障、应急处置一体化信息管理平台；深化“1221”路警联动机制，与交警、路政部门定期召开“一路三方”联席会议，形成“工作联动、信息联通、事案联办”工作格局，委派武装部公路护路连、工程抢修连参与执行应急处置任务。实施“追逃行动”，依托联动处置机制，建立“巡查共管”路损追逃模式，扩充巡查力量，加大巡查频率，扩大勘察范围，提高路损逃逸案件破获率，追回路产损失29.7万元。全年处置交通事故案件821起，故障救援742起，清理障碍物857起，应急处置240起，道路疏导281小时，处置路损理赔案件281起。

产业转型升级　挖掘日照“临海、临港、临钢”资源优势，初步形成“资本—资产—资源”价值要素有机结合、互为协同经营发展格局。依托岚山区金属表面处理生态园热镀锌资源优势，联合路桥集团共同投资交安设施生产项目，设立山东高速交通设施有限公司，建设年产能12万吨钢护栏及热浸锌生产线；北稽山天然饮用水项目获集团核准批复，被确定为2022年省运会唯一指定用水。联合路桥集团中标日照综合保税区新一代产业园建设项目，跟进220省道西延项目；协同工程建设集团跟进日照职业技术学院新校区建设项目，协同资源开发集团跟进日照市中医院扩建项目，助力工程咨询集团监理公司参与日照市公路监理市场，为岚山港疏港高速建设、岚坪铁路扩容等项目做好地方协调服务工作。将公司持有的港达管道公司15%股权划转至供应链服务公司，为供应链服务公司发展业务、开拓市场提供资金支持。密切部门协同及高校、企业沟通，构建“产学研用”一体化创新发展体系，新增权属单位自主立项项目6个，完成省级创新项目成果1个，建成市级科技创新平台1个。建设公司与安治化工合作，投入研发经费20万元，研发石墨烯纳米自洁专用护栏防护涂料。依托创新中心平台，开展废旧标志板加工再利用，反光膜制作累计实现营业收入55.96万元，利润15.14万元。

安全生产　全年开展安全培训71次，参训2400余人次，下达安全隐患整改通知书114份，“随手拍”提报安全隐患137起，整改完成率100%。化解信访矛盾风险隐患，落实12345市长热线、96659投诉建议工单等983件，妥善处理信访事件2起。全面质量管理获得国家级、省部级荣誉14项。

（市交通运输局）

铁　路

【概况】 2021年，日照市初步形成“四横二纵”（四横：新菏兖日铁路、日兰高铁、瓦日铁路、坪岚铁路；二纵：胶新铁路、青盐铁路）铁路网格局，铁路直达90余个城市，日照与长三角城市群实现“3小时交通圈”。至年底，全市铁路总里程301.3千米，铁路密度为每百平方千米5.67千米，高于全省1.47千米。

【铁路建设】 2021年12月，临沂临港疏港铁路主线段提前2个月开通试运营，坪岚铁路扩能改造工程全面启动，日照港岚山港区铁路集疏港能力进一步提升。岚山疏港铁路、山钢铁路专用线建设取得进展，京沪高铁辅助通道潍坊至宿迁铁路、青岛至京沪高铁辅助通道铁路途经日照市并设站，莒县、五莲县迎来高铁时代。日照站客运设施改造工程进入施工准备阶段，配套建设动车存车场，满足日照地区始发终到功能。

【临港疏港铁路主线段通车】 2021年12月28日，临沂临港疏港铁路主线段全线通车仪式举行。临港疏港铁路设计线路全长25.836千米，其中新建线路20.287千米，改建坪岚铁路5.549千米，设4个车站，1个线路所，总投资21.87亿元。临港疏港铁路是临沂临港区高端不锈钢与先进特钢制造产业集群基础配套工程，是临沂市临港区连接日照港口的铁路集疏运通道。临港疏港铁路全线贯通，与既有坪岚线构成局部路网，打通港口连接临沂市临港区铁路集疏运通道，实现原材料从日照港口到临沂市临港区直达运输，对加快临沂市临港区高端不锈钢与先进特钢基地建设和沿线经济发展等具有重要作用。

【运输管理与经营】 中国铁路济南局集团有限公司日照站管辖兖石铁路、青盐铁路、鲁南高铁、瓦日铁路部分区段，下辖运转车间、调度车间、货运中心、客运车间4个车间和日照西站、巨峰站、铁牛庙站、坪上站、岚山西站、两城站、日照南站、文疃站8个中间站。其中，货运中心日照营业部、坪上站办理货运业务，日照西站、岚山西站办理客运业务。2021年，日照站推行站港调度合署办公，建成路港集疏运指挥中心，实现调度指挥集中化管理，优化站港间“双进双出”内外双循环运输组织模式。推进站港合作、站区联劳，提升专用线运输能力，构建“大运输”格局，车站日解编能力15.2列，日均办理辆数6003辆，全年货物发送6817.2万吨，运输总收入突破75.96亿元。日照站每日办理普速旅客列车9对，日照西站每日办理动车组旅客列车46对，岚山西站每日办理动车组列车12.5对。

（市交通运输局）

航　空

【概况】 日照山字河机场2015年12月22日通航，占地2412亩，航站楼面积2.2万平方米，总投资23.4亿元，飞行区等级4C，跑道长度2600米，机位11个。2012年8月日照机场建设投资有限公司成立，2019年2月整建制划转山东省机场管理集团，2021年12月更名为山东省机场管理集团日照机场有限公司（简称“日照机场”）。2021年，实现旅客吞吐量64.26万人次，比2020年下降7.7%；实现货邮吞吐量1392吨，比2020年下降11%。

【机场规划建设】 2021年，日照机场加快推进日照机场总体规划修编报批，形成日照机场总体规划修编征求意见稿。日照机场改扩建列入《山东省国民经济和社会发展第十四个五年规划和2035年远景目标纲要》《山东省“十四五”综合交通运输发展规划》《山东省机场管理集团“十四五”规划》等规划。主要建设内容包括：保持飞行区等级4C不变，新建平行滑行道、垂直联络道、除冰坪、视频监控中心、机场安全保卫控制中心、业务用房、通航基地、公务机基地，扩建停机坪、登机廊桥、航管楼、航油站，改造供电、给排水管网，相应增加运行保障所需车辆及设备，完善机场配套设施，进一步提升机场运行保障能力。实施改扩建工程，符合日照机场“三位一体”发展战略，能够实现支线运输与通用航空融合发展，更大空间地提升运输能力和运行效率。

【航空运输】 2021年，日照机场实现旅客吞吐量64.26万人次、货邮吞吐量1392吨、飞机起降突破10万架次，其中通航起降9.2万架次；实现收入6521万元。夏航季，开通鄂尔多斯—日照、南昌—日照、昆明—黔江—日照航线，上海（浦东）—日照改造为上海（浦东）—日照—丹东；冬航季，北京（大兴）—日照—深圳改造为北京（大兴）—日照—温州和深圳—日照—沈阳，成都（双流）—太原—日照改造为成都（天府）—日照—大连，开通威海—日照—太原、厦门—日照—太原航线。机场全年平均放行正常率88.83%（放行正常3405架次/放行总量3833架次）；航班正常率88.57%（正常航班6837架次/航班总量7719架次）。

【安全监管】 2021年，日照机场全年未发生运输航空一般事件以上不安全事件，无重大安全隐患。深化安全管理体系SMS暨双重预防体系建设与安全专项整治三年行动有机融合，强化安全绩效管理，设立100万元安全管理资金，实施“安全积分制”管理，激发全员安全履职动力；开展安全教育培训和演练，组织公司级培训17次、演练6次，“安全生产月”活动获全省2021年优秀组织单位奖；开展“知敬畏、强三基、抓作风”安全集中整顿活动和“强化工作作风，严守安全底线”安全整顿活动，聚焦4个方面17条要求，加强安全从业人员作风宣教和典型案例分析预警；强化网络安全保障，完成民航通信系统入网、自动航站情报服务系统安装，完成空管自动化项目立项审批、项目设计，完成离港系统从青岛流亭机场到胶东机场业务切换、5G网络调试覆盖、A-CDM（机场协同决策）建设，做好互联网入侵防御、态势感知平台以及内外网杀毒软件部署。

【服务质量提升】 2021年，日照机场依托“民航服务质量标准建设年”活动，积极对接配合12326民航服务质量监督热线，确保申诉办结率达到100%，未发生服务差错事件和其他群体事件。以“作风建设”为抓手，坚持上下同步，监控航班正常率，对内统筹调度、对外协同配合，

日照机场远眺　（日照机场投资建设有限公司　供图）

平均放行正常率88.83%，航班正常率88.57%，未发生机场原因导致的航班放行不正常事件；以“四型机场”建设为契机，通过强化服务自觉，优化服务流程，创新服务模式，打造安全运行保障有力，出行便捷高效，环境绿色生态精致机场，提升服务水平和保障能力；以旅客需求为导向，坚持内外兼修，深化“山河无忧行”服务品牌，扩大“智汇行驿站”服务项目，推进“行李放心运”服务品牌建设，保障进出港行李17.76万件，出港行李破损率为零。

（日照机场）

表32 2021年全市客货运输量及增速统计表

指标	旅客				货物			
	运输量		周转量		运输量		周转量	
	总量（万人次）	增长（%）	总量（万人千米）	增长（%）	总量（万吨）	增长（%）	总量（亿吨千米）	增长（%）
公路	164.0	—	26822	—	7920	7.6	205.0	9.7
铁路	295.09	48.4	—	—	11017.10	4.4	—	—
水路	15.58	-11.7	70.81	-31.4	885.86	15.2	109.35	3.3
机场	64.26	-7.7	—	—	1392.0吨	-11.0	—	—

（资料来源：市交通运输局）

水 利

【概况】 2021年，全市水利系统践行水利发展总基调，积极应对各类挑战，各项工作成效明显。4月，日照市被国务院表彰为河湖长制工作督查激励市，全省水土保持工作会议在日照市举办；9月，水利部淮河水利委员会在日照市召开河湖长制现场会议。东港区被评为全国深化小型水库管理体制改革样板县、全国第四批节水型社会建设达标县，岚山区被确定为全省数字水利先行先试工作试点，莒县被评为全国河湖长制工作先进集体，五莲县被评为全国水土保持示范县；日照水库高分通过国家级水管单位复核。

【水利规划】 2021年，市水利局印发《日照市“十四五”水利发展规划》，规划实施供水保障、防洪提升等重点水利项目100项，完善日照现代水网，提高水资源节约集约安全利用水平，增强水旱灾害防御能力，全面加强水利行业管理能力，提升水利治理体系和治理能力现代化水平。加强投资计划管理，列省重点水利工程建设实施方案的病险水闸加固、河道治理、小型水库等项目实现投资计划全部下达，巨峰水库增容等6个项目获地方政府专项债券资金2.01亿元，其中省级还本付息5864万元。

【水利工程建设】 2021年，日照市规划实施重点水利工程37项，完成投资12.75亿元。建成日照市城市应急备用水源一期工程，实现域内3座大型水库向市区联合调水，主城区供水保障能力达92万立方米/日；完成23座小型病险水库除险加固、6项河道治理工程，治理水土流失面积80.78平方千米，实施126处水库移民扶持项目。

【农村水利】 2021年，日照市开展农村供水保障工程，完成投资8680万元，对125个村实施供水提质工程，改善9.86万名农村群众饮水条件。3月，市县联动先后在岚山区、五莲县、东港区、莒县组织开展4期农水饮水安全培训班，培训班设在水厂，聘请省专家现场教学。组织实施农村供水工程大排查大整改行动，提升农村供水保障水平，于1月、11月部署开展两次加强新冠疫情防控和冬季农村供水安全保障工作，通过开展冬季供水监督检查和落实冬季保温、维修等措施保障极寒天气下供水安全。

【水利服务】 2021年，市水利局会同市发改、财政和农业农村等部门，指导各区县完成农业水价综合改革，全市新增农业水价综合改革面积30.3万亩。委托第三方开展农田灌溉水有效利用系数测算，灌溉水有效利用系数0.6533，灌溉水有效利用系数稳步提高。实施库区移民后期扶持项目，发放移民直补资金7249.41万元，为移民村脱贫致富提供支持。

【行业监管】 2021年，市水利局同步推进综合监督、专业监督。11月10日，印发《日照市水利工程建设质量与安全生产监督检查办法（试行）》等9个专业监督检查办法，连续开展水利专项、日常监督。强化水行政许可审批与事中事后监管，制

2021年9月15—16日，淮河流域推进河湖长制工作暨河湖长制工作沟通协商会议在日照召开 （市水利局 供图）

定《取水许可事中事后监管细则》《河道采砂事中事后监管细则》，加强审管联动系统应用，及时为审批业务提供材料与技术支撑。开展互联网＋监管事项与政务服务事项梳理工作，完成136项互联网＋监管事项与政务服务事项对应关联。印发《安全生产监督检查计划、“双随机、一公开”监督检查计划、部门联合抽查计划、检查对象名录库、市场主体名录库》，制定2021年度“双随机、一公开”抽查清单、检查工作指引，联合其他部门开展相关业务抽查。

（市水利局　王　晓）

2021年7月29日，莒县水文中心人员在沭河徐家城子断面测流

（市水文局　供图）

【大中型水库蓄水情况】 至2021年12月31日8时，日照市13座大中型水库总蓄水量比2020年同期偏多7.2%。沭河莒县水文站年平均流量每秒8.01立方米，年径流量25260万立方米，比2020年偏少15831万立方米。

【水文基础设施建设】 2021年，市水文中心完成日照市重点水文设施工程项目建设，总投资约1300万元，内容包括改造16处和新建7处水文测报设施，具体包括改造莒县水文站和日照水库、仕阳水库、青峰岭水库水文站等4处国家基本水文站；东港区新建改造南乐台、马陵水库等4处水文站，岚山区新建改造中楼、巨峰水库2处水文站，莒县新建改造西杨家庄、峤山水库等5处水文站，五莲县新建改造管帅、圣旨崖、学庄水库等8处水文站。10月24日，项目完成土建项目合同工程验收，建设完成水文缆道5处，雷达在线流量监测11处，视频监控站点23处，雨雪量计3处、雷达水位计3处，雨量站19处。开展现代化示范站等创建。通过打造莒县水文站“花园式测站”“数字化测站”“开放式测站”，初步形成“透彻感知、互联互通、智能管理”的智慧水文管理体系。莒县水文站被省水文中心评为“2021年度山东省水文现代化建设成效显著测站”，入选全省水文系统第一届水文设施与水文文化有机融合典型案例。

【水文信息化建设】 2021年，市水文中心完成水情中心和会商室新建改造项目，为抗旱防汛、洪水测报、会商调度指挥提供保障。日照市大中型水库、重要河道水文视频监控系统完成升级，水文视频监控系统实现画面和水文信息双传输，全市13座大中型水库和重要河道实时画面与当前水位、库容、出库水量等水文信息实现双传输，为各级政府、应急管理部门和水库管理部门实时提供水文情势。日照市水文综合监测查询系统纳入73处视频摄像头，包括大中型水库坝上和溢洪道监测点27处，重要河道监测点25处，城市水文低洼地带和城区内重点河道监测点21处，实现单平台水文信息全网查询；城市河道洪水预报预警、城市积水点推演系统上线运行。研发的穿主城区沙墩河、营子河河道洪水预警推演系统，纳入34处城市水文雨量站和11处城市水文站，可实时获取市区各点位的降雨量和水位信息，利用实测信息做出城市河道洪水预报，系统可直观标注出河道预警点，对可能发生漫堤地点进行预警。

（市水文局　高婷婷）

城市建设

规划设计

【概况】 2019年9月，日照市组建国土空间规划工作领导小组，印发《日照市国土空间规划编制工作方案》。2021年3月，成立市委书记、市长双挂帅的市级国土空间规划委员会。同步开展“市—县（区）—乡镇”三级国土空间规划编制工作，上下联动，有效传导，完成“一图四评”“一个战略＋十四个专题”，市县国土空间总体规划均形成初步成果。分区规划和乡镇总体规划完成基础资料调研。2021年7月，山东省按照自然资源部对山东省等五省工作要求，正式启动全省“三区三线”划定试点工作。

【规划服务】 2021年，市自然资源和规划局完成日照市银河公园等33个编制单元控制性详细规划编制，并获市政府批复。印发《日照市规划设计市场信用等级评价办法（试行）》，从信用信息采集、信用等级划分与使用以及异议处理、监督管理等方面对全市规划编制单位信用管理进行规范。推进日照青少年活动中心概念规划等4项重点区域城市设计，凸显城市品质。其中山海天张家台周边地区城市设计入选山东省城市设计典型案例。

【日照青少年活动中心建筑规划】 2021年，市自然资源规划局以提升青少年创新精神和实践能力为目标，规划1栋3～5层、局部10层的青少年综合服务基地建筑，建筑采用“高山景行”概念，串接艺术中心、创新中心、培训中心等功能，建筑面向碧霞湖，塑造“一山一湖”高品质城市界面，形成新的具有文化寓意地标建筑。

【山海天张家台周边地区城市设计】 山海天张家台周边地区城市设计以打造滨海渔村渔业主题片区、塑造滨海特色空间和人文风貌为目标，通过塑造连山融海视觉廊道、构建通山达海慢行体系、保护原汁原味渔业遗存、塑造产城一体活力片区等设计手法，突出片区自然地理特征和山海空间格局，彰显滨海城市特色。该设计入选2021年山东省城市设计典型案例。

（市自然资源和规划局 丁元明 秦 川）

城市重点项目

【城市建设投资与融资】 2021年，市级城建工程项目完成投资74.5亿元。其中，日照科技文化中心取得银团贷款6.31亿元、日照综合客运站取得银团贷款5.63亿元。

（市住建局 丁 宁）

【日照科技文化中心PPP项目】 日照科技文化中心PPP项目位于青岛路以东，太阳广场以南，日照奥林匹克水上公园西岸，中央活力区的核心区，占地约34.3万平方米，总建筑面积约45.2万平方米，主要包括会展中心、大剧院、未来馆、酒店、游客服务中心及配套商业等，是一个融文化娱乐、科技展览、旅游服务于一体的多功能、综合性建筑群，项目规划八大功能区。2017年12月开始规划建设，2021年底项目完成所有区域主体建设及外装。

【老旧小区设施改造】 2021年，日照市被列为全省老旧小区改造试点城市，多争取省级财政补助3180万元；老旧小区改造项目被列为2021年度市委、市政府为民办实事项目。老旧小区改造内容分为基础类、完善类、提升类三大类30余项内容，在征求居民意见前提下确定改造内容，实行“一小区一策”。各区县、功能区政府管委作为老旧小区改造实施主体，反复论证优化规划设计方案，完善小区配套设施；加强工程建设监督管理，年内完成148个老旧小区项目改造。至年底，通过改造新建、维修道路6.1万平方米，安装照明设施1203盏，改造提升室外活动场地25处，儿童活动场所7处。

（市住建局 赵玲玲）

【日照市老年大学项目】 该项目占地面积28.52亩，总投资2.95亿元，总建筑面积3.9万平方米，坐落于日照市新市区淄博路北、润德路东，由1、2、3号楼组成，其中，1号楼为六层教学楼，2 号楼为演播大厅，3 号楼为体育活动中心。按峰值测算，老年大学可容纳 3.65 万人。为推进项目建设，市住建局成立项目建设专班主动靠前服务、破解难题。项目于 2021 年 3 月底开工，11 月底完成主体工程，采用钢结构装配式建筑。项目建成，开设 8 个院系，包括书画摄影系、文学语言系、器乐艺术系、声乐戏曲系、养生保健系、舞蹈表演系、生活应用系、运动健身系，88 个专业。配置校史馆、日照文学馆、城市书房、学员作品展厅、书画工作室、计算机教室等。

（市住建局 成化山 王志强 王 锦）

【日照市工人文化宫项目】 该项目位于日照市东港区，学耕路以南、环翠路以西，占地面积 14496.7 平方米，建筑面积 25878.21 平方米。地上四层，地下两层，主要设计用途为职工教育培训中心、职工文化活动中心、职工体育活动中心、职工服务中心。市住建局成立建设专班，具体指导推进项目建设工作。项目于 2021 年 4 月奠基开工，12 月 22 日完成主体结构封顶。项目建设过程中，获“2021 年省建筑施工安全文明标准化工地”，并且被推荐参加山东省优质结构、日照市优质结构评选。

【省运会新建场馆和既有场馆改造工程】 山东省第二十五届运动会将于 2022 年 8 月在日照举行。2021 年，日照市加强新建场馆建设和既有场馆改造。至年底，日照奎山体育中心、日照香河体育公园、日照网球中心、日照国际足球中心主场馆日照国际足球中心训练基地、东港区体育中心、岚山区体育中心、莒县体育馆、五莲县体育公园、五莲县黑虎山射击中心、国医学院体育场馆、日照一中东校区艺体馆、日照一中西校区艺体馆、日照实验高中艺体馆、日照高新区文化体育中心 15 处新建场馆建设进入收尾阶段，日照海之韵游泳中心、日照奥林匹克水上公园、省场地自行车场地、山海天驻龙山体育公园、日照世帆赛基地、五莲黑虎山攀岩基地、日照万平口海洋公园 7 处既有场馆改造工作完成。

【山海风情绿道项目】 山海风情绿道是日照市 2021 年为民办实事和城建重点项目之一。2021 年 2 月 19 日开工建设，主道全长 33.8 千米、辅道 8 千米，其中五莲段主道 20.6 千米、辅道 8 千米，青岛海青段 7 千米，山海天段 6.2 千米，串联两城河湿地公园、金银河、两城遗址、青岛海青镇、白鹭湾、潮白河公园、五莲山、九仙山、龙潭湖、民俗旅游村等自然人文节点，将山野、田园、滨河、湿地、海滨、景区互联互通，打造特色鲜明、绿色生态的山海联动绿道。5 月 1 日，“畅游山海风情 乐享幸福日照”中国·日照第四届捷力 100 绿道骑行耐力赛举行，日照山海风情绿道正式启用，与 2020 年启用的 28 千米阳光海岸绿道全线贯通。

【海曲路地下通道项目】 2021 年 11 月 30 日，海曲路地下通道正式通车运行。海曲路地下通道西起菏泽路、东至威海路，按双向六车道规模设计，全长 2.45 千米（暗埋段长度约 2.1 千米），建筑面积 8.07 万平方米，设置匝道 1.5 千米、地下人行过街通道 1 处。地下通道通车连接迎宾路跨线桥，延展迎宾路快捷路，实现地下穿越枣庄路、北京路、烟台路、威海路等多条道路，保障迎宾路、海曲路主线车流连续，分流地面东西向车流，提高地面交通运行效率。

（市住建局 高华彦 曹露文 聂清帅）

市政公用事业

【概况】 2021 年，日照市推进实施城市品质提升三年行动，中央活力区青岛路片区被确定为 2021 年度城市品质提升试点省级支持片区，获省级补助资金 1000 万元。实施城市更新行动。组织实施烟台路与泰安路、烟台路与济南路等 8 处路口渠化改造，建成实验高中北门过街天桥 1 座，完成 3 条城市主干道路维修；完成 100 处公园绿地改造提升和 40 处口袋公园建设，拓展城市共享绿地空间，城市建成区绿地率达到 40.5%，人均公园绿地面积 18.02 平方米；完成日照游泳馆景观照明提升工程，试点实施山海路、青岛路 2 条主干道路更换“双光源”灯具项目，主城区智能照明设备安装率达 98% 以上。实施主城区 82 个未供暖小区供热设施改造，改造供热计量约 1.08 万户，提前 4 天启动主城区试供暖，全市新增供热面积约 350 万平方米，总供热面积 4059 万平方米；敷设高、中压燃气管网 17 条，完成 15.3 万户供水直管到户、3.3 万块超期燃气表更换、3.6 万户供热计量故障表维修更换工作。全市管道燃气年供气量约 2.8 亿立方米（不含木浆厂直供项目），储气能力 1443 万立方米（含租赁储气），超额完成年度目标任务。依托日照通 App 和工程建设审批管理系统，实现水电气暖信有线电视报装事项集成办理。搭建一套贯通工程审批、勘察、方案设计、施工全周期服务链条，推行全流程服务，确保公用事业配套工程质量。创新开发“公用事业综合服务平台”，开展公用报装散户业务、报装全流程管控、水电气暖与不动产登记变更网上联办等服务，推动城市高质量发展。

（市城市管理局 刘 瑶 刘紫悦）

【城市道路】 2021 年，市住建局加快城建工程建设，山海风情绿道贯通启用，淄博路地下通道连通工程、海曲路地下通道实现基本运行。全年开工建设城市道路 78 条（含新建、改建），完成建设城市道路 58 条，新增城市道路 25.3 千米。市城市管理局加快市政基础设施建设，优化道路交通组织，完成烟台路与泰安路、烟台路与济南路、菏泽路与济南路、海曲路与旭阳路、海曲路与艳阳路等 8 处交叉口渠化改造，临沂路（山

2021 年 6 月，济南路与烟台路路口渠化改造完成　（市城市管理局　供图）

东路至山海路）、北京路（滨州路至山海路）、济南路（临沂路至昭阳路）3 条主干道路维修，实验高中北门过街天桥等工程建设。改善市民出行环境，累计修补破损路面 10 万平方米，罩面 30 万余平方米。北京路（滨州路至山海路段）维修改造项目在全市首次使用“就地热再生”等新工艺，可只封闭一个车道，最大限度减少交通影响。与传统方式相比，“就地热再生”技术施工工艺更加简单、快捷，可快速实现通车，对原有旧路面沥青材料实现 100%重复利用，有效节约沥青矿石 9600 吨、减排二氧化碳 1100 余吨。

【城市公共交通】 城市公交　至 2021 年底，日照市有城市公交车 1078 台 69254 个座位，其中新能源公交车 793 台。城市公交线路 101 条，运营线路总长 1792.6 千米。全年城市公交运营里程 4466.03 万千米，运送乘客 5370.15 万人次。

城乡公交　至 2021 年底，全市有城乡公交车 735 台，其中新能源车 493 台。城乡公交线路 176 条，线路里程 6631 千米。全年城乡公交运营里程 4355.39 万千米，运送乘客 1835.4 万人次。

出租汽车　至 2021 年底，全市有出租汽车公司 54 家，出租汽车 2680 台。其中，巡游出租公司 22 家、巡游出租车 1403 台（市区 15 家 973 台，岚山区 2 家 100 台，莒县 3 家 199 台，五莲县 2 家 131 台）；网约出租公司 32 家，网约出租车 1277 台。年内，全市发放日照市巡游出租汽车经营权使用证 843 件，发放出租车道路运输证 417 件，年审巡游出租车 1038 台。市交通运输局与日照心脏病医院联合开展“关爱司机，放心出行”免费体检公益活动，保障出租车司机和乘客出行安全；与日照心脏病医院、东港农商行共同发起日照市第十六届高考爱心服务车活动，60 辆巡游出租车参加助考活动，累计免费接送 540 余人次；组织市直客运出租公司爱心车队开展敬老慰问活动。

公共自行车　至 2021 年底，全市有公共自行车站点 474 个，公共自行车 11750 辆。全年公共自行车借车 221 万次，骑行时间 3428 万分钟。

【城市供水】 2021 年，市城市管理局加强城市供水管理，推进供水直管到户工作，完成 399 个小区、15.3 万户供水直管到户，打通供水服务“最后一千米”。组织开展城市自建设施供水安全大排查大整治行动，联合相关单位组织力量对全市小区、单位及学校等重点场所的自建设施供水安全情况摸底排查，委托第三方专业机构开展全市水质检测监管和行业核查开展核查 2 次、综合水质检测 12 次，保障城市安全稳定供水、供水企业安全运行。推进城市节水工作，组织编制《日照市城市节水专项规划》，根据《山东省节水型企业（单位）评价标准》和《山东省节水型社区（居住小区）评价标准》，向省住房和城乡建设厅和省发展改革委申报节水企业（单位）1 家，节水社区（居住小区）13 家，通过评选。

【城市照明】 2021 年，日照市理顺城市照明管理体制机制，下划城市照明事权，优化整合市区既有城市照明系统资源，完善扩展城市照明监管系统建设，指导东港区、日照高新区、山海天旅游度假区完成路灯终端设备升级改造，系统迁入政务云，提高系统网络安全，实现主城区城市道路路灯智慧化光控，随节气变化、日出日落、阴雨天气自动化开启关闭路灯，智能照明设备安装率达 98% 以上。持续提升夜景照明品质，完成日照游泳馆景观照明提升工程项目建设，试点实施山海路、青岛路 2 条主干道路更换“双光源”灯具项目，高质量开展市区 34 次重大活动及节日夜景亮化氛围营造及服务保障，完成吾悦广场、日照时代之光等 25 个景观照明项目方案意见审核。

【供气】 至 2021 年底，日照市有 11 家管道燃气企业，管道长度 5364 千米，各类场站 76 座，其中液化石油气灌装站 49 座，天然气储气能力达 1443 万立方米；管道燃气居民用户 54.2 万户。全年全市安全供应天然气 2.8 亿立方米（不含木浆厂），安全供应液化石油气 1.9 万吨。推进“气化日照”进程，敷设 204 国道、山海西路等高、中压燃气管网 17 条，完成 3.3 万块超期燃气表更换工作。组织开展全市燃气行业安全生产专项整治三年行动、城镇燃气安全大排查大整治行动“回头看”，重点加强隐患排查整治、餐饮场所报警器安装等工作，全年排查157处隐患，处罚案件73起、罚款89.9万元，整改完成27处燃气管道占压隐患；全市排查应安装报警器餐饮业户8939家，安装8939家，完成率100%；应更换不锈钢波纹软管餐饮业户8758家，更换8758家，完成率100%，实现存量应安尽安。

【供热】 2021年，日照市投资8000万元完成主城区直管区域82个未供暖小区集中供热改造，涉及5820户居民，建筑面积约56.5万平方米，市直管区域居住小区实现应改尽改、应供尽供，补齐供热民生短板。提前4天启动主城区试供暖，建立全市供热运行日调度制度，随时掌握供暖动态变化。开展“访民问暖”活动，坚持服务群众、问计于民。推行供热服务办事公开，在“爱山东·日照通”App上开设供暖缴费功能，用户缴费更加便捷。全市新增供热面积约350万平方米，总供热面积4059万平方米，城市（县城）集中供热面积入网面积达7237.55万平方米。加大供热计量推进力度，对前期安装的不具备远程抄表功能的热量表加装3.6万户远程抄表系统、维修更换3.3万块故障表。本采暖季华能热力供热区域改造供热计量约1.08万户，总计412个小区、16.4万户可实现按热计量收费。2020—2021年采暖季热计量退费近1200万元。

（市城市管理局 刘 瑶 刘紫悦）

【供电】 2021年，国网日照供电公司加快建设坚强智能电网，提高供电服务水平。全年全社会用电量完成257.6亿千瓦时，比2020年降低5.67%。公司先后获“中央企业先进基层党组织”、2021年山东社会责任企业等荣誉称号。

电网建设 2021年，国网日照供电公司争取项目资金倾斜，促成省公司与日照市政府签署战略合作协议，“十四五”期间规划投资46亿元，全面升级电网架构。全年完成电网建设投资13.35亿元，基建工程“11开工、11投产”，建成松园等35千伏及以上变电站7座，新增变电容量76万千伏安，线路120.79千米。服务重点项目用电，对接全市81个省级、176个市级重点项目，及时实施配套电网工程，助力43个重点项目在最短时限内接电投产。配合市政工程建设，完成疏港铁路、新发地等79处涉及电力线路迁改任务，服务精致城市建设，完成220千伏照秦线市政迁改工程。助力乡村产业发展，实施乡村电气化提升工程，农村小微企业用电直接接入容量由100千伏安提升至160千伏安。服务“煤改电”实施，省内率先完成4713家“煤改电”确村确户，向省电力公司争取专项改造资金，提前完成全部配套工程建设。

电力服务 2021年，国网日照供电公司出台13项简化获得电力政策，全省率先落地免审批线上备案，电力外线施工免审批备案制由500米提高到1000米。建成日照经济技术开发区“获得电力”示范区，为园区项目提供“入驻即送电”接入服务。协同大数据局完成建设工程规划许可等9类涉电政务数据共享，实现企业客户“一证办电”、居民客户“零证办电”，提升客户办电便利度。推进“政务＋电力”，联合城管局出台优化市政公用报装流程通知，挂牌运营开发区供电中心“水电气暖”共享营业厅。推广“网上国网”App等线上办电渠道，客户可通过手机App线上查询办电服务进程，评价服务质量。聚焦“不停电”消除停电感知，开展“线下无树障、线上无鸟害”专项整治，220千伏及以上输电线路零责任跳闸，配网故障连续3年下降30%，故障停运率全省第一位。坚持“能带不停、一停多用”，开展配网不停电作业6287次，减少停电71万时户。

绿色低碳转型 2021年，国网日照供电公司落实“双碳”战略，发挥电网能源平台枢纽作用，构建以新能源为主体新型电力系统。坚持规划引领，承编“十四五”新能源规划，协助市发展改革委完成300万千瓦可再生能源储备项目发展规模分解及消纳目标制定，引导新能源有序、均衡发展。用技术支撑新能源发展，试点建设基于新能源云的“碳中和”支撑服务平台，碳监测等模块实现全省第一批上线应用。利用能源大数据中心搭建光伏管理平台，20410户光伏档案信息实现“市—区—镇”“站—线—变”双重拓扑追踪、一键穿透，形成分布式光伏接纳能力“热力图”，实现对接入能力评估受限的变电站、线路和台区及时预警。用服务推动新能源发展，配合市发展改革委编制《推动分布式光伏高质量发展具体举措》，统一工作标准及业务流程，全力服务新能源并网。实行新能源接网“全链条”管理，接网工程实施周期平均压缩58个工作日，累计保障3万千瓦集中式、21.2万千瓦分布式光伏高效安全并网。

供电保障 2021年9月，全国多地出现电力供需紧张形势，国网日照供电公司实施“有序用电期间八项服务举措”，保障经济社会发展用电。动态更新有序用电名单，充分考虑将除居民、公共服务及重要客户外的企业用户纳入有序用电方案，减少对单一用户长时间、多轮次执行有序用电。建立“优先恢复客户清单”，在负荷裕量情况下，通知相关企业加大生产。做到“缺电不缺服务”，组织有序用电和重要客户专项走访，实现43户重要客户及1.3万户有序用电客户走访全覆盖。做到“到位不越位”，按照“需求响应优先、有序用电保底”原则，组织客户参与需求响应383户次、有序用电1.38万余户次。

（市供电公司 李瑞波 咸国富 董 超 黄礼忠）

【公园绿地】 2021年，市城市管理局坚持以创建国家生态园林城市为目标，落实日照市《城市总体规划》，编制完成《日照市主城区绿地系统专项规划》《日照市主城区绿线专项规划》，并经市政府批复实施。启动《日照市精致城市建设专项研究》《城

2021 年 4 月，樱花园绿地改造提升项目完成　　（市城市管理局　供图）

市蓝线专项规划》《日照市城市生物多样性保护规划》《日照市湿地资源保护规划》等规划编制。以住建部遥感中心遥感测评结果为依据，加快绿化建设步伐，完成 100 处公园绿地品质提升和 40 处公园绿地建设，城市建成区绿地率达 40.5%，人均公园绿地面积达 18.02 平方米。开展日照市园林植物的调查与评价工作，为生态园林城市创建和城市绿化品质提升提供科学依据，同时总结全市历年园林植物应用经验，不断提升园林植物在城市绿化景观中的应用水平。

【污水治理】 2021 年，日照市围绕“短期见效、长期治本”目标，完成总投资 7.5 亿元污水治理工程。雨污分流改造城市道路 33 千米，居民小区雨污分流改造 160 个，新建 2 处人工湿地和 2 座污水处理厂，全市新增污水处理能力 7.5 万吨 / 日，全面提升城市污水处理收集处理效能。完善“厂网河”一体化管理体系，统筹上下游、左右岸，实现各区河道、排水设施统一养护管理。“应用底泥洗脱技术改善泻湖水质”典型经验被省住房和城乡建设厅全省推广。修订印发《主城区污水污泥处理政府购买服务监督考核办法》《日照市主城区城市河道养护管理规范（试行）》，加强对运营单位养护管理考核，倒逼运营单位提升养护管理水平。在关键河道断面安装 9 套总磷、总氮、河道断面流量计等河道水质水量监测设备，水质恶化、超标自动预警，实现快速精准溯源治污。

（市城市管理局　刘　瑶　刘紫悦）

城市管理

【概况】 2021 年，市城市管理局立足“以人民为中心”的发展思想，以精致城市作为城市管理工作总目标，深化城市管理领域改革创新步伐，着力推进市政设施更新、管理流程再造，加快城市治理体系治理能力现代化进程，推进全市城市管理事业高质量发展，获省委、省政府“勇于创新奖”先进集体称号。

【城市治理机制】 2021 年，市城市管理局深化城市管理体制机制改革，组建日照市公用事业管理服务中心，理顺城区城市建设管理体制机制，推进事权下放。完善城市管理综合考核，印发《日照市城市管理综合考核办法》，优化调整考核内容、方式等，强化城市精致管理常态长效水平；常态化开展 55 个乡镇街道城市管理综合考核，提升市域城镇管理一体化水平。组织开展暗访督办，对商业密集区域进行重点督导；组织召开全市城镇精细化管理现场观摩会，树立城市管理优秀典型；搭建城管领域信用管理，开展沿街商铺信用监管试点，完善行业信用评价和分类分级差异化监管措施。制定出台《日照市公园条例》《日照市城市绿化管理办法》《日照市城市绿线管理办法》，修订更新《日照市城市管理领域法律法规汇编》，提升城市管理规范化、标准化、法治化水平。

【数字化城管建设】 2021 年，市城市管理局加快构建智慧管理模式，创新赋能精致城市管理，以智慧化城市管理平台为载体，整合 18 个子系统，纵向串联市、区县、街道三级城市管理平台，横向并联市大数据局、公安、行政审批、行业企业等单位数据，将环卫、园林、供排水、燃气热力、道路桥梁、管网管线、防汛、城市管理巡查员、城市管理事部件数据、视频监控等 20 类城市管理要素整合、融合形成“城市管理一张图”。全市数字城管系统全年累计处置各类城市管理案件 49 万件，处置率达 99% 以上。创新行业监管流程，组建 115 人城市管理专职巡查队伍，覆盖 7 个区县、25 个市级部门、11 个 A 类街道、75 个区县级部门，实现城市管理运行共建共治共管、“一网统管”。持续简化“随手拍”案件上报方式，激发市民参与城市管理热情，“随手拍”全年处置案件 9 万余件，累计发放红包奖励 30 万余元，接收城市管理类热线 563 件，按期回复率 100%。

【营商环境】 2021 年，市城市管理局组织水电气暖信主管部门、专营企业，全面梳理优化报装流程，打破信息壁垒，将供水、供电、供气、供热、通信、排水、有线电视“七项报装事项”作为“一件事”，按照同一流程、同一表单、同一办事指南集成办理，市政公用报装一件事，实现“七合一”集成办。为确保红

2021 年 3 月 11 日，日照市智慧化城市管理指挥中心利用平台转办城市管理案件　（市城市管理局　供图）

线内配套工程与外线连接工程顺利对接，新建项目进入工改系统后，专营单位即时获取项目信息、跟进服务，在报装、施工图设计、工程施工、外线审批阶段对建设项目公用事业配套工程提供“一链式”全流程服务。创新开发“公用事业综合服务平台”，拓展公用报装散户业务、报装全流程管控、水电气暖与不动产登记变更网上联办、运行服务等业务，加强与工程审批管理系统的对接，实现市政公用服务“一网式”通办，提升企业群众办事便利度。整合市县两级市政公用窗口，提供线下市政公用综合服务无差别“一窗受理”，实行“套餐式”“点单式”服务，方便企业群众进一扇门、一个窗口集成办理市政公用业务。

【综合行政执法】 2021 年，日照市城市管理局推进执法重心下移，完善执法纠察、督查、保障机制，全市 55 个乡镇街道实现执法中队全面派驻。理顺管理执法事权，揭牌成立东港区城市管理和综合行政执法局；加强执法队伍管理，按照“强基础，转作风，树形象”要求，将管理理念从“为城管人”转变为“为人管城”，引导全市综合行政执法人员做到严格执法、文明执法；制定起草《日照市城市管理相关领域行政处罚自由裁量基准》，规范实施城市管理领域行政处罚自由裁量权。编制 2021 年度轻微违法行为不予处罚和一般违法行为减轻行政处罚事项清单，梳理轻微违法不予行政处罚事项 12 项、一般违法行为减轻行政处罚事项 4 项，全年受理信访案件 108 件，提升信访办理质效。

【环境综合整治】 2021 年，市城市管理局开展市容环境整治“双月会战”行动，围绕基础设施维护、绿化亮化、环卫保洁、市容市貌秩序、违法建设管控、交通设施秩序 6 个方面，全面排查、深入整治，其间智慧化城市管理平台接收案件 3.6 万余件次，处置率超 98%，推动市容环境秩序改善。坚持问题导向，从源头入手，开展门前三包、祭祀焚烧、喜事张贴、管线整治、户外广告、停车秩序、共享电动单车、油烟噪声整治等专项治理。探索推进“互联网＋监管”和“双随机、一公开”监管抽查事项，制定抽查事项清单、抽查计划和实施方案，抽取 48 家企业进行“双随机、一公开”检查，录入监管数据 123 个，数据录入率、及时率、正确率全部 100%。

【垃圾无害化处置】 2021 年，市城市管理局起草编制《“十四五”日照市生活垃圾分类及环卫设施发展规划》。推进公厕建设，新建改建城市公厕 78 座，城区公厕达 500 余座，公厕密度 4 座 / 平方千米以上。采用 BOT 模式，完成黄山垃圾处理场渗滤液处理系统技术改造，启动市再生资源处理中心（市第二生活垃圾焚烧厂）项目前期工作。强化垃圾处理设施运行监管，全年累计处理生活垃圾约 91.6 万吨，收集处理餐厨废弃物约 2.5 万吨，生活垃圾无害化处理率 100%。印发《日照市大件垃圾管理技术导则（试行）》《日照市废旧织物回收利用管理办法（试行）》，667 个小区、570 个行政村开展垃圾分类试点。前端提升改造 300 个小区垃圾分类收集站（点），投放 1.4 万余个分类垃圾桶、8 处智能分类设施；中端配套 24 处有害垃圾、大件垃圾暂存点和 275 台分类运输车；建成山海天建筑垃圾综合处理厂，启动建设高新区建筑垃圾处理厂。

【大气扬尘治理】 2021 年，市城市管理局强化建筑垃圾全链条监管，加强前置审批管控，强化运输环节监管，提升末端消纳能力，对建筑垃圾处置实行核准制，对产生量、运输量进行事前核准，分类整治建筑垃圾积存点 137 处；选址消纳场 8 处，其中投入运营 6 处，资源化利用 1 处。开展裸露土地绿化工作，利用城中村改造腾空未利用地块，创新探索裸露土地治理“碳汇”模式，全年裸露土地绿化面积约 89.65 万平方米。对城市道路全面推行“以机械化清扫为主、人工保洁为辅、全天巡回捡拾”深度保洁作业模式，推行“一冲五洒”和“一冲三洒”2 种分级洒水抑尘制度，在核心区域实施洒水净城“五步”联合作业法，确保城市道路全方位、无死角、无积尘。全市城区 156 条主次干道通过省级城市道路深度保洁验收，深度保洁率 92%。开展餐饮业油烟集中整治，指导各餐饮业单位升级完善安装油烟净化设施并建立清洗台账，取缔露天烧烤，全年检查餐饮业单位 742 家。

（市城市管理局　刘　瑶　刘紫悦）

乡村振兴

脱贫成果巩固

【概况】 2021年，日照市全力融入乡村振兴大局，推动脱贫攻坚成果巩固提升，守住不发生规模性返贫底线。至年底，全市脱贫享受政策人口35949户、61133人，即时帮扶人口295户、712人；脱贫享受政策人口人均纯收入11889元、增幅达13.1%；加强项目衔接，456个建成项目全部运营良好，实现收益5500万余元，带动脱贫户户均收入1300元；全市无返贫和新致贫。

【组织体系建设】 2021年，市委、市政府制定出台《关于实现巩固拓展脱贫攻坚成果同乡村振兴有效衔接的若干措施》，明确设立5年过渡期，保持过渡期内帮扶政策、资金支持、帮扶力量总体稳定；梳理市级帮扶政策7大项，持续对脱贫人口开展帮扶。先后召开市委常委会三次、市政府常务会五次，研究部署巩固脱贫攻坚成果同乡村振兴有效衔接工作。各行业部门专题研究、专题部署，并召开医疗保障工作会议、特惠保险座谈会议等，形成党委统筹协调、党政齐抓共管、各方密切配合工作推进机制。强化包联帮扶责任，在全市范围内统筹党员干部资源向基层一线调集，开展市级第五批第一书记选派和区县第十一轮“双包一联”工作，全市选派742名第一书记，其中向脱贫村选派第一书记121名、组建工作队121支。明确帮扶责任人职责，印发《关于统筹做好新冠肺炎疫情防控和防返贫工作的通知》，督促各级乡村振兴机构人员和有关镇村干部、帮扶责任人及时掌握脱贫享受政策人口、即时帮扶人口基本情况，定期开展精准帮扶。推动机构转型，根据《日照市深化事业单位改革试点实施方案》，6月，市乡村振兴局在市农业农村局挂牌，市扶贫发展中心更名为市乡村振兴服务中心，隶属关系由市委直属调整为市农业农村局（市乡村振兴局）所属。

【脱贫巩固提升】 2021年，日照市乡村振兴局、市财政局、市委组织部联合印发《关于扎实做好2021年度财政衔接推进乡村振兴专项资金投入保障工作的通知》，加大投入力度。至年底，全市投入各级衔接资金2.3亿元，其中市级资金7980万元、比2020年增长6.18%。加强新项目建设，组织专家开展项目集中评审5次、新入库项目55个，筛选立项实施项目36个、概算投资1.43亿元，其中产业发展项目24个、投资1.17亿元，基础设施类项目12个、投资2637万元，所有项目均按批复方案有序推进。加强建成项目管理，开展全面督查3次、应急天气现场抽查3次、2020年项目专项排查1次，共排除管理隐患6处。至年底，456个建成项目运营良好，帮扶收益率平均达6.5%，全年收益6000万余元。坚持就业导向，对享受政策人口开展免费职业技能培训。全年全市实现脱贫人口转移就业14862人，完成年度目标任务112.2%。加大农村公益性岗位吸纳享受政策人口就业力度，全年农村公益性岗位累计托底安置脱贫人口1418人，落实岗位补贴1660.7万元。按照“三年时间，70%脱贫村打造为美丽乡村”目标，对完成美丽乡村创新脱贫村给予市级奖补10万元。至年底，全市136个脱贫村建成省、市级美丽乡村，占脱贫村总数45%。

【政策兜底保障】 2021年，日照市精准落实“三保障”政策。医疗帮扶。全市各医疗机构救治脱贫人口3.6万余人次，其中扶贫特惠保险赔付3.4万余人次、579.9万元；继续开展乡镇卫生院“三专一减”健康帮扶，惠及脱贫人口11076人次、减免医疗费用3358万元。教育帮扶。落实脱贫家庭学生市级交通生活补助，为10914名困难学生拨付市级教育帮扶资金1853万元；组织实施雨露计划职业教育补助项目，为1092名学生发放补助资金163.8万元。住房安全。2021年度经济困难户农村危房改造任务1646户，其中脱贫户26户全部竣工。饮水安全。投资8680万元，在125个村实施农村供水提质工程，铺设村内供水管道1600千米，安装水表3.9万块。落实居民基本养老保险，为符合居民基本养老保险参保条件缴费年龄段脱贫享受政策人口、边缘易致贫困人口和严重困难人口全额代缴最低标准居民基本养老保险费。开展巩固社会救助兜底脱贫成果“回头看”，确保脱贫人口纳入低保“应纳尽纳”，全市脱贫户中低保及特困户占比达84.6%。强化脱贫残疾人口救助，推行残疾人证跨省通办模式，推广残疾人证电子证照，开展脱贫残疾人家庭无障碍改造“应改尽改”工作，完成投资1072.5万元。对14613名脱贫残疾人逐一进行核查确认，建立工作台账，按期为11615名有康复需求残疾人提供康复服务。持续开展严重精神障碍患者免费救治，累计门诊救治2536人次，减免5.74万元；住院救治677人次，减免53.14万元。推进农村互助养老，推动服务对象由脱贫享受政策人口向农村低收入群体和一般农户覆盖，探索“上门服务”“集中供养”“互联网＋配送”“社会捐助”等多种模式相补充的农村互助养老新模式，其中岚山区建成运营养老服务中心374处，实现村级养老服务中心全覆盖，服务2.6万名老人。

【长效机制构建】 2021年，日照市扶贫开发领导小组办公室下发《关于切实做好即时帮扶人口应纳尽纳工作的通知》《关于做好防止返贫监测帮扶全面排查工作的通知》等文件，在全市范围内集中开展排查摸底及时办理即时帮扶人口行动。落实山东省扶贫开发领导小组《关于进一步健全防止返贫动态监测和帮扶机制的工作方案》，健全完善防返贫动态监测和帮扶工作机制。推动脱贫享受政策户、脱贫不稳定户、边缘易致贫户和严重困难户，动态排查、确认、帮扶等系列工作有序开展。围绕政策落实、即时帮扶、项目建设、帮扶责任落实等重点，开展半年工作督导调研，对4个区县3个功能区46个乡镇(街道)138个村596户，进行防返贫监测帮扶入户走访。至12月22日，全市监测户总计366户864人，全部落实帮扶政策。强化数据共享，与教育、民政、残联、人社、妇联等部门和单位对接，及时提供建档立卡户最新数据，核实脱贫户和监测户信息。出台《关于落实全省低收入人口动态监测信息平台建设的通知》，建设低收入人口动态监测数据库，完善监测预警机制，整合录入43.93万人。召开全市社会救助和儿童福利工作推进会议。对县级民政部门社会救助工作人员进行集中业务培训，确保精准掌握低保边缘家庭认定及低收入人口常态化救助帮扶政策流程。提高2021年低保特困人员标准，对未纳入社会救助兜底保障范围的脱贫不稳定人口、边缘易致贫人口、严重困难人口等低收入人口开展摸底排查，将40776名省民政厅比对重点人员中符合条件的1133人按程序纳入低保、39人纳入特困供养，对847人实施临时救助，发放临时救助金133.5万元。至年底，全市保障城乡低保91696人，特困人员9833人。

（市农业农村局　王丽娜）

农村综合改革

【农村土地承包法规政策落实】 2021年，日照市坚持农村土地集体所有，严格保护农户承包权，放活土地经营权。市委、市政府将农村承包地“三权分置”工作列入区县经济社会发展综合考核重点，列入乡村振兴战略规划和实施意见，做到“颁铁证”落实土地集体所有权，“确实权”稳定农户承包权，“见实效”放活土地经营权。同时，加强农村土地承包经营纠纷调解仲裁体系建设，严格遵循政策和法律法规，统筹解决土地承包与村级债权债务问题。

【农村土地经营权流转规范】 2021年，日照市持续推进土地经营权有序流转，探索创新农村土地“三权分置”具体路径办法，发展壮大乡村产业新型载体，激发乡村振兴活力，全市农村土地经营规模化率在55%以上。县、乡两级农业农村部门制定出台，规范农村土地经营权流转的具体意见，指导基层实施流转合同制和备案制，全市合同（示范文本）签订率达94%，高于全省平均水平。推行土地流转准入审查，对拟流转承包地期限在5年以上、面积50亩以上的农业经营主体实行准入分级审查审核；建立流转价格指导机制，统筹传统产业、土地位置、肥沃程度、灌溉条件、常年平均收益和基础设施配套等情况，分类制定农村土地经营权流转指导价格；对流转期限超过3年的，结合物价指数，建立流转价格递增机制，约定递增年限及递增比例，鼓励以粮食等农产品或其他物品折价。“风险保证金”强化基础保障，工商资本租赁农村土地，推行先付租金、后用地，至少应先付清1年以上土地流转金；单个主体流转土地面积50亩及以上且流转期限在5年及以上的，再交纳相当于1年土地流转金作为保证金。至年底，全市流转承包地面积87.73万亩，占家庭承包经营耕地面积的40.6%，未发生一起土地流转“断供跑路”事件。

【农村集体资产保障】 2021年，日照市实施“三变改革、五大合作”改革模式，创新完善土地流转、土地入股入园、土地整治、宅基地流转、合作经营等多种方式。至年底，涉农区县全部建成农村产权交易平台，将农村产权要素全部纳入农村产权流转交易市场，规范交易程序，促进土地经营权流转，增加村集体收入。流转方式和经营方式日益多样化，涌现出“股份＋合作”、种养大户集中、“企业＋合作社＋农户”等多种流转模式。莒县小店镇天湖生态农业科技园流转周边村地力较差山岭地，流转后每亩增收300元；牛家沟村、窝疃村、坪子村、后横山村通过土地流转，村集体年收入均超过10万元。

【农村集体产权制度改革】 2021

年，日照市推进农村产权制度改革，释放改革红利。市县乡三级均建立农村产权交易平台，将农村土地经营权流转、集体资产资源处置等全部纳入平台规范管理。至年底，全市农村产权交易平台累计完成交易1093宗，涉及金额6.61亿元；完成土地经营权抵押2856亩，融资5598万元。构建新型经营体系，以增强联农带农能力为重点，推进“农民合作社＋村集体＋农户”“土地股份合作社＋村集体＋工商资本”等联合与合作。经省级审核并入库村党组织领办合作社727家，实现经营收入2.49亿元，增加村集体收入3983万元，入户社员户均增收1421元。岚山区巨峰镇茶香茶叶农民专业合作社联合社由5家党支部领办合作社组建，入社社员860户，入社茶园2800亩。自9月成立，增加村集体收入37.9万元，农民增收43万元、户均增收500元以上。健全集体收益分配制度，把农民股份收益分配权落到实处，形成农村集体资产股权“量化到人、固化到户、户内继承、社内流转”管理机制，集体年终收益分配时，坚持“分红不分本”，提高村集体经济可持续发展能力。年内，全市有870多个村集体经济组织分红，分配红利9300万余元，占当年盈余的33.6%，村均10.7万元。

（市农业农村局　苏日贺）

表33　2021年日照市农村集体产权制度改革工作进展统计表

区县＼项目	涉及村（个）	尚未完成资产清理核实的村		尚未完成成员身份确认的村		尚未完成资产折股量化的村		完成农村集体经济组织登记赋码的村		农村集体资产股权质押贷款试点	
		数量（个）	占比（%）	数量（个）	占比（%）	数量（个）	占比（%）	数量（个）	占比（%）	成交数（笔）	金额（万元）
全　市	2979	0	0	0	0	0	0	2979	100	28	956
东港区	481	0	0	0	0	0	0	481	100	0	0
岚山区	421	0	0	0	0	0	0	421	100	0	0
莒　县	1195	0	0	0	0	0	0	1195	100	28	956
五莲县	632	0	0	0	0	0	0	632	100	0	0
日照经开区	86	0	0	0	0	0	0	86	100	0	0
日照高新区	64	0	0	0	0	0	0	64	100	0	0
山海天旅游度假区	100	0	0	0	0	0	0	100	100	0	0

（资料来源：市农业农村局）

产业发展

【乡村产业发展】 2021年，全市农林牧渔业总产值376.98亿元，按可比价格计算比2020年增长8.8%。全年粮食生产再获丰收，全市粮食播种面积196.17万亩，粮食总产87.11万吨，亩产444.05公斤。“菜篮子”等重要农产品供应充足，全年蔬菜产量116.05万吨、园林水果产量45.31万吨、猪牛羊禽肉产量26.82万吨。其中，猪肉产量11.33万吨，牛奶产量6.58万吨，禽蛋产量14.90万吨。乡村振兴取得新成效。建成高标准农田177.06万亩。累计创建国家级农业产业强镇4个，省级现代农业产业园5个，省级田园综合体2个。“日照绿茶”被省政府批复列入全省13个优势特色产业培育方案。

【农村三产融合】 2021年，东港区涛雒镇（对虾）争创为国家级“一村一品”示范村镇。至年底，全市有国家级“一村一品”示范村镇11个；新争创国家级农业产业强镇1个，省级产业强镇5个；莒县小店镇国家级农业产业强镇通过省级验收并被推荐为国家级产业强镇创建典型案例；五莲县董家楼村被评选为中国美丽休闲乡村，新增市级农业产业化龙头企业28家，莒县海通茧丝绸有限公司争创为农业产业化国家重点龙头企业。

（市农业农村局　朱晓艳）

表34　2011—2021年日照市高标准农田建设统计表

面积单位：万亩

单位	已建成入库面积		2021年在建面积
	相关部门2011—2018年建成入库面积	农业农村部门2019—2020年建成入库面积	
日照市	134.36	35	27
东港区	24.3	7.5	5
岚山区	17.81	6.5	4
莒　县	61.08	11	12
五莲县	31.17	8	6
日照高新区	—	2	—

（资料来源：市农业农村局）

表35　2021年日照市省级乡村振兴齐鲁样板示范区一览表

级　别（数量）	分布区县	名　称
省级（3家）	东港区	陈疃镇乡村振兴齐鲁样板示范区
	莒　县	招贤乡村振兴齐鲁样板示范区
	五莲县	五莲山—白鹭湾乡村振兴齐鲁样板示范区

（资料来源：市农业农村局）

表36　2021年日照市省级田园综合体一览表

级　别（数　量）	分布区县	名　称
省级（2家）	东港区	龙门崮田园综合体
	五莲县	五莲山—白鹭湾田园综合体

（资料来源：市农业农村局）

表37　2021年日照市省级现代农业产业园一览表

级　别（数　量）	分布区县	名　称	主导产业
省级（5家）	五莲县	五莲县省级现代农业产业园	果业
	岚山区	岚山区省级现代农业产业园	茶业
	莒　县	莒县省级现代农业产业园	蔬菜、中药材
	东港区	东港区省级现代农业产业园	花生、对虾
	山海天旅游度假区	山海天省级现代农业产业园	南美白对虾（海鱼）、茶叶

（资料来源：市农业农村局）

表38　2021年日照市省级以上农业龙头企业一览表

龙头企业级别（数量）	分布区县（数量）	名　称	主导产业
国家级（4家）	东港区（2家）	山东美佳集团有限公司	水产品
		日照金果粮油有限公司	花生、干果
	日照高新区（1家）	山东荣信水产食品集团股份有限公司	水产品
	莒县（1家）	莒县海通茧丝绸有限公司	蚕茧、蚕丝
省　级（46家）	东港区（7家）	山东蓝思种业股份有限公司	生猪
		日照美佳科苑食品有限公司	水产品
		日照盛康粮油工贸有限公司	花生、干果
		日照怡和食品有限公司	蔬菜
		稼盛（日照）生态农业有限公司	蓝莓
		日照龙兴食品有限公司	水产品
		日照市博园农业开发有限公司	蓝莓
省　级（46家）	岚山区（8家）	日照万顺禽业有限公司	禽类养殖
		山东百满茶业股份有限公司	绿茶加工、销售
		日照市御园春茶业有限公司	绿茶加工、销售
		日照东方红食品有限公司	仿生食品加工
		山东万平农业开发有限公司	绿茶加工、销售
		日照浏园生态农业有限公司	绿茶加工、销售
		山东清心茶业股份有限公司	绿茶加工、销售
		山东日照祥路碧海茶业有限公司	绿茶加工、销售
	莒　县（19家）	山东百慧乳业股份有限公司	乳制品
		山东恒宝食品集团有限公司	蔬菜加工、调理食品
		日照东莒果菜食品有限公司	蔬菜加工
		山东中绿食品股份有限公司	蔬菜加工
		山东华康蜂业有限公司	蜂产品
		山东莒县大渔水产品有限公司	水产品
		莒县昌泰食品有限公司	蔬菜加工
		山东孚义食品有限公司	蔬菜加工
		浮来青集团有限公司	绿茶、红茶
		莒县海通茧丝绸有限公司	蚕茧、蚕丝
		日照盛凯食品有限公司	肉兔宰割、果蔬储藏
		莒县华腾有机生姜有限公司	蔬菜加工
		日照金谷园食品有限公司	蔬菜加工
		山东新辰食品有限公司	蔬菜加工
		日照金禾博源生化有限公司	柠檬酸
		日照恒邦牧业科技股份有限公司	饲料加工
		日照三兴食品股份有限公司	小麦粉、面条
		日照市新宗源食品有限公司	蔬菜加工
		莒县鑫达食品有限公司	肉鸭宰割

续表 38

龙头企业级别（数量）	分布区县（数量）	名 称	主导产业
	五莲县（11 家）	山东绿丰生态农业股份有限公司	饮料、农产品、坚果
		日照裕利蔬菜有限公司	蔬菜初加工、种植
		山东华慧食品有限公司	肉鸡养殖、加工、销售
		五莲县龙盛食品有限公司	蔬菜、水果初级加工、销售
		山东华瀚食品有限公司	生产销售蜂产品
		日照市凤玉茶业有限公司	绿茶、红茶
		山东凯翔生物化工有限公司	葡萄糖酸钠、葡萄糖酸内酯
		日照麒麟山生态农业有限公司	水果销售、苗木种植、采摘、休闲娱乐
		山东得乐麦面业有限公司	面粉加工、销售
		山东太阳城生物科技有限公司	葡萄酒
		山东省五莲县富园茶场	茶叶生产销售
	山海天旅游度假区（1 家）	日照瀚林春茶业有限公司	茶叶生产销售

（资料来源：市农业农村局）

【人才兴农】 2021 年，市农业农村局坚持外引内培并重、数量质量并举、培养使用并进，打好乡村人才“引育留用”组合拳。

招才引智　推行“领军人才＋创新团队”“定向培养＋柔性借智”等引才模式，建强“头雁”专家团队，为乡村振兴提供智力支持。日照市确定首批产业领军人才中，农业领域 2 人被认定为创业领军人才，6 个团队被认定为创新领军人才团队，1 人被认定为创新人才。落实基层农技推广人才定向培养（公费农科生）计划，培养基层农技推广人才。探索“政校企”合作模式，畅通基层单位、企业与专家资源对接交流渠道，市农业技术服务中心与山东园艺学会签订科技合作战略协议，设立“山东园艺学会日照创新服务专家工作站”；市农业科学研究院组建日照市茶叶专家人才库，依托省级以上科技创新平台，与泰山学者丁兆堂教授联合开展技术攻关和成果转化，聚力解决困扰北方茶产业提质增效的卡脖子难题；市动物疫病预防控制中心与山东农业大学赵孝民教授团队搭建“产学研”基地，联系重点企业，集中研发推广畜牧业绿色生态养殖模式。

一线育才　实施高素质农民培育工程，加强全市田间课堂、实训基地建设，全市达标田间课堂 16 家、实训基地 40 家，围绕先进适用农业生产技术，分层分类培训高素质农民 2000 余人。发挥人才示范带动作用，开展第八届齐鲁乡村之星选拔推荐工作，35 人获评齐鲁乡村之星。继续开展新型职业农民职称评定工作，全市新增农民正高级农艺师 3 人、农民高级农艺师 9 人、农民农艺师 26 人、农民助理农艺师 131 人。培育选拔农业农村高技能人才，举办全市制茶大赛、农机、家畜繁殖员、动物检疫员职业技能竞赛，为农业农村人才搭建开拓视野、相互学习、增长技能的平台，选拔优秀选手参加全省、全国竞赛。2021 年全国茶业职业技能竞赛绿茶加工总决赛，日照市 3 名参赛选手获得 2 项铜奖、1 项优秀奖；全省家畜（猪）繁殖员职业技能竞赛，日照市选手获得竞赛第一名；全省动物检疫员职业技能竞赛，日照市总成绩列全省第四名。

（市农业农村局　李　冉）

【休闲农业】 2021 年，日照市立足特色农业发展，培育农业特色产业，全市形成巨峰镇、后村镇、夏庄镇、潮河镇茶叶，三庄镇、河山镇苹果，陵阳镇、果庄镇、许孟镇瓜菜，陈疃镇蓝莓，小店镇、洛河镇绿芦笋，松柏镇、户部乡樱桃等一批特色乡镇和产业基地。加强标准化生产，建设产出高效、产品安全、资源节约、环境友好现代生态农业。推进品牌建设，提升休闲农业发展层次，全市获得省级以上休闲农业和乡村旅游示范称号 38 个。其中，国家级休闲农业和乡村旅游示范县 1 个、国家级休闲农业与乡村旅游示范点 1 个、国家级美丽休闲乡村 2 个、省级休闲农业与乡村旅游示范县 3 个、省级休闲农业与乡村旅游示范点 13 个、省级休闲农业示范园区 7 个、省级美丽休闲乡村 3 个、省级休闲农业精品园区 3 个。

（市农业农村局　朱晓艳）

【乡村振兴示范区建设】 2021 年，日照市实施“藏粮于地、藏粮于技”战略，提升粮食生产能力，全市建成入库高标准农田 169.36 万亩，粮食再获丰收，实现面积、单产、总产“三增”；莒县争创为第一批“省

表39　2021年日照市休闲农业示范创建情况统计表

数量	示范称号或项目名称	级别	创建时间
1	全国休闲农业与乡村旅游示范县	国家级	五莲县（2017年）
1	全国休闲农业与乡村旅游示范点	国家级	淞晨茶文化产业园（2014年）
2	中国美丽休闲乡村	国家级	五莲县董家楼村（2021年）
			莒县陵阳街村（2014年）
3	休闲农业与乡村旅游示范县	省级	莒县（2019年）
			东港区（2018年）
			五莲县（2016年）
11	全省休闲农业与乡村旅游示范点	省级	莒县龙山镇前寨村（2020年）
			五莲县大槐树童趣田园综合体（2020年）
			日照瀚林春茶博园（2019年）
			黑虎山狩猎旅游区（2018年）
			山东丹凤山生态旅游度假区（2018年）
			日照浔河家庭农场（2017年）
			岚山区怡和葡萄采摘（2016年）
			莒县浮来青旅游度假区（2016年）
11	全省休闲农业与乡村旅游示范点	省级	裕利蔬菜五蔬园（2015年）
			淞晨茶产业园（2014年）
			花仙子风景区（2014年）
			岚山区巨峰镇百里绿茶长廊（2013年）
			碧波茶业有限公司（2012年）
5	齐鲁美丽田园	省级	日照御海湾茶博园（2019年）
			日照田甸园旅游开发有限公司（2018年）
			凤凰山百果谷生态旅游区乡村田园风光（2017年）
			东港区花仙子风景区（2016年）
			五莲县许孟三合生态园（2016年）
3	山东省美丽休闲乡村	省级	莒县桑园镇（2018年）
			日照市东港区下元一村（2017年）
			五莲县叩官镇（2016年）
5	全省休闲农业与乡村旅游示范园区	省级	日照荷仙子生态休闲农业示范园（2017年）
			莒县嗡嗡乐生态园（2016年）
			岚山区绿科园葡萄专业合作社（2016年）
			日照泉水芙蓉茶业有限公司（2015年）
			绿王春茶园乡村旅游专业合作社（2015年）
2	全省休闲农业与乡村旅游示范园区（农庄）	省级	爱樱维樱桃生态园（2019年）
			日照市林苑茶业有限公司（2018年）
3	全省休闲农业精品园区（农庄）	省级	东港区龙门崮田园综合体（2020年）
			莒县丽青山果品专业合作社（2020年）
			五莲县富园茶场（2020年）

2021 年，龙门崮省级田园综合体　（市农业农村局　供图）

级高标准农田建设示范县”；全市肉蛋奶产量 36.05 万吨，比 2020 年增长 3.57%，“菜篮子”产品供应充足；健全“源头严防、过程严管、后果严惩”工作机制，建立县乡村三级田长，实现耕地保护全覆盖；印发种业创新发展实施意见，每年整合资金不低于 3000 万元，用于推动全市种业创新发展。构建现代农业高质量发展支撑体系。建设“一带一特色、一带一风景”的“五纵一横”乡村振兴隆起带，围绕现代渔业、现代畜牧、茶叶等八大特色产业，在隆起带上布局 9 个乡村振兴齐鲁样板市级示范区，推动现代农业高质量发展。年内，新争创国家级农业产业强镇 1 个，在全省率先实现国家级产业强镇、省级现代农业产业园县域全覆盖；注重特色培育，按照“壮大规模、优化结构、打造品牌”思路，打造特色产业基地，建立绿茶、中药材等 4 个标准创新平台，建设国家级农业标准化示范区 11 个；日照绿茶列入全省 13 个优势特色产业重点培育打造，日照巨峰（绿茶）特色产业集群进入山东省特色产业集群名单。注重新型农业经营主体培育，全市新型农业经营主体稳定在 8700 余家，农民合作社覆盖 85% 以上行政村；岚山区创建国家级农民合作社质量提升整县推进试点，莒县成功争创全省家庭农场高质量发展整县提升试点，莒县海通茧丝绸有限公司获批农业产业化国家级重点龙头企业。

【新型农业经营主体建设】日照市从 2010 年启动市级示范社评定。至 2021 年底，完成九批示范社评定，全市有市级以上示范社 305 家。其中，国家级 23 家、省级 84 家、市级 198 家。按行业划分：种植业 195 家，林业 13 家，畜牧养殖业 24 家，海淡水养殖 14 家，农机服务 34 家，供销、用水等其他行业 25 家。市级以上示范社普遍运行管理规范，有稳定经营收益。

家庭农场示范场　日照市从 2015 年启动市级示范场评定。至 2021 年底，完成七批示范场评定，全市有省、市两级家庭农场示范场 210 家。其中，

表 40　2021 年日照市省级以上一村一品示范乡镇一览表

级　别（数量）	分布区县（数量）	名　称	主导产业
国家级（11 个）	东港区（4 个）	陈疃镇	蓝莓
		西湖镇	食用菌
		涛雒镇	对虾
		后村镇	茶叶
	岚山区（1 个）	巨峰镇	茶叶
	莒　县（4 个）	小店镇	绿芦笋
		夏庄镇	茶叶
		库山乡	中药材
		峤山镇	大姜
	五莲县（2 个）	许孟镇	西葫芦
		潮河镇	茶叶
省级（4 个）	莒　县（3 个）	果庄镇	油桃
		莒县城阳街道	葡萄
		莒县碁山镇	桑蚕
	五莲县（1 个）	松柏镇	樱桃

（资料来源：市农业农村局）

省级 32 家、市级 178 家。市级以上示范场整体运行情况良好，经营收益稳步增长。

农业生产性服务示范组织　日照市自 2021 年启动市级农业生产性服务示范组织评定工作。至年底，全市市级以上示范组织 24 家。其中，省级 10 家，市级 14 家。

村级党组织领办合作社示范社　日照市自 2020 年启动村党组织领办市级示范社评定，党组织领办合作社由村党组织成员或村级集体经济组织领办，将党支部政治引领、合作社抱团发展、群众能动性等要素融合在一起，优势叠加互补。至 2021 年底，完成两批示范社评定，全市有 113 家村党组织领办市级示范社。按行业划分：种植业 92 家，林业 3 家，畜牧养殖业 1 家，海淡水养殖 4 家，供销、用水等其他行业 13 家。

（市农业农村局）

表 41　2021 年日照市省级以上农民合作社示范社一览表

级别（数量）	分布区县（数量）	名　称	主导产业
国家级（23 个）	东港区（4 个）	日照市东港区德佳康牧肉鸡专业合作社	养殖业
		日照市雨润农田灌溉专业合作社	用水
		日照市东港区汉光蔬菜专业合作社	种植业
		日照市东港区焦光松养猪专业合作社	养殖业
	岚山区（8 个）	日照市岚山区三益水产养殖专业合作社	养殖业
		日照市岚山区后崖下茶业专业合作社	种植业
		日照市鲁贡茶叶专业合作社	种植业
		日照市岚山区甲子山茶业技术专业合作社	种植业
		日照市岚山区华远养猪专业合作社	养殖业
		日照市岚山区盛业茶叶专业合作社	种植业
		日照市岚山区凝锦香茶叶专业合作社	种植业
		日照市岚山区浔源农田灌溉专业合作社	用水
	莒　县（8 个）	莒县惠民果蔬专业合作社	种植业
		莒县丽青山果品专业合作社	种植业
		莒县汇丰花生专业合作社	种植业
		莒县中泉岭中药材种植专业合作社	种植业
		莒县康力养鸽专业合作社	养殖业
		莒县刘官庄明众农机服务专业合作社	农机
		莒县新合果蔬专业合作社	种植业
		莒县库山五奎山农田灌溉专业合作社	用水
国家级（23 个）	五莲县（2 个）	五莲县裕利有机蔬菜专业合作社	种植业
		五莲县沃野植保专业合作社	种植业
	山海天旅游度假区（1 个）	日照市东港区两城镇春祥海水养殖专业合作社	养殖业
省　级（84 个）	东港区（10 个）	日照市东港区蓝丰蓝莓专业合作社	种植业
		日照市东港区海辰水产育苗专业合作社	养殖业
		日照市东港区云岫茶业专业合作社	种植业
		日照市东港区凤凰山核桃专业合作社	种植业
		日照市东港区茂新农机专业合作社	农机
		日照市东港区伟胜农机专业合作社	农机
		日照市东港区长青农机专业合作社	农机

续表 41

级别（数量）	分布区县（数量）	名 称	主导产业
省 级（84个）	东港区（10个）	日照市东港区钰超农机专业合作社	农机
		日照市东港区核胜农机专业合作社	农机
		日照国际海洋城莲荷嘉苑莲藕农业合作社	种植业
	岚山区（17个）	日照市岚山区浏园茶业专业合作社	种植业
		日照市岚山区隆鑫农机服务专业合作社	农机
		日照市岚山区绿科园葡萄专业合作社	种植业
	岚山区（17个）	日照市岚山区御园春茶叶机械化技术服务专业合作社	农机
		日照市岚山区巨峰镇宏山农机服务专业合作社	农机
		日照市岚山区照善茶业农民专业合作社	种植业
		日照市岚山区万平茶业技术农民专业合作社	种植业
		日照市岚山区建森农机服务专业合作社	农机
		日照市岚山区海峰养鸡专业合作社	养殖业
		日照市岚山区兰军有机蔬菜专业合作社	种植业
		日照市岚山区辰安养猪专业合作社	养殖业
		日照市岚山区加伟农机服务专业合作社	农机
		日照市岚山区沙园绿茶专业合作社	种植业
		日照市岚山区润泽供水专业合作社	用水
		日照市岚山区巨峰农业农民专业合作联合社	种植业
		日照市岚山区明德茶叶农民专业合作社	种植业
		日照市岚山区金玫农机服务专业合作社	农机
	莒 县（29个）	莒县果庄供销合作社油桃专业社	种植业
		莒县联农果蔬专业合作社	种植业
		莒县青枫灌区农田灌溉专业合作社	种植业
		莒县凤凰山弘丰杂粮种植专业合作社	种植业
		莒县小店金来果茶种植专业合作社	种植业
		莒县晨丰粮食种植专业合作社	种植业
		莒县果庄鑫垚食用菌专业合作社	种植业
		莒县安庄星凯红薯种植专业合作社	种植业
		莒县宏益养猪专业合作社	养殖业
		莒县扬帆茶叶种植专业合作社	种植业
		莒县小店洪明农机服务专业合作社	农机
		莒县前栗园蔬菜专业合作社	种植业
		莒县小店洪山草莓种植专业合作社	种植业
		莒县卧龙青茶叶种植专业合作社	种植业
		莒县志昌果品专业合作社	种植业
		莒县旭阳农田灌溉服务专业合作社	用水
		莒县昊祯苗木种植专业合作社	种植业
		莒县棋山旺林核桃种植专业合作社	种植业
		莒县桑园宝珠山果蔬种植专业合作社	种植业

续表 41

级别（数量）	分布区县（数量）	名 称	主导产业
省 级（84 个）	莒 县（29 个）	莒县陵阳春强果蔬种植专业合作社	种植业
		莒县天成寨农作物种植专业合作社	种植业
		莒县浮来兴农农机服务专业合作社	农机
		莒县永强农机服务专业合作社	农机
		莒县熙福诺大果榛子种植专业合作社	种植业
		莒县桂平养鸡专业合作社	养殖业
		莒县店子集润发果蔬种植专业合作社	种植业
		莒县龙山农田灌溉专业合作社	用水
		莒县长岭长彩果蔬专业合作社	种植业
		莒县鑫泰农机服务专业合作社	种植业
	五莲县（24 个）	五莲三合养禽专业合作社	养殖业
		五莲县莲东禽业专业合作社	养殖业
		五莲县鑫宇大棚蔬菜专业合作社	种植业
		五莲县兴农农机服务专业合作社	农机
		五莲县潮白河有机葡萄专业合作社	种植业
		五莲县德富芋头专业合作社	种植业
		五莲县叩官镇山水蔬菜专业合作社	供水
		五莲县西龙茶叶专业合作社	种植业
		五莲县大旺樱桃采摘游专业合作社	种植业
		五莲县新旭农机服务专业合作社	农机
		五莲县硕丰果品专业合作社	种植业
		五莲县昌德茶叶专业合作社	种植业
		五莲县鸿宇黄桃种植专业合作社	种植业
		五莲县丰盛养蜂专业合作社	养殖业
		五莲县乐农农机服务专业合作社	农机
		五莲县爱樱维樱桃种植专业合作社	种植业
		五莲县耕耘农机服务专业合作社	农机
		五莲县春江农机服务专业合作社	农机
		五莲县丰台岭黄桃种植专业合作社	种植业
		五莲县叩官镇国华山鸡养殖专业合作社	养殖业
		五莲县陆羽茶业机械专业合作社	农机
		五莲县华玉农业机械服务专业合作社	农机
		五莲县益通肉鸡养殖专业合作社	养殖业
		五莲县日金农业机械服务专业合作社	农机
	日照经开区（1 个）	日照经济开发区江海水产养殖专业合作社	养殖业
	日照高新区（1 个）	日照市东港区腾飞农业种植专业合作社	种植业
	山海天旅游度假区（2 个）	日照市安铭水产育苗养殖专业合作社	养殖业
		日照市东港区驻龙山茶叶专业合作社	种植业

（资料来源：市农业农村局）

表 42　2021 年日照市省级以上家庭农场示范场一览表

级别（数量）	分布区县（数量）	名称	主导产业
省级（32 个）	东港区（9 个）	日照市东港区旺达家庭农场	种植业
		日照市东港区七可家庭农场	种植业
		日照市东港区双成家庭农场	种植业
		日照市东港区凤嫃露家庭农场	种植业
		日照市东港区鸿卉家庭农场	种植业
		日照市东港区木头山家庭农场	种植业
		日照市东港区盛唐丽水家庭农场	种植业
		日照市东港区晨非家庭农场	种植业
		日照市东港区高发蔬菜种植家庭农场	种植业
	岚山区（7 个）	日照市岚山区巨峰镇希县板栗家庭农场	种植业
		日照市岚山区秋园家庭农场	种植业
		岚山区永强耀源家庭农场	种植业
		日照市岚山区合力家庭农场	种植业
		日照市岚山区中楼镇兴晟家庭农场	种植业
		日照市岚山区风波家庭农场	种植业
		日照市岚山区中楼傅蓉山庄家庭农场	种植业
省级（32 个）	莒县（9 个）	莒县鑫昌家庭农场	种植业
		莒县浮来阳光家庭农场有限公司	种植业
		莒县议联家庭农场	种植业
		莒县刘官庄凤凰山家庭农场	种植业
		莒县碁山从志家庭农场	种植业
		莒县彩霞湖家庭农场有限公司	种植业
		山东日照横山农场有限公司	种植业
		莒县世金家庭农场	种植业
		莒县淑栋家庭农场	种植业
	五莲县（7 个）	五莲县九仙百果家庭农场	种植业
		五莲县腾飞家庭农场	种植业
		五莲县金日林果家庭农场	种植业
		五莲县金荣福大樱桃种植家庭农场	种植业
		五莲县常玉生态农业家庭农场	种植业
		五莲县海俊粮食种植家庭农场	种植业
		五莲县浔源果蔬种植家庭农场	种植业

（资料来源：市农业农村局）

乡村建设

【农村道路建设】 2021年，日照市开展“四好农村路”提质增效专项行动，为全面推进乡村振兴提供交通支撑和保障，完成路网改造提升268千米，路面状况改善工程550千米，危桥改造工程25座，村道三级及以上安保工程131千米，新增“户户通”用户64个。至年底，2140个村庄道路实现硬化，全市农村道路达7444.83千米，行政村通油路率达100%。交通运输部、财政部、农业农村部、国家乡村振兴局联合表彰日照市“四好农村路”建设工作。

【农村住房建设】 2021年，日照市积极探索新型农房建设新路径，提高农房品质，消除农房安全隐患。着眼乡村建设绿色低碳发展，推动企业开展装配式绿色农房建设，高标准实现新型农房建设“五节一环保”。东港区陈疃镇、莒县龙山镇结合乡村振兴建设，同步探索推动低碳、零碳建筑（社区）试点建设与新型农房建设试点相结合，提升推动城乡建设绿色、高质量发展。加强农村低收入群体等重点对象住房安全保障工作，年内完成农村危房改造1646户。至年底，全市农村人均住房建筑面积43.2平方米。

【农村供水管网及设施改造】 2021年，日照市实施农村供水管网及设施改造提升，502个村饮水条件得到改善，行政村自来水通村率100%，国务院办公厅通报表扬日照市河长制湖长制工作。启动实施低压线路专项整治行动，重点解决村庄电线私拉乱接、电力设施破损等突出问题，完成59个村庄老旧线路改造，改造低压线路54.46千米。

【农村清洁取暖建设】 2021年，日照市把推进农村清洁取暖工作放在保障人民群众生活和经济社会发展突出位置，确保广大群众温暖过冬。加强农村用电安全全方面检查维护，开展隐患排查整顿，加强抢险队伍建设，强化燃气供应保障。科学确定清洁取暖任务，因地制宜选择实施清洁供暖，坚持“宜电则电、宜气则气、宜煤则煤”原则，推广应用集中供暖、各类可再生能源供暖、工业余热供暖等方式，多措并举推进清洁取暖工作开展。印发《日照市2021年农村清洁取暖建设工作方案》，14119户清洁取暖任务全部竣工。

【农村人居环境整治】 2021年，日照市贯彻落实习近平总书记关于打造乡村振兴齐鲁样板重要指示批示精神，把改善农村人居环境、推进美丽乡村建设作为实施乡村振兴战略的出发点和切入点，坚持全域整治、精细监管、统筹推进，农村生态环境持续改善，农村村居面貌稳步提升。在省对市乡村振兴考核中，村庄清洁行动等多项指标连续多年在全省处于第一方阵；市级以上美丽乡村覆盖率达55.53%，在全省领先。五莲县被评为全国村庄清洁行动先进县，东港区涛雒镇农村易腐垃圾处理经验做法入选全国典型案例。

（市农业农村局 秦泗奎）

表43 2017—2021年日照市省级美丽乡村示范村创建一览表

单位：个

	总数	2017年度	2018年度	2019年度	2020年度	2021年度
全市合计	135	20	20	20	20	30（含10个自创村）
东港区	28	4	5	4	4	6（含2个自创村）
岚山区	26	4	4	4	4	6（含2个自创村）
莒 县	45	6	6	7	7	11（含4个自创村）
五莲县	29	5	4	5	4	6（含2个自创村）
日照经开区	无					
山海天旅游度假区	3		1		1	1
日照高新区	1	1				

说明：日照高新区河山镇刘家顺村为2017年度省级美丽乡村示范村，时河山镇属东港区。

（资料来源：市农业农村局）

表 44　2018—2021 年日照市市级美丽乡村申报创建一览表

单位：个

	纳入人居环境整治的村庄数	已创建数	覆盖率	2018 年度	2019 年度	2020 年度	2021 年度申报数
全市合计	2521	1100	43.6%	304	306	480	350
东港区	312	215	68.9%	47	62	106	48
岚山区	337	170	50.4%	43	39	88	50
莒 县	1079	409	37.9%	118	119	172	143
五莲县	621	237	38.1%	75	70	92	75
日照经开区	24	10	41.6%	4		6	1
山海天旅游度假区	100	34	34%	12	11	11	27
日照高新区	48	25	52.1%	7	8	10	6

说明：2021 年市级美丽乡村尚未完成测评，申报数量未纳入已创建数。

（资料来源：市农业农村局）

乡村文化

【乡村文明行动和移风易俗】 2021年，日照市进一步深化乡村文明行动，以思想道德建设、文明实践、文明创建、移风易俗、文明培育、文化惠民为重点，推动形成文明乡风、良好家风、淳朴民风，为打造乡村振兴齐鲁样板、全面建设社会主义现代化新农村提供思想保证、精神力量、道德滋养和文化支撑。把学习宣传贯彻习近平新时代中国特色社会主义思想作为首要政治任务，推动党的创新理论深入农村、深入民心，探索“百姓宣讲”新模式。实施公民道德建设工程，打造“5＋2”群体格局（助人为乐、见义勇为、敬业奉献、孝老爱亲、诚实守信和美德少年、最美人物）。坚持城乡文明创建一体化发展，加强县级文明城市创建，推动文明城市创建由城区拓展到乡村，形成市、区（县）、镇（街道）、村逐级辐射带动的全域创建格局。深化城乡文明牵手共建，鼓励文明单位支持农村文明创建，促进农村增强自我“造血”功能。建立健全文明村镇、社区测评制度。至年底，全市创建文明村镇295个，其中省级 114 个、市级 181 个；创建文明社区 70 个，其中省级 35 个、市级 35 个；全市 1751 个行政村有 1608 个符合文明达标村标准，占比达 90% 以上。制定农村人居环境实施方案，各区县、各部门单位包联镇村，深入基层督导，农村人居环境有效提升。开展“摒弃婚丧陋习、深化移风易俗”文明实践专项行动，遏制农村地区红白事大操大办、铺张浪费，持续开展抵制恶俗婚闹、乱贴红纸，村民参与封建迷信活动等陈风陋俗，倡树喜事新办、丧事简办、厚养薄葬、节俭养德的社会新风尚，推广“文明迎亲队”“惠民礼葬”等经验做法，在红白理事会、村规民约全覆盖基础上，规范红白事办理流程、标准，倡导现代文明理念，培育健康生活方式。落实“七有一培训”（即村级有红白理事会组织和人员、有办公场所、有服务场所、有章程、有氛围、有红白事办理具体标准、村规民约有移风易俗内容，镇街道红白理事会骨干成员参训率 100%），并纳入年度绩效考核，修订完善村规民约、红白理事会章程。开展新生活新农村培训活动，推进乡风文明行动，组织志愿者、社会爱心人士开展走访慰问，助老、助幼、助残。发挥村民议事会、道德评议会作用，以村规民约、乡风评议为抓手，倡树新风正气。

（市委宣传部　刘昱孜）

【乡村阅读】 2021 年，日照市围绕“阅读小康气象、奋进振兴征程”主题，依托农家书屋、社区书屋、乡村书房等平台阵地，开展阳光家庭亲子阅读活动，举办首届山东省全民阅读大会暨齐鲁书香节日照分会场系列活动，发放图书惠民消费券 50 万元。组织阅读推广志愿者走进农家书屋、社区书屋、乡村学校等乡村公共文化场所，开展“阅读推广人在行动”活动 51 场次。开展“新时代乡村阅读季”我爱阅读 100 天读书打卡活动，利用文旅公众号、微信工作群等方式广泛发动农村群众参加，日照市位列全国市级组织前 10 名，各区县均进入全国区县级组织前 100 名，其中莒县位列第 6 名。加强农村书屋、社区书屋等乡村阅读活动场所提质升级，培育全市首批“五位一体”统筹改革示范农家书屋，举办全市农家书屋管理培训班，对农家书屋、社区书屋等乡村公共文化场馆管理服务人员进行培训。新华社、《中国文化报》等主流媒体对日照市全民阅读、城市书房等基层公共文化建设、群众文化工作经验做法进行报道。

（市文化和旅游局 殷爱堂）

【农村公益电影放映】 2021年，日照市组织开展2021年度政府购买农村电影公共服务，市级财政资金补助130万元。年内，全市农村公益电影放映3.3万余场，覆盖率100%。举办2021年日照市农村公益电影放映培训班，对农村公益电影标准化放映、监管模式等内容进行培训；组织“红心永向党 光影映初心”庆祝中国共产党成立100周年电影展映活动1.2万场次，开展“忆百年党史 传承红色精神”“向老党员致敬”等优秀主题影片活动，依托电影放映，传承红色基因，传播红色文化。

（市文化和旅游局 王 迪）

【乡村文化大集】 2021年，日照市借助镇驻地大集平台，采取文艺表演、手工艺品展销、非遗体验、图书展销、艺术展览等方式，以当地文化资源、文化节目为主要内容，让广大农民当主角，将传统大集打造成流动文化站，培育体现本土特色的农村公共文化服务品牌。全年举办乡村文化大集140多场，相关做法被《中国文化报》、文旅中国APP、《大众日报》等省级以上新闻媒体报道。

（市文化和旅游局 丁始成）

乡村治理

【概况】 2021年，日照市实施乡村治理体系建设试点示范，总结莒县“公心善治”实践经验，推广长岭镇“3＋10”类人群乡村治理经验做法，以公心精神引领乡村综合治理，运用“清单制”“积分制”，健全农民群众和社会力量参与乡村治理工作机制，实现多方参与，共建共治共享乡村治理新格局。推广东港区集体财务信息化管理、财务监督预警机制，岚山区村级公务卡、农村用工监管等经验做法，加强乡村治理制度建设，保障农民群众知情权、参与权、表达权、监督权，提高农民群众满意度。

（市农业农村局 生 媛）

【农村黑臭水体治理】 2020年9月，省生态环境厅组织排查日照市农村黑臭水体25处，按照《山东省农村黑臭水体治理行动方案》要求，日照市2021—2023年需完成全部25处农村黑臭水体的治理任务，2021年完成5处。2021年5月，日照市完成省下达的5处农村黑臭水体治理任务。其中，东港区2处，岚山区、五莲县、日照高新区各1处。之后，调整年度治理安排，增加7处治理计划，至11月底完成农村黑臭水体治理12处，超年度任务7处。

（市生态环境局 张 芸）

【莒县“公心善治”实践经验】 2021年，莒县围绕一颗“公心”做大文章，以“公心向党、公心为民、公心处事、公心律己”为主要内容，把公心文化融入乡村治理中。探索构建以“一心引领、两项制度、三治融合”为主要内容乡村治理体系，推动全县形成“干部好、队伍强、民心齐”，走出一条具有莒县特色乡村治理之路。10月，莒县“铸公心之魂 走善治之路”乡村治理典型案例被农业农村部发文推介。

【长岭镇“3＋10”类人群乡村治理】 2021年，莒县长岭镇创新实施“3＋10”类人群乡村治理模式，在强化农村党支部成员、报账员、卫健主任3支队伍基础上，整合居住本村党员巷长、网格员、村医、教师、农金员、农电工、养路员、水管员、保洁员、志愿者10类群体，组建“3＋10”乡村治理队伍，凝聚乡村治理合力。

【东港区集体财务信息化管理、财务监督预警机制】 2021年，日照市东港区深化农村“三资”监管制度改革，创新引入互联网技术搭建智慧化监管平台，形成“动态监督、全程可溯、风险可防、责任可究”的闭环监管新模式，实现农村财务管理科学化、阳光化、规范化运行，为乡村治理水平提升提供保障。

【岚山区村级公务卡、农村用工监管】 2018年起，日照市岚山区在虎山镇创新推行农村集体资金“智能收、集中付”管理服务，在全市率先推行村集体资金收入实行智能POS机收款、二维码扫码技术，支出采用银行对公账户转账支付、村级公务卡、二维码扫码付款等将资金集中支付至对方单位或个人账户，实行村级资金“点对点”支付，做到收支全程留痕。2021年，市农业农村局在全市推广该经验做法。

（市农业农村局 生 媛）

生态环境

环境质量

【概况】 2021年，日照市实施“生态立市”战略，开展污染防治攻坚战，生态环境质量持续改善，环境空气质量全面达到国家二级标准，是全省“十四五”开局之年唯一新增达标城市。国控断面水质稳定达标，水质指数提前退出全国排名后30，85.7%断面水质比年度任务提升类别。日照水库流域生态保护与产业开发项目获批全国第一批生态环境导向的开发（EOD）模式试点。日照水库进入全国美丽河湖优秀案例终审。市生态环境局被省委、省政府表彰为山东省生态环境保护先进集体，省群众生态环境满意度调查得分位列全省第三。莒县被命名为省级生态文明建设示范区，五莲县国家生态环境与健康管理试点被表彰为全省生态环境系统改革试点成果。

【大气环境】 2021年，日照市环境空气质量综合指数、$PM_{2.5}$、PM_{10}、SO_2、NO_2、O_3等6项指标均实现全面改善。$PM_{2.5}$、PM_{10}分别为31微克/米^3、59微克/米^3，比2020年分别改善13.9%和7.8%；环境空气综合指数3.84，比2020年改善9.9%；优良天数303天，比2020年增加10天；臭氧污染天数减少13天。

【土壤环境】 2021年，日照市完成耕地环境质量类别划分，建设用地和耕地安全利用得到保障。完成79个地块土壤污染状况调查。公示公布42家土壤污染重点监管单位名单，开展隐患排查整治。

【水环境】 2021年，日照市7个国考断面（青峰岭水库坝上、墙夼水库坝上、沭河夏庄、浔河刘家峪大桥、绣针河潘庄二村、傅疃河大古镇、两城河北海路桥）水质全部达标，其中6个断面实现类别提升（青峰岭水库坝上、墙夼水库坝上、浔河刘家峪大桥、绣针河潘庄二村、傅疃河大古镇、两城河北海路桥等6个断面水质全部达标并实现类别提升，沭河夏庄断面水质达标）。日照水库入选全国首批18个美丽河湖案例。县级以上饮用水水源地水质达标率保持100%。

【海洋环境】 2021年，日照市近岸海域水质优良比例98.4%，傅疃河、两城河、绣针河、川子河、巨峰河、龙王河等6条河流入海断面全部消除劣Ⅴ类，完成年度目标。日照市近岸海域水质优良比为98.4%，数值由国家海洋监测中心通过面积插值法计算得出，完成的年度目标即为省下达的近岸海域水质优良比例。

【声环境】 2021年，日照市声环境质量保持良好水平。依据《2021年日照市生态环境监测方案》，严格按照噪声监测技术规范要求，分别对日照市区、岚山城区、莒县县城、五莲县县城环境噪声进行监测，检测结果为全面达标。推进《日照市城市区域声环境功能区划方案》修订工作，以城市总体规划为指导，结合城市结构特征和用地规划，重新调整日照市声环境常规监测点位。至年底，该项工作初稿完成。

【辐射环境】 日照市按照辐射环境安全监管要求，配合省生态环境厅开展辐射环境质量检测，综合全市陆地、海水、土壤、辐射自动检测情况，全市电离辐射环境质量总体状况稳定，保持在天然本底水平范围内，辐射环境质量无明显变化，未对公众健康造成威胁。

（市生态环境局　崔荣丽）

土地与地质矿产资源保护

【国土空间规划】 2021年，市自然资源和规划局对全市省重大项目、新旧动能转换优选项目、双招双引重点签约项目，以及基础设施、民生工程等涉及城市（镇）总体规划和土地利用总体规划“两规”不符的用地项目，进行“两规”一致性处理。启动东港区、岚山区国土空间总体规划（或分区规划）及各乡镇国土空间规划，提升国土空间保护利用质量和效率。完成“三区三线”两轮试划工作，编制完成《日照海滨风景名胜区总体规划（2021—2035年）》，保护海滨风光和优良生态环境。11月30日，市政府批复同意《日照市银河公园编制单元控制性详细规划》等33个编制单元控制性详细规划。推进日照青少年活动中心概念规划、山海天张家台周边地区城市设计等5项重点区域城市设计编制工作，其中山海天张家台周边地区城市设计入选2021年山东省十大城市设计典型案例。

【耕地保护】 2021年，日照市全面推行“田长制”管理体系，明确各级田长、田管员7002人，并探索与“林长制”网格化监管体系融合推进，形成“两长一网”工作机制，实现耕地保护全覆盖。落实非常规措施，健全“源头严防、过程严管、后果严惩”机制，加大对土地违法行为查处力度；开展农村乱占耕地建房整治活动，对新增违法用地行为“零容忍”，扭转土地执法被动局面。2020年度，国家土地例行督察反馈的54个问题基本整改到位，开展农村乱占耕地建房问题整治，对新增违法用地行为“零容忍”；全市违法用地比例由2019年的13.99%下降至4%以内，为历年最低。2021年，全市违法用地比例进一步下降，土地管理秩序持续好转。

（市自然资源和规划局 秦 川）

【地质勘查管理】 2021年，市自然资源和规划局争取市财政资金，实施城市地质调查项目，在辖区开展“日照市海域海沙资源调查评价”等5处省级地勘项目，按照方案进度开始开展地质勘查。开展全市矿产资源国情调查，完成28处矿山国情调查报告编写及审查工作。开展非生产矿山转换数据调查核实和外业调查工作，动态评价日照市矿产资源潜力，初步确定五莲七宝山地区外围及深部多金属矿找矿潜力区、莒县果庄地区钛、金矿找矿潜力区。市自然资源和规划局报送的“五莲东部花岗岩地区带状热储找矿模式研究及应用”获2021年度省自然资源科学技术奖二等奖。日照市报送的五莲县七宝山地区金及多金属矿三维地质建模与深部预测等3处地勘项目入选全省首批20处绿色勘查示范项目，数量居全省首位。

【地质环境保护与治理】 2021年，市自然资源和规划局加强矿山生态修复，坚持“末端治理——解决历史遗留废弃矿山环境问题存量”和“源头防控——严控生产矿山产生环境问题增量”两手抓，推进矿山地质环境保护与恢复治理工作。制定年度治理计划，召开会议部署，到区县开展现场调研，全年完成21处废弃矿山治理，治理面积1300余亩；通过“双随机、一公开”检查，督促矿山企业落实矿山地质环境保护与土地复垦义务，避免产生环境问题增量。

（市自然资源和规划局 张学亮）

水资源保护

【概况】 日照市多年平均降水深度809.1毫米，降水总量42.96亿立方米，经植物截留、填洼、下渗、蒸发等过程损耗后，形成多年平均水资源总量14.55亿立方米（其中，地表水资源量12.45亿立方米、地下水资源量4.94亿立方米），多年平均可利用总量8.40亿立方米（其中，地表水资源可利用量7.10亿立方米、地表地下不重复可开采量1.30亿立方米），人均占有水资源量502立方米，约为全国平均水平的1/4。2021年，全市用水总量59672.5万立方米。其中，农田灌溉用水18735.7万立方米，林牧渔畜用水4382万立方米，工业用水15475.7万立方米，城镇公共用水4729万立方米，居民生活用水9210.4万立方米，生态用水7139.7万立方米。全年市区处理中水量10049.29万立方米，全市再生水回用量6044.7万立方米。

【河长制、湖长制】 2021年，日照市印发市总河长第6号令，围绕建设美丽幸福河湖目标，逐步建立健全以党政领导负责制为重点、“河湖长＋河长制办公室＋部门＋基层河湖管护队伍”为主体责任体系，全市2408名河长、1158名湖长，827名基层河湖管护员到岗到位。完成年度县乡河湖长工作评估。按照《日照市县乡河湖长工作评估办法》，完成2020年县乡河湖长工作评估，根据考核得分，下达市级河湖管护补助资金750万元，对全市55个乡镇河湖长2021年工作绩效进行评估，落实奖惩措施。4月，《国务院办公厅关于对2020年落实有关重大政策措施真抓实干成效明显地发予以督查激励的通报》，通报日照市河长制湖长制工作推进力度大、河湖管护保护成效明显，获得激励资金2000万元。开展河湖“四乱”问题排查整改，加强河湖巡查监督，采取政府购买服务方式，聘请第三方机构每月开展一次“四乱”问题排查，全年排查市县乡三级河道3360千米、村级河道2029条。上半年，利用无人机等技术手段，对279条镇级以上河流实施全覆盖排查；下半年，重点排查2000余条村庄河道，发现问题643处，全部整改。加强河湖长巡河湖工作，印发《关于切实做好河长湖长巡河湖工作的通知》，开展市县河湖长工作通报制度，每季度对市级、县级河湖长巡河湖情况进行通报。年内，市县河湖长巡河2121次，发现问题212个，全面完成整改。加强美丽河湖创建、一河（湖）一策修编，以美丽幸福河湖建设为载体，抓住“一河（湖）一策”综合整治关键，在推动河湖治乱常态化基础上，加快美丽幸福河湖建设，推进全市流域水质持续向好。制定《日照市美丽示范河湖建设实施方案（试行）》，明确三年总任务目标及年度任务目标。高质量修编286条镇级以上河流、560座水库“一河（湖）一策”，按照“河畅、水清、岸绿、景美、文化”五大标准，系统实施河湖治理保护，推动“治、管、护”措施落实落地，12条省级美丽河湖创建全部通过省级验收。

【水土保持】 2021年，日照市新增水土流失治理面积80.78平方千米，超额完成省水利厅下达水土流失治理年度任务。审批生产建设项目水土保持方案475个，自主验收报备907个，收缴水土保持补偿费6975.97万元，是2020年的2.3倍，五莲县、莒县、岚山区和东港区征缴均过千万，创历史年度最高。承办2021年全省水土保持工作现场会议。五莲县创建为全国2021年度国家水土保持示范县。

【节水型社会建设】 2021年，日照市东港区创建节水型社会建设达标县（区），全市节水型社会建设达标率100%，在全省名列前茅；组织各区县开展高校节水工作，提报相关高校用水情况，会同市教育局开展节水型高校创建工作；日照水库节水教育基地创建省级节水宣传教育基地；组织各区县申报节水标杆单位，山钢日照公司创建全省节水标杆企业。联合市委宣传部印发《日照市节约用水宣传教育工作方案》，强化节水宣传。

（市水利局 王 晓）

【水生态监测】 2021年，市水文中心围绕区域用水总量监测和水环境监测与分析，编制完成2020年沿海地下水动态监测报告，完成沿海地下水井地下水水质监测，9个省地表水重点水质站、6个省级河长制、1个全国重要水源地的水质断面监测，93个市级水功能区水质断面和52座小（1）水库断面的水质监测评价。围绕在水土保持监测，每月上报监测数据；强化区域用水总量监测服务，完成2021年度区域用水总量报告编写；完成全年水土保持监测及林下覆盖度监测。

（市水文局 高婷婷）

海洋资源保护

【湾长制】 2021年，市湾长制办公室印发《2021年全市湾长制工作要点和2个市级海湾“一湾一策”污染整治实施方案》《日照市湾长制办公室成员单位工作职责》《关于调整公布日照市市级湾长组织体系的通知》，落实湾长制各项工作安排，明确责任分工，调整市级湾长组织体系。与市人民检察院联合印发全省首个市级层面的《关于建立“湾长＋检察长”协作配合工作机制的实施意见》，在案件线索移送、调查取证、联合督促整改、信息资源共享等方面建立了“湾长＋检察长”协作机制，依法打击破坏海湾生态环境损害公益行为。年内，明确各级湾长（巡湾员）141名，实现“市、区、乡、村”四级湾长全覆盖；建立全市智慧湾长综合信息管理平台，接入16处海岸线视频监控系统，实现湾长巡湾数字化管理；开展石臼湾、奎山湾2个市级湾长巡湾工作，巡查中发现的渔港环境、岸滩垃圾、雨污分流及重点入海排污口问题，由各责任部门及属地政府进行整治。乡级、村级湾长（巡湾员）定期开展海湾巡查，重点巡查海湾垃圾，河流入海断面、排污口及海湾水质情况，是否存在非法排污现象，违法捕捞、养殖、挖砂、倾废等情况。

（市生态环境局 王 皓）

【海洋生态保护修复】 2021年，日照市有效应对互花米草和浒苔灾害，先后清除互花米草776亩；布设浒苔拦截网17.56千米，累计出动打捞渔船569艘次、人员1.41万人次、大型机械1800余台次，打捞浒苔10.83万吨。开展养殖尾水整治，完成养殖尾水排口整治880个，占总数的72.8%。以“蓝色海湾整治行动”工程项目为抓手推进海岸带整治修复，重点实施龙山湾、松虎湾整治项目，基本完工。完成太阳湾海岸带保护修复工程项目实施方案调整工作。

【黄金岸线整治】 2021年，日照市实施“立法牵动、港城互动、绿道带动、河海联动”等措施，推动海岸带生态环境提升，全市近岸海域水质优良率持续达标。出台《日照市海岸带保护与利用管理条例》，规范海岸带保护与利用秩序，促进海岸带可持续发展；编制海岸带保护与利用规划，确保海岸带范围内多规合一，实现海陆生态、社会和经济统筹发展。在全国率先实施海龙湾退港还岸、退岸还海项目；实施“东煤南移”工程，清理“黑色”堆场92万平方米，置换出46万平方米金沙滩、1882米生态岸线，实现还岸于民、还景于民、还海于民；海龙湾退港还岸工程被财政部、国家海洋局认定为全国首个港口工业岸线退港还海、修复整治生态岸线典型案例。开展海岸带整治行动，规划实施42项重点项目工程，保持现有松林、沙滩和湿地原生态，对裸露场地及岸线破损处进行绿化补植和改造提升；依托滨海岸线，实施综合整治、道路连续，规划建设28千米的阳光海岸绿道和33.8千米的山海风情绿道。

【海洋监察执法】 2021年，全市海域及海洋环境保护执法开展陆地巡查100余车次，出动执法人员400余人次，行程近9000千米；出动无人机巡航8架次，查办海域违法案件4起，收缴罚没款3.8763792亿元。9月，省生态环境厅、省海警局、省海洋与渔业执法监察局联合开展“山东省海洋生态环境保护联合执法行动”，重点检查日照港、山东钢铁、岚桥港等多个用海企业10余个在建海洋工程，确保海洋工程环境评审等工作依法依规进行。

（市海洋发展局　李　达）

森林资源保护

【概况】 2021年，日照市深化林长制改革，加强林地保护，推进造林绿化，强化森林防火和病虫害防治，生态公益林建设成效显著，森林资源得到有效保护。至年底，全市完成补植造林面积666.67公顷；其中，防护林640.26公顷、经济林26.41公顷。育苗面积2786公顷。全市森林覆盖率23.53%。

【林长制】 2021年，日照市明确四级林长4586名、民间林长168名、安装更新林长公示牌500余块，构建起四级林长管护发展体系。在2021年度全省林长制绩效评价中获得“优秀”等次，受邀参加国家林草局举办的全国林长制专题培训班。加强制度体系建设，印发《关于进一步深化林长制改革的实施意见》。

【林地保护】 2021年，日照市强化林草资源管理控制消耗，严格控制生产经营性项目使用林地，坚持依法、限额、凭证采伐，杜绝超限额现象发生，坚持立行立改、边查边改，扎实推进森林督查相关工作。至年底，森林督查反馈日照市问题图斑76个，涉及案件49起，查处49起。

【造林绿化】 2021年，日照市围绕实施“国土绿化质量提升”行动，组织区县统筹做好造林资金、造林队伍、苗木采购、栽植管理等工作，科学安排，精心组织，推动春季和雨季造林，全市完成补植造林666.67公顷。

【森林防火】 2021年，日照市坚持“预防为主、积极消灭”工作原则，狠抓防火宣传、强化野外火源管控和隐患排查，全市森林防火实现零火灾。制定《日照市森林防火隐患大排查大整治实施方案》，组织检查组1136个，排查隐患117个。强化宣传教育，累计发放明白纸47万份，发送短信260万条，张贴“禁火通告”1.5万份，出动防火宣传车辆4890车（次）。设立防火检查站389处，新修建林区防火道路77.8千米，新建引水上山工程22处，新安装防火视频监控441个。

【森林病虫害防治】 2021年，市自然资源和规划局坚持“预防为主、综合防控”工作方针，突出抓好以松材线虫病疫木除治和美国白蛾飞机喷药防治为重点的林业有害生物防控工作。全市设监测点145个，对美国白蛾、杨小舟蛾和杨扇舟蛾、松褐天牛等重大林业害虫进行监测；清理处置病死、枯死和衰弱木等松树5.78万株，面积1.1632万亩、疫情小班73个；完成美国白蛾飞防作业面积230万亩次，繁育周氏啮小蜂10亿头、防治面积5万亩，未飞防区域使用地面喷药、人工物理、生物防治等综合防治措施，防治效果良好，叶片保存率总体保持在90%以上，实现“有虫不成灾”目标。

（市自然资源和规划局　高运宝）

自然保护地保护

【概况】 2021年，日照市境内有自然保护地24处，批复面积1290.24平方千米，有自然保护区和自然公园2个类别。有浮来山地质遗迹省级自然保护区、日照市前三岛海洋自然保护区2处自然保护区。国家级自然公园8处。其中，国家级湿地公园4处、国家级森林公园2处、国家级海洋公园1处、国家级地质公园1处。省级自然公园14处。其中，省级湿地公园5处、省级森林公园4处、省级地质公园1处、省级海洋公园1处、省级风景名胜区3处。

（马德强）

【湿地保护】 2021年，日照市结合第二十五个“世界湿地日”开展“同生命、互相依”宣传，提高人们湿地保护意识。落实省自然资源和规划厅湿地公园年度评估制度，组织全市省级以上湿地公园开展自我评估。开展省级以上湿地公园疑似变化图斑核查工作，对省自然资源和规划厅下发的91个疑似变化图斑，逐一进行现场核查及问题整改。

【自然保护区保护】 2021年，日照市启动包括自然保护区和森林公园、湿地公园、地质公园、海洋公园在内的全市自然保护地整合优化工作。编制完成《日照市自然保护地评估报告》《日照市自然保护地整合优化预案》并通过省级审核，上报国家林业和草原局。全市自然保护地体系建设扎实开展，重要自然生态系统、自然遗迹、自然景观和生物多样性得到系统保护。

【莒县沭河国家湿地公园】 莒县沭河国家湿地公园位于山东省莒县东部新区，地处沭河中上游，规划范围北起马家店子村沭河段，南至泰安路官河口大桥，规划河流长度18.20千米。2021年，日照市强化水系生态和谐发展理念，注重建设与环境保护相统一，加强环境保护、水土保持和生态修复，充分挖掘人文、历史、水文资源，将沭河湿地公园打造成集生态保护、生态观光、科研教育等为一体的生态型景区。至年底，公园总面积1276.60公顷。其中，湿地886.57公顷，湿地率69.45%。湿地公园内河道自然，水量丰富，是日照市重要水源地和生态涵养区。

【两城河口国家湿地公园】 两城河口国家湿地公园位于日照市山海天旅游度假区，以滨海湿地类型为主，涵盖永久性河流、河口水域、沙石海滩、浅海水域等湿地类型。两城河口国家湿地公园西起两城河大桥，东抵黄海近海水域，最北到白马河口（日照、青岛两市海域分界线），南至两城河南堤岸护坡。2021年，日照市采取系列整治措施，优化河口生态环境。拆除流域内高污染养殖场（户），建设西城河橡胶坝，完成河道养殖地清障和潮汐水道清淤，填筑和修复生态河州9座，最大程度恢复湿地生态系统。至年底，规划区面积1245.67公顷。其中，湿地面积1220.75公顷，湿地率97.99%。公园有野生植物231种，野生动物495种（含141种鸟类）。

【傅疃河口国家湿地公园】 傅疃河口国家湿地公园位于日照市日照经济技术开发区，西北接同三高速公路，东承兰州路，北起兖日铁路，南达黄海近海水域。2021年，日照市坚持生态治河理念，落实长效管护机制。实施傅疃河综合治理工程，工程总投资7125万元，河道治理总长度12.2公里。至年底，湿地面积2651公顷，湿地率94.26%。公园规划生态保育区、恢复重建区、科普宣教区、合理利用区和管理服务区五大功能区，动植物资源丰富，湿地生态系统结构完整，规划区周边交通便利，具有开展生态旅游和度假区位优势。

（市自然资源和规划局　高运宝）

节能减排

【污染物减排】 2021年，日照市推进重点减排工程建设，制定实施60个重点减排项目。水减排项目包括新建山海天两城污水处理厂和秀水河污水处理厂，扩建市第三污水处理厂，日照高新区污水处理厂管网改造等；大气减排工程包括山钢日照公司和日钢控股公司钢铁行业超低排放改造，山东浩宇能源煤气净化工段挥发性有机物治理，山东岚化化工有机废气治理，山东五征集团和浙江飞碟五征分公司挥发性有机物源头替代，山东岚桥港岚山港区30万吨矿石码头“公转铁”，全市老旧机动车淘汰等。完成年度主要污染物总量减排目标任务。

（市发展改革委）

【绿色交通】 2021年，市交通运输局落实《日照市推进运输结构调整工作实施方案》，加快运输结构调整，谋划实施坪岚铁路扩能改造、临沂临港疏港铁路、山钢铁路专用线等一批铁路项目。推进大宗货物运输“公转铁”，加快实施多式联运提质工程，与港口企业一起对接铁路部门、重点客户，推行“港口—铁路—公路”门到门多式联运实体化运作。推进绿色港口建设，实施岚山港区南区#11泊位堆场装卸工艺自动化改造，石臼港区南区#14、#15泊位及后方储运系统流程化改造等项目，建成国内首个“散改集”全自动工艺系统，实现港口污染防治由应急性向精细化、可持续性转变。推动出台《关于开展运输结构调整补助试点工作的通知》，实现“公转铁”财政补助政策突破。持续推进运力结构调整，全市4653台国三及以下标准营运柴油货车全部淘汰，提前完成省定任务。开展“公交优先、绿色出行”主题活动，倡导“绿色出行”。推广应用新能源公交车，主城区在线运营公交车辆清洁能源、新能源公交车占100%。

（市交通运输局）

【绿色建筑与装配式建筑推广】 2021年5月13—14日，省住建厅在日照市召开全省建筑节能与建设科技工作座谈会暨绿色建筑与装配式建筑高质量发展推进会。日照市全年竣工节能建筑625万平方米，竣工绿色建筑567万平方米。德济万家项目25万平方米被动式超低能耗绿色建筑项目开工建设，日照市黄海明珠广场1～4号住宅项目等6个项目获得省级绿色建筑二星级设计标识。城市规划区内房地产开发项目新建工程装配式建筑面积占新建建筑面积比例达32%，新开工装配式建筑面积160万平方米。日照市老年大学、高新区实验小学等一批钢结构校舍开工建设，全年落实新建钢结构校舍项目14个，总建筑面积17万平方米。4月，大象杭萧钢结构装配式建筑产业基地正式投产，钢结构年加工能力8万吨。

（市住建局　李超华　王　晨）

【绿色低碳发展】 2021年，日照市落实中央“双碳”战略和省“三个坚决”要求，推进减污降碳协同增效，日钢集团新投资18亿元实施新一轮环保提升工程，巩固拓展超低排放改造成果。构建绿色制造体系，山钢日照公司创建国家级绿色工厂、省清洁生产先进单位。市政府与冶金规划院签订钢铁产业碳达峰及降碳行动合作协议，日钢集团启动省内行业首个碳减排具体行动方案，谋划推进氢冶金等低碳冶炼技术；实施“光伏＋钢铁”脱碳新路径，山钢日照公司创新探索固碳、减碳方法，构建钢铁—化工生态产业链，建成两条焦炉煤气制LNG生产线，一条尾气合成氨生产线。

（市工信局　庄　媛）

污染防治

【大气污染防治】 2021年，市生态环境局加强细颗粒物和臭氧协同控制，制定实施大气污染防治20条措施。开展钢铁企业超低排放改造，实施有组织排放、无组织排放、清洁运输升级改造，完善监测监控设施，系统提升环境管理水平。强化预测预警和污染精准溯源管控，实施扬尘和VOCs“双走航”，线上线下联动，提高监管效能。完成1164家企业重污染天气应急减排清单修编，分类实施应急响应。落实秸秆禁烧包保责任制，连续7年“零火点”。每月通报各区县、乡镇（街道）空气质量排名，实行考核奖惩，推进全域空气质量改善。

【土壤污染防治】 2021年，市生态环境局推进土壤污染重点监管单位隐患排查，完成用途变更为住宅、公共管理与公共服务用地地块调查79块，保障重点建设用地安全利用，耕地安全利用率达100%。开展尾矿库摸底排查，整改问题21个。完成151个行政村农村生活污水治理、12处农村黑臭水体整治任务，超额完成省下达任务。

【水污染防治】 2021年，市生态环境局制定实施国控地表水考核断面水质提升工作推进方案，明确“一河一策”治理责任。市区累计投资21.9亿元，完成主城区624个小区雨污分流改造，基本实现主城区污水管网全覆盖；新建扩建5处污水集中处理厂，新增处理能力6.2万吨/日。完成全市1426个入河排口溯源，并开展分类整治；开展1573个入海排污口溯源，整治完成1240个，超额完成年度任务。出台流域横向生态补偿机制实施办法，完成21个断面横向生态补偿协议签订，推进上下游、跨地域合力治污。在全省率先建立市级层面“湾长＋检察长”协作配合工作机制。建立全市智慧湾长综合信息管理平台，各级湾长全年巡湾2341.2千米。

【噪声污染防治】 2021年，市生态环境、公安、住建、城市管理、交通等5个部门持续加强对工业企业、建筑施工、交通运输和社会生活等噪声源的监督检查，加大环境噪声信访查处力度。全年未发生因社会生活噪声处罚的案件。中考、高考期间，市生态环境局、市教育局、市公安局、市住建局、市城市管理局五部门联合下发《关于加强中考、高考期间噪声污染治理的通告》，开展噪声污染防治法律法规政策宣传活动87次，向工地、学校发放、张贴宣传品5079份。开展联合执法行动264次，查处噪声污染问题1254起。开展绿色护考专项行动，覆盖考生数约为14.12万人。

【机动车污染防治】 市生态环境局2015年开发建设“日照市机动车尾气排放监管信息系统”平台，与全市所有机动车排放检验机构实时联网，实现对机动车排气检测数据等信息统一监督管理。2021年，全市机动车排放检验机构46家，其中当年新增10家。开展机动车排放检验机构“双随机、一公开”检查、监督性检查和全覆盖检查200余家次。建设日照市重型柴油车车载排放诊断远程在线监控系统（简称OBD），完成6500台重型柴油货车远程在线监控，实现联网接入和数据的分析应用以及管理工作，提高重型柴油货车运行监管信息化水平，实现由人防向技防转变；2019年在主要道路入口和大型车辆通行主要道路建设5套机动车排气遥感监测系统，实现与省市平台联网，形成较为密集的机动车尾气排放遥感监测网络。2021年，监测重型柴油车2970614车次，发现尾气排放不合格柴油车134667车次，联合市公安和交通运输部门开展柴油货车路检路查、集中停放地尾气检查共115次，抽测车辆1925台，并责令路检路查、集中停放地抽测、遥感监测和冒黑烟抓拍系统发现的2471辆超标车辆所有人限期进行维修复检，对逾期未复检和复检不合格的车辆纳入环保排放检验“黑名单”管理。全年完成13449台非道路移动机械注册登记编码工作，对非道路移动机械开展监督检查135次，检查机械948台。建设日照市非道路移动机械远程定位监管平台，对1000台非道路移动机械进行远程监控，实现精细化、科学化管控。

（市生态环境局 崔荣丽）

环境监管

【环境影响评价】 2021年6月，日照市政府印发实施《日照市“三线一单”生态环境分区管控方案》并向社会公布，推动全市生态环境与经济高质量发展。市生态环境局先后组织3家工业园区规划环境影响报告书审查会并出具审查意见，强化重点项目环境影响评价审查，对10家工业园区规划环评落实情况开展现场检查，推动完善园区环境管理机构、加快推进基础设施建设。推进区域评估工作，制定《日照市环境影响评价区域评估成果应用指南（试行）》，并及时公布省级以上开发区环境影响区域现状评估成果，简化项目入园环评手续，服务项目发展。

【环境监测管理】 2021年，日照市生态环境局和山东省日照生态环境监测中心创新组建由驻市监测中心、区县监测机构、社会监测机构和重点企业构成的“四位一体”应急监测网络，实现“一方应急、八方支援”，经验做法在中国环境报刊发报道。响应某海域溢油事故、浒苔影响海域等应急监测。全年参加30项次实验室能力验证考核，均一次通过。通过国家土壤、海水监测质量检查。开展空气站、水站以及县级监测机构、社会检测机构、企业自行监测质量检查30余次，严查造假行为。

【生态环境保护督察】 2021年，日照市以第二轮中央、省生态环保督察为契机，解决一批突出环境问题和历史遗留问题。创新推广五莲县畜禽养殖污染治理新模式，实现“看不见粪污、闻不到臭味”，养殖污染治理取得成效。制定实施第二轮中央、省生态环保督察反馈意见整改方案，强化推进整改。办理省环保督

2021年9月9日，日照市六五环境日“放鱼养水”环保公益活动在日照水库举行 （陈兹彤　摄）

察组交办信访件21批1387件，办结1367件、阶段性办结20件，累计对33家企业立案处罚，罚款金额617万元，立案侦查案件1件，刑事拘留9人；办理中央环保督察组交办信访件33批241件，办结181件、阶段性办结60件，累计对17家企业立案处罚，罚款金额415万余元，立案侦查案件1件。

【“四位一体”环境应急监测网络建设】 2021年，为提升突发环境事件应对能力，确保环境安全，市生态环境局“四位一体”和山东省日照生态环境监测中心组建日照市环境应急监测网络，“四位一体”网络由驻市监测中心、区县环境监测站、社会检测机构和部分重点企业等18家单位组成，其中区县环境监测站3家、社会检测机构3家、企业11家。明确任务分工，建立工作机制，开展应急培训和应急演练。

【环境执法】 2021年，市生态环境局将综合执法和“双随机、一公开”相融合，紧盯重点区域、重点领域、重点时段和重点问题，依法查处各类环境违法行为。全年开展随机抽查4次，部门联合随机抽查8次，检查企业349家，检查发现113家企业存在323个环境问题，下发通报7期，责成属地分局依法处理。4月1日至12月底，用电监控平台发现用电信息报警企业3671次，其中按报警时长划分，三级报警2113家次，二级报警879家次，一级报警679家次。整改完成3439家次，占比93.6%。4月，日照市《环保用电智能管控技术打造环保非现场执法新模式》作为全国生态环境信息化建设成果，受邀在福州市第四届数字中国建设峰会——数字生态分论坛现场进行案例展播和书面印发，被数字中国建设峰会组委会评为“优秀应用案例”。

【日照水库争创全国首批美丽河湖优秀案例】 2021年3月，生态环境部启动2021年度美丽河湖优秀案例征集活动，全国133个申报案例仅18个进入社会公众投票和专家综合评议环节。4月，经生态环境部批复同意，日照水库成为EOD首批国家级试点。通过运用EOD保护模式，开展系统治理，拆除上游石材加工大锯，关停禁养区畜禽养殖户。坚持生态融合，以水资源、水环境承载力为基础，确保产业建设规模适度，强度适中；坚持生态为民，以乡村振兴战略为引领，以农村生活污水和垃圾治理、粪污资源化利用等措施，改善环库周边农村人居环境。通过治理，库区基本实现高污染企业零准入、农村生活污水零直排、农药化肥零入库“三零”管理目标，走出一条生产、生活、生态“三生共赢”绿色发展之路，在生态效益、经济效益、社会效益“三效合一”上取得阶段性成效。

【环保世纪行公益活动】 2021年6月5日，日照市六五环境日“放鱼养水”环保公益活动暨2021年“日照环保世纪行”启动仪式举行。日照环保世纪行组委会成员单位以及环保小卫士、环保志愿者参与“放鱼养水”环保公益活动，在日照水库投放4万尾花鲢鱼苗。活动现场，为第三批“齐鲁生态环保小卫士”以及“生态日照·鸟儿乐园”摄影大赛获奖者颁奖。活动启动后，持续开展至10月，组织新闻媒体深入基层围绕“生态立市”进行集中采访报道，助力打好污染防治攻坚战，助推生态文明建设。

【生态环境宣传教育】 2021年，市生态环境局加大生态文明宣教力度，创新策划开展“十大绿色行动”“以旧易绿”环保公益活动、“生态日照鸟儿乐园”环保公益摄影展、六五环境日“放鱼养水”、全市环保短视频大赛等，全民环保、人人参与氛围更加浓厚。

（市生态环境局　崔荣丽）

科学技术

科技创新

【概况】 2021年，日照市贯彻落实"创新兴市"战略部署，把产学研合作作为科技创新核心路径，创新资源不断集聚，区域综合科技创新水平稳步提升。全社会研发投入62.01亿元，比上年增长12.44%，占生产总值比重达3.09%，居全省第三位；年内认定高新技术企业264家，净增196家，总数达492家，居全省第十位；全年完成技术合同交易额94.4亿元，比上年增长22%。全市规模以上工业高新技术产业实现产值585.13亿元，比上年增长1.53%，占规模以上工业总产值比重为15.94%。全市高新技术产业投资占比33%，全市460个固定资产投资类项目中，已纳统项目402个，其中高新技术产业项目98个，占比21.3%。日照市创新水平指数达79.64%，较上年提高19.8%，居全省第六位，首次跻身全国城市创新能力百强，获批开展国家创新型城市建设。

【高新技术产业发展】 2021年，日照市提高高新技术产业投资项目考核比重，加大招商引资中高新技术产业项目比重，在招商引资考核上，立项投资额5000万元以上的高新技术产业投资项目到位资金按2倍计算。全年全市高新技术产业投资占比33%，460个固定资产投资类项目中，已纳统项目402个。其中，高新技术产业项目98个，占比21.3%。年内新纳统143个项目中，高新技术产业项目38个，占比26.6%。推进符合条件企业纳入统计。市科技局加强与统计局对接，34家规上工业企业培育成高企纳入统计，17家规下高企成长为规上工业企业纳入统计，全市纳入高新产值统计企业232家，比上年新增48家，占全市规模以上工业企业总数的28.5%。推进72家规模以上工业企业申报高新技术企业，围绕先进钢铁及配套、汽车整车等领域，推进宝岚新材料、瑞华新材料、冠卓重工、盈德气体、铸福实业、海汇汽车制造等申报高新技术企业。全年全市纳入规模以上工业高新技术产业实现产值585.13亿元，比上年增长1.53%，占规模以上工业总产值的15.94%。

表45 2021年日照市及各区县、功能区高新技术产业主要指标统计表

区域	较2020年增长（%）	高新技术产业产值占规模以上工业总产值比重（%）
全市	1.53	15.94
东港区	19.27	31.97
岚山区	1.43	1.01
莒县	16.48	25.49
五莲县	−0.54	54.95
日照经济技术开发区	−1.67	39.49
日照高新技术产业开发区	−7.35	67.82
山海天旅游度假区	2.30	15.10

（资料来源：市科技局）

表 46　2021 年度科技部认定日照市高新技术企业一览表

序号	企业名称	所属区县	高新技术领域
1	中铁二十三局集团第一工程有限公司	东港区	高技术服务
2	山东景闰工程研究设计有限公司	东港区	资源与环境
3	日照市茂源电子有限责任公司	东港区	电子信息
4	山东普泰信息工程有限公司	东港区	高技术服务
5	日照山太飞机工程股份有限公司	东港区	高技术服务
6	中铁十四局集团第一工程发展有限公司	东港区	高技术服务
7	方鼎科技有限公司	东港区	新材料
8	山东比特旅游科技有限公司	东港区	高技术服务
9	日照金梯信息科技有限公司	东港区	电子信息
10	日照品特裕华纺织科技有限公司	东港区	先进制造与自动化
11	日照日新换热设备有限公司	东港区	新能源与节能
12	山东坤伦纳米科技有限公司	东港区	新材料
13	日照鼎立钢构股份有限公司	东港区	新能源与节能
14	日照锦湖金马化学有限公司	东港区	新材料
15	山东黄海数据科技有限公司	东港区	电子信息
16	日照海恩锯业有限公司	东港区	先进制造与自动化
17	日照德艺智能仪表有限公司	东港区	先进制造与自动化
18	山东水务管道有限公司	东港区	新材料
19	日照先农氏物联网科技有限公司	东港区	电子信息
20	日照市建筑设计研究院有限公司	东港区	高技术服务
21	山东源丰塑料股份有限公司	东港区	新材料
22	日照佳天下食品有限公司	东港区	生物与新医药
23	瑞茂金泰（山东）智能设备制造有限责任公司	东港区	新材料
24	日照华昌机械股份有限公司	东港区	先进制造与自动化
25	日照华洪机器人科技有限公司	东港区	电子信息
26	日照开富乐包装制品有限公司	东港区	新材料
27	日照东高电器有限公司	东港区	先进制造与自动化
28	山东道诺工程设备有限公司	东港区	先进制造与自动化
29	山东蓝思种业股份有限公司	东港区	生物与新医药
30	日照金枫园林科技有限公司	东港区	生物与新医药
31	山东纸壳侠再生资源有限公司	东港区	电子信息
32	日照迅博电子科技有限公司	东港区	高技术服务
33	山东名邦食品股份有限公司	东港区	生物与新医药
34	山东绿屋墙体保温科技有限公司	东港区	新能源与节能
35	山东海链海洋科技有限公司	东港区	先进制造与自动化

续表 46

序号	企业名称	所属区县	高新技术领域
36	山东海伦食品股份有限公司	岚山区	生物与新医药
37	山东冠卓重工科技有限公司	岚山区	先进制造与自动化
38	山东万平农业开发股份有限公司	岚山区	生物与新医药
39	日照铭泰橡塑有限公司	岚山区	新材料
40	日照市中腾机械有限责任公司	岚山区	先进制造与自动化
41	日照市岚盾智慧城市运营服务有限公司	岚山区	高技术服务
42	山东希飞节能科技有限公司	岚山区	新能源与节能
43	山东成基饲料股份有限公司	岚山区	生物与新医药
44	日照市御园春茶业股份有限公司	岚山区	生物与新医药
45	日照盈德气体有限公司	岚山区	先进制造与自动化
46	日照市岚山区城建混凝土有限公司	岚山区	资源与环境
47	山东润通橡胶有限公司	岚山区	新材料
48	日照瑞华新材料科技有限公司	岚山区	新材料
49	日照宏州橡塑五金有限公司	岚山区	新材料
50	山东百满茶业股份有限公司	岚山区	生物与新医药
51	山东永利新材料有限公司	岚山区	新材料
52	山东万联汽车零部件有限公司	岚山区	新材料
53	日照广信化工科技有限公司	岚山区	新材料
54	山东鲲鹏智能装备有限责任公司	岚山区	先进制造与自动化
55	日照盈达气体有限公司	岚山区	先进制造与自动化
56	日照宝岚新材料科技有限公司	岚山区	新能源与节能
57	日照铸福实业有限公司	岚山区	先进制造与自动化
58	日照宝丰机械有限公司	岚山区	先进制造与自动化
59	山东远腾环保设备有限公司	岚山区	新能源与节能
60	日照金凯利汽车附件有限公司	岚山区	新材料
61	山东佐睿工业科技有限公司	岚山区	先进制造与自动化
62	日照华浙钢棒有限公司	岚山区	新材料
63	日照超越橡塑制品股份有限公司	岚山区	新材料
64	山东诺轩医疗用品有限公司	岚山区	新材料
65	日照市冠通木业有限公司	岚山区	资源与环境
66	日照华龙管材有限公司	岚山区	新材料
67	山东永和泵业股份有限公司	岚山区	先进制造与自动化
68	日照市双驱机械制造有限公司	岚山区	先进制造与自动化
69	山东雅林食品有限公司	岚山区	生物与新医药
70	日照市伟业工具股份有限公司	岚山区	先进制造与自动化
71	日照澳可生生物科技有限公司	岚山区	生物与新医药
72	日照慧颖包装科技有限公司	岚山区	新材料

续表 46

序号	企业名称	所属区县	高新技术领域
73	山东煦国能源有限责任公司	岚山区	高技术服务
74	日照威斯顿研磨科技有限公司	岚山区	新材料
75	日照润力体育健身器材有限公司	岚山区	先进制造与自动化
76	山东万方板业有限公司	岚山区	新材料
77	山东巨利新材料科技有限公司	岚山区	新材料
78	山东昊盛橡塑股份有限公司	岚山区	新材料
79	山东东都汽车部件股份有限公司	莒县	新材料
80	山东蓝迪照明科技有限公司	莒县	新能源与节能
81	山东志昌农业科技发展股份有限公司	莒县	生物与新医药
82	日照新博木业有限公司	莒县	资源与环境
83	莒县君诺饲料有限公司	莒县	生物与新医药
84	新格机械有限公司	莒县	电子信息
85	莒县华能建材有限公司	莒县	新材料
86	山东迅迪机械股份有限公司	莒县	先进制造与自动化
87	日照金丰机械制造有限公司	莒县	先进制造与自动化
88	山东博通塑胶有限公司	莒县	新材料
89	日照万达建材股份有限公司	莒县	新材料
90	海汇汽车制造有限公司	莒县	先进制造与自动化
91	日照莒县鹏鲲五金锻造有限公司	莒县	先进制造与自动化
92	山东铭扬输送设备有限公司	莒县	先进制造与自动化
93	山东奋钧食品股份有限公司	莒县	生物与新医药
94	山东鸿禾塑料有限公司	莒县	新材料
95	山东建龙塑胶有限公司	莒县	新材料
96	日照陆丰机械有限公司	莒县	先进制造与自动化
97	莒县浮来山新型建材有限公司	莒县	新能源与节能
98	日照宏达橡胶股份有限公司	莒县	新材料
99	日照市宇阔顺兴玻璃制品有限公司	莒县	新材料
100	莒县鳌得旺食品机械有限公司	莒县	先进制造与自动化
101	莒县佳源新型建材有限公司	莒县	新材料
102	莒县翔威钻探有限公司	莒县	高技术服务
103	日照宏冠机械制造有限公司	莒县	先进制造与自动化
104	山东清风环境检测有限公司	莒县	高技术服务
105	山东中绿食品股份有限公司	莒县	生物与新医药
106	山东乐成佳纺服装有限公司	莒县	新材料
107	日照长运工业输送设备有限公司	莒县	先进制造与自动化
108	山东中环联科机电科技有限公司	莒县	先进制造与自动化
109	日照市鑫威机械配件有限公司	莒县	新材料

续表 46

序号	企业名称	所属区县	高新技术领域
110	日照宝乐建材股份有限公司	莒县	新能源与节能
111	日照市保尔沃生物科技有限公司	莒县	生物与新医药
112	山东迪乐能食品科技有限公司	莒县	生物与新医药
113	日照科珠电气有限公司	莒县	先进制造与自动化
114	日照唐晟锯业有限公司	莒县	先进制造与自动化
115	山东绿恒无纺布制品有限公司	莒县	新材料
116	山东一冶钙业有限公司	莒县	资源与环境
117	日照华泰纸业有限公司	莒县	资源与环境
118	日照朔辉太阳能科技有限公司	莒县	新材料
119	莒县玖力建材有限公司	莒县	资源与环境
120	莒县岚润饲料有限公司	莒县	生物与新医药
121	日照环港环保材料有限公司	莒县	新材料
122	日照世科机械设备制造有限公司	莒县	先进制造与自动化
123	日照凯顺轮胎有限公司	莒县	新材料
124	日照环宇纸制品有限公司	五莲县	资源与环境
125	五莲大地精工钢球有限公司	五莲县	先进制造与自动化
126	山东省威科泰激光科技有限公司	五莲县	先进制造与自动化
127	日照友和车辆股份有限公司	五莲县	先进制造与自动化
128	日照宝泽机械股份有限公司	五莲县	先进制造与自动化
129	山东盛彩包装制品有限公司	五莲县	资源与环境
130	五莲县金马腾辉机械有限公司	五莲县	先进制造与自动化
131	日照市勇杰农业装备有限公司	五莲县	生物与新医药
132	日照亿鑫电子材料有限公司	五莲县	新材料
133	海恩超硬（山东）工具制造有限公司	五莲县	先进制造与自动化
134	美若科技有限公司	五莲县	新材料
135	山东五征集团有限公司	五莲县	先进制造与自动化
136	日照世荣车饰有限公司	五莲县	先进制造与自动化
137	山东楚雨源环保科技有限公司	五莲县	新能源与节能
138	日照百固特新型建材有限公司	五莲县	新材料
139	山东双赢新材料发展股份有限公司	五莲县	新材料
140	山东爱樱维生态农业有限公司	五莲县	生物与新医药
141	山东昱森机械制造有限公司	五莲县	先进制造与自动化
142	五莲县易达金属制品股份有限公司	五莲县	先进制造与自动化
143	山东万通液压股份有限公司	五莲县	先进制造与自动化
144	日照易捷工具制造有限公司	五莲县	先进制造与自动化
145	山东辰能能源科技有限公司	五莲县	新材料
146	日照市金特机械股份有限公司	五莲县	先进制造与自动化

续表 46

序号	企业名称	所属区县	高新技术领域
147	山东晟华管业科技有限公司	五莲县	新材料
148	五莲县辉达机械有限公司	五莲县	先进制造与自动化
149	五莲浩亮机械有限公司	五莲县	先进制造与自动化
150	日照明德石英制品有限公司	五莲县	新材料
151	日照市德盛机械股份有限公司	五莲县	先进制造与自动化
152	日照海利威电子工程有限公司	五莲县	先进制造与自动化
153	日照自力环保科技有限公司	五莲县	新材料
154	山东康洋电源科技有限公司	五莲县	新能源与节能
155	山东普瑞玛模板有限公司	五莲县	新能源与节能
156	山东华大金科新材料有限公司	五莲县	新材料
157	五莲县玉星机械制造有限公司	五莲县	先进制造与自动化
158	日照创美信息科技有限公司	五莲县	电子信息
159	山东双格机械科技有限公司	五莲县	先进制造与自动化
160	日照市龙辉机械股份有限公司	五莲县	先进制造与自动化
161	日照市福润德生物科技有限公司	五莲县	生物与新医药
162	日照市津源模具有限公司	五莲县	先进制造与自动化
163	日照宇通顺和机械有限公司	五莲县	先进制造与自动化
164	山东艾力达机械制造有限公司	五莲县	先进制造与自动化
165	山东中豪液压股份有限公司	五莲县	先进制造与自动化
166	日照检疫处理有限公司	日照经开区	高技术服务
167	山东陆桥检测技术股份有限公司	日照经开区	高技术服务
168	山东一秒信息科技有限公司	日照经开区	电子信息
169	日照日锻汽门有限公司	日照经开区	先进制造与自动化
170	日照晶霖伟业水处理技术有限公司	日照经开区	先进制造与自动化
171	山东丰华塑胶科技有限公司	日照经开区	新材料
172	日照旭日电子有限公司	日照经开区	电子信息
173	百纳装饰工程有限公司	日照经开区	新能源与节能
174	日照日出健身器材有限公司	日照经开区	高技术服务
175	山东钻集智能科技有限公司	日照经开区	高技术服务
176	山东双港活塞股份有限公司	日照经开区	先进制造与自动化
177	日照先森网络科技股份有限公司	日照经开区	电子信息
178	日照泰润电子有限公司	日照经开区	电子信息
179	日照市商企万赢网络科技有限公司	日照经开区	电子信息
180	日照阳光合源电气制造有限公司	日照经开区	先进制造与自动化
181	日照金泰机械制造有限公司	日照经开区	先进制造与自动化
182	日照大正焊接材料有限公司	日照经开区	新材料
183	日照源立泵业有限公司	日照经开区	资源与环境

续表 46

序号	企业名称	所属区县	高新技术领域
184	山东东知信息技术有限公司	日照经开区	电子信息
185	聚力新材料科技（日照）有限公司	日照经开区	新材料
186	日照皓诚电子科技有限公司	日照经开区	电子信息
187	日照众力热电有限公司	日照经开区	新能源与节能
188	山东中泰阳光电气科技有限公司	日照经开区	先进制造与自动化
189	日照帮利生物科技有限公司	日照经开区	生物与新医药
190	日照恒远船舶工程有限公司	日照经开区	高技术服务
191	山东联播智能制造研究院有限公司	日照经开区	先进制造与自动化
192	日照畅想时代网络科技有限公司	日照经开区	高技术服务
193	日照爱味浓食品有限公司	日照经开区	生物与新医药
194	特康药业集团有限公司	日照经开区	生物与新医药
195	日照坤艮塑业科技有限公司	日照经开区	新材料
196	日照汇新墙体建材科技有限公司	日照经开区	新能源与节能
197	天星自动化（日照）有限公司	日照经开区	先进制造与自动化
198	日照汇川建材有限公司	日照经开区	新能源与节能
199	山东大有泡塑股份有限公司	日照经开区	新材料
200	日照山川电子信息技术有限公司	日照经开区	电子信息
201	日照西牛新能源科技有限公司	日照经开区	先进制造与自动化
202	山东永昌电力有限公司	日照经开区	先进制造与自动化
203	日照威仕印刷材料有限公司	日照经开区	新材料
204	山东科建检测服务有限公司	日照经开区	高技术服务
205	德乐食品饮品配料（日照）有限公司	日照经开区	生物与新医药
206	日照瑞鑫机械制造有限公司	日照经开区	先进制造与自动化
207	山东兴泰新型材料科技有限公司	日照经开区	新能源与节能
208	日照市三星化工有限公司	日照经开区	新材料
209	威而德（日照）园林机械有限公司	日照经开区	先进制造与自动化
210	山东亿佰智能科技股份有限公司	日照高新区	电子信息
211	山东永而佳电子科技有限公司	日照高新区	电子信息
212	山东恒远装饰设计工程有限公司	日照高新区	新能源与节能
213	山东振富医疗科技股份有限公司	日照高新区	新材料
214	山东蓝锗电子科技有限公司	日照高新区	电子信息
215	日照科锦电子科技有限公司	日照高新区	电子信息
216	日照恒明电气股份有限公司	日照高新区	先进制造与自动化
217	山东贝诺斯医疗器械有限公司	日照高新区	生物与新医药
218	日照生命谷生物科技发展股份公司	日照高新区	生物与新医药
219	山东天枢星信息科技有限公司	日照高新区	电子信息
220	山东至辰信息科技股份有限公司	日照高新区	电子信息

续表 46

序号	企业名称	所属区县	高新技术领域
221	山东顺迪信息科技股份有限公司	日照高新区	电子信息
222	三三智能科技（日照）有限公司	日照高新区	电子信息
223	山东超力阀门制造有限公司	日照高新区	先进制造与自动化
224	日照北方创信防水科技有限公司	日照高新区	新材料
225	山东蓝晶易碳新能源有限公司	日照高新区	新能源与节能
226	山东嘉汇材料科技有限公司	日照高新区	新材料
227	山东领信信息科技股份有限公司	日照高新区	电子信息
228	山东海声尼克微电子有限公司	日照高新区	电子信息
229	日照博科电力器材有限公司	日照高新区	先进制造与自动化
230	山东江宇环保科技有限公司	日照高新区	资源与环境
231	山东省天联信息科技有限公司	日照高新区	电子信息
232	山东国立环境检测科技股份有限公司	日照高新区	资源与环境
233	小派科技（日照）有限公司	日照高新区	高技术服务
234	山东明日叶生物科技有限公司	日照高新区	生物与新医药
235	日照市恒通水处理设备有限公司	日照高新区	资源与环境
236	绿之缘环境产业集团有限公司	日照高新区	资源与环境
237	日照竣能电气有限公司	日照高新区	高技术服务
238	山东展新玻璃科技股份有限公司	日照高新区	新材料
239	山东同泰集团股份有限公司	日照高新区	先进制造与自动化
240	山东力聚机器人科技股份有限公司	日照高新区	电子信息
241	日照三人行环保科技有限公司	日照高新区	资源与环境
242	日照市大东方玻璃有限公司	日照高新区	新材料
243	山东铭航机械科技有限公司	日照高新区	先进制造与自动化
244	日照市博峰源中药饮片有限公司	日照高新区	生物与新医药
245	山东华仁信息技术股份有限公司	日照高新区	电子信息
246	山东智方检测服务有限公司	日照高新区	高技术服务
247	山东米睿信息技术有限公司	日照高新区	电子信息
248	山东煜民环保科技股份有限公司	日照高新区	资源与环境
249	山东业程信息科技股份有限公司	日照高新区	电子信息
250	山东凡斯智能科技有限公司	日照高新区	电子信息
251	山东益圆农牧机械科技有限公司	日照高新区	生物与新医药
252	山东东锟数字技术有限公司	日照高新区	电子信息
253	山东东业新材料科技股份有限公司	日照高新区	新能源与节能
254	日照前三岛信息科技有限公司	日照高新区	电子信息
255	日照杜卡机电设备有限公司	日照高新区	先进制造与自动化
256	山东芯超生物科技有限公司	日照高新区	高技术服务
257	日照市德衡信息技术有限公司	日照高新区	电子信息

续表 46

序号	企业名称	所属区县	高新技术领域
258	山东龙特文化发展有限公司	日照高新区	先进制造与自动化
259	日照金晨涂装设备有限公司	日照高新区	先进制造与自动化
260	山东德瑞建筑科技有限公司	山海天旅游度假区	新能源与节能
261	日照河豚网络科技有限公司	山海天旅游度假区	电子信息
262	日照泰高亚昊饲料科技有限公司	山海天旅游度假区	生物与新医药
263	日照杰瑞医疗器械有限公司	山海天旅游度假区	生物与新医药
264	日照大象房屋建设有限公司	山海天旅游度假区	新能源与节能

（资料来源：市科技局）

【创新企业培育】 2021年，市科技局制定印发《关于加快培育高新技术企业的若干意见》，从建立企业梯次培育体系、支持企业创新能力提升，优化企业发展创新环境等三个方面，优化高新技术企业扶持政策，完善科技型企业成长链条，促进各类创新资源向企业集聚。建立高新技术企业培育台账，加强分类指导和跟踪服务，全年推荐297家企业申请高新技术企业认定，264家企业通过认定，总数达492家，居全省第十位。82家企业获中小微企业升级高新技术企业市级财政扶持资金820万元。实施科技型企业梯次培育行动，推进科技型中小企业入库，挖掘全市有研发活动企业、知识产权授权企业、在孵企业等，分类施策培育入库，全年入库企业692家，较2020年增长54%。20家企业获省科技型中小企业创新能力提升工程立项扶持，扶持资金980万元；48家企业参加省中小微企业创新竞技行动计划，11家企业进入晋级赛，山东力聚机器人科技股份有限公司等5家企业获优胜企业，其中山东中硕海洋科技有限公司获生物医药领域初创组第三名，晋级国家级赛。

【创新人才争引】 2021年，日照市2个项目入选国家人才计划，1个项目入选省外专双百计划，1人入选国家高端外国专家，1人入选省海外工程师，1人入选省政府齐鲁友谊奖。出台《外国人来日照工作便利化服务若干措施》，优化外国人来华工作许可审批流程，聚焦外国人来华工作和居住“一件事”，通过合署办公，在全省率先实现外国人来华工作许可和外国人居留许可“一窗受理”“一次办结”。全市发放B类以上外国人来华工作许可260个，比2020年增长7.9%。在全省率先开展外国人才创新券工作，发放外国人才创新券27张，补助金额54.57万元，相关工作在省科技厅工作简报上推广。在全省率先研究制定《日照市自然科学基金管理暂行办法》，支持青年科技人才创新发展，评选市优秀青年基金项目、青年基金项目63个，扶持经费100万元。组织参加第十九届中国国际人才交流大会，发布项目和人才需求30个，达成合作意向14个。

【农业科技创新】 2021年，日照市加强种业科技创新，东港区林果科技创新中心引进吉林农业大学专家成果，实施蓝莓新品种和新技术成果转化，杂交培育的3个蓝莓新品种申请植物品种权（经国家林草局植物品种权受理）。日照金枫园林公司与省林科院、山东农业大学等高校院所合作，建立栎类植物联合科研基地和木兰科植物杂交选育基地，选育的3个栎类品种获国家林草局植物新品种权证书。莒县桃树研究所新培育3个品种在农业农村部登记。北方奇异果（日照）技术研究院参与实施“优质抗逆特色林果新品种选育”、莲山黑猪养殖场参与实施“优质地方猪种质资源保护利用与新品种（系）选育”项目列入省农业良种工程项目。农机装备技术创新，山东五征集团有限公司自主开发的EH260 4电驱无级变速器CVT拖拉机、自走式青饲料方捆打捆机等智能化农机装备实现量产，青贮饲料打捆包膜一体机获得泰山品质认证。莒县立盈机械有限公司与山东农机院、山东理工大学合作研发的新款大型联合茎穗玉米兼收机研制成功，解决玉米机收存在秸秆抛洒问题，秸秆收获粉碎后可以实现黄贮。日照盛华茶业机械股份有限公司与中茶院合作研发多功能茶叶复干技术及系列设备、茶叶混合热能杀青机属国内首创、技术全国领先。

（市科技局 张同对）

科研机构及条件

【科技平台建设】 2021年，市科技局谋划培育省重点实验室。山东省林果种质资源创新与精准育繁重点实验室以及山东省海洋智能装备与海底信息技术重点实验室获省科技厅批复建设；制定《日照市实验室体系建设管理办法》，组建土地质量评价与污染修复等18家市重点实验室。全年新建11家市级技术创新中心，总数30家；备案省级新型研发机构4家，总数22家，4家绩效评价为优秀，获省级财政扶持资金300万元；备案市级新型研发机构10家；

新建上海交通大学海洋智能装备研究院、青岛科技大学日照工程技术研究院2家高校研究院，西安交通大学技术转移中心1家。

【山东黄海科技创新研究院】 2021年，山东黄海科技创新研究院获批省级新型研发机构、省级博士后创新实践基地、省级技术交易市场以及山东省专利导航服务基地；获批建设日照市黄海实验室，是日照市唯一一家市实验室。全年走访企业近200家，征集技术需求347条，签订技术开发协议7个，促成横向课题1036万元。山东金鑫私募基金管理有限公司成立，完成基金业协会备案，成为基金管理人，发行第一只基金产品，股权投资山东必胜百新材料科技有限公司、山东黄海智能装备有限公司、天腮力（山东）卫星技术有限公司3家企业，累计投资3792万元。依托山东省博士后创新实践基地与中科院海洋研究所联合招收博士后研究人员3名，全职招聘双一流高校硕士研究生14人。

【林果种质资源优良性状整合与精准育繁重点实验室】 该实验室由日照市和山东农业大学共同建设，依托山东大丰园农业有限公司开展林果种质资源收集储备及育繁应用推广。实验室立足产业需求和市场导向把握研究方向，坚持“从生产中来到生产中去”产学研创新模式，围绕林果优良遗传性状研究、精准育种和种苗繁育开展研究工作，建成一流品种和种苗繁育生产开发基地，推进全省林果优质、高产、高效、绿色、精准育繁理论与关键技术创新，引领该行业创新发展。至2021年底，建成“丰沃植物研究院”，下设果业、林业、药用植物3个研究所和组培研发、基因编辑、林果精准育繁研究等8个技术中心。

（市科技局　张同对）

表47　2021年日照市省级新型研发机构名单一览表

序号	新型研发机构名称	组建时间	所在县区
1	山东黄海科技创新研究院	2020第二批	市直
2	日照市海洋生物工程技术研究中心	2021	市直
3	日照汇联众创智能技术研究院	2020第一批	东港区
4	山东海卓电液控制工程技术研究院	2020第一批	东港区
5	日照软件定义卫星技术研究院	2020第二批	东港区
6	日照上交大海洋智能装备技术研究中心	2020第二批	东港区
7	山东增材工业技术研究院有限公司	2020第二批	东港区
8	日照市黑茶研究院	2020第一批	岚山区
9	日照市鲁茶机械研究所	2020第二批	岚山区
10	金星（日照）农业科技发展有限公司	2020第二批	岚山区
11	山东春禾新材料研究院有限公司	2020第二批	开发区
12	日照武汉理工大生物医药暨新材料研究院	2020第二批	开发区
13	山东国烯新材料创新中心有限公司	2021	开发区
14	山东大学日照智能制造研究院	2020第一批	高新区
15	日照哈工大新材料研究院	2020第一批	高新区
16	日照生命谷生物科技发展股份公司	2020第二批	高新区
17	山东凯普菲特生物科技有限公司	2021	高新区
18	山东光辉人力资源科技有限公司	2021	高新区
19	日照市生物科技研究院	2020第一批	莒县
20	莒县葡萄研究所	2020第一批	莒县
21	山东吉特工业科技股份有限公司	2020第二批	五莲县
22	日照天一生物医疗科技有限公司	2020第二批	山海天

（资料来源：市科技局）

表 48　2021 年日照市市级新型研发机构备案名单一览表

序号	新型研发机构名称	组建时间	组建类型	所在县区
1	山东黄海智能装备有限公司	2021	技术创新	东港区科技局
2	山东源航超轻材料研究院有限公司	2021	技术创新	东港区科技局
3	康健科技（山东）有限公司	2021	科学研究	岚山区科技局
4	日照市岚山区茶叶科学研究所	2021	研发服务	岚山区科技局
5	北方奇异果（日照）技术研究院	2021	研发服务	莒县科技局
6	五莲县久力新能源电池与转换研究院	2021	研发服务	五莲县科技局
7	创美信息科技有限公司	2021	技术创新	五莲县科技局
8	日照隆源智能科技有限公司	2021	技术创新	开发区经发局
9	三三智能（日照）科技有限公司	2021	技术创新	高新区创新创业研究院
10	日照志芯源电子科技有限公司	2021	研发服务	高新区创新创业研究院

（资料来源：市科技局）

表 49　日照市重点实验室组建名单一览表

序号	实验室名称	依托单位	组建时间	实验室类型	所属领域	所属区县
1	日照市功能制品绿色制造与发酵重点实验室	济宁医学院	2021	学科重点实验室	生物医药	市直
2	日照市智慧教育数字化技术	山东至信信息科技有限公司	2021	企业重点实验室	电子信息	东港区
3	日照市公众健康与治安动态管控重点实验室	山东黄海智能装备有限公司	2021	企业重点实验室	生物医药	东港区
4	日照市多糖类药物研发重点实验室	日照岚山生化制品有限公司	2021	企业重点实验室	生物医药	岚山区
5	日照市钢铁新材料重点实验室	日照钢铁控股集团有限公司	2021	企业重点实验室	新材料	岚山区
6	日照市先进金属精密制造重点实验室	日照市伟业工具股份有限公司	2021	企业重点实验室	高端装备	岚山区
7	日照市先进耐火材料与特种合金重点实验室	日照利尔高温新材料有限公司	2021	企业重点实验室	新材料	岚山区
8	日照市油料油脂研究与开发重点实验室	中粮黄海粮油工业（山东）有限公司	2021	企业重点实验室	生物医药	岚山区
9	日照市土地质量评价与污染修复重点实验室	山东省第八地质矿产勘查院	2021	学科重点实验室	资源与环境	开发区
10	日照市中药材加工与检测重点实验室	日照博丰源中药饮片有限公司	2021	企业重点实验室	生物技术与医药	高新区
11	日照市维生素研究与开发重点实验室	山东海能生物工程有限公司	2021	企业重点实验室	生物医药	高新区
12	日照市细胞工程重点实验室	山东芯超生物科技有限公司	2021	企业重点实验室	生物医药	高新区
13	日照市高分子医疗器械设计与制造重点实验室	山东颐诺医疗科技有限公司	2021	企业重点实验室	生物医药	高新区
14	日照市汽车橡胶减震重点实验室	山东驼风汽车科技股份有限公司	2021	企业重点实验室	新材料	高新区
15	日照市物理力学除鳞重点实验室	山东绿钢环保科技股份有限公司	2021	企业重点实验室	高端装备	高新区
16	日照市酒精生物发酵重点实验室	山东浮来春生物化工有限公司	2021	企业重点实验室	生物医药	莒县
17	日照市植物分子工程重点实验室	山东志昌农业科技发展股份有限公司	2021	企业重点实验室	生物医药	莒县
18	日照市金刚石锯片精深加工重点实验室	山东华大金科新材料有限公司	2021	企业重点实验室	高端装备	五莲县

（资料来源：市科技局）

表 50　2021 年日照市市级技术创新中心名单一览表

序号	技术创新中心名称	牵头建设单位	创建时间	所属区县
1	日照市电液控制技术创新中心	山东海卓电液控制工程技术研究院	2019	东港区
2	日照市夹层玻璃技术创新中心	盛鼎玻璃科技有限公司	2019	东港区
3	日照市制锯技术创新中心	日照海恩锯业有限公司	2019	东港区
4	日照市海洋食品技术创新中心	山东美佳集团有限公司	2019	东港区
5	日照市物联网传感技术创新中心	山东至信信息科技有限公司	2021	东港区
6	日照市抗逆茶树种质资源创新利用技术创新中心	日照市农科院	2021	东港区
7	日照市软件定义卫星技术创新中心	软件定义卫星研究院	2021	东港区
8	日照市口腔材料技术创新中心	山东沪鸽口腔材料股份有限公司	2019	高新区
9	日照市口腔数字化技术创新中心	山东迈尔医疗有限公司	2021	高新区
10	日照市负氢离子制备技术创新中心	日照生命谷生物科技	2021	高新区
11	日照市淀粉糖发酵制品技术创新中心	大自然生物集团有限公司	2019	莒县
12	日照市新型药用敷料技术创新中心	山东仁瑞生物科技有限公司	2019	莒县
13	日照市曙光智慧城市大数据技术创新中心	曙光云计算技术（日照）有限公司	2019	莒县
14	日照市新能源汽车能量回收技术创新中心	海汇新能源汽车有限公司	2019	莒县
15	日照市高端柠檬酸产业技术创新中心	金禾博源生化有限公司	2021	莒县
16	日照市脱硫脱硝除尘技术创新中心	海汇集团	2021	莒县
17	日照市环保可降解伸性包装纸技术创新中心	山东华泰纸业股份有限公司	2021	莒县
18	日照市化工新材料技术创新中心	莒县产业研究院	2021	莒县
19	日照市海藻精炼技术创新中心	山东洁晶集团股份有限公司	2019	开发区
20	日照市塑性成形技术创新中心	金马工业集团股份有限公司	2019	开发区
21	日照市制浆造纸及新溶剂法纤维素纤维技术创新中心	亚太森博（山东）浆纸有限公司	2019	开发区
22	日照市高端微电子技术创新中心	日照旭日电子有限公司	2019	开发区
23	日照市智能服务机器人技术创新中心	创泽智能机器人股份有限公司	2019	开发区
24	日照市索具产品技术创新中心	山东华源索具有限公司	2019	岚山区
25	日照市薄板坯无头轧制技术创新中心	日照钢铁控股集团有限公司	2019	岚山区
26	日照市行走机械技术创新中心	山东五征集团有限公司	2019	五莲县
27	日照市特种液压油缸技术创新中心	山东万通液压股份有限公司	2019	五莲县
28	日照市葡萄糖酸及衍生物技术创新中心	山东凯翔生物科技股份有限公司	2019	五莲县
29	日照市高能效锰锌铁氧体材料技术创新中心	山东亿鑫电子有限公司	2021	五莲县
30	日照市新能源电池技术创新中心	山东久力新能源集团有限公司	2021	五莲县

（资料来源：市科技局）

科技项目

【概况】 2021年，日照市出台《日照市深化科技改革攻坚若干政策（试行）》，构建以自然科学基金、重大科技专项等五大专项为基础的科技计划体系。围绕产业数字化、智能制造、新材料、生物医药、现代农业、碳减排、公益性科技攻关及软科学项目等领域，组织实施市级科技计划项目141项。其中，自然科学基金63项、重点研发计划项目37项、技术创新引导专项30项、基地与平台11项，项目经费总额2847万元。争取国家和省级项目5项，扶持资金2552万元。其中，中央引导地方科技发展资金项目2项、省重大科技创新工程项目1项、省农业良种工程项目1项、省乡村振兴科技创新提振行动计划项目1项。

【科技成果】 2021年，市科技局组织开展2021年度山东省科学技术奖提名工作，山东美佳集团有限公司等提报的《海洋食品品质靶向提升关键技术及产业化》获山东省科技进步二等奖，山东钢铁集团日照有限公司提报的《大中型转炉精品钢高效精准冶炼技术集成与创新》、亚太森博（山东）浆纸有限公司提报的《100万吨浆线阔叶木漂白浆提高白度稳定性研究》、日照金禾博源生化有限公司提报的《柠檬酸钠绿色制造关键技术及产业化应用》、中铁二十三局集团第一工程有限公司提报的《高墩大跨连续刚构桥施工关键技术及应用》4项成果获山东省科技进步三等奖，获奖数量历年最多。

2021年5月28日，日照市科技成果对接五月季暨第六届创新挑战赛启动仪式举办

（市科技局　供图）

【数字化云共享设计平台项目】 数字化云共享设计平台通过互联网线上远程辅助口腔医生更快速完成椅旁即刻修复体设计，只需平台下单个性化定制，30分钟内即可得到来自全国各地专业数字化口腔工程师设计完成的修复体文件。通过为期2年的第一版本测试及实际病例应用，总结经验及客户实际需求，2021年10月开始进行中文升级版本强化维护。平台开设临床端、工厂端、技师端3个端口，临床及工厂端均需资质认证后方可开设端口。技师需线上技能评定后设定技能等级，并根据技能等级对应接收任务等级。所有操作均在线上完成，各端在平台完成所有交互。

【软件定义卫星项目】 日照软件定义卫星技术研究院成立于2018年8月，是一所致力于软件定义卫星技术研究、交流活动、软件定义卫星技术转让、软件评估与测试、环境试验的综合性基地型研究院，2020年被列为山东省新型研发机构。软件定义卫星项目，由日照软件定义卫星技术研究院牵头，以中国科学院软件研究所天基综合信息系统重点实验室创新团队为基础，以联合实验室、院士工作站、联合研发中

表51　2021年日照市获省科技进步奖一览表

序号	获奖年度	奖种	获奖等级	获奖项目	完成单位
1	2021	进步奖	二等奖	“海洋食品品质靶向提升关键技术及产业化”	中国海洋大学，山东省海洋生物研究院，山东惠发食品股份有限公司，山东美佳集团有限公司，荣成泰食品股份有限公司
2	2021	进步奖	三等奖	高墩大跨连续刚构桥施工关键技术及应用	中铁二十三局集团第一工程有限公司，三明莆炎高速公路有限责任公司，福州大学
3	2021	进步奖	三等奖	大中型转炉精品钢高效精准冶炼技术集成与创新	山东钢铁集团日照有限公司
4	2021	进步奖	三等奖	100万吨浆线阔叶木漂白浆提高白度稳定性研究	亚太森博（山东）浆纸有限公司
5	2021	进步奖	三等奖	柠檬酸钠绿色制造关键技术及产业化应用	日照金禾博源生化有限公司

（资料来源：市科技局）

2021 年 4 月 24—28 日，第九届中国甲壳素科学技术会议暨科技与产业发展论坛在日照举办　（市科技局　供图）

心等形式逐步引入中科院西安光机所、微小卫星创新院、航天 771 所、北京航空航天大学等联盟主要成员单位的优势创新人才，面向“共享星座”建设、运维和运营，开展开放创新、集成创新和协同创新，突破智能控制、智能通信、智能感知、智能运行等软件定义卫星关键技术，建设软件定义卫星兼容产品公测平台、软件定义卫星兼容产品货架、共享星座测运控及服务平台，形成产学研用联合创新链条，推动空天互联网生态发展。2021 年，承担山东省军民融合委员会某项目 1 项，申请或授权发明专利 15 项，孵化企业 1 个，通过技术服务获得收益 30 万元。为天津迅联、北京智星空间提供技术咨询 2 项，解决“卡脖子”技术 2 项，形成行业重大共性关键技术 1 项、形成行业前沿技术 1 项，与西安君信、苏州长菱合作共建重点实验室 . 参与或牵头多项国家重点研发计划、国家自然科学基金等重大项目，国家级、省部级等奖励 7 项。

（市科技局　张同对）

科技推广交流

【科技合作与招商】 2021 年，市科技局组织开展技术对接交流活动 50 余次，125 家企业与 150 多家高校院所及企业的 203 个专家团队合作项目 250 余个。举办第六届中国创新挑战赛（山东・日照），聚焦高端装备制造、汽车整车及零部件领域，实地走访调研企业 56 家，征集需求 135 条，在中国创新挑战赛网站“发榜”，帮助企业出具 50 余份技术解决方案，通过“揭榜打擂”形式，签订技术开发协议 7 个，合同金额 530 万余元。举办第九届中国甲壳素科学技术会议暨科技与产业发展论坛，邀请全国甲壳素领域专家、教授 160 余人，市内外 90 余家行业企业负责人参加会议。举办第十届全国海洋航行器设计与制作大赛暨第三届“海上争锋”中国智能船艇挑战赛，吸引 389 所高校近 9000 名师生参加各级区域赛。举办泵源式 IPD 研发管理培训班，邀请业内专家作《IPD 集成产品开发管理体系》《泵源式 IPD 最新理论与实践》报告，全市科技系统 200 多名干部职工参加培训。举办西安项目人才招引活动，签署合作协议 16 项，引进高层次人才团队 14 个。牵头全市生物医药产业招商引资工作。制定生物医药产业招引工作方案，明确招引方向，制定招引计划，落实任务分工，高质量推进生物医药产业发展。全年实施服务项目及“走出去、请进来”10 余次，完成到位资金超 2 亿元。

（市科技局　张同对）

【服务企业科技创新】 2021 年 1—11 月，市科协放大“科创中国”平台效应，与青岛、烟台、潍坊、威海四市签订合作协议，成立胶东五市城市联盟，共同开展信息与技术交流；联合科技局、财政局、工信局、市场监管局等 4 家部门，开展中国科协专利信息平台推广工作，引导企业学专利、用专利、出专利。梳理全市扶持企业开展科技专利应用扶持政策 15 条，在全市开展培训 7 场、600 余人参加，261 家企业注册使用。助推中大体育和鼎新玻璃进行生产线自动化改造，山东科巢生物制药有限公司等 14 家企业 1.54 亿元融资需求符合省中小微企业知识产权（专利权）质押融资贴息补助要求。精准牵线搭桥，解决技术难题，帮助企业对接产学研合作项目，协助盐粮集团建成日照市生物农业产业创新战略联盟；助推中大体育完成 3 条生产线自动化改造；天一生物与西安交大合作的射频消融设备消融电源、丰茂水草与山东师范大学合作的苔藓修复裸露岩石 2 个项目列入 2022 年度日照市重点研发计划。

【市科技馆平台作用发挥】 2021 年，市科技馆累计接待团队 526 个、游客 19.6 万余人次；举行第 38 届全国信息学奥林匹克竞赛山东省代表队出征动员大会、“光影秀日照”、“心系祖国”特效电影展映等大型活动 3 次，举办红色科学路、“平行宇宙”等大型科普展 6 个，为青少年带来良好科学教育体验。开发编排线上线下科普课程 39 个，开放公益课 132 节，5279 人次参与。开展连线“天宫课堂”、科学大讲堂等特色品牌活动，邀请刘嘉麒等 10 余名院士专家为全市中小学 5000 余名学生做科普报告 30 余场次。

（市科协　王　晓）

教 育

综 述

【概况】 2021年，日照市有各级各类学校1085所，在校生61.46万人，教职工5.42万人。其中，幼儿园700所，在园幼儿12.9万人，教职工1.45万人；普通小学253所，在校生21.11万人，教职工1.57万人；普通初中学校86所，在校生9.78万人，教职工1.12万人；普通高中学校18所，在校生5.78万人，教职工5360人；中等职业学校12所，在校生近3.15万人，教职工1995人；特殊教育学校8所，在校生1104人，教职工240人；高等学校8所，在校生8.92万人，教职工5209人。

【教育信息化】 2021年，市教育局推进建设87所中小学人工智能实验室。加强网络学习空间建设与应用，开通学校空间493个，开通率100%；教师空间3.31万个，开通率97%；学生空间31.6万个，开通率85%。建

2021年4月19日，日照城区87所学校人工智能实验室建设签约仪式在日照市教育局举行　　（市教育局　供图）

表52　2021年日照市各级各类学校基本情况统计表

类别	学校数（所）	班数（个）	招生数（人）	专任教师数（人）	在校学生数（人）
学前教育	700	4269	37775	8798	129040
小　学	253	4966	42188	15670	211074
普通初中	86	2080	33628	8454	—
普通高中	18	1192	17809	4837	—
中等职业教育	12	—	9737	1729	31471
特殊教育学校	8	104	321	209	1104
高等学校	8	—	28461	4293	89205

（资料来源：市教育局）

成启用日照教育云平台，开展网络直播和课堂评课1001次，建立教学资源341.37万件、视频资源17.36万件，实现全市优质教育资源共建共享。在五莲县街头镇3所学校10个班级启动“专递课堂”试点，实现城乡学生共上一堂课，共享优质师资。

【考试招生】 2021年，日照市组织各类教育考试24次，考生322839人。投资401.6万元，新建、扩建6个国家教育考试标准化考点，升级改造考试指挥系统，购置模块化机柜、定制保密柜等考试专用设备。规范义务教育学校招生，市教育局下发《关于做好2021年义务教育招生工作的通知》，严格实行划片招生、免试就近入学，实现阳光招生、公平招生。义务教育招生入学实现“零跑腿、掌上办”，3月26日全省义务教育招生入学“一网通办”交流观摩现场会在日照召开。全年全市幼儿园招生37775人，普通小学招生42188人，普通初中招生33628人，普通高中招生17809人，中等职业学校招生9737人，普通高校招生28461人。

【经费保障】 2021年，日照市教育经费总收入86.74亿元，比2020年增长9.36%；一般公共预算教育经费收入60.24亿元，比2020年增长1.18%。国家财政性教育经费72.62亿元，比2020年增长6.73%，占全市教育经费总收入的83.73%。国家财政性教育经费中，一般公共预算安排教育经费67.32亿元，比2020年增长8.36%；政府性基金预算安排教育经费5.30亿元，比2020年减少0.58亿元。义务教育阶段生均公用经费分别为初中每生每年1110元、小学每生每年910元。

【教师队伍建设】 2021年，市教育局出台《关于进一步加强师德师风建设的实施意见》，建立中小学教师职业行为负面清单，组织“日照最美教师”评选活动，表彰奖励先进教师典型437名。年内，招聘中小学教师1452名，1405名校长、教师参与县域内交流轮岗，60名骨干教师参加跨县交流支教，城乡师资配置更加均衡；选拔中小学校长后备人才440人，其中35周岁及以下224人，占比52%；举办“未来教育家”校长治校方略大赛，提升校长治学办校能力；从全市选派28名优秀年轻教干教师赴青岛市、潍坊市教育部门和学校挂职研修；实施“万名教师素质能力提升工程”，开展培训项目31个，培训教师1万余人次。

表53　2021年日照市教职工情况统计表

辖区	学前教育			小学			普通中学					中等职业教育		
	教职工（人）	专任教师（人）	专任教师高中以上学历比例（%）	教职工（人）	专任教师（人）	专任教师学历达标率（%）	教职工（人）	初中 专任教师（人）	初中 专任教师学历达标率（%）	高中 专任教师（人）	高中 专任教师学历达标率（%）	教职工（人）	专任教师（人）	专任教师学历达标率（%）
市直	0	0	—	0	0	—	1808	0	—	1752	99.77	872	680	95.29
东港区	4927	2968	100	3099	3364	100	2491	2166	100	0	—	270	266	98.12
岚山区	1697	1061	99.91	1409	1434	100	1718	1203	100	420	99.76	128	112	100
五莲县	1764	1144	99.91	1553	1919	100	3243	1587	100	992	99.90	372	331	99.40
莒县	4237	2570	100	4506	4857	100	5329	2761	99.82	1575	99.68	353	340	98.82
山海天旅游度假区	377	204	100	271	271	100	178	177	100	0	—	0	0	—
日照经开区	1111	639	100	531	753	100	644	407	100	0	—	0	0	—
日照高新区	365	212	100	85	242	100	408	153	100	98	100	0	0	—

（资料来源：市教育局）

【教育督导】 2021年，市教育局落实市委办公室、市政府办公室《关于深化日照市新时代教育督导体制机制改革的实施意见》，加强完善督学工作体系，新聘任、调整市级教育督学25人。举行责任区督学挂牌仪式，全市有233名责任督学开展挂牌督导，实现中小学校、幼儿园全覆盖。

【民办教育】 2021年，市教育局、市委编办、市民政局、市市场监管局、市行政审批局联合印发《日照市民办非学历教育培训机构分类登记工作实施方案》，对2017年9月1日前批准设立的民办非学历教育培训机构进行分类登记管理。民办日照国开中学批复成立，并于当年招生办学；日照神州天立高中举办高考补习部。至年底，全市有各级各类民办学校355所。其中，民办幼儿园334所，民办义务教育学校（含一所特殊教育学校）13所，民办中等职业学校2所，民办高中4所，民办高等学校2所。

【校园安全】 2021年，日照市教育系统进一步完善校园安防体系，各级各类学校保安配备、校园封闭化管理、护学岗设置、一键式紧急报警和视频监控系统配备均100%达标。加强学校食堂管理，所有学校食堂均实行大宗食材定点招标采购；5月11—13日，全省中小学校食堂管理现场会议在日照召开。改革接送学生车辆管理方法，投资7627万元，将接送学生车辆全部收归国有。至年底，全市有校车532辆，服务学校202所，日接送学生3.3万人。出台校医配备与管理意见，为中小学配备校医230人，实现中小学校医服务全覆盖。组织防溺水等安全主题教育，开展防范中小学欺凌专项行动，保障学生人身安全。市教育局被省教育厅评为学校安全工作先进集体。

学前教育

【城镇小区普惠幼儿园建设】 2021年，全市新投入使用幼儿园29所，其中公办园22所，普惠性民办园7所，新增学位6480个；新建、改扩建幼儿园15所，建设校舍面积4.46万平方米，完成投资1.1亿元。移交小区配套幼儿园22所，全部办成公办园。普惠性幼儿园覆盖率86%，学前三年毛入园率89%。至年底，全市有幼儿园700所，在园幼儿129040人，基本构建起“广覆盖、保基本”学前教育公共服务体系。

【幼儿园课程改革】 2021年，日照市创新开展省级游戏实验区工作，20个幼儿园活动被省教科院评为省优秀活动案例，11个游戏活动被省教育厅评为省游戏活动优秀案例。5月25日，日照市在山东省幼儿园科学保教经验交流研讨会上作典型发言。启动实施幼小科学衔接行动计划，全市有2个区县被确定为省级实验区，7所小学、7所幼儿园被确定为试点园（校）。对幼儿园违规开展保教活动进行核查治理，加强幼儿园保教质量监管。

【教育质量提升】 2021年，市教育局探索学段间教学衔接改革，制订《日照市幼儿园与小学科学衔接实施方案》，在全市整体启动幼儿园与小学科学衔接工作，指导幼儿园和小学做好入学准备教育和入学适应教育。深化课堂教学改革，坚持因材施教，注重启发式、互动式、探究式教学，大力推行小组合作探究学习，提高课堂教学效益，确保学生在校内学足学好。

义务教育

【概况】 2021年，全市有义务教育学校339所，在校生308915人，教职工21913人。其中，民办义务教育阶段学校12所，在校生10299人。全市义务教育巩固率99.75%。

表54　2021年日照市小学情况统计表

辖区	学校数（所）	教学点（个）	毕业生数（人）	招生数（人）	在校生数（人）		教职工数（人）	
					合计	其中：女	合计	专任教师
市 直	0	0	0	0	0	0	0	0
东港区	38	4	8680	12943	60794	28396	3099	3364
岚山区	32	0	3644	3931	21515	9618	1409	1434
五莲县	45	0	4121	5651	26358	12352	1553	1919
莒 县	126	10	14465	15224	80171	34342	4506	4857
山海天旅游度假区	5	0	624	848	4239	2013	271	271
日照经开区	6	0	1723	2843	13866	6542	531	753
日照高新区	1	0	566	748	4131	1957	85	242
总 计	253	14	33823	42188	211074	95220	11454	12840

（资料来源：市教育局）

【基础设施建设】 2021年，全市新建、改扩建中小学14所，建设校舍面积28.12万平方米。市教育局、市发展改革委、市财政局联合制定《日照市义务教育薄弱环节改善与能力提升项目规划（2021—2025年）》，计划投入资金19.01亿元，改造提升项目学校105所，建设校舍面积49.78万平方米、运动场地面积42.03万平方米，购置设备78.85万台（件）。年内，建成校舍面积12.35万平方米、运动场地面积13.31万平方米，购置设备4.65万台（件），改造清洁取暖面积2.68万平方米，完成投资4.1亿元。

【规范办学】 2021年，市教育局全面推进素质教育、提升教育服务质量和教育服务公众满意度，规范办学行为。出台《关于严格落实普通中小学办学基本规范的通知》，划定学校教学管理的“底线”“红线”，严格按课程标准组织教学，不随意增减课时、增加难度、调整进度，不超前超纲。对作业、手机、读物、睡眠、体质等“五项管理”实现全面管控。

【“双减”工作】 2021年，市委教育工作领导小组出台《日照市进一步减轻义务教育阶段学生作业负担和校外培训负担实施方案》，全面启动义务教育“双减”工作，确保学生过重作业负担和校外培训负担、家庭教育支出和家长相应精力负担1年内有效减轻、3年内成效显著。市教育局健全减负工作运行机制，将减负工作纳入教育督导、学校评价重要内容，列为责任督学常态化督导任务，加强对“减负”工作监督指导。利用“两微一端”定期发布“双减”政策措施及工作动态，通过家长会、家访等多种方式，密切家校沟通。市教育局建立随访通报、转办督办、责任追究等工作制度，向区县下达问题督办单并跟踪督查。对课业负担过重、教育生态问题突出的区县、学校，市教育局联合纪检监察机关严肃追责问责。

【校外培训机构专项治理】 2021年，日照市开展“证照不全”校外培训机构专项整治，摸排各类培训机构1654家，发现并查处“证照不全”违规机构296家。制定《日照市现有学科类校外培训机构重新审核登记工作方案》，全市700家学科类校外培训机构中，32家学科类机构从营利属性改为非营利属性，使培训机构真正成为教育生态的有益补充；其余668家转型或注销，实现中央提出的学科类校外培训机构大大压减要求。

【课后延时服务】 2021年，日照市在义务教育学校全面开展课后服务，构建起以自主作业、课业辅导、自主阅读、文体活动、社团活动、研学实践为主要内容的课后服务体系。选派214名大学生到中小学开展体育服务，组建首批16支课后服务青年志愿服务队，遴选8家科普机构优秀科普人才开展科普进校园活动，满足学生多样化学习需求。县级财政为公办义务教育学校按每生每年200元标准核增绩效工资总量，市级财政按每生每年40元标准奖补，全年两级财政共投入6000万余元，实现“学生全免费、教师有补助、财政全保障”。全市参与课后服务学生30.3万人，占学生总数的98.27%，家长满意率99%以上。课后延时服务改革经验被教育部发文推广，《人民日报》《中国教育报》等媒体先后报道。

【城乡学校结对帮扶】 2021年，市教育局实施强校扩优行动，扩大义务教育优质资源覆盖面，主城区教育集团增加到6个，涵盖中小学校17所、学生3.1万人。继续深化城乡学校结对帮扶，有54所城镇优质学校对口帮扶107所薄弱学校，城乡之间、学校之间办学差距进一步缩小。实施义务教育强镇筑基行动，有3个乡镇被确定为省级试点镇，4个乡镇被确定为市级试点镇。

【学校配餐服务】 2021年，为切实解决中小学生“午餐难题”，对全市184处未建食堂学校，通过公开招标具备工厂化、标准化生产规模和资质的配餐公司进行集中配餐，参与学生4.8万人，占配餐学校在校生的45.5%，家长、学生满意率99%以上。为确保学生饮食安全，实行“互联网＋明厨亮灶＋智慧监管”，校长、教师、家长代表现场陪餐，确保学生吃得安全、吃得健康、吃得营养。国务院《政府职能转变和“放管服”

2021年2月26日，东港区人民政府新闻办公室东港区学校集中配餐服务工作新闻发布会召开
（市教育局　供图）

改革简报》刊发推广日照市校园食品安全监管经验做法。

普通高中教育

【概况】 2021年，全市有普通高中18所，其中公办高中13所、民办高中5所。全市有教学班1192个，在校生57813人，教职工5360人，其中专任教师4837人。

【教育教学】 2021年，市教育局继续深化普通高中课程改革，应对新高考挑战，选课走班全面推开，生涯规划指导全面实施，做实学科教学精准指导和教学过程精细管理，提升学校教育教学质量。2021年高考，全省前10名日照市有2人，前45名日照市有4人，前91名日照市有6人；全市共录取本科11017人，录取率高于全省7.72个百分点。

【教育科研】 2021年，市教育局组织开展国家和省、市课题申报工作，获准立项山东省教育科学规划课题16项，其中资助课题6项，立项数量和质量均创历史最高水平。组织各级课题申报及培训活动5次，举行结题鉴定会5次，举办各级教研课题开题论证会3次。组织各级教育科研优秀成果奖申报评选活动，获省一等奖3项、二等奖8项，获奖数量占比居全省前列。

【办学条件改善】 2021年，日照市改善提升普通高中基础设施条件，推进日照实验高级中学、日照第一中学艺体馆项目建设，建设面积4.83万平方米，完成投资2.1亿元。其中，日照实验高级中学建设项目完工。新建莒县实验高中综合楼项目，开工面积8698平方米；推进莒县一中整校迁建项目建设。

特殊教育

【概况】 2021年，全市有特殊教育学校8所（其中民办2所），特教部2个，在校生2028人（含普通学校随班就读和送教上门学生924人），教职工240人，市办盲教育和聋教育、区县办培智教育分类办学模式基本形成。全市三类适龄残疾儿童少年入学率达98.74%。

【特殊教育服务水平提升】 2021年，市教育局坚持“特教特办”原则，实施特殊教育提升计划，创新管理体制机制，构建市特殊教育资源中心——随班就读骨干学校——学校资源教室三级管理指导网络。莒县创建为首批山东省残疾儿童少年随班就读示范区，东港区城西小学、莒县第五实验小学等11所学校创建为山东省残疾儿童少年随班就读示范校。

【特殊教育经费保障】 2021年，日照市投资200万元，新建特殊教育资源教室25个，累计建成98个，实现每个乡镇至少有1个资源教室。健全特殊教育经费保障机制，提高特殊教育公用经费保障水平，2021年特殊教育生均公用经费标准提高至每生每年1万元。

中等职业教育

【概况】 2021年，全市有中等职业学校12所，其中教育部门办7所，其他部门办3所、民办2所，有在校生3.15万人，教职工1995人，其中专任教师1729人。

表55 2021年日照市高中情况统计表

辖区	学校数（所）	毕业生数（人）	招生数（人）	在校生数（人）		教职工数（人）	
				合计	其中：女	合计	专任教师
市　直	5	6437	6659	20313	10190	1808	1752
东港区	0	0	0	0	0	0	0
岚山区	3	1573	1727	5355	2861	448	420
五莲县	4	2760	3134	9283	4559	1246	992
莒　县	5	5697	5796	21386	11081	1709	1575
山海天旅游度假区	0	0	0	0	0	0	0
日照经开区	0	0	0	0	0	0	0
日照高新区	1	389	493	1476	687	149	98
总　计	18	16856	17809	57813	29378	5360	4837

（资料来源：市教育局）

表 56　2021 年日照市中等职业学校情况统计表

辖区	学校数（所）	毕业生数（人）	招生数（人）	在校生数（人）		教职工数（人）	
				合计	其中：女	合计	专任教师
市 直	7	3151	4189	13183	5392	872	680
东港区	1	1269	1179	3966	1808	270	266
岚山区	1	698	918	2706	994	128	112
五莲县	1	1107	1361	4155	1514	372	331
莒 县	2	1776	2090	7461	2659	353	340
山海天旅游度假区	0	0	0	0	0	0	0
日照经开区	0	0	0	0	0	0	0
日照高新区	0	0	0	0	0	0	0
总 计	12	8001	9737	31471	12367	1995	1729

（资料来源：市教育局）

【基础能力建设】 2021 年，市教育局贯彻落实省教育厅和市政府签署的“共建日照职业技术学院 推动产教城一体化发展合作备忘录”。市委、市政府在东港区涛雒镇规划建设日照职业技术学院新校区，规划面积 1000 余亩。日照市职业教育公共实训基地三期工程建成并投入使用。推进日照市农业学校校园二期南扩工程，开工建设 2.1 万平方米的机电实训楼和 4000 平方米的生产性实训车间。

【教育体系建设】 2021 年，日照市全面推进职业教育创新发展高地建设，形成高职本科、高职专科、3＋4 本科试点、五年制高等职业教育、中等职业教育等模式完备的现代职业教育体系，职业教育、技能教育、学历教育、非学历教育并举横向培养体系。全市创建国家优质高职院校 1 所、国家示范性高职院校 1 所，国家中职示范校 2 所，国家重点技工学校 1 所，省中职示范校 5 所，省规范化中职学校 6 所。日照市和五莲县分别入选 2021 年山东省首批职业教育改革发展成效明显的市、县，市科技中专学校、市农业学校、市工业学校入选山东省首批高水平中等职业学校建设计划项目。

【品牌专业建设】 2021 年，市教育局统筹全市职业教育专业布局，建立产业引导专业设置动态调整机制。全市设置中职专业点 112 个、高职专业点 93 个、职业本科专业点 14 个，实现产业需求与专业布局有效对接。全市中等职业学校创建省级品牌专业 12 个、省中职教育特色化专业 3 个，高职院校创建品牌特色专业 12 个。开展市级中职专业星级评定，全市评定星级专业点 60 个。其中，四星级专业 8 个、三星级专业 20 个；实施市级中职高水平专业建设计划，遴选市级中职高水平专业 5 个，进行立项建设，打造一批新时代中职教育高水平专业。

【校企合作服务平台建设】 2021 年，市教育局推进职业学校“1＋X”证书制度试点，全市 8 所学校 42 个专业点获批国家“1＋X”证书试点，参与试点学生 1000 余人。强化校企“双元”育人机制，各职业院校与合作企业组建“冠名班”“订单班”等 50 余个。依托日照职业技术学院成立日照市教育和产业人才研究院。市教育局、市工信局确定日照钢铁、亚太森博、金马、五征 4 家企业为首批日照市产教融合教育实践基地。

【技能大赛】 2021 年，日照市举办第十四届全市中职学校师生技能大赛，1206 名师生参加 9 个大类专业的 34 个比赛项目。承办全国职业院校技能大赛高职组 2 个赛项、中职组 1 个赛项，全省职业院校技能大赛高职组 2 个赛项、中职组 2 个赛项比赛。全市中职学校参加全省技能大赛获一等奖 7 个、二等奖 10 个、三等奖 22 个，总分列全省第五位，其中市科技学校总分继续列全省第一名。

普通高等教育

【概况】 2021年，全市有高校8所，其中普通本科学校3所，本科层次职业学校1所，高等职业学院3所，技师学院1所。8所高校有在校生8.92万人，教职工5209人。设有博士点3个、硕士一级学科14个、硕士二级学科1个、硕士专业学位类别10个、本科专业64个、职业本科专业14个、专科（高职）专业195个。

【高校思想政治建设】 2021年，全市高校扎实开展党史学习教育，面向教师开展“党史铸师魂，立德育新人”系列活动，面向学生开展“学百年党史，做时代新人”系列活动。建立高校思政课教师、辅导员配置情况统计台账，推动高校按照标准配齐思政课教师和辅导员队伍。举办首届日照市高校辅导员论坛，坚持开门办思政课，提升思政课质量。

【高校人才科技助企服务】 2021年，日照市政府与曲阜师范大学共建人工智能研究院。山东体育学院融入日照市水上运动项目、休闲体育项目和体育产业发展。山东水利职业学院与山东五征集团有限公司开展深度合作。日照职业技术学院与韩国现代、五征集团、中兴通讯等知名企业合办6个二级学院。山东外国语职业技术大学与山东华信集团、五征集团等企业合作开设“华信班”“五征班”“舜和班”“云计算班”。日照航海工程职业学院与长航集团、香港华林公司、日照远洋运输有限公司等航海类企业成立“日照远洋”订单班，与中国移动公司共同打造5G运营订单班，与苏宁集团成立“苏宁班”，与比亚迪公司、海尔公司、日立电梯公司分别成立订单班。

【后勤管理】 2021年，日照市累计投资3.7亿元，对大学科技园6个学生生活区公共设施、59栋公寓楼、9295个学生宿舍及1个餐厅进行改造提升。基础设施投资150万余元，在大学科技园辖区内施划车位1100余个，对辖区内1123个沿街商户按照行业进行分类、分级管理。

【曲阜师范大学（日照校区）】 曲阜师范大学（日照校区）1985年设立日照办事处，2001年开始建设日照校区，2002年9月投入使用。校区占地面积91.07公顷，建筑面积30余万平方米。 2021年，日照校区有学部1个、整建制学院12个、公共教学单位3个、国际教育学院1个，有博士后流动站3个、博士一级学科3个、硕士一级学科14个、硕士二级学科1个、硕士专业学位类别10个、本科专业42个，学科涵盖文史哲、经管法、理、工、教育学等九大学科门类。在校本科生1.57万余人，全日制博士在校生41人，全日制硕士在校生2300余人；教职工870人，其中教授77人，副教授254人，泰山学者特聘教授4人，泰山学者青年专家6人，山东省有突出贡献专家4人，享受国务院政府特殊津贴4人，全国模范教师2人。各类省部级、校级科研创新平台20余个，其中省级实验教学示范中心1个，省“十三五”高校重点实验室2个，省级骨干学科实验中心3个，计算机、印刷、电气工程及其自动化等工程技术中心3个。有基本科学指标数据库（ESI）世界前1%学科2个，国家一流本科专业7个，山东省一流学科1个，山东省一流本科专业6个。

【济宁医学院（日照校区）】 2021年，济宁医学院（日照校区）有药学院、医学信息工程学院、管理学院、生物科学学院、外国语学院5个全建制二级单位，设19个本科专业和专业方向。在校生5000余名，普通本专科毕业生就业率97%以上；教职工300余人，其中专任教师287人，高级职称教师120人，硕士以上学历教师占93.1%；省部级及以上专家1人，国家级教学名师1人。学校助力“城市＋大学”共同体融合发展，将学校人才优势、学科优势、创新优势与城市资源及发展需求相结合，发展医药生物信息技术学科，建设生物医药平台。日照市人民医院为学校非直属附属医院，日照市中医医院、日照市中心医院为学校教学医院，日照市公安局、日照市疾病预

2021年，曲阜师范大学（日照校区）校园风景　　（市教育局　供图）

2021 年，济宁医学院（日照校区）　　（市教育局　供图）

防控制中心、东港区疾病预防控制中心及相关公司企业为学校法医学、预防医学及非医学实践教学基地。

【山东体育学院（日照校区）】 山东体育学院(日照校区)始建于2002年，占地 53.33 公顷，总建筑面积约 30 万平方米，各类场馆面积约 10 万平方米。2021 年，在校学生 3800 余人，专任教师 300 余人，其中教授 30 人、国际级和国家级健将 52 人、国际级和国家级裁判 40 人、博士教师 35 人。学校有国家体育总局与山东省政府共建的国家足球学院和国家篮球学院，和中国举重协会共建的中国举重学院，以及竞技体育学院、体育教育学院、武术学院等 6 个教学单位。获批山东省首批应用型本科建设高校，体育学学科获批高水平学科培育学科，获批 2 个国家级一流本科专业、8 个省级一流本科专业、3 个省级高水平应用型专业群，省级以上专业占招生专业的 67%。助力日照市“百校学生体质提升工程”，选派学生志愿者服务全运会预赛等体育赛事 240 余项；助力日照市“月月有大赛”体育名城建设，助力日照市全国全民运动健身模范市、幼儿体育国家级试点区、国家体育消费试点城市建设；与日照市人民医院、中加国际健康管理中心、中大体育产业集团、城投集团进行体医、体卫、校企合作，开展中小学生脊柱侧弯筛查、市民健康运动处方、智能体育器材研发、体育产业协同创新等工作。

【山东水利职业学院】 山东水利职业学院 2004 年整体搬迁至日照，校区占地面积 106.33 公顷，校舍总建筑面积 54 万平方米。2021 年，在校生 1.6 万余人。教师正高级职称 55 人、副高级职称 235 人，“双师型”教师占比 61.22%；全国优秀教师 1 人、全国水利职教名师 8 人、山东省有突出贡献的中青年专家 1 人、省级教学名师 18 人；国家级职业教育教师教学创新团队 1 个、山东省高校黄大年式教师团队等省级教学团队 8 个。学院开设涵盖水利、土建、制造等 13 个专业大类 53 个专业，有山东省特色名校重点建设专业 10 个，全国优质水利专业 3 个，全国水利类骨干专业 1 个，全国水利类特色专业 1 个，全国水利示范专业 2 个，全国水利示范院校重点建设专业 6 个，教育部认定骨干专业 5 个。建有智慧水利数据中心、现代物流生产性实训基地等 117 个校内实验实训场、426 个校外实训基地，其中全国水利类重点专业实习实训基地

2021 年，山东水利职业学院　　（市教育局　供图）

1个，教育部认定生产性实训基地3个，教育部认定协同创新中心2个。学院主导发起成立日照市科技合作促进会，建立日照市社会科学院水文化研究基地，与行业企业完成《水利污物处理机》《螺旋挤压过滤机》等20余项设备研发和技术创新，与山东港口集团日照港、日照钢铁控股集团有限公司等70余家当地企业建立长期稳定的校企合作关系。主动融入日照市国家创新型城市建设，校地合作开展大学生创新创业培训3000余人次，开展日照市区水专项整治等活动17项。

【日照职业技术学院】 日照职业技术学院1998年经教育部批准成立，是山东省第一所高等职业院校；2014年，日照广播电视大学（日照经贸学校）和日照水产技工学校并入该校。2021年，全日制在校生1.7万余人，教职工1000余人。学院设海洋技术系等15个二级系部，有招生专业51个，涵盖农林牧渔、土木建筑、装备制造、财经商贸、电子信息、旅游、文化艺术等13个专业大类。建有1个国家众创空间、2个创新发展行动计划国家协同创新中心、1个创新发展行动计划国家技能大师工作室、1个山东省高等学校应用技术优质协同创新中心、2个省级众创空间、1个山东省工程技术研究中心、1个山东省工程实验室、2个山东省“十三五”工程技术中心、1个山东省职业技术教育理论研究中心、5个山东省技能技艺传承平台，有国家级、省级教学团队11个，享受国务院政府特殊津贴专家、泰山学者海外特聘专家、山东省有突出贡献中青年专家、省级教学名师等29人，教授60人、副教授303人，博士34人（含博士后4人），在读博士生14人。9月25日，省教育厅与日照市人民政府签署“共建日照职业技术学院、推动产教城一体化发展”合作备忘录，深化“城市＋大学”建设，推动产教城一体化深度融合发展。学院与日照经济技术开发区等共建产业学院6个，与企业共建冠名订单班84个，共建生产型校内外“教学工厂”5个，实行现代学徒制专业达到31%，校企合作编著200余部职业教育优秀教材，实现校企协同育人和协同创新。

【日照市技师学院】 日照市技师学院始建于1985年，占地33.06公顷，总建筑面积11.46万平方米。2021年，全日制在校生6000余人，年社会培训量8000余人次；教职工321人，双师型教师153人，双师型教师占专业课教师的77.7%；教师享受国务院政府特殊津贴1人，全国技术能手2人，全国优质课一等奖获得者1人，全国“人才培养优秀教师”1人。另有省市级首席技师、有突出贡献技师7人。设有机械技术系、汽车技术系、电气技术系、商贸技术系、应用技术系、基础教学部6个教学系部，开设数控加工、汽车检修、电气自动化、会计电算化、建筑施工等10个专业大类、36个专业方向。学院与长沙远大住工、中兴汽车、长城汽车、锐翔通用航空、日照国丰远大、海大机器人等百余家大型企业开展合作办学，建立校内外实训基地120余处，挂牌成立日照远大学院、日照市航空培训基地。定期举办大型专场毕业生就业双选会及小型推荐会，就业率在98%以上。坚持“以赛促教、以赛促学、以赛促练”。近年来，学院师生在国家级技能大赛上，获得国际技能大赛金牌1个，全国冠军1个，一等奖10个、二等奖19个、三等奖10个；在省级技能大赛上，获得一等奖38个、二等奖59个、三等奖36个，学院被省人社厅表彰为全省技工教育先进单位和“优秀培养单位”。

【山东外国语职业技术大学】 山东外国语职业技术大学是由山东华信工贸有限公司创办的本科层次职业学校，始建于2005年，2018年12月经教育部批准升格为职业本科学校，2019年5月更名为山东外国语职业技术大学，占地84万余平方米，校舍总面积近40万平方米。2021年，全日制在校生1.73万余人，专任教师近840人。学校下设外语学院、国际商学院等8个学院，有本科专业14个、专科专业50个，建有129个实验实训室、200余家实习实训基地。学校是“山东省跨境电商实训基地”“山东省重点服务外包人才培训基地”“山东省大数据人才实践基地”“山东省非物质文化遗产研究基地”“日照市外向型经济发展

2021年，山东外国语职业技术大学外景　（市教育局　供图）

研究基地”“日照市外语与外宣发展研究基地”“日照市金融市场研究基地”，先后获全国高职院校国际影响力50强、山东省高等学校教学管理先进集体、山东省高校思想政治教育工作先进集体、山东省校企一体化合作办学示范院校和企业、山东省校企合作先进单位、山东省产教融合（校企合作）示范单位等称号。

【日照航海工程职业学院】 日照航海工程职业学院是2017年经省政府批准设立、教育部备案的全日制普通高等学校，学校前身是1998年成立的日照船员培训中心，有日照大学科技园校区本部和刘东楼两个校区。2021年，全日制在校生1万余人，教职工500多人，船员技能培训达2万多人次。设有航海学院、工程学院、管理学院等6个教学部门，开设高职专业25个。有2个交通运输部海事局达标考试中心、71个校内专业实训室、50个校外实训基地，360°全视景航海模拟器是山东省装备的第一台具有国内先进水平的船舶操纵模拟器。智能电梯工程实训与鉴定中心、仿真豪华邮轮实训中心、消防工程实训与鉴定中心列入山东省高校基础能力建设工程，仿真豪华邮轮实训中心获批日照市重点实验室，康养护理教学实训中心为日照市首个医养类综合实训中心。

继续教育

【函授教育】 2021年，市教育局加强高校驻日照校外教学点的监督指导，对市域内的34个高等学校函授站和7个高等学校现代远程教育校外学习中心逐一进行检查评估。

【2021年全民终身学习活动周】 2021年，市教育局组织开展线上线下融合学习活动。通过日照终身学习在线平台为城乡社区居民提供思想道德、科学文化、职业技能、生命尊严等方面学习服务；开展“智慧助老”活动，帮助老年人掌握网上、微信学习科学生活、健康养老等方面知识和技能，提高老年人在智慧出行、智慧医疗、手机购物等领域应用能力；推进全民阅读学习活动。

【社区教育】 2021年，市教育局依托日照职业技术学院（日照市社区教育指导服务中心）建设社区教育校本基地，开设文学鉴赏、英语、智能手机应用、手拍鼓、民族舞、交谊舞、笛子、葫芦丝、书法等公益课程。社区教育基地、养教结合教育基地和校本基地免费为市民提供700多门课程资源。

【老年教育】 2021年，日照市强化老年教育工作，修订《计算机初级教程》《摄影初学教程》等社区老年教育教材，建立“社区读书站”，开展“社区大讲堂”活动，为老年人送教进社区。读书站内配置电脑、电视、书架、报架等设施，精心选配图书、报纸、期刊等读物，基本满足社区老年人终身学习需求；大讲堂内容涵盖促进老人健康幸福、家庭和睦兴旺、社区乡镇和谐向善、社区管理创新等内容。

（市教育局　李先伟）

文化

公共文化

【概况】 2021年，日照市全面构建功能齐全、覆盖均衡、便捷高效的市、县、乡、村四级公共文化设施供给网络体系。至年底，全市建有各级各类公共文化场馆1647处，其中公共图书馆5个、文化馆5个、博物馆4个、美术馆1个、城市书房41处、乡镇（街道）综合文化站54个、村（社区）综合性文化服务中心1537个。1月，市美术馆、市博物馆新馆建成开馆。新建城市书房16处，累计建成41处。围绕建党百年，策划举办大型群众合唱艺术节和庆祝中国共产党成立100周年大型文艺演出活动。现代吕剧《先驱·王尽美》完成演出33场，在第十二届山东文化艺术节中获“优秀剧目”奖；民乐合奏曲《照毛虫》入选第十二届山东文化艺术节群众优秀新创文艺作品。策划举办2021年日照市文化旅游生活节系列活动，组织开展乡村文化大集活动170余场，日照城市书房管理创新性实践入选山东省第五届文化创新奖。在全省群众满意度评价中，“文体生活”指标日照市连续两年居全省第二位。

（市文化和旅游局 王 磊）

【日照市图书馆】 2021年，日照市图书馆入藏图书49120种133143册、期刊713种、报纸98种、数据库8种，与市区内各城市书房、悦读驿站、流动服务点等总分馆体系内文献资源统一采编、统一配送、通借通还累计接待读者超过182万余人次，新发展持证读者1.3万余名，借还图书110万余册次。加强城市书房建设，为6处城市书房配送图书近6万册。启用新图书流动服务车，开展流动服务近两个月；继续延时开放至夜间十点，夜间时段接待读者近30万人次。围绕庆祝中国共产党成立100周年，组织开展“颂红色经典·迎百年华诞”第十一届读书朗诵大赛、“童心向党”少儿手抄报展览、中国共产党成立100周年主题报纸展、图书馆员讲馆藏红色文献等各类线上线下阅读推广、知识竞答、展览活动260余场次。尼山书院举办各类传统文化普及公益活动300余场次。试行免押金办理借阅证，年内通过线上办理图书借阅证近2万个，办理退押金业务6000多项，退还押金90万余元。

（市文化和旅游局 李 玲）

2021年，日照市图书馆外景　　（市文化和旅游局 供图）

【日照市博物馆】 日照市博物馆成立于1986年，新馆位于日照文博中心北区，2021年1月对外免费开放。新馆设有日照史前文化陈列、日照夏商周文化陈列、日照汉代文化陈列、日照记忆展、日照历史名人展5个专题陈列，展厅面积6975平方米。2021年，有馆藏可移动文物1万余件。其中，国家级文物200余件，包含从史前到明清各个时期典型代表器物，以大汶口文化、龙山文化和汉代时期文物居多。全年接待观众22余万人次，开展社教活动40余场，义务接待政务团体、企事业单位团体、学生研学等近200场次。

获全国科普教育基地、全省文物系统先进集体、山东省三星级科普教育基地、市级文明单位及日照市文物工作先进集体等称号。

（市文化和旅游局　来守英）

【日照市美术馆】 日照市美术馆成立于1990年2月，2021年1月新馆建成开放。新馆位于北京路与泰安路交会处，设4个展厅、1个中央大厅、1个美术公共教育室，全年展出作品2840件。2021年，市美术馆组织推出“百年芳华·初心如磐”日照市庆祝中国共产党成立100周年大型艺术展、庆祝中国共产党成立100周年沂蒙画派作品展、“画说党史 百年辉煌”胶东五市美术馆馆藏精品展等23场展览。开展“五莲加油·抗疫有我”日照市书画家创作捐赠笔会线上直播活动，创作20余件抗疫主题作品，点击量达3万人次。接待各大中小学校、培训机构开展特色公共美术教育活动，培训2000余人次。

（市文化和旅游局　张　菁）

【日照市文化馆】 2021年，日照市文化馆举办公益培训、老年艺术大学培训、军休所特色专班、周末青少年街舞班等6个特色培训班，按需设置17门课程，重点打造7个馆办群众文艺社团，培训市民和文艺骨干1.5万余人次。承办“颂歌献给党·奋进新征程”日照市庆祝中国共产党成立100周年大型群众合唱艺术节、老文化工作者书画精品展、“海边的童年”胶东儿童绘画优秀作品展、第十八届少儿美术书法大赛、2021“我有舞台·等着您来”市民才艺海选决赛等10余项群众文化活动。以“我为山村种文化”、社区“文艺＋”为代表，开展各类文化下乡、辅导培训活动15场。组织全市文艺骨干创作采风4期，举办全市文化馆（站）业务技能骨干培训班暨“创艺共享”文艺创作大讲堂1期，开展“大家谈”素质提升讲座10期。民乐合奏曲《照毛虫》入选第十二届山东文化艺术节群众优秀新创文艺作品会演并获入围奖。版画作品《众志成城》入选山东省庆祝中国共产党成立100周年美术书法摄影剪纸作品展。

（市文化和旅游局　李　秋）

【山东新华书店集团有限公司日照分公司】 2021年，山东新华书店集团有限公司日照分公司（简称“新华书店日照分公司”）加强改革创新，贯彻出版集团战略部署，克服疫情等不利因素，各项工作都有新突破。配合市委宣传部宣传贯彻党的十九大精神和十九届历次全会精神，把党史学习教育读物、习近平总书记系列讲话和辅导读物等政治读物发行工作作为首要政治任务，送书到机关、企事业单位、乡镇，完成党史学习教育学习材料等读物发行工作；10月29日至11月7日，组织开展“2021齐鲁书香节暨山东书展”日照分会场活动，针对党史学习教育学习材料、红色经典图书等开展主题展销，打造“全民阅读·书香日照”文化名片，完善公共阅读服务体系。至年底，新华书店日照分公司有经营网点13处，其中校园书店5处，社区网点3处、乡镇网点2处，总营业面积1万余平方米，全年完成营业收入1.39亿元。

（新华书店日照分公司　刘艳波）

【城市书房】 2021年，城市书房建设列入日照市年度为民办实事项目，全年新建15处。至年底，全市共建成开放41处城市书房，覆盖日照所有区县，总建筑面积1.6万平方米，总藏书41万余册；累计接待读者超320万人次，流通图书61万余册次，惠及市县居民100万余人，占全市总人口的1/3。市县财政投入3490万元，撬动社会资本直接投入约9200万元。5月，市文化和旅游局印发《关于做好城市书房延时开放工作的通知》，将全市城市书房闭馆时间统一调整至晚上9：00。

【农家书屋】 至2021年底，日照市有农家书屋848个。各农家书屋严格按照“国家推荐目录列入品种比例不低于70%，鲁版推荐目录列入品种比例不低于25%，其余应选取适合农民阅读、近两年出版的优秀图书”标准要求，完成图书补充更新。市文化和旅游局组织举办全市农家书屋管理员培训班，提升农家书屋管理员业务知识和管理水平；举办“百校万村大学生与农家书屋结对服务活动”“我的书屋我的梦”征文活动等，提升农家书屋效能；探索农家书屋与金融、邮政网点相结合精准阅读服务模式，推广智能书柜、书巢，加快建设农家书

2021年，日照市文化馆外景　　（市文化和旅游局　供图）

2021年，日照市东港区陈疃镇卞家庄农家书屋（市文化和旅游局　供图）

屋智能管理平台，为乡村阅读提供便捷服务；组织参与中宣部、农业农村部、国家乡村振兴局联合开展的2021“新时代乡村阅读季”“我爱阅读100天”线上阅读打卡活动。日照市获市级优秀组织奖，在全国排第三位。

（市文化和旅游局　王　磊）

【文化品牌创建】 2021年，日照市开放市美术馆、市博物馆新馆，推进城市书房建设，打造“城·阅”全民阅读品牌，4项活动列入省“百年百部”红色经典全民阅读活动，11家单位、2名个人获省全民阅读先进典型。启动日照市2021年“红色文化主题月”，打造“红色旅游路线”。山海风情绿道建成启用，“齐鲁风情5号路”等上榜2021年春节黄金周山东体育旅游精品线路，东夷小镇、白鹭湾艺游小镇入选省首批精品文旅小镇。开展文化旅游创意产品银（投）企对接活动，现场签约授信1.6亿元。推出电视剧《经山历海》、吕剧《先驱·王尽美》、茂腔《冷面书记》等文艺精品力作。《经山历海》在中央电视台一套黄金时间播出，并入选中宣部、广电总局中国共产党成立100周年优秀展播剧目；《先驱·王尽美》获“第十二届山东文化艺术节优秀剧目奖”。组织创作《我心如海》等一批城市形象优秀原创歌曲，6件作品入选“泰山文艺奖”，获奖质量和数量创历史新高。

（市委宣传部　刘昱孜）

【文旅惠民消费】 2021年，日照市举办以“智享文旅 精致生活”为主题的第五届日照文化和旅游惠民消费季活动。活动按照“政府引领、市县联动、市场运作、惠民利企”原则，策划举办消费季启动仪式、文化旅游生活节等活动，发放惠民消费券433万元，带动直接消费1500万余元。日照市创建为国家文化和旅游消费试点城市，莒县创建为省级文化和旅游消费试点县，东夷小镇、山海天阳光海岸景区云上花街入选第一批山东省级夜间文化和旅游消费集聚区。

（市文化和旅游局　王玺任）

【群众文化活动】 2021年，日照市文化和旅游局围绕庆祝中国共产党成立100周年重要时间节点，策划举办大型群众合唱艺术节和大型文艺演出活动，参赛队员近4300人，最终整合选取19个优秀节目集中参加大型群众歌会，合唱节期间利用抖音、快手等直播平台对各场合唱活动进行线上直播，线上观众累计超210万人次。组织开展日照2021冬春文化惠民季系列文化活动、2021年日照文化旅游生活节和“文化联播 心系五莲”文化直播等活动，活动形式多样，内容丰富，满足不同年龄段、不同受众群体精神文化需求。

【阅读文化推广】 2021年，市文化和旅游局开展“阳光阅读 书香日照”品牌建设，发挥图书馆、城市书房、农家书屋、新华书店等全民阅读活动阵地作用，创新推进“全民阅读”，营造浓厚书香氛围。创新共享方式，延伸全民阅读覆盖面，高标准建成开放41处城市书房，延伸配套“悦读驿站”、智能书柜、流动图书服务车、“日照云书屋”等载体平台，提升公共图书服务空间和时间局限性。“日照市城市书房建设管理创新性实践”

2021年5月19日，现代吕剧《先驱·王尽美》在市文博中心大礼堂首演

（市文化和旅游局　供图）

2021 年 12 月 5 日，《日照故事》原创交响音乐会在日照大剧院举行

（市文化和旅游局　供图）

项目获评第五届山东省文化创新奖。创新活动方式，培育打造“4·23”世界读书日系列活动，“书海沐阳”第二课堂、“小禾苗”亲子阅读等系列品牌活动，11 家单位和 2 名个人获得全省全民阅读先进典型称号；在中宣部组织的“我爱阅读 100 天”读书打卡活动中，日照市排全国第三位，获市级优秀组织奖。创新服务模式，开展古籍技艺“进校园”、图书流动服务“进军营”、传统文化体验“进社区”、流动图书服务车“进企业”、指导书香建设“进机关”等活动，扩大全民阅读受众人群。

（市文化和旅游局　王立颖）

文　艺

【概况】 2021 年，市文化和旅游局把繁荣文艺创作作为重点任务，围绕庆祝中国共产党成立 100 周年主题，引导全市文艺工作者以精品意识、创新意识，开展系列主题文艺创作工作。全年文学、戏曲、戏剧、音乐、舞蹈、美术和书法等文艺作品精品频出，其中有 11 项作品获省级荣誉，16 项文艺作品获市级荣誉。

【文艺创作】 2021 年，市文化和旅游局坚持发展先进文化、建设和谐文化，激发文艺创作生产活力，扶持重点剧目创作，着力打造艺术精品。现代吕剧《先驱·王尽美》，获第十二届山东文化艺术“优秀剧目”奖，全年累计演出 33 场，惠及线上、线下观众 150 万余人；首部本土交响乐《日照故事》入选 2021 年度日照市重大主题题材创作扶持项目，日照大剧院演出，线上线下观众 15.8 万余人；民乐合奏曲《照毛虫》入选第十二届山东文化艺术节群众优秀新创文艺作品会演并获入围奖，同时获 2021“敦煌奖”中国民族室内乐新作品展评综合类室内乐作品铜奖；相声《好大嫂》获山东省“中国梦·新时代·跟党走”百姓宣讲曲艺类三等奖；版画作品《众志成城》入选山东省庆祝中国共产党成立 100 周年美术书法摄影剪纸作品展；雕塑《牛》入选“牛”当代艺术线上国际邀请大展，《转折》入选第十届全省画院联盟作品联展，《界面》入选中国青岛“一带一路”沿线部分国家艺术邀请展，《复制与粘贴——虢国夫人游春图》入选山东雕塑名家作品邀请展；书法《临王铎》入选第十届全省画院联盟作品联展，雕塑《轰轰烈烈的农民运动——日照暴动》获 2021 年度日照市重大主题题材视觉艺术类创作扶持项目。

2021 年 6 月 19 日，民乐合奏《照毛虫》在威海演出（市文化和旅游局　供图）

【文艺活动】 2021 年，市文化和旅游局围绕庆祝中国共产党成立 100 周年主题，策划举办“颂歌献给党·奋进新征程”日照市庆祝中国共产党成立 100 周年大型群众合唱艺术节、日照市庆祝中国共产党成立 100 周年文艺演出等活动。举办 2021 年日照市民文化旅游生活节、大型廉政茂腔剧《冷面书记》剧目展演、2021“我有舞台·等着您来”市民才艺海选决赛、2021 年首届“日照大剧院户外演出季”“五莲加油·抗疫有我”日照市书画家创作捐赠笔会等线上线下文艺活动。全年开展“省市县三级联合购买文化惠民演

2021 年 12 月 8—10 日，全省非遗助力乡村振兴培训班在日照举行

（市文化和旅游局　供图）

出”29 场，演出内容包括喜剧、音乐剧、童话剧、音乐会等，开展“戏曲进乡村”演出 2912 场，实现全市行政村（农村社区）演出全覆盖。

【文艺交流】 2021 年，市文化和旅游局扎实开展艺术交流活动。为庆祝中国共产党成立 100 周年，在市美术馆策划推出“历史的画卷——2021 胶东五城市美术馆馆藏精品展”，该展览集中展出日照、青岛、烟台、潍坊、威海五市公共美术馆馆藏精品各 20 件，促进公共文化服务交流发展；参与 2021 年第二届胶东海洋童玩季，在市文化馆西展厅举办日照市“海边的童年”胶东儿童绘画优秀作品展；在市美术馆举办“画说党史 百年辉煌”胶东五市年画巡展，展出由五市年画作者创作的 200 余幅年画作品；在市美术馆举办“潮起意生——河南大学美术学院黄河文化主题创作邀请展”，推动两地文化交流共建。

（市文化和旅游局　白昌龙）

文化遗产保护

【概况】 2021 年，日照市落实国家和省部署要求，立足全市非物质文化遗产工作实际，在非遗保护传承创新上下功夫、出实招、求突破。至年底，全市有联合国教科文组织公布的“人类非物质文化遗产代表作名录”1 项、国家级名录项目 6 项、省级名录项目 28 项、市级名录项目 126 项、县级名录项目 416 项，国家级传承人 1 人、省级传承人 6 人、市级传承人 72 人。

【非遗资源挖掘整理】 2021 年，日照市加强非遗传承发展与研究工作，联合高校、社会团体深入基层开展非遗资源调研，强化非遗资源的挖掘、整理和记录。对莒县过门笺、日照黑陶烧制技艺、日照农民画、日照刺绣等 60 余项非遗代表性项目进行深入挖掘和系统性梳理，形成一批独具日照地域特色的非遗资源项目；参与省文化和旅游厅各项评选活动，高标准完成非遗申报。

【非遗节会品牌打造】 2021 年，日照市在莒县浮来青旅游度假区举办日照市第四届非物质文化遗产博览会，共设展位 146 个，参展种类 1000 多种，接待游客 5.35 万人次，实现收入 592 万元，展示传统非遗项目魅力，促进文旅融合与乡村振兴。创新开展“以茶论道 · 画说谷雨”日照非遗民俗活动，推动二十四节气与文化旅游业态相融合，打造二十四节气文化活动品牌。

表 57　2021 年日照市全国重点文物保护单位一览表

序号	名称	批次	年代	类别	面积（平方米）	所在地址			
						市	县	镇	村
1	丹土遗址	第四批	大汶口、龙山文化、商周、汉代	古遗址	330000	日照市	五莲县	潮河镇	丹土村
2	齐长城遗址日照段	第五批	战国	古建筑	长 60000 米	日照市	莒县、五莲县		
3	尧王城遗址	第六批	大汶口文化、龙山文化、商周、汉代	古遗址	1000000	日照市	岚山区	高兴镇	南辛家庄
4	东海峪遗址	第六批	大汶口、龙山文化	古遗址	75335	日照市	日照经济技术开发区	北京路街道	东海峪
5	两城镇遗址	第六批	龙山文化、商周、汉代	古遗址	1000000	日照市	日照山海天旅游度假区	两城街道	两城街道
6	大朱家村遗址	第七批	大汶口文化、周代、汉代	古遗址	100000	日照市	莒县	店子集镇	大朱家村
7	杭头遗址	第七批	大汶口文化、龙山文化、周代、汉代	古遗址	60000	日照市	莒县	陵阳镇	杭头村

（资料来源：李　然）

表 58　2021 年日照市省级文物保护单位一览表

序号	名称	批次	年代	类别	面积（平方米）	所在地址			
						市	县	镇	村
1	莒国故城	第一批	东周至汉代	古遗址	24750000	日照市	莒县	城阳镇	东关三街村
2	刘勰故居	第一批	北魏、明清	古建筑	4940	日照市	莒县	浮来山镇	邢家庄村
3	齐家庄墓群	第一批	汉	古墓葬	3600000	日照市	莒县	刘家官庄镇	齐家庄
4	小代疃遗址	第二批	龙山文化	古遗址	400000	日照市	东港区	后村镇	小代疃
5	城阳王墓	第二批	汉	古墓葬	10000	日照市	莒县	阎庄镇	殷家山沟
6	刘章墓	第二批	汉	古墓葬	21000	日照市	莒县	陵阳镇	东上庄大队
7	陵阳河遗址	第二批	新石器时代	古遗址	500000	日照市	莒县	陵阳镇	大寺村
8	塘子遗址	第二批	岳石文化	古遗址	150000	日照市	莒县	东莞镇	塘子村
9	天井汪墓群	第二批	春秋时期	古墓葬	100000	日照市	莒县	果庄	天井汪村
10	丁公石祠	第二批	明	古建筑	920	日照市	五莲县	叩关镇	丁家楼子
11	东城仙遗址	第二批	龙山文化	古遗址	75000	日照市	五莲县	街头镇	东城仙
12	苏家村遗址	第二批	大汶口文化、龙山文化	古遗址	85000	日照市	日照山海天旅游度假区	秦楼街道	苏家村
13	牌孤城遗址	第三批	战国	古遗址	75000	日照市	五莲县	街头镇	迟家村
14	五莲山光明寺	第三批	明	古建筑	6000	日照市	五莲县	叩官镇	丁家楼
15	董家营遗址	第三批	大汶口文化、龙山文化、汉代	古遗址	136800	日照市	五莲县	中至镇	董家营村
16	河山石亭	第四批	明	古建筑	5.3	日照市	东港区	日照街道	后时家官庄村
17	海上碑	第四批	明清	石刻	4500	日照市	岚山区	岚山头街道	岚阳路社区
18	段家河薄板台遗址	第四批	龙山文化	古遗址	1500000	日照市	莒县	龙山镇	段家河村、薄板台村
19	小朱家遗址	第四批	大汶口文化	古遗址	120000	日照市	莒县	店子集镇	小朱家村
20	山东军区机关驻地旧址	第五批	1943、1944 年	近现代重要史迹及代表性建筑	600	日照市	岚山区	碑廓镇	碑廓二村
21	中共下元特别支部旧址	第五批	1938 年	近现代重要史迹及代表性建筑	164	日照市	东港区	涛雒镇	下元二村、下元三村
22	海曲墓群	第五批	汉	古墓葬	300000	日照市	东港区	日照街道	西十里铺村
23	莒子墓	第五批	周	古墓葬	16000	日照市	莒县	浮来山镇	宋家山村、新庄村
24	石臼灯塔	第五批	1933 年	近现代重要史迹及代表性建筑	100	日照市	东港区	石臼街道	日照港（集团）有限公司
25	王献唐故居	第五批	清	近现代重要史迹及代表性建筑	12000	日照市	日照经济技术开发区	北京路街道	大韩家村
26	崮河崖遗址	第六批	商、周、汉	古遗址	195000	日照市	日照经济技术开发区	奎山街道	崮河崖村
27	相林墓	第六批	元	古墓葬			岚山区	巨峰镇	相家楼村村西南 200 米处
28	前沟西墓群	第六批	汉	古墓葬	1500000	日照市	莒县	城阳街道	前沟西村

续表 58

序号	名称	批次	年代	类别	面积（平方米）	所在地址			
						市	县	镇	村
29	两城天后宫	第六批	明、清	古建筑	155	日照市	日照山海天旅游度假区	两城街道	两城三村
30	涛雒丁氏故居	第六批	清、民国	近现代重要史迹及代表性建筑	4300	日照市	东港区	涛雒镇	涛雒镇驻地
31	两城扬水站	第六批	现代	近现代重要史迹及代表性建筑		日照市	日照山海天旅游度假区	两城街道	后河西村
32	日照制钉设备总厂旧址	第六批	现代	近现代重要史迹及代表性建筑		日照市	日照山海天旅游度假区	两城街道	驻地
33	曙光小学革命纪念地	第六批	1932 年	近现代重要史迹及代表性建筑	5600	日照市	东港区	后村镇	小邵疃村
34	鲁东南特委和北海银行旧址	第六批	1938 至 1948 年	近现代重要史迹及代表性建筑		日照市	莒县	桑园镇	柏庄古村

（资料来源：李　然）

表 59　2021 年日照市第五批省级非物质文化遗产项目统计表

门类	项目名称	申报地区	申报保护单位
传统美术（1 项）	农民画（日照农民画）	日照市	日照市美术馆
传统技艺（7 项）	五莲原浆酒传统酿造技艺	五莲县	五莲银河酒业有限公司
	日照茶手工炒制技艺	日照市岚山区	日照市岚山区巨峰镇文化旅游服务中心
	唐氏陶瓷修补镶嵌锡器打造技艺	莒县	莒县文化馆
	刘氏盘扣制作技艺	五莲县	五莲县文化馆
	浅海传统捕捞技艺（踩高跷推虾皮）	日照市	日照市东港区两城街道办事处
	酱菜制作技艺（京冬菜传统制作工艺）	日照市东港区	东港区文化活动和文物保护中心
	陶器烧制技艺（日照平面陶烧制技艺）	日照市东港区	东港区文化活动和文物保护中心
传统医药（1 项）	大岭牟氏正骨术	日照市	日照市文化馆
民俗（1 项）	岚山煎饼食俗	日照岚山区	日照市岚山区岚山头街道文化旅游服务中心

（资料来源：李　然）

【非遗传承】 2021 年，市文化和旅游局常态化开展非遗传承进校园、进社区、进山村等“六进”，非遗传习大课堂等活动。市非遗保护中心开展“弘德传艺 授人以渔”非遗宝藏行活动，联合半岛网开展 10 期亲子自驾游活动，寻找“最美”非遗打卡地，线上点击量达 100 万次。开展展示和体验活动，在“文化和自然遗产日”“国际博物馆日”“非物质文化遗产月”及重大传统节日期间，通过广场文艺展演、文化下乡等形式，开展系列专题活动。线上开展战“疫”非遗系列活动，“光影秀日照，非遗闹元宵”线上非遗展演活动。依托“二月二舞龙大会”制作二月二舞龙大会视频，视频线上点击量达 3 万余次。举办“日照非遗带您过大年”云探亲接力直播。“现在进行时”日照非遗传习大课堂模式被评为山东十大非遗亮点工作；日照市黑陶邢艺术厂、莒县红纸语文化传承工作室入选山东省非物质文化遗产传承教育实践基地，山东外国语职业技术大学民间艺术研究所入选山东省非物质文化遗产研究基地。2021 全省非遗助力乡村振兴培训班在日照举办，日照市作典型经验介绍，岚山区黄墩镇入选首批省级文化生态名镇。

【文物保护】 2021 年，日照市有世界文化遗产 1 处（齐长城遗址日照段），全国重点文物保护单位 7 处、省级文物保护单位 34 处、市级文物保护单位 59 处。1 月 1 日起，《日照市文物保护条例》施行，市文化和旅游局印发《加强文物保护利用改革实施方案》《关于进一步加强文物保护利用工作若干措施》，保障文物保护工作有章可循、有法可依。实施重点文物保护工程，划定公布市级文物保护单位保护范围和建设控制地带，纳入国土空间规划数据库；实施 12 个不可移动文物保护项目，6 个可移动文物保护项目，完善 36 个基本建设工程考古工作；加强对齐长城保护力度，推进市、县齐长城视频监控平台建设，编制 3 段齐长城抢险加固工程计划方案，待国家文物局批复后实施；开展文物安全百日攻坚集中行动，组织文物安全检查 309 次，检查不可移动文物及大型建设项目 1278 处，查处违法违规案件 5 起；开展博物馆和文物建筑消防安全大检查、文物火灾隐患排查整治行动，检查 16 次，出动 171 人次，检查文物、博物馆单位和项目工地 457 处；完成国有博物馆、省级及以上文物保护单位安全责任人公告公示工作。

（市文化和旅游局 周兴文 张 新 李 然）

【历史建筑保护】 2021 年，日照市开展新一批历史建筑普查认定工作，市政府、五莲县政府、莒县政府分别于 6 月 30 日前公布辖区新一批历史建筑。9 月 6 日，莒县历史文化名城保护规划由省政府批复。至年底，全市历史建筑 33 处。其中，日照市本级历史建筑 11 处，五莲县历史建筑 11 处，莒县历史建筑 11 处。新公布历史建筑的挂牌和测绘建档全部完成。

（市住建局 李超华 陈红蕾）

社会科学

【概况】 2021 年，日照市社会科学界联合会（简称“市社科联”）学习宣传贯彻习近平新时代中国特色社会主义思想，围绕市委、市政府中心工作，着力推进课题立项研究、社科优秀成果评选、社科普及、社科智库建设和社会组织管理工作，主管市文心雕龙研究会、市诚信品牌与社会责任研究中心、市世界语协会 3 家社科类社会组织。年内，有 7 篇理论研究阐述文章入围全市建党 100 周年理论研讨会并获奖，9 篇成果要报得到市委领导肯定性批示，“书香社科 共读日照”社科普及创新做法被省社科联表扬，社科普及志愿服务活动保持全省领先，被评为 2021 年度日照市新时代文明实践志愿服务“十佳志愿服务品牌”，相关工作经验被评为省优秀案例，有 4 项工作受到省社科联表彰并给予资金支持。

【社科课题研究】 2021 年，市社科联坚持围绕市委、市政府年度重点工作开展社科课题研究，年度确定立项课题 150 项，对 10 项重点课题全程跟踪指导，督导课题组及时形成阶段成果，以《成果要报》形式上报市委主要领导，其中市委党校孙明艳承担的《关于推动日照市数字经济健康发展的对策建议》等 9 项课题成果分别受到市委书记、市长肯定性批示，相关研究成果进入市委决策视野。年内，申报山东省社科联专项课题 4 项、科普类课题 2 项。

【社科基地建设】 2021 年，市社科联采取社会申报、调研考察、专家评审方式，新增 20 家市级社科普及教育基地。至年底，市级社科普及教育基地总数达 49 家，其中省级社科普及教育基地 7 家。各区县委宣传部高度重视社科联工作，拓展机构人员，加大资金投入，申报“十四五”第一批山东省社会科学普及示范单位，岚山区获批第一批示范单位。

【社科优秀成果评选】 2021 年，市社科联采取“网上申报预审＋材料提报”方式，收到各类社科成果 146 份。7 月 7 日，组织开展 2021 年度（第十八次）社科优秀成果评选，采取随机抽取专家、“背靠背”打分、中评票决的评选机制，评出社科优秀成果 80 项，其中一等奖 8 项，二等奖 17 项，三等奖 58 项，质量比 2020 年较大提升。

【社科类社会组织管理】 2021 年，市社科联落实市委关于对论坛、讲坛、讲座、年会等社科类活动报备制度，严格把关参加社科课题立项和社科优秀成果评选的有关课题和论文。市世界语协会、市文心雕龙研究会主动报备年度活动，严格各项审批程序，意识形态工作扎实。其他市级社科类社会组织坚守意识形态工作底线，确保年度无意识形态问题发生。

【社科普及】 2021 年，市社科联举

2021 年 5 月 28 日，山东省暨日照市第十八届社会科学普及周开幕式举行

（胡兆欣 供图）

办日照市第十八届社会科学普及周，各级各单位组织社科普及系列讲座38场次，社科普及志愿服务活动50余场次，覆盖群众近4000人次。继续在全市范围内开展“书香社科 共读日照”系列活动，结合党史学习教育，以高校为载体，开展“红心向党、共沐书香”系列活动，与山东外国语职业技术大学联合开展“中共党史大家谈”，活动视频网上点击量突破3万次，主要做法被山东省社科联表扬。日照职业技术学院社科普及志愿服务活动继续在全省161支队伍中保持第一名，在社科普及活动中发挥主力军作用。《日照人文与自然遗产》丛书中多篇文章被“学习强国”平台摘转。

（市社科联　胡兆欣）

新闻出版

【概况】 2021年，日照市有报纸出版单位1家，内部资料性出版物编印单位18家，新闻单位驻地方机构8家，印刷企业222家。加强新闻出版领域监管，市文化和旅游局成立审读小组，对报纸和连续性内部资料进行日常审读和集中审读；落实《新闻记者证管理办法》，组织全市新闻采编人员参加岗位培训考试，并组织新闻单位248名记者换发新版新闻记者证；开展“4·23”世界读书日系列活动、“致敬先烈·清明读书会”、月度好书榜、阅读推广人在行动等活动。在全省第六届全民阅读活动中，有11家单位和2名个人获省全民阅读先进典型称号。4项活动列入省“百年百部”红色经典全民阅读活动。

【出版印刷业】 2021年，日照市有印刷企业227家，其中出版物印刷企业19家，包装装潢印刷企业66家，其他印刷品印刷企业142家。全行业从业人员0.45万人，年资产总额248434.1万元，年工业总产值209311.49万元。全市规模以上（年印刷产值5000万元以上）印刷企业10家，较2020年增加1家。其中，年印刷产值超亿元企业5家，较2020年减少1家。

（市文化和旅游局　王立颖）

【日照报业传媒集团】 2021年，日照报业传媒集团（日照日报社）履行党报媒体职责使命，坚持用改革思维谋划和推动工作，深入推进“三项制度”改革，激发内生动力和创新活力，克服疫情影响，各项工作都有新提升。12月30日，山东省报业协会发文，转发日照报业传媒集团等5家报社创新工作思路、深化报业改革，特别是在融合转型方面经验材料，供全省报业系统参阅借鉴。全年有8件作品获“山东新闻奖”；其中，一等奖2件、二等奖2件、三等奖4件。

舆论导向　2021年，日照报业传媒集团（日照日报社）坚持以习近平新时代中国特色社会主义思想为指导，坚定正确政治方向和党性原则，以正面宣传为主，维护意识形态安全。弘扬时代精神、传播主流价值观、引领文明风尚，坚决反对低俗化、过度娱乐化等不良倾向，全年未发生因导向问题被市及以上部门通报批评现象。严格落实中宣部、省委宣传部和市委宣传部宣传要求，按要求参加新闻报道重点选题与舆情研判会商会议、新闻例会等会议，修订日照日报社三审三校制度，落实《中共日照市委常委会贯彻落实中央八项规定精神实施办法》文件要求，弘扬主旋律、打好主动仗，为全市重点工作开展营造良好舆论氛围；集中力量推出一批有深度有分量、鲜活生动新闻报道，保持舆论工作主题鲜明、重点突出，提升报纸出版印刷质量和投递发行质量，报纸差错率低于万分之三。5月，《日照日报》被山东省报业协会评为全省报纸印刷质量精品报。

重大主题宣传　2021年，日照报业传媒集团（日照日报社）开设专栏专题，通过系列报道、评论言论、消息通讯、短视频等各种体裁，推出一批有深度、有分量、鲜活生动的新闻报道，《日照日报》、《黄海晨刊》、新媒体开设专栏、专题50余个，刊发稿件4820篇次。对庆祝中国共产党成立100周年、学习宣传贯彻党的十九届六中全会精神、党史学习教育、防控新冠肺炎疫情、我为群众办实事、持续改善民生、项目建设、创建全国文明城市、防治污染攻坚行动等重大决策部署和系列活动进行宣传，营造浓厚干事创业氛围。

对上新闻报道　2021年，日照报业传媒集团（日照日报社）加强对外宣传力度，讲好日照故事、传播日照声音、展现日照精彩、凝聚日照力量，对外宣传报道工作取得良好成效。全年在新华社、《人民日报》、《经济日报》、《光明日报》、《大众日报》等中央媒体、省主流媒体刊发稿件260余篇。其中，在《人民日报》《经济日报》《光明日报》刊发稿件18篇，所属新媒体刊发稿件85篇。4月27日，《光明日报》头版刊发《“靶向治疗”形式主义的日照实践》；6月13日，《经济日报》头版刊发《图片新闻·日照空港经济开发区》。

第四届中国（日照）新闻摄影周暨2021“生活在日照就是幸福”新闻摄影采访活动　2021年7月20—24日，由中国新闻摄影学会、山东省新闻工作者协会、日照市人民政府主办，日照报业传媒集团（日照日报社）承办的第四届中国（日照）新闻摄影周暨“生活在日照就是幸福”新闻摄影采访活动在日照举办。活动期间，近730家媒体进行报道，刊发稿件1660余篇，网上总浏览量6500万余人次。其中，中央级媒体刊发稿件120余篇，《人民日报》《经济日报》《光明日报》等中央主流媒体发稿数量、质量达历届之最；省级媒体刊发稿件230余篇，整版30多个，把日照“蝶变”精彩故事和“生活在日照就是幸福”城市内涵推向全国和世界。活动结束后，印制《第四届中国（日照）新闻摄影周暨2021“生活在日照就是幸福”新闻摄影采访活动全媒体报道集锦》。

（日照报业传媒集团）

广播电视电影

【概况】 2021年，日照市公共广播节目播出3.3万小时，公共电视节目播出5.5万小时，广播综合覆盖率99%，电视综合覆盖率100%。有中波转播发射台2座，发射功率65千瓦；调频电视转播发射台3座，调频发射机8部，发射功率17千瓦。有广播电视台3座，其中市级台1座、县级台2座，广播电视从业人员914人。全年广播电视系统实际经营收入10865.7万元。其中，广告收入8967.17万元。

【主题宣传】 *党史学习教育宣传* 2021年，日照广播电视台各重点新闻栏目开设专栏15个，发稿1145篇，推出党史栏目6个，播出党史节目241期，制作专题片66集，各新媒体平台集纳播出新闻稿件1336篇，全网点击量近200万次。五莲县融媒体中心联合有关单位举办红歌大赛2场、广场舞大赛10场；制作的“我和我的支部”4个视频在省委组织部平台播出，1个获省委组织部优秀奖。

精品电视剧展播 日照广播电视台组织开展庆祝中国共产党成立100周年精品电视剧展播活动，确保展播活动始终坚持正确的政治方向、舆论导向、价值取向。年内，全市播出电视剧51部次、2070集，省局提供的18部作品全部播出。强化推介宣传，制作39期预告宣传。

重大主题宣传 日照广播电视台围绕党史学习教育、党的十九届六中全会、庆祝中国共产党成立100周年等，开设“奋斗百年路 启航新征程”“在习近平新时代中国特色社会主义思想指引下·深入学习宣传贯彻党的十九届六中全会精神”等专题专栏43个，推出评论72篇，发稿1875条。习近平总书记视察山东期间，相关报道数量居全省各城市台第三位。

抗疫宣传 日照广播电视台加大权威信息发布，加强防疫科普宣传，调动全行业力量创作优秀文艺作品、广播电视节目、纪录片、动画片，指导广播电视节目增加生活服务内容，持续组织公益广告展播。五莲新冠疫情发生后，及时发布权威信息，疏导热点、舒解情绪、凝聚力量，播发疫情防控新闻稿件138篇、疫情防控科普知识稿件505条，制作播出公益广告6780条次、体育健身电视节目254.6小时，全天候滚动播发防疫飞字11340条次；直播日照客户端、微信公众号等台属主要新媒体平台总计发稿572篇，总点击量超过3760万次。

【媒体融合】 2021年，日照市贯彻“网络强国”战略，加强网络视听主阵地建设，推动网络视听行业健康发展。至年底，全市有备案广播电视节目制作经营机构32家。统筹谋划“影视＋旅游”新兴产业模式，推进影视与旅游产业融合发展，开发高附加值影视旅游产品，打造新业态，形成完整产业链，带动多行业、多领域发展。推出《经山历海》《日照之恋》《相亲吧兄弟》等视听精品；“直播日照”抖音号粉丝达1616万、播放量突破600亿，新媒体矩阵影响力、传播力持续增强。一批网红达人、短视频（MCN）机构，一批圈粉能力强的抖音号、快手号发展较快。12月16—17日，以“网聚力量·光耀齐鲁”为主题的山东省首届网络视听行业盛会——2021山东网络视听大会在日照举办。

【产业拓展】 2021年，日照市强化阵地建设和管理，影视创作与管理工作取得新进展、新成效。《经山历海》入选国家广电总局百部重点电视剧第三批选题，央视一套黄金时间播出，该剧入选2020—2021年度山东省优秀文艺作品入库项目，获第十七届中美电影节、中美电视节“中华文化优秀传播力奖”。网络电影《相亲吧兄弟》获第十二届山东省“泰山文艺奖”三等奖。电影《及格人生》在FIRST电影节获爱奇艺“上上座”奖、获两比特网播潜力奖，入选2020—2021年度山东省优秀文艺作品入库项目。电影《折翼的天使》、网络电影《村里来了个牛书记》均获2021年重大主题创作项目奖励扶持。建立日照市优秀文艺作品创作项目库，每年度择优选定若干主题性创作作品给予重点扶持。对重

2021年6月23日，日照市广播电视安全播出管理培训班举办

（市文化和旅游局　供图）

要题材作品采用一事一议方式，进行个别扶持奖励。

【影院行业发展】 2021年，日照市加快影院发展，建设覆盖全面、惠及城乡电影放映格局。举办2021年日照市农村公益电影放映培训班，推动完成农村公益电影放映项目公开招标并放映，全年放映33753场；组织各影院开展庆祝中国共产党成立100周年优秀影片展播展映活动，动员党员干部群众观看；组织观看电影《沂蒙红嫂俺的娘》《长津湖》等主题影片，全市放映近50场，观影6000余人次；加大影片放映宣传力度，推出每周影讯33期；推出日照惠民观影季活动，发放电影优惠券50万元，直接拉动消费1285万元，全市17家电影院放映电影累计16万场次，观影累计166.6万人次，实现票房收入累计6755万元。依托省农村电影放映监管平台，提升农村电影监管水平，通过委托第三方购买服务方式，及时发现违规放映行为；推进农村电影公益放映，在标准化基础上推进均等化；实现行政村“一月一场电影”全覆盖，推动新片大片进入农村市场。

（日照广播电视台　张　琦）

网络媒体

【概况】 2021年，市委网信办搭建正能量传播体系，做强网上主流舆论，提升网上影响力。组织新闻网站及客户端及时转发权威媒体关于习近平总书记重要稿件，确保相关报道牢牢占据首页首屏头条。深化习近平新时代中国特色社会主义思想网上传播，创新传播方式手段，深入宣传日照市认真贯彻落实习近平总书记对山东工作的重要指示要求和省委、省政府“走在前、开新局”决策部署，推动高质量发展和精彩蝶变，加快建设现代化海滨城市的生动实践。强化矩阵化思维，发挥主流日照、直播日照等市级主流网络媒体作用，集聚新华社客户端、人民网、新华网、凤凰网、今日头条等重要网络媒体资源，做大做强日照市网络宣传云平台；聚合政务新媒体账号，搭建日照市新媒体矩阵，全年推送稿件1.1万余篇（件）次，其中在省级以上网络媒体（平台）首页发稿420余篇次、今日头条加热推送47次，总点击量超过6亿人次，形成内外互动、上下联动共振效应。强化系统化思维，聚焦重大主题和中心工作，适时推出主题策划，组织“奋斗百年路 启航新征程”“红色印记——百名党员话党史”“笑脸里的幸福故事”“经山历海”“寻找最美春天”“首季开门红”等网络主题宣传，开展日照市庆祝中国共产党成立100周年网络拉歌赛、网络文明周、学习宣传党的十九届六中全会精神网络演讲比赛等网络文化活动，指导实施“小城大爱”“点亮微心愿”等网络公益活动，实现“一月一主题、季季有活动”。强化品牌化思维，聚力培树“日照天天正能量”网宣品牌，评出正能量典型和稿件50个，举办年度颁奖典礼，挖掘推出一批全网正能量典型，《外卖员、快递员、学生滞留小区成志愿者》登上微博热搜、总阅读量逾2亿人次，《滞留旅客因伙食太好没机会吃零食》登上微博热搜、24小时阅读量逾1.3亿人次，2件作品获评2021山东网络正能量作品。聚力实施好网民工程，3个典型获评全省好网民代表。强化聚合化思维，扶持市级主流网络媒体做大做强，积极推进区县融媒体中心完善提升，加强行业组织建设、培育正能量自媒体账号，打造直播日照、主流日照、大众网日照等一批在全省具有影响的媒体账号为引领，东港发布、潮起岚山等融媒体中心、政务新媒体账号，以及正能量自媒体大号为补充，协同发力同频共振效应。强化效果导向思维，印发《日照市正能量传播考评办法（暂行）》，推动打造日照市网络正能量传播体系平台，构建正能量传播综合考评体系，实施每月通报制度，激励各区县、各网络媒体增加精品供给、创新方式方法、提升传播效果。

（市委网信办　辛崇娟）

【日照广播电视台新媒体中心】 2021年，日照广播电视台新媒体中心探索地市级媒体全域传播新途径，在内容建设、平台打造、活动策划、经营创收等方面都有提升突破。

主题宣传　在日照网、直播日照客户端开设《在习近平新时代中国特色社会主义思想指引下——牢记嘱托 奋力前进》《学习贯彻习近平总书记“七一”重要讲话精神》《在习近平新时代中国特色社会主义思想指引下——深入学习宣传贯彻党的十九届六中全会精神》《众志成城 科学防疫》等系列专题报道，深入贯彻和落实习近平总书记重要讲话精神，传达和解读中央、省、市最新政策；围绕庆祝中国共产党成立100周年，开设《百年见证》《党史学习教育》《我为群众办实事》等专题栏目；创新“两会”报道形式，日照市“两会”期间，运用H5、Vlog、短视频、原声配音等表现形式，全方位传播两会声音，解读《政府工作报告》。开通《漫游日照》旅游宣传专栏，发稿100余篇，浏览量超百万；围绕为民办实事项目，推出《找到你》《小城大爱》《暖心闻》等公益栏目，传递爱心、凝聚正能量，其中，公益救助栏目《小城大爱》动员社会力量，为日照贫困病残患者尤其是儿童患者募集手术费用，全年累计发稿8篇，阅读量超过50万人次，帮助患者筹集捐款40万余元。适时开展新冠疫情防控宣传报道，针对五莲县新冠疫情，直播日照公众号、抖音号、视频号、客户端、小程序、日照网等多平台联动，总计发稿330多篇，总点击量超过3360万人次，直播日照微信公众号阅读量超过10万次。报道20多篇，推出疫情防控专题《众志在城 科学防疫》和运动专题《我们健身吧》，引导市民提高防护意识和防病能力，科学理性应对疫情；与日照市体育局联合制作《居家健身共享健康》直播节目和“云健身”抖音挑战赛。

平台建设　做大做强直播日照客户端、小程序、视频号，对客户端和小程序进行全新改版，在客户端重点打造“日照号”模块，提升内容产品的到达量、阅读量、点赞量。新媒体矩阵品牌知名度和公信力双丰收，日照网和直播日照成功跻身2021《互联网新闻信息稿源单位名单》，在2021中国城市网盟奖评比中，“直播日照”获优秀网媒奖。直播日照抖音号粉丝超过1610万人，获赞13.8亿次，获赞排名居全网第八位；直播日照公众号粉丝数量近100万人，在全市微信公众号居第一位，在全省媒体公众号排名居前三。

活动策划　先后举办日照“萌宝大赛”“献礼省运会 有我更精彩”日照市少儿书画大赛、日照市“十大绿色行动”短视频大赛、反电信网络诈骗掌上知识问答等系列活动；为庆祝建党100周年，推出新媒体H5互动产品《晒党龄，我在日照向党报道》，两周时间参与达8万人次；和省运会筹委会联合开展“转发送省运会门票”“迎省运少儿书画大赛”等活动；和市文博中心共同承办“2021中国城市新媒体发展论坛”，活动期间，在省内外及上级媒体发稿100余条宣传推介日照；参与“2021年央视新闻‘国庆日’直播”，6月8日世界海洋日，日照美丽滨海风光吸引新华社、四川观察等抖音头部媒体号，通过直播日照同步开启“面朝大海 日照花开”慢直播。总粉丝数突破1.1亿人；和市体育局联合开发“最幸福的年 最活力的我”线上体育教学小程序，通过线上直播+课程录播方式在小程序上及时更新，访问400万多人次。全年进行各类直播活动200余场，完成“直击台风”“高考来了”“最美警察”“六五环境日”“绿道直播”以及“全运会三人篮球资格赛”“全运会男子水球资格赛”“女子足球U18组资格赛”“中国网球巡回赛日照站”等赛事直播与转播，中国·日照第四届捷力100绿道骑行耐力赛，首次实现移动直播。

（日照广播电视台）

【日照报业传媒集团新媒体中心】2021年，日照报业传媒集团扎实贯彻落实习近平总书记关于深化媒体融合改革系列指示精神，加快推动融媒改革与发展。

平台建设　2021年，日照报业传媒集团新媒体中心打牢媒体融合底层基础，在2019年、2020年连续两年投资400万余元开展融媒体平台建设基础上，投资300万余元用于中央厨房建设、新媒体办公区域改造和网络（案例）防护设施配备，并上线真人版AI主播。主流日照客户端、日照新闻网的新闻资讯数据实现与“爱山东·日照通”共享。通过公开招考编导、播音主持和新媒体编辑专业应届毕业生，充实新媒体队伍，提升专业化水平，人员配备从不足10人调整到27人。

官方号矩阵建设　2021年，日照报业传媒集团新媒体中心适应全媒体时代要求，充分利用外部传播平台，尤其是人民日报客户端、新华社客户端，以及学习强国、微信、头条号、抖音等平台，注册官方号并将优质内容发布上传，形成一个外部平台官方号矩阵，增强传播力、影响力。至年底，日照日报微信公众号粉丝量25.3万人，主流日照抖音号粉丝量177万人，今日头条号粉丝28万人，百家号矩阵粉丝总量26万人。

媒体合作　2021年，日照报业传媒集团新媒体中心加强与外部媒体、上级媒体纵向合作交流，扩大宣传阵地、提升融合内涵。通过向上级媒体平台提供优质产品、与外地媒体内容互换互推、开展活动邀请外地媒体采风采访、参加媒体联盟活动等措施，扩大宣传阵地、增强影响力、提升宣传效果。连续4年承办由中国记协指导、中国新闻摄影学会主办的中国（日照）新闻摄影周，活动的宣传聚合效应、媒体融合放大效应显著，形成中央级媒体集中报道、省市主流媒体报道量大质高、新媒体宣传铺天盖地良好态势。

主题宣传　2021年，日照报业传媒集团新媒体中心把讲政治、讲导向作为首要任务，严把政治方向关、舆论引导关、价值取向关，“报网端微”聚焦重大主题议题策划宣传，围绕习近平新时代中国特色社会主义思想、党的十九届六中全会、党史学习教育、全面建成小康社会、打赢脱贫攻坚战、庆祝中国共产党成立100周年、疫情防控、经济社会高质量发展、生活在日照就是幸福等重大主题、重点工作、重要活动，全方位、多角度、多形式开展网上宣传报道。全年开设新闻专题30多个，通过图文音视频、H5、直播、海报等丰富的融媒报道形式，及时把全市庆祝中国共产党成立100周年活动、抗击疫情最新信息进行发布。各网络平台日均推送稿件200余篇（条），综合覆盖总用户数超过200万人。

视频策划与生产　2021年，日照报业传媒集团新媒体中心通过开展自学、研讨与内部人员培训讲解相结合方式进行视频业务培训，全年开展两期研讨、一期视频剪辑内部小课堂。在前期五莲新冠疫情期间，融媒体记者冷炳豪深入一线，所拍摄制作视频被凤凰网、新华网主页采用。策划并录制“日照·初冬”主题系列视频，在自有平台发布并被学习强国、新华视频等平台选用。

（日照报业传媒集团）

【东港区融媒体中心】　2021年，东港区融媒体中心持续完善“声、屏、报、网、手机报、客户端、微信、短视频”等多个类别、形态多样，传统媒体与新兴媒体优势互补、一体发展的新型主流全媒体融合平台，及时发布权威信息，做好融合文章，回应群众关切。开通“东港发布”视频号，提升信息传播效能。至年底，“东港发布”矩阵发稿量1.4万余条，其中微信公众号发布800余条，点击量首破200万人次，新增用户2万余人；抖音官方账号发布2100余条视频，浏览量超过8亿人次；视频号发布1400余条，新增粉丝1.6万人；“在东港”客户端发布7000余条，装机量稳步增加，活跃度持续提升。精心策划新闻选题、选准报道方式，及时准确、全面深入报道全区新思路、新举措、新典型、新成效，提升对外影响力和美誉度。组织开展“古韵海曲　魅力海曲”媒体东港行、“丰收节东港行”等国家级媒体集中采访活动，省级以上媒体刊发稿件51篇；其中，《蓝莓丰收 农民增收》在《人民日报》刊发。《农民日报》《经济日报》均在头版及重要版面报道东港；中央电视台《朝闻天下》、《环球新闻》栏目、《光明日报》，报道东港区课后延时服务新举措；《“软件硬件”双提升，乡村教育强起来》在《大众日报》头版刊发；山东广播电视台《新闻联播》4次播发东港新闻。强化对上推送力度，全年累计在中央、省、市以上新闻平台发稿1600余篇，中央级媒体刊发稿件50余篇，《大众日报》、山东广播电视台等主流媒体发稿100余篇。围绕教育、安置区建设、老旧小区改造等项目，以及生态环境整治、污染防治攻坚、安全生产等重点工作，组织集中采访活动11次，在各级媒体平台刊播新闻作品超1000篇。推出《午间半小时的红色营养餐》《鑫鑫小区的蝶变》《东港区聚力打造会“呼吸”的城市》等一批深度稿件和专题报道。

（东港区融媒体中心　庞远栋）

【岚山区融媒体中心】　2021年，岚山区深化媒体改革，建设兼具全媒体业态、多产品生产发布能力的融媒体中心。岚山融媒体被列入全省3个县级融媒体典型案例之一，上报参加国家广电总局评审，并作为全省10家融媒体代表，赴济南参加全省县级融媒体中心座谈会作交流发言。省广电局以《淬炼特色文化 畅通源头活水》为题，介绍岚山融媒体工作经验。岚山区融媒体中心坚持本土化、原创化、品牌化方向，办好《岚山风情》《岚山味道》《岚山先锋》3档本土化专题片栏目，全年播出40余期，部分作品被人民网、新华网、“学习强国”平台转发。下半年，央视、新华社、山东广播电视台等10余批记者到岚山专题拍摄或现场直播；12月，2021山东网络视听大会岚山区现场观摩会召开，岚山融媒体作为全省136个区县融媒唯一代表作专题汇报；参与由香港卫视发起的“中国百县外宣联播”联盟，制作新一期央视2套《生财有道》节目——《年货里的烟火味道》。拍摄《我和我的党支部——我的入党申请书》《115师纪念馆——罗荣桓》等红色作品近20部，其中3部作品在全省“信仰的引领下·红星耀百年——庆祝中国共产党成立100周年”主题原创短视频大赛中获奖；加强对上报道，全年在省级以上重点媒体刊发稿件140余篇，在市级重点媒体刊发1600余篇；在《新岚山》报纸、《岚山新闻》栏目、“岚山发布”微信公众号等自有媒体，开设“招商大竞赛·项目大比武”“美丽宜居·幸福岚山”“学党史 悟思想 办实事 开新局”栏目，报道经济社会发展各条战线生动实践。

（岚山区融媒体中心　王祝君）

【“莒县发布”微信公众号】　“莒县发布”微信公众号，2014年7月开通认证，坚持发布权威信息、传播生活资讯、回应社会关切，唱响主旋律，讲好莒县故事、传播莒县好声音，推出一大批极具接地气、有深度、有影响力的精品力作，提升莒县知名度和美誉度。2021年，“莒县发布”坚持以内容为王、以创新为要，点击量和转发量再创新高。加强庆祝中国共产党成立100周年、文明城市创建、新冠疫情防控、古城建设、乡村振兴、脱贫攻坚等方面宣传，全年发布458次，发布文章1045篇，阅读量625.4万人次，分享量20万余人次。“莒县发布”微信公众号连续5年获2021年度山东最具影响力政务微信五十强、2021年度山东最具影响力县级政务微信称号。

（莒县融媒体中心　庞尊刚　刘廷妍）

【“今日五莲”微信公众号】　“今日五莲”微信公众号2015年3月2日开通，坚持以扩大信息公开、拓展宣传阵地、提升服务效能为宗旨，及时发布权威信息、传播生活资讯、回应社会关切，打造有品质、有温度、有情怀、有内容的微信平台。2021年，“今日五莲”微信公众号发布信息1253篇，浏览量近1000万人次，连续5年获2021年度山东最具影响力政务微信五十强、山东最具影响力县级政务微信称号。

2021年10月，五莲县发现一例新冠确诊病例，“今日五莲”微信公众号及时发布《五莲县1名外省返回人员确诊新冠肺炎》，第一时间通报疫情相关信息，打消公众顾虑，避免恐慌，文章发布后阅读量短时间超过72万人次。疫情防控期间，“今日五莲”微信公众号及时发布最权威疫情防控最新公告、通知及五莲县。疫情防控措施，疫情防控工作中的典型事迹、先进集体和个人、正能量暖心故事等，全面宣传引导全县疫情防控工作。

（五莲县地方史志研究中心　李业鹏）

党史地方志

【概况】　2021年，市委党史研究院（市地方史志研究院）聚焦中心履职，紧扣大局发力，以庆祝中国共产党成立100周年为重点，服从、服务于全市党史学习教育开展，狠抓主责主业，统筹推进各项工作巩固提高、创新发展。高质量完成“不忘初心、牢记使命——日照市党史教育展”展陈工作。制作系列电视专题片《使命永恒》，被“学习强国”平台采用。联合推出《先驱·王尽美》等系列献礼中国共产党成立100周年艺术作品。挖掘整理日照的红色文化资源，在《日照日报》头版开设“党史之窗”专栏，登载新民主主义革命时期日照党史重大事件、重要人物30余期。在《黄海晨刊》开设“踏寻红色印记”专栏，对日照重要革命旧址遗迹进行“巡礼”。与大众网联合推出庆祝中国共产党成立100周年“寻访红色记忆 传承革命精神”——日照市党史遗址系列寻访主题宣传。在市委刊物《工作研究》上开辟专栏，刊登连载文章10篇8万余字。开展红色书评活动、中华诗词楹联征文活动。举办“激情岁月书画展”“山东抗日根据地——齐鲁烽火、丰碑永存实物图片专题展览”。领导班子成员带头开展党史“菜单式”宣讲100余场次，结合开展“为群众办实事”活动，向基层捐赠党史史志书籍3000余册。党课《学习百年党史 凝聚奋进力量》被省委组织部评为精品课程，党史理论成果《从日照党史中汲取奋进新时代的精神力量》在主流媒体刊发专版；市重点课题《应用市域红色资源 深化党史学习教育》被评为优秀等次，市委、市政府主要领导分别作出批示，给予肯定。山东省首部茶志《日照市茶叶志》出版发行。推出《山东红色基因图谱》（日照卷）、《日照党史初心系列故事》、《日照大事记》等系列党史史志成果，资政能力进一步提高。

【《使命永恒》党史系列专题片】 由日照市委党史研究院和日照广播电视台联合摄制的系列专题片《使命永恒》，选取日照党史百年来的重大事件、重要党史人物，反映日照党组织“不忘初心、牢记使命”的奋斗历程，展望实现中华民族伟大复兴的光明前景。该项工作2020年7月启动，规划制作完成60部短片。自2021年5月28日起，短片在日照电视新闻频道、电视科教频道、电视公共频道、《直播日照》客户端以及《日照广播电视报》播出和刊发。被“学习强国”山东平台采用，并在“看纪录片”版块集中展播；新时代文明实践有线智慧平台“红色日照模块”同步推出，累计观看达30万余人次。

【“菜单式”党史宣讲】 2021年，市委党史研究院（市地方史志研究院）根据全市党史学习教育部署，立足党史部门职责，坚持“党有所需，史有所为”，积极参加市党史学习教育基层宣讲服务队，以党史资源优势服务党史学习教育。领导班子成员带头到各单位、学校、社区及各类社会组织开展“菜单式”宣讲，推动党史学习教育走深走实。年内，到市直单位、学校、企业、社区、社会组织等开展党史“菜单式”宣讲100余场次。

【理论研究】 2021年，市委党史研究院（市地方史志研究院）成立以院长为组长，分管副院长为副组长，宣教科、方志馆相关人员为成员的课题组，加强课题研究。课题组通过实地调研、召开座谈会、外出学习和查阅图书资料等方式，对日照市红色资源概况、特点及日照市开发利用红色资源主要成效进行总结和概括，并在综合考虑新时代日照红色资源开发利用面临问题和机遇基础上，从串珠成链绘制“红色蓝图”、构建红色文化资源发展大格局、推动“红色文化资源＋”向纵深发展、多元化展示传播等方面对日照红色资源利用提出对策和建议。课题核心成果《应用市域红色资源 深化党史学习教育》一文被《日照日报》理论版刊发。该课题被评定为2021年度日照市社会科学重点研究课题优秀等级。市委、市政府主要领导分别对该课题作出批示。另外，《从日照党史中汲取奋进新时代的精神力量》研究文章，七一前夕由《日照日报》整版刊发，市委党史学习教育领导小组办公室《工作简报》第55期予以刊发。论文《浅论方志馆展陈的痛点和原点》在首届“韩公亭杯”2021年全国方志理论研究征文比赛中获得三等奖，论文《笃志救国须尽美》入选由中国中共党史人物研究会主办的“毛泽东等党史人物与百年大党”理论研讨会，《司令员挖野菜》一文被中国纪检监察报刊发。在日照市庆祝中国共产党成立100周年优秀理论文章评选中，有5篇论文获奖，其中一等奖1篇、二等奖1篇、三等奖3篇。

【党史课程入选全省干部教育培训好课程】 2021年10月25日，山东省委组织部印发《关于全省干部教育培训好教材好课程推荐目录的通知》，市委党史研究院（市地方史志研究院）尹德满主讲的《学习百年党史 凝聚奋进力量》被确定为全省干部教育培训好课程，是2021年全省党史史志系统唯一入选课程。该课程被列入省级干部教育培训精品课程库，课程视频上传“灯塔——山东干部网络学院”，供广大干部学习使用，尹德满被纳入全省“名师送教”师资库。

【《日照市茶叶志》出版】 2021年9月，《日照市茶叶志》由方志出版社出版发行。该志是山东省首部茶志，编纂工作自2019年初启动，全书约89万字，共15章，另设人物、专记、附录、文件辑存、文稿辑录、艺文、

2021年9月，《日照市茶叶志》出版　　（市委党史研究院　供图）

索引、编后记等部分。该志上限为1954年，下限为2020年，以“南茶北引”为主线，全方位、多层次记述日照的历史沿革、地理环境、引种南茶、种植、管理、加工、销售、品牌培育、科技研发、茶文化、茶旅游开发，以及对外交流与合作等，客观、全面、系统地记录日照茶产业发展的历程和取得的成绩。

【《日照大事记》出版】 2021年12月，《日照大事记》由线装书局出版社出版发行。全书35.5万字，采取编年体和纪事本末体相结合记事方式，以编年体为主，按时序先后记述事件。该书上限自日照有历史记载以来（西汉时期），下限至2020年底，选取日照政治、经济和文化社会中具有全局性、主流性、重要性事件，兼及新、奇、特事件。为增强完整性、可读性和历史关照性，该书打破常规，创新思路，增设区域建置、自然环境、自然资源、人口等篇章，与大事记互为参照，有助于读者更加全面地了解日照的历史风貌、自然环境等重要史料。

【年鉴编纂】 2021年，中共日照市委党史研究院（市地方史志研究院）负责组织编纂《日照年鉴（2021）》。3月，向各县（区）地方史志研究中心，市直各部门、有关企事业单位，省驻日照单位印发《〈日照年鉴（2021）〉组稿方案》，明确《日照年鉴（2021）》资料征集时限、范围和要求。《日照年鉴（2021）》设37个部类，全面记载2020年度日照市政治、经济、文化及各项社会事业发展的新情况、新进展、新变化，为各级领导机关提供决策依据，为社会各界和人民团体提供信息资料，为宣传日照服务。为突出年度特色和地方特色，对部类排序进行调整，新增“乡村振兴”和“应急管理”类目。至年底，《日照年鉴（2021）》完成初稿编纂，全书约66万字。

【方志馆工作】 2021年，日照市方志馆开展针对全体工作人员的讲解业务提升工作，人人争当“金牌解说员”；加强地情展示区有关展板更新、更换工作；对志鉴图书阅览区所有书籍进行盘点、归档；与市民政局、市退役军人事务局联合开展“红色地名印记 礼赞百年历程”地名摄影海报展；以欢度春节为主题，开展“我与方志馆有个新春之约”活动。搭建多条联系渠道，与19个全国历史文化名城和山东省所有县级以上城市开展交换志书交换，扩充地方党史、史志书籍馆藏；完成地下书库二期改造工程。年内，入库书籍6000余册，入馆6000余人次，接待30余个机关企事业单位、学校参观学习；开展地方党史和历史文化宣讲50余次，为各部门单位提供地情信息咨询80余次；收到来自社会各界捐赠的地情资料书籍20批次、100余卷册。

【庆祝中国共产党成立100周年中华诗词楹联征文活动】 2021年3月21日至6月30日，市委党史研究院、市文联、日照诗词学会联合举办庆祝中国共产党成立100周年中华诗词楹联征文活动。该活动共收到来自全国9个省市、300余名诗人的上千首诗词作品，从不同角度抒发作者对党和国家的热爱，反映革命先烈英勇事迹精神，咏赞中国共产党风华百载、千秋伟业。经过专家评委评选，最终评选出诗词一等奖2人、二等奖5人、三等奖9人、优秀奖16人、鼓励奖47人，楹联一等奖1人、二等奖2人、三等奖3人、优秀组织奖21个。

【庆祝中国共产党成立100周年红色文艺作品评论征文活动】 2021年4月3日至7月17日，市委党史研究院、市文联、市文化和旅游局、市文艺评论家协会、日照新华书店等部门单位联合举办庆祝中国共产党成立100周年红色文艺作品评论征文活动。旨在通过文艺评论，帮助读者和观众欣赏红色文艺作品精髓，使红色文艺作品发挥思想启迪、艺术熏陶作用。该活动通过微信、网络平台面向社会各界征集红色文艺作品评论，共收到各类红色文艺作品评论600余篇，筛选出200余篇优秀作品，由市文艺评论家协会公众号逐期推出。由市文艺评论家协会顾问团队任集体评委，评定一等奖10篇、二等奖20篇、三等奖30篇、优秀奖40篇，佳作奖100余篇及组织奖3家。

【红色故事讲述比赛】 2021年9月

2021年4月15—16日，山东水利职业学院旅游管理专业一行70人到日照市方志馆参观学习

（市委党史研究院　供图）

29日，市委党史研究院（市地方史志研究院）举办“追忆红色经典，传承红色精神”红色故事讲述大赛，院全体人员参加活动。6名参赛选手围绕主题，讲述为“两弹一星”殉职的郭永怀、狼牙山五壮士、四次入党的贺龙元帅、马班邮路信使王顺友、沂蒙红嫂、时代楷模“张富清”等人可歌可泣的英雄事迹。该活动旨在传播革命先烈、时代先锋爱国事迹，展现共产党人家国情怀，展示党史史志人良好精神风貌。

【《回首峥嵘岁月读初心——日照党史初心系列故事》发行】 2021年11月，《回首峥嵘岁月读初心——日照党史初心系列故事》发行。该书收录王尽美、尹景伊、宋寿田等10位革命先驱和英雄人物以及25个发生在日照的红色故事，展现日照大地上不可磨灭的红色足迹，体现日照党组织坚定的爱国主义精神、对马克思主义的坚定信仰、勇于献身的革命精神和无私奉献的高尚品德，为全市党员干部党史学习教育提供学习资料，教育引导广大党员知史爱党、知史爱国，常怀忧党之心、为党之责、强党之志。

【《日照战“疫”实录》编纂】 2021年2月，《日照战“疫”实录》编纂完成。《日照战“疫”实录》征编工作自2020年4月启动，全书50万余字，共分战“疫”概述、战“疫”部署、见证战“疫”、战“疫”先锋、战“疫”大事记5个部分。主要记录疫情发生到2020年4月中旬，在中共日照市委带领下，全市人民和各行业、领域抗击新冠肺炎疫情工作历程、重大成就；再现全民同心、积极备战，同舟共济、守望相助，无私奉献、共战疫情的战“疫”斗争。用丰富、生动、真实资料和图片，记录新冠肺炎疫情发生以来日照市的战“疫”历程，展现全市广大党员干部群众听党指挥、顾全大局，勇于斗争、勇于奉献的精神风貌。

（市地方史志研究院 范芳丽）

档 案

【概况】 2021年，日照市档案馆落实习近平总书记关于档案工作重要批示要求，积极作为、充分履职，持续推进档案治理、资源、利用、安全“四个体系”建设，完成各项任务目标。年内，市档案馆接收市级新冠疫情防控和脱贫攻坚档案4716件，接收征集领导公务活动新闻稿、图片各151份，公务活动视频资料55GB，网信办抗疫作品视频图片283件4.43G；至年底，馆藏总量42万卷（件），除纸质档案外，有3万张照片、近5万分钟录音录像以及各个历史时期地方出版物。中央档案馆国家档案局和省档案局省档案馆分别在全国全省宣传推广日照市档案馆探索实践“全域数字档案一体化”机制改革创新经验，市档案馆被确定为全省庆祝中国共产党成立100周年100家革命场馆特色展陈、全市党史教育基地、全市社科教育基地、“党徽在闪耀”全市百项志愿服务项目等，被表彰为全市事业单位脱贫攻坚先进集体、全省档案宣传工作先进集体，1人获评全市攻坚克难先进个人。

【档案管理】 2021，市档案馆主动适应机构改革和职能调整，强化局馆协同谋划、同向作战，与全市创建“国家创新型城市”“智慧城市”同向发力、同频共振，加快“全域档案超脑”资源、利用、安全“一体化”平台改革创新、探索实践，系统注册总数达687家。探索构建“数据赋能、系统聚合、一体智能、全科服务”档案智治新场景做法，得到中央档案馆国家档案局、省档案局馆和市委领导肯定，市档案馆作为全国唯一地级市代表在全国数字档案馆建设推进工作会议上作典型发言，市委书记张惠批示，要进一步总结经验，保持数字档案在全国全省的领先地位，同时要在发挥数字档案作用方面进行多方探索，进一步放大数字档案的效能；市长李在武批示，这是日照市档案馆改革创新的结果，实至名归，望再接再厉，持续走在前作表率。推进智能库房二期建设，确保档案实体和信息安全。市档案馆以最高等次通过“国家综合档案馆业务建设规范化”专家测评。

【档案服务】 2021年，市档案馆累计接待查档群众2524人次，其中在线申请跨馆查档87人次。聚焦资政育人，加大档案服务供给力度。以爱国主义教育基地为平台，开展“让历史告诉未来”四史教育系列活动，

2021年6月9日，市档案馆开展“国际档案日”宣传活动，面向社会群众普及档案知识 （市档案馆 供图）

与曲阜师范大学附属实验学校等签订德育实践基地共建协议，联合举办庆祝中国共产党成立100周年书画、摄影图片展；联合指导有关部门做好庆祝中国共产党成立100周年、乡村振兴、生态环境督查、基层换届选举、省运会筹备等重大活动档案收集整理，联合开展日照港岚山区港南作业区15号泊位，222省道、204国道等重大工程档案验收，推进档案工作服务农村基层社会治理先行先试；主动服务日照钢铁集团“增值税电子发票电子化报销、入账、归档”单套制全国第二批试点，10月19日，日照钢铁集团以全省第一名的成绩通过国家测评验收。

【档案信息化】 2021年，市档案馆开展“我为群众办实事”活动，搭建线上档案查询服务平台。与市人社、民政等部门达成民生档案查阅服务联动协议，形成综合档案馆与重点服务保障窗口民生档案查阅服务对接工作机制，充实社保、婚姻、教育、招生等民生档案专题数据库和人名档案数据库，整理录入人名档案目录数据28.1万条。坚持把提升“线上服务”功能、优化“线下服务”机制，与解决群众用档需求结合起来，接通山东档案目录中心档案查询利用平台、“爱山东·日照通”，与省内外24家综合档案馆达成档案互查协议，开发推广“嗨·来查档吧”入选全市“我为群众办实事活动”项目，通过构建“一级试点、三级覆盖”全域一体档案惠民新机制和实施“厅＋网＋掌”一体化工程，实现群众就近申请、就近查阅、就近取证的“现场查”“网上询”“指尖办”“一站式”服务。

【档案资源建设】 2021年，市档案馆编制“十四五”档案馆资源建设和开发利用专项规划，联合市档案局制定印发“十四五”全市档案人才队伍建设和信息化建设专项规划，合理规划南北两馆功能布局，持续推进档案工作“四个体系”建设。在全省档案系统率先开展建党百年红色档案征集活动，征集到《安哲日记》等一大批珍贵革命历史档案文献、影像资料、实物档案入馆保存。按照中央和省、市部署要求，推进4716件脱贫攻坚、新冠疫情防控档案如期进馆。按期接收市委主要领导公务活动档案入馆，公务礼品档案、特色图书资料、网信办抗疫作品视频图片等专题进馆。

【档案开发利用】 2021年，市档案馆编辑出版《日照往事——档案背后的故事》《红色记忆》等系列档案文化产品，从档案视角讲述日照故事、宣扬精彩蝶变。坚持把服务全市党史学习教育与开展自身学习教育相结合，深耕红色档案资源，系统谋划实施“三个一百”工作，即举办“百年恰是风华正茂”红色档案文献展、制作“红色基因印证百年风华”短视频教育片、“档案话百年”图片档案展，用红色档案打造党史学习教育生动课堂。

2021年5月26日，市委书记张惠（中）带领市委领导班子参观“百年恰是风华正茂”红色档案文献展，重温入党誓词 （市档案馆 供图）

【档案法治建设】 2021年，市档案馆加强法治建设，提高依法决策、依法办事能力。落实法治建设职责，发挥法治教育引导功能，通过“三会一课”、知识竞赛、展览展示、送法进社区等活动丰富学习形式，加强修订版《中华人民共和国档案法》《中华人民共和国保守国家秘密法》《中华人民共和国公务员法》等法律法规和各项党内法规贯彻落实，用法治思维引领档案实践，做到法无授权不可为，法定职责必须为。

【档案宣传】 2021年，市档案馆立足部门优势，挖掘红色档案资源服务庆祝建党百年。线上开设“日照记忆”“档案话今昔”“日照历史上的今天”等专栏，线下策划举办“百年恰是风华正茂”红色档案文献展、“档案话百年”图片展，用红色档案讲述中国共产党为什么行，马克思主义为什么行，中国特色社会主义道路为什么好，举办主题宣讲163场次、受众8400余人。省市领导先后到馆调研，市长李在武专门作出批示，评价该展览“在存史资政育人特别是在今年的党史学习教育中发挥了不可替代的重要作用”。

（市档案馆 余 峰）

文化产业

【概况】 2021年，市委宣传部着眼文化产业破题发展，围绕强载体、抓供给、促交流、优环境，精心打造文化产品，塑造文化品牌，培育城市气质，促进全市文化产业发展提质增效。产业载体建设实现新突破，文化产品供给迈上新台阶，文化交流交易开拓新局面，文化发展环境有新提升。推出省市县三级联合购买文化惠民演出活动 25 场，日照大剧院正式运营并上演“日照东方 艺韵启航”交响音乐会、舞台剧《倾城之恋》等精彩剧目。举办新青年音乐节日照站，接待各地乐迷 1.5 万余人，实现票房收入 280 万元。印发《日照市文化旅游商品提档升级工作方案》，推动特色文旅商品进景区、公共场馆，40 家企业的 206 种文旅商品入驻市图书馆、市博物馆、万平口旅游区、东夷小镇。围绕重要节庆，各大景区推出“元旦迎日祈福大典”“小镇国庆七天乐”“国庆喜乐文化旅游节”等文旅活动。国庆节期间，全市接待游客 294.1 万次，实现旅游总收入 9.4 亿元。

【文化产业贸易】 2021 年，日照市搭建对外文化交流交易平台，开拓文化市场。日照展区和莒县展区参加第二届中国国际文化旅游博览会，近 30 家企业、100 种产品入驻，实现现场交易、签约额 100 万余元。日照天台山旅游度假区（二期）项目列入全省路演推介项目；红窑里 1977 文化旅游项目入选全省 10 个重点签约项目；现代吕剧《先驱·王尽美》与多家企业达成合作意向。举办日照市第四届非物质文化遗产博览会，参展产品 1000 多种，实现收入 592 万元。“一机游日照”智慧文旅平台实现线上交易 5.81 万笔，直接营收 446.6 万元。到上海、郑州、青岛、镇江、邯郸等地开展系列文旅宣传推介活动，开展“千家旅行社走进日照”系列活动，接待旅行商 460 余家。组织企业参加中国（深圳）国际文化产业博览会、第七届西部旅游产业博览会、胶东经济圈文旅联盟上海推介会、义乌文旅产品交易博览会等文化招商活动。

（市委宣传部 刘昱孜）

【文化创意】 2021 年，日照市开展 2021 年日照市优秀文化创意产品奖和设计奖评选工作，评出文创设计奖 2 名、文创产品奖 14 名。在 2021 第二届山东省精品旅游文创设计大赛中，日照市获一等奖 1 个、二等奖 1 个、三等奖 3 个。组织文创企业参加中国特色旅游商品大赛、第三届山东省精品旅游文创设计大赛等赛事活动，“莒国好礼·蜂满箱产品”“莒绘纯手绘提包围巾”“日云山项链”“乡愁是老家的那盘石磨”等参赛作品获得佳绩。

【文化产业活动】 2021 年，日照市开展 2021 年度日照市重点文化产业项目、重点文化企业和重点文化产业园区评选工作，评选出日照市文博中心项目、莒国古城建设项目等 9 个重点文化产业项目，山东白鹭湾有限公司、日照市文化旅游集团有限公司等 4 个重点文化企业，日照 KOL 创意产业园区等 2 个重点文化产业园区。参加第二届中国国际文化旅游博览会，日照展区设立新场景体验区、网红打卡区、现场直播区、产品展销区、非遗展示区、文艺表演区、洽谈签约区七大功能区。博览会以线上线下相结合方式，邀请网红达人开展现场直播 8 场，线上点击量 50 万余次，为“一机游日照”平台引流 15.7 万人次。各参展企业实现交易、签约额百万余元。日照市获第二届中国国际文旅博览会“优秀组织单位”“优秀展示单位”称号。

（市文化和旅游局 王玺任）

文化市场管理

【文化市场监管】 2021 年，市文化和旅游局推进“双随机、一公开”检查，开展娱乐场所、互联网上网服务营业场所等 8 个方面检查。印发《关于加强互联网上网服务营业场所非现场监管工作的通知》，推广使用文旅通 App，规范互联网上网服务营业场所上网登记管理秩序。加强网上巡查力度，严禁互联网上网服务营业场所擅自停止技术监管措施行为。

【文化市场综合执法】 2021 年，日照市推动文化市场改革，设立市文化市场综合行政执法支队。全年查处经营非法出版物单位 3 家，取缔出版物游商地摊 16 处，收缴非法书籍 7897 册，社会拆除及收缴非法卫星电视地面接收设施 53 套。印发文化市场综合执法考评细则，对各区县文化市场综合执法工作存在问题每月进行梳理。加大执法人员培训力度，组织参加全国线上旅游执法专题班 3 次，30 人参加；组织参加全国、省执法培训班 6 次，17 人参加；推荐 4 名基层执法骨干参加华东六省一市“师带徒”人才培养计划。

【“扫黄打非”】 2021 年，日照市成立文化市场管理暨“扫黄打非”工作领导小组，组织召开“扫黄打非”工作专题会议，部署开展“护苗”“清源”“净网”“秋风”“固边”等专项行动，办理文化市场行政处罚案件 126 起。开展“2021 年打击侵权盗版知识产权日”宣传活动，现场讲解普及非法出版物鉴别知识。全国“两会”期间，在全市组织开展出版物市场集中清查整治行动，重点清查校园周边出版物市场、文具店、印刷复制企业等重点领域，查缴各类非法出版物，查处非法印刷、复印行为；开展保护知识产权，打击侵权盗版“扫黄打非·正道 2021”行动；集中清查整治非法安装使用地面卫星设施，防范打击非法境外电视节目。举行“扫黄打非·护苗 2021 绿书签”进校园启动仪式；依托社区青年志愿服务站、中小学校、新媒体，集中开展社区“扫黄打非”青年志愿者行动、“弘儒正风”行动。

（市文化和旅游局 崔恩君）

卫生健康

综 述

【概况】 2021年，日照市卫生健康委员会（简称“市卫生健康委”）聚焦高质量发展主题，以加强党的建设为引领，以健康日照建设为目标，以基层为重点，以改革创新为动力，坚持预防为主、中西医并重，服务全市经济社会发展大局。至年底，全市有医疗卫生机构2489处，开放床位17881张。其中，医院、卫生院15652张。卫生技术人员22962人。其中，执业（助理）医师9035人，注册护士10040人。全市千人口医疗卫生机构床位数6.02张，千人口执业（助理）医师3.04人，千人口注册护士3.38人，分别比2020年增长0.51、0.23、0.34个千分点。“婚育一件事”获第一届中国新型智慧城市创新应用大赛特等奖。强化党风廉政建设，围绕新冠疫情防控、医疗服务、医疗机构监督、违法使用医保基金等方面，开展整治群众身边腐败和不正之风专项行动，查办案件9起，处理处分9人。将意识形态工作纳入党建工作责任制，五莲县新冠疫情期间，连续举办11场新闻发布会，围绕社会公众关切点，一场一方案，场场都有疾控专家专业细致解答，保证信息权威。将党史学习教育作为贯穿全年重大政治任务，做好“规定动作”，创新“自选动作”，推动党史学习教育开展。在全市党史知识竞赛中，市卫生健康委代表队获得第一名，市卫生健康委上报的党史学习教育信息被省委党史学习教育领导小组办公室通报表扬。

【卫生与健康规划】 2021年，日照市成立“十四五”卫生与健康规划起草小组，开门问策、集思广益，开展网上意见征集活动，多次召开专题会议，对规划进行研究讨论，数易其稿，形成《征求意见稿》。7月21日，征求市直相关部门、各区县卫生健康局和委属各单位意见和建议。收到意见建议42条，吸收采纳28条。10月28日，《日照市“十四五”卫生与健康规划》经市政府同意印发实施。

【公共卫生服务体系建设】 2021年，日照市持续推进补短板强弱项项目实施，健全完善公共卫生基础设施，加快日照市公共卫生服务中心、岚山区公共卫生服务中心和城乡社区卫生服务机构相关项目建设，规范各级各类医疗机构发热门诊（发热哨点诊室）运行，推进疾控中心

表60 2021年日照市医疗卫生机构统计表

单位：家

行政区划	合计	医院					基层医疗卫生机构									专业公共卫生机构							其他机构
		小计	综合医院	中医医院	专科医院	护理院（中心）	小计	除村卫生室的机构数据	社区卫生服务中心	社区卫生服务站	街道卫生院	乡镇卫生院	门诊部	诊所/卫生所/医务室/护理站	村卫生室	小计	疾病预防控制中心（防疫站）	专科疾病防治院（所、站）	妇幼保健院（所、站）	急救中心（站）	采供血机构	卫生监督所	
东港区	1015	39	13	11	14	1	958	481	7	19	1	8	52	394	477	11	2	3	2	1	1	2	7
岚山区	247	4	1	2	1	0	240	55	2	12	0	6	1	34	185	3	1	0	1	0	0	1	0
五莲县	486	7	4	1	2	0	473	89	1	6	1	10	5	66	384	5	1	2	1	0	0	1	1
莒县	741	14	8	2	4	0	721	121	2	0	0	19	1	99	600	5	1	2	1	0	0	1	1

（资料来源：市卫生健康委）

2021 年 3 月 19 日，市精神卫生中心组织医护人员在尚德社区翠湖家园开展义诊活动
（市卫生健康委　供图）

标准化建设，开展医防融合试点、二级以上综合医院慢性病健康管理试点，完善医防融合工作机制，开展卫生应急“大培训、大演练、大比武”活动。市公共卫生服务中心项目于 2020 年 12 月开工，2021 年 9 月全部单体主体封顶，年底主体工程验收完毕，市人民医院改造提升工程门急诊楼项目完成主体结构施工，日照区域中医医疗中心项目完成立项、选址、环评等审批手续。

【健康日照建设】 2021 年，健康中国行动日照推进委员会办公室制定《关于印发健康日照行动（2021—2022 年）的通知》，市卫生健康委制定《2021 年健康日照行动重点项目实施计划》，推进健康知识普及、合理膳食等 17 项专项行动。9 月 18 日，日照市被全国健康中国行动推进委员会确定为健康影响因素评估国家试点市。11 月下旬，健康中国行动日照推进委员会办公室牵头迎接省委、省政府对日照市健康山东建设重点工作推进落实情况专项督查考核。创作 52 集健康素养动画片，将 66 条公民健康素养知识以动画片方式全方位展示和普及，委托第三方开展居民健康素养监测，年底完成全市 3000 份样本量抽样调查和数据分析。推进无烟党政机关建设，全市各级无烟党政机关比例达 84.38%。加强卫生健康综合监管，落实市政府办公室《关于开展医疗卫生行业综合监管督察的通知》要求，由市卫生健康委牵头，联合组建 4 个督察组，于 11 月 30 日至 12 月 1 日在全市医疗卫生行业开展综合监管督察，发现各类问题 60 余条。对医疗机构、医共体、公共场所 3 个领域 188 个信息主体，建立统一样式信用档案，对评价出的 72 家 A 级（诚实守信）单位、97 家 B 级（信用较好）单位进行通报。12 月 24 日，省卫生健康委员会下发《关于印发威海、日照两市“信用＋综合监管”工作典型经验的通知》；12 月 27 日，国家卫生健康委办公厅《卫生健康工作交流》刊发《山东省日照市探索“234”工作模式 构建以信用为基础的新型综合监管机制》，推介日照市“信用＋综合监管”典型经验。

【医疗卫生信息化建设】 2021 年，市卫生健康委推进信息化建设，改善优化医疗服务水平。在全市所有公立医疗机构完成电子健康卡识读环境改造和平台对接，实现多卡融合、一卡通用基础上，建设电子健康卡金融创新服务平台，实现二级以上医疗机构在线预约、检查检验报告查询、个人健康档案查阅等 20 余项业务一站式办理；在全国率先实现医疗机构医疗票据电子化全覆盖，通过市级统建模式，部署电子票据平台，每个医疗机构无需单独配备，节省财政资金 2000 万余元；创新推动信息化改革试点，入选工信部与国家卫生健康委联合发布的“5G＋院前急救”“5G＋远程诊断”“5G＋健康管理”等 5 个国家试点。日照市通过国家医疗健康信息互联互通标准化成熟度四级甲等地市验收，日照市人民医院是 2021 年度全省唯一通过国家五级电子病历评审医院；推进婚育服务“全照办”，办理时间从最少 4.5 天压缩至 3 分钟，办理流程由“最少跑 9 趟”变为“一次办好”，相关经验做法被省领导批示肯定，中央电视台专门报道，国务院办公厅印发简报推广，获第一届中国新型智慧城市创新应用大赛特等奖。

【医疗卫生体制改革】 2021 年，市卫生健康委学习推广三明医改经验，将医改重点工作列入全市经济社会发展综合考核。制定实施《关于推动医防融合加快构建整合型医疗卫生服务体系的指导意见》，统筹全市疫情防控与卫生健康事业改革发展。以医联体和医共体建设为载体，以家庭医生签约服务和基层医疗卫生机构能力建设为依托，加强卫健、财政、人社、医保等政策联动，探索建立大医院“愿意放”、基层“接得住”、群众“愿意去”分级诊疗机制。至年底，全市基层医疗机构开展远程影像诊断 23.1 万人次、心电分析 12.8 万人次，送检标本 67.3 万份；全市县域住院就诊率 92.03%、县域内基层诊疗人次数占 68.35%，城乡居民基本医疗服务满意度连续三年稳居全省前三位。将医共体整体纳入“信用＋综合监管”范围，提高行业自律意识，助推社会信用体系建设。2 月 25 日，副省长孙继业在《资源互通 城乡共建 日照市全力推动基层医改夯实民生基石》上批示“日照市基层医改成效明显，值得肯定”。10 月 14 日，国家卫生健康委办公厅《卫生健康工作专刊》（第 150 期）刊发《山东省日照市多措并举推动基层医改取得实效》，推广日照市基层医改创新成果。国家紧密型县域医共体建设经验交流会、山东省学习推广三明医改经验现场会暨培训班和山东省首届基层卫生健康发展大会相继于 5 月 28 日、

6月24日、7月31日在日照市召开。

【现代医院管理制度建设】 2021年，日照市坚持以人民健康为中心发展思想，围绕加强医院党的建设、健全医院外部治理、完善医院内部管理和发挥牵头引领作用4个方面，推进现代医院管理制度建设，促进医院管理更加规范化、精细化、科学化。至年底，完成现代医院管理制度省级试点医院日照市人民医院、莒县人民医院自评工作。

（市卫生健康委 张新海 杨晓宁）

疾病防控

【新冠肺炎疫情防控】 2021年，日照市强化新冠疫情常态化防控，完善境内外重点人员动态排查管理长效机制，及时妥善处置境外输入和本土疫情。严格疫情多点监测，坚持人、物同防，全面开展重点人群"应检尽检"。全年开展核酸检测34轮，累计检测3066050人次，累计排查疫情重点地区来人19.8万人次；加强进口冷链食品专仓疫情防控，累计对3336个集装箱、5133049件、74666.49吨进口冷链食品抽检，检测104410件货物的食品及内外包装310232份、车辆4239台、集装箱5921箱、从业人员及工作人员4204人次。10月25日，五莲县报告1例新冠肺炎本土确诊病例后，全市卫生健康系统第一时间开展流调溯源，迅速确立零号患者，48小时内查明病毒源头和传播链条；先后对密接、次密接等重点人员进行8轮核酸检测，对封控区人员进行4轮核酸检测，对管控区、防范区人员各进行2轮核酸检测，累计检测70.9万人次，及时发现感染者，阻断疫情传播链；按照"一患一策"原则制定个体化中西医治疗方案。11天后有序复工复产、复商复市，社会面恢复正常生产生活。12月10日，此次疫情最后一名感染者出院转入14天集中隔离医学观察，14例确诊病例、6例无症状感染者全部治愈出院返回原籍。

重点环节防控。落实入境人员流行病学调查、医疗救治和终末消杀等工作，对2021年境外返回日照9294人、日照口岸落地船员4373人全部实行全流程闭环管理。处置"危地马拉"轮、"和平"轮等境外输入疫情7起，判定阳性感染者25人均密闭转运至定点医院隔离治疗。规范基层医疗卫生机构接诊行为，坚持"人物同防、医患同防"，持续加强院感防控。配合市场监管、商务等部门加强进口货物疫情防控，对3302个冷链集装箱、5856个非冷链集装箱，529.2万件货物进行抽检和集中预防性消毒。妥善处置4起进口冷链食品检测阳性事件，高效处理涉疫快件。

应急处置。修订完善《日照市新冠肺炎疫情防控应急处置预案》《新冠肺炎本土疫情应急处置工作流程》《日照市全员核酸检测工作方案》（第四版），增加"上级决策，区县执行"和"平急转换，专兼结合"内容，在指挥体系方面参照五莲县疫情处置防控指挥部架构，设立前线指挥部，在应对措施方面对启动应急响应、现场流调溯源等13个环节进行修订完善；核酸检测工作预案进一步加密采样点布局，加强核酸检测力量，优化标本转运流程，完善重点人群核酸检测方案，加大物资储备力度和细化阳性标本处置流程。2021年，全市建成核酸检测实验室26处、配备核酸检测设备126套，按照每套日检测能力720管计算，日检测能力达9.07万管。组建专兼结合的流调溯源、隔离转运、核酸采样、核酸检测队伍。规范隔离点建设，全市按照不少于20间/万人口规模储备隔离资源。先后组织开展"两节期间新冠肺炎聚集性疫情应急处置演练"、两区两县全员核酸检测应急演练、阳性病例隔离场所演练。

新冠疫苗接种。2021年，全市12～14岁、15～17岁、18岁及以上人群包括60～69岁和70岁以上人群等5项疫苗接种指标全部达标。组织开展重点人群加强针接种和3～11周岁人群第一剂次接种工作。截至2021年12月28日，完成加强免疫898484人，3～11周岁人群完成第一剂次接种340549人，接种率分别为93.62%和95.63%。

【重点传染病防控】 2021年，市卫生健康委实行疫情周预测预警、月分析报告、重大疫情随时分析报告制度，加强传染病疫情各项防控工作。年内，全市报告法定传染病20种9060例，报告发病率307.22/10万，重点传染病疫情总体平稳；加强艾滋病疫情网络直报与跟踪管理，全市13处艾滋病自愿咨询检测门诊艾滋病自愿检测（VCT）工作开展率100%。

【慢性病及地方病、寄生虫病、麻风病等防控】 2021年，市卫生健康委规范慢病监测工作，提高报告数量和质量。推进"健康日照"工作进程，加强危险因素干预，开展"一评二控三减四健"专项行动，乡镇行动覆盖率100%；全市实现慢病示范区全覆盖，岚山区创建为国家级慢病示范区。全面启动"三高共管 六病同防"医防融合试点工作，"三高中心"覆盖全部区县，"三高基地"和"三高之家"覆盖所有乡镇（街道）。加强地方病防治，推进消除疟疾及肠道寄生虫监测工作，全市5个区县近5年疟疾传播媒介监测覆盖率100%。

【疫苗接种】 2021年，全市儿童常规免疫接种率在99%以上，全市无甲肝、戊肝疫情发生，继续保持无流脑、乙脑、麻疹病例报告，连续32年无脊髓灰质炎野毒株病例，连续44年无白喉病例发生。合理规划和设置预防接种单位，加强预防接种单位规范化管理和信息化建设，全市建成常规预防接种门诊74个，数字化门诊72个，数字化门诊建设比例达97.29%。开展新冠病毒疫苗接种，至年底，全市累计接种新冠病毒疫苗605.82万剂次、274.52万人。3～11周岁人群总体完成率94.19%，12周岁及以上人群全程接种率98.18%。

【公共卫生及检验检测】 2021年，市卫生健康委加强食源性疾病病例监测与事件监测，全市15家二级以上病例报告医院全部完成信息化建设，全市报告食源性疾病病例33185例，完成枯水期与丰水期366份水样的采样、检测。推进质控考核项目和实验室室间质量评价，组织对全市22家新冠核酸检测实验室进行室间质评，参加省级室间质评15次，成绩居全省前列。加强食品安全管理，将餐饮具集中消毒服务单位专项整治行动列为全市卫生健康系统“我为群众办实事”事项，集中开展专项整治工作，下达监督意见书30份，查办案件2个，餐饮具集中消毒服务单位卫生档案建档率100%，监督覆盖率100%。严格企业标准备案，全年完成网上办理食品安全企业标准备案122件，实现企业标准备案工作“零跑腿”和纸质证明材料“零提交”。

【结核病防治】 2021年，日照市开展结核病防治知识系列竞赛活动、快闪音乐短片（MV）及结核病防治大讲堂等系列宣传活动，提高社会各界结核病防治知晓率。加强学校结核病防控，组织开展学校负责人专题培训，开展督导考核，全年全市处置学校结核病散发疫情19起。开展重点人群肺结核筛查项目，在全市65岁以上老年人、学生、农村脱贫享受政策人口、养老机构等重点人群中选取2万人进行胸部医生（DR）筛查，提高结核病患者发现水平。日照市通过山东省肺结核患者智能管理项目及结核潜伏感染预防性治疗评估项目中期评估、“十三五”结核病防治规划省级终期评估工作。

【传染病监督】 医疗废物医疗污水监督检查。2021年3月，市卫生健康委下发《关于进一步加强全市医疗废物医疗污水处理监督检查的通知》，在全市范围内开展医疗废物医疗污水监督检查，监督检查医疗卫生机构50家，立案处罚15家。

抗（抑）菌制剂专项监督检查。2021年，市区（县）两级执法机构共同执法，对全市消毒剂和消毒器械生产企业进行全面排查，检查消毒剂生产企业10家（含1家抑菌剂）、消毒器械生产企业3家，下达监督意见书13份。

病原微生物实验室生物安全监督检查专项行动。2021年3月，市卫生健康委制定日照市“蓝盾行动”病原微生物实验室生物安全专项检查方案，明确专项检查活动对象和内容，提出相关要求。全市检查医疗卫生机构120余家，一级病原微生物实验室114个，二级病原微生物实验室35个，新冠病毒核酸检测实验室23个。其中，第三方核酸检测实验室（医学检验室）1个，下达监督意见书100余份，提出整改意见90余条。

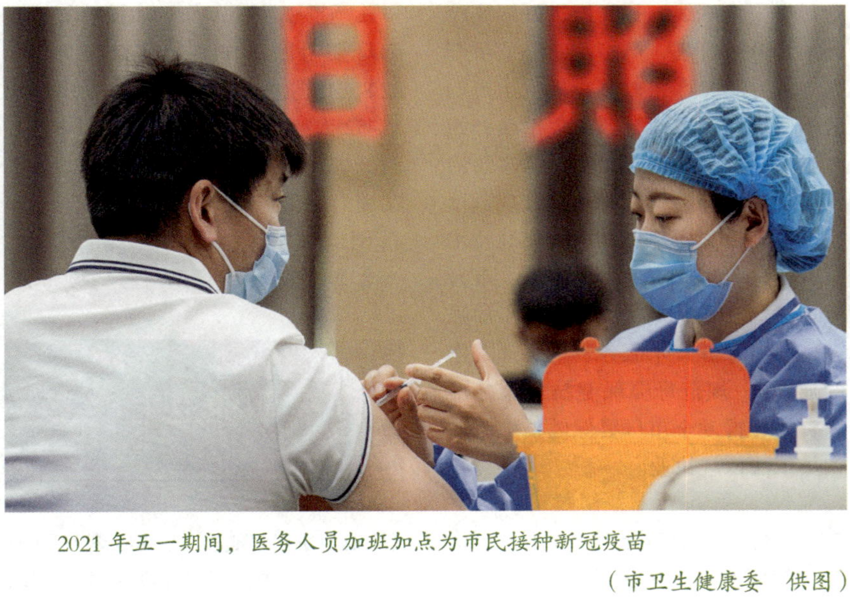

2021年五一期间，医务人员加班加点为市民接种新冠疫苗

（市卫生健康委　供图）

【精神卫生】 2021年，全市公立精神卫生机构完成精神科门诊诊疗144338人次，住院10488人次，出院10402人次。市精神卫生中心新开设儿童青少年心理门诊、学习困难门诊、记忆障碍门诊，满足广大市民个性化就诊需求。市卫生健康委搭建学术交流平台，推动全市精神医学的发展，相继成立精神医学专业委员会、精神科护理专业委员会，加强严重精神障碍防治体系建设，建立健全四级精神卫生防治网络。全市新确诊严重精神障碍患者776人，全部纳入网络管理并实施免费救治、随访管理。加强全市精神卫生防治人才队伍建设，提高基层临床医师精神卫生服务能力，依托市精神卫生中心开展基层医师精神障碍防治技能、心理健康知识技能集中培训和实践轮训。至年底，全市在册严重精神障碍患者14756人，年管理率94.7%，规范管理率93.65%，面访率94.61%，在册患者服药率93.09%，规律服药率77.77%，精神分裂症服药率92.91%，规律服药率78.91%。落实《社会心理服务体系建设三年行动计划（2019—2021）》，召开全市社会心理服务体系建设现场推进会，开展督导检查和评估考核工作，全市社会心理服务体系建设三年行动结束。年内，面向全市各医疗卫生机构、公检法、教育系统等心理工作者，举办心理咨询技能培训班4期，培训1000余人次。

（市卫生健康委　范海波）

基层卫生

【基层卫生服务体系建设】 2021年，市卫生健康委继续实施基层医疗卫生服务能力提升行动三年规划。全市县级综合医院达到国家推荐标准率、“六大中心”县覆盖率、社区医院县区覆盖率、省级示范村卫生室及中心村卫生室设备配备率均为100%，乡镇卫生院（社区卫生服务中心）达到国家基本标准率、国家推荐标准率、省提升标准率、老年友善环境整治完成率等各项指标均处于全省前列。全市乡镇卫生院和社区卫生服务中心全部建成发热哨点诊室并配备核酸快检设备，严格预检分诊和哨点诊室管理，建立全市基层医疗卫生机构发热患者零报告制度。在服务全覆盖基础上，规划中心村卫生室102处，全面配备心电图机（血液分析仪）或除颤仪，为760个县级以上示范标准村卫生室配备重点人群智慧随访设备，完善“15分钟健康服务圈”。

【基本公共卫生服务】 2021年，日照市将基本公共卫生服务人均经费标准由74元提高到79元，采取“先预拨、后结算”方式，确保资金及时足额到位。推进居民健康档案、健康教育、预防接种、儿童健康管理、孕产妇健康管理、老年人健康管理等国家12类基本公共卫生服务项目，开展居民电子档案务实应用，加强重点项目管理。至年底，全市建立居民健康档案268.05万份，辖区内接受一次及以上随访0～6岁儿童18.1万人，按规范频次要求管理孕产妇1.75万人，健康管理65岁以上老年人32.30万人，健康管理高血压患者25.63万人、2型糖尿病患者9.75万人。

【基层医疗卫生服务】 2021年，全市所有乡镇卫生院（社区卫生服务中心）房屋、设备、科室设置，均达到“国家优质服务基层行”基本标准，全部建成哨点诊室和数字化预防接种门诊；村卫生室“四室分开”，无菌柜、血压计等8小件齐全，建成省级示范村卫生室54个，市级216个。重点打造涛雒、巨峰、夏庄、招贤、碁山、许孟卫生院6处县域医疗服务次中心，新建急救站5处、改造提升1处，健全“30分钟重点疾病救治服务圈”。调整优化村卫生室布局，规划中心村卫生室100处，全部配备心电图机（血液分析仪）或除颤仪，完善“15分钟健康服务圈”。开展乡村医生培训，全年举办5期，培训1000人。

【基层卫生人才队伍建设】 2021年，市卫生健康委开展乡村医生培训，完成市级骨干班、提升班培训5期，培训乡村医生1000名；推进新型乡医招聘，采用“县招乡管村用”方式，招聘53名新型乡村医生，均具备执业（助理）医师、乡村全科执业助理医师或全日制医学专业专科以上学历，财政补助政策与基层医疗卫生机构同条件在编人员相同，年度考核、职称评聘、工资待遇参照基层医疗卫生机构在编人员执行。利用基层卫生人才能力提升培训项目，对乡镇卫生院和社区卫生服务中心全科医生、护士、管理人员和乡村医生等4000余人进行传染病防控知识、传染病及突发公共卫生事件报告和处理等业务培训。

（市卫生健康委 张新海 杨晓宁）

妇幼保健

【妇幼保健管理】 2021年，日照市制定实施《日照市母婴安全行动提升计划（2021—2025）》《日照市健康儿童行动提升计划（2021—2025）》，推进母婴安全、健康儿童行动提升。坚守母婴安全底线，扎实推进妊娠风险评估和分级管理，严格落实高危孕产妇专人专案，严密监测；规范孕产妇救治管理，制定《日照市危重孕产妇救治管理工作实施方案》，组建救治网络，强化措施保障，规范管理危重孕产妇救治工作；提升母婴保健技术服务资格管理，市卫生健康委、市行政审批局联合制定《关于进一步加强全市母婴保健技术服务资格管理工作的通知》，规范母婴保健技术服务准入资格，推动全市母婴保健技术服务人员依法依规执业。

【出生缺陷综合防治】 2021年，市卫生健康委联合市民政局、财政局、妇儿工委办公室、团委、妇联、计生协六部门印发《关于加强婚育服务一体化工作的通知》，推动实现婚姻登记、健康教育与促进、免费婚前医学检查、免费孕前优生健康检查、增补叶酸、优生咨询指导等婚前孕前“一站式”服务，东港区、岚山区、莒县、五莲县均成立一体化婚育服务中心，提供“一站式”婚育保健服务。日照市产前筛查与诊断技术管理和质量控制中心成立，筛查、诊断、治疗一体化服务体系更加完善，全年全市产前筛查19888人，产前筛查率90.6%。持续开展新生儿疾病筛查和听力筛查与诊断，全市新生儿筛查22393人，新生儿疾病筛查率99.25%。开展听力筛查、听力诊断以及听力康复工作，实现早诊早治，有效降低致残率。

【妇幼公共卫生服务】 2021年，日照市对城乡适龄妇女开展“两癌”免费筛查，东港区、岚山区、莒县、五莲县妇幼保健院均启用“两癌”查体车，实现车内“一站式”筛查服务。全市城乡适龄妇女完成乳腺癌筛查102133人、宫颈癌筛查100311人，共确诊乳腺癌86人，宫颈癌31人。持续加强0～6岁儿童眼保健服务能力，市卫生健康委、市教育局联合印发《关于成立日照市0～6岁儿童近视防控中心的通知》，成立日照市0～6岁儿童近视防控中心，具体承担全市0～6岁儿童近视防控工作。加强叶酸补服和母婴阻断工作，全市免费发放叶酸85813瓶，累计新增叶酸服用人数17452人。孕产期接受HIV、梅毒、乙肝表面抗原检测孕产妇2.22万人，艾滋病感染产妇2例，梅毒感染产妇41例，乙肝表面抗原阳性产妇393例。

（市卫生健康委 张新海 杨晓宁）

职业卫生

【职业卫生“双随机”执法检查】 2021年，日照市完成国家下达职业卫生“双随机”任务4件，完结率100%；按照省卫生健康委下达的职业卫生双随机检查任务要求，在国家卫生监督信息平台录入用人单位底档612家，监督各类用人单位667（家）次，针对存在违法违规问题立案处罚案件65起；对12家职业健康检查机构和4家职业卫生技术服务机构开展全覆盖监督检查，下达卫生监督意见书16份，立案处罚案件2起。

【重点行业领域职业卫生专项执法】2021年，市卫生健康委制定印发《日照市重点行业领域职业卫生专项执法工作实施方案》，在全市危险化学品加工、储存、销售、使用以及污水处理等易产生急性职业损伤的重点行业领域，开展为期一年的专项执法检查。全市各级卫生监督机构在摸底建档基础上，对纳入范围用人单位，全部实现危害因素检测评价率、职业健康检查率、危害项目申报率、培训率“四个100%”目标。在全市范围内随机选取30家单位，委托第三方检测公司进行职业病危害因素监督抽检，对存在粉尘超标七家用人单位立案处罚，并责令限期改正。开展职业卫生技术服务机构专项监督“蓝盾行动”，印发职业卫生技术服务机构执法检查专项行动工作方案，并将其列入全市卫生监督“蓝盾行动”。组织全市四家职业卫生技术服务机构全部签订职业卫生技术服务承诺书，并进行全面执法检查，立案查处案件1起。指导莒县在吸取国家级试点地区先进经验基础上，开展市级试点。

【职业病防治法普法宣传】2021年，市卫生健康委通过开展“以案讲法”送法上门集中培训、租用大型宣传车在重点区域巡回宣传、开展普法式执法、利用微信公众号开展在线宣传等形式，宣传职业病法律法规。落实职业卫生监督能力提升项目，将中央拨付的100万元专项资金分配到各区县和市执法支队；根据省卫生健康委要求，落实职业卫生执法取证装备和现场快速检测设备的分发和验收，完成能力提升项目各项工作。

【放射卫生监督】2021年，日照市完成放射卫生监督国家双随机检查任务7件，立案查处案件3起；对全市放射诊疗单位进行全面监督检查，覆盖率100%。开展全市放射工作人员培训和查体工作，邀请省医学科学院放射医学研究所专家到日照，为全市1213名接触射线岗位工作人员，开展放射防护培训和职业健康检查。全年办理放射许可校验12份，承接省下放放射许可变更校验6份。

（市卫生健康委 张新海　杨晓宁）

老年健康

【概况】2021年，全市创建省级医养结合示范乡镇26个，创建市级医养结合示范单位8处，5处二级以上综合性医院设立老年病科，二级以上中医医院全部设置康复科、治未病科，各级医疗机构普遍设立老年人就医绿色通道，双证齐全医养结合机构发展到18家，14处基层医疗卫生机构设立安宁疗护床位164张。至年底，全市有省级医养结合示范先行县（区）3个，省级医养结合示范单位3家，省级医养结合示范乡镇（街道）40个，市级医养结合示范单位22个，医养床位6522张。

【医养结合】2021年，日照市制定出台《日照市家庭医生签约服务实施方案》，老年人家庭医生签约服务费提高至每人每年130元，其中医保基金负担60元、基本公共卫生服务经费负担35元、签约老年人付费35元，60岁以上老年人个人付费由财政承担。丰富家庭医生签约服务内容和形式，将“三高共管六病同防”纳入家庭医生签约服务内容，为“三高”患者提供整合式慢病服务。至年底，全市65岁老年人签约率87.75%、城乡社区规范健康管理服务率72.08%。推进“医中办养”，全市二级以上医疗机构全部开设老年人就医绿色通道，5处二级以上综合性医疗机构新设老年病科；市人民医院与市交发集团共同出资6.5亿元，建设颐养健康中心。开展“养中融医”，支持养老机构按规模、分类申请开办医疗、护理、康复服务机构或病区，取消行政审批，改为备案制管理。中盛幸福集团自建护理院，托管全市21处乡镇敬老院，辐射社区、村居300余个，先后获“全国敬老文明号”“山东省首批医养结合示范单位”等称号。支持乡镇（街道）卫生院与敬老院毗邻共建、一体化发展，建成5处“两院一体”。五莲县洪凝卫生院与养老院相互融合，依托北京康复医院支持，转型为五莲县康复医院，成为全省规模最大的县级公立康复医疗机构，经验做法被央视报道。

【老年健康服务】2021年，市卫生健康委实施安宁疗护、老年心理关爱项目，推动东港区、岚山区省级试点区县安宁疗护事业发展，鼓励各级医养结合机构设置安宁疗护、临终关怀床位，推动安宁疗护服务延伸至基层。至年底，全市14处基层医疗卫生机构设立安宁疗护床位164张。落实省级老年心理关爱项目，在省级补助基础上，市级每处再补贴3000元，为贫困、空巢、失能、失智、计划生育特殊家庭和高龄独居老年人提供日常关怀和心理支持服务。推动中医药与健康养老相结合，将中医特色康复服务贯穿养老全过程；开展中医适宜技术培训，满足老年人对中医康复服务需求，全年培训1000余人次。加强老年健康专业技能培训，支持日照职业技术学院、日照市卫生学校开设老年医学相关专业或课程，加快培养老年医学人才；在国家、省老年医学人才培训基础上，市卫生健康委连续3年拨款30万余元用于医养结合服务人员在职培训。至年底，培养、轮训医养结合管理服务人员1000人。

【社区健康服务】2021年，市卫生健康委依托城乡社区综合服务设施建立社区社会工作室，为老年人、妇女、儿童以及社区矫正、刑满释放、戒毒等人员提供心理健康服务；联合市体育局下发《关于组织“精彩省运 活力社区”日照市首届全民健身示范社区评选活动的通知》，开展全民健身示范社区评选活动。至年底，全市登记注册专业社工机构29家，心理咨询类社会组织17家。新冠疫情防控期间，全市有8家专业社工机构向社会公布热线电话，为群众提供心理疏导、精神慰藉、资源链接等专业社工服务，累计服务群众600余人次。

【老年健康宣教】 2021年，市卫生健康委组织开展老年健康宣传周、敬老月活动。其间，全市各级乡镇卫生院设置电子屏，滚动宣传老年健康知识，医护人员结合老年人群特征、老年人日常保健、疾病预防等情况，为老年人提供健康查体、用药指导，讲解老年心理健康维护、老年高血压、高血压饮食等健康知识，对常见病、多发病、慢性病症状及治疗预防措施进行指导，对老年患者日常保健给出专业建议。至年底，全市各级开展老年健康义诊活动90余次，提供健康管理10000人次，发放老年健康宣传手册8000余份。

【孝老爱亲活动】 2021年，日照市举办“庆国庆 迎重阳”日照市东岳太极拳老年人培训、老年人特色健身项目展演等活动，1000余名老年人参加项目展演，莒县500多名老年人在莒国古城参加“人间百善孝为先 九九重阳享健康”老年体育健身展演活动。开展敬老公益活动，组织敬老志愿服务活动800余场次，为老人提供日常生活服务、精神慰藉、健康管理、法律咨询等服务。在日照广播电视台开设《最美夕阳红》老龄栏目，累计制作600期，播出3800次，播出时长5.7万分钟。

【城乡智慧康养驿站建设】 2021年，日照市创新打造城乡智慧康养驿站日照模式。在农村，岚山区以“镇村联动、医养融合”为原则，以居民长期护理保险试点为保障，把整个镇域作为医康养大单元，整合镇村卫生资源与养老资源，建立岚山区智慧医康养信息平台，引入市场化服务推动智慧康养驿站建设，建成陈家官庄、费家湖等64个农村智慧康养驿站。7月，市委办公室、市政府办公室发文要求全市复制推广岚山区经验做法。在城区，引导社区卫生服务机构与养老机构签约，探索社区卫生服务站与日间照料中心（站）“两站联建”，推动基本医疗、康复训练、中医理疗、日间照料、文化娱乐、居家养老“六位一体”，打造林海社区等25处一站式城市智慧康养驿站。城乡智慧康养驿站日照模式，得到省医养健康产业调研组肯定。

（市卫生健康委 范海波）

爱国卫生

【国家卫生城市创建】 2021年，日照市加强国家卫生城市创建督导检查，下发整改督办单52份，整改问题449条。5月8日，市政府召开全市爱国卫生暨常态化新冠疫情防控工作会议，对迎接国家卫生城市复审、卫生城镇全域创建和常态化疫情防控等工作安排部署；5月27日，市政府召开迎接国家卫生城市复审工作推进会议，市委副书记、市长李在武主持会议并讲话。日照市通过国家卫生城市第四次复审。

【卫生城镇全域创建】 2021年7月15日，市爱国卫生办公室组织召开全域创卫推进暨培训视频会议，对卫生城镇创建流程及标准进行专题培训。至年底，莒县、五莲县申报创建国家卫生县城，19个乡镇（街道）申报创建国家卫生乡镇，14个乡镇（街道）创建为省级卫生乡镇，760个村（社区）创建为省级卫生村，省级以上卫生镇村覆盖率分别达94.44%和66.7%。

【爱国卫生攻坚行动】 2021年，日照市在全市范围内开展爱国卫生攻坚行动。通过城镇环境卫生提升、农村环境整治、家庭卫生清理、单位公共卫生整洁、学校健康促进和个人健康生活方式推广等活动，改善城乡环境卫生面貌，普及文明健康、绿色环保生活方式，有效防控传染病和慢性病，筑牢常态化疫情防控大环境。

（市卫生健康委 张新海 杨晓宁）

卫生监督

【概况】 2021年，市卫生健康委落实卫生健康监督执法职责，转变监管理念、创新工作机制、突出执法重点，净化医疗服务市场，保障公共卫生安全。全市监督覆盖率99.71%，共立案处罚1134件，日照市被省卫生健康委表彰为卫生健康监督守正创新年活动先进市。

【消毒产品和餐饮具卫生监督】 2021年，市卫生健康委在区县重点检查消毒产品经营单位，检查医药公司、药店、母婴店、商场超市、婴幼儿洗浴及游泳场所等各类场所428家，对不规范现象下达整改监督意见书。开展餐饮具清洗消毒专项整治工作，对全市6家餐饮具集中消毒服务单位（莒县2家、五莲县1家、日照市经济技术开发区3家）开展监督检查和抽检，立案查处2起。

【公共场所和生活用水卫生监督】 2021年8月，市卫生健康委下发《关于开展新冠肺炎疫情防控公共场所监督检查的通知》，指导各区县开展新冠肺炎疫情防控公共场所监督检查。年内，委托第三方检测机构抽检地下商场超市空气质量12家，监督检查商场超市92户次，宾馆、理发店220户次，汽车站6户次，图书馆2户次，下达卫生监督意见书209份，立案处罚51家。开展公共场所及生活饮用水集中式供水单位量化分级管理，下发《关于开展全市公共场所及生活饮用水集中式供水卫生监督量化分级管理A级单位申报和复核工作的通知》，自8月23日起，市卫生健康委组织人员对全市2019年认定的17家A级单位以及2021年新申报的6家单位进行评审认定，确定14家公共场所卫生监督量化分级管理A级单位和4家生活饮用水集中式供水单位卫生监督量化分级管理A级单位。在全市范围内开展公共场所通风专项卫生监督检查，重点对影剧院、音乐厅、公共浴室等176家公共场所单位进行通风设施相关情况监督检查，对12家存在通风安全问题隐患单位，当场下达卫生监督意见书，责令限期整改，全部整改到位。开展农村饮用水卫生安全专项监督检查，对35家存在卫生安全问题农村供水单位进行监督检查“回头看”，对存在问题的20家单位向供水主管部门通报。

【学校卫生监督】 2021年，市卫生健康委落实卫生监督工作职责，对学校生活饮用水卫生管理情况、常态化新冠疫情防控情况进行检查，监督检查学校316次，下达卫生监督意见书58份，立案处罚单位3家。6月，联合市教育局，下发《关于开展全市中小学校、托幼机构卫生监督检查的通知》，检查各类中小学校及托幼机构24家（其中民办学校1所），委托山东陆桥检测公司抽检5所学校及托幼机构的现制现售水出水5份，水质检测结果均合格。

【医疗美容机构乱象整治】 2021年8月下旬，市卫生健康委组织到大润发、大学城和银座商场开展线下普法宣传教育，开展打击非法医疗美容宣传活动，各区县同步进行，全市分发宣传海报857份、明白纸1211份。年内，省卫生健康委确定日照市为医疗美容机构量化分级管理试点市，市卫生健康委起草《全市医疗美容机构量化分级管理试点工作方案》，牵头举办医疗美容机构量化分级管理试点工作启动会，组织全市医疗美容机构到威海学习。开展口腔医疗机构卫生监督量化分级管理试点工作，莒县被省卫生健康委确认为口腔医疗机构卫生监督量化分级管理试点工作地区。

【行政执法】 2021年，市卫生健康委开展医疗机构不良执业行为记分工作，对全市存在违法违规的268家医疗机构不良执业记分情况进行通报，并利用微信号向社会公布。加强医疗卫生监督，组织开展乡镇卫生院新冠疫情防控和依法执业检查，12月中旬，牵头组织对全市7家卫生院新冠疫情防控、依法执业执法、消毒隔离等方面检查，对发现问题汇总整理，通报督促整改落实。

（市卫生健康委　范海波）

中医药事业

【概况】 2021年，市卫生健康委推动全市中医医院聚焦主责主业，以日照市中医医院为依托，争创省级区域中医医疗中心。提升基层医疗机构中医药服务能力被纳入2021年度“为民办实事”项目，提升中医药服务可及性。以莒县为试点在政府办中医医院全面推行“五个全科化”发展模式，即中医经典、中医治未病、中医外治、中医康复和中医护理全科化，该模式全面推进中医药传承创新发展，发挥中医药特色优势，公立中医医院省级重点监测指标较2020年同期有所提升。

【中医药服务】 2021年，全市二级以上政府办中医医院全部设置治未病科、康复科室、老年病科，二级以上综合医院和妇幼保健机构全部设置中医科，为群众提供全方位医疗服务。市卫生健康委推动落实中医药“为民办实事”项目，年内提升建设全市乡镇卫生院（社区卫生服务中心）“国医堂”55处，遴选乡镇卫生院（社区卫生服务中心）20处开展中医药特色专病卫生院建设，建设独立的中医药特色鲜明的“国医馆”4处，实现乡镇卫生院中医药服务全覆盖，为群众提供中医特色诊疗、健康教育、教学培训等服务。开展中医药适宜技术培训，完成培训中医类别医师218人次、护理人员795人次，加强基层中医药服务能力。加大医保对中医药发展支持力度，确定中医门诊优势病种20个，日间病房病种20个。

【中西医协同疫病防治】 2021年，市卫生健康委在新冠疫情防控中，坚持中西医结合、中西药并用，成立中医药防治领导小组、中医药防治专家组。制定发布中医药预防方案，指导群众加强居家防护，提供21万副中药预防方药；及早介入、全程干预新冠肺炎患者治疗，先后10余次组织中医药专家会商会诊，为确诊病例和无症状感染者分别制定中医诊疗方案。在新冠肺炎防治工作中，根据疫情特点，结合日照市本土气候和环境，三因制宜，为不同人群提供中医药服务，有效缓解临床症状，取得良好效果。

【中医药传承创新】 2021年，市卫生健康委落实《中共日照市委　日照市人民政府关于促进中医药传承创新改革发展的实施意见》，在市中医医院建设学经典、用经方、传经验“三经传承”推广示范基地，全市建成3处国家名中医药专家传承工作室和2处省级名中医药专家传承工作室。组织参加国家级、省级师承教育，加强老中医学术思想、老药工技艺等师承教育，全市有五级师承教育老师24人、学生56人。开展中药特色炮制经验、炮制技术整理挖掘，全市有中药制剂批准文号12个。至年底，全市创建山东省中医药文化宣传教育基地1处，山东省中医药文化建设示范单位5处。连续15年开展中医中药中国行活动，连续6年举办中医养生膏方节、三伏养生节，受益群众达数十万人。

【中医药产业发展】 2021年，市卫生健康委落实“产业强市”战略，推进中医药产业发展。中药材种植面积近10万亩，种植面积较大品种有丹参、黄芩、金银花、瓜蒌、艾叶等，丹参、黄芩种植面积达8.1万亩。可供开发利用中药材品种有20余种，主要品种“莒县丹参”“莒县黄芩”具有国家地理标志和农产品标志双认证。建成全省中药材炮制技术传承基地1处。着力开展“旅游＋中医药”融合文章，聚力打造“一区六组团”，规划布局中华国医坛世界养生城等项目。2017年，日照市作为全国唯一滨海城市、山东省唯一地市，入围国家中医药健康旅游示范区创建单位名单，是15个创建单位之一，2021年持续推进项目建设，做好迎接国家验收准备。

（市卫生健康委 张新海 杨晓宁）

医政药政管理

【基本药物配备使用】 2021年，市卫生健康委印发《关于整体推进国家基本药物制度实施的意见》，推进国家基本药物制度实施，全市政府办基层医疗卫生机构和村卫生室实现基本药物制度全覆盖，基本药物配备和使用金额占比提升，基本药物合理使用水平提高，逐步形成以基本药物为主导的用药模式。

【医疗质量管理】 2021年，日照市加强医疗行为规范管理，制定《日照市不合理医疗检查专项治理行动实施方案》《日照市“民营医院管理年”活动实施方案》，聚焦隐患问题多发领域，开展不合理医疗检查专项治理，全年巡查民营医院43家。加强专业质控检查，开展专业质控活动和质控会议，规范临床诊疗行为，提高临床专业同质化管理水平。强化监督检查，建立医院内自查、质控中心专业检查、行政部门检查三级检查制度，开展预检分诊和发热门诊管理专项检查、新冠病毒核酸检测实验室检查、疫情防控问题排查、病历质量专项检查等系列检查，全部现场或限期完成整改。加强公立医院绩效考核，召开3次公立医院绩效考核培训会，进行考核政策和指标解读，全市11家二级以上公立综合医院、专科医院2021年全部纳入考核范围。

（市卫生健康委 范海波）

【医疗保障】 2021年，市医疗保障局开展“医疗保障优质服务年”行动，践行“我为群众办实事”活动，全省医保经办工作会议在日照市召开。加快标准化示范窗口建设，推行医保窗口“综合柜员制”，实现无差别“一窗受理”；强化门诊慢特病服务，全市实行医院端认定门诊慢特病资格，同时在二级及以上综合定点医疗机构建立门诊慢特病服务专区，实施“一站式”服务；开展“智慧医保”服务，推出“就医服务‘全照办’”，实现异地就医备案、门诊慢特病资格申请等30余项医保事项与医院业务“掌上联办”；落实社保卡“一卡通行”，实现全市837家定点医药机构社保卡和医保电子凭证“一卡通行”全覆盖，全市34家定点医疗机构开通门诊慢特病省内联网，102家定点医疗机构实现门诊省内及跨省双向定点医疗机构联网直接结算；提升基层医保便民服务能力，推进经办服务下沉，建立基层医保服务站（点），实现医保业务在群众“家门口”办理。加快按疾病诊断相关分组（DRG）付费改革。11家试点医院自1月1日起，职工和居民医保基金全面实行DRG实际付费；试点医院平均住院日比2020年下降5.88%，14天再住院率比2020年下降6.68%，15个轻症住院人次比2020年同期下降21.26%，8家试点医院次均住院费用负增长；在全市开展日间手术医保支付，手术病种达53种；完善中医门诊优势病种付费改革，探索建立日间诊疗中心，提升医保基金使用绩效。完成医保智能监控系统部署，接入定点医疗机构112家，开展《医疗保障基金使用监督管理条例》集中宣传月活动，深化违规医保基金行为专项治理，先后开展定点医疗机构专项治理“回头看”、自查自纠等行动，推行“双随机、一公开”检查。年内，全市检查定点医药机构2240家，解除定点协议机构21家，暂停医保协议机构19家，公开曝光14例，兑现举报奖励1例，追回违规基金3100万余元。

（市医疗保障局 王云云 于常亮 秦雅萍）

【药品、耗材集中带量采购】 2021年，市医疗保障局坚持制度化、常态化推进药品耗材集中带量采购。全年先后有五批国家集中采购药品，一批国家集中采购冠脉支架类医用耗材及山东省首批集中带量采购药品、医用耗材落地日照市，五批国家集采药品年节约人民群众药品费用2.04亿元；10个品种国采冠脉支架产品，由均价1.3万元降到700元左右，降幅超过90%；5个品种的省首批集中带量采购高值医用耗材预计减轻群众就医负担4300万余元。

（市医疗保障局 张 宇）

【医疗学科建设】 2021年，市卫生健康委组织召开全市医学学科建设研讨会，对学科建设再动员、再部署。市人民医院创建省级临床重点专科5个、省级临床重点专科建设单位3个，牵头组建日照市乳腺疾病诊疗中心和日照市新生儿专科联盟；市妇幼保健院牵头组建日照市医学遗传中心；市中心医院、莒县人民医院、五莲县人民医院分别创建县域省级临床重点专科1个。建成日照市临床医学研究实验室，打造功能齐全的开放式科研平台，满足全市临床分子诊断和科研需要；山东省中医药研究院和日照市中医医院签订战略合作协议，成立市乳腺疾病诊疗中心、市新生儿专科联盟、市医学遗传中心。

（市卫生健康委 范海波）

体　育

综　述

【概况】 2021年，全市体育工作坚持以人民为中心的发展思想，改革创新、攻坚克难，各项工作都有新突破。全民健身、体教融合、体育特色小镇建设3项经验做法在全国会议推广，市体育局被省政府表彰为“第十四届全运会有功单位”，国家体育总局副局长李建明、副省长孙继业分别对日照市体育工作作出批示，体教融合改革做法入选2021年首批“山东省地方改革案例”并上报中央改革办。日照市连续三年获评“中国体育旅游十佳目的地”，全市文体满意度连续两年居全省第二位。市体育局等10家单位获评“全国群众体育先进单位”，6人获评“全国群众体育先进个人”。《人民日报》、新华社、中央电视台《焦点访谈》报道日照体育工作。

【第二十五届省运会筹办】 2021年，全市22处场馆建设和改造提升工程基本完成，确保满足举办赛事、全民健身和赛后运营需要。制定“智慧省运”建设方案，把5G、人工智能、大数据等新技术，应用于场馆管理、赛事组织、观赛、安全保障、生活服务等场景，打造一届充满科技感运动会。启动竞赛组织，成立40个单项竞委会筹备组，完成器材招标采购，加强裁判员专业培训，科学合理确定竞赛日程。加强备战参赛，组建32个大项参赛队伍，在训适龄运动员近1500人。新闻宣传、后勤保障、市场开发、志愿服务、环境提升等各项工作协调推进。

2021年6月6—13日，全国帆船锦标赛在日照举办　　（市体育局　供图）

【体育场馆建设】 2021年，日照市以筹备第二十五届省运会为契机，全市新建场馆15处，改造提升场馆7处，计划总投资约55亿元，完成投资约50亿元。至年底，香河体育公园、日照网球中心、日照国际足球中心训练基地3个场馆建成并投入使用；实验高中艺体馆、奎山体育中心、岚山体育中心、黑虎山射击中心、国际足球中心主场馆5个项目场馆建设完成，具备竣工验收条件，体育工艺施工进入收尾阶段；东港体育中心、五莲体育公园、日照一中东校区艺体馆、日照一中西校区艺体馆、莒县体育馆、高新区文化体育中心、国医学院体育馆7个场馆进入工程收尾阶段。既有场馆6个，山东省场地自行车赛道、黑虎山攀岩基地完成改造工程，奥林匹克水上公园激流回旋比赛场地、驻龙山自由式小轮车比赛场地施工改造中，日照游泳中心、世帆赛基地、万平口沙滩改造工程于2022年进行。

【重大体育赛事活动】 2021年，日照市统筹新冠疫情防控和赛事安全，举办第十四届全运会三人篮球、女子足球、男子水球资格赛和中国网球巡回赛、日照马拉松、中国（日照）国民休闲水上运动会等20余项

2021 年 8 月 6 日，国家女子橄榄球队在日照备战东京奥运会 （金 康 摄）

省级以上重大赛事活动，构建“发展三大球、做大水文章、打好户外牌、唱响特色戏”赛事格局。

青少年体育

【体教融合发展】 2021 年，日照市在全省率先出台《关于深化体教融合促进青少年健康发展的实施意见》，以着力解决“小胖墩”“小眼镜”为导向，坚持系统集成、协同高效，着力构建目标引领、教学改革、场馆支撑、赛事供给、体质提升、组织保障“六大体系”，探索体教融合、赋能青少年健康发展新路子，全市中小学生体质健康达标率、优良率均位居全省前列。4 月 21—22 日，2021 年全国青少年体育工作会议在广西壮族自治区桂林市召开，日照市市长李在武以“打造体教融合发展示范市 为建设现代化海滨体育名城赋能加力”为题介绍日照经验，《人民日报》、人民网、《中国体育报》、凤凰网等多家主流媒体对日照市经验做法宣传报道，上海市闵行区、湖北省黄石市、江苏省扬州市、广西壮族自治区贺州市、山东省青岛市等地先后到日照学习观摩。11 月 3 日，在全省率先出台《日照市市级体育传统特色项目学校评估管理办法》，并组织开展首次评选。

【幼儿体育试点成果推广】 2021 年，日照市完成国家幼儿体育试点，建起一套科学体育课程体系和指标评价体系，在全市 358 所幼儿园普及推广，试点成果得到国家体育总局肯定。10 月，市县两级财政投入 1180 万余元，为 131 所示范园提供包含幼儿体育课程体系、师资培训体系、幼儿体育专用器材及指标评价体系在内的试点成果“3 + 1”整体解决方案。省体育局发文推广日照市幼儿体育工作经验。

【第二届日照市科技体育节】 2021 年 12 月 4 日，第二届日照市科技体育节暨日照市青少年科技体育锦标赛、第十一届全民健身运动会科技体育比赛在青岛路中学开赛。活动由市体育局、市教育局、市科学技术协会主办，市体育产业发展中心、市科技馆、日照体育发展集团承办，日照市水上运动学校、大众网日照、山海天旅游度假区青岛路中学、乐趣航模俱乐部协办。比赛项目包含航空模型、航海模型、车辆模型、建筑模型、无线电测向、无线电定向越野 6 个大项 26 个小项，全市 32 所学校的师生、新闻媒体及科技模型爱好者参与活动。

【日照市儿童青少年主题健身活动】 2021 年 7 月，市体育局举办日照市青少年主体健身活动，活动分青少年暑期体育运动培训、“我与日照共奔跑”云健身、“幼儿亲子体育”云健身活动三部分。暑期青少年体育运动培训，由各青少年体育俱乐部和体育社会组织承办，项目涉及篮球、足球、网球、羽毛球、乒乓球、游泳、击剑、跆拳道、武术、搏击、拳击等 10 余项，培训青少年近 5000 人；“我与日照共奔跑”云健身活动，报名 3200 余人，累计打卡 4306 人次，累计打卡里程近 6000 千米；“幼儿亲子体育”云健身活动，报名 6800 余人，打卡 26039 次。

【日照市青少年体育锦标赛】 2021 年，全市共举办田径、足球、篮球、排球、乒乓球、羽毛球、网球、游泳、航海模型等 9 个项目的市级青少年体育锦标赛，来自各区县的近 5000 余名运动员参加。2020—2021 年度日照市首届主城区中小学生足球、篮球、排球三大球联赛收官，82 支学校代表队、1500 名运动员参赛，历时 6 个月结束，全新的赛制，极大地拉动了全市中小学生参与三大球热情；2021—2022 年度日照市主城区中小学生三大球校际联赛，74 支代表队 1200 余名运动员和教练员参赛。

群众体育

【全民健身实施计划】 2021 年 12 月，市体育局编制出台《日照市全民健身实施计划（2021—2025 年）》（简称《计划》）。《计划》坚持以人民为中心，以“补齐短板、拉长长板、深度融合、协同发展”为原则，以满足人民群众日益增长的多元化健身需求作为出发点和落脚点，坚持目标导向和问题导向相统一，明确“十四五”时期全民健身工作主要目标，重点开展“推进全民健身制度体系建设、优化全民健身场地设施体系、广泛开展全民健身赛事活动、激发体育社会组织活力、提升科学健身指导水平、加强特定人群健身服务、推动全民健身文化发展”7 项主要任务和“深化体教融合、促进体卫融合、推动体旅融合、加快推进全民健身智慧化发展、推动体育产业高质量发展”5 项全民健身融合发展的举措，着力破解困扰全民健身发展难点问题，构建更高水平全民健身公共服务体系。

【全民健身活动】 2021 年，全市举办各级各类全民健身赛事活动 3000 余场，经常参加体育锻炼人数比例达 46%，社会体育指导员超过总人口的 6.2‰。围绕全民健身月、全民健身日等时间节点，策划举办 2021 首届祈福迎新百千米精英赛、2021 年百天百场全民健身跑系列活动、“军民同心健身跑 全民健身动起来”线上全民健身跑活动等线上线下相融合赛事活动。市体育局连续 11 年被省体育局表彰为省全民健身运动会优秀组织奖，连续 5 年获省冬季全民健身运动会优秀组织奖。东港区、岚山区、莒县获山东省全民健身运动会先进单位称号。

【全民健身设施】 2021 年，全市新建、改扩建球类场地 551 个；新建室外全民健身工程 112 处；更新室外全民健身工程器材 119 套，其中更新贫困村健身器材 65 处；100 所学校体育场地设施对外开放，建成 33.8 千米的山海风情绿道。推进 12 处大中型体育场馆建设和便民健身设施改造升级。奎山体育中心和各区县“一场两馆”等体育场馆全部完成主体工程建设。至年底，全市各类体育健身场地达 7900 余处，人均体育场地面积 4.78 平方米，居全国地级市前列。

【全民健身组织】 至 2021 年底，全市有市、县级体育社会组织 325 个，其中包括市级体育社会团体（体育协会）76 个，区县级体育社会团体（体育协会）81 个，市级体育类民办非企业单位（体育俱乐部）137 个，区县级体育类民办非企业单位（体育俱乐部）31 个，乡镇（街道）、社区（村）体育总会基本实现全覆盖。年内，策划举办日照市第二届体育健身节、首届生态田园运动会、“百千万”三大赛等全民健身活动。

【科学健身指导】 2021 年，日照市组织 1.8 万余名社会体育指导员在 3000 多个全民健身站点，开展科学健身指导。通过“进机关、进校园、进企业、进社区、进农村”免费送服务方式，开展体质测试和科学健身指导，服务市民 6000 余人，收集体质测试样本 4116 份；依托在市、县公立医院和全市 54 个乡镇（街道）医疗卫生机构设立的 61 处固定国民体质监测和科学健身指导站点，构建起“市县统筹、覆盖城乡、全民共享”科学健身服务网络，服务市民 1.5 万余人次，国民体质合格率达 93% 以上。

【日照市第十一届全民健身运动会】 2021 年 5 月，日照市第十一届全民健身运动会启动仪式暨登山比赛在龙门崮旅游度假区举行，运动会从 5 月开始延续至 11 月，设气排球、登山、广场舞、自行车等 15 个项目，分别在东港区、莒县、日照经济技术开发区等地举办，直接参与近 10 万人次，带动近百万人次参与健身。该运动会动员社会力量参与，注重打造赛事品牌，着重提升宣传力度，优化城乡体育项目，以全民健身推动全民健康，提升群众幸福指数。

【日照市第三届冬季全民健身运动会】 2021 年 3 月 27—28 日，日照市第三届冬季全民健身运动会花样滑冰比赛在华润置地（日照）冰纷万象滑冰场开赛。比赛设置自由滑、指定动作、蹬冰等比赛项目，为广大群众参与冰雪运动搭建优质平台。吸引全市 120 余人参加比赛，参赛选手从幼儿到成年，覆盖全人群，营造浓厚冰雪运动氛围。

【山东省社区运动会试点】 2021 年 4 月 18 日，“农商银行杯”山东省社区运动会试点启动仪式暨东港区尚德社区首届社区运动会开幕式在天

2021 年 1 月 9 日，“天元建设”2021 首届祈福迎新百千米精英赛暨“迎省运 爱日照”全民健身迎新跑举行（市体育局 供图）

宁小学举办。尚德社区的300多名社区居民参加比赛，在运动会上展示自我、快乐比拼，共享运动快乐，拉开2021年社区运动会序幕。该社区运动会，将党史学习教育和生态宣传融合其中，设置“不忘初心、砥砺前行”“垃圾分类”赛事项目，设置党史学习教育宣传区、党史知识问答竞赛活动，推动党史学习教育、生态宣传进社区，社区居民在参与赛事活动同时开展党史学习教育，推动党史学习教育走深走实。12月26日，“迎省运 庆元旦”2021年日照市社区运动会总决赛在香河体育公园举办。该比赛是日照市省级社区运动会试点收官之作，全市各区县31个社区代表队参加总决赛，项目覆盖老中青幼全年龄段，500多名运动员在运动会上展示自我、快乐比拼。

【2021年百天百场全民健身跑系列活动】 2021年5月22日，“百年荣光 薪火相传”“经山历海 乐跑日照”2021年百天百场全民健身跑系列活动启动仪式在龙门崮旅游度假区举行，全市1500余人参与活动。该活动分为乡村振兴系列54场、区县风情系列21场、青春奔跑系列8场、网络挑战系列5场、国企及社会力量系列10场，以庆祝省运会倒计时一周年健身跑活动为终场，活动用100天时间，组织实施100场与党史学习教育、精致城市、乡村振兴、生态环境宣传、体育旅游等相融合的全民健身跑系列活动，向中国共产党成立100周年献礼。

【日照市全民健身冰雪嘉年华活动】 2021年12月31日，“第八届全国大众冰雪季”暨日照市“喜迎冬奥 快乐冰雪”全民健身冰雪嘉年华活动启动仪式在万象汇冰纷万象滑冰场举行。活动包括冬季全民健身运动会、花样滑冰大赛、雪上趣味运动会等13个项目，采取线上＋线下相结合方式，开展群众身边、百姓喜闻乐见的冰雪赛事活动，让更多市民走向冰场、走进雪场，感受冰雪魅力，爱上冰雪运动。

竞技体育

【服务保障国家队备战东京奥运会】 2021年，日照市发挥地理位置、场地设施、自然环境和气候等方面优势，打造国家水上运动训练基地、国家沙滩排球训练基地、国家游泳跳水训练基地、国家网球训练基地、国家级全民健身基地等，每年接待驻训人员超过2000人次。年内，日照市服务保障国家帆船、赛艇、水球、橄榄球、网球等8支国家队，训练备战东京奥运会，助力取得9枚金牌、3枚银牌、2枚铜牌成绩。国家体育总局授予日照市“抗疫情 保备战 突出贡献奖”，中国帆船协会、中国赛艇协会等7个单位致感谢信。

【第十四届全运会三人制篮球女子成年组资格赛】 2021年3月12日，第十四届全国运动会三人制篮球女子成年组资格赛在日照市香河体育公园开赛。该赛事由中国篮球协会主办，山东省体育局、日照市人民政府承办，吸引福建、辽宁、上海、四川的15支代表队200余人参加，是日照市承办的最高规格的篮球比赛，代表全国三人篮球女子成人组最高水平。因新冠疫情防控需要，比赛现场不安排观众观看，实行空场比赛，赛事主办方通过网络和电视直播的形式对赛事进行全程直播。

【第十四届全运会男子水球资格赛】 2021年4月12—17日，第十四届全运会男子水球资格赛第一站比赛在日照游泳中心举行，吸引上海、湖南、广东、广西、陕西的5支代表队110余名运动员参赛。因新冠疫情防控需要，比赛现场不安排观众观看，实行空场比赛，赛事主办方对赛事重要比赛阶段进行网络直播。

【第十四届全运会三人制篮球男子成年组资格赛】 2021年5月2日，第十四届全运会“日照王家皂旅游小镇杯”三人制篮球男子成年组资格赛开赛仪式举行。此次赛事由中国篮球协会主办，山东省体育局、日照市人民政府承办，山东篮球运动管理中心、日照市体育局、日照市城市建设投资集团有限公司、日照市篮球运动

2021年4月12日，第十四届全运会男子水球资格赛第一站比赛在日照游泳中心举行
（金 康 摄）

2021 年 4 月 29 日，第十四届全运会三人制篮球男子成人组资格赛在日照市香河体育公园开赛 （全 康 摄）

协会协办。20 支代表队参加，运动员、随队人员、裁判员及其他工作人员约 300 人。资格赛进行 59 场角逐，决出 6 个三人制篮球全运会决赛参赛名额，比赛场地设在日照香河体育公园比赛馆和安泰网球公园中心球场。各代表队运动员来源广泛，有多支参赛球队有现役中国男子篮球职业联赛（简称“中职篮”或“CBA”）球员。

【第十四届全运会女子足球 U18 资格赛】 2021 年 5 月 3—12 日，第十四届全运会女子足球 U18（18 周岁以下年龄组）资格赛在日照国际足球中心训练基地开赛。该赛事由中国足球协会主办，山东省体育局、日照市人民政府承办，来自山东、河南、辽宁、福建、海南五省的代表队将经过单循环竞赛，根据总积分决出名次。

【第十四届全运会女子足球成人组资格赛】 2021 年 5 月 29 日至 6 月 7 日，第十四届全运会“日照兴业杯”女子足球成人组资格赛开赛仪式在日照国际足球中心训练基地举行。此次比赛由国家体育总局主办，中国足球协会协办，山东省体育局、日照市人民政府承办，山东省足球运动管理中心、日照市体育局、日照兴业集团、日照市足球运动协会联合承办，山东、河北、江西、重庆、辽宁 5 支队伍参加。

【备战第二十五届省运会】 2021 年，日照市在训运动员近 1500 人，备战第二十五届省运会 32 个大项比赛。推进高水平运动员交流，交流省内运动员 190 余人，引进省外运动员 40 余人，提高队伍质量。严抓日常训练，特别是抓好冬训、夏训两个集训期，做好线上线下训练衔接，加强常规训练检查督导。加大科研医务保障力度，对校内重点运动员伤病治疗 600 余次，加强队员康复服务。

【参加省级以上体育比赛】 2021 年，日照市体校组织 1319 人参加山东省年度锦标赛 30 个大项的 61 个小项比赛，获得金牌 56 枚、银牌 72 枚、铜牌 76 枚。在国家级及以上赛事中，日照籍运动员 39 人次分别参加中华人民共和国第十四届运动会、全国越野滑雪锦标赛、全国帆船锦标赛、全国帆板冠军赛、全国赛艇锦标赛等比赛，获得金牌 15 枚、银牌 12 枚、铜牌 11 枚。其中，十四届全运会创历史最佳，18 名运动员参赛，获得 4 枚金牌、6 枚银牌、4 枚铜牌。

【运动员文化教育】 2021 年，市体育局组织全市 138 名非义务教育运动员参加文化考试，通过率 100%。组织义务教育阶段运动员完成赛前达标考试，并按时完成全市 866 名运动员考试成绩汇总上报工作。组织中职教师开展优质课评选活动，推选的名教师在全市中职公共基础课优质课大赛中分别获得一等奖和三等奖。为运动员补习文化课，根据各运动队比赛情况，灵活调整上课时间，尤其寒暑假期间，利用晚上时间，为集训运动员上课，补课，努力让每名运动员受到

2021 年 5 月 3 日，第十四届全运会女子足球 U18 组资格赛在日照国际足球中心训练基地开赛 （全 康 摄）

应有的文化教育。实行班主任竞聘上岗制，通过个人申请、科室推荐、学校决定程序，新选拔 2 名素质高、能力强教师担任班主任，提高班级管理水平。

【2021 活力日照半程马拉松比赛】2021 年 10 月 10 日上午 7 点 30 分，2021 活力日照半程马拉松在日照市政府人民广场鸣枪开跑。此次比赛由日照市人民政府主办，日照市体育局、上海方由体育文化发展有限公司、山东体育频道发展有限公司承办，山东省田径运动协会为指导单位。比赛采用线下、线上两种形式。其中，线下赛设有半程马拉松、欢乐跑项目以及党员红色领先跑，吸引 9000 人参与比赛。线上赛设有阳光海岸马拉松、阳光海岸半程马拉松和阳光欢乐跑 3 个项目。

【2021 中国网球巡回赛】2021 年 5 月 17 日，2021 中国网球巡回赛 CTA800 日照站男女单打正选赛在安泰网球中心开赛。赛事由国家体育总局网球运动管理中心、中国网球协会、中央广播电视总台体育青少中心、山东省体育局、日照市人民政府主办。山东省小球运动联合会、山东省网球运动协会、日照市体育局承办。北京中网巡体育管理股份有限公司、国际传媒港（上海）文化发展有限公司、日照安泰体育产业发展有限公司协办。网球名将李喆、柏衍、吴迪、刘方舟、王美玲等网坛名将悉数亮相，赛程 8 天，设男女单打、双打 4 个项目，400 余名运动员报名参赛，中国网球国家排名前列球员悉数参赛。

现代体育产业

【概况】2021 年，日照居民体育消费总规模 647595.84 万元，较 2020 年增长 12.40%；人均体育消费 2179.21 元，比上年增加 238.15 元，增长 12.27%，占人均消费支出的 12.14%，占人均可支配收入的 7.02%。

【体育产业招商引资】2021 年，日照市坚持“走出去、请进来”，组织参加 2021 山东体育用品博览会、2021 中国体育文化博览会·中国体育旅游博览会等展会活动，开展以商招商、精准招商，引进山东英吉多体育科技有限公司等一批体育产业项目，全年推进 6 个体育产业固定资产类招引项目到位资金 52255 万元。

【体育产业品牌创建】2021 年，日照市中加国际健康管理中心获评“2021 年山东省体育产业示范单位”，日照市驻龙山自行车主题公园获评“2021 年山东省体育产业示范项目”，安泰网球公园获评“2021 年山东省体育服务综合体”。至年底，全市创建国家级体育产业示范基地 1 处，省级体育产业示范单位（项目）7 个，省级体育服务综合体 2 处。

4 月 9 日，第六届 SportIN 体育 BANK 颁奖盛典暨 2021 体育“十四五”开局之年宣介大会在北京举行。日照市获评“2020 年度最具体育活力城市”，日照安泰体育产业发展有限公司获评“2020 年度最佳体育综合体运营与服务机构”。

【体育产业市场主体培育】2021 年 2 月 10 日，日照体育发展集团揭牌成立。日照体育发展集团是由市城投集团出资成立的大型体育产业集团，是日照市在全省首家成立的国有体育产业集团。日照体育发展集团作为全市体育产业发展重要经营主体和投融资平台，围绕全市打造“现代化海滨体育名城”战略部署，坚持“政府主导、市场运作、产业跟进”原则，整合体育资源、盘活体育资产、提升体育实力，打造集赛事管理、教育培训、场馆运营、体育健康、体育金融于一体的“城市体育经济运营服务平台”。

【体育产业政策制定】2021 年 12 月 7 日，日照市人民政府印发《日照市体育产业规划（2021—2025 年）》，是日照市“十四五”期间促进体育产业高质量发展的纲领性文件。规划总结“十三五”日照体育产业发展成绩和存在问题，明确了“十四五”日照体育产业发展目标、主要任务和保障措施等内容。

【体育旅游融合发展】日照市依托“蓝天、碧海、金沙滩”自然资源优势，深入挖掘体育旅游资源，打造“赛场即是景点，比赛即是旅游”体育旅游消费场景。2021 年，《日照市体育产业规划（2021—2025 年）》将“体

2021 年 7 月，日照奥林匹克水上运动小镇（李云峰 摄）

育旅游”纳入全市“1＋4”核心体育产业，推动体育产业高质量发展，努力打造国内一流体育旅游目的地城市。日照市连续三年获评“2021中国体育旅游十佳目的地”，日照奥林匹克水上运动小镇获评2021中国体育旅游精品县区。至2021年底，全市创建国家级体育旅游精品路线7条、省级体育旅游精品路线6条。

【体育彩票】 2021年，日照市体育彩票有营业网点347个，累计销售4.56亿元，市场份额62.38%，较2020年增长7.77个百分点。

表61 2021年日照市体育彩票情况一览表

全市辖区	营业网点（个）	年度销量（万元）
市辖区	121	19456
东港区	70	8946
岚山区	46	6573
莒县	46	5094
五莲县	64	5574
全 市	347	45642

（资料来源：市体育局）

【重点企业】 山东英吉多体育科技有限公司 该公司成立于2019年8月16日，为中国驰名商标、高新技术企业、国家质量监督检验中心定点试验基地、国家体育产业示范单位、国家健身器材行业标准起草单位之一的山东英吉多健康产业有限公司全资子公司，占地面积118亩，总建筑面积8.2万平方米，注册资本1.6亿元。公司主要承担的智慧健身康复系统项目，属于山东省新旧动能转换重大工程着力培育的医养健康产业项目，项目总投资5亿元，公司建设机器人焊接、数字化机械加工、全自动静电涂装生产线、智能化组装、调试、检验装配线等健身康复器材生产智慧化车间，配备有国际最先进的焊接机器人、激光切板、激光切管等智能设备。

中大体育产业集团股份有限公司 该公司成立于1997年，历经26年发展，形成集健身器材研发、生产、销售及科学健身服务、体育培训为一体的综合性集团化企业，并在美国波士顿成立分公司。连续十年被中国轻工业联合会评为“中国轻工业百强企业”“中国轻工业健身器材行业十强企业”；被山东省商务厅认定为“山东省跨境电商公共海外仓”，被山东省体育局认定为“山东省体育产业示范单位”。集团占地246亩，建有专业健身器材生产车间65000平方米。2021年，集团年产值超3亿元。

（市体育局 李文华 卜立杰 徐雯雯 王 兵）

社会生活

人口家庭

【人口监测】 2021年，日照市上报出生人口21841人，其中一孩7653人，占35.04%；二孩10108人，占46.28%；三孩3677人，占16.84%；多孩403人，占1.84%；人口自然增长率1.64‰，出生人口性别比114.08。

【家庭】 2021年，全市有家庭户1102883户、集体户42244户，家庭户人口2815750人、集体户人口为152615人，平均每个家庭户人口2.55人。城镇居民家庭每百户拥有家用汽车67.9辆、空调131.2台、热水器94.5台、移动电话257.6部。

【生育健康与服务】 2021年，日照市为11.73万名群众发放农村部分计划生育家庭奖励扶助金1.12亿元，为3766名群众发放计划生育特别扶助金3375万元，为465名困难企业独生子女父母发放一次性养老补助706万元，为1768名城镇无业人员发放城镇奖励扶助金341万元。计划生育特殊家庭实现帮扶联系人、家庭医生签约和开通就医绿色通道3个全覆盖。

【托育服务】 2021年5月，市发展改革委、市民政局、市卫生健康委制定出台《关于促进养老托育服务健康发展的实施意见》，鼓励支持满足当地3～6岁幼儿入园需求幼儿园开设托班，招收2～3岁幼儿，由教育部门纳入幼儿园管理，卫生健康部门落实卫生保健和保育指导工作。职工托育保教费参照幼儿园报销办法报销。出台《日照市托育服务能力提升实施方案》《日照市托育服务从业人员技能提升行动实施方案》，符合条件普惠托育服务机构，市级财政给予一次性开办补助2万元/班；按照公办幼儿园生均公用经费标准给予托位补助，由区县财政负责落实，市级财政给予50%补助。日照市大中专院校开设婴幼儿照护相关专业连续两年招生超过30人，招收本市生源达到一定比例，市级财政给予适当奖励。至2021年底，全市有220个托育服务机构，提供托位7667个，千人口托位比约为2.5‰。

【收养管理】 2021年，日照市落实《中国公民收养子女登记办法》《外国人在中华人民共和国收养子女登记办法》，推进实施收养评估制度，加强收养登记业务培训，规范收养工作档案规范管理。12月28日，日照市出台《关于做好鼓励家庭收养病残儿童工作的通知》，对可收养对象、收养人要求、收养办理程序、保障政策、监督机制等方面作出明确规定。

【婚姻登记】 2021年，日照市办理结婚登记12331对，离婚登记2853对、补领结婚证件3948对，离婚证件371对。全市4处婚姻登记处均设立婚姻家庭辅导室，为新婚夫妇提供婚前、婚后辅导，提供离婚调解，为危机中的家庭提供心理咨询、法律援助等全方位的婚姻家庭辅导服务。全市婚姻登记处婚姻家庭辅

2021年5月21日，“山海相恋 情定岚山”日照市岚山区第二届集体婚礼举行

（市民政局　供图）

导中心全部建成，有10696对准备离婚当事人接受婚姻辅导服务，有4693对当事人通过辅导取消离婚、破镜重圆，劝和率43.87%。

【婚俗改革】 2021年，市民政局指导各婚姻登记处加强高峰日婚姻登记办理工作，下发致广大市民朋友的关于红事缓办、白事简办倡议书。督导各婚姻登记处在发证同时，强化政策宣传，宣传文明婚姻观念，建议新人签订文明婚礼承诺书，向新人发放《倡树文明新风，抵制恶俗婚闹承诺书》《日照市新时代文明婚礼倡议书》等宣传材料。指导各婚姻登记处开展婚姻家庭辅导、集体颁证仪式、举行集体婚礼等文明婚俗活动。

（市民政局 丁 瑜）

【殡葬服务】 2021年，市民政局加快推进殡葬设施规划，编制《日照市市辖区殡葬设施布局专项规划（2020—2035年）》，2月，经市政府批复实施。推进公益性公墓使用，将公益性公墓使用率纳入区县党政领导班子和领导干部推进乡村振兴战略实绩考核；将农村公益性公墓管护补贴经费列入2022年财政预算，按照每年每个农村公益性公墓给予3000元标准补贴，日照市在全省第一个将该项经费纳入市级财政预算；启动卧龙山区域坟墓二期搬迁，清明节期间山海天旅游度假区完成搬迁4240座。印发《日照市殡葬业价格秩序、公益性安葬设施建设经营专项整治方案》等文件、召开专题会议，开展专项整治活动，进行专题调研督导；在莒县召开全市公益性公墓管理使用暨红白理事会培训工作会议，各区县民政局、各功能区社会事业（发展）局分管负责人、业务科长，各乡镇、街道办事处民政办公室主任和部分村居红白理事会骨干成员，100余人参加培训。在10月20日省民政厅举办的《巡视、审计、检查发现问题整改落实培训班》上，日照市做法得到表扬。

（市民政局 马池坤）

就业创业

【概况】 2021年，市人力资源和社会保障局落实市政府办公室《关于进一步做好稳就业保就业工作的实施意见》，市城镇新增就业3.18万人，完成年度2.88万人目标任务的110.4%。城镇登记失业率1.58%，低于省控制目标2.92个百分点。全市就业形势保持总体稳定。

【就业服务】 2021年，日照市就业和农民工工作领导小组制定出台《日照市“十四五”促进就业规划》，确定全市“十四五”就业工作方向；市政府印发《关于进一步做好稳就业保就业工作的实施意见》，在支持高校毕业生等重点群体就业、支持多渠道灵活就业、促进创业带动就业等方面，明确提出实施灵活就业和新形态人员支持保障计划、日照市高校毕业生就业创业推进行动、人力资源服务行业促就业行动、公共就业服务质量提升工程等本地化政策措施，向就业政策潜在享受对象点对点推送政策6.2万条。全市352名人社服务专员通过多种方式，对接企业2310家，涉及用工近13万人，搭建线上线下对接平台，举办“迎新春送温暖 稳岗留工”专项行动线上活动，帮助438家规上企业开展企业稳岗“一对一”线上对接服务，涉及企业职工10万人，返岗复工9.8万人，返岗率98%。开发“日照市用工余缺调剂平台”，推进用工对接。至年底，全市各级累计筹集就业创业资金2.83亿元，其中，市级财政公共预算安排7550万元；累计支出3.43亿元，比2020年增长13%。

【创业服务】 2021年，日照市就业和农民工工作领导小组办公室启动“创业港城·乐业日照”三年行动，编制发布城市创业“机会清单”。首批创业清单包含项目合作、平台供给、创业政策等202条供需信息。发放创业担保贷款12.85亿元，支持6635人自主创业；发放创业补贴3879.55万元。组织第二届“日照市十大返乡创业农民工”评选活动，郇兴涛等10人入选。

【高校毕业生就业创业】 2021年，日照市接收2021届非师范类高校毕业生1.4万人，毕业生毕业去向落实率93.7%，高于目标3.7个百分点。作为全省唯一试点市，在支医岗位对“三支一扶”招募方式进行改革试点，采用量化赋分方式代替笔试，引导日照生源毕业生回乡就业，全年征集服务岗位54个，报名4882人。实施青年就业见习计划，全市新认定就业见习基地41家，见习基地总数达207家，引导1225人参加就业见习，发放就业见习补贴372.1万元，惠及见习人员724人。

（市人力资源和社会保障局 牛玉东 王兴强）

表62 2021年日照市主要就业指标统计表

项 目	单位	基本情况	比2020年增长（%）	完成年度计划百分比（%）
1.城镇新增就业人数	人	31790	3.14	110.38
其中：城镇失业人员再就业人数	人	9036	57.50	200.8
其中：就业困难人员实现就业人数	人	1912	159.43	239
2.城镇登记失业率（%）		1.58	—	

（资料来源：市人力资源和社会保障局）

【退役军人就业创业】 2021年，日照市组织开展“军岗日”“我为退役军人办实事”等退役军人各类招聘会7场次，1056家招聘单位参加，提供就业岗位2.3万个。9月，市退役军人事务局印发《日照市退役军人创新创业基金使用管理实施细则》《日照市退役军人困难帮扶基金使用管理实施细则》，全年累计帮助退役军人申请创业扶持贷款820笔，约2.78亿元，利用退役军人创新创业基金完成贴息134.34万元；发放困难帮扶基金485笔、216.7万元。10月31日，以线上方式举办主题为“立时代创业创新潮头，展港城退役军人风采”的日照市第二届退役军人创业创新大赛，11月18—19日，组织全市比赛一等奖获得者参加第二届山东省退役军人创业创新大赛决赛，参赛的3个项目全部获得二等奖。

（市退役军人事务局 胡志强 卢成峰 曹现营）

【残疾人创业就业】 2021年，市残联协调民政、人社、税务等部门，把残疾人就业培训列入全市就业困难人员“大盘子”。应届毕业残疾人大学生49人，安置就业45人；以市场需求为导向，采取“培训＋就业”闭环式新模式，全年完成培训残疾人2000人；投资180万元扶持自主创业129人，投资140万元奖励12处残疾人就业基地和10名残疾人创业标兵、致富能手；联合市人力资源和社会保障局举办第五届残疾人职业技能竞赛，组队参加齐鲁残疾人工匠职业技能竞赛，获得全省第七名。加大残保金征缴力度，截至11月底，全市征收残保金5791万元，比2020年增长3465万元。年内，通过组织就业招聘会、残疾人自主创业、辅助性就业等形式，全市城乡新增就业720人。

（市残联 金姝含）

【工资集体协商】 2021年，市总工会联合市人力资源和社会保障局、市工商联开展“集体协商要约行动”，推动工资集体协商工作发展，引导职工和企业对涉及双方利益等重大事项进行集体协商。市直及各区县选聘专职指导员18人，各企业工会配备兼职指导员，各级工会完善集体协商指导员和兼职协商指导员管理考核办法，签订合同成功率和集体协商建制率持续增高，集体协商范围不断拓展。全市各类企业新签续签集体合同1912份、覆盖职工18.7万人。其中，签订劳动安全卫生集体合同607份、覆盖职工8.7万人；签订女职工特殊权益保护集体合同1209份、覆盖职工3.1万人；签订工资专项集体合同2083份、覆盖职工17.4万人。

（市总工会）

2021年12月21日，第二届日照市大学生创业大赛选拔赛在日照科技创新中心举办

（市人力资源和社会保障局 供图）

【职业技能培训】 2021年，市人力资源和社会保障局实施职业技能提升行动，针对性加强政策供给，加强培训过程监管，开展线上培训。至年底，全市开展职业技能培训5.91万人，完成省任务的173.9%，其中农村转移劳动力2.1万人。推广使用职业培训券，使用1744张，完成省任务的124.57%。发放职业培训补贴6594.91万元。日照市东港区金领职业培训学校入选2021年度山东省家庭服务职业培训省级示范基地。

【创业大赛】 2021年12月21日，第二届日照市大学生创业大赛选拔赛在日照科技创新中心举办。选拔赛采

2021年6月8日，第二届“日照市十大返乡创业农民工”评选活动路演

（市人力资源和社会保障局 供稿）

取计划书评审和项目路演的方式进行，路演采用“5＋3”模式，有20名选手入围决赛。决赛前10名选手将获得“日照市大学生十大创业之星”荣誉称号以及3万元的现金奖励，第11至20名选手将获得“日照市大学生优秀创业者”荣誉称号以及1万元的现金奖励。决赛于2022年1月13日举办。

【“日照市十大创业农民工”评选】 2021年4月1日，市人力资源和社会保障局下发《关于做好第二届“日照市十大返乡创业农民工”评选活动有关问题的通知》，就活动时间、评选范围、评选条件、评选原则、评选步骤、奖励措施及工作要求等作出详细规定，经区县推荐、初评、项目路演、实地考察、公示等环节，最终评选郇兴涛等10人入选第二届“日照市十大返乡创业农民工”。

【劳动保障监察执法】 2021年，日照市人社部门主动检查用人单位3824户次；受理劳动保障监察案件131件，其中投诉举报案件127件；共追缴社会保险费184.35万元，追发劳动者工资等待遇245.11万元，其中农民工工资211.82万元。推进根治欠薪工作，探索保障农民工工资“4＋”（“行政＋司法”“调整＋诉讼”“监管＋服务”“奖励＋惩治”）联动护薪模式，被人力资源和社会保障部、省委改革办简报等刊发，受到省政府办公厅通报表扬。

（市人力资源和社会保障局 牛玉东 王兴强）

收入与消费

【收入】 2021年，日照居民人均可支配收入31059元，比2020年增长8.2%，扣除价格因素，实际增长7.3%，快于地区生产总值0.5个百分点。其中，城镇居民人均可支配收入39380元，增长7.2%；农村居民人均可支配收入20154元，增长10.3%。全市居民人均工资性收入20690元，增长6.9%，占可支配收入的66.7%，是居民收入主要来源。其中，城镇居民人均工资性收入26888元，增长4.4%；农村居民人均工资性收入12566元，增长13.6%。

全市居民人均经营净收入6420元，比2020年增长12.6%，占可支配收入的20.7%，是居民收入重要来源。其中，城镇居民人均经营净收入6960元，增长18.9%，农村居民人均经营净收入5712元，增长3.9%。全市居民人均财产净收入1632元，降低1.2%，占人均可支配收入的5.3%。其中，城镇居民人均财产净收入2666元，下降2.6%；农村居民人均财产净收入278元，增长11.9%。

全市居民人均转移净收入2317元，比2020年增长16.0%。其中，城镇居民人均转移净收入2865元，增长19.1%；农村居民人均转移净收入1598元，增长9.0%。

【消费】 2021年，日照居民人均消费支出17950元，比2020年增长9.0%。其中，城镇居民人均消费支出23559元，增长7.3%；农民人均消费支出10598元，增长12.9%。从构成看，全市居民人均食品烟酒消费支出5268元，增长10.8%；人均衣着消费支出1145元，下降2.7%；人均居住消费支出3190元，增长9.0%；人均生活用品及服务消费支出1059元，增长10.1%；人均交通通信消费支出3422元，增长6.0%；人均教育文化娱乐消费支出2401元，增长37.4%；人均医疗保健消费支出1091元，下降7.5%；人均其他用品和服务消费支出373元，下降24.6%。

（国家统计局日照调查队 卞伟达）

表63 2021年日照市居民人均可支配收入、支出及增速统计表

指标	全体居民		城镇居民		农村居民	
	2021年（元）	比上年增长（%）	2021年（元）	比上年增长（%）	2021年（元）	比上年增长（%）
人均可支配收入	31059	8.2	39380	7.2	20154	10.3
工资性收入	20690	6.9	26888	4.4	12566	13.6
经营净收入	6420	12.6	6960	18.9	5712	3.9
财产净收入	1632	-1.2	2666	-2.6	278	11.9
转移净收入	2317	16.0	2865	19.1	1598	9.0
人均消费支出	17950	9.0	23559	7.3	10598	12.9
食品烟酒	5268	10.8	6854	9.7	3189	12.8
衣着	1145	-2.7	1511	-1.9	665	-5.9
居住	3190	9.0	3866	4.8	2303	18.9
生活用品及服务	1059	10.1	1353	13.9	675	0.8

续表 63

指标	全体居民		城镇居民		农村居民	
	2021 年（元）	比上年增长（%）	2021 年（元）	比上年增长（%）	2021 年（元）	比上年增长（%）
交通通信	3422	6.0	4671	3.4	1785	14.4
教育文化娱乐	2401	37.4	3300	40.9	1224	24.8
医疗保健	1091	-75	1488	-10.4	572	2.6
其他用品和服务	373	-24.6	517	-32.5	185	27.4

（资料来源：国家统计局日照调查队）

表 64 2021 年日照市居民消费价格指数统计表

指标	全市指数
居民消费价格指数（CPD）	100.8
食品烟酒	100.3
粮食	110.7
食用油	11.4
畜肉类	81.8
水产品	102.3
蛋类	115.7
干鲜瓜果类	97.4
衣着	100.9
居住	100.4
生活用品及服务	100.3
交通通信	103.6
教育文化娱乐	100.7
医疗保健	99.7
其他用品和服务	98.5

说明：以 2020 年为 100。

（资料来源：国家统计局日照调查队）

【市场物价】 2021 年，全市监测的七大类主要农副产品，蔬菜、禽蛋、粮食及食用油价格比 2020 年上升，猪油、海产品、水果、成品粮价格比 2020 年下降，全市主要农副产品总体市场价格比 2020 年上涨 5.6%。

蔬菜价格　全市蔬菜价格在季节性变动同时，受新冠疫情反弹和洪涝、雨雪天气等因素影响较大，蔬菜总体市场价格呈上扬趋势，重点监测的 15 种蔬菜价格 2 种降、3 种稳、10 种升。其中，价格下降的有西红柿、土豆，均价由上年的每 500 克（下同）3.4 元、2 元，下降至 3 元、1.9 元，降幅分别为 11.8%、5%；价格上升较大的有冬瓜、胡萝卜、卷心菜，均价由 1.5 元、2 元、2 元，上升为 2.2 元、2.3 元、2.3 元，升幅分别为 46.7%、15%、15%。

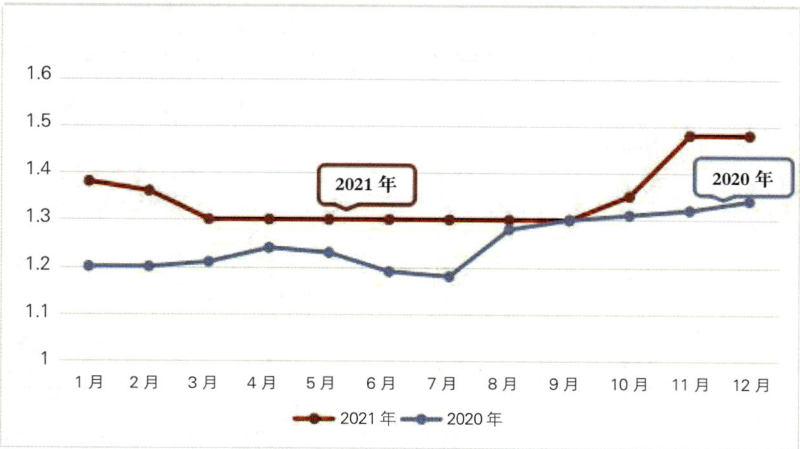

图 3 日照市 2021 年、2020 年小麦（农贸）月均价对比图

（资料来源：市发展改革委）

猪肉价格　全市猪肉价格明显回落，鸡蛋价格比上年上升。全市肉禽蛋价格比上年增长 8.9%。鸡蛋总体价格较上年大幅上升，均价由上年的每 500 克（下同）3.9 元上升为 5 元，涨幅 28.2%。猪肉（统货）价格较上年大幅回落，均价由上年的 28.2 元下降至 18.3 元，降幅 35.1%；牛肉（统货）均价由上年的 44.6 元上升为 44.8 元，微涨 0.4%；羊肉（统

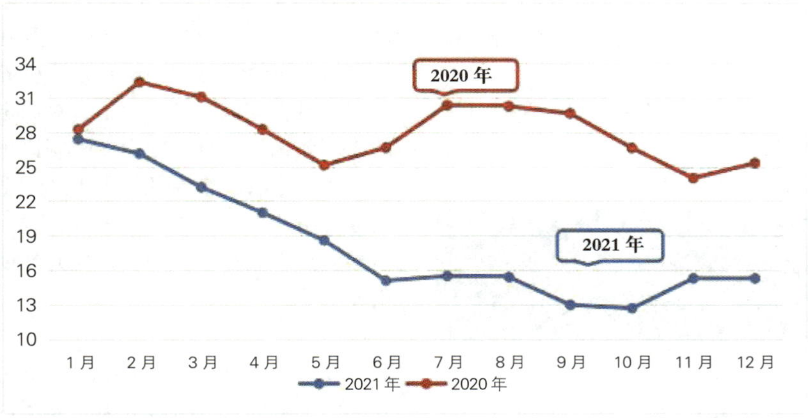

图 4 日照市 2021 年、2020 年猪肉统货（农贸）月均价对比图

（资料来源：市发展改革委）

货）均价由上年的 52 元下降至 50.9 元，下降 2.1%；活公鸡（普通）和肉食鸡（白条）均价分别由上年的 8.6 元、10.9 元上升为 11.9 元、13.5 元，增幅分别为 38.4%、23.9%。

粮食价格　全市粮食零售均价延续上年年末价格水平且稳中有升，市场粮食总体价格比上年上涨 15.6%。小麦（中等）和玉米（中等）均价由上年的每 500 克（下同）1.26 元和 1.21 元，上涨为 1.35 元和 1.5 元，涨幅 7.1% 和 24%。成品粮价格比上年下降 2.2%。全市大米（中等）、挂面（普通）均价由上年的 3.3 元、2.5 元下降至 2021 年的 2.9 元、2.4 元，降幅分别为 12.1%、4%；面粉（普通）均价由上年的 2.1 元上涨为 2.3 元，涨幅为 9.5%。全市油料和食用油价格连续 3 年上涨，总体市场价格比上年上涨 19.5%。其中，大豆（中等）、花生仁（中等）均价由上年的 3.1 元和 6.3 元上涨为 4.2 元和 6.8 元，涨幅分别为 35.5% 和 7.9%；豆油（散装）、色拉油（散装）和花生油（散装）均价分别由上年的 3.7 元、3.8 元和 12.9 元上涨为 4.8 元、4.6 元和 13.3 元，涨幅分别为 29.7%、21.1% 和 3.1%。

海产品价格　全市海产品市场零售均价比上年微降 0.4%。其中，黄花鱼、风蛸均价由上年的每 500 克（下同）16.9 元、28.6 元下降至 15.3 元、26.5 元，比上年下降 9.5%、7.3%；鲅鱼、梭子蟹、带鱼均价由上年的 15.4 元、89.5 元、15.9 元上升为 17.5 元、90.1 元、16 元，比上年上涨 13.6%、0.7%、0.6%。

水果价格　全市水果市场零售均价比上年下降 10.5%。其中，苹果、葡萄和香蕉均价分别由上年的每 500 克（下同）4.3 元、8.8 元和 2.9 元，下降至 2.9 元、7.5 元和 2.5 元，降幅分别为 32.6%、14.8% 和 13.8%；西瓜均价由上年的 2.6 元，上涨为 3.1 元，涨幅 19.2%。

（市发展改革委　杨　青）

社会保险

【基本养老保险】　2021 年，全市企业职工养老保险、机关事业单位养老保险、居民养老保险参保人数分别达 51.32 万人、7.12 万人、140.03 万人。及时足额为全市 23 万名退休人员调整发放养老金。其中企业退休人员养老金调整惠及全市 20.8 万人，月人均上调 135 元；机关事业单位退休人员养老金调整惠及全市 3 万人，月人均上调 198.7 元。将全市居民基本养老保险基础养老金最低标准由每人每月 142 元提高到 150 元，惠及全市城乡居民 49 万人。核准 1.1 万名机关企事业单位职工退休（职），其中机关事业单位正常退休 1441 人，企业职工正常退休 8207 人、特殊工种提前退休 543 人、因病提前退休（职）425 人。组织因病提前退休劳动能力鉴定 6 次。

【医疗保险】　2021 年，日照市基本医疗保险参保 285 万人，覆盖率稳定在 96% 以上。职工长期护理保险试点成效明显，被国家医保局发函表扬。2021 年度山东省群众满意度调查“病有所医”考核指标，日照市获全省第二，市医疗保障局医保窗口获 2021 年度全市政务服务系统“十佳服务窗口”称号。居民基本医疗保险政府补助提高 30 元，达到每人每年 580 元；连续缴费 5 年以上报销比例上浮 2 个百分点，居民门诊慢特病病种新增 15 种达到 75 种，病种与职工一致，数量居全省前列。市级职工大病保险起付线以上至 10 万元部分报销比例提高 5 个百分点，进一步降低大病就医负担；设立新冠肺炎疫苗接种费用专项资金，拨付疫苗费用 2.86 亿元、接种服务费用近 3000 万元；推出城市定制型商业保险“日照暖心保”，不设年龄、性别、职业、既往病史等限制条件，简化赔付流程，探索实现健康险与基本医保经办对接和待遇衔接，全年参保 52 万人，完善全市多层次医疗保障体系。

【生育保险】　2021 年，全市生育保险参保人数超过 40 万人，为女职工报销生育医疗费 3011 万元，发放生育津贴 10841 万元。自 7 月 1 日起，分类大幅提升生育待遇标准，对于缴纳生育保险女职工，生育医疗费定额支付标准，顺产由 2000 元提高至 3500 元，剖宫产由 3000 元提高至 4500 元；产前检查费由 500 元提高至 1000 元；未缴纳生育保险灵活就业女职工和女居民，生育医疗费定额支付标准分别由 1000 元、500 元提高至 3500 元；引入财政补助，由财政资金对符合计划生育政策的每人给予一定补助。同步改造医保结算系统，完善数据共享。产妇或家属通过“日照通”App“婚育服务‘全照办’”等渠道线上备案后，即可实现产前检查费、生育医疗费、财政补助“一站式”结算，其中在市内二级及以下定点医疗机构普通病房顺产生育，发生的生育医疗费由医保经办机构与定点医疗机构按人头定额包干支付，个人基本零负担。

【失业保险】 2021年，全市失业保险参保人数31.46万人，失业保险金标准由每人每月1557元提高到1710元。全年累计为1万余人发放失业保险金1.09亿元，代缴医疗保险费2187万元。运用失业保险基金为4258家企业发放稳岗补贴2578万元。继续执行阶段性降低失业保险费率政策，失业保险累计降费1.03亿元。

【工伤保险】 2021年，全市工伤保险参保人数49.33万人。继续执行阶段性降低工伤保险费率政策，工伤保险累计降费6070万元。推进建筑业专项工伤预防，开展尘肺病重点行业工伤预防专项行动。全年完成992人工伤保险定期待遇调整、发放，作出工伤认定决定2656件，组织工伤劳动能力鉴定5批次，完成鉴定1015人次。

【社会保障卡服务】 2021年，日照市人社部门继续提升社会保障卡综合服务能力，六家银行105个网点实现即时制卡、即时补换卡。全年为申领人即时制卡8.1万张，即时补换卡5.6万人次。启动第三代社会保障卡，累计发行社会保障卡245.4万张、签发电子社会保障卡99.5万张，扫码购药累计交易10.3万笔，金额1488.6万元。推进全市人社系统各项待遇通过社会保障卡资金拨付系统发放，发放待遇147.6万人次，累计金额106.1亿元。

【“互联网＋人社”服务】 2021年，日照市人社部门实现依申请政务服务事项标准化，144项依申请政务服务事项实现可网办。推进“双全双百”工程实施，日照市人社部门3个场景被省人社厅确定为试点项目，在全省第一个建成“扶持补贴全照办”主题场景联办平台，有关做法被《山东省优化营商环境推进政府职能转变简报》刊发。2021年企业通过平台办理就业创业补贴16笔，享受补贴21.3万元。

（市人力资源和社会保障局 牛玉东 王兴强）

社会救助

【城乡低保】 2021年，全市城、乡低保标准分别为每人每月795元和630元，城乡低保标准比为1.26∶1。至年底，全市保障城、乡低保对象91710人，占户籍总人口比例为2.96%，低保覆盖率全省第一，全年共发放低保金5.1亿元。市民政局开展“发现失语者”项目，通过政府购买服务对513户（832人）城市低保家庭进行走访核查，全面了解每户居住、经济、健康等方面情况，评估需求等级（A级：有救助服务需求，以物质、资金需求为主；B级：有救助服务需求，可以为其提供物质帮扶、心理疏导、资源链接等专业社会工作服务；C级：无进一步救助的需求），并建立工作台账。经评估，确定A级13人、B级96人、C级723人，对A级、B级家庭在做好物质保障基础上，差异化提供心理疏导、精神慰藉、社会融入等服务，增强困难群众获得感、安全感。

【城乡特困人员救助供养】 2021年，全市城、乡特困人员基本生活标准分别为每人每月1113元和880元，照料护理标准按失能、半失能、自理三档分别为每人每月990元、495元和330元。至年底，全市保障城、乡特困人员9841人，发放资金1.6亿元。9月24日，市民政局印发《日照市特困人员认定办法》，将“无劳动能力”残疾种类和等级适度拓展至“三级智力、精神残疾人，二级肢体残疾人和一级视力残疾人”，细化特困人员照料服务和监护，简化优化特困人员认定程序，审核确认时限由40个工作日压缩至13个工作日。在五莲县开展特困人员监护试点工作，委托第三方机构对全县2316名分散供养特困人员自理能力进行评估，对确定的282名无民事行为能力或限制民事行为能力分散供养特困人员，按照“全面开展照护，重点实施监护”的原则，指导监护人履行监护职责，提升救助供养水平。

【流浪乞讨救助】 2021年，全市民政部门及救助管理机构开展“夏季送清凉”“寒冬送温暖”专项救助行动，全年累计救助377人次。与市心理咨询师协会合作打造“布谷鸟心灵港湾”服务品牌，为受助人员开展心理介入和情绪疏导；开展“大爱寻亲，温暖回家”主题活动，报请公安机关采集DNA比对录入打拐库，运用人脸识别等技术手段在“全国救助寻亲网”“头条寻人”“微信”“抖音”“电视”等平台发布，利用信息技术手段开展寻亲工作；在万达广场组织开展以“携手相助，让爱团聚”为主题的第9个“救助管理机构开放日”暨“夏季送清凉”专项救助活动启动仪式，向市民宣传救助管理法规政策，介绍救助管理工作服务对象、接待流程、管理方式，讲解如何避免亲人走失及亲人失联后应采取的必要措施和寻亲途径；开通网络线上直播寻亲活动，发动全社会关注关爱流浪乞讨人员。

（市民政局 马池坤）

【临时救助】 2021年全市开展临时救助2535人次，支出临时救助资金347.7万元。规范支出型临时救助执行申请、审核、确认程序，对其中的低保家庭及其成员、特困人员、孤困儿童等，重点核实生活必需支出情况，不再进行家庭收入和财产状况调查，全年实施支出型临时救助2166人次，发放临时救助金314.8万元。

【急难救助】 2021年，日照市完善乡镇（街道）小额临时救助备用金制度，健全困难群众临时救助“救急难”绿色通道，对急难型临时救助对象，打破户籍地限制，由急难发生地在24小时内先行救助，相关材料于急难情况缓解后5个工作日内补齐，全年办理急难型临时救助369件次，发放临时救助资金32.9万元。

（市民政局　马　昕）

【慈善救助】　2021年，市慈善总会围绕巩固脱贫攻坚成果，助力乡村振兴，不断拓宽慈善渠道，加大慈善募捐、救助力度，开展“慈心一日捐”、五莲县新冠疫情防控款物接收活动等系列款物募捐、接收活动，科学规划开展“滴水”工程、“慈善暖冬”“爱心复明”“微心愿”等各项救助活动，营造人人向善慈善氛围。至年底，市慈善总会接收善款1151.77万元，物资价值702.89万元；支出善款855.89万元，物资价值707.38万元。

（市慈善总会　刘　强）

【红十字会救助】　2021年，市红十字会开展“博爱在日照 温暖送万家”救助活动，走访慰问困难群众，救助困难群众849户，发放救助金85.1万元；落实国家红十字基金会“天使计划”基金，救助白血病儿童和先心病患儿，分2批次发放救助金111.5万元，救助37人。

（市红十字会　段洪雨）

社会福利

【残疾人福利】　2021年，全市困难残疾人生活补贴一二级每人每月155元，三四级每人每月132元；重度残疾人护理补贴一级每人每月145元，二级每人每月132元。全年发放困难残疾人（含建档立卡）生活补贴总额5766.7287万元，发放总人数为3.4101万人；重度残疾人护理补贴总额6714.1743万元，发放总人数为4.3024万人。

（市民政局　丁　瑜）

【妇女福利】　2021年7月1日起，日照市调整生育医疗保障政策，提高女职工、灵活就业女职工以及参加城乡居民医疗保险女居民生育医疗费定额支付标准，减少妇女生育负担。参加职工医疗保险灵活就业女职工，生育医疗费定额支付标准由1000元提高至3500元；参加城乡居民医疗保险女居民，生育医疗费定额支付标准由500元提高至3500元；参加生育保险女职工生育医疗费定额标准，顺产、剖宫产分别由2000元、3000元提高至3500元、4500元，产前检查由500元提高至1000元。新标准实施后，市民在二级及以下医疗机构顺产生育，医保报销完成并经财政补助后，个人基本不用再负担费用。

（市妇联　厉　辉　董艳艳）

2021年5月，岚山区老年人在社区养老服务中心就餐　（市民政局　供图）

【儿童福利】　2021年，全市社会散居孤儿、事实无人抚养儿童和重点困境儿童基本生活费标准每人每月1600元，福利机构集中养育孤儿基本生活费标准每人每月2000元，至年底，保障集中养育孤儿29人、社会散居孤儿171人、事实无人抚养儿童420人、重点困境儿童244人。开展“福彩圆梦·孤儿助学”“事实无人抚养儿童助学工程”，为成年后在全日制学校就读孤儿和事实无人抚养儿童每人每学年发放助学金1万元，全年为126人发放助学金57.7万元；培育儿童公益类社会组织，购买服务项目12个，服务资金24万余元。

（市民政局　张曼玉）

【老龄福利】　2021年，全市60～79岁、80～89周岁、90～99周岁低保老年人每人每月分别补助80元、100元、200元；在此基础上，对生活长期不能自理、能力等级为2～3《老年人能力评估》（MZ-T001-2013）评定标准的，以及智力、精神和肢体重度残疾低保老年人，每人每月增发80元。增发补贴部分不能与重度残疾人护理补贴重复享受，可择高领取其一。

（市民政局　张　朕）

住房保障

【概况】　2021年，市住建局落实市委、市政府关于保障性安居工程系列重要决策部署，加强住房保障工作。市及区县、功能区建立健全常态化政府公租房申请受理机制，对符合条件的城市中等偏下和低收入无房家庭住房保障实现“应保尽保”，全市454户住房困难家庭解决住房困难问题。推广使用全国公租房保障系统，启动“十四五”

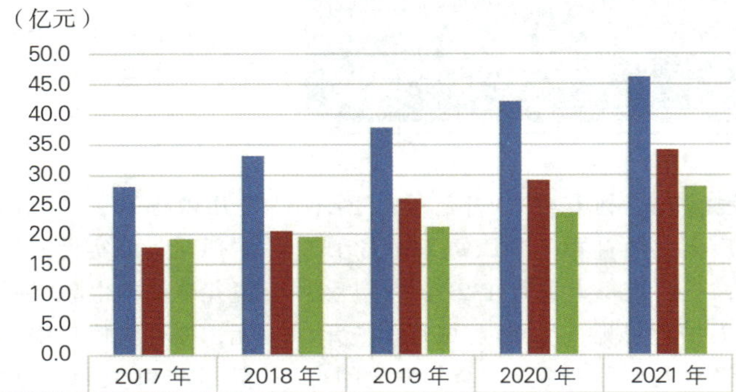

	2017 年	2018 年	2019 年	2020 年	2021 年
年缴存额（亿元）	28.2	33.1	37.7	42.1	46.4
年提存额（亿元）	18.0	20.8	26.1	29.2	34.1
当年发放额（亿元）	19.3	19.5	21.5	23.6	28.1

图 5 日照市 2017—2021 年公积金缴存、提取、贷款情况柱状图

（资料来源：市住房公积金管理中心）

保障性租赁住房规划编制工作。

（市住建局 申 明）

【棚户区改造】 2021 年，日照市棚改安置房建设无新开工任务，计划基本建成 1.5 万套，实际基本建成 42989 套，完成计划的 286%。其中，东港区 8215 套，岚山区 5490 套，莒县 14661 套，日照经开区 14623 套。完成投资 60.52 亿元，有效改善全市棚户区居民居住条件。

（市住建局 范 磊）

【公共租赁住房】 2021 年，日照市推广使用全国公租房保障系统，拓宽申请受理渠道，在政务服务窗口受理的同时，开通网上办事大厅、手机 App、微信公众号等服务平台，方便群众办理业务。市区完成 4 次政府公租房实物配租工作，有 198 户无房家庭分到住房。

【租赁住房补贴】 2021 年，市住建局会同市财政局、市人力资源和社会保障局出台《关于做好新就业无房职工发放阶段性住房租赁补贴的实施办法》，对 1 月 1 日以后新就业无房职工发放 36 个月阶段性住房租赁补贴。城镇租赁住房补贴年度计划任务数 150 户，实际完成发放 256 户、96.88 万元，完成年度任务的 171%。

（市住建局 田 力 王忠波）

2021 年，日照市住房公积金管理中心设置“全省通办”“跨省通办”专窗

（王龙梅 摄）

【住房公积金管理】 2021 年，全市新增住房公积金缴存职工 3.3 万人，完成年度计划的 131.7%，比 2020 年增长 18%。归集住房公积金 46.4 亿元，完成年度计划的 103.1%，比 2020 年增长 10.1%；投放资金 62.2 亿元，完成计划的 111.1%，比 2020 年增长 18.1%，其中为缴存职工提取住房公积金 34.1 亿元，完成年度计划的 113.5%，比 2020 年增长 16.7%；为 8789 户职工家庭发放住房公积金贷款 28.1 亿元，完成年度计划的 108.1%，比 2020 年增长 19.1%。实现增值收益 1.63 亿元，比 2020 年增长 20.6%，完成计划的 108.9%。至年底，公积金缴存余额 122.1 亿元，其中贷款余额 115.7 亿元，个贷率 94.8%。

推进住房公积金高频服务事项“跨域通办” 2021 年，市住房公积金管理中心在落实上级部署的 8 项“跨省通办”事项基础上，通过全程网办、代收代办、两地联办等方式，实现 54 项业务“跨域通办”。2 月，日照市住房公积金管理中心市直管理部被住房和城乡建设部办公厅评为全国住房公积金“跨省通办”表现突出服务窗口，是全省 5 个获此殊荣的市之一。落实“双全双百”工程。将 15 项高频服务事项纳入日照市全市政务服务“集成办”，28 项纳入“极简办”，助力全市政务服务一事一策“极简办”、多事成链“集成办”、跨域连通“全域办”。日照市作为全省公积金“双全双百”试点市，工作做法被山东省住房和城乡建设厅发文表彰。

“无证明公积金” 2021 年，市住房公积金管理中心通过拓宽数据共享渠道，实现 52 类 465 项政务信息共享；接入省证照库、日照市“无证明办事服务系统”，应用电子证照、电子印章，全面推行告知承诺制，将 54 项业务纳入日照市“无证明办事”事项清单，推动“减证便民”走向“无证办事”。

信息化建设 2021 年，市住房公积金管理中心优化公积金贷款抵押联办系统，与不动产登记中心合作，在期房预抵押线上办理基础上，新增二手房公积金贷款抵押线上办理和预抵押转现房抵押批量查询功能，提升贷款抵押办理效能，全年办理线上抵押业务 2195 笔。建成智能密集架式档案库房，实现对全市业务档案集中统一管理；对实体档案实行入库、出库智能化管理；存量历史纸质档案完成电子化加工 162.9 万页；增量业务适时形成电子档案，形成规范严密的档案管理模式。

（市住房公积金管理中心 王龙梅）

社区建设

【基层群众自治组织建设】 2021 年，市民政局配合组织部门，指导各区县开展换届工作底数摸排、选情调研、工作谋划。全市所有村（社区）"两委"换届顺利完成，实现"一肩挑"比例、交叉任职率、学历结构上升和平均年龄下降"三升一降"（"一肩挑"比例、交叉任职率、学历结构上升，平均年龄下降）目标。不断规范换届后村（居）委会规范化建设，联合卫健部门下发《关于进一步推进在村（居）民委员会设立公共卫生委员会的通知》，推动村民委员会建立健全公共卫生、环境和物业委员会等下属委员会；联合组织部、政法委、宣传部、司法局、农业农村局、市妇联等 7 家单位，印发《关于做好村规民约和居民公约制定修订及监督落实工作的通知》，开展督导检查工作，确保发挥村规民约和居民公约在基层社会治理中引导约束作用。至年底，全市 1700 个村（居）都完成下属委员会设立及村规民约、居民公约的制（修）订工作。

【社工队伍建设】 2021 年，市民政局推进社区工作队伍建设，指导区县面向社会招聘社区工作者，充实社区人才队伍；按照比 2020 年增长 5% 标准，2021 年市级财政下拨社区工作人员报酬 1700 余万元，保障社区工作者工资正常增长；开展全市"最美社区工作者"评选表彰工作，田恩钦、高麒滢、黄晓丽、葛善荣、焦玉梅、宋全胜、王启福、张加树、梁玮、李丹 10 人获评日照市"最美社区工作者"。年内，全市新考取社会工作者职业资格 199 人，持证社会工作者达 1081 人；实名认证志愿者 50.4 万人，占全市常住人口的 17%。

【基层减负】 2021 年，市民政局开展基层减负增效工作，在全市开展村（社区）"牌子多"问题整治工作，联合市纪委监委等部门督导检查，清理各类牌子 7.8 万余个；印发《关于改进和规范基层群众性自治组织出具证明工作的实施意见》，规范村（社区）工作事项，建立社区"万能章"清理长效机制。

【社区治理创新】 2021 年，市民政局通过组织专家督导、专项培训、考核激励等方式，指导基层开展创新工作，争创国家和省级创新试点。岚山区碑廓镇辛兴新村被民政部确认为全国村级议事协商创新实验试点单位，莒县城阳街道岳家村社区等 4 个社区入选全省城乡社区工作者示范教育实训基地，东港区等 15 个单位（社区、镇街、区县）入选全省和谐社区建设示范单位；莒县"聚焦'3＋10'类人群治理服务，推进乡镇政府服务能力建设"被确认为全省乡镇政府服务能力建设典型培育单位。

【社会工作服务站建设】 2021 年，市民政局联合市委组织部、市财政局制定出台《日照市乡镇（街道）社会工作服务站建设实施方案》，建成乡镇（街道）社工站 54 个，在全省率先实现社工站建设全覆盖。开展第四届日照和谐使者评选，首次采取人才举荐制选拔高层次人才，拟定建议人选 15 名；推进 5 家引进社工机构开展同辈督导、业务培训、社工站孵化等工作，与济南大学签订社会工作战略合作协议，共建社会工作实践和教学基地。至年底，全市培训社会工作从业人员 1800 余人，注册社工机构 27 家，标识志愿服务组织 103 家。

（市民政局 韩秀敏）

社会组织

【社会组织登记】 2021 年，日照市社会组织发展迅速，覆盖社会服务、教育、文化、体育、科技研究、心理咨询、生态环境、法律等领域。至年底，全市依法登记注册社会组织 2125 家。其中，社会团体 876 家，占 41.2%；民办非企业单位 1243 家，占 58.5%；基金会 6 家，占 0.3%。

【社会组织管理】 2021 年，市民政局引导社会组织参与脱贫攻坚及社会治理等工作，全市 248 家社会组织 1.3 万人次参加 1000 个乡村振兴项目，投入资金 649 万元，受益 53 万人次。围绕打造"日出初光 暖益港城"社会组织服务品牌，通过建设"党建益站"、创办"青益学苑"、实施"创益计划"等，提升社会组织规范运作能力和服务水平。党建益站配备必要的桌椅档案柜等办公设施，入驻社会组织 6 家。青益学苑开展线下专题培训 8 场、线上培训 9 场，每日分享文章 250 多篇，80 多名学员持续跟进学习。实施创益计划 2 期，39 个项目得到扶持。

（市民政局 张小丹）

【社会组织党建】 2021 年，市社会组织综合党委以党史学习教育为契机，强化社会组织党建工作。举办"学史力行 暖益港城"演讲比赛，组织党务工作者集中学习教育，累计 300 人次参加培训；年内新成立社会组织党组织 6 个，发展新党员 60 人。市管社会组织中有 3 人分别被评为全省优秀党务工作者、全市优秀党员和优秀党务工作者，1 个党支部被评为全市先进基层党组织。市委组织部、市直机关工委、市委两新工委联合印发《关于调整市直单位部分社会组织党组织及行业党组织隶属关系等事宜的通知》，将市互联网行业党委等12个行业党组织调整至各部门党组管理，理顺社会组织党建管理体制。投资百万元，在日照人力资源服务产业园创建党建益站，设工位44个，为入驻组织提供能力提升、技术支持、服务咨询、规范化建设等服务，搭建社会组织培育孵化平台，入驻社会组织6家，成立党建益站党支部，实现党建引领入驻组织发展。

（市民政局　李　薇）

退役军人事务

【概况】 2021年，日照市退役军人事务局落实上级文件精神，同时保留军改期间两项特殊政策，即在艰苦边远地区和特殊岗位服役满10年的军队转业干部到地级城市安置政策和军队转业干部进高校专项培训政策。至年底，日照市7个区县服务中心、54个乡镇（街道）服务站、111个服务对象100人以上的村居（社区）退役军人服务站创建为全国示范型退役军人服务中心（站）。5家服务站入选全省百家红色退役军人服务站，5名乡镇退役军人服务站站长被评为全省百名优秀服务标兵。市退役军人事务局获山东省退役军人服务体系业务知识网络竞赛团体二等奖。

【退役军人思想政治建设】 2021年，全市各级退役军人事务部门加强待安排工作期间思想教育工作。开展"退役不褪色，返乡立新功"欢迎活动，增强退役士兵荣誉感、归属感和自豪感，解读安置政策，帮助退役士兵了解新政策、适应新环境。通过党史学习教育、主题党课、参观红色教育基地、一对一谈心谈话等，有针对性地开展党性修养、理想信念、职业道德、法律法规等教育，引导退役士兵不忘初心、牢记使命，继续发挥党员先锋模范作用，为家乡经济社会发展作出贡献。

【退役军人宣传】 2021年，市退役军人事务局完成全市721名新中国成立前和抗美援朝老退役军人信息采集以及口述片拍摄工作。6月9日，在日照广播电视台演播大厅举办日照市"红色基因在传承·听老兵讲述英雄故事"活动；推出16期"印象·退役军人"短视频；出版《老兵永远跟党走——日照市老革命军人光荣册》《坚守初心 不改本色——日照老兵风采摄影作品集》。

【退役军人安置】 2021年，市退役军人事务局创新安置工作方式、科学编制岗位计划、坚持"阳光安置"办法、组织全员适应性培训，提高安置精准性、公开性。压实属地责任，严格执行安置去向政策，参照退役士兵安置办法，市级向市驻地城区下达市直单位安置岗位计划，减轻市驻地城区安置压力，提高安置质量。多次与市委组织部、市委编办、市人力资源和社会保障局沟通协调，挖掘适合军转干部安置岗位，科学研究编制市级安置岗位计划，发挥党政机关接收安置军转干部主渠道作用。为确保转业军官安置工作公平、公正、公开，选岗前召开选岗培训会，进行政策解读、岗位介绍，让转业军官理解安置政策、了解安置岗位、明白选岗程序；选岗过程邀请纪检部门、人大代表和社会媒体全程监督；选岗结果经本人签字确认，并实时显示岗位计划变化情况和选岗结果，现场开出介绍信，安置上岗率100%。

【转业军官适应性培训】 2021年10月19—21日，市退役军人事务局举办转业军官适应性培训班，安排转业军官安置政策解读、日照市情介绍等贴合转业军官实际需要课程。邀请全国五一劳动奖章获得者、全省优秀退役军人徐玉金作报告，组织到日照革命历史纪念馆开展红色教育，观看电影《长津湖》。通过多种形式培训方式，帮助转业军官尽快适应、融入地方工作，实现由国防和军队建设人才向党政管理和经济社会建设人才转变。

【退役军人服务】 2021年，市退役军人事务局落实退役军人待安排工作期间各项待遇。通过"一窗受理"方式，为退役士兵办理党员组织关系转接和预备役登记；按照日照市2020年度最低工资标准，为2021年接收的政府安排工作退役士兵发放待安排工作期间生活补助；协调人社、医保部门，按规定为退役士兵统一办理基本养老、基本医疗保险关系转接，确保待安排工作期间基本养老保险和职工基本医疗保险不断档，待遇连续享受。

【退役军人权益维护】 2021年9月16日，日照市第一家退役军人司法救助联络办公室在五莲县揭牌启用；12月21日，五莲县人民检察院、五莲县退役军人事务局联合开展日照市首例退役军人司法救助案件。12月9日，市退役军人事务局、市委组织部、市财政局、市人力资源和社会保障局联合出台《关于进一步加强和规范退役士兵专项公益性岗位管理的实施意见（试行）》，提升对专项公益性岗位人员的管理水平。

【军休工作】 2021年，市退役军人事务局围绕庆祝中国共产党成立100周年，组建"老兵合唱团"参加庆祝中国共产党成立100周年大型群众合唱艺术节擂台赛，获三等奖。开展"本色家园创建"活动，有1个支部、3名个人受到市委老干部工委表彰。组织参与"老兵永远跟党走"全省军休干部庆祝中国共产党成立100周年书画摄影展暨诗歌文章作品征集活动，获一等奖3个、三等奖1个、优秀奖6个，市退役军人事务局获优秀组织奖。4名军休干部受邀参加日照市"红色基因在传承·听老兵讲述英雄故事"活动，举行"光荣在党50年"纪念章颁发仪式，为38名党员颁发纪念章。开展《我和我的支部》微视频制作，《80岁的支部书记》入选全省微视频展演。成立军休干部红色故事宣讲、健康义诊、消防宣传3支志愿服务队，鼓励支持军休干部发挥特色优势，年内11

名军休干部为企事业单位、社区、中小学校开展讲党课4次，参与红色故事课堂12次，收听收看人数1200人次。实施军休干部医养结合,启用“军休一件事”智慧军休服务，启动建设市军休干部服务中心。

（市退役军人事务局 胡志强 卢成峰 曹现营）

民族宗教事务

【宗教场所建设】 2021年，日照市有佛教、道教、伊斯兰教、天主教、基督教五大宗教。至年底，全市批准设立宗教活动场所42处，民间信仰活动场所69处，认定备案教职人员64人。其中，佛教寺庙5座、固定处所5处,道教宫观1座、固定处所5处，天主教教堂6所，基督教固定处所18处，以堂带点、纳入管理的基督教聚会点119处。

【宗教团体建设】 2021年底，全市有宗教团体10个；其中，全市性宗教团体2个、区县宗教团体8个；有政协第十一届日照市委员会委员6人、区县政协委员12人。市委统战部加强宗教团体建设，落实国家宗教事务局《宗教团体管理办法》，组织开展宗教团体班子述职评议；指导全市性宗教团体成立专委会6个，建立完善制度23项，推动成立日照市道教协会和佛教协会。加强后备人才培养，发现、培养中青年骨干教职人员纳入宗教团体班子，推动宗教团体班子年轻化。40岁以下班子成员有2人，将10名35岁以下青年骨干教职人员作为班子后备人选考察培养。

【宗教事务管理】 2021年，市委统战部落实保护合法、制止非法、遏制极端、抵御渗透、打击犯罪宗教工作要求，健全完善领导机制、区域协作机制、信息互通机制、依法管理机制，自上而下形成党委统一领导，各有关部门分工协作、密切配合工作局面。加强执法能力建设，制定《日照市涉宗教违法活动联合执法机制和联合执法实施办法》，组织市县两级统战干部参加行政执法资格考试，61人取得行政执法资格。提升宗教事务信息化管理水平，推广使用“全市宗教场所信息管理系统”，推进智慧化管理平台建设。探索宗教中国化基层实践路径，确定11个建设试点单位，开展政治引领、法治教育、团体建设、场所规范化管理等工作，推动教义教规与中华文化伦理相融合、与社会主义社会相适应。落实宗教工作三级网络两级责任制，制定印发《关于加强宗教工作基层基础建设的意见》，明确村（社区）书记全部担任宗教工作联络员，建起3046人的宗教工作联络员队伍。

【宗教政策法规宣传】 2021年，市委统战部创新宣传方式方法，采取集中宣讲、网上竞答、政策法规“赶大集、进社区”等形式，宣讲宗教政策法规，发放法律法规宣传资料4万余份，举办各类宗教政策法规培训班40余场次，培训市县两级党政干部、宗教工作联络员5600余人次；组织3万余人次参与全省宗教政策法规网上知识问答活动，承办山东省2021年民族宗教政策法规学习月启动仪式；组成公共法律法规律师宣讲团，赴宗教界开展“宪法、民法典进宗教活动场所”系列宣传活动10场，参与群众800余人次。会同市委组织部在全市机关党支部开展宗教政策专题学习，集中开展农村党支部书记上“宗教政策法规课”活动；深化学校宗教政策法规宣传教育，培训全市各级各类学校校长800多人；面向市属高校领导和思政课教师队伍，发放宗教工作基础知识和宗教政策法规读本3000余册；在全市中小学校开展宗教政策法规宣传教育，引导学生正确认识和对待宗教。

【民族团结进步教育】 2021年，市委统战部强化民族团结进步宣传教育，围绕铸牢中华民族共同体意识，以群众喜闻乐见的活动形式，针对少数民族流动人口和学校，持续深化民族团结进步教育。6月1日，承办全省民族宗教政策法规学习月启动仪式，发放《山东省民族工作条例》《山东省公民民族成份登记管理实施细则》《城市民族工作条例》宣传资料800余份。全年举办民族政策学习培训班4次，培训200余人次；开展民族政策进社区活动13次，举办青少年铸牢中华民族共同体意识专题报告会1场,编排主题歌舞节目5个。9月，在莒县启动日照市2021年民族团结进步宣传月活动，制定印发《日照市2021年民族团结进步宣传月活动方案》。在东港实验学校和莒县第一实验小学探索实行学校民族团结教育平台辐射模式，总结提炼的《点线面结合，全方位推进，打造民族团结教育家、校、社会一体新模式》经验做法，中央统战部和省委统战部通过微信平台和报刊刊发推广。

【民族团结进步创建】 2021年，市委统战部按照“成熟一个，命名一个”原则和“突出特色、突出阵地”思路，制定印发《日照市民族团结进步示范区示范单位命名管理办法》《日照市民族团结进步示范区示范单位创建细则》《关于开展首批日照市民族团结进步和美家庭、示范岗位评选工作的通知》《关于创建城市民族工作“红石榴”品牌的通知》等文件。至年底，全市累计创建国家级民族团结进步示范单位2个、省级15个、市级43个。在曲阜师范大学附属实验学校试点开展“模块场景应用模式”，开发5个模块23个场景应用模式，构建起多层次理论知识和社会实践架构，形成一套完整的学校民族团结进步教育方法措施。该项试点被国家民委确定为全国民族团结进步创建12个重点项目之一，经验做法被国家民委作为全国唯一一个学校典型刊发交流，该校被列为全国、全省首批在中小学开展铸牢中华民族共同体意识试点单位。

（市委统战部 张明磊）

日照市计划生育协会

2021年5月27日，山东省暨日照市计生协会“我为群众办实事”实践活动启动仪式举行
（市计生协会　供图）

【概况】 2021年，日照市计划生育协会（简称“市计生协”）以生育关怀、困难帮扶、健康促进为主线，立足群众需求、拓宽服务领域、深化改革创新，加强“生育关怀”和“家庭健康”服务。5月，山东省暨日照市计生协会“我为群众办实事”实践活动启动仪式在日照市举行。12月，市计生协召开第五次会员代表大会，选举产生新一届理事会常务理事，会长、常务副会长、副会长及秘书长。全市55个乡镇（街道）计生协、2958个村级计生协完成换届，计生协组织会员达40万人、志愿者3万人，组织网络覆盖率95%。开展暖心之星、暖心志愿者、暖心服务团队推选工作，1人被国家计生协评为暖心之星，4人被省计生协评为暖心之星，1个志愿者团队被省计生协评为暖心之星志愿者团队。

【优生优育指导】 2021年，市计生协整合妇幼保健专家资源，建立“三合一”项目工作模式，实行项目化运作。至年底，举办知识讲座200余场次，提供免费义诊210余场次，受益人群3万余人。开展“优生优育进万家”活动，依托优生优育指导中心、亲子小屋、亲子互动场所开展亲子辅导活动50余场，举办科学育儿知识讲座30余场，服务育龄群众家庭1.5万余户。开展0～3岁婴幼儿照护工作宣传，普及婴幼儿科学养育知识。

【计生家庭帮扶】 2021年，市计生协实施系列生育关怀项目，元旦春节期间开展“暖心行动·送温暖”，对127户计生困难家庭实施救助，救助资金12.7万元；联合上海云柔公司开展“暖心行动·送清洁”活动，为全市失独家庭、独生子女伤残家庭发放3400余桶清洁液；实施“生育关怀·助学行动”，资助计生困难家庭大学生75人，累计发放救助金26.51万元。争创国家、省计生协“暖心家园”项目，在东港区后村镇建设中国计生协“暖心家园”项目示范点，累计投入活动经费15万元，开展帮扶活动30场次，受益群众1200余人。

2021年12月29日，日照市计划生育协会第五次会员代表大会召开
（市计生协　供图）

【青春健康教育】 2021年，市计生协累计建成青春健康俱乐部6处。其中，2处被评为国家计生协青春健康教育示范基地、4处被评为省计生协青春健康教育示范基地。对全市4000多名学生及家长进行青春健康调查，为各级各类学校开展青春健康工作提供依据。指导曲阜师范大学、济宁医学院等高校中标国家青春健康项目，联合开展“携手防艾禁毒，共担健康责任”主题征文活动，开办青春身心健康教育课堂，定期进行生殖健康知识和珍爱生命教育。

【独生子女家庭保险】 2021年，日照市在全省率先由财政全额出资，为全市独生子女家庭和失独、伤残家庭购买意外伤害保险和住院护理补贴保险，实现符合条件人群全覆盖。累计投入财政资金2440万余元，为全市16万户独生子女家庭、4000余名计生特殊家庭人员建立风险屏障。年内，全市发生报案1450件，其中有效报案1228件，已决案件988件，赔付金额585.91万元；未决案件240件，估损金额173.8万元。

（市计生协　王宝东）

应急管理

综　述

【应急预案体系建设】 2021年，市应急管理局在全省率先印发《日照市突发事件总体应急预案》，为全市预案体系建设提供支撑，并推动印发《日照市旅游突发事件应急预案》《日照市涉外突发事件应急预案》《日照市药品安全事件应急预案》《日照市突发地质灾害应急预案》，推动应急预案体系建设。以科技信息化助推应急预案管理体系能力现代化建设，与日照地质地理信息大数据研究院合作研发应急预案管理专题模块，一图总览全市企业预案及演练现状，全市369家高危企业中有327家完成系统申报备案，纳入信息化系统管理占比88.62%。

【信息化平台建设】 2021年，市应急管理局优化完善应急机构设置，设立科技和信息化科、日照市应急指挥救援中心，建立部门联动、会商研判新模式，设立平时联合办公，战时集中联合值守制度。完成市应急指挥救援中心新址建设并入驻，发挥平时值守备勤、监测预警和战时应对处置作用，初步实现市级应急指挥调度"一张网"建设。研发"企业安全码"，推动安全生产分级分类差异化精准化监管新模式，取得计算机软件著作权证书，获2021年度中国信息化数字政务创新奖；3268家企业实现线上监管，累计录入风险点12145个，管控措施30058条，排查隐患24950项，累计数据量310万余条。完成日照城市大脑——智慧应急等系统平台一期、市级森林防火系统高低杆监测预警平台二期建设。推进市直部门信息化平台融合，实现多部门系统接入、实时展示，初步实现突发事件应对处置同步感知、同步会商、同步研判。

（市应急管理局　吕红梅　张　笑）

【应急科普宣传】 2021年，市应急管理局围绕安全生产、防灾减灾、应急救援等重大活动、重点工作集中开展科普宣传活动，组织开展"日照安全360"、"5·12"防灾减灾周、"地震台开放周"、"安全生产月"、"日照应急"、"安全生产专项整治三年行动"、"大排查大整治"等专题宣传。围绕"落实安全责任 推动安全发展"，结合进社区、进企业、进农村、进校园、进机关开展宣传工作，创新开展第二十个"安全生产月"活动。学习宣传习近平总书记关于安全生产重要论述，编发公益广告、事故案例、警示提示信息400余条，结合宣传"五进"工作，开展宣传活动20余次，制作发放应急宣传品8000余件。扩大应急安全志愿者招募工作，年度发展应急安全宣传志愿者5000余人，开展200余次志愿者活动。

（市应急管理局　张海青）

【应急救助队伍建设】 2021年，市

2021年7月8日，日照消防开展日照市防汛演练　（于春志　摄）

应急管理局持续提高全市综合应急救援能力，建立市级专业救援队伍9支，覆盖金属冶炼火灾扑救、危化品生产储存装置火灾扑救、电力抢修、城市防汛、海上救援、运力保障、防汛抢险等救援领域。邀请国际搜救教练顾问联盟教练员，并从市消防救援支队挑选15名优秀战士参与辅助教学和组训工作，组织开展全市冲锋舟和橡皮艇专业技能实战化等培训班，100余名学员参加培训。

（市应急管理局　王龙基）

防灾减灾

【自然灾害综合风险普查】　根据党中央、国务院决策部署，2020—2022年开展第一次全国自然灾害综合风险普查工作。日照市作为全国6个自然灾害综合风险普查试点地级市之一，2021年1月在全国率先完成市级普查试点任务。探索“一个方案抓总，五项机制推动”普查组织实施模式和“行业部门＋高校科研院所＋社会专业机构”技术保障模式，形成普查“日照模式”，普查试点经验在全国推广应用，《中国应急管理报》《中国减灾》进行专刊推广介绍，新闻媒体报道60余次。先后有省内外150余个区县到日照市考察学习普查经验，市应急管理局应邀在多个普查培训班上授课，介绍日照普查试点经验。

【气象灾害预防】　2021年，市气象局提高预报准确率和精细化水平，提升气象保障能力。完善部门协同联动机制，与市应急管理局、水利局、自然资源和规划局、海洋发展局等部门签订合作协议，将应急管理、水利、交通、住建、教育等部门纳入决策气象服务名单，搭建应急气象服务平台，建立高影响行业管理部门气象灾害预警信息“直通车”机制，推动气象信息员与应急管理部门灾情信息员“两员合一，一员多用”，建成由2725名村（社区）干部组成的基层气象防灾减灾队伍。牵头制定地方标准《高速公路团雾预警等级》。坚持把防灾减灾服务放在首位，全年启动应急响应20次、发布预警信号102次，发布决策服务材料300余期。在应对“6·14”“8·23”“9·4”“9·19”强降水以及台风“烟花”等灾害性天气过程中，为党委政府组织防灾救灾、群众避险自救提供科学支撑。围绕农业生产、改善生态环境、防灾减灾需求，组织开展人工增雨作业20轮次，发射增雨火箭弹77枚。将防雷监管工作列入全市气象部门2021年政策法规工作重点，制定2021年度防雷安全监督检查计划和雷电灾害事故应急预案，加大防雷安全科普宣传，全年完成新建扩建改建建设工程避免危害气象探测环境行政许可3件。

（市气象局　吴立滨）

【防汛水文测报】　2021年，全市各类水文站点传输发送各类水文基础数据296万条，人工发报水情信息3208份，其中4处国家水文站人工发报1127份，10处中型水库水文站人工发报2081份。全年发送雨水情手机短信4.9万条，编制水情简报65期、雨水情信息通报12期、大中型水库和重点河道运行情况分析表20份、日照市大中型水库纳雨能力分析表26份、洪水预报分析及来水量信息30余份，为各级各部门决策防汛提供科学依据。

（市水文局　高婷婷）

【防汛应急准备】　2021年，全市累计平均降水量1006.7毫米，比2020年同期偏少254.3毫米，偏少20.2%；比历年同期偏多193.7毫米，偏多23.8%；全年最大月降水量为7月，全市平均降水量249.8毫米；全年最大降水量点为东港区独垛雨量站1530.5毫米。为应对第6号台风“烟花”，市水利工程防汛指挥部启动水旱灾害防御水灾防御Ⅳ级应急响应，根据水旱灾害防御应急工作预案，8个工作专班到岗待命，各类水库、塘坝、河道、沿海防潮堤等防洪、防风暴潮工程未出现大的险情，均正常运行，未发生人员伤亡。年内，全市落实防汛行政责任人95名，7名市级领导包保各区县防汛安全，累计落实水库“三个责任人”1667名、山洪预警责任人1412名。在全市各级消防救援队伍基础上，立足9支森林消防、6支社会救援队伍，以及新组建的9支市级专业救援队伍，按照就近调配、快速行动、有序救援原则，建立应急响应联动机制。

【台风防御】　2021年7月26—30日，日照市受台风“烟花”影响，全市平均降水136毫米，最大点296.5毫米（据岚山区李家官庄雨量站）。市防总及时发布防汛防台风Ⅳ级预警、启动Ⅳ级应急响应，先后组织3857艘渔船、111艘商船提前在港避风，704个海上养殖点、19处海洋牧场1094名作业人员全部撤回；关停716处建筑工地及所有沿海景区；预防性转移危险区域群众1.75万人；组织学校、培训机构等暂停教学活动，实施错峰上下班应急措施；与临沂市水利局沟通协调陡山水库水位较高问题，7月27日9时为陡山水库开始放水调蓄，放水流量为每秒128立方米，有效缓解上游中楼镇防洪压力。其间，全市200艘冲锋舟，324辆装备车辆，1116台水泵等应急装备以及1.1万余人防汛抢险救援队伍按市防总要求按时完成预置任务，全市未出现大的险情。

（市水利局　王晓　市应急管理局　王学斌）

【地震防灾减灾】　2021年，市应急管理局完成日照测震台、岚山地震台、陵阳地震台及五莲地震台4个地震监测台站改造工程，增加地震加速度计及室内外监控，供电线路改造为铠装电缆，更换智能电源；完成10所学校预警发布终端安装验收，7 处台站预警设备安装及调试工作。全年处理各类仪器故障 42 起，开展设备巡检 12 次。落实宏微观异常零报告制度，全年核实前兆异常 3 起，组织周、月、半年及年度会商 66 次。完成地震监测业务搬迁城市大脑工作，实现地震数据实时传输、波形浏览、数据分析及地震报警功能。每周组织到日照市和五莲县青少年综合教育基地授课，将防震减灾和安全应急知识教育纳入培训课程，实现市辖区及五莲县初中学生防震减灾知识教育和演练全覆盖，全年举办培训 11 场，4500 余师生参加。举办市政府机关工作人员应急疏散演练，全年举办 6 场、2100 余人参加。

（市应急管理局　曹贞尧）

【自然灾后救助】 2021 年，日照市主要灾害性天气是台风、暴雨、冰雹大风、寒潮、低温冻害、大雾。7 月 28 日至 29 日，受 2021 年第 6 号台风“烟花”影响，全市普降大到暴雨，局部大暴雨，东到东南风 5 ～ 6 级，阵风 8 ～ 9 级，海上 7 ～ 8 级，阵风达 10 级。全年出现 7 次暴雨天气过程，分别在 6 月 14—15 日、7 月 27—29 日、8 月 23—24 日、9 月 4—5 日、9 月 19—20 日、9 月 25—26 日和 10 月 7—9 日。以上暴雨过程未造成严重灾情，其中受台风暴雨影响，7 月 28 日岚山区出现多处路面积水，严重路段实施交通管制。全年五莲县出现两次低温霜冻天气过程，分别在 4 月 4—5 日、13—14 日。其中，4 月 5 日、4 月 14 日极端最低气温分别降至 1.4℃和 1.7℃，当地樱桃、桃、杏遭受冻花或冻果，小樱桃影响最明显，减产 4 成左右。4 月 29 日，受高空冷涡影响，日照市出现大风天气，部分地区瞬时极大风力达 12 级，造成渔船遇险，房屋倒塌或损坏，基础设施和公共服务设施、农业生产等都遭受严重损失。6 月 10 日 15—17 时，五莲县部分乡镇遭受冰雹大风袭击，汪湖镇、许孟镇降冰雹，冰雹最大直径 5 毫米，同时伴有短时强降水和大风，最大降水量 29.9 毫米，出现在汪湖镇；全县极大风速 23.1 米 / 秒，出现在户部乡，许孟镇和汪湖镇出现 9 级阵风。造成部分地区房屋受损，树木倒伏，烟草、蔬菜等作物遭受不同程度损失。市应急管理局拨付冬春救助资金 66 万元、棉被 1500 床，救助受灾困难群众 4351 人。全年灾害民生综合保险各级财政投入保费 1458 万元，接报案 719 起，总赔款约 1453.5 万元。其中，财产类案件累计报案 576 笔；人伤案件累计报案 143 笔。完善“市—县—镇—村”四级灾害信息员 3400 余人队伍建设，制定下发《日照市自然灾害核查工作规范》《日照市灾情统计核查工作手册》，通过灾情会商、视频和集中培训的方式对灾害信息员进行培训。建设市级救灾物资储备库 1 座，面积 2209 平方米，全年采购救灾物资折款 1000 万元，市级储备救灾帐篷、折叠床、棉被、棉褥、大衣等各类救灾物资 25 万件。

（市气象局　吴立滨　市应急管理局　辛本伟）

安全生产监管

【概况】 2021 年，日照市应急管理局统筹发展和安全，强化智慧赋能和专业技术支撑，推进安全生产专项整治三年行动，全市安全生产形势稳定向好。全年发生生产安全事故 21 起、死亡 19 人，比 2020 年分别下降 25%、24%。

【安全生产责任落实】 2021 年，市应急管理局在全省第一个创新实施安全生产“四责联动”十二项工作机制，出台《市委常委会成员、市政府领导班子成员 2021 年安全生产重点工作清单》《日照市安全生产工作任务分工》，并通过巡查考核、约谈、通报、警示等方式，层层压实工作责任，提升监管成效。全年明确 1643 名党政领导干部和 163 个部门安全生产职责；约谈区县 2 个、部门 4 个，对 4 个区县、3 个部门发出警示 9 次。

【安全生产隐患排查】 2021 年，市应急管理局突出危化品、非煤矿山、冶金工贸、建筑施工、道路运输、海洋渔业、文化旅游、城镇燃气等重点行业领域监管，组织各级各有关部门开展安全生产大排查大整治行动，集中摸清一批风险实情、查处一批违法违规行为、整治一批事故隐患。年内，全市摸排企业单位 11921 家，排查整治隐患 12.4 万项，立案处罚企业 2516 家次，罚款 6279 万元。

【安全生产风险监管】 2021 年，市应急管理局建立定期研判预警机制，每月召开安委会例会，分析研判下月形势，先后发布预警 12 期，提醒各级各部门超前部署防控措施。针对事故易发环节，部署开展发承包作业、电气焊作业、高处作业、沿海民宿房屋等专项整治，确保重点风险防控精准有力。组建专门调研组，开展建筑施工、工矿商贸、海上安全、基层应急管理能力专题调研，深挖源头性、根源性问题 25 项，研究改进措施 14 项。

（市应急管理局　刘　妍）

【安全生产教育培训】 2021 年，市应急管理局落实《安全培训机构基本条件》和山东省《安全生产培训质量控制规范》，强化特种作业人员考试管理工作，“以考促培”效果显著。严格作业人员“出口关”，下发《关于遴选特种作业人员实操考评员的通知》，在全市职业院校、企事业单位和培训从业单位遴选实践经验丰富、业务能力突出的实操考评员，纳入日照市实操考评员专家库。严格实操考试管控，规范设置考试科目，组织完成电工、焊工、煤气作业等 8 项实操科目试卷修改，统一考核标准，提高考试质量。强化安全生产培训从业单位监管，将对机构的监督检查纳入年度安全生产监督检查计划，保证安全培训条件，规范从业行为。开展“走过场”专项整治、持续打击安全培训“黑中介”，通过“12345”投诉举报、网监部门通报等多种渠道，及时掌控有关信息，堵塞“黑中介”利益输送渠道。

（市应急管理局　孔夏青）

【危化品安全监管】 2021年，市应急管理局紧抓企业高风险环节和能量积聚区域安全，对全市危险化学品重大危险源实施精准管控。对全市危险化学品生产、储存和使用企业实行动态评估分级，聘请安全生产专家对全市23家危化品企业开展驻点监管工作；运用危险化学品安全风险监测预警系统实现精准监管，实现全市危化品重大危险源企业2684个监测数据点和184个视频数据点信息接入，提升风险研判预警精准性和实效性；推动全市危险化学品企业实施“机械化换人、自动化减人”安全技术改造，对涉及重点监管危险化工工艺的生产装置实行自动化控制，最大降低事故发生率和人员伤亡率；开展危化品和烟花爆竹领域大排查大整治行动，检查危化品企业886家次，发现问题隐患4048项，检查烟花爆竹企业453家次，发现问题隐患452项，立案处罚企业45家，罚款65.9万元。

（市应急管理局　张文华）

【执法监察】 2021年，市应急管理局加强基层安监执法工作问题和短板整治，创新实施“执法帮扶到乡镇”等六项工作机制，打造安全执法“日照模式”，助力安全生产执法工作提质增效。全市各乡镇（街道）应急中心编制由2020年初的373个增加到451个，在岗在编人员由123人增加到431人。对全市所有乡镇（街道）完成2轮帮扶活动，指导立案处罚134起、处罚216.4万元；组织开展四轮乡镇（街道）异地互查活动，共检查企业303家，发现问题2316项，立案处罚企业65家，责令7家企业暂时停产停业，对2家企业落实行刑衔接措施。

（市应急管理局　靳凤清）

消　防

【概况】 2021年，日照市消防救援支队完善应急救援力量联勤联训联调联战工作机制和“1＋5＋N”消防救援力量体系，各类消防专业队伍与民间救援组织、多种救援力量形成合力。省消防救援总队与日照市政府签订战略合作协议，挂牌成立山东省消防救援总队水域救援技术日照实训基地，为全省乃至全国培训水域救援技术骨干和教练员562人。市消防救援支队在2021年首届全省消防行业技能大赛中夺取团体第二名。至年底，全市消防救援队伍接警出动3497次，出动指战员4.3万余人次、消防车7000余辆次，营救疏散群众403人，抢救保护财产价值2.63亿元。

【消防综合监管】 2021年，市消防救援支队围绕消防治理体系和治理能力现代化，科学编制实施日照市“十四五”消防规划，引领下一轮消防救援事业高质量发展。完善以“双随机、一公开”监管为基本手段、重点监管为补充、信用监管为基础、“互联网＋监管”为支撑、火灾事故责任调查处理为保障的新型消防监管机制，强化事中事后监管。市政府印发《日照市消防安全职责任务清单》，市政府消防安全委员会印发《关于加强和规范行业部门消防管理工作的通知》，市消防救援支队主官先后到文旅、住建等15个重点行业部门开展“行业部门面对面”调研走访活动，加强行业消防安全标准化管理。

【森林防火】 2021年，日照市森林防灭火指挥部理顺体制机制，印发《市森林防灭火指挥部工作规则及办公室工作细则》，调整指挥部成员单位，细化包联乡镇、重要林区责任分工，全市形成齐抓共管良好局面。初步建立立体监测预警体系，连续两年投入约4300万元，在全市162处重点林区（山场）安装245处高清森林火灾智能监测预警系统，进山路口新建低杆监控和语音提示装置374个，重点林区设立护林房383处、防火检查站317处、临时检查点295处，逐步形成高空监测、低空提示、瞭望

2021年6月18日，山东省消防救援总队在日照市成立水域救援技术日照实训基地，并与市政府签署战略合作协议　（市消防救援支队　供图）

观察、地面巡查“四位一体”立体监测预警体系；完善重点林区防火基础设施，新修防火道路150千米，防火隔离墙（网）360余千米，铺设引水上山管道24千米，新建高山应急蓄水池39个，蓄水窖1141个，启用新版“防火码”57个，新建防火固定宣传牌575个；加强森林防灭火能力，根据《日照市森林消防专业队伍建设实施方案》要求，筹建9支351人的森林消防专业队伍，配备无人机6架，各类装备1000余台（套），明确森林火灾应急向导1048人，投入995万元采购7套五车编成（35辆车），提升森林火灾应急处置效能。年内，全市未发生大的森林火灾火情。

（市消防救援支队　王学斌）

【消防服务品牌建设】 2021年，市消防救援支队印发《“我为群众办实事”服务十项清单》，打造“志在未燃 愿安万家”消防志愿服务品牌和“阳光执法·精准服务”消防服务品牌，简化行政许可流程、缩小公众聚集场所营业前检查审批范围，通过上门服务为160家企业提供隐患整改技术指导，为企业节约资金近2500万元。推进消防安全专项整治三年行动，彻底整改日照大厦、郭家胡子汽贸城等重大隐患。按照农村消防安全“十个一”标准，在全市各乡镇挂牌成立“消防监督工作站”，开展应急救援站试点，打通基层消防安全监管“最后一千米”，五莲县农村火灾起数比2020年就下降67.5%。

【火灾事故调查】 2021年，市消防救援支队创新火灾调查新模式，开展火灾事故延伸调查，聘请20余名行业专家成立市级火调专家库。自主设计研发可搭配防护装备、勘验器材、现场保障等15类模块在内的火灾调查“三车编成”，满足各种复杂火灾现场调查需求，在全省消防救援队伍首届火灾调查比武装备展示中得到应急管理部消防救援局领导认可，省消防救援总队在日照市挂牌成立“山东省火灾调查实训基地”，推动消防救援队伍火灾调查工作转型升级、提质强能。

【消防基层基础建设】 2021年，全市新开工建设消防站3个，新投入执勤消防站3个，执勤消防站总数升至34个，乡镇一级消防救援力量接警到场时间较2013年相比平均缩短83%。按照“建强特勤站及一级站、织密二级站及小型站”思路，将消防站提档升级，推动34个消防站全部符合《城市消防站建设标准》。市综合性消防救援训练基地项目一期工程即将建设完成，城乡消防站布点均衡、全域覆盖基本实现，覆盖率位居全国同等规模城市和全省前列。

【消防装备研发】 2021年，山东省消防救援总队在日照市挂牌成立“山东省消防科技成果示范应用基地”和“日照市消防救援装备产业技术创新战略联盟”，提出“一个系统，两个基地”建设新模式，从科研队伍建设到实战应用装备研发，从示范基地建设到应用机制完善统筹考虑、一体推进。自主研发各类新型实用装备20多项，供排水机器人、大口径水带收卷车、森林火灾扑救“五车作战编成”等自主研发装备在灾害事故处置和跨区域增援任务中发挥了重要作用，新采购7套共35辆森林火灾扑救“五车作战编成”配发基层一线，提升消防救援能力。

【队伍教育管理】 2021年，日照市消防救援支队启动全市消防救援队伍“心理护航工程”，形成以党建领航、教育铸魂、文化塑魂、管理树形、心理护航“五大工程”为主线的立体教育管理模式。将队伍教育管理、党史学习教育与推动政治工作创新发展相结合，建强“党委统领联合体”“社会单位联合体”“区域协作联合体”，通过“书记讲党课”“微党课”“三亮三比三创三评”联合创先争优活动，完善立体教育层级，与驻地7个思想政治教育基地、47家驻地单位和基层党组织开展党建共建活动，强化与江苏省连云港支队、陕西省延安支队、新疆维吾尔自治区阿克苏支队消防政治工作协作，为全体指战员开展好党史学习教育打下基础。

【日照消防样板】 2021年，日照市承办全国消防救援队伍区域性水域救援技术培训、全省消防救援队伍灭火救援指挥部半年工作总结推进会、新闻宣传重点工作推进会、火灾调查和新闻宣传岗位比武等活动，市政府在省政府农村消防工作现场推进会上介绍经验。市消防救援支队正规化建设、消防志愿服务、火灾事故调查、水域和森林消防专业队伍建设等多项工作，均在全省消防救援队伍相关会议上作典型经验发言。应急管理部消防救援局刊发简报向全国消防系统推广日照市消防救援支队消防救援装备创新、为民办实事活动、消防整治工作协作等经验做法，《应急管理报》、市委深改委《日照改革工作情况》、市委《日照信息》、市政府《日照政务信息》连续刊发日照消防为民办实事成效。

（市消防救援支队　王　铭）

县区

东港区

【概况】 日照市东港区濒临黄海，位于中国大陆海岸线的中部，山东半岛南翼，北依青岛，南接连云港，隔海与日本、韩国相望。东港区成立于1992年12月，是日照市的驻地区、主城区，辖9个镇街道和日照空港经济开发区，户籍人口71.7万人，总面积907.3751平方千米，海岸线42千米。2021年，东港区被水利部确定为第四批节水型社会建设达标县（区）、第二批深化小型水库管理体制改革样板县（市、区），被农业农村部确定为国家级渔业健康养殖示范县，被共青团中央确定为2021年度全国“返家乡”重点开展县，被山东省政府确定为县域经济高质量发展专项评价先进县。

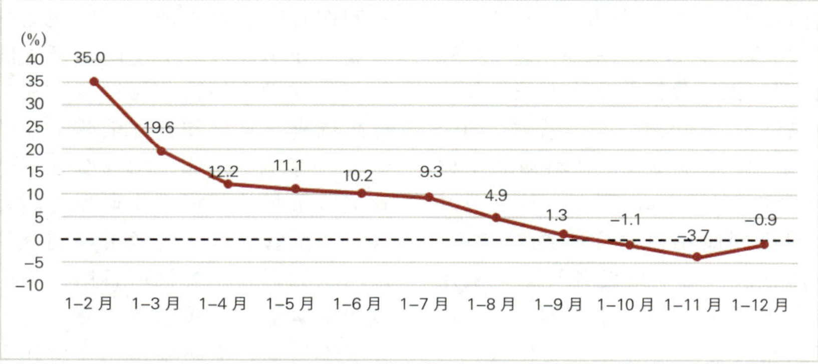

图6 2021年东港区固定资产投资情况图

（资料来源：东港区统计局）

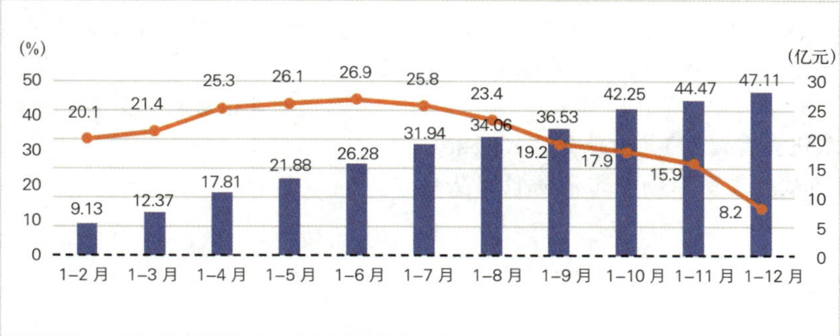

图7 2021年东港区一般公共预算收入情况图

（资料来源：东港区统计局）

【经济建设】 2021年，东港区实现地区生产总值602.42亿元，按可比价格计算，比2020年增长11.3%。其中，第一产业实现增加值38.37亿元，比2020年增长7%；第二产业实现增加值103.84亿元，比2020年下降3.4%；第三产业实现增加值460.21亿元，比2020年增长15.4%。三次产业结构由2020年的6.7∶19.1∶74.2调整为6.4∶17.2∶76.4，第三产业比例提高2.2个百分点。“四新”经济增加值增长26.9%，占比32.1%，比2020年提高2.9个百分点，“四新”经济投资占比达到37%。单位生产总值能耗比2020年下降4.08%。年末，东港区实有市场主体13.51万户，其中，企业4.76万户，个体工商户8.67万户。全年新发展市场主体22227户，其中企业7903户，个体工商户14257户，农民合作社67户。全区完成5家企业在“新三板”挂牌，新增2家企业与中泰证券签约运作上市，新增14家企业在区域性股权交易市场（“新四板”）挂牌。全区在“新三板”及区域性股权交易市场挂牌企业数量达到96家，挂牌数量居全市首位。新东港集团实现直接融资12.9亿元。

农业生产 2021年，全区粮食播种24.27万亩，单产440公斤，总产10.68万吨。夏粮（小麦）播种面积9万亩，单产409.87公斤，总产3.69万吨；秋粮播种面积15.27万亩，

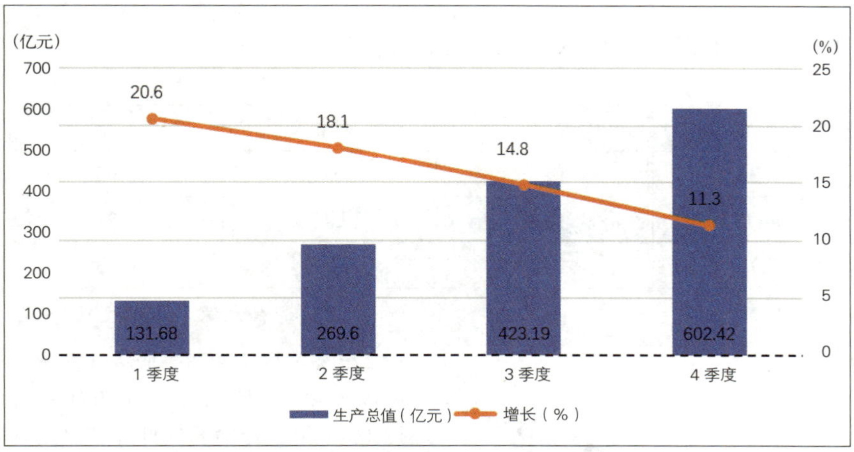

图 8 2021 年东港区地区生产总值构成图

（资料来源：东港区统计局）

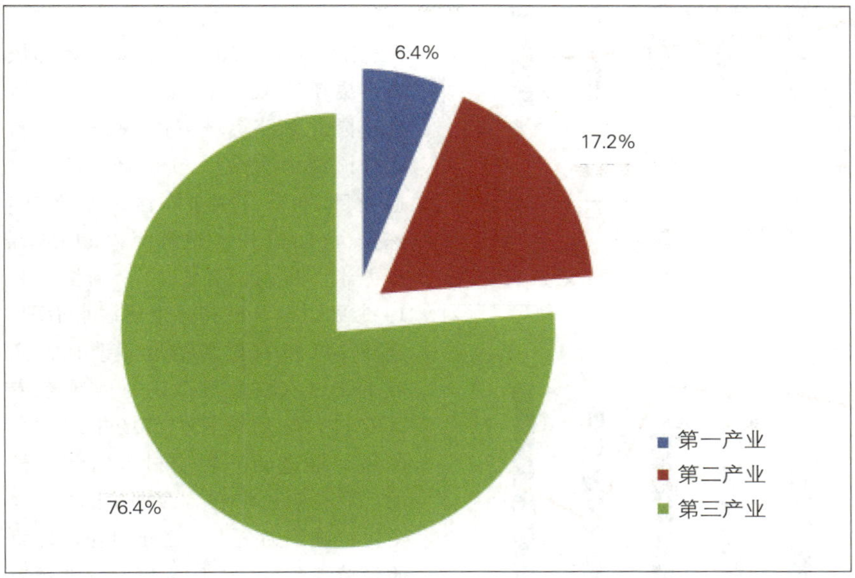

图 9 东港区一、二、三产业比重图

（资料来源：东港区统计局）

单产 457.9 公斤，总产 6.99 万吨。其中，玉米播种面积 12.53 万亩，单产 428.32 公斤，总产 5.37 万吨。生猪存栏 19.67 万头，出栏 22.24 万头；家禽存栏 442.46 万只，出栏 1227.45 万只。渔船 638 艘、4.2 万千瓦。水产品总产量 8.83 万吨，其中海洋捕捞 4.05 万吨，海水养殖 4.5 万吨，淡水产量 0.28 万吨。海水养殖面积 5400 公顷，淡水养殖面积 302 公顷。水产品加工企业 62 家，水产品加工总量 11.7 万吨。全年实现农林牧渔业总产值 71.13 亿元，其中农业产值 16.86 亿元，林业产值 1.16 亿元，牧业产值 13.58 亿元，渔业产值 33.5 亿元，农林牧渔服务业产值 6.03 亿元。

工业发展 2021 年，全区规模以上工业企业实现总产值 72.6 亿元，比 2020 年增长 4.4%。增加值比 2020 年增长 5.9%。实现营业收入 78.5 亿元，比 2020 年增长 10.9%；实现利润 2.3 亿元，比 2020 年下降 38.2%，实现利税 3.2 亿元，比 2020 年下降 28.1%。工业产销衔接良好，产品销售率达 100.1%。

建筑业 2021 年，全区资质以上建筑企业完成总产值 362.88 亿元，比 2020 年增长 5.6%。实现建筑业增加值 74.93 亿元，比 2020 年下降 6.4%。实现建筑业竣工产值 113.04 亿元；施工房屋建筑面积 1185.8 万平方米；竣工房屋建筑面积 264.93 万平方米。

服务业 2021 年，全区服务业实现增加值 460.21 亿元，比 2020 年增长 15.4%，拉动生产总值增长 11.5 个百分点。全区 127 家规模以上服务业企业实现营业收入 319 亿元，比 2020 年增长 11.2%。其中，交通运输仓储和邮政业实现营业收入 167.22 亿元，比 2020 年增

2021 年 9 月，东港区新建城市集群远眺 （东港区文化传媒有限公司 供图）

表 65　2021 年东港区主要农牧产品产量一览表

品种	单位	产量	品种	单位	产量
花生	万吨	2.33	肉类	万吨	3.63
茶叶	吨	4443	禽蛋	万吨	2.21
水果	万吨	7.78	奶类	万吨	0.33

（资料来源：东港区统计局）

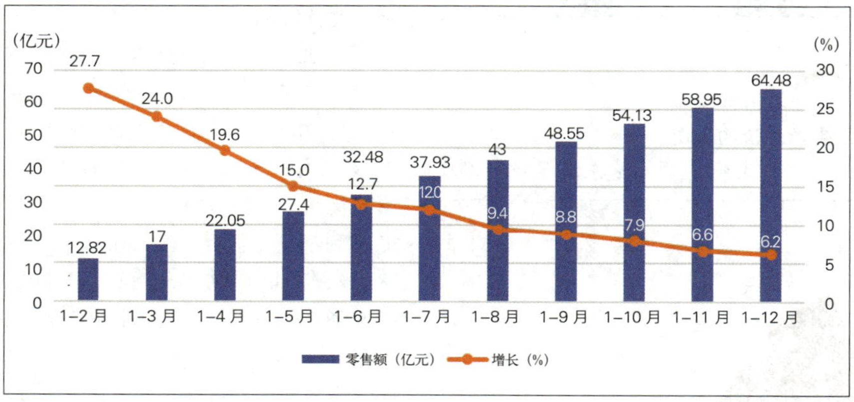

图 10 2021 年东港区限额以上消费品零售额情况图

（资料来源：东港区统计局）

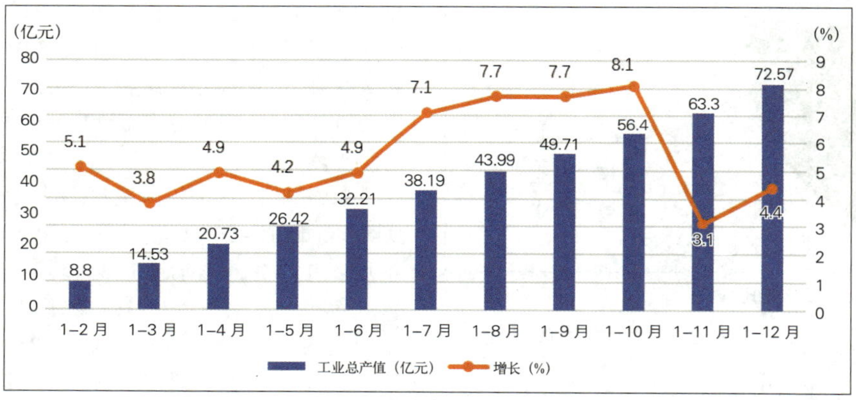

图 11 2021 年东港区规模以上工业总产值情况图

（资料来源：东港区统计局）

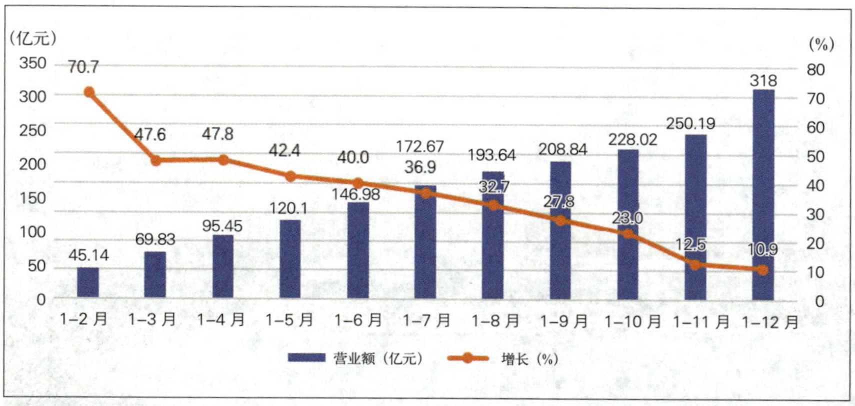

图 12 2021 年东港区规模以上服务业企业营业情况图

（资料来源：东港区统计局）

长 22.9%；租赁和商务服务业实现营业收入 47.58 亿元，比 2020 年下降 18.1%；信息传输、软件和信息技术服务业实现营业收入 24.6 亿元，比 2020 年增长 27.4%。

【生态建设】 2021 年，东港区加快城市更新步伐。新建新东关南路、紫钰花园北侧路等城市道路 15 条，新建公园绿地 22 处；实施老旧小区改造项目 70 个、73 个小区，涉及 384 栋楼、11643 户，建筑面积 114.4 万平方米。年内，完成 23 个新增村和 14 个巩固提升村农村生活污水治理，完成 242 户农村清洁取暖改造，完成 182 户农村危房改造，实现东港区农村改厕后续管护市场化运营全覆盖。推进新一轮农村人居环境整治，后村镇杏坊村、西湖镇圈村等 4 个村被确定为全省景区化村庄。环境质量持续改善。全区环境空气细颗粒物、可吸入颗粒物、二氧化硫、二氧化氮浓度分别为 30 微克 / 米 ^{3}、57 微克 / 米 ^{3}、7 微克 / 米 ^{3}、30 微克 / 米 ^{3}，分别比 2020 年下降 16.7%、10.9%、12.5%、6.2%，环境空气细颗粒物、可吸入颗粒物平均浓度分别居全市第一位、第三位。城市集中式饮用水源地水质达标率 100%，近岸海域水质优良面积比例保持 100%，市控及以上 4 个河流断面年均值达标率保持 100%。东港区被评为全省“打好污染防治攻坚战”专项评价先进区。推进饮用水水源地保护、入海排污口溯源整治，完成 598 个入海排污口整治、271 处入河排污口整治、4 处农村黑臭水体整治、14 个农村生活污水巩固提升改造项目。经生态环境部批准，日照水库流域开展生态环境导向开发（EOD）模式试点，取得良好产出效益，成为全国美丽河湖提名案例之一。

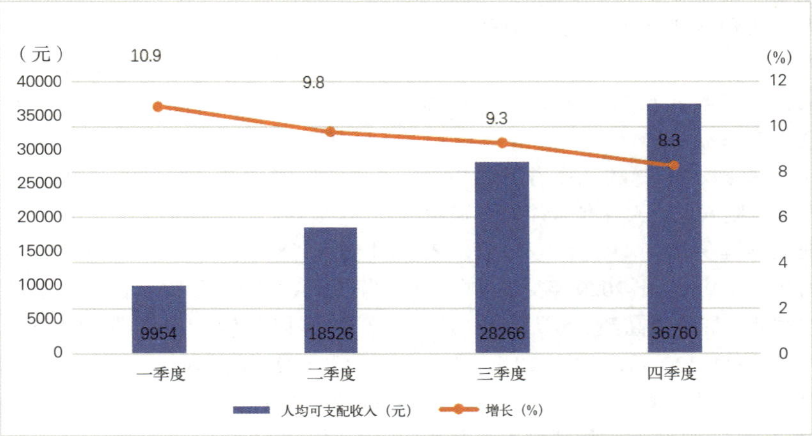

图 13 2021 年东港区全体居民人均可支配收入示意图

（资料来源：东港区统计局）

【文化事业】 2021 年，东港区被评为 2021—2023 年“山东省民间文化艺术之乡”，入选 2021 年度全国市辖区旅游业综合实力百强；组织参与“新时代乡村阅读季”活动进入“全国十强”，获得中宣部表彰。区文化馆创建为国家一级馆。区图书馆新馆建成启用，设计馆藏图书 48 万册；新建城市书房 4 处，藏书量 6 万册；新建自助农家书屋 1 处，为全区农家书屋更新配送图书 2.4 万册。组织开展群众大合唱等活动 9 场次，举办全区美术作品邀请展和舞蹈专场晚会，举办“周末名家艺术公益讲座”41 期。开展农村公益电影放映 5400 场次，戏曲进乡村 463 场次。年内，日照海洋公园创建为国家 AAAA 级旅游景区，天台山景区创建为国家 AAA 级旅游景区，竹洞天景区提升规划完成专家评审程序，东夷小镇创建为“山东省精品文旅小镇”、入选“第一批省级夜间文化旅游消费集聚区”，日照市抗战纪念馆被评为“省级研学基地”，东方太阳城文旅康养融合发展区被评为“省文旅康养融合发展示范试点区”，下元一村、下崮后村等 5 个村创建为“省级景区化村庄”，下元一村创建为“省级乡村旅游重点村”。体育事业全面推进。区体育中心完成主体建设，28 所学校体育场地设施向社会开放，举办东港区第十一届全民健身运动会、东港区青少年体育锦标赛等赛事活动 85 场。开展特色体育项目进校园活动，完成率 100%。开展国民体质监测，完成监测数据 2700 余份。全区人均体育场地达到 5 平方米以上。体育产业规模不断扩大，中加健康管理中心获评 2021 年山东省体育产业示范单位，安泰网球公园获评 2021 年山东省体育服务综合体，奥林匹克水上运动小镇获评 2021 年“中国体育旅游精品景区”。全年体育彩票销售额 9000 万元，体彩销售网点 83 家。

【社会民生】 2021 年，东港区居民人均可支配收入 36760 元，比 2020 年增长 8.3%。其中，城镇居民人均可支配收入 40584 元，比 2020 年增长 7.4%，农村居民人均可支配收入 18756 元，比 2020 年增长 10.9%。居民人均消费支出达到 22735 元，比 2020 年增长 8.7%。

就业形势　2021 年，全区城镇新增就业人员 6374 人。其中，就业困难人员实现就业 194 人，失业人员再就业 1972 人，登记失业率 1.37%。组织技能培训 14845 人，农村转移劳动力 8199 人。发放各类补贴资金 9652.73 万元，创业担保贷款 3.5 亿元。

社会保障扎实稳固　2021 年，全区养老保险参保 52.02 万人，各项社会保险（含居民基本养老保险）基金征缴收入合计 24.88 亿元，基金累计结余 25.31 亿元。按时足额拨付养老保险待遇 18.26 亿元，保障全区离退休人员生活稳定；办理社保卡 2.98 万张，全区社保卡持有量达 57.02 万张。企业职工失业保险参保人数 13.94 万人，征缴失业保险金 3934.63 万元。

医疗保障　2021 年，全区居民医疗保险参保 51.63 万人，实现居民个人缴费 1.39 亿元。城镇职工参

2021 年 7 月，全民运动场——日照安泰网球公园

（东港区文化传媒有限公司　供图）

保单位8991个，参保职工11.49万人；实现职工基本医疗保险费总收入8.97亿元，其中征缴收入5.28亿元，利息收入0.06亿元，上级补助收入3.63亿元。

社会救助 2021年，全区镇街道有敬老院6处，总床位551张。城市低保标准提高到795元/人/月，人均补助519元，比2020年提高77元；农村低保标准提高到630元/人/月，人均补助390元，比2020年提高71元。城市特困人员基本生活标准1113元/人/月，农村特困人员基本生活标准880元/人/月。照料护理标准全自理330元/人/月，半失能495元/人/月，失能990元/人/月。年内对全区低保、特困、建档立卡贫困人口参加居民基本医疗保险给予补贴缴费，共计16789人，补贴资金552.75万元。一站式医疗救助城乡困难群众16758人次，救助资金1124.13万元。

【校车管理改革】 2021年，东港区整合资源力量，推进校车管理改革。校车管理公司化。投资3800万余元，对全区原有标准校车进行整合，由新东港控股集团、市公交集团联合组建日照东港校车运营有限公司。至年底，规划覆盖全区各镇（街道）45所中小学校运行路线256条，服务中小学生近7000余人，保障孩子们在家门口就能坐上校车。适时增加陈疃、南湖、三庄等镇校车运营线路5条，实现镇级校车覆盖率100%。校车管理智能化。每辆校车装有6个高清摄像头，对车内动态、车外安全行车进行全方位监控；将校车智慧监控管理平台联接入全区城乡公交管理系统，校车同城市公交、城乡公交同步纳入监控管理；实行上下车刷卡制度，为每位学生免费办理乘车卡，学生完成刷卡操作后，系统平台自动生成学生上下车报表，方便照管员管理；家长可通过手机App实时查看校车运行位置、孩子上下车刷卡信息。校车管理“暖心”化。按照“学生适量负担，余下政府托底”原则，制定“学生在东港区区域内的乘车站点乘车，只收取基本车费”收费标准，同时为家庭经济困难学生实施乘车费用减免政策，全年为近600名家庭经济困难学生减免校车乘车费用73.58万元；通过设立“3651666”客服热线，开通“东港校车”公众号，举办“家长见面会”等方式，主动了解需求，促进服务不断提档升级；把课堂搬上校车，创新开展“陪你回家”特色校车路线活动和《校车之窗》小小报刊、“我为祖国送祝福”、寒暑假安全主题教育等系列车厢活动，让校车成为孩子们道德教育和文明实践的“流动课堂”。

【信用监管新模式创建】 2021年，东港区建立“1＋N”企业信用信息动态名录库。依托国家企业信用信息公示系统（山东）协同监管平台，建立跨部门、跨系统、跨业务的市场主体信用信息数据库；依托省、市业务平台或自建平台，消除监管盲区，实现动态全覆盖监管。至年底，全区有建档食品生产企业153家，食品加工小作坊480家，食品流通经营户9457家，餐饮服务单位9543家；梳理一级监管医疗器械经营企业建档456家，二级监管医疗器械经营企业建档100家，列入异常经营名录7家。

建立市场主体分级分类监管体系，对信用监管基础库、专业库企业进行信用风险等级分类监管。对“基础数据库”中企业，按照信用风险等级由低到高划分为A、B、C、D、E五类，分类健全监管机制；对“专业数据库”中食品生产经营单位、药械化经营使用单位、特种设备使用单位，在摸清底数基础上，按照企业经营产品类别、经营规模等静态风险因素和生产经营条件保持、过程控制、制度建立和运行等动态风险因素，全部实施风险等级评定、分级分类监管，对评定等级为B级以上经营单位减少检查次数、无事不扰，对C级以下经营单位进行重点监管。

推行数据化智慧监管。依托“互联网＋监管”平台、市场监管一体化平台及“东港区食品安全智慧监管平台”，在餐饮服务食品安全领域、化妆品经营使用领域等重点领域探索实施数据化、信息化、智慧化监管。健全市场监管领域信息公示体系。健全完善市场主体信息共享应用机制，将经营异常名录、严重违法失信名单等信息嵌入监管业务系统，并将企业信用风险预警查询模块嵌入山东省政府部门联合“双随机、一公开”监管平台，及时向有关部门提供信用风险分类查询服务，同时将监管结果作为下一次风险评估的参考。依托国家企业信用信息公示系统、政府网站、“东港市场监管”微信公众号等媒体平台，推行“3＋N”消费投诉公示，围绕与消费者日常生活密切相关、投诉举报相对集中的重点方面，健全完善电梯安全、大型商超、价格收费等三大领域及预付款、装修建材等多项重点领域“3＋N”消费投诉信息公示制度，强化消费维权社会监督。以省级放心消费全域示范区创建为契机，推行“线下无理由退货承诺”，在具有一定经营规模、知名度较高、消费集中的大型商超、商店、建材家居店，引导经营者参与线下无理由退货承诺活动，打造“放心消费品质东港”品牌。

【城市书房建设运营】 2021年，东港区建成城市书房14处，总建筑面积4000余平方米，总藏书16万册，累计接待读者200万余人次，每年开展读书沙龙、展览、亲子绘本阅读等活动380余场次，参与市民近5.8万人。找准公共文化服务“关键点”。建立考核和退出机制，对书房开放时间、读者人数、办证量、图书借还量、特色服务、读者满意度等进行考核，对绩效评价结果差的限期整改，整改结束后验收不合格的，取消城市书房运行资格。根据未成年人、老年人、残疾人等特殊群体特点，设置少儿阅览桌椅、无障碍设施、饮水机以及老花镜、急救箱、雨伞等；支持与有资质的第三方在不影响书房整体环境前提下开展餐饮、休闲等有偿服务。至年底，各城市书房提供的有偿服务实现营业收入45.2万元，有效补充城市书房运营成本。将日照特色文化传承与城市书房有机结合，培育打造“教子有方”家庭教育公益课堂、“尼山六艺研学”，“牛老师讲故事”等品牌文化活动，累计开展读书沙龙、非遗体验、艺术培训、文化创意产品展示等特色活动230余场，形成“15分钟文化圈”。依托基本公共文化体系建设，编制《非物质文化遗产申报指南》《戏曲进乡村服务规范》，将莒县过门笺、雕版印刷、日照黑陶烧制等非遗文化传承人请进城市书房，根据不同节日节点举办各类主题活动。

【助力学子青春建功“返家乡”】2021年，东港区通过线上线下发布招募令、加强全过程管理服务、健全观摩交流机制等措施，宣传日照市人才引进和大学生创新创业扶持政策，增强对大学生汇聚吸引力，建立在外学子微信群，常态化开展在外学子联系及人才服务，精准为学子返乡就业提供便利。通过加强校地共建、推进“扬帆计划”、实施“青春向社区报到行动”等形式，将大学生返乡实践同服务招才引智大局相结合，推动引才和就业关口前移；围绕服务乡村振兴、服务疫情防控、服务青春课堂，推动大学生角色转变；依托“青鸟计划”平台，围绕乡村振兴、精致城市建设等方面，开展“返家乡”社会实践活动，以校地合作为工作抓手，以实现“9个转变”为服务着力点，打造青春339“返家乡”社会实践品牌。5月，东港区被确定为团中央大学生“返家乡”社会实践活动重点开展区；12月10日，青春339“返家乡”社会实践品牌入选“共青团中央年度社会实践品牌”。

【法治副校长试点】2021年，东港区中小学按1∶2.5比例，建立120人的法治副校长人才库。与曲阜师范大学开展“院地合作”法治共建，把该大学法学院作为东港区法治建设“智库”，有20名教授专家进入人才库，并全部聘任为法治副校长。采取教授集中授课、现场交流座谈等方式，加强法治副校长、法治课任课教师法治素养和业务技能培训，组织专题培训班7期、1370余人次，召开座谈会15场次，开展中小学法治副校长、法治课教师优秀法治课件讲义评选活动，在全区评选“十佳”法治副校长。年内，全区法治副校长开展校园法治讲座报告220余场，组织法治巡展、主题班会、模拟法庭等主题实践活动135场次，组织中小学生家长专题法治培训班、报告会62场、1.8万余人次。同时，区财政投资220余万元，建设市区一体的青少年法治教育实践基地，建有综合法治馆、模拟法庭及交通、消防、禁毒等9个专题法治馆，配套建设可容纳600余人的法治报告大厅、1万平方米的法治文化公园，为法治副校长开展互动式、体验式法治教育实践活动提供阵地保障。至年底，有5.7万名中小学生在基地接受系统的法治教育。

2021年4月，东港区陈疃镇——扶贫产业蓝莓大棚

（东港区文化传媒有限公司　供图）

【河长制、湖长制成效提升】2021年，东港区组建全省唯一正科级河湖管理保护中心，列公益一类事业单位，将经费保障由自收自支调整为财政拨款，承担区河长办实体工作职能。健全完善区镇村三级河长体系，落实区级河长10人、镇级河长82人、村级河长301人，对30条区级以上河道、52条镇级河道、64座中小型水库进行日常巡查和协调处置河湖管护问题。按照“流域管理，区划实施；区级统筹，镇为主体”原则，将全区农村河湖划分为西、中、南3个管理区域，采取政府购买服务模式，委托东港区水务集团进行专业化养护管理。在吸纳原有河管员基础上，配强配齐121人的专业河湖养护队伍，对镇级以上河湖管理范围内的水域、陆域、河道绿化及水利设施，进行日常保洁、巡查和维修养护。同时，设立应急队伍，及时做好问题发现、应急处置等工作。开展“世界水日”“中国水周”“志愿护河”等活动，宣传河湖管理保护法律法规，总结推介河湖管护工作先进经验，提高全社会爱护河湖、保护河湖意识，推进河湖管护从“河长治”到“全民治”。建立政府牵头、水利主导、部门联动的执法机制，推动形成管理、执法、服务“三位一体”执法格局。印发《东港区应急抢修水毁水利工程管理暂行办法》，全区河湖养护管理形成工

作闭环，河湖管护问题由被动处置变为日常主动处置，各级河湖长发现问题由常态化变为个别化，经验做法被省水利厅发文推广。

【城市裸露土地治理】 2021年，东港区依托东北大学技术研发团队，采取“碳汇”模式，对裸露土地进行治理。利用超高温好氧发酵技术，将市政污水处理后产生的污泥等有机固体废物进行高温发酵，发酵产物调配成花卉用土，经科学配比后施加在裸露土地上，种植精选花草，达到抑尘固土治理效果。选取济宁路与德州路交会点2.85万平方米裸露土地试点，率先推行“碳汇”裸土治理项目，成功后全区推广。采用“碳汇”裸土治理模式，每1万平方米每年可固碳11吨。

（东港区地方史志研究中心　张　晖）

岚山区

【概况】 岚山区地处鲁东南沿海鲁苏两省交界处，东临黄海与日本、韩国隔海相望，南拥海州湾与江苏省连云港市赣榆区一河之隔，西接临沂市莒南县，北靠日照市东港区。2004年9月设区。2021年，全区总面积784平方千米，辖9个乡、镇、街道，280个村（社区），人口43.6万人。境内有岚山港、岚山渔港两个国家一类对外开放口岸，年吞吐能力约2亿吨。临港产业特色鲜明，为全国最大的木材进口加工集散地、江北最大的液化品集散地、山东省重要的钢铁生产基地、油气储运加工基地和区域性临港物流中心。其中，钢铁产能规划布局4000万吨，占全省的一半。海洋捕捞能力居全省第二位，是全省重要的海洋食品生产加工基地。有茶园16万亩，面积、产值均居全省首位，成为北方最大的绿茶生产基地和国家级无公害绿茶示范区。全年实现地区生产总值560.35亿元，比2020年增长3.2%；一般公共预算收入47.5亿元、比2020年增长8%；其中税收累计完成43.5亿元、占比91.6%，总量和税收占比均居全市第一；工业总产值2223.6亿元，比2020年增长22.7%，占全市的60.56%。居全国综合实力百强区第89位、绿色发展百强区第51位、投资潜力百强区第68位、中国工业百强区第98位、高质量发展百强区第66位。

【经济建设】 2021年，岚山区把招商引资作为“一号工程”，成立由区委、区人大、区政府、区政协主要负责人挂帅的8个产业招商专班和3个区域招商专班，定期调度督导招引进度。全年承接全市内资到位资金任务68亿元，实际完成108.5亿元，超额完成年度招引任务。签约项目50个，总投资192.6亿元。全区152家规模以上工业企业完成总产值2223.6亿元，占全市比重的60.6%，比2020年增长22.7%；实现营业收入2789.7亿元，比2020年下降1.5%；利润164.7亿元，比2020年增长0.8%。其中，钢铁及配套企业完成产值1997.4亿元，占全区比重的89.8%，比2020年增长24.2%；实现营业收入2407.7亿元，比2020年下降2.8%，利润163.8亿元，比2020年增长2.4%。对外开放水平持续提升，完成进出口总值386.4亿元，实际使用外资3388万美元，获评全省外贸高质量发展区。

【生态建设】 2021年，岚山区全面开展“蓝天、碧水、净土”保卫攻坚战，推进生态环保领域各项重点任务与改革创新。加强省督察反馈典型案

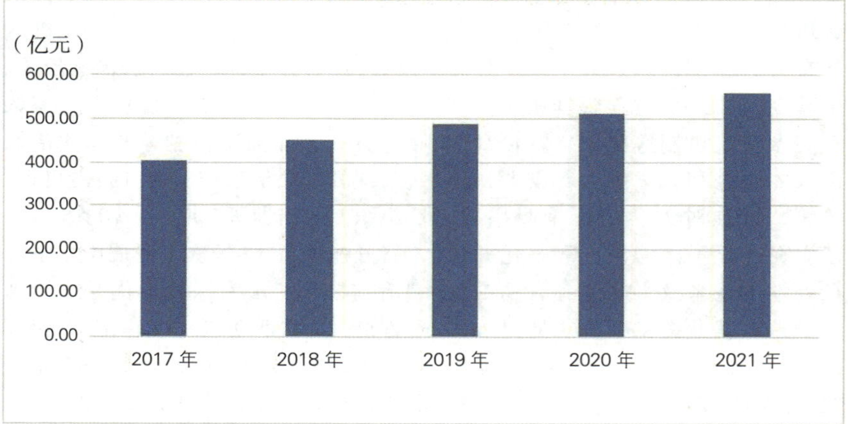

图14 2017—2021年岚山区地区生产总值柱状图

（资料来源：岚山区统计局）

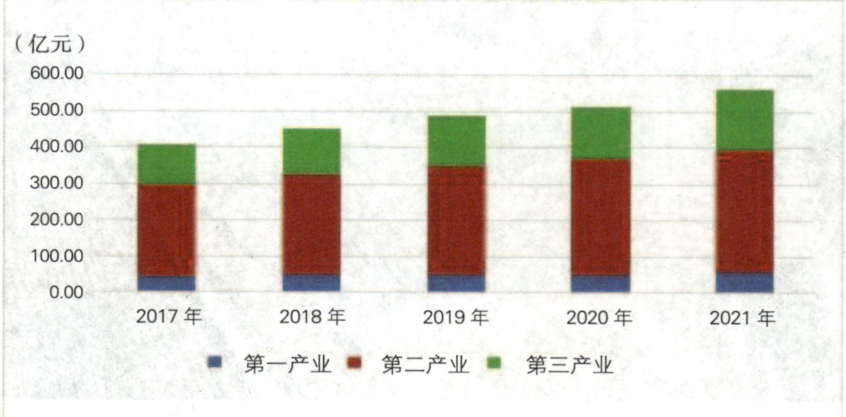

图15 2017—2021岚山全区三次产业增加值柱状图

（资料来源：岚山区统计局）

例整改，历次中央环保督察及“回头看”反馈意见涉及岚山区38项问题和交办的34件信访基本整改完成；第二轮省督察交办信访件217件整改完成。第二轮中央环保督察交办信访件38件，办结37件，1件继续推进。开展2021年夏季挥发性有机物治理攻坚专项行动，整改问题158个。开展全区“货场、堆场、停车场”环境污染专项整治，排查货场、堆场、停车场329个，取缔146个，整改完成103个。加大港口扬尘污染巡查检查力度，岚山港、岚桥港累计建成防风抑尘网4800余米。全年全区环境空气质量综合指数同比改善14.5%，$PM_{2.5}$、PM_{10}、SO_2、NO_2、O_3同比分别改善17.1%、13.2%、21.4%、12.9%、6.6%，其中综合指数、优良天数比例、$PM_{2.5}$、PM_{10}等4项指标改善幅度位列全市第一，空气质量达到国家二级标准。组织重点河流排查92次，下发交办单17次，交办问题22个，发布水环境质量状况预警及加密监测通报18次。推进治理工程建设，8个农村生活污水巩固提升项目完成。加快海洋环保体系建设，组织现场督导22次，下发问题交办单6次，分类整治入海排污口151个，超省下达目标任务66个。开展固废危废排查，排查工业企业290家，整改完成问题123个。开展生态环境领域安全生产大排查大整治，检查生产经营单位290家次。开展“双随机、一公开”执法检查198次，立案处罚2782万余元。累计办结12345政务热线、12369环保举报平台、省督察热线群众信访件847件。环境信访投诉率比2020年下降20.7%，信访投诉处结率100%。累计备案重点企业环境应急预案147家。

【文化事业】 2021年，岚山区公共文化服务体系建设不断完善，文化和旅游事业深度融合发展。电视剧《大海的女儿》剧本完成初稿创作。历史文化遗产得到保护利用，岚山区试点申报文旅融合省级大遗址公园获省文化和旅游厅通过，尧王城遗址覆罩保护大棚建设项目获国家文物局批复。高兴镇、黄墩镇获评“山东省民间文化艺术之乡”，黄墩镇入选“中国民俗文化之乡”。黄墩镇申报全国服务农民、服务基层文化建设先进集体。组织举办“颂歌献给党、奋进新征程”岚山区庆祝中国共产党成立100周年大型群众合唱艺术节、“红心向党、惠享生活”群众性广场舞大赛等红色文化活动。组织举办的“颂红色经典、迎百年华诞”读书朗诵比赛，参赛作品获全市比赛一等奖、全省决赛二等奖。文化惠民工作稳步推进，“戏曲进乡村”“戏曲进养老服务中心”386场次，农村公益电影放映3200场次，省、市、县三级联合购买服务演出11场次。3处城市书房建成开放，流动图书服务车投入使用。围绕“有一种味道”特色旅游品牌，重点打造“吃海鲜到岚山”“好客山东从一杯绿茶开始”“一竿钓天下”三张旅游名片推动文旅融合发展。安东阿掖旅游度假区项目加快建设，多岛海景区提档升级工程启动，云和夜泊酒店全面运营。岚山头街道官草汪村获评全国乡村旅游重点村；巨峰镇后山旺村、中楼镇辛家庄村被评为首批山东省景区化村庄；巨峰镇后山旺村获评山东省乡村旅游重点村。

【社会民生】2021年，岚山区坚持惠民生、补短板、兜底线，高质量发展成色更加彰显。全年财政民生支出23.3亿元，占一般公共预算支出的83.1%。办学条件持续提升，完成投资2.6亿元，新启用幼儿园10所，改扩建中小学3处，42所义务教育学校全部实现集中供餐。组建学前教育集团3个、教育联盟2个，开展“双减”专项治理，中小学课后服务参与率98.2%。公共卫生服务体系不断完善，区人民医院传染病楼建成启用，虎山镇卫生院完成搬迁，康宁医院成功创建二级精神专科医院。全区所有医保定点机构实现省内“一卡通用”“一码通行”。投资1.1亿元，建成运营村（社区）养老服务中心374处，2.1万名75岁以上老人享受到“免费午餐”，被评为全省县域养老服务体系创新示范区。新增城镇就业3361人，城镇登记失业率为1.28%。孤困儿童基本生活费提高至每人每月1600元，城乡低保标准分别提升至每人每月795元、630元。区未成年人救助保护中心正式启用，新建“希望小屋”31间。建成全市首个“如康家园”残疾人之家，入选省级优秀创新项目。积极筹备第25届省运会，区体育中心体育馆完成建设，23所中小学校体育设施免费开放。

【生态园林城市建设】 2021年，岚山区高标准推进城区绿化工程，完成29处公园节点绿地提升及建设，对沿海路等31条城区道路裸露土地进行综合整治，新增绿化面积20万平方米，20余个单位完成“花满庭院”绿化任务，全区绿化面积达794.88万平方米，城区绿化覆盖率达42.5%，基本实现居民出行“300米见绿，500米见园”。拆迁区域及闲置土地整治成为全市样板，对沿海路污染严重的绿化苗木除尘，安装污泥挡板9800余米；对岚山路、沿海路等31条道路约2.27万棵行道树进行疏枝整形，治理受病黑松660棵、复壮弱势行道树320棵、植保涂白行道树1.36万棵、风雨天气救助倒伏倾斜树木2390棵、清理断树断枝685棵，城区420万平方米绿地养护完好率达100%。

【特色旅游】 2021年，岚山区投资500万元完成多岛海城市书房建设装修并投入使用，投资200万元完成多岛海景区公共设施修复完善工作。多岛海赶海园完成配套基础设施建设，修建护栏1200米，接待游客8万余人；投资1300万元，完成多岛海旅游综合体基建项目；多岛海云和夜泊酒店实现营业额294万元，承办多场集体婚礼，举办露营、节日活动，成为新的网红打卡地。碰山风景区调整水源保护地规划，投资约1000万元，改造景区内部望海楼餐厅，实现正常对外营业；完成景区户外拓展基地、孔雀园等一批网红游乐设施及相关配套设施建设，及萌宠乐园等儿童游玩项目建设和廉洁文化基地、磴山水榭别墅民宿室内精装修建设。投资约675万元，继续推进以建设茶文化研学基地为目标的小茶山民宿基础设施建设，开展春茶开采，举办茶园艺术之旅、日照绿茶文化节等多场主题活动；探索开发磴山—小茶山茶叶研学线路，举行大型研学活动3次。

【人才建设】 2021年，岚山区召开兑现“凤栖岚山、智汇钢城”工程人才项目资金会议，为23个项目发放人才项目资金272万元。引进高层次创新创业团队22个、创新人才90人。山东华源索具有限公司耿林团队等4个创新团队入选日照市创新领军人才（团队），日照钢铁控股集团有限公司张德荣等4名创新人才入选日照市创新人才；申报2021年度山东省泰山产业领军人才工程技能领军人才项目1个。日照圣谷山茶场有限公司创建为省级乡村振兴专家服务基地，日照市伟业工具股份有限公司创建为市级专家服务基地。在西安举办“双招双引”推介会，区政府与西安航空基地签订航空产业人才融合发展战略合作协议，区海洋发展有限公司与西安和爱实业有限公司签订旅游开发合作协议，并举行日照（西安）协同招引中心启动仪式。参加“才聚日照——直通名校”北京高校专场招聘活动，区政府与北京科技大学签订战略合作框架协议。

【就业创业】 2021年，岚山区实现城镇新增就业3361人，城镇登记失业率1.28%，低于控制目标2.22个百分点。实行“政策找人”“政策找企”，对313家不裁员或少裁员企业，重点推送稳岗返还政策，发放稳岗返还补贴120万元。引导鼓励大学生创业，支持农民工、退役士兵等群体返乡创业，发放创业担保贷款713笔、1.42亿元，贴息418万元，为197人发放一次性创业补贴等三项创业补贴364万元。举办岚山区第四届创新创业大赛，72家企业、项目团队报名参赛。全年新招募“三支一扶”大学生12人，新增就业见习基地2家，开发就业见习岗位321个，为81人发放就业见习补贴40.3万元，为755名高校毕业生发放生活、房租（社保）补贴736.4万元。完成失业人员再就业708人，就业困难人员再就业215人，为426名就业困难人员发放灵活就业社保补贴216.9万元。开展东西部劳务协作项目，组织企业赴重庆市黔江区参加2021年学生就业实习双选会招聘活动。开展各类培训2292人次，发放培训补贴226.4万元。75家企业开展以工代训7509人次，发放补贴375.45万元。通过“岚山就业”微信公众号开展线上失业登记业务，全年受理失业金待遇549人，发放451.1万元。

【医养结合发展】 2021年，岚山区持续推进医养结合发展，举办医养照护专业人才能力提升培训班，培训100余人。完成15个卫生室与幸福苑相邻建设的医养结合示范社区提升改造。推进全区百岁老人长寿金及高龄补贴发放工作，1941人享受高龄津贴，发放高龄津贴221.76万元；“银龄安康”参保76622人，保费451万；落实辖区内老年人免费乘坐城市公共交通工具以及半价乘坐景区内的观光车、缆车等优待政策，发放景区门票及乘车票、赶海园体验票各5000张，发放老年健康读本6000本。把党史学习教育与养老志愿服务结合，联合区民政局、中国人寿保险岚山区支公司为全区373个村级养老服务中心捐赠价值30万余元的足部按摩器和茶吧饮水机，为全区8个乡镇街道捐赠价值8000万元保额的场所人身意外伤害保障。

【“南茶北引”展览馆】 2021年7月1日，日照市“南茶北引”展览馆对外开放。该展馆位于日照市岚山区省级农业高新技术产业开发区驻地，建筑面积750平方米，总投资约1500万元。全面展示日照市干部群众科学实施南茶北引工程，克服干旱、冻害两大难题，从试种、扩种到巩固、发展、壮大的光辉历程以及取得的成就，旨在打造江北规模最大、史料最全的茶产业党性教育基地和科普教育基地。至年底，接待80批次1000余人参观学习。

2021年，日照市“南茶北引”展览馆　　（岚山区委党史研究中心　供图）

2021 年，日照市岚山区虎山镇官山社区养老服务中心

（岚山区委党史研究中心　供图）

【红色专题展】 2021 年 7 月 2 日，日照市“红色文化主题月”暨“峥嵘百年·红色岚山”庆祝中国共产党成立 100 周年红色专题展在岚山区启动。启动仪式上，公布包括黄墩烈士陵园，高兴镇王振成烈士墓，碑廓镇罗荣桓旧居、萧华旧居、谷牧旧居等 5 处革命旧址在内的日照市第一批革命文物名录，并对市级红色旅游线路和红色研学点作推介。

【全国茶业百强县】 2021 年 10 月 27 日，岚山区获 2021 年度全国茶业百强县第 36 位，比 2020 年跃升 2 个位次；同时获 2021 年度全国十大茶旅融合特色县域。2021 年，全区茶园总面积 16.2 万亩。其中，成龄茶园 14.7 万亩，年干茶产量 1.1 万吨，种植业产值 13.75 亿元，平均亩产值超过 8600 元，茶产业销售收入 28.8 亿元。面积、产量、产值均居山东省首位。

【养老服务中心全覆盖】 2021 年，岚山区有 60 周岁及以上老年人 10.46 万人，占总人口的 24.2%；其中，75 周岁及以上老人 2.6 万人。2 月，岚山区开始探索建立“政府主导、镇街主责、村居主体、社会参与”的养老服务体系，按照“试点先行、全面覆盖”两步走战略，逐步健全养老服务体系；6 月 30 日，全区 374 处养老服务中心建成运营，实现养老服务中心全覆盖，每天为本村 60 周岁以上老人至少提供 1 餐服务，其中 60 至 74 周岁的老人按成本价自费，75 周岁及以上老人免费就餐。

（岚山区地方史志研究中心　张守来　赵中华）

莒　县

【概况】 莒县位于日照市西部，东临日照东港区、五莲县，西接沂水县、沂南县，南靠莒南县，北毗诸城市。莒县历史悠久，周为莒子国，秦始为县，西汉初曾为郡，汉文帝二年（前 178）在此置城阳国，后为州为郡为县数度升降，1913 年改州称县至今。2021 年，全县总面积 1821.1 平方千米，年末户籍人口 116.79 万人。全年实现生产总值 424.97 亿元，比 2020 年增长 8.4%。其中，第一产业增加值 52.92 亿元，第二产业增加值 160.75 亿元，第三产业增加值 211.3 亿元。固定资产投资增长 4.7%，地方一般公共预算收入 25.76 亿元，地方一般公共预算支出 61.62 亿元，社会消费品零售总额 146.9 亿元。城镇居民人均可支配收入 32571 元，农村居民人均可支配收入 19652 元。年内，莒县被财政部授予“2020 年度县级财政管理绩效综合评价得分前 200 名（23 名）”，被商务部授予“电子商务进农村综合示范县”，被 16 届全国政府采购监管峰会委员会、政府采购信息报授予“政府采购百强县”等称号。

【经济建设】 2021 年，莒县坚持把发展作为解决一切问题的基础和关键，严格落实“双碳”战略，加快“六稳”“六保”落地，经济发展“稳中向好、稳中提质”。新增规模上工业企业 10 家，总量达 259 家，数量居全市第一位；高新技术产业产值增长 15.3%、“四新”经济增加值增长 12.2%。招商引资和项目建设持续发力，100 个省市县重点项目，完成投

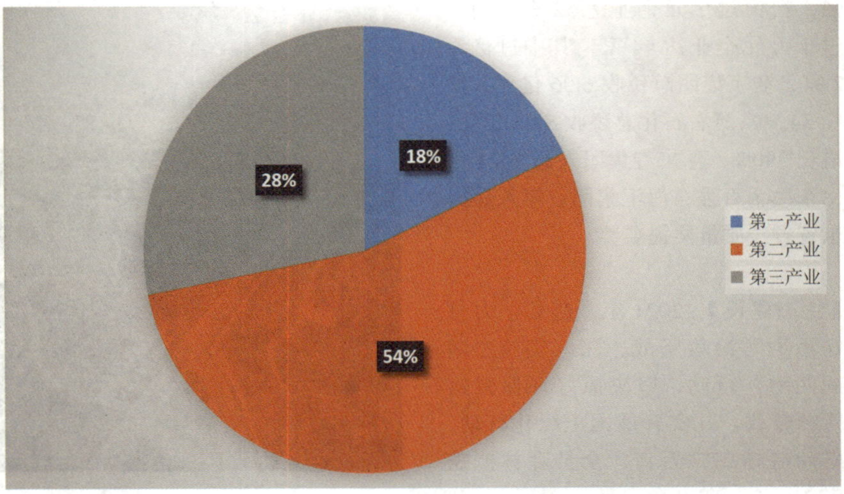

图 16 2021 年莒县生产总值构成示意图

（资料来源：莒县统计局）

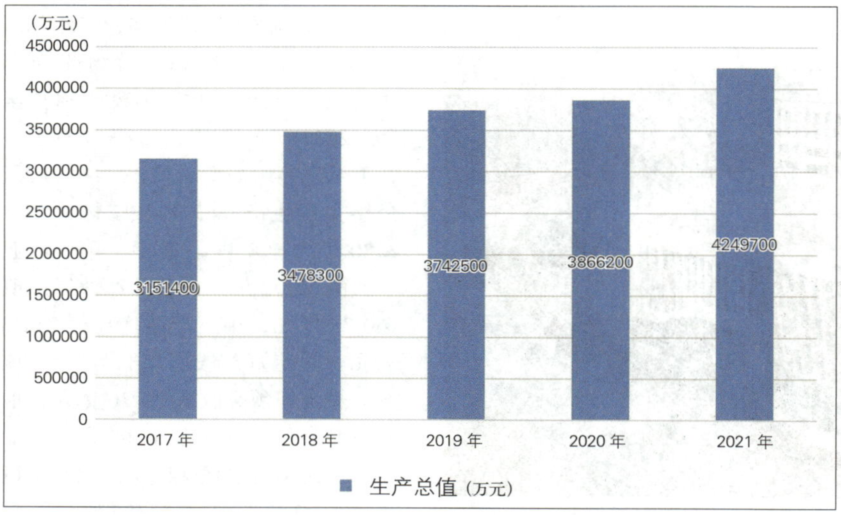

图 17 2017—2021 年莒县生产总值柱状图

（资料来源：莒县统计局）

资 148 亿元，超年度计划 38.3 个百分点；内资到位资金 57.3 亿元，超年度计划 36.4 个百分点；整改“两高”项目 29 个，万元生产总值能耗强度下降 7.8%。主导产业加速壮大，绿色化工产业加速向集群化发展，海右化工产业园争创为全省首批综合性化工园区，晨曦集团风险化解取得实质性突破，海右石化成功引入战略投资。华泰以纸代塑高端包装纸、盛世峻泽等 8 个项目建成投产，旭科新材料、盛泉新材料等一批项目开工建设。电子信息、医疗器械、精密机械新兴产业快速壮大，同华微电子、天马数控 18 个电子信息、精密机械产业项目和阳光宜康等 13 个医疗器械项目加快建设。骨干企业做大做强，产值过亿元企业达 52 家，纳税过千万元企业达 44 家，其中过亿元 2 家，浩宇集团总税收 6.96 亿元，增长 34.5%；海右石化总税收 5.06 亿元，增长 390%。浮来春集团入选 2021 年山东民企百强，海汇集团获第八届山东省省长质量奖提名奖。

【生态建设】 2021 年，莒县全力打好污染防治攻坚战。深入实施“四减四增”行动，坚决抓好环保督察问题整改。扎实开展国土绿化行动，累计造林 27.7 万亩，全县森林覆盖率 21.9%，高出全省平均 3.7 个百分点。推进水资源集约节约利用，新建改建各类水利工程 1677 处，增加蓄水 2500 万立方米。县乡村三级林长体系基本建立，$PM_{2.5}$ 改善率 8.7%，5 处省控以上断面水质全部达标。农村人居环境整治提升五年行动全面启动，累计创建国家级生态乡镇 7 个、省级生态乡镇 16 个，市级以上生态村 312 个，市级以上美丽乡村 433 个。开发“碧水积分”公众护水平台 App，设置巡河、问题反馈、公益活动、有奖举报等活动指标，明确相应积分标准，激励引导市民通过在线打卡、巡河、志愿服务等方式获得积分、兑换话费及流量，激发社会力量参与护河的积极性。该平台运行 3 个月，吸引 5000 余人次参与巡河护河，接到举报问题 70 余件，全部完成整改。莒县被评为全国首批深化小型水库管理体制改革样板县，被水利部表彰为全面推行河长制湖长制先进集体，全省及淮委河湖长制现场推进会现场观摩了莒县。经验做法先后被《人民日报》、人民网、新华网等媒体刊发推广。莒县争创为全国县域节水型社会达标县、省级生态文明建设示范区。

【文化事业】 2021 年，莒县深入贯彻习近平总书记提出的“推进中华优秀传统文化创造性转化、创新性发展”指示要求，坚持以莒文化为底蕴、非遗传承保护为重点，探索推进文化“原态保护、活态传承、业态融合”的发展模式，实现文商旅高度融合、一体发展。莒县先后被评为全国文物工作先进县、中国民间文化艺术之乡、全国第二批革命文物保护利用片区、省级历史文化名城、山东省文化强省建设先进县、山东省莒文化生态保护实验区。莒县推进文化保护传承有关做法，多次被中央电视台、《人民日报》、新华网等主流媒体刊播报道。坚持以文塑旅、以旅彰文。5 月，举办第三届莒文化传承发展与创新利用学术研讨会；在第二届国际文博会上，莒文化和莒国古城引起强烈反响。东方九里晴川、屋楼小镇等总投资 88.4 亿元的 9 个重点旅游项目加快建设，嗡嗡乐园争创为国家 AAAA 级旅游

2021 年，沭东生态绿道　（莒县县委党史研究中心　供图）

景区。莒国古城商业街首期开放，累计接待游客340万人次，全年全县接待游客920万人次，旅游综合收入78亿元。莒县争创为山东省全域旅游示范区、省级文化和旅游消费试点县、省文化生态保护区。

【社会民生】 2021年，莒县牢固树立以人民为中心的发展思想，着力解决好群众“急难愁盼”，发展成果更多更公平惠及广大群众。着力办好民生实事。完成36个老旧小区改造提升、创业扶持等15件为民办实事项目，群众满意度不断提升。推进全国紧密型县域医疗卫生共同体、疾病预防控制信息化两个试点县建设，县人民医院、中医院2个医共体高效运行，15个镇街卫生院达到省级服务能力提升标准，100个村卫生室达到市级以上示范标准。加快提升中医药服务能力，建成21处“国医堂”、8处中医特色专病卫生院，群众看病就医更加方便。全面发展社会事业。坚持教育优先发展，投资2.6亿元，建成启用小学、幼儿园11所，新增学位6750个，全面改薄圆满完成，“大班额”全部清零；高考本科进线率81%。推进义务教育“双减”，注销各类校外培训机构144家，学生负担明显减轻。实施“互联网＋明厨亮灶”，全县中小学、幼儿园食堂智慧监管实现全覆盖。全省群众满意度调查，莒县基础教育得分居全省第六位。千方百计稳定和扩大就业，发放创业担保贷款4.3亿元，新增城镇就业7197人。推进社会保障提标扩面，城乡居民基本养老保险参保59.7万人，基础养老金由85元提高到150元；基本医疗保险参保94.8万人，补助标准由420元提高到580元。

【改革创新】 2021年，莒县深入贯彻习近平总书记“在增强经济社会发展创新力上走在前”重要指示，扎实推进“改革创新突破年”，巩固提升“9＋5”改革攻坚成果，新争引国家级试点5项、省级试点13项。县残联、水利局、教体局、农业农村局被授予国家级荣誉称号，县科协、商务局、粮食储备中心有关改革经验在全国推广；构建“暖心医保”服务品牌、农村危房改造、社会信用体系建设、行政事业性国有资产管理改革等15项经验做法在全省推广。莒县“无柜台”帮办受理服务模式，被省委改革办上报中央改革办。

【创新与经验】 “无柜台”帮办受理服务模式 2021年，莒县改革传统审批服务模式，撤销柜台，组建综合帮办队伍，与办事群众同坐一条“板凳”，实现“一对一、零距离、心贴心”服务。全年办理各类行政审批服务事项1.8万余项，行政审批效率提高近1倍，帮办受理人员数量压减50%，行政成本压减三分之二以上。有关经验被省政府办公厅《山东政务信息》、山东电视台《新闻午班车》、《大众日报》宣传推广，并入选《山东省地方改革案例（流程再造专题）》，被省委改革办上报中央改革办。

纪检监察协作区模式 2021年，莒县打破原有行政区划界限，对基层纪检监察资源进行优化整合，将全县20个乡镇（街道）划分为4个协作区，每个协作区确定一个中心镇街，分别覆盖4～6处镇街，形成协同作战单元，确保各协作区交通条件便利、工作体量均衡、职能优势互补，实现由“单打独斗”向“团体协作”转变。全省纪检监察信访举报工作现场会在莒县召开，该做法被省纪委监委内部网站、《大众日报》、《日照清风》等刊发推广。

“碧水积分”管护机制 2021年，莒县开发“碧水积分”公众护水平台App，设置巡河、问题反馈、公益活动、有奖举报等活动指标，明确相应积分标准，激励引导市民通过在线打卡、巡河、志愿服务等方式获得积分、兑换话费及流量，激发社会力量参与护河的积极性。该平台运行3个月，吸引5000余人次参与巡河护河，接到举报问题70余件，全部完成整改。莒县被评为全国首批深化小型水库管理体制改革样板县，被水利部表彰为全面推行河长制湖长制先进集体，全省及淮委河湖长制现场推进会现场观摩了莒县。经验做法先后被《人民日报》、人民网、新华网等媒体刊发推广。

【莒国古城首期开放】 2021年7月24日，莒国古城商业街首期开放活动开启。开城活动在大型历史情景剧《莒鲁会盟》中拉开帷幕，国潮巡游、戏曲快闪、国风乐队、川剧变脸、非遗演艺、古典民乐、民谣弹唱、国风乐队、果色摄影、国风华服秀、民谣弹唱、渔鼓书、太极拳等丰富多彩的演艺活动陆续展开，大批网红直播、才艺主播、旅游达

2021年，莒县沭东新城风貌　　（莒县县委党史研究中心　供图）

2021 年，莒国古城夜景　（莒县县委党史研究中心　供图）

人闻讯而至，120 多家商户开门营业。首期开放区位于商业街北部，北至拱辰门，南至文昌阁，建筑面积约 6.5 万平方米，约占总面积的 1/6。自开放以来，四面八方的游客汇聚于此，观民俗、看表演、品美食、赏夜景，古城成为莒县人民“超级会客厅”，成为区域文化旅游的新地标，通过在节假日开展各类引流活动，带动假日经济持续升温，餐饮、文创、零售、体验互动等各类业态产品全面热销，社会各界对莒国古城给予高度评价。

【中青旅与莒县战略合作】 2021 年 3 月 5 日，中青旅控股股份有限公司和莒县人民政府战略合作签约仪式在莒县举行。合作双方坚持“优势互补、资源共享、实体运作、互惠互利、合作共赢”原则，建立长期战略合作伙伴关系，围绕莒县旅游产业发展，依托中青旅资源优势和渠道优势，在丰富旅游业态、提升旅游品质、培养专业人才、策划营销、打造知名品牌等领域开展全面合作。共建“莒县古城”旅游项目，通过项目植入、管理体系建设和产品提升，共同推进“莒县古城”项目建设、全域旅游发展，吸引国内外游客，提升莒县旅游知名度；助力莒县文旅产业数字化、智慧化升级，提升全域及景区数字化治理、数字化公共服务、数字化营销能力，提升景区管理服务水平，加快打造“文化名城”“旅游名城”。

【日照沭河（莒县段）综合治理】 2021 年 9 月 18 日，全省黄河流域生态保护和高质量发展现场推进会采用“省主会场＋市分会场现场视频连线”方式举行，日照市分会场设在沭河（莒县段）综合治理提升改造项目开工现场。沭河上游堤防加固工程（莒县段）总投资 5.07 亿元，治理范围自沭河莒南界至洛河镇章庄桥，新建及加固堤防工程、防汛路工程、穿堤涵洞及防汛交通桥。规划区域防洪标准达到 20 年一遇。

（莒县地方史志研究中心　路文慧）

五莲县

【概况】 五莲县位于山东半岛西南部，因境内秀美的五莲山而得名。1947 年建县，1993 年由潍坊市划归日照市。2021 年，全县总面积 1497 平方千米，辖 12 个乡镇（街道）和 1 个省级经济开发区、1 个省级旅游度假区，共 561 个村（社区），年末户籍总人口 50.67 万人。该县先后获 2021 中国最美县域、全国县域旅游竞争影响力 50 强、首批国家水土保持示范县、2021 年全国村庄清洁行动先进县、首批省级“绿水青山就是金山银山”实践创新基地、山东省乡村振兴示范县、山东省县级国资国企改革发展示范点等称号。

【经济建设】 2021 年，五莲县实现地区生产总值 211.85 亿元，按可比价格计算，比 2020 年增长 3.9%。第一产业增加值 29.06 亿元，比 2020 年增长 8.0%；第二产业增加值 81.35 亿元，比 2020 年增长 1.7%；第三产业增加值 101.44 亿元，比 2020 年增长 4.4%。三次产业结构由 12.9 : 37.5 : 49.6 调整为 13.7 : 38.4 : 47.9。按常住人口计算，人均生产总值达到 47645 元，比

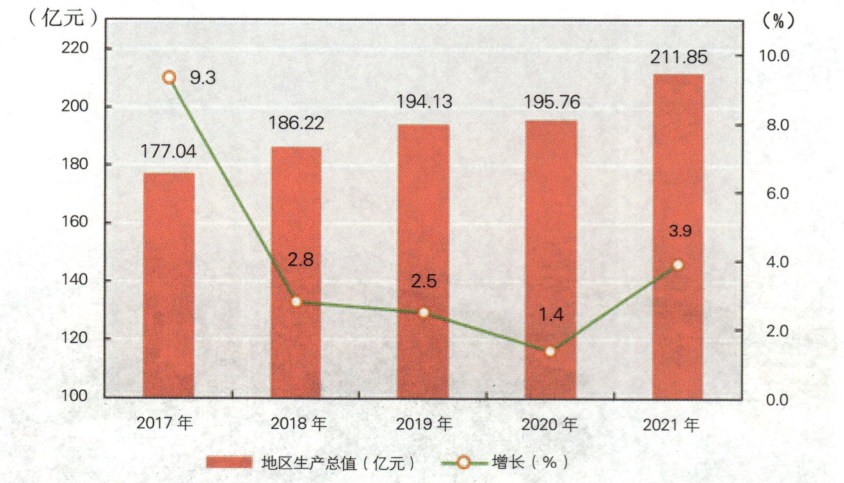

图 18　2017—2021 年五莲县生产总值柱状图

（资料来源：五莲县统计局）

2020年增长5.5%。万元生产总值能耗比比2020年下降4.17%。

全县实现农林牧渔业总产值59.42亿元，比2020年增长8.9%。农林牧渔业增加值比2020年增长7.9%，其中农林牧渔服务业增加值比2020年增长6.8%。全年粮食总产量21.88万吨，增加0.75万吨，比2020年增长3.5%。其中，夏粮产量8.24万吨，比2020年增长8.3%；秋粮产量13.64万吨，比2020年增长0.9%。油料（花生）总产量7.15万吨，与2020年同期持平。蔬菜瓜果类总产量34.81万吨，比2020年增长5.1%。果品总产量13.89万吨，比2020年增长6.3%。茶叶产量694.63吨，比2020年增长11.6%。

表66　2021年五莲县农林牧渔业产值及增长速度统计表

指标	产值（万元）	比2020年增长（%）
农林牧渔业	594249	8.9
农业	283637	8.7
林业	11944	-27.8
牧业	238429	19.1
渔业	12546	0.8
农林牧渔服务业	47693	7.2

（资料来源：五莲县统计局）

至年底，全县169家规模以上工业企业完成总产值205.75亿元，比2020年增长7.8%。涉及的27个行业大类中，有19个行业工业总产值实现正增长，增长70.4%，与2020年相比提高30.4个百分点，累计完成产值99.54亿元，占全县规模以上工业总量的48.4%，比2020年增长24%。

全年生产各类汽车21.6万辆，比2020年下降2.9%；其中低速载货汽车16.9万辆，比2020年增长2.5%。生产金属切削工具65.8万件，比2020年增长77.5%；电力电缆4万千米，比2020年增长51.5%；冷冻蔬菜3.6万吨，比2020年增长12.5%；铸铁件2.2万吨，比2020年增长11.5%；液压元件18.4万件，比2020年增长11.2%。

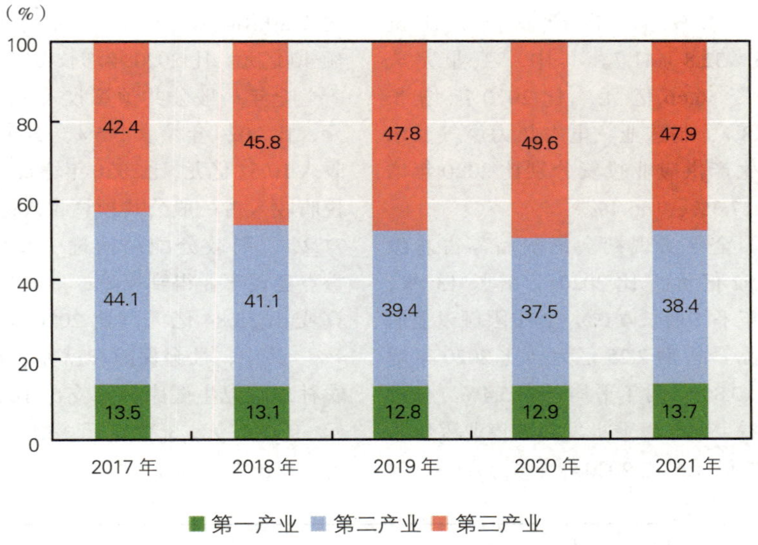

图19　2017—2021年五莲县三次产业比值示意图

（资料来源：五莲县统计局）

表67　2021年五莲县主要农产品产量及增长速度统计表

指标	产量（万吨）	比2020年增长（%）
粮 食	21.88	3.5
油 料	7.15	—
黄 烟	0.25	-3.8
棉 花	0.01	—
蔬菜瓜果	34.81	5.1
中药材（亩）	9490	—
茶 叶	0.07	11.6

（资料来源：五莲县统计局）

表 68　2021 年五莲县规模以上工业主要产品产量及增长速度统计表

指标	单位	产量	比上年增长（%）
铜金属含量	吨	480.92	-44.3
锌金属含量	吨	250.76	-70.8
饲料	吨	161018.83	-9.5
冷冻蔬菜	吨	35918	12.5
营养、保健食品	吨	3298	-34.2
食品添加剂	吨	5669.02	72.0
饮料	吨	151.33	168.0
水泥	吨	297337.92	-27.7
金属切削工具	万件	65.83	77.5
低速载货汽车	辆	169152	2.5
电力电缆	千米	39678	51.5
液压元件	件	183933	11.2

（资料来源：五莲县统计局）

全年固定资产投资比 2020 年增长 4.5%。三次产业投资比例 5.5∶52.8∶41.7。其中，工业完成投资 56.66 亿元，比 2020 年增长 41.8%，制造业、电力热力燃气及水的生产供应业投资分别比 2020 年增长 17.3%、166.4%。

全年实现社会消费品零售总额 57.92 亿元，比 2020 年增长 13.1%，两年平均增长 4.1%。其中限额以上消费品零售额 2.25 亿元，比 2020 年增长 10.8%，两年平均下降 5.4%。分行业看：限额以上批发和零售业零售额 1.75 亿元，比 2020 年增长 11.4%；限额以上住宿餐饮企业零售额 0.5 亿元，比 2020 年增长 19.2%。全年进出口总额 40 亿元，比 2020 年增长 27.7%。

全年一般公共预算收入 14.56 亿元，比 2020 年增长 3.5%。其中税收收入 10.51 亿元，比 2020 年增长 1.1%，税收收入占一般公共预算收入比重达 71.2%。财政分配结构进一步优化，重点建设事业得到保障，一般公共预算支出 35.84 亿元，比 2020 年下降 4%。其中，社会保障和就业、教育、农林水、卫生健康分别支出 10.98 亿元、9.41 亿元、3.37 亿元、3.26 亿元，占总支出的 75.4%。

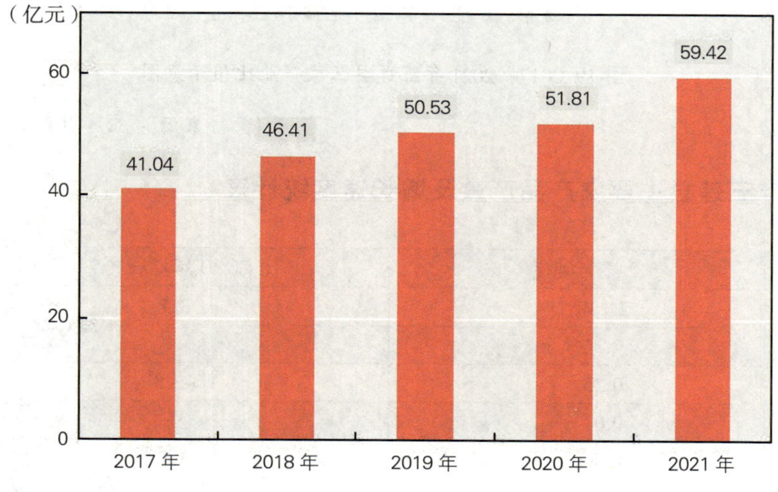

图 20　2017—2021 年五莲县农业生产总值柱状图

（资料来源：五莲县统计局）

【生态建设】 2021 年，五莲县坚持全域振兴、全域美丽、全域旅游，推动巩固脱贫攻坚同乡村振兴有效衔接，被推荐为全国乡村振兴典型县，全省 2 个区县入选。

全域振兴　东西北 3 个乡村振兴片区形成“点上突破、错位互补、全域联动、竞相发展”良好格局。东部片区白鹭湾美术馆小镇字里窗间书店、几米绘本馆启用，创建为山东省精品文旅小镇。西部片区落地总投资 40 亿元的华能、阳光等 6 个农光互补项目，总投资 60 亿元的新希望六和等 10 余个现代农牧项目，正在加快建设。北部片区新增高标准农田 6 万亩，全县完成粮食播种 50 余万亩，粮食总产超 20 万吨。

全域美丽　全域无垃圾、全域美丽家庭、全域美路等“八项工程”扎实推进，“全域美丽”工作入选全省打造乡村振兴齐鲁样板典型案例，全县 562 个村庄实现全域无垃圾目标。“连村路”完成年度建设任务 110 千米，东部乡镇实现村村通柏油路；7 条 53.5 千米彩虹路全部完成，23.3 千米山岳风情绿道和山海风情绿道建成；京沪高铁二通道和青岛连接线前期工作扎实推进。全县 64 条河流、179 座水库通过政府购买服务，全部实现企业化运作、物业化管理、专业

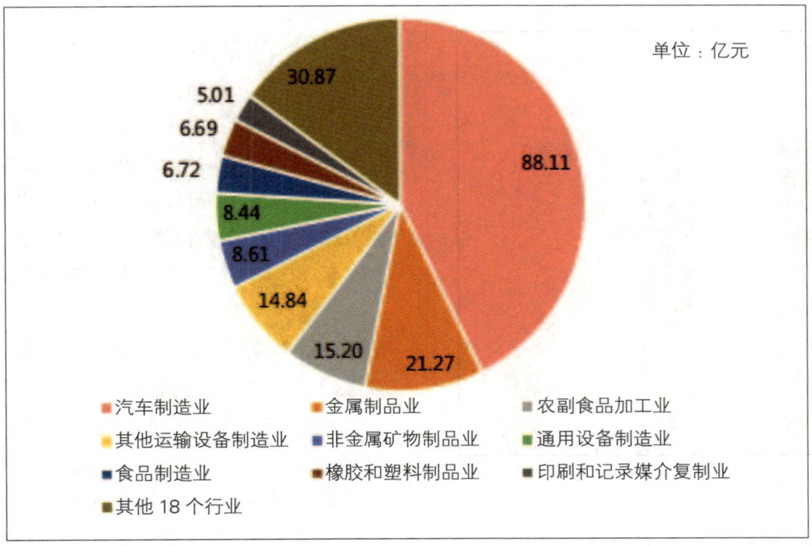

图 21 2021 年五莲县规模以上工业分行业总产值示意图

（资料来源：五莲县统计局）

化考核。108 个村庄污水实现集中处理，做法编入《省农村生活污水治理工程案例汇编》，作为整县推进治理典型全省推广。

全域旅游　全年，累计接待游客 790 万人次，实现旅游总收入 47 亿元，分别比 2020 年增长 62%、92%。连续 4 年上榜中国最美县域，跻身全国县域旅游竞争影响力 50 强。持续发力民宿游，实施“政府规划、村民自建”的民宿发展模式，全县精品民宿达到 85 家，窦家台子村、董家楼村创建为首批省景区化村庄，松柏镇成为省首批旅游民宿集聚区创建单位。举办第二届“绿水青山”运动会、中国山地马拉松系列赛等赛事活动，累计吸引近 5000 名运动员参赛，3 万余名观众参加，网络浏览量超过 3000 万。“中国山地马拉松系列赛‘绿水青山’山地马拉松赛道”，“齐鲁风情 5 号路”获评省体育旅游精品线路。

【文化事业】 2021 年，五莲县实施文化惠民工程，完成“戏曲进乡村”632 场，新时代文明实践活动专场演出 200 余场，农村公益电影放映完成 7452 场，为全县各乡镇敬老院和福利院的孤寡老人放映优秀影片共计 100 场，社区放映 50 场。大力推进三馆免费开放工作，县文化馆举办表演、钢琴、声乐、国画、舞蹈等线上线下公益培训 80 余次，举办书画展等公益展览 9 次；县图书馆推出“线上猜灯谜”“小院里的读书会”“少儿绘本故事会”“红色阅读推广”等阅读活动；博物馆推出“云游博物馆”栏目，创新设立“文博公益课堂”，举办活动 6 次，引进举办北洋海军将士事迹展、沂蒙精神红色文化展，推进党史学习教育走深走实。打造流浪书屋品牌，以流浪书屋为载体，开展书友心得分享、文旅名人讲座、艺术沙龙、公益培训等形式多样的文化活动，先后举办“苏轼在五莲”文化交流会等系列活动 9 场。组织开展“新时代乡村阅读季”百日读书打卡活动，近 2 万余人参加阅读活动。

【社会民生】 2021 年，五莲县民生支出 29.65 亿元，占一般公共预算收入的 82.7%。实施城乡义务教育阶段学校集中配餐服务、校医派驻服务等 18 项为民办实事项目。城区学校集中配餐服务全面完成，有就餐需求的 3.9 万名学生全部实现午餐供应，同时配套建设“互联网＋明厨亮灶”工程，在全省经验交流会上作为唯一县级典型发言。探索实行“政府购买服务、公立医疗机构派驻校医”新模式，实现校医服务全覆盖。建成 18 处环卫工人休息点和 13 处美丽驿站，为户外劳动者提供休息便利场所。31 所学校体育场地对群众开放，累计 12 万余人次入场锻炼。改善民生事业。教育优势持续巩固，完成城区学校 14 个人工智能实验室建设，深入推进“学生体质提升工程”，完成首批 12 处试点学校。加快精致城市建设，实施 59 项城建重点工程，新建改造济宁路、云南路等 12 条道路，完成 17 个老旧小区改造。不断提高社会保障水平，落实征地农民养老保险补贴 3.4 亿元，居民基本养老保险基础养老金最低标准每人每月提高到 150 元，惠及全县 10.8 万名群众。县政府残工委被表彰为省“十三五”期间表现突出先进集体，全市唯一。提升“老有所养”服务水平。完成“幸福温度”工程，升级改造所有乡镇敬老院。深入推进农村“幸福食堂”工程，建成各类“幸福食堂”326 处，配餐服务覆盖率超

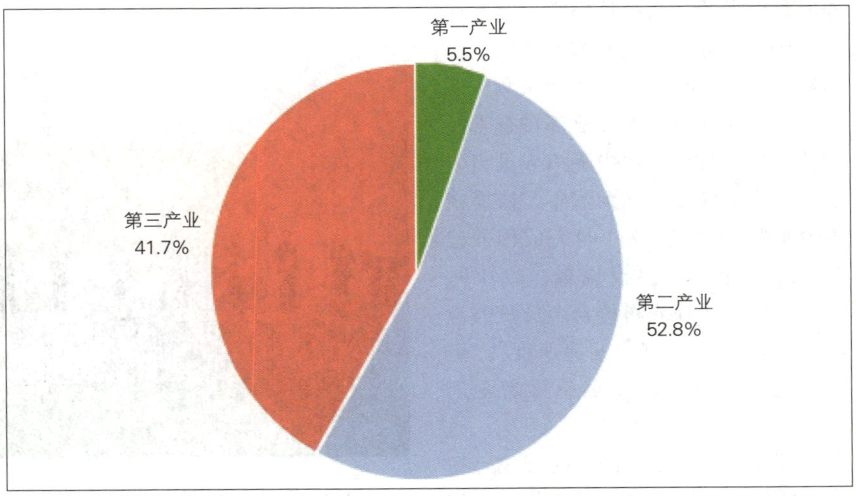

图 22 2021 年五莲县三次产业投资占固定资产投资比重示意图

（资料来源：五莲县统计局）

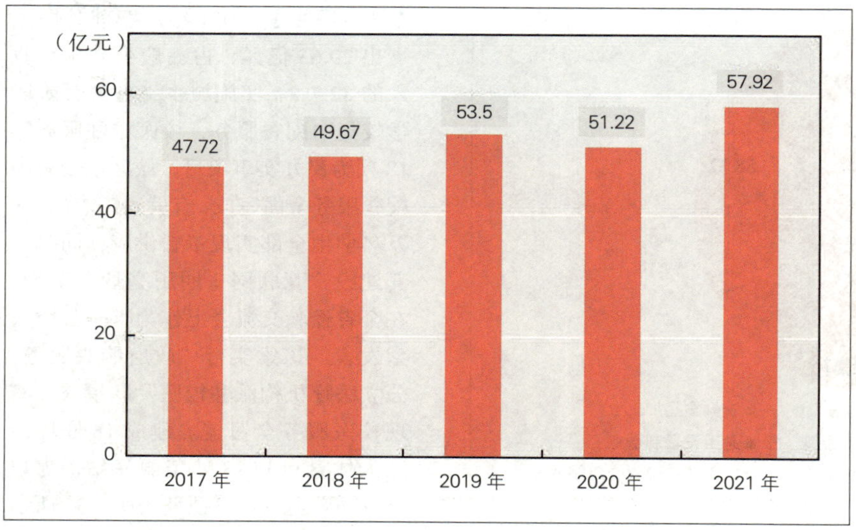

图 23 2017—2021 年五莲县社会消费品零售总额柱状图

（资料来源：五莲县统计局）

过 70%。加强从业人员培训，完成培训 300 余人次，养老护理员岗前培训率保持 100%。总投资 3 亿元的康福家园、安和颐养等重点养老项目加快建设，将新增护理型床位 1000 余张。

【突发新冠疫情处置防控】 2021 年 10 月 25 日，五莲县面对突如其来的新冠疫情，全县各级以最大决心、最严措施全面打响疫情处置防控阻击战、歼灭战，11 天有序复工复产、复商复市，全程实现“零外溢、零重症、零院感”。

快速精准处置疫情。第一时间采取分区管控，科学设立“两圈三区”，落实最严管控措施，遏制疫情传播、斩断外溢风险，将疫情牢牢控制在最小范围。一体化、无缝隙推进流调转运隔离，48 小时查清病毒源头和传播链，一周时间重点人员全部排查管控到位，始终做到需集中隔离人员当天发现、当天转运、当天清零。快速精准开展核酸检测。7 小时完成核酸检测队伍组建、检测点设置，12 小时完成一轮城区或农村群众全员核酸检测，创造核酸检测“五莲速度”。全力以赴救治患者，20 名感染者全部出院。

保障民生需求。第一时间建起物资供需链，包联小区责任单位实时收集群众需求，小区包联干部、志愿者挨家挨户配送到位。为减轻群众负担，对 6 类常需蔬菜实行 20% 政府价格补贴。建立涉疫情群众热线诉求每日研判机制，制定出台疫情期间群众看病买药方案、特殊群体关怀等办法措施，及时有效解决群众诉求。广大群众克服疫情给工作、生活带来的种种困难，积极支持配合疫情处置防控，形成群策群力、群防群控局面，先后有 1.5 万名志愿者踊跃投身战“疫”一线。筑牢疫情处置防控“红色防线”。疫情发生后，4500 余名机关干部、2600 余名农村“两委”干部、4.3 万余名党员，全员上岗，不畏艰险，夜以继日奋战一线，用实际行动展现共产党人的战斗力和执行力。

强化常态化疫情防控。疫情处置防控以来，五莲县总结经验教训，理顺体制机制，全面组织开展问题短板整改，加强重点区域、重点人员管控，坚决守住“外防输入、内防反弹”底线。稳步推进新冠疫苗接种，完成疫苗注射 97.3 万剂次，全程接种 39.5 万人次，3 岁至 11 岁儿童接种 4.1 万余剂次。

【五莲县洪凝街道红泥崖村党支部获表彰】 2021 年 2 月 25 日，全国脱贫攻坚总结表彰大会在北京人民大会堂举行。中共中央总书记、国家主席、中央军委主席习近平为全国脱贫攻坚楷模荣誉称号获得者颁奖并发表重要讲话。大会还对全国脱贫攻坚先进个人、先进集体进行表彰。在大会受表彰的先进集体中，洪凝街道红泥崖村党支部被授予“全国脱贫攻坚先进集体”称号。红泥崖村是互助养老扶贫模式发源地。该村创新使用扶贫帮扶资金，聘请居家贫困妇女为失能贫困老人提供洗衣做饭、日常照料等服务，实现贫困老人“养老不离家，服务送上门”、贫困妇女“脱贫不离家，岗位送上门”，同步解决“贫”与“困”两个难题，并为农村社会养老提供解决方案。

【2021 中国山地马拉松系列赛——山东五莲站】 2021 年 4 月 24 日，2021 中国山地马拉松系列赛——山东五莲站暨中国·五莲第二届鸿日汽

2021 年 4 月 24 日，2021 中国山地马拉松系列赛——山东五莲站在叩官镇董家楼北山乡居鸣枪开跑

（五莲县委党史研究中心 供图）

2021年6月25日，五莲县大型现代廉政茂腔剧《冷面书记》举行首场演出在县融媒体中心演播大厅上演（五莲县委党史研究中心 供图）

车杯“绿水青山”运动会在叩官镇董家楼北山乡居开赛，是该赛事第三次在五莲县举办，吸引众多山地马拉松冠军以及来自全国山地马拉松爱好者3000余人参与比赛。

【茂腔剧《冷面书记》首演】 2021年6月25日，大型现代廉政茂腔剧《冷面书记》——五莲县廉政教育专场演出在县融媒体中心演播大厅上演。《冷面书记》共分6个场次，总时长约100分钟。该剧突出“廉孝相连”主题，热情讴歌一名不徇私情、清正廉洁的党的基层领导干部。

【招商引资项目】 2021年11月30日，日照市采取视频连线方式举行全市第四季度招商引资项目线上签约会。签约会上，五莲县集中签约3个项目，总投资12.8亿元。会上，有关乡镇（街道）与项目方签约代表进行现场签约。

【五莲县现代农业产业园获省级首批认定】 2021年2月，五莲县现代农业产业园被认定为首批省级现代农业产业园，区域涉及叩官镇、户部乡、松柏镇和洪凝街道山阳片区。产业园坚持高起点规划引领，聘请农业农村部规划设计院进行规划，按照“一核心、二基地、五中心、三板块”产业布局，重点做大做强果品产业。以做强做优苹果、樱桃产业为目标，按照“生产＋加工＋科技＋品牌＋营销”要求，打造特色鲜明、要素聚集、设施先进、致富有力的现代农业产业园。2021年，产业园内有无公害农产品14个，绿色食品19个，有机食品42个，省级农业标准化生产基地10处。其中，“五莲国光苹果”“五莲樱桃”获农业农村部国家地理标志认证，松柏镇被评为全省一村一品樱桃产业示范镇，户部乡被认定为“山东省大樱桃名乡”、叩官镇大旺村被评为省级樱桃精品采摘园。

【白鹭湾美术馆小镇入选第一批省级特色小镇】 2021年，五莲县白鹭湾美术馆小镇入选第一批省级特色小镇。该美术馆小镇位于五莲县潮白河河畔，总投资60亿元，占地5.6平方千米。探索将艺术融入乡村建设，用文化赋能产业，带动生态优势持续放大、农民收入明显增加。规划建设12个各具特色的原创作品。其中，3个美术馆建筑模型被法国卡地亚艺术中心收藏，5个登上建筑行业著名杂志《GA》。坚持以资源融合、功能融合，培育三大主导产业，构建农商文旅康体融合发展示范区。

【全省法律援助事项范围负面清单试点县】 2021年，五莲县被列为全省法律援助事项范围负面清单试点县。该县坚持“以人为本、服务为民”思路，成立试点工作领导小组，确定七项事项列入负面清单，其中突出非法事项精准识别，将实践中常见的人格权纠纷、侵权责任纠纷中侵权人、婚姻家庭纠纷中过错方列入“负面清单”，不予援助。探索构建覆盖全县的“1＋2＋N”（“1”是指发挥县法律援助中心龙头作用，加强专业人员队伍建设；高标准建设法律援助大厅，实行“一窗口受理、一站式服务、一体化解决”；“2”是指两个方面：一方面内部深挖潜力，建立“基层司法所‘我为群众办实事’争先榜”制度，引入“每周一统计、一排名、一通报”考核机制，推进法律援助下沉基层；另一方面加强外部协作，提升法院、人社局、妇联等15处县直单位法律援助工作站效能，使法援业务渗透到各行各业，实现横向对接；“N”是指发挥全县法律援助联络员作用，将全县2045名人民调解员、147名村法律顾问、632名“大嫂调解员”和168名“党员老兵调解员”，纳入“大法援”网络管理，建起“横向到边、纵向到底”的法援信息网点，使群众法律援助需求第一时间得到回应）法律援助惠民生工作网络。实行“一人一事一评”，提升服务质量，建立“绿色通道”，县、乡两级均实现“一次办好”。落实“无证明”服务模式，通过数据共享，实现对结婚证、残疾证、低保证明等材料网上查询核验；实施“法援告知承诺”制度，将90%的案件纳入告知承诺范围，增强群众法治获得感。8月31日，通过省司法厅组织的考核验收。年内，办理法律援助案件1389件，比上增长27.5%。

（五莲县地方史志研究中心 李业鹏）

先进人物

全国优秀共产党员

许传江　莒县城阳街道岳家村社区党委书记、居委会主任

全国五一劳动奖章获得者名单

杨　雷　山东钢铁集团日照有限公司第一高炉作业区副主任

丁　杰　日照兴业集团有限公司董事长

全国优秀党务工作者

闫秀训　日照钢铁控股集团有限公司党委书记

全国优秀共青团员

郑　羽（女）国家税务总局山东省日照市东港区税务局工作人员

全国优秀共青团干部

孙浩茗　山东省日照 KOL 创意产业园团总支书记

全国扫黑除恶专项斗争先进工作者

费　雪　东港区检察院

全国平安建设先进个人

王福鑫　岚山区检察院

全国税务系统精神文明建设先进个人

王文军　日照市税务局

中国红十字会抗击新冠肺炎疫情优秀志愿者

张继超　日照市中心医院

全国巾帼建功标兵名单

张守英　日照市五莲县洪凝街道红泥崖村党支部书记兼村委会主任

全国维护妇女儿童权益先进个人

汉玉梅　东港区婚姻家庭辅导中心负责人

山东省优秀共产党员

张玉新　日照市卫生健康委党组书记、主任

黄庆林　日照市东港区涛雒镇下元一村党支部书记、村委会主任

郑　强　山东省日照实验高级中学党委书记、校长

周鹏飞　日照市岚山区委岚山头街道工委委员

王金国　莒县人民医院党委书记

高曰英（女）五莲县于里镇党委书记

吴一帆　日照市消防救援支队高新区消防救援大队香河消防救援站站长助理

辛兴芬（女）莒县福利服装加工厂党支部书记、厂长

孙　伟　日照经济技术开发区北京路街道车家村党支部书记、村委会主任

柴松波　莒县库山乡党委书记

姜　昊　日照市公安局山海天旅游度假区分局刑侦大队教导员、二级警长

全省五一劳动奖章获得者名单

王冬梅（女）日照市妇幼保健院妇产科副主任

付　洁（女）日照三银纺织有限公司细沙车间轮班长

刘加星　山东锦华建设集团有限公司监事长、党委副书记、工会主席

李志峰　日照市城市建设投资集团有限公司党委副书记

吴　波　山东贝诺斯医疗器械有限公司研发工程师

张　洋　中华人民共和国岚山出入境边防检查站执勤三队副队长

陈　迎　日照银行股份有限公司工会主席

赵明军　山东双港活塞股份有限公司董事长、总经理

徐传江　日照海港装卸有限公司东港分公司火车装卸九班班长

高祥友　山东元泰生物工程有限公司董事长、总经理

盛余祥　日照市水务集团有限公司党委书记、董事长

葛长海　日照市公用事业服务中心副主任

魏　祥　日照实验高级中学数学教师

山东省优秀党务工作者

田彦芳（女）日照市东港区日照街道凌云社区党总支书记、居委会主任

刘　强　日照市岚山区虎山镇党委书记

厉　伟　日照市委市直机关工委副书记

王文莲（女）五莲县松柏镇党委副书

记、政法委员、社会稳定办主任
许崇芹 日照市城市建设投资集团有限公司党群工作部部长
秦 超 日照社会管理学院党委副书记、院长

“齐鲁最美退役军人”

滕兆敏 山东省日照市扶贫志愿者协会志愿者

抗击新冠肺炎疫情山东省三八红旗手

王宜芹 日照市疾病预防控制中心药具管理服务科科长
刘艳华 日照市岚山区碑廓中心卫生院院长
康丛霞 莒县疾病预防控制中心检验科科长
夏龙花 五莲县许孟镇中心卫生院主管检验师
杨丽丽 日照市公安局山海天旅游度假区分局两城派出所所长
杨伟梅 五莲县融媒体中心党委书记、主任
金 凤 日照市山海天旅游度假区卧龙山街道碧海路社区党总支书记
司玉燕 日照高新技术产业开发区河山镇妇联主席

山东省扫黑除恶专项斗争先进个人

惠 晓 日照市检察院第一检察部
王福鑫 岚山区检察院

山东省扫黑除恶专项斗争嘉奖

张 伟 五莲县检察院

山东省检察机关扫黑除恶专项斗争优秀个人

于 丽 日照市检察院第六检察部
蔺冬青 东港区检察院
董惠霞 五莲县检察院
单 强 日照市经济技术开发区检察院

山东省优秀共青团员

王 钧 （女）日照市人民医院护师
张 凯 山东岚桥港有限公司库场队副队长
刘启航 日照市岚山区沿海路消防救援站消防员
刘茗轩 山东白鹭湾有限公司经理
张鹏宇 日照第一中学2020级学生

山东省优秀共青团干部

赵 群 日照银行股份有限公司团委书记
秦志杰 共青团日照市东港区委挂职副书记
张 伟 日照市疾病预防控制中心团支部书记
吴玉明 曲阜师范大学附属实验学校团委书记

山东省青年志愿服务先进个人

解加东 日照五莲县义工联合会副会长
李 慧 （女）日照职业技术学院团委干事
徐梦溪 （女）日照市消防救援支队志愿者办公室主任

山东省学雷锋志愿服务最美志愿者

李 清 日照市志愿服务联合会志愿者
辛美玲 日照市阳光助残志愿者协会副会长
王启福 莒县青年志愿者协会会长

（日照市新时代文明实践指导中心提供）

山东省优秀少先队辅导员

丁 帅 日照市东港区少先队总辅导员
于 雯 日照市金海岸小学少先队大队辅导员
厉 斐 日照市实验小学少先队大队辅导员
赵 峰 日照市岚山区实验小学少先队大队辅导员
苗世坤 日照市岚山区黄墩镇中心小学少先队大队辅导员

山东省优秀少先队员

刘航铄 日照市莒县第一实验小学
郑耀泽 日照市金海岸小学
贺诗然 日照市岚山区高兴镇中心小学
高雨涵 日照市新营小学
蔡京宜 日照市朝阳小学

山东省红十字系统先进个人

徐 震 日照市红十字会
李世云 日照市东港区红十字会

山东省第十二届“十佳兵妈妈”

刘明兰 岚山区黄墩镇下双疃村村民

山东省“最美基层妇联人”

王 芹 东港区涛雒镇下元一村妇联主席
陈 花 岚山区虎山镇张家结庄村党支部书记、妇联主席
接晓燕 莒县城阳街道东关二街党支部书记、居委会主任，东关社区妇联主席
张吉花 五莲县石场乡前坪头村两委成员、妇联主席
宋玉娟 日照经济技术开发区奎山街道平台村两委成员、妇联主席
许 娟 日照高新区河山镇申家坡新村委员、新村妇联主席

日照最美退役军人名单

吴一帆 高新区香河消防救援站站长助理
王付全 山东五征集团有限公司（新疆公司总经理）
张 洋 岚山出入境边检站执勤三队副队长、二级警司
刘加义 日照正山堂茶叶有限公司董事长
左成义 日照钢铁有限公司循环经济部矿渣工场课长
袁卫平 日照钢铁有限公司循环经济部矿渣工场课长
张安强 莒县小店镇政府退役军人服务站站长
高墩伟 日照市公安局特警支队二大队副大队长
梁学义 三庄镇下卜落崮村村民
李宗宁 东南李家村党支部书记、村委会主任

第三届日照最美警察获得者名单

梁　艳　东港分局河山派出所所长
杨淑青　市公安局指挥中心民警（挂职莒县长岭镇杜家洙流村第一书记）
丁　涛　山海天分局刑侦大队大队长
张　杨　市公安局经侦支队民警
陈志府　港航公安局北区派出所民警
厉复明　五莲县公安局治安管理大队大队长
孙　起　市公安局禁毒支队民警
张翼翔　岚山分局刑侦大队副大队长
马俊卿　莒县公安局新型违法犯罪研究作战中心负责人
王宗勇　交警支队东港大队陈疃中队中队长

日照最美科技工作者

王君霞　日照市海洋与渔业研究所虾类室主任、支部成员、高级工程师
朱经涛　日照钢铁控股集团有限公司钢铁研究发展处副处长、高级工程师
李正君　日照港集团岚山分公司副经理、工会主席、高级工程师
杨　秀　山东省日照第一中学技术与创新教研室主任
杨国栋　山东省岚桥石化有限公司设备主管、高级工程师
张海燕　五莲银河酒业有限公司技术副总经理、中级工程师、高级技师
周兰聚　山东钢铁集团日照有限公司钢铁研究院副院长、工程技术应用研究员
赵　涛　日照市人民医院主治医师
赵振铎　日照市科技中等专业学校项目办主任、高级技师
曹　伟　莒县人民医院副院长、副主任医师

日照市新时代文明实践志愿服务“十佳志愿者”先进典型名单

十佳志愿者

卜　婼　东港区秦楼街道城建花园社区志愿服务队
赵为高　岚山区碑廓镇新时代文明实践志愿服务队
任宝卿　莒县彩虹爱心驿站
周加宝　五莲县义工联合会
郭建勇　日照海关
刘昌玮　日照盐粮集团有限公司
董新华　日照市义务工作者联合会
孟　超　日照市牵手志愿者协会
庞召华　日照市扶贫志愿者协会
徐梦溪　日照市消防志愿者协会

十佳志愿者提名

付晓彬　东港区南湖镇中心初级中学志愿服务队
张念峰　岚山区雷锋救援队
付廷兰　莒县婚姻家庭辅导服务中心
邸平合　五莲县学雷锋车辆救援协会
张　广　日照经开区北京路街道车家村
刘　通　日照高新区日照菁英传媒科技有限公司
朱　宁　山海天旅游度假区青岛路社区

志愿者服务队

王　超　日照市禁毒志愿者服务团
金　娜　日照市助残志愿者协会
张爱英　日照市彩虹志愿者协会

（日照市新时代文明实践指导中心提供）

先进集体

国家部（委）级先进集体

全国先进基层党组织

五莲县洪凝街道红泥崖村党支部

全国五四红旗团委

山东省日照市岚山区巨峰镇团委

全国五四红旗团支部名单

山东省港口集团日照港集团铁路运输公司机务段团支部
山东省日照白鹭湾文化旅游发展有限公司团支部

全国维护妇女儿童工作先进集体

日照市中级人民法院

全国青年文明号

日照市看守所女子看守中队
莒县税务局刘官庄税务分局

全国巾帼文明岗名单

日照银行股份有限公司总行营业部
东港区税务局石臼税务分局
莒县海通茧丝绸有限公司

“青少年维权岗”

东港分局日照路派出所

全国工会职工书屋示范点

岚山区税务局

“第十三届中国青年志愿者优秀组织奖”

日照市阳光助残志愿者协会

2021 年度交通运输文化建设卓越单位称号

日照海事局

2021 年度交通运输廉政文化建设优秀单位

日照岚山海事处

全国红十字模范单位

日照市中心医院

山东省级先进集体

山东省先进基层党组织

日照市新营小学党总支
岚山港务有限公司机械一队党支部
莒县碁山镇党委
日照市东港区南湖镇党委
日照市岚山区岚山头街道环海路居党委
五莲县叩官镇董家楼村党支部
日照高新发展集团有限公司党委
日照市发展改革委机关党委
山东省日照生态环境监测中心党支部
日照第一中学党委
日照市东港区石臼街道津海社区党委
日照市岚山区巨峰镇巨峰二村党支部

莒县人民法院机关党委
日照兴业汽车配件股份有限公司党支部
五莲县许孟镇仁里二村党支部

山东省五四红旗团委

共青团日照市岚山区委
国网日照供电公司团委
日照市中医医院团委
莒县城阳街道团工委
日照市北京路中学团委

山东省五四红旗团支部（总支）

日照城投集团资产运营公司团支部
日照经济技术开发区北京路街道焦柯庄村团支部
日照市消防救援支队秦楼特勤站团支部
日照市东港区涛雒镇下元一村团支部
五莲县公安局机关团支部
山东锦华建设集团钢结构公司团支部

抗击新冠肺炎疫情山东省三八红旗集体

日照市中心血站
日照市东港区南湖镇中心卫生院
日照海关企业管理科
日照机场建设投资有限公司地面服务部

山东省优秀少先队集体（大队）

日照市岚山区明珠路小学少先队大队
日照市五莲县街头镇中心小学少先队大队

山东省优秀少先队集体（中队）

日照市莒县招贤镇中心小学三（2）中队
日照市献唐学校三（6）中队
日照市山海天旅游度假区实验小学六（4）中队

山东省“红领巾奖章”集体四星章（大队）

日照市新营小学少先队大队
日照市岚山区实验小学少先队大队
日照市莒县第一实验小学少先队大队

山东省“红领巾奖章”集体四星章（中队）

日照市第三实验小学二（4）中队
日照市东港区三庄镇中心小学三（2）中队
日照市莒县夏庄镇中心小学三（1）中队
日照市五莲县于里镇中心小学三（2）中队
日照经济技术开发区广州路小学四（2）中队

“平安山东建设先进集体”

五莲县公安局治安管理大队

全省公安机关扫黑除恶专项斗争成绩突出集体

莒县公安局刑事侦查大队

山东省青年文明号

日照市公安局山海天旅游度假区分局两城派出所

山东省法院人民法庭工作先进集体

莒县人民法院龙山法庭
五莲县人民法院日照市北经济开发区人民法庭

山东省扫黑除恶专项斗争先进集体

东港区检察院

山东省法院扫黑除恶专项斗争先进集体

日照中级人民法院刑庭
岚山区法院刑事审判庭

山东省检察机关扫黑除恶专项斗争优秀集体

岚山区检察院
莒县检察院
五莲县检察院第一检察部

山东省反洗钱工作联席会议成员单位先进集体

日照市检察院
东港区检察院
岚山区检察院
莒县检察院
五莲县检察院

山东省红十字系统先进集体

岚山区红十字会

山东省红十字模范单位

莒县遗体捐献红十字志愿服务队

山东省造血干细胞捐献组织表现突出单位

莒县红十字会

2021 年度日照市立二等奖军人名单

牟振华　郑允佶　董成龙　周建隆
赵尔玉　黄　强

附录

组织机构及负责人

市直机构及负责人

中国共产党日照市委员会

书　记　张　惠（女）
副书记　李在武
常　委　张　惠（女）
　　　　李在武
　　　　刘兆亮
　　　　杨留星
　　　　马先侠
　　　　耿学伟
　　　　刘　军
　　　　明　铭
　　　　杨原田
　　　　张克晶
秘书长　马先侠
副秘书长　郭正聚（任至 5 月）
　　　　刘庆召（5 月任职）
　　　　谢　飚
　　　　孟凡香（女）
　　　　徐厚乾（任至 12 月）
　　　　卜志强（3 月任职）
　　　　葛长华
　　　　杨　锐（12 月任职）
　　　　范丰华（任至 12 月）
　　　　成　磊（12 月任职）
　　　　李新明（任至 3 月）
　　　　赵利钊（12 月任职）

市委办公室

主　任　郭正聚（任至 5 月）
　　　　刘庆召（12 月任职）

市委组织部

部　长　杨原田
分管日常工作的副部长
　　　　张国华（12 月任职）

市委宣传部

部　长　杨留星
分管日常工作的副部长
　　　　孙正武

市委统一战线工作部

部　长　明　铭
分管日常工作的副部长
　　　　冯建军

市委政法委员会

书　记　耿学伟
分管日常工作的副书记
　　　　窦永胜

市委政策研究室（市委全面深化改革委员会办公室）

市委改革办主任
　　　　马先侠
市委政研室主任
　　　　范丰华（任至 12 月）
　　　　赵利钊（12 月任职）

市委网络安全和信息化委员会办公室

主　任　王军卫

市委机构编制委员会办公室

主　任　赵德玉

市委市直机关工作委员会

书　记　马先侠
分管日常工作的副书记
　　　　焦安勇

市委巡察工作领导小组办公室

主　任　李新明（3 月任职）
　　　　卜志强（任至 3 月）

市委老干部局

局　长　孙　燕（女，3 月任职）

市接待事务中心

主　任　刘玉贤

市委党史研究院（市地方史志研究院）

院　长　邓洪友

市档案馆

馆　长　葛长华

市委党校

校　长　张　惠（女）
党委书记、常务副校长
　　　　周玲玲（女，任至 11 月）
党委书记、分管日常工作的副校长
　　　　李卫东（11 月任职）

日照市人民代表大会常务委员会

主　任　高　杰
副主任　王森勋（任至 1 月）
　　　　郑玉霞（女）
　　　　郑加贵
　　　　李崇禧
　　　　孙运锋（1 月任职）
党组书记　高　杰

党组副书记　王森勋（任至1月）
　　　　　　郑玉霞（女，3月任职）
党组成员　　郑加贵
　　　　　　李崇禧
　　　　　　孙运锋（1月任职）
　　　　　　杜江涛
秘书长　　　杜江涛
副秘书长　　朱传勉（任至3月）
　　　　　　朱世国（任至3月）
　　　　　　田　涛
　　　　　　张　锋（女）

市人大常委会办公室
主　任　　　朱世国（任至3月）
　　　　　　田　涛（3月任职）

市人大常委会研究室
主　任　　　田　涛（任至3月）

市人大常委会人事代表工作室
主　任　　　张茂彦

市人大常委会法制工作委员会
主　任　　　王宗友

市人大常委会预算工作委员会
主　任　　　姜书明

市人大法制委员会
主任委员　　丁文萱（女，任至1月）
　　　　　　石京磊（1月任职）

市人大财政经济委员会
主任委员　　赵子峰

市人大监察和司法委员会
主任委员　　王洪彩（女）

市人大城乡建设与环境资源保护委员会
主任委员　　刘仲春

市人大教育科学文化卫生委员会
主任委员　　朱先亮

市人大农业与农村委员会
主任委员　　臧克峰

市人大民族侨务外事委员会
主任委员　　徐东光

市人大社会建设委员会
主任委员　　孙方金（任至5月）

日照市人民政府
市　长　　　李在武（1月任职）
副市长　　　刘兆亮
　　　　　　徐淑利
　　　　　　高月波
　　　　　　林彦芹（女）
　　　　　　郑德庆
　　　　　　李　刚
秘书长　　　徐桂华
副秘书长　　林　杰（12月任职）
　　　　　　孙运国（任至8月）
　　　　　　臧新宇（8月任职）
　　　　　　庄会海
　　　　　　王义军
　　　　　　成　磊（任至12月）
　　　　　　费日发（任至12月）
　　　　　　钱　星（2月挂职）
　　　　　　张守忠（12月任职）
　　　　　　齐福禄（12月任职）

市人民政府办公室
主　任　　　孙运国（任至8月）
　　　　　　臧新宇（8月任职）

市发展和改革委员会
主　任　　　卢东磊

市教育局
局　长　　　申淑清（女，任至6月）
　　　　　　刘汉营（6月任职）

市科学技术局
局　长　　　杨洪福

市工业和信息化局
局　长　　　刘汉营（任至6月）
　　　　　　马先升（11月任职）

市公安局
局　长　　　李　刚
政　委　　　熊桂登（任至11月）
　　　　　　王兴展（11月任职）

市民政局
局　长　　　王录联

市司法局
局　长　　　丁　辉

市财政局
局　长　　　孙运锋（任至3月）
　　　　　　王庆忠（3月任职）

市人力资源和社会保障局
局　长　　　崔久成（任至6月）
　　　　　　申淑清（女，6月任职）

市自然资源和规划局
局　长　　　李仲强

市生态环境局
局　长　　　焦春锋

市住房和城乡建设局
局　长　　　刘加宝（任至6月）
　　　　　　陈振华（6月任职）

市交通运输局
局　长　　　滕厚军

市水利局
局　长　　　王均波

市农业农村局
局　长　　　谢　飚

市海洋发展局
党组书记　　刘森林
局　　长　　董建华

市商务局
局　长　　　曹　临（女）

市文化和旅游局
局　长　　　肖　梅（女）

市卫生健康委员会
主　任　　　张玉新

市退役军人事务局
局　长　　　石京磊（任至3月）

杜树登（3 月任职）

市应急管理局
局　长　乔永前

市审计局
局　长　田　英（女）

市政府外事办公室
主　任　吴乃军

市政府国有资产监督管理委员会
主　任　魏茂军（任至 1 月）
陈　凯（1 月任职）

市行政审批服务局
局　长　宋　君

市市场监督管理局
局　长　费立志

市体育局
局　长　孟凡香（女）

市统计局
局　长　刘　军（女）

市医疗保障局
局　长　安丰堂

市城市管理局
局　长　乔　宇

市人民防空办公室
党组书记　来永明
主　任　胡尊良

市地方金融监督管理局
局　长　王庆忠（任至 3 月）
闫　鸣（3 月任职）

市大数据发展局
局　长　王慧敏（女）

市信访局
局　长　成　磊

市机关事务服务中心
主　任　仕志东（任至 2 月）
钱建德（2 月任职）

日照仲裁委员会办公室
主　任　贾秀玲（女）

市住房公积金管理中心
主　任　王继明

市供销合作社联合社
理事会主任　鲁永文（任至 12 月）
刘祥彬（12 月任职）

日照中央活力区发展服务中心
主　任　闫　伟（任至 12 月）

中国人民政治协商会议日照市委员会

主　席　王　斌
副主席　郇　梅（女）
王坤英（女）
董全宏
林玉营
黄秀芹
来风华
陈　丰
秘书长　吕祥山
副秘书长　张玉栋
李春星
惠　旻

市政协办公室
主　任　张玉栋

市政协研究室
主　任　顾法高

市政协委员活动工作室
主　任　李春星

市政协提案委员会
主　任　崔恩东（任至 5 月）
仕志东（5 月任职）

市政协文化文史和学习委员会
主　任　李　志

市政协经济委员会
主　任　张显文（任至 1 月）
侯佃华（1 月任职）

市政协教科卫体委员会
主　任　侯佃华（任至 1 月）
安丰华（1 月任职）

市政协社会法制委员会
主　任　相玉茂（任至 5 月）
王立莹（女，5 月任职）

市政协人口资源环境委员会
主　任　王友江

市政协委员联络工作委员会
主　任　秦玉贺

市政协农业和农村委员会
主　任　李乃学

中国共产党日照市纪律检查委员会

书　记　刘　军
常务副书记　吕国伟（任至 7 月）
于　锋（7 月任职）
副书记　胡福清
于　锋（任至 7 月）
卜庆峰（7 月任职）
秘书长　马德言（8 月任职）
常　委　滕世翠（女，任至 8 月）
卜庆峰（任至 7 月）
蔡　浩（任至 3 月）
马德言（1 月任职）
李乃龙（1 月任职）
于相发（8 月任职）

市监察委员会
主　任　刘　军（1 月任职）
副主任　吕国伟（任至 8 月）
于　锋
胡福清
卜庆峰（8 月任职）
委员　卜庆峰（任至 8 月）
林　杰（任至 1 月）
蔡　浩（任至 4 月）
马德言（任至 3 月）
李乃龙（任至 3 月）
于相发（8 月任职）

王　伟（4 月任职）
史国权（8 月任职）

派驻机构负责人

一组

组　长　　成永刚

二组

组　长　　薛惠敏（女）

三组

组　长　　刘志荣

四组

组　长　　刘　冰（任至 12 月）
　　　　　黄忠怀（12 月任职）

五组

组长　　郭建波（任至 8 月）
　　　　许家军（8 月任职）

六组

组　长　　赵中华

七组

组　长　　齐　超

八组

组　长　　陈维金

九组

组　长　　崔久安

派驻市公安局纪检监察组

组　长　　杨茂亮

日照市中级人民法院

院　长　　高益民
副院长　　鲁　燕（女）
　　　　　林　芳（女）
　　　　　陈令春
　　　　　王　磊（1 月任职）
政治部主任　李洪泉（任至 1 月）
　　　　　刘贤团（1 月任职）
审判委员会专职委员
　　　　　胡　建
　　　　　田玉斌

日照市人民检察院

检察长　　韩　敏
副检察长　王小玉
　　　　　尹兴东
　　　　　管锡露
　　　　　徐　慧（女）
政治部主任　徐　慧（女，任至 3 月）
　　　　　付欣刚（3 月任职）

检察委员会专职委员

　　　　　杨　磊（任至 10 月）
　　　　　陈为永
　　　　　姜怀洋（10 月任职）

日照市群团组织

市总工会

主　席　　李崇禧
党组书记、常务副主席
　　　　　李登来（任至 12 月）
　　　　　王　磊（12 月任职）

共青团日照市委

书　记　　牟耀文（任至 11 月）
　　　　　费日发（11 月任职）

市妇女联合会

主　席　　秦秀云（女）

市科学技术协会

主　席　　臧新宇（任至 8 月）
　　　　　滕永茂（8 月任职）

市工商业联合会

党组书记　彭　波（任至 3 月）
　　　　　纪铜军（3 月任职）
主　席　　陈　丰

市归国华侨联合会

党组书记　杨　锐（任至 12 月）
　　　　　宋　强（12 月任职）
主　席　　张宗焕（任职 12 月）
　　　　　宋　强（12 月任职）

市文学艺术界联合会

主　席　　丁文渊

市社会科学界联合会

主　席　　赵　勇（任至 10 月）
　　　　　吴继安（10 月任职）

市残疾人联合会

理事长　　金光明（任至 5 月）
　　　　　徐立宝（5 月任职）

市红十字会

会　长　　林彦芹（女）
党组书记、常务副会长
　　　　　吴　宏（任至 11 月）

中国国际贸易促进委员会日照市委员会

会　长　　苏东援

市人民对外友好协会

会　长　　吴乃军
常务副会长　黄开吉

市计划生育协会

会　长　　林彦芹（女）
常务副会长　王　霞（女）

日照市民主党派

中国国民党革命委员会日照市委会

主　委　　王坤英（女）

中国民主同盟日照市委会

主　委　　胡尊良

中国民主促进会日照市委会

主　委　　郇　梅（女）

中国农工民主党日照市委会

主　委　　林玉营（任至 9 月）
　　　　　惠　旻（9 月任职）

九三学社日照市委会

主　委　　董全宏（任至 9 月）
　　　　　崔维刚（9 月任职）

中国民主建国会日照总支部

主　委　　张　锋（女）

中国致公党日照总支部

主　委　　林彦芹（女）

县（区）机构及负责人

日照市东港区

中国共产党日照市东港区委员会

书　记　　王世波（任至 12 月）
　　　　　刘祥龙（12 月任职）

日照市东港区人民代表大会常务委员会

主　任　　王汉日

日照市东港区人民政府

区　长　　刘祥龙（任至12月）

代区长　　何　文（12月任职）

中国人民政治协商会议日照市东港区委员会

主　席　　毛维岗

日照市岚山区

中国共产党日照市岚山区委员会

书　记　　刘峰梅（女，任至12月）

　　　　　焦春锋（12月任职）

日照市岚山区人民代表大会常务委员会

主　任　　卢祥松

日照市岚山区人民政府

区　长　　周升元

中国人民政治协商会议日照市岚山区委员会

主　席　　王聪儒

莒县

中国共产党莒县委员会

书　记　　孟　青（任至12月）

　　　　　王　霞（女，12月任职）

莒县人民代表大会常务委员会

主　任　　战玉现

莒县人民政府

县　长　　王　霞（女，任至12月）

代县长　　陈振华（12月任职）

中国人民政治协商会议莒县委员会

主　席　　惠希建

五莲县

中国共产党五莲县委员会

书　记　　马维强（任至12月）

　　　　　武光锋（12月任职）

五莲县人民代表大会常务委员会

主　任　　郝善双

五莲县人民政府

县　长　　林　杰（任至12月）

代县长　　孙　丽（女，12月任职）

中国人民政治协商会议五莲县委员会

主　席　　马学生

日照经济技术开发区

日照经济技术开发区党工委书记

　　　　　孙　立

日照经济技术开发区管委会主任

　　　　　徐淑利（任至4月）

　　　　　孙　立（4月任职）

日照高新技术产业开发区

日照高新技术产业开发区党工委书记

　　　　　张　东

日照高新技术产业开发区管委会主任

　　　　　滕永茂（任至8月）

　　　　　孙运国（8月任职）

日照山海天旅游度假区

日照山海天旅游度假区党工委书记

　　　　　迟玉国

日照山海天旅游度假区管委会主任

　　　　　迟玉国（任至4月）

　　　　　袁利强（4月任职）

市政府事业单位及负责人

日照职业技术学院

党委书记　　冯新广

党委副书记、院长

　　　　　苏海勇

党委副书记　牟善德

副院长　　韩　振

　　　　　邵长胜

　　　　　厉建刚

　　　　　孙　刚

纪委书记、监察专员

　　　　　董书超

日照市技师学院

党委书记　　郭长海

党委副书记、院长

　　　　　万志新

副院长　　董全宏（九三学社）

党委副书记　董富书

副院长　　王金宝（任至8月）

　　　　　张宏伟（女）

　　　　　李　波（女，8月任职）

纪委书记、监察专员

　　　　　高华松（任至8月）

　　　　　何昭波（8月任职）

日照师范学校

校　长　　刘　伟

日照市工业学校

校　长　　史兴用

日照第一中学

校　长　　尚洪兵

日照市人民医院

党委书记　时　峰

院　长　　崔维刚（九三学社）

日照市中医医院

党委书记　丁　伟（任至10月）

　　　　　高海兴（10月任职）

院　长　　高海兴（任至10月）

　　　　　高　楠（10月任职）

市属国有企业及负责人

日照银行

董事长　　王　森

行　长　　闫　鸣（任至1月）

　　　　　杨宝峰（1月任职）

监事会监事长

　　　　　杨宝峰（任至1月）

　　　　　王　雷（1月任职）

日照报业传媒集团（日照日报社）

董事长、社长

　　　　　窦更勤

总编辑　　牟敦波

总经理　　丁兆臻（任至10月）

　　　　　赵庆江（10月任职）

日照广播影视集团（日照广播电视台）

董事长、台长

　　　　　郭晓民

总经理　　孙蕾春（女）

总编辑　　丁永昌

市水产集团有限公司

董事长、总经理

　　　　　焦　峰

日照城投集团有限公司（5月组建）

董事长　　盛余祥（5月任职）

总经理　　刘为棠（7月任职）

日照交通能源发展集团有限公司

董事长　　金立柱

总经理　　王夫成

日照市土地发展集团有限公司
董事长　　毛怀伟
总经理　　窦旭明

日照市财金投资集团有限公司
董事长　　徐东高
总经理　　李玉亮

山东海洋文化旅游发展有限公司
董事长　　赵东江
总经理　　马　妮（女）

日照岚山疏港铁路有限公司
董事长　　刘兆新
总经理　　刘兆新（任至10月）
　　　　　卜宪宁（10月任职）

日照盐粮集团有限公司
董事长　　张永学（7月任职）
总经理　　王志刚（7月任职）

国济医疗管理有限公司
董事长、总经理
　　　　　李菲菲（女）

国家、省属驻日照有关单位及负责人

国家税务总局日照市税务局
局　长　　宋　辉（任至9月）
　　　　　程　林（9月任职）

中国人民银行日照市中心支行
行　长　　华志远

国家统计局日照调查队
队　长　　郭　威（女）

日照海事局
局　长　　费守恩

国网山东省电力公司日照供电公司
总经理　　于安迎（任至9月）
　　　　　刘　昊（9月任职）

中国邮政集团有限公司日照市分公司
副总经理　尤洪峰（任至12月）
　　　　　宋韶华（12月任职）

中国电信股份有限公司日照分公司
总经理　　刘　峰

中国移动通信集团山东有限公司日照分公司
总经理　　彭　虎

中国联合网络通信有限公司日照市分公司
总经理　　徐晓军

中国农业发展银行日照市分行
行　长　　孙晓东（任至8月）
　　　　　孙　波（11月任职）

中国农业银行股份有限公司日照市分行
行　长　　单伟强（任至7月）
　　　　　冯鲁新（7月任职）

中国石化销售股份有限公司山东日照石油分公司
经　理　　厉建彬

华能国际电力股份有限公司日照电厂
党委书记、执行董事
　　　　　林兆灵（7月任职）
厂　长　　林兆灵（任至7月）
　　　　　刘万政（7月任职）

山东广电网络有限公司日照分公司
总经理　　吴　刚

中国铁塔股份有限公司日照市分公司
总经理　　殷世锋

山东机场管理集团日照机场建设投资有限公司
董事长　　郑嘉洲
总经理　　张崇胜

青岛海关所属日照海关
关　长　　姚志杰（任至11月）
　　　　　李君实（11月任职）

中国银行保险监督管理委员会日照监管分局
局　长　　蒋代明（7月任职）

日照市烟草专卖局（公司）
局长、总经理
　　　　　王暖春

山东省鲁南监狱
监狱长　　牟彬善

日照市邮政管理局
局　长　　马守东

中国工商银行股份有限公司日照分行
行　长　　杨　明（任至6月）
　　　　　张明军（8月任职）

中国银行股份有限公司日照分行
行　长　　徐明远

中国建设银行股份有限公司日照分行
行　长　　王曙光

山东省农村信用社联合社日照审计中心
党委书记　马德勤（任至2月）
　　　　　张　立（2月任职）

山东土地集团日照有限公司
董事长　　谢广峰
总经理　　李建华

日照港集团有限公司
董事长　　张江南
总经理　　牟　伟

山东高速集团日照分公司
董事长　　戴秀芹
总经理　　王伟清

（市委组织部）

重要文件目录

表 69　市委重要文件目录一览表

文件编号	文件标题
日发〔2021〕5 号	中共日照市委　日照市人民政府印发《关于实现巩固拓展脱贫攻坚成果同乡村振兴有效衔接的若干措施》的通知
日发〔2021〕9 号	中共日照市委 日照市人民政府关于贯彻落实构建更加完善的要素市场化配置体制机制的实施意见
日发〔2021〕13 号	中共日照市委 日照市人民政府关于支持日照综合保税区高质量发展的若干意见
日发〔2021〕25 号	中共日照市委　日照市人民政府关于建设现代化海滨体育名城的意见
日办发〔2021〕12 号	市委办公室印发《关于全面加强新时代少先队工作的若干措施》的通知
日办发〔2021〕14 号	市委办公室 市政府办公室关于印发《加强文物保护利用改革实施方案》的通知

（资料来源：市委办）

表 70　市政府重要文件目录一览表

文件编号	文件标题
日政发〔2021〕1 号	日照市人民政府关于调整一批行政权力事项的通知
日政发〔2021〕2 号	日照市人民政府关于印发《日照市落实“六稳”“六保”促进高质量发展政策清单（第一批）》的通知
日政发〔2021〕3 号	日照市人民政府关于印发《日照市 2021 年城市规划建设管理计划》《日照市 2021 年交通运输建设计划》的通知
日政发〔2021〕4 号	日照市人民政府关于公布 2021 年度市重点项目名单的通知
日政发〔2021〕5 号	日照市人民政府关于印发《日照市打造一流营商环境创新突破行动实施方案》的通知
日政发〔2021〕6 号	日照市人民政府关于印发《2021 年度政府投资计划（市本级）》的通知
日政发〔2021〕7 号	日照市人民政府关于印发《日照市国民经济和社会发展第十四个五年规划和 2035 年远景目标纲要》的通知
日政发〔2021〕8 号	日照市人民政府关于印发《日照市人民政府重大行政决策程序规定》的通知
日政发〔2021〕10 号	日照市人民政府关于印发《日照市“十四五”生态环境保护规划》的通知
日政发〔2021〕11 号	日照市人民政府关于印发《日照市“十四五”妇女发展规划和日照市“十四五”儿童发展规划的》通知
日政办发〔2021〕1 号	日照市人民政府办公室关于加快工业互联网和工业大数据创新发展的意见
日政办发〔2021〕2 号	日照市人民政府办公室关于进一步做好被征地农民养老保险工作的实施意见
日政办发〔2021〕3 号	日照市人民政府办公室关于进一步理顺城区城市建设管理体制机制的通知
日政办发〔2021〕4 号	日照市人民政府办公室关于深化体教融合促进青少年健康发展的实施意见
日政办发〔2021〕5 号	日照市人民政府办公室关于转发市发展改革委《日照市 2021 年国民经济和社会发展计划》的通知
日政办发〔2021〕8 号	日照市人民政府办公室关于印发《日照市“无证明办事”工作规则》的通知
日政办发〔2021〕9 号	日照市人民政府办公室关于印发《日照市加快推进政务服务“跨省通办”和“全省通办”分工落实方案》的通知
日政办发〔2021〕10 号	日照市人民政府办公室印发《关于进一步严格规范合法性审查和公平竞争审查程序的意见》的通知
日政办发〔2021〕11 号	日照市人民政府办公室关于印发《日照市营商环境“啄木鸟奖”试行办法》的通知
日政办发〔2021〕12 号	日照市人民政府办公室关于推进人工影响天气工作高质量发展的实施意见
日政办发〔2021〕14 号	日照市人民政府办公室关于印发《深入开展“好品山东”建设推动高质量发展实施意见》的通知
日政办发〔2021〕15 号	日照市人民政府办公室印发《关于进一步加强文物保护利用工作若干措施》的通知
日政办发〔2021〕16 号	日照市人民政府办公室关于印发《日照市全面实施“证照分离”改革全覆盖工作实施方案》的通知
日政办发〔2021〕17 号	日照市人民政府办公室关于印发《日照市市属国有企业重大事项管理办法》的通知
日政办发〔2021〕19 号	日照市人民政府办公室关于印发日照市应急救援领域市与县财政事权和支出责任划分改革等 5 个实施方案的通知

（资料来源：市府办）

政府工作报告

——在日照市第十九届人民代表大会第一次会议上

市长 李在武

（2022 年 2 月 19 日）

一、2021 年和过去五年工作回顾

刚刚过去的 2021 年，是日照发展进程中极不平凡的一年。全市人民昂扬奋进，隆重庆祝中国共产党百年华诞，全面建成小康社会，开启向第二个百年奋斗目标进军新征程。一年来，我们坚持以习近平新时代中国特色社会主义思想为指导，认真落实省委、省政府和市委部署要求，深入实施生态立市、创新兴市、产业强市、开放活市战略，奋力推动高质量发展、高品质生活、高效能治理，攻坚克难，团结奋斗，实现“十四五”良好开局。

——这一年，“生活在日照就是幸福”的成色更足，底色更亮。民生支出占比达到 80.2%，高于全省 1.2 个百分点。城镇新增就业 3.18 万人。新建成投用学校、幼儿园 33 所，新增学位 1.34 万个。义务教育生均公用经费标准全省最高，184 所未建食堂学校全部集中配餐。持续改造提升大学科技园生活区。创建标准化卫生室 1630 个，建成提升国医堂 55 处。医保报销比例居全省前列。城乡低保标准提高到每年 9540 元、7560 元。新建农村幸福院＋“长者食堂”925 处。“城市大脑”上线运行，新政务服务大厅正式启用。大剧院、美术馆、博物馆投入使用，建成开放城市书房 41 处。61.8 千米的阳光海岸绿道、山海风情绿道全线贯通，建成骑行绿道 480 千米、体育健身设施 2083 处。第 25 届省运会筹备工作扎实推进，奎山体育中心、国际足球中心等 22 处体育场馆建设基本完成。160 所学校体育场地向公众开放。人均体育场地面积全省第一。连续三年入选中国体育旅游十佳目的地。新改建城市道路 78 条，海曲路、淄博路地下工程建成通车。城市日供水能力达到 92 万立方米，日供水量突破 60 万方。供热入网面积突破 7000 万平方米。完成改造老旧小区 160 个，建成棚改安置房 4.29 万套。新改建公园绿地 140 处，城市建成区绿地率超过 40%。课后延时服务、全民健身、体教融合等做法全国推广。群众满意度测评连续两年全省第二。

——这一年，新旧动能转换提速增效，高质量发展积厚成势。生态环境显著改善。空气质量达到国家二级标准，$PM_{2.5}$、PM_{10} 平均浓度分别改善 13.9% 和 7.8%，其中 $PM_{2.5}$ 降到 31 微克 / 米^3，创有监测记录以来最好水平。连续两年共投入 21.9 亿元，完成主城区 624 个小区雨污分流改造，建设提升市政管网 130 千米，新建污水处理厂等工程 5 处。建成 35 个镇生活污水管网配套、151 个农村生活污水治理项目。劣Ⅴ类水体全面清零。日照水库入选全国首批 18 个美丽河湖提名案例。推动农村人居环境外增“颜值”、内修“气质”，省级美丽乡村达到 110 个。五莲建成国家水土保持示范县、全国村庄清洁行动先进县，两区两县全部创建为节水型社会达标县。

创新活力持续增强。全社会研发经费支出占比提高到 3.09%，位居全省前三。高新技术企业发展到 492 家，增长 66%。新培植国家级专精特新“小巨人”企业 6 家，省级瞪羚企业 10 家、专精特新企业 31 家。兴业汽配、金马获评国家级制造业单项冠军。万通液压在北交所上市。海汇入选省长质量奖提名奖。魏牌汽车获国家级 5G 智慧工厂智胜奖。创泽入选工信部人工智能产业创新揭榜优胜单位。新获批省重点实验室 2 个、省级企业技术中心 6 家，省级以上创新平台达到 137 个。成功入选全国城市创新能力百强榜，获批建设国家创新型城市。连续两年上榜全国最具人才吸引力百强市。

产业发展量质齐升。规上工业总产值达到 3671.5 亿元。先进钢铁制造基地加快建设，山钢、日钢成为全省钢铁产业“链主”企业，钢铁产业产值达到 1901.9 亿元。岚山入选中国工业百强区。首款“日照造 · 长城车”玛奇朵正式上市。五征农用车、兴业商用车车架产量居行业首位。市场主体突破 40 万户，增幅居全省第 3 位。越疆机器人、英锐等数字经济领军企业落户日照。“四新”经济招引项目占比 75.4%。服务业增速全省第一，跻身国家级服务业标准化试点城市、第二批国家文化和旅游消费试点城市。高标准农田新建 27 万亩，综合评价全省第二。粮食种植面积、产量分别达到 196 万亩、87.1 万吨。水产品产量达到 45.6 万吨。日照绿茶列入省重点培育农业优势特色产业。成功创建东港国家级农科园，岚山省级农高区加快建设，省级现代农业产业园实现县域全覆盖。

开放优势更加突出。港口货物吞吐量 5.4 亿吨，跃居全国沿海港口第 6 位；集装箱吞吐量 517.4 万标箱，跻身全国沿海港口第 10 位。全球首个顺岸开放式全自动集装箱码头成功落地。港口生产性泊位增加到 88 个，集装箱内外贸航线分别增加到 37 条、11 条。开通海铁联运国际班列 4 条、国内敞顶箱班列 18 条。跨境电商进出口、服务贸易交易额大幅提升，分别是上年的 16.4 倍、25.8 倍。综保区进出口增长 260%。实际使用外资 5.19 亿美元，增长 11.3%；到账内资 369.7 亿元，增长 32.7%。日濮洛输油管道、

岚山油气公共管廊等项目建成投运。成功举办全国煤交会等大型展会。入选港口型国家物流枢纽，连续跻身中国外贸百强城市。

——这一年，社会治理能力和政务服务水平全面提升。坚持统筹发展和安全，有力维护政治安全、社会安定、人民安宁。干脆利索处置五莲疫情。生产安全事故起数、死亡人数分别下降25%、24%。自然灾害综合风险普查“日照模式”全国推广。小型水库管理体制改革走在全国前列。“放心菜篮子”快检惠民工程实现农贸市场、大型商超全覆盖。国防动员和后备力量建设取得新成效。政法队伍教育整顿扎实开展。常态化扫黑除恶斗争成效显著。市社会治理服务中心建成启用，基层治理智慧化水平进一步提高。持续深化“放管服”改革，实施优化营商环境创新突破行动，“阳光速办”成为日照新名片。开发应用婚育、入学、就医等全生命周期场景37个。“爱山东·日照通”上线服务2462项。2898个事项实现“无证明”办理。工业用地审批由3个月压减到7个工作日。与济南、青岛一起入选全国首批“千兆城市”。城市信用指数从全国151位提高到32位。提请审议地方性法规、制定修改政府规章7件。办理人大代表建议148件、政协提案308件。

回顾过去五年，我们立足新发展阶段，贯彻新发展理念，主动融入和服务新发展格局，统筹疫情防控和经济社会发展，现代化海滨城市建设迈出坚实步伐。五年来，综合实力稳步提升，地区生产总值达到2211.96亿元；一般公共预算收入年均增幅高于全省3.4个百分点，总量实现建市以来首次进位；山钢日照精品基地全面达产，日钢建成全球最大超薄带钢生产基地，长城、中兴汽车落户投产，先进钢铁制造、汽车零部件、阳光海岸带精品旅游、海产品加工4个产业入选省“十强”产业“雁阵形”集群。改革开放纵深推进，河湖管护、财政管理、公立医院综合改革等工作走在全国前列；日照港口岸扩大开放通过国家验收，综保区一期封关运行，日照机场跨入百万级机场行列，外贸进出口累计突破5000亿元。民生福祉显著改善，城乡居民人均可支配收入年均增长7.8%，城镇新增就业18.7万人；11.8万贫困人口稳定脱贫；一批百姓家门口的教育、卫生、养老、文化、体育等公共设施投入使用。城乡面貌深刻变化，常住人口城镇化率提高5.24个百分点，达到62.1%；精致城市建设持续推进，蝉联全国文明城市；中央活力区全面起势；日照西综合客运站、厦门路等市政工程竣工投用；青盐铁路、日兰高铁、潍日高速通车运营，“四好农村路”建设走在全国前列；山海天旅游度假区晋升国家级。生态环境持续向好，圆满完成“十三五”节能压煤任务，实施日钢、山钢超低排放改造；空气质量综合指数改善33.3%，省控以上重点河流断面和城市水源地水质明显改善；海洋生态环境保护修复工程深入实施，海龙湾退港还海成为全国首个港口工业岸线生态修复典型案例；成功创建国家森林城市、全国生态保护与建设典型示范区。社会大局和谐稳定，平安日照建设持续深化，市域社会治理不断创新，安全生产大排查大整治深入推进，成功创建“山东省法治政府建设示范市”，摘得全国社会治安综合治理最高奖“长安杯”。

今天的日照政通人和、风清气正，整个城市活力涌动、潜力无限。最大的变化，就是广大市民对这座城市的高度认同，都为生活在日照感到骄傲和自豪，都对日照的未来充满信心和期待！这些成绩的取得，根本在于习近平新时代中国特色社会主义思想的科学指导，是省委、市委坚强领导的结果，是市人大、市政协监督支持和历届市政府班子接续奋斗的结果，是全市人民共同努力和社会各界大力支持的结果。

前进的道路上，我们清醒认识到：发展不充分仍然是基本市情，经济总量不大、结构不优、创新力不强等问题仍然存在，部分中小微企业经营压力较大；城乡区域发展不平衡，县域经济实力相对偏弱；教育、医疗、养老、托幼等优质公共服务供给不足，统筹发展和安全任务依然艰巨；政府自身建设仍需持续用力，等等。对这些问题，我们将采取有力措施，切实加以解决。

二、今后五年奋斗目标和主要任务

刚刚闭幕的市第十四次党代会，描绘了日照未来五年的发展蓝图。推动壮丽蓝图变为美好现实，是新一届政府的职责使命。政府工作的总体要求是：坚持以习近平新时代中国特色社会主义思想为指导，深入落实习近平总书记对山东工作的重要指示要求，认真贯彻党中央决策部署和省委、市委工作要求，紧紧围绕统筹推进“五位一体”总体布局和协调推进“四个全面”战略布局，坚持以党的建设为引领，大力弘扬伟大建党精神，坚持稳中求进工作总基调，坚持以人民为中心的发展思想，完整准确全面贯彻新发展理念，主动服务和融入新发展格局，统筹发展和安全，深入实施生态立市、创新兴市、产业强市、开放活市战略，不断增强经济社会发展创新力，加快实现高质量发展、高品质生活、高效能治理，促进共同富裕，奋力谱写现代化海滨城市精彩蝶变新篇章。

全市经济社会发展的主要目标是：推动高质量发展实现新突破。地区生产总值力争达到3000亿元，人均地区生产总值力争赶超全省平均水平，高质量发展走在全省前列。提升城乡功能品质实现新突破。城乡融合深度发展，精致城市建设水平大幅跃升，常住人口城镇化率达到67%以上，生态环境质量持续改善。深化改革开放实现新突破。重点领域改革持续推进，对外开放新高地建设积厚成势，市场主体总量突破60万户，累计实际使用外资实现翻番。推进高效能治理实现新突破。政务服务“一网通办”、城市运行“一网统管”更加科学高效，市域治理体系和治理能力现代化水平明显提升，城市更加安全、更有韧性、更为智慧。促进共同富裕实现新突破。民生保障网更加密实，基本公共服务均等化水平明显优化，城乡居民收入差距持续缩小。加强党的建设实现新突破。严格落实管党治党政治责任，锲而不舍纠“四风”树新风，推动政府系统党风廉政建设不断取得新成效。

今后五年的主要任务是：聚力推进产业强市。加快传统产业转型升级，大力培育新兴产业，繁荣发展现代服务业，高水平构建现代海洋产业体系。坚定推进生态立市。扎实推动绿色低碳发展，深入打好污染防治攻坚战，持续推进生态保护与修复。强力推进创新兴市。培育高水平创新主体，打造高能级创新载体，汇聚高层次创新人才，构建高效能创新生态。扎实推进开放活市。塑造开放平台、开放枢纽、开放型经济发展新优势。统筹推进城乡融合。打造精致城市，突破县域经济，加快新型城镇化进程，高质量推进乡村振兴，大幅提升基础设施承载能力。纵深推进改革攻坚。持续优化营商环境，加快重点领域改革突破，激发各类市场主体活力，强化数字变革赋能。切实加强民主政治建设。保证和支持人民当家做主，更好凝聚社会各方力量。致力增进民生福祉。办好人民满意教育，深化健康日照建设，加快打造体育名城，完善社会保障体系，夯实共同富裕物质基础，建设文化文明高地。高水平推进市域社会治理。全力推动安全发展，深化平安日照建设，打造更高水平法治日照。同时，坚定党对政府工作的全面领导，深入推进全面从严治党，切实加强政府自身建设，塑造风清气正、干事创业的良好政治生态。

实现上述目标任务，做好今后五年工作，我们必须胸怀“国之大者”，深刻把握进入新发展阶段、贯彻新发展理念、构建新发展格局的大背景、大逻辑，不断积势蓄势，推进精彩蝶变，成就美好未来。要善于科学识势，保持坚强的政治定力。牢牢把握“走在前列、全面开创”“三个走在前”的总遵循、总定位、总航标，聚焦聚力省委“六个一”发展思路、“六个更加注重”策略方法、“十二个着力”重点任务，按照市委的要求，把担当尽责贯穿于政府工作全过程，确保各项决策部署落地落实。要善于系统谋势，激发蓬勃的发展活力。坚持以经济建设为中心，把新发展理念作为“指挥棒”“红绿灯”，抓住国家、省重大生产力布局优化调整、重大战略叠加赋能、各类积极要素加速集聚的机遇，以追赶者的勇气擎起高质量发展的大旗，把工作节奏拉起来，让发展速度提起来，使一切有利于发展的力量源泉充分涌流。要善于合力成势，凝聚强大的奋斗动力。调动一切积极因素，激发全社会的创造力，加快建设现代化国际港口名城、现代化国际海滨旅游度假名城、现代化海滨体育名城、现代化生态宜居名城，吹响“强市有我、奋斗在我”的嘹亮号角，以逢山开路、遇水架桥的精气神，奋进新征程、建功新时代，努力让全市人民生活得更殷实、更安全、更幸福！

三、2022 年政府工作

今年是党的二十大召开之年，是实施“十四五”规划关键之年。做好今年政府工作至关重要。主要预期目标是：地区生产总值增长 6.5% 左右，规上工业增加值增长 8% 左右，一般公共预算收入增长 6% 左右，固定资产投资增长 7% 左右，社会消费品零售总额增长 6% 以上，进出口固稳提质，全体居民人均可支配收入增长 8.5% 左右，城镇登记失业率控制在 3.5% 以内，居民消费价格涨幅控制在 3.5% 以内，全面完成省下达的节能减排降碳约束性指标和环境质量改善目标。我们要聚焦经济社会发展“十大创新”，聚焦实施扩需求“十大行动”，聚焦新旧动能转换五年突破，聚焦重大战略落地，铆足干劲争一流，振奋精神加油干，比进度、赛实绩、拼发展，推动政府各项工作再创新业绩！

（一）全力扩需求稳增长，保持经济运行在合理区间

全面展开基础设施“七网”行动。推进总投资 2083 亿元的 314 个重点项目，尽快形成更多实物工作量。综合立体交通网方面，加快实施京沪高铁辅助通道日照段、岚山港疏港高速、220 省道西延等 44 个项目，提高路网通达能力。现代物流网方面，加快推进岚山国际航贸服务区、中谷多式联运综合物流园等 38 个重点项目，推动北京新发地项目投入运营。能源保障网方面，建成岚山港区第 4 个 30 万吨级原油码头、日照港—京博输油管道，开工华能电煤储运基地、融汇通储配煤基地，打造碑廓天然气供应枢纽。实施莒县、岚山整县光伏开发试点，加快推进五莲 50 万千瓦级农光互补基地，建成华能日照电厂生物质耦合发电项目。市政公用设施网方面，抓好投资 12.7 亿元的全域水环境综合治理、投资 13.2 亿元的全域垃圾分类体系建设、投资 21.5 亿元的城市路网建设。现代水网方面，实施沭河综合治理提升、浔河治理等 51 个项目，推进 200 个村庄供水工程建设，改善 21 万人饮水条件。新型基础设施网方面，加快推进 5G＋智能化码头、云谷数创产业园等 29 个项目，新建 5G 基站 1500 个、充电桩 1000 个。农村基础设施网方面，推动“四好农村路”、数字乡村建设，新改建农村公路 178 千米，让农村路更畅、景更美、群众生活更便利。

稳定扩大项目投资。加强要素保障创新。强化投行思维，深化产业链招商、以商招商，提高项目招引精准度和成功率，实现到位内资 490 亿元以上、外资 6．7 亿美元以上。策划实施一批重点城市招商推介、经贸合作洽谈活动。紧盯世界 500 强、行业领军企业，积极引进区域性总部、功能性机构。推行厂房“个性定制”、企业“拎包入驻”。加快日钢产能承接、亚太森博文化纸生活纸、昱岚新材料等重点项目建设，持续为高质量发展注入强劲动能。

巩固外贸稳中提质态势。抢抓 RCEP 生效机遇，实施外贸主体培育计划，促进破零倍增、业绩回流，新增外贸实绩企业 50 家以上。做大汽车零部件、海产品等骨干行业外贸业务，提升保税原油、保税混矿等业务，培育外贸新增长点 20 个以上。坚持境内＋境外、线上＋线下相结合，策

划参展30场次以上。加快综保区二期、山东自贸试验区联动创新区建设，扎实推进中国（日照）跨境电商综合试验区建设，推动跨境电商交易额翻番增长。

持续推动消费扩容提质。做好国家文旅消费、体育消费试点文章。推动家电更新消费升级，鼓励新能源汽车消费。促进家政服务业品牌化、规范化发展。推进城市商圈智慧化改造提升，加快吾悦广场、中骏世界城、保利广场等商业综合体建设。提升中央活力区发展能级。支持莒县建设国家级电子商务进农村综合示范县。放大“快递进村”政策效应。积极发展步行街、特色商业街。加快推进鲁南电商产业园等项目。新增楼宇注册企业1000家以上。培育首店首发经济。积极发展互联网医疗、智慧文体等服务消费新模式。加快开元森泊度假乐园等68个文旅项目建设，创建省级以上夜间文旅消费集聚区、旅游休闲街区，打造“放心消费、诚信日照”品牌，让日照成为更多人的“诗和远方”。

（二）以创新引领高质量发展，全力推动新旧动能转换“五年取得突破”

更大力度加强科技研发创新。高水平建设国家创新型城市。启动实施科技体制改革三年行动。持续攻克一批创新技术。设立科技创投基金。全面推行“揭榜制”“组阁制”，试点推进“赛马制”，实施新药创制、软件与传感器、“双碳”等重大科技专项，加快推动50项市级重点研发项目。万人高价值发明专利拥有量增长20%。持续搭建一批创新平台。支持建设山东省行走机械、海洋智能装备与海底信息技术、林果种质资源创新与精准育繁重点实验室，提升黄海科技创新研究院运营水平，新增省级创新平台10家、市级30家以上。鼓励培育企业研发机构，力争实现规上企业全覆盖。深化与大院大所、驻日照高校合作。加快推动省级开放式大学科技园试点。持续壮大一批创新企业。实施两化融合重点项目100个以上，新增上云企业1500家。净增高新技术企业150家，科技型中小企业突破800家。持续引育一批创新人才。加强人才引育创新，创建青年发展友好型城市。完善“领军人才＋创新团队”引进模式。引进高层次创新创业团队100个。积极培育齐鲁大工匠、首席技师、技术技能大师，对做出突出贡献的卓越工程师纳入职称评审“直通车”，不断开创人才辈出、人尽其才的新局面，让创新的城市气质更加鲜明。

加快构建现代产业体系。全面做实链长制，加强产业生态创新。支持山钢、日钢等“链主”企业，牵头建立产业链合作机制，做强钢铁配套产业园。开工国家碳素结构钢质检中心二期项目，推动通用重工、北京利尔等项目投产。加速长城、中兴汽车产能释放，支持五征、金马等企业做专做精，力争汽车产业产值突破500亿元。坚持“控油增化”，发展精细化工和化工新材料，推进岚山化工产业园、海右化工产业园、经开区生物化工产业园优化提升，抓好盛世峻泽、盛泉新材料等15家骨干企业，加快旭科新材料等项目建设，力争石化产业产值突破350亿元。抓好中楼橡塑、刘官庄塑料、许孟铸造等产业升级。出台加快新一轮技术改造的实施意见，推动工业高质量发展。推进建筑业工业化、数字化、智能化升级，打造“日照建造”品牌。聚焦未来产业发展和新兴产业突破，实施产业孵化与加速计划，推动艾锐光电、迈尔医疗、比特智能等项目快速成长。积极培育新一代信息技术、生物医药等新业态，加快晟照新材料、美正生物二期、正济药业、龙泽制药、康德莱医疗器械等项目建设。推进传统产业数字化转型。做大做强8个省级数字产业园区，建设一批智能制造示范工厂，打造“千场千面”5G应用示范场景20个以上，数字经济核心产业增加值增长30%。支持航空产业加快发展，推动省通用航空产业总部落户，筹办通用航空展等展会。

大力培育市场主体。完善“惠企帮办”机制，实施企业家培育工程。聚焦领航型企业、专精特新企业、拟上市企业、破产和困难企业，分类建立培育库、种子库。推出研发经费补助、质量品牌扶持、数字赋能、金融赋能等“政策包”。引导金融资金精准滴灌，加大制造业和中小微企业支持力度，新增各项贷款400亿元以上。支持日照银行等金融机构发展供应链金融。制定专精特新和上市企业培育提升行动方案，新培育认定市级及以上专精特新中小企业、瞪羚企业60家以上。推动沪鸽口腔、兴业汽配加快上市，上市后备企业扩展到50家以上。规上工业企业突破1000家，力争实现百亿级企业8家、五十亿级企业10家、十亿级企业40家。

（三）抓重点补短板强弱项，统筹推进城乡区域协调发展

加快建设精致城市。抓好精细化管理，实施城市更新行动，争创国家生态园林城市。推进“多规合一”。提升重点片区、重要节点的设计建设水平，科学管控建筑形态、色彩和城市天际线。鼓励多元主体参与街区更新、商圈升级，加快推进日照路西片区、潍坊路片区等重点项目。加快保障性租赁住房建设。新开工棚改安置房2322套，基本建成4000套。改造提升老旧小区137个。新发展装配式建筑80万平方米。新改建城市道路107条，改善微循环系统，推进无障碍设施建设。实施公交服务改造提升、安全乘梯守护等项目。新增公共停车位5000个。严格城市绿线管理，加强绿化树木保护和品质提升。新改建公园绿地21处。改造雨污管网40千米，提标改造污水处理厂2座。开展数字化社区试点，提升城市治理智慧化水平。

聚力突破县域经济。谋划实施新一轮县域经济高质量发展行动，重点支持“突破莒县”，支持东港、莒县建设省级城乡融合发展试验区，支持五莲推进省部共建乡村振兴示范县，支持岚山建设国家级“两业融合”示范区，增强县域经济内生动力。进一步向基层赋权扩能，构建与市域经济梯度发展、优势互补的产业体系、交

通体系和城镇体系。加强市级统筹，探索实行“飞地经济”，支持各区县差异发展主导产业，争创全省工业强县、现代农业强县。鼓励各功能区错位竞争，开展“一号产业”培育行动。推进新型城镇化建设，抓好白鹭湾、巨峰等4个特色小镇的规范提升。

高水平推进乡村全面振兴。完善防止返贫动态监测机制，推动莒北、莲西等脱贫区域持续发展，确保脱贫群众稳定增收。实行最严格的耕地保护制度，新建高标准农田16万亩。实施现代种业提升工程，新建一批种质资源库、新品种示范基地。加快农业全产业链发展。大力培育日照绿茶等优势特色产业，做大做强丰沃、曲坊等现代农业园区，推进卫岗乳业、新希望等项目建设。持续深化农业农村改革，规范农村产权流转交易市场。村党组织领办合作社比例达到65%以上。新创建省级乡村振兴示范县1个，示范乡镇4个，省级产业强镇4个。扎实开展乡村建设行动。实施农村人居环境整治提升五年行动，大力发展农村新型住房，重点推进农村厕所革命、农村生活垃圾治理、村容村貌提升、清洁取暖等工作。新建省级美丽乡村25个，美丽庭院建成率达到50%以上。推进基础设施和公共事业向农村倾斜，让更多农民群众乐享美好生活。

（四）持续擦亮生态底色，促进经济社会发展全面绿色转型

推动减污降碳协同增效。编制实施碳达峰工作方案，开展绿色低碳转型行动。科学落实能耗“双控”，坚决遏制“两高”项目盲目发展。积极推进日钢、山钢、亚太森博等企业余热供暖项目。鼓励钢铁、浆纸、水泥、轮胎等行业企业建设屋顶光伏，提升利用绿电比例。支持发展循环农业、再制造产业等新业态。积极招引环保制造、环境服务等产业项目。落实“四水四定”，推动深度节水控水。用好中央预算内资金、市级技改资金和金融信贷工具，建设一批节能减污降碳示范项目。推进公共机构节能示范建设。开展单位能耗产出效益综合评价、亩产效益评价。出台市域能耗指标交易使用办法，集中保障大项目、好项目落地。提升经开区国家级生态工业园区建设水平。打造一批绿色园区、绿色工厂。

深入打好污染防治攻坚战。抓好中央、省生态环保督察反馈问题整改，健全生态警长机制。完善河长制、湖长制、湾长制、田长制、林长制，持续改善9个省级以上重点河流断面水质。开展新一轮“四减四增”三年行动。修订重污染天气应急预案和减排清单。深化工业污染源治理，严格移动源和扬尘污染管控。加快农村生活污水和黑臭水体治理。抓好蓝色海湾整治，创建国家级“美丽海湾”。严格建设用地污染地块准入管理，开展农用地重金属污染源头排查整治。科学推进国土绿化，加强矿山地质环境保护与恢复治理，守住绿水青山，不负碧海蓝天。

（五）坚定不移深化改革开放，更好服务和融入新发展格局

增强向海图强优势。落实新一轮海洋强省建设行动。聚焦现代海洋装备、海洋生物医药、海洋渔业、海洋旅游等领域，推动一批重点项目落地见效。推进海洋经济创新发展项目“苗圃培育”计划，大力发展智能海工装备制造。加快发展现代海洋渔业，实施“蓝色良种”提升工程，打造国家级渔港经济区、全省水产品精深加工和集散基地，建设提升7处国家级、12处省级海洋牧场。

发展壮大枢纽经济。积极服务和融入黄河国家战略，聚力建设黄河流域陆海联动转换、北方能源、港口型国家物流“三大枢纽”。提升瓦日铁路、新菏兖日铁路集疏运能力，打造大宗商品进出海骨干通道。探索实施港口、无水港通关“一单制”，纵深布局无水港、铁路物流园区，大力发展海铁联运。推进港产城深度融合，落实好年度重点工作任务。加快日照站客运设施改造、岚山港区散粮储运改扩建等项目建设，支持山东大宗商品交易中心扩能提质，做大通道经济、口岸经济。加快推进日照港转型升级工程，实施石臼港区集装箱码头改造、岚山港区深水航道二期等20个重点工程，深化5G、北斗、物联网等场景应用，加大国际航线开辟力度，港口货物吞吐量达到5.5亿吨，集装箱吞吐量达到530万标箱以上。

实施营商环境创新提升行动。加快营商环境地方立法。推动数字政府建设先行，实施数字政府强基工程，加强公共数据开放利用。持续抓好城市大脑迭代升级。打造“24小时不打烊”网上政府。进一步提升基层政务服务能力。深化“双全双百”工程，推进企业全生命周期服务集成改革试点，完善重点产业、重点项目“一链审批”。推动“无证明城市”扩面提质，加大电子证照、电子印章推广应用。实施信用监管、精准监管，保障公平竞争。打好国企改革三年行动收官战。升级“政策通”平台，努力实现惠企政策“免申即享”。

（六）扎实推动民生改善和共同富裕，让市民共享发展成果

稳步提高居民收入。全力稳就业保就业，突出高校毕业生、退役军人、农民工和就业困难人员等重点群体，新增城镇就业2.9万人，创设1.1万个城乡公益性岗位。实施职业技能提升行动、重点群体专项职业培训计划。落实创业担保贷款扶持政策，支持重点群体创业。稳步提高居民工资性收入、财产性收入。保障新业态就业人员劳动权益。大力促进农民增收。

完善社会保障体系。深入实施全民参保行动计划。完善重大疾病医疗保险和救助制度。建立职工基本医疗保险门诊共济保障机制，简化异地就医结算手续。推动“一老一小”整体解决方案落地实施。支持社会力量增加普惠养老供给，新建社区养老综合服务中心+“长者餐桌”30处，新开办农村幸福院+“长者食堂”600处，社区养老服务设施配建达标率100%。大力发展日托、计时托等普惠托育服务，新增婴幼儿托位1000个以上。九类困难群众救助保障标准再提高10%以上。

整体提升教育发展质量。改扩建

幼儿园、中小学24所。推进义务教育薄弱环节改善与能力提升，改造校舍12万平方米。改造提升市青少年综合实践基地。实施学前教育发展提升、义务教育强镇筑基行动计划，争创学前教育普及普惠县、义务教育优质均衡发展县。重视关心下一代工作。认真落实“双减”政策，让孩子回归本真、教育回归本质。实施职业教育质量提升计划。积极创建省级高水平中职学校。推进省市共建日照职业技术学院，启动新校区一期工程。充分发挥日照市技师学院、山东外国语职业技术大学等带动作用，加大技能人才培养力度。支持曲阜师范大学、济宁医学院、山东体育学院、山东水利职业学院等驻日照高校发展，推动“城市＋大学”深度融合，让更多年轻人选择日照、创业日照、扎根日照。

打造更高水平的健康日照。实施临床专科能力“攀登计划”，培育一批省级重点学科。提升医疗卫生服务能力，县级综合医院全部达到三级医院服务水平，新增县域医疗服务次中心3个。推进医养健康产业发展。启用市人民医院门诊楼，加快推进市公共卫生服务中心、日照中医医疗中心、山东医科大学第一附属医院日照分院等项目。组织开展慢病防治、中医药传承发展等17项健康日照专项行动。

促进精神生活共同富裕。加强文化宣传创新，实施新时代公民道德建设行动、文明创建工程和文体惠民项目。建设青少年和妇女儿童活动中心，建成启用老年大学和工人文化宫，新建10处城市书房。开展公益电影放映、乡村文化大集等3万场次以上。举办日照合家欢艺术节、新青年音乐节等特色活动。建立首批地名文化遗产名录。提升沂蒙画派文化品牌影响力。推进两城镇国家考古遗址公园建设。实施“阳光家庭计划”、中小学生身体健康护航、关爱残疾人、关爱妇幼健康等项目。发挥群团组织、社会组织和志愿服务的作用，营造良好社会风尚。

加快打造体育名城。实施健身设施补短板行动，加快构建更高水平的全民健身公共服务体系，新改建全民健身工程300处，争创全国全民运动健身模范市。深入推进体教融合，大力发展青少年体育。做好“体育＋”文章，打造复合型体育旅游新业态，抓好大型体育场馆管理运营。支持奎山体育中心、香河体育公园、网球中心、国际足球中心等综合体发展。高质量承办省运会，全力打造一流场馆环境，精心做好开闭幕式、赛事组织、赛会服务保障等重大工作，确保办赛精彩、参赛出彩、发展增彩。办好中国（日照）国民休闲水上运动会、日照“太阳城”网球公开赛等特色赛事。

守牢安全发展底线。加强风险防控创新，把安全发展贯穿经济社会发展各领域全过程。科学精准做好常态化疫情防控。推进安全生产专项整治三年行动。开展危化品和城镇燃气安全排查整治，加强海上运输起底式专项检查，抓好营运车辆动态监管、电动车全链条安全管理，推动安全总监等制度落地。抓好农产品质量安全提升项目，开展药品质量提升行动，启动国家食品安全示范城市创建。加快重点企业信用风险出清。提升防灾减灾救灾能力。持续创新社会治理。常态化开展扫黑除恶斗争。严厉打击电信网络诈骗犯罪，建设多维立体智慧治安防控体系。优化完善智慧交通管理体系。启用市民安全教育体验基地。深入开展信访积案化解和突出问题化解攻坚。持续抓好国防动员、人民防空和后备力量建设。争创全国双拥模范城“七连冠”。

各位代表！做好新一届政府工作，任重千钧，唯有担当。我们将以永远在路上的清醒和执着，持之以恒加强自身建设，勤政廉政善政，提质提效提神，打造人民满意的服务型政府，让“阳光日照、品质生活”成为这座城市最靓丽的名片。始终做到信念坚定。牢记“国之大者”，严格落实“第一议题”制度，善于从大局大势中找准工作落脚点、切入点，把坚决捍卫“两个确立”、坚决做到“两个维护”落实到具体行动上，体现在政府工作全过程。巩固拓展党史学习教育成果，始终让理想信念之灯在心中闪亮，以更加高昂的精神状态干事创业。始终做到为民服务。牢记政府前面的“人民”二字，把群众当亲人，把为民造福作为最重要的政绩。加强民生改善创新，在连续两年共推出30件为民办实事项目的基础上，今年再推出15件民生实事，用心用情用力解决好就业、教育、医疗、养老、托幼等“急难愁盼”问题，让“生活在日照就是幸福”有更多新内涵、新变化、新感受。始终做到勤政务实。干任何工作，想，都是问题；干，才有答案；站着不动，永远是观众！要弘扬“严真细实快”工作作风，推动“机关接地气、干部走基层”，用双脚丈量大地，发扬马上就办和钉钉子精神，确保政府每项工作都形成闭环落实机制，都严肃严格、求真较真、细致细究、务实扎实、高效快捷。拿出更多时间“走出去”。“向下走”，多帮助基层群众和企业办实事、解难题；“向上走”，多争取支持，多推介日照；“向外走”，多到先进地区和兄弟城市学习借鉴经验、强化“双招双引”。牢记市场经济就是“环境经济”，读懂企业，尊重企业家，做到大中小企业一视同仁、新老企业平等对待，让企业家充分感受到“政府就在身边、服务就在眼前”。始终做到敢于担当。加强推进落实创新，坚决扛起“走在前”的责任担当，把标杆立起来、状态提起来、劲头鼓起来、本领强起来、作风实起来，做到基础工作重规范、日常工作上水平、重点工作抓创新求突破。坚持“事争一流、唯旗是夺”，强化“争”的意识，全力争政策、争指标、争项目、争牌子、争先行先试。大力倡树“上级为下级担当、组织为个人担当、干部为事业担当”的鲜明导向，盯紧政务服务、政策落实、项目建设、要素保障等关键环节，加大压力传导和结果考核，以实绩论英雄、比高低，争先进位创一流，让实干担当成为政府的最强音。始终做到清正廉洁。时刻把纪律和规矩挺在前面，扎紧钱袋子、看牢风险点，坚持不懈正本清源，勤修不辍正道直行，驰而不息正风肃纪。精打细算“过紧日子”，人均公用经费再降10%。持续加强法治政府建设，把政府一切工作都纳入法治轨道。我们深知，及时有效的监督是对政府工作最大的支持、最有力的帮助，将依法接受人大监督，自觉接受政协民主监督，主动接受社会和舆论监督，充分发挥市民代表、特邀督查员、12345热线作用，拓展“听民声、走流程”成果，持续提升政府治理效能，确保决策、执行、监督各个环节都能听到群众的声音，共同把日照的事情办得更好！

迈上新征程，一起向未来，青春日照恰是风华正茂！让我们更加紧密地团结在以习近平同志为核心的党中央周围，在省委、省政府和市委的坚强领导下，紧紧依靠广大人民群众，锚定目标、埋头苦干，开拓创新、奋楫笃行，不断开创现代化海滨城市建设新局面，以优异成绩迎接党的二十大胜利召开！

“日照市‘十四五’规划纲要”（摘要）

（2021年6月）

“十四五”时期经济社会发展总体要求和目标任务

指导思想

坚持以习近平新时代中国特色社会主义思想为指导，认真落实习近平总书记对山东工作的重要指示要求，紧紧围绕统筹推进“五位一体”总体布局和协调推进“四个全面”战略布局，坚定不移贯彻新发展理念，坚持稳中求进工作总基调，以推动高质量发展为主题，以深化供给侧结构性改革为主线，以实体经济为发展之基，以改革创新为根本动力，以满足人民日益增长的美好生活需要为根本目的，积极融入新发展格局，统筹发展和安全，深入实施生态立市、创新兴市、产业强市、开放活市战略，加快构建现代化经济体系，努力推动高质量发展、高品质生活、高效能治理。

指导原则

——*坚持党的全面领导*。增强“四个意识”、坚定“四个自信”、做到“两个维护”，着力提高把方向、谋大局、定政策、促改革的能力和水平，为实现高质量发展提供根本保证。

——*坚持以人民为中心*。坚持人民至上，坚守为民情怀，坚持共同富裕方向，激发全市人民积极性、主动性、创造性，促进社会公平，增进人民福祉，不断实现人民对美好生活的向往。

——*坚持新发展理念*。把新发展理念贯穿发展全过程和各领域，积极融入新发展格局，切实转变发展方式，推动质量变革、效率变革、动力变革，实现更高质量、更有效率、更加公平、更可持续、更为安全的发展。

——*坚持深化改革开放*。坚定不移深化改革、扩大开放，破除制约高质量发展、高品质生活的体制机制障碍，强化有利于提高资源配置效率、有利于调动各方面积极性的重大改革开放举措，持续增强发展动力和活力。

——*坚持系统观念*。加强对各领域发展的前瞻性思考、全局性谋划、战略性布局、整体性推进，加强政策协调配合，着力固根基、扬优势、补短板、强弱项，注重防范化解重大风险挑战，实现发展质量、结构、规模、速度、效益、安全相统一。

主要目标 锚定2035年远景目标，综合考虑国内外发展趋势和我市发展条件，坚持目标导向和问题导向相结合，坚持守正和创新相统一，坚持提质量、扩总量、优结构并重，现代化经济体系建设取得标志性成果，共建共治共享共同富裕取得明显成效，全市人均地区生产总值奋力赶超全省平均水平，高质量发展、高品质生活走在全省前列。

——*构筑港产城融合发展新高地*。港口龙头带动作用充分发挥，转型升级取得明显成效。构建形成比较优势突出、新动能主导、以港口为纽带的特色优势产业体系。建成北方能源枢纽。临港现代服务业加快壮大，港口贸易走在全国前列。港口、城市、产业空间布局进一步优化，融合互动发展蓝图加速铺展。

——*实现县域经济高质量发展新突破*。县域综合实力实现大幅跃升、位次明显前移，发展质量和效益进一步提升，成为推动全市高质量发展的重要支撑力量。以县城为重要载体的城镇化步伐加快、品质提升，城乡发展不平衡、不充分得到明显改善。

——*塑造阳光海岸活力日照新形象*。城市向东海岸线特色更加鲜明，空间格局、经济格局更加优化，人文品质、生态品质、生活品质、时尚气质全面提升。文化体育旅游深度融合发展，创新创业活力不断激发，国际化水平明显提高。

——*促进城市文明程度新提高*。全国文明城市创建成果不断巩固提升，新时代文明实践活动广泛开展，社会主义核心价值观更加深入人心，市民思想道德素质、科学文化素质和身心健康素质明显提高，城市人文内涵更加丰富，公共文化服务体系和文化产业体系更加健全，同心筑梦的凝聚力进一步增强。

——*开创市域社会治理现代化新局面*。社会治理更加规范有序，基层治理水平明显提高。重大风险防范化解能力、突发公共事件应急能力、防灾减灾救灾能力显著增强，发展安全保障更加有力。平安日照建设体系更加完善，法治日照、法治政府、法治社会一体建设取得重大阶段性成果，社会治理体系和治理能力现代化建设走在全省前列。

——推动城乡居民生活品质新提升。实现更加充分更高质量就业，城乡居民收入加快增长，中等收入群体规模扩大。在幼有所育、学有所教、劳有所得、病有所医、老有所养、住有所居、弱有所扶上取得新的更大进展。多层次社会保障体系更加健全，保障水平显著提高。为民办实事制度持续深化，数字化、多样化、高品质的公共服务供给更加丰富便利。

实现上述发展目标，必须坚持创新在现代化建设全局中的核心地位，在优化科技创新生态、激发创新创造活力上实现新突破；坚定不移发展实体经济，在加快新旧动能转换、构建现代产业体系上实现新突破；积极融入新发展格局，在释放内需潜力、增强发展动力上实现新突破；坚持陆海统筹，在推动港产城融合发展、提升经略海洋水平上实现新突破；坚持全面深化改革，在优化营商环境、激发发展活力上实现新突破；扩大高水平对外开放，在拓展发展空间、增创发展优势上实现新突破；坚持特色转型发展，在提升县域综合实力、推动县域经济高质量发展上实现新突破；坚持城乡融合发展，在提升城市品质、全面推进乡村振兴上实现新突破；加强生态文明建设，在推动绿色发展、建设生态日照上实现新突破；突出文化惠民，在提高文化软实力、增强城市影响力上实现新突破；强化人民至上、共建共享，在增进民生福祉、建设幸福城市上实现新突破；统筹发展和安全，在全面推进依法治市、建设平安日照上实现新突破。

表 71 “十四五”时期经济社会发展主要指标一览表

序号	指标（单位）	2020 年	2025 年	年均增长 /（累计）	属性
经济发展					
1	地区生产总值增速（%）	3.8	—	6.5 左右	预期性
2	常住人口城镇化率（%）	61.1	63.9	（2.8）	预期性
3	全员劳动生产率增速（%）	—	—	与地区生产总值增速同步	预期性
4	“四新”经济增加值占比（%）	28.5	38	（9.5）	预期性
创新驱动					
5	研发经费投入增长（%）	2.9	3.2	（0.3）	预期性
6	每万人口高价值发明专利拥有量（件）	2.12	5.28	20	预期性
7	数字经济核心产业增加值占地区生产总值比重（%）	1.54	1.81	（0.27）	预期性
民生福祉					
8	居民人均可支配收入增长（%）	4.1	—	与地区生产总值增速基本同步	预期性
9	城镇登记失业率（%）	2.04	＜3.5	—	预期性
10	劳动年龄人口平均受教育年限（年）	10.2	11	（0.8）	约束性
11	每千人口拥有执业（助理）医师数（人）	2.8	3.3	（0.5）	预期性
12	基本养老保险参保率（%）	90.5	96	（5.5）	预期性
13	每千人口拥有 3 岁以下婴幼儿托位数（个）	0.5	4.5	（4）	预期性
14	人均预期寿命（岁）	79.45	80.3	（0.85）	预期性
绿色生态					
15	单位地区生产总值能源消耗降低（%）	（18.02）	完成省分解任务	—	约束性
16	单位地区生产总值二氧化碳排放降低（%）	（20.5）		—	约束性
17	空气质量优良天数比率（%）	80.6		—	约束性
18	地表水达到或好于Ⅲ类水体比例（%）	—		—	约束性
19	森林覆盖率（%）	23.5	23.6	—	约束性
安全保障					
20	粮食综合生产能力（万吨）	84	85 左右	—	约束性
21	能源综合生产能力（万吨标准煤）	40	45	—	约束性

（资料来源：市发展改革委）

经济发展高质量

坚持把发展经济着力点放在实体经济上，大力实施“产业强市”战略，强化优化供给与扩大内需合力牵引、先进制造业与现代服务业共同主导、数字经济与实体经济深度融合、国内循环与国际循环双向畅通，促进经济在质量效益明显提升基础上实现持续健康较快发展，努力在新发展格局中赢得先机和主动。

一、构建临港涉海特色优势产业

大力推进“存量变革、增量崛起”“腾笼换鸟、凤凰涅槃”“建链延链补链强链”，坚决淘汰落后动能、坚决改造提升传统动能、坚决培育壮大新动能，培育招引建设标志性引领性大企业大项目，加快形成比较优势突出、新动能主导的特色优势产业体系。

先进钢铁制造产业　以精品化、绿色化、智能化、融合化为方向，发挥山钢日照公司、日钢两大龙头企业集聚引领作用，举全力做强“特精高”产品、打通“产用贸”链条、构建钢铁生态圈，打造世界一流的沿海先进钢铁制造基地，建成全球最大的超薄带钢、品种规格齐全的高端板带生产中心。加快推进实施日钢产能承接等重大项目，大幅提升装备先进水平，支持开展氢冶金示范，在全国率先实现钢化联产。争取建设全国性再生钢铁原料进口和集散交易中心。深入开展国家先进钢铁制造业和现代服务业融合发展试点，推进钢铁配套产业园向现代制造产业园转型，规划建设钢铁大世界。到2025年，产能集中度提升到全国前三位，板带材产品占比达到85%、国家级绿色产品占比达到40%。

汽车整车及零部件产业　突出优整车、强配套、促集群、提质效，打造具有核心竞争力的汽车整车及零部件产业基地、新能源乘用车产业基地。推动新能源汽车与燃油汽车、乘用车商用车与专用车协同发展，支持威奕、中兴、五征等龙头车企扩能强链，推动威亚发动机、坦迪斯变速箱等燃油汽车核心零部件企业产品换代升级，大幅提升就地就近配套水平。加速新能源汽车产业化进程，以混合动力、纯电动汽车及其关键零部件为突破口，推广应用氢能与燃料电池技术，完善新能源汽车产业链。到2025年，新能源汽车产量占比达到30%。推动构建“汽车＋”后市场产业体系，推进日照汽车流通产业园建设，促进汽车商贸城向汽车综合体转型，打造区域性智能网联汽车开发、测试和服务基地。

综合能源产业　加快打造中国北方能源枢纽，进一步提升能源集聚、运输、储备、交易、生产（转化）五大能力，争取创建国家区域煤炭储备和交易中心。推进油气全产业链培育，发展太阳能、生物质能、海洋能、地热能等新能源利用产业，支持发展清洁能源装备制造产业。支持岚山区打造北方能源枢纽核心区和综合能源储备供应中心、日照大宗商品交易中心打造综合能源交易中心和山东省（日照）石油天然气交易中心，扩大煤炭、原油、燃料油、天然气等实物及仓单交易规模。到2025年，日照大宗商品交易中心交易额突破3万亿元。发展高端绿色化工产业，稳步推进地炼企业优化调整，实施化工园区优化提升工程，推动岚山化工产业园向高端精细化工园区转型升级、莒县海右化工产业园打造绿色生物能源产业基地。创建国家能源综合利用示范区。

全域旅游产业　实施全域化精品化特色化工程、“旅游＋”行动，增加高品质产品供给，提升景区运营水平，加大宣传营销力度，推进资源统筹整合、线路优化组合、产业跨界融合，构建全域全时全景全产业旅游发展格局，创建国家全域旅游示范城市、国家旅游休闲城市、国家旅游标准化城市。强化城市景观、乡村景致、旅游景区系统设计、精致建设和整体提升，加快建成开元森泊度假乐园、黄海之眼、莒国古城、太公旅游小镇、白鹭湾美术馆小镇、山海田园文旅小镇等标志性旅游项目，打造“阳光海岸慢生活之旅”，支持万平口旅游区等争创5A级景区。完善“快旅慢游”综合交通网络，推进旅游集散中心、露营驿站等建设，打造山海风情绿道，增加旅游客运直通班线，畅通市内外、城乡间、山海间、景区间旅游循环。推进邮轮停靠港规划建设，开展游轮无目的地公海游试点。实施旅游龙头企业培育计划，带动旅游品牌建设、特色产品开发和市场立体营销。

现代物流产业　坚持以港口物流为核心，畅通“海空铁公管”物流通道，做强港口型国家物流枢纽，打造海港、空港、铁路港、公路港“四港一体”物流平台，完善物流基础设施、信息服务、联运配送网络，构建“通道＋枢纽＋网络”现代物流体系，形成陆海联动、内外互通的国际化物流网，打造区域性国际航运物流中心和北方最大的大宗散货集散中心。建立储备充足、反应迅速、抗冲击力强的应急物流体系。推进实施智慧物流、绿色物流示范工程，提升物流智慧化集约化绿色化发展水平。完善城乡物流基础设施和配送网络，加强农产品冷链物流体系建设，创建国家骨干冷链物流基地。持续推进物流降本增效。到2025年，沿海港口货物吞吐量达到5.55亿吨以上。

生命健康产业　以生物医药、医疗器械、医养康养为主体，强化头部企业招引，支持重大科创成果落地转化，打造生命健康产业创新示范区。高标准建设国家级医疗器械应急产业园，重点发展新型医用材料及高值耗材、高性能诊疗设备、智能健康装备，打造高端医疗器械制造集聚区。提升日照经济技术开发区省级生物医药科技产业园产业发展层次，重点发展生物技术药物、特色海洋药物等创新药物，打造绿色制药创新基地。推动发展医疗服务、健康管理产业，开发提供多层次个性化医养产品，重点打造五莲、山海天两个医养康养产业集聚带，加快建成日照生命健康产业国际协同创新城。争创国家医养结合示范市。

新一代信息技术产业　培育做强5G、大数据、云计算等核心引领产业，强化5G重点场景和垂直行业示范，推动产业行业大数据平台建设和云计算创新应用，推动物联网标识解析二级节点建设，创建省级大数据产业集聚区。壮大发展高端软件、物联网、工业互联网等应用服务产业，支持首版次高端软件创新、发展高端软件外包服务，构建行业级企业级工业互联网平台体系。突破发展集成电路、核心基础元器件等关键基础产业，支持引进布局先进工艺生产线。超前布局人工智能、区块链等前沿新兴产业，增强机器人和关键核心部件研发制造能力，支持区块链技术研发及试验。推进越疆人工智能产业园、日照大宗商品交易中心基于区块链电子仓的大宗商品交易平台等建设。

现代海洋产业　优化升级现代海洋渔业，提升工厂化牧场化深远化智能化发展水平，支持海洋生态牧场、渔业综合体建设，推进全国海洋冷水鱼类绿色养殖示范项目，打造北方重要的苗种繁育中心、全国水产品精深加工和集散基地。加快发展海洋新兴产业，推进海洋生物产业延伸产业链条，加强海洋功能食品、海洋生物医药、海洋生物材料等技术研发和产业化，打造绿色高端海洋生物基地。大力提升海洋工程装备、渔业装备等研发制造规模，发展海水淡化与综合利用产业。支持日照经济技术开发区打造海洋装备制造基地。大力促进海洋休闲旅游、海洋文化创意、海洋高效物流、海洋健康体育、海洋特色金融等现代海洋服务业发展。加快培育“海洋＋产业＋文化”新业态新模式，促进海洋产业数字化、融合化转型发展。

通用航空产业　突破发展通用飞机、无人机、模拟机、航空新材料等通航制造产业以及拆解改装维修产业，积极发展通航应急救援保障产业，支持东港区、岚山区、莒县、五莲县建设通航产业集聚区。大力发展通航培训产业，争取知名航空院校在日照设立分院分校，支持通用航空人才培养基地、实训基地建设，打造全国顶尖通用航空飞行培训基地。培育发展“通航＋”新业态，推动“通航＋”城市经济集聚区、通用航空小镇建设。

现代体育产业　以承办第25届省运会为契机，以建设国家体育消费试点城市为抓手，完善青少年和职业特色赛事体系，促进体育全产业链培育发展。推动体育制造业和服务业创新融合发展，重点发展体育装备智能制造产业，培育竞赛表演、运动休闲、场馆服务、体育中介、体育培训等服务业态，做好“体育＋”“＋体育”文章，建设好国家体育产业示范基地（单位），推进体育产业园区建设。支持奥林匹克水上运动小镇、国际足球中心、奎山体育中心、香河体育公园等体育综合体建设。加强体育产业市场主体培育，采取市场化运作模式，引进知名体育组织、高水平职业俱乐部和体育企业落户日照。到2025年，体育产业增加值占地区生产总值比重达到1.5%。

同时，加快发展新兴产业。大力培育高端装备制造、新材料、智能机器人、绿色环保等产业，提高新兴产业在全市经济总量中的比重。加快高端装备产业化进程，引进培育核心装备和关键零部件企业，推动高端制造业和服务业深度融合。围绕基础性材料、关键战略性材料、前沿新材料等领域，着力突破一批新材料品种、关键工艺技术与专用装备。加大招引培育力度，推动一批高性能智能机器人、轻量型机械臂制造企业专注技术创新，加快向高效率、低成本、模块化方向发展。发展壮大节能环保产业，重点发展节能环保装备制造，促进资源循环利用，推行环境污染第三方治理、环保管家等环保服务业新业态新模式，支持莒县打造节能环保产业集群。超前谋划未来产业。聚焦基因技术、极端环境新材料、氢能与储能、深海空天开发、类脑智能等前沿领域，大力招引核心技术和人才团队，搭建基础研究和产业孵化平台，促进未来产业实现重点突破。支持日照高新区建设未来产业先导集聚区，培育人工智能、生物工程、柔性电子等重量级未来产业。支持日照经济技术开发区生物医药科技产业园、国家级医疗器械应急产业园等园区内企业，建设标准化研究检验实验室，开展新一代基因测序技术、组学研究和大数据融合分析技术等精准医学关键核心技术攻关。支持日钢集团、山钢日照公司、方鼎科技等企业，研发适用于航天、深海等极端环境的特种钢材、特种玻璃，突破新型极端环境结构材料设计与制备技术。

二、繁荣发展现代服务业

优化现代服务业结构，培育壮大新业态新模式，提高现代服务业供给规模和质量，充分发挥对经济增长、产业升级和城市能级提升的重要引擎作用。重点推进东港区、山海天旅游度假区和日照（石臼湾）中央活力区三个省级现代服务业集聚示范区建设。

推动生产性服务业高端化专业化跃升　以产业转型升级需求为导向，围绕产业链部署服务链，实施生产性服务业扩能提质专项行动，建设面向“十特”产业的生产性服务业资源库，培育领军企业和专业化服务机构，重点促进大宗商品交易、信息技术、研发设计、数字贸易、节能环保、供应链管理、检验检测认证、商务、会展、人力资源等行业发展。积极引导生产性服务业向中心城区、产业园区、现代农业基地以及有条件城镇集聚，促进综合性或专业化集聚示范区、高水平公共服务平台、共享制造服务平台等建设。重点支持岚山区打造先进钢铁制造业与现代服务业融合发展示范区，支持日照人力资源服务产业园打造国家级产业园，推进山东数字能源交易中心、中国花岗岩交易中心、海韵广场智慧物贸综合体、日照网易联合创新中心、海曲科创中心等平台建设。实施服务型制造行动计划，推动大型制造企业由提供产品向提供“产品+服务”转变、大型服务企业实现服务产品化发展。鼓励制造企业分离发展具有行业前景和雄厚基础的服务类业务。推出山东港口“焦炭指数”“木材指数”“粮食指数”等大宗商品价格指数。

推动生活性服务业高品质多样化升级 扩大商业、住宿、餐饮、健康、养老、育幼、文化、旅游、体育、家政等服务业有效供给，构建形成业态齐备、布局合理、功能完善、服务便捷、运营智能的生活性服务业发展体系。以功能再造、形态重塑、产业重构为导向，打造优质生活空间和生活场景，推动现代商圈、特色街区、社区优质生活服务圈、休闲游憩带等建设。重点打造鲁商银座时代广场体验式情景商业街区、沪港中心国际高端品牌街区，形成淄博路高端核心商圈集群。推进实施数字生活新服务行动，促进数字商贸、数字学习、数字出行、数字文旅、数字健康等发展。支持东港区、日照经济技术开发区、日照高新区、山海天旅游度假区打造数字生活服务先行区、数字生活服务特色镇，培育浣洗、“京东服务+”等数字生活服务平台。推动生活性服务业转型升级，鼓励领军企业通过参股、控股、联合等方式整合资源，向规模化、连锁化、品牌化发展。推进生活性服务业职业化发展，加强生活服务健康信用码建设推广，逐步实现全市生活服务企业和生活服务业从业者健康信用码全覆盖。推动城镇生活性服务网络向农村延伸、电子商务和快递服务下乡进村入户，以城带乡，尽快缩短城乡生活性服务业发展差距。

发展服务业新业态新模式 大力发展总部经济，坚持壮大本土企业总部和引进市外企业总部并重，以中央活力区、山海天旅游度假区为核心，培育总部经济集聚区和总部经济园区。做大做强平台经济，支持企业打造商贸物流、金融交易、数据应用、大宗商品流通、人力增值服务等平台。提升发展共享经济，推动高新技术企业、产业园区、科研院所开放分享创新资源，创新交通出行、房屋住宿、办公空间、在线教育等分享模式。活跃发展网红经济，依托中央活力区KOL创意产业园等载体，鼓励发展电商带货、短视频、网红直播等新业态，带动打造一批“日照优品”。积极发展定制服务，推进众筹定制、众包设计、柔性供应链等定制服务模式创新，引导企业利用大数据、人工智能等技术开展大规模量身定制服务。全面发展“新零售”，促进智慧商圈、智慧街区、智慧商超、智慧药房等建设，加快无人体验店、智慧社区店等新业态布局。大力推广“无接触服务”，鼓励在写字楼、住宅区等场所布设外卖、快递无接触取餐点、取货点。支持发展电商、微商等新个体经济，开辟消费和就业新空间。

三、加快发展数字经济

创新数字赋能经济发展模式，推进全要素数字化转型，加快产业数字化、数字产业化，打造数字经济创新活力区。

加快产业数字化 强化以数字驱动产业变革，全面推动互联网、大数据、人工智能与实体经济深度融合，加快制造业、服务业、农业数字化网络化智能化。推进“上云用数赋智”行动，开展数字化转型伙伴、数字化转型示范、数字经济新业态成长“三项计划”，探索建设“产业大脑”，促进打造数字化企业、构建数字化产业链、培育数字化生态。支持建设数字化转型促进中心。深化“特色优势产业集群+人工智能”，促进智能化生产、网络化制造、个性化定制、服务化生产等新模式新业态广泛应用，增强人工智能对“十特”产业发展支撑渗透力。实施传统产业智能化改造升级计划，促进工业机器人、核心工业软件、传感器等应用发展，支持先进钢铁制造、汽车整车及零部件、农业装备制造等重点领域企业智能工厂、智能车间建设。创建省级智能制造创新中心，推进日钢集团、威奕汽车、兴业汽配等开展智能制造建设示范。开展中小企业数字化赋能专项行动，集聚数字化服务商，培育数字化平台，推动行业解决方案与企业需求精准对接，助力中小企业增添发展后劲。

加快数字产业化 突出“一体两翼”特色化布局，以日照高新区、日照经济技术开发区、东港区为核心打造数字产业主体功能区，其中日照高新区重点发展高端软件、大数据、云计算、物联网、集成电路等产业，日照经济技术开发区重点发展人工智能、机器人、软件和信息技术服务产业，东港区重点发展高端电子信息制造业；以市北经济开发区、莒县经济开发区为两翼打造数字产业协同发展区，其中市北经济开发区重点发展信息家电产业，莒县经济开发区重点发展电子信息制造业。培育壮大数字产业发展平台，支持数字经济园区、数字经济小镇等特色功能区建设，促进日照高新区电子信息产业园、日照经济技术开发区数字经济产业园、日照高新智慧谷等省级数字经济园区领先发展，开展市级数字经济园区建设。实施数字企业梯队培育行动，加快形成领军企业、成长性企业、初创企业梯次有序的数字企业集群，着力培育一批细分领域单项冠军、隐形冠军，积极招引数字经济领域头部企业和知名配套商到日照布局研发中心、生产基地、“第二总部”。加强数字产业协同创新，支持布局建设数字产业创新中心、创新创业共同体。

四、塑造良好产业生态

聚焦打好产业基础高级化、产

业链现代化攻坚战，以“十特”产业为核心，以园区、链条、企业为支点，构建新型产业生态圈，形成“产业＋配套、平台＋生态、技术＋赋能”体系，提升产业链供应链稳定性和竞争力，特别是保持制造业增加值占地区生产总值合理比重。

增强园区竞争力　深化园区体制机制改革，优化园区功能定位，科学规划产业布局，推动园区围绕主导产业、首位产业强化集群式项目“满园扩园”，实现错位发展，增强资源整合、要素配置和可持续成长能力。日照经济技术开发区重点发展高端装备制造、生物医药等产业，打造对外开放新高地、高质量发展示范区。日照高新区重点发展新一代信息技术、生命健康等产业，打造高新技术产业发展高地、创新发展核心平台。山海天旅游度假区重点发展旅游休闲、医养健康等产业，打造世界知名旅游度假地。空港经济开发区重点发展飞行培训、制造维修等航空产业，打造通用航空产业发展集聚区。岚山经济开发区重点发展钢铁及配套、绿色化工等产业；莒县经济开发区重点发展生物能源、节能环保等产业；市北经济开发区重点发展高端装备制造、文旅康养等产业，打造各具特色的产业园区。力争到2025年，日照经济技术开发区进入全省国家级经济技术开发区前5位；日照高新区、岚山经济开发区创建为国家级园区，空港经济开发区创建省级园区；莒县经济开发区、市北经济开发区进入全省前30强。

提升产业链供应链现代化水平　集中力量做强做优做大“十特”产业，分产业绘制生态图谱、编制专项规划，培育招引具有“链主”地位的领航型企业、具有“撒手锏”产品的配套型企业、具有公共服务功能的平台型企业，提升集群化发展水平。重点促进先进钢铁制造产业扩能升级成为世界一流先进钢铁产业集群、汽车整车及零部件产业跨入千亿级门槛。聚焦先进钢铁制造、汽车整车及零部件、综合能源、生命健康、新一代信息技术、通用航空等重点领域，聚力培育10条以上标志性产业链，全面推行“链长制”“一链一策”精准延链补链强链。实施产业基础再造工程，聚焦核心基础零部件、关键基础材料、先进基础工艺，开展“一揽子”突破行动和“一条龙”应用示范。推动产业创新服务综合体建设，实现产业需求与科技创新有机结合，为产业基础高级化、产业链现代化提供有力支撑。

培育壮大优质企业　把企业高质量发展作为经济高质量发展重要基石，创新企业梯次培育机制，支持企业做强做精做久，提升核心竞争力、财税贡献度、安全生产水平，更好融入国际国内省内产业分工体系。全力培育壮大龙头型企业，建立龙头企业培育库，支持龙头企业依托产业链一体化延伸、围绕主业多元化发展、利用多层次市场资本化运作，面向全球市场国际化拓展，成长为十亿级、五十亿级、百亿级企业。大力促进中小微企业成长提升，培育“专精特新”企业、专业化“小巨人”企业、制造业单项冠军企业和“瞪羚企业”“独角兽企业”。实施新一轮企业技术改造升级工程，支持企业新上具有先进水平的重大工业技改项目，特别是数字化、智能化、绿色化技改提升项目。

畅通金融服务实体渠道　实施融资畅通工程，促进融资总量和增量明显增长，信用贷款和制造业中长期贷款明显增加，企业受益面明显扩大，科技创新、小微企业、绿色发展等重点领域得到更大支持，缓解企业融资难融资贵问题取得实质性进展。支持普惠金融发展，促进银行扩大民营小微企业首贷、知识产权质押融资、供应链金融等规模，探索创新投贷联动等新模式，更好满足企业多样化金融需求。开展企业上市培育行动，支持企业扩大各类债券融资。到2025年，各类交易市场上市挂牌企业超过300家。推进全国深化民营和小微企业金融服务综合改革试点，健全完善市和区县两级政府性融资担保体系。建设金融综合服务平台，搭建集供需对接、信用评价等功能于一体的“信贷超市”，发展“移动贷”“掌上贷”等数字普惠金融服务。完善企业金融辅导员和金融服务专员制度，提升金融服务贴近化精准化水平。

五、充分释放内需动力

坚持把扩大内需战略基点与深化供给侧结构性改革战略方向有机结合，充分发挥消费基础性作用和投资对优化供给结构关键作用，以新消费引领新供给、以新供给创造新需求，促进消费与投资协调互动、供给与需求动态平衡。

促进消费扩容增量　统筹市内与市外、线上与线下、产品与服务、业态与模式，常态化组织举办消费惠民活动，推动特色优质产品上平台、进机场、进高铁、进社区、进景点，引导市民扩大消费、吸引外地人来日照消费，促进消费多点爆发、放量增长。提振大宗商品消费，制定出台促进汽车消费政策措施，挖掘汽车后市场消费潜力，完善家电回收和循环利用体系，促进住房消费健康发展，扩大住房租赁消费。全面拓展服务消费，优先发展文化旅游、体育竞演、运动休闲、医养健康、养老育幼、家政服务等“幸福消费”，加快发展教育培训、能力拓展等“素质消费”和美妆医美、医疗整形等“美丽消费”。创建国家文化和旅游消费试点城市。加快培育新型消费，重点发展数字信息消费，升级重构教育、医疗、零售、家居等消费新场景，打造信息消费体验中心。大力繁荣夜间消费，搭建“夜游、夜赏、夜购、夜品、夜娱”等主题场景，支持东夷小镇、摩卡商街、莒国古城等地标性夜间经济示范街建设。创建国家级夜间文旅消费集聚区。扩大节假日消费，落实带薪休假制度，推行错峰休假和弹性作息制度。丰富壮大农村消费，推进农村日用品和农资统采分销、农产品上行体系建设，促进农村居民扩大交通通信、旅游休闲、文化娱乐、健康养老、家用轿车、农用机械等消费。适当增加公共消费，提高教育、医疗、养老、育幼等公共服务支出效率，撬动社会消费需求。发展免税经济，引导境外消费回流。建设中国北方生活消费品（日照）分拨中心。

加快消费品质提升　高标准打造城市消费中心，构建布局合理、层级分明、功能互补、特色鲜明的城市商圈体系，推动核心商圈向场景化、体验式、互动性、时尚型消费场所转型。实施步行街高品质改造提升行动，重点培育打造省市级步行街5条，每个区县培育不少于1条步行街或特色商业街。打造社区便民生活服务圈，大力发展品牌连锁便利店、社区生鲜店，完善社区便利店配套设施，推广无接触配送、定点收寄、定点投递等新服务。大力发展电子商务，支持线下企业拓展线上业务，开展“平台销售＋直播带货＋短视频”全渠道矩阵营销。促进首店经济、首发经济发展，鼓励国内外知名品牌在日照开设区域性品牌首店、旗舰店，支持举办时尚秀和新品发布会在日照首发新品。创建安全放心消费环境，开展“放心消费、诚信日照”创建工作，实施网络消费、服务消费和民生消费提质行动，健全产品、服务质量治理体系和顾客满意度测评体系，加强消费品质量抽检和重点问题专项整治。畅通消费维权渠道，推行“互联网＋消费维权”，实施首问负责和赔偿先付制度，健全消费者信息保护和消费投诉信息公示等相关制度，切实维护消费者合法权益。

扩大精准高效投资　坚持项目为王，围绕锻长板、补短板重点领域，实施新一轮扩大有效投资行动，谋划推进一批有利于壮产业、惠民生、强基础、利长远的重大工程和重大项目，拓展投资空间，优化投资结构，促进投资合理增长。聚焦构建特色优势产业体系，招引建设建链延链补链强链重大项目，推动企业设备更新和技术改造，扩大战略性新兴产业投资，全面提升产业能级和核心竞争力。聚焦城乡融合发展，推进精致城市品质提升，加快县城新型城镇化建设，加大老旧小区改造力度，开展农村人居环境整治，全面改善城乡生产生活条件。聚焦生态文明建设，加大节能减排降碳、生态治理修复投入，提升资源集约节约利用水平，促进生态环境持续改善。聚焦增进民生福祉，突出教育、卫生、文化、体育、养老等领域，加快完善城乡公共服务设施。聚焦夯实基础设施和安全发展支撑，加快布局建设新型基础设施以及交通、能源、水利等重大工程，加快补齐公共安全、物资储备、防灾减灾等领域短板。

完善投资促进保障机制　不断深化投资体制改革，形成市场主导的投资内生增长机制。强化政府投资管理，提升政府投资效能，更好发挥政府债券投资、政府直接投资对社会投资引导撬动作用。强化对民间投资主体和项目服务，健全向民间资本推介项目长效机制，支持民间资本参与基础设施、公用事业等重大项目建设，创新推动政府和社会资本合作。健全完善重大项目推进机制，动态充实竣工、开工、储备、谋划“四个一批”项目库，实施项目建设清单管理和周期滚动，更好发挥重大项目投资支撑引领作用。用好市重大项目督导会商平台，加大重大项目提级会商力度，严把产业政策、土地规划、资源要素等关口，提高项目谋划深度和招引质量。健全“项目跟着规划走、要素跟着好项目走”机制，加强土地、能耗、煤耗、环境容量等要素统筹和精准配置。加强与央企、地方大型国企战略合作，完善政银企精准对接平台和合作机制，强化保险中长期资金运用，多渠道保障项目建设资金需求。加强投资运行监测，增强对保增长、稳预期、优结构的服务引导作用。

六、更好融入大循环双循环

充分发挥国家战略定位和区位、港口等优势，招引培育开放型产业链供应链，促进国内国际市场相互贯通，打造东西互济沿海支点、陆海联动转换枢纽。

深化区域合作发展　对接京津冀协同发展、黄河流域生态保护和高质量发展、长三角一体化等国家重大区域战略，强化“三圈协同”“三沿联动”，广泛拓展区域合作空间，构建形成陆海协同、东西互济、南北联动合作格局。完善融入胶东经济圈、联动鲁南经济圈、参与淮海经济区合作机制，共同推进设施互联、产业协同、开放共建、生态共治、文旅互融。积极承接青岛都市圈辐射，促进青潍日一体化发展，打造“一小时经济圈”。加强与临沂、连云港友邻合作，共同促进海州湾环湾产业高质量发展和生态环境治理。加强沿海、沿桥、沿线（沿新亚欧大陆桥、沿铁路公路线）地区合作，当好中西部经济腹地海上开放门户，提升以日照港为龙头，以瓦日铁路和新菏兖日铁路为两翼的交通运输体系能级，积极促进沿线城市加强支线铁路、物流园区建设，打造黄河流域陆海联动转换枢纽，共建经济和产业发展走廊。到2025年，日照港沿线布局内陆无水港达到30个。扎实做好对口支援新疆麦盖提县和扶贫协作重庆黔江区工作。

加快建设现代化港口　全面加强与省港口集团在临港产业、现代物流、文化旅游、金融贸易等领域战略合作，突出日照港作为融入大循环双循环节点港作用，推动日照港加快转型升级，支持以日照港为主导推进市域港口资源一体化运营发展，打造“一带一路”综合性港口物流枢纽港、中国北方重要能源原材料枢纽港、沿海内贸集装箱枢纽港和南来北往内贸中心港，加快跻身全球十大港口。推动港口布局优化和港区调整，实现石臼港区“东煤南移”“东矿南移”“南散北集”“南进南出”“北客南货”。支持日照港加强码头、航道等基础设施建设，实施估算总投资371亿元的17个重点项目建设，新增港口通过能力约9000万吨。支持日照港开辟集装箱航线，加快物流园区及无水港建设布局。支持日照港实施新一代集装箱、液体散货、干散货码头智能化建设改造，全面提升港口智慧化绿色化水平。推动日照港发挥日照大宗商品交易中心和铁矿石、焦炭、原油、粮食、木材等货种规模优势，协同打造全链条综合贸易服务平台，建设优势货种分销中心和保税期现结合贸易中心。推进完善港口集疏运体系,加强“四通道一枢纽”建设，优化提升石臼港区疏港公路通道、岚山港区疏港公路通道，建设完善疏港铁路通道、瓦日铁路跨境运输通道，打造互联互通疏港综合枢纽。

强化高质量招商引资　把招商引资作为融入大循环参与双循环有效途径牢牢抓在手上不放松，突出以“四新”经济为主要方向，深化招引体制改革，建立完善顶格推进机制、产业招商链长制、条块联动机制和考核激励机制，把有限资源用在刀刃上，提高招引质量和效率。健全完善以产业链创新链为导向的招商组织架构，突出专业招商、以商招商主体地位，成立招商联盟和招商智库，推动招引模式加快向资本运作型、环境优化型现代产业招商模式转变。聚焦“十特”产业以及其他战略性新兴产业、稀缺产业、未来产业，科学精准绘制产业链全景图、产业生态发展路线图、重点企业和配套企业名录表，协同用好产业链招商、资本招商、大数据招商、产城融合招商、人脉社群招商、反向飞地招商、区域抱团招商等方式，全力招引头部企业、龙头项目和延链补链关键项目，以点上突破带动面上发展,实现“引来一个企业、做大一个产业”。深化与世界500强等国际知名企业战略合作，积极面向日本世界500强和隐形冠军、韩国前30位大企业开展靶向招商。

推动内外贸有效贯通　加快构建全链条现代流通体系，支持商贸流通设施改造升级，培育具有竞争力的现代流通企业。完善现代综合运输体系，构建陆海联运物流网络，畅通物流通道，推进实施中韩陆海联运汽车货物运输、日照港“一带一路”集装箱公海铁联运示范工程、日照至成都及蓉新欧沿线地区的集装箱海铁联运示范线建设，在照蓉欧、中亚、齐鲁号过境班列基础上加开加密过境运输班列及班次，实现中欧过境班列“重去重回”常态化运行。大力优化市场布局、商品结构、贸易方式，推进内外贸一体化协同融合发展。支持出口企业拓展内销市场，推动外贸企业上线国内知名电商平台，引导外贸企业入驻政府采购网上商城，设置出口转内销专区。深入推进实施“三同”工程，建设“三同”公共服务平台，促进内外贸质量标准、认证认可相衔接，提升内外销产品同线同标同质水平，打造全省“三同”工程建设典范。发展进口商品直销等新型商业模式，引导海外代购、直播带货等通过跨境电商渠道规范化、阳光化发展。

深入实施质量强市和品牌战略　突出标准引领、质量领先、品牌领军，深入实施质量提升行动，开展质量比对和质量攻关，提升产品质量、工程质量、服务质量总体水平，全力打造“品质日照”。进一步夯实质量基础，强化标准、计量、认证认可、检验检测等基础建设，打造国家碳素结构钢产品质检中心公共检测技术服务平台、国家质量基础设施网上服务平台，建设北方油气能源储运装备安全检测研究中心和能源计量检测中心、日照医疗器械检验检测机构。开展“标准化+”行动和中小企业管理体系认证提升行动，推行卓越绩效管理模式，推动企业做大做强，增强中小微企业发展内生动力。大力创树质量标杆，积极争创中国质量奖、省长质量奖，提升企业品牌价值。加快推进产业、园区质量提升，打造区域质量名片，推动日照制造向日照创造、日照产品向日照品牌转变，争创全国质量强市示范城市、省级优质产品基地。

创新开放高质量

坚持创新驱动和改革开放“双轮同转”,深入实施“创新兴市”战略，建设国家创新型城市，打造改革开放新高地，更好集聚高端优质资源，全面增强经济创新力和竞争力，塑造发展新优势和新空间。

一、强化科技创新支撑和引领

坚持创新在现代化建设全局中核心地位，增强科技创新硬核实力，优化科技创新生态，激发创新创造活力，加快科技自立自强，不断完善区域创新体系。

推动科技创新能力跃升　强化产业技术体系建设，建立以产业需求为导向的科技攻关机制，围绕先进钢铁与材料、汽车及零部件、生命健康、海洋生物、新一代信息技术、新能源、高端装备等重点领域，通过立项竞争、定向委托、揭榜挂帅等方式，组织实施科技计划项目，打好关键核心技术攻坚战。推进创新平台能级提升，构建多层次实验室体系，建设汽车用钢开发及应用技术、北方茶叶、海洋装备等省级重点实验室，力争建设国家重点实验室日照技术转移转化中心，统筹推进建设一批国家和省市级产业创新中心、制造业创新中心、技术创新中心、工业设计中心。促进新型研发机构发展，支持山东黄海科技创新研究院提升创新能力，推进区县、园区分别建成1家产业技术研究院。引进科研院所到日照布局设立分支机构、共建创新载体，推动日照大学科技园创建国家级大学科技园。促进“政产学研金服用”协同创新，促进省级山钢特钢材料与装备创新创业共同体、五征智能农机装备产业创新中心等发展。深入实施知识产权战略，支持知识产权创造，强化知识产权运用、保护、管理，培育知识产权专业服务机构，打造完整知识产权服务体系。强化国际和区域科技创新合作，推动日照经济技术开发区、日照高新区等建设省级国际科技合作园区，争取建设国际科技合作基地。

强化企业创新主体地位 聚焦提升企业技术创新能力，促进创新要素向企业集聚，完善以企业为主体、市场为导向、产学研深度融合的技术创新体系。实施高新技术企业和科技型中小企业“双倍增”计划，培育更多“单项冠军”“瞪羚企业”“独角兽企业”，支持创新型中小微企业成为创新重要策源地。以政府购买服务等方式组织市场化专业机构对企业创新发展提供专业化全周期服务。到2025年，高新技术企业、科技型中小企业数量分别突破600家、1000家，上市高新技术企业达到5家。实施企业研发能力提升计划，支持企业承担国家和省市科技计划项目，建设院士工作站、工程研究中心、企业技术中心等技术创新平台，鼓励有条件企业在市外、海外设立研发中心、技术转移中心，融入全国、全球创新网络。支持威奕汽车研发中心、中兴汽车研究院建设。大力促进大中小企业协同创新，鼓励龙头企业牵头组建产业技术创新联盟。到2025年，力争建立20个产业技术创新联盟。提升规上企业研发活动覆盖面，实现大型工业企业研发机构全覆盖，努力提高“核高基”投入在研发投入中比重。到2025年，全社会研发投入占地区生产总值比重达到3.2%。

激发人才创新创业活力 深化人才发展体制机制改革，优化提升“日照英才”工程，全方位培养引进用好人才，打造创新创业友好型城市。坚持围绕产业链创新链部署人才链，组建日照科创智库，推动产才融合、产教融合发展。实施更具吸引力的人才政策，对接国家和省重大人才工程，突出“高精尖缺”导向，扩大“智汇日照”引才行动、产业领军人才汇聚计划、海外引智专项计划成效，面向全球全国吸引顶尖人才、领军人才和团队到日照创业圆梦。“十四五”期间，累计引进高层次创新创业团队300个以上。实施好青年科技人才集聚计划、高校毕业生人才引进计划，提高驻日照高校毕业生扎根日照工作比例，组织开展从市外机关事业单位和国企工作人员中引进优秀青年人才工作。优化“青鸟计划”“千校万岗百城”等青年人才引进平台，开展青年高层次人才对接交流会、青年时尚文化节等活动，建设青年求职公寓、青年人才驿站，打造青年友好型“青春城市”。加强创新型应用型技能型人才培养，实施知识更新工程、技能提升行动，壮大高水平工程师和高技能人才队伍。支持职业院校联合骨干企业建设高水平公共实训基地。营造良好人才发展环境，健全以创新能力、质量、实效、贡献为导向的科技人才评价激励机制，构建充分体现知识、技术等创新要素价值的收益分配制度，完善科研人员职务发明成果权益分享机制，探索人才价值化资本化股权化有效途径。开展日照杰出人才、日照优秀人才评选。发挥日照人才发展集团作用，建成运营全市人才总部基地。促进“日照阳光惠才卡”服务扩面提标，为人才创新创业提供更温暖更贴心服务。

完善科技创新体制机制 加快政府科技管理职能转变，深入推进科技体制改革，持续加大科技创新资金投入。坚持以市场为导向、以产业为中心，优化重大科技项目、科技资源布局，完善覆盖科技创新全链条全周期综合服务体系。改革市级科技计划管理体制，设立自然科学基金专项、重大科技专项、重点研发计划、技术创新引导专项、基地与人才专项。成立市科技创新服务中心，完善科技评价评估机制，健全技术研发、成果转化、创业孵化等科技创新服务体系。适时设立市级科技成果转化基金。提升发展山东黄海技术市场，新建省级以上技术转移机构10家。推进科技成果使用处置和收益管理改革，提高科研人员成果转化收益分享比例。建立高价值专利培育机制，依托知识产权公共服务平台，设立重点产业高价值专利池，培育专利密集型企业。引导发展天使投资、科技担保，鼓励商业银行设立科技支行。优化科技企业孵化器、众创空间布局，促进大众创业万众创新。推动区县、园区分别布局建设1—2家专业化科技企业孵化器、众创空间。弘扬科学精神和工匠精神，发挥日照科技馆、日照海洋科普馆等科普设施作用，加强科普工作，营造崇尚创新、尊重创造的浓郁社会氛围。

二、深化重点领域改革

充分发挥改革的突破和先导作用，扎实推进符合中央要求、体现日照特点的改革探索，增创市场有效、政府有为、企业有利、群众受益的体制机制新优势。

推进要素市场化配置改革 健全完善要素市场运行机制，实现要素价格市场决定、流动自主有序、配置高效公平，促进各类要素协同向先进生产力集聚。畅通劳动力要素流动渠道，深化户籍制度改革，全面放开城镇落户限制，实行经常居住地登记户口制度，健全人力资源市场体系。增强土地要素管理灵活性，完善建设用地二级市场交易制度、城乡建设用地增减挂钩政策，加大存量土地和低效用地盘活力度，精准化项目化配置新增用地计划指标，推进省级以上开发区“标准地”供给改革，实现项目“拿地即开工”。激发技术要素供给活力，开展职务科技成果权属改革试点，壮大技术转移机构和人才队伍，完善科技和金融结合风险补偿机制。培育数据要素市场，推动数据共享开放，建立数据资源清单管理机制。支持日照高新区开展数据跨区交易探索。整合提升公共资源交易平台功能，扩大应进必进交易范围。稳步推进水价改革，适时调整原水费、污水处理费。促进天然气价格市场化改革特别是大用户直供改革。塑造国有经济创新发展优势。深入实施国企改革三年行动，做强做优做大国有资本和国有企业。优化国有资本布局，有序推进国企重组整合，推动国有资本加快向“十特”产业、优势企业、核心主业和公共服务领域集结。到2025年，新增国有投资50%以上投向功能性和新兴产业领域。健全国企法人治理结构，加强国企财务总监和外部董事队伍建设，完善职业经理人制度，在充分竞争领域市属二三级企业推行经理层任期制，扎实推进劳动、人事、分配三项制度改革。“一企一策”精准推进市属国有企业混改，实现混改户数、资产“双提升”。加强国资监管体系建设，形成以管资本为主的国有资产监管体制，强化风险管控，切实维护国有资本安全。

推动民营经济发展实现新飞跃　健全民营企业转型升级促进机制，实施民营企业高质量发展行动，一手抓现有企业培育，一手抓新企业招引，激发民营经济发展活力。实施管理现代化对标提升工程，鼓励民营企业完善公司治理结构，加快建立现代企业制度。坚决破除制约民营企业发展各种壁垒，营造民营企业依法平等使用资源要素、公开公平公正参与竞争、同等受到法律保护的市场环境，鼓励民营资本参与国企混改和基础设施、公共服务设施建设。完善促进中小企业和个体工商户发展政策体系。加强民营企业全生命周期服务，健全民营企业诉求处理联动机制，建立市县一体中小企业公共服务平台，全面落实各项纾困惠企政策。

健全现代地方财税金融体制　加强财政资源统筹，优化财政资源配置，推进涉农、科技等专项资金整合，构建以绩效为核心的集中财力办大事政策体系和资金管理机制，增强财政对重大战略任务和公共服务保障能力。持续深化财政事权与支出责任划分改革，建立对各区县、园区特色化支持体系。深化预算改革，围绕资源配置、财力统筹、协同管理等领域重点突破，结合预算绩效管理要求，全面推行“大专项＋任务清单”模式，积极探索“拨改投”，科学做好中期财政规划编制，切实提高财政资金、行政事业性资产、国有资源使用效益，健全政府债务管理制度。推动财政资金股权投资改革，用好用活政府投资引导基金。落实税收征管制度改革，加强地方税收征管。推进国有金融资本管理体制改革，完善监管体系，切实履行国有金融资本出资人职责。促进地方法人金融机构做强做优，支持日照银行上市，推动农商行深化改革，探索建设综合性金融控股集团。到2025年，金融业增加值占地区生产总值比重达到6%，建成区域性贸易金融中心。

三、扩大更高水平对外开放

树立世界眼光、全球思维，深化实施“开放活市”战略，主动融入和服务对外开放大局，实施更大范围、更宽领域、更深层次对外开放，加快推进城市国际化，努力走在全省对外开放前列。

优化全方位开放格局　以高质量参与“一带一路”、RCEP（区域全面经济伙伴关系协定）自贸区建设为核心，强化向东、向南、向西开放和向发达国家开放“四维支撑”，“一国一地一策”，加强贸易投资、产业产能、能源资源、文化旅游、科技创新等领域合作，打造“一带一路”重要陆海联动转换枢纽，增强全球资源要素集聚能力。向东开放，深化与日韩合作，巩固日韩作为我市最大贸易伙伴和最大出口市场地位，吸引日韩企业在日照布局高端产业链。向西开放，加强新亚欧大陆桥经济走廊主要节点城市建设，提升日照综保区中日韩海上高速公路·中欧班列日韩陆海快线集结中心建设水平和层级，当好新亚欧大陆桥东方桥头堡，打造日韩面向欧亚市场、上合组织国家面向亚太市场转口贸易基地。向南开放，加强海上丝绸之路支点城市建设，扩大与沿路国家特别是东盟国家合作，支持高标准建设境外产业合作园区，稳步提升与东盟国家经贸比重。向发达国家开放，继续拓展欧盟、美国等发达经济体市场，支持企业安全走出去布局创新链、引进来共建产业园。

打造高能级开放平台　在推动国家和省级经济开发区提档升级同时，打造参与国际竞争合作战略性、标志性重大平台。积极参与中日韩地方经贸合作示范区建设，探索创新中韩地方产业合作机制，高水平建设中韩（日照）国际合作产业园。积极复制推广山东自贸试验区、青岛上合示范区等制度创新成果，推动建设联动创新区。提升日照综保区建设运营水平，构建“区内带动区外、区外支撑区内”发展机制，创新“保税＋平台”“班列＋贸易”模式，推动大宗商品保税物流发展，打造高水平对外开放新平台、改革创新实验区，加快跻身全省综保区前列。推进中盛保税物流中心（B型）尽快获批并封关运营。推动国家跨境电商零售进口试点市建设，实施跨境电商三年行动计划，建成跨境电商公共服务平台，做强日照跨境电商产业园，创建全国跨境电商综合试验区。促进空港口岸开放，争取开通国际航线。用好国家级进境食用水生动物指定监管场地政策，放大口岸开放红利。积极主办承办国际级、国家级会展活动，打造国际茶业博览会等区域性、个性化重大合作交流平台和品牌。

发展高层次开放型经济　对标国际规则、规制和标准，实施贸易投资融合工程，稳存量、扩增量、提质量并举，促进进口与出口、利用外资与对外投资协调发展，创建国家外贸转型升级示范基地、省级进口贸易促进创新示范区。调整优化外贸结构，鼓励扩大先进技术、设备和零部件、日用消费品、医药康复、养老护理设备以及国内有需求资源品等进口，支持钢铁新材料、高端汽车及零部件、优质农产品水产品、医疗防护用品等特色产品扩大出口，重点培育10个十亿级以上出口产业集群，建成运营进口商品展示直营中心。完善服务贸易创新发展机制，推动服务贸易与货物贸易融合发展，探索建设服务贸易产业园，创建全省服务贸易特色服务出口基地。大力发展众包、云外包、平台外包等服务外包新模式，促进楼宇经济与服务外包融合发展，创建省级服务外包示范城市。支持日照大学科技园和中央活力区共建大学生服务外包创业创新基地。实施对外贸易主体培育招引行动，支持企业开拓国际市场、开展国际自主品牌培育、质量管理体系认证、境外商标注册和专利申请。更加积极主动利用外资，用足用好“选择山东”“对话日本”等平台，以“十特”产业为重点，争取引进一批重大外资项目。累计新设立外资企业150家以上，实际利用外资15亿美元以上。提升境外投资质量效益，鼓励有条件企业以市场为导向、按照商业原则安全走出去开拓国际市场。境外投资企业累计突破100家。

营造包容共赢开放环境　对标国际一流标准和通行经贸规则，提高贸易便利化水平，建设更高水平的国际贸易“单一窗口”并拓展至服务贸易领域，探索抵港直装、船边直提作业模式。推动通关一体化便利化，支持海关等口岸执法部门实现信息互通、监管互认、执法互助。推广应用电子税务局。提高投资自由化水平，落实外商投资准入前国民待遇加负面清单管理制度，衔接市场准入和外资准入两张清单，加强外资企业合法权益保护，健全外资企业投诉工作网络，政府各项支持政策平等给予内外资企业。健全重大外资项目协调推动机制，统筹给予用地、环评、规划、能耗等支持保障，对具有领航作用项目给予“最高标准加一点”特殊支持。探索市场准入承诺即入制，推行跨国（境）审批模式，建立集商事登记、货币结算、商事仲裁等跨境全流程服务体系。提高居住国际化水平，畅通境外人员来日照通道，优化就业、教育、生活等服务。

城乡融合高质量

坚持全域化谋划、一体化发展，协调实施新型城镇化战略和乡村振兴战略，以工补农、以城带乡，缩小城乡发展差距和居民生活差距，推动形成全域一体、城乡融合、协调发展、共同繁荣的城乡新格局。

一、高水平建设精致城市

将建设精致城市作为城市工作总目标，强化精美规划、精心建设、精细管理、精准服务，探索形成具有日照特色的精致城市建设模式，全面提升城市发展质量，共同缔造城市美好生活。到2025年，中心城区常住人口达到130万人，建成区面积达到310平方千米。

实施城市更新行动　优化城市发展布局，高水平修编和落实城市控制性详细规划、专项规划，打造沿海城镇带和五莲、莒县“一带两片”国土空间格局，促进中心城区、县城和城镇协调发展。全面开展城市设计工作，加强建筑设计管理，实现重点区块城市设计全覆盖，优化城市建筑风貌。实施老城区品质提升工程，加快石臼片区提升改造、支持海曲印象文化中心片区建设，联动城西区域开发。塑造中央活力区、奎山高铁商务区等特色片区，推进构建市区城市阳台，打造日照中心等城市地标性建筑。突出依山傍海城市特色和“蓝天碧海阳光金沙滩”生态底色，实施城市生态修复工程，加强绿色生态网络建设，合理布局蓝绿空间，保护好城市山体自然风貌，修复河湖水系和湿地等水体，促进阳光海岸品质提升，建立海岸带建筑退缩线制度，控制海岸带范围内和山体周边建筑高度、密度、体量和后退距离，打造人与自然和谐相处的绿色城市。创建国家生态园林城市。建立城市历史文化保护与传承体系，深入挖掘城市文化内涵，延续城市历史文脉，加强历史文化街区、历史建筑保护传承利用，推进老旧厂区厂房改造建设“生活秀带”、双创空间、新兴产业空间和文化旅游场地，塑造历史文化风貌与现代城市文明交相辉映的城市形象。

提升城市宜居品质　实施城市功能完善工程，构建安全包容的安居体系、提升均好共享的适居服务、打造便捷优质的乐居环境，为市民提供更舒适居住条件和更友好生活空间。坚持“房子是用来住的、不是用来炒的”定位，建立健全租购并举的住房制度，加强房地产市场监测监管，规范发展住房租赁市场，加强保障性住房建设和管理服务，促进房地产市场平稳健康发展。推进569个城镇老旧小区改造。统筹“城市、组团、社区”三级公共服务设施规划布局，以完整社区建设为方向，加快补齐教育、医疗、购物、文化、娱乐、健身、养老等公共服务设施短板，实现“15分钟优质生活圈”全覆盖，试点布局建设社区邻里中心。争创国家完整社区建设试点。完善城市综合交通体系，实施城市畅通工程，健全结构合理的城市道路网络，坚持公交优先发展战略，扩大城市公共交通系统、自行车交通系统、慢行系统，打造自行车友好城市。到2025年，中心城区公共交通出行分担率提升到20.5%，新改扩建道路100%设置自行车道。分步实施市域绿道贯通工程，实现区域、市区、社区三级绿道全覆盖。扩大停车设施和充电加油加气加氢设施供给，支持发展立体停车、智慧停车系统，鼓励有条件的机关、企事业单位内部停车场对外开放。

让城市更智慧更安全　深入推进新型智慧城市建设，加快信息化数字化智能化新型城市基础设施建设和改造，实现新一代信息技术与城市发展战略深度融合。建设“城市大脑”运行中心，健全发挥一体化综合指挥平台作用，加快实现城市运行“一网统管”，打造智慧城管、智慧应急、智慧旅游、智慧网格等应用场景，形成以数据驱动的城市综合治理新模式，提升城市智慧化精细化柔性化治理水平。探索建设智能化数字化“未来社区”，构建以邻里、教育、健康、创业、建筑、交通、低碳、服务、治理等场景创新为引领的新型城市功能单元。推进韧性城市建设，健全城市运行安全评估机制，编制安全风险电子地图，强化应急、避险、备份等设施和场所布局建设，建设开发利用好人防工程等地下基础设施，提高城市工程质量监管、消防和抗震救灾能力，强化人员密集场所安全风险管控，形成系统性现代化城市安全运行保障体系。统筹城市水资源利用和防灾减灾，系统化全域推进海绵城市建设，增强城市防洪排涝能力。完善城市综合管理体系，强化城市综合管理考核。创建国家安全发展示范城市。

迸发港产城融合发展活力 深入推进港产城融合发展改革攻坚，加强国土空间规划、产业发展规划等与港口规划相互衔接，推动空间一体布局、要素一体配置、项目一体推进，为经济社会发展注入新动能。坚持港口与先进钢铁制造基地、北方能源枢纽等重大项目统筹联动，科学布局产业功能区，加快发展高端生产性服务业。加快推进实施日照港港城融合转型升级工程，把海龙湾片区开发建设作为港产城融合发展和石臼片区城市品质提升核心项目，重点规划建设滨海休闲度假区、港口金融贸易综合服务区、国际邮轮服务区、人文休闲居住区等功能板块，打造精致城市建设样板区、港产城融合发展示范区，重塑滨海空间新格局。促进中央活力区能级提升，增强经济、科技、文化等要素集聚能力，“一楼一特色、一楼一园区”，培育壮大总部经济、会展经济、网红经济、文创经济等新型城市经济，形成功能多元和业态融合的城市特色活力板块。深入推动“城市＋大学”共同体建设，合力推动科技成果转化、重大平台建设、高端人才培养、师生创新创业，构建全方位宽领域多层次校城战略合作关系，实现城市与大学互促共荣、共同成长。推动产业园区“一手抓产业、一手兴城市”，促进产城融合、职住平衡、生态宜居，实现生产生活生态“三生合一”、园区厂区社区“三区融合”。支持日照经济技术开发区、日照高新区、市北经济开发区打造产城融合新区。支持涛雒片区充分发挥连接主城区和岚山城区、紧邻先进钢铁制造基地区位优势，以“人城产”相适相融为导向，尊重历史、秉持耐心，先急后缓、有序推进，适度调整优化规划布局和产业方向，优先完善公共服务功能、提升生活宜居品质、改善生态环境质量，稳步推动涛雒片区由小城镇向现代化城区转型，打造新生产新生活新生态合一的新城区、先进钢铁制造基地服务功能的承载区、新时代城乡融合发展的示范区。

二、促进县域加快特色转型发展

以县域发展差异化、产业发展特色化为方向，推动县域特色发展转型发展，增强人口、产业、要素等集聚能力，提升综合实力、核心竞争力和新型城镇化水平，努力促进县域经济向城市经济升级。

优化县域发展定位 立足区县实际，突出比较优势，支持东港区建设高端服务业集聚区、文体旅融合发展活力区、现代化智慧治理示范区，支持岚山区建设先进钢铁制造绿色发展产业基地、北方能源枢纽核心区，支持莒县打造绿色化工产业基地、高端装备制造基地、现代农业生产基地、文化旅游生态名城，支持五莲县打造国家全域旅游示范区、国家生态文明建设示范县、乡村振兴齐鲁样板示范县、医养结合示范县。到2025年，东港区、岚山区在全省县域综合实力排名上升8个以上位次，莒县、五莲县提升10个以上位次。

推动县域产业转型升级 结合县域资源禀赋和发展基础，实施县域经济高质量发展行动，每个区县重点培育发展2—3个具有核心竞争力产业集群，打造经济增长新发动机。加强县域产业园区、特色小镇等产业发展平台和产业创新中心、技术创新中心等创新平台建设，提升县域承载产业发展和创新创业能力。推动县域传统产业改造升级、腾笼换鸟，严禁新上能耗、安全和污染物排放不达标项目，提高县域经济绿色发展、可持续发展水平。规范推进特色小镇布局建设，支持产业、生态、文化、旅游等基础较好的乡镇街道、产业园区，打造创新引领、主业突出、宜居宜业宜游的特色小镇。优化县域经济扶持政策导向，健全区县考核评价体系，实行更有针对性、更具差异化支持政策和考核办法。

提升县城就近城镇化能力 发挥县城在城乡融合发展中的纽带作用，适应农民日益增加的到县城就业安家需求，加强城镇化补短板强弱项，公共资源向县城投放，提升县城综合服务能力，增强县城公共设施保障水平。重点促进公共服务设施提标扩面，优化医疗卫生、教育、养老托育、文旅体育、社会福利和社区综合服务设施；促进环境卫生设施提级扩能，完善垃圾无害化资源化处理、污水集中处理设施和县城公共厕所；促进市政公用设施提档升级，推进市政交通、市政管网、配送投递、老旧小区更新改造和县城智慧化改造；促进产业培育设施提质增效，完善产业平台配套设施、冷链物流设施和农贸市场。

三、加快乡村全面振兴

坚持农业农村优先发展，将巩固拓展脱贫攻坚成果放在突出位置，全面推进乡村产业、人才、文化、生态、组织振兴，激活乡村发展内生动力，创建乡村振兴齐鲁样板示范区，推进农业农村现代化走在全省前列。

实现巩固拓展脱贫攻坚成果同乡村振兴有效衔接 过渡期内严格落实“摘帽不摘责任、摘帽不摘政策、摘帽不摘帮扶、摘帽不摘监管”要求，建立健全巩固拓展脱贫攻坚成果长效机制。健全防止返贫动态监测和即时帮扶机制，保持财政投入力度总体稳定，接续推进脱贫地区发展。

加强扶贫项目资金资产管理和监督，推动特色产业可持续发展。在莒北、莲西、港西、岚西北脱贫乡镇中集中支持一批乡村振兴重点帮扶乡镇，增强其巩固脱贫成果及内生发展能力。健全农村低收入人口常态化帮扶机制，完善农村社会保障和帮扶救助制度。完成农村集体产权制度改革，推进发展新型农村集体经济试点，推动资源变资金、资金变股金、农民变股东。完善农民、业主、农户土地利益联结分享机制，使农民更多共享产业发展增值收益。实施新型农业经营主体培育工程，发挥农业龙头企业、农民专业合作社等对农村低收入群体就业增收和产业发展带动作用。

高水平推进乡村振兴隆起带建设　整合资金资源，强化分类施策，提升山海路、海岸线、北京北路·白鹭湾至大北山、环日照水库—沿222省道、莲西—岚西北（汪黄线）、环青峰岭水库—沿沭河等“五纵一横”隆起带建设水平，示范带动区域乡村“五个振兴”。以各隆起带特色产业为主导，促进一、二、三产业融合发展。重点推动发展生态农业、功能农业、智慧农业、营养型农业，培育定制农业、共享农业、民宿经济、农耕体验、田园康养等新业态，探索发展商业化农业、会展农业、农业众筹等新模式，高标准打造一批现代农业产业园、农村电商基地等新型平台。大力培育新型农业经营主体和服务主体，发展多种形式适度规模经营。引导农业产业化龙头企业联合农民合作社、家庭农场组建农业产业联合体。到2025年，创建市级乡村振兴齐鲁样板示范区20个以上。

增加优质放心健康农产品供给　牢固树立大农业观、大食物观，推进农业由增产导向向提质导向转变，促进农林牧渔“四业”兴旺，提高农业质量效益和竞争力，高水平建设农业现代化示范区。坚守耕地保护红线、粮食安全底线，深入实施藏粮于地、藏粮于技战略，坚决遏制耕地“非农化”、防止“非粮化”，推进高标准农田建设工程、优质粮食工程，开展粮食节约行动。粮食种植面积、产能分别稳定在200万亩、85万吨左右。优化农业生产结构和区域布局，加强农产品生产保护区、特色农产品优势区、现代畜牧基地、海洋牧场、渔业园区建设，提升蔬菜、生猪、禽蛋、奶业、水产品等稳产保供水平。到2025年，肉蛋奶总产量达到54万吨。实施农业全产业链培育计划，集中打造茶叶、桑蚕、蓝莓、樱桃、中药材、蔬菜、畜牧、现代渔业等8个十亿级特色优势产业集群。突出“良种、良机、良法”三个关键，实施农业良种工程，创建主要农作物生产全程机械化示范市，健全完善农业技术推广培训体系。支持岚山农高区创建国家级农高区，支持东港国家农业科技园区建设，建成日照茶科所研发基地。加强农产品质量安全追溯体系建设，依托市果茶菜种植大数据平台，推动茶叶、水果、蔬菜等主要农产品实现全链条可追溯，并逐步覆盖全部农产品地理标志产品，力争主要农产品质量安全监测合格率保持全省前列。积极培育农产品区域公用品牌、特色农业品牌。到2025年，省级知名区域公用品牌、农产品地理标志、地理标志产品（商标）分别达到5个、15个、45个。

实施乡村建设行动　细化完善村庄分类，科学编制村庄布局规划和村庄规划，优化乡村布局和生产生活生态空间，推进乡村片区化、组团式发展，做大做强中心村，强化传统村落和乡村风貌保护，让乡村望得见山、看得见水、记得住乡愁。完善乡村水、电、路、气、邮政通信、广播电视、物流等基础设施，提升农房建设质量。加快数字乡村建设，推动农村5G网络布局，实现农村移动宽带网络人口全覆盖。实施农村人居环境整治提升五年行动，大力推进农村清洁取暖、厕所革命、生活垃圾处理、污水和黑臭水体治理。到2025年，完成1500个以上农村人居环境二三类村整治提升，农村规模化集中供水人口覆盖率达到90%，新建改建“四好农村路”达到1000千米、85%的行政村通上宽度6米以上硬化路。推进实施乡村教育振兴计划，实施高素质农民培育工程，拓宽乡村人才引进培养使用渠道，鼓励大学生、退役军人、外出农民工、退休公职人员返乡就业创业，促进乡村人才振兴，发挥新乡贤积极作用。推进健康村镇建设，支持乡镇卫生院、村卫生室改造提升，提高农村家庭卫生水平。分类引导乡镇特色发展，推动公用设施向乡镇和城郊乡村延伸，增强乡镇发展和承载能力，把乡镇建成服务农民的区域中心。支持供销系统为农服务中心建设，重点支持东港三庄、岚山高兴、莒县夏庄和招贤、五莲汪湖等镇为农服务中心发展。

焕发乡村善治文明新风　健全现代乡村社会治理体制，完善党组织领导的自治、法治、德治相结合的乡村治理体系，形成“大事一起干、好坏大家评、事事有人管”乡村治理新格局。深入推进莒县开展“公心善治”乡村治理体系试点示范。加强村级组织配套建设，提高农村基层党组织服务能力，选准用好乡村振兴带头人，强化“三个一批”头雁培育。推进党支部领办合作社工作，促进村集体和农民“双增收”。到2025年，集体经济收入10万元以上村达到60%。深入推进“铸魂强农”工程建设，持续推进移风易俗，倡导现代生活方式，倡树文明乡风、良好家风、淳朴民风。深化乡村记忆工程，挖掘乡村特色文化符号，振兴乡村传统工艺，讲好“千村故事”。加大乡村公共文化和体育服务供给，强化镇、村综合性文体服务中心建设，广泛开展乡村文化大集、戏曲进乡村、全民健身等文体惠民活动，鼓励自办文化节、丰收节、乡村春晚、农民运动会等活动，丰富农民精神文化生活。

四、健全城乡融合发展机制

深化农村改革，促进城乡要素

自由流动、平等交换和公共资源合理均衡配置，全面激发农业农村发展活力。推进东港区和莒县省级农村改革试验区、省级城乡融合发展试验区建设。

健全农业转移人口市民化机制　加快推动已在城镇就业的农业转移人口落户，全面实施居住证制度，确保有意愿的未落户常住人口全部持有居住证，推动城镇基本公共服务覆盖未落户常住人口。健全由政府、企业、个人共同参与的农业转移人口市民化成本分担机制，全面落实支持农业转移人口市民化的财政政策、城镇建设用地增加规模与吸纳农业转移人口落户数量挂钩政策，在国土空间规划编制、用地计划等方面统筹安排进城落户人口和城镇新增建设用地。统筹推进农村劳动力转移就业和就地创业就业，落实农民工与城镇职工平等就业制度，健全农民工劳动权益保护机制。发展吸纳就业能力强的产业，为进城农民就近打工就业提供机会。

深化农村土地制度改革　巩固完善农村基本经营制度，落实第二轮土地承包到期后再延长30年政策，完善农村承包地“三权分置”办法，健全农业专业化社会化服务体系，发展多种形式适度规模经营，实现小农户和现代农业有机衔接，支持供销系统开展土地托管试点，打造“3千米土地托管服务圈”。健全城乡统一的建设用地市场，探索实施集体经营性建设用地入市配套制度。建立土地征收公共利益用地认定机制，缩小土地征收范围，稳步提高土地出让收入用于农业农村比例。探索宅基地所有权、资格权、使用权分置实现形式，有效盘活利用闲置宅基地和闲置农房。保障进城落户农民土地承包权、宅基地使用权、集体收益分配权，鼓励依法自愿有偿转让。

促进城乡基本公共服务普惠共享　推动公共服务向农村延伸、社会事业向农村覆盖，推进城乡基本公共服务标准统一、制度并轨，促进教育、医疗卫生、公共文化等资源均衡配置。健全完善城乡统一的社会保险制度，提升农民保障水平，推进低保制度城乡统筹、人身损害赔偿标准城乡统一，实现动态管理下应保尽保，实施特困人员救助供养制度，提高托底保障能力和服务质量。推动“互联网+政务服务”向乡村覆盖，加强乡村教育、卫生、文化等设施数字化改造，促进远程教育、远程医疗等应用普及，全面提升乡村治理和公共服务数字化水平。

强化城乡基础设施一体化发展　把公共基础设施建设重点放在乡村，坚持先建机制、后建工程，加快推动乡村基础设施提档升级。加强城乡基础设施一体化规划，以市域、县域为整体，统筹布局道路、供水、供电、信息、广播电视、防洪和垃圾污水处理等设施。推进城乡基础设施一体化建设，构建事权清晰、权责一致、分级分类的建设投入机制。支持有条件的地方将城乡基础设施项目整体打包，实行一体化开发建设。推动村庄建设项目简易审批。强化城乡基础设施一体化管护，明确基础设施产权归属，建立管护制度、落实管护责任，合理确定统一管护运行模式，促进基础设施长期发挥效益。

文化建设高质量

坚持马克思主义在意识形态领域指导地位，加强社会主义精神文明建设，提升文化软实力，引领社会新风尚，满足人民精神文化需求，凝聚推动高质量发展、建设现代化海滨城市强大精神动力。

一、构筑新时代文明建设新高地

立足新的历史方位，牢记新的文化使命，推动社会主义精神文明和物质文明协调发展，持续保持好“全国文明城市”荣誉称号，形成适应新时代要求的思想观念、精神面貌、文明风尚、行为规范。

筑牢理想信念根基　健全用党的理论武装全党、教育人民工作体系，贯彻落实“不忘初心、牢记使命”主题教育制度，深入开展习近平新时代中国特色社会主义思想学习教育，持续开展中国特色社会主义和中国梦宣传教育。结合日照改革开放历程，加强党史、新中国史、改革开放史、社会主义发展史教育，加强爱国主义、集体主义、社会主义教育，弘扬党和人民在各个历史时期奋斗中形成的伟大精神，不断增强干部群众的道路自信、理论自信、制度自信、文化自信。推进“学习强国”日照平台建设，打造学习传播实践重要阵地。创新红色文化发展体制机制，加强爱国主义教育基地、党性教育基地、党史教育基地建设，筹建革命战争纪念馆，实施革命旧址维修保护、馆藏革命文物修复计划，加强鲁东南特委旧址、安哲纪念馆、甲子山等红色教育示范点建设，搞好红色旅游经典景区和精品线路打造，把红色资源利用好、把红色传统发扬好、把红色基因传承好，焕发红色文化资源历史价值和当代价值。鼓励社会资本参与红色文化保护利用。

强化核心价值引领　以培养担当民族复兴大业时代新人为着眼点，深入开展社会主义核心价值观宣传教育，倡导富强民主文明和谐、自由平等公正法治、爱国敬业诚信友善，推动社会主义核心价值观融入社会发展各方面，转化为人们情感认同和行为习惯。深入实施新时代公民道德建设行动，发挥“德耀日照·系列先模”品牌引领作用，推进社会公德、职业道德、家庭美德、个人品德建设，全面提升公民素质。提倡艰苦奋斗、勤俭节约，开展以劳动创造幸福为主题宣传教育。加强未成年人思想道德建设，开展好“扣好人生第一粒扣子”主题教育实践。实施网络内容建设工程、网络公益工程、网络评论治理工程，健全网络正能量传播体系。健全褒扬激励机制和失范矫正机制，向社会传递正确价值取向。弘扬诚信文化，促进市民诚信素质提升。

提升精神文明建设水平 健全完善群众性精神文明创建常态长效机制，实施文明创建工程，持续开展市民文明素质提升“八大行动”，巩固提升全国文明城市创建成果，推进文明村镇、文明单位、文明校园、文明家庭创建，促进全民树立文明观念、争当文明公民、展示文明形象。实施“最美”品牌培育行动。到2025年，全市文明村镇创建率达到85%以上。结合日照历史传承、地域文化、时代要求，组织提炼和塑造彰显日照个性、独具日照特色的“城市精神”，推动内化为全市人民自觉精神追求和行为准则。拓展新时代文明实践中心建设，构建覆盖市县镇村四级的新时代文明实践体系。加强改进基层和农村宣传思想文化和精神文明建设工作。健全志愿服务体系，打造“青春志愿驿站”服务品牌，组织开展常态化学雷锋和志愿服务活动。到2025年，注册志愿者人数达到常住人口总数15%以上。

加快媒体融合步伐 实施全媒体传播工程，推动市级媒体深度融合改革，优化生产流程，重塑组织架构，形成新闻信息一次采集、多元生成、多端发布、立体传播的融媒体传播格局，不断提高新闻舆论传播力引导力影响力公信力。坚持“媒体＋政务＋服务”发展方向，推动媒体积极参与新型智慧城市建设和社会治理创新，逐步将县级融媒体中心建成主流舆论阵地、综合服务平台、社区信息枢纽、区域性媒体品牌。在五莲建设日照广播电视台广播发射台，实现日照广播电视节目全域覆盖。

二、强化文化成果全民共享

立足人民群众需求，完善现代公共文化体系，推进设施数字化、供给多样化、载体品牌化、服务均等化、投入多元化、运营系统化，不断提升公共文化服务覆盖面和创新性适用性。

更加广泛推进文化惠民 健全支持开展群众性文化活动机制，加大政府向社会力量购买公共文化服务力度，鼓励广泛开展公益性文化艺术活动，组织好省市县三级联合购买文化惠民演出。建立群众文化需求征集和反馈机制，推进订制式、菜单式公共文化服务。充分发挥“乡村文化大集”品牌效应，举办好冬春文化惠民季、文化旅游生活节、群众合唱艺术节、中国音乐小金钟等活动。深入实施“一村一年一场戏”工程，推动戏曲进乡村进校园，推进农村公益电影标准化均等化放映。完善全民阅读基础设施和服务体系，深入实施“书香日照”工程，打造“城·阅”全民阅读品牌，构建形成覆盖面广、布局合理、特色鲜明的城市书房网络，建立城市书房管理运营机制。用好日照“云书屋”平台，推动农家书屋数字化阅读。加大公共文化设施免费开放力度，更好发挥公共图书馆、美术馆、文化馆、博物馆等公共文化设施作用。

完善公共文化服务网络 统筹市县镇村四级公共文化服务网络规划建设，加大对公共文化服务投入力度，以县为单位落实好国家和省基本公共文化服务标准。推进公共图书馆、文化馆、博物院等公共文化设施达标建设，完善镇村综合性文化设施，有序推动乡镇综合文化站、社区综合文化服务中心等基本公共文化服务设施与游客集散中心共建共享。规划建设市文化馆新馆、科技文化中心、大剧院、工人文化宫，打造新的文化地标。加强文化街区、文化广场、小剧场、影院、文艺演出院线等文化场所建设，支持建设文化娱乐综合体。推进文化新基建，结合智慧城市、数字乡村、未来社区建设，实施数字文化场馆建设工程，促进数字博物馆、数字图书馆、数字文化馆等建设。

增加优质文化产品供给 全面繁荣新闻出版、广播影视、文学艺术、哲学社会科学事业，扩大文化产品和服务有效供给，满足人民群众多层次多样化文化需求。强化以人民为中心的创作导向，实施文艺精品创作提升工程，支持体现日照元素、展示日照形象的重点原创文艺项目、舞台艺术精品和优秀网络文化产品创作，推出更多反映新时代新气象、唱得响传得开立得住的“日照产”精品力作。围绕全面建成小康社会、建党100周年、党的二十大等重大时间节点，打造推出影视剧《经山历海》、革命题材吕剧《王尽美》、历史题材吕剧《刘勰》《毋忘在莒》等优秀文化产品。支持优秀文艺作品申报国家和省级文艺大奖。强化版权保护，推动版权示范单位创建工作。

三、加快文化产业创新融合发展

坚持把社会效益放在首位，社会效益与经济效益相统一，深化文化体制改革，构建现代文化产业体系，实施文化产业提升计划，促进文化产业综合竞争力明显提高。

丰富文化产业业态 加快培育壮大文化创意产业，鼓励发展文化软件、工业设计、建筑设计、工艺美术、媒体动漫及衍生产品等专业设计服务，支持建设国家级、省级工业设计中心。重点支持日照工业设计研究院发展，创建国家级应急防护工业设计研究院。推进实施文化产业数字化战略，培育发展数字文化产业，建设“文化云”平台，重点打造先进数字创意产业集群、数字内容产业集群，促进数字阅读、在线演艺、动漫游戏、网络视听等新业态快速突破发展，抢占数字文化产业制高点。鼓励发展文化装备制造业。发挥重大项目对文化产业发展带动作用，大力支持优势明显、效益好、后劲足、带动辐射力强的文化产业项目建设。重点推进山海天旅游度假区穆西卡音乐文创产业园、日照云谷数字创意基地、海洋文旅太阳文化创意产业园、日照职业技术学院数字影视创业产教园等建设。

建强文化产业发展平台 优化发展文化产业园区，推动规划布局、产业发展、基础设施、管理服务等全面升级，进一步提高规模化、集约化、专业化水平，加快形成主业突出、特色鲜明、具有较强盈利能力的发展模式。重点培育打造特色文化产业集聚区、文化旅游产业集聚区、文化科技融合发展集聚区、文化消费集聚区。大力发展文化创意中心和文化创客空间，打造低成本、便利化、全要素配置“文化创意集市”。支持莒国古城等打造综合性影视制作与体验基地。实施骨干文化企业培育工程，壮大文化市场主体群落，做大做强日照报业传媒集团、日照广播影视集团等国有文化企业，支持民营中小微文化企业特色发展，推动具备条件文化企业挂牌上市。到2025年，新培育重点文化产业园区5个、重点文化企业10家。

加速文化产业融合发展　促进文化与旅游、体育、康养、科技、会展及数字经济等融合，增强文化产业对其他产业渗透、提升和带动能力。创建全省文化科技融合示范基地。强化文化旅游融合创新，鼓励发展“非遗＋旅游”“博物馆＋旅游”“演艺＋旅游”“文创＋旅游”等业态模式，推动元旦迎日出祈福大典、日照渔民节、太阳文化节、东夷文化旅游节等，打造全国知名文化节会品牌。实施“互联网＋日照优秀传统文化”计划，引导日照黑陶、农民画、岚山号子等特色传统文化与互联网、文化创意等融合发展。建设文化产业大数据平台，推动文化产业资源共享共用。

四、传承弘扬优秀传统文化

坚持在继承中发展、在发展中继承，做好创造性转化和创新性发展工作，推动优秀传统文化展现出新的时代风采。

擦亮特色文化标识　系统梳理日照文化的历史渊源、发展脉络，传承发展太阳文化、龙山文化、莒文化，创新发展海洋文化、茶文化、乡村文化，深度挖掘和保护黑陶、农民画、过门笺等民俗文化，加强吕剧、茂腔等地方戏曲传承工作，合力打造“日照文化”特色品牌。对接中华优秀传统文化传承发展工程，组织实施国家和省市重点专项工程项目。用好网站、新闻客户端及微博、微信、短视频等载体，强化优秀传统文化互联网传播。加快地域特色文化走出去步伐，扩大文化对外交流合作，在交流互鉴中不断提高文化软实力。

强化文化遗产保护　坚持保护为主、抢救第一、合理利用、加强管理方针，做好文物保护基础性工作，实施文化遗产保护修复工程、文物安全天网工程，推进两城镇国家考古遗址公园、齐长城（日照段）文化公园等建设。加强历史文化名城、名镇名村、历史文化街区、名人故居保护，实施传统村落保护工程。加强文化资源数字化采集、保存和应用，实施馆藏珍贵文物精品、古籍数字化工程，编辑日照图书馆馆藏精品图录。强化非物质文化遗产传承保护和开发利用，推出一批非遗网红研学打卡地。

生态文明高质量

深入践行“绿水青山就是金山银山”理念，坚定实施“生态立市”战略，加快构建现代环境治理体系，促进生态、经济和社会效益和谐统一，绘就山清水秀美丽日照画卷，打造生态文明建设示范区、“两山”转化实践样板，促进人与自然和谐共生。

一、加快推进绿色低碳发展

强化全社会生态环保价值观念，规范引导全社会践行绿色生活、绿色消费理念，推动产业绿色低碳循环发展，破解资源环境瓶颈约束，构建生产生活绿色化社会行动体系。

优化国土空间开发保护格局　深入落实国家主体功能区战略，逐步形成以城市化地区为主体形态，以农产品主产区、生态功能区为支撑，区域协调、陆海统筹、城乡融合的国土空间格局。强化国土空间规划和用途管控，落实生态保护、基本农田、城镇开发等空间管控边界，形成以生态保护红线、环境质量底线、资源利用上线和生态环境准入清单“三线一单”为核心的分区管控体系，严格落实规划环评制度。推进实景“三维日照”建设，形成覆盖陆域近海、地上地下的多源多时态多尺度时空信息“一张图”。实施差别化管控，将财政支持等激励政策与空间管制等限制、禁止性措施相结合，提升优化开发区域综合竞争力，推动重点开发区域加快工业化城镇化进程，强化限制开发区域保障食物和生态安全的主体功能，严格保护禁止开发区域，整合优化资源保护地。

大力发展绿色生产方式　实施新一轮“四减四增”行动，持续优化产业结构、能源结构、交通运输结构、农业投入结构。严格高耗能高排放项目管理，严控新上相关行业项目，提高钢铁、化工、电力、建材、浆纸等重点行业绿色发展水平，推进循环经济、清洁生产和生态园区建设，支持企业开展余热余压利用、锅炉窑炉改造、电机系统改造。制定出台相关政策，促进废钢回收、采购、加工和供应网络建设，提升短流程炼钢比例。强化能源消费“双控”，持续推进煤炭消费压减，促进清洁能源倍增，用好重点用能单位能耗在线监测平台，推动能源生产和消费革命。探索生态环境导向的城市开发模式。大力发展绿色金融，构建绿色技术创新体系。坚决贯彻碳达峰、碳中和部署，制定碳达峰行动方案，促进碳排放强度降低。

积极倡导绿色生活方式　以绿色产品供给、绿色出行设施建设、绿色建筑以及相关技术创新为重点，大力推进绿色消费，推动形成简约适度、绿色低碳生活方式。建设“绿水青山就是金山银山”实践创新基地，推进节约型机关、绿色家庭、绿色学校、绿色社区等创建。推动绿色建筑规模化发展，推广绿色建材和装配式建筑，高水平建设国家装配式建筑范例城市。到2025年，城市规划区新建工程装配式建筑面积占比达到40%以上。培育绿色消费市场，完善政府和国有企事业单位绿色采购制度，开展绿色商场示范创建，鼓励商超开设绿色产品销售专区。积极推进“无废城市”建设。到2025年，基本建成城市生活垃圾分类处理系统。深化五莲县国家环境健康风险管理试点，推进保障公众健康理念深度融入环境管理。倡导市民“365天天骑行”。提高公民环保素养，将生态环境教育全面融入国民教育体系，促进公众以实际行动参与生态环境保护。健全环境决策公众参与机制，完善监督举报、环境公益诉讼等机制。

全面提高资源利用效率　推进实施存量土地和低效用地盘活行动，强化园区亩均效益评价、企业亩产效益评价。加强绿色矿山建设，提高矿产资源开发保护水平。落实国家节水行动，健全水资源刚性约束制度，提高水资源集约安全利用水平。构建工业固体废物资源综合利用评价机制，推进固体废物减量化无害化资源化利用，重点抓好冶金渣、化工渣、石材锯泥等产业废弃物循环利用，鼓励城市生活垃圾和污水处理厂污泥能源化利用。推进日照静脉产业园、五莲石材循环经济产业园建设。积极推动钢铁、建材、化工等企业余热用于城市集中供暖。健全再生资源回收利用体系，扩大“城市矿产”开发利用规模。支持再制造产业健康有序发展，鼓励汽车整车、农机装备等企业回收旧零部件用于再制造。探索实行“互联网+”回收模式。

二、深入打好污染防治攻坚战

以改善环境质量为核心，实施依法科学精准治污，纵深推进蓝天、碧水、净土三大领域治污攻坚，加快解决突出环境问题，有效增加优质生态环境产品供给。

强化大气污染联防联控　加强PM2.5和臭氧协同控制、氮氧化物和挥发性有机物协同治理，实施季节性差异化管控措施，稳步提高空气质量优良天数比率，基本消除重污染天气。严格落实区域大气污染联防联控要求，实行重污染应急联动，推动区域环境空气质量持续改善。抓好重点区域、重点行业、重点企业和重点时段污染防治，强化移动污染源综合防控，加强新生产机动车和非道路移动机械环保达标监管。加强港口、建筑工地、工业企业堆场和矿山扬尘整治，推动钢厂、电厂等重点用煤企业建设输煤专用通道。2021年完成35蒸吨/小时以下燃煤锅炉（高效煤粉炉除外）淘汰。

推动水生态环境治理　科学确定河湖生态流量，严格生态流量管理，抓好重点流域和湖泊点源、面源污染防治，开展入河湖排污口溯源整治，推进河湖缓冲带生态建设，实现河湖水质及生态环境持续改善，打造美丽河湖。持续推进工业水污染防治，严格控制污染物排放总量。推进城市污水处理提质增效行动，强化城市污水收集处理设施及其管网配套建设，消除城中村、老旧城区和城乡接合部生活污水收集空白区，全面完成老旧小区雨污分流改造，全面消除城市黑臭水体。扩大再生水循环利用，加大再生水用于城市河道补水和工业用水推广力度。加强饮用水水源地规范化建设，保障饮用水安全。

加强土壤综合治理　健全土壤环境监测体系，推进土壤污染防治行动计划。加强农用地土壤污染源头管控和安全利用，推进建设用地风险管控和治理修复。因地制宜提高农业副产品、农村废弃物资源化和能源化利用水平，加强畜禽养殖污染防治，全面推进农作物秸秆综合利用，加强白色污染治理，完善农药包装废弃物回收体系。推动节水农业和生态农业发展，持续开展化肥减量增效、农药减量控害行动，防控农业面源污染。

强化环境风险管控　健全“源头严防、过程严管、后果严惩”环境监管体系，严密防控重金属、有毒有害化学物质等重点领域环境风险，守住生态安全底线。切实加强危险废物、医疗废物安全处置监管，全面提升医疗废物集中处置能力，鼓励发展移动式医疗废物处置设施，为偏远基层提供就地处置服务。加大重金属污染防治力度，实施涉重企业综合治理。加快建设有毒有害化学物质环境风险管理体系，加强新化学物质环境风险管理。完成重点地区危化品生产企业搬迁改造。完善企业突发环境事件风险评估制度，健全突发环境事件应急管理体系。

三、统筹山水林田湖草海系统治理

坚持保护优先、自然恢复为主，强化陆海统筹，推进重点区域和重要生态系统保护与修复，构建生态廊道和生物多样性保护网络，筑牢生态安全屏障，全面提升生态系统质量和稳定性。

加强生态保护区域管护　将生态功能重要区域、生态环境敏感脆弱区域等纳入生态保护红线，完善生态红线监控与评价考核体系，实施红线区生态环境现状及其变化动态监管，确保生态保护红线面积不减少、功能不降低、性质不改变。健全“分类设置、分级管理、分区管控”自然保护地管理体制，整合优化各类自然保护地，形成以自然保护区为重点、各类自然公园为补充，布局合理、功能完备的自然保护地体系。加强生物多样性保护，实施最严格野生动植物保护措施，全面禁止非法野生动物交易、革除滥食野生动物陋习、严厉打击乱捕滥猎野生动物违法行为。

强化陆域生态系统保护与修复　实施山水林田湖草生态保护修复工程，推进五莲山、九仙山、卧龙山、日照水库、青峰岭水库等重点生态区域保护修复。持续推进废弃矿山地质环境治理恢复。强化湿地保护和修复，以河湖流域以及近海湿地等修复为着力点，推动湿地面积稳中有增。抓好沭河国家湿地公园试点建设。到2025年，湿地保护率达到80%以上，新创建省级以上湿地公园2处。开展国土绿化质量提升行动，强化林业和草原有害生物防控体系建设，大力推进水土流失综合治理，着力保存量扩增量提质量增效益。到2025年，补植造林2.22

万亩、封山育林18万亩，创建森林乡镇、村居150个。

加强海洋环境与资源保护修复　健全海洋污染防治体系，实施陆海污染一体化治理，推进陆上水域和近海海域环境共管共治。全面落实海洋主体功能区规划、全海域生态红线制度，合理控制海洋开发强度，集约高效利用海域、岸线资源，从严控制新增围填海项目。加强近海生态环境综合治理，开展入海河流消劣行动和“净滩”行动，完成6条入海河流消除劣五类水体工作。加强海岸带分类分段精细化管控，推进海岸带整体保护、系统修复和综合治理。强化岛群保护利用，实施“蓝色海湾”整治行动，重点推进龙山湾、松虎湾、太阳湾等整治，建成张北湾区、石臼湾两处“美丽海湾”。开展重点港口和渔港环境治理，加强航道、海洋工程污染管控，集中处理港口等海上污染物，实现达标排放。加强海洋生物资源养护，优化海洋捕捞作业结构。完善海洋生态环境监测体系，加强浒苔等生态灾害以及油气储运、海岸堤坝等重点区域监测预警处置，防范海洋环境风险。健全“海上环卫”机制，加强海上垃圾打捞、转移和处理处置能力建设。到2025年，全市近岸海域水质优良比例达到100%，岸线自然保有率达到40%以上。

四、健全生态文明制度体系

统筹深化生态环境和自然资源领域改革，将生态环保要求融入经济社会发展决策全过程，形成源头严防、过程严管、后果严惩的绿色发展长效机制。

健全自然资源产权制度　深化自然资源资产产权制度改革，完善自然资源统一调查监测评价制度，基本完成重点区域内自然资源统一确权登记。建立全市自然资源资产核算评价制度，制定自然资源资产分类清单，编制自然资源资产平衡表。完善国有森林资源、矿山资源、水资源等收益管理制度，明确全民所有自然资源资产市县两级收益分配比例和支出结构。强化自然资源产权权能保护和变化管控，加强自然资源执法监督和司法协同。到2025年，建成归属清晰、权责明确、保护严格、流转顺畅、监管有效的自然资源资产产权制度体系。完善生态补偿机制和生态产品价值实现机制，争取开展排污权、碳排放权交易试点。

健全生态环境监管评价体系　健全跨区域生态环境协同保护和治理机制，强化污染联防联治，加强环境监测、环境执法、环境应急等领域合作。完善生态环境保护综合行政执法机制，实行“谁考核、谁监测”，统筹构建覆盖环境质量、城乡各类污染源、生态状况的生态环境监测评价体系。加快推进智慧环保建设，完善“空天地”一体化监管平台和生态保护红线监管平台，实现气、水、土、声和辐射等多要素监测全覆盖。建立生态环境监测信息统一发布机制，全面推进大气、水、土壤等生态环境信息公开。实施生态气象保障重点工程，增强气象监测预测能力及对生态保护修复服务能力。

健全生态环境责任追究制度　全面落实“党政同责”“一岗双责”，完善市、县两级生态环境委员会工作机制，落实生态环境保护责任清单，建立生态日照建设目标评价考核制度，强化环境保护、自然资源管控、节能减排等约束性指标管理。深化领导干部自然资源资产离任审计。健全生态环境保护督查长效机制，完善自然资源损害追究机制。强化环境治理企业责任体系，实施覆盖所有固定污染源的排污许可制度。健全企业环保信用评价制度，依据评价结果实施分级分类监管。健全环境治理全民行动体系，动员群团和社会组织积极参与环境治理和环境政策制定。

人民生活高质量

坚持把实现好、维护好、发展好最广大人民根本利益作为发展的出发点和落脚点，尽力而为、量力而行，扎实办好各项民生事业，改善人民生活品质，提高社会建设水平，扎实推动共同富裕，不断增强人民群众获得感幸福感安全感，促进人的全面发展和社会全面进步。

一、提高居民收入水平和就业质量

坚持收入分配是民生之源，就业是民生之本，千方百计保障和提高居民收入、稳定和扩大就业，使人人享有人生出彩机会、人民生活更加富裕殷实。

提升居民收入水平　坚持共同富裕方向，实现城乡居民收入增长与经济增长基本同步。落实深化收入分配改革措施，提高劳动报酬在初次分配中的比重，多渠道增加居民劳动收入和财产性收入，扩大中等收入群体，增加低收入者收入，促进收入分配更合理、更有序。健全工资支付保障机制、正常增长机制和集体协商机制，完善最低工资制度、工资指导线制度，引导企业合理确定职工工资水平和增长幅度。完善适应机关事业单位特点的工资制度，深化国企负责人薪酬制度改革。完善生产要素由市场决定报酬机制，探索通过土地、资本等要素使用权、收益权增加中低收入群体要素收入。加大社会资本及高端人才科技研发转化激励力度，依法保护企业家财产权益和创新收益。规范收入分配秩序，保护合法收入，规范隐性收入，取缔非法收入。大力发展现代慈善事业，改善收入和财富分配格局。

实现高质量充分就业　强化就业优先政策，推动产业、企业、创业、就业“四业联动”，扩大就业总量，改善就业结构，提升就业质量。强化以创业带动就业，优化创业就业环境，完善公共创业就业服务体系，扩大创业担保贷款规模，加大对初创实体支持力度。组织开展日照创业大赛等活动。高标准建设众创空间、创业园区和创业孵化基地。更大力度促进重点群体就业，实施高校毕业生就业创业促进和基层成长计划，鼓励农村劳动力转移就业和外出务工人员返乡创业，支持退役军人就业创业。扩大公益性岗位安置，帮扶残疾人、零就业家庭成员就业，确保零就业家庭动态清零。实施职业技能提升行动，加强职业技能培训平台建设，促进培训链向产业链聚集，缓解结构性就业矛盾。健全多渠道灵活就业保障制度，支持和规范新就业形态发展。发展壮大人力资源服务业，强化人力资源市场和就业公共服务平台体系建设。健全就业需求调查和失业监测预警机制。维护劳动者和用人单位合法权益，实现和谐劳动关系创建全覆盖。

二、办好人民满意教育

全面贯彻落实党的教育方针，实施教育优先发展战略，深化教育综合改革，健全学校家庭社会协同育人机制，构建服务全民终身学习的教育体系，加快教育现代化，建设学习型社会，培养德智体美劳全面发展的社会主义建设者和接班人。

落实立德树人根本任务 坚持为党育人、为国育才，广泛开展理想信念教育，推进习近平新时代中国特色社会主义思想进教材进课堂进头脑，将社会主义核心价值观教育和爱国主义教育融入教育教学各环节、贯穿国民教育全过程。强化高校思想政治工作。加强教师队伍和师德师风建设，完善教师培养机制，培育教育名师，促进城乡教师交流。加强和改进学校体育美育，广泛开展劳动教育，推进教育评价改革，全面提升素质教育水平，增强学生文明素养、社会责任意识、实践本领。重视青少年身体素质和心理健康教育，扩建青少年综合实践基地、建设青少年宫，打造“1＋N”青少年校外活动阵地体系。

促进基本公共教育优质均衡发展 建立健全基本公共教育资源均衡配置机制，持续稳定增加教育投入，缩小城乡、县域、校际差距，全面推进创建全国义务教育优质均衡发展县工作，努力实现义务教育优质均衡发展和城乡一体化。深化课后延时服务改革，提升课后服务质量和水平。促进学前教育普及普惠、安全优质发展，组织开展国家学前教育普及普惠县创建，扩增普惠性资源供给，全面普及学前三年教育，加大幼儿园建设力度，提高公办幼儿园、普惠性幼儿园占比，建成覆盖城乡、布局合理的学前教育公共服务体系。到2025年，新建、改扩建40所普惠性幼儿园，学前教育三年毛入园率达到95%，普惠性幼儿园覆盖率保持在85%以上。推进义务教育学校标准化建设，改善中小学办学条件，加快城镇学校扩容增位，努力消除城镇小学45人、中学50人以上大班额。新建、改扩建40所中小学校，义务教育九年巩固率稳定在99%以上。鼓励高中阶段教育多样化发展，提升普通高中学校优质特色发展水平。在主城区新建1所普通高中。完善特殊教育融合发展机制，不断提升残疾人受教育水平。

提升教育服务经济社会发展能力 大力推动职业教育提质培优，增强职业技术教育适应性，深化职普融通、产教融合、育训兼融，促进校企合作“双元”育人，推动高职院校建设适应城市产业发展需求的专业体系，进一步探索中国特色学徒制，建设一流职业院校、技师学院，打造职业教育创新发展高地。鼓励职业院校开展混合所有制办学改革。支持日照职业技术学院建设中国特色高水平高职学校，扩建新校区，建设综合公共实训基地，举办本科层次职业教育，支持市技师学院纳入高等职业学校序列、日照航海工程职业学院争办本科职业技术大学，促进日照钢铁职业学院等建设。深化高等教育内涵式发展，推动市内高等院校提升办学层次，加大对驻日照高校办学支持，积极引进建设各类高等院校和研究生院。支持和规范民办教育发展，规范校外培训机构。完善教育信息化基础条件，发挥在线教育优势，加强特色课程研发，发展交互式、个性化教学模式，完善终身学习体系，建设学习型社会。加强教育对外交流合作，提升教育国际化现代化水平。

三、健全多层次社会保障体系

坚持兜底线、织密网、建机制，深入实施全民参保计划，健全覆盖全民、统筹城乡、公平统一、可持续的多层次社会保障体系。

完善社会保险制度 推进社保转移接续，健全基本养老、基本医疗保险筹资和待遇调整机制。落实基本养老保险全国统筹政策，完善机关事业单位和居民养老保险制度，发展补充养老保险，建立个人养老金制度。落实基本医疗保险、工伤保险、失业保险基金省级统筹政策，健全重大疾病医疗保险和救助制度，建立长期护理保险制度，积极发展商业医疗保险。健全灵活就业人员社保制度，探索新业态人员参加社会保险保障方式。建立健全以社会保障卡为载体的“一卡通”服务模式，以人力资源社会保障全业务用卡为基础，推进跨部门跨地区应用，让群众在更多领域享受社会保障卡便利。

健全社会救助和福利体系 以基本生活救助、专项社会救助、急难社会救助为主体，强化分层分类社会救助体系建设，构建政府主导、社会参与、制度健全、政策衔接、兜底有力的综合救助格局。完善社会救助综合管理平台，健全市县镇村四级衔接互通的社会救助工作网络。完善最低生活保障制度，健全低保标准动态调整机制，建立特困人员供养标准自然增长机制。到2025年，有集中供养意愿的特困人员集中供养率达到100%。积极发展服务类救助，推动形成“9＋N＋1”“物质＋服务”大救助体系，提升救助保障针对性和精准度。健全社会福利服务网络，实现流浪乞讨人员救助站区县全覆盖。

关注关爱重点群体 健全完善重点群体关爱服务体系，维护妇女、儿童、青少年、老年人、归侨侨眷、残疾人、退役军人、计划生育特殊家庭和困难群体权益，让社会大家庭更温馨和谐。完善妇女创业创新

服务体系，支持“阳光大姐”等巾帼家政龙头企业发展，扩大农村妇女“两癌”免费检查和救助覆盖面。发挥侨乡优势，挖掘侨史文化，支持建设“侨胞之家”。构建残疾人多元化康复服务体系，建立残疾人“两项补贴”标准与最低生活保障金同步提高机制，加强村（社区）残协和残疾人之家建设，大力推广家庭智能化无障碍改造，拓宽残疾人培训就业渠道，提升残疾人自我发展能力。健全退役军人工作体系和保障制度，深入实施思想政治引领、服务体系建设、阳光移交安置、就业创业扶持、优待抚恤促进、双拥共建提升、权益维护保障、尊崇氛围营造等“八大行动”。开展新一轮全国双拥模范城（县）创建工作，提升“海训铁后盾、拥军好榜样”品牌。

四、建设健康日照

把保障人民健康放在优先发展战略位置，将健康融入所有政策，深化医药卫生体制改革，织牢公共卫生防护网，强化全方位全周期健康服务，实现更有质量更高水平的全民健康。

健全公共卫生服务体系 坚持预防为主、防治结合、中西医并重，构建平战结合、科学高效、功能完善的公共卫生服务体系。改革疾病预防控制体系，强化监测预警、风险评估、流行病学调查、检验检测、应急处置等职能。建立稳定的公共卫生事业投入机制，建成启用市公共卫生服务中心，推进实施疾控中心标准化建设工程，全面建成专业化现代化疾病预防控制网络。优化重大疫情防控救治体系，创新医防协同机制，健全分级分层分流救治机制，落实医疗机构公共卫生责任，提升传染病医疗救治能力，提高二级以上综合医院、中医医院发热门诊以及发热哨点诊室建设水平。完善突发公共卫生事件监测预警处置机制，健全医疗救治、科技支撑、物资保障体系，推动医疗健康大数据应用，提高应对突发公共卫生事件能力。健全重大公共卫生事件医保救助制度。加强人类遗传资源管理，强化血液安全保障。大力开展爱国卫生运动，强化爱国卫生工作体系建设，提高群众健康素养和全民健康水平。

促进优质医疗资源均衡发展 健全优质高效整合型医疗卫生服务体系，促进城市医疗联合体、县域医疗卫生共同体建设，建立完善基层首诊、双向转诊、上下联动、急慢分诊的分级诊疗制度。加强公立医院建设和管理考核，推动健全现代医院管理制度。建成启用市人民医院综合体（门急诊楼）。实施新一轮医疗能力攀登计划、基层医疗卫生服务能力提升行动，加强重点医学学科、社区卫生服务体系、急救网络等建设。坚持中西医并重和优势互补，完善中医医疗服务体系，加强县级中医医院标准化建设。建设日照区域中医医疗中心。实施基层中医药服务能力提升行动，实现乡镇卫生院和社区卫生服务中心全部设置中医药综合服务区，所有社区卫生服务站和80%以上村卫生室能够提供中医药服务。创建国家中医药健康旅游示范区。大力发展智慧医疗，促进智慧医院建设，加快卫生健康全面数字化转型。加强公共卫生人才队伍建设，落实乡村医生待遇，三年内对乡村医生全部轮训一遍。

提升人民身心健康水平 深入落实体育强国战略，大力推动全民健身与全民健康深度融合，促进体育事业和体育产业协调发展。坚持“办赛精彩、参赛出彩、发展增彩”，全力办好第25届省运会和第11届省残运会。升级现有精品赛事，创新自主品牌赛事，引进国际赛事，发展职业体育赛事，重点做靓水上运动，做强足球、篮球、排球、网球等球类运动，做优自行车、马拉松等户外运动。优化城市“10分钟健身圈”，大力推进“六个身边”工程建设，完善群众身边的体育设施和健身组织，提升城市公园、乡镇、农村全民健身工程，提供个性化智能化公共体育服务，构建更高水平的全民健身公共服务体系。创建全国全民运动健身模范市。推进体医融合，开展重点人群体质健康干预行动，建立市县镇三级健康服务网络，提升健康教育、慢性病管理和残疾康复服务质量，强化精神卫生服务体系和职业病防治体系建设。探索成立日照体育医院。深化体教融合，推进体育项目进校园，打造体教融合示范区。有序促进各类体育设施向社会开放，支持新建工作场所配建健身活动场地。到2025年，人均体育场地面积达到4.8平方米，经常参加体育锻炼人数占比达到48%，市民体质达标率达到94%。

五、促进人口长期均衡发展

强化人口发展战略地位和基础作用，将人口融入经济社会政策各个环节，以“一老一小”为重点完善人口服务体系，推动人口与经济社会、资源环境协调发展。

大力提高人口素质 贯彻落实国家生育政策，完善系统连续综合的优生优育服务体系。健全落实生育支持、幼儿养育、青少年发展、老人赡养、病残照料等家庭发展政策，切实减轻生育、养育、教育负担。实施母婴安全计划，强化孕前孕产期健康服务，加强出生缺陷综合防治，加大婚检、孕检、产前筛查和新生儿筛查力度，提高出生人口质量。实施出生人口性别比综合治理。大力吸引高素质人才、年轻人流入，加大人力资本投入，提高全市人口平均受教育年限。

构建老年友好型社会 落实应对人口老龄化国家战略，加快发展老龄事业，提升养老服务供给能力，强化养老服务设施建设，建设居家社区机构相协调、医养康养相结合的养老服务体系。强化普惠型养老服务和互助性养老，加强失能失智老年人照护支持，发展智慧养老、康养联合体等新业态新模式。支持社区和家庭开展适老化改造。到2025年，全市养老机构护理型床位占比达到60%，街道综合养老服务机构覆盖率、社区养老服务设施配建率均达到100%。推动养老事业和养老产业协同发展，积极开发老龄人力资源，发展银发经济。推进老年大学、市社会福利中心二期等项目建设。大力实施老年健康促进行动，完善上门医疗卫生服务政策。健全养老服务综合监管制度，全面开展养老服务贯标活动。

建设儿童友好型城市　优化儿童发展环境，加强妇幼保健服务，建立完善支持指导、服务供给、标准规范、监督管理和综合保障五大婴幼儿照护服务体系，实现每千人拥有4.5个婴幼儿照护托位。规范发展多种形式的婴幼儿照护服务机构。推动城市发展规划制定和公共资源配置优先保障儿童需求、优先满足儿童需要，加强儿童中心和社区婴幼儿照护服务设施及配套安全设施规划建设，建立儿童就医便捷通道，改扩建儿童友好型图书馆、文化馆、博物馆。发展适度普惠儿童福利体系，增强儿童福利机构功能，完善困境儿童分类保障政策，依法打击侵害青少年合法权益行为。

六、全面提升社会治理效能

坚持和完善共治共建共享社会治理制度，强化系统治理、依法治理、综合治理、源头治理，建设人人有责、人人尽责、人人享有的社会治理共同体。完成市域社会治理现代化试点。

健全城乡基层治理体系　健全党组织领导的自治、法治、德治相结合的城乡基层治理体系，完善基层民主协商制度，实现政府治理同社会调节、居民自治良性互动。发挥群团组织和社会组织在社会治理中作用，畅通和规范市场主体、新社会阶层、社会工作者和志愿者等参与社会治理途径。推动社会治理重心向基层下移、向基层放权赋能，加强城乡社区治理和服务体系建设，减轻基层特别是村级组织负担。推进综治中心实体化运行。推行社会治理“最多跑一地”改革，构建市县镇村四级“全科智慧”网络系统和开放共享基层管理服务平台，实现“大事全网联动，小事一格解决”，提升网格化数字化治理水平。推动警种联动、警保联控、警民联防“三联”机制落地，打造基层社会治理共同体。实施社会组织高质量发展工程，推动城市和农村社区普遍建立各具特色、作用明显的社会组织孵化平台。

全面推进依法治市　坚持法治日照、法治政府、法治社会一体建设。加强党对立法工作领导，坚持宪法法律至上，健全法律面前人人平等保障机制。坚持立法与改革发展需求相衔接，加快环境保护、城市建设与管理、历史文化保护等重点领域立法。加强法治政府建设，将法治建设与经济社会发展同部署同推进同督促同考核同奖惩，强化各级领导干部法治观念，建立完善市县镇三级政府法律顾问制度，实现政府活动全面纳入法治轨道，提高依法行政水平。落实行政机关负责人出庭应诉制度。争创国家级法治政府建设示范市。深化司法责任制改革，完善监察权、审判权、检察权运行和监督机制，促进司法公正，努力让人民群众在每一个司法案件中感受到公平正义。加强实体、热线、网络“三大平台”建设，构建融合一体的公共法律服务支撑体系，完善法律援助制度。加强和改进社区矫正工作。持续深化基层司法所改革，夯实基层法治基础。着力建设高素质法治队伍，构建综合执法管理体制。深入开展法治宣传教育，严格落实“谁执法谁普法”责任制，广泛开展普法工作，强化法律宣讲、以案释法，增强全民法治观念，营造良好法治环境，在全社会形成按法律、按制度、按规矩办事的意识和习惯。

加大社会矛盾化解力度　坚持和发展新时代“枫桥经验”，畅通和规范群众诉求表达、利益协调、权益保障渠道。加强和改进信访工作，加强信访突出问题专项治理，建立信访积案常态化化解机制。健全“大调解”格局，把非诉讼纠纷解决机制挺在前面，完善人民调解、行政调解、司法调解联动机制，推进“一站式”矛盾纠纷调解中心建设，从源头上有效预防和化解矛盾纠纷。健全社会心理服务体系和危机干预机制。强化基层调解员队伍建设和培训，不断提升排查化解矛盾纠纷能力和专业化水平。

创新数字化治理模式　建设高效透明数字政府、惠民便民数字社会。深入推进“城市大脑”建设，强化数据“聚、通、用”，统筹各行业各领域数字化建设应用计划，将“城市大脑”打造成为深度链接和支撑数字政府、数字社会协同联动发展的综合平台。推进行政服务域和公共服务域网络一体化建设，与省云网一体化监管平台全面对接，建成纵向到底、横向到边的政务外网。建设完善“爱山东”App日照分厅和“爱山东·日照通”App，推动网上政务服务社区、中心村全覆盖。围绕就业、教育、医疗、社保、文体、扶贫、养老等领域，推进大数据创新成果与公共服务深度融合，构建方便快捷、公平普惠、优质高效的数字化公共服务体系。推动“互联网＋党建”发展，形成线上线下融合的党群公共服务模式。

强化高质量发展支撑

坚持世界眼光、国际标准、日照特色，优化营商环境，强化基础设施支撑，树牢安全发展理念，着力营造优质高效、配套完善、安全稳定的发展环境。

一、打造一流营商环境

坚持对标国内一流水平，打造市场化法治化国际化的一流营商环境，增强企业和群众获得感满意度，提升城市核心竞争力和投资吸引力。

树立尊商敬商重商爱商鲜明导向　不断深化“清廉日照”建设，鼓励支持各级干部光明磊落同企业家交往，构建“亲”“清”新型政商关系。加强对企业家关心关爱和服务力度，畅通规范化机制化政企沟通渠道，建立市级领导干部联系企业家制度，完善企业家参与涉企政策制定机制，聘请优秀企业家担任政府发展顾问。加强企业家队伍建设，实施优秀企业家培育行动、青年企业家成长计划，增强企业家改革创新、开拓市场、办好一流企业能力。大力弘扬新时代企业家精神，完善企业家激励奖励制度，定期评选优秀企业家并给予奖励。建立企业合法权益受损补偿救济机制，依法严厉打击侵犯企业和企业家合法权益行为，支持企业家以恒心办恒业。

持续推进制度创新流程再造 深化行政审批全覆盖全流程全方位改革，拓展“一链办理”“一网通办”，加快“一证通行”“一号通行”，实现更多事项“全市通办”“跨域通办”。加强实体政务大厅标准化规范化建设，深入推进“互联网＋政务服务”，推进市、县（区）两级政务服务平台一体化建设，打造统一“政务云”。强化部门协同和数据共享，实现“极简审批、智慧政务”，建设掌上办事之城、掌上办公之城。持续推动减证便民行动，打造“无证明城市”，推出更多主题式场景服务，深化工程建设项目审批制度改革。健全重大政策事前评估和事后评价制度。深化行业协会商会和中介机构改革。完善政务服务“好差评”机制，全方位接受企业、群众评价。推行阳光政务，强化舆论监督，提升“问政日照”“直通快办”等品牌影响力。

完善公平竞争法治环境 实行政府部门权责清单制度，规范行政执法行为，依法平等保护各类市场主体产权和合法权益。适时开展优化营商环境地方立法。建立涉企政策协调性审核机制，将涉企规章、规范性文件和其他政策文件措施全面纳入公平竞争审查范围。强化知识产权快速协同保护，健全知识产权纠纷多元化解决和维权援助机制。严格落实行政执法公示、执法全过程记录、重大执法决定法制审核三项制度。加快健全以“双随机、一公开”监管为基本手段，以重点监管为补充、以信用监管为基础的新型监管机制，推进“互联网＋监管”。完善对新兴产业包容审慎监管。加大反垄断和反不正当竞争执法力度。

加快打造信用建设高地 全面加强信用日照建设，推动信用体系与经济社会深度融合，以打造“日照真诚信”品牌为抓手，增强全社会信用意识，提升政务诚信、商务诚信、社会诚信、司法公信水平，争创国家社会信用体系建设示范城市。推动信用信息标准化建设，实现市级信用服务平台对区县和行业全覆盖。到2025年，信用信息归集量达到5亿条以上。加强守信联合激励和失信联合惩戒，探索建立覆盖全市机构和个人的诚信账户。建立政府机关和公务人员信用记录，强化“新官不理旧账”、拖欠民营企业中小企业账款等专项清理。深化个人信用“阳光分”制度，落地20个以上“信易＋”应用场景。开展信用监管试点，打造信用监管示范行业。

二、完善基础设施网络

以更好满足区域协调、产业升级、民生改善为目标，坚持基础性、先导性、战略性，突出智能化、网络化、现代化，以技术先进、功能完善、便捷高效、安全坚固的基础设施网络支撑高质量发展。

完善互联互通智能高效的综合交通运输网络 坚持以整体优化、适度超前、一体发展、便捷高效为导向，大力推动铁路、公路、水运、民航协同融合发展，畅通市内市外循环通道，基本建成“三纵三横三连”高速公路网、“十三纵九横”干线公路网。到2025年，综合交通网络密度和通行能力达到全省先进水平。实施铁路路网升级货运扩能工程，日照站客运设施改造工程建成投用，开工建设京沪高铁辅助通道潍坊至新沂铁路、青岛至京沪高铁辅助通道铁路，力争规划建设日照至京沪高铁辅助通道铁路，岚山疏港铁路、坪岚铁路扩能改造、山钢日照公司专用铁路等项目建成运营，推动铁水联运公铁联运设施连通，推进青岛至日照高速铁路、董家口至日照市域（郊）铁路等项目前期工作。实施高速公路普通国省道路网优化扩容工程，岚山港疏港高速、董梁高速日照段建成通车，沈海高速完成扩容升级，G518日定线、S314涛汤线等国省道完成改扩建，推进临滕高速东延工程等项目前期工作，实现市区到区县一级公路连接。到2025年，铁路总里程达到440千米，其中高铁里程196千米；高速公路、国省道总里程接近300、600千米。推进日照机场改建扩能，满足旅客吞吐量突破200万人次以上需求，完善通用机场布局，建设日照机场通航基地，谋划推进莒县、五莲通用机场建设，开通连接济南、日照、东营、滨州的短途运输航线，打造“环鲁飞”通航品牌，优化完善“通航＋运输”航线网络。

构建保障有力清洁安全的现代能源体系 认真落实“四个革命、一个合作”能源战略，统筹能源供给和消费，完善扩大电力源网荷体系、煤油气集储运体系和生产生活供热系统。推进精致电网建设，实施农村电网改造提升工程，加强供电薄弱地区输配电设施建设，扩大天然气、生物质、光伏等清洁能源发电能力，探索发展深远海风力发电。到2025年，新增变电容量695万千伏安、输电线路800千米，清洁能源发电装机占比超过40%。推进油品码头、原油罐区建设，实施港区罐区油品设施连通工程，建设500万立石油储备库、北方船供油示范基地。充分发挥瓦日铁路煤炭运能，加强煤炭应急储备基地、配煤基地建设，打造国家“西煤东运”“北煤南运”枢纽。加快推进岚山港区LNG接收站规划建设，同步推进外输管道建设，构建形成天然气“一张网”。到2025年，力争原油、煤炭、天然气年接卸能力分别达到1亿吨、5000万吨和300万立方米，年运输能力分别达到1亿吨、2亿吨和300亿立方米，储备能力分别达到2200

万立方米、1500万吨和4亿立方米。推动氢能利用，配置建设城市加氢站以及加氢加油加气充电“四合一”站。稳步推进干热岩等地热资源开发利用。按照政策要求科学合理规划建设热电联产项目，保障居民供暖和工业蒸汽需求。到2025年，城市集中供热面积超过7000万平方米。开展集中供冷试点。打造新型智慧能源系统，鼓励建设智慧能源运行平台，加快智能电网、智能天然气管网、智能供热管网、能源微网建设和数据互联互通。

完善供给充足联动安全的水保障网络　统筹推进天上水、地表水、特殊水、外来水、地下水“五水共享”，实现治污水、防洪水、抓节水、保供水“四水共治”，构建大中小微并举、丰枯多元互补的水资源配置格局。优化引导水利工程布局，融入全省水网大循环、强化市内水网大联通，推进实施重点水源、重大引调水、雨洪资源利用、中水处理利用项目，破除工程性缺水制约，增强水资源供给保障水平，强化水资源高效节约利用。谋划推进城市应急备用水源二期、岚山粮山口水库、海水淡化等项目，推进客水济日工程，配合省开展日临双向调水、“五库连通”（岸堤、跋山、青峰岭、墙夼、峡山）工程论证。到2025年，城市日供水设计能力达到110万立方米以上。加强防洪减灾水利工程建设，消除工程安全隐患，强化行蓄洪空间管控，构建完善以水库、河道为架构的防洪减灾工程体系，显著提升水利防洪减灾能力。完成流域面积200—3000平方千米中小河流综合治理。实施数字水利工程，推进数字水利设施建设，提升水文水资源监测预警、水利工程河湖智慧化监控能力。到2025年，建成站点布局合理、采集要素齐全、传输稳定可靠的天地一体化水利感知网。

建设泛在互联智能融合的数字基础设施　强化5G、大数据中心、人工智能、工业互联网、物联网等建设，形成服务优质、生态完善、可靠安全的“网云端”供给格局。建设泛在互联的信息通信网络，优化5G基站布局，加快5G商用网建设，开展5G网络共享和异网漫游，扩大5G网络在钢铁、汽车、石化等行业场景应用。建成5G基站8000座以上，实现主要区域连续覆盖和主要应用场景全覆盖。构建高效协同的数据计算体系，统筹政务、行业和社会化大数据中心建设，推动大数据中心规模化发展。布局全域感知的智能设施，加快完善工业互联网网络、平台、安全等三大功能体系，完善升级物联网。建成2个以上行业级、50个以上企业级工业互联网平台，打造20个以上智慧物联示范平台。推进人工智能研发服务平台和应用创新平台建设，打造3个以上人工智能产业示范园。推动交通、能源、水利等传统基础设施数字化升级改造，加快市政基础设施数字化升级，支持现有电力塔杆、通信基站等各类挂高资源开放共享和数字化改造，推动综合管廊智能化建设。

三、建设更高水平平安日照

深入贯彻总体国家安全观，坚持人民安全、政治安全和国家利益至上有机统一，把安全发展贯穿经济社会发展各领域和全过程，防范和化解各种风险，为新时代现代化海滨城市建设塑造安全环境。

加强安全体系和能力建设　严格落实国家安全责任制，提升预警预防、风险研判、危机管控、应对处置能力，健全完善维护政治、经济、文化、社会、生态、资源、网络、金融、科技、生物和海外利益安全等重点领域协调机制。加强市和区县两级维护国家安全力量建设。强化国家安全宣传教育，增强全民国家安全意识，支持建设国家安全宣传教育基地和主题公园，巩固维护国家安全人民防线。完善国防动员体系，促进军民融合发展。坚定维护政权安全、制度安全、意识形态安全，深化反恐怖斗争，全面加强网络安全保障体系和能力建设，严密防范和严厉打击敌对势力渗透、破坏、颠覆、分裂活动。

切实保障人民生命安全　坚持人民至上、生命至上，把保护人民生命安全摆在首位，全面提高公共安全保障能力。全面落实安全生产责任制，加强安全生产监管执法，持续开展安全生产整治专项行动，加强重点行业领域安全生产整治，推进风险分级管控、隐患排查治理双重预防体系和安全标准化一体化建设，提升企业本质安全水平，坚决遏制重特大安全事故发生。加强公共交通安全治理。强化生物安全保护，构建生物安全风险防控和治理体系。严格落实“四个最严”要求，扎实推进“食安日照”建设，以食品安全、药品安全、疫苗安全等为重点，加强食品药品安全源头治理和全程监管，确保人民群众“舌尖上的安全”。实施食品药品“智慧监管”工程。创建国家食品安全城市。提升洪涝干旱、火灾、地质灾害、地震等自然灾害防御工程标准，增强土壤、危险废物、重金属、核与辐射等生态环境监管处置能力。

确保经济安全运行　加强经济安全风险预警、防控机制和能力建设，实现重要产业、基础设施、战略资源、重大科技等关键领域安全可控。严格落实粮食安全责任制，加强粮食收储和质量检测能力建设，切实稳住粮食安全压舱石。完善金融风险防控化解长效机制，用好“金安工程”，建好全市地方金融风险监测预警系统，综合施策处置企业流动性风险，稳妥推动重点企业风险化解、担保圈“破圈断链”，确保银行业不良贷款率保持在较低水平，严厉打击非法集资等涉众经济犯罪，守住不发生系统性金融风险底线。到2025年，力争银行不良贷款率下降至1%左右。维护水利、电力、供水、油气、交通、通信、网络、金融等重要基础设施安全。维护新型领域安全。

强化社会安全风险防控　坚持专群结合、群防群治，加强多维立体智慧治安防控体系建设，强化重大舆情和突发事件舆论引导。全面推进社会治安全息感知体系和“天网工程”建设，扩大国家社区智慧警务示范应用。依法打击各类违法犯罪活动，推进“情指行”一体化、扫黑除恶常态化，严防危害社会安全突发案件，坚决防范和打击新型网络犯罪和涉民生领域犯罪，深化新一轮禁毒人民战争。加强公安、司法监管场所基础设施建设。落实重大决策社会稳定风险评估机制。

全面提升应急管理水平　健全统一指挥、专常兼备、反应灵敏、上下联动的应急管理体制，提升预警预报能力和综合保障水平。开展灾害综合风险普查，建立综合减灾能力数据库，健全自然灾害防治体系和防灾救灾减灾工作机制。加强应急救援综合保障能力建设，完善全市一体化应急综合指挥平台，健全应急救援力量体系和应急物资保障体系，建立救援队伍、专家、物资、装备等应急资源“一张图”，推进应急预案演练实战化常态化。建成日照医疗应急物资储备库、综合性消防救援训练基地。强化基层应急管理能力“六有”“三有”标准化创建。研究建立保险、社会捐赠等方面参与、支持应急管理工作机制。建成全市应急广播体系。加强应急管理教育，建设市民安全教育体验基地，普及应急和安全知识，增强市民公共安全意识和应急自救能力。

加强规划实施保障

发挥党总揽全局、协调各方的领导核心作用，充分调动一切积极因素，广泛团结一切可以团结的力量，形成推动高质量发展的强大动力，凝心聚力把“十四五”宏伟蓝图变成美好现实。

一、加强党的全面领导

全面落实党把方向、谋大局、定政策、促改革要求，深入学习贯彻习近平新时代中国特色社会主义思想，增强“四个意识”、坚定“四个自信”、做到“两个维护”，完善上下贯通、执行有力的组织体系，确保中央和省委、市委决策部署落地落实。全面贯彻新时代党的组织路线，抓好企业、农村、机关、社区等各领域党建工作，推动基层党组织全面进步、全面过硬。坚持全面从严治党，锲而不舍落实中央八项规定精神，持续纠治形式主义、官僚主义，切实为基层减负。建设党性教育基地，深入开展理想信念教育。完善“四责协同”机制，深入推进“清廉日照”建设，一体推进不敢腐、不能腐、不想腐，营造风清气正的良好政治生态。健全党统一领导、全面覆盖、权威高效的监督体系，以党内监督为主导，推动各种监督协调贯通，形成决策科学、执行坚决、监督有力的权力运行机制，把党的全面领导贯穿经济社会发展全过程。

二、凝聚团结干事合力

坚持和完善人民代表大会制度，支持各级人大及其常委会依法行使职权，加强立法、决定、监督、任免等各项工作。坚持和完善中国共产党领导的多党合作和政治协商制度，支持人民政协履行职能，推进政治协商、民主监督、参政议政和凝聚共识制度化、规范化、程序化。强化政治引领，完善大统战工作格局，发挥民主党派、工商联、无党派人士和新的社会阶层人士作用，深入做好民族宗教工作。全面贯彻党的侨务政策，广泛团结港澳同胞、台湾同胞和海外侨胞等爱祖国爱家乡友好力量，凝聚侨心侨力，服务发展大局。深入开展双拥共建，巩固军政军民团结。走好“网上群众路线”，创新群众工作方式方法，注重发挥工会、共青团、妇联等群团组织的作用，最大限度凝聚共识和力量。

三、强化干部队伍支撑

落实好干部标准，坚持以岗择人、人岗相适，统筹用好各年龄段干部。深入实施年轻干部培养选拔工程。做好女干部、党外干部的培养使用。坚持以思想解放引领发展，积极围绕新发展阶段、新发展理念、新发展格局开展对标学习、教育培训，引导干部树立进位争先、锐意进取意识，提升担当作为、一心为公格局，增强越是艰险越向前精气神，养成马上就办、办就办好行动准则，树立细节决定成败理念，时刻保持最佳的学习状态、专业精神、探索勇气和务实作风，提高“七种能力”。坚持严管与厚爱相结合、激励与约束并重，加强对敢担当善作为干部激励保护。

四、健全规划制定和落实机制

更好发挥全市发展规划战略导向作用，健全完善以发展规划为统领，空间规划为基础，专项规划、区域规划为支撑的市级规划体系。实行专项规划、区域规划编制目录清单管理。强化规划指导性和约束性，做好规划任务分解和责任落实，实行工程化、项目化推进。市级财政性资金优先投向发展规划确定的重大战略任务和重大工程项目，金融要素资源围绕发展规划目标任务优化配置方向和结构，重大生产力布局和土地、环境、人口、社会等公共政策要服从服务于发展规划实施。强化规划评估监督，全面掌握规划实施情况，及时发现执行中突出问题并加以解决。自觉接受同级人大常委会、审计监督，主动接受各民主党派、工商联和无党派人士民主监督，以及群众监督和舆论监督，确保高质量完成规划确定的各项目标任务。

全市人民要更加紧密地团结在以习近平同志为核心的党中央周围，高举中国特色社会主义伟大旗帜，在中共日照市委坚强领导下，解放思想、开拓创新，团结一致、砥砺奋进，为圆满完成“十四五”规划确定的各项目标任务，开创新时代现代化海滨城市建设新局面而努力奋斗！

（市发展改革委）

统计资料

表 72　2021 年全市主要经济指标一览表

指标名称	单位	12 月		全年	
		总量	增速（%）	总量	增速（%）
地区生产总值	亿元	—	—	2211.96	6.8
规模以上工业增加值	亿元	—	4.5	—	0.2
固定资产投资	亿元	—	—	—	3.0
工业技改投资	亿元	—	—	—	-18.1
制造业技改投资	亿元	—	—	—	-16.8
“四新”投资占比提高幅度	百分点	—	—	—	-0.3
民间投资占比	%	—	—	—	58.3
房地产开发投资	亿元	—	—	210.53	-2.7
商品房销售面积	万平方米	—	—	299.80	-8.2
社会消费品零售总额	亿元	—	—	654.89	12.0
批发业销售额	亿元	—	—	—	40.2
零售业销售额	亿元	—	—	—	11.5
住宿业营业额	亿元	—	—	—	13.3
餐饮业营业额	亿元	—	—	—	20.2
限额以上社会消费品零售额	亿元	—	—	138.08	5.3
铁路发送旅客量	万人次	20.54	-0.7	295.09	48.4
铁路货运量	万吨	1018.40	19.5	11017.10	4.4
机场客运吞吐量	万人次	3.56	-46.5	64.26	-7.7
机场货运量	吨	102.08	-37.2	1392.00	-11.0
沿海港口货物吞吐量	亿吨	0.47	28.4	5.41	9.1
日照港集团	亿吨	0.41	50.8	4.73	9.4
集装箱吞吐量	万标箱	38.03	-5.0	517.42	6.4
全社会用电量	亿千瓦时	22.11	-6.3	257.60	-5.7
工业用电量	亿千瓦时	16.70	-9.6	203.71	-9.5
金融机构本外币存款余额	亿元	—	—	3306.06	5.7

续表 72

指标名称	单位	12 月		全年	
		总量	增速（%）	总量	增速（%）
住户存款余额	亿元	—	—	2010.82	10.4
金融机构本外币贷款余额	亿元	—	—	3365.49	13.2
进出口总值	亿元	78.2	-9.8	1165.7	11.0
出口总值	亿元	26.7	-16.6	403.0	17.4
一般公共预算收入	亿元	14.58	—	187.49	6.3
税收收入	亿元	10.13	—	151.55	9.0
税收收入占比	%	—	—	80.80	—
一般公共预算支出（同口径增长）	亿元	27.28	—	270.58	4.3
税务各项收入（含海关代征）	亿元	63.08	24.5	791.55	29.3
国内税收收入	亿元	16.95	-10.6	285.68	15.0
全体居民人均可支配收入	元	—	—	31059	8.2
城镇居民人均可支配收入	元	—	—	39380	7.2
农村居民人均可支配收入	元	—	—	20154	10.3
居民消费价格指数	%	101.3		100.8	
工业生产者出厂价格指数	%	111.6		110.3	
工业生产者购进价格指数	%	111.4		109.5	

表 73　2021 年全省各市主要指标一览表（一）

地区	地区生产总值（亿元）	位次	比上年增长（%）	位次	第一产业增加值（亿元）	位次	比上年增长（%）	位次
全 省	83095.90		8.3		6029.03		7.5	
济南市	11432.22	2	7.2	14	408.77	6	7.1	13
青岛市	14136.46	1	8.3	8	470.06	5	6.7	16
淄博市	4200.62	7	9.4	2	180.58	16	7.3	12
枣庄市	1951.57	16	8.3	8	185.83	14	7.8	3
东营市	3441.72	11	8.5	5	181.88	15	8.2	1
烟台市	8711.75	3	8.0	12	626.14	2	7.5	8
潍坊市	7010.60	4	9.7	1	628.36	1	7.6	6
济宁市	5069.96	6	8.5	5	583.79	3	7.6	6
泰安市	2996.66	12	6.1	16	327.35	11	7.1	13
威海市	3463.93	10	7.5	13	349.17	10	7.4	10
日照市	2211.96	15	6.8	15	194.68	13	7.4	10

续表 73

地区	地区生产总值（亿元）	位次	比上年增长（%）	位次	第一产业增加值（亿元）	位次	比上年增长（%）	位次
临沂市	5465.50	5	8.7	4	484.14	4	7.1	13
德州市	3488.72	9	8.3	8	366.92	9	7.7	4
聊城市	2642.52	14	8.4	7	374.21	8	7.5	8
滨州市	2872.11	13	8.3	8	279.30	12	8.1	2
菏泽市	3976.67	8	8.8	3	390.92	7	7.7	4

表 74　2021 年全省各市主要指标一览表（二）

地区	第二产业增加值（亿元）	位次	比上年增长（%）	位次	第三产业增加值（亿元）	位次	比上年增长（%）	位次
全 省	33187.16		7.2		43879.71		9.2	
济南市	3964.06	2	3.6	14	7059.39	2	9.2	4
青岛市	5070.33	1	6.9	11	8596.07	1	9.2	4
淄博市	2073.06	6	10.1	1	1946.98	7	8.8	9
枣庄市	795.40	16	6.6	13	970.34	16	9.7	3
东营市	1988.43	8	9.5	4	1271.41	14	7.0	16
烟台市	3598.50	3	6.7	12	4487.11	3	9.0	6
潍坊市	2831.38	4	10.0	2	3550.86	4	9.8	2
济宁市	2034.56	7	8.2	7	2451.61	6	8.8	9
泰安市	1166.47	13	2.0	15	1502.84	11	9.0	6
威海市	1355.13	11	7.7	10	1759.63	9	7.3	15
日照市	903.55	15	0.8	16	1113.73	15	11.7	1
临沂市	2116.75	5	9.1	5	2864.61	5	8.7	12
德州市	1435.00	10	7.9	9	1686.80	10	8.8	9
聊城市	968.47	14	9.9	3	1299.84	13	7.6	14
滨州市	1212.01	12	8.0	8	1380.80	12	8.6	13
菏泽市	1653.26	9	8.9	6	1932.49	8	9.0	6

表 75　2021 年全省各市主要指标一览表（三）

地区	规模以上工业企业个数（个）	位次	规模以上工业增加值比上年增长（%）	位次	产品销售率（%）	位次
全 省	30853		9.6		97.50	
济南市	2315	4	5.9	15	97.37	11
青岛市	4017	1	8.1	14	100.13	1

续表 75

地区	规模以上工业企业个数（个）	位次	规模以上工业增加值比上年增长（%）	位次	产品销售率（%）	位次
淄博市	1863	8	14.1	2	91.79	16
枣庄市	800	16	10.8	10	98.33	6
东营市	875	14	13.4	3	97.07	12
烟台市	2273	5	10.8	10	98.63	5
潍坊市	3627	2	12.5	7	95.81	14
济宁市	2083	6	13.1	4	98.23	9
泰安市	1146	12	8.3	13	98.93	3
威海市	1127	13	12.1	8	97.76	10
日照市	842	15	0.2	16	96.41	13
临沂市	3479	3	13.1	4	95.24	15
德州市	1574	9	12.6	6	98.31	7
聊城市	1494	10	11.7	9	98.82	4
滨州市	1349	11	9.3	12	99.26	2
菏泽市	1985	7	14.2	1	98.30	8

表 76　2021 年全省各市主要指标一览表（四）

地区	规模以上工业营业收入（亿元）	位次	比上年增长（%）	位次	规模以上工业利润总额（亿元）	位次	比上年增长（%）	位次
全　省	102271.46		18.0		5268.77		20.9	
济南市	8335.85	6	10.0	14	382.71	6	−7.6	14
青岛市	11384.49	1	14.9	12	576.09	3	2.8	11
淄博市	6037.45	8	31.0	2	392.52	5	75.8	3
枣庄市	1569.07	16	27.3	3	125.03	16	54.0	4
东营市	8774.42	5	20.1	10	190.82	13	247.5	1
烟台市	9005.10	4	7.6	15	583.00	2	12.3	9
潍坊市	10929.08	2	21.7	7	497.50	4	9.5	10
济宁市	4612.65	10	25.3	4	289.28	8	0.5	12
泰安市	2717.28	15	21.0	8	151.35	15	51.0	5
威海市	2869.69	14	10.1	13	238.63	9	−8.1	15
日照市	4415.06	11	3.3	16	202.44	11	−4.8	13
临沂市	6199.18	7	20.4	9	167.81	14	−30.4	16

续表 76

地区	规模以上工业营业收入（亿元）	位次	比上年增长（%）	位次	规模以上工业利润总额（亿元）	位次	比上年增长（%）	位次
德州市	3569.17	13	22.6	6	235.77	10	29.8	7
聊城市	4380.89	12	24.6	5	192.88	12	40.7	6
滨州市	9090.28	3	19.8	11	608.86	1	124.2	2
菏泽市	5148.71	9	31.4	1	344.17	7	24.5	8

表 77　2021 年全省各市主要指标一览表（五）

地区	高新技术产业产值				比上年增长（%）	位次	占规模以上工业比重（%）	位次
	固定资产投资比上年增长（%）	位次	社会消费品零售总额比上年增长（%）	位次				
全 省	19.5		46.76		6.0		15.3	
济南市	7.6	15	54.75	5	11.5	8	14.7	12
青岛市	8.1	14	60.45	2	4.1	12	14.8	10
淄博市	38.9	1	47.13	8	22.1	1	15.4	9
枣庄市	29.1	4	42.63	10	6.5	10	16.0	3
东营市	19.5	12	39.67	14	12.5	6	15.8	5
烟台市	19.6	11	58.28	3	0.2	14	15.4	8
潍坊市	20.7	9	54.50	6	16.0	2	16.4	2
济宁市	20.6	10	40.70	13	12.4	7	15.6	6
泰安市	25.3	7	57.50	4	–29.4	16	13.6	15
威海市	12.6	13	67.13	1	6.0	11	15.5	7
日照市	1.5	16	15.94	16	3.0	13	12.0	16
临沂市	22.0	8	42.28	11	11.4	9	15.9	4
德州市	25.5	6	45.42	9	–19.6	15	14.8	11
聊城市	30.5	3	48.27	7	12.9	5	14.5	14
滨州市	28.0	5	41.99	12	15.3	4	14.7	13
菏泽市	37.0	2	34.58	15	15.8	3	17.0	1

表 78　2021 年全省各市主要指标一览表（六）

地区	进出口总值（亿元）	位次	比上年增长（%）	位次	出口总值（亿元）	位次	比上年增长（%）	位次
全　省	29304.10		32.4		17582.70		34.8	
济南市	1944.20	6	40.1	3	1174.10	6	55.6	3
青岛市	8498.40	1	32.4	7	4921.30	1	27.0	11
淄博市	1192.40	8	33.6	6	725.10	7	48.3	5
枣庄市	315.10	15	20.0	15	292.00	14	16.9	16
东营市	2011.90	5	44.6	2	555.00	8	22.8	14
烟台市	4115.00	2	27.8	11	2448.60	2	24.7	13
潍坊市	2657.00	3	39.4	4	1861.70	3	53.2	4
济宁市	678.70	11	24.6	13	485.50	9	25.8	12
泰安市	291.10	16	37.2	5	193.20	16	32.4	8
威海市	2032.50	4	25.8	12	1494.00	5	28.2	10
日照市	1165.70	9	11.0	16	403.00	11	17.4	15
临沂市	1766.80	7	51.4	1	1584.80	4	59.8	2
德州市	513.60	14	30.8	8	333.60	13	35.0	7
聊城市	530.40	13	29.4	10	366.40	12	61.1	1
滨州市	1023.10	10	24.4	14	462.20	10	41.2	6
菏泽市	568.20	12	30.1	9	282.30	15	31.8	9

表 79　2021 年全省各市主要指标一览表（七）

地区	进口总值（亿元）	位次	比上年增长（%）	位次	实际使用外资金额（亿美元）	位次	比上年增长（%）	位次
全　省	11721.40		29.0		215.16		21.9	
济南市	770.10	5	21.5	9	26.58	2	38.1	10
青岛市	3577.20	1	40.7	4	61.69	1	5.4	15
淄博市	467.30	9	15.8	11	8.20	8	117.0	2
枣庄市	23.10	16	80.1	1	4.52	15	48.3	5
东营市	1456.80	3	55.0	2	6.43	9	44.6	7
烟台市	1666.50	2	32.6	5	26.49	3	16.1	12
潍坊市	795.30	4	15.2	12	13.23	6	22.2	11
济宁市	193.30	11	21.6	8	11.28	7	38.9	9

续表 79

地区	进口总值（亿元）	位次	比上年增长（%）	位次	实际使用外资金额（亿美元）	位次	比上年增长（%）	位次
泰安市	97.90	15	47.6	3	4.07	16	-40.4	16
威海市	538.50	8	19.3	10	14.50	4	6.7	14
日照市	762.70	6	8.0	14	5.19	10	11.3	13
临沂市	182.00	12	3.8	15	13.75	5	47.7	6
德州市	180.00	13	23.8	7	4.53	14	70.2	4
聊城市	164.00	14	-10.1	16	4.56	13	118.7	1
滨州市	561.00	7	13.3	13	5.14	11	42.6	8
菏泽市	285.90	10	28.5	6	4.98	12	71.6	3

表 80　2021 年全省各市主要指标一览表（八）

地区	一般公共预算收入（亿元）	位次	比上年增长（%）	位次	一般公共预算支出（亿元）	位次	比上年增长（%）	位次
全 省	7284.45		11.0		11709.11		9.5	
济南市	1007.61	2	11.2	9	1293.08	2	8.4	8
青岛市	1368.29	1	9.1	10	1705.71	1	9.2	6
淄博市	368.98	7	14.8	3	520.67	8	2.6	14
枣庄市	158.91	16	12.9	7	273.83	15	7.7	9
东营市	261.83	11	5.0	15	301.50	14	3.1	13
烟台市	646.64	4	6.0	13	802.93	5	-1.4	16
潍坊市	656.90	3	14.5	4	879.84	3	18.1	1
济宁市	440.52	5	7.0	11	727.18	6	12.9	3
泰安市	230.54	13	0.6	16	428.19	12	4.6	11
威海市	266.88	10	5.7	14	343.31	13	2.5	15
日照市	187.49	15	6.3	12	270.58	16	4.3	12
临沂市	409.48	6	17.0	2	806.62	4	5.7	10
德州市	234.09	12	12.2	8	492.44	9	10.4	4
聊城市	230.32	14	14.0	5	487.77	10	13.7	2
滨州市	287.31	8	13.7	6	478.17	11	8.8	7
菏泽市	283.89	9	19.3	1	632.84	7	10.1	5

表 81　2021 年全省各市主要指标一览表（九）

地区	税务各项收入合计（亿元）	位次	比上年增长（%）	位次	税务部门组织税收收入（亿元）	位次	比上年增长（%）	位次
全 省	12020.05		19.3		10329.99		18.2	
济南市	1555.89	2	13.6	12	1530.07	2	14.0	12
青岛市	2636.50	1	18.8	9	1994.35	1	16.7	7
淄博市	686.44	6	19.0	8	639.67	5	21.7	4
枣庄市	217.59	16	13.8	11	217.23	16	14.1	11
东营市	722.07	5	43.2	1	590.18	7	47.5	1
烟台市	1053.08	3	19.0	7	835.03	4	15.2	9
潍坊市	1041.19	4	23.9	4	968.95	3	25.9	3
济宁市	578.23	9	11.9	14	561.30	8	12.4	14
泰安市	313.95	15	6.9	15	309.69	13	6.8	15
威海市	347.77	12	3.6	16	321.88	12	3.0	16
日照市	667.96	7	28.1	3	285.68	15	15.0	10
临沂市	602.37	8	13.5	13	590.66	6	13.1	13
德州市	336.74	13	22.2	5	322.99	11	20.6	5
聊城市	323.75	14	17.6	10	309.52	14	19.9	6
滨州市	490.08	10	31.1	2	439.19	9	34.3	2
菏泽市	427.89	11	20.1	6	395.04	10	16.5	8

表 82　2021 年全省各市主要指标一览表（十）

地区	全社会用电量（亿千瓦时）	位次	比上年增长（%）	位次	工业用电量（亿千瓦时）	位次	比上年增长（%）	位次
全 省	7382.51		6.4		5585.64		4.9	
济南市	475.26	7	9.5	6	256.59	10	7.1	8
青岛市	552.65	6	16.0	1	297.99	8	15.1	2
淄博市	425.32	8	6.6	12	348.37	6	5.9	12
枣庄市	186.41	15	6.9	11	130.42	15	6.3	10
东营市	363.85	10	7.9	8	315.19	7	7.6	7
烟台市	595.22	4	5.4	13	463.14	4	4.5	13
潍坊市	690.49	2	7.4	10	521.92	3	6.8	9
济宁市	389.72	9	7.7	9	260.01	9	6.2	11

续表 82

地区	全社会用电量（亿千瓦时）	位次	比上年增长（%）	位次	工业用电量（亿千瓦时）	位次	比上年增长（%）	位次
泰安市	244.94	14	13.7	2	171.83	13	18.0	1
威海市	152.21	16	10.4	5	89.74	16	8.8	5
日照市	257.60	13	−5.7	16	203.71	11	−9.5	16
临沂市	559.74	5	12.0	4	395.18	5	11.3	4
德州市	282.96	11	12.6	3	198.40	12	14.7	3
聊城市	656.84	3	0.7	14	569.16	2	−0.8	15
滨州市	1240.51	1	0.4	15	1173.99	1	−0.3	14
菏泽市	280.06	12	8.9	7	161.28	14	8.5	6

表 83　2021 年全省各市主要指标一览表（十一）

地区	全体居民人均可支配收入（元）	位次	比上年增长（%）	位次	全体居民人均消费支出（元）	位次	比上年增长（%）	位次
全 省	35705		8.6		22821		9.0	
济南市	46725	2	8.5	11	30016	2	8.4	15
青岛市	51223	1	8.6	9	32878	1	8.5	14
淄博市	42265	6	8.6	9	27389	6	8.6	13
枣庄市	29772	13	8.7	8	17910	12	9.8	3
东营市	45808	3	8.5	11	28197	3	8.4	15
烟台市	42629	5	8.5	11	28021	4	9.0	10
潍坊市	37103	7	9.4	2	23033	7	9.7	5
济宁市	31845	10	8.8	7	19034	10	9.3	8
泰安市	33505	8	8.3	15	20277	9	9.0	10
威海市	44612	4	8.4	14	27599	5	9.2	9
日照市	31059	12	8.2	16	17950	11	9.0	10
临沂市	31528	11	9.1	4	16352	15	9.8	3
德州市	25826	14	9.3	3	17099	13	9.5	6
聊城市	24512	15	9.0	5	15630	16	10.0	2
滨州市	32374	9	8.9	6	21031	8	9.5	6
菏泽市	23854	16	9.7	1	16703	14	10.2	1

表 84　2021 年全省各市主要指标一览表（十二）

地区	城镇居民人均可支配收入（元）	位次	比上年增长（%）	位次	城镇居民人均消费支出（元）	位次	比上年增长（%）	位次
全　省	47066		7.6		29314		7.4	
济南市	57449	2	7.7	8	36866	2	7.2	13
青岛市	60239	1	7.8	6	38574	1	7.3	10
淄博市	50096	6	7.9	4	31675	6	7.5	7
枣庄市	37843	13	7.8	6	22030	12	8.1	2
东营市	56625	3	7.5	12	33526	5	7.2	13
烟台市	53169	5	7.6	10	34178	3	7.3	10
潍坊市	46616	7	8.2	2	28498	7	7.7	5
济宁市	41256	11	7.5	12	24051	10	7.2	13
泰安市	41741	9	7.3	15	24696	9	7.4	8
威海市	54264	4	7.6	10	33752	4	8.0	3
日照市	39380	12	7.2	16	23559	11	7.3	10
临沂市	42606	8	8.0	3	20367	13	7.8	4
德州市	31927	15	7.9	4	19091	15	6.9	16
聊城市	32262	14	7.4	14	19012	16	7.4	8
滨州市	41566	10	7.7	8	26513	8	7.6	6
菏泽市	31872	16	8.5	1	20319	14	8.2	1

表 85　2021 年全省各市主要指标一览表（十三）

地区	农村居民人均可支配收入（元）	位次	比上年增长（%）	位次	农村居民人均消费支出（元）	位次	比上年增长（%）	位次
全　省	20794		10.9		14299		12.9	
济南市	22580	6	10.5	10	14591	8	12.7	12
青岛市	26125	1	10.4	12	17021	2	12.4	15
淄博市	23010	5	10.1	15	16850	3	12.7	12
枣庄市	19553	12	10.5	10	12692	13	13.1	8
东营市	22255	7	11.3	5	16593	4	12.0	16
烟台市	24574	3	10.2	14	17472	1	13.4	5
潍坊市	24007	4	10.9	8	15511	6	13.5	3
济宁市	20747	9	11.2	6	13119	12	13.3	7
泰安市	21769	8	10.6	9	13979	9	12.8	11
威海市	25692	2	10.0	16	15537	5	12.5	14
日照市	20154	11	10.3	13	10598	16	12.9	10
临沂市	17783	14	11.7	2	11370	15	13.9	1
德州市	19020	13	11.9	1	14878	7	13.5	3
聊城市	17512	15	11.4	4	12576	14	13.6	2
滨州市	20539	10	11.0	7	13975	10	13.4	5
菏泽市	16872	16	11.7	2	13554	11	13.0	9

表 86　2021 年全市及各区县主要经济指标一览表（一）

指标 / 名称	地区生产总值		第一产业		第二产业		第三产业	
	总量（亿元）	增速（%）	总量（亿元）	增速（%）	总量（亿元）	增速（%）	总量（亿元）	增速（%）
全 市	2211.96	6.8	194.68	7.4	903.55	0.8	1113.73	11.7
东港区	602.42	11.3	38.37	7.0	103.84	-3.4	460.21	15.4
岚山区	560.35	3.2	54.97	7.0	338.57	-2.1	166.81	13.6
莒 县	424.97	8.4	52.92	8.0	160.75	5.8	211.30	10.4
五莲县	211.85	3.9	29.06	8.0	81.35	1.7	101.44	4.4
开发区	288.22	4.1	5.30	6.6	165.53	3.6	117.39	4.7
高新区	78.00	5.1	1.91	8.2	48.96	3.3	27.13	8.1
山海天	46.14	7.2	12.15	6.9	4.55	11.4	29.44	6.6

表 87　2021 年全市及各区县主要经济指标一览表（二）

指标 / 名称	规模以上工业增加值	规模以上工业产品销售率		规模以上工业营业收入		规模以上工业利润		固定资产投资
	增速（%）	总量（%）	比上年同期增减百分点（个）	总量（亿元）增速（%）	总量（亿元）	增速（%）	增速（%）	
全 市	0.2	96.4	-2.1	4415.06	3.3	202.44	-4.8	3.0
东港区	5.9	100.1	0.8	78.55	10.9	2.31	-38.2	-0.9
岚山区	-3.5	95.4	-4	2789.62	-1.5	164.67	0.8	0.7
莒 县	8.6	96.9	-2.2	518.01	4.4	11.06	-15.1	4.7
五莲县	5.4	97.3	-1.1	201.45	1.7	4.85	-29.5	4.5
开发区	5.2	98.5	3.6	728.33	27.6	16.98	39.2	8.6
高新区	0.3	97.7	-2	82.92	-9.5	2.47	-81.5	2.0
山海天	16.5	97.6	-6.3	16.18	16.0	0.10	-11.1	8.9

表 88　2021 年全市及各区县主要经济指标一览表（三）

指标 / 名称	社会消费品零售总额		进出口总额		一般公共预算收入		其中：税收收入	
	总量（亿元）	增速（%）	总量（亿元）	增速（%）	总量（亿元）	增速（%）	总量（亿元）	增速（%）
全 市	654.89	12.0	1165.7	11.0	187.49	6.3	151.55	9.0
东港区	250.50	12.0	238.6	50.0	47.11	8.2	42.28	9.5
岚山区	91.82	12.4	386.4	-4.8	47.54	8.0	43.54	7.4
莒 县	146.89	12.8	102.7	0.4	25.76	8.0	20.23	8.3
五莲县	57.92	13.1	40.0	27.7	14.56	3.5	10.51	1.1
开发区	77.67	9.2	354.3	28.6	26.73	7.5	22.89	22.8
高新区	16.10	14.0	39.5	2.2	7.91	-17.9	6.73	-7.7
山海天	13.99	9.7	6.1	533.0	6.08	8.3	5.39	9.8

表 89　2021 年全市及各区县主要经济指标一览表（四）

指标 名称	一般公共预算支出		税务部门组织税收收入		全体居民人均可支配收入		城镇居民人均可支配收入	
	总量（亿元）	增速（%）	总量（亿元）	增速（%）	总量（元）	增速（%）	总量（元）	增速（%）
全 市	270.58	4.3	285.68	15.0	31059	8.2	39380	7.2
东港区	41.24	5.2	78.09	12.9	36760	8.3	40584	7.4
岚山区	28.05	0.6	92.43	21.5	32565	8.3	39901	7.5
莒 县	61.62	11.9	39.53	21.8	24609	9.7	32571	7.7
五莲县	35.84	−4.0	17.44	−5.0	25155	7.4	32105	5.8
开发区	18.71	9.5	39.03	18.8	—	—	—	—
高新区	4.96	−28.5	10.23	−5.4	—	—	—	—
山海天	6.72	−14.2	8.93	3.6	—	—	—	—

表 90　2021 年全市及各区县主要经济指标一览表（五）

指标 名称	农村居民人均可支配收入		“四上”企业数量		工业	房地产和建筑业	批零住餐	服务业
	总量（元）	增速（%）	总量（个）	增速（%）	总量（个）	总量（个）	总量（个）	总量（个）
全 市	20154	10.3	2432	24.2	842	628	625	337
东港区	18756	10.9	604	21.5	66	194	217	127
岚山区	20437	10.6	315	31.8	152	42	73	48
莒 县	19625	11.7	507	19.0	259	113	97	38
五莲县	19560	9.5	320	17.2	169	88	43	20
开发区	—	—	439	30.7	132	109	140	58
高新区	—	—	181	25.7	56	67	28	30
山海天	—	—	66	53.5	8	15	27	16

（资料来源：市统计局）

索 引

说 明

一、本索引设主题索引。

二、主题索引为《日照年鉴（2022）》的内容分析索引，采用主题分析法。类目、分目、子分目作款目一般采用原称，其余款目一般采用中心词或简称。通过本索引所选的主题词条，可以对具有独立索引意义的完整资料进行检索。本索引按款目首字的汉语拼音字母（同音字按声调）顺序排列。

主题索引

D

H

S

X

Y

Z